高 麗 青 磁

青磁象嵌辰砂彩葡萄童子文注子와承盤

最新

明文新玉篇

松亭 金赫濟 著

明文堂

凡例

一、이 책은 實用을 主로하여 詳細하고 適切한 訓義를 한글맞춤법에 依해서 베풀은 가장 새로운 玉篇이다

一、이 책에 收錄한 글字의 形體는 主로 康熙字典에 依據하였으며 新字·俗字等도 全部 網羅하여 實用에 遺憾이 없도록하였다

一、이 책의 體裁를 밝히기 爲하여 例를 들어 說明한다면 다음과 같다

老 랖 [로] 年高늙을、노 尊也늙은이、노 (皓)

ㄱ、老字 바로 밑에(랖)字는 中國音을 表示한 것이다

ㄴ、그 右側下의 [로]는 原音을 表示한 것이며 [로]와 늙을·노의 노와 音이 다름은 上下가 바뀔 때 變하는 (노인、부로 老人、父老) 글字의 音을 表示한 것이며 노는

첫소리로 나는 音이다

ㄷ、老字의 訓義 末尾의 (皓)는 語音의 高低를 表示한 것이다・이는 俗用이 不規하기로 奎章全韻과 韻考等에 依據하였으며 卷末에 韻字表를 붙이어 韻字의 高低를 밝히었다

一、어떤 글字에 있어서는 글字 밑 或은 訓頭에 [韓]・[華]・[日]의 略語가 있는 것이 있으니 [韓]은 韓國을 [華]는 中國을・[日]은 日本을 가리키는 것이다

一、草書、篆書는 實用字로만 뽑아서 欄頭에 놓고・찾기에 便利하도록 草書는 글字 右下에 黑點(●)을 篆書는 글字 左下에 白點(○)을 붙이었다

一、古代의 地名・山名・水名・國名等은 지금 어느 곳인가를 밝히었다

一、卷首에 檢字를 두어 扁·旁·冠·脚을 分別키 어려운 글字는 總畫數에 依하여 그字의 面數를 밝히어 찾기에 便利케하였다

一、卷末의 한글字彙(音考)는 原音에 依하여 ㄱㄴ順으로 排列하였으며 한 글字에 둘 以上의 音이 있는 字 即 土(흙、토 뿌리、두) 易(쉬울、이 바꿀、역) 字等은 토·두·이·역의 音마다 收錄하였다

一、卷末에 辨似·俗字·常用漢字·略字等을 收錄하여 參考에 資케하였다

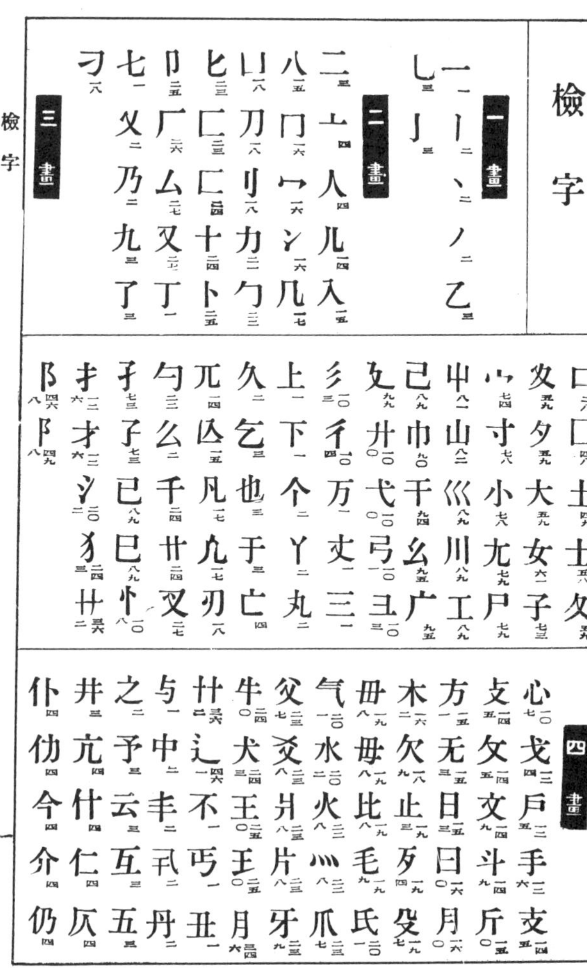

檢字

一畫

一 一　丨 二　丶 二　丿 二　乙 三
乚 三　亅 三

二畫

二 三　亠 四　人 四　儿 一四　入 一五
八 一五　冂 一六　冖 一六　冫 一六　几 一七
凵 一八　刀 一八　刂 一八　力 二二　勹 二三
匕 二三　匚 二三　匸 二四　十 二四　卜 二五
卩 二五　厂 二六　厶 二七　又 二七　丁 一
七 一　乂 二　乃 二　九 三　了 三
刁 一八

三畫

口 二六　囗 四八　土 四九　士 五八　夂 五九
夊 五九　夕 五九　大 五九　女 六二　子 七三
宀 七四　寸 七六　小 七六　尢 七九　尸 七九
屮 八二　山 八二　巛 八九　川 八九　工 八九
己 八九　巾 九〇　干 九四　幺 九五　广 九五
廴 九九　廾 一〇〇　弋 一〇〇　弓 一〇一　彐 一〇三
彡 一〇三　彳 一〇四　万 一　丈 一　三 一
上 一　下 一　个 二　丫 二　丸 二
久 二　乞 三　也 三　于 三　亡 四
兀 一四　亾 一五　凡 一七　凣 一七　刃 一八
勺 二三　么 二　千 二四　廿 二四　叉 二七
孑 七三　孓 七三　已 八九　巳 八九　忄 一〇八
扌 一三六　才 一三六　氵 二〇二　犭 二四三　艹 三六二
阝 四六八　阝 四九八

四畫

心 一〇七　戈 一三四　戶 一三五　手 一三六　支 一四五
攴 一四五　攵 一四五　文 一四九　斗 一四九　斤 一五〇
方 一五一　无 一五三　日 一五三　曰 一六〇　月 一六〇
木 一六二　欠 一八九　止 一九三　歹 一九四　殳 一九七
毌 一九八　毋 一九八　比 一九八　毛 一九九　氏 二〇一
气 二〇一　水 二〇二　火 二三八　爫 二三八　爪 二三七
父 二三七　爻 二三八　爿 二三八　片 二三八　牙 二三九
牛 二四〇　犬 二四三　王 二五〇　王 二五〇　月 三四六
艹 三六二　辶 四六一　不 一　丏 一　丑 一
与 一　中 二　丰 二　丮 二　丹 二
之 二　予 三　云 三　互 三　五 三
井 三　亢 四　什 四　仁 四　仄 四
仆 四　仂 四　今 四　介 四　仍 四

仇四 从四 公一五 六一五 兮一五
冄一六 允一四 元一四 內一五 冗一六
凶一八 分一八 切一八 刈一八 匀二三
勾二三 勿二三 匆二三 匂二三 化二三
匹二四 卅二四 升二四 午二四 卞二五
卬二五 厄二六 反二七 及二八 友二八
收二八 双二八 壬五八 天六〇 太五九
夫五九 夬五九 夭六〇 孔七三 少七八
尤七九 尹七九 尺八〇 屯八一 屮八二
巴八九 帀九〇 市九〇 幻九五 廿一〇〇
弔一〇一 弌一 引一〇一 戶一三五 扎一三六
无一五三 歹一九四

五畫

玉二五〇 玄二五六 瓜二五六 瓦二五七 甘二五九

生二五九 用二五九 田二六〇 疋二六二 疒二六二
癶二六九 白二六九 皮二七一 皿二七二 目二七四
矛二八一 矢二八二 石二八三 示二九〇 禸二九三
禾二九四 穴三〇〇 立三〇三 罒三三三 衤四〇〇
且一 丕一 世一 丘一 丙一
丱二 主二 丼二 乍二 乎二
乏二 仔四 仕五 仚五 仗五
付五 仙五 仝五 仞五 代五
令五 以五 兄一四 充一四 叺一五
冉一六 冊一六 冬一六 処一七 冗一七
凸一八 凹一八 凷一八 出一八 刊一八
功二二 加二二 [illegible]二二 句二三 匈二三
包二三 匆二三 北二三 匝二三 匜二三
半二四 卉二五 卋二五 占二五 卡二五

卮二五 卯二五 夘二五 去二七 厺二七
古二八 只二八 句二八 召二八 叵二九
司二八 台二八 史二八 叮二九 号二九
可二九 叭二九 另二九 叨二九 叶二九
叫二九 叱二九 㕣二九 右二九 囙四八
囘四八 囚四八 四四八 外五九 央六〇
失六〇 夯六〇 奴六二 孕七三 [illegible]七三
宄七四 宂七四 宁七四 它七四 尒七八
尻八〇 尼八〇 左八九 巧八九 巵八九
巨八九 㠯八九 布九〇 市九〇 平九四
幼九五 庀九五 弁一〇〇 弘一〇一 弗一〇一
必一〇七 忉一〇八 戊一三四 戹一三五 扑一三六
扐一三六 扒一三六 [illegible]九〇 弍一〇 打一三六
扔一三六 斥一五〇 旦一五三 未一六二 末一六二

六畫

李一六二 朽一六三 杜一六三 杕一六三 材一六三
村一六三 杓一六三 杖一六三 杏一六三 束一六三
杙一六三 呆一六三 宋一六三 欥一六九 攺一六九
步一九三 歺一九四 殀一九四 每一九八 毒一九八
汞二〇二 沖二〇三 沂二〇三 沍二〇三 汰二〇三
汾二〇三 汩二〇四 汨二〇四 汽二〇四 災二三八
灾二三八 灵二三八 灸二三八 物二四〇 牢二四〇
牡二四〇 犻二四四 狂二四四 狄二四四 狆二四四
玗二五〇 玕二五〇 玭二五七 甬二五九 甫二五九
甸二六〇 町二六〇 甹二六〇 男二六〇 疔二六二
疕二六二 皃二六九 皁二六九 皀二六九 㿝二七一
盅二七二 盯二七四 矣二八二 矴二八三 礽二九〇
秀二九四 私二九四 秃二九四 究三〇三 竍三〇三
巩三二〇 系三二一 糺三二一 罕三三二 芊三三六

肜三四六 肛三四六 肚三四六 肖三四六 肝三四六
肓三四六 肘三四六 肕三四六 良三五二 芄三六三
芎三六三 芑三六三 芋三六三 芃三六三 芊三六三
芒三六三 芍三六三 虬三七七 迆四六一 迂四六一
迅四六一 迄四六一 辿四六一 邨四六九 邦四六九
祁四六九 邪四六九 邢四六九 邡四六九 阯四九九
阨四九九 阮四九九 阪四九九 防四九九 阬四九九
阱四九九 阧四九九 凬五二九

八畫

金四七九 長四九三 門四九三 阜四九八 隶五〇四
隹五〇四 雨五〇七 青五一二 非五一二 並一
所一 弗二 乖二 乳三 事三
些三 亟四 亞四 亝四 享四
京四 來七 佳七 侖七 佯七

佶七 佰七 侂七 佩七 佴七
兕一五 兒一五 兎一五 兩一五 其一六
具一六 典一六 冞一六 冽一七 洛一七
凭一七 函一八 刵一九 刟一九 制一九
券一九 到一九 刜一九 刺一九 刮一九
刷一九 刻一九 刹一九 効二一 劻二一
劾二一 匊二三 匼二四 卒二五 卑二五
卓二五 協二五 卦二五 卺二六 卷二六
卸二六 卹二六 厓二六 取二八 叔二八
受二八 呴三二 呢三二 咊三二 咎三二
和三二 命三二 咏三二 呪三二 呰三二
周三三 呟三三 固四八 囷四八 囹四八
垂五一 夜五九 奉六〇 奇六〇 奈六〇
奄六〇 臭六〇 委六三 始六三 姑六三

苒 三六 五　范 三六 五　苺 三六 五　苾 三六 五　茁 三六 五
苐 三六 五　茇 三六 五　茶 三六 五　苙 三六 五　苳 三六 六
苜 三六 六　虐 三八 六　蚩 三八 七　衄 三八 七　衁 三九 九
卹 三九 九　衍 四〇 〇　衎 四〇 〇　衿 四〇 一　衾 四〇 一
衵 四〇 一　衽 四〇 一　衲 四〇 一　衱 四〇 一　袂 四〇 一
要 四〇 八　觔 四一 〇　訃 四一 二　計 四一 二　訂 四一 二
訇 四一 二　貞 四三 二　負 四三 三　貟 四三 三　赴 四三 八
赳 四三 八　軍 四五 三　迤 四六 二　迹 四六 二　迨 四六 二
迢 四六 二　迦 四六 二　迴 四六 二　迭 四六 二　迣 四六 二
迫 四六 二　迮 四六 二　迪 四六 二　迯 四六 二　述 四六 二
郏 四六 九　邽 四六 九　郁 四六 九　郊 四六 九　郱 四六 九
郈 四六 九　郗 四六 九　郄 四七 〇　郅 四七 〇　郚 四七 〇
郝 四七 〇　郎 四七 〇　酊 四七 三　酋 四七 三　重 四七 九
降 五〇 〇　陔 五〇 〇　限 五〇 〇　陋 五〇 〇　陌 五〇 〇

陒 五〇 〇　陡 五〇 〇　陜 五〇 〇　陏 五〇 〇

十畫

馬 五三 八　骨 五四 四　高 五四 六　髟 五四 七　鬥 五五 〇
鬯 五五 〇　鬲 五五 〇　鬼 五五 一　乘 二　亳 四
倒 九　倣 九　條 一〇　俶 一〇　倉 一〇
修 一〇　候 一〇　党 一五　兼 一六　尋 一六
冓 一六　冢 一六　冡 一六　冥 一六　冤 一六
准 一七　凍 一七　凉 一七　凊 一七　剙 一九
剞 一九　荆 一九　剗 一九　剚 一九　剛 一九
剖 一九　剡 一九　剣 一九　劉 一九　剢 一九
剔 二〇　匪 二四　厝 二六　原 二六　叟 二八
唄 三五　唇 三五　員 三五　唁 三五　哥 三五
哿 三五　唐 三五　哭 三五　哲 三五　埀 三一
埋 三二　埇 三二　勍 二二　壺 三八　夏 三九

奚 六一　套 六一　奘 六一　畚 六一　娑 六六
娉 六六　孫 七四　宮 七五　宸 七五　害 七五
宴 七五　家 七五　宵 七六　容 七六　宰 七六
宬 七六　射 七八　尅 七八　展 八〇　屑 八〇
峰 八三　峯 八三　峱 八四　島 八四　峨 八四
差 八九　師 九一　帬 九一　席 九一　庫 九六
座 九六　庭 九六　弱 一〇一　彧 一〇三　彩 一〇三
徐 一〇五　徒 一〇五　徑 一〇五　徔 一〇五　恭 一一一
恐 一一一　恭 一一一　恣 一一一　恥 一一一　恚 一一一
恕 一一一　恝 一一一　恩 一一一　恙 一一一　恧 一一二
息 一一二　恕 一一二　悒 一一三　扇 一一六　扅 一一六
扆 一一六　挐 一二〇　挈 一二〇　拳 一二〇　拿 一二〇
拲 一二〇　敊 一四六　效 一四六　敉 一四六　脊 一四九
料 一五〇　旅 一五二　旆 一五二　旃 一五二　旄 一五二

訌四一二 訊四一二 訕四一二 討四一二 谸四二七
豈四二八 豇四二八 豗四二九 豺四三一 豻四三一
貢四三三 財四三三 貣四三三 起四三八 赶四三八
趾四四三 跀四四三 跂四四三 躬四五一 辱四六一
送四六三 逢四六三 追四六三 迷四六三 迺四六三
退四六三 逃四六三 逅四六三 适四六三 迾四六三
逆四六三 迹四六三 迻四六三 迴四六三 迸四六三
邕四六八 郗四七〇 郛四七〇 郜四七〇 郡四七〇
郎四七〇 郕四七〇 郢四七〇 郝四七〇 郤四七〇
郟四七〇 郠四七〇 配四七四 酒四七四 酎四七四
釜四八〇 釗四八〇 釘四八〇 針四八〇 釕四八〇
除五〇〇 陛五〇〇 陣五〇〇 院五〇〇 陗五〇〇
陘五〇〇 陞五〇一 陡五〇一 陜五〇一 陝五〇一
陟五〇一 陵五〇一 陋五〇一 隼五〇四 隻五〇四

雀五〇四 習五三七

十一畫

魚五五二 鳥五五八 鹵五六六 鹿五六七 麥五六八
麻五六九 啞一 乾三 做一〇 兜一五
冕一六 凰一八 剪二〇 剬二〇 副二〇
剭二〇 動二一 務二一 勔二一 勘二一
勖二三 勒二三 勓二三 匏二三 匐二三
匙二三 匭二四 區二四 匾二四 匿二四
卨二五 卿二六 參二七 唯三六 啚三六
啓三六 問三六 啞三六 啇三六 售三七
商三七 圈四九 圍四九 國四九 基五二
培五二 埶五二 堇五三 堅五三 埜五三
堂五三 堊五三 執五三 壺五八 奘六一
婓六六 娶六六 婁六六 婆六七 婪六七

孰七四 寄七六 宧七六 寅七六 寇七六
宿七六 寂七六 密七六 寃七六 㝝七六
尉七八 將七八 專七八 尞七九 就七九
屏八〇 屝八一 崖八四 崔八四 崋八四
崒八四 崑八四 崙八四 崟八四 崗八四
崇八四 巢八九 㠱九〇 帷九一 帶九一
常九二 帳九二 庸九七 庶九七 康九七
張一〇二 強一〇二 彗一〇三 彩一〇三 彬一〇三
彫一〇三 彪一〇三 從一〇五 徙一〇五 徘一〇五
得一〇五 御一〇五 悤一一二 患一一三 悉一一三
悠一一三 戛一一四 戚一一四 扈一一六 敘一四六
敍一四六 敗一四六 敏一四六 教一四六 敖一四六
救一四六 敕一四九 斌一五〇 斜一五〇 斛一五〇
斬一五一 断一五一 専一五二 旋一五二 旌一五二

族既晡晢晨
晛晧晟晝晣
晚曹曼朘望
朗朙梨條梟
梁梵梦梺欷
欸欲殍毆毫
毬添焉烹焄
烱爽犀牽猜
猛猝理琅現
率玆瓠瓷甛
甜產畡畢略
異皎盖盒盛
畫眷祭票离
窓窒窑章竟

笙笠笵粗粕
粒細累紫紘
紮缾罛罣羞
翏翎翌翊習
[illegible]耆聊胔脯
脫脢脣脤脗
脬脞脡脛脩
脚脰脘脊舷
舶艴荾莉莅
莒荼莩莆莊
莫莓莘莞莧
莛莢荷莪莝
莊莨莖莚莠
荳莕荻莎莙

處處虖虑虛
蛋蚯衒術袋
袈袞袤袰袴
袿裀袱袺袷
覂規覓覔覘
觖觕許訢訝
訪設谺豉豚
豝貧貫貪貨
赦跂跖軟通
逢逋途逓逝
逡連逍造這
逞逕逑逌透
逗速逐逖逯
部郵郴郯郭

皷一二七 盜二二七 盛二二七 睂六二七 睍六二七
矞二二八 短二二八 硯五二八 硨五二八 确五二八
离三二九 窗一三〇 童三三〇 竢三三〇 竣三三〇
筈七三〇 粥六三一 粟六三一 粵六三一 絲二三二
粢二三二 絮二三二 絭二三二 絕三三二 絜三三二
絯三三二 絎三三二 條四三二 𦓔六三三 着六三三
翔八三三 翕九三三 耋一三四 聒三三四 聝九三四
腔一三五 脾一三五 脾一三五 脽一三五 腓一三五
胼一三五 腑一三五 腒一三五 胥一三五 腆一三五
脹一三五 腋一三五 腊一三五 腕一三五 皐七三五
舃七三五 臷七三五 舄八三五 舒九三五 舜九三五
菘九三六 菶九三六 萁九三六 萎九三六 萑九三六
萃九三六 菲九三六 菹九三六 菩九三六 菰九三六
菟九三六 莽九三六 菨九三六 落〇三七 萊〇三七

茱〇三七 菌〇三七 菫〇三七 菅〇三七 菆〇三七
萍〇三七 萄〇三七 華〇三七 菖〇三七 萇〇三七
菪〇三七 菁〇三七 萌〇三七 菸〇三七 菱〇三七
菼〇三七 菴〇三七 萏〇三七 菓〇三七 菽一三七
菊一三七 菔一三七 菉一三七 萋一三七 菂一三七
菎一三七 菠一三七 菡一三七 萆一三七 菙一三七
虛六三八 虜六三八 蛬九三八 蛩九三八 衆九三九
衕〇四〇 衖〇四〇 街〇四〇 裁二四〇 裂二四〇
裡三四〇 補三四〇 裋三四〇 裕三四〇 裙三四〇
裞三四〇 裖三四〇 裎三四〇 覃八四〇 覗八四〇
視八四〇 覘八四〇 觜〇四一 觚〇四一 觝〇四一
訾四四一 詈四四一 象九四二 象九四二 貁一四三
貲三四三 貳三四三 費三四三 賁三四三 貴三四三
貰三四三 買三四三 貸三四三 賀三四三 貿四四三

赧七四三 越八四三 跖四四四 輦四四五 輩四四五
辜〇四六 逵四四六 透四四六 逮四四六 進四四六
逭五四六 逬五四六 逴五四六 逸五四六 遠六四六
逿五四六 遊五四六 週五四六 郿一四七 都一四七
鄆一四七 鄖一四七 鄂一四七 郹一四七 郵一四七
部一四七 酥四四七 酣四四七 釉八四七 量九四七
釿〇四八 鈍〇四八 鈲一四八 閏四四九 閒四四九
間四四九 隆二五〇 隋二五〇 陼二五〇 隃二五〇
隅二五〇 隄二五〇 隁二五〇 階二五〇 隊二五〇
陻二五〇 隍二五〇 陽二五〇 隉二五〇 隂二五〇
隈二五〇 陿二五〇 雇五五〇 雅五五〇 集五五〇
雁五五〇 雄五五〇 靭四五一 靭九五一 項二五二
須二五二 順二五二 颩九五二 飧二五三 馭八五三
馮八五三 髠七五四 鳦八五五

十三畫

十四畫

樣 二 一八　歊 一 一九　歌 二 一九　毃 七 一九　毓 八 一九
氳 二 二〇　滎 七 二一　灑 九 二一　漆 〇 二二　熊 三 二三
熏 三 二三　熒 三 二三　熙 三 二三　爾 八 二三　犖 二 二四
獸 七 二四　獄 八 二四　瑰 四 二五　瑪 四 二五　甃 八 二五
甦 九 二五　睡 一 二六　睽 一 二六　疑 二 二六　疐 二 二六
皷 一 二七　皸 一 二七　盡 三 二七　監 三 二七　瞀 八 二七
睿 八 二七　睾 八 二七　碞 六 二八　碧 六 二八　碩 六 二八
窩 一 三〇　窪 二 三〇　算 八 三〇　粼 七 三一　粻 七 三一
精 七 三一　維 四 三二　緋 四 三二　緊 四 三二　緊 五 三二
綪 五 三三　罳 四 三三　署 四 三三　罰 四 三三　翠 九 三三
翡 九 三三　翟 九 三三　翣 九 三三　聞 四 三四　聢 四 三四
聚 四 三四　聟 四 三四　肇 六 三四　肈 六 三四　腐 一 三五
膍 三 三五　膇 三 三五　腿 三 三五　膂 三 三五　膋 三 三五
膏 三 三五　膀 三 三五　膃 三 三五　膗 三 三五　膊 三 三五

臉 三 三五　膄 三 三五　膝 三 三五　膈 三 三五　臧 七 三五
臺 七 三五　與 八 三五　舞 九 三五　蒙 四 三七　蓊 四 三七
蓉 四 三七　蓍 四 三七　蒔 四 三七　蒲 四 三七　蒱 四 三七
蒩 四 三七　蒟 四 三七　蓋 四 三七　蓓 四 三七　蒯 四 三七
蓁 四 三七　蒨 四 三七　蓀 四 三七　蒜 四 三七　蒿 四 三七
蓑 四 三七　蓏 四 三七　蒡 四 三七　蒼 五 三七　蓂 五 三七
蒸 五 三七　蒹 五 三七　蓄 五 三七　蓐 五 三七　蒺 五 三七
蒻 五 三七　蓆 五 三七　蒐 五 三七　蒵 五 三七　蔞 五 三七
虡 六 三八　蜚 一 三九　蜜 二 三九　蜥 二 三九　蜸 二 三九
製 三 四〇　裴 三 四〇　褏 三 四〇　裹 三 四〇　裳 四 四〇
褩 四 四〇　褘 四 四〇　褚 四 四〇　褕 四 四〇　褌 四 四〇
褖 四 四〇　褊 四 四〇　褓 四 四〇　複 四 四〇　褐 四 四〇
褞 五 四〇　覡 九 四〇　誓 七 四一　豪 〇 四三　貍 二 四三
賓 四 四三　賖 四 四三　賔 五 四三　䡔 〇 四六　辣 〇 四六

遡 六 四六　遞 六 四六　遠 六 四六　遜 六 四六　遣 六 四六
遙 六 四六　遘 六 四六　遝 六 四六　遛 六 四六　遛 六 四六
鄘 二 四七　鄙 二 四七　鄜 二 四七　鄠 二 四七　鄢 二 四七
鄞 二 四七　鄤 二 四七　鄣 二 四七　鄝 二 四七　鄛 二 四七
鄭 二 四七　衙 三 四八　隙 三 五〇　際 三 五〇　障 三 五〇
隟 三 五〇　雁 五 五〇　雜 五 五〇　需 八 五〇　艶 二 五一
靤 三 五一　鞁 五 五一　鞂 五 五一　頎 三 五二　頒 三 五二
領 三 五二　颯 九 五二　颱 九 五二　餐 二 五三　馱 九 五三
馿 九 五三　馽 九 五三　骰 五 五四　髣 七 五四　髦 七 五四
髮 七 五四　魂 一 五五　魁 一 五五　䰟 一 五五　鴇 八 五五
鳳 八 五五　鳴 八 五五　鳶 八 五五　麼 九 五六　麽 九 五六

十五畫

齒 八 五七　冪 一八　剝 二〇　劇 二〇　劈 二〇
劍 二一　劉 二一　勱 二三　勰 二三　匳 二四

檢字終

明文新玉篇

松亭 金赫濟 著

一畫

一部

一。이 [일] 數之始初한、일 又하나、일 均也고를、일 同也같을、일 誠也정성、일 第丨첫재、일 單箇낱、일 統也온통、일 又온、일 萬丨만일、일 合也합할、일 語助辭어조사、일 統括묶을、일 或也혹、일 (質) 壹通

丄 上古字

丅 下古字

丂 巧古字

七. 치 [칠] 一加六少陽數일곱、칠 文體名문체이름、칠 (質) 柒通

丁。띵 [정] 幹名疆圉고무래、정 民夫장정、정 當也당할、정 盛也성할、정 (青) [쟁] 伐木聲丨丨벌목소리、쟁 (庚)

②

丌 지 [기] 薦物具책상、기 (支)

万 완 [만] 十千만、만 (願) 萬通 [묵] 蕃姓丨俟성、묵 (職)

下。쌰 [하] 上之對丨아래、하 (馬) 降也내릴、하 (禡)

丈 쟝 [장] 長老尊稱어른、장 十尺한길、장 (養)

上。쌍 [상] 下之對丨윗、상 尊也높을、상 (漾) 進也올릴、상 登也오를、상 (養) [韓] 上給下丨下차별할、차

三. 싼(싸 [삼] 一陽數셋、삼 (覃) 參通세번、삼 (勘)

丒 且古字

丆 五俗字

③

弌 一古字

与 與同

丐 깨 [개] 乞也빌、개 (泰) 匄匃同

不。부 [불] 非也아닐、불 (物) 弗通 [부] 未定辭ㅇ부아니그런가、부 (尤) (有) 否通、鴀通

丏 멘 [면] 不見보이지않을、면 (銑)

丑。착 [추] 支名赤奮若지지、추 (俗音축) (有)

㞢 之古字

④

丕 ㅇ비 [비] 大也클、비 (支)

且. 체(쟈) [차] 又也또、차 姑也아직、차 語助辭어조사、차 (馬) [저] 多貌수두룩할、저 芭蕉巴丨파초、저 (魚) 恭順공순할、저 (語)

世。씨 [세] 人間丨界인간、세 (霽) 代也대、세

丙 뼝 [병] 幹名柔兆천간、병 南方남녘、병 (梗) 明也밝을、병

丘。칰 [구] 阜也언덕、구 聚也모을、구 大也클、구 高也높을、구 (尤)

⑤

丟 듁 [주] 一去不還잃어버릴、주 (尤)

丞 청 [승] 佐也도울、승 繼也이을、승 (蒸)

疋 식 [자] 定也 정할、자(支)

⑥ 丣 酉古字

旡 天古字

⑦ 並 竝同

所 所俗字

⑩ 豎 뚜 [두] 禮酒杯 연향술잔、두(宥)

丨部

丨 〔꾼 씬〕 [곤] 上下相通 위아래로통할、곤(阮)

② 个 꺼 [가] 明堂傍室左ㅣ 명당곁방、가 [개] 枚也 낱、개(箇) 箇通

丫 야 [아] 物之岐頭 두갈래질、아(麻)

③ 中 쭝 [중] 內也 가운데、중(東) 矢至的 맞칠、중(送)

丰 뺑 [봉] 容色美好 예쁠、봉 草盛ㅣ茸 풀성할、봉(冬)

丮 켜 [극] 執也 捕罪人 잡을、극(陌)

④ 丱 꽌 [관] 束髮兩角貌 쌍상투、관(諫)

⑥ 串 촨 [천] 物相連貫 꿰미、천(霰) [관] 狎習 익힐、관(諫) [곶] 韓 長山 땅이름、곶 [곶] 貫物竹釧 꼬챙이、꼬ㅅ

⑦ 丳 찬 [찬] 燔肉具 석쇠、찬 貫物釘 꼬치、찬(潸)

⑧ [illegible] 中古字

⑨ 丵 찬 [착] 草盛 풀성할、착(覺)

⑪ [illegible] 龜古字

丶部

丶 주 [주] 有所絶止ㅣ而識之 (標點) 귀절찍을、주(麌)

② 丷 쌰 下古字

丸 완 [환] 彈ㅣ 탄자、환 圜也 둥글、환 轉也 굴릴、환(寒)

③ 丹 단 [단] 赤色 붉을、단 鳥名 鴅ㅣ 새이름、단(寒)

④ 主 쥬 [주] 君也 임금、주 守也 지킬、주 掌也 주장할、주 賓之對 주인、주(麌)

丼 딴 [정] 퐁당、정 井同(梗)

丿部

丿 베 [별] 左引之 삐침、별(屑)

乂 이 [예] 賢才俊ㅣ 어질、예 治也 다스릴、예(隊)

乃 〔매 내〕 [내] 語助辭 이에、내 汝也 너、내(賄)

㇏ 부 [불] 右引之 파임、불(物)

ナ 有古字

乄 五古字

② 久 쥐 [구] 暫之反 오랠、구 待也 기다릴、구(有)

么 幺俗字

③ 之 즈 [지] 往也 갈、지 至也 이를、지 語助辭 어조사、지(支)

[illegible] 垂古字

④ 乎 후 [호] 語助辭 어조사、호(虞)

乍 짜 [사] 暫也 잠간、사(禡)

乏 빠 [핍] 欠絶 다할、핍(合)

⑦ 乖 괘 [괴] 戾也 어그러질、괴 異也 다를、괴(佳)

⑨ 乘 〔셩 칭〕 [승] 駕也 멍에할、승 登也 오를、승 因也 인할、승 治也 다스릴、승(蒸) 椉同 (徑) 甸通

[illegible] 手古字

一畫 丨丶丿

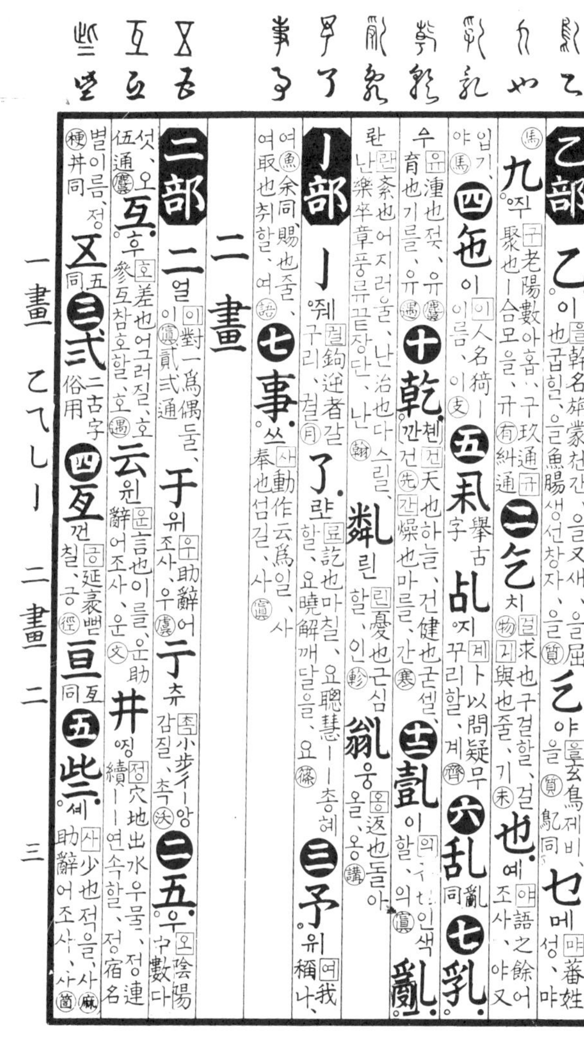

乙部

乙。이 [을]幹名旃蒙천간、을又새、을屈也굽힐、을魚腸생선창자、을(質) 乙 야 [을]玄鳥제비、을(質)鳦同 乜 메 [먀]蕃姓성、먀

(馬) 九。짝 [구]老陽數아홉、구玖通[규]聚也ㅣ合모을、규(有)糾通 二 乞 치 [걸]求也구걸할、걸(物)[기]與也줄、기(未) 也。예 [야]語之餘어조사、야又입기、야(馬)

四 㐌 이 [이]人名猗ㅣ이름、이(支) 五 乑 擧古字 乩 지 [계]卜以問疑무꾸리할、계(齊) 六 乱 亂同 七 乳。수 [유]湩也젖、유(虞)育也기를、유(遇)

十 乾。첸 [건]天也하늘、건健也굳셀、깐 건(先)[간]燥也마를、간(寒) 十二 亄 이 [의][illegible]인색할、의(寘) 亂。롼 [란]紊也어지러울、난治也다스릴、난樂卒章풍류끝장단、난(翰)

亃 린 [린]憂也근심할、인(軫) 𠃨 웅 [옹]返也돌아올、옹(講)

亅部

亅。궐 [궐]鉤逆者갈구리、궐(月) 了。랴 [료]訖也마칠、요聰慧ㅣㅣ총혜할、요曉解깨달을、요(篠) 三 予。위 [여]我稱나、여(魚)余同、賜也줄、여取也취할、여(語) 七 事。쓰 [사]動作云爲일、사奉也섬길、사(寘)

二畫

二部

二 열 [이]對一爲偶둘、이(寘)貳弍通 于 위 [우]助辭어조사、우(虞) 亍 츄 [촉]小步彳ㅣ앙감질、촉(沃) 二 五。우 [오]陰陽中數다섯、오伍通(麌)

互。후 [호]差也어그러질、호參互참호할、호(遇) 云 윈 [운]言也이를、운助辭어조사、운(文) 井 잉 [정]穴地出水우물、정連續ㅣㅣ연속할、정宿名별이름、정(梗)井同

亙 五同 三 弎 二古字俗用 四 亘 껀 [긍]延袤뻗칠、긍(徑) 亘 互同 五 些。세 [사]少也적을、사(麻)助辭어조사、사(箇)

況 광 황 發語辭하물며、황 漾 況異

六 亟 지 극 疾也빠를、극 職 기 遽창졸、기 寘

亞 야 아 次也버금、아 禡

亝 齊古字

亠部

亠 두 두 義闕 尤

亡 亾俗字

二 亢 깡(캉) 항 人頸목、항 宿名별이름、항 陽 高極높을、항 漾

四 亥 해 해 支名지지、해 又大淵獻돌、해 賄

交 좌 교 友也벗、교 飛貌ㅣㅣ풀풀나를、교 合也사귈、교 肴 鵁通

亦 이 역 又也또、역 總也다、역 陌

五 亨 형 형 通也형통할、형 庚 烹同 享通

亣 랴 요 不靜분요할、요 效

六 享 쌍 향 獻也드릴、향 歆也흠향할、향 養 亨通、饗見

京 징 경 王居서울、경 高丘높은언덕、경 大也클、경 十兆십조、경 憂也ㅣㅣ근심할、경 庚

㐭 소 廩

七 亮 량 량 明也밝을、량 漾 諒同

亭 팅 정 旅館정자、정 山名云ㅣ산이름、정 聳立ㅣㅣ貌우뚝할、정 至也이를、정 青

八 亳 빼 박 殷都名은나라서울、박 藥

十 [illegible] 勝古字

[illegible] 유 우 飛也나를、우 有

十一 亶 딴 단 信也믿을、단 篤也도타울、단 多也많을、단 旱 但同

十二 亹 뮈(위) 미 勉也ㅣㅣ힘쓸、미 文貌ㅣ문채날、미 美也아름다울、미 尾 문 縣名浩ㅣ고을이름、문 兩山峙立如門산어귀、문 元

人部

人 인 인 五行秀氣사람、인 眞

二 仆 푸(뿌) 부 頓也엎드러질、부 宥 踣通 僵也자빠질、부 遇

介 제 개 大也클、개 助也도울、개 甲也갑옷、개 繫也맬、개 間側끼일、개 卦 갈 無耦獸홀즘생、갈 黠

仁 인 인 慈也인자할、인 果核中實열매씨、인 眞

仃 띵 정 獨行伶ㅣ외로울、정 青 汀同

仍 성 잉 因也인할、잉 洊也거듭、잉 後昆雲후손、잉 蒸

仇 착(착) 구 讎也원수、구 尤 逑同 㪺通

今 진 금 是時이제、금 侵

从 從同

仂 러(릐) 륵 十分一십분일、늑 職

仄 측 不正기울어질、측 職 側通 昃通

仅 付同

什 시 십 十人열사람、십ㅣ物물건、습 緝 十見

仉 장 장 孟子母姓맹자어머니성、장 養

三 仔 쯔 자 농할、자 負荷ㅣ肩질、자 支 紙

仕 쓰 [사]宦也벼슬할、사 察也살필、사(紙) 事通
付 부 [부]與也줄、부(遇) 仅同、附通
代。대 [대]替也대신할、대 世也댓수、대(隊)
以。이 [이]用也써、이(紙) 已同、似通
仞 인 [인]八尺여덟자、인 滿也가득할、인(震)
仙。션 [선]老不死神ㅣ신선、선(先) 僊仚同
仚 션 [헌]輕擧날듯할、헌(先)
仟 쳔 [천]千人천사람、천(先) 千同
仝 同同
仗 쟝 [장]兵衛儀ㅣ의장、장 倚也의지할、장(漾)
令。령 [령]使也하여금、영(庚) 善也착할、영 命也명할、영(敬) 姓也ㅣ狐성、영(靑)
仡 치 [흘]壯勇ㅣㅣ날랠、흘(物)
他。타 [타]彼稱此別다를、타(歌) 駄同
仮 빤 [범]輕之相ㅣ경홀이여길、범(咸)(陷)
㊃
仯 묘 [묘]小貌僬ㅣ작은모양、묘(篠)
仲。즁 [중]次也버금、중(送)
仳 피 [비]別也ㅣ離이별할、비(紙)
伊。이 [이]彼也저、이 發語辭발어사、이(支)
企。치 [기]望也바랄、기(紙)(寘) 跂通
众 衆同
伍 우 [오]五人다섯사람、오 軍列항오、오(麌) 五同、仵見
仵 우 [오]偶也짝、오 伍通 同也같을、오(麌)
伂 빼 [패]偃仆顚ㅣ자빠질、패(泰) 沛通
伐。빠 [벌]征也칠、벌 矜也자랑할、벌(月)
件 젼 [건]分次조건、건 物數가지、건(銑)
份 彬古字
伉 깡(캉) [항]剛正강직할、항(陽) 健也건장할、항 匹也짝、항(漾) 抗閌見
伃 好同
仰。앙(양) [앙]擧首望우러를、앙 慕也사모할、앙 恃也믿을、앙(養)(漾)
伎 技跂見
休。쓔 [휴]息也쉬일、휴 暇也겨를、휴(尤) 烋見
伏 쀡(뿍) [복]跧也엎드릴、복 匿藏감출、복(屋) [부]鳥抱卵새알안을、부(宥)
仿 髣同
任。신 [임]擔也멜、임 相信믿을、임 姓也성、임(侵) 用也쓸、임 所負질、임(沁) 壬見
伈 씬 [심]恐貌ㅣㅣ두려워할、심(寑) [침]義同(沁)
价。졔 [개]善也착할、개 大也클、개(卦)
伀 쯍 [종]懼也征ㅣ두려워할、종(冬)
伋 찌 [급]思也생각할、급(緝)
伙 훠 [화]什物家ㅣ세간、화(哿)
㊄
伯。빽 [백]長也맏、백(陌)
佟 퉁 [동]姓也성、동(冬)
伾 쀄 [비]有力ㅣㅣ힘있을、비(支) 岯見
佌 츠 [차]小也ㅣㅣ작

을、차(紙)

似 쓰 [사]肖也같을、사嗣也이을、사(紙)佀同

伱 늬 [니]汝也너、이(紙)

位 웨 [위]坐也자리、위正也바를、위列也벌릴、위(寘)官職

佇 쥬 [저]久立오래섰을、저(語)竚同

佊 삐 [피]邪也간사할、피(寘)

余 同予

估 꾸 [고]市稅저자세금、고(麌)

住 쮸 [주]止也머무를、주(遇)

佈 뿌 [포]徧也펼、포(遇)

作 쭤 [작]造也지을、작始也비로소、작(藥)[자]爲也할、자(箇)做見

低 듸 [저]俛也굽힐、저下也낮을、저(齊)

伸 쎤 [신]舒也펼、신(眞)申同

伴 빤 [반]侶也짝、반依也의지할、반(旱)縱弛ㅣ奐늘어질、반(翰)

佃 뎬 [전]治田밭맬、전(先)(霰)畋見、甸通

但 딴 [단]徒也다만、단(旱)(翰)

佋 샾 [소]廟位ㅣ穆소목、소(蕭)昭通介行ㅣ介소개할、소(篠)

何 허 [하]曷也어찌、하誰也무엇、하(歌)

伽 쳬 [가]僧居ㅣ藍절、가(歌)

佗 타 [타]彼稱저、타自得委ㅣ지득할、다(歌)他同它通、加也더할、타(箇)

佐 줘 [자]俗音[좌]輔也도울、좌(箇)

佒 양 [앙]體不伸偃ㅣ몸펴지못할、앙(養)

伻 뻥 [팽]使人사람부릴、팽(庚)

伶 링 [령]樂工ㅣ人악공、영黠慧ㅣ俐영리할、영(青)

佞 닝 [영]才也재주、영諂ㅣ아첨할、영(徑)

佝 〔후 쿠〕 [후]短醜傴ㅣ추루할、후(宥)

伷 同冑

佑 우 [우]助也도울、우(宥)右祐通

佔 同覘

佖 삐 [필]威儀ㅣㅣ위엄스러울、필(質)怭通

佛 〔뿌 삐〕 [불]髴見悟覺生부처、불戾也어그러질、불(物)[필]大也클、필(質)

佚 이 [일]過失허물、일安逸편안할、일(質)妷同逸見[질]緩也ㅣ蕩방탕할、질(屑)

佀 同似

佂 엉 [정]懼也ㅣ伀두려워할、정(庚)

体 퓐 [분]輀丁ㅣ夫상여군、분笨也거칠、분(阮)笨同(俗作體略字)

伺 〔츠 쓰〕 [사]察也살필、사(寘)

佁 이 [이]癡貌미련스러울、이(紙)

佉 취 [구]國名ㅣ沙나라이름、구(尤)

侂 퉈 [탁]人名韓ㅣ胄사람이름、탁(藥)

六

侗 퉁 [동]無知倥ㅣ지각없을、동[통]大體클、통(東)

㑋 충 [궁]小陋작고추할、궁(送)窮見

供 꿍 [공]奉也받들、공具也갖출、공(宋)給也

공궤할、공(冬)共通

侇 이[예]儕也무리、이尸也주검、이(支)

來。(리래)[래]至也올、내招也오너라、내(灰)倈同、徠通[리]義同(支)棶見

侈 치[치]奢也사치할、치(紙)

佹 궤[궤]重累포갤、궤(紙)

使。쓰[사]令也하여금、사役也부릴、사(紙)[시]將命者사신、사(寘)

佽 츠[차]利也이할、차助也도울、차(寘)

侍 씌[시]陪側모실、시(寘)寺通

依 이[의]倚也의지할、의循也좇을、의(微)譬喩비유할、의(尾)

例。리[례]比也견줄、례(霽)

侏 쥬[주]短人ㅣ儒난장이、주(虞)

佳。계[개]俗音[가]善也착할、가(佳)美也아름다울、가(麻)嘉見

侅。(해깨)[해]非常奇ㅣ이상할、해(灰)胲賅通

佪 徊同

㑊 이[역]食而瘦食ㅣ감질、역(陌)

侁。씬[신]衆行貌ㅣㅣ떼지어갈、신(眞)駪通

侚 쓘[순]疾也빠를、순(震)徇見

侖。룬[륜]物之圜渾者昆ㅣ뭉치、윤(元)崙同

侃 칸[간]剛直ㅣㅣ강직할、간(旱)(翰)偘同

佻 됴[조]竊取도적할、조(蕭)恌同、獨行ㅣㅣ홀로행할、조(篠)

佺 찬[전]仙人偓ㅣ신선이름、전(先)

侉。誇同

侘 차[차]失意ㅣ傺실심할、차(禡)

佼 쟈[교]好也좋을、교(巧)姣同[효]好貌也예쁠、효(效)

佯。양[양]詐也거짓、양(陽)詳通

侜 쥬[주]壅蔽가리울、주(尤)

侔。무[모]齊等비등할、모(尤)

侑 우[유]耦也짝、유勸食권하여먹일、유(宥)

侌 陰霒見

佾 이[일]舞行行數춤추는줄수효、일(質)溢通

佶。지[길]正也바를、길(質)

佸 훠[괄]會也會計회계할、괄會力貌ㅣㅣ힘쓸、괄[활]至也이를、활(曷)

佰 (빼빼)[백]百人長백사람의어른、백(陌)百同

侂 託同

侐 씨[혁]靜寂고요할、혁(職)

侎 敉同

佩。페[패]玉ㅣ패옥、패又찰、패(隊)珮同

佷 형[항]縣名ㅣ山고을이름、항還也돌아올、항(蒸)

侄。지[질]癡也어리석을、질(質)(俗誤作爲姪字)

佴 얼[이]貳也버금、이(寘)

侊。광[광]大也클、광(陽)

侤 칸[고]誓必行다짐둘、고(皓)

⑦

[illegible] 망[망]不媚傋ㅣ아첨하지않을、망(講)

俚。리[리]俗也속될、이賴也힘입을、이(紙)

俑 융[용]木人목인、용(腫)

俟 쓰 [사]待也기다릴、사(紙) 竢同 [기]姓也성、기(支) 俐 리 [리]慧黠伶ㅣ영리할、이(眞) 俙。씨 [희]彷彿依ㅣ방불할、희(微)不明僾ㅣ희미할、희(尾) 侶. 려

[려]伴也짝、여(語) 俍 량 [량]良工장인、양(漾) 俘 부 [부]軍所獲볼모잡을、부(虞) 俌 부 [보]輔也도울、보(麌) 侮。우 [모]慢也업신여길、모(麌) 俁 위

[우]容貌大ㅣㅣ형용장대할、우(麌) 係 씨 [계]連接이을、계(霽) 繫見 侲 연 [진]逐厲童여역쫓는아이、진(眞)(震) 信. 씬 [신]不疑믿을、신(震) 俊。쥔 [준]智過千

人ㅣ傑준걸、준(震) 儁同 便. 뼨 편 [편]安也편안할、편宜也마땅할、편(先) [변]輒也문득、변溲也오줌、변(霰) 㑯同 俛 면 [면]類首굽힐、면(銑) 勉通 俔 쎤 [현]譬

喻비유할、현(銑) [견]義同(霰) 俏 챂 [소]反琴聲ㅣ然거문고뒤치는소리、소(蕭) [초]好貌ㅣ措아리따울、초(嘯) 保. 빠 [보]全之보전할、보養也기를、보傭也고용살이、보(晧)

俄. 어 [아]時之短速아까、아傾貌기울어질、아(歌) 俜 핑 [빙]行不正伶ㅣ비틀거릴、빙(青) 侹 팅 [정]長也길、정(迥) 俓。징 [경]直也곧을、경(徑) 徑見 侵。

친 [침]駸削침노할、침凶年大ㅣ흉년들、침貌不揚모춤할、침(侵) 促 츄 [촉]催也재촉할、촉迫也핍박할、촉(沃) 趣通 俗. 쓕 [속]風習풍속、속欲也하고자할、속(沃)

侻 튀 [탈]輕也가벼울、탈狡也교활할、탈(曷) 俋 이 [읍]耕行貌ㅣㅣ밭갈러갈、읍(緝) 俅 취 [구]恭順貌ㅣㅣ공순할、구(尤) 俠。쌰 쨔 [협]權力輔人任ㅣ협기、

협(葉) [겹]竝也아우를、겹傍也곁、겹(洽) 狹見 俳 뻬 [폐]開脚行步ㅣ傺걸음걸이、폐(薺) 侯。훠 [후]公之次제후、후發語辭발어사、후(尤) 矦同 帿見 俒 훈 [혼]完也완

전할、혼圂也걱정시킬、혼(願) 俈 嚳同 㑗 씬 [신]妊身아이밸몸、신(眞) 俫 랖 [로]麄䴡大貌僗ㅣ투박할、노(豪) 侳。쥐 [좌]安也편안할、좌辱也욕될、좌(箇)

俞. 兪俗字 俎。쭈 [조]祭享器제기、조刀ㅣ도마、조(語) 侽 난 男俗字 倸 채 [채]干涉아른체할、채 俤. 띄 [뎨]面影얼굴그림자、제

倥 쿵 [공] 無知ㅣ侗 지각 없을, 공 (東) 不暇ㅣ傯 공총할, 공 (董)(送) 俸• 뽕 [봉] 秩祿 녹, 봉 (宋) 倛 魌同 倕 취 [수] 重也 무거울, 수 人名 이름, 수 (支) 倭。

웨 [위] 回遠ㅣ遲 빙돌, 위 (支) [왜] 海中國名 今日本 나라, 왜 (歌) 倚。 이 [의] 依也 의지할, 의 (紙) 猗通 恃也 믿을, 의 加也 더할, 의 [인] 因也 인할, 의 (寘) 俾• 삐 [비] 使也 하여금, 비

益也 유익할, 비 (紙) 俾同 値 찌 [치] 當也 당할, 치 遇也 만날, 치 物價 값, 치 (寘) 直通 俱• 쮜 [구] 偕也 함께, 구 (虞) 偒 이 [이] 慢也 업신여길, 이 (寘) 倨 쮜 [거] 不

遜 거만할, 거 (御) 倳 剚同 俯• 뿌 [부] 俛也 굽으릴, 부 (麌) 頫同 倪 이 [예] 端也 끝, 예 (齊) 兒見 倍。 베 [배] 兼也 갑절, 배 (賄) 俳 패 [배] 戲也ㅣ優 광대,

배 (佳) 徘見 倈 來同 倅 취 [쉬] 郡ㅣ 원, 쉬 副也 버금, 쉬 (隊) 倧 쭁 [종] 上古神人 옛적 신인, 종 (冬) 倌。 꽌 [관] 主駕者 수레 맡은 사람, 관 (寒) 們• 뭔 [문] 等

輩 무리, 문 (願) 俴 쳰 [천] 淺也 얕을, 천 (銑) 倦。• 쫜 [권] 懈也 게으를, 권 (霰) 倰 夌同 倩 쳰 [천] 男子美稱也 예쁘고 엄전할, 천 壻也 사위, 천 (霰) [청] 假借 빌,

청 (敬) 倀 창 [창] 虎鬼 창귀, 창 失道ㅣㅣ 길 잃을, 창 狂也 미칠, 창 (陽) 俵 뱦 [표] 分畀 나눠질, 표 (嘯) [日] 秠也 섬, 표 又 가마니, 표 倫。• 륜 [륜] 序也 차례, 윤 等也 무

리, 윤 (眞) 倒 또 [도] 顚也 거꾸러질, 도 (號) 仆也 자빠질, 도 (皓) 倮 궈 [과] 狹隘[illegible]ㅣ 협애할, 과 (哿) 個• 箇同 借。 〔예지〕 [차] 貸反 빌어올, 차 (禡) 倡。 챵 [창] 俳

優 광대, 창 (陽) 娼通 導也 인도할, 창 (漾) 唱通 倯 쑹 [송] 形小醜惡 倸ㅣ 작고 못생길, 송 (冬) 悷 리 [려] 怒也 성낼, 여 (霽) 倣• 빵 [방] 效也 본받을, 방 (養) 昉同 倘 儻同

倞 량 [량] 遠也 멀, 양 (漾) [경] 彊也 굳셀, 경 (敬) 競見 倂。• 삥 [병] 竝也 나란할, 병 (敬) 幷通 和合 아우를, 병 (梗) 併通 倖 씽 [행] 覬非望 요행, 행 寵也 총애할, 행 (梗) 幸通

倗 씽 [형] 成也 이룰, 형 (青) 㑣 란 [람] 駑鈍貌ㅣ儖 두미할, 남 (覃) [illegible] 傲同 倓 탄 [담] 安也 편안할, 담 (感) 俺。• 안 [엄] 我也 나, 엄 (豔) [암] 義同 (感) 大也 클, 암

二畫 人亻

(陷) 倏 쓔[숙]ㅣ忽빠를、숙(屋)儵同

倢 ○졔[첩]疾也빠를、첩(葉)婕捷見

俷 ●볘[비]背也배척할、비(尾)

倴 뿐[분]人名ㅣ盞사람이름、분(元)[華]ㅣ人둔한사람、분

俶 ○쓕[숙]始也비로소、숙善也착할、숙作也지을、숙甚也심할、숙(屋)倜同

倬 쭤[탁]大也클、탁(覺)

倔 ○쥐[굴]梗戾ㅣ強어기댈、굴強也굳셀、굴(物)

倜 ●○틔[척]不羈ㅣ儻억매지않을、척高擧貌높이들、척(錫)俶通

倷 예[엽]卑也낮을、엽(葉)偞通

惛 훈[혼]闇也어두울、혼耆妄노인건망증、혼(願)

俽 씬[흔]州名고을이름、흔喜也기쁠、흔(文)

倉 ●○창[창]穀藏곳집、창(陽)喪也슬퍼할、창又슬플、창(漾)

倃 ○쥐[구]毀也훼방할、구(有)

傝 타[답]不任事儑ㅣ일감당못할、답(合)

倆 량[량]巧也伎ㅣ공교할、양(養)

倗 평[붕]託也부탁할、붕(蒸)

修 ●○쓔[수]理也다스릴、수飾也꾸밀、수(尤)脩通

候 훅[후]伺望바랄、후氣ㅣ기후、후(宥)

九

偫 쯰[치]待也기다릴、치(紙)

偯 이[의]哭餘聲울음끝소리、의(尾)

偲 ○〔쓰채〕[시]詳勉ㅣㅣ살피고힘쓸、시(支)多才재주많을、시(灰)

偊 위[우]曲躬몸굽힐、우(麌)

做 〔쮜주〕[조]造也지을、주(遇)

偉 ●○웨[위]大也클、위(尾)

偈 〔예치〕[게]梵語ㅣ句범어、게武威위엄스러울、게(霽)[걸]疾也빠를、걸(屑)

偃 연[언]僵也자빠질、언卧也누을、언(阮)

健 ●○쪈[건]强也건장할、건(願)

偏 편[편]側也치우칠、편(先)

僝 잔[잔]具也갖출、잔(潸)僝通

偭 면[면]向也향할、면背也등질、면(霰)

偘 同侃

偕 ○쪠[해]俱也함께할、해(佳)

偠 약[요]細腰ㅣ褭허리가늘、요(篠)

假 ●〔야쟈꺄〕[가]非眞거짓、가大也클、가借也빌릴、가(禡)格見

偝 同背

偵 청[정]問也물을、정(敬)

偟 同徨

併 빙[병]皆也다、병(敬)倂見

停 ●○팅[정]中止머무를、정(青)

偁 同稱

偸 투[투]盜也도적할、투苟且구차할、투(尤)婾通

偄 同便

偩 우[부]依也의지할、부(有)負見

偶 ●○여[우]適然우연、우(宥)合也합할、우匹也짝、우偶

也제웅、우(有)耦通

偰 偊同

偓 우 [악] 仙人ㅣ佺신선이름、악(覺)

側 。(처 째) [측] 傍也곁、측(職) 仄見

偪 삐 [핍] 迫也핍박할、핍(職) 逼、幅見

偌 시 [야] 姓也성、야(禡) [華] 甚意너무、야

偍 틔 [제] 難進문칫거릴、제(齊)

偐 앤 [안] 僞物위조붙、안(諫)

偦 쓔 [서] 有才智者재주있을、서(語)

偠 。安同

㑥 。쥐 [각] 受屈徼ㅣ질、각(藥) 倦也게으를、극(陌)

偖 즈 [자] 捨也버릴、자(馬)

偅 憧同

十

傋 양 [강] 不媚ㅣ佬아첨아니할、강(講) [구] 無知지각없을、구(有)

傅 。약 [부] 師也스승、부麗著붙을、부曲意黨同ㅣ會편들、부近也가까울、부牽合ㅣ會이끌어합할、부(遇) 付附敷同

傃 쑤 [소] 向也향할、소(遇)

偎 웨 [외] 愛也사랑할、외暱近친근할、외(灰) 椳見

傒 씨 [혜] 人名齊高ㅣ이름、혜(齊) 待也기다릴、혜 徯通

傘 싼 [산] 蓋也일산、산(旱) 繖繖𢄼同

傀 。(켸 계) [괴] 大貌엄전할、괴(灰) 壞通、木偶ㅣ儡꼭두각씨、괴(賄)

傎 덴 젼 [전] 倒也엎드러질、전(先) 巓同、顚通

傖 창 [쟁] 賤稱놈、쟁(庚)

傜 。얀 [요] 役也부릴、요(蕭) 徭同、繇通

傚 쌰 [효] 法也본받을、효(效) 俲同、效見

傞 쏴 [사] 醉舞貌ㅣ춤、사(歌)

傏 搪同

傍 。(팡 뺑) [방] 倚也의지할、방近也가까이할、방(漾) 竝通 側也곁、방(陽) [팽] 不得已ㅣㅣ마지못할、팽(庚)

傑 。쩨 [걸] 智過千人英ㅣ영걸、걸特立不衆두두러질、걸(屑) 杰通

傉 누 [녹] 三字姓ㅣㅣ宮성、녹(沃)

傝 闒同

傌 마 [마] 辱也욕할、마(禡) 罵同

㑳 。져 [추] 傭也고용살、추(宥)

傕 。쥐 [각] 人名李ㅣ이름、각(覺)

傔 。젼 [겸] 使屬ㅣ從겸종、겸(豔)

傛 。융 [용] 奕奕혁혁할、용女官ㅣ華계집의벼슬이름、용軀身몸굽힐、용(冬)

傈 쭝 [공] 形小醜惡ㅣ倯작고못생길、공(冬)

備 。삐 [비] 具也갖출、비防也방비할、비(寘)

[illegible] 酩同

傢 。쨔 [가] 試也ㅣ器시험、가(麻)

十一

僊 仙同

傯 。쫑 [총] 不暇倥ㅣ바쁠、총(董)送

僂 뤼 [루] 俯也傴ㅣ구부릴、누(麌) 短醜ㅣ偭몬존할、누(宥)

傭 。융 [용] 雇役人고용살이할、용 [충] 齊也가지런할、

충 均也 고를、충 (冬)

傴 위 [구] 俯也ㅣ僂 구부릴 구 (麌)

傺 치 [제] 失意侘ㅣ 실심할、제 (霽)

催。 최 [최] 促也 재촉할、최 (灰)

債. 채 [채] 逋財 빚질、채 (卦)

僅 진 [근] 纔也 겨우、근 (文)(震) 廑通

僄 퍄 [표] 輕也 진중치 못할、표 (蕭)(嘯) 嫖通

傲 오 [오] 倨也 거만할、오 (號) 慠同

傻 싸 [사] 不仁也 몹쓸、사 (馬)

傳.。 잔 [전] 授也 전할、전 (先) 旅舘ㅣ舍 주막、전 驛遞 역체、전 信也 병부、전 賢人之書 어진 사람의 글、전 (霰)

健. 련 [련] 雙生子 쌍동이、연 鷄小者 병아리、연 (霰)

傶 져 [자] 健而不德 ㅣ儸 건장하고 덕 없을、자 (禡)

傷.。 쌍 [상] 創也 상할、상 損也 덜、상 (陽)

傾。 칭 [경] 仄也 기울어질、경 空也 빌、경 (庚) 少選俄ㅣ 아까、경 (梗) 頃通

僻 삥 [병] 斥也 내칠、병 除也 제할、병 (梗) 隱僻 은벽할、병 (敬)

僉.。 쳼 [쳠] 咸也 다、쳠 (鹽)

僇 同戮

僁 쎄 [셜] 小言聲ㅣㅣ 소군거릴、셜 (屑)

傹 同競

㒍 펑 [붕] 姓也 성、붕 朋也 동무、붕 (蒸)

傿. 同鄢

傱 충 [종] 走貌ㅣㅣ 종종걸음칠、종 (冬)

傪 찬 [참] 好貌 아리따울、참 (覃)

⿰亻斬 잔 [졈] 侍立 모시고 설、졈 (鹽)

⿰亻䚻。 요 [요] 喜也 기쁠、요 以彼比此 비교할、요 (蕭)

働. 동 [동] 行動竭力 힘써할、동

十二

⿰亻懋 懋俗字

僮 퉁 [동] 童奴 아이종、동 疎敬貌ㅣㅣ 굽실거릴、동 (東)

僖。 씨 [희] 樂也 즐거울、희 (支) 釐通

僛 치 [기] 醉舞貌ㅣㅣ 취하여 춤추는 모양、기 (支)

僓 퉤 [퇴] 順也ㅣ然 순할、퇴 (灰)

僞.。 웨 [위] 詐也 거짓、위 (寘)

僎 쥰 [쥰] 鄉飲助主人者 향음주인 돕는 사람、쥰 (眞) [선] 具也 갖출、선 整也 정제할、선 (銑) 遵通

僨.。 븐 [분] 僵也 자빠질、분 (問)

僝 (쫜)(잔) [잔] 惡罵ㅣ僽 몹시 꾸짖을、잔 (刪) 僝見

僤 딴 [탄] 疾也 빠를、탄 (翰)

僔 同撙

僩 쏀 [한] 武貌 위엄스러울、한 (潸)

僑.。 쟢 [교] 旅寓 우거할、교 高也 높을、교 (蕭)

僥 얀 [요] 覬非望ㅣ倖 요행、요 憿同、僞也 거짓、요 徼 短人僬ㅣ 난장이、요 (蕭)

僧。 썽 [승] 沙門 중、승 (蒸)

僬 쟢 [초] 短人ㅣ僥 난장이、초 (蕭) 促走ㅣㅣ 달음질할、초 (嘯)

僚. 랖 [료] 同官 동관、요 (蕭) 寮通、戲也 희롱할、

요(篠) 嫽通

僗 勞同

僙 팡 [팡]武貌위엄스러울、팡(陽)

像 。쌍 [상]形象형상、상肖似같을、상(養)

僜 떵(청) [등]不著事倰ㅣ일에맞갖지못할、등 [릉]義同(蒸)

僦 。쭈 [추]賃也세낼、추(宥)

僭 。쨈 [참]假也거짓、참踰ㅣ참람할、참(豔)

僕 。푸 [복]隷也종、복(沃)官名太ㅣ벼슬이름、복(屋)

僰 뻐 [북]西南夷也서남방오랑캐、북(職)

[illegible] 益古字

偯 치 [계]開脚行步偯ㅣ걸음걸이、계(霽)

僟 。찌 [기]精謹삼갈、기(微)

僢 舛同

僪 쮸 [결]日傍氣해무리、결(屑)

(十三)

儀 。이 [의]容也거동、의法也법도、의(支)

儂 눙 [농]我也나、농(冬)

僿 쓰 [사]細碎부슬、사(寘)

儈 쾌 [괴]會合市人牙ㅣ(賣買周旋業者)거간군、괴(泰)

儇 환 [현]慧利영리할、현(先)

僾 。애 [애]髣髴ㅣ然방불할、애眼鏡ㅣ逮안경、애(隊)

儁 俊同

僶 민 [민]强爲ㅣ勉강잉할、민(軫)黽通

儃 탄 [천]不進ㅣ佪머뭇거릴、천(先) [탄]舒閒ㅣㅣ한가할、탄(旱)

儆 。찡 [경]戒也경계할、경(梗)警通

僵 。쟝 [강]仆也자빠질、강(陽)

儋 擔聽見

僸 。진 [금]夷樂오랑캐풍류、금仰也우러를、금(沁)

儉 。잼 [검]去奢검소할、검歲歉흉년、검(琰)

僻 (뼤/피) [벽]陋也더러울、벽邪也간사할、벽幽也유벽할、벽偏ㅣ편벽할、벽(陌)

億 。이 [억]萬之萬倍억、억安也편안할、억供也이바지할、억(職)

價 。쨔 [가]售直값、가(禡)俗用価賈通

僽 쩍 [추]惡罵僝ㅣ몹시욕설할、추(宥)

僁 싸 [삽]不謹貌偈ㅣ경솔할、삽(合)

(十四)

儗 이 [의]僭也참람할、의相疑서로의심할、의(紙)

儒 。수 [유]學者之稱선비、유(虞)

儕 채 [제]等輩무리、제(佳)

儛 舞同

儓 대 [대]儓賤之稱輿ㅣ하인、대(灰)

儘 。진 [진]盡也다할、진(軫)

[illegible] 인 [은]依人사람에게기댈、은(問)

儐 。삔 [빈]導也인도할、빈相助도울、빈接賓以禮손대접할、빈(震)

儜 닝 [녕]困弱拘ㅣ고달플、영相呼聲傖ㅣ떠들석할、영(庚)

儔 。쭈 [주]侶也짝、주誰也누구、주(尤)

[illegible] 댜 [조]獨立홀로설、조(篠)

儚 멍 [몽]惛也ㅣㅣ밝지못

할、몽(庚) (十五) 儸 빼 [파] 停也머무를、피(紙) 儯 쓰 [사] 盡也다할、사(寘) 償○• 쌍 [상] 報酬갚을、상(陽)(漾) 儡 레 [뢰] 木偶傀ㅣ꼭두각시、뇌或허수아비、뇌破壞무너질、뇌(賄) 儥○ 유 [육] 賣也儥ㅣ팔、육長也길、육(屋) 鬻同 儷 레 [렵] 長貌ㅣㅣ긴모양、엽(葉) 儢• 嬚同 儚 메 [멸] 多詐ㅣ儹간사할、멸(屑)

儦 빠 [표] 行貌ㅣㅣ걷는모양、표(蕭) 優○• 우 [우] 饒也넉넉할、우勝也이길、우倡也俳ㅣ광대、우戲也희롱할、우遊也놀、우(尤) (十六) 儕 쎄 [해] 狹也좁을、해(卦) 儲○• 쥬 [저] 貯也저축할、저副也버금、저(魚) 㒟 뇨 [뇨] 美也아름다울、요細腰偠ㅣ허리가늘、요(篠) 儭 천 [츤] 裏也속、츤(震) (十七) 儳 찬 [참] 不齊ㅣ互서로어긋날、참(咸) 雜言잡된말할、참(勘) 輕薄경박할、참(陷) 儵 倏同 (十八) 儤 빠 [포] 連直ㅣ宿숙직할、포(效) (十九) 儷○• 리 [려] 偶也伉ㅣ짝、여(霽) 儸 뤄 [라] 健而不德儸ㅣ건장하고덕없을、나幹辦能事儸ㅣ간능할、나(歌) 儹○ 잔 [찬] 聚也모을、찬(旱) 儺• 눠 [나] 驅疫여역쫓을、나或경읽고굿할、나難通、柔順貌猗ㅣ휘청거릴、나(歌) 行有度지어걸을、나(哿) 顛 同傎 (二十) 儼○• 옌 [엄] 敬也공경할、엄矜莊貌엄연할、엄(琰) 儻○• 탕 [당] 不羈偶ㅣ억매지않을、당或然之辭혹그러할、당苟也진실로、당(養)(漾) 倘同 (二十一) 儽 뤄 [라] 赤裸벌거벗을、나(哿) 㒢 썇 [효] 傲也거만할、효(蕭) (二十二) 儾 낭 [낭] 緩也늦을、낭(漾)

儿部

儿 신 [인] 仁人어진사람、인(眞) 兀 우 [올] 高貌우뚝할、올不動貌ㅣㅣ움직이지않을、올刖足발꿈치베일、올(月) (二) 允○• 순 [윤] 信也믿을、윤肯也옳게여길、윤、誠也진실로、윤(軫) 元○• 웬 [원] 始也으뜸、원大也클、원長也길、원(天也乾ㅣ、君也ㅣ道)(元) (三) 兄○• 쓩 [형] 同胞ㅣ弟형님、형(庚) [황] 大也클、황滋也부를、황(漾) 況況怳通 (四) 充 츙 [충] 實之채울、충滿也가득할、충美也아름다울、충塞也막을、충(東) 兇 쓩 [흉] 惡也악할、흉(冬) 凶見、擾恐

공동할、흉(腫)訩見

先。센 [선]前也먼저、선始也비로소、선(先)ㅣ之앞설、선(霰)

光。꽝 [광]輝耀빛날、광(陽)灮同

兆。짜 [조]十億조、조未作意ㅣ眹조짐、조(篠)垗見

兇 꾸 [고]壅蔽가릴、고(虞)

五

兌。뒈 [태]蹊也지름길、태悅也기꺼울、태直也곧을、태通也통할、태馳易바꿀、태卦名괘이름、태(泰)隊通

免。멘 [면]脫也면할、면黜也내칠、면(銑)浼見

克 커 [극]勝也이길、극剋通能也능할、극(職)

六

兕 쓰 [시]野牛一角외뿔난들소、시(紙)

皃。얼 [아]孩子아이、아(支) [예]幼弱어릴、예姓也성、예(齊)倪通

兎。투 [토]八竅獸토끼、토(遇)

七

兗 옌 [연]九州之一ㅣ州고을이름、연端也단정할、연信也믿을、연(銑)沇通

八

党 땅 [당]羌種ㅣ項오랑캐、당(養)

兜。뚜 [두]首鎧투구、두(尤)

十

兟 씬 [신]進也나갈、신(眞)

十二

兢。낑 [긍]戒懼ㅣㅣ조심할、긍敬也공경할、긍(蒸)矜通

[illegible] 凉同

十四

[illegible] 샨 [요]遠也멀、요(篠)

十八

兤 황 [황]火明불밝을、황(養)

二十二

[illegible] 뿌 [부]疾也빠를、부(遇)

入部

入 수 [입]出之對들어올、입納也드릴、입(緝)

亾 왕 [망]滅也망할、망逃也도망할、망失也잃을、망(陽) [무]不在없을、무(虞)亡同

內。네 [내]外之對안、내宮禁대궐、내(隊) [납]入也들일、납受也받을、납(合)納同、枘通

叺 [입]小俵작은섬、입作字

四

全。촨 [전]完也온전할、전(先)

六

兩 량 [량]再也둘、양二十四銖양、양(養)車數수레수효、양(漾)

七

兪。위 [유]然也그렇게여길、유答也대답할、유(虞)

[illegible] 치 [기]參差참치할、기(支)

[illegible] 변 [편]小也작을、편(銑)

八部

八 빠 [팔]少陰數여덟、팔(黠)捌通

二

公。꽁 [공]無私공변될、공官也공사、공尊稱존칭할、공正也바를、공五爵中首공작、공(東)功通

六 루 [륙]老陰數여섯、륙春秋時國名나라이름、육(屋)陸通

兮 씨 [혜]語助어조사、혜(齊)

四

共。꽁 [공]同也한가지、공(宋)法也법될、공敬也공경할、공衆也

ㅣ同무리、ㅣ공(冬)恭通

矣 笑古字

(五) **兵** 병 [병]從戎戰鬪者군사、병軍也戰器병기、병(庚)

(六) **其** 치 [기]助辭어조사、기居通、指名辭그、기(支)

具 쥐 [구]具也갖출、구器ㅣ기구、구(遇)

典 뎐 [전]法也법、전主也주장할、전常也떳떳、전(銑)

(八) **兼** 졈 [겸]幷也겸할、겸禾二秉벼두뭇음、겸(鹽)

(十) **兾** 지 冀俗字

(十四) **冀** 지 [기]欲也하고자할、기望也바랄、기州名ㅣ州고을이름、기(寘)

(十六) **[illegible]** 晨古字

(十八) **[illegible]** 顚同 傎通

冂部

冂 징 [경]遠也멀、경野와들밖、경(靑)

(二) **冄** 산 [염]毛細下垂가는털늘어질、염行貌ㅣㅣ타달거릴、염(琰)

(三) **冊** 채 [책]簡編책、책謀也꾀、책(陌)策通

冉 冄同

(四) **再** 재 [재]兩也두번、재重也거듭、재(隊)

冎 剮同

(七) **冒** 모 [모]犯也무릅쓸、모貪也탐할、모蔽也가릴、모涉也간섭할、모(號) [묵]單于名ㅣ頓선우의이름、묵(職)

冑 젹 [주]兜鍪투구、주(宥)軸同

(八) **冔** 쒸 [후]殷冠은나라관、후覆也덮을、후(麌)

冓 꾸 [구]交積材재목어긋매겨쌓을、구宮閹隱奧處中ㅣ대궐은옥한곳、구(宥)

(九) **冕** 멘 [면]大夫以上冠ㅣ旒면류관、면(銑)絻悗通

(十二) **[illegible]** 릐 [리]白帽接ㅣ흰모자、리(支)

冖部

冖 미 [멱]覆也덮을、멱(錫)

(二) **冘** 우 [유]不定ㅣ豫머뭇거릴、유(尤)猶通

(六) **冞** 미 [미]周也두루、미深也깊을、미(支)罙同

(七) **冠** 관 [관]冕弁總名관、관又갓、관(寒)首也으뜸、관加ㅣ관례、관(翰)

(八) **冢** 쭁 [총]大也클、총山頂산이마、총天官ㅣ宰벼슬이름、총墳也무덤、총(腫)塚見

冡 蒙同

冤 웬 [원]枉曲원통할、원(元)寃通

冥 밍 [명]幽暗어둘、명昏晦ㅣㅣ어둑어둑할、명天也青ㅣ하늘、명(靑)暝溟通

(十四) **冪** 미 [멱]덮을、멱(錫)羃同

冫部

冫 빙 [빙]凍也얼음、빙(蒸)

(三) **冬** 둥 [동]四時終겨울、동(冬)

(四) **冲** 츙 [충]和也화할、충鑿聲ㅣㅣ얼음끄는소리、충幼小어

릴、충 東 沖种翀見

冰 빙 빙 水凍얼음 빙 蒸

决 決俗字

五

冹 배 불 寒也찰、불 物 발 義同 月

况 況同 況異

冶 예 야 鎔也쇠불릴、爐鑄풀무、야 馬

泮 판 반 解冰얼음녹을、반 翰 泮通

冷 렁 랭 寒也찰、냉 梗 迥

六

冽 레 렬 寒氣嚴酷맵게추울、열 屑 烈通

洛 허 학 氷凍ㅣ澤얼학 藥

七

浹 쎄 협 凍相著ㅣ渫얼어붙을、협 葉

浗 착 구 手足凍貌漻ㅣ손발얼어부풀、구 尤

八

准 準俗字

凇 쑹 송 寒氣結氷如珠霧ㅣ산유화、송 冬

凅 꾸 고 凝閉얼、고 遇

凍 뚱 동 冰壯얼、동 送

凄 치 처 寒也찰、처 齊

凋 댜 조 半傷여윌、조 蕭 彫通

凉 량 량 輕寒서늘、양 陽 涼同

凊 징 청 輕寒서늘할、청 敬

㴫 데 접 凍相著浹ㅣ얼어붙을、첩 葉

凌 링 릉 冰室ㅣ陰빙고、능 輕視업신여길、능 蒸 徑 勝 勝同

十

凒 이 의 雪貌 催ㅣ눈쌀일、의 微

滄 창 창 寒也찰、창 漾

凓 리 률 寒氣ㅣ冽찬기운、율 質

溏 팡 당 凍相著얼어붙을、당 陽

滕 링 릉 積氷쌓인얼음、능 蒸 凌同

濂 렌 렴 薄冰엷은얼음、염 琰

十一

滭 삐 필 風寒ㅣ冹바람찰、필 質 觱通

漻 류 류 手足凍貌수족얼어붙을、유 尤

十二

凘 씨 시 流冰성애、시 支 齊

十三

凚 진 금 寒極貌쌀쌀이추울、금 寢

澤 뛰 탁 檐結冰庭ㅣ고드름、탁 藥

凜 린 름 寒也ㅣㅣ찰、늠 寢

十四

凝 잉 응 結也엉길、응 成也이룰、응 定也정할、응 嚴整엄숙할、응 蒸 水堅물얼、응 徑

凞 밴 희 和也화할、희 支

几部

几 지 궤 人所凭坐기댈상、궤 紙 机通

凡 반 범 大槪대개、범 又무릇、범 常也심상할、범 咸

凢 凡俗用 凡非

三

処 處同

凨 전 진 新生羽而初飛깃처음나서날을、진 軫

凥 居同

六

凭 핑 빙 依也의지할、빙 蒸 徑

凬 風古字

䏏 치 극 倦也게으를、극 陌

九

二畫 冫几

凰 황 [황] 雌鳳암봉、황(陽) 鶬同

十 凱 개 [개] 善也착할、개和也화할、개戰勝樂싸움이긴풍류、개(賄) 豈闓通愷見

十二 凳 뎡 [등] 牀類걸상、등(徑) 橙通

凵部

凵 감 [감] 張口입벌릴、감(感)

二 凶 흉 [흉] 吉之反흉할、흉(冬) 匈兇通

出 츄 [출] 入之對나갈、출斥也내칠、출黜通、鍚也생질、출生也날、출吐也토할、출(質) [추] ㅣ之내보낼、추(寘)

凸 뎌 [철] 凹之對高起뾰족할、철又도도록할、철(屑) 垤通

凹 야 [요] 凸之對오목할、요(效)(肴) 坳同

凷 塊同

六 函 한 [함] 包容匱也함、함書也편지、함關名ㅣ谷관이름、함(咸) 圅鐍通

七 [illegible] 쟉 [잡] 舂麥去皮보리닦일、잡(洽) [illegible]同

十 [illegible] 돠 [도] 古器그릇、도(豪)

刀部

刀 또 [도] 一刃兵칼、도錢名돈이름、도(豪)

刁 됴 [조] 晝炊夜擊ㅣ斗조두、조風動ㅣㅣ바람불、조(蕭)

刃 신 [인] 刀鋒칼날、인(震)

二 分 얜 [분] 別也분별할、분裂也나눌、분施也베풀、분十黍푼、분(文) 散也흩을、분定也분수、분均也고를、분(問)

切 쳬 [절] 割也끊을、절近也가까울、절門限문지방、절(屑) [체] 急也급할、체大凡一ㅣ일체、체(霽)

刈 이 [예] 芟草풀벨일、예(隊) 艾通

三 [illegible] 꿍 [공] 銍세낫질할、공(東)

刌 춘 [촌] 切也끊을、촌(阮)

刊 칸 [간] 斫木나무짜갤、간栞同、刻也새길、간削也깎을、간(寒)

[illegible] 쪄 [절] 以血塗刀칼에피묻칠、절(屑)

[illegible] 큔 [곤] 斫木枝가지찍을、곤(元)

四 刉 치 [기] 刲也찌를、기礪刀칼갈、기(微)

刎 원 [문] 剄也목찌를、문(吻)

刓 웬 [완] 剸也끊을、완弊也완할、완(寒)

[illegible] 싼 [삼] 刈也풀벨일、삼(陷)

刖 웨 [월] 斷足발벨、월(月) [왈] 義同

列 례 [렬] 位序반렬、열陳也벌릴、열(屑) 烈見

刑 씽 [형] 罰總名형벌、형法也법、형(青)

划 화 [화] 進船竿사앗대、화(麻)

五 利 리 [리] 吉也이할、이銛也날카로울、이(寘)

初 추 [초] 始也처음、초(魚)

判 판 [판] 剖也쪼갤、판(翰)

刨 퐈 [포] 削也깎을、포(肴)

刪 싼 [산] 除也깎을、산(刪)

刜 뷰 [불] 斫

也찍을、불 物

別 뼤 별 異也다를、별 辨也분별할、별 離也이별할、별 屑

刦 劫同

六

刵 얼 이 斷耳귀베일、이 寘

刳 쿠 고 剖破쪼갤、고 虞

制 지 제 禁也금제할、제 王言ㅣ令임금말씀、제 裁也마루잴、제 造也지을、제 成法ㅣ度제도、제 霽 製通

券 촨 권 要約書문서、권 願

到 땋 도 至也이를、도 號

刱 창 창 始造시작할、창 漾 創通

剁 뒤 타 斫也찍을、타 箇

刺 츠 자 直傷찌를、자 芒也가시、자 訊也문초할、자 書姓名於柬통자、자 寘 刾同 척 刃之찌를、척 陌 諫見 韓 御食曰水ㅣ수라、라

刮 꽈 괄 麾切긁을、괄 黠 挄同

刷 쏴 쇄 俗音 솨 拭也문지를、솨 掃ㅣ솔질할、쇄 尋究根ㅣ사실할、쇄 黠

剓 러 랄 剔也살깎을、낙 藥

刻 커 각 鏤也새길、각 晷ㅣ시각、각 職

刧 쩨 겁 겁박할、겁 (俗劫字誤) 葉

刲 퀘 규 刺也찌를、규 齊

刹 차 찰 僧舍절、찰 黠

七

刾 刺同

剃 티 체 剪髮털깎을、체 霽 鬀同

前 쳰 전 後之對ㅣ앞、전 先

剄 징 경 刎也목찌를、경 迥

剌 라 랄 戾也乖ㅣ어그러질、날 曷

削 쒀 삭 刮也깎을、삭 侵也침노할、삭 除也제할、삭 書刀각도、삭 藥

剋 커 극 損削제할、극 必也반드시、극 急也급할、극 勝也이길、극 職 尅同、克見

剉 춰 좌 斬截썰、좌 箇

則 쩌 즉 語助辭어조사、즉 칙 法也법칙、칙 職

八

剞 지 기 曲刀ㅣ劂새김칼、기 紙

⿰卑刂 피 비 削也깎을、비 齊

剕 페 비 刖足발베일、비 未 ⿰⻊非同

剜 완 완 削也깎을、완 寒

剗 찬 잔 削也깎을、잔 潸 剷通

剚 쯔 사 插刀칼꽂을、사 寘 傳同

剮 꽈 과 割也베일、과 哿

剛 깡 강 勁也굳셀、강 陽 罰同

剖 퍽 부 判也쪼갤、부 有 掊通

剡 얀 염 削也깎을、염 섬 會稽縣名고을이름、섬 琰

⿰屈刂 劂同

剝 뽜 박 削也깎을、박 割也베일、박 落也떨어질、박 力擊두드릴、박 覺

剟 뒤 철 刊也새길、철 割也베일、철 屑 削也깎을、철 擊也칠、철 曷

剒 춰 착 斬也베일、착 覺

剠 칭 경 墨刑面上자자、경 庚 黥同 량 鈔取빼앗을、양 漾

략奪取노략할、약(藥) 掠同 **剔**。티 척解骨뼈발라낼、척(錫) **剒** 腊同 **剓** 례 렬貫也꿸、열(屑)

九

剬 돤 단斷齊끊어가지런할、단(寒) **剪**。젼 전剪也ㅣ刀가위、전又갈길、전(銑) 揃同 翦見 **剮** 과 괘剮肉置骨살발라낼、과(馬) 冎同 **剩** 셩 잉餘也남을、잉益也더할、잉(賸俗字非)(徑) **副**。부 부次也버금、부稱也일컬을、부首飾첩지、부(宥) 복剖也쪼갤、복(屋) 벽難産析ㅣ순산안될、벽(職) **剭**。우 옥誅也죽일、옥(屋) 악刑也형벌할、악(覺) **[契刂]** 졔 결刻也새길、결(屑) **剨** 화 획破聲깨지는소리、획(陌) **[广肖刂]** 챂 초臿也삽、초(蕭) 鍫同 **剫** 뙤 탁判也쪼갤、탁治木치목할、탁(覺)

十

創。창 창傷也상할、창(陽) 瘡通、懲也징계할、창始也비로소、창(漾) 刱見 **剴**。개 개切近가까울、개鎌也낫、개(灰)(隊) **割**。꺼 할剝也베일、할(曷) **剳** 따 답鉤也갈구리、답(合) **[罒亞刂]** 깡 강勁也굳셀、강(陽) 剛同

十一

剺。리 리剝也깎을、이劃也그을、이(支) 剓同 **剸** 돤 단斷也끊을、단(寒) 전義同(銑) 專見 **剷**。찬 산損削깎을、산(潸) 剗同、鏟通 **剽**。퍞 표刺也찌를、표(嘯) 輕也가벼울、표(蕭) 末也끝、표砭刺침으로찌를、표劫也겁박할、표(篠) 勡見 **劋**。찬 조絶也끊을、초殺也죽일、초(篠) 剿同、勦通 **剹** 챵 창皮傷껍질상할、창(養) **[筞刂]** 쳐 책著也시초、책(陌) **劐** 럭 락穿也뚫을、두細切가늘게끊을、두(尤)

十二

[尊刂]。준 준滅也감할、준斷也끊을、준(阮) **[朁刂]** 찬 잠刺也찌를、잠(覃)(感) **劂**。궤 굴曲刀우비칼、굴(物) 劂同 궐刻刀각도、궐(月) **劃**。화 획刻也새길、획以刀破物그을、획作事計ㅣ계획할、획(陌) **[咼刂]**。꽈 괄刮去惡肉궂은살도려낼、괄(黠) **[金刂]** 쟌 조大也클、조(效) **[粟刂]** 쑉 속細切잘게끊을、속(沃) **[童刂]** 동 동刺也찌를、동(冬) **[曾刂]**。증 증割過傷파히베일、증(蒸)

十三

劌 궤 궤傷也상할、궤(霽) **劊** 쾌 회斷也끊을、회(泰) **劋**。쟌 초絶也끊을、초(篠) 剿同 **劇**。지 극甚也심할、극戲也희롱할、극(陌) 劇見 **劈**。피 벽剖

破쪼갤、벽錫 **劍** 同劒 **剿** 예 접 續繩索노끈이을、첩葉 **劆** 렌 렴 輕刺사뿐찌를、염鹽 **劉** 。류 류 斧屬묘금도、유殺也죽일、유姓也성、유尤

十四

劓 이 의 割鼻코베일、의寘 **劑** 。지 자 翦齊가지런히끊을、자支 제 ㅣ藥제약할、제霽 **劚** 쑤 유 渥脂柔革가죽에기름먹여유하게할、유虞

劎 。쟨 검 刀之大也칼、검鹽 劍同

十五

劕 。지 질 文券문권、질質

十七

劖 찬 참 鑱也새길、참咸 鑱通

十九

劘 머 매 削也깎을、마切也끊을、마歌 **劗** 。잔 찬 鬄髮머리털깎을、찬寒 **斸** 쭈 촉 斫也깎을、촉屋 斸同

二十一

劙 리 리 分割저밀、이支 剺同

力部

力 리 력 筋也힘、역勤也힘쓸、역職

三

功 。꿍 공 勞之績也공、공喪服大ㅣ小ㅣ복입을、공東 紅通 **加** 。쟈 가 增也더할、가麻

[囗+力] 휘 화 牽船聲배끄는소리、화箇

四

劸 궤 기 疲極彫ㅣ피곤할、기寘 攰同 **劣** 。레 렬 拙弱용렬할、열優之反적을、열鄙薄더러울、열屑 **劤** 。진 근 多力힘많을、근强也강할、근問

五

劬 취 구 疲勞수고할、구勤勉부지런할、구虞 **助** 。주 조 佐也도울、조御 耡見 **努** 누 노 勉也힘쓸、노麌 **劫** 。졔 겁 强取겁탈할、겁威脅위협할、겁葉 刦同 **劭** 。챠 교 勸勉권면할、교蕭 소 美也아름다울、소嘯

六

効 同效 **劻** 쾅 광 急遽ㅣ勷급거할、광陽 **劾** 해 해 用力힘쓸、해卦 按也안찰할、해隊 핵 推窮彈治핵실할、핵職 **劼** 。지 할 用力힘쓸、할 愼也삼갈、할黠

七

勇 。융 용 銳也날랠、용果敢용맹할、용腫 **勁** 。징 경 强健굳셀、경敬 繕通 **勉** 。멘 면 勗也힘쓸、면勸ㅣ권면할、면銑 **勅** 同敕 **勃** 뻐 발 色變ㅣ如변색할、발興起ㅣ然활발할、발月 浡艴見

八

勍 。징 경 强也강할、경庚

九

動 。뚱 동 靜之對움직일、동搖也요동할、동董 동送 **務** 。우 무 專力힘쓸、무事也일할、무遇 **勔** 멘 면 勸勉권면할、면銑

勘。간 【감】校也마감할、감鞫囚감죄할、감(勘) 勘 허 【할】勸力힘쓸、할(黠) 勖 쒸 【욱】勉也힘쓸、욱(俗勗字非)(沃) 勒 레 【륵】馬頭絡銜자갈、늑刻也새길、늑押也억륵할、늑(職) 勓 개 【개】勉也힘쓸、개(泰) 十 勛。勳古字 勞。랖 【로】倦也가쁠、노功也공로、노(豪)慰也위로할、노勤也수고로울、노(號) 僗同 十一 募。무 【모】召也부를、모廣求널리구할、모雇也고

勝。씽 【승】負之對이길、승優也승할、승鳥名戴ㅣ오듸새、승(徑)堪也견딜、승擧也들、승任也맡을、승(蒸)

용살、모(遇) 勢。씨 【세】權力권세、세外腎불알、세形也형세、세(霽) 勤。친 【근】勞也부지런할、근(文) 廑通 勦 잔 【초】勞也수고할、초輕捷경첩할、초(肴)(篠) 剿見

勡。퍞 【표】强取겁탈할、표(嘯) 剽通 勠。루 【륙】協力협력할、육(屋) 戮通 【류】義同(宥) 勣 ᅌ지 【적】功也공、적(錫) 績通 𠢕 핟 【호】健也건장할、호(豪) 勪 敵同 十二 勩。이 【이】勞也수고할、이(寘) 【예】義同(霽) 勫 빤 【번】健也건장할、번(元) 十三 勱。매 【매】勉也힘쓸、매(卦) 勰 쎄 【협】思也생각할、협和也화할、협(葉) 協古字 勮 ᅌ쥐 【거】勤務부지런히힘쓸、거懼恐貌두려울、거(御) 勯 딴 【단】力竭힘다할、단(寒) 十四 勳。쒼 【훈】功也공、훈(文) 十五 勵。리 【려】勸勉권면할、여修飾振起意ㅣ精가다듬을、여(霽) 勴 뤼 【려】心助마음도울、여(御) 勸 씬 【심】勵也힘쓸、심(沁) 十六 勥 창 【강】追也쫓을、강(養)(陽) 十七 勷 상 【양】急遽급히할、양(陽) 劖。잔 【참】拔取빼낼、참(咸) 十八 勸。촨 【권】勉誘권할、권(願)

勹部

勹 빠 【포】裹也쌀、포(肴) 勺。쟉 【작】挹取구기、작又움길、작飮器一升잔、작(藥) 杓通 二 匀 윈 【윤】齊也가지런할、윤少也적을、윤(眞)均也고를、균(眞) 均見 勾 句同 勿。우 【물】莫也말、물里旗동리기、물慤愛ㅣㅣ성심으로사랑할、물(物) 【몰】掃塵衂ㅣ몬지털이、몰(月) 勼 ᅌ작 【구】聚也모을、구(尤)

匁 [日]衡目(韓國一錢)重 曰一ㅣ몸메、둔 勽 원 [문]覆也덮을、문(吻) 匂 향 [日]香也 향내、내 (三) 匃 丐同 匄 匃同 包 빠 [포]裹也 쌀、포(肴)

匆 怱俗字非 (四) 匈 쓩 [흉]喧擾意ㅣㅣ요란할、흉又지꺼릴、흉ㅣ奴오랑캐、흉(冬) 胷凶見 (五) 匉 평 [평]大聲ㅣ訇크게 소리질을、평(庚) (六)

匋 돠 [도]瓦器질그릇、도(豪) 陶通 [요]瓦窯기와가마、요(蕭) 窯同 匊 쥐 [국]物滿手줌、국(屋) 掬通 匌 허 [합]氣鬱蓊ㅣ기운 답답할、합(合) (七) 匍 푸

[포]手行ㅣ匐 길、포(虞) (九) [illegible] 뚜 [도]伏行기여 댕길、도(虞) 匏 팦 [포]瓠也 박、포(肴) 匐 뽁 [복]手行匍ㅣ길、복(屋) [북]義同(職) 伏通 [illegible] 취 [국]曲脊곱

사등이、국(屋) (十) 匒 따 [답]重疊貌ㅣ匌 포갤、답(合) [illegible] 야 [압]婦人首飾ㅣ葉계집머리 꾸밀、압 又족두리、압(合) [illegible] 츙 [궁]恭貌ㅣㅣ굽실 거릴、궁(東)

[illegible] 匐同 (十一) [illegible] 이 [여]厭飽싫을、여 又물릴、여(御) [illegible] 루 [로]匐也 길、노(虞) (十二) 匓 짂 [구]飽厭배불러 싫을、구(宥) [illegible] 뽁 [복]更也다

시、복(屋) 復通 (十五) 匔 츙 [궁]謹也삼갈、궁(東)

匕部 匕 삐 [비]匙也숟가락、비 名ㅣ首비수、비(紙) 𠤎 化古字 (二) 化 화 [화]變ㅣ萬物변화할、화 陰陽造化ㅣ조화、화 又될、화 敎ㅣ교화、

화(禡) [illegible] 밮 [보]列也벌릴、보(皓) (三) 北 뻬 [북]朔方북녘、북 分異배반할、북(職) [배]敗走패하여 달아날、배(隊) (六) [illegible] 卓同 (九) 匙 쓰

[시]匕也숟가락、시(支) 匘 [노]俗音[뇌]頭髓 뇌、뇌(皓) (十二) [illegible] [韓]處也 곳、곳

匚部 匚 뺑 [방]器之方者모진그릇、방(陽) (三) 匜 이 [이]盥器양치그릇、이(支) 이 酒器잔、이(紙) [illegible] 匠同 匝 자 [잡]周也두루、잡(合) 帀迊同

四 匡。광 [광]正也바를、광方也모날、광救也구원할、광輔也도울、광飯器밥그릇、광(陽)恇同 匠。장 [장]工也장인、장(漾)匞同 五 匥。뻔 [변]笲也상자、변(霰)笄通 匣 싸 [갑]匱也궤、갑箱子상자、갑(洽)柙通 㔷 쉔 [선]竹盤재반、선(先) 七 匧 치 [협]箱也상자、협(葉)篋同 八 匪。빼 [비]非也아닐、비分也나눌、비(尾) 九 匭 꿰 [궤]匣也궤、궤纏結包丨얽어맬、궤(紙) 十一 匯。훼 [회]水回合물돌아모일、회(賄) 匱。꿰 [궤]匣也궤、궤竭也다할、궤櫝鐀同(寘)匱見 匰。딴 [단]宗廟盛主器신주독、단又감실、단(寒) 十三 匳。렌 [렴]鏡匣경대、염(鹽)奩籢同 歐 어 [알]大呼用力크게힘써부를、알(曷) 十四 匴 싼 [산]竹器冠箱대갓집、산(覃) 十五 匵。櫝同 十七 匶 柩古字 二十 [匚+贛]。공 [공]小杯작은잔、공(送) [감]箱類상자、감器蓋뚜껑、감(感)

匚部

匚 씨 [혜]藏也감출、혜(齊) 二 匹。피 [필]偶也짝、필帛長필、필(質)疋通 五 医 이 [예]盛弓矢器활집、예又동개、예(霽)（俗作醫半字誤） 六 匼 안 [암]諂諛阿丨아첨할、암(感) [압]迎合맞어모일、압巾名鳥丨건이름、압(合) 七 匽 옌 [언]匿也숨길、언(阮) 九 區。취 [구]藏也감출、구小貌丨丨작은모양、구類也동류、구(虞)域也지경、구分也나눌、구 [우]匿也숨길、우(尤) 十 匾。뼨 [변]不圓납작할、변薄器엷은그릇、변(銑) 匿。늬 [익]隱也숨길、익(職) 十 㔸 티 [제]薄物匾丨엷을、제(齊) 十六 [匚+虒] 티 [제]虎卧息범누어숨쉴、제(齊) 二十 [匚+贛]。공 [공]小杯작은잔、공(送) [감]箱類상자、감(感)

十部

十 시 [십]一加於九數열십、십(緝)什拾通 千 쳰 [천]十百천、천(先) 卄 이 [입]二十스물、입(緝)廿同 二 午。우 [오]地支馬也말、오交橫傍丨수선할、오日中낮、오南也남녘、오(麌) 升 썽 [승]十合되、승登也오를、승(蒸)昇陞見 卅 싸 [삽]三十셜흔、삽(合) 卍 佛書萬字 三 半。

빤 [반]物中分절 반、반(翰)

卉。훼 [훼]百草總名 풀、훼(尾)(未)

④ 卌 시 [십]四十마 흔、십(緝)

𠦝 同華

卋。同世

⑤ 𠦃 叔俗字

𠦒。삐 [필]箕屬 키、필(質)

⑥ 卒。주 [졸]百人ㅣ伍군사、졸隷也나졸、졸倉ㅣ창졸、졸(月) [졸]盡也다할、졸旣也이미、졸死也죽을、졸(質)猝捽見

卑。삐 [비]下也 낮을、비(支) 庳通

卓。쥐 [탁]高也높 을、탁(覺)

協。셰 [협]和也화 할、협(葉)

⑦ 南。난 [남]午方남 녘、남(覃)

⑨ 斟 지 [집]集也모 을、집(緝)

⑩

博。빡 [박]普也넓을、박貿易무역할、박大也클、박 通也통할、박 局戲六ㅣ장기、박(藥)

卜部

卜。뿌 [복]問龜점、복賜與줄、복(屋) [韓]擔也짐、복

② 卝 관 [관]束髮북상투、관(諫)兆同 [광]鐵樸쇠뭉 치、광 [횡]金玉樸금덩어리、횡(梗)(礦古字)

卞。뻔 [변]法也법、변躁疾ㅣ急급할、변姓 也성、변 地名땅이름、변(霰)

③ 占。잔 [점]視兆점、점問卜점칠、점待而候也 기다릴、점(鹽)擅據점령할、점口授입 으로전할、점有 也있을、점(豔)

卡 차 [잡]關隘設兵立塘 守ㅣ지킬、잡(合)

卟 께 [계]問卜점 칠、계(齊)

④ 卡 同弄

⑤ 卣。우 [유]中罇 중술통、 유(有)

卲。잔 [소]問卜무꾸 리할、소(嘯)

⑥ 卦。꽈 [괘]兆也점 괘、괘(卦)

⑦ 卤 댜 [조]草木實垂ㅣㅣ열매 주렁주렁달릴、초(嘯)

⑧ 逌 攸古 字

⑨ 卨。세 [설]殷國祖名은나라시조 이름、설(屑)卨同偰契通

⑪ 𠧴 지 [극]勝也이길、 극(職)克同

⑫ 桌 탈 [탈]踦也탈、 탈(蒸)乘同

卩部

卩。제 [절]示信符ㅣ병 부、절(屑)節通

② 卬 앙 [앙]我也나、앙激厲격 동할、앙(漾)(陽)仰通

③ 卯。맏 [묘]地支兎也 토끼、묘茂 也무성할、묘東方 동방、묘(巧)夘俗字

卮 지 [지]酒巵술 잔、지(支)

④ 危 웨 [위]不安위태할、위隤也무 너질、위星名별이름、위(支)

印。인 [인]刻文合 信인、인

(震)

五

卵。롼 [란]動物中無乳者生後孵化알、난(旱)

卲 쇼 [소]高也높을、소(嘯)邵通

却 챡 [각]退也물리칠、각(藥)卻同

六

卺。진 [긴]婚禮瓢杯초례에합환주잔、근(吻)

卷。좐 [권]曲也굽을、권好貌아리따울、권樂名大ㅣ풍류이름、권(先)書可捲책、권(霰)膝曲오금、권不舒말、권(銑)捲通

卸 셰 [사]脫衣甲벗을、사解載車馬짐부릴、사(禡)

卹 쓔 [솔]掃塵ㅣ勿먼지채、솔(月)恤見

七

卻 챡 [각]退而不受물리칠、각(藥)

卽。지 [즉]今也곧、즉就也나갈、즉只ㅣ다만、즉(職)

卼 우 [올]危也臲ㅣ위태할、올(月)杌通

九

卿。칭 [경]公之次君主呼臣曰ㅣ벼슬、경又재상、경(庚)

十一

𠨬 씨 [희]骨節間뼈마디사이、희(微)

厀 膝同

[illegible]。쥰 [준]危也위태할、준(震)

十六

䙴 쳔 [쳔]移也옮길、쳔(先)遷同

厂部

厂 옌 [엄]山之厓巖人可居굴바위、엄(鹽)

二

厄。어 [액]災也재앙、액(陌)戹同阸通

三

厈 켜 [극]持也잡을、극(沃)

四

[illegible]。제 [개]轉倒엎드러질、개(齊)

𠩂。제 [게]到也이를、게(卦)

厊。야 [아]相違어긋날、아(馬)

厇 치 [척]逐也쫓을、척(陌)

[illegible]。지 [지]均也고를、지(齊)

五

厎。즈 [지]致也이를、지定也정할、지(紙)底通

厒 켜 [겁]山左右有岸낭떠러지、겁又언덕、겁(合)㕁同

[illegible]。지 [국]持也가질、국(沃)

六

厓。예 [애]山邊水畔언덕、애(佳)崖同

㕁 커 [갑]山兩邊有岸산양편에낭떠러지있을、갑(合)厒同

厔。지 [질]山曲산굽이、질又산모롱이、질(質)

七

厖。망 [방]厚也두터울、방大也클、방(江)尨狵見

厚。후 [후]不薄두터울、후醲也걸쭉할、후(有)

厙 셔 [사]姓也성、사(禡)

八

厞 븨 [비]陋也더러울、비隱也숨을、비(未)

厜 취 [수]山顚ㅣ㕒산이마、수(支)

厝 추 [착]礪石숫돌、착(藥)

原。웬 [원]高平地언덕、원又두덕、원本也근본、원察也살필、원再也거듭、원(元)源通

十

厥

○쥐 궐其也助辭그、궐短也짧을、궐月 굴蕃國突ㅣ나라이름、굴物瘚撅通 **麻**。曆古字 (十一) **厪**。진 근少也적을、근文 (十二) **厭**。엔 염惡也미워할、

염琰足也족할、염美也아름다울、염戳也싫을、염安也ㅣㅣ편안할、염飽滿배부를、염鹽 암赤黑검붉을、암閉藏감출、암鎌 엽鎭也진압할、엽合也합할、엽濕貌ㅣ浥젖을、엽損也

덜、엽攘也빌、엽葉㱯㱯𢷾見 **厮** 廝同 **厬** 궤 궤涸也물잦을、궤紙 𣵽同 **厩**。직 구馬舍마구、구有 (十三) **㕒**。이 의山巓㕒ㅣ산이마、의支 **厲**。

리 려嚴也엄할、여惡也악할、여以衣涉水옷건지않고물건늘、여危也위태할、여虐也사나울、여作也지을、여病也병들、여疾飛橫ㅣ빠르게나를、여勸勉권면할、여帶重鞶

ㅣ무거울、여䨠勵礪通 **厴**。엔 엄厓岸危貌언덕비탈、엄琰 **廦** 피 벽陋也더러울、벽仄也기울어질、벽陌 (十四) **厫** 후 호米倉쌀곳간、호豪 (二六) **厵** 源古字

厶部

厶。쓰 사自營사、사支 **去** 투 돌臨産子轉身首向下해산할때에아이돌아나올、돌月 **乙厶** 巨古字 (二) **厷** 헝 굉臂也팔、

굉又팔꿈치、굉圜也둥글、굉蒸肱古字 **厹**。직 구三隅矛세모창、구氣高기쓸、구尤 **厸** 鄰古字 (三) **去**。취 거離也갈、거棄也버릴、거御除也제할、

거藏也감출、거語弆見 **厺** 去同 **[厶几]** 양 장華ㅣ鞋신에창받을、장 (五) **𠫥** 帝古字 (九) **參**。싼 참鼓曲북장단、참勘摻通 삼數也同三셋、삼宿名별

이름、삼叢立ㅣㅣ빽빽들어설、삼侵叅三驂通 (十) **㕘**。찬 참度也참작할、참與也참려할、참覃 잠不齊ㅣ差참치할、삼侵參通 (十二) **㕙**。춘 준약은토끼、준眞震

又部

又。와 우亦也또、우佑也도울、우再也다시、우宥 **叉**。채 채兩枝두갈래、채婦人岐笄두갈래진비녀、채 차手指交執깍지낄、차又손길잡

을、차佳釵同 차鬼名夜ㅣ야차、차麻 (二) **反**。빤 반回還돌아올、반逆也배반할、반又돌이킬、반覆也뒤칠、반阮重愼貌ㅣㅣ순하고의젓스러울、반删 번理正幽枉平ㅣ송

사공결할、번又이치에틀릴、번 元 翻通

友。우 [우]同志相交벗、우又친구、우慈愛兄弟우애할、우 合也합할、우 有

収 收俗字

叒 友古字

及。지 [급]至也미칠、급 兼詞및、급 緝

双 雙俗字

𠬝 뿌 [복]以手治事일할、복 屋

⑥ **取**。취 [추]俗音 [취]収也취할、취又가질、취又건을、취受也받을、취索也찾을、취 虞 娶見、취 獲也언을、취 有

叔 쑥 [숙]伯ㅣ季父아재비、숙又삼촌、숙收拾주을、숙幼稱어릴、숙 屋 菽見

受。쑤 [수]承也받을、수容納용납할、수盛也 담을、수 有

⑦ **叜** 쑤 [수]老稱늙은이、수又어른、수 尊稱어르신네、수 有 淅米聲ㅣㅣ쌀씻는소리、수 尤 叟傁同

叛。판 [반]背ㅣ배반할、반又반할、반離ㅣ달아날、반 翰

㕡 쾌 [괴]息也숨쉴、괴 卦

叙 敍俗字

⑧ **叟**。쑤 [수]老稱늙은이、수 有 叜同

⑭ **叡**。이 [예]深明通達ㅣ聖성인、예又밝을、예 霽 睿同

⑯ **叢**。총 [총]灌木密生떨기、총聚也모일、총 東 藂同

鵽 쮜 [철]鷄雛出殼時鳴聲알깔매병아리소리、철 屑

三畫

口部

口。쿠 [구]人所以言食입、구洞ㅣ谷ㅣ어귀、구人ㅣ戶ㅣ인구、구 有

𠮙 이 [을]聲也ㅣㅣ소리、을 質

𠮛 旨同

𠙵 口古字

𠮚 야 [알]鳥聲새소리、알 曷

② **史**。쓰 [사]歷記사기、사太ㅣ掌書官 사관、사 紙

司 쓰 [사]主也주장할、사又맡을、사有ㅣ職事벼슬、사 支

台。태 [태]星名三ㅣ삼태성、태(我朝三公曰三ㅣ三鼎) 灰 [이]我也나、이悅也기쁠、이養也기를、이 支 能通

只。즈 [지]但也다만、지語已辭말그칠、지 紙

句。쥐 [구]文詞止處章ㅣ글귀절、구 遇 地名須ㅣ땅이름、구 虞 辦也ㅣ當담당할、구又맡아볼、구拘也거리낄、구 有 勾同 曲也굽을、구 尤

古。꾸 [고]昔也예、고始也비로소、고 麌 故通

召。잔 [조]俗音 [소]

呼也부를、소 嘯 卲見 叫 쟈 교俗音 규 呼也부를、규事理不當이치에맞지않을、규 嘯 訆嘄同、嗷通 叨 도 도 濫也橫ㅣ참람할、도又외람할、도貪也탐할、도忝也욕될、도 豪

叵 퍼 파 不可옳지않을、파又하지못할、파遂也드딀、파酒巵ㅣ羅술잔、파 哿 叵同 号 號同 可 거 가 否之對옳을、가許也허락할、가肯也가히、가 哿 극 突厥酋長曰ㅣ汗오랑캐、극妻曰ㅣ敦안해、극 職

另 령 령 別異다를、영割開나눌、영 徑 叮 띵 정 囑詞ㅣ嚀단단히부탁할、정 青 叩 쿠 고 擊也두드릴、고問也물을、고發也발할、고稽顙ㅣ頭머리숙여두드릴、고 有 宥 訆同、扣見 叶 子 協古字 右 우 우 左之對오른쪽、우尊也높일、우上也위、우強也강할、우助也도울、우 有 紡祐佑見

叱 치 질 呵也ㅣ咤꾸짖을、질 質 叭 빠 팔 軍器喇ㅣ나팔、팔開口입벌릴、팔 點 叴 착 구 氣高기운높일、구又기승할、구 尤

三 同 퉁 동 共也한가지、동又같을、동輩也무리、동會也모일、동和ㅣ화동할、동齊也가지런히할、동 東 仝同 吚 씨 히 呻也唸ㅣ신음할、히 支 屎同 吁 위 우 嘆也탄식할、우 虞 于通 吏 리 리 治政官人관리、이府ㅣ아전、이 寘 吐 투 토 口歐토할、토又게울、토舒也펼、토 遇 后 후 후 君也임금、후如也황후、후 有 宥 後見 吊 弔俗字 吴 화 화 喧譁지꺼릴、화魚之大口대구、화 禡 吳通 向 쌍 향 對也향할、향又안할、향北窓북창、향趨也나갈、향 상 姓也성、상(炎帝後所封) 漾 曏嚮見

吒 탁 차俗音 타 噴也뿜을、타叱怒貌꾸짖을、타 禡 咤同 吉 지 길 嘉祥길할、길善也착할、길利也이로울、길朔日초하루、길 質

名 밍 명 號也이름、명功也ㅣ譽공、명 庚 吃 치 흘 言難말얼얼할、흘喫也먹을、흘 物 各 꺼 각 異也각각、각又따루、각 藥 合 허 합 同也합할、합又같을、합配也짝、합會也모일、합答也대답할、합 갑 呼也부를、갑和也화할、갑量名十龠홉、갑 合 [口勺] 嘷同 吂 망 망 聽而不答모른체할、망 陽 吘 芊同 占

잉 [응]應喚語話ㅣ吂고대답하며말할、응(蒸)

吀 앙 [앙]應喚語話吂ㅣ고대답하며말할、앙(陽)

吂 망 [망]問而不答묻고대답않을、망(養)吂見

吅 셴 [현]叫也부르짖을、현(元)

𠯗 ᅌ지 [기]解釋해석할、기(紙)

吆 야 [요]悲痛聲吆ㅣ애통하는소리、요

吋 [日]英國度名(英尺十二分之一)인치、촌

四

吹 취 [취]出氣噓也불、취(支)歔同、鏡歌鼓ㅣ취대、취(寘)

否 피 [비]塞也비색할、비惡也악할、비穢也더러울、비(紙)[부]不然않을、부(有)不見

呂 려 [려]脊骨등마루뼈、여膂通陰律음률、여又법칙、여姜姓申ㅣ성、여鐘名大ㅣ종이름、여劍名輕ㅣ칼이름、여(語)

吾 우 [오]我也나、오書聲伊ㅣ글웅얼거려읽을、오官名金ㅣ벼슬이름、오(虞)捂同

吳 우 [오]國名오나라、오大言크게말할、오(虞)[화]譁也지꺼릴、화(禡)吴同

㕮 약 [부]齧也ㅣ咀씹을、부(麌)

呃 애 [애]氣逆作聲재채기할、애又딸꾹질할、애(卦)詬同

吠 폐 [폐]犬聲개짖을、폐地名ㅣ狗땅이름、폐(隊)

吝 린 [린]惜也애낄、인恨也한할、인鄙嗇인색할、인(震)悋通

听 인 [은]笑貌ㅣ然벙긋거릴、은(吻)

吻 원 [문]口脣邊입시울、문(吻)脗同

呅 메 [매]笑也웃을、매(灰)

君 쥔 [군]至尊임금、군嚴父아버지、군妻也細ㅣ안해、군彼此通稱그대、군又자네、군(文)

吞 툰 [탄]咽中嚥下삼킬、탄幷包에워쌀、탄滅也멸할、탄(元)

吮 옌 [전]嗡也들이숨쉴、전[연]舐也핥을、연又빨、연嗽也기침할、연(銑)

告 꼬 [고]報也고할、고啓也여쭐、고授官之符ㅣ身칙지、고(號)[곡]請也청할、곡示也보일、곡(沃)

吰 형 [횡]鐘鼓聲噌ㅣ종북소리、횡(庚)

吼 헉 [후]牛鳴소우는소리、후獅鳴사자우는소리、후虎鳴범우는소리、후怒也성낼、후(有)

吶 써 [눌]言難ㅣㅣ말더듬거릴、눌(月)訥同[설]言緩말느리게할、설(屑)

吟 인 [음]咏也읊을、음呻也신음할、음歎也탄식할、음(侵)唫同、長咏길게읊을、음(沁)頷貌噤ㅣ턱끄덕거릴、음(寢)

咂 ᅌ자 [잡]魚食고기물결、잡唼也씹을、잡(合)

吲 썬 [신]笑也哂ㅣ비웃거려웃을、신(軫)弞同

吪 어 [와]動也움직일、와化也변화할、와

鄙言사투리、와 譌言거짓말、와(歌) **启** 啓同 **呀** 야 [하]張口貌입딱벌릴、하谷空谿ㅣ굴속휑할、하(麻) **吸**。씨 [흡]引氣內息숨들이쉴、흡飮也마실、흡(緝) 噏同 **吭**

항 [항]咽也목구멍、항(陽) 鳥嚨새목구멍、항(漾) **呈**。청 [정]示也보일、정露也들어낼、정平也평평할、정(庚) **吨** 툰 [둔]言語不明ㅣㅣ말분명치못할、둔愚也어리석을、둔(元)

吷 궤 [혈]候聲희희소리、혈 咽飮들이마실、혈(屑) **含**。한 [함]銜也먹음을、함容納용납할、함(覃) 晗同 哺也飯ㅣ무궁주로밥먹일、함(勘) 琀同 **吧** 빠 [파]小兒忿爭ㅣ

呀아이다툴、파(麻) **𠯌** 우 [오]犬吠개짖을、우(尤) **吽**。위 [음]牛鳴소울、음(侵) [우]犬爭개싸울、우(尤) **呌**。잔 [규]呼也부르짖을、규(嘯) 叫同 訆嘂通 **𠯈** 피

[필]吐唾침뱉을、필(質) **𠯑** 테 [철]塞也막을、철(屑) **吰**。궁 [공]喧也지껄일、공(東) **呁**。진 [균]吐也토할、균(震) **吥** 부 [부]吸取빨、부(尤) **咎** 꾸 [곡]多

財넉넉할、곡(職) **呴**。쥐 [구]笑也웃을、구(宥) **吺** 떠 [두]言多말많을、두(尤) **岕**。개 [개]晨星새벽별、개(齊) **吘** 우 [우]和也화할、우 呼也부를、우(有)

㕯。제 [절]低聲말소리나직할、절(屑) **吵** 찬 [묘]鳴也울묘(篠) **吟** 예 [예]善也좋을、예(齊) **吡**。삐 [필]鳥聲새소리、필(質) **吮** 딴 [담]嚪轉也새울、

담(感) **吙** 휘 [화]呼氣부는기운、화(麻) **㕫** 빵 [방]聞也들을、방(養) **吣** 신 [심]犬吐개가토할、심(寢) **吤**。제 [개]大聲큰소리、개(齊) **㕶** 꺼 [괄]塞口입

막을、괄(曷) **吱**。지 [지]細聲가는소리、지(支) **吆** 야 [요]弄聲희롱하는소리、요(肴) **吒** 허 [학]呼也怒聲성내서부를、학(覺) **㕧** 위 [예]耳語귀에대고말할、

예(齊) **㕼** 쑹 [흉]喧也시끄러울、흉(腫) **吩** 뿐 [분]噴也뿜을、분命令ㅣ咐분부할、분(文) **㕦** 우 [우]四方颶風사방에서불어오는바람、우(有) **五** **味**。웨

[미]物之精液滋ㅣ맛、미又맛들일、미又맛볼、미(金辛木酸水鹹火苦土甘)即五ㅣ(未) **呿** 취 [거]張口입벌릴、거(魚) [가]義同(歌) **呱**。꾸 [고]小兒啼聲ㅣㅣ아이울음소리、고(虞)

咀 쥐 [전]嚼也씹을、저(語)

呴 쒸 [구]以氣温之입김드릴、구又숨내쉴、구言恭말공순히할、구(虞)魚吐沫고기물방울토할、구(遇)欨通

呼 후 [호]嘆也부를、호外息숨내쉴、호歎辭嗚ㅣ슬프다할、호(虞)막也부르짖을、호(遇)謼通、虖見

呢 늬 [니]小聲多言ㅣ喃소곤거릴、니燕語제비소리、니(齊)

呭 詍同

咍 해 [해]笑聲웃음소리、해蚩笑비웃거릴、해(灰)

咊 和古字

咎 꾸 [구]過也허물、구災也재앙、구(有)[고]舜臣ㅣ繇순임금신하、고(豪)

咆 팦 [포]虎聲 咆哮범의소리、포怒貌ㅣ勃성불끈낼、포嘷也고함지를、포(肴)

呻 썬 [신]吟咏읊을、신殿屎ㅣ끙신음할、신又끙끙거릴、신(眞)

呺 학 [효]大貌ㅣ然큰체할、효(蕭)[호]風聲怒ㅣ바람소리클、호(號)

呶 (나 노) [노]讙聲지꺼릴、노又들렐、노(肴)

和 허 [화]順也화할、화調味탈、화又섞을、화調也고를、화又곡조、화小笙세피리、화(歌)聲相應화답할、화合也합할、화(箇)龢通

呵 허 [가]噓氣기운불、가笑聲ㅣㅣ웃음소리、가(歌)責讓꾸지람할、가(箇)訶見

命 밍 [명]天之所賦人所稟受목숨、명使也부릴、명又시킬、명教令辭ㅣ명령할、명又가르칠、명(敬)

咈 쀼 [불]違也어길、불戾也어그러질、불(物)

咏 융 [영]歌也노래할、영吟也읊을、영(敬)詠同

周 쭈 [주]匝也두루、주密也주밀할、주週同、國名주나라、주(尤)賙見

呪 쭤 [주]詛也저주할、주又방자할、주(宥)詋祝通

呦 이우 [유]鹿鳴聲ㅣㅣ사슴우는소리、유(尤)

咄 뙤 [돌]訶也꾸짖을、돌驚怪ㅣㅣ괴탄할、돌嗟也슬플、돌(月)[달]義同(曷)

呾 따 [달]相訶서로꾸짖을、달(曷)

呫 뎨 [쳡]嘗也마실볼、쳡小貌ㅣㅣ앙징할、쳡(葉)

呷 쌰 [합]吸飮들이마실、합衆聲喤ㅣ여럿이떠들、합(洽)

呲 疵同

呸 (피 페) [비]爭聲다투는소리、비(支)

呬 씨 [히]息也숨쉴、히(寘)

咇 삐 [필]馨香ㅣ芬향기날、필(質)苾同

呰 쯔 [자]苟且구차할、자(紙)呰同

呆 허 [화]小兒啼어린아이울、화(歌)

咂 자 [잡]口吸빨、잡(合)

咉 양 [앙]咽悲ㅣㅣ목메여슬플、앙(養)

咐 뿌 [부]噓也불、부(虞)

咋 쟈 [사]暫也잠

간、사(禡) [책]大聲소리지를、책 [색]嚙也씹을、색(陌)

咖 커 [가]熱帶產植物茶名 ㅣ啡코피차、가

咤。탁 [타]麐也노루、타(歌)

啕 匋同

咕 꾸 [華]ㅣ噥두덜거릴구

𠯈。빠 [벌]盾也방패、벌ㅣ嚐입부리뾰족할、벌(月) 瞂戱同

咮。ㅇ직 [주]口不正입비뚤어질、주(尤)

唲 이 [악]鳥聲새소리、악鷄聲닭소리、악(陌)

呟 쎈 [현]聲也소리、현(銑)

味 머 [말]黑光꺼먼빛날、말(曷)

𠰺 탄 [조]喉鳴목구멍울、초(蕭)

咁 깐 [감]含也먹음을、감(感)

𠯗。리 [입]漕船聲배젓는소리、입(緝)

哫 피 [필]叱唾침뱉을、필(質)

𠯑。ㅇ직 [구]高聲소리높일、구(尤)

呮 ㅇ지 [기]足垂而坐도사리고앉을、기(寘)

哮 안 [안]羊吠양짖을、안(寒)

唋 예 [애]答也대답할야(馬)

呯 핑 [평]軟嬌聲애교있는음성、평(青)

六

哄 훙 [홍]衆聲여럿이떠드는소리、홍喝也공갈할、홍(送)

咨。ㅇ즈 [자]嗟歎탄식할、자謀也꾀할、자怨也원망할、자(支) 諮見

哅 훙 [흉]讙聲지꺼릴、흉(宋) 哅同、訩見

咿 이 [이]強笑喔ㅣ선웃음칠、이(支)

咫。ㅇ즈 [지]八寸曰ㅣ여덟치、지少也적을、지(紙) 軹同

咡 얼 [이]口傍입시울、이(寘)

咶 쓰 [시]舌取物핥을、시話也이야기할、시(紙) 舓舐通

咥。ㅇ지 [희]笑聲ㅣㅣ웃음소리、희(寘) [질]笑也웃음、질(質) [절]齧也씹을、절又물、절(屑)

哇 와 [와]淫聲음란한소리、와兒啼아이울음、와吐也토할、와又게울、와(麻) [왜]義同(佳)

哉 ㅇ째 [재]始也비로소、재語助辭어조사、재疑問辭그러나、재(灰)

咳。개 [개]俗音 [해]小兒笑방글방글웃을、해(灰) 孩同、痎病ㅣ嗽기침、해非常術奇ㅣ신기한방법、해ㅣ唾침뱉을、해(隊) 欬通

哀。애 [애]傷也슬플、애痛也아플、애憐也불상할、애(灰)

哂 썬 [신]微笑빙그레웃을、신(軫) 矧通

咺 쒼 [훤]哀泣不止울음그치지않을、훤又설게울、훤容止宣著의젓할、훤懼也두려워할、훤(阮)

咽。옌 [연]俗音 [인]嗌也목구멍、인(先) 胭通 [열]聲塞哽ㅣ목멜 열(屑) 嚥見

咬 얀 [교]鳥聲ㅣㅣ새지저귈、교(肴) [요]齧也물、요又씹을、요(巧) 齩同

咲 笑同

咷。탚 [도]兒泣不止號ㅣ아이울음끝

질길、도(豪)

哆。츠 [치]張口貌입딱벌릴、치(紙) [차]脣下垂입술처질、차(馬)

咤。차 [타]叱也꾸짖을、타噴也뿜을、타(禡)吒同

咻 쓱 [휴]噪也지꺼릴、휴口痛聲입병앓는소리、휴(尤)

咮。쥬 [주]鳥嘴새입부리、주(宥)噣同

品。핀 [품]類也무리、품又온갖、품官級ㅣ格품수、품又차례、품式也법、품(寢)

咱 자 [잘]己稱我也나、찰(曷)

咸。쎈 [함]悉也다、함同也같을、함(咸)

咢 어 [악]驚也깜짝놀랄、악直言ㅣㅣ바른말할、악徒擊鼓한갖북만울릴、악(藥)

咼 喎同

咠 치 [즙]讒也ㅣㅣ참소할、즙聶語귀속말할、즙(緝)緝通

哈。하 [합]大歠크게마실、합(合)歃同

响 쐐 [솔]飮也마실、솔(質)

⿰口后。훠 [후]恥也부끄러울、후吼罵也욕할、후(有)

⿰口耒 레 [뢰]以言相讕말막음할、뇌(賄)

咯。러 [락]訟言송사하는말、낙 [각]雉聲꿩의소리、각(藥)

咧。레 [렬]鳥聲ㅣㅣ새소리、열(屑)

吰 헝 [횡]噌ㅣ鐘聲쇠북소리、횡(庚)

哃。퉁 [동]大言ㅣ嗹큰말할、동妄言망녕된말、동(東)

哎 애 [華]悲痛聲ㅣ吆애통하는소리、애

㖇。쥬 [주]鷄呼雛聲ㅣㅣ닭이새끼부르는소리、주呼鷄聲ㅣㅣ닭부르는소리、주(尤)喌同

响 썅 [향]振動진동할、향鳴也울、향(漾)

咩 咪同

咾 랖 [로]弱聲약한소리、노(皓)

咪。미 [미]羊鳴양의소리、미(紙)咩同

咟。허 [확]叫也부르짖을、확(陌)

咅 두 [두]輕言경솔히말할、두(尤)

咣 광 [광]能言말잘할、광(庚)

咭。지 [길]笑也웃을、길(質)

⿰口危 끼 [궤]許也허락할、귀(紙)

⿰口枽 산 [염]口動貌입움직일、염(琰)

咹。어 [알]訥言말떠듬거릴、알(曷)

⿰口肙 예 [열]怒也성낼、열(屑)

⿰口存。춘 [존]口廣입넓을、존(阮)

咔 롱 [롱]嘲也조롱할、농(送)

哦 쑤 [술]口言중얼거릴、술(黠)

⿰口冊。싸 [살]變聲소리변할、살(曷)

⿰口曲 쥐 [곡]問罪문초할、곡(沃)

⿰口幵 예 [피]喘息숨찰、피(寘)

⿰口卉 이 [알]謗也비방할、알(曷)

⿰口有。우 [욱]吐也뱉을、욱(屋)

⿰口⺕ 나 [납]口動입우물거릴、납(洽)

⿰口危 애 [액]高聲높은소리、액(陌)

七

⿰口吳 위 [우]欲笑웃으려할、우(虞)

哢。

룽[룽]鳥吟嗌ㅣ새지저귈、농(送) **哤**。망[방]雜言잡된말할、방(江) **唏**。씌[희]歎也歔ㅣ탄식할、희又한숨쉴、희(微)欷同、哀而不泣슬퍼느낄、희(尾)哀聲슬픈소리、희(未)

哺。뿌[포]食在口中含ㅣ밥물고씹을、포ㅣ也먹일、포(遇)餔通 **唄** 빼[패]梵音범불소리、패頌歌노래읊을、패(卦) **唇** 춘[진]驚也놀랄、진(眞)(俗作脣誤)

員。원[원]官數관원、원周也幅ㅣ둥글、원(先)[운]益也더할、운(文)姓也성、운(問)云鄖通 **唉** 애[애]歎恨탄식할、애驚問놀라물을、애(灰)欸同 **唁** 옌[언]弔生조상할、

언(霰)喭通 **哨**。챨[소]口不正입비뚤어질、소(蕭)[초]多言ㅣㅣ말많을、초巡ㅣ防盜도적방비할、초(嘯) **哮** 쌰[효]怒也ㅣ闞성낼、효豕驚聲돋놀란소리、효(肴) **唆**

쏴[사]小兒相應嘔ㅣ아이서로대답할、사(歌) **哥**。꺼[개]呼兄ㅣㅣ형、가又언니、가(歌)(歌古字)[韓]指稱李ㅣ金ㅣ지명할、가 **哦** 어[아]吟也읊을、아(歌) **哿**

커[가]可也옳을、가嘉也아름다울、가(哿) **唐**。당[당]國名당나라、당大言荒ㅣ황당할、당(陽) **挌** 껴[격]橫枝비낀가지、격(陌) **哭** 쿠[곡]哀聲울、곡(屋)

哳 쨔[찰]鳥鳴啁ㅣ새울、찰(黠) **哲**。쪄[질]明也밝을、철智也지혜있을、철(屑)喆同 **哈** 한[함]銜也재갈먹일、함(覃)哺ㅣ먹음을、함張口ㅣ呀입방긋하게벌릴、함(勘)

숨同 **唊** 쟈[겹]妄語망녕된말할、겹又부질없는말할、겹多言ㅣㅣ말많을、겹又수다할、겹(葉) **唈** 이[읍]短氣嗚ㅣ기단하게울、읍(緝)[압]義同(合) **哽**。껑[경]悲塞ㅣ

咽목멜、경(梗)哽同 **哰** 롸[로]言語不解讕ㅣ말알지못할、노(豪) **唌**。옌[연]纏貌ㅣㅣ참소할、연[단]義同(先) **哱**。퍼[발]軍器ㅣ囉주라、발(月) **咩** 메[먀]羊鳴양

울、먀(馬) **哩**。리[리]語助어조사、이(紙)英國里數(我約三里餘)마일、이(卽十四町四十三間) **哪** 나[나]語助어조사、나(箇) **哫**。쮸[족]以言求媚ㅣ訾아첨할、

족(沃) **唂** 꾸[곡]雉鳴꿩울、곡(屋) **哯**。쎈[현]小兒歐乳아이젖토할、현(銑) **哴** 량[량]啼極無聲嗟ㅣ울어목쉴、양(漾)喨同 **唚**。진[침]ㅣ嚐입맛출、침 **唣**

잔[찰]ㅣ囉지저컬、조 **唦** 사 [사] 山猪ㅣ噃산돝、사 (産猶太諸山) (麻) **嵒** 嵒同 **哹**° 뷰 [부] 吹氣ㅣㅣ부는소리、부 水鳥名ㅣㅣ물새、부(尤) **哌** 애 [비] 香

料也향、비(紙) (産亞刺比亞) **哼** 힝 [형] 愚怯貌噌ㅣ겁낼、형(庚) **嗽**° 쑤 [속] 吸也빨、속 鳥喙새입부리、속(屋) **⿰口辛** 거 [갈] 拒絕거절할、갈(曷) **哠**° 학 [호] 言

多말많을、호(號) **哩** 녜 [녜] 怒也성낼、열(屑) **⿰口巠**° 잉 [경] 猿鳴원숭이울、경(徑) **⿱吅男** 이 [위] 呼鴨聲오리부르는소리、위(支) **哧** 嚇同 **⿰口何** 허 [하] 衆聲뭇소리、

하(歌) **⿰口忌** 지 [기] 喰也먹을、기(寘) **浩** 지 [기] 慙也부끄러울、기(微) **唀** 誘同 **唍**° 완 [완] 莞爾笑방긋이웃을、완(潸) **哂** 데 [제] 鼻嚔재채기할、제(霽)

唎 리 [리] 小聲가는소리、이(寘) **八** **唯**° 웨 [유] 專辭獨也오직、유 又쁜、유 諾也ㅣㅣ허락할、유(紙) **唪** 뻥 [봉] 大笑크게웃을、봉(董) **唲** 열 [아] 强笑嚅ㅣ선웃음

칠、아(支) [애] 皃言ㅣ嘔어리광할、애 又응석할、애(佳) **啚**° 삐 [비] 嗇也인색할、비 又다라울、비(紙) 鄙同 (俗作圖誤) **⿱此吅**° 즈 [자] 苟且ㅣ窳구차할、자 短也짧을、자(紙) 呰同

啓° 치 [계] 開也열、계 跪也꿇을、계 奏事아뢸、계(薺) 启同 **唳** 려 [려] 鶴鳴학울、여(霽) **問**° 원 [문] 訊也물을、문 物遺선물할、문(問) **啐** 취 [쵀] 呼也咄ㅣ부를、

쵀 驚也놀랄、쵀 嘗也맛볼、쵀(隊) [줄] 衆聲嘈ㅣ지꺼릴、줄 吮聲쪽쪽빨、줄(質) **⿰口昏** 훈 [혼] 多言ㅣㅣ잔말할、혼 目所不見ㅣㅣ아득할、혼(元) **⿰口官** 꽌 [관] 二鳥和鳴새서로지저귈、

관(刪) **啍**° 툰 [톤] 重遲貌ㅣㅣ느럭느럭갈、톤 口氣입기운、톤(元) 敦同 **啁**° 찬 [조] 聲也ㅣ嘐소리、조 [주] 鳥聲ㅣ噍새소리、주(尤) **唬** 후 [효] ㅣ聲웅얼거릴、효 虎聲범

의소리、효(肴) 虓同 **啕** 탄 [도] 多言ㅣㅣ수다할、도(豪) **唾**° 퉈 [타] 口液침、타(箇) 涶同 **啞**° 어 [아] 烏聲ㅣㅣ까마귀소리、아(禡) 病瘖不言벙어리、아(馬) 瘂同 [액] 笑聲ㅣ

ㅣ깔깔웃을、액(陌) **唶**° 쟤 [차] 歎也탄식할、차(禡) [책] 大聲嚄ㅣ우렁찰、책 鳥聲ㅣㅣ새소리、책(陌) 諎見 **商**° 쌍 [상] 國名상나라、상 裁度요량할、상 行貨ㅣ賈장사、상 金

音금소리、상(陽)賣見
唱。창 [창]發歌노래부를、창導也인도할、창(漾)倡見
售 쑤 [수]賣也팔、수償也갚을、수(宥)
唫 친 [금]口急閉입담을、금(寢)[음]咏也읊을、음(侵)吟同
啗 딴 [담]噍也씹을、담(感)啖同噉通、食也먹을、담(勘)
唵 안 [암]手進食움켜먹을、암 [옴]釋呪진언、옴(感)
啖。딴 [담]噍也씹을、담幷呑貌ㅣㅣ통으로삼킬、담以利餌人미끼、담(感)啗噉同
啄。쭤 [탁]鳥食쪼을、탁扣門剢ㅣ문두드릴、탁(覺)
啅 啄同
啜。쭤 [철]泣貌훌적거릴、철多言수다할、철嘗也맛볼、철喙也부리、철(屑)歠見
啇 띄 [적]木根나무뿌리、적果蔕실과꼭지、적(錫)
[illegible] 다 [답]多言ㅣㅣ잔말할、답(合)諮諜沓通
唼 쌰 [삽]鳧雁聚食ㅣ喋오리와기러기먹는소리、삽(洽)歃見
啑。쌰 [잡]呑也삼킬、잡(合)咂同[삽]鴨食魚貌ㅣ喋오리가텁석텁석먹을、삽(洽)[체]鼻噴氣콧김불、체
啎 우 [오]逆也거슬를、오相觸서로마주칠、오逢也만날、오(遇)
[illegible]。쒀 [수]口誨입으로가르칠、수(有)
唰 쏴 [솰]鳥治羽毛새깃다듬을、솰(黠)
[illegible] 예 [야]鳥夜鳴새밤에울、야(禡)
啃 써 [삽]口聲聶ㅣ입소리、삽(緝)
唴 창 [양]小兒啼ㅣㅣ어린아이울、양哭極音絶울어기진할、양(漾)
啝 허 [화]順也순할、화小兒啼아이울、화(歌)
啂 부 [누]哺乳젖먹일、누(有)
啀。애 [애]狗欲齧개가물려고할、애(佳)
[illegible]。쭤 [추]無廉ㅣ歠염치없을、추(虞)
啦 라 [랍]夫子之稱ㅣ吡존칭할、납(合)
[illegible] 취 [겁]聲也소리、겁(葉)
啉。란 [람]酒巡匝술순배、람喧也떠들、람(覃)[illegible]同
[illegible] 啉同
[illegible] 빤 [판]獻上帝之禮物也咯ㅣ예물、판(潸)
[illegible] 찌 [계]一ㅣ拉근수、계(郎銀二分半)(霽)
啤。삐 [비]口苦입맛쓸、비(支)
唽 시 [석]鳥聲새소리、석(錫)啺同
啺。唽同
[illegible] 샤 [효]笑聲웃음소리、효(肴)
[illegible] 쑤 [적]靜也고요할、적(錫)
唹 위 [어]靜笑고요히웃을、어(魚)
[illegible] 루 [록]暫笑잠간웃을、녹(沃)
唩。와 [와]小兒啼어린아이울、와(歌)
唷 우 [욱]出聲소리지를、욱(屋)
唻 래 [래]歌聲노래하는소리、내(佳)
唲 애 [왜]小

兒言아이말、왜(佳)

嗹 둥 [동]多言말많을、동(董)

唿 후 [홀]憂也근심할、홀(月)

啯 꾸 [고]牛領垂貌소목도리질할、고(虞)

啡. 피 [華]熱帶産植物茶名咖ㅣ코피차、비

啸. 쑤 [소]羣鳥聲뭇새소리、소(號)

啈. 싱 [행]爭也쌈할、행(敬)

啊 아 [아]愛也사랑할、아(箇)

⿰口朵 잪 [교]動也움직일、교喧也시끄러울、교(蕭)

啌 장 [강]潄也양치할、강(江)

⿰口洛 퍼 [파]言人之短험담할、파(箇)

⿰口泣 웅 [급]漕船聲배젓는소리、급(緝)

啛 치 [채]先嘗먼저맛볼、채(隊)

九

喜. 씨 [희]樂也기쁠、희(紙)

喁 웅 [옹]魚口聚貌噞ㅣ고기입우물거릴、옹衆口向上ㅣ고기입쳐들、옹(冬) [우]相呼서로부를、우(有)翙通

啻. 츠 [시]不止如是不ㅣ뿐、시又만、시又쯤、시(寘)

喟 홰 [위]太息한숨쉴、위(寘)嘳同、[괴]義同(卦)

喣 쒸 [허]吹也불、허(魚)噓同[후]義同、諂笑貌선웃음칠、후(虞)

喻. 위 [유]曉諭효유할、유又깨우쳐줄、유又알려줄、유告也고할、유譬也비유할、유(遇)諭同

啼. 티 [제]泣也울、제(齊)謕嗁同

喎 꽈 [괘]口戾不正입비뚤어질、괘(佳)

喈 쟤 [개]鳥鳴ㅣㅣ새소리、개(佳)

喝. 허 [갈]訶也꾸짖을、갈怒聲성낸소리、갈(曷)[애]嘶聲목쉴、애(卦)愒見

喙 훼 [훼]鳥嘴부리、훼又주둥아리、훼息也숨쉴、훼(隊)

喧 훤 [훤]大語짓거릴、훤又들렐、훤嘩也쌈할、훤(元)嚾同讙諠通

單. 딴 [단]獨也홀로、단又홑、단盡也다할、단大也클、단薄也엷을、단(寒) [선]廣大貌ㅣ于되임금、선(先)姓也성、선縣名ㅣ父고을이름、선(銑)(霰)

喚. 환 [환]呼也부를、환禽名ㅣ起새이름、환(翰)奐通

喭 옌 [안]失容粗俗추솔할、안(翰)[언]弔生조상할、언(霰)諺唁見

喘 촨 [천]疾息헐떡거릴、천又숨쉴、천(銑)歂同

善. 싼 [선]良也착할、선吉也길할、선多也많을、선好也좋을、선又좋아할、선(銑)ㅣ之착하게여길、선(霰)

喛 완 [헌]吮也빨、천(銑)

喓 야 [요]虫聲ㅣㅣ벌레소리、요(蕭)

喬. 챠 [교]木上竦우둠지무지러진나무、교矛上句창끝갈구리、교(蕭)

喏 어 [야]敬言答聲唱ㅣ공손히대답할、야(馬)

喪. 쌍 [상]持服曰ㅣ상사、상又복입

을、상(陽)亾也죽을상又구낄、상失也없어질、상又잃어버릴、상(漾) **𠷔** 喪本字 **喤** 황 [황](陽)兒聲ㅣㅣ아이소리、황 [횡]喧也지꺼릴、횡(庚) **喉**。 후 [후]咽也목구멍、

후(尤) **⿰口幽** 우 [유]吟聲咿ㅣ읊는소리、유鹿鳴ㅣㅣ사슴울、유(尤)呦見 **啾**。 추 [추]小聲ㅣㅣ두런거릴、추ㅣ唧쪽쪽울、추(尤) **喑**。 인 [음]聲也ㅣ啞소리지를、음聚氣안까님

쓸、음(沁)失聲不能言목쉰、음又목잠길、음(侵) [암]泣無聲훌쩍거릴、암(覃) **⿰口弇** 안 [암]不言ㅣ嘿말아니할、암寐聲ㅣ囈잠꼬대할、암(覃) **喃**。 난 [남]語不了呢ㅣ말분명치못할、

남燕語呢ㅣ제비소리、남又재재거릴、남(覃)(咸) **⿰口甚**。 단 [담]豐厚之貌ㅣㅣ수두룩할、담又많을、담(感) [잠]義同(豏) **喊**。 한 [함]譁聲고함지를、함(感)持意口閉입담을、함怒

聲성난소리할、함呵也꾸짖을、함(豏) **喔**。 우 [악]鷄聲ㅣㅣ닭의소리、악又자진닭울、악(覺) **唧** ㅇ지 [즐]衆聲啾ㅣ두런거릴、즐(質) [즉]多聲ㅣㅣ즉즉거릴、즉(職) **喇** 라

[랄]言急喝ㅣ말급히할、랄(曷)(華)西藏蒙古稱僧曰ㅣ嘛중、날 **喆**。 ㅇ져 [철]明也밝을、철哲也착할、철(屑)哲同 **⿱㓞口**。 략 [략]磨刀칼갈、약利也날카로울、약(藥)䂮同 **喀**

거 [객]欬聲ㅣㅣ기침객객할、객(陌) **喫**。 치 [긱]食飮먹을、긱又마실、긱(錫)毄通 **喋**。 데 [텹]利口ㅣㅣ말잘할、첩(葉) [잡]鳧雁食聲唼ㅣ오리와기러기텁석거려먹는소리、

잡(洽) **⿰口昏** 원 [문]口脣邊입아귀、문(吻) **嵒** 네 [엽]地名땅이름、엽爭也다툴、엽(葉) **喌** ㅇ적 [주]呼鷄聲닭부르는소리、주(尤) [축]義同(屋) **嗄**。 哽同 **⿰口春** 춘

[준]吹也불、준(軫) **⿰口孚**。 부 [유]小兒聲ㅣ呢어린아이소리、유(尤) **喍** 채 [재]犬鬪貌ㅣ啀개싸울、재(佳) **喒** ㅇ잔 [잠]我也나、잠(覃) **𠷎** 壽古字 **喨** 량

[량]泣不止울고그치지않을、량(漾)哴同 **啣** 쎈 [함]華名ㅣ명함함 **⿰口便**。 벤 [변]巧言교묘히말할、변(銑) **⿰口胡** 후 [호]咽下垂목젖、호喉聲목소리、호(虞) **⿰口函** 한 [함]高

聲ㅣ⿰口胡소리지를、함(覃) **⿰口是** 시 [시]鳥鳴새울、시(支) **⿰口革**。 껴 [혁]颶風名呟囉ㅣ吔숨사방풍、혁(陌) **㗊** ㅇ즤 [즙]衆口뭇입、즙(緝) **⿰口迦** ㅇ자 [가]陋言ㅣ謰더러운말、

가(歌)
⿰口拜 배 [배]肝病ㅣ依咪간병、배(隊)
哩 리 [리]藥名沙ㅣ仙酸약이름、리(紙)
嗇 이 [억]快也쾌할、억(屋)
喅 우 [육]衆聲뭇소리、육(屋)
喗。얺 [운]口大입클、운齒醜이빨이더러울、운(文)
咠。처 [즙]讒也참소할、즙(緝)咠通
喛。놘 [완]怒也성낼、완(願)
⿰口奇 쌰 [하]答聲대답소리、하(歌)
⿰口怠 태 [태]詐言거짓말、태(泰)
⿰口窒 시 [질]咀也씹을、질(質)
⿰口変。삭 [수]笑聲웃음소리、수(宥)
⿰口施 시 [시]始言말시작할、시(支)
⿰口咢 어 [악]齒齶잇몸、악(藥)
⿰口省 셩 [셩]閉口입담을、셩(梗)
⿰口厚 후 [후]吐也토할、후(有)
⿰口重。쭁 [종]瘂也벙어리、종嘔逆구역질할、종(腫)
⿰口垔 엔 [연]喉也목구멍、연(先)
⿰口臿。자 [삽]多言말많을、삽(洽)

十

喡。이 [위]癈聲목소리변할、위(微)
嗘。지 [계]聲也ㅣㅣ소리、계(齊)
嗤 치 [치]嘲笑빈정거릴、치(支)
嗈 옹 [옹]雁和聲ㅣㅣ기러기짝지어울、옹(冬)噰同
嗣。쓰 [사]續也이을、사習也익힐、사(寘)
⿰片卑 빼 [패]裂也찢을、패別也달리할、패(蟹)[피]分解나눌、피(紙)
嗊 홍 [홍]望夫歌曲囉ㅣ서방생각하는노래곡조、홍(董)
嗄 애 [애]氣逆聲敗목쉴、애(卦)[사]聲癈목갈랠、사(禡)
嗁。티 [제]號泣부르짖어울、제(齊)啼同
嗚 우 [오]歎辭ㅣ呼탄식할、오又오흡다할、오歌也ㅣㅣ노래이름、오(虞)烏同
嗜。씨 [기]慾也즐길、기又욕심낼、기好也좋을、기(寘)醋同
嗉 쑤 [소]鳥受餌處멀떠구니、소又메통、소(遇)
嗂 얀 [요]喜也기뻐할、요樂也즐길、요(蕭)
嗔 천 [진]怒也성낼、진(眞)謓同
⿰口孫 쒼 [손]噴水물뿜을、손(願)
嗃。쌰 [효]恚聲성낸소리、효(肴)大嘑크게부르짖을、효(效)[학]嚴厲ㅣㅣ엄숙히꾸짖을、학悅樂기뻐할、학(藥)
喿。잔 [조]俗音[조]群鳥鳴새떼지어울、조(號)噪同
⿰口豈 해 [해]小兒笑어린아이웃을、해(灰)
嗓 쌍 [상]喉也목구멍、상馬病鼻流涎말병들어코침흘릴、상(養)
嗅 싹 [후]以鼻取氣냄새맡을、후就臭냄새날、후(宥)齅同、臭通
嗛。쎈 [겸]不足貌부족히여길、겸謙也겸손、겸(鹽)謙同、口裏貯食입에밥물고있을、겸(琰)歉慊見[합]口有

銜먹음을、함恨也한할、함(咸)銜通

嘗· 嘗俗字

嗕 수 [욕]羌別種서녘오랑캐이름、욕(沃)

嗗 와 [왈]飮聲마시는소리、왈(黠)

嗀。허 [학]嘔吐貌구역질할、학(覺)

嗌·。이 [익]咽候목구멍、익 [액]義同(陌)

嗒 타 [탑]忘懷ㅣ然생각잊을、탑解體貌사지늘어뜨릴、탑又우두먼할、탑(合)

嗑 허 [합]合也합할、합食也먹을、합多言말수다할、합以齒破이로깨뜨릴、합卦名噬ㅣ괘이름、합(合)

嗇·。써 [색]慳也愛惜인색할、색又다라울、색又거염낼、색貪也탐할、색田畯ㅣ夫권농할、색(職)穡同

嗋 쎄 [흡]吸氣들이마실、협(葉)

[口+唐] 당 [당]大言啁ㅣ큰말할、당(陽)

嗩 새 [쇄]軍中樂ㅣ吶木管蘆頭銅底호적、쇄

嗟。。제 [차]咨也슬플、차惜也가엾을、차(麻)

嗢·。우 [올]咽也목구멍、올(月)

嗝· 꺼 [격]逆氣딸꾹질할、격雉鳴꿩울、격(陌)

甞 嘗俗字

嗎 마 [마]叱罵꾸짖을、마(禡)

嗐 해 [할]開口吐氣하품할、할(黠)

嗆· 창 [창]鳥食새먹을、창噴出뿜을、창愚也ㅣ啍어리석을、창(陽)

咲 笑俗字

嗞 쯔 [자]歎也탄식할、자(支)

[口+員]。웜 [운]吐也토할、운(文)

嗙 방 [방]笑也웃을、방(庚)

[口+尃]·。약 [박]喰也먹을、박(藥)

[口+蚤] 슈 [소]喧也시끄러울、소(號)

嘄 야 [요]呼也부르짖을、요(嘯)

[口+唇] 신 [신]驚也놀랄、신(眞)

[口+追] 차 [추]滿口貌입속가득할、추(尤)

[口+窊] 애 [와]赤子啼갓난아이울、와(禡)

[口+毘] 삐 [비]叱聲꾸짖는소리、비(紙)

單。나 [나]逐鬼귀신쫓을、나(歌)

[口+冓]·。꾸 [구]唱也부를、구雉鳴꿩울、구(虞)

[口+草] 찬 [조]寂寥적적할、조(皓)

[口+叏] 착 [추]訴謗헐담할、추(有)

[口+宮] 홍 [홍]衆聲뭇소리、홍(送)

[口+展]· 뎐 [전]愚也어리석을、전(阮)

[口+豹] 퍈 [표]誇也자랑할、표(效)

[口+哲] 따 [찰]鳥囀새울、찰(黠)

[口+复] 쎄 [홀]嘯也吹口수파람불、홀(質)

[口+栗]· 리 [률]言不分明말분명치못할、율(質)

貉 러 [락]牛乳소젖、낙(藥)

[寒+口]。。젠 [건]語訥말더듬을、건(先)

嗡。웅 [웅]牛聲소울음、웅虫聲벌렛소리、웅(東)

[口+恚] 이 [이]怒聲성낸소리、이(眞)

[口+弱]· 타 [탑]口動貌입움직일、탑(合)

嘁 추

[족]愁貌嚬眉눈살찡그릴、족(屋) **嗠**락 [락]呼也轉舌혀두르며부를、낙(藥)

十一

⿰口紫삐 [비]美口예쁜입、비(紙) **嘛**마 [마]西藏蒙古稱僧曰喇ㅣ중、마 **嘑**。후 [호]哮也大聲웅얼거리며고함칠、호(虞) 謼同 **嘒**。훼 [혜]微聲작은소리、혜蟬聲ㅣㅣ매미소리、혜和聲ㅣㅣ화할、혜(霽) 嚖通 **嗺**취 [최]撮口입오무릴、최促飮급히마실、최嗟也슬플、최口醜입추할、최(灰) **嘅**。개 [개]歎也탄식할、개(泰) 怒也성낼、개(隊) 愾見 **嘆**탄 [탄]太息탄식할、탄又한숨쉴、탄(寒)(翰) 歎同 **嘕**썬 [언]笑貌빙그레할、언喜樂기쁘고즐거워할、언(先) ⿰口虔同 **⿰口虔** 嘕同 **嘌**。퍞 [표]車疾行無節度ㅣㅣ차흔들릴、표又빨리몰아갈、표疾也빠를、표(蕭) **嘐**。랖 [효]誇語ㅣㅣ자랑할、효 [교]鷄鳴ㅣㅣ닭자처울、교(肴) 咬同 **嘄**갼 [교]叫也부르짖을、교獸名ㅣ陽짐승이름、교(蕭)(嘯) 叫同(或音규) **嗷**。안 [오]衆口愁ㅣㅣ여럿이걱정할、오鳥聲새지저귈、오(豪) **嗸** 嗷同 **嘈**찬 [조]聲也ㅣ嗷지꺼릴、조(豪) **嘉**。쟈 [가]美也아름다울、가善也착할、가褒也포장할、가樂也즐거울、가(麻) 佳同 假通 **嘏**쟈 [가]福也복、가物之壯大클、가又높을、가(馬)(或音하) **嘗**。창 [상]探味맛볼、상試也시험할、상曾也일찍、상秋祭가을제사지낼、상(陽) 甞嚐同 **嘔**。억 [구]吐也토할、구又게울、구和悅ㅣ喩기뻐할、구(有) 歐通 謳見 [후]悅言ㅣㅣ기뻐서말할、후(虞) **嗾**。쭈 [수]使犬聲개부리는소리、수(有) [주]義同(宥) 嗾同 **嗽**쏵 [수]上氣疾咳ㅣ기침할、수(宥) 瘶漱同 [삭]口噏들이마실、삭吮也빨、삭(覺) **⿰口窕**쟌 [조]相誘서로꾀일、조(篠) **嗿**。탄 [탐]衆食聲여럿이먹는소리、탐(感) **嘎**까 [알]鶴聲ㅣㅣ두루미소리、알(黠) **嘖**。쩌 [책]爭言말다툼할、책大呼聲크게부르는소리、책(陌) 謮同 **⿰口動**뚱 [동]大歌크게노래할、동(董) **⿰口窒**。지 [질]語無節ㅣ咄말철차없을、질(質) **⿰口習**싸 [삽]忍寒聲추위참는소리、삽(合) **嗼**。뭐 [막]静也고요할、막(藥) **嘂**。쟌 [교]大呼크게부르짖을、교(嘯) **⿰口淡**딴 [담]少味嗜ㅣ싱거울、담(覃) **⿰口祭**。쳐 [절]正言바른말할、절(屑) ⿰言祭同 **嘇**싼 [삼]物在口中哈ㅣ먹음을、삼(感)

噓。쉬 [허] 虛口出氣불, 허(魚) 呴通
嘞 릐 [륵] 分散흩어질、늑 鳴吡ㅣ沁울、늑(職)
哆 퉈 [채] 厚脣입술두터울、차 緩口貌입처질、차(馬)
噖 인 [연] 大笑깔깔웃을、연(銑)
嗻 차 [자] 多言말많을、차 語無信말무신할、차(禡)
嘓 궈 [괵] 苦厭不肯궈치않을、괵(陌)
嘊。애 [애] 傾而不正비틀거릴、애(佳)
⿰口离。리 [리] 言不止말그치지않을、이(支)
⿱吅生 星古字
⿰口桼。치 [칠] 叱聲꾸짖는소리、칠(質)
嗹。련 [련] 長言길게말할、련(先)
嘁 츄 [축] 蹙也부끄러울、축(屋)
⿰口康 캉 [강] 咳聲기침소리、강(養)
嘃。충 [충] 喰也먹을、충(東)
嘋 쟈 [교] 爭也싸울、교(肴)
嗖 차 [채] 惡言험담할、차(馬)
啓 캐 [개] 笑貌웃는모양、개(佳)
噫 얜 [븐] 怒聲성낸소리、분(問)
⿰口堇 친 [근] 脣瘡입술종기、근(軫)
⿰口悉 시 [실] 發響소리낼、실(質)
嗏 두 [로] 正言바른말할、노(遇)

(十二)

嘰。지 [기] 嚌也씹을、기 口醜입더러울、기(微)
嘴 쮀 [취] 喙也부리、취(紙) 觜通
嘶。씨 [시] 馬鳴말울、시 聲破목쉴、시(齊)
嘬。줘 [최] 一擧盡臠한입에먹을、최 齧也씹을、최(卦)
噀 숀 [손] 噴水물뿜을、손(願) 潠俗字
噋 툰 [톤] 重遲ㅣㅣ느럭느럭걸을、톤(元) 啍同
噴。뿐 [분] 叱也꾸짖을、분(元) 噀也뿜을、분 吐氣鼓鼻재채기할、분(願)
嘳。꿔 [귀] 太息한숨쉴、귀(寘) 喟同
噂。쥰 [준] 聚語ㅣ沓수군거릴、준(阮) 譐同
嘽 탄 [탄] 喘息숨찰、탄 盛貌ㅣㅣ성한모양、탄 泣也울、탄 喜也기쁠、탄(寒) [천] 緩聲ㅣ唌시름없을、천 又느린소리、천 怒而噎噫분복받칠、천(銑)
嘵。햐 [효] 懼也ㅣㅣ두려워할、효(蕭) 憢同
噍。쟈 [초] 鳥聲ㅣㅣ새소리、초 嚼也씹을、초(嘯)
嘹 랴 [료] 鳥鳴聲ㅣ嘵새우는소리、요(蕭) 鳥鳴새울、요 病呼병들어부르짖을、요(嘯)
嘯。쌰 [소] 蹙口吹聲수파람、소(嘯) 歗同
嘲。쟌 [조] 謔也ㅣ弄조롱할、조 又비웃거릴、조(肴) 謿同
嗥。햐 [호] 咆也범의소리、호(豪) 號見
噌 쩡 [쟁] 市聲ㅣ呟장꾼지꺼릴、쟁(庚) [증] 空罾泓ㅣ공연이떠들、증(蒸)
嘼 畜古字
嘾。탄 [담] 貪也탐할、담 深含꿀떡삼킬、

담(覃)

噉 딴[담]噍也씹을、담(感)淡啗同

噎° 예[열]喉閉목잠길、열又목쉴、열(屑)

嚄 휘[획]言聲ㅣㅣ말소리、획(陌)

嘿 黙同

(口集) 지[집]噍貌 [illegible]ㅣ입우물거릴、집(緝)

噏• 씨[흡]內息숨들이쉴、흡(緝)吸同

嘮 랴[로]譊也ㅣ呶지꺼릴、노(肴)

噆•° 자[잠]齧也씹을、참嗛也먹음을、참(感)

嘸 얍[무]語不明ㅣ然말우물거릴、부(虞)

(口豊) 위[울]喉中鳴목구멍가르렁거릴、울(物)

(口盤) 판[반]以言難人말로사람힐난할、반(寒)

嗇° 써[색]愛惜인색할、색(職)嗇同

噾 안[암]少味ㅣ啖싱거울、암(咸)

嘻• 씨[희]歎也ㅣㅣ탄식할、희驚懼聲에구에구할、희(支)噫同

噐° 器俗字

噃 빤[번]山猪吵ㅣ산돋、번(産)猶太諸山聲也소리、번(寒)

嘫• 산[연]荅也대답할、연(先)

噊 이[일]危也위태할、일(質)

嘪 매[매]羊鳴聲양울음소리、매(蟹)

嘭 펑[팽]聲也ㅣㅣ팽팽소리날、팽(庚)

噅° 웨[휘]口不正입비뚤어질、휘(支)

(口閜) 쌰[하]開口입벌릴、하(麻)

嘺° 쟈[교]俙徼不明어렴풋할、교(蕭)

噁• 어[오]怒聲성낸소리、오(遇)

(口詧) 차[찰]細言가늘게말할、찰(黠)

嚞° 져[철]嘲也조롱할、철(屑)

噌 嘖同

噈° 작[축]口合입맞출、축(屋)

(口敝)• 처[철]言正말단정히할、철(屑)

嘟 뚜[도]讃詞칭찬할、도肝病名ㅣ吡(口迦)간병날、도(虞)

(十三)

噰 웅[옹]和聲ㅣㅣ화한소리、옹(冬)嗈雝同

噫•° 이[희]痛傷聲슬플、희又느낄、희歎息한숨쉴、희(支)[애]飽食息배불러씩은거릴、애ㅣ氣기트림할、애(卦)億譩同

噺 [신]古談이야기、신

器•° 처[기]皿也그릇、기才能ㅣ量그릇다울、기(寘)

噬 씨[서]啗也씹을、서逮也미칠、서(霽)

(高亢) 챠[교]不安ㅣ[illegible]뒤뚱거릴、교(嘯)

噦° 훼[홰]鑾聲ㅣㅣ말방울소리、홰徐行貌ㅣㅣ천천이갈、홰(泰)[얼]氣逆聲 외지거리할、얼(月)

噲• 쾌[쾌]咽也목구멍、쾌寬明ㅣㅣ쾌쾌할、쾌(卦)

噭° 쟈[교]牛吼소울、교呼也부를、교(嘯)叫見

噪° 잔[조]鳥羣鳴뭇새울、조(號)喿同譟見

噣° 주[주]鳥喙새입부리、주啄也쪼을、주(宥)咮同

噤•° 진[금]口閉입담을、금

(寢)(沁)黔同 噞。옌 [엄]魚口ㅣ喁고기입어물거릴、엄(鹽)(琰)鹼同 噩。어 [악]嚴肅ㅣㅣ엄숙할、악驚也놀랄、악(藥)愕通 噱 우쥐 [갹]大笑噱ㅣ껄껄웃을、갹(藥) 噠 따 [달]西夷國名噠ㅣ오랑캐나라이름、달(曷) 噍 착 [추]小兒啼아이울、추(尤) 噧。화 [홰]高氣多言기운높여말많이할、홰(卦) 噥 눙 [농]甘食달게먹을、농空談헛된말할、농(冬)[華]咕ㅣ두덜거릴、농 ⿰口虜 루 [로]呼猪聲ㅣㅣ돋부르는소리、노(虞) 噯 애 [애]暖氣더운기운、애(泰)[華]呌賣聲물건외는소리、애 噮。원 [연]甘食달게먹을、연(霰) 噳。워 [우]麌鹿羣口相聚貌ㅣㅣ여러사슴의입이모여우물거릴、우(麌) 噸 둔 [돈]一千六百八十斤曰ㅣ근수、돈(願) ⿰口閜 허 [하]大笑하하웃을、하(麻) ⿰口解 제 [해]怒聲역정낼、해(蟹)誒同 噢。와 [욱]悲也슬퍼할、욱(屋) 噡。잔 [첨]多言잔말할、첨(鹽) ⿸广⿰亻⿱隹口 잉 [응]答也대답할、응(徑)譍同 ⿰口昜 諹俗字 ⿰口毄 喫同 ⿰口殿。뎐 [전]呻吟앓는소리할、전(霰) ⿰口感 깐 [감]吠也짖을、감(覃) ⿰口業 예 [업]口動입움직일、업(洽) 嗂 쟈 [요]喜也기뻐할、요樂也즐거울、요(蕭) ⿰口悉 시 [슬]叱聲꾸짖는소리、슬(質) ⿰口楚 추 [초]叱也꾸짖을、초(魚) ⿰口臬 잣 [작]鼠聲쥐소리、작(藥) ⿱𦥯口。어 [악]誇也자랑할、악(覺) ⿰口羨 羨同 ⿰口戢 지 [집]諭也효유할、집(緝) ⿰口慈 츠 [자]愧也부끄러울、자(支) ⿰口鼓 꾸 [국]口聲입소리국(屋) ⿰口質 지 [질]賤話쌍된말、질(質)

【十四】

嚌。지 [제]嘗也맛볼、제(霽) 嚅 수 [유]欲言而復縮囁ㅣ말머뭇거릴、유(虞) 嚆。한(쌴) [효]呌呼부르짖을、효鳴鏑ㅣ矢살촉울、효(肴)髇同 嚇。싸 [하]笑聲웃음소리、하恐喝공갈할、하又얼를、하(禡)[혁]성낼、혁又결낼、혁(陌) 嚀 녕 [녕]囑詞叮ㅣ정녕할、영又당부하는말、영(青) 㘅 션 [함]馬口勒말재갈、함官級벼슬계급、함(咸)銜同 嚂。란 [람]食貌입우물거릴、남(勘) 嚁。되 [적]嘯聲수파람소리、적(錫) 嚄。훠 [획]多言ㅣ唶잔말할、획驚貌깜짝놀랄、획(陌) 嚃。타 [탑]大歠훅훅들이마실、탑(合) 嚈 야 [엽]西夷國名ㅣ噠오랑캐나라이름、엽(洽) 噿 。줴 [취] 鳥喙새입부리、취(寘) ⿰口屢 뤼 [루] 呼狗ㅣㅣ개부를、누(遇) 嶷 。이 [억] 小兒有智어린아이지각있을、억(職) [의] 無見聞嘿ㅣ고루할、의又무식

할、의(寘) 嚊 。삐 [비] 喘急聲헐떡거릴、비(寘) ⿰口與 위 [여] 勸力歌손벽치며노래할、여(魚) ⿰口㬎 어 [압] 喧也시끄러울、압又떠들、압(合) ⿰口臺 대 [대] 言不止말끊이지

않을、대(賄) ⿰口犖 락 [락] 斑牛얼룩소、낙(覺) ⿰口榮 잉 [영] 啼也울、영(庚) ⿰口嫈 잉 [영] 獸聲짐승소리、영(青) ⿰口㥯 인 [은] 小口작은입、은(阮) 嚋 。주 [주] 誰也누

구、주(尤) 譸同 ⿰口蒙 멍 [몽] 言不明말분명치않을、몽(東) 嚍 。진 [진] 憤發분낼、진(軫) 嚎 후 [호] 聲高소리높을、호(豪) ⑮ 嚚 。인 [은] 愚也어리석을、은又

미련할、은言不忠信완악할、은言爭말다툼할、은(眞) ⿰喿包 빠 [포] 耕也밭갈、포缶地가래질할、포(巧) 嚏 티 [체] 氣噴鼻재채기할、체(霽) 疐同 ⿰口㗊 同 嚚 嚘 。우

[우] 歎也哷ㅣ탄식할、우語未定貌말얼버무릴、우氣逆기운역할、우(尤) 嚗 。빠 [박] 怒聲성낸소리、박又여정벌、박呴同、放杖聲지팡이놓는소리、박(覺) 嚜 머 [믁] 不自由

ㅣ임의롭지못할、믁又잠잠할、믁(職) [매] 小兒多詐ㅣ尿어린아이꾀많을、매(寘) ⿰口巤 。레 [렵] 齧聲씹는소리、엽(葉) 嚙 얘 [교] 齩也물、교 [요] 齧也씹을、요(巧) 嚛 。허

[학] 酸而不酷시그무러할、학(藥) 嚤 마 [마] 熊名ㅣ嚕熊、一名赤熊곰의이름、마(麻) 嚕 로 [로] 熊也嚤ㅣ곰의이름、노語也말할、노諂也아첨할、노吐ㅣ猶言可惜가석히여

길、노(虞) ⿰口節 。지 [질] 出聲呲ㅣ통소감들일、질(質) ⿰口質 。지 [질] 賤言천한말、질(質) ⿰口霅 이 [흡] 衆聲뭇소리、흡(緝) ⿰口賢 쎈 [현] 訊問심문할、현(先) ⿰口蓼

료 [료] 靜也고요할、노(皓) ⿰口厲 리 [뢰] 正聲바른소리、뇌(泰) ⿰口麃 。퐈 [포] 獸聲짐승소리、포(肴) ⿰口䁝 왕 [앵] 犬吠聲개짖는소리、앵(梗) 嚠 류 [류] 音聲清雅소

리맑을、유(支) ⿰口賣 뚜 [두] 讀也읽을、두(宥) 嚝 광 [굉] 鐘聲쇠북소리、횡(庚) ⑯ 嚨 。룽 [롱] 喉也목구멍、농(東) 嚬 삔 [빈] 眉蹙찡그릴、빈(眞) 顰同

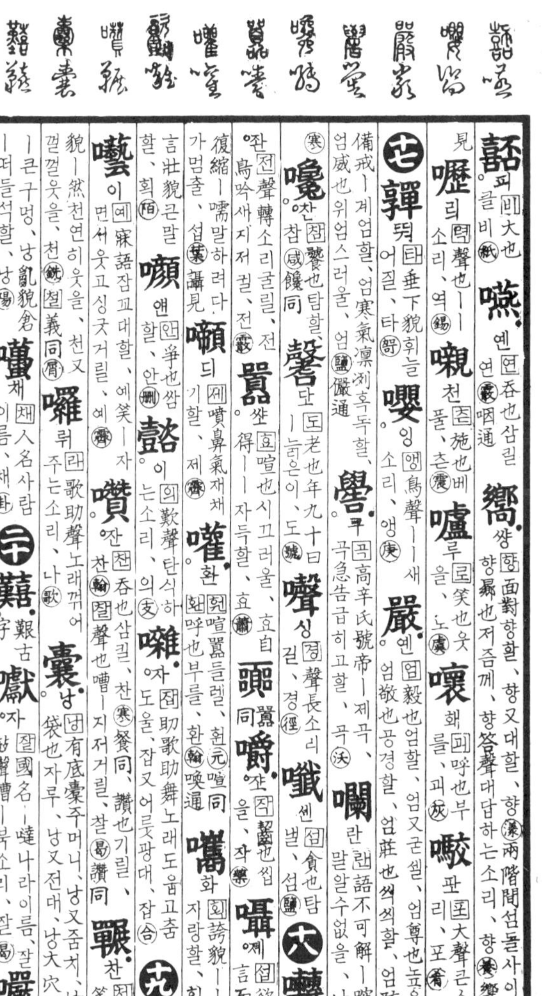

嚭◦피[비]大也클비(紙) 嚥옌[연]呑也삼킬연(霰)咽通 嚮◦썅[향]面對향할、향又대할、향(漾)兩階間섬돌사이、향鄕也저즘께、향答聲대답하는소리、향(養)響

見 嚦리[력]聲也ㅣㅣ소리、력(錫) 嚫천[츤]施也베풀、츤(震) 嚧루[로]笑也웃을、노(虞) 嚷홰[괴]呼也부를、괴(灰) 嚗팍[포]大聲큰소리、포(肴)

⑰ 嚲뒤[타]垂下貌휘늘어질、타(哿) 嚶◦잉[앵]鳥聲ㅣㅣ새소리、앵(庚) 嚴◦옌[엄]毅也엄할、엄又굳셀、엄尊也높을、엄敬也공경할、엄莊也씩씩할、엄防

備戒ㅣ계엄할、엄寒氣凜冽혹독할、엄威也위엄스러울、엄(鹽)儼通 嚳◦쿠[곡]高辛氏號帝ㅣ제곡、곡急告급히고할、곡(沃) 囒란[란]語不可解ㅣ哰말알수없을、난

(寒) 嚵◦찬[잠]饕也탐할、참(咸)饞同 [illegible]도[도]老也年九十曰ㅣ늙은이、도(號) [illegible]싱[경]聲長소리길、경(徑) [illegible]센[섬]貪也탐낼、섬(鹽) ⑱ [illegible]

◦짠[전]聲轉소리굴릴、전鳥吟새지저귈、전(霰) 囂◦쌰[효]喧也시끄러울、효自得ㅣㅣ자득할、효(蕭) 嚻囂同 嚼◦쟈[작]齧也씹을、작(藥) 囁◦녜[섭]欲言而

復縮ㅣ嚅말하려다가멈출、섭(葉)讘見 [illegible]디[체]噴鼻氣재채기할、제(霽) 嚾◦환[훤]喧囂들렐、훤(元)喧同 [환]呼也부를、환(翰)喚通 [illegible]화[획]誇貌ㅣㅣ자랑할、획

言壯貌큰말할、획(陌) [illegible]얜[안]爭也쌈할、안(刪) [illegible]◦이[의]歎聲탄식하는소리、의(支) 囃◦자[잡]助歌助舞노래도움고춤도울、잡又어릿광대、잡(合) ⑲

囈이[예]寐語잠꼬대할、예笑ㅣ자면서웃고싱긋거릴、예(霽) 囋◦잔[찬]呑也삼킬、찬(寒)餐同、讚也기릴、찬(翰)[찰]聲也嘈ㅣ지저거릴、찰(曷)讚同 囅찬[천]笑

貌ㅣ然천연히웃을、천又껄껄웃을、천(銑)[철]義同(屑) 囉뤄[라]歌助聲노래꺾어주는소리、나(歌) 囊◦낭[낭]有底橐주머니、낭又줌치、낭袋也자루、낭又전대、낭大穴土

ㅣ큰구멍、낭亂貌창ㅣ떠들석할、낭(陽) [illegible]채[채]人名사람이름、채(卦) (二十) 囍◦字囏古 囐◦자[잘]國名ㅣ嵯나라이름、잘鼓聲嘈ㅣ북소리、잘(曷) [illegible]

안 [암] 呻也신음할、암(咸) 囒 란 [란] 誣言거짓말할、난虫名먀ㅣ벌레이름、난(寒) 讕同 (二十一) 囑 촉 [촉] 託也付ㅣ부탁할、촉又청촉할、촉(沃) 囓 네 [설] 噬也씹을、설(屑) 齧同 囕 [韓] 咥也입에넣을、남

口部

口 [위] 圍古字 囙 日古字 (二) 四 쓰 [사] 一加於三넷、사又넉、사(寘) 肆通 囚 차 [수] 拘繫獄ㅣ가둘、수又갇힐、수(尤) 囙 因俗字 囜 나 [닙] 私取物사사로가질、닙又훔쳐갈、닙(洽) 囘 回俗字 (三) 回 훠 [회] 轉也구를、회邪也간사할、회返也돌아올、회旋也돌、회又돌릴、회(灰) 廻通、曲也굽을、회(隊) 因 인 [인] 仍也인할、인緣也인연、인由也말미암을、인依也의지할、인(眞) 囟 씬 [신] 小兒頂門아이숨구멍、신又정수리、신(震) 囝 잰 [건] 閩人呼兒아들、건(銑) 囧 촹 [창] 穴也구멍、창(江) 㘥 얀 [요] 神名귀신이름、요(蕭) (四) 囪 촹 [총] 烟突굴뚝、총(東) [창] 屋戸창호、창又창、창(江) 窗見

囤 둔 [돈] 小廩작은곳집、돈(阮) 困 쿤 [곤] 悴也窮苦곤할、곤又곤곤할、곤又지칠、곤倦也力乏게으를、곤(願) 囦 옌 [연] 池也못、연又연못、연深也깊을、연(先) 淵同 囮 어 [와] 鳥媒새후릴、와化也ㅣ育화할、와(歌) 囧 징 [경] 窗明창밝을、경(梗) 炯通 𡆸 후 [홀] 物完ㅣ圇덩어리、홀又완전할、홀(月) 国 國俗字 囨 벤 [변] 吐涶침뱉을、변(先) 囩 윈 [운] 繞回둘릴、운(文) 囲 나 [닙] 手動손움직일、닙(洽) 囲 룽 [롱] 謀也꾀할、농(東) 囧 징 [경] 光也빛날、경(梗) 囬 回俗字 (五) 固 꾸 [고] 堅也굳을、고本然辭진실로、고(遇) 囷 쥔 [균] 圓廩둥근곳집、균屈曲盤戾貌輪ㅣ굽으러질、균又서릴、균(眞) 圃 푸 [포] 菜田채전、포(麌) 圓同 囹 링 [령] 秦獄ㅣ圄진나라옥、영(青) 囟 삐 [벽] 閉也닫을、벽(職) 囥 당 [당] 採石聲돌깨치는소리、당(漾) (六) 囿 유 [유] 苑也有

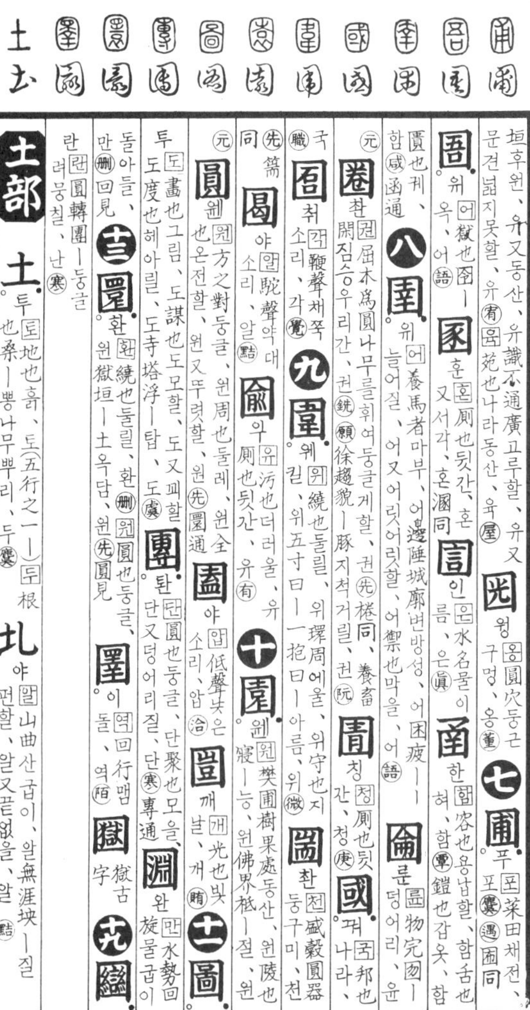

垣후원、유又동산、유識不通廣고루할、유又 문견넓지못할、유(宥)[육]苑也나라동산、육(屋)

囥 웡[옹]圓穴둥근 구멍、옹(董)

⑦

圃。푸[포]菜田채전、포(麌)(遇)圃同

圄。위[어]獄也囹圄ㅣ 옥、어(語)

圂 훈[혼]厠也뒷간、혼 又서각、혼溷同

圁 인[운]水名물이 름、운(眞)

圅 한[함]容也용납할、함舌也 혀、함(覃)鎧也갑옷、함 匱也궤、 함(咸)函通

⑧

圉。위[어]養馬者마부、어邊陲城廓변방성、어困疲ㅣㅣ 늘어질、어又어릿어릿할、어禦也막을、어(語)

圇 룬[륜]物完囫ㅣ 덩어리、윤(元)

圈 촨[권]屈木爲圓나무를휘여둥글게할、권(先)棬同、養畜 閑짐승우리간、권(銑)(願)徐趨貌ㅣ豚지척거릴、권(阮)

圊 칭[청]厠也뒷 간、청(庚)

國。꿔[국]邦也나라、 국(職)

⿴口否 취[각]鞭聲채쪽 소리、각(覺)

⑨

圍。웨[위]繞也둘릴、위環周에울、위守也지 킬、위五寸曰ㅣ一抱曰ㅣ아름、위(微)

圌 촨[천]盛穀圓器 둥구미、천(先)篅同

⿴口曷 야[알]駝聲약대 소리、알(黠)

⿴口俞 와[유]汚也더러울、유 厠也뒷간、유(有)

⑩

園。웬[원]樊圃樹果處동산、원陵也 寢ㅣ능、원佛界祇ㅣ절、원(元)

圓 웬[원]方之對둥글、원周也둘레、원全 也온전할、원又뚜렷할、원(先)圜通

圔 야[압]低聲낮은 소리、압(洽)

⿴口豈 깨[개]光也빛 날、개(賄)

⑪

圖。투[도]畫也그림、도謀也도모할、도又꾀할 도度也헤아릴、도寺塔浮ㅣ탑、도(虞)

團。퇀[단]圓也둥글、단聚也모을、 단又덩어리질、단(寒)專通

𡈆 완[만]水勢回 旋물굽이 돌아들、 만(刪)回見

⑫

圜。환[환]繞也둘릴、환(刪)[원]圓也둥글、 원獄垣ㅣ土옥담、원(先)圓見

圛。이[역]回行맴 돌、역(陌)

⿴口獄 獄古 字

⑬

圞。란[란]圓轉團ㅣ둥글 려뭉칠、난(寒)

土部

土。투[토]地也흙、토(五行之一ㅣ)[두]根 也桑ㅣ뽕나무뿌리、두(麌)

圠 야[알]山曲산굽이、알無涯坱ㅣ질 편할、알又끝없을、알(黠)

㊁ 坊 진 【진】土壁흙벽、근(眞) 圢 띵 【정】田畔밭고랑、정(迥) 圤 빡 【박】土塊흙덩어리、박(覺) ㊂ 圩 우 【오】泥鏝흙손、오(虞) 杇同 圮 이 【이】土橋흙다리、이(支) 圮 피 【비】岸毁언덕문허질、비(紙) 地 듸 【지】坤也따、지又 땅、지(寘) 第通 圭 꿰 【규】瑞玉上圓下方홀、규又 서옥、규測日影土ㅣ읜똥표、규量名六十四黍爲ㅣ 저울눈이름、규(齊) 珪同 在 째 【재】存也있을、재察也살필、재(賄)(隊) 圩 위 【우】築堤防水방축、우(虞) 圪 이 【흘】堆高흙덤이우뚝할、을(屑) 圳 쓔 【수】畓溝논도랑、수(尤) ㊃ 坆 문 【문】墳也무덤、문(文) 址 쯔 【지】基也터、지(紙) 阯同 圻 치 【기】界也王畿지경、기(微) 畿同 【은】岸也언덕、은(文) 垠同 均 쥰 【균】平也평평할、균又반듯할、균調也고를、균徧也두루、균(眞) 匀鈞通 坏 피 【배】未燒陶瓦굽지않은기와、배土封罅隙흙으로틈막을、배後墻뒷담、배(灰) 阫通 坋 뿐 【분】塵也티끌、분拌也버릴、분(吻)(問) 坌 뿐 【분】竝也아우를、분聚也모을、분(吻)(問) 坋同 【필】壓腐貌눌려썩을、분 坑 컹 【갱】陷也빠질、갱埋也묻을、갱 【항】阬塹구덩이、항(庚) 阬同 坎 칸 【감】陷也구덩이、감穴也구멍、감險也험할、감卦名괘이름、감(感) 埳通 圽 뭐 【몰】埋也묻을、몰險也험할、몰(月) 歿同 圿 계 【갈】積垢때낄、갈(黠) 圾 지 【급】高貌ㅣㅣ산높을、급危殆위태할、급又휘뚝휘뚝할、급(緝) 岌同 坐 쥐 【좌】行之對앉을、좌(哿)被罪좌죄할、좌行所止자리、좌(箇) 座見 坂 빤 【판】坡ㅣ언덕、판山脅산비알、판又산기슭、판(阮) 阪同 坊 빵 【방】邑里洞名고을이름、방障也막을、방(陽) 坽 친 【흠】坎也구덩이、흠(寢) 坉 툰 【둔】莊家농막、둔畔也밭고랑、둔(元) 坍 탄 【담】波打岸물이언덕칠、담(覃) 坁 듸 【지】留也머무를、지(紙) 坄 예 【역】煙突굴뚝、역(陌) ㊄ 坻 ㅊ 【지】水中小沚모래섬、지(支) 場也마당、지(紙) 【저】隴阪언덕、저(齊) 阺見 坌 뿐 【분】掃除쓸어버릴、분(問) 糞通 坵 丘俗字 坤 쿤 【곤】地也땅、곤順也순할、곤卦名괘이름、곤(元) 坦 탄 【탄】平也평

탄할、탄又편편할、탄廣也넓을、탄(旱)

坨 陀俗字

坡。 퍼 [폐]阪也언덕、파(歌) 陂通

坳 요 [요]窊下오목할、요(肴) 凹同

坷 커 [가]不平坎ㅣ길험할、가(哿)(箇)

坱。 양 [앙]塵埃티끌、앙無涯ㅣ圠질펀할、앙(養)

坪· 핑 [평]大野벌판、평又들、평日度四方六尺爲一ㅣ평수、평(庚)

坰 징 [경]郊也들、경(靑)

坫 뎐 [점]屛也병풍、점又막을、점堂隅대청모퉁이、점(豔)

坲 뿔 [불]塵起ㅣ埻티끌일어날、불(物)

坺 빠 [발]發土흙필、발耕也밭갈、발(曷) 墢同

坼。 쳐 [탁]裂也찢을、탁分開터질、탁(陌) [illegible]拆[illegible]同

垂。 쉬 [수]自上縋下드리울、수幾也將及거의미칠、수邊方변방、수(支)

垀 후 [호]地名땅이름、호垣也담、호(虞)

坧 지 [척]基地기지、척(陌)

坩 칸 [감]所以鎔鍊金鐵ㅣ堝도가니、감(覃)

坶。 무 [목]養也기를、목察也살필、목治也다스릴、목(屋) 牧同

坭 늬 [니]水和土진흙、이(紙)

坾 쥬 [저]積塵티끌쌓일、저(語)

垉 팦 [華]掘也캘、포

垈 [韓]宅地집터、대

坿· 뿌 [부]白石英흰수정、부編木渡水떼、부(虞)

坥。 쥬 [저]蚯蚓集地지렁이모인땅、저(魚)

⿰土末 머 [말]塵芥쓰레기、말(曷)

坽 링 [령]險岸험한언덕、영(靑)

坻 치 [지]垣也담、치(紙)

⿰土朮 수 [술]高也높을、술(質)

坮 臺古字

六

垝。 꿰 [궤]壞垣무너진담、궤(紙)

垍。 지 [계]堅土석비레、계又굳은흙、계(寘)

𢦔 俗作栽誤

垓 깨 [해]界也八極땅끝닿은곳、해(灰) 畡同

垠· 인 [은]崖也언덕、은九天之界하늘가장자리、은(眞)(文) 圻通

垣。 웬 [원]卑墻낮은담、원(紫微ㅣ星左右掖ㅣ)(元)

垗 쟌 [조]葬地宅ㅣ묏자리、조壇域제터、조(篠) 兆通

垛 뛰 [타]射堋살받이터、타堂塾글방、타(哿)[華]ㅣ口성각휘、타

型。 씽 [형]鑄式골、형又본보기、형(土ㅣ木模金範)(靑)

垢。 꺼 [구]滓汙塵ㅣ때、구(有)

垜 垛同

垘 뿌 [복]洑也土壅보막을、복(屋)

垡 빠 [벌]耕起밭갈아들출、벌(月) 墢通

垤· 뎨 [질]蟻封丘ㅣ개미두둑、질(屑)

垞 재 [택]小丘언덕、택(陌)

垟 양 [양]土怪羵ㅣ흙속괴물、양(陽) 羵見

垎 꺼 [각] 土乾흙마를、각 (陌) 垙 광 [광] 街也길거리、광 (陽) 垒 루 [루] 土墻흙담、누 (紙) ⑦ 埇 용 [용] 路上加土길돋을、용 巷道골목길、용 (腫) 埋。

메 [매] 瘞也묻을、매 藏也감출、매 (佳) 薶同 埃。애 [애] 塵也티끌、애 (灰) 埈。준 [준] 高也높을、준 (震) 峻同 垽 인 [은] 澱也滓泥해감、은又찌끼、은 (問) 垾 한

[한] 岸也언덕、한 堤也방축、한又뚝、한 (翰) 埏。연 [연] 地端八ㅣ땅끝닿은곳、연 墓通、隧ㅣ광중、연 [선] 土燒器ㅣ埴질그릇만들、선 (先) 埌 랑 [랑] 野逈貌壙ㅣ아득할、낭 塚

也무덤、낭 (漾) 垶 씽 [성] 赤土붉은흙、성 (庚) 垟同 城。청 [성] 築土所以盛民ㅣ郭성、성又재、성 (庚) 埆 쳐 [각] 地不平境ㅣ땅평탄치못할、각 (覺) [illegible] 빨

[발] 塵也티끌、발 (月) 埒。례 [날] 比等비등할、날 庫垣곳집담、날 補道길돋을、날 (屑) 垻 빼 [패] 防堰방축、패 (泰) 垸。완 [완] 以漆和灰而髹칠에회섞어바를、완 (寒)

垺。약 [부] 山上有水산위에물있을、부 郭也성각휘、부 (虞) 埍。쵠 [현] 女牢계집가두는옥、현 奴僕所居하인청、현 (銑) 埂 경 [경] 坑也구덩이、경 (梗) [illegible] 매

[매] 塵也티끌、매 (灰) 塺同 [목] 地名땅이름、목 (屋) [illegible] 태 [태] 墻壞담무너질、태 (泰) 埕 네 [열] 塞也막을、열又막힐、열 下也내릴、열 (屑) 垷。젼 [견] 泥土진흙、견 (先)

埄 쨩 [봉] 塵起먼지일어날、봉 (董) [illegible] 룽 [롱] 穿穴구멍뚫을、농 (送) 垪 뻥 [병] 塚穴무덤구멍、병 (梗) 埁 신 [심] 土高흙높을、심 (侵) ⑧ 埤。삐

[비] 增也더할、비 附也붙을、비 厚也두터울、비 城上女墻ㅣ堄성가퀴、비 (支) 埼 치 [기] 曲岸굽은낭떠러지、기 (支) 碕隑同 崎見 基。지 [기] 址也터、기 農具鎡ㅣ호미、기

據也자리잡을、기 樂名立ㅣ풍류이름、기 (支) 埶 이 [예] 種也樹ㅣ심을、예 (霽) 蓺同 埴。지 [식] 黏土진흙、식 (職) 戠同 [치] 義同 (寘) 埿 니 [니] 塗土흙바를、니又맥질할、이

圬也흙손、이 泥也진흙、이 (齊) 泥通 堄 이 [예] 城上女墻埤ㅣ성가퀴、예 (霽) 睨通 堆 뒈 [퇴] 聚土흙무더기、퇴 (灰) 培。페 [배] 壅也栽ㅣ북돋을、배 益也더할、배 (灰)

[부]小阜ㅣ塿작은언덕、부又두두룩할、부(有) **埰** 채 [채]采地食邑사패지、채又나라에서준땅、채(隊)采寀通 **埭**· 대 [태]壅水爲堰방축、태又보둑、태(隊)逮同 **埻**。준 [준]射的관혁、준射埻살받이터、준(軫) **堇** 친 [근]黏土진흙、근時也때、근(眞)墐同塗也흙바를、근(震)僅同 **埽** 쏘 [소]以帚掃穢쓸、소(皓)掃同 **堅**·。젠 [견]固也굳을、견勁也剛也굳셀、견又강할、견(先) **埵** 뒤 [타]堅土굳은흙、타(哿) **埜** 野古字 **堂**·。탕 [당]正寢집、당又대청、당又마루、당盛貌ㅣㅣ당당할、당殿也전각、당(陽) **堈** 깡 [강]甕也독、강壠也언덕、강(陽)瓨同 **堋**· 펑 [붕]窆也장사지낼、붕又광중、붕(徑)塴同、射埒살받이성축、붕壅水灌溉보막을、붕又방축、붕(蒸) **埸**。이 [역]疆域지경、역邊境변방、역田畔ㅣ境밭경계、역(陌) **埯** 옌 [암]坑也구덩이、암(感)[엄]土覆物흙덮을、엄(琰) **埳**· 칸 [감]坎也구덩이、감(感)坎同 [함]沒也빠질、함(陷)陷同 **堉** 위 [육]肥地살찐땅、육又기름진땅、육(屋) **堀**·。쿠 [굴]突也냅뜰、굴孔穴구멍、굴(物)掘見 **堊**。어 [악]白土하얀은흙、악又백토、악(藥)堊廬ㅣ室여막、악泥灰飾壁회새벽질할、악(藥) **域**·。위 [역]界也境ㅣ지경、역(外國絶ㅣ、墓限兆ㅣ)(職) **執**。지 [집]持也가질、집捕也잡을、집守也지킬、집父友、아비친구、집(緝) **堁** 커 [과]塵起堀ㅣ티끌일어날、과(箇) **塚** 츄 [추]牛馬所蹈處마소밟은곳、촉(沃) **埠**·。뿌 [보]俗音[부]泊船之所ㅣ頭선창、부(遇) **埢** 쮸안 [권]曲墻ㅣ垣굽은담、권(先) **堌** 꾸 [고]古塚오랜무덤、고(遇) **埦**。완 [완]小盃작은술잔、완(旱)椀通 **埩**。징 [정]耕田밭갈、정耕同(庚) **埮** 딴 [담]平地평평한땅、남(勘) **埧**。쥐 [구]堤防방축、구(遇) **墖** 따 [답]落聲떨어지는소리、답(合) **埾** 추 [추]築也쌓을、추(遇)

九

堣 위 [우]暘谷ㅣ夷우땅、우又모롱이、우(虞)嵎同 **堵**·。뚜 [도]垣也담、도樂業安ㅣ편안히살、도這箇曰阿ㅣ저것、도(麌) **報**·。빠오 [보]告也通ㅣ고할、보酬也갚을、보答也대답할、보婬也음란할、보自下婬上치붙을、보又생피붙을、보合也합할、보(號)[부]疾也빠

를、부(遇) **堤**。디[제]防也막을、제築土過水방축、제(齊)隄同 **堙** 인[인]土山흙산、인又토산、인塞也막을、인(眞)陻見 **堰** 옌[언]壅水爲埭방축 언(阮)(願) **堦** 찌[계]

[계]砌也섬돌、계又댓돌、계(佳)階同 **堧** 완[연]隙地빈터、연又틈서리땅、연廟堂外垣사랑집밖결담、연(先)壖㮕同 **堯**。야[요]陶唐氏號帝ㅣ요임금요又요、요高嶢貌높을、

요(蕭) **堡** 빠[보]小城작은성、보堤也막을、보(晧) **堢** 同堡 **場**。창[장]除地마당、장處也터、장(陽)塲㙊同 **堭** 황[황]合殿堂ㅣ전각、황(陽) **堩** 껀[긍]道

也길、궁(徑) **堪**。칸[감]勝也견딜、감又이길、감任也갈을、감天地ㅣ輿감여、감(覃) **堠** 햑[후]封土築臺記里잇수표한토둔、후又장승、후又돈대、후烽火斥ㅣ봉화직

이、후(有) **堲**。지[즉]憎惡미워할、즉(職)[즐]義同、燒土爲塼벽돌구을、즐火餘燼불탄끝으리、즐(質) **堗** 투[돌]烟突굴뚝、돌(月) **堨**。어[알]以土障水보막을、알又방축

알(曷)[갈]戞也방축、갈(屑) **堮** 어[악]厓岸圻ㅣ언덕비탈、악(藥) **[土+㡿]** 쳐[탁]裂也찢을、탁又터질、탁(陌) **堛** 삐[벽]土塊흙덩이、벽(職) **堞**。데[첩]城上女墻雉

ㅣ치첩、첩又성가퀴、첩(葉) **堶** 퉈[타]石戲飛ㅣ돌팔매질、타䃪輪石연자매、타(歌)砣碢同 **堝**。궈[과]金銀鎔器坩ㅣ도가니、과(歌) **[土+耑]**。뛰[타]垂而下늘어질、타(哿)

堥。우[무]陶器질그릇무(尤) **堬**。위[유]塚也무덤、유(虞) **堿** 현[함]鹽質짤、함(咸)鹹同 **[土+桀]** 채[새]籬也울타리、새(卦)砦同 **墅** 野俗字 **[土+复]** 뿌[복]居

也土窟토굴에서살、복(屋) **堜** 렌[연]丘也언덕、연(霰) **堳** 믜[미]墻垣담、미(支) **堷**。안[암]土藏흙에묻을、암(感) **堸** 뻥[풍]虫巢벌레집、풍(東) **堹**。

쭝[종]池堤연못둑、종(宋) **堺** 界同 **[土+虘]** 후[호]土釜흙솥、호(號) **[土+度]**。두[도]埋也묻을、도(豪) **堫** 쭝[종]耕田밭갈、종(東) (十) **[土+貢]** 꽁[공]地名땅

이름、공(送) **塚** 쭝[총]高墳무덤 총(腫)冢通 **塒** 씌[지]鷄棲닭의홰、지(支) **塗**。두[도]泥也진흙、도泥飾ㅣ墍바를、도又맥질할、도汚也더럽힐、도路也길、도不

分曉糊ㅣ분명치못할、도又흐리멍덩할、도(虞)途畬見 塏。개 [개]明也밝을、개高燥地爽ㅣ높고조강한땅、개(賄) 塑 쏘 [소]埏土像物흙으로만든인형、소(遇) 塊。

괘 [괴]墣也흙덩어리、괴造物大ㅣ땅덩이、괴胷中不平壘ㅣ가슴뭉클할、괴(泰)(隊)凷墤同 塐 塑同 塡。전 [진]久也오랠、진安也편할、진(眞)定也정할、진壓也누를、진土星

토성、진(震)鎭見 [전]塞也막힐、전(先)病也ㅣ寡병들、전(銑)窴闐通 塞。써 [새]邊塞界변방、새戲具博ㅣ주사위、새(隊)[색]窒也阸險막을、색又막힐、색充滿가득할、색(職) 塤

쓘 [훈]燒土樂器질나팔、훈(元)壎同 塢 우 [오]山丘산언덕、오村落마을、오(虞)隖同 塘 탕 [당]鑿地注水못、당陂也堤岸방축、당(陽) 塟 葬同 塋。잉 [영]墓

也ㅣ域무덤、영葬地산소、영又장사지낸땅、영(庚) [illegible] 씽 [성]赤土也붉은흙、성(庚)垶同 塍。청 [증]畦也밭두둑、증坪也큰들、증(蒸) 塓。미 [멱]塗也坹ㅣ흙바를、멱

(錫) 塉。지 [척]薄土메마른흙、척(陌) 塔。타 [탑]浮屠탑、탑物墮聲물건떨어지는소리、탑(合) 塌 타 [탑]低地낮은땅、탑又저합할、탑初耕초벌갈、탑(合)[illegible]同

塮 쎄 [설]細塵먼지、설(屑) 塩 鹽俗字 塝 뺑 [방]地畔땅두둑、방平丘평평한땅언덕、방(陽) 塥。꺼 [혁]重土흙덧붙일、혁又흙격지、혁(陌) 塕。웅 [옹]塵

起티끌일어날、옹風聲ㅣㅣ바람소리、옹(董) 塙。。잔 [각]堅土굳은흙、각(覺) 塛 리 [률]塞也막을、율(質) [illegible] 이 [올]小山작은산、올(物) 塠 퇴 [퇴]落也떨어질、

퇴(灰) [illegible] 꾸 [곡]練土흙익일、곡(屋) 十一 墀。츠 [지]階上地축대윗뜰、지又섬뜰、지(支) 墍 。지 [기]息也쉴、기塗也흙바를、기(寘)[히]取也취할、히塗也흙바를、

히(未) 墅 쐐 [서]田廬농막、서(語) 塷 루 [로]西方鹹地짠땅、노(虞)鹵同 墉。용 [용]垣也담、용(冬) 墓。무 [모]俗音[묘]塚也무덤、묘又산소、묘(遇) 墆 데 [질]貯

也저축할、절又쌓을、절止也그칠、절(屑)[체]陰貌ㅣ翳어스름할、체高也높을、체(霽) 塺 메 [매]塵也티끌、매(灰)[마]義同(箇) 塵。천 [진]埃也티끌、진又먼지、진久也前ㅣ오

랠、진(眞) **墐**。친[근]泥土진흙、근瘞埋묻을、근塗也흙바를、근溝上道개천덮은길、근(震)墐同 **墁** 만[만]墻壁灰飾면회할、만又흙손、만(翰)鏝見 **塽** 쌍[상]地高明

處ㅣ塏땅높고밝은곳、상(養)爽通 **墇**。쟝[장]隔也막을、장(陽)(漾)障通 **境**。경[경]界也지경、경竟也마침、경(梗) **塼**。젼[전]甓也燒墼벽돌、전(先)甎同 **塾**。쓕[숙]門

側堂家ㅣ사랑、숙敎舍글방、숙(屋)䴛同 **塲** 창[장]除也마당、장(陽)場同 **墋** 천[참]沙土모래흙、참濁貌不澄흐릴、참垢也매、참(寢) **塿**。루[루]小阜培ㅣ토둔、

누又두둑、누(有) **墈** 간[감]險岸험한비탈、감又낭떠러지、감(勘) **塹**。잔[참]坑也구덩이、참遶城水해자、참(豔)壍塹同 **墊** 뎐[점]溺也빠질、점(豔)阽通[華]ㅣ傷

눌릴、점 **塻** 머[막]塵也티끌、막(藥) **墌**。쳑[척]築土爲基터、척(陌) **[土+虖]**。쌰[하]孔隙틈、하(禡)罅同 **墄**。처[척]階級層石섬돌층、척(錫) **塸** 어

[우]沙堆모래무더기、우(有) **塴** 펑[붕]窆也장사지낼、붕射埒살받이토성、붕(徑)壅水灌漑방축、붕(蒸)堋同 **塳**。펑[봉]塵起티끌일어날、봉(東) **[土+從]**。충[종]土菌雞ㅣ땅

버섯、종又닭버섯、종(冬) **[土+梟]** 쌰[효]卵産알낳을、효(蕭) **[土+㒼]**。만[만]覆土흙덮을、만(寒) **墂** 퍈[표]封土爲標언덕쌓아표할、표(蕭) **[土+累]** 라[라]盛土草器흙

담는삼태、나(歌) **墒** 상[상]耕也밭갈、상(陽) **墑** 뎌[적]階段층계、적(錫) **墔** 최[최]高丘높은언덕、최(灰) **壼** 쿤[곤]黏土찰진흙、곤(願) **(十二)** **墮**。

뒤[타]落也떨어질、타壞也무너질、타(哿) **墯** 墮同 **墯** 墮同 **墜**。쥐[추]落也떨어질、추(寘)磓礈同 **墟**。쒸[허]大丘큰언덕、허古城옛날성、허商人物貨買賣處장、

허(魚) **墬** 地字籀文 **[土+壹]**。이[에]陰塵ㅣㅣ흙비올、에又티끌에날흐릴、에(霽) **墦**。빤[번]塚也무덤、번(元) **墩** 뚠[돈]平地有堆돈대、돈(元)[華]靠ㅣ안석、돈

墳。뿐[분]墓也土封무덤、분又봉분、분大也클、분書名三ㅣ책이름、분(伏羲、神農、黃帝、之書謂之三ㅣ)(文)土肥膏흙걸고차질、분土沸起흙부풀어오를、분(吻) **墠** 싼

三畫 土

[선] 修地祭處壇ㅣ제터、선(銑) 墂。랴 [료] 周垣에워싸은담、요(蕭)(嘯) 墱·떵 [등] 飛陛비게、등小坂작은언덕、등(徑) 墝 챠 [요] 瘠土ㅣ埆메마른땅、요(肴)

地不平땅언틀먼틀할、요(效) 增。정 [증] 益也더할、증重也거듭、증衆也많을、증(蒸) 塯 릭 [류] 盛飯瓦器질그릇、유(宥) 墰 탄 [담] 甒屬酒瓶목긴술병、담(覃) 壜同

墣。푸 [복] 土塊흙덩이、복(屋) [박] 義同(覺) 墢 빠 [발] 發土흙필、발(曷) 坺同 [벌] 耕起土흙갈아일으킬、벌(月) 垡同 ⿱土異 糞同 墨·머 [묵] 煤膠合劑書ㅣ먹묵、煤烟거림、묵

度也繩ㅣ먹줄칠、묵黥也刑罰자자할、묵貪也탐할、묵(職) 墡 싼 [선] 白土백토、선又하얗은흙、선(銑) ⿰土⿱夂圭 싸 [삽] 土墮聲ㅣㅣ흙떨어지는소리、삽(合) ⿱集土·지

[집] 泉湧샘솟을、집(錫) 墲。무 [모] 高塚높은무덤、모(虞) 𡑞 쟌 [교] 窟室굴속집、교(肴) (十三) 壅·융 [옹] 塞也막을、옹(冬) 培也북돋을、옹障也막힐、옹又가릴

옹、(腫)(宋) ⿰土遂 쉐 [수] 谷道골속길、수(寘) 隧同 壀 피 [비] 女墻ㅣ堄치첩、비又낮은담、비(霽) 壈 란 [람] 失意坎ㅣ실세할、남又뜻잃을、남屯蹇둔건할、남(感) 墺·。

안 [오] 水涯물가、오(號) [옥] 義同(屋) 澳隩見 壇。탄 [단] 墠也祭場제터、단又단、단(寒) 壄 野古字 墾·권 [간] 耕也開田개간할、간治田김맬、간(阮) 壃 걍

[강] 界也지경、강(陽) 疆同 墿 이 [역] 軌道수렛바퀴길、역(陌) 墻 챵 [장] 垣也담、장(陽) 牆廧同 壁·。삐 [벽] 屋壁벽、벽軍壘진터토성、벽宿名東ㅣ별이름、벽(錫)

⿱戠土。지 [식] 黏土진흙、식(職) 埴同 墼·。시 [격] 未燒塼굽지않은벽돌、격(錫) ⿱號土 한 [호] 土釜질솥、호又질탕관、호(號) 壂 뎐 [전] 堂址당집터、전滓淀앙금、전

(霰) 壆 허 [학] 土堅흙굳을、학(覺) ⿰土睘。환 [환] 墻圍담둘러싸을、환(刪) ⿰土詹 셤 [첨] 塞也막을、첨(豔) (十四) 壕·햐 [호] 城下池성밑해자、호地名ㅣ洲땅이름、

호(豪) 壐 쓰 [사] 帝印옥새、사(紙) 璽同 壒。애 [애] 塵也티끌、애(泰) 壖 쉰 [연] 隙地틈서리땅、연城下田성밑밭、연空地빈땅、연岸邊地언덕가땅、연(先) 堧同 壓

야 [압]鎮也누를、압押搾눌러짤、압覆壞눌릴、압又엎드러질、압塞隙틈막을、압(洽)

壍。잔 [참]坑也구덩이、참(豔) 壍同

壑。허 [학]溝也구렁、학谷也골、학(藥)

壎。훈 [훈]樂器土音흙풍류、훈(元) 塤同

⑮ **⿰土巤** 부 [엽]土貌흙모양、엽(葉)

壏 쎈 [함]堅土석비레、함(豏)

壘。레 [류]軍壁진터토성、유(紙) [뢰]壯貌魁ㅣ끼끗할、뇌(賄)

壙。광 [광]墓穴광중、광野空ㅣ埌들휑할、광(漾)

墼 데 [적]城上女墻성가퀴、적(錫)

⑯ **壝** 웨 [유]埒也토담、유壇繞低垣단둘러싸은담、유(支)

壚。루 [로]黑土也검은흙、노酒區술파는、노黃泉黃ㅣ저승、노(虞)

壞。홰 [괴]毀之무너뜨릴、괴數同 [회]自敗무너질、회(卦)

墵 탄 [담]甒屬酒甁술병、담(覃) 墰同

壛 옌 [염]長砌步ㅣ장대석、염又긴섬돌、염(鹽)

⿰土學 쮜 [각]山多石礫산에돌자갈많을、각(覺)

⑰ **壟**。룽 [롱]田中高處밭두둑、농隴同、塚也무덤、농(腫)

壤。상 [양]無塊柔土곱다란흙、양又명개흙、양沃土기름진흙、양紛錯ㅣㅣ분잡할、양古戲歌名擊ㅣ노래이름、양(養) 穰通

壣 린 [린]菜田채마전、린(眞)

⑱ **壜** 場同

⑳ **壧**。옌 [암]地穴굴、암(咸)

㉑ **壩**。빠 [파]堰也방축、파(禡)

㉒ **⿰土囊** 낭 [낭]土窟토굴、낭(漾)

士部

士。쓰 [사]儒也四民之首선비、사官之總名벼슬、사事也일、사ㅣ卒군사、사(紙)

壬 인 [임]幹名玄黓천간、임北方位북방、임大也클、임佞也간사할、임(侵) 任通

④ **壯**。쨩 [장]大也장대할、장強也ㅣ力굳셀、장盛也성할、장卦名大ㅣ패이름、장(漾)

声 聲俗字

⑦ **⿱士臭**。제 [결]頭傾머리기울일、결(屑)

⑧ **壺** 후 [호]酒器병、호(虞) 瓠通

⑨ **壹**。이 [일]數之始하나、일(質) 一同

壼 원 [운]鬱也답답할、운(文)

壻 쒸 [서]女之夫사위、서(霽) 婿同(妻謂夫曰夫ㅣ、兩ㅣ相謂曰亞ㅣ、出贅妻家曰贅ㅣ、亡女之夫曰丘ㅣ、同門受學曰僚ㅣ)

⑩ **壸** 쿤 [곤]宮中道궐내의복도、곤(阮)(願)

⑪ **壽**。쒸 [수]命也목숨、

수年齡나이、수久也수할、수(有)(宥)

壾 망 [망] 人名孫ㅣ사람의이름、망(養)

十二 壿 。쭌 [준] 舞貌ㅣㅣ춤너울거려출、준(阮)

十一 竇 。씽 [형] 遠也멀、형(敬)

夂部

夂 。쯰 [치] 後至뒤에올、치(支)

二 夅 齊俗字

三 夆 學俗字

夅 降同

四 夆 。뽕 [봉] 牽挽끄을봉(冬)

夊部

夊 。취 [쇠] 安行편안히걸을、쇠(支)

四 夋 。쭌 [준] 行也갈 준(眞)

五 夌 。령 [릉] 越也넘을、능(蒸) 倰同、陵通

夌 長古字

六 夎 。쭝 [종] 馬首飾말굴레치장할、종 鳥竦翅貌새쭉지낄、종(冬)

七 夎 。쮜 [좌] 詐拜거짓절할、좌衣服長起의복떠들릴、좌(箇)

夏 。쌰 [하] 春之次여름、하(禡) 大也클、하禹國號하나라、하禹樂大ㅣ하우씨풍류、하(馬) 夏見

十 夓 夏古字

十二 夔 。퀴 [기] 一足獸ㅣ如龍외발짐승기敬懼ㅣㅣ조심할 기(支)

夕部

夕 씨 [석] 晨之對저녁、석暮也저물、석(陌)

二 外 。왜 [외] 表也바깥、외疏斥遠之멀리배척할、외(泰)

三 多 。뒤 [다] 衆也많을、다勝也승할、다過也과할、다(歌)

夙 쑤 [숙] 早也이를、숙(屋)

五 夜 。예 [야] 晝之對밤、야墓穴ㅣ臺광중、야草名嘉ㅣ풀이름、야(禡) [액] 東海縣名고을이름、액(陌)

姓 晴同

七 夠 인 [인] 普也두루、인(眞)

夥 나 [나] 多也많을、나(歌)

八 夠 꾸 [구] 聚也모을、구(宥)

夠 够同

十一 夤 。인 [인] 恭也敬惕공경할、인因賄干進ㅣ緣인연할、인維也오직、인腰絡허리띠、인(眞)

夢 。멍 [몽] 寐中神遊꿈、몽(送) 不明ㅣㅣ희미할、몽(東) 寢同

夥 훠 [과] 多也많을、과(哿) [해] 義同(蟹)

大部

大 。따 [대] 小之對큰、대又클 대過也지날、대長也길、대 [태] 太同(泰) [다] 極也극할、다(箇)

夫 。뿌 [부] 男子通稱丈ㅣ지아비부先生ㅣ子선생、부官名大ㅣ벼슬이름、부語助어조사、부又대저、부又저、부(虞)

太 。태 [태] 巨大클、태甚也심할、태(泰) 大通、泰見

[韓] 敍也공、태

夬 。꽤 [쾌] 分決결단할、쾌

卦名괘이름、괘(卦)

天。텬 [천] 乾也至高無上하늘、천星名ㅣ根별이름、천藥名鈎ㅣ약이름、천(先)

夭 얀 [요] 早殀일찍죽을、요屈也굽을、요(篠)殀同、災也재앙、요色愉ㅣㅣ얼굴빛화할、요少好貌ㅣㅣ也여쁠、요(蕭) [오] 斷殺꿇어죽일、오(皓)

二

央。양 [앙] 中也가운데、앙盡也다할、앙廣也넓을、앙鮮明ㅣㅣ선명할、앙(陽)

夯 캉 [강] 用力以堅다질、강擔也舉物멜、강(漾)

失。씨 [실] 得之反잃을、실錯也差誤그릇할、실過ㅣ과실할、실(質)

三

夷 이 [이] 東表嵎ㅣ동녘오랑캐、이平也평평할、이傷也상할、이誅滅죽여없이할、이悅也기쁠、이河伯馮ㅣ물귀신、이卦名明ㅣ괘이름、이(支)

夸。과 [과] 奢也사치할、과自大ㅣ奓큰체할、과諛言附人ㅣ毗아첨하여부닐、과(麻)

夸 夷古字

四

夾。쎄 [협] 持也가질、협兼也겸할、협雜也잡될、협左右持좌우에가질、협(洽)挾通、姓也성、협劒名칼이름、협傍也곁、협把也잡을、협(葉)鋏通

奀 뚱 [동] 不肥파리할、동(董)

夽 인 [은] 高也높을、은(軫)

五

奉。뿡 [봉] 恭承받들、봉獻也드릴、봉尊也높일、봉養也봉양할、봉(腫)俸通

奇 치 [기] 異也기이할、기不偶짝안맞을、기不遇數ㅣ매못만날、기(支)畸通

奈。내 [내] 那也어찌、내如何ㅣ何어찌할、내(泰) [나] 義同(箇)柰俗字非

奄。옘 [엄] 忽也문득、엄止也그칠、엄久也오랠、엄(琰)淹通

奅。팦 [포] 大也클、포驟石돌팔매질、포縣名南ㅣ고을이름、포(效)窌通

奓 사 [사] 誇也자랑할、사(馬)

㚔 뎨 [접] 驚愕놀랄、접(葉)

奟 뿌 [불] 助也도울、불(質)

臭 구 [고] 潤澤윤택할、고(皓)

奃 쩨 [홰] 張大벌릴、홰(卦)

六

奎。퀘 [규] 西方宿名별이름、규(齊)

契。치 [계] 約也文證계약할、계券也書ㅣ문서、계憂苦ㅣㅣ근심하고괴로워할、계(霽)鍥通 [글] 蕃國ㅣ丹나라이름、글(物) [결] 勤苦ㅣ濶근고할、결 [설] 舜臣商祖稷ㅣ사람이름、설(屑)偰离同

奐。환 [환] 大也클、환文采ㅣ歘빛날、환閑暇伴ㅣ한가할、환(翰)渙同

奓 쟈 [차] 開張벌릴、차又열릴、차誇言자랑할、차又흰소리할、차奢也사치할、차(馬)侈同

奏。쥐 [주] 人臣上言아뢸、주進

也나갈、주薦也천거할、주樂成節ㅣ풍류아뢸、주(宥)

奔。뿐 [분]走也달아날、분趨事恐後분주할、분(元)急走급히달아날、분(願)覆敗追ㅣ패할、분(問)

奕 이 [혁]大也클、혁美也아름다울、혁憂心ㅣㅣ근심할、혁次序차례、혁圍碁바둑、혁累世ㅣ葉여러대、혁(陌)

(七) **奊**。쎄 [혈]頭衺머리기울、혈無志分ㅣ詬분수없이욕할、혈(屑)

奚 씨 [해]何也疑辭어찌、해女婢小ㅣ계집종、해(齊)媄見

套。탄 [토]長大장대할、토重沓圈ㅣ둘씌울토又어리、토(號)[韓]例也전례、투

奘。쫭 [장]大也클、장(養)

畚 뿐 [분]盛土器삼태、분㽬也가래、분又삽、분(阮)

(八) **奜** 꽤 [비]大也클、비(尾)

[illegible] 예 [역]强也강할、역(職)

[illegible] 신 [심]大恐크게두려워할、심(侵)

(九) **奠**。뎬 [전]薦也전드릴、전定也정할、전陳也베풀、전置也둘、전(霰)

奡 안 [오]驕健날랠、오慢也거만할、오(號)

奢。써 [사]侈也사치할、사嫗壻阿ㅣ조카사위、사(麻)

[illegible] 쮜 [작]人名사람의이름、작(藥)

缺 췌 [결]破傷이지러질、결久缺오래결할、결(屑)缺同

奥 衡古字

(十) **奧**。안 [오]內也속、오深也깊을、오室西南隅집서남모퉁이、오積聚쌓을、오烹和삶아탈、오(號)隩逜燠同

[illegible] 奪古字

[illegible] 얀 [요]大也클、요肥也살찔、요豚肉羙肴돝의고기국、요(蕭)

(十一) **奫** 윤 [윤]水深廣貌ㅣㅣ물깊고넓을、윤(眞)

奬。쟝 [장]勸勉권면할、장褒美포장할、장助也도울、장(養)

奩 렴 [렴]盛香器향합、렴嫁女具鏡臺경대、렴(鹽)匳同

奪。뛰 [탈]强取擭ㅣ빼앗을、탈被取빼낄、탈狹路좁은길、탈(曷)敓同

(十二) **奭**。씨 [석]大也클、석盛也성할、석怒也성낼、석(陌)[혁]赤貌붉은모양、혁(職)赩同

(十三) **奮**。뿐 [분]揚也드날릴、분振興떨칠、분勇起뽐낼、분(問)

(十五) **奰** 삐 [비]壯大장대할、비怒也성낼、비迫也핍박할、비(寘)

(二十一) **奲**。처 [차]寬大너그러고클、차(馬)

女部

女。뉘 [녀]婦人坤道계집、녀又멀、여未嫁稱처녀、여宿名婺ㅣ별이름、여(語)以ㅣ妻人시집보낼、여(御)

(二) **奼** 치 [즐]女不謹계집삼가지않

울 즐(質)

奵 딩 [정] 好容얼굴좋을、정(青)

奴 누 [노] 男業古종 노(虞)

奶 의 [내] 牛乳쇠젖、내(蟹)

㊂

妃 예 [비] 配也배필、비后|왕비、비(微) 配見

如 수 [여] 若也같을、여往也갈、여至也이를、여語助辭어조사、여(魚)

好 학 [호] 善也좋을、호美也아름다울、호愛也사랑할、호相善서로좋아할、호璧孔구슬구멍、호(號)

奸 깐 [간] 犯淫통간할、간僞也거짓、간亂也어지러울、간(寒)

𡚱 빤 [번] 女恚而員계집영오흘、번(願)

她 쪄 [저] 長女큰딸 저(馬) 姐見

奼 차 [태] 美也아름다울、타少女아기씨、타(馬) 姹同

妄 왕 [망] 誕也망령될、망又허탄할、망罔也없을、망又속일、망卦名无|괘이름、망(漾)

妁 쥐 [작] 媒介중매、작(藥)

⿰女弋 이 [의] 女官名계집벼슬이름、의(職)

⿰女久 작 [구] 嫠婦守節不嫁과부수절할、구(有)

㊃

妣 예 [비] 死母稱曰|죽은어미、비(紙) (生前父母死後考|)

妓 지 [기] 歌舞|女기생、기又예기、기(紙)

妤 위 [여] 女官婕|계집벼슬、여(魚)

妐 쫑 [종] 舅也夫之父시아비、종(冬)

妎 쎄 [해] 妒也투기할、해(泰)

妢 뿐 [분] 國名|胡나라이름、분(文)

妘 원 [운] 姓也성、운(文)

妧 완 [완] 好貌좋을、완又좋을상스러울、완(翰)

妖 요 [요] 豔也고울、요媚也아양부릴、요孼也요얼、요巧笑상긋상긋웃을、요(蕭) ⿰女芺同

妙 먀 [묘] 神奇묘할、묘精微정미할、묘纖媚간들거릴、묘美也예쁠、묘少也젊을、묘(嘯) 玅同

妥 퉈 [타] 安也편안할、타又타첩할、타(哿)

妨 빵 [방] 害也해로울、방又방해될、방礙也거리낄、방(陽)(漾)

妉 딴 [담] 樂也즐거울、담(覃) 湛通

妝 짱 [장] 粉裝단장할、장又모양낼、장(陽) 粧同

妊 신 [임] 懷孕아이밸、임(沁) 姙同

姍 산 [염] 弱長纖細휘청거릴、염又비틀거릴、염(琰)

妠 나 [놜] 小兒肥貌婠|어린아이살통통이질、놜(黠) [납] 娶也장가들、납(合)

妒 뚜 [투] 嫉也|忌투기할、투(遇) 妬通

妗 찐 [금] 內舅母(外叔母)외숙모、금美笑姿|싱글벙글할、금容態輕薄방정스러울、금(沁)

妋 뿌 [부] 貪也탐할、부(虞) [우] 眉目間恨미워눈쌀찌프릴、우(尤)

姘 찡

[정]女德不妄動계집엄전할、정又덕성스러울、정(梗)

妑 빠 [파]女兒雙髻ㅣ頭머리두갈래로땋느릴、파(麻)

妔。경 [갱]美女예쁜계집、갱(庚) [항]女性燥急계집성품조급할、항(陽)

妐 죵 [종]聰明怜悧영리할、종(送)

妘 운 [운]生也낳을、운(文)

㚫。사 [삽]美容얼굴예쁠、삽(合)

妡。진 [근]美也아름다울、근(文)

五

委。웨 [위]棄也버릴、위任也맡길、위禮服端ㅣ예복、위屬也붙일、위倒也쓰러질、위(紙)自得貌ㅣㅣ雍容마음에든든할、위禾垂穗貌ㅣ曲벼이삭고개숙일、위曲也위곡할、위美也아름다울、위(支)末也끝、위積也쌓을、위(寘)

姊。즈 [자]女兄맏누이、자又윗누이、자(紙)姐通

姉 同姊

姒。쓰 [사]長婦맏며느리、사兄之妻曰ㅣ婦형수、사娣姒相呼娣ㅣ동서、사姓也성、사(紙)

姆 무 [무]女師여스승、무又여선생、무(麌)[화]伯母백모、무

始。씨 [시]初也비로소、시又처음、시樂名華ㅣ풍류이름、시星名旬ㅣ별이름、시(紙)方也바야흐로、시(寘)

姑。꾸 [고]夫之母시어머니、고父之姊妹고모、고夫之女弟小ㅣ시누이、고且也ㅣ息아직、고星名黃ㅣ별이름、고矢名僕ㅣ살이름、고花名鼠ㅣ꽃이름고(虞)

妬 뚜 [투]女無子계집무자할、적(錫)妒同

妻。치 [처]婦也室人아내、처又마누라、처(齊)以女家人시집보낼、처(霽)

姁 쒸 [후]美貌ㅣ媮맵시예쁠、후(麌)嫗也할미、후又노파、후樂也ㅣㅣ즐길、후(麌)

妹。메 [매]女弟아랫누이、매卦名歸ㅣ괘이름、매(隊)

妳 내 [내]晝睡낮잠잘、내乳母유모、내(蟹)嬭見

姍 싼 [선]行貌ㅣㅣ비척거릴、선衣裳曳地옷잘잘끌릴、선(先)姺通 [산]誹謗ㅣ笑비양거려웃을、산容美얼굴고울、산(寒)

姐。제 [저]女兄맏누의、저慢也교만할、저(馬)她通 姊見

姓。씽 [성]氏系統稱성、성又성씨、성子ㅣ자손、성(敬)㚸同

妚 피 [배]孕胎一朔曰ㅣ한달된태、배(灰)胚同

妯。척 [축]兄弟妻相呼ㅣ娌동서、축(屋)[추]心動마음동할、추悼也슬퍼할、추(尤)

妷 이 [일]安也편안할、일過也허물、일淫ㅣ음란할、일(質)佚同 [질]緩也ㅣ蕩느즈러질、질(屑)

姕。츠 [자]婦人小物부녀자딴물건、자(紙)[치]不媚아첨않을、치(支)

妲。따 [달]紂妃ㅣ己계

집이름、달(曷)

妺 머 [말] 桀妃ㅣ喜계집의이름、말(曷)

妾 체 [첩] 不聘小室첩、첩又작은집、첩又가지기、첩(葉)

姂 애 [핍] 好貌예쁠 핍又얍전할、핍美貌고울、핍(洽)

妵 투 [주] 人名華ㅣ사람이름、주好貌예쁠、주(有)

姅 빤 [반] 女子月經계집월후할、반又경도할、반又월경할、반又몸할、반(翰)

姘 핀 [빈] 妾也첩、빈(眞)

㚼 지 [기] 男色ㅣ姦남색할、기(俗云鷄姦)(支)

姎 앙 [앙] 我也女人自稱나、앙(陽)

妼 삐 [필] 女有容儀계집엄전할、필又계집단정할、필(質)

姏 낟 [담] 老女白稱할미、담又노구、담(覃)

妮 니 [니] 婢也계집하인、이(支)

㚲 잔 [섬] 女輕薄계집경박할、섬小弱작고약할、섬(鹽)

姃 정 [정] 女容端正계집단정할、정(庚)

姈 령 [령] 女之怜悧계집영리할、영(青)

妿 어 [아] 女師여선생、아(麻)

姛 女字

妭 빠 [발] 美妻ㅣ女고운처、발(曷)

妰 취 [작] 靜也動止계집조용할、작(藥)

妱 찯 [초] 女之小名계집이름、초(蕭)

妴 웬 [원] 順直순직할、원(阮)

妸 아 [아] 美貌고울、아(哿)

姖 쥐 [거] 端正단정할、거(語)

⑥

娀 쑹 [융] 國名有ㅣ나라이름、융(東)

姨 이 [이] 母之姊妹이모、이(紙)

姿 쯔 [자] 態也태도、자又자태、자又맵시、자(支)

姬 지 [희] 周姓주나라성、희婦人美稱부인의아름다운칭호、희又아씨、희(支)

威 웨 [위] 尊嚴위엄、위儀也위의、위(微)畏見

姝 쓔 [주] 美色빛갈고울、주粉飾분바를、주(虞)

姥 무 [모] 老女늙은계집、모又할미、모山名天ㅣ산이름、모(麌)姆通

娃 와 [왜] 美女아름다운계집、왜(佳)[와]義同(麻)

姻 인 [인] 婚ㅣ혼인할、인婿家사위집、인(夫曰婚婦曰ㅣ)(眞)婣同

姺 쎈 [신] 商諸侯國名ㅣ邳나라이름、신(眞)華見[선]行貌㛹ㅣ간들간들걸을、선(先)蹁同㜲見

姦 잰 [간] 詐也간사할、간婬也간음할、간通ㅣ통간할、간强ㅣ강간할、간寇賊ㅣ宄도둑질할、간僞也거짓、간(刪)

姧 同姦

姸 연 [연] 美麗고울 연又예쁠、연安也聰慧안존할、연又총명할、연(先)

姚 얀 [요] 美好ㅣ嬈예쁠、요又고울、요急疾剽ㅣ빠를、요又급할、요姓也성、요(蕭)勁疾

嫖ㅣ날랠、요(嘯)

姣 ○쟈 [교]美也아름다울、교媚也아양부릴、교(巧)佼同

姱 콰 [과]好美좋을、과又예쁠、과(麻)

姹 차 [차]美也아름다울、차(禡)美女아름다운계집、차又예쁜계집、차(馬)奼同

姪 ○지 [질]兄弟之子조카、질(俗云世ㅣ、姻ㅣ)(質) [절]義同(屑)

姜 ○쟝 [강]姓也성、강(陽)

姮 헝 [항]羿妻ㅣ娥계집의이름、항(蒸)

姤 꾸 [구]遇也만날、구(宥)

姙 妊同

姞 ○지 [길]姓也성、길后稷元妃후직의이름、길(質)

姶 허 [압]美好예쁘고고울、압(合)

姼 쓰 [시]母之母외조모、시母ㅣ죽은어머니、시(紙) [치]輕薄貌姑ㅣ경망할、치(支) [제]美好ㅣㅣ예쁠、제(齊)

[illegible] ○어 [왜]美貌婐ㅣ모양예쁠、와弱也약할、와(哿)

姽 ○지 [궤]徐行ㅣㅣ느럭느럭걸을、궤又몸지어걸을、궤好也좋을、궤(紙)

姡 훠 [활]詐僞거짓、활狡也교활할、활(曷)

[illegible] ○얼 [이]未嫁女稱處女처녀、이(支)

姛 퉁 [동]女性正直계집성품곧을、동(董)

姟 해 [해]數也兆之百倍백조、해(灰)

[illegible] 우 [오]淫貪음탐할、오(虞)

[illegible] 이 [의]華麗빛날、의又번쩍번쩍할、의(微)

姯 ○팡 [광]美麗미려할、광又환할、광(陽)

姰 ○진 [균]男女優劣同等같을、균又한가지、균(眞)

姷 우 [유]配也짝、유(宥)

[illegible] 뿌 [부]女之行儀계집행실、부(有)

姾 ○찬 [전]女之端正계집단정할、전(先)

[illegible] 시 [세]靜也조용할、세(霽)

[illegible] ○즈 [지]嫉也투기할、지(寘)

[illegible] 회 [희]美容얼굴예쁠、희(隊)

七

娌 리 [리]兄弟之妻妯ㅣ동서、이心動마음동할、이(紙)

娓 ○웨 [미]美也아름다울、미(尾)

娬 우 [모]媚也예쁠、무又부닐、무(麌)

娛 우 [오]樂也즐거울、오喜也기쁠、오(虞)

娣 ○듸 [제]弟妻제수、제女弟아랫누이、제妯娌ㅣ似동서、제(齊)(薺)

[illegible] 떠 [타]女容如花계집꽃같을、타量也헤아릴、타(哿)

娭 애 [애]戲也희롱할、애婢也계집종、애(賄)

娠 ○썬 [신]孕也妊ㅣ아이밸、신養馬者마부、신(眞)

娟 윤 [연]美好嬋ㅣ예쁠、연又고울、연幽遠ㅣㅣ간들거릴、연媚也아양필、연(先)

娩 완 [문]産兒해산할、문(問) [만]順也婉ㅣ순할、만(阮)

[illegible] ○찬 [찬]一妻二妾계집두셋、찬美也아름다

울、찬(翰)粲通

娗。텐[전]不通情眡ㅣ미욱할、전(銑)欺慢語엽신여겨속일、전(霰)婷見

嬿 옌[연]華也빛날、연又환할、연(先)

娥• 어[아]好也예쁠、아羿妻姮ㅣ항아、아天女夸ㅣ선녀、아舜妻ㅣ媓순임금안해、아(歌)

娧。퉈[태]舒遲ㅣㅣ더딜、태又천천이할、태喜也기쁠、태(泰)

娘• 냥[낭]少女尊稱젊은계집、낭又각시、낭又아씨、낭(陽)孃見

娑•。쏴[사]舞貌婆ㅣ춤너푼너푼출、사衣揚貌옷너풀거릴、사(歌)土番國都名邏ㅣ오랑캐도읍터이름、사塵世ㅣ婆세상、사(箇)

娜 나[나]美貌婀ㅣ아리따울、나柔長嫋ㅣ휘청거릴、나又한들거릴、나(哿)

娉•。핑[빙]娶也장가들、빙(敬)聘通美好ㅣ婷예쁠、빙(青)

娍 청[성]美也아리따울、성身長貌헌걸찰、성(敬)

娙 ᅌ징[형]形容美貌맨드리예쁠、형又맵시날、형女身長계집키클、형女官名계집의벼슬이름、형(青)

〈**娎**〉 쎠[혈]喜也기쁠、혈(屑)

㛘 퍼[불]女肥貌媥ㅣ계집몸통통할、불(月)

娖•。취[작]謹也삼갈、착(覺)

娚 난[남]語聲말소리、남(覃)[韓]姊妹謂男兄弟曰ㅣ오라비、남

㛊。려[려]醜雜추잡할、여(語)

娊 쪈[현]腰細허리가늘、현(銑)

㛗• 착[구]配也짝、구(尤)

娼 ᅌ졔[접]女惡계집악독할、첩(葉)

娭 ᅌ지[기]怒也성낼、기又노할、기(寘)

娝 피[부]愚也어리석을、부(紙)

娞 뇌[뇌]姸也고울、뇌(賄)

㛚•。용[용]齊也가지런할、용(腫)

㛷 우[유]醜也더러울、유(宥)

娨 만[만]驕慢교만할、만(潸)

娪 우[오]美女예쁜계집、오(虞)

娦 嬪俗字

(八)

婢•。삐[비]女奴계집하인、비又여종、비(紙)

婓。웨[비]往來貌ㅣㅣ오락가락할、비(微)

㛪 옌[엄]誣挐모함할 엄(豔)

娵• 취[추]星名ㅣ觜별이름、추少也젊을、추魚也ㅣ隅물고기、추帝嚳后妃閭ㅣ제곡의후비、추(虞)

娶•。취[추]俗音[취]取妻장가들、취(遇)

婟 꾸[고]戀惜ㅣ嫪애낄、고又애달플、고又안타까울、고(遇)

婁 뤄[루]空也빌、누牽也끌、누愚也어리석을、누(虞)屢通星名별이름、누春秋國名鄒ㅣ나라이름、누(尤)

婣 인[인]和同화동할、인(眞)姻同

婚•。훈[혼]ㅣ姻혼인할、혼婦家며느리집、혼

(元) 烟見

婉 완 [완] 美也예쁠、완又아름다울、완順也순할、완(阮)

婘 쳔 [권] 美好예쁠、권丨屬집안부치、권(先)眷通

[illegible] 요 [요] 孼也요얼、요豔也고울、요巧也공교할、요(蕭)妖同

婆 파 [파] 老媼늙은계집、파舞貌丨娑춤너풀너풀출、파(歌) [華]祖母丨丨조모、파

娿 어 [아] 美貌丨娜예쁠、아又한들거릴、아(哿)婀同不決媕丨결단못할、아又머뭇거릴、아(歌)

婀 娿同

娩 빤 [반] 兔子토끼새끼、반(願)娩同

婐 위 [와] 侍女시녀、와(哿)

婭 야 [아] 兩壻相謂姻丨동서、아(禡)

婧 졍 [정] 女之貞潔계집정결할、청纖弱섬약할、청又가늘눌、청(敬)

娼 창 [창] 戲女賣淫창녀、창又매음하는계집、창又노는계집、창又여광대、창(陽)倡見

婞 씽 [행] 很也丨발끈할、행又성미팩할、행親也친할、행(迥)悻同

婦 부 [부] 女子己嫁丨人지어미、부子之妻며느리、부(有)媍同

婬 인 [음] 奸也私逸간통할、음又샛서방질할、음蕩也亂戲음란할、음(侵)淫通

婪 란 [람] 貪也탐할、남(覃)

婌 쓕 [숙] 女官名궁녀벼슬이름、숙(屋)淑通

婠 와 [왈] 體美몸맵시예쁠、왈(阮)(或音완)

婥 쥐 [작] 美好丨約예쁠、작(藥)

娸 처 [기] 醜也더럽게여길、기憎也미워할、기(支)

婕 졔 [첩] 女官丨妤계집의벼슬이름、첩美貌예쁠、첩(葉)倢通

姘 평 [평] 妻婢通姦안해의계집종통간할、평(庚)

娷 쒜 [수] 以事相託일서로부탁할、수(支)

[illegible] 누 [누] 女肥丨婷계집살통통할、누(有)

婫 훈 [혼] 以物蒙頭머리덮을、혼(阮)

婲 [日] 豔好예쁠、화

婑 와 [유] 美也아리따울、유(支)

婗 이 [예] 初生兒嬰丨갓난아이、예嫵媚貌媞丨예쁜체할、예又아양부릴、예(齊)

[illegible] 텬 [점] 喜笑婍丨벙글거릴、점又기뻐웃을、점(鹽)

[illegible] 따 [탑] 伏也엎드릴、탑(合)

娺 따 [달] 疾也빠를、달猛也모질、달(黠)

娽 뤼 [록] 從也따를、독又붙좇을、녹(屋)

娾 애 [애] 樂也즐거울、애(蟹)

婄 뿌 [부] 肥也살찔、부愚也질둔할、부(有)

[illegible] 장 [강] 紊亂문란할、강(養)

婋 쇼 [효] 女之怜悧계집영리할、효(肴)

婎 지 [휴] 姿態모양、휴又태도、휴(支)

[illegible] 텸 [첨] 慙愧부끄러워할、첨(鹽)

婜 깐 [간]美麗화려할、간又빗날、간(刪) 婡 래 [래]容美얼굴예쁠、내(泰) 婤 쪽 [주]容貌優美얼굴얌전할、주(尤) 婍 치 [기]美好고울、기(紙)

(九)

媚。 메 [미]諂也아첨할、미愛也사랑할、미悅也상긋거릴、미親順嫵ㅣ순할、미又부닐、미(寘) 媁 웨 [위]醜也추잡할、위美盛貌탐스러울、위(尾) 媮。 투 [투]巧黠간교할、투偸也도둑질할、투(尤)偸見[유]薄也엷을、유樂也즐거울、유(虞)愉通 婺。 우 [무]星名ㅣ女별이름、무不繇마음대로못할、무(遇) 婿 壻俗字 媞。 티 [제]美貌ㅣㅣ예쁘고고울、제安也ㅣㅣ안존할、제(齊) 媧 와 [와]古女聖名女ㅣ여와씨、와(佳)[과]義同(麻) 媒。 메 [매]妁也謀合兩姓중매、매又중신들、매釀也酒酵술담가고일、매駿馬龍ㅣ용마、매(灰)

媛。 웬 [원]牽引貌嬋ㅣ마음에당길、원(元)美女예쁜계집、원(霰) 媍 婦同 㛮。 쏘 [소]兄妻형수、소又아주머니、소(皓)嫂同 媌 맏 [모]美好예쁠、모(肴) 㛴 놔 [노]懮心煩ㅣ번뇌할、노又마음산란할、노怒也痛恨원통할、노(或音뇌)(皓)惱同、煩見 媢。 맏 [모]妒也嫉忌투기할、모怒也성낼、모又결낼、모(號) 媠。 뒤 [타]豔美예쁠、타又고울、타惰也燕ㅣ태만할、타又게으를、타(哿) 媓 황 [황]女ㅣ舜妃순임금비、황南楚母謂之ㅣ어머니、황(陽) 㛳 칭 [경]孤獨외로울、경又고독할、경(庚)煢嬛通 婷。 뎡 [정]美貌娉ㅣ아리따울、정又쌀쌀할、정(靑)婝通 婸 탕 [탕]淫戲음탕할、탕又음할、탕(養)[양]我也나、양(陽) 媂 듸 [제]厠間神名뒷간귀신이름、제(霽) 媟。 쎄 [설]慢也거만스러울、설、(屑)暬、褻通

婼。 취 [착]不順순하지않을、착又악독할、착(藥) 媕 안 [암]不決ㅣ娿결단못할、암又머뭇거릴、암(覃) 媆 완 [눈]弱也약할、눈(願) 媦。 웨 [위]女弟아랜누이、위(未) 媈 휘 [회]妾也ㅣ家첩、휘又작은집、휘(微) 媤。 [韓]夫家시집、시 媄 위 [미]色艶빛고울、미(紙) 媀 어 [우]女妒투기할、우又강짜할、우又샘낼、우(遇) 媃 어 [유]女媚貌예쁜체할、유(尤) 媉。 안 [악]容飾ㅣㅣ모양낼、악又단장할、악(覺)[옥]美也예쁠、옥(屋) 媔 멘 [면]美目ㅣ只눈매예쁠、면又눈추리고울면、妒

也투기할、면(霰)

媥 편 [편] 行輕貌ㅣ姺간들간들걸을、편又사뿐사뿐걸을、편(先)

嫖 야 [요] 弱也연약할、요(嘯)

媨 쟉 [추] 老媼醜貌계집늙어추루할、추(宥)

婻 난 [남] 肥大몸통통할、남(勘)

⿰女畏 외 [외] 美貌아리따울、외(賄)

⿰女省 셩 [셩] 減也축날、셩又깔、셩(梗)

⿰女炭 탄 [탄] 亂而無儀어수선할、탄又예의없을、탄(翰)

⿰女㒵 ㅇ지 [극] 賤媼천한할미、극又쌍스런계집、극(職)

⿱夏女 쎰 [함] 健也壯大키크고건장할、함(豏)

⿰女臿 샤 [삽] 急言失序차서없이말할、삽又말납신거릴、삽(洽)

⿰女音 안 [암] 志不正뜻바르지않을、암又마음비뚜를、암(覃)

⿰女咸 쎰 [함] 女之陋醜계집더러울、함(勘)

⿰女染 산 [염] 分明분명할、염又똑똑할、염(琰)

十

媸 치 [치] 醜也더러울、치癡也어리석을、치婬也음란할、치(支)

嫨 씨 [혜] 女隸계집종、혜(齊)奚通

嬍 美同

媲 피 [비] 配匹짝、비又배필、비(霽)

嫄 웬 [원] 稷母姜ㅣ후직의어머니、원(元)

媿 쾨 [괴] 慚也부끄러울、괴(寘)愧同

嫋 뇨 [요] 柔長貌ㅣ娜간들거릴、요又회청거릴、요弱貌ㅣㅣ가날플、요又하늘하늘할、요(篠)[약]姸弱연약할、약(藥)

嫂 嫂俗字

媼 오 [오] 女也老婆할미、오(皓)

嫁 쟈 [가] 女子適人시집갈、가(禡)

嫇 밍 [맹] 幼女嫈婦어린지어미、맹小人貌ㅣㅣ키작을、맹又앙징할、맹(庚)

嫈 잉 [앵] 幼婦ㅣ嫇어린지어미、앵[영]女人淸淑계집정숙할、영聶政姊名섭정의누이이름、영(庚)

媵 인 [잉] 從嫁잉첩、잉飮酌잔마실、잉寄物물건부칠、잉(徑)

嫉 쯰 [질] 妒也투기할、질嫉也미워할、질(質)㑵同

媾 꾸 [구] 重婚거듭혼인할、구又겹사돈、구親也和合화합할、구寵也고일、구(宥)

嫌 쪔 [혐] 疑也不平於心혐의할、혐又의심둘、혐(鹽)

媳 씨 [식] 子婦며느리、식(職)

媽 마 [마] 母也어머니、마又엄마、마(麻)

⿱敄女 무 [목] 美貌아름다울、목(屋)

⿰女師 쓰 [사] 巫女무녀、사又무당、사(支)

媰 착 [추] 寡也ㅣ孀과부、추又홀어미、추婦人姙娠애밸、추(尤)[취]姓也성、취

媱 야 [요] 老而曲背늙어등굽을、요(蕭)

⿰女迷 믜 [미] 母也어미、미(霽)

⿰女恚 이 [이] 女態계집태도、이

又맵시、이(寘)
媷 수[욕]惰怠게으를、욕(沃)
媞 뎨[제]諦也娃ㅣ아첨할、제(佳)
嫸 쟌[전]美也고울、전又묘할、전(銑)
嫅 차[차]腰細허리가늘、차又허리날신할、차(麻)
嫎 同妨
嫐 뇨[요]戲也嘲弄계집이사내조롱할、요又샘낼、요(皓)
[隻女] 시[히]醜也不見보기싫을、히(支)

⑪
嫠 리[리]寡婦과부、이又홀어미、이(支)
嫫 뫄[모]醜女ㅣ毋추한계집、모(虞)
嫗 우[구]老婦할미、구又노구、구(遇) 以體溫煦ㅣ몸으로녹일、구(麌)
嫮 후[호]美好아름다울、호誇也자랑할、호(遇)
嫭 嫮同
嫕 이[예]柔順貌婉ㅣ유순할、예又수더분할、예(霽)瘱同
嫩 솬[눈]弱也연약할、눈又어릴、눈(願)嫰同
嫚 만[만]慢也侮易업신여길、만又거만할、만(諫)
嫣 옌[언]巧笑貌빵긋웃을、언又쌩긋웃을、언好貌예쁠、언(先)
嫖 퍞[표]勁疾ㅣ姚날랠、표又열샐、표邪淫간특스럴、표輕也가벼울、표(嘯)僄見
嫪 랖[로]戀惜嫪ㅣ애달플、노又생각하고애낄、노士無行ㅣ毒선비행실없을、노(號)
嫜 쟝[장]舅姑姑ㅣ시부모、장夫之兄兄ㅣ시아자비、장(陽)
嫦 창[상]羿妻ㅣ娥계집이름、상又항아、상(陽)姮見
嫘 레[류]姓也성、유(支)
嫡 듸[적]正室정실、적本妻所生子만아들、적(錫)適通
嫞 춍[용]懶女게으른계집、용(冬)
嫢 취[규]細腰가는허리、수(支)
嫥 좐[전]壹也ㅣㅣ전일할、전又온전할、전孅也아름다울、전(先)
嫛 이[예]始生婗ㅣ갓난아이、예(齊)
嫟 닉[닉]至相親近서로친근할、익(職)
嬠 싼[삼]婪淫음탐할、삼(覃)
嬒 안[암]女有心ㅣㅣ계집마음둘、암(覃)[엄]含怒貌부루퉁할、엄(琰)
[女虘] 쥬[처]妒也투기할、처嬌也교태부릴、처(御)
嫝 캉[강]安也편안할、강(陽)
[女曹] 쟢[조]美也아름다울、조(豪)
嫤 천[근]美貌고울、근(震)
嫧 쟤[책]謹也삼갈、책鮮明선명할、책(陌)
嫯 오[오]蔑視업신여겨볼、오(號)
[斬女] 잔[잠]顏白얼굴허연을、참(覃)
[麻女] 마[마]尼也女僧계집중、마(麻)

⑫
嬀 궤[규]陳姓진나라성、규(支)溈通
嬃 숴[수]姊也윗누이、수女名몸ㅣ계

집의이름、수(虞)

嬉 씨 [희] 美也아름다울、희戲也희롱할、희遊也놀 희(支) 桀妃妹ㅣ계집이름、희(紙) 美姿예쁜자태、희(眞)

嫵 우 [무] 媚也예쁠、무又아담스러울、무(麌) 娍同

嫺 쎈 [한] 雅也아담스러울、한習也익힐、한(刪) 閑通

嬋 싼 [선] 好貌ㅣ娟선연할、선又고울、선(先)

嫶 찬 [초] 憂愁面疲ㅣ姸근심과수심으로얼굴마를、초(蕭)

嬌 쟌 [교] 女態태도、교又맵시、교妖嬈아리따울、교(蕭)

嬈 난 [요] 美貌嬌ㅣ예쁜체할、요(蕭) [뇨] 亂也어지러울、요苛也까다로울、요戲擾갈랙질할、요(篠) 嬲見

嫽 랸 [료] 好貌아리따울、요(篠)(蕭) 僚見 [로] 母之母ㅣㅣ외조모、노(皓)

嬅 화 [화] 女容俊麗계집엄전할、화又탐스로울、화(禡)

嬇 홰 [회] 女字계집의자、회(隊)

嫿 화 [획] 靜好貌아리잠직할、획又안존할、획矜持자랑할、획奔馳擻ㅣ맏획획달릴、획(陌)

[illegible] 孕同

嫷 따 [타] 鳥名ㅣ羿까치같고 끄리허연은새、타(箇)

嫳 뻬 [별] 輕薄貌방정스러울、별頻怒발끈할、별(屑)

嫴 꾸 [고] 婦人罪輕不入獄而保留계집죄인머물러둘、고苟且ㅣ婾구차할、고(虞)

嫸 싼 [전] 好枝格人語남의말어기기좋아할、전(銑)

嬿 연 [연] 姿態侵ㅣ아리잠직할、연(先)

[illegible] 땀 [담] 女體細長계집몸가늘고길、담(琰)

嫼 믜 [흑] 怒也성낼、흑(職)

[illegible] 매 [매] 狡猾약을、매(佳)

[illegible] 덩 [등] 女之貞烈계집정조있을、등(蒸)

嬄 이 [일] 堅也節操절개군게지킬、일(質)

嬆 씨 [흡] 心也清白마음청백할、흡(緝)

(十三)

[illegible] 씬 [신] 國名有ㅣ나라이름、신(眞) 莘同

嬖 뻬 [폐] 愛也便ㅣ사랑할、폐又고일、폐(霽)

嬔 빤 [반] 兔子토끼새끼、반(願) 娩同

嬛 쒼 [현] 輕麗便ㅣ새뜻할、현又산뜻할、현(先) [경] 獨夫홀아비、경(庚) 婷見

嬙 챵 [장] 女官名嬪ㅣ계집벼슬이름、장美女毛ㅣ예쁜계집、장(陽)

嬴 잉 [영] 秦姓진나라성、영解也풀어질、영滿也가득할、영餘也나머지、영端也끝、영造化神黔ㅣ善射者吏ㅣ(庚)

嬴 嬴同

嬓 쟌 [교] 人名사람의이름、교(嘯)

嬗 싼 [선] 靜也고요할、선僧也중、선(先) 傳位전위할、선除地封ㅣ터닦을、선(霰) 禪同

嬐 쎔 [섬] 敏疾민첩하

고빠르、섭(鹽)

嬇 회 [회] 女面色黑계집의얼굴빛거먼을、회(泰)

嬈 안 [오] 嫉也듸기할、오(號)

嬚 렴 [렴] 清雅맑고고울、염(鹽)

齌 제 [개] 心腦마음번뇌할、개(蟹)

嬜 안 [암] 貪也탐낼、암(覃) [금] 仁慈인자할、금(侵)

嬟 이 [의] 堅也貞操정조굳을、의(紙)

嬠 찬 [참] 貪也탐할、참(覃)

(十四)

嬪 빈 [빈] 婦官계집의벼슬이름、빈(眞)

嬭 내 [내] 乳母유모、내 又젖어미、내(蟹)

嬲 뇨 [요] 戲擾가댁질할、요 又계집데리고희롱할、요(篠)

嬤 마 [마] 幼兒呼母엄마、마(歌)

嬥 됴 [조] 往來貌오락가락할、조 嬈也아름다울、조 蠻歌曰ㅣ歌오랑캐노래、조(篠) 不仁ㅣ嬈거북할、조(嘯)

嬰 잉 [영] 孩也어릴、영(男曰孩女曰ㅣ) 加也더할、영 觸也부디칠、영 又찌를、영 繞也둘릴、영 絆也얽을、영 女首飾머리치장할、영(庚) 攖見

嬯 대 [대] 愚戇闒ㅣ미련스러울、대(灰)

嬬 수 [유] 妻也안해、유 [주] 弱也약할、수(虞)

嬉 씨 [희] 悅樂기쁠、희 又즐거울、희(支)

嬨 츠 [자] 女性寬順계집성품너그럽고순할、자(支)

嬳 휘 [확] 作態태도부릴、확 又모양낼、확(藥)

嬣 닝 [녕] 劣貌姸ㅣ용렬할、영 又투미할、영(庚)

嬧 란 [람] 誤也그릇할、남 又잘못할、남(勘)

嬮 옌 [염] 靜也고요할、염(鹽)

嬱 찬 [잠] 美也아름다울、참(豔)

(十五)

嬸 썬 [심] 叔母숙모、심 又작은어머니、심 夫之弟婦ㅣ아랫동서、심(寢)

嬻 뚜 [독] 媟慢설만할、독(屋)

[女+慮] 뤼 [려] 心不欲爲ㅣㅣ마음에하기싫을、여(語) 慮同

[女+適] 듸 [적] 嫁也시집갈、적(陌) 適通

[女+樂] 쟉 [약] 美也아름다울、약(藥)

(十六)

嬾 란 [란] 怠也게으를、난(旱) 孄同

嬿 옌 [연] 安順ㅣ婉안존할、연(霰)

孽 녜 [얼] 庶子서자、얼 又첩의자식、얼 孼同、禽獸蟲蝗之怪요괴、얼(屑) 孽見

(十七)

[彌+女] 미 [미] 齊人呼母阿ㅣ어미、미(支)(齊)

孀 쌍 [상] 寡婦과부、상(陽)

孃 냥 [양] 母稱阿ㅣ어머니、양 婦人尊稱아씨、양(陽) 娘同

孅 쎤 [섬] 弱也약할、섬 細也가늘、섬 古善御者ㅣ阿사람의이름、섬(鹽) 纖通

(十九)

孋 리 [리] 國名ㅣ戎나라이름、이(支) 驪通

孌 롼 [련] 美好婉ㅣ예쁠、연 慕

也思ㅣ사모할、연從也좇을、연順也순할、연(銑)(霰)

嬍 미 [미]婦官名修ㅣ계집의벼슬이름、미(紙)

嬮 엠 [엄]莊也엄전할、엄(鹽)

(十七)

孄 란 [란]怠也게으를、난(旱)

孎 쥬 [촉]女謹順貌孎ㅣ계집순직할、촉(沃)

(十七)

⿰女戀 同孌

⿰女疊 同姪

子部

子 즈 [자]嗣也息也자식、자又아들、자男稱사내、자爵名ㅣ爵작이름、자支名鼠也쥐、자草木之實열매、자夫婦相稱임자、자(紙)

孑 예 [혈]孤也單獨고독할、혈餘也ㅣ遺나머지、혈特出ㅣㅣ특출할、혈又우뚝할、혈戟也창끝갈구리、혈(屑)

孔 쿵 [공]穴也구멍、공甚也심이、공又매우、공姓也성、공(董)

孒 쥐 [궐]短也子ㅣ짧을、궐水蟲俗呼沙蟲長成則化爲蚊쟁가비、궐又장구벌레、궐(月)

(二)

孕 인 [잉]懷妊아이밸、잉(徑) ⿰女黽同 [인]義同(震)

⿱子八 保古字

(三)

字 즈 [자]文也글자、자愛也사랑、자小名자、자乳也젖먹일、자畜牝육축암컷、자(寘)

存 춘 [존]在也있을、존省也살필、존恤問告ㅣ물어볼、존(元)

孖 즈 [자]雙生子쌍동이、자(支)

⿰子女 好同

(四)

孜 즈 [자]勤也ㅣㅣ부지런할、자(支) 孳通

孚 부 [부]信也믿을、부玉采옥의문채、부育也기를、부卦名中ㅣ괘이름、부(虞)

孛 패 [패]彗星혜성、패又꼬리달린별、패(隊) [발]義同、妖氣요기있을、발(月) 詩見

孝 쌰 [효]善事父母효도、효又효할、효(天經地義民行謂ㅣ、又畜也順於道而不逆於倫謂ㅣ)(效)

斈 쟈 [교]導也인도할、교(效)

(五)

季 지 [계]小稱末也말재、계又끝、계(兄弟長幼之次曰伯仲叔ㅣ)(寘)

孤 꾸 [고]獨也홀로、고又외로울、고無父아비없을、고負也저버릴、고(虞)

孥 누 [노]子也자식、노妻子並稱ㅣ처자、노(虞) 帑通

孢 빠 [포]孕也아이밸、포(巧)

孟 멍 [맹]長也맏、맹(嫡長曰伯、庶長曰ㅣ)大也클、맹勉也힘쓸、맹(敬) [망]不精要貌ㅣ浪맹랑할、망(養)

孡 태 [태]孕也아이밸、태(泰)

(六)

孩 해 [해]幼兒統稱ㅣ提어린아이、해小兒笑어린아이방글방글웃을、해(灰)

⿰子多 이

의昌盛자식번성할、의(紙)

(七) 孫。손 [손]子之子손자、손再孫움돋을、손謙遜겸손할、손(元) 遜同

娩 면 [면]生子아이낳을、면(銑)

孬 왜 [왜]不好좋지않을、위(未)

孳。지 [제]蝗子황충의새끼、제(霽)

(八) 孰。슉 [숙]誰也누구、숙何也某也어느、숙又아무、숙審也살필、숙(屋)

孮 쫑 [종]子孫繁盛자손번성할、종(冬)

(九) 孱。찬 [잔]弱也잔약할、잔又좀스러울、잔(刪)

[illegible] 밍 [명]初孕첫아이밸、명(敬)

孲 야 [아]赤子어린아이、아(麻)

(十) 孴 이 [의]盛貌戢ㅣ성할、의(紙)

[읍]衆多貌ㅣㅣ우물우물할、읍(緝)

孶。즈 [자]乳化交接ㅣ尾새끼칠、자又홀레할、자(支)(寘) 孜見

㝅 녹 [누]乳也젖、누(有) 穀通

孵。뿌 [부]ㅣ化爲雛알안아새끼깔、부(虞)

[illegible] 싱 [경]獨也외로울、경(庚)

(十一) 孷 리 [리]雙子쌍동이、이(寘)

(十三) 學。쌱 [학]受教修業배울、학庠序總名학교、학又서당、학事物研究覺悟綱領글、학又배움、학(覺)

(十四) 孺。수 [유]幼也乳子어릴、유又젖먹이、유(遇)

孻 내 [내]老人之子노인자제、내(佳)

(十五) 孽 녜 [얼]庶子첩의자식、얼又얼자식、얼(屑) 孼同

(十七) 孆 잉 [영]孩也어린아이、영(庚)

(十九) 孿。쏸 [산]雙產子쌍동아들낳을、산(翰) 孿同

(二十) 孿 孿同

宀部

宀 면 [면]豪覆土居움、면(先)

(二) 宂。숭 [용]煩雜ㅣㅣ번잡할、용又바쁠、용閑散한가할、용居所不定떠돌아다닐、용剩也나머지、용(腫) (俗)作冗

宄 궤 [궤]外寇바깥도적、궤(紙)

宁。쭈 [저]門屛間視朝處조회받는곳、저(語)

它 타 [타]蛇也뱀、타(歌) 蛇通、佗古字

(三) 宇。위 [우]居屋집、우天地四方ㅣ宙하늘、우又세계、우(麌)

安。안 [안]危之對편안할、안靜也안정할、안何也무엇、안又어느、안(寒)

守 쑤 [수]護也勿失지킬、수主管其事보살필、수(有)受而掌之맡을、수官名郡ㅣ太ㅣ원、수(宥)

宅。쨔 [택]家也집、택(陌) 庑通

(四) 宋。쑹 [송]國名微子所封송나라、송(宋)

宎 쩨 [개]獨居홀로살、개畜無偶홀짐승、개又외

짝짐승、개(卦)
完。완 [완]全也완전할、완膳也堅好튼튼히엮을、완畢也ㅣ了마칠、완又끝날、완(寒)
实 약 [요]窩也굴、요深窔聲굴속소리、요室東南隅방동남구석、요(蕭)
宏 형 [굉]廣大클、굉又넓을、굉(庚)閎通
穽 찡 [정]庭井뜰의우물、정(梗)
宊 뚜 [돌]顯出나타날、돌(月)

五

宗。쫑 [종]尊也높을、종本也마루、종又근본、종同姓일가、종又겨레、종(冬)
宜。이 [의]當然適理마땅할、의又옳을、의安也편안할、의(支)儀通
宐 同宜
宔 쮸 [주]宗廟藏主櫝신주독、주(麌)主通
宛 완 [완]依然ㅣ然어슴푸레할、완丘上有丘언덕위의언덕、완指定處지정할、완小貌작으마할、완(阮) [원]西域國名大ㅣ서녘나라이름、원(元) [온]積也쌓을、온(吻)蘊見
官。판 [관]職也벼슬、관司也맡을、관治政處관청、관使也부릴、관(寒)
宕 탕 [탕]放也방탕할、탕洞屋골집、탕石工ㅣ户석수、탕(漾) [韓]官人髮帽ㅣ巾탕건、탕
定。뗭 [정]決也정할、정安也편안할、정止也그칠、정宿名별이름、정熟肉羹ㅣ의은고기、정(徑)頲見
宙。쮜 [주]居也집、주古往今來고금、주(宥)
宖。훵 [횡]屋響집울릴、횡 [홍]深大클、홍(庚)
宓。미 [복]伏也엎딜、복(俗伏)(屋)虙同、姓也성、복(沃) [밀]默也잠잠할、밀(質)密見
宲 뽀 [보]藏也감출、보(皓)

六

宦。환 [환]仕也벼슬다닐、환奄人내관、환又고자、환(諫)
宣。쉰 [선]布也베풀、선又펼、선又흩을、선示也보일、선明也밝을、선早白ㅣ髮일찍셀、선(先)瑄同
室。씨 [실]房也집、실又방、실夫謂婦ㅣ人안해、실又마누라、실(質)
宗 同寂
宎 약 [요]室東南隅집동남모퉁이、요隱暗處으슥한곳、요(篠)(嘯)
客。커 [객]賓也손、객寄也붙일、객(陌)
宥 우 [유]赦罪죄사할、유助也도울、유(宥)

七

宮。꿍 [궁]帝王所居궁궐、궁又집、궁腐刑불알썩일、궁五音律中一聲음소리、궁(東)
宸 천 [신]帝居屋名楓ㅣ대궐、신(眞)
宧 이 [이]室東北隅집동북모퉁이、이(支)
害 해 [해]傷也해할、해又해롭게할、해(泰) [할]何也무엇、할又어느、할(曷)曷見
宴 옌 [연]安也편안할、연饗禮잔치、연樂也즐길、연(霰)醼見
家。

°쟈 [가]居也住宅집、가婦謂夫ㅣ君남편、가專有長者통한이、가(俗如文學、技術、工藝、農業資本ㅣ等)(麻)

宵 쑈 [소]夜也밤、소小也작을、소蟲名ㅣ行벌레이름、소(蕭)

容° 숑 [용]貌也얼굴、용又모양、용安也從ㅣ편안할、용受也包函용납할、용又쌀、용飛揚ㅣㅣ펄렁거릴、용(冬)

宭 췬 [군]羣居여럿이살、군(文)

宲 寶古字

宰° °재 [재]主也주장할、재官稱ㅣ相재상、재屠也割肉잡을、재烹也삶을、재(賄)

宬° 청 [셩]藏史庫사기두는고、셩(庚) 峸同

窑 窰俗字

㝗 량 [량]靜也空家집고요할、량(陽)

㝒 웅 [옹]和也화할、옹(東)

害 寤俗字

八

寄° °끼 [기]付託부탁할、기寓也붙여살、기傳也전할、기小蟹ㅣ居방게、기(寘)

寠 °쥐 [거]貯也저축할、거(魚)

寀 채 [채]同官寮ㅣ동관、채(賄)

寅° 인 [인]敬也공경할、인虎也범、인東方支名攝提格동방、인又지지、인(眞) [이]義同(支) 寅同

寇 쿠 [구]賊也도둑、구又떼도둑、구(宥)

宿° 쓕 [슉]夜止잘、슉又드샐、슉素也본디、슉又오랠、슉守也지킬、슉大也클、슉(屋) [수]列星之位여러별자리、수(宥)

寁 °잔 [잠]速也속할、잠(感)

寂 °쩍 [적]靜也고요할、적又막막할、적又적적할、적(錫)

密° 미 [밀]稠也빽빽할、밀秘也비밀할、밀深也깊을、밀近也親ㅣ친밀할、밀(質) 宓通

寃 冤俗字

㝝 린 [림]家深집깊을、임又집충충할、임(侵)

㝥 수 [유]小乳작은젖、유(虞)

九

寐° 메 [매]寢也잠잘、매又쉴、매(寘)

寓 위 [우]屋霤집、우(虞) 宇同

寓° 위 [우]寄也붙일、우又붙여살、우假住잠시머물러살、우付託부탁할、우(遇)

寒° 한 [한]冷也冬氣찰、한窮也貧ㅣ가난할、한(寒)

寑 寢古字

寎 뼝 [병]卧驚病잠자며놀라는병、병三月삼월、병(梗) 窉同

富° 부 [부]豐財부자、부又감열、부裕也넉넉할、부年幼어릴、부(宥)

寔 씨 [식]是也이、식實也참、식又실로、식(職)

寋 °졘 [건]徒鼓磬한갓경쇠만울릴、건(銑)

寍 寧古字

𡨋 煙古字

寛 관 [관]廣也넓을、관(寒)

㝞 에 [예]靜也고요할、예(霽)

十

寘° 찌 [치]置也둘、치廢也폐할、치舍也놓을、치(寘)

寖 。진 [침] 漑也ㅣ漬잠길、침 (沁) 浸同 窳 유 [유] 嬾也呰ㅣ나약하고게으를、유 (麌) 寅 。同寅 ⿱宀桀 。졔 [결] 覆也덮을、결 (屑) ⿱宀翁 옹 [옹] 家暗집어둘、옹 (東)

⑪ 寠 취 [구] 貧也가난할、구 (麌) 窶同 [루] 便側地甌ㅣ기울어진땅、두 (尤) 寤 。우 [오] 寐覺잠깰、오覺也깨달을、오 (遇) 悟見 寨 。채 [채] 木柵목책、채 (卦) 砦同、柴

通 寥 료 [료] 寂也고요할、요廓也空虛휑할、요又빌、요 (蕭) 寡 。과 [과] 少也적을、과罕也드물、과孀婺과부、과諸侯自稱ㅣ人나、과 (馬) 窴 뎐 [뎐] 屋傾下지붕

물매、점 (鹽) 寣 후 [홀] 小兒啼ㅣㅣ아이울、홀 (月) 寢 친 [침] 臥也睡眠잘、침又눕、침又쉴、침堂室방、침 (正ㅣ內ㅣ) 陵ㅣ정자각、침 (寢) 實 。씨 [실] 草木子열매、실誠也

성실할、실富也넉넉할、실充也찰、실事跡사실、실 (質) 察 。차 [찰] 鑑也살필、찰考也상고할、찰潔貌ㅣㅣ깨끗할、찰偏見苛ㅣ편벽되이볼、찰 (黠) 詧同 𡩧 貯同 ⿱宀尨

망 [방] 寐也잘、방 (江) 寞 먁 [막] 無聲寂ㅣ적막할、막又괴괴할、막又고요할、막 (藥) 寧 。닝 [녕] 安也편안할、녕願詞차라리、녕居喪丁ㅣ거상할、영諄復丁ㅣ정녕、영

(靑) 嚀通、如何ㅣ馨어떠할、영 (徑) 寗通 ⿱宀康 강 [강] 靜也고요할、강 (陽) ⑫ 寫 。쌔 [사] 謄抄글씨쓸、사摹畫모뜰、사又그릴、사鑄型부어만들、사傾也쏟을、사 (馬)

寬 。관 [관] 裕也너그러울、관宥也용서할、관 (寒) 寮 료 [료] 小窓작은창、요同僚동관、요 (蕭) 僚見 審 。썬 [심] 悉也알、심又살필、심詳也자세할、심鞫問사실할、

심又심문할、심熟究궁구할、심 (寢) 寪 웨 [위] 姓也성、위危也위태할、위屋貌집모양、위 (紙) 寭 쎄 [혜] 明也밝을、혜悟也깨달을、혜 (霽) ⿱宀喬 。쟌 [교] 客也손、교

寄寓붙여있을、교 (蕭) ⑬ 寰 。환 [환] 畿內縣경기고을、환宮垣궁장、환 (刪) 寯 。쥰 [쥰] 聚也모일、쥰才也재주、쥰 (震) ⿱宀絹 쳔 [견] 網也그물、견 (銑) 寕 닝

[녕] 昊天하늘、녕 (靑) ⑭ 寱 이 [예] 寐言잠꼬대할、예 (霽) ⑯ 寵 。춍 [춍] 愛也사랑할、춍又총애할、춍又고일、춍恩也은혜、춍尊榮영화로울、춍俗妾曰ㅣ첩、

총(腫) ⑰寶빠 [보]珍也보배、보符璽어보、보又옥새、보貴也귀할、보錢幣돈、보(常平通ㅣ)(皓) ⑱㝱夢同 寱수 [어]佯宿거짓잠잘、어(御) ⑲寱지 [계]熟寐깊이잠들、계(霽) 寘字 顚俗 ⑳寱한 [함]寐不脫衣冠옷입은채잘、함(覃)

寸部

寸춘 [촌]度名十分차、촌又마디、촌忖也헤아릴、촌(願) ③寺쓰 [사]僧居절、사官舍마을、사 [시]宦ㅣ내관、시(寘)侍閽見 ④寽리 [률]取也취할、율(質) ⑤尀퍼 [파]不可못할、파(哿)叵同 ⑥封뽕 [봉]聚土ㅣ墳무덤、봉ㅣ疆지경봉할、봉祭名ㅣ禪제사이름、봉大也클、봉緘也봉할、봉(冬)爵土땅떼어줄、봉(宋) [폄]同窆동폄할、폄(豔) ⑦射쌔 [사]發矢쏠、사䠶同 [야]秦官名僕ㅣ벼슬이름、야(禡) [석]指物而取맞칠、석 [역]厭也싫을、역(律名無ㅣ、山名姑ㅣ)(陌) 尅剋同 尃약 [부]布也펼、부(虞) ⑧尉웨 [위]官名廷ㅣ벼슬이름、위安之편안하게할、위(未) [울]複姓ㅣ遲성、울(物) 將쟝 [장]帥也장수、장(漾)漸也甫始之辭장차、장抑然辭문득、장送也보낼、장卽也곧、장領也거느릴、장奉也받들、장請也청할、장持也가질、장聲也ㅣㅣ쟁그렁쟁그렁할、장嚴正貌ㅣㅣ으리으리할、장(陽) 專좐 [전]全一전일할、전獨也오로지할、전擅也임의로할、전(先)剸顓通 ⑨尊쭌 [존]高貴높을、존又귀할、존君父稱어른、존 [준]酒器술준、준(俗作樽)(元)罇見 尋씬 [심]搜也찾을、심繹也궁구할、심仍也인할、심俄也아까、심八尺여덟자、심(侵) 尌쮸 [주]立也세울、주(遇) ⑪對뙤 [대]答也대답할、대物並峙마주설、대當也당할、대偶也짝、대(隊) ⑫對對同 導땊 [도]引也인도할、도治也다스릴、도通也통할、도啓迪열、도(號)

小部

小쑈 [소]大之對작을、소又잘、소輕之작게여길、소狹隘좁을、소(篠) 少쑈 [소]年小젊을、소副也버금、소(嘯)不多적을、소(篠) ②尒

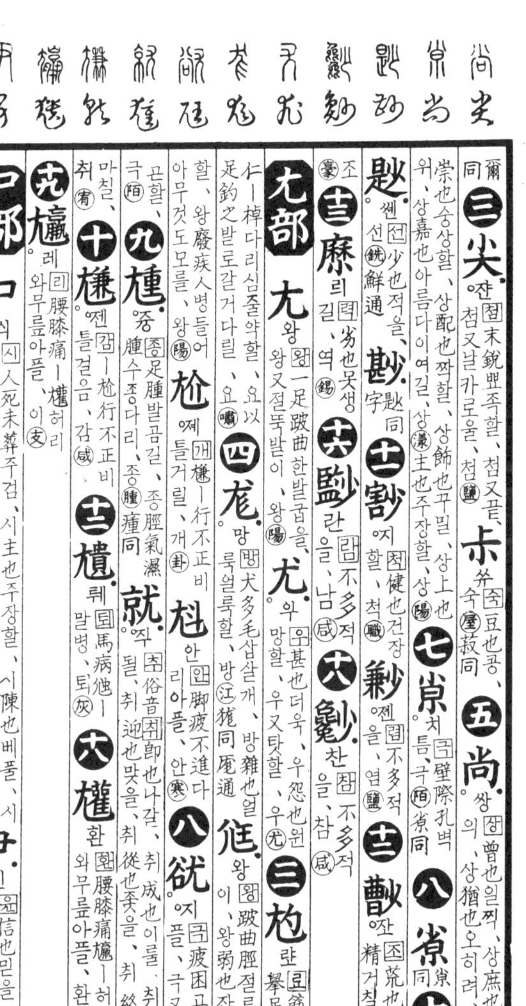

爾同 三 尖 잔 [첨] 末銳뾰족할、첨又끝、첨又날카로울、첨(鹽) 尗 叔 [숙] 豆也콩、숙(屋) 菽同 五 尚 쌍 [상] 曾也일찍、상庶也거의、상猶也오히려、상崇也숭상할、상配也짝할、상飾也꾸밀、상上也위、상嘉也아름다이여길、상(漾) 主也주장할、상(陽) 七 [illegible] 치 [극] 壁際孔벽틈、극(陌) [illegible]同 八 [illegible] [illegible]同 十

尟 쎈 [선] 少也적을、선(銑) 鮮通 尠 尟同字 十一 [illegible] 지 [적] 健也건장할、척(職) [illegible] 젠 [렴] 不多적을、염(鹽) 十二 [illegible] 잔 [조] 荒也未精거칠、조(豪) 十三 [illegible] 리 [력] 劣也못생길、역(錫) 十六 [illegible] 란 [람] 不多적을、남(咸) 十八 [illegible] 찬 [참] 不多적을、참(咸)

尢部

尢 왕 [왕] 一足跛曲한발굽을、왕又절뚝발이、왕(陽) 尤 우 [우] 甚也더욱、우怨也원망할、우又탓할、우(尤) 三 尥 료 [료] 筋弱擧足不仁ㅣ棹다리심줄약할、요以足釣之발로갈거다릴、요(嘯) 四 尨 망 [방] 犬多毛삽살개、방雜也얼룩얼룩할、방(江) 狵同 厖通 尪 왕 [왕] 跛曲脛절름발이、왕弱也잔약할、왕廢疾人병들어아무것도모를、왕(陽) 尬 제 [개] 尲ㅣ行不正비틀거릴、개(卦) [illegible] 안 [안] 脚疲不進다리아플、안(寒) 八 [illegible] 지 [극] 疲困고달플、극又노곤할、극(陌) 九 尰 종 [종] 足腫발곰길、종脛氣濕腫수종다리、종(腫) 瘇同 就 직 [추] 俗音[취] 卽也나갈、취成也이룰、취又될、취迎也맞을、취從也좇을、취終也마칠、취(宥) 十 尲 젠 [감] ㅣ尬行不正비틀걸음、감(咸) 十二 尵 퇴 [퇴] 馬病虺ㅣ말병、퇴(灰) 十六 [illegible] 환 [환] 腰膝痛[illegible]ㅣ허리와무릎아플、환(刪) 十七 [illegible] 레 [리] 腰膝痛ㅣ[illegible]허리와무릎아플、이(支)

尸部

尸 씨 [시] 人死未葬주검、시主也주장할、시陳也베풀、시神像ㅣ童시동、시廢職ㅣ位폐직할、시(支) 屍見 尹 인 [윤] 信也믿을、윤脯曰ㅣ祭포、윤

眞治也다스릴、윤官名벼슬이름、윤軫

尺 치 度名十寸爲丨자、척法也三丨법、척陌

二

𡰱 夷古字

尼 니 닏女僧여승、이和也화할、이支 닐止也그칠、일質 柅通

尻 고 고脽也脊骨盡處꽁무니、고又미우끝、고豪

三

尽 盡俗字

四

尾 이 미倒毛在後꼬리、미又꼬랑이、미禽獸交接흘레할、미末也끝、미宿名별이름、미尾

局 쥐 국部分판、국棋盤판、국官部말、국拘也억맬、국身曲몸굽힐、국曲貌굽슬굽슬할、국沃

屁 피 비氣下泄방귀、비寘

尿 뇨 뇨小便오줌、요嘯 溺同

五

居 쥐 거處也거처할、거又살、거丨之거할、거又있을、거坐也앉을、거貯蓄쌓을、거海鳥名爰丨바다새、거御 기語助辭어조사、기支

㞐 居古字

屆 지 계至也이를、계極也극진할、계卦(俗作届非)

届 텐 뎐穴也구멍、뎐先

屈 취 굴曲也굽을、굴短也짧을、굴竭也다할、굴姓也성、굴良馬地名丨産땅이름、굴궁名大丨활이름、굴物

戻 屎同

屄 삐 비女陰丨脧보지、비支

屉 틔 체鞍具鞍丨언치、체霽

𡰳 지 집前後相連맞이을、집緝

六

屋 우 옥舍也집、옥大俎夏丨큰제기、옥車蓋黃丨수레덮개、옥龜甲神丨거북껍질、옥屋

屎 씨 시糞也똥、시紙 戻同 히呻吟殿丨신음할、히支 吚同

屍 씨 시死人주검、시支 尸通

屑 屑同

屌 됴 됴男子陰部자지、조篠 腎見

屏 屛俗字

屓 해 해鼻息聲코골、해卦

𡱈 휘 화履也신、화馬

七

展 잔 전舒也펼、전誠也진실로、전審也살필、전錄也적을、전銑

屑 쎄 설粉末가루、설潔也조촐할、설不安丨丨편치않을、설屑 屑同

屐 지 극木履나무신、극陌

屖 씨 서堅也굳을、서遲久더딜、서齊 犀通

屔 늬 니水潦所溜丨丘웅덩이、이齊

屒 천 진厚脣두꺼운입술、진軫

㞙 착 자男子陰莖자지、구尤

八

屏 평 병蔽也丨風병풍、병兩師丨翳비맡은귀신、병靑 蔽也藩墻울타리、병又가릴、병梗 除也제할、병斥也물리칠、병敬 摒通

㞑 쥐 구履頭飾

신고꾸밀、구(虞)絇同

屚。루 [루]屋漏집샐、누(宥)

屜 티 [톄]屧中薦신속창、제(霽)屜同

屝。 삐 [비]草履짚신、비(未)

屙 아 [아]上廁뒤볼、아又똥눌、아(歌)

⿸尸果 궈 [과]臀骨볼기뼈、과(箇)

⿸尸豕 뚜 [독]臀也볼기、독(屋)

⿸尸⿰彳叕。쥐 [주]履也신、주(遇)履通

九

屠。투 [도]殺也죽일、도又잡을、도殺畜者백장、도(虞) [저]匈奴王號休ㅣ흉노왕의이름、저(魚)

屜 티 [톄]屧中薦신속창、체(霽)屜同

⿸尸⿱出土 쿠 [굴]短尾犬동경개、굴(物)

⿸尸臿 차 [잡]踏也밟을、잡(緝)

屟 屧同

⿸尸酋 착 [추]女子陰部보지、추(尤)

属 屬俗字

十

⿸尸系。쥐 [추]女陰屄ㅣ보지、추(虞)

⿸尸弱 溺俗字

十一

屢。뤼 [루]數也여러、누(遇)

屣 쓰 [사]麻鞋삼신、사(紙) [시]義同 (寘)躧見

⿸尸⿰彳委 뤼 [뢰]靴也가죽신、되(灰)

十二

履。리 [리]皮靴가죽신、이(皮曰ㅣ麻曰屣草曰屝) 踏也밟을、이以ㅣ加足신을、이(紙)

層 청 [층]級也층층대、층重屋층층(蒸)曾通

十三

屧 쎄 [섭]屐也나무신、서(葉)

十四

屨。쥐 [구]麻鞋삼신、구(遇)

十五

屩。쟈 [갹]草履짚신、갹(藥)屫同

十六

屫 屩同

十七

屬。쑈 [속]類也부치、속又무리、속從也좇을、속附也붙일、속又붙을、속綴輯文字얽을、속又엮을、속託也부탁할、속 [촉]連續연할、촉又이을、촉恭貌ㅣㅣ조심할、촉(沃)

二十一

屭 씨 [희]作力ㅣㅣ힘우쩍우쩍쓸、히壯貌贔ㅣ으리으리할、히(寘)

屮部

屮 처 [철]艸木初生움날、철又떡잎날、철(屑)

屯。튠 [둔]聚也모일、둔又둔칠할、둔兵耕ㅣ田둔전、둔勤兵守둔칠、둔(元) [준]難也어려울、준厚也두터울、준吝也인색할、준卦名괘이름、준(眞)

㞢。之古字

三

屰 逆本字

四

⿱屮六 릭 [륙]草茸풀버섯、육(屋)

⿱屮分 뿐 [분]草生香臭풀향기날、분(文)

㞷 황 [황]蔓延무성할、황(陽)

⿱屮丰 丰同

六

⿱屮青。青古字

山部

山。싼 [산] 뫼、산(刪)

㊁

屳 仙同 **屴** 리 [력] 山高崱丨산 높을、역(職) **岕** 천 [침] 深入山산깊이 들어갈、침(侵) **㞦** 嶽古字

㊂

屺。치 [기] 山無草木민 둥산、기(紙) **屹** 이 [흘] 山聳立산오 뚝할、흘(物) **屼** 우 [올] 禿山崛丨민 둥산、올(月) **屾** 씬 [신] 兩山連接갈 이선뫼、신(眞)

𡵓 후 [호] 小山貌작 은산、호(虞) **𡵂** 즈 [재] 小峰작은봉 우리、자(紙) **𡵉** 왕 [망] 險山험한 산、망(陽)

㊃

岐。치 [기] 鳳翔山名古公始 居周文王所封기산、기 峻也높을、기 山路分 支산길나뉠、기(支) 郊同 **岏** 완 [완] 山高巑丨산 높을、완(寒) **岑**。천 [잠] 峰小而高산작 고높을、잠(侵) **岉** 우 [물] 山高崛丨산 높을、물(物)

峵 횡 [영] 山峻崢嶸산높 을、영(庚) 嶸同 **岋** 네 [업] 危也위태 할、업(葉) **岌**。지 [급] 高貌丨丨산쭈 뼛할、급(緝) 圾同 **岊**。제 [절] 山高陬隅산모 퉁이우뚝우뚝내 밀、절(屑) 節通 **岅** 阪同 **岎** 븐 [븐] 山岐산가 를、분(文) **岔**。차 [차] 路岐丨路산 길나뉠、차(馬) **𡴭** 우 [오] 山正聳立산 똑바를、오(語) **𡵆** 충 [종] 低也 낮을、종(東) **岈** 야 [하] 山谷空虛산 골휑할、하(麻) **岕** 예 [개] 山險산험 할、개(卦) **岓** 지 [기] 山傍石立산곁에 놓여있는돌、기(微)

㊄

岨。쥬 [저] 石山覆 土돌산에 흙덮일、저(魚) 砠同 [조] 山形 丨峿산울퉁불퉁할、조(語) **岵** 후 [호] 山多草木산에초목많 을、호又산거할、호(虞) **岱** 대 [태] 山名丨宗태산、 대(東嶽泰山)(隊) **岷**。민 [민] 蜀 山名산이름、민峰 也봉우리、민(眞) **岸**。안 [안] 水涯接處언덕、안又낭떠러지、안露頂이마 드러날、안又관제쳐쓸、안獄名옥이름、안(翰) **岬** 쟈 [갑] 山脅산기 슭、갑又산 허구리、갑山接丨嵑산 이겹겹이늘어설、갑(洽) **岢** 커 [가] 太原山名丨嵐 산이름、가(哿) **岡**。깡 [강] 山脊산등 성이、강(陽) **岰** 우 [요] 山曲산굽 이、유(有) **岣** 쥐 [구] 衡陽山名丨嶁산이름、 구山顚산이마、구(有) **峀** 싹 [수] 山穴산구 멍、수(宥) 岫同 **岫**。同 峀 **岪** 뿌 [불] 山曲산굽 이、불(物) 𡵬同 **𡵬** 뿌 [불] 山貌丨 鬱산첩첩

할、불山脅路산비탈길、불(物)岪同 **岩**。巖俗字 **岦** 리[립]山高ㅣ岌산오뚝할、입(緝) **岳** 嶽同 **岯**。픠[비]山名大ㅣ산이름、비山頂 重嵒산첩첩할、비又 산[illegible]

어산、비(支)伾通 **岧**。툐[초]山高ㅣ嶢산높을、초(蕭) **岭** 령[령]山深ㅣ巆산깊을、영(青) **岵** [뎜]嶺也고개、점 **岮**。타[타]橫也岥ㅣ산비알질、타(歌) **岰**

씨[혈]山穴산굴、혈(屑) **岥**。버[파]斜也ㅣ岮산비알질、파(歌) **岟** 앙[앙]山麓幽ㅣ산골짜기、앙(陽) **岠**。쥐[거]泰山峻嶺산이크고험할、거(語) **岴** 쓰[사]山遠산

멀、사(紙) **[山+加]** 야[가]衆山森列貌여러산이벌려선모양、가(麻) **[山+尼]**。니[니]山名丘ㅣ산이름、이(支) **[石+山]**。깐[감]岩穴바위구멍、감(勘) **[山+厄]** 애[애]險也험할、애(卦)

六 **峒**。퉁[동]岷州山名崆ㅣ산이름、동(東)山穴산굴、동(送)洞通 **[山+兒]** 앙[앙]山峻崆ㅣ산높고험할、앙(江) **峓** 이[이]東表山名嵎ㅣ산이름、이(支) **峘** 환

[환]小山高於大山작은산이큰산보다높을、환(寒) **峛** 리[리]山低長ㅣ崺산낮고길、이(紙) **岍**。쳔[견]雍州山名산이름、견(先) **峊** 네[얼]山斷絶屺ㅣ산끊어질、얼

(屑)嶭同 **峊** 岩同 **峉**。어[액]山高ㅣㅣ산높을、액(陌) **峐**。깨[해]山無草木버서진산、해(灰) **峙** °지[치]屹立峻ㅣ산우뚝할、치積也쌓일、치具也갖출、치(紙)

跱通 **峋**。쓘[순]山崖重深貌嶙ㅣ후미질、순(眞) **峸** 청[성]史庫사고、성(庚)宬同 **峗** 웨[위]沙州山名三ㅣ산이름、위(灰)嵬見 **峠** [상]山嶺산고개、상 **峌**

데[질]山高산높을、질(屑) **峆**。허[합]山重ㅣ嶜겹겹산、합(合) **峍** 리[률]山崖硉矶돌비알질、율(月) **[山+刑]** 싱[형]險峰험한봉우리、형(青) **峎** 인[언]高坂높은고

개、언(阮) **峑** 촨[전]山頂산이마、전(先) **七** **峰**。뿡[봉]山耑直銳산봉우리、봉(冬) **峯** 峰同 **峼** 학[호]山名산이름、호(皓) **峿** 우[어]山名嶇ㅣ산

이름、어險也험할、어(語) **峹** 투[도]會稽山名산이름、도(虞)塗通 **峷** 씬[신]神名아귀、신又두억신이、신(似狗有角、文身五采)(眞) **峻**。쥰[준]高也險ㅣ높고험

할、준長也길、준大也클、준速也嚴急혹독할、준(震)㠑崚陖同 峴。션[현]嶺小高고개、현又재、현襄陽山名산이름、현(銑) 峭 챂[초]山峻ㅣ絶산높을、초(嘯)陗同

峱。난[노]齊山名산이름、노(豪) 島。됴[도]海中有陸可居섬、도(皓)隝嶋同 峨。어[아]山高嵯ㅣ산높을、아山名ㅣ嵋산이름、가(歌) 峢 뻬[별]漢陽山名大ㅣ산이름、별(屑)

峽。쌰[협]山峭夾水물낀산골、협山名巫ㅣ산이름、협(洽)狹見 峾 인[은]水回旋貌ㅣ淪물굽이쳐돌아나갈、은(眞) 峪。유[욕]山谷산골짜기、욕(沃) ⿰山忌 치[기]山高산높을、기又산우뚝할、기(紙)

⿰山妥 퉤[퇴]山高貌ㅣ崒산높을、퇴(隊)長山貌산긴모양、타(哿)隨同 ⿰山坐 쥐[좌]山崩산무너질、좌(箇) ⿰山完。완[완]山多산많을、완(阮)

⿰山那 나[나]山連接貌산연접할、나(箇) 峬。푸[포]山形美貌산모양예쁠、포(虞) ⿰山弄 룽[롱]山穴산구멍、농(送) ⿰山宏 헝[횡]高峻산높고험할、횡(庚)

⿰山免 산[삼]山險산험할、삼(潸) ⿰山孛 빠[발]山路平坦산길평탄할、발(曷) ⿰山肙 연[연]山曲산굽이、연(先) 八 崆。쿵[공]崆峒州山名ㅣ峒산이름、공(東)

崧。쓩[숭]竦也산불끈솟을、숭山高而大산웅장할、숭高麗山名ㅣ岳산이름、숭(東)嵩見 崮 꾸[고]島也섬、고(遇) 崞。꿔[곽]地名땅이름、곽谷也골곽(藥) 崎。치[기]山路險峻ㅣ嶇산길험할、기(支)

崖。애[애]水邊ㅣ岸낭떠러지、애(佳)厓通[의]岸也언덕、의又비탈、의(支) 崔。췌[최]高貌ㅣ嵬산우뚝할、최姓也성、최齊邑名제나라골이름、최(灰)

崍 래[래]山名邛ㅣ산이름、내(灰) 崋 華同 崒 쭈[줄]山高산높을、줄(質) 崐。쿤[곤]荒服山名ㅣ崘산이름、곤(元)崑同 崑。崐同 崘 룬[륜]山名崐ㅣ산이름、윤(元)崙同

崙。崘同 崤 쌰[효]弘農山名산이름、효(肴) 崢 정[쟁]山峻ㅣ嶸산높을、쟁(庚) 崝 崢同 崟 인[음]山高嶽ㅣ산높을、음(侵)

崩 뻥[붕]山壞산무너질、붕殂落황제상사날、붕(高曰ㅣ、厚曰ㅣ、尊曰ㅣ)(蒸) 崗 岡俗字 崦 옌[엄]日入山ㅣ嵫해지는산이름、엄(鹽)(琰)崦同 〈崇〉。충[숭]高

也높을、숭尊也높일、숭又존숭할、숭敬也공경할、숭澧州山名산이름、숭(五岳之一)(東)
崛。취[굴]山高ㅣ屼산우뚝할、굴勃起貌불끈솟을、굴(物)
崚·릉[릉]山貌ㅣ嶒산울멍줄멍할、능(蒸)
崠 뚱[동]山脊산등성이、동(送)
嵴 따[답]山重疊貌산첩첩할、답又겹겹산、답(合)
崈。同崇
[山周]·됴[조]山之周圍산둘레、조又산언저리、조(蕭)
[山取] 착[추]高崖높은언덕、추(或音 취)(虞)
崌 쥐[거]深山깊은산、거(魚)
嵚 인[음]山相對산이마주향할、음(侵)
崕。이[의]岩危貌바위떨어질듯할、의(支)
[山臽] 간[감]山坑산구덩이、감(感)

九

嵕。쫑[종]山名九ㅣ산이름、종峰聚봉우리뻬죽뻬죽할、종(東)
崶 뿡[봉]封州山名봉산、봉(一名龍門山)(冬)
嵋· 메[미]蜀山名峨ㅣ산이름、미(支)
崺 이[이]山低長貌崺ㅣ산이낮고길、이(紙)
嵔 웨[위]山盤曲貌崔ㅣ산이꾸불퉁꾸불퉁할、위(尾)[외]山高산높을、외(賄)
嵎。위[우]日出處ㅣ夷해돋는곳、우山曲산굽이、우(虞) 堣同隅通
嵇。씨[혜]亳州山名산이름、혜(齊)
嵆 同嵇
嵊 썽[승]剡縣山名산이름、승(徑)
嵁 칸[감]不平ㅣ岩산험할、감(覃)
嵐。란[람]山氣蒸潤남기、남又아지랑이、남(覃)
[山弇] 同崦
嵒 옘[암]山巖바위、암石窟석굴、암山高貌嶃ㅣ산높을、암(咸)巖通
嵌·칸[감]坎傍孔구덩이곁구멍、감深谷ㅣ巖깊은골짜기、감(咸)
嵂 뤼[률]山高峻ㅣ崒산높고험할、률(質)
崿·어[악]崖也비탈질、악又언덕、악(藥)
崱。쩌[즉]山大貌ㅣ屴산웅장할、즉(職)
崷。쮸[추]山長而高ㅣ崒산이길고높을、추(尤)
崲 황[황]湖名休ㅣ늪이름、황(陽)
崽·쟤[새]子也자식、사彼稱저、사(支)
嵃 인[언]高峻ㅣ峭산높을、언(霰)
崼 쓰[시]近山가까운산、시(紙)
崵 당[양]遠山먼산、양(或音당)(陽)
[山咼]。따[단]山如臼形오목한산、다(歌)
[山迴] 회[회]禿山無樹벗어진산、회(隊)
嵄 위[미]深山깊은산、미(紙)
嵑·커[갈]特立孤山홀로선산、갈(曷)

十

嵩。·쑹[숭]中嶽ㅣ山산이름、숭(東) 崧通
嵫 쯔[자]日入山崦ㅣ해지는산、자(支)

嵯。ᄎ [차]山高ㅣ峨산높을、차(歌) [치]山不齊貌嵾ㅣ산울뚝불뚝할、치(支) 差通 嵠 溪同 嵬。웨 [외]高貌崔ㅣ산뾰족할、외(灰) 峗通、山貌嵔ㅣ산높을、외(賄) 嵱 용

[용]峰貌ㅣ嵷산봉우리우뚝우뚝할、용(冬) 嵲 네 [열]山高貌巀ㅣ산높을、열(屑) 嵅 한 [함]弘農關名ㅣ谷함곡관、함(咸) 函通 㟅 홍 [홍]山谷深貌ㅣ峒산골깊을、홍(送)

㟰。밍 [명]山氣暗昧嫈ㅣ산세저물、명又산기운어둘、명(梗) 嵰。쳠 [겸]高峻ㅣ嶮높고험할、겸(琰) 嵤 형 [형]山深貌岭ㅣ산깊을、형(青) 嵦 애 [애]山尖極端뫼봉우리끝、애(泰)

嶢 야 [요]山形산형상、요(蕭) 嵢。창 [창]山勢산형세、창(陽) 嵥。지 [걸]高也無比한없이높을、걸(屑) 嵴 지 [척]山脊산등성이、척(錫) 𡼪

웬 [원]山頂산이마、원又산마루、원(元) (十一) 嶅。오 [오]山多小石산에돌많을、오(號) 磝同 嶇。취 [구]山峻崎ㅣ산험준할、구(虞) 嶁。루 [루]衡山峰名岣ㅣ산

이름、누(麌)(有) 山巔산마루、누(有) 嵼 찬 [산]山曲巉ㅣ산굽이、산(潸) 嵷 중 [종]山高巃ㅣ산높을、종(東)(董) [종]峰貌嵱ㅣ산뾰족할、송(腫) 嵸 嵷同 嶛 랴 [료]山深ㅣ

嶆산깊을、요(蕭) 𡾰。빠 [표]山巔산이마、표又산마루、표(篠) 巢 찬 [초]山高嶚ㅣ산우뚝할、초(肴) 嵺 랴 [료]山聳貌산솟은모양、요(肴) 嶆。찬 [조]山深空貌嶛ㅣ산

골깊고휑할、조(豪) 𡾓 야 [오]動搖貌흔들릴、오(號) 嶅同 嶈。양 [장]水激山聲ㅣㅣ물이산에다닥쳐울릴、장山高大貌산이높고클、장(陽) 嶂。양 [장]山峰如屏산봉우

리둘릴、장(漾) 嵾 찬 [참]山不齊ㅣ嵯산이울멍줄멍할、참(侵) 嵾 參同 嶄。잔 [참]坑也구덩이、참(豏) 嶃同 嶃。찬 [참]山高峻貌산높고준할、참山尖銳貌산뾰족할、

참(咸) 巉同 嶃 嶄同 𡽔 후 [호]山卑而大산낮고클、호(麌) 嶋。島同 𡾥 창 [창]山相接貌산이서로닿은듯할、창(養) 嵽。데 [질]山突兀貌ㅣ嵲산우뚝할、질(屑)

嶉。직 [주]山隈산굽이、주(紙) (十二) 𡿊 취 [허]山路險峻崎ㅣ산길험할、허(魚) 嶙。린 [린]山節級ㅣ峋산이층층이있을、인(眞) 山峻嶙ㅣ산높을、인(軫) 嶲

㕙[준]高也높을、준(震)峻同 嶚료[료]高也ㅣ巢높을、요(蕭)嶛同 嶛嶚同 嶕쵸[초]山巔산이마、초山高ㅣ嶢산높을、초(蕭) 嶢。요[요]山高嶕ㅣ산높을、요

(蕭) ⿰山間。젼[간]山夾水산골물간(諫)澗磵同 嶠。쵸[교]山逕산길、교山銳而高산쭈뼛할、교渤海山名員ㅣ산이름、교(嘯) 嶓빠[파]梁州山名ㅣ冢산이름、파(歌)

⿱隋山。뒤[태]山小而銳산작고뾰족할、타(哿) 嶝떵[등]登陟之路산에비뚤어진길、등小坂작은비탈、등(徑)磴同 嶒청[증]山貌崚ㅣ산언틀먼틀할、증(蒸) 嶔친[금]山勢聳立ㅣ崟산불끈솟을、금山谷入口산골어귀、금(侵) ⿰山單。단[단]高山孤立외따로선산、단(寒) 嶟。쥰[준]山高貌산우뚝솟을、준(元) 嶲체[최]山高而重疊貌산높고첩첩할、첩(葉) 嶡。쥐[귀]山崛起貌산이불끈솟을、귀(未) 嶜。천[침]高銳ㅣ嵒산봉우리뾰족할、침(侵) 嶏퀘[배]山崩聲산무너지는소리、배巖隕聲바위떨어지는소리、배(隊) 嶐룽[륭]山形산형쳐、융(東) ⿰山蹇젼[건]山曲산굽을、건(阮) ⿰山童。둥[동]山無草木초목없는산、동(東) 嶘쟌[잔]山極高貌산이우뚝할、잔(諫)

十三

嶰。예[해]小山別大山작은산이큰산과따로설、해峴崘北谷골이름、해(蟹) 嶮셈[험]高峻貌높고험할、험(琰)險同 嶨。햒[학]山多石산에돌많을、학(覺)确通 嶧。이[역]鄒縣山名산이름、역(陌) 嶪예[업]山高岌岌산높을、업(葉) 嶦셤[첨]山峰산봉우리、첨山阪산비알、첨(鹽) ⿰山窟취[굴]禿山ㅣ屼민둥산、굴(月) 嶬。이[의]山峰巉巖산깎아지른듯할、의(紙) 嶭네[얼]山高峻巀ㅣ산높을、얼(曷)[열]義同(屑) ⿱山歆인[음]山峰산봉우리、음(寢) ⿰山會회[회]山高貌산높은모양、회(泰) ⿰山蒙。멍[몽]遠山먼산、몽(東) ⿱山辟빼[배]谷間골속사이、배(卦) ⿱山敫얀[요]廣谷넓은골、요(效) 嶱。예[갈]石高돌웃뚝할、갈(曷) 嵬외[외]高山높은산、외(尾)

十四

嶷。이[의]零陵山名九ㅣ산이름、의(支)[억]小兒有識ㅣㅣ어린아이지각있을、억(職) 嶼。쒸[서]陸島섬、서又뭍의섬、서(在水爲島在陸爲ㅣ)(語) 嶾

인[은]山高ㅣ嶙산높을、은(吻) ⿰山豪 한 [호]弘農山名산이름、호(豪) 嶸。숭 [영]山峻崢ㅣ산높을、영(庚)嵥同 嶺。령 [령]山肩通路산고개、영又재、영(梗) 嶽

위 [악]山宗五ㅣ뫼、악又산조종、악(東岱、南衡、西華、北恒、中泰)(覺)岳同 巀 얘 [절]高貌산깎아지른듯할、절(屑) 嶻通 [찰]山高ㅣ嶭산높을、찰(曷) ⑮ ⿱山畾 레 [뢰]山高低貌ㅣ

嵬높고낮은산이총총할、뇌(賄) ⿰山畾 ⿱畾山同 巁 레 [려]巍高산높을、여(霽) [렬]義同(屑) ⑯ 巃 롱 [롱]山峻ㅣ嵸산높을、농(東) 嶭。巕同 ⿰山霍 쥐 [곽]山名산

이름、곽(藥) ⿱山褱 홰 [회]山谷嶮貌산골험할、회(佳) ⑰ 巇。씨 [희]山危險嶮巇ㅣ산위험할、희(支) 巋。꿔 [귀]高峻산높고험할、귀(紙)獨貌ㅣ然홀로우뚝할、귀(寘)

巉。찬 [참]高也ㅣ嵒높을、참(豏)(咸)嶄同、漸通、嶃見 ⿰山鮮。쎈 [선]小山別大山작은산과큰산이따로설、선(銑) ⿰山蹇。젼 [건]山屈曲ㅣ嵃산꼬불꼬불할、건(銑) 巆 잉

[영]山深貌嵤ㅣ산골으슥할、영(庚) 巊 잉 [영]山氣暗昧ㅣ溟산기운어둠침침할、영(迥) ⿱山彌 미 [미]山高聳尖산이높고뾰족뾰족할、미(支) ⑱ 巍。웨 [외]高大貌ㅣㅣ

산이높고클、외又산이웅장할、외(微) ⑲ 巑。짠 [찬]山高ㅣ岏산이높을、찬(寒) 巒。롼 [만]山銳峰ㅣ산봉우리、만(寒) 巔。뎐 [전]山頂산마루、전又산이마、전又산

꼭대기、전(先) ⿰山靡 미 [미]山貌迤ㅣ산모양、미 山嶮峻貌산험할、미(支) ⿰山麗 뤼 [려]山高산높을、여 山名산이름、여(支) ⑳ 巘。옌 [헌]山峰似甑시루봉、헌(阮)山峰

산봉우리、헌(銑) 巖。옘 [암]石塊大者바위、암岩同嵒通、峻也높을、암殿廡ㅣ廊전각월랑、암(咸) [엄]高貌ㅣㅣ한없이높을、엄(鹽) ㉑ 巚 옌 [염]山峰似甑시루봉、엄

(元) ⿰山𡿺。녜 [얼]山斷絕貌屹ㅣ산따로떨어질、얼(屑) ㉒ ⿰山囊。낭 [낭]山隈산모롱이、낭(養)⿰石囊同 ㉔ ⿱山靈 링 [령]山深貌산깊다랄、영(青) ㉙ ⿰山鬱

위 [울]山烟掩貌산에연기낄、울山霞掩貌산에안개자욱할、울(物)

三 畫 巛川工己

巛部

巛 川古字

川 찬 [천]通流水내、천(凡天下之地勢、兩山之間、必有川(丨注於江、江注於海、海注於洋)㊍先

三 州 작 [주]五黨郡縣之大者고을、주㊍尤

四 巡 쑨 [순]視行丨守순행할、순又순돌、순却退逡丨물러날、순偏也두루、순㊍眞

巠 잉 [경]水脈물줄기、경㊍徑

八 巢 챂 [소]鳥棲새집、소又새보금자리、소又새깃들일、소㊍肴

巤 이 [엽]流也흐를、엽㊍職

十二 巤 同鬣

工部

工 꿍 [공]丨匠공장、공丨也製作지을、공巧也공교할、공㊍東

二 左 좌 [좌]俗音[좌]右之對왼쪽、좌又왼、좌(男子由右女子由丨)㊍箇佐也도울、좌㊍哿

巨 쥐 [거]大也클、거數也萬萬억、거㊍語鉅通

巧 챂 [교]拙之反교할、교技能재주、교好也丨妙예쁠、교黠慧똑똑할、교機丨공교할、교㊍巧

四 巫 우 [무]事無形以舞降神者무당、무又무녀、무(男曰覡、女曰丨)㊍虞

七 差 차 [치]不齊嵾丨어긋날、치又똑같지않을、치燕飛丨池제비가오르락내리락날을、치㊍支[채]使也부릴、채擇也가릴、채次也다음、채又버금、채㊍佳[차]舛也서로어긋날、차又맞지않을、차病愈병나을、차㊍麻異也다를、차㊍禡

十二 𢀩 差古字

己部

己 지 [기]私也自身몸、기幹名屠維천간、기㊍紙

已 이 [이]卒事之辭이미、이又말、이止也그칠、이畢也마칠、이太過너머、이㊍紙

巳 쓰 [사]地支第六位蛇也뱀、사(名節、祓除日謂上丨、方位則東南、時則午前十時)㊍紙

巴 빠 [파]蜀東地名땅이름、파食象蛇뱀、파(丨蛇食象、三歲出其骨、君子服之、無心腹痛)㊍麻

二 㠯 以古字

卮 와 [와]木節나무마디、와裏也쌀、와㊍哿

四 巵 지 [치]酒杯술잔、치染草紅花물들이는붉은꽃、치㊍支

五 巹 진 [근]敬承받들、근㊍吻

六 巷 쌍 [항]里中道路거리、항又골목、항又구렁、항宮廡永丨궁중월랑、항奄宮丨伯내관、항㊍絳衖同

七 𢀴 뿔 [불]裳繡黑青相文狀如雙己相背黻

八九

보불、불(物)黻同

八 **巹** 지 기 疾恚미워할、기(支)

九 **巽** 쑨 손 柔也유순할、손卑也낮을、손卦名괘이름、손東南間方동남간방、손又손방、손(願)

巾部

巾 젼 건 帨也수건、건冪也首飾머리건、건(眞)

帀 자 잡 周也두루、잡(合)匝同

二 **市** 쓰 시 買賣之所저자、시買也살、시(紙)

布 뿌 포 麻類織物베、포陳也펼、포又벌릴、포錢也泉ㅣ돈、포(遇)

帔 피 비 片破之帛ㅣ幓헌겊조각、비(紙)

凧 꼐 계 紙鳶연、계(紙)

帄 딩 정 補也기울、정(靑)

三 **帆** 빤 범 船幔使風배돛、범(咸)(陷)䑺同颿通

⿰巾彡 싼 삼 衫破貌해진적삼、삼(覃)

帎 쟉 조 裹頭巾머리묶는수건、조(篠)

⿰巾大 베 배 主布굵은베、배(隊)

⿱亠帀 황 황 襪也버선、황(陽)

四 **希** 씨 희 寡也적을、희又드물、희望也바랄、희(微)睎稀見

⿰巾介 졔 개 幘也건、개(卦)

帉 뷴 분 拭物巾수건、분佩巾차는수건、분(文)

帊 파 파 幞也머리수건、파帳也휘장、파(禡)帕袙同

帋 紙同

帍 후 호 婦人頸巾ㅣ褫여인목도리수건、호(虞)[韓]ㅣ巾행주치마、호

⿰巾欠 찬 첨 掩下浴巾밑가리는수건、첨(琰)

⿰巾比 삐 비 帛片비단조각、비(紙)

⿰巾夫 뿌 부 前領앞깃、부(虞)

⿰巾夭 요 요 手拭巾손수건、요(皓)

⿰巾少 싸 사 細絲가는실、사(麻)

五 **帑** 누 노 妻子처자、노鳥尾새꼬리、노藏也감출、노(虞) 탕 金幣所藏府나라금고、탕(養)

帔 폐 피 褙子衣ㅣ배자、피(寘)

帒 대 대 囊屬전대、대又수대、대又가방、대(隊)袋同

帚 추 추 篲也掃具비、추(有)箒同

帕 파 파 幞也머리동이는수건、파(禡)帊同

帘 렴 렴 賣酒標幟靑ㅣ술판다는표기、렴(鹽)

帙 지 질 書衣緗ㅣ책갑、질編次卷ㅣ권질、질小囊작은주머니、질(質)袟通

帗 뿔 불 舞繒춤추는비단、불(物)翇同

帓 머 말 帶也띠、말巾也수건、말(黠)

帛 빼 백 繒비단、백(陌)

帖 테 첩 卷也문서、첩妥ㅣ타첩할、첩牀前帷帳상앞휘장、첩(葉)怗見 [韓]隷任令狀ㅣ紙체지、체

⿱夗巾 웬 원 幡也기원、원(元)

⿰巾正 영 정 射的관혁、정(庚)

⿰巾宁· 쟈 [저] 柩衣관싸는베、저(ㅣ覆棺之物、似幕形、以布爲之)(語)

⿰巾句 쿠 [구] 指沓골무、구(尤)

⿰巾布 부 [부] 拭器巾행주、포(遇)

⿰巾必。 뻬 [필] 帷也장막、필(質)

⿱此巾 ᅎᅳ [재] 細布가는베、자(支)

⿰巾付 뿌 [부] 廣幅帛넓은비단、부(遇)

⿰巾召 탸 [조] 細絲가는실、초(蕭)

六

帥·。 쉐 [수] 主也주장할、수 領也거느릴、수 將ㅣ장수、수(寘)

[솔] 領兵거느릴、솔 循也좇을、솔(質) 率見

帤 수 [여] 幡巾먹걸레、여 中褌활싸개、여(魚)

帝·。 듸 [제] 王天下之號皇ㅣ황제 제 又임금、제 天也上ㅣ하느님、제(霽)

帢 챠 [갑] 帽也모자、갑 又사모、갑(洽) 帢通

⿱自巾 이 [예] 法也법 예(霽)

⿰巾巟 황 [황] 掩也덮을、황 練絲실익힐、황(陽)

帟 이 [역] 帳也小幕작은장막、역(陌)

帣·。 쟌 [권] 斂衣褏소매걷을、권 袋也전대、권 又자루、권(霰)

⿰巾旬。 쓘 [순] 領端옷깃끝순(眞)

⿱列巾 이 [건] 帛餘비단자투리、건(霽)

⿰巾劦 쎄 [협] 腰帶허리띠、협(葉)

⿰巾夸· 꽈 [과] 內衣속적삼、과 單衣홑옷、과(禡)

⿰巾共。 홍 [홍] 旗標기표、홍(東)

⿰巾危 시 [체] 新拭器巾새행주、체(齊)

⿰巾多 나 [나] 置物處헛간、나(哿)

⿰巾全 좐 [전] 卷曲굽을、전(先)

七

帨· 쉐 [세] 佩巾차는수건、세(霽)

師·。 쓰 [사] 範也教授스승、사 又선생、사 衆也뭇、사 長也어른、사 效也본받을、사 軍旅군사、사 法也법、사 卦名괘이름、사(神名雨ㅣ、雲ㅣ、風ㅣ、官名太ㅣ、小ㅣ)(支)

帪· 전 [진] 飼馬橐말먹이자루、진(眞)

帬· 췬 [군] 裳也連接裙幅통치마、군(文) 裙同

席·。 씨 [석] 簟也돗、석 又자리、석(重曰筵、單曰ㅣ) 捓也펼、석 又깔、석 陳也베풀、석 資也자뢰할、석(陌)

⿰巾每 무 [모] 皇帝妃ㅣ母헌원씨의황후이름、모(虞)

⿰巾免 뭔 [문] 吊服조상옷、문 喪冠굴관、문(元)

⿰巾瓜。 뎨 [첩] 領耑옷깃끝첩(葉) 欇同

⿰巾冐 체 [접] 衣衿옷깃、첩(葉)

⿰巾谷 치 [격] 巄葛巾굵은갈포、격(陌) 綌同

⿰巾冏 싱 [형] 廣幅手巾넓은손수건、형(青)

⿱各巾 쳰 [천] 女人腰帶여인배띠、천(霰)

⿰巾皃 뫄 [묘] 裹頭體衣장옷、묘(我朝婦人外出時服)(效)

⿰巾巫 우 [무] 毛衣털옷、무(虞)

八

帷·。 웨 [유] 幔也휘장、유(支)

帶·。 대 [대] 紳也띠、대(男革ㅣ、女絲ㅣ) 佩也

찰、대行也행할、대蛇也 뱀、대草名書ㅣ풀이름、대(泰)

常。창 [상]恆也항상、상庸也떳떳、상(五品五ㅣ)官名太ㅣ벼슬이름、상棣也팔배、상(陽)

帢 차 [회]帽也絹績사모、흡(洽)帢同

帳。장 [장]帷也휘장、장又장막、장幬也옷휘장、장許簿치부책、장(漾)

帲 핑 [병]幄也帟中ㅣ幪휘장、병(庚)

帴。잰 [전]小兒籍褓포대기、전韉也안갑、전(先)

幒 콩 [공]衣袂소매、공(東)

帵 완 [완]剪裁之餘ㅣ片헝겊조각、완(寒)

幋。쎈 [견]布也베、견(先)

㡋 옌 [엽]斂髮머리짜맷을、엽幧頭두건、엽(葉)

帟 쎈 [견]幡係於桀者표신기、견(霰)

幍 타 [답]上覆앙장、답(合)

幗。훠 [혁]巾被風倒건이바람에재쳐질、혁(職)

帹 싸 [삽]面衣ㅣ施언굴가리는망사、삽(洽)

幒。중 [종]南蠻之絹오랑캐비단、종(冬)

㟷。쩨 [재]五色繒오색비단、재(隊)

㡍 쳄 [첨]車帳차휘장、첨(鹽)

帺 관 [관]裹頭巾머리싸는수건、관(寒)

九

幃。웨 [위]單帳홑휘장、위香囊향주머니、위(微)褘通

㡏。위 [유]絹之端片비단조각、유又토끝、유又자투리、유短衣襦속옷、유(虞)

帽。맏 [모]頭冠모자、모(號)[韓]官服所着紗ㅣ사모、모

幇 빵 [방]事物傍取者곁들、방又도울、방(陽)幫幇同

幀。정 [정]張畫繒簇그림족자、정又화분、정(敬)幁同

帿 후 [후]射布포장관혁、후(尤)

幅。뱍 [복]俗音[폭]布帛廣狹폭、폭又넓이、폭滿也匡ㅣ가득할、폭外飾걸치장할、폭(屋)[벽]俗音[핍]行纏행전、핍(職)偪通

幄。우 [악]覆帳장막、악軍幕군막、악(覺)

冪。미 [멱]覆也덮을、멱(錫)

幡。뚜 [도]標記貼物찌지붙일、도(豪)

幞 잉 [영]鮮明貌선명할、영又찬란할、영(庚)

帑 무 [무]漆布覆車차우비、무(宥)[목]義同(沃)

㡑。쭈 [추]衣作皺縮不伸옷구김살、추(宥)

幆。캐 [개]非時而葬갈장할、개(泰)

㡛 면 [면]死人面覆ㅣ帽면모、면(銑)

幾。지 [기]廣袴넓은바지、기(紙)

㡒 츈 [츈]米袋쌀자루、츈(眞)

㡙 시 [시]拭器巾행주、시(紙)

𢃶 껴 [혁]縫也홈질할、혁(陌)

幝 쿤 [곤]陰部蔽衣잠방고이、곤(元)

㡖。쭁 [종]日覆차일、종(腫)

十

幪。멍 [몽]覆也幈

ㅣ덮을、몽(東) 幪同 ⿰巾皀 피 [비]車帳차휘장、비(齊) 幋。판 [반]覆衣大巾휘건、반(寒) ⿰巾鬼 쾨 [괴]綵緞ㅣ幃색비단、괴(灰) 幍 탈 [도]巾帽모자、도(豪) 幌•

황 [황]車帷차우비、황 房幔방장、황(養) 幏•。쟈 [가]蠻布納稅賨ㅣ오랑캐의세금내는베、가(禡) 幐。텅 [등]帶囊차는주머니、등袋也자루、등香囊향주머니、등(徑)

幎•미 [멱]幔也앙장、멱覆面者ㅣ目멱목、멱(錫) 鼏見 ⿰巾旁 팡 [방]書貼서첩、방(漾) ⿰巾兼。렌 [렴]戶上之幔문휘장、염(或音겸)(鹽) ⿰巾烏 우 [오]手巾손수건、오(虞)

⿰巾冓 꺼 [구]單衣홑옷、구(尤) ⿰巾盍 허 [합]吹火筒불부는통、합(合) ⿰巾貢 궁 [공]包衣褓子보자、공(東) (十一) ⿰巾逢 뿡 [봉]手巾수건、봉(宋) 幑•。휘 [휘]幟也기、휘(微)

幔•。만 [만]帷幕장막、만帳也휘장、만(翰) 幖 뾰 [표]主木繫幡깃발、표(蕭) ⿰巾區 쿼 [구]射決角指깍지、구(尤) 幓 싼 [삼]車飾ㅣ纚차휘장술、삼(感) [섬]旌旗正

幅기복 판섬(鹽) 幕•。뭐 [막]帷在上앙장、막又의막、막軍旅無常居ㅣ府군막、막(藥) 幙 幕同 幘•。저 [책]巾也覆髻건、책(陌) 幗 꿔 [귁]婦人冠巾ㅣ계집의관、귁

(陌) ⿰巾彗 쒜 [세]盥巾세수수건、세(霽) ⿰巾祭。쎼 [세]殘帛帨ㅣ자투리、세(霽) [절]剪繒爲花비단으로꽃만들、설(屑) ⿰巾婁 럭 [루]飼馬橐ㅣ말먹이자루、누(尤) ⿱黎巾 리

[리]裁繒비단마름질할、이(支) ⿰巾曹 챠 [조]小兒籍幟受便포대기、조又기저귀、조(蕭) ⿰巾鳥 뇨 [조]絹也비단、조(篠) ⿱族巾 쪽 [족]繪繒그림그린비단、족(屋)(燭) (十二)

幢 퉁 [당]旌旗類麾기、당車幰羽貌ㅣ수레휘장너풀거릴、당(江) 幟•。。지 [치]標也깃대、치幡也기、치(寘) 幣•。삐 [폐]贈答之禮ㅣ帛폐백、폐錢也貨ㅣ돈、폐(霽)

幠。우 [무]覆也덮을、무慢也거만할、무(虞) ⿱須巾 쓔 [수]頭巾두건、수(虞) 幩 읖 [분]馬銜飾말재갈끈할、분(文) 幞•푸 [복]帕也ㅣ頭복두、복裳削幅치마폭、복(沃)

襆同 ⿱蔑巾 幭同 幝•。찬 [천]車帷弊貌ㅣㅣ수레휘장해져너펄거릴、천(銑) ⿰巾散 傘同 幜•。징 [경]新婦蔽面之紗신부의면사포、경(迥) ⿰巾畫 화 [획]裂帛聲비단찢는소

리、획(陌)

幡。반 [번] 拭字布帉帨먹결레、번幟也기、번飛揚ㅣ纚깃발날릴、번反也ㅣ然돌이킬、번(元)翻見

𢄍 과 [과] 裐衣비단옷、과(馬)

𢅖 랴 [료] 綃傘비단우산、요(蕭)

幧 찰 [초] 拭也닦을、초(篠)

【十三】

幧。찰 [조] 所以覆髻帕頭상투관、조又과두、조(蕭)

幨• 찬 [첨] 車帷차휘장、첨(鹽)襜見

幧。쟌 [교] 行縢행전、교(篠)

幦 幭同

𢅥 쉬 [세] 深赤色짙은벌건은빛、세(霽)

【十四】

幪 뭉 [몽] 覆也幪ㅣ덮을、몽(東)幪同 茂盛貌ㅣㅣ더부룩할、몽(董)

幬。또 [조] 襌帳홑휘장、주車帷차휘장、주(尤) [도] 覆ㅣ덮을、도(號)燾見

幫• 빵 [방] 事物傍取者皆曰ㅣ곁들、방治履幫貼신기울、방(陽)幚幇綁同

𢅝。란 [람] 無緣衣단없는옷、남(覃)

𢄼 인 [은] 內衣속옷、은裏相着속서로붙을、은(𨗬)

【十五】

幮 츄 [주] 帳也장막、주(虞)裯通

幭• 미 [멸] 車蓋수레뚜껑、멱(錫)幎幦同

【十六】

幰。셴 [헌] 幰也車上幔수레앙장、헌(阮)

幩 뿐 [분] 穀滿而袋裂곡식자루터질、분(吻)

【十七】

𢄹。정 [정] 開張畫繪그림족자、정又화분、정(敬)幀同

幱。란 [란] 裳與衣連철릭、난(ㅣ衫ㅣ裙)(寒)

幟。쳄 [첨] 記幖ㅣ표지、첨又찌지、첨幖幟표지를、첨又안표할、첨(鹽)籤同

幭 미 [멸] 車覆수레뚜껑、멱(錫)幭同

ㅅ 렌 [렴] 鏡臺경대、염(鹽)籢匳同

【十八】

幭 쌍 [쌍] 帆也돛、쌍(江)

【十九】

𢆉。란 [란] 帶也띠、난(寒)

干部

干• 깐 [간] 盾也방패、간犯也범할、간求也구할、간扞也막을、간水涯물가、간幾許若ㅣ얼마、간又약간、간自甲至癸天ㅣ천간、간涘流貌눈물흘릴、간欄ㅣ난간、간芋也蘭ㅣ모시、간(寒)[韓]醫方薑也새앙、간

【二】

平。핑 [평] 正也평할、평坦也평탄할、평和也화할、평治也다스릴、평均也고를、평易也쉬울、평歲稔再登거듭풍년들、평定物價물건값정할、평漢官廷尉ㅣ벼슬이름、평(敬)[편]辨治ㅣㅣ편편히다스릴、편又편편할、편(先)便辯通

羊 인 [임] 稍甚약간심할、임(寢)

【三】

年。

넨 囝歲也해、연(唐虞載、夏歲、商祀、周ㅣ)齡也나이、연又연치、연進也나갈、연先 秊同 **幵**。옌 囝平也평할、견先 **四** **刋**。팅 囹水涯물가、정靑 汀同 **五**

幸。씽 행福喜다행할、행冀望바랄、행御駕行ㅣ거동할、행非分而得요행할、행寵也고일、행梗 倖見 **幷**。삥 병合也합할、병及也미칠、병同也같을、병庚 並也아우를、병敬 併通

七 **[illegible]**。우 오迎也맞을、오虞 **九** **[illegible]** 꺼 갈立干貌방패세워둘、갈曷 **十** **幹**。깐 간能事ㅣ蟲일에능할、간木莖줄기、간十干천간、간(甲、乙、丙、丁、戊、己、庚、辛、壬、癸)翰 **[illegible]**。젠 견小束작은묶음、견銑

幺部

幺 야 요小也ㅣ麼작을、요(不長曰ㅣ、細小曰麼)蕭 **么**。幺俗字 **幻**。환 환變化妖術변화할、환又요술、환惑也미혹할、환ㅣ形허깨비、환諫

二 **幼**。유 유穉也어릴、유有 **三** **𢆶** 우 유微也적을、유尤 **四** **[illegible]** 야 요小貌ㅣ[illegible]작으마할、요又난장이、요急戾어그러질、요蕭

五 **[illegible]** 幾同 **六** **幽**。우 유深也깊을、유隱也숨을、유闇也어둘、유囚也가둘、유鬼神귀신、유尤 **八** **[illegible]** 꽌 관以絲貫杼북에실꿸、관刪

九 **幾**。지 기微也적을、기近也가까울、기危也위태할、기尚也庶ㅣ거의、기多少ㅣ何몇、기又얼마、기尾 **十一** **[illegible]** 시 시小也작을、시紙 **㡭** 繼同

广部

广 옌 엄巖屋돌집、엄琰 **二** **庀** 피 비治也다스릴、비具也갖출、비紙 **三** **庄**。좡 장田舍전장、장陽 **[illegible]**。宅古字、度見

[illegible] 이 예簷也추녀、예霽 **[illegible]** 지 구灸痕뜸뜬자리、구有 **[illegible]** 底同 **四** **庋**。지 기餪棚ㅣ閣찬탁자、기紙 **庌**。야 아廡也월랑、아馬

庇 삐 비遮陽가릴、비覆也덮을、비寘 疪通 **序**。쒸 서次第차례、서叙文經旨서벌、서商學상나라태학、서語 **床** 牀俗字 **庉** 툰 둔居也거할、

돈熾盛ㅣㅣ불꽃활활일어날、돈室中藏處벽장、돈(元)

庎。예【개】廚中庋版流水以受洗濯개수판、개庋也선반、개(卦)

[illegible] 쇄【쇄】灰集屋재모아두는집、수(寘)

[illegible]。환【환】牝瓦下암기와바닥、환網維그물벼리、환(刪)

庬 만【담】陰也그늘、담(覃)

五

底。디【지】致也이를、지定也정할、(紙)砥通【저】下也밑、저止也그칠、저(齊)

庖 팦【포】宰殺所ㅣ廚푸주간、포又관、포(肴)

府。뿌【부】官廳마을、부藏庫곳집、부(麌)

庚 껑【경】幹名上章천간、경更也고칠、경償也갚을、경堅剛ㅣㅣ굳셀、경同ㅣ年齒연치、경星名長ㅣ초저녁별이름、경草名盜ㅣ풀이름、경鳥名새이름、경(庚)

店。뎬【점】商鋪가게、점又상점、점(豔)

庘 야【압】家欲倒壞집쓰러지려할、압豚屋돝의우리、압(洽)

[illegible] 졔【섭】臨也廂ㅣ좁을、섭(葉)

废。빠【발】草舍초가집、발(曷)

庯 뿌【포】布列벌릴、포(遇)

庛。츠【자】耒下岐木따비가지、자又장기숟、자(寘)

[illegible] 라【랍】屋聲집소리、납(合)

[illegible]。지【지】鄙屋더러운집、지(紙)

[illegible] 사【사】家之不齊집이일정치않을、사(麻)

庙 廟俗字

[illegible]。딴【단】小屋작은집、단(翰)

[illegible] 둥【동】深屋깊은집、동(冬)

[illegible] 이【예】度也찬탁자、예(霽)

六

庤。지【치】儲置저축할、치備也갖출、치(紙)峙同

庢。지【질】礙止거리낄、질水曲물굽이、질京兆縣名盩ㅣ고을이름、질(質)

庣 탸【조】斛旁耳휘쪽자리、조不滿貌차지않을、조(蕭)斛同

庠。썅【상】虞學우나라태학、상(陽)

庥 쓔【휴】庇蔭덮을、휴依止의지할、휴(尤)[illegible]同

度。두【탁】忖也헤아릴、탁(藥)㡯同【도】法度법도、도布指知尺뼘잴、도又잴、도(遇)

[illegible] 썬【삼】屋斜집기울、삼(沁)

庾 이【예】米倉쌀곳간、예(霽)

[illegible] 젠【한】閾也문지방、한(刪)

[illegible] 궤【궤】壞也무너질、궤(寘)

七

庪。지【기】祭山曰ㅣ縣산제지벌、기(紙)庋同、庋見

庫。쿠【고】貯所倉ㅣ곳집、고(遇)

座。쭤【좌】床也坐具자리、좌位也지위、좌(箇)坐通

庭 팅【정】門屛內뜰、정直也곧을、정(靑)隔遠ㅣㅣ동안뜰、정又멀、정(徑)

庮

우 유 久屋朽木오랜집 썩은나무、유 尤 庯。푸 포 屋上平지붕평평할、포 虞 陠同 庨 쑈 효 宮室高貌궁집드높을、효 肴 庬。망 방 雜也잡될、방 江 몽 未分之形ㅣ澒순전할、몽 東 𢈂 쫭 장 宏大웅장할、장 陽 庲 착 구 附屋옆에붙은집、구 尤 㢊。두 도 廚房부엌、도 宥 廔 루 루 草屋초가、누 有 㢅 룽 롱 大廈큰집、농 送

八

庸。융 용 常也떳떳、용又항상、용用也쓸、용愚也凡ㅣ용렬할、용和也화할、용溝也水ㅣ물도랑、용賦法租ㅣ부세、용 冬 庳 삐 비 下也낮을、비低小屋낮고작은집、비 紙 卑見、舜弟象所封有ㅣ땅이름、비 寘 庶。쓔 서 衆也뭇、서又무리、서冀也바랄、서ㅣ幾거의、서嫡ㅣ서자、서 御 康。강 강 安也편안할、강和樂화락할、강五達街오거리、강 陽 庵。안 암 小草舍암자、암 覃 菴同 葊通 廧 챵 장 垣也蘠ㅣ담、장追慕羕ㅣ사모할、장獄也圜ㅣ옥、장 陽 牆墻廧同 㢜。퀘 궤 屋從上傾下지붕물매질、퇴 灰 庹 톽 탁 兩腕延長팔로잴、탁又두팔벌릴、탁 藥 庱 링 릉 亭名ㅣ亭정자이름、능 蒸 㢋。ᄎᆞ 치 廣也넓을、치 紙 庴。지 지 縣名ㅣ縣고을이름、적 陌 韓 窖也ㅣ幕움집、움 㡲。잔 잔 屋笮산자、잔 潸 諫 𢈉 써 사 屋頭집머리、사 小屋작은집、사 馬 庰 평 병 藏也감출、평 蔽也덮을、평 梗 𢇻 쟝 강 空家빈집、강 陽 𢈤 추 추 崩壞무너질、추 或音취 尤 㢠。稾古字 㢃 징 경 倉也곳집、경 庚

九

廁。ᄎᆞ 치 圂也뒷간、치雜也섞일、치次也버금、치邊也가、치 寘 측 側也기울、측 職 廥 루 투 行圊매화틀、투木槽말죽통、투 尤 牏通 유 義同 虞 廇 廟同 廂。썅 상 廡也월랑、상 陽 廋 쓔 수 蒐也숨길、수 尤 廀同 廆。위 유 露積노적、유 虞 㢜。쟈 가 構屋집지을、가 禡 㡾 라 랄 庵也암자、날又초막、날 獄房옥방、날 曷 廮 잉 영 長廊월랑、영 梗 廜。두 도 草屋초가、도 虞 㢂 핑 평 廁也측간、평 徑 㢗 후 호 平也평할、호 虞 㢝 사 삽 藏也감출、삽(葉) **廅** 이 [엽]家狹집좁을、엽(月) **[广軍]** 쥔 [균]積也쌓을、균(吻) **庽** 寓同

十

廌 츠 [치]神羊獬ㅣ해태、치(紙) [재]俗音 [태]義同(蟹) 豸通 **廆** 위 [외]癖也괴벽할、외人名晉慕容ㅣ사람의이름、외(賄) **廈** 싸 [하]大屋큰집、하門廡문월랑、하(馬) 夏通 [사]旁屋행랑、사(禡) **廊** 랑 [랑]堂下周屋월랑、낭又곁채、낭(陽)

廋 쑤 [수]匿也숨길、주(尤) 廀同 **廉** 렴 [렴]不貪청렴할、렴察也살필、렴清也맑을、렴儉也검소할、렴檢也점검할、렴稜也ㅣ隅모질、렴(鹽) **[广追]** 쮜 [추]舍壞집무너질、추(寘) **[广盍]** 허 [합]山傍穴산곁구멍、합藏也감출、합(合) **廇** 릐 [류]中庭가운데뜰、유屋樑들보、유(宥) 霤通 **[广馬]** 마 [마]庵也암자、마(禡) **[广烋]** 슈 [휴]樹陰나무그늘、휴(尤)

十一

廑 진 [근]小屋작은집、근又오막살이、근纔也겨우、근(文) 勤同 僅見 **廖** 랴 [료]姓也성、요(蕭)人名周召伯ㅣ사람의이름、요(嘯) **廒** 안 [오]倉也곳집、오(豪) **廐** 쟉 [구]馬舍마구、구(宥) **廏** 廐同 **廓** 쾍 [곽]空也빌、곽大也클、곽開也열、곽(藥) **[广差]** 차 [차]屋欲倒壞집무너지려할、차(麻) **[广張]** 뱅 [병]隱僻無人處으슥한곳、병(敬) **廕** 인 [은]庇麻덮을、은(沁) **[广深]** 썬 [심]深大屋깊고큰집、심(沁) **[广帶]** 대 [대]屋之傾斜집비뚤어질、대水名물이름、대(泰) **廔** 루 [루]屋脊집마루、누綺窓麗ㅣ깁창、누(尤) **[广莫]** 머 [막]空也빌、막(藥) **廘** 루 [록]米倉쌀고、녹(屋) **[广崔]** 최 [최]垂也드릴、최(賄) **[广兌]** 쒸 [의]病治병다스릴、삭(藥)

十二

廝 쓰 [시]使役者부릴、시又하인、시養馬者마부、시(支) 厮同 **廜** 투 [도]酒名ㅣ蘇술이름、도庵也암자、도平家평집、도(虞) **廚** 츄 [주]炊也熟食부억、주菌也廚ㅣ버섯、주(虞) 竈見 **廣** 광 [광]闊也넓을、광(漾) 横幅넓이、광(養) **廞** 씬 [흠]喪具행상제구、흠(侵) **廟** 먀 [묘]祠堂사당、묘又종묘、묘(宗ㅣ大ㅣ)前殿廊ㅣ앞전각、묘廳事대청、묘(嘯) 庿同 **廠** 창 [창]露屋無壁헛간、창庫也곳집、창(養) **廛** 찬 [전]一家之居한집자리、전市邸전방、전(先) **廢** 쀄

[폐]止也폐할、폐墮也떨어질、폐屋傾집쏠릴、폐大也클、폐(隊)癈通 廡。우[무]廊也월랑、무門屋문간방、무又草木盛貌초목성할、무(麌) 廙。이[익]屋也持行들

고댕기는집、익(職)[이]敬也공경할、이(寘) [illegible]鼻同 [illegible]廇同 [illegible]뺀[번]峙屋언덕백이집、번積也쌓을、번(寒) [illegible]집[교]高屋높은집、교(蕭) (十四) [illegible]

우[유]擧手相弄揶ㅣ손짓하여희롱할、유(虞)揄通 廥。괘[괴]芻藁之庫여물고、괴(泰) 廨。제[해]官舍公ㅣ마을、해又공해、해(卦) 廑。진[근]小屋오막살이、근(文)

廩同 廩。린[름]米藏倉ㅣ쌀곳간、늠給也넉넉할、늠(寑)亩同 [illegible]루[로]遮陽차양、노又벽가릴、노(虞) 廦 피[벽]垣也담、벽(錫) 廧 牆同 [illegible]쎈

[선]巨屋큰집、선(銑) (十五) 廧 牆同 廫 랖[료]空也빌、요廣大貌ㅣ霩넓고큰모양、요(蕭) (十六) 廬。리[려]粗屋總名풀집、여又막집、여農人田舍농막、여

寄也붙일、여(魚) [illegible]쑤[소]酒名磿ㅣ술이름、소又庵也磿ㅣ암자、소(虞) [illegible]쎈[선]舍也집、선(霰) [illegible]퉈[탁]疾速빠를、탁(覺) (十七) 廯。쎈[선]米倉쌀

곳간、선(先)(銑) 廮。잉[영]安止편안히그칠、영縣名ㅣ陶고을이름、영(梗) [illegible]이[익]屋通복도、익(職) (十八) 廱。웅[옹]學名辟ㅣ벽옹、옹(天子教宮)和也ㅣㅣ화

할、옹(冬)雝通 [illegible]취[구]倉庫곳집、구(尤) (十九) 廲。뤼[려]綺窓ㅣ廔김창、여(齊) (二十二) 廳。팅[청]行政官ㅣ관청、청又대청、청(青)

廴部

廴 인[인]長行길게걸을、인引之당길、인(軫) (四) 延。옌[연]及也미칠、연迹也맞을、연遠也ㅣ衺뻗힐、연又벋을、연納也드릴、연淹久

遷ㅣ천연할、연(先) 延。정[정]征也갈、정(庚) 廷。팅[정]政府朝ㅣ조정、정正也바를、정直也곧을、성秦宮ㅣ尉벼슬이름、정(青)(徑) (五) [illegible] 진[진]走也달

아날、진(軫) (六) 廻 휘[회]還也돌아올、회避也피할、회(灰)回見 建。젠[건]立也세울、건又설、건置也둘、건樹也심을、건星名별이름、건鞱也칼집、건(願)鍵通

八 遰 딩 [정]盡也다할、정(梗) 九 道 옌 [연]相顧而別서로돌아보고갈、연(霰)

廾部

廾 꽁 [공]竦手손맞잡을、공(腫) 廿 수 [입]二十스믈、입(緝) 廾通 二 弁 뻰 [변]周冠주나라관、변又고깔、변拍手손바닥칠、변(霰) 辨通 [반]詩名小ㅣ시전편이름、반(寒) 般同 三 异 이 [이]已也말、이又그만둘、이歎也탄식할、이擧也들、이(寘) 四 弄 롱 [롱]戲也희롱할、농玩也구경할、농侮也업신여길、농樂曲풍류곡조、농(送) 弃 棄古字 弆 戒同 弅 뿐 [분]高丘隱ㅣ높은언덕、분(文) 弆 쥐 [귀]극掬할잡이、귀(支) 五 弆 [거]藏也감출、거(語) 弆 承同 弆 위 [육]兩手捧物두손으로받들、육(屋) 六 弇 옌 [감]蓋也덮을、감又뚜께、감(覃) [엄]覆也덮을、엄狹路좁은길、엄大荒山名ㅣ州산이름、엄(琰) 鐘中寬쇠북속살가울、엄(豔) 弈 이 [혁]圍棋바둑둘、혁善棋者ㅣ秋바둑잘둘、혁(陌) 七 弆 詰古字 十二 弊 삐 [폐]壞敗해질、폐困也곤할、폐惡也폐단、폐斷也끊을、폐窮究貌ㅣㅣ궁리할、폐壞也무너질、폐(霽) 蔽通 十三 𢍰 擇同 弆 췐 [찬]升高높은데올라갈、간(寒) 十九 彝 쫜 [권]抒滿가득히뜰、권(願) 彝同

弋部

弋 이 [익]繳射줄살、익取也취할、익(職) 三 式 씨 [식]法也법、식用也쓸、식制度제도、식敬而俛굽힐、식發語辭발어사、식(職) 四 𢦏 哉同 戕 장 [장]繫船杙배말뚝、장南越郡名ㅣ牁고을이름、장(陽) 牂通 貣 이 [익]骨也뼈、익(職) 貣 이 [익]好也좋을、익(職) 六 𢎅 퉁 [동]繫船杙배말뚝、동(東) 弍 지 [질]利也이할、질(屑) 九 弑 씨 [시]下者殺上윗사람죽일、시(寘) 殺通 十 戨 꺼 [가]繫船杙배말뚝、가(歌) 牁同

十二 **戩**。정 증 弋矢ㅣ繳줄살、증(蒸)矰同

弓部

弓。궁 궁 弧也、활、궁(幹角筋膠絲漆六材爲成)(東) **引**。인 인 導也인도할、인相牽이끌、인薦ㅣ천거할、인(軫) **弔**。됴 조 問喪조상할、조傷也슬퍼할、조愍也불상히여길、조(嘯) 적 至也이를、적(錫)吊同

二 **弘**。훙 홍 大也클、홍(蒸) **弖**。귀 귀 卷也책권、귀(尤) **弗**。블 불 不也말、불去也버릴、불違也어그러질、불(物)不見、美國及墨西哥貨弊名딸라、불

三 **弛**。이 이 緩也느즈러질、이解也去弦활접을、이放也놓을、이壞也무너질、이(紙) **弙**。우 오 張弓視向활다려다림볼、오引弓활당길、오(虞) **弚**。퇴 퇴 窮貌ㅣ靡궁할、퇴又궁상스러울、퇴(灰) **⿰弓丸** 彈同 **⿰弓勺**。듸 적 射弓활쏠、적(錫)

四 **弟**。뎨 제 後生男子아우、제又동생、제(霽)悌通 **弝**。빠 파 弓弣활줌통、파(禡) **㢾**。줘 결 以手鉤弦發矢깍지손뎰、결(屑)決通 **弞**。썬 신 笑不壞顔상긋웃을、신哂同、朩名ㅣ杻나무이름、신(軫) **⿰弓予**。위 여 弓也활、여(魚)

五 **弧**。후 호 木弓나무활、호(旗名鍪ㅣ、蟲名短ㅣ)(虞) **弣**。뿌 부 弓弛활줌통、부(麌) **弩**。누 노 弓有臂機射萬ㅣ소뇌、노(麌) **弤**。듸 저 形弓붉은칠한활、저(齊) **弦**。쎤 현 弓弦활시위、현半月반달、현脈度맥도수、현(先) **弨**。챠 초 弓弛體反활뒤집힐、초(蕭) **弢**。탄 도 弓衣활집、도(豪) **⿰弓古**。쿠 고 小弓작은활、고(虞) **⿰弓皮**。삐 피 張弓貌ㅣ臻활잔뜩당길、피(寘) **⿰弓巨**。쥐 거 勇也날랠、거(物) **弥** 彌同

六 **弭**。미 미 弓末활곱이、미息也쉴、미止也그칠、미安也편안할、미(紙)彌見 **弮**。촨 권 弩弓소뇌활、권(先)환義同(諫) **⿰弓合**。쎄 협 弓強활셀、협(葉) **⿰弓羊**。양 양 弓曲활굽을、양(陽) **⿰弓同**。퉁 동 弓飾활꾸밈、동(東)

七 **弰**。쌒 소 弓末활곱이、소弓放箭활쏠、소(肴) **弱**。쉬 약 尪劣약할、약又못생길、약末壯어

릳、약跛也절름발이、약 弓名繁ㅣ활이름、약(藥) ⿰弓夋 쓘 [순]箬也살오늬、순(震) 弲 쎈 [현]角弓뿔활、현 又각궁、현(先) ⿰弓角 쎈 [현]弓曲활굽을、현(元)

【八】

張◦쟝 [쟝]開也벌릴、장弦弓활당길、장夸也과장할、장施也베풀、장更ㅣ고칠、장(陽)自大큰체할、장(漾) 弴 뚠 [조]畫弓그림그린활、조(天子御弓)(蕭)[돈]義同(元) 強◦챵 [강]勉也힘쓸、강又굳셀、강不服屈ㅣ뻑뻑할、강又딱딱할、강(漾)僵也넉넉할、강米中蠹쌀바구미、강(陽)彊通 弸◦뻥 [붕]弓強활강할、붕(蒸)[팽]弦聲ㅣ彋활소리、팽(庚)

⿰弓㡀 삐 [별]弓戾활뒤집힐、별(屑)彆同 弶 챵 [강]以弓罝鳥獸창애、강(漾) ⿰弓𣶒 원 [연]弓曲弲閒활굽이、연(先) ⿰弓委 네 [뇌]張弓貌활당길、뇌(賄) ⿰弓妾 쎈 [현]強弓강한활、현(先) ⿰弓虎 후 [호]射也활쏠、호(虞)

【九】

弼◦삐 [필]輔也도울、필正弓器도지개、필重也거듭、필(質) 弽◦쎄 [엽]射決깍지뗄、섭(葉)韘同 ⿰弓彖 원 [연]弓緣활전、연(霰)

【十】

彀◦꾸 [구]弓矢持滿활잔뜩당길、구(宥) ⿰弓甫 삐 [비]以筋貼弓활에심감을、비(寘) ⿰弓旁 팡 [방]弦急활시위탱탱할、방(陽) ⿱𡨄弓◦젼 [건]弓強활강할、건(阮) ⿰弓鬲◦져 [격]包弓衣활집、격(陌) ⿰弓真 쪈 [진]彈也탈、진(震)

【十一】

彄◦쿠 [구]弓端활끗이、구(尤) 彃 삐 [필]弓弦활시위、필(質)

【十二】

彈◦탄 [탄]ㅣ丸탄환、탄擊也탈、탄射丸쏠、탄鼓爪퉁길、탄劾也탄핵할、탄(寒) 彆 ⿰弓㡀同 彉 휘 [확]張弓활당길、확(藥)彍通 ⿰弓曾◦정 [쟁]弓弦聲활시위소리、쟁(庚) ⿰弓喬 챺 [교]射弓활쏠、교(蕭) 彇 ⿰弓蕭同

【十三】

彊◦챵 [강]健壯강할、강弓有力활셀、강勝也이길、강暴也사나울、강(陽)強見勉也강잉할、강抑也억제할、강(養)屍硬시체뻣뻣할、강(漾)殭通 彋 헝 [횡]弓聲弸ㅣ활소리、횡帷帳風着聲장막에바람치는소리、횡(庚)

【十四】

彌◦미 [미]止也그칠、미(紙)弭通益也더할、미弛弓활지울、미久也오랠、미終也마칠、미(支)弥同

【十五】

彍◦휘 [확]迅速빠를、확(藥)彉見

【十七】

⿰弓蕭 쌱 [소]弓弭頭활끗이머리、소(蕭)彇同

【十九】

彎。왕 만 持弓關矢시위에살낄、만 (删) 二十 彏 웍 확 弓急張활급히당길、확 (藥)

彐部

彐 예제 계 彙頭고슴도치머리、계 (齊) 彑 同彐 六 彖。톤 단 統論易卦義주역단사、단斷也결단할、단豕走돌달아날、단 (翰)

八 彗 쒸 혜 箒也비、혜 (寘) 篲通 세 ㅣ星혜성、세 (霽) 九 彘。지 체 豕也돝、체 (霽) 十 彙。휘 휘 類也무리、휘集也모을、휘蝟也고슴도치、휘 (未) 蝟見

十三 彝。이 이 常也秉ㅣ떳떳할、이廟器尊ㅣ종묘제기、이法也법、이 (支) 十五 彟 휘 확 度也헤아릴、확 (藥) 矱同

彡部

彡 싼 삼 毛髮繪飾터럭그릴、삼毛長털자랄、삼 (咸) 二 㐱 。진 진 鳥羽始生새깃처음날、진 (軫) 四 彤。퉁 동 丹飾붉은칠할、동 (冬)

形。씽 형 象也형상、형體也형용、형又꼴、형現也나타날、형ㅣ勝地勢형편、형 (靑) 五 彣 원 문 赤靑混色벌겅고퍼런은빛、문彩色채색、문 (文)

㣌 싼 삼 相接物서로붙은물건、삼利也이할、삼 (陷) 六 彥。옌 언 美士아름다운선비、언碩也클、언 (霰) 七 㣚 쥐 좌 莝也베일、좌 (箇) 𢒠 양 양 美善아름답고착할、양 (陽)

彧 위 욱 文章문채날、욱又빛날、욱茂貌ㅣㅣ무성할、욱 (屋) 八 彩。채 채 文色精光채색、채又무늬、채又빛날、채 (賄) 采通

彬 삔 빈 文質明備ㅣㅣ빛날、빈又빈빈할、빈 (眞) 彫。됴 조 鏤也새길、조畫文그릴、조文飾ㅣ琢새겨다듬을、조 (蕭) 琱雕通 彪 뺘 표 俗音 표 虎之斑文칙범、표 (尤)

㣇 무 목 細文가는문채、목 (屋) 九 彭。빵 팽 姓也성、팽盾也ㅣ排방패、팽銃聲ㅣㅣ총소리、팽地名땅이름、팽 (庚) 방 多貌ㅣㅣ벅적거릴、방近也가까울、방 (陽) 騯見

十一 彯 퍄 표 組貌ㅣㅣ띠늘어질、표又끈치렁거릴、표 (蕭) 彩飾단청할、표 (嘯) 彰。장 장 著也나타날、창明也밝을、창 (陽) 十二 影。잉 영 物之陰

｜그림자、영(梗)景通 [illegible] 정 [종]毛深터럭깊을、종(蒸)

⑫ [illegible] 찬 [찬]文繁문채번화할、찬(翰)

⑲ 彲 치 [이]似龍無角而黃용같고뿔없는짐승、이又교룡、이(支)螭同

虨 빈 [빈]文威문채성할、빈(眞)

彳部

彳 치 [척]小步｜亍자축거릴、척(陌)

② 行 띵 [정]獨行彾｜혼자갈、정(靑)仃同

③ 彵 틔 [치]安行편안히걸을、치(哿)

彴 쟉 [작]獨木橋略｜외나무다리、작(藥) [박]奔星｜約흐르는별、박(覺)

代 이 [익]行也갈、익(職)

④ 彷 빵 [방]徘徊｜徨방황할、방又거정거릴、방相似｜髴비슷할、방(陽)仿髴同

役 이 [역]使也부릴、역使人｜夫부림꾼、역官務執廳마을、역終身｜｜죽도록일할、역官員관원、역(陌)

彶 지 [급]急行급히갈、급(緝)

彸 종 [종]惶懼貌征｜두려워할、종又눈휘둥그럴、종(冬)

㣧 완 [원]失道貌彷｜길잃고바장일、원(寒)

㣙 徇同

彺 왕 [왕]行也急遽급히갈、왕(陽)

⑤ 彼 삐 [피]對此之稱저、피又저것、피(紙)

徂 쭈 [조]往也갈、조(虞)

往 왕 [왕]去也갈、왕昔也옛、왕間空｜｜이따금、왕(養)

彿 뿌 [불]相似彷｜흡사할、불(物)髣髴同

征 쩡 [정]伐也칠、정行也갈、정稅也세받을、정｜伐而行쌈하러갈、정索也찾을、정(庚)

彾 링 [령]獨行｜行홀로갈、령(靑)跉見

[illegible] 피 [피]走貌닫는모양、피(支)

彽 듸 [지]不進｜徊머뭇거릴、지(支)

[illegible] 데 [적]急行급히갈、적(錫)

[illegible] 옌 [염]遲行더디갈、염(鹽)

⑥ [illegible] 이 [이]平易편하고쉬울、이(支)

徊 회 [회]不進徘｜배회할、회又어정거릴、회(灰)佪同

待 대 [대]竢也기다릴、대遇也대접할、대備禦막을、대(賄)

徇 쓘 [순]行示조리돌릴、순疾速｜齊빠를、순周徧두루、순(震)㣙同侚通

徉 양 [양]戲蕩徜｜빈들거릴、양(陽)

後 후 [후]前之對뒤、후遲也늦을、후嗣也아들、후(有)后同｜之뒤질、후(宥)

律 류 [률]法也법、율｜呂풍류、

율(ㅣ呂十二陽六爲ㅣ陰六爲呂)述也지을、율衡也저울질할、율(質)

⿰彳各 꺼 [격]至也이를、격(陌)

很 헌 [흔]爭訟송사할、흔又말다툼할、흔不聽從말듣지않을、흔違也어길、흔(阮)

⿰彳圭 와 [와]邪行貌ㅣ徒비척거를、와(佳)(麻)

⿰彳同 퉁 [통]直行ㅣ곧게갈、통又바로갈、통(宋)

⿰彳丞 징 [증]俗音[승]行不正바로가지못할、승(蒸)

徆 시 [새]直行곧게갈、새(齊)

⿰彳夸 과 [과]疾行빨리갈、과(麻)

⿰彳先 신 [신]往來貌왔다갔다할、신(眞)

⿰彳兌 터 [탈]疾也빨리갈、탈(屑)

⿰彳吉 지 [길]進也나갈、길(質)

七

徐 쉬 [서]遲緩천천히、서又서서히할、서又더딜、서又찬찬히할、서州名ㅣ州고을이름、서(魚)

徒 투 [도]衆也무리、도步行걸을、도又보행할、도但也다만、도(虞)

徑 징 [경]速道捷ㅣ지름길、경又빠른길、경直道곧을、경又곧은길、경(徑)逕同俓通

⿰彳夋 쥔 [준]退也물러갈、준(眞)

⿰彳夾 싼 [섭]行貌搖曳건들거릴、섭(鹽)

⿰彳弟 티 [제]休息屖ㅣ쉴、제(齊)

⿰彳吾 吾同

⿰彳秀 쑤 [수]步中待約ㅣ徿걸어가며기다릴、수(宥)

徎 청 [정]狹也小路좁은길、정(迥)

⿰彳肖 샤 [소]徐行천천이갈、소(蕭)

⿰彳妥 퉈 [타]徲行더디걸을、타(哿)

⿰彳狂 꽝 [광]扇搖動風부채질할、광(養)

八

從 츙 [종]隨也좇을、종又따를、종就也나갈、종舒緩ㅣ容종용할、종 [총]鬆高ㅣㅣ상투높을、총(冬)同宗일가、총(宋)从同、縱見

⿰彳卑 俾同

徙 쓰 [사]移動옮길、사倚也의지할、사謫也귀양갈、사(紙)

御 유 [어]侍也모실、어統也거느릴、어極尊어거할、어進也나갈、어主也주장할、어禦也막을、어(御)馭同[아]迎也맞을、아(禡)迓同

徘 패 [배]不進ㅣ徊어정거릴、배(灰)俳通

⿰彳侍 찌 [치]待也기다릴、치具也갖출、치有望而往바라고갈、치(紙)

徜 챵 [상]戲蕩ㅣ徉빈들거릴、상裴回ㅣ徉상냥할、상(陽)

得 더 [득]獲也얻을、득契合상득할、득取也취할、득貪也탐할、득特也ㅣㅣ특별할、득(職)

⿰彳戔 쟨 [천]迹也자취、천地名長ㅣ땅이름、천(銑)

⿰彳函 한 [함]水入船배에물들어올、함(覃)

徛 치 [기]聚石水中以爲步渡징검다리、기(寘)

徠 래 [래]山名徂ㅣ산이름、내

(灰)慰勉勞ㅣ위로할、래(隊)來見

倦 찬 [권]徐行천천히걸을、권(阮)(願)

⿰彳立 치 [집]集人衆貌사람많이모일、급(緝)

徟 작 [주]亂行ㅣ徫헤맬、주(尤)

⿰彳奄 엠 [엄]隱也숨길、엄(豔)

徚 둥 [동]直行곧게갈、동(東)

徢 체 [첩]走也달아날、첩(葉)

⿰彳匋 됴 [도]待也기다릴、도(豪)

九

⿰彳皆 개 [개]惡行徘ㅣ어뜩비뜩할、개(佳)

循 쓘 [순]追也좇을、순依也의지할、순善也착할、순次序ㅣㅣ차례、순往來巡環순환할、순慰安撫ㅣ위안할、순(眞)

徧 뻔 [변]周也두루、변(霰)遍同

徦 꺼 [가]至也이를、가(馬)

徨 황 [황]徘徊彷ㅣ방황할、황(陽)偟同

復 뿌 [부]又也다시、부又또、부(宥)複通[복]反也돌아올、복答也대답할、복興ㅣ회복할、복三呼ㅣ招魂초혼할、복白也고할、복(屋)複覆見

徥 츠 [시]行貌ㅣㅣ슬슬걸을、시(支)

⿰彳㚇 쫑 [종]敎也가르칠、종(東)

⿰彳者 쮸 [저]歲月去矣세월갈、저(魚)

徸 쭁 [종]連後뒤따라갈、종(腫)

⿰彳奐 환 [완]徐行徽ㅣ천천히갈、완(旱)

徫 웨 [위]步行걸어갈、위(尾)

⿰彳胃 우 [울]卒然行별안간갈、울(物)

⿰彳兪 유 [유]闇行몰래갈、유又가만이갈、유(虞)

十

微 웨 [미]細小가늘、미又작을、미隱也은미할、미衰也쇠약할、미不明밝지못할、미(微)

徯 씨 [혜]待也기다릴、혜狹路좁은길、혜(齊)

徭 傜同

徬 팡 [방]附行붙어갈、방(漾)徘徊ㅣ徨방황할、방(陽)彷見傍通

⿰彳留 류 [류]行而相待徬ㅣ가며서로기다릴、유(宥)

⿰彳胥 쎄 [설]衣飄貌褷ㅣ옷자락너펄거릴、설(屑)

⿰彳蚤 산 [소]緩行천천히갈、소(豪)

十一

⿰彳孟 멍 [맹]人名劉ㅣ사람의이름、맹(梗)

⿰彳犀 티 [제]往來ㅣㅣ왕래할、제久立오래섰을、제(齊)

⿰彳悉 씨 [실]搖動요동할、실(質)

⿰彳參 찬 [참]動也움직일、참(感)

⿰彳䙴 센 [선]遠行멀리갈、선(先)

⿰彳責 쌔 [색]尋常범상할、색(陌)

⿰彳章 쟝 [장]失途浪行徟ㅣ길잃고헤맬、장(陽)

⿰彳崔 최 [최]急行급히갈、최(灰)

十二

徵 쩡 [징]驗也징험할、징求也구할、징明也밝을、징召也부를、징成也納ㅣ이룰、징又납폐할、징(蒸)[치]火音屬夏화음、치

(紙) **徹** 처 [질]貫通관철할、철達也통달할、철去也걷을、철治也다스릴、철列也벌릴、철剝奪빼앗을、철周稅ㅣ田주나라세금、철(屑)撤見

德 더 [덕]惠也큰、덕又은혜、덕正道善行有得덕행、덕四時旺氣왕기、덕(職)悳悳同

⿰彳款 콴 [관]徐行ㅣ徯천천히걸을、관(旱)

徶 삐 [별]衣飄貌ㅣ循옷자락펄렁거릴、별(屑)

⿰彳歰 싸 [삽]衆行여럿이갈、삽(合)

⿰彳覃 뎬 [점]走也달아날、점(豔)

⿰彳喬 쟌 [교]緩行더디갈、교(篠)

徸 충 [총]到也이를、총(冬)

⿰彳齊 데 [제]行止佇立가다가우뚝섯쓸을、제(卦)

(十三) **徼** 쟌 [요]求也구할、요抄也초잡을、요邀也맞을、요(蕭)循也순행할、요境界지경、요(嘯)僥見

⿰彳達 따 [달]行路相違길이서로어긋날、달(曷)

⿰彳歲 훼 [홰]屋宇明凉ㅣㅣ집이밝고서늘할、홰(泰)

⿰彳會 회 [외]屋宇高明ㅣㅣ집높고밝을、외(泰)

⿰彳詹 셴 [섬]行之速也가기빠를、섬(豔)

⿰彳亶 딴 [단]走行달아날、단(刪)

(十四) **徽** 훼 [휘]美善아름다울、휘三糾繩삼겹노、휘琴節거문고마디、휘(微)

⿰彳寧 닝 [녕]走也달아날、영(徑)

⿰彳翟 댜 [조]疾也빠를、조(篠)

(十五) **⿰彳賣** 쑤 [속]行不停걸음머물지않을、속(沃)

⿰彳贊 좐 [찬]失道貌ㅣ⿰彳元길잃을、찬(寒)

(十六) **⿰彳龍** 룽 [롱]直行ㅣ侗곧게갈、옹(董)

(十七) **⿰彳襄** 샹 [양]ㅣ徉逍遙노닐、양(陽)

⿰彳暴 빠 [포]新任官府도임할、포(效)

⿰彳韱 셴 [섬]走也달아날、섬(豔)

⿰彳毚 찬 [참]參差참치할、참(感)

⿰彳繇 이 [유]步行걸어갈、유(尤)

(十八) **⿰彳瞿** 쥐 [구]行貌가는모양、구(虞)

(二十) **⿰彳矍** 잔 [각]高也높을、각行也갈、각(藥)

(二十二) **⿰彳囊** 낭 [낭]行貌가는모양、낭(漾)

四畫

心部

心 씬 [심]ㅣ者形之君而神明之主마음、심臟名火也염통、심中也가운데、심又속、심宿名별이름、심(侵)

必 삐 [필]定辭반드시、필審也살필、필

忉志忌忍忘忖忠忡忤快

(賀) ❷ ⿱乂心。애 [애] 戒也懲ㅣ징계할、애 (泰) 艾通 忉. 또 [도] 心憂ㅣㅣ근심할、도 (豪) 忈 인 [인] 親慈친자할、인 (眞) 忍 이 [의] 怒也성낼、의 (未)

⿰忄匕 삐 [비] 劣也못생길、비 (紙) 忊 딩 [정] 怨恨원망할、정 (徑) ❸ 志. 쯔 [지] 心之所向뜻、지中也準ㅣ맞칠、지記也기록할、지(好惡喜怒哀樂曰六ㅣ)(寘) 誌通

忌. 끼 [기] 諱也휘할、기憎惡미워할、기嫉也투기할、기憚也꺼릴、기喪也ㅣ中초상날、기祭也ㅣ日제지낼、기怨也원망할、기 (寘) 忕 태 [태] 奢也사치할、태 (泰) 汰通 [세] 習也

익힐、세 (霽) 忍. 인 [인] 耐也참을、인強也강잉할、인安於不仁참아할、인猶不ㅣ참아못할、인 (軫) 忖 춘 [촌] 思也ㅣ度헤아릴、촌 (阮) 忙 망 [망] 心迫多事바쁠、망 (陽)

忔 치 [흘] 喜也기쁠、흘 (物) 忘. 왕 [망] 忽也깜빡할、망失也不記잊을、망 (陽)(漾) 忒 터 [특] 差也틀릴、특變也변할、특違也어긋날、특疑也의심할、특 (職)

忓。깐 [간] 擾亂요란할、간又시끄러울、간 (寒) [한] 善也착할、한 (翰) [견] 侵也침노할、견 (先) 忎 仁古字 忐. 탄 [담] 心虛ㅣ忑마음허할、담 (感) 忑 투 [특] 心虛忐ㅣ마음허할、특 (職)

⿰忄工 꿍 [공] 心急마음급할、공 (東) 忚。씨 [계] 心不欲ㅣㅣ싫여할、계 (霽) [혜] 欺慢慴ㅣ속일、혜 (霽) ⿰忄勺. 쪼 [조] 憂也근심할、조 (篠) [작] 驚也놀랄、작 (藥)

忋 께 [개] 信仰믿을、개 (賄) 忏 첸 [천] 怒也성낼、천 (銑) ⿰忄弋 이 [익] 心動마음동할、익 (職) ⿰忄女 뉘 [예] 度也헤아릴、예 (御) ⿰忄夕 시 [석] 痛也앓을、석 (藥)

⿱工心 恐古字 ⿱奴心 怒古字 ❹ 忠。쭝 [충] 盡心竭力충성、충竭誠정성껏할、충ㅣ則無私사없을、충 (東) 忡。충 [충] 憂也ㅣㅣ근심할、충 (東) ⿱公心

총 [총] 急遽ㅣㅣ총총할、총 (東) 忽悤同 忮。찌 [기] 很也사나울、기強害懻ㅣ모질、기又용심낼、기 (寘) 忤. 우 [오] 逆也거스릴、오不喜기뻐하지않을、오 (遇) 啎同 ⿱企心

쪠 [개] 無愁근심없을、개 (卦) 恝同 快. 쾌 [쾌] 稱心쾌할、쾌爽也시원할、쾌可也옳을、쾌 (卦) 忞 민 [민] 自強강잉할、민又마음다잡을、민 (眞) [문] 亂也ㅣㅣ어수선할、문 (吻)

忟 忞同 **忿**° 분 [분] 怒也분할、분 限也한할、분(吻)(問) **忻** 셴 [흔] 喜也기쁠、흔(文) 欣同 **忳** 둔 [돈] 悶也민망할、돈(元) **忣** 지 [급] 急也급할、급(緝)

恔 쏘 [효] 快也쾌할、효(效) 恔同 **忭**° 뻔 [변] 喜也기쁠、변(霰) **忸**° 부 [뉵] 慚也부끄러울、육(屋) 恧同 [뉵] 義同(有) **忼** 강 [강] 感想ㅣ慨강개할 강(養) 慷同

忺 셴 [험] 心所欲하고저할、험(鹽) **忱** 천 [침] 誠也정성、침(侵) 諶見 **忝** 톈 [첨] 辱也욕될、첨(琰)(豔) **念**° 넨 [념] 常思생각할、염(豔) **忽**° 후 [홀] 卒也倏ㅣ문득、홀又홀연、홀忘也잊을、홀輕也가벼울、홀蠶吐絲누에실토할、홀(月) 曶同

怟 恀同 **忝**° 톈 [첨] 慚也부끄러울、첨(琰) **忦**° 깨 [계] 憂懼근심하고두려워할、계(卦)

怑 빤 [판] 急性급한성품、판又조급할、판(潸) [만] 悔也뉘우칠、만(阮) **忲** 태 [태] 驕態방자할、태(泰) **㤖** 이 [역] 用心마음쓸、역(陌) **忨**° 완 [완] 貪也탐할、완(寒)(翰) 翫見

忕° 쎄 [셰] 習也익힐、설(屑) **㤃**° 빵 [방] 忌憚꺼릴、방又기할、방(陽) **忪** 중 [종] 惶遽황겁할、종心動不定마음들뜰、종驚也놀랄、종(冬) **忥** 시 [희] 靜也고요할、희息也쉴、희(未)

㤄 빼 [패] 怒也성낼、패(泰) **怔** 왕 [왕] 邪也간사할、왕(陽) **㤈** 뉘 [눌] 憂悶근심하고민망해할、눌(月) **怮** 우 [오] 恐也두려워할、오(皓) **忴**° 진 [검] 心急마음급할、검(鹽) **忶** 원 [혼] 心鬱마음답답할、혼(元) **忋** 지 [기] 思也생각할、기(紙)

(五)

怱° 총 [총] 急遽ㅣㅣ총총할、총又바쁠、총(東) 悤忩同 **怡**° 이 [이] 和也화할、이悅也기쁠、이樂也즐길、이(支) **思**° 쓰 [사] 念也생각할、사願也원할、사助辭어조사、사(支) 意ㅣ情緒의사、사(寘) 恖同 **怩** 늬 [니] 心慚忸ㅣ부끄러워할、이又겨면적어할、이(支) [닐] 義同(質) 㥾見

怚 쩨 [저] 驕也교만할、저妒也투기할、저(御) **怙** 후 [호] 恃也믿을、호依也의지할、호(麌) **怒**° 누 [노] 氣激憤發성낼、노又결낼、노又짜징낼、노奮也뽐낼、노(麌)(遇) **怖** 뿌 [포] 惶懼두려워할、포(遇) **怠**° 태 [태] 惰也게으를、태又느릴、태東海鳥名意ㅣ새이름、태(賄) **怪** 꽤 [괴] 奇也기이할、

괴異也괴이할、괴疑也의심할、괴妖物요물、괴又괴민스럴、괴驚蒭齓깜짝놀랄、괴(卦)怪同

怨. 웨 [원]恨也원망할、원(願)讎也원수、원(元)

怛 딴 [단]傷也슬퍼할、단(翰)

怜. 령 [령]慧也ㅣ悧영리할、영(青) [련]憐見(先)

怊 찰 [초]失意ㅣ悵실심할、초又섭섭할、초(蕭)

怮 우 [요]憂貌ㅣㅣ근심할、요又눈쌀찌프릴、요(蕭) [요]義同 含怒不言부루퉁할、유(有)

怓 노 [노]心亂심란할、노(肴)

怕 파 [파]懼也두려워할、파(禡)

怳. 황 [황]狂貌ㅣ惝ㅣ창황할、황難狀沖漠황홀할、황(養)

怏. 양 [앙]不滿ㅣㅣ마음에차지않을、앙(養)(漾)鞅通

怔. 정 [정]懼貌ㅣ營두려워할、정不安ㅣ忪가슴두근거릴、정(庚)

性. 씽 [성]天理賦命성품、성(敬)

怦 평 [평]心急ㅣㅣ마음급할、평(庚)

怲. 뼝 [병]憂也ㅣㅣ근심할、병(梗)(敬)

怐 후 [구]愚貌ㅣ愗치떨어질、구 [후]義同(宥)佝通

怎. 쩐 [즘]何也무엇、즘又어찌즘助辭어조사、즘(寢)

怵 츄 [출]恐也두려워할、출(質)

怭 삐 [필]媟慢ㅣㅣ업신여길、필(質)佖見

怞 쭈 [줄]憂心근심할、줄[줄]義同(質)

怫. 뿌 [불]鬱也답답할불(物)沸同

怛 따 [달]驚也깜짝놀랄、달悼也슬퍼할、달(曷)怛同

怍 쩌 [작]慚也부끄러울、작(藥)怎同

急. 지 [급]疾也급할、급褊也좁을、급窘也군색할、급催促재촉할、급(緝)

㤎 싸 [합]樂也즐거울、합喜也기쁠、합(洽)

怗. 데 [접]靜也고요할、접安也편안할、접(葉)帖通

怯. 쳐 [겁]多畏겁낼、겁又무서워할、겁恐脅얼를、겁(葉)

怉 빠 [포]懷也회품을、포心亂심란할、포(皓)

恒 꺼 [긍]心如日日마음한결같을、긍竟也마침내、긍(徑)

㤓 뿐 [분]性不慧성품총혜치못할、분愚也어리석을、분(吻)

怢. 투 [돌]忘也잊을、돌(月)

㤜 쥬 [졸]初生茁密다부룩이첫싹날、졸(質)

怾 [기]山名ㅣ怛산이름、기

㤌 깐 [감]心伏마음먹을、감(覃)

㤏. 둥 [동]憂也근심할、동懼也怔ㅣ두려워할、동(冬)

怑. 빤 [반]反逆ㅣ換거스릴、반(翰)

怬 식 [수]念慮염려할、수(尤)

怋 민 [민]悶也민망할、민亂也어지러울、민(眞)

怌. 피 [비]恐也두

려워할、비(支) **怽** 머 [말]忘也잊을、말失也잃을、말(曷) **伸** 신 [신]憂也근심할、신(眞) **怰** 쎈 [현]賣也팔현(霰) **忬** 쥬 [지]智也지혜、저(語) **怚** 쥐 [거]蔑視업신여길、거(語)

六

忼 츙 [층]心動마음동할、忪惶急마음두근거릴、충(東) **恫** 통 [통]痛也아플、통悲也슬플、통呻吟끙끙앓을、통(東)痌同[동]不得意憁ㅣ뜻같지않을、동又열날、동(送) **恭** 공 [공]敬也從和공순할、공奉也받들、공肅也엄숙할、공(冬)共通 **恐** 쿵 [공]懼也두려울、공(腫)慮也염려할、공臆度속대중할、공疑也의심할、공(宋) **[illegible]** 恭本字 **恞** 이 [이]悅也기뻐할、이(支) **恃** 씌 [시]賴也믿을、시依也의지할 시(紙) **恣** 즈 [자]縱也放ㅣ방자할、자(寘) **恥** 츠 [치]慚也부끄러울、치辱也욕될、치(紙) **恚** 훼 [에]恨怒성낼、에又분낼、에(寘) **恕** 쓔 [서]仁也어질、서忖也헤아릴、서以己體人용서할、서(御) **[illegible]** 우 [오]貪也탐낼、오(遇)汙通 **恢** 훼 [회]大也클、회拓也넓힐、회(灰) **恠** 怪俗字 **恝** 예 [개]無愁貌걱정없을、개又근심없을、개(卦)忦同[갈]義同(黠) **恂** 쓘 [순]信也믿을、순信實진실할、순恭貌ㅣㅣ오공스러울 순(眞)[준]嚴也ㅣ慄무서울、준(震) **恡** 륀 [린]鄙也더러울、린又비루할、인吝也인색할、인又아낄、인(震)悋同 **恩** 언 [은]惠也은혜、은又덕분、은又신세、은愛也사랑할、은(元) **恨** 한 [한]怨之極한할、한悔也뉘우칠、한(願) **[illegible]** 恨同 **恔** 쏘 [효]快也쾌할、효又시원할、효(效)佼同 **恌** 툐 [조]偸薄경박할、조(蕭)佻同 **恅** 랖 [로]心亂悼ㅣ심란할、노(皓) **恗** 과 [과]心自大矜잘난체할、과又자랑할、과(麻)誇同 **恍** 황 [황]昏也慌ㅣ흐리멍덩할、황不明ㅣ惚황홀할、황(養)慌同 **恇** 광 [광]怯也겁낼、광恐也두려워할、광(陽) **恙** 양 [양]病也병、양憂也근심할、양(漾) **恒** 형 [항]常也항상、항又늘、항又일상、항北嶽ㅣ山산이름、항(蒸)[긍]月弦달은저리、긍又달시위、긍徧也두루、긍(徑) **恈** 뫃 [모]俗音[모]貪愛ㅣㅣ탐내고아낄、모(尤) **恁** 인 [님]如此이러할、임(沁)[임]信也믿을、임念也생각할、임(寑)

恬 텐 [념] 安也편안할、염靜也고요할、염(鹽) 恧 뉵 [뉵] 慚愧부끄러울、육又게면할、육(屋) 忸同 恤 슈 [휼] 憂也근심할、휼救賑구제할、휼相愛서로애휼할、휼(質) 卹通

息 씨 [식] 呼吸숨쉴、식止也쉴、식又그칠、식太息크게한숨쉴、식生也날、식養也기를、식子也자식、식利ㅣ변리、식又이자、식(職) 恪 거 [각] 敬也공경할、각誠也정성、각謹也삼갈、각(藥)

恰 챠 [흡] 適當辭마침、흡又흡족할、흡鳥聲ㅣㅣ새소리、흡宛然흡사할、흡(合) 怴 위 [율] 狂也기칠、율(質) 恛 훼 [회] 心志不堅마음허둥거릴、회(灰)

恲 평 [팽] 腹痛배아플、팽(庚) ⿱沙心 莎同 恀 쯔 [지] 恃也卜怙믿을、지(紙) 怟同 恮 촨 [전] 謹也삼갈、전(先) 惀 룬 [륜] 無廉睡ㅣ염치없을、논(阮)

恓 씨 [서] 煩惱貌ㅣ惶애쓸、서又번뇌할、서(齊) 恜 치 [칙] 惕也ㅣㅣ근심할、칙怯也겁낼、칙(職) 恎 찌 [질] 惡性피악한성품、질(質) 恑

꿰 [궤] 變也변할、궤悔也뉘우칠、궤(紙) ⿰忄共 공 [공] 戰慄떨、공(腫) 恖 思同 恏 핳 [호] 貪也탐낼、호(皓) 恄 찌 [길] 畏也두려워할、길(質) ⿰忄宅 쨔 [탁] 量也요량할、탁(藥)

⿱污心 污同 ⿰忄亥 해 [해] 苦貌괴로워할、해(泰) ⿰忄米 믜 [미] 疑惑의혹할、미(支) ⿰忄吏 리 [리] 憂也근심할、이(寘) 恒 恆俗字 悅 悦俗字

七

悚 쑹 [송] 恐懼두려워할、송又송구할、송(腫) 悤 총 [총] 急遽ㅣㅣ바쁠、총又총총할、총(東) 怱同 悀 용 [용] 忿怒성낼、용又분낼、용心喜반가워할、용(腫)

悝 리 [리] 憂也근심할、이(紙) [회] 義同、大也클、회啁也지꺼릴、회(灰) 悟 우 [오] 覺也깨달을、오啓發人깨우쳐줄、오(遇) 寤通 悌 듸 [뎨] 樂易愷ㅣ개제할、제(齊) 善事兄공경할、제(霽) 弟通

悞 우 [오] 謬也그릇할、오疑惑의혹할、오欺也속일、오(遇) 誤同 悔 훼 [회] 改也뉘우칠、회又고칠、회(隊) 恨也한할、회懊也ㅣ吝인색할、회(賄)

悈 지 [계] 飭也신칙할、계又경계할、계(卦) [극] 急也급할、극(職) 悖 뻬 [패] 亂也어지러울、패逆也거스를、패又어그러질、패(月) [발] 義同(隊) 誖同 悧

리[리]慧也怜ㅣ영리할、이(寘) **怶** 피[비]錯謬어긋날、비(支) **悋**· 린[린]鄙也더러울、인又비루할、인慳也아낄、인(震)恡同 **㤺** 룽[롱]戇愚고지식할、농(送)

悃° 쿤[곤]至誠지성스러울、곤又정성、곤(阮) **患**·° 환[환]憂也근심、환疾病병들、환禍也재화、환難也환난、환(諫) **悛** 촨[전]俗音[준]悔也改ㅣ고칠、준止也그칠、준責心마음꾸짖을、준(先)

悍° 한[한]性急強很독살스럽고사나울、한(旱)桀也勇猛모질고날랠、한(翰) **悁**° 좐[견]躁急조급할、견(霰)[연]憤怒분해성낼、연(先) **悄**· 챺[초]憂心ㅣㅣ근심할、초(篠)

悢 량[량]悲也슬플、양惆悵ㅣㅣ섭섭할、양(漾) **恾** 망[망]憂貌ㅣ然걱정할、망又어쩌할줄모를、망(陽)忙通 **悠**° 우[유]遠也ㅣㅣ멀、유思也생각할、유閑暇한가할、유眇邈無限아득할、유(尤)攸通

悉° 씨[실]知也알、실皆也다、실詣究궁구할、실(質) **悅**· 이[열]喜也기쁠할、열樂也즐겨할、열服也복종할、열姓성、열(屑)說通

怎° 쭤[작]慚也부끄러울、작(藥)怍同 **悒**·° 이[읍]憂也鬱ㅣ근심해답답할、읍(緝) **悐** 티[척]憂懼ㅣㅣ근심하고무서워할、척(錫)惕同

恇° 광[광]詐也속일、광惑也혹할、광誤也그릇할、광(漾) **悏** 쳐 협[협]適意뜻맞을、협(葉)愜同 **悆**· 위[서]禍福未定ㅣ의심낼、서(魚)[도]懷憂貌속끓일、도(虞)[여]喜也기쁠、여(御)

悗· 뭔[문]廢忘잊어버릴、문(阮)[만]疑惑의혹할、만(寒) **悊**° 哲古字 **悕**· 씨[희]念也생각할、희願也원할、희悲也슬플、희(微) **怗** 데[습]黠貌약은체할、습(緝)[첩]志輕ㅣ懷경망스러울、첩(錫)

悙 헝[형]矜建彪ㅣ큰센체할、형(庚)[행]疎率倀ㅣ추솔할、행(敬) **悘** 이[예]靜也고요할、예(霽)[의]詳也자세할、의(寘)

㤸 씨[혁]心自不安마음편치않을、혁(錫) **悎**° 징[고]驚也놀랄、고(效)[곡]懼也두려워할、곡(沃) **㥶**·° 징[경]怨也원망할、경(梗) **㤦** 뤼[려]蔑視업신여길、여(語)

㤉 싱[형]憶也기억할、형(靑) **㤓** 뿌[부]暫怒잠깐성낼、부(尤) **㤆**° 진[금]心堅마음단단할、금(寢) **㤷**· 한[함]恣也방자할、함(覃) **悜**° 청[정]心不盡了마음

四畫 心忄

껏하지못할、경(梗)

八

悾 쿵 [공]誠也ㅣㅣ정성스러울、공無知貌ㅣㅣ어리둥절할、공(東)失意ㅣ惚실심할、공又경황없을、공(董)[강]信也믿을、강(江)

悰。충 [종]樂也즐거울、종(冬)慒見

惟。위 [유]思也생각할、유謀也꾀、유但也오직、유又한갓、유語助辭어조사、유(支)唯見

悲 왜 [비]痛也有聲無淚슬플、비(支)

悴 취 [췌]憂瘁顦ㅣ초취할、취又마를、취(寘)顇同

悸 이지 [계]怔也心動마음두근거릴、계帶垂貌띠치렁거릴、계(寘)

惎。지 [기]毒也독할、기敎也가르칠、기謀也꾀할、기(寘)

悱 왜 [비]憤也분낼、비有意未言뜻은있으나말못할、비(尾)

惡。어 [악]不善악할、악又모질、악醜陋더러울、악(藥)[오]憎也미워할、오恥也부끄러울、오(遇)何也어찌、오感歎辭허、오(虞)

惠。훼 [혜]仁也어질、혜恩也은혜、혜又덕택、혜賜也줄、혜三隅矛세모창、혜(霽)

悽 치 [처]悲也ㅣ慘슬플、처(齊)

悷 리 [려]悲貌懍ㅣ슬퍼할、여(霽)[리]義同

惛 훈 [혼]不明貌흐리멍덩할、혼又혼미할、혼(元)殙同

惇。돈 [돈]厚也두터울、돈勉也힘쓸、돈(元)

悶。먼 [민]心鬱속답답할、민懣也민망할、민(願)懣通

悹。판 [관]憂也근심할、관(旱)

悺 悹同

惋 완 [완]驚歎놀라탄식할、완恨也한할、완(翰)

惓。촨 [권]謹也ㅣㅣ삼갈、권(先)

惵 텬 [전]慚也부끄러울、전(銑)靦通

悼。됴 [도]悲也슬퍼할、도(號)

惘 왕 [망]失意憹ㅣ실심할、망又경황없을、망(養)罔通

惝 챵 [창]驚貌ㅣ怳깜짝놀랄、창(養)憹同

悵。창 [창]失意望恨실심할、창又섭섭할、창悲也슬플、창(漾)

情。칭 [정]意也뜻、정又정、정(喜怒哀樂、愛惡欲謂七ㅣ)實也실상、정(庚)

悻 씽 [행]狠怒ㅣㅣ발끈성낼、행(迥)婞同

惆 착 [추]悲愁ㅣ悵섭섭할、추失意실심할、추(尤)

惏。란 [람]貪也탐할、남(覃)婪同

惔 탄 [담]憂也근심할、담心燔속탈、담(覃)(感)(勘)炎通

𢟪 따 [달]驚也놀랄、달悼也슬플、달(曷)怛同

惉。찬 [첨]音聲不和ㅣ懘속소리와자할、첨又불화할、첨(鹽)怗同

惚 후 [홀]微妙不測怳ㅣ황홀할、홀惘憹망단할、홀(月)芴通

惙 왜 [철]憂也ㅣㅣ근심할、

철疲也고달플、철(屑) [체]性急성품급할、체(齊)

惜 씨 [석]悋也아낄、석又아까울、석憐也가엾을、석又불상히여길、석愛也사랑할、석(陌)

愵 니 [녁]思也飢意마음주릴、역(錫) 惄通

惕 티 [척]敬也공경할、척憂懼怵ㅣ근심하고두려워할、척(錫) 愁同

惑 훠 [혹]迷也미혹할、혹疑也의심낼、혹眩亂현란할、혹(職) 或通

窓 웬 [원]小孔僅ㅣ작은구멍빤할、원(元) [울]心氣鬱積마음울적할、울(物)

惓 옌 [염]意氣多貌ㅣ憸의기많은체할、염(鹽) [엄]甘心貌마음에달게여길、엄(豔)

慈 쎈 [현]布名베이름、견(先) [현]嚴也엄할、현(銑)

㥄 령 [릉]哀也슬퍼할、릉驚也놀랄、능(蒸)

惪 德古字

悳 惪同

悳 悳同

㤼 [韓]怯俗字

㥊 펑 [붕]好嗔貌짜증낼、붕(庚)

憛 탄 [탐]失心ㅣㅣ실심할、탐(勘)

⿰忄匊 쮜 [국]謹也삼갈、국(屋)

⿰忄隶 티 [태]恣也방자할、태(隊)

惀 룬 [론]思也생각할、논(阮)

⿰忄采 처 [채]邪也姦惡간악할、채(賄)

惢 사 [솨]疑也의심낼、솨(哿) [지]善也착할、지(支)

⿰忄直 시 [식]專也오로지、식(職)

⿰忄厓 애 [애]恨也한할、애(卦)

⿰忄忝 텐 [첨]心弱마음약할、첨(琰)

⿰忄咅 얍 [부]小怒貌약간성낸듯할、부(有)

⿰忄東 둥 [동]愚也어리석을、동(東)

惐 이 [역]心痛마음아플、역又가슴아플、역(屋)

惷 항 [항]心志唐突마음당돌할、항(絳)

⿰忄奇 지 [기]儉薄검박할、기(支)

⿰忄欣 欣同

⿰忄亞 아 [아]心鬱속답답할、아(禡)

九

意 이 [의]志也뜻、의又뜻할、의(寘)

惴 쮜 [췌]憂懼ㅣㅣ근심하고두려워할、췌(寘)

愉 위 [유]悅也기쁠、유和悅ㅣ快유쾌할、유(虞) 婾通

愚 위 [우]癡也어리석을、우戇也고지식할、우闇昧어둘、우蠢也우준할、우(虞)

⿰忄臾 위 [유]憂也근심할、유(虞)懼也두려울、유(麌)

愈 위 [유]勝也나을、유賢也어질、유益甚우심할、유病差병나을、유(麌) 瘉見

愒 허 [할]恐之두렵게할、할又얼를、할(曷) 喝通 [개]貪也탐할、개急也급할、개(泰) [게]息也쉴、게(霽) 憩同

愛 애 [애]仁之發사랑、애親也친할、애恩也은혜、애寵愛총애할、애慕也사모할、애惜也아낄、애(隊)

愔 인 [음]和平貌ㅣㅣ화평할、음深

靜貌고요할、음(侵) **慜**。민 [민]悲痛슬플、민憐恤불상히여길、민傷也서러울、민(軫)愍同 **惲**。원 [운]重厚혼후할、운謀也꾀할、운(吻) **愞** 난 [난]心弱마음약할、난

(旱)(翰)[연]義同(銑)[나]義同、怯也겁낼、나(箇) **愀** 챠 [초]容色變ㅣ然해쓱할、초又얼굴빛변할、초(篠) **愆**。젼 [건]過也허물、건(先)諐同 **愗** 맏 [모]愚痴貌佝ㅣ어리석은모양、

무又어릿어릿할、무(宥) **惱**。노 [노]俗音[뇌]撓心煩ㅣ번뇌할、뇌又고갈플、뇌(皓)嫋懊同 **惰**。뗘 [타]懶也게으를、타(哿)(箇) **惹** 셔 [야]引也이끌、야詭也속일、야(馬)

惶 황 [황]懼也두려울、황惑也혹할、황遽也급할、황(陽) **愓** 탕 [탕]放蕩방탕할、탕(養)[상]直疾貌빠를、상(陽) **想**。썅 [상]思也생각할、상(養) **惸** 칭 [경]憂

心ㅣㅣ근심할、경孤獨고독할、경又홀몸、경(庚) **惺** 씽 [성]悟也ㅣㅣ깨달을、성又깰、성(梗)慧也ㅣ憁똑똑할、성(靑) **愁**。척 [수]憂也근심、수慮也염려할、수歎也탄식

할、수(尤) **惷** 츈 [준]心亂動搖貌ㅣㅣ산란할、준又어수선할、준(軫)蠢同 **感**。깐 [감]動也감동할、감格也감격할、감應也감응할、감又느낄、감覺也깨달을、감(感) **愯**

뒤 [탁]忖也헤아릴、탁(藥)度同 **愕**。어 [악]驚也놀랄、악阻礙不順악지쓸、악(藥) **愊**。삐 [픽]至誠悃ㅣ지성스러울、픽(職)[핍]鬱結답답할、핍(緝) **㥛**。지 [극]急性급한성

품、극又조급할、극(職) **愎**。피 [퍅]狼戾패려궂을、퍅自強剛ㅣ퍅할、퍅又강할、퍅又고집셀、퍅(職) **愜** 쳐 [협]適意滿志뜻에맞을、협快也쾌할、협(葉)悏同慊通 **㥦**。

愜同 **惻**。쳐 [측]痛愴ㅣ隱불상할、측又아플、측又칙은히여길、측悲痛슬플、측又비통할、측(職) **惵** 데 [접]危懼ㅣㅣ두려울、접[첩]懼貌두려운체할、첩又눈휘둥그럴、첩(葉)

慔 우 [무]俗音[모]愛也사랑할、모(號) **㥰** 쑤 [수]臭薰鼻衝逆人困ㅣ냄새가코에맡여어뚝할、수(宥) **愃**。쒄 [선]快也쾌할、선(元)[훤]寬雅너그럽고아담할、훤(阮)

愅 껴 [격]飾也꾸밀、격(陌)諽同 **㥠**。쒸 [서]智也지혜、서(魚) **愖**。쎤 [심]信也믿을、심遲疑斟ㅣ마음질정못할、심(侵) **惿** 틔 [제]心劫ㅣ懘심겁할、제心弱마음약

할、재(齊) **愇**。웨[위]恨也한할、위(尾) **㥞**。쎄[혜]心不平마음편치않을、휴(齊) **惼**· 뼌[편]性急狹愜ㅣ성미급하고조비할、편(銑) **㥠** 허[획]心驚動마음울렁거릴、

회(陌) **惛**·훈[혼]不憭ㅣ暗혼암할、혼(元)惛同 **愝** 연[언]心狹마음좁을、언(阮) **㥣** 치[체]小怒止也약간성내고말、체(霽) **𢡅** 쑤[수]心藏마음감출、수(寘)

㥔。어[우]喜也기쁠、우悅也반가울、우(虞) **惹**· 쉬[락]心許허락、낙(藥)諾同 **㥹** 셩[성]覺悟깰、성(梗) **㥩** 찌[집]心不斷行마음끊치못할、집(緝)

愄 외[외]心善마음착할、외(灰) **㥮** 쑤[조]俗音[주]快也活ㅣ쾌쾌할、수又활수할、수(號) **㥯** 끼[규]心之燥急조급할、규(支) **愌**。환[환]逆也거슬를、환(翰)

愘 꺄[개]陰謀ㅣ詐몰래할、가又비밀이할、가(禡) **愢** 씌[새]心不可合마음에맞지않을、새(灰)[시]謙也겸손할、시(紙) **㥿** 얀[요]相怨서로원망할、요(效) ⊕ **慂**·

용[용]勸也慫ㅣ조를、용又권할、용(腫)㥜通 **慈**。츠[자]愛也사랑할、자善也착할、자仁也어질、자(支) **愧**。큐[괴]慚也부끄러울、괴(寘)媿謉同 **愾**

씌[희]太息한숨쉴、희(未)[개]義同、怒也敵ㅣ성낼、개(隊)慨見 **愫** 쏘[소]誠也정성、소眞情참뜻、소(遇) **愬**。쏘[색]驚懼ㅣㅣ놀라두려워할、색又독이나쌕쌕할、색(陌)[소]告

也하소할、소(遇)訴見 **愷** 캐[개]軍勝樂승전악、개樂易ㅣ弟개제할、개康也편안할、개樂也즐길、개(賄)凱同 **㥏** 틔[체]心安寧ㅣ마음편안할、체(霽) **愼**。씬[신]謹也삼

갈、신誠也정성스러울、신禁戒신칙할、신又못하게할、신靜也고요할、신(震) **愳** 懼古字 **愪** 원[운]憂也근심할、운(軫) **慇**。인[은]委曲ㅣ懃은근할、은(文)

慍·원[온]憤怒성낼、온恨也한할、온(吻)病也병、온含怒貌노염품을、온(問) **慁**。혼[혼]患也걱정시킬、혼辱也욕될、혼悶也민망할、혼亂也어지러울、혼(願) **㥵** 慁同

愮 약[요]憂無所訴하소할곳없을、요又속끓일、요悸也속두근거릴、요(蕭) **慆**。탄[도]悅也기뻐할、도久也ㅣㅣ오랠、도(豪) **慌**·황[황]昏也慌ㅣ흐리멍덩할、황

不分明ㅣ惚황홀할、황(養)恍同

愴 창 [창]痛也悽ㅣ서러워할、창 悲也感ㅣ슬퍼할、창(漾)

慊 쳼 [겸]切齒恨앙심먹을、겸意不滿쪈덥지않을、겸厭也싫을、겸愜也마음에맞을、겸(或音혐)(琰)嗛謙通[협]足也족할、협(葉)愜見

愿 웬 [원]謹也삼갈、원(願)善也착할、원(願)

慉 츄 [휵]養也기를、휵起也일어날、휵(屋)畜見

慄 리 [률]恐縮겁나쪼프릴、율戰ㅣ떨、율竦縮송구할、율又소스라칠、율悽愴처량할、율(質)

愲 꾸 [골]心亂심란할、골又마음술란할、골(月)

愵 늬 [닉]憂也걱정할、익(錫)惄見

慴 쎼 [협]俗音[협]威力相恐위협할、협又얼를、협(葉)

愱 지 [질]妒也미워할、질(質)嫉同

愺 찬 [초]心亂ㅣ慅심란할、초(皓)

愨 커 [각]謹也삼갈、각(覺)慤同

愰 황 [황]心明마음청백할、황心不定ㅣ懩마음바로잡지못할、황(養)

愻 쑨 [손]謹恭공손할、손(願)遜同

⿰忄原 웬 [원]測量측량할、원又헤아릴、원(元)

態 태 [태]作恣驕ㅣ태도、태又모양、태意也情ㅣ정줄、태(隊)

⿰忄㬐 타 [탑]意下뜻물러날、탑(合)

⿰忄𤰇 쀄 [비]疲極고달플、비(卦)憊同

愩 꿍 [공]自矜잘난체할、공(送)

慃 앙 [앙]很戾ㅣ⿰忄冓어그러질、앙(養)

⿱耿心 징 [경]憂也근심할、경(梗)

慀 쎄 [해]心不平慣ㅣ마음불평할、해(佳)

⿰忄冓 장 [강]很戾慃ㅣ어그러질、강(講)

慅 쏘 [소]動也소동할、소(豪)勞也ㅣㅣ수고로울、소(蕭)[조]義同(皓)

愭 지 [기]恭順공순할、기畏也두려워할、기(支)

⿰忄泰 태 [태]驕慢마음반지빠를、태(泰)忲見

⿱匧心 쎄 [협]適合마음에맞을、협(葉)

⿰忄虒 이 [이]不憂근심않을、이(支)

⿰忄叟 쑤 [소]愁也근심、소又수심、소(豪)

⿰忄毘 예 [비]惡心악한마음、비(支)

⿰忄胥 시 [설]弱心약한마음、설(屑)

(十一)

慒 충 [종]慮也생각할、종謀也꾀할、종(冬)悰同[조]亂也어수선할、조(豪)

憁 중 [총]失意悾ㅣ실심할、총(董)不得志ㅣ恫뜻같지않을、총(送)

慟 퉁 [통]悲也哀過애통할、통(送)

慵 숭 [용]懶惰게으를、용(冬)

惷 충 [용]生而癡騃천치、용又미련할、용(冬)[충]愚也어리석을、충(宋)[창]義同(江)[장]戇憨同(絳)

慫 중 [종]驚也놀랄、

종勸也ㅣ慂조를、종(腫) **慰**。웨 [웨]安之以慰其情위로할、위又아른체할、위(未)尉通 **慮**。뤼 [려]謀思생각할、려憂也염려할、려疑也의심할、려軍前旗ㅣ無군사앞의기、려似葛諸ㅣ칡같은풀、여地名林ㅣ땅이름、여(魚) **慺** 루 [루]勤懇ㅣㅣ정성스러울、누(虞)恭勤ㅣㅣ공근할、누悅也기뻐할、누(尤) **慕**。무 [모]愛戀不忘사모할、모愛習模範모뜰、모思也생각할、모(遇) **慔** 무 [모]勉也ㅣㅣ힘쓸、모(遇) **慧**。훼 [혜]了也姸黠똑똑할、혜儇敏민첩할、혜又영리할、혜才智지혜、혜又총명할、혜又밝을、혜又슬금할、혜(霽) **憊**。빼 [비]疲極고단할、비又곤할、비(卦)備同 **慨**。개 [개]憂悼在心失意慷ㅣ강개할、개高亢憤激분격할、개悲也슬플、개(隊)愾通 **慜** 민 [민]聰也敏捷총명할、민悲也슬플、민(軫)愍同 **慬**。천 [근]憂哀근심하고슬퍼할、근勇也날랠、근(文)慇也정성스러울、근(吻)僅也겨우、근(問) **慱** 퇀 [단]憂勞ㅣㅣ근심할、단(寒) **慳** 얜 [간]吝也아낄、간又인색할、간(刪) **慢** 만 [만]怠也게으를、만倨也거만할、만緩也느릴、만放肆방자할、만(諫)謾通 **慣**。관 [관]習通익숙할、관(諫)串通 **慓**。퍈 [표]急也급할、표(蕭) **憀** 랴 [료]賴也힘입을、요又믿을、요(蕭)[류]悲恨슬프고한될、유(虞) **慘**。찬 [참]痛慼슬플、참慍也성낼、참酷毒혹독할、참(感)[조]憂也근심할、조(皓)懆同 **慥**。잔 [조]篤實言行독실할、조相應ㅣㅣ서로응할、조(號) **慷** 캉 [강]激昂ㅣ慨강개할、강(陽)(養)忼同 **慠** 傲同 **慶**。칭 [경]福也경사、경又복、경賀也하례할、경善也착할、경發語辭발어사、경(敬)[강]福也복、강乃也이에、강(陽) **憂**。우 [우]愁思근심、우又걱정、우居喪상제될、우疾也병、우幽也그윽할、우(尤) **慙**。찬 [참]愧也부끄러울、참(覃) **慚** 慙同 **慾**。위 [욕]心之所好욕심낼、욕又거염、욕(沃)欲見 **慝**。닉 [닐]愧也부끄러울、일(質)怩通[닉]內愧속으로부끄러할、익(職) **慼** 치 [척]哀ㅣ슬플、척憂也근심할、척又애쓸、척(錫)慽慼通 **慽**。慼同 **慝**。터 [특]隱惡奸ㅣ간특할、특邪也간사할、특惡也미워할、특穢也더러울、특(職) **㤅** 愛古字 **慹**

[집]怖也두려워할、집(緝)[접]쪠不動貌끔짝않을、접(葉)

慹。어[열]情態貌정태、열又모양、열(屑)

慴· 쪠[접]懼也두려울、접怯也겁낼、접(葉)讋懾同(或音섭)

憏 뎨[제]心之不安ㅣ忦마음에불안할、제(霽)

慸· 懘同

㥽 쳐[책]耿介깨끗할、책堅也節操절개굳을、책(陌)

慡 쌍[상]性明성품밝을、상(養)

𢡆。리[리]憂也근심할、이(紙)

憈· 쌰[하]無志ㅣ忦뜻없을、하(麻)[호]誇也자랑할、호(虞)

㦃 찬[산]洪恩大德큰은덕、산(潸)

㥻。좐[권]顧念돌봐줄、권(霰)

㦀。뿡[봉]愛사랑할、봉悅也기쁠、봉(東) 慈

慯 샹[상]痛也앓을、상又슬퍼할、상憂也근심할、상(漾)

慛 최[최]心傷마음상할、최(灰)

㦞 양[양]恨也한탄할、양(漾)

㥣 쎄[세]謹也삼갈、세(霽)

慏 밍[명]寬悉마음너그러울명(梗)

慞。쟝[장]恐懼ㅣㅣ두려울、장(陽)

慤 커[각]謹也삼갈、각誠也정성、각善也착할、각(覺)愨同

(十二)

憮·。우[무]失意ㅣ然실심할、무撫也어루만질、무(麌)

憧·。둥[동]意不定ㅣㅣ뜻바로잡지못할、동(冬)[총]騃昏흐리터분할、총(送)

憩 치[게]息也쉴、게(霽)憇同

憇 憩同

憓 훼[혜]愛也사랑할、혜(霽)

憊· 빼[비]疲極고달플、비又가쁠、비又노곤할、비(卦)備憊同

憝。뛰[대]怨也원망할、대惡也미워할、대(隊)懟同

憒 귀[궤]心亂ㅣㅣ심란할、궤(隊)

憫· 민[민]憂恤불상할、민又민망할、민ㅣ默잠잠할、민(軫)

憖。인[은]問也물을、은願也원할、은傷也슬퍼할、은謹也삼갈、은且也接續辭또、은(震)

憤 뿐[분]懣也분할、분又결낼、분(吻)

憲。쎤[헌]法也법、헌表範표범될、헌盛貌ㅣㅣ거룩할、헌(阮)

憚 탄[탄]忌ㅣ꺼릴、탄又기탄할、탄又두려워할、탄(翰)勞也수고로울、탄(阮)

憪。쎈[한]快也心靜마음고요할、한不安貌ㅣ然마음틀성거릴、한(刪)

憐·。렌[련]愛也사랑할、연可哀불상할、연又가련할、연(先)

憍。쟌[교]恣也방자할、교又교만할、교矜也자랑할、교(蕭)驕通

憢 쌰[효]懼也두려울、효(蕭)嘵同

憔· 쟌[초]瘦也ㅣ悴파리할、초又걱정에야윌、초(蕭)顦嫶

同、廡通

㦃 창 [창]驚貌ㅣ怳깜짝놀랄、창(養)惝同

憬 ○징 [경]覺悟깨우칠、경遠也멀、경(梗)

憑 평 [빙]依也의지할、빙又기댈、빙據也빙거할、빙託也부탁할、빙(蒸)馮通

憎 ○정 [증]惡也미워할、증(蒸)

憕 ○청 [징]心平靜마음가라앉을、징(蒸)

憨 한 [감]愚痴미련할、감又어리석을、감(覃)

憯 찬 [참]痛也아플、참憎也미워할、참(感)癠同[첨]悽也ㅣ怛슬플、첨(琰)

憯 憯同

憛 탄 [담]憂慼근심적을、담憂思염려할、담[탐]惶遽황급할、탐(勘)

⿱赧心 난 [난]愧而面赤부끄러얼굴붉을、난(潸)赧同

憙 ○씨 [희]悅也기쁠、희好也좋아할、희(寘)

憉 평 [팽]矜健ㅣ悙굳센체할、팽(庚)

⿰忄華 화 [화]心侈마음사치스러울、화(麻)

憱 ○츄 [축]迫也핍박할、축愁也顰ㅣ근심으로얼굴찡그릴、축(屋)蹙顣同

憋 ○뻬 [별]急性조급할、별惡也모질、별(屑)

憖 ○字 愸俗

⿰忄粟 쑤 [속]承上顏色웃사람의기색맞칠、속(沃)

⿱罒思 딴 [단]地名ㅣ狐땅이름、단(旱)

⿱取心 취 [취]問卜吉凶점칠、취(霽)

⿰忄買 매 [매]心不平ㅣ㥦마음불평할、매(佳)

⿰忄發 ○빼 [발]怒起성미일어날、발(曷)

⿰忄策 처 [책]小痛약간아플、책又쓰라릴、책(陌)

⿰忄畫 화 [획]愚也不慧어리석을、획又미련할、획(陌)

⿰忄虛 ○쒸 [허]志怯뜻허겁할、허(魚)

⿰忄詈 리 [려]多言잔말할、여欺慢語ㅣ訑속여말할、여(霽)

⿰忄勞 랖 [로]悔也懊ㅣ뉘우칠、노(號)

憣 ○빤 [반]心理變動마음변동할、반(寒)

⿰忄斯 씨 [시]心怯愢ㅣ심겁할、시(支)

憭 ○랴 [료]快也쾌할、료照察밝힐、요心傷ㅣ慄떨릴、요慧也민첩할、요(篠)

憰 ○쎄 [휼]詭也속일、휼言詭曰譎心詭曰ㅣ(屑)

⿱毳心 허 [훌]寢熟잠들、훌(黠)[할]睡覺잠깰、할(月)[찬]愚也어리석을、찬(旱)

憿 튼 [돈]心暗마음어둔둘、돈(元)

⿰忄巽 ○쥰 [준]劣弱못생기고약할、준(軫)[선]悅也기쁠、선(霰)

⿰忄翕 ○씨 [흡]心熱마음뜨거울、흡(緝)

⿱湯心 탕 [탕]動也作事움직여일할、탕(養)

⿰忄然 산 [연]心強而弱마음강한듯하고약할、연(霰)

(十三)

懂 뚱 [동]心亂懵ㅣ심란할、동(董)

憷 추 [초]痛也아플、초(語)楚通

懅 ○쮜 [거]怯也겁낼、거(魚)懼也두려

울、거(御) **懃** 친 [근] 委曲慇ㅣ은근할、근(文) **懈** 제 [해] 懶也게을를、해(卦) **懇** 컨 [간] 至誠ㅣ惻지성스러울、간信也믿을、간親切친절할、간(阮) **懁** 환 [환] 性戾성품패려할、환(刪) [현] 急也급할、현(先) **憿** 요 [요] 希覬바랄、요非望ㅣ倖요행、요(蕭)僥同 **懆** 잔 [조] 憂也ㅣㅣ근심할、조(皓) **憹** 노 [노] 痛悔懊ㅣ뉘우칠、노(或音농)(皓)惱 㛴同 **懊** 오 [오] 恨也ㅣ惱한할、오(皓)惱也번뇌할、오(號) **應** 잉 [응] 當也料度辭응당、응又빡빡、응又꼭、응愛也사랑할、응(蒸)膺通答也대답할、응物相感응할、응樂名ㅣ鼓풍류이름、응(徑) **懋** 뭐 [무] 勉也힘쓸、무(宥) **懍** 린 [름] 懼貌ㅣㅣ눈휘둥그럴、늠寒㳮貌마음으쓱할、늠敬也공경할、늠畏也두려울、늠(寢)稟通 **憾** 깐 [감] 恨也한될、감(感)(勘) **憺** 딴 [담] 靜也고요할、담(感)安也편안할、담動也움직일、담(勘) **懌** 이 [역] 悅也기뻐할、역(陌) **憸** 쎈 [험] 詖也간사할、험(琰) [섬] 侫也利口아첨할、섬(鹽)譣見 **憶** 이 [억] 念也생각할、억記也기억할、억(職) **僷** 예 [엽] 懼也두려울、엽(葉) **憼** 敬同 **懀** 훼 [회] 嫌惡ㅣ懶혐의로미워할、회(泰) **懔** 진 [금] 心堅마음단단할、금心噤貌잠잠할、금(寢) **憴** 썽 [승] 戒也ㅣㅣ경계할、승(蒸) **憻** 탄 [탄] 平安평안할、탄寬也너그러울、탄明也밝을、탄(旱) **懏** 준 [준] 敏也민첩할、준(震) **[illegible]** 지 [계] 困憊고단할、계(霽) (古) **懜** 멍 [몽] 慚也부끄러워할、몽無知ㅣㅣ어리둥절할、몽心亂마음뒤숭숭할、몽(東)懵通 [맹] 不明ㅣㅣ속감감할、맹悶也민망할、맹(徑)瞢通 **懥** 지 [치] 怒也忿ㅣ성낼、치(寘) **懦** 수 [유] 弱也약할、유又만만할、유(虞) [연] 義同(銑) [나] 柔也부드러울、나(箇) **懧** 懦同 **懠** 처 [제] 怒也성낼、제疑也의심낼、제(齊) **懘** 치 [체] 音敗목쉴、체煩聲不和沾ㅣ목소리와자할、제(霽) **懟** 뒈 [대] 怨也원망할、대(隊)懟同 **懣** 만 [만] 煩悶번민할、만(旱) [문] 煩也번거로울、문(阮)悶見 **懢** 란 [람] 嗜也貪ㅣ즐길、남又탐할、남(勘) **懕** 옌 [염] 安也편안할、염(鹽)厭通 **懖** 꽈 [괄] 善自用임의로할、괄(曷) **[illegible]** 삔 [빈] 敬也공경할、

빈(眞) **惥**。유 [여]恭敬공경할、여徐行천천히걸을、여(語) **懙** 同惥 **⿱貌心**。뫄 [막]美也아름다울、막(覺) **懡** 마 [마]慚也ㅣ㦬부끄러워할、마(歌)(哿) **懝**·애 [애]駭也놀랄、애小兒有知어린아이지각있을、애(隊) **懚**·인 [은]依賴他人남에게의뢰할、은(問) **⿱纆心** 메 [매]恈惏영리할、매(佳) ⑮ **憽** 숑 [숑]了慧惺ㅣ영민할、숭又똑똑할、숭(東) **懫** 지 [치]忿戾분낼、치(寘) **懩** 양 [양]有藝欲達技ㅣ뜻을이루고자할、양(養) 癢通 **懲**。청 [징]戒也ㅣ創징계할、징(蒸) **懰** 류 [류]好也예쁠、유憂貌ㅣ慄근심스러울、유(有) **懮**·우 [유]舒遲貌옹용스러울、유(有) **懬**。광 [광]虛也빌、광(漾) **懪** 빠 [박]悶也ㅣㅣ답답할、박(覺) ⿰忄⿱暴言同 **⿰忄㬰** 싸 [소]心疏마음소활할、소(號) **懱**。메 [멸]輕視업신여길、멸(屑) **懭**。광 [광]猛也모질、광(養) **⿰忄察** 차 [찰]明也밝을、찰(黠) **⿰忄慮** 뤄 [려]憂也思深생각깊을、여(御) **⿰忄樂** 뤄 [락]大娛크게즐겨할、낙(藥) ⑯ **懵** 멍 [몽]心亂ㅣ懂심란할、몽(董) 惛也흐리멍덩할、몽(送) 無知貌ㅣㅣ어릿어릿할、몽(東) 懜瞢見 **懷**·화 [회]藏也품을、회念思생각할、회傷也상할、회胷臆ㅣ抱품、회歸也돌아갈、회(佳) **懸**。쒼 [현]揭也달릴、현繫也매달、현(先) 縣同 **懶**·래 [란]嫌惡憎ㅣ미워하고혐의할、라(泰) **懶** [란]懈怠게으를、난惰也놀날、난(旱) **⿰忄歷** 리 [력]心所營경영할、역(錫) **懿** 同懿 **⿱衞心** 웨 [위]睡語잠꼬대할、위(霽) **⿰忄龍** 롱 [롱]悷狠어긋칠、농(董) **⿰忄憲**。쎈 [헌]悟也깨달을、헌(阮) **⿰忄邂** 쌔 [해]忖度헤아릴、해(卦) ⑰ **懻**。지 [기]狠也ㅣ忮한악할、기又사나울、기(寘) **懺**·찬 [참]悔過회과할、참又뉘우칠、참(陷) **⿰忄⿱暴言** 빠 [박]煩悶답답할、박(覺) 懪同 **⿰忄隱** 인 [은]哀也슬플、은憂也근심할、은(吻) **⿰忄襄** 상 [양]忌憚꺼릴、양(漾) ⑱ **⿰忄爵**。쟌 [초]性急성급할、소(蕭) **懿**·이 [의]醇美아름다울、의大也클、의(寘) 懿同 **⿰忄雙** 쌍 [쌍]懼也두려울、쌍(江) **懼**。쮜 [구]恐也두려워할、구(遇) 瞿通 **懽** 환 [환]喜悅기쁠、환(寒) 歡同 **⿰忄蟲** 룽 [동]憂也ㅣㅣ근

심할、동(冬)

懾°셥 [셥]俗音[접]恐懼ㅣ慴두려울、섭恐怯喪氣무서워할、섭又겁낼、섭(葉)慴同

(十九) **戁**°난 [난]悚懼송구할、난(潸) **戀**·련 [련]眷念係慕연련할、연又생각할、연又사모할、연(霰)

⿰忄羅러 [라]慙也⿰忄羅ㅣ부끄러워할、나(箇)儸同 **懡**머 [마]心病심화병날、마(麻) **⿰忄贊**차 [찰]俗音[찬]怠慢⿰忄贊ㅣ게으를、찬(曷)

⿰忄燮셰 [셥]志輕⿰忄燮ㅣ경망스러울、섭(葉)

(二十) **戄**·훡 [확]驚懼놀라두려워할、확(藥)矍見 **戃**°당 [당]驚貌怳ㅣ깜짝놀랄、당(陽)惝見

(二四) **⿰忄靈**령 [령]心了黠貌마음약은체할、영(靑) **戇**·°장 [당]愚直고지식할、당(絳)惷通

(二五) **⿰忄蠻**만 [만]恐也두려울、만(諫)

戈部

戈꺼 [과]俗音[괘]平頭戟창、괘(歌)

(一) **戊**·°뭐 [무]幹名著雍천간、무物茂盛성할、무(宥) **戉**웨 [월]大斧黃ㅣ큰도끼、월(月)鉞同

(二) **戎**·숭 [융]兵也군사、융大也클、융汝也너、융軍用車名元ㅣ小ㅣ싸움하는수레、융西夷서녘오랑캐、융(東)⿰扌戎見 **戍**쉬 [수]守邊수자리、수又막을、수(遇) **戌**°쉬 [술]支名犬也개、술(質)

(三) **戒**·°제 [계]警也경계할、계諭也이를、계愼也삼갈、계備也방비할、계齋ㅣ재계할、계(洗心曰齋防患曰ㅣ)守也지킬、계(卦)弃同

我워 [아]吾也己稱나、아(哿) **成**·°청 [셩]就也이룰、성樂一終풍류한판、성爲也될、성(庚)

(四) **戔**찬 [전]委積ㅣㅣ버려쌓을、전(先)[잔]賊也도둑、잔傷也상할、잔(寒)殘見

戕°장 [장]殺也죽일、장槍也찌를、장殘也무찌를、장(陽) **或**·°휘 [혹]事物未定辭혹、혹(職)

(五) **⿰爿戚**戚同

(六) **⿰合戈**꺼 [격]爭鬪다툴、격又싸울、격(陌)⿰谷戈同 **戙**통 [동]船板배널판、동(送) **戩**°젼 [점]盡也다할、점(鹽)

(七) **戛**·°까 [알]戟也창、알考也상고할、알轢也수레에밟힐、알齟齬貌ㅣㅣ알알할、알又어근버근할、알(黠)

戚·°치 [쳑]親也친ㅣ겨레、척又척분、척斧也戉類도끼、척哀喪슬플、척憂貌ㅣㅣ근심하는모양、척(錫)⿰爿戚同慽鏚通 **⿹戈⿱十王**데

疾也빠를、철(屑)

八 **戞** 戞俗字

戟 。지 [극]有枝戈갈래진창、극(陌)

九 **戣** 。귀 [규]戟屬양지창、규(支)

戡 칸 [감]勝也이길、감殺也죽일、감(覃)

戢 。치 [즙]兵器收藏병기모을、즙止也그칠、즙斂也거둘、즙(緝)

戫 애 [벌]盾也방패、벌(月)

十 **戩** 。잰 [전]福也복、전盡也다할、전剪滅갈겨버릴、전(銑)

截 。제 [절]斷也끊을、절善辯ㅣㅣ말잘할、절(屑)

戨 까 [가]杙也말뚝、가(歌)

十一 **戫** 융 [용]戣也양지창、용(冬)

戳 截同

戭 인 [인]長槍긴창、인(軫) [연]高陽氏才子名檮ㅣ사람의이름、연(銑)

戮 루 [륙]殺也죽일、육辱也욕될、육(屋) 僇同 勠見

十二 **戯** 戲俗字

戰 。잔 [전]鬪也싸움할、전懼也ㅣ慄무서워떨、전(霰)

戱 戲俗字

十三 **戲** 。씨 [희]弄也희롱할、희兵器병기、희謔也희학할、희嬉也놀탕칠、희(寘) 歎美辭於ㅣ오흡다할、희 [휘]大將旗기、휘(支) 麾同 [호]哀傷辭嗚ㅣ섧다할、호(虞) 呼虖通

十四 **戴** 。대 [대]頭上戴物머리에일、대殘物得增덤받을、대(隊)

戳 취 [착]刺也槍ㅣ창으로찌를、착(覺)

十五 **戲** 씨 [희]相笑之貌서로웃을、희(支)

十六 **戵** 。취 [구]四角尖矛네갈래진창、구(虞)

戶部

戶 。후 [호]室口지게문、호(室之口曰ㅣ、堂之口曰門、內曰ㅣ、外曰門、一扉曰ㅣ、兩扉曰門)民居編ㅣ집、호(麌)

戹 어 [액]隘也좁을、액艱也가난할、액災也재앙、액又액、액(陌) 厄同阨通

三 **戼** 卯同

戺 쓰 [사]砌也섬돌、사持楣橫木문설주、사(紙) 𢨋同

𢨋 危同

扅 이 [이]鎖門橫木빗장、이(支)

戻同

四 **所** 。쒸 [소]語辭바、소又것、소處也처소、소又곳、소(語)

戾 。례 [려]反也돌아올、여乖也어그러질、여罪也죄、여至也이를、여止也그칠、여斜曲휘여질、여(霽) [렬]義同(屑)

房 。빵 [방]居室방、방宿名天駟별이름、방宮名阿ㅣ궁이름、방俎也제기방(陽)

扱 。지 [급]門鍵문자물쇠、급(緝)

五 **扁** 편 [편]小也작을、

四畫 戈戶

一二五

편特也특별할、편(先) [변]官署門額현판、변不圓器그릇둥글지않을、변卑也낮을、변(銑)

扃 징 [경]關門横木빗장、경(庚) 扃通

扂 뎜 [점]戶鍵문자물쇠、점(琰)

[illegible] 겁 [갑]閉也닫을、갑(合)

[illegible] 잡 [각]地名땅이름、각(藥)

六

扇 싼 [선]箑也부채、선扉也문짝、선動也움직일、선(霰) 一涼부채질할、선(先)

扅 이 [illegible]門扃扊丨빗장、이(支) 扅同

扆 이 [의]屛風병풍、의(天子見王侯時所依屛風曰斧丨)(尾)

七

扈 후 [호]後從호위할、호廣也丨丨넓을、호被也입을、호國名有丨나라이름、호強梁跋丨발호할、호鳥名桑丨새이름、호(麌) 鳸同

八

扉 쀄 [비]門扇사립문짝、비(木曰丨、葦曰扇)

扊 앤 [염]戶扃丨扅문빗장、염(琰)

[illegible] 애 [비]屋壞무너질、비(紙)

十一

[illegible] 잔 [잠]屋上지붕、잠(陷)

手部

手 쑤 [수]肢也所以執持손、수執也잡을、수(有)

才 채 [재]藝也재주、재能也능할、재(灰) 纔通

扎 자 [찰]拔也뺄、찰又뽑을、찰(黠) 揠同

二

打 따 [타]擊也칠、타又두드릴、타(馬) [정]義同(梗)(迴) [다]物十二枚曰丨

扒 빠 [배]拔也뺄、배又뽑을、배(卦) 拜通

扑 푸 [복]小擊작게칠、복教刑榎楚종아리채、복(屋) 擈擈同

扐 리 [륵]筮者著著指間손새에시초낄、늑(職)

扔 성 [인]摧也꺾을、인(震) [잉]引也이끌、잉又당길、잉(蒸)

三

扛 캉 [강]擧也들、강(江)

扞 한 [한]防也막을、한禦難막기어려울、한守也지킬、한抵也다닥칠、한(翰) 捍同

扣 쿠 [구]擊也두드릴、구(宥)(有) 叩通

扡 둬 [타]曳也끄을、타(歌)(哿)(箇) 拖同

扤 우 [올]搖動흔들、올(月)

扦 撁俗字

扢 치 [흘]摩也만질、흘(月)

扚 위 [약]手指細線손마디금、약(藥) [조]旁擊칠、조(篠)

托 퉈 [탁]手推밀、탁湯餅曰不丨떡국、탁(藥) 拓飥通

抐 쩐 [곤]覆也덮을、곤(問)

扜 위 [우]指麾지휘할、우持也가질、우(虞)

扟 씬 [신]自上擇取物추려솎을、신疏也捂丨성길、신(眞)

扱 [日]發語辭

雖然ㄱ러하나

扠 차 [차]挾取집을、차(麻)

扗 촌 [촌]斷也끊을、촌(阮)

扝 후 [호]引着끌어당길、호(虞)

扒 빠 [굴]以杖掘物막대로팔、굴(物)

四

技。 ᅌ지 [기]藝也재주、지才能方術능통할、기(紙) 伎通

抵 ᅌ즈 [지]側擊결에서칠、지又결매칠、지(紙) 抵通

批。 피 [비]手擊손으로칠、비(紙)推也밀칠、비削也깎을、비擊也칠、비示也보여줄、비(齊) [별]觸擊ㅣ逆부딪칠、별(屑)

扯 처 [차]裂破찢어벌릴、차撦同(馬)

抒。 쓔 [서]出取끄집어낼、서渫水물퍼올릴、서除也더러낼、서泄也쏟을、서 [저]織具行緯북、저杼同(語)

扶。 뿌 [부]持也붙들、부助也도울、부護也호위할、부幼貌ㅣㅣ어리광부릴、부(虞)

抎 원 [운]失也잃을、운下也떨어질、운(吻)

折。 ᅌ지 [절]拗也꺾을、절斷之결단할、절曲也휠、절屈也굽힐、절夭死일찍죽을、절挫也욱박지를、절又분지를、절 [열]斷猶連貌부러져대롱거릴、설(屑) [제]安徐ㅣㅣ종용할、제(齊)

扮。 뿐 [분]握也잡을、분又움킬、분(吻) [반]裝飾打ㅣ꾸밀、반(諫)

抆 원 [문]拭也씻을、문又닦을、문(吻) 摩也만질、문(問) 抿同

抏。 완 [완]挫也꺾을、완消耗모지라질、완又달아없을、완(寒)

扳 판 [반]引也끌、반挽也당길、반(刪)(諫) 攀見

扑。 뼌 [변]附手拍掌손벽칠、변(霰) 拚同

抄。 찬 [초]略也간략히할、초又주릴、초謄書등서할、초又벗길、초畧取골라낼、초拔記뽑아쓸、초(肴) 鈔通

挧 야 [아]不正貌扠ㅣ비뚤어질、아(麻) 枒通

把。 빠 [파]握也잡을、파(馬) 爬通 [韓]庋也발、파

抓 ᅌ좌 [조]搔也긁을、조爪刺할퀼、조掐也움킬、조(效)

抗。 항 [항]拒也항거할、항禦也反ㅣ반항할、항扞也막을、항敵也대적할、항(漾) 亢通

抔 퍽 [부]手掬줌부又움큼、부(尤) 捊掊同

投。 투 [투]擲也던질、투棄也버릴、투進也나갈、투(尤)

扭 뉴 [뉴]手揪손뒤저거릴、유按也누를、유(有)

承 청 [승]繼也이을、승佐也도울、승受也(蒸)

扲 ᅌ제 [갈]刮也긁을、갈(黠)

抉 ᅌ줴 [결]剔也갈가낼、결捾也발라낼、결又뽑을、결(屑)

扼 어 [액]握也잡을、액又쥘、액(陌) 搤同

抑。 이 [억]壓也누를、억

發語辭문득、억屈也굽힐、억ㅣ制억제할、억退也물러갈、억逼也핍박할、억愼密ㅣㅣ삼갈 억(職)

抍·청 [승]上擧들어올릴、승(蒸)

扱·°차 [흡]斂持거두어가질、흡(緝)[삽]收也거두어들일、삽擧也들、삽取也취할、삽(合)[급]引也당길、즙(洽)(俗音급)

抪°퓌 [발]打也칠、발無憚ㅣ搃기탄없을、발地名ㅣ捍땅이름、발(曷)

扻°쯔 [자]治髮머리빗을、자(寘)

抐·°누 [눌]按物水中물에담글、눌(月)

找°잔 [조]補充채울、조(巧)[화]以桴推船배밀대질할、화(麻)

扲°진 [겸]專職業ㅣ직업에전력할、겸急持얼른잡을、겸(鹽)

抁엔 [연]動也움직일、연(銑)抗同

扫후 [골]搰物轉動끌어굴릴、골穿也뚫을、골(月)掘見[홀]裂也찢을、홀(屑)

抈·°웨 [월]折也꺾을、월又부러질、월動也움직일、월(月)

抌·°쩐 [침]深擊살박아칠、침推也抌ㅣ밀、침(寢)

扢°지 [개]磨也갈、개(隊)

抩단 [탐]拚持함께가질、탐(覃)

扌方빵 [방]相似서로같을、방(泰)

㊄

披·°피 [피]裂開헤칠、피散也흩어질、피裂也찢어질、피從傍持곁부축할、피分也나눌、피震懾貌ㅣ靡무서워쓰러질、피(紙)被通

抵·디 [지]擊也칠、지(紙)抵見[저]當也다다를、저擠也밀、저拒也막을、저觸也다닥칠、저擲也던질、저大ㅣ대저、저技戲角ㅣ씨름할、저(薺)牴通

批°츠 [자]捽也꺼두를、자以拳加人주먹질할、자又쥐박을、자(紙)[제]義同(薺)

拏°나 [나]拘捕잡을、나(麻)挐拿同[녀]義同牽끌이끌、여(魚)

拒·쥐 [거]捍也막을、거(語)距通[구]陣名左右ㅣ좌우로진칠、구(麌)

拘°쥐 [구]捕也잡을、구曲礙거리낄、구(虞)

拄쮸 [주]撐持버틸、주(麌)柱通

拊°뿌 [부]拍也칠、부樂器名풍류이름、부(麌)

抪·뿌 [포]舒也散布펼、포又흩을、포擊也때릴、포(遇)

拜·°빼 [배]稽首절、배服也항복할、배授官벼슬시킬、배禮也예할、배(卦)𢷬同、扒見

抮°쩐 [진]킈捩비틀、진又휘잡을、진(軫)紾同

拔빠 [발]挺也拂取뺄、발又뽑을、발(黠)疾也빠를、발除也더러낼、발(曷)[패]挺也휘어꺾을、패(隊)

拚뻰 [번]飛也날을、번(元)翻同[반]棄也버릴、반(寒)

招·°쟈 [초]手呼손쳐부를、초求也구할、초

ㅣ來불러올、초[교]擧也들、교(蕭)

拌 빤[반]捐棄버릴、반(寒)拚俗字

拋。팦[포]擲也던질、포棄也버릴、포(肴)

拖 퉈[타]曳也끌、타(歌)引也이끌、타(哿)(箇)拕同

抝 拗同

拗 야[요]折也手拉꺾을、요(巧)心戾고집스러울、요又우김성많을、요(效)[옥]抑也억제할、옥(屋)

抱。빻[포]懷持품을、포又안을、포圍也아름、포挾也낄、포(皓)

抯。졔[저]攄取건져벌、저(馬)

抨 평[평]撣也다닥칠、평彈ㅣ한핵할、평(庚)拼通

抦 秉同

抽。척[추]拔也뺄、추又뽑을、추引也이끌、추收也거둘、추(尤)

拇 무[무]手之大指엄지손가락、무(有)

扼。어[액]把也잡을、액壓也누를、액(陌)搤同

拑 쳼[겸]脅持우그려쥘、겸緘也얽어맬、겸(鹽)

抁 유[유]抒臼절구확긁어낼、유(尤)舀同

拈 녬[점]掫也指取物집을、점又딸、점(鹽)

抶。지[질]撻也笞刑종아리칠、질又볼기때릴、질(質)撻見

拂。뿌[불]振出떨칠、불逆也거스릴、불違也틀릴、불除減제해버릴、불(物)[필]輔佐도울、필(質)弼見

抹 머[말]塗也바를、말滅也ㅣ消삭칠、말又없앨、말又뭉갤、말巾名ㅣ額마래기、말(曷)

拙。줴[졸]劣也不巧옹졸할、졸又못생길、졸又졸할、졸屈物不用못쓰게될、졸(屑)

拎 링[령]捻也懸持찍어올릴、영又달아올릴、영(靑)

拆 坼同

拉。라[랍]折也꺾을、납又분지를、납風聲猋ㅣ바람소리、납(合)

抾。취[거]持去가져갈、거(魚)

押 야[압]壓也差ㅣ눌러놓을、압署印수결둘、압又인칠、압管理거느릴、압詩賦点韻운자에점찍을、압[갑]輔也도울、갑檢束단속할、갑(洽)

拐 꽤[괴]誘也ㅣ騙유인할、괴又후릴、괴又꾀일、괴(蟹)

抳 니[니]手指物가리킬、이止也그칠、이(紙)

抻。썬[신]引戾ㅣ長잡아늘일、신又휘어잡을、신(震)

拃。잔[잔]摸也모뜰、잔(潸)

⿱此手。지[재]積也쌓을、자(寘)

抋 삐[필]刺也찌를、필(質)[별]捩也휘여꺾을、별擊倒때려거꾸러뜨릴、별(屑)[비]戲擊얼르며칠、비(寘)

担 딴[단]拂也떨칠、단(旱)[걸]軒擧ㅣ撟번쩍들、걸(月)[담]擔同(勘)

拍。퍼[백]俗音[박]搏也칠、박樂句풍류귀절、박ㅣ手손벽칠、박(陌)

拓。튀

[탁]斥開개척할、탁(藥) [척]拾也주을、척開墾개간할、척(陌) 托摭通

六

挏 퉁 [동]推引밀며끌、동撞也지찔、동(董)

拱 궁 [공]斂手垂ㅣ손길잡을、공又끗을、공合持ㅣ把손끝마주낄、공(腫)

㧧 숭 [용]助也도울、융(東) [잉]因也인할、잉(蒸)

拲 공 [공]罪人手械수갑지을、공(腫) [곡]義同(沃)

持 츠 [지]執也가질、지又汲水具軍ㅣ물지게、잡을、지保守지킬、지(支)

指 즈 [지]手端손가락、지示也가리킬、지(紙)

挐 拏同

挑 됴 [조]撥也돋울、조又긁을、조選取빼낼、조又뽑을、조肩荷멜、조輕儇까불거릴、조(蕭)弄也희롱할、조引誂돋아낼、조(篠) [도]往來相見ㅣ達오며가며서로볼、도(豪) [서]抒物器구기、서(語)

拽 예 [예]拖也끄을、예(霽)曳見 [열]拕也잡아끌、열(屑)抴見

挈 치 [계]缺也이지러질、계爇火灼龜거북등에불로점찍을、계(霽) [설]提也끌어당길、설(屑)

㧥 휘 [회]相擊서로칠、회(灰)㧑同

拫 헌 [흔]引也排ㅣ끌어당길、흔(元)

挂 꽈 [괘]懸也걸、괘又달、괘畫也그림、괘矢鏃剛ㅣ살촉、괘(卦)掛同

按 안 [안]抑也누를、안察也살필、안考也상고할、안止也그칠、안撫也어루만질、안(翰) [알]遮也막을、알捺也누를、알(曷)遏同

拴 찬 [전]擇也가릴、전(先)

拳 찬 [권]五指屈合주먹、권勤懇근간할、권憂也ㅣㅣ근심할、권思念奉持마음에품을、권(先)捲通惓見

挍 쟈 [교]考也상고할、교計量헤아릴、교(效)校通 [효]捽ㅣ씨름할、교

拷 칸 [고]打也ㅣ掠두드릴、고又때릴、고(皓)

掣 쳬 [체]手度物뼘잴、책(陌)搩同

拯 청 [증]救濟건질、증又구제할、증(蒸)

拿 나 [나]捕也잡을、나(麻)拏同

挃 지 [질]제稻聲ㅣㅣ벼베는소리、질(質)銍通

拞 揯同

拮 지 [길]手口共作ㅣ据손끝어긋매낄、길又깍지낄、길(質) [결]義同(屑)

拶 잔 [찰]相接排ㅣ서로다닥칠、찰(曷)

括 과 [괄]絜也헤아릴、괄結也맺을괄包也쌀、괄檢也점검할、괄至也이를、괄矢末살촉끝、괄 [활]會也모을、활(曷)

挌 꺼 [격]擊也칠、격(陌)

挒 례 [렬]拗也비틀、열(屑)捩同

拭 씨 [식]揩也씻을、식又닦을、식刷也문지를、식(職)

拾 시 [습]收也주

을、습又거둘、습又집을、습射韝夬ㅣ팔찌、습(緝)[접]更也갈마들일、접[섭]涉也ㅣ級건늘섭(葉)

掿。쎄[협]折也꺾을、협(葉)

挋。•ʼ전[신]拭也씻을、신又훔칠、신(震)

挖 [알]穿索挑ㅣ우와벼낼、알(曷)

拵。•춘[존]揷也꽂을、존(願)[日]調製지을、존

[扌先]。쎈[선]手捻物揌ㅣ비빌、선(銑)

捒 쑤[색]擇取物가릴、색(陌)

揬 떠[타]忖度헤아릴、타下帆배돛내릴、타搖也흔들、타(哿)揣同

挆 同挅

挎。•꾸[고]以指納孔而持손가락구멍에넣어잡을、고(虞)

[扌州] 척[추]手彈손으로퉁길、추(尤)搊同

拰 신[임]調弓貌ㅣ搦활바로잡을、임(寢)

[扌林] 씩[호]掃除쓸어버릴、호(豪)

[扌危]。•꿰[궤]毁撤헐어버릴、궤(紙)

拲 궁[공]兩手取物두손으로잡을、공(腫)

七

捅 퉁[통]引也이끌、통(董)

捄。•착[구]築墻聚土담쌓는흙모을、구(虞)長貌긴모양、구又길쭉할、구(尤)護也호위할、구(宥)救古字

捒 쑤[수]裝束장속할、수又묶을、수(遇)[송]謹也삼갈、송(腫)竦同

捂 우[오]枲差抵ㅣ어긋칠、오觸也抵ㅣ다닥칠、오逆也거스릴、오(遇)

捕。•뿌[포]捉也잡을、포(遇)

挨。애[애]推也밀、애背擊등칠、애相接서로댈、애(佳)

挼 뉘[뇌]按揉비빌、뇌[쇠]摩也만질、쇠(灰)[나]摧也꺾을、나(歌)

巹。ʼ진[근]舒也펼、근(吻)

振。•ʼ전[진]奮也떨칠、진收也거둘、진救也구원할、진整也정제할、진發也필、진(震)賑通、擧也들、진盛貌ㅣㅣ성한모양、진(眞)

捘。ʼ쥔[준]推也밀、준(眞)按也누를、준爪刺손톱으로찌를、준(願)

捃。•ʼ쥔[군]拾取ㅣ摭주울、군(問)攟攈同

挽。•완[만]引車수레끌、만ㅣ歌상여꾼노래、만薤露蒿里二章ㅣ歌만장、만(阮)輓同

拚 ʼ빤[반]棄也버릴、반(寒)拌同

捆 균[곤]叩也두드릴、곤(元)

捍 한[한]衛也호위할、한射具臂ㅣ팔찌、한(翰)

挻 옌[연]揉也휠、연引也이끌、연遁也도망할、연擊也칠、연(先)

捐。•웨[연]棄也버릴、연除也덜、연病死ㅣ瘠병들어죽을、연(先)

捎。쌰[소]除也덜、소動貌ㅣ搖흔들릴、소(蕭)擇也가릴、소掠也스칠、소(肴)

捁。•ʼ쟈[교]手動也흔들、교亂之어지러이할、교(巧)攪同

抄 싸[사]摩

也만질、사歌
挲 抄同
挫・취 [좌]摧也줄어질、좌折也꺾을、좌箇
捊。부 [부]引取당길、부手掬줌、부尤 抔同
挪 예 [야]擧手相弄ㅣ揄손들어서로농할、야麻
挪 나 [나]揉物搓ㅣ잡아휠、나歌
挺・。팅 [졍]拔也뺄、정直也ㅣㅣ곧을、정迥
挶。쥐 [국]持也잡을、국土轝들것、국沃
括 꽈 [부]手掬움큼、부尤 抔同
捉・。쥐 [착]捕也잡을、착覺
捔。쥐 [각]紲後絓前掎ㅣ앞뒤로얽을、각覺
挩 뛰 [탈]除也제할、탈遺也끼칠、탈曷 脫通 [세]拭也씻을、세齊
捌。빠 [팔]破也깨칠、팔無齒杷고무래、팔黠 八見
捋 라 [랄]摘取딸、날摩也郁ㅣ만질、날曷
捏 네 [녈]捻也손으로찍어바를、날捺也누를、날屑
挹・。이 [읍]酌也잔질할、읍出取집어낼、읍緝 揖見
挾・。쎄 [협]掖也낄、협輔也도울、협持也가질、협藏也감출、협葉 俠通、夾見
挵 꽈 [괄]磨切긁을、괄黠
挴 메 [매]貪也탐할、매賄
挭 搜同
捀・。뿡 [봉]兩手奉承두손으로받들、봉兩手分而計數두손에나눠셀、봉宋
揁 정 [갱]引伸당겨펼、갱琴聲거문고소리、갱庚
挮 티 [톄]去涕淚눈물씻을、톄薺
捇 허 [혁]掘土흙팔、혁陌
捗・뿌 [보]收塵芥ㅣ攎북더기모을、보遇
捚。재 [재]掌擊손바닥에받을、재齊
⿰扌秀。쑤 [숙]引也이끌、숙屋
掐 난 [남]魚食貌고기물먹는모양、남勘
⿰扌匝。뎨 [졉]手摩物비빌、접葉
⿰扌我 어 [아]碎也부서뜨릴、아哿
⿰扌呈 뎡 [졍]擇也가릴、정庚
⿰扌夅。장 [강]帆雙立쌍돛달、강江
⿰扌尭 두 [독]以杖刺之지팡이로찌를、독屋

八

捧・。뽕 [봉]手承받들、봉腫
推・。퉤 [퇴]排也밀、퇴灰 [추]義同、擇也가릴、추獎也포장할、추詰問힐난하며물을、추尋繹궁구할、추順還차례로옮길、추支
控・。쿵 [공]引也끌을、공再告다시고할、공操制억제할、공投也던질、공送 [강]打也칠、강講
掄 룬 [륜]擇也가릴、윤眞 [론]義同元
掎・。지 [기]偏引치우쳐당길、기牽一脚한다리끌、기發也퉁길、기紙
捶 취 [추]擊也칠、추舂也찧을、추紙 棰通 [타]揣同哿
⿰扌豖 뙤 [탁]打也칠、탁推也밀、탁覺 椓通

据 ⊙쥐 [거] 口足爲事拮ㅣ길거할 거 據置엇걸어놓을 거 (魚) 依也의지할、거 (御)

措• ⊙추 [조] 置也둘、조 擧也들、조 (遇) 厝錯通 [책] 追捕쫓아 잡을、책 (陌)

挸 이 [예] 捉也잡을、예 擬也비길、예 寄也붙일、예 手筋急손에심줄당길、예 (霽)

掣• 치 [체] 滯偏막힐、체 曳也끄을、체 (霽) [철] 挽也당길、철 (屑)

捭 ⊙패 [패] 兩手擊之두손으로칠、패 (蟹) [벽] 開也열、벽 折也꺾을、벽 (陌)

捱 예 [애] 拒也밀막을、애 延緩ㅣ過늘어질、애 (佳)

排• ⊙패 [배] 推也밀、배 斥也물리칠、배 安置가만이둘、배 列也벌려놓을 배 (佳)

捼 쉬 [뇌] 摩也만질、뇌 (灰) 挼通 [나] 摧也꺾을、나 (歌)

採• 채 [채] 摘取딸、채又캘、채 擇取가려낼、채 (賄) 采通

掛 꽈 [괘] 懸也걸、괘又달、괘ㅣ置달아둘、괘又걸어둘、과 (卦) 挂同

捥 완 [완] 臂也팔뚝、완 (翰) 腕同

掀 ⊙쎈 [헌] 擧也들、헌高聳우뚝할、헌 (元)

捫 ⊙뭔 [문] 撫持어루만질、문又더듬을、문 (元)

掍 훈 [혼] 同也같을、혼 (阮) 混同

捲• ⊙좐 [권] 收也거둘、권氣勢주먹불끈쥘、권用力貌ㅣㅣ힘우쩍쓸、권 (先) 拳通、斂也거둘、권 (銑) 卷同

⿰扌周 ⊙잔 [조] 刺也찌를、조 (篠)

掔• 쳔 [완] 引挽끌어당길、완 (翰) 腕見 [견] 義同 (先) 牽見

掉 댜 [도] 搖動흔들、도 (篠)(嘯) 擇也가릴、도 (豪) 掏通

掃 쏘 [소] 以箒除穢쓸、소 (皓)(號) 埽同

捨• 써 [사] 釋也놓을、사 棄也버릴、사 施也베풀、사 (馬) 舍同

掌• ⊙장 [장] 手面손바닥、장 司也맡을、장 主也주장할、장 (養)

掠• ⊙랴 [략] 刼財ㅣ奪노략할、약 拂過括取홱채갈、약 (藥) 剠同 [량] 奪取鹵ㅣ빼앗을、양 搒笞掠ㅣ볼기칠、양 (漾)

掁 청 [쟁] 觸也부딪칠、쟁 擊也칠、쟁 (庚)

掙 ⊙정 [쟁] 刺也찌를、쟁 (敬)

掤• ⊙뻥 [붕] 箭筩蓋전통뚜깨、붕 (蒸)

掫 ⊙젹 [추] 夜警擊柝干ㅣ순행하며조두칠、추 (尤)

掅 청 [청] 捽也꺼두를、청 (徑)

掊 부ㅣ [부] 把也쥘、부又잡을、부 聚斂ㅣ克거둠질할、부 (尤) 擊也칠、부 (有) 剖見

授• ⊙쓔 [수] 與也줄、수 付也붙일、수 (有)(宥)

探 탄 [탐] 察也偵ㅣ정탐할、탐 搜也索取뒤질、탐又더듬을、탐又찾을、탐 (覃)(勘)

捦 친 [금] 捕虜사로잡을、금 (侵) 擒同

掩• ⊙엔 [엄] 斂也거둘、엄 遮也막을、엄 閉也닫을、엄 覆取들씨울、엄 隱翳가릴、

엄(琰) 揜同

掞 싼[섬] 舒也펼、섬疾動번적거릴、섬(鹽) 挒同

掬 쮜[국] 兩手撮物두손으로움킬、국(屋) 匊見

掏 톼[도] 擇也가릴、도搯也취할、도(豪) 搯見

掘 쿠[굴] 穿地팔、굴特起貌웃뚝할、굴(物) 堀通 [궐] 穿也뚫을、궐(月) 撅通

捽 쭈[졸] 手攥꺼두를、졸觸也부딪칠、졸(月)

捾 와[알] 取也취할、알援也구원할、알搯也손톱적일、알(曷)

掇 뛰[철] 拾取주을、철採也캘、철馬箠말채찍、철(曷)

捩 레[렬] 拗也비틀、열又꺾을、열撕也끄을、열(屑) 挒同、攦通

掖 예[액] 挾扶곁들、액又부축할、액臂下겨드랑이、액(陌) 腋掖見

捷 예[첩] 勝也이길、첩敏疾빠를、첩獵也사냥할、첩(葉)

接 예[접] 連也ㅣ續이을、접又접속할、접交也사귈、접近也가까울、접會合모을、접受也받을、접(葉)

掐 챠[겹] 爪刺손톱적일、겹(洽)

捻 네[녑] 捏也손으로찍어바를、엽手搓손비빌、엽(葉) 擪同

㧾 후[홀] 拂塵먼지털、홀(月)

揞 타[답] 裁縫指物골무、답(合) 韐同

捺 나[날] 手押손으로누를、날(曷)

掴 꾸[괴] 縣名ㅣ陽고을이름、고(遇) 稒同

捵 뎐[전] 手伸物손으로바로잡을、전(銑)

捬 약[부] 按撫어루만질、부慰也위로할、부(虞) 拊撫見

㨁 츠[지] 投也던질、지(寘)

拼 뻥[평] 隨從좇을、평(庚) [병] 除也排斥물리칠、병又제할、병(敬) 抨見

掆 깡[강] 擧也들、강(陽)

掚 량[량] 裝飾꾸밀、양(養)

掟 뗭[정] 揮張둘러칠、정又영갑、정(徑) [日] 敎令

摶 짠[전] 望繩取正줄띄워다림볼、전(或音순)(霰)

掗 야[아] 搖也ㅣ搖흔들、아(馬) 強給억제로줄、아(禡)

掝 훠[혹] 惛也ㅣㅣ흐리멍덩할、혹(職) [획] 裂也찢을、획(陌)

㨆 륀[름] 殺也죽일、늠打也칠、늠(寢)

𢬦 퐈[파] 披散헤칠、파(歌) 擘同

㨊 당[당] 引也끄을、당(庚)

㨘 [華] ㅣ鼻코풀、행

㨖 데[득] 拳打주먹으로칠、득(職)

㧼 봐[표] 分也나눌、표(嘯)

捿 씨[서] 棲息새깃들일、서(齊) 栖通

𢯃 워[악] 彈也퉁길、악(覺)

九

揔 摠俗字

揮 훼[휘] 振也떨칠、휘又뽑낼、휘散也發ㅣ흩을、휘指ㅣ지휘할、휘又두를、휘(微)

提。티 [제] 挈也끌을、제擧也들、제鼓名북이름、제星名攝ㅣ별이름、제酒壺偏ㅣ술병、제(齊)擲也던질、제(霽)[시]羣飛貌ㅣㅣ떼지어날을、시(支)翅同

揣 췌 [취] 忖度헤아릴、취試也시험할、취又요량할、취(紙)[타]義同(哿)捶揣通

揆 궤 [규] 度也헤아릴、규官名百ㅣ재상、규(紙)

揄。위 [유] 引也이끌、유(虞)廠舀見

揩 체 [개] 摩拭문질러훔칠、개(佳)

揗 쓘 [순] 摩也만질、순手相安慰揗ㅣ쓰다듬을、순(眞)(軫)(震)

揾 원 [문] 拭也씻을、문(吻)(問)抆同

援。웬 [원] 救助구원할、원引也索持끌어당길、원鉤梯사다리、원(元)(霰)

揵 쪈 [건] 擧也들、건(阮)肩擧멜、건(先)楗通

換。환 [환] 交易바꿀、환(翰)

揀 쟨 [간] 擇也가릴、간又선볼간(潸)柬通[련]義同(霰)

㨎 완 [연] 揉挱煩ㅣ비빌、연碎也부스러뜨릴、연(先)撋同

揥 티 [체] 笄也拔毛족집게、체捐也버릴、체(霽)

揭。졔 [계] 高擧높이들、계褰衣涉水옷걷고물건늘、게(霽)[갈]義同(月)[걸]義同、起也일어날、결長貌ㅣㅣ걸걸할、결(屑)

揅 연 [연] 動也움직일연、(銑)抁同

掾。옌 [연] 官屬ㅣ吏아전、연因也인할、연(先)

描。먀 [묘] 摹畫그림、묘又모뜰、묘(蕭)

㨯 빵 [방] 捍也막을、방衛也호위할、방(陽)

揚。양 [양] 飛擧들날릴、양發現나타날、양稱讚칭찬할、양鉞也戚ㅣ도끼、양去糠籭ㅣ까불을、양又키질할、양(陽)

挭 껑 [경] 大略대개、경(梗)挭同

揯 껀 [긍] 急引켕길긍(蒸)搄同

捜。쓔 [수] 索也찾을、수又수색할、수勁疾矢行살빨리갈、수聚也모을、수(尤)搜同

揪 쭈 [추] 束也묶을、추聚也모을、추(尤)

揫。同揪

揉。석 [유] 手摩作軟비빌、유和順부드럽게할、유(尤)曲直矯ㅣ바로잡을、유(有)(宥)

揕 쩐 [침] 擊也칠、침刺也찌를、침伐木聲벌목소리、침(沁)

揞 안 [암] 手覆손으로덮을、암藏也감출、암(感)

揜 얀 [암] 手掩손으로가릴、암(感)掩見[엄]索뒤찾아볼、엄困迫곤박할、엄(琰)

握。위 [악] 搤持掌ㅣ쥘、악又잡을、악(覺)

揬 투 [돌] 觸也搪ㅣ당돌할、돌衝突부딪칠、돌(月)

揠。야 [알] 拔草풀뽑을、알(黠)

揲。쎄 [설] 閱持ㅣ著세어가질、설(屑)揲同[엽]義同[접]

摺也접을、접(葉)

揳 쐐 [셜]作事不正揳ㅣ일비뚤게할、설塞也막을、설(屑)

挌 거 [객]著也把手손잡을、객又쥘、객(陌)

揖 이 [읍]拱手半拜敬禮읍할、읍進也나갈、읍遜也겸손할、읍挹通[즙]聚也ㅣㅣ모을、즙(緝)

揷 차 [잡]俗音[삽]刺立꽂을、삽(洽)臿鍤通

揃 쟨 [전]整齊가지런히할、전剪也자를、전(銑)翦同

揎 쉔 [선]捲袂出臂소매걷을、선(先)

揆 퀘 [규]刺也찌를、규(齊)刲同

揟 슈 [서]捕魚고기잡을、서地名ㅣ次고을이름、서(魚)

掔 腕同

⿰扌衍 옌 [연]舒布펼、연(銑)

揤 지 [즉]捽也꺼두를、즉(職)[질]拭也씻을、질(質)

揱 쑤 [삭]人臂細長팔이길고가늘、삭(覺)⿱削木見

⿰扌敕 쯔 [치]掠奪노략질할、치刺也찌를、치(寘)

掽 평 [팽]撞也ㅣ搕부딪칠、팽(敬)

⿰扌㡿 쳐 [탁]裂衣開터질、탁又벌어질、탁(陌)坼同

⿰扌保 바 [보]衣上擊之옷위로칠、보(皓)

⿰扌律 뤼 [률]去滓取汁즙낼、률又짤、률(質)

⿰扌革 꺼 [격]改也고칠、격(陌)

揘 형 [횡]擊也칠、황(庚)

掅 뭐 [타]捫也만질、타(哿)

⿰扌希 딍 [등]擔也멜、등(或音당)(徑)

揌 쓰 [시]動也擡ㅣ움직거릴、시(灰)

⿰扌室 지 [질]擣也찧을、질(質)

揂 착 [추]聚也모을、추(尤)

⿰扌段 단 [단]打鞭채찍질할、단(翰)

揈 헝 [횡]打聲치는소리、횡(庚)

⿱𣪊手 꺼 [구]取牛羊乳젖짤、구(虞)

揍 착 [주]插也꽂을、추(宥)

⿰扌⿰目夬 예 [열]捩目눈비빌、열(屑)

⿰扌炭 탄 [탄]轉也구를、탄(寒)

揧 라 [랄]研磨갈、랄又부술、랄(曷)

十

搘 지 [지]柱礎나무주추、지又기둥받침、지(古用木而今用石也)梧也어긋날、지(支)榰同

搥 췌 [추]擊鼓북칠、추(三ㅣ鼓爲三嚴)(支)槌見[퇴]擲也던질、퇴(灰)

⿰扌皀 피 [비]反手擊손뒤집어칠、비(齊)批通[별]手疾彈絃손재게탈、별(屑)

攜 씨 [휴]提也끌휴持也가질、휴(齊)攜俗字

⿰扌畏 웨 [외]掎也치우쳐끌、외(灰)

搢 진 [진]插也꽂을、진振也ㅣ紳떨칠、진(震)縉通

⿰扌臾 취 [구]擧也들、구(有)

損 쑨 [손]減也감할、손又덜、손傷也상할、손失也잃어버릴、손害也해할、손(阮)

搬 빤 [반]運也ㅣ移운반할、반又옮

길、반(寒)

搷 텬 [전]擊也칠、전引也끄을전揚也날릴、전(先)

搴 쳔 [건]拔取뺄、선(銑)攓同縮也줄어질、건(先)

搖 얀 [요]動也||흔들、요又움직일、요暴風扶|회리바람불、요星名招|별이름、요首飾步|머리치장할、요(蕭)搯同

搔 쌋 [조]爬也긁을、소(豪)

搗 땋 [도]舂也찧을、도手椎다듬을、도又두드릴、도又방망이질할、도(皓)擣同

搓 촤 [좌]推擊|挪밀고칠、차又휘두를、차手相磨손비빌、차(歌)

搽 차 [차]塗飾바를、차(麻)涂通

搪 당 [당]不遜|揬당돌할、당傏同、塞也막을、당張也베풀、당(陽)

搶 챵 [창]集也모을、창拒也막을、창飛掠홱채갈、창(陽)爭取|奪빼앗을、창突也부딪칠、창又받을、창(養)

搒 빵 [방]笞杖볼기칠、방又매칠、방(陽)篣同、進船배내밀、방又배젓、방(漾)[병]義同(敬)榜通

搡 쌍 [상]擊也搷|칠、상(養)

搊 츄 [추]手彈손으로퉁길、추(尤)掫同

搜 捜俗字

搐 츄 [휵]俗音[축]牽制땅길、축(屋)

搧 싼 [섬]疾動번쩌거릴、섬(鹽)掞同

搉 챢 [각]略擧揚|약간들출、각敲擊짓두드릴、각(覺)榷見

搦 뉵 [냑]持也가질、약(覺)[닉]捕捉잡을、익(陌)

搋 채 [차]以拳觸人쥐어지를、차(麻)[체]折也꺾을、체拽也끄을、체(齊)

摞 리 [뢰]以手理物쓰다듬을、뢰(賄)

搰 쿠 [골]掘也팔、골用力||힘쓸、골(月)

搣 몌 [멸]手拔손으로뽑을、멸(屑)

⿰扌索 쌱 [삭]手捉摹|집을、삭取也취할、삭求也구할、삭(藥)索通

搏 뿌 [박]手繫손얽을、박捕也잡을、박拍也두드릴、박(藥)

搤 어 [액]握也쥘、액持也가질、액(陌)

擸 라 [랍]折也꺾을、납(合)拉同

搨 타 [탑]摹也|碑비문박을、탑(合)搭通

搻 나 [납]擊也칠、납(合)

搭 따 [답]擊也칠、답掛也걸、답附也붙을、답[탑]摸也摸|박을、탑(合)搨見

⿰扌素 쑤 [소]暗取物훔칠、소(遇)

搇 친 [흠]押也누를、흠(沁)

摑 후 [훌]手推밀、훌(月)

搕 커 [갑]擊也칠、갑取也취할、갑(合)

搟 쎈 [헌]擧手擬之손길대볼、헌打也칠、헌(阮)

搩 쟤 [걸]手度物뼘잴、걸(屑)⿱桀手同

搫 퐌 [반]除也덜、반(寒)[파]射也除地爲場활터닦을、파披散

흘을、파(歌) 㴽同

掆 깡 [강]擧也 들、강(江)

搯。도ᇢ [도]叩也두드릴、도習擊劍道검도배울、도又격검할、도(豪)

搲 와 [와]爬也긁을、와 牽끌당길、와(馬)

搵 원 [온]指押손가락으로누를、온沈物水中ㅣ物물에담글、온(願)

搹。어 [액]俗音[격]手把줌、격(陌)

搴。졘 [건]相助서로도울、건荷肩멜、건(元)

搠 쒀 [삭]觸也찌를、삭(藥)

搦 랄 [락]持也가질、낙 姓也성、낙(覺)

搌。쨘 [전]展極ㅣ搼활짝펼、전束縛묶을、전捲也걷을、전拭也씻을、전(銑)

搆。꾸 [구]聚也ㅣ造얽어모을、구(有)

搾 [착]壓物取汁짤、착 押ㅣ눌러뗄、착

㨙 해 [해]挾也낄、해扶也붙들、해(佳)

搛。렴 [렴]手擊長鼓장구칠、렴(鹽)

擓 회 [회]拭也씻을、회(箇)

搧 싼 [선]以扇打之부채로칠、선(先)(霰)

十一

摠 總同

摏 춍 [용]撞也때릴、용搗也찧을、용(冬)舂同

摐。챵 [창]撞也때릴、창(ㅣ金鼓、吹鳴、籟)擦也흔들거릴、창(江)

摣 쟈 [사]俗音[자]握取검쳐쥘、자摶撮후려칠、자(麻)

摛。리 [리]舒也펼、이張也베풀、이(支)攡通

摫 쮀 [규]裁制마름질할、규(支)

摯。지 [지]握持잡을、지至極지극할、지執物相見禮폐백、지(天子鬯諸侯圭卿羔大夫鴈士鴙庶人之ㅣ匹)進也나갈、지(寘)

摡。깨 [희]取也취할、희拭也닦을、희又씻을、희(未)[개]滌也씻을、개(隊)

摴 져 [저]局戲ㅣ蒲저포、저又상륙저、舒也펼、저(魚)

摸。뫃 [모]規倣ㅣ範본뜰、모又모범될、모(虞)摹同[막]搜探수탐할、막(藥)

摳。쿠 [구]褰裳치마걷어칠、구(虞)提也끄을、구探也더듬을、구(尤)

摹 뭐 [모]規也ㅣ寫규모、모又모뜰、모又본뜰、모又체받을、모又닮을、모(虞)摸同

摧。쵀 [최]折也꺾을、최(灰)

㨷 진 [근]拭也씻을、근(問)

攐 졘 [건]攐蒲采名ㅣ子저포짝이름、건(元)

摶。퇀 [단]擊也칠、단圜也둥글、단(寒)

摤 창 [창]磨滌닦을、창(養)搶見

摜 꽌 [관]帶也띠띨、관習也익숙할、관(諫)

摙 련 [련]負荷멜、연(銑)

摽 퍞 [표]擊也칠、표麾也두를、표刀末칼끝、표(蕭)蔈見拊心가슴칠、표落也떨어질、표(篠)莩通

摩。머 [마]撫也만

질、마조연마할、마研也揩也문지를、마(歌) 擺 롸 〔라〕理也다스릴、나(箇) 擨 화 〔화〕橫大가로퍼질、화(禡) 摰 네 〔예〕曳挽끌어당길、예(霽)䌱見 擟 쳔 〔천〕插

也끊을、천(先) 摒 뼝 〔병〕料理ㅣ擋요량할、병除也제할、병(敬)屏見 摎 쥬 〔규〕束也묶을、규縛殺얽어죽일、규絞也목맬、규(尤) 擻 쑤 〔수〕取也擻ㅣ취할、수(尤)

摟 루 〔루〕牽也끄을、누抱持안을、누(尤) 摻 싼 〔섬〕好手ㅣㅣ예쁜손、섬(鹽)〔삼〕義同(咸)攙同、執也잡을、삼鼓曲 漁陽ㅣ북곡조이름、삼(豏)參見 摲 싼 〔삼〕芟也풀베일、삼(豏)投也던질、삼(陷) 摋 싸 〔살〕側手擊외손으로서칠、살掃滅抹ㅣ뭉갤、살又삭칠、살(曷)撒通 㨾 樣同 摕 대 〔쳘〕掠去홰채갈、쳘又빼앗을쳘(屑)〔제〕撮取움킐、

제(霽) 摭 쳐 〔쳑〕拾也주을、쳑(陌)拓通 摑 꿔 〔괵〕打也때릴、괵(陌)敋同 摘 티 〔젹〕挑發들처낼、젹(錫)擿通、手取딸、젹(陌) 摺 쪄 〔랍〕折也꺾을、납又분지

를、납(合)拉見〔셥〕疊也접을、섭又개킬、섭敗也패할、섭(葉) 摍 쓕 〔숙〕抽也뺄、숙(屋) 摿 야 〔요〕動也흔들、요(蕭)搖同 摩 페 〔배〕手起物令虛빌、배揚也떨칠、배(賄)

㨦 쒄 〔션〕手挑物손으로돌을선(霰) 㨹 쒜 〔셜〕掃除쓸어없이할、셜(屑) 摮 오 〔오〕擊也칠、오(豪)〔교〕橫撾가로칠、교(肴) 摼 잉 〔경〕扣頭머리두드릴、경

強擊몹시칠、경(庚) 擗 뼈 〔벽〕副癖ㅣ痤종기짤、벽(屋) 摝 루 〔록〕振也떨칠、녹動也움직일、녹(屋)〔로〕撈也건질、노(虞) 𥫽 쮸 〔축〕以手築物손으로다질、축(屋)

撰 찬 〔산〕精撰捍ㅣ가릴、산又고를、산以手動物손으로움직거릴、산(潸) 𢵌 위 〔위〕手舒物손으로펼、위(未) 搉 후 〔호〕不順理揷ㅣ거스릴、호(虞) 摓 뽕

〔봉〕擧也받들、봉以針紩衣꿰맬、봉又홀、봉(冬)縫見 摔 쐐 〔솔〕棄於地땅에버릴、솔(質) 撮 撮同 𢸔 찬 〔잠〕防水물막을、잠(感)截取꺾어가질、잠(覃) 攃 치 〔체〕揭

取걸고잡아다릴、체(霽) 㨮 뚜 〔두〕擺開잡아헤칠、두(虞) 㨖 찌 〔질〕俗音〔질〕搔也긁을、질(屑) 𢸋 먼 〔면〕飾也꾸밀、면(銑) 擟 미 〔밀〕私擊가만이때릴、밀(黠)

撡 °잔 [조]攪捽휘두를、조(號) 摱 만 [만]曳也끌、만(元) 摢 후 [호]覆也덮을、호(遇)

(十二)

撞 °장 [당]擊也칠、당又두드릴、당擣也짓찧을、당又다질、당突也넙들、당(江)(絳) 撝 훼 [휘]裂也찢을、휘指揮지휘할、휘[위]佐也도울、위(支) 撎 이 [의]揖也兩手着額읍할、의(寘)揖通 撫 °부 [무]俗音[무]按也어루만질、무慰也위로할、무安存편안히할、무(麌)撫通 撕 쓰 [시]提也끌、시(齊) 撅 °궤 [궤]揭衣옷걷을、궤(霽)[궐]擊也칠、궐投也던질、궐摴蒲采名주사위、궐(月)掘見

撙 °준 [준]裁抑존절할、준又맞갖게할、준聚貌ㅣㅣ모일、준又엉크러질、준挫也꺾어질、준(阮)僔同、繜通 撣 °탄 [탄]觸也다닥칠、탄又부딪칠、탄(寒)[선]牽引ㅣ援당길、선(先)

撰 찬 [찬]具也갖출、찬記事ㅣ述글지을、찬(潸)籑通[전]義同(霰)述也지을、전持也가질、전集也모을、전擇也고를、전(或音선)(銑)譔同 撊 °쎈 [한]勁忿ㅣ然성나불끈거릴、한(潸) 撋 완 [연]捼抄煩ㅣ비빌、연又문지를、연(先)捼同 撁 牽古字 撚 °녠 [년]執也잡을、연指頭相摩손끝으로비빌、연蹂也밟을、연以手拭物닦을、연(或音천)(銑)

撩 료 [료]取物움킬、요挑弄얼를、요理也다스릴、요(蕭)扶也붙들、요取也취할、요(篠) 撟 °쟈 [교]擧手손들、교手足伸張손발펼、교強貌꾼꾼할、교(篠)矯見、輮也굽오릴、교(嘯)

撓 °나 [뇨]擾亂요란할、요(巧)屈也굽힐、요(效)搔也긁을、요(肴) 撈 로 [로]沈取鉤ㅣ건져낼、노(豪)[韓]農具曳介끙개、노 撦 처 [차]裂開찢어벌릴、차啓也ㅣ坼뜯을、차(馬)扯同 撗 광 [광]充也챌、광滿也가득할、광(漾)擴通 撢 °탄 [탐]遠索더듬을、탐又찾을、탐(覃)探同 撐 청 [탱]以柱ㅣ物버틸、탱(庚)撑同、樘通 𢷊 쓘 [선]捲袂出臂소매걷을、선(先)揎同 撑 撐俗字 撍 °잔 [잠]聚也盍ㅣ모을、잠疾也빠를、잠(侵)鐕通 擑 계 [결]汲水具ㅣ槔두레박、결(屑)楔同 撏 씬 [심]取也취할、참(覃)[섬]義同、探也더듬을、섬摘也뜯을、섬(鹽)[심]義同(侵) 撲 °푸 [복]挨也相ㅣ서로부딪칠、복又씨름할、복踣也엎드러질、복(屋)[박]拂著부딪칠、박(覺) 撥 °빠 [발]治

也다스릴、발除也제할、발轉復굴길、발紼也葬具상여줄、발鼓絃物줄풍류채、발馬名叱ㅣ말이름、발曷

撮。취[촬]三指取한잡음、촬挽也당길、촬暎也비칠、촬聚也모을、촬曷撖同

播。뻐[파]種也심을、파又씨뿌릴、파遷也옮길、파散也헤칠、파逋也달아날、파箇

撒 싸[살]俗音[산]散也헤쳐버릴 살曷

撤。처[철]除去걷을철發也필、철抽也뺄、철屑

撇。폐[별]書法右ㅣ오른쪽삐침、별擊也칠、별屑撆同

撆。撇同

撠。지[극]揭持쥘극陌

擭 화[획]裂也찢을、획陌

擿。지[치]適當分持똑같이나눠가질、치寘

擂 릐[뢰]以手平物손으로고르게할、유又만질、유宥

撬 챠[교]擧也들、교肴

𢷾 뱨[비]擊사때려너머뜨릴、비未

盪。탕[탕]以手推止손으로머무를、탕陽

擨 攇同

撱。퉈[타]狹長갈쭉할、타哿

搜 쑤[수]蕭條ㅣㅣ소조할、수尤

攓。옌[건]拔取빼가질、건銑

揌 쌔[사]散失흘어져잃어버릴、사佳

㩍 처[책]扶助붙들어도울、책陌

撡。操同

撆 삐[필]刺也찌를、필質

撜。칭[징]拯也건질、징蒸

𢷏 얜[분]拭也씻을、분文

攟 쥔[군]束也묶을、군軫

撛。린[린]扶助구원할、인軫

㊀吉

擁。융[옹]抱也안을、옹又품을、옹衛也옹위할、옹遮也막을、옹腫擁同

據。쥐[거]拒守웅거할、거依也의지할、거御据通

擄 루[로]掠也捕虜노략질할、노又사로잡을、노麌虜通

擂 레[뢰]研磨연마할、뇌石轉推下돌굴려내릴、뇌灰礧見[韓]農具ㅣ木곰배、뇌

操。찬[조]把持잡을、조豪撡同、守也節ㅣ지조、조琴曲거문고곡조、조號

撾。좌[과]擊也칠、과又때릴、과麻

擋 땅[당]料理擗ㅣ처리할、당又주선할、당斥也물리칠、당漾

擎。징[경]擧也들、경奉上받들어올릴、경庚翰

擒 친[금]生ㅣ사로잡을、금侵捦同

撼。한[감]搖也흔들、감動也움직일、감感

㩒 撿同

擔。따[담]荷也짐、담負也질、담勘

撿。쟨[검]察也살필、검拘束단속할、검校也교정할、검琰

撻 타[달]搭擊종아리

칠、달又볼기칠、달打也때릴、달(曷) **擉**· 취[착]刺魚具작살、착(覺)簎同 **擖**。 꺼[갈]刮也긁을、갈(黠)[엽]箕舌키바닥、엽(葉) **擸** 쎄[섭]閱持뽑을、섭(屑)擛同[엽]義同[習]

摺也접을、접(葉) **擘** 빼[벽]擗也分ㅣ나눌、벽大指엄지가락、벽(陌) **擗** 피[벽]擘開열、벽又벌릴、벽拊心가슴쩔、벽手足屈折손발굽실거릴、벽(陌) **擇**·。재[택]選

也가릴、택拔取뽑을、택又추릴、택(陌)睪同 **擊**·。이지[격]打也칠、격觸也目ㅣ눈마주칠、격樸也두드릴、격(錫) **撽**· 챂[고]擊也칠、고(效) **[敫+手]**。 챂[교]傍擊옆으로칠、교

(嘯) **擀** 깐[간]以手伸物손으로펼、간(旱) **[扌+煩]** 뺀[번]挼挱ㅣ擱비빌、번又문댈、번(元) **[扌+篋]** 써[색]捕鳥具籠ㅣ새잡는덫、색(陌) **擓** 괘[괴]收也거둘、괴(泰)

[扌+垂+巳] 싸[삽]混雜섞을、삽(合) **擐** 관[관]貫也꿸、관(刪)[환]義同(諫) **擅**·。싼[천]任意自專오로지、천又천단할、천(霰) **擌** 써[색]把也잡을、색(陌) **擃** 뇽[농]刺

也찌를、농(講) (古) **擬**·。이[의]忖度헤아릴、의摸像ㅣ比비길、의(紙)譺同 **擩** 수[유]染也물들、유挂也버릴、유(虞) **擠** 이지[제]排也물리칠、제推也밀、제墜也

떨어질、제(霽)(齊) **擟** 미[미]推也밀、미山名ㅣ拘산이름、미(支) **擯**·。삔[빈]斥也물리칠、빈棄也버릴、빈接賓者ㅣ使손님맞는사신、빈(震) **擣** 따[도]舂也찧을、도手

椎방망이、도(皓)搗同 **擭**· 훠[확]捕獸機檻덫、확又창애、확(藥)[화]義同(禡)[획]手取잡을、획(陌) **擢**。쥐[탁]選也拔ㅣ뺄、탁又뽑을、탁又추릴타聳也솟을、탁雙ㅣ先앞설、탁

又이길、탁(覺) **擦**· 차[찰]急摩문지를、찰(黠) **擪**·。예[엽]指押손가락으로누를엽手執堅狀꽉잡을、엽又단단히잡을、엽(葉)[압]義同(洽)擫通 **擫** 예[엽]手

執之狀ㅣ扢손에붙끈쥘、엽(葉)擫同擪見 **擝** 뭥[몽]收也거둘、몽(東) **[扌+隱]** 인[은]量均평균하게두량할、은(問) **擤**。씽[형]手捻鼻膿코풀、형(梗) **擈** 푸[목]種

物皆萌ㅣ生싹은대로다날、복(屋) **擙** 한[호]多少比較다소를비교할、호(豪) **[扌+盥]**·。돤[단]轉籰자위질할、단轉也구를、간(旱) **[扌+暴]** 푸[복]小擊잠깐칠、복榎楚회초리、복(屋)

扑同。**擡**。대[대]擧也들、대(灰) **擵** 빼[배]稽首절、배(卦)拜同 **擱**• 꺼[각]棄也耽丨버릴、각(藥) **擥** 란[람]手把잡을、남(感)攬[扌+監]同 **[扌+監]** 擥同

⑮ **攄**• 서[터]舒也펼、터散也흩을、터擬也비길、터(魚) **擺** 빠[파]開也벌릴、파撥也헤칠、파兩手相擊두손칠、파(蟹) **擂** 레[뢰]急擊鼓급히북칠、뇌轉石聲돌굴리는소리、뇌(隊)礧同 **攀**。판[반]自下援上휘여잡을、반(删)扳通 **擾**。샾[요]騷亂요란할、요煩也번거할、요馴致길들일、요(篠) **擻** 쑤[수]振動抖丨떨칠、수(有) **擦** 차[살]散也헤흐릴、살[찰]摩也만질、찰(曷)攃見 **擮** 메[멸]作事不正丨揳일바로못할、멸打也칠、멸(屑) **擷**。셰[힐]捋取딸、힐(屑) **擲**• 이지[척]投也던질、척(陌)擿見

擸。라[랍]折也꺾을、납(合)[렵]持也가질、엽(葉) **擿**• 티[적]投也던질、척搔也긁을、척(陌)擲通[적]挑也돋울、적(錫)摘見、手取딸、적(陌) **攉** 훼[휘]移也옮길、휘振也떨칠、휘(微) **攞** 뤄[라]搖也粒丨흔들、나(哿) **擽** 롹[략]擊也칠、약又때릴、약(藥) **攁** 양[양]發動발동할、양(養) **擴**• 꽝[확]以小張大넓힐、확(藥)[광]充也채울、광(漾)擴見

⑯ **攏**• 롱[롱]持也가질、농掠也빼앗을、농理也다스릴、농(董) **攌** 환[환]木柵목책할、환拘置가둘、환(潸) **攐**。켠[건]摳衣옷걷어잡을、건(先)褰同 **攍** 잉[영]擔也질、영又멜、영(庚) **擭**• 훠[확]手反覆손뒤집을、확盤手弄손벽칠、확(藥) **攇** 셴[헌]手約物쥘、헌又맺을、헌擬也비길、헌(阮) **攈**。쥔[군]拾也주을、군取也취할、군(吻)(問)攟同 **攎**。루[로]收斂拶丨거둘、노持也가질、노張也베풀、노(遇) **攕** 옌[염]引續이을、염(琰) **攋** 라[랄]手披撥丨뒤적거려헤칠、날(曷)[뢰]棄也버릴、뇌破裂찢을、뇌(泰) **[扌+學]** 쌴[효]擾也흔들、효(效)攪見 **[扌+褭]** 냐[뇨]摘也딸、요(篠)

⑰ **攔**。란[란]遮也막을、난(寒) **攓** 쳔[건]拔取빼가질、건又뽑아가질、건(先)搴同 **攘**• 샹[양]竊取빼앗을、양又몰래집을、양除也제할、양推也밀、양却也물리칠、양(陽)擾也요란할、양(養)[녕]亂貌搶丨어수선스러울、영(庚) **攖**

잉[영]相觸마주칠、영又부딪칠、영縈也얽힐、영亂也어지러울、영(庚)嬰通 攕。싼[섬]玉手ㅣㅣ손길고울、섬(鹽)[삼]義同(咸)摻同 攙。찬[참]刺也찌를、참扶也붙들、참彗星ㅣ搶혜성、참(咸)欃見 擹。얀[분]掃除쓸어버릴、분(問) 擵미[미]三菱세모진마름、미(支) 播란[랍]米再舂쌀두번찧을、남(勘) 擾넨[념]手鍌拈ㅣ손으로달아볼、삼(鹽) 擰。정[정]開張畫繪족자걸、정(敬)幀通

(十八)

㩧푸[목]小擊작으마치칠、복榎楚회초리、복(屋)扑同 攝。세[섭]總持몰아잡을、섭兼也겸할、섭引持끌어잡을、섭收也거둘、섭錄也기록할、섭假借빌、섭代也대신할、섭[엽]持也가질、엽靜也고요할、엽(葉) 攤。옹[옹]抱也안을、옹衛也옹위할、옹(腫)擁同 攛찬[찬]擲也던질、찬誘人ㅣ掇후릴、찬(翰) 㩳쏭[종]拔也빼낼、송執也잡을、송推也밀칠、송(腫) 攜。씨[휴]提也끌、휴(齊)擕同 攂레[뢰]喪家樂魁ㅣ상가풍류유(紙) 擳。잔[작]擇也가릴、작(藥) 攫。쥐[국]手把쥘、국又움킬、국(沃)

(十九)

攡리[리]張也베풀、이因舒也펼、치(支)摛離見 攦。레[려]折也꺾을、여(霽)[렬]拗也비틀、열(屑)捩見 攈。쥔[군]拾也주을、군取也취할、군(吻)(問)捃攟同 攤。난[난]押也누를、난(翰)[탄]開也열、탄布也펼、탄(寒) 攢。잔[찬]羣聚모일、찬(寒)(翰) 攣。련[련]係也맬、연連繫이어맬、연(先)手足曲손발굽으러질、연(霽) 攞뤄[라]裂也찢을、나(哿) 攠미[미]鐘受擊處쇠북방망이받이、미(支)

(二十)

攪。잔[교]手動손놀릴、교使之擾亂요란하게할、교撓也흔들、교(巧)捁同、擽通 攩。땅[당]攩打몽치로두드릴、당遮過抵ㅣ막을、당朋羣무리、당(漾)黨見 攥。좐[찰]手把손으로잡을、촬(或音찰)(曷) 攫。훠[확]以手攫取홱챌、확又움킬、확搏也후려칠、확(藥) 攝네[녑]捏也손으로찍어바를、엽兩指相搓손비빌、엽(葉)捻同

(二十一)

攬。擥俗字 攭라[라]無羽毛貌털럭없을、나裸體벗을、나(哿) 擺페[패]把也잡을、패(禡)

(二十二)

㩸데[첩]掛也걸、첩(葉) 攮낭[낭]推也밀、

낭(養)

十三 **擪**° 령 [령]手捻찍어낼、영(靑)

支部

支° 지 [지]持也지탱할、지度也헤아릴、지分離갈러날、지身體四ㅣ사지、지辰名十二ㅣ(子、丑、寅、卯、辰、巳、午、未、申、酉、戌、亥)지지、지國名月ㅣ나라이름、지(支)

二 **攰** 지 [기]傾也기울、기(寘)

五 **攱**° 지 [기]載也실을、기(紙)

六 **⿰危支** 치 [기]傾低不正쏠릴、기又비뚤어질、기(支)攲同

⿰多支° 지 [지]多也많을、지(支)

⿰未支° 츠 [시]以調五味양념할、시又간맞칠、시配鹽於豆而幽菽메주、시又된장、시(寘)豉同

七 **⿰車支** 지 [기]橫枝결가지、기(支)

八 **攲**° 지 [기]傾也不正기울어질、기(支)敧同

十 **⿰豙支** 지 [지]극勁할강할、지(支)

十二 **攳** 씬 [심]長也길、심(侵)

十六 **⿰器支** 치 [기]攲嶇不正기울어질、기(支)

攴部

攴 푸 [복]小擊칠복又똑똑두드릴、복(屋)

二 **攵** 攴同、

二 **收**° 쑤 [수]斂也거둘、수聚也모을、수捕也잡을、수穫多추수많을、수振也떨칠、수冠名黃ㅣ관이름、수秋名蓐ㅣ가을맡은신이름、수(尤)(有)

攷 考古字

三 **攻**° 꿍 [공]侵伐칠、공(東)治也다스릴、공作也지을、공摘人過失남의허물말할、공(冬)

改° 깨 [개]更也고칠、개易也바꿀、개(賄)

攸 우 [유]所也바、유自得ㅣ然자득할、유遠貌ㅣㅣ멀、유危貌ㅣ懸대롱거릴、유語助辭어조사、유(尤)

⿰乞攵 쿠 [굴]不穩敲ㅣ편치않을、굴不滑利ㅣ敲껄끄러울、굴(月)

⿰也攴 이 [의]施也베풀、의(支)

四 **攽** 빤 [반]分也나눌、반賜也줄、반(刪)頒同

放° 빵 [방]捨也놓을、방逐也내쫓을、방肆也방자할、방效也모방할、방散也흩을、방(漾)

政° 정 [정]以法治國정사、정(敬)

⿰比攴 피 [비]器傷未破그릇금갈、비(支)

⿰今攴° 진 [금]持也가질、금(侵) [감]不齊ㅣ敧칭날、감(覃)

五 **故**° 꾸 [고]事也연고、고又일、고舊也예、고又오랠、고承上起下語고로、고又까닭、고死也物ㅣ죽엄、고喪事大ㅣ상사、고固爲之짐짓、

敃 민 [민]強也강할、민勉也힘쓸、민 軫 暋同 敁 뎬 [점]以手計量손으로달아볼、점又손대중볼、점 鹽 敂。 쿠 [구]擊也칠、구 着 敀 빼 [박]逼也핍박할、박 陌 迫同 𢼨 광 [광]圃之四圍채마전언저리、광 陽 㪅。 껑 [경]改也고칠、경代也대신할、경歷也지낼、경督也行鼓경읽을、경 庚 [갱]復也다시、갱 敬 (俗作更) 㪄 부 [불]理也다스릴、불 物 敇。 졔 [제]射也쏠、제 齊 敄 우 [무]勉也힘쓸、무 遇 務同 敤 커 [가]擊也칠、가 哿

⑥

敉。 미 [미]安也편안할、미撫也어루만질、미愛也사랑할、미 紙 侎同 效。 쑈 [효]象也본받을、효功也공효、효驗也증험할、효勉也힘쓸、효傚也모방할、효獻也드릴、효 效 効同 傚通 敆 싸 [갑]會也모을、갑 合 敋 쥑 [긕]打也때릴、긕 陌 摑同 敊 츄 [츅]痛貌ㅣ戳몹시아플、츅 屋 [시]鳥名새이름、시 寘 敌 꽈 [괄]盡也다할、괄 曷 [시]喘息헐덕거릴、시 紙

⑦

敔 위 [어]止樂器그칠풍류、어(形如木虎) 語 敘。 쉬 [서]舒也펼、서次第秩ㅣ차례、서用也쓸、서述也지을、서 語 敍同 敗。 빼 [패]破也패할、패毀之무너뜨릴、패壞也무너질、패損也덜、패 卦 敏 민 [민]達也ㅣ捷민첩할、민又빠를、민聰也총명할、민悉也공손할、민悶也민망할、민足大指엄지발가락、민 軫 敎。 쟈 [교]訓也學習가르칠、교王命칙교、교以道設ㅣ종교、교授也줄、교ㅣ令법령、교 效 效也본받을、교使爲하여금、교 肴 敖。 앞 [오]戲也遊ㅣ희롱할、오長貌ㅣㅣ장대할、오傲也거만할、오 豪 遨同 救。 쥬 [구]拯也구원할、구又건질、구護也호위할、구又두둔할、구助也도울、구 宥 捄通 敓 뚸 [탈]強取ㅣ攘억지로빼앗을、탈 曷 奪同 敕。 치 [칙]誡也경계할、칙制書칙서、칙(帝之下書曰ㅣ書、又詔ㅣ)理也다스릴、칙褒嘉포장할、칙責讓꾸지람할、칙又신칙할、칙 職 勅同 㪍 뼈 [발]徐行더디걸을、발卒然별안간、발 月 敝 뾔 [폐]屋欲壞집무너지려할、폐 遇 敥。 싼 [섭]擧手貌손들、섭 豔 敡。 한 [한]止也그칠、한 旱 敨 퉁 [통]扣也두드릴、통 董

敾 쌴[소]擊棄처버릴、소(肴) ⑧ 敝。삐[폐]衣敗옷해질、폐壞也무너질、폐棄也버릴、폐弓握處활줌통、폐(蔽) 敦。도[돈]厚也도타울、돈勉也권면할、돈大
也클、돈怒也성낼、돈誰何누가어찌할고할、돈(元)不慧渾ㅣ흐리터분할、돈(阮)豎也세울、돈
歲名困ㅣ해이름、돈地名ㅣ丘땅이름 돈(願)[퇴]怒也성낼、퇴琢磨갈、퇴聚也모을、퇴軍後
군사뒤、퇴治也다스릴、퇴(灰)[단]聚也모일단(寒)[대]槃類玉ㅣ옥쟁반、대
(隊)[조]雕也琢ㅣ아로새길、조畫弓그림그린활、조(蕭)追團雕彫弴見 散。싼[산]分離헤어질、산布也흩을
산酒尊술준、산藥屑약가루、산琴曲廣陵ㅣ거문고곡조、산(翰)放也놓을、산
閒ㅣ한산할、산不檢束흩어질、산(旱)蹝行槃ㅣ비척거릴、산(寒)撒俗字蹝見 敞。창[창]露也드러날、
창高爽塏地높고시원할、창失
容ㅣ罔실심할、창谿也넓을、창(養) 敢。깐[감]忍爲구태、감勇也용감스러울、감進取果ㅣ결단성있을、감犯也범람할、감冒昧辭감히、감(感)
敠 뙤[철]知輕重드레질해볼、철又무게짐작할、철食不速더디먹을、철(屑) 敜。네[녑]塞也막을、엽閉也닫을、엽(或音엽)(葉) [illegible] 삐[비]擊聲ㅣ敁때리는소리
비(支) 敳 뤼[뢰]不滑ㅣ敳껄끄러울、뢰又깔깔할、뢰(賄) [illegible] 칸[감]鳥啄物새쪼아먹을、감(感) [illegible]。이[예]毁也敤ㅣ헐、예又휠、예(霽) [illegible] 앤[염]以手散
物손으로흩을、염(鹽) [illegible] 쥐[작]奪取빼앗을、작(藥) [illegible] 예[엽]付着ㅣ敡붙을、엽及也미칠、엽(葉) [illegible]。이[이]侮也업신여길、이輕說쉽게말할、이(寘) 敟
뎬[전]常也항상、전又떳떳할전主掌주장할、전(銑) [illegible] 뤼[록]剝聲깎는소리、녹又박박긁는소리、녹又똑똑두드리는소리、녹(屋) [illegible]。직[주]防止방지할、주又막을
주(尤) [illegible] 싼[삼]鳥之啄物새쪼아먹을、삼(感) ⑨ 敭 양[양]明也밝을、양(陽)揚通 [illegible]。뚜[두]塞也막을、두閉也닫을、두(麌)𢾧同 敬。징[경]恭也공경、경肅也엄숙할、경謹愼삼갈、경(敬)憼同
[illegible] 렌[련]打物柔之날신하게두드릴、연擇也가릴、연投也던질、연(霰) [illegible] 취[취]量也요량할、취試也시험할、취(紙)量物

輕重달、취(爵) **⿰亭攴**。뎡 [정]觸也부딪칠、정又반을、정撞也두드릴、정(庚) **敫** 약 [약]日影해그림자、약(藥) [교]唱歌노래할、교(嘯) **⿰者攴**• 두 [도]同伴한가지할、도又벗

할、도(虞) **⿰咼攴** 괘 [괘]古貨錢名돈、괘(泰) **⿰韋攴** 웨 [위]背反배반할、위(微) ⊕十 **敳**。애 [애]有所治다스림있을、애(灰) **敲**• 챠 [고]叩也두드릴、고橫擊

가로칠、고短杖지팡이、고(肴)從傍擎곁매칠、고(效) **⿰緘攴**• 센 [감]物相聯合물건서로합할、감貪也탐할、감(陷) **⿰皮攴** 피 [비]屋欲壞ㅣ敝집무너지려할、비(支) **⿰夌攴** 릉

[늘]不安편치못할、늘(月) **⿰宮攴** 룽 [동]擊空之聲쿵쿵울릴、동(冬) **⿰害攴** 해 [개]俗音[해]辱也욕할、해(泰) **⿰豙攴**。지 [기]弓勁활이핑핑할、기(支) ⊕十一 **敷**。• 뷰

[부]陳也베풀、부布也펼、부散也흩어질、부(虞) **敺** 驅古字 **數**。• 쓔 [수]幾也두어、수計也셀、수又셈칠、수又셈、수曆ㅣ운수、수命ㅣ팔자、수(遇) [촉]細密빽빽할、촉(沃)

[삭]頻屢자조、삭又여러번、삭疾也빠를、삭(覺) **⿰寮攴** 랴 [료]擇也가릴、요揮也두를、요縫綴꿰맬、요(蕭) **敶** 陳古字 **⿰翏攴** 繆古字

敵。• 뎍 [적]當也拒抵대적할、적又막을、적又상당할、적仇也원수、적匹也짝、적對手적수、적(錫) 敵同 **⿰鹿攴** 루 [록]獸皮有文얼룩무늬있는가죽、녹(屋) **⿰虘攴**。자 [자]指

押손가락으로누를、차(麻) **⿰畢攴**。삐 [필]召使疾行불러빨리오라할、필(質) **⿰寅攴** 인 [인]搗也짓찧을、인(軫) **⿰參攴** 싼 [삼]狹隘좁을、삼(豏) **⿰貴攴**。지 [기]至也이를、기(齊)

⊕十二 **敿**• 。쟢 [교]連繫맬、교又동일、교(篠) **整**。• 졍 [정]齊也정제할、정飭也신칙할、정(梗) **⿰𢻱攴** 散本字 **⿰肅攴** 쑤 [숙]打聲때리는소리、숙(屋) **⿰喜攴** 이

[희]戲弄희롱、희(紙) **⿰亂攴** 란 [란]煩也번거러울、난惰也게으를、난亂也어지러울、난(寒) ⊕十三 **⿰詹攴**。잔 [점]擧手ㅣ𢾾손들、점(琰) [염]義同(豔) **斂**。• 렌 [렴]收也거둘、염聚

也모을、염(琰)藏也감출、염取也취할、염(豔) 𣪠見 **⿰廉攴** 렌 [렴]鼓初打ㅣ鼓북처음칠、염(豔) **⿰蜀攴**。쮜 [책]俗音[탁]去陰椓불알베일、탁(覺) **⿰睪攴**• 이 [두]敗也패할、두又무너질、두(遇)

역 厭也싫을、역解也풀릴、역終也마칠、역(陌)

𣪧 레 뢰 碎也부서뜨릴、뢰摧也꺾을、뇌(灰)

斄• 레 례 斄敵원수、예(霽)

歊 쌰 효 悲也슬퍼할、효(蕭)

⑭ 斃•。 뼤 폐 死也죽을、폐使之致死죽일、폐踏也엎더질、폐(霽) 獘同 •

斀。 착 추 棄也버릴、추憎惡미워할、추(尤) 魗同

斅 충 중 不請自來저절로올、충(送)

斀 취 탁 痛也아플、탁授也줄、탁刺也찌를、탁舂也찧을탁築也다질、탁(覺)

斆 완 만 舂除穀芒벼가라바숨、만(阮)

⑮ 斄•。 태 태 地名땅이름、태(灰)

斅 빡 박 打也칠、박(覺)

⑯ 斆•。 쌰 효 敎也가르칠、효(效)

斁。 홰 괴 壞之무너뜨릴、괴(卦) 壞同

斄 레 려 亂也어지러울、역(錫)

⑰ 斅 쌴 삼 厭也싫어할、삼(覃)

⑱ 斆。 네 녑 相及敵ㅣ서로미칠、엽(葉)

⑲ 變 뼨 변 更也변할、변(霰)

斅• 麗同

⑳ 斆• 쏘 속 打也칠、속(沃)

文部

文•。 원 문 書契ㅣ字글월、문又글、문又글자、문華也빛날、문美也아름다울、문善也착할、문法也법、문斑也문채、문又아롱질、문書翰편지、문(文) 飾也꾸밀、문(問)

⑥ 斉 쨰 재 均也고를、재(齊)

⑧ 斌 삔 빈 文質明備빛날、빈又문채날、빈(眞) 彬同

斐•。 삐 비 文章相錯萋ㅣ문채날、비(尾)

斑•。 빤 반 雜色成文아롱질、반又알록거릴、반(刪)

⑨ 斒 빤 변 色雜混合빛섞일、반(刪)

斓 환 환 文采ㅣ斓문채날、환(翰)

⑮ 斔 위 유十六斗入열엿말들이、유(虞) 斞同

⑰ 斕•。 란 란 色雜斓ㅣ문채날、난又 빛섞일、난(刪)

斗部

斗•。 뚜 두 量名十升말、두又열되들이、두酒器술그릇、두書形枓ㅣ글씨、두星名별이름、두(北ㅣ、南ㅣ)(有) 㪷同

③ 斘 씽 승 登也오를、승(蒸)

昇見

四 ⿰元斗 싸 [할] 量也두량할、할(黠)

五 㪵 빤 [반] 量物半分돼서반분할、반(翰)

六 料。 랴 [료] 度也헤아릴、요理也다스릴、요數也셀、요抒也더듬을、요樂器小鼓소고、요(蕭) 祿也녹、요又유、요又월급、요物材재료、요又감、요又거리、요(俗材ㅣ、食ㅣ、原ㅣ)(嘯)

⿰舀斗 와 [알] 斗量取物말로되어담을、알(曷)

酙 斛同

七 ⿰豆斗 떠 [두] 量名十升말、두(有) 斗同

斜。 셰 [사] 橫也빗길、사散也흩어질、사抒也끄벌、사 [야] 梁州谷名褒ㅣ골이름、야(麻) 褒見

斛。 후 [곡] 量名十斗휘、곡(屋) 斛同、觳通

八 斝。 쟈 [가] 玉爵옥잔、가(馬)

九 斞 유 [유] 量名十六斗열엿말들이、유(虞) 斔同

⿸广⿰兆攴 됴 [조] 斛耳휘귀、조(蕭) 庣同

斟。 쯘 [침] 俗音[짐] 計也ㅣ酌짐작할、짐又여길、짐酌也잔질할、짐遲疑ㅣ愖마음머뭇거릴、짐(侵)

十 斡。 와 [알] 旋也돌이킬、알(曷) [간] 轉也구를、간運也운전할、간柄也자루、간主掌주장할、간(旱)

斠。 쟌 [각] 平斗斛평미레、각又고무래、각量也되질할、각(覺)

十二 ⿰婁斗 럭 [로] 兵奪人物斢ㅣ군사가겁탈할、누(有)

⿰尉斗 위 [위] 火斗다리미、위 (未) [울] 持火展布다릴、울(物) 熨同

⿰啇斗 뗘 [적] 量也말될、적(錫)

十二 斢 텨 [주] 兵奪人物ㅣ斢군사가노략질할、주(有) 斢見

十四 ⿰奠斗。 쥐 [구] 挹也뜰、구又국이질할、구(虞)

十九 ⿱䜌斗。 쟌 [권] 抒滿가득히뜰、권(或音 연)(願) 𣃁同

斤部

斤。 진 [근] 衡目十六兩重근、근又열엿량중、근斫木器斧ㅣ도끼、근又도치、근斪斸之總稱날、근(文) 明察ㅣㅣ밝게살필、근(問) 釿見

斥。 치 [척] 逐也내칠、척廣也넓힐、척指也가리킬、척開也개척할、척擯也물리칠、척望也ㅣ候망볼、척澤厓못가、척又늪가、척鹹地염밭、척(陌)

四 斧。 뿌 [부] 伐木器具ㅣ鉞도끼、부又도치、부又언월도、부(麌) 鈇通

斨 챵 [장] 方銎斧구멍모진도끼、장(陽)

斦 인 [은] 斧砧모탕、은(文)

五 斫。 쟉 [작] 擊也刀ㅣ쪼갤、작又찍을、작(藥) 斮通

斪ㅇ쥐 [구]鉏屬호미、구 研也쪼갤、구(虞) **六** **斱**꺼 [격]爭鬪쌈할、격又다툴、격(陌) 戟同 **七** **斬**ㅇ잔 [참]截也베일、참又끊을、참 斷首목베일、참 殺也죽일、참 喪服不緝ㅣ衰거상입을、참(豏) **[illegible]**라 [라]相擊서로칠、나(哿) **断** 斷俗字 **八** **斮**ㅇ쟈 [작]斬也베일、착(覺) [작]研也쪼갤、작(藥) 研見 **斯**ㅇ쓰 [사]此也이、사 析也짜갤、사 即也곧、사 語已辭말그칠、사(支) **九** **新**ㅇ씬 [신]初也새、신又처음、신 革舊새로울、신 鮮也고울、신(眞) **十** **㫁** 斷俗字 **十一** **斲**ㅇ쥐 [작]研也 樸ㅣ쪼갤、착 削也깎을、착(覺) **[illegible]**셔 [서]擊也칠、서(御) **十三** **斶**츄 [촉]人名顏ㅣ사람의이름、촉(沃) **十四** **斷**ㅇ똰 [단]絶之끊을、단 自絶끊어질、단 剪也갈길、단 謝絶사례할、단(旱) 決也결단할、단 專一ㅣㅣ한결같을、단(翰) **[illegible]**치 [제]斷也끊을、체(齊) **二十一** **斸**ㅇ쥬 [촉]研也찍을、촉(沃) 钃通 [착]義同(覺) 通椓

方部

方ㅇ빵 [방]矩也모질、방 向也방위、방 法術방법、방 今也이제、방又바야흐로、방又금방、방 比也견줄、방 常也떳떳、방 策簡책、방 寄也붙일、방 併舟連結배연결할、방 醫書處ㅣ처방할、방(陽) **二** **㫃**옌 [언]旌旗垂末깃발、언(阮) **三** **[illegible]**텬 [천]旗竿깃대、천(銑) **四** **於**ㅇ위 [어]助辭어조사、어又늘、어 居也살、어又거할、어 往也갈、어 代也대신할、어(魚) [오]歎辭탄식할、오又오흡다할、오(ㅣ戲ㅣ穆ㅣ乎ㅣ)(虞) 嗚見 **旁**ㅇ팡 [방]交橫ㅣ午사귈、방又오락가락할、방(漾) 大也클、방 廣也넓을、방 岐路두갈래길、방 混同ㅣ礴섞일、방又덩어리질、방(陽) [팽]驅馳不息ㅣㅣ팽팽달릴、팽(庚) 旁同 **斻**항 [항]結船결선할、항(陽) **斺**ㅇ제 [개]結也맺을、개(卦) **五** **施**ㅇ쓰 [시]捨也놓을、시(紙) 與也줄、시 布也펼、시(支) 設也베풀、시 用也쓸、시 加也더할、시 前後不能屈伸戚ㅣ안팎곱사등이、시 喜悅貌ㅣㅣ벙글거릴、시 [이]自得貌ㅣㅣ젠체할、이

又잘난체할、이移也옮길、이延也번을、이及也미칠、이(眞)訑䜣見

斿 유 [유]旌旗垂末깃발、유(尤)游通

旀 [韓]句讀接續詞하며、며

⑥

旅 려 [려]寄客羈ㅣ나그네、여又손님、여ㅣ團여단、여(軍五百人爲ㅣ)衆也무리、여陳也베풀、여卦名괘이름、여祭名제사이름、여西戎之長曰西ㅣ서녘오랑캐어른、여(語)

旆 패 [패]旗也기、패旗揚貌ㅣㅣ깃발날릴、패(泰)

旃 잔 [전]曲柄旗자루굽은기、전語已辭말그칠、전(之也愼ㅣ焉也舍ㅣ)(先)旜氈見

旄 모 [모]幢也기、모羽旗깃붙인기、모(指揮時用)丘前高後低언덕앞높을、모(豪)老也늙은、모犬足毛개발털、모(號)

旂 치 [기]畫青黃交龍於旒용대기、기又교룡기、기竿頭懸鈴방울단기、기又절령기、기(微)

旁 旂俗字

[illegible] 우 [물]洞里所建旗동리기、물(物)

⑦

旎 늬 [니]旖旎깃발펄펄날릴、이雲騰구름피어오를、이(支)(紙)

旇 피 [비]俗音[피]麾也旗靡대장기、피(支)

旉 敷古字

旖 의 [아]旗纚ㅣ旎깃발날릴、아(哿)

旋 쉰 [선]反也돌이킬、선疾也빠를、선漩也小便오줌、선謀力周ㅣ주선할、선鐘懸종달、선廻也盤ㅣ돌아다닐、선轉也斡ㅣ구를、선(先)還通、遶也逐ㅣ둘릴、선(霰)

旌 정 [정]析羽置竿기장목、정表也ㅣ別표할、정(庚)

旍 旌同

族 주 [족]同姓宗ㅣ일가、족又겨레、족(祖子孫三ㅣ自高祖至玄孫九ㅣ)類也동류、족(人ㅣ、禽ㅣ、獸ㅣ、魚ㅣ、虫ㅣ)(屋)[주]樂變節ㅣ풍류가락、주(宥)簇見

旊 빵 [방]搏埴匠工옹기장공、방(養)

⑧

旐 잔 [조]龜蛇旗거북과뱀그린기、조(建立後察形兆)(篠)

[illegible] 뉘 [나]旗纚旖ㅣ깃발날릴、나(哿)

⑨

旒 류 [류]旗末깃발、유冕冠前後垂玉면류관앞뒤에느린구슬、유(天子王藻十有二ㅣ)(尤)瑬見

旓 쌀 [소]旗旒깃발、소(肴)

[illegible] 엔 [엄]覆也덮을、엄(琰)

⑩

旗 치 [기]幡也標幟기、기將軍所建대장기、기(支)

旖 이 [의]旗纚ㅣ旎기펄펄날릴、의(支)(紙)

旛 펀 [번]覆舟之篷배덮는뜸、번(阮)

⑪

[illegible] 윤 [운]標幟기、운動也움직일、운(阮)

⑫

[illegible] 황 [황]酒家標旗술집표기、황(養)

⑭ 旛。빤 번 旌旗總名기、번旗揚ㅣㅣ기펄펄날릴、번 元 旟 뺘 표 旗飛揚貌깃발훌훌날릴、표 蕭 ⑮ 旜。잔 전 曲柄旗자루굽은기、전 先 旃通

旝。쾌 괴 天將指揮旗대장의지휘하는기、괴 泰 旞 쒜 수 羽裝旗깃으로꾸민기、수導車所載全羽차에꼿는온깃、수 有 ⑯ 旟。위 여 鳥隼旗새매그린기、여 魚

⑱ 旞 쒜 수 羽裝旗깃으로꾸민기、수 有

无部

无 無古字 旡。지 기 氣塞숨막힐、기 寘 ⑦ 既。지 기 已也이미、기盡也다할、기小食작게먹을、기 未 ⑨ 旤 禍古字

日部

日。시 일 太陽날、일又해、일晝也낮、일 質 〈旦〉 딴 단 朝也아침、단曉也새벽、단早也일찍、단又이를、단夜鳴鳥盍ㅣ밤에우는새、단懇惻ㅣㅣ간곡히슬플、단 翰

② 旨 쯔 지 有味맛있을、지味也맛、지意趣뜻、지又뜻할、지美也아름다울、지王言詔ㅣ조서、지 紙 旬。쑨 순 十日열흘、순徧也두루、순均也고를、순妖星요괴로운별、순 眞 早 잔 조 最也이를、조又새벽、조又일찍、조 皓 蚤通 旭。쒸 욱 日初出날돋울、욱又햇발비칠、욱明也밝을、욱又빛날、욱 沃

③ 旴 쒸 우 日初出해처음돋을、우 虞 旱。한 한 亢陽不雨가물、한 旱 旰 깐 간 日晚날늦을、간 翰 〈旲〉 대 대 日光햇빛、대又날빛、대 灰

旵 땀 담 或音 감 日光照햇발비칠、감 豏 㫒 꽁 공 助也도울、공 冬 ⿰日乞。지 게 暖也따뜻할、게又따끈할、게 霽 ④ 旹 時古字 易。이 이 不難쉬울、이治也다스릴、이忽也홀하게여길、이又쉽게여길、이(平ㅣ、輕ㅣ、簡ㅣ、樂ㅣ) 寘 역 變也변할、역換也바꿀、역象也형상할、역 陌 昈。후 호 文彩貌ㅣㅣ문채날、호又빛날、호明也밝을、호 虞 昕。쎈 흔 日出날돋을、흔又해돋을、흔朔日大ㅣ초하루、흔 文 旿 우 오 日當午而盛明낮밝을、오又한나절、오又대낮、오 麌 旻。민 민 秋

四畫 方无日

天가을하늘、민(眞) **〈昑〉** 친 [금]明也밝을、금(寑) **旼** 민 [민]和貌ㅣㅣ화할、민(眞) **昏** 혼 [혼]日暮黃ㅣ날저물、혼又어둘、혼亂也어지러울、혼夭死어려서죽을、혼(元)昏通 **昆** 곤 [곤]兄也형、곤又맏、곤又언니、곤同也같을、곤後也뒤、곤孫也後ㅣ손자、곤又후손、곤咸也다、곤鼻蜆見[혼]天形ㅣ命하늘몸、혼人名漢公孫ㅣ邪사람의이름、혼(元) **昄** 빤 [판]大也클、판明也밝을、판(潸) **昊** 한 [호]夏爲ㅣ天여름하늘、호天氣廣大ㅣㅣ하늘기운넓고클、호(皓)皞通 **昌** 창 [창]盛也성할、창又창성、창顯也나타날、창善也착하게말할、창日光날빛、창(陽) **昂** 앙 [앙]明也밝을、앙擧也들、앙高也軒ㅣ높을、앙又헌앙할、앙馬行貌ㅣㅣ말뚜벅뚜벅걸을、앙軍容ㅣㅣ군사형용、앙(陽)仰通 **〈昀〉** 윤 [윤]日光날빛、윤(眞) **旺** 왕 [왕]物之始盛왕성할、왕光美빛날、왕日暈해무리、왕(漾)暀同 **明** 밍 [명]光也밝을、명照也비칠、명顯也著ㅣ나타날、명又밝힐、명白也흴、명辨也분변할、명察也살필、명星名啓ㅣ별이름、명人名孟ㅣ사람의이름、명(庚)明通 **昇** 씽 [승]日升해돋을、승又날오를、승ㅣ平풍년들、승(蒸)歼見、升通 **昒** 우 [물]未明ㅣ爽밝을녘、물먼동틀때、물(物)[홀]尚冥밝으려할때、홀曉也새벽녘、홀(月)曶見 **映** 졔 [결]日蝕色일식하는빛、결(屑) **昔** 씨 [석]古也옛、석夜也밤、석前代往ㅣ옛날、석又옛적、석久也오랠、석嚮日曩ㅣ저즘께、석又접때、석昨日曦ㅣ어제、석始也비로소、석(陌)[작]牛角理錯쇠뿔뒤틀릴、작(藥)唶見 **旽** 툰 [견]至誠ㅣㅣ지성스러울、견(銑)[돈]日欲出날돋을、돈(元)暾見 **昃** 져 [측]日傾西方해기울어질、측(職)仄通 **昗** 同昃 **曶** 후 [홀]尚冥밝으려할、홀又먼동틀、홀(月)昒通 **[日+内]** 누 [눌]日入暮色해저물、눌又어둠컴컴할、눌(月) **昚** 졔 [계]姓也성、계明也밝을、계(卦) **〈昖〉** 옌 [연]日行해다닐、연(先)昭同 **昉** 빵 [방]明也밝을、방始也비로소、방(養) **昐** 쁜 [분]日光날빛、분(文) **昁** 페 [패]曇也흐릴、패暗也어둘、패(泰) **昍** 쉔 [헌]明也밝을、헌(元) **[日+冘]** 땀 [탐]夕景저녁경치、탐(覃)

五

昫 쒸 구 日上照温해돋아따뜻할、구(虞)(遇)煦通 **昚** 愼古字 **昏**。훈 혼 日暮어둘、혼又저물、혼(元)昬暋見 **昧**。메 매 暗也어둘、매貪冒탐할、매又무릅쓸、매(隊)微明ㅣ爽밝을녘、매又먼동틀、매斗後星名夷樂별이름、매日入ㅣ谷해떨어지는곳、매(泰) **春**。춘 춘 四時之首봄、춘(眞) **映**。잉 영 相照비칠、영(敬)暎同 **昭**。쌰 조 著明밝힐、조又나타낼、조光也빛날、조(蕭)炤通 소 明也ㅣㅣ밝을、소廟位ㅣ穆소목、소(篠)佋見 **〔昪〕** 뺀 변 日光날빛、변昇同、喜樂貌좋아할、변(霰)忭見 **昇** 昪同

昴 맢 묘 西陸宿名旄頭묘성、묘(巧) **昜** 양 양 光也빛날、양開也열릴、양(陽)陽古字 **昞** 뼝 병 明也밝을、병又빛날、병(梗)炳同 **昺** 昞同 **星**。씽 성 辰宿總名별、성點點ㅣㅣ반짝거릴、성(青) **昰** 夏古字 **昤** 링 령 日光ㅣ曨날빛영롱할、영(青) **昝** 잔 잠 姓也성、잠(感) **昱**。위 욱 日光날빛、욱(屋)

昵。늬 닐 親近친근할、일(質) 녜 禰廟아비사당、예(薺)暱同 **昢** 풰 불 日出해돋을、불(月) **昧** 머 말 小星작은별、말日中不明낮이어둠침침할、말(曷) **昳** 데 일 俗音 질 日傾해기울어질、질(屑) **昨** 쩌 작 隔宵어제、작前日엇그제、작又아래、작(藥) **昲** 쀄 비 乾物ㅣ曬말릴、비曝也볕쪼일、비(未) **昐** 昖同 **是**。쓰 시 此也이、시非之對옳을、시正也바를、시直也곧을、시(紙) **昡** 쎈 현 日光햇빛、현(先) **昮** 돠 도 日色햇빛、도(豪)

㊅

時。씌 시 辰也때、시是也이、시伺候문후할、시期也四時사시、시(支) **晐** 깨 해 備也갖출、해咸也다、해(灰)賅通 **晒** 曬俗字 **晉**。찐 진 進也나갈、진抑也억제할、진插也꽂을、진卦名괘이름、진周叔虞所封國名나라이름、진(震) **晅** 쉔 훤 日氣볕기운、훤乾也말릴、훤(元)烜通 **晏**。얜 안 晚也늦을、안安也편안할、안天清하늘맑을、안鮮明선명할、안和也화할、안(諫) **晁** 朝古字 鼂同 **昶**。창 창 明也밝을、창通也통창할、창日長해길、창(養) **晃** 황 황 明也밝을、황光輝ㅣㅣ환히빛날、황(養)晄同 **〔晄〕** 晃同 **晌**

쌍[상]俗音[향]午也대낮、향又한낮、향半刻반각、향(養)
晑 쌍[향]明也밝을、향(養)
晊 ◦지[질]大也클、질明也밝을、질(質)
晎 ◦홍[홍]日欲明ㅣㅣ날밝으려할、홍又먼동틀、홍(董)
㫺 ◦즈[자]事事無礙일마다용이할、자(支)
晀 ◦잔[조]明也밝을、조(篠)
晍 밍[명]日暗날어둘、명(迥)

七

晞 ◦씨[희]乾也마를、희燥也말릴、희日始昇해돋을、희(微)
晡 뿌[포]申時신시、포又저녁때、포(虞)
晤 ◦우[오]明也밝을、오遇也만날、오以言曉人깨닫게할、오返照저녁볕、오(遇)
晢 ◦지[절]明也照ㅣ밝을、절(屑)晣同[제]星光ㅣㅣ별광날、제(霽)暩同
晦 훼[회]月終그믐、회冥也어둘、회(隊)
晨 ◦천[신]曉也昧爽새벽、신又샐녘、신又샛별、신(房星之ㅣ通作辰、又早朝之辰通作ㅣ)(眞)
晙 ◦◦쥔[준]明也밝을、준早也이를、준又아침、준(震)
晜 쿤[곤]後嗣ㅣ孫후손、곤(元)昆通
㬉 난[난]赤也붉을、난(潸)
晥 환[환]明貌밝아환할、환(潸)睆見
晛 쎈[현]日氣볕기운、현又햇발、현(銑)[현]義同(霰)
晧 한[호]日出해돋을、호(晧)
晟 ◦청[성]明也밝을、성熾也불꽃、성(敬)
晝 ◦◦작[주]午也日中낮、주又한낮、주(宥)
晣 ◦지[절]明也照ㅣ밝을、절(屑)晢同
𣆧 ◦잉[경]日高해높을、경(梗)
晚 ◦완[만]暮也저물、만又늦을、만後也뒤질、만(阮)
㫲 페[패]暗也어둘、패(隊)
㫰 랑[랑]曝也볕쪼일、낭明朗밝을、낭(養)朗通
晗 한[함]曙也날샐、함又샐녘、함(覃)
畳 疊俗字

八

晷 궤[귀]日影ㅣ刻해그림자、귀(紙)
智 ◦◦지[지]心有所知지혜、지又슬기、지敏也민첩할、지(寘)
普 푸[보]博也넓을、보大也클、보徧也두루、보日無色햇빛침침할、보(麌)溥通
暩 ◦지[제]星光ㅣㅣ별빛찬란할、제(霽)晢同
晬 ◦취[쉬]子生周年돐、쉬又첫생일、쉬(隊)
晋 晉俗字
晼 웬[원]日落ㅣ晚해떨어질、원又날저물、원(阮)
暀 왕[왕]光美빛고울、왕(漾)旺同
晻 안[암]暗也어둘、암障也막힐、암(感)[엄]日無光ㅣㅣ날흐릴、엄又날침침할、엄(琰)
景 ◦◦징[경]光也볕、경

又빛、경又경치、경明也밝을、경大也클、경慕也사모할、경[영]物之陰影그림자、영衣也옷、영(梗)影見

晴 칭[청]雨止無雲날갤、청又날들、청(庚)睲姓同

晶。징[정]精光ㅣㅣ맑을、정又영채날、정美石水ㅣ수정、정又함나、정光也빛날、정(庚)

晳。씨[석]明辨분석할、석(錫)

晵 치[계]霽也비갤、계(霽)[견]姓也성、견(霰)

⿰日穹 츙[궁]日乾物볕에말릴、궁(送)

⿱日取。정[정]日初出貌햇발불그레하게치밀、정(梗)

晹。이[역]日無光날흐릴、역(陌)

晽 린[림]欲知ㅣㅣ알고저할、임(侵)

晌 쌍[상]ㅣ午낮、상(養)

睫 쳐[접]日欲沒ㅣ曬해가떨어지려고껌벅거릴、첩(葉)

晲 웨[예]日昳해기울어질、예(霽)

晫。쫘[탁]明盛貌환할、탁(覺)

晱 셴[섬]電光번개빛、섬(琰)

⿰日豖。자[재]日輝날빛、자(禡)

⿰日彔 루[록]曇也흐릴、녹(沃)

九

暌。퀘[규]日入해질、규違也어긋날、규(齊)

暐。웨[위]光盛빛날、위輝也환이빛날、위(尾)

暆。이[이]日行ㅣㅣ해다닐、이(支)

暉。훼[휘]日光날빛、휘又햇빛、휘發光빛날、휘(微)

暄 쒠[훤]日暖날따뜻할、훤(元)

暕。잰[간]陰朝日明흐린아침에날밝을、간(潸)[란]陰乾그늘에말릴、난(寒)

暇。쟈[가]閑也한가할、가又틈、가休日겨를、가又쉴、가(禡)

暘 양[양]日出處ㅣ谷해돋는곳、양(陽)

暒 칭[청]雨止雲散날갤、청(庚)晴同

暎 잉[영]相照비칠、영(敬)映同

暗。안[암]不明어둘、암深也깊을、암(勘)闇通

暍 거[갈]傷暑中熱더위먹을、갈(或音알할)(月)⿰火曷同瘍通

暅 끈[긍]曝也볕쪼일、긍(徑)[훤]乾燥말릴、훤(元)

暑。쓔[서]熱也더위、서又더울、서(大ㅣ小ㅣ)(語)

暈 윈[운]日月周圍輪狀氣痕해와달무리、운(日ㅣ、月ㅣ)(問)

暋。민[민]強也강할、민(軫)敃同昬通

暖。놘[난]溫也따뜻할、난(旱)⿰日奐同[훤]柔貌온유할、훤(元)(阮)煖通

⿰日奐 놘[난]溫也따뜻할、난(旱)暖同

⿰日昷 원[온]日出而溫돋는볕따뜻할、온(元)

⿰日兪 두[도]日陰해그림자、도(虞)

十

⿱能日 내[내]日曇無光날흐릴、내(賄)

⿰日盈 ⿰日昷同

暢。창[창]通也통창할、창

和ㅣ화창할、창 琴曲저문고곡조、창(漾)

暠 꼬 [고] 明白명백할、고又깨끗할、고白也힐、고(皓) 皜通

晄 황 [황] 旱熱가물더위、황(養)

暝。밍 [명] 夕也저녁、명 幽也ㅣㅣ어둘、명又감감할、명(徑)(青) 冥見

暣 치 [기] 日氣볕기운、기(未)

暛 휘 [확] 暫明잠간환할、확(藥)

暟。개 [개] 照也비칠、개(賄)

暚 얀 [요] 明也밝을、요(蕭)

暛 차 [차] 日暮해저물、차(哿)

暷 밧 [박] 曝也볕쪼일、박(藥)

暡 앙 [앙] 曇也날흐릴、앙(漾)

⑪

暮。무 [모] 日晩날저물、모又늦을、모遲也더딜、모(遇) 莫通

㬥 暴同

暳 훼 [혜] 小星작은별、혜(霽)

暵 한 [한] 乾也마를、한(旱)(翰) 熯通

暤 하 [호] 明也밝을、호(皓) 皞同

暫。잔 [잠] 不久須臾잠간、잠卒也마침、잠(勘) 蹔同

暱。닉 [닐] 親近친근할、일日近해가까울、일(質) 昵同

暯 뭐 [막] 冥也어둘、막(藥)

暬。쎼 [설] 慢也거만할、설近侍人ㅣ御근시하는사람、설晦暝감감할、설(屑) 媟同

〈暲〉 쟝 [장] 日光上進햇발올라올、장(陽)

㬓 퍄 [표] 曬乾볕쪼여말릴、표(嘯)

䁱 어 [구] 暖也따뜻할、구(尤)

暯 망 [망] 不明曭ㅣ희미할、망日無光날흐릴、망(養)

曺 짜 [조] 日光햇빛、조(豪)

暪 만 [만] 暗也어둘、만(阮)

⑫

曈。퉁 [동] 欲明ㅣ曨먼동틀、동(東)(董)

曁。치 [기] 與也다못、기及也미칠、기果毅貌ㅣㅣ굳셀、기(寘) 洎通

曀 이 [에] 曇而風吹흐리고바람불、에又음산할、에(霽)

曃 태 [태] 不明曖ㅣ어둘、태(隊)

暾 툰 [돈] 日始出날처음돋을、돈性不爽利溫ㅣ수더분할、돈(元) 旽通

曉。쇼 [효] 曙也새벽、효知也깨달을、효說也달랠、효快也쾌할、효(篠)

暻 징 [경] 明也밝을、경(梗)

暿 씨 [희] 盛熱몹시더울、희(紙)

曇。탄 [담] 雲布날흐릴、담又구름낄、담世尊翟ㅣ부처의이름、담(覃)

暹 셴 [섬] 日光昇날빛오를、섬(國名ㅣ羅)(鹽)

曆。리 [력] 天時ㅣ象책력、역數也셀、역(錫) 歷見

曄。예 [엽] 輝也빛날、엽明也밝을、엽震電번개번쩍할、엽(葉)

曅 曄同

暸。랴 [료] 明也밝을、요(蕭)

㬛 씨 [흡] 日乾物볕에말릴、흡(緝)

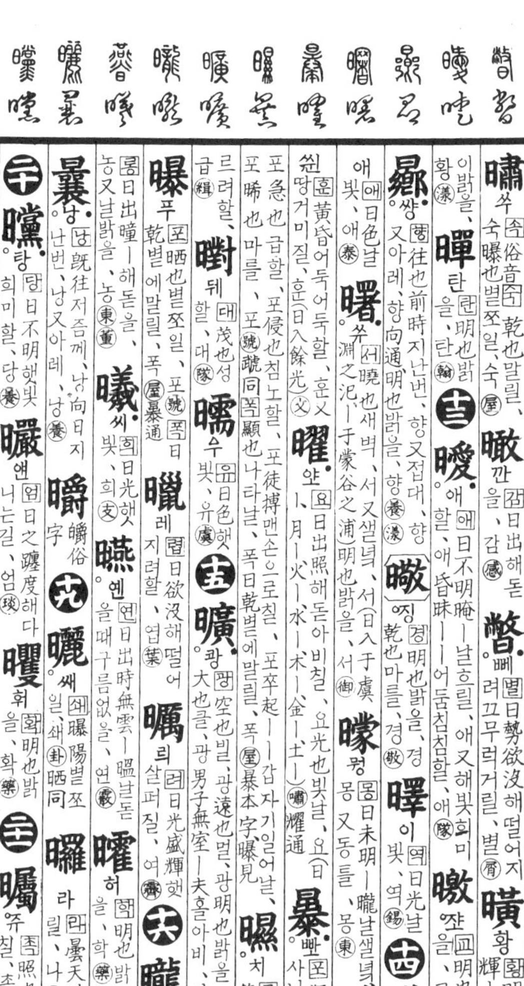

⿰日肅 쑤 속 俗音 숙 乾也말릴、숙曝也볕쪼일、숙屋 ⿰日敢 깐 감 日出해돋을、감感 暼。삐 별 日勢欲沒해떨어지려끄무러거릴、별屑 曂 황 황 明也輝ㅣ환이밝을、황漾 暺 탄 탄 明也밝을、탄翰

(十三) 曖。애 애 日不明晻ㅣ날흐릴、애又해빛희미할、애昏昧ㅣㅣ어둠침침할、애隊 曒 쟈 교 明也밝을、교篠 曏。샹 향 往也前時지난번、향又접대、향又아레、향向通明也밝을、향養漾 〈曔〉 징 경 明也밝을、경乾也마를、경敬 曎 이 역 日光날빛、역錫

(十四) ⿰日蓋 애 애 日色날빛、애泰 曙。쓔 서 曉也새벽、서又샐녘、서(日入于虞淵之汜ㅣ于蒙谷之浦)明也밝을、서御 曚 뭉 몽 日未明ㅣ曨날샐녘、몽又동틀、몽東 曛 쒼 훈 黃昏어둑어둑할、훈又땅거미질、훈(日入餘光)文 曜。약 요 日出照해돋아비칠、요光也빛날、요(日ㅣ、月ㅣ、火ㅣ、水ㅣ、木ㅣ、金ㅣ、土ㅣ)嘯 燿通 曓。빠 포 猛也사나울、포急也급할、포侵也침노할、포徒搏맨손으로칠、포卒起ㅣㅣ갑자기일어날、포晞也마를、포號 虣同 폭 顯也나타날、폭日乾볕에말릴、폭屋 暴本字、曝見 ⿰日縣。치 급 欲乾마르려할、급緝 ⿰日對 뒈 대 茂也성할、대隊 曘 수 유 日色햇빛、유虞

(十五) 曠。광 광 空也빌、광遠也멀、광明也밝을、광大也클、광男子無室ㅣ夫홀아비、광漾 曝 푸 포 晒也볕쪼일、포號 폭 日乾볕에말릴、폭屋 暴通 ⿰日巤 레 렵 日欲沒해떨어지려할、엽葉 曞 리 려 日光盛輝햇살퍼질、여霽

(十六) 曨。룽 롱 日出曈ㅣ해돋을、롱又날밝을、농東董 曦。씨 희 日光햇빛、희支 曣。옌 연 日出時無雲ㅣ曀날돋을때구름없을、연霰 曤 허 학 明也밝을、학藥

(十七) 曩。낭 낭 旣往저즘께、낭向日지난번、낭又아레、낭養 ⿰日爵 皭俗字

(十九) 曬。쌔 쇄 曝陽볕쪼일、쇄卦 晒同 曪 라 라 曇天날흐릴、나哿

(二十) 曭。탕 당 日不明햇빛희미할、당養 曮 얜 엄 日之躔度해다니는길、엄琰 ⿰日矍 훠 확 明也밝을、확藥

(二十一) 曯 쮸 촉 照也비칠、촉沃

曰部

曰。웨 [왈]語也말할、왈又가로、왈謂也이를、왈稱也일컬을、왈於也에、왈之也의；왈(月)粤通

(二) **曳**。왜 [예]牽也끄을、예引也당길、예(霽) 拽、抴通

(三) **更** 字 叓俗

(四) **曲**。취 [곡]不直屈ㅣ굽을、곡節目委ㅣ곡절、곡詞ㅣ歌ㅣ곡조、곡懷抱心ㅣ회포、곡蠶器簿ㅣ잠박、곡(軍伍曰部ㅣ、鄉里曰鄉ㅣ)(沃)

曶 忽同

(五) **曷** 허 [갈]何也어찌、갈何不爲耶어찌아니하리오할、갈(曷)害通

冊 채 [책]告也고할、책又이를、책(陌)

(六) **書**。슈 [서]文也글、서記也쓸、서著也글지을、서經籍책、서牘也편지、서伏羲ㅣ契서계、서(大篆、小篆、刻符、蟲ㅣ、摹印、署ㅣ、殳ㅣ、隸ㅣ、謂八體)(魚)

曺 曹同

(七) **曹**。찬 [조]輩也무리、조局也마을、조周武王弟振鐸所封나라、조(豪)

曼。만 [만]路遠길멀、만(寒)漫通、無極ㅣ衍끝없을、만末也끝、만(翰)長也길、만引也이끌、만澤也윤택할、만美也아름다울、만(願)

(八) **朁** 찬 [참]曾也일찍、참(感)

最。쥐 [최]尤極가장、최第一첫째、최凡也ㅣ都대개、최勝也뛰어날、최(泰)

替 티 [체]代也대신할、체換也바꿀、체廢止폐지할、체(霽)

曾。정 [증]嘗也일찍、증乃也이에、증則也곧、증重也거듭、증經也지난번、증姓也성、증(王父之考爲ㅣ祖、王孫之子爲ㅣ孫)(蒸)層通

(九) **會**。훼 [회]合也聚衆모을、회適也마침、회計也회계할、회朝覲조회할、회機期기회、회弁中縫고깔꾸밀、회 [괴]畫也그림、괴(泰)繪通

(十) **朄**。인 [인]擊小鼓소고칠、인引樂聲풍류끄는소리、인(震)

朅。졔 [걸]去也갈、걸 [흘]勇也날랠、흘武壯貌위엄스러울、흘(屑)

月部

月。웨 [월]太陰달、월(地球之衛星、土地精、水氣精)三十日한달、월(月)

(二) **有**。우 [유]無之對있을、유取也취할、유物體萬ㅣ만물、유(大業曰富ㅣ、九州曰九ㅣ、五穀熟曰ㅣ年)(有)又也또、유餘也남을、유(宥)

(三) **肙** 왜 [왜]吐也토할、왜(賄)

(四) **肦**。빤 [반]賦也부세、반(刪) [분]大首머리통클、분(文)頒通

朋。평 [붕]友也벗、붕(同師同門同道ㅣ友)羣也ㅣ黨무리、붕五貝다섯자개、붕兩樽두술준、붕(蒸) **服**。뷱 [복]衣着입을、복衣也옷、복習也익힐、복從也복종할、복事也嗣ㅣ섬길、복思也생각할、복職也직분、복用也쓸、복邦國九ㅣ나라、복蠻夷荒ㅣ오랑캐、복盛矢器동개、복(屋) **朊** 웬 [원]月光稀微달빛희미할、원(阮) **肒** 뎬 [전]月落殘明달지고도헌이밝을、전(銑) **肟** 우 [오]月明달밝을、오(豪)

五 **胊**。취 [구]車軛兩邊멍에목거리、구(虞)軥同 **朏**。왜 [비]三日月초사흘달、비向曙色먼동틀、비月未盛明달빛희미할、비(尾) [불]義同(月) **朎** 링 [령]月光ㅣ朧달빛영롱할、영(青)

六 **朓** 턒 [조]晦月見西서녁그믐달뵐、조(蕭)(篠) **朕**。쪈 [짐]我也나、짐皇帝自稱짐、짐徵兆조짐、진(寢) **朒** 뉵 [뉵]朔月見東초하루달이동녁에보일、뉵不伸縮ㅣ펴지못할、뉵(屋) **朔**。쒸 [삭]月之初日초하룻날、삭北方북방、삭初也처음、삭(覺) **[illegible]** 朔古字 **[illegible]** 꿍 [훙]月不明夜어스름달밤、훙(董)

七 **朘** 쉔 [선]縮也오무라질、선(先) **望**。왕 [망]瞻也바랄、망怨也원망할、망責也책망할、망爲人所仰우러러볼、망月體弦ㅣ보름달、망祭名제사이름、망名ㅣ명망、망十五日夜보름밤、망(漾)朢同 **朗**。랑 [랑]月明달밝을、낭(養)朖通 **朙** 明古字 **朚** 황 [황]翌日이튿날、황(陽)

八 **朞** 찌 [기]周年돌、기(三百有六旬有六日ㅣ)(支)期通 **朝**。잔 [조]早也이를、조又아침、조執政處ㅣ廷조정、조臣下覲君ㅣ會조회할、조東邦國名ㅣ鮮조선、조(蕭) **期**。치 [기]約也기약、기會也모일、기百年一ㅣ백년、기當也당할、기時也시기、기待也기다릴、기限也기한、기必也기필할、기年老耄ㅣ나이많을、기(支)朞通 **朜** 뚠 [돈]月光달빛、돈(元)

十 **朢**。왕 [망]月滿보름、망(陽)(漾)望同 **[illegible]** 황 [황]月不明朧ㅣ어스름달밤、황(養) **[illegible]** 링 [릉]輕視업신여길、능(蒸)凌同

十二 **膰** [illegible]俗字 **[illegible]** 쒠 [선]小貌便ㅣ조그마할、선(銑) **[illegible]** 년 [년]月出달돋을、연(霰)

十二 **朣**。퉁 [동]月出ㅣ朧달돋을、동(東) **[illegible]** 꾸

[골]濁也달흐릴、골(黠)

[月敫] 朜同

(十四)

朦 뭥 [몽]月將入ㅣ朧지는달빛희미할、몽(東)

(十六)

朧 룽 [롱]月初明曈ㅣ달처음밝을、농(東)

(二十)

[月黨] 탕 [당]月昏ㅣ[月荒]달빛희미할、당又어스름할、당(養)

[月羲] 씨 [희]月光달빛、희(支)

木部

木 무 [목]東方位나무、목(五行三曰ㅣ、八音六曰ㅣ)質樸ㅣ訥질박할、목不柔ㅣ强뻣뻣할、목直也곧을、목(屋)[韓]棉織무명、목

未 웨 [미]不也아니、미支名羊也양、미(未)

末 머 [말]端也끝말、顚也이마、말盡也다할、말[韓][墾]碎也細粉가루、말減也덜、말(曷)

本 뻔 [본]始也근본、본草木根也믿、본舊也예、본豫後張ㅣ장본、본(阮)

朮 쮸 [출]山薊삽주、출(藥名蒼ㅣ、白ㅣ)(質)

札 짜 [찰]小簡편지、찰(古未有紙載文於簡謂之簡ㅣ)票也표、찰甲鱗갑옷비늘、찰夭死일찍죽을、찰(黠)

(二)

朼 피 [비]調飮木匙주걱、비(紙)枇通

机 끼 [궤]木名如楡可燒糞田느티나무、궤書案책상、궤(紙)几通

朱 쮸 [주]赤色南方位붉을、주(虞)

朵 뚸 [타]樹枝垂下ㅣㅣ나무가지늘어질、타以手捉物손으로잡아움길、타花ㅣ꽃송이、타動也흔들릴、타(哿)朶同

朶 朵同

朽 싹 [후]木腐나무썩을、후臭也범새、후(有)

朴 푸 [박]木皮나무껍질、박質也질박할、박大也클、박本也밑동、박(覺)樸通

朷 닾 [도]木心나무고갱이、도(豪)[목]桑木削刀뽕나무치는칼、목(屋)

朸 릐 [력]木理나무결、역(職)

朳 빠 [팔]耙具無齒杷고무래、팔又곰배、팔(黠)

朾 뎡 [정]旗桿깃대、정地名땅이름、정(靑)

朹 끽 [구]山樝아가위、구又야가배、구(形似梅子大如指頭色赤ㅣ梅)(尤)

朻 쮸 [규]木下曲나무아래로굽을、규(尤)

朿 찌 [치]芒也까스랑이、치(寘)

(三)

杠 깡 [강]旗竿깃대、강小橋작은다리、강牀前橫木상앞에가로댄나무、강(江)

杝 이 [이]白椵피나무、이(白楊類似)(支)[치]析薪隨理나무결로짜갤、치(紙)

杍 쯔 [자]木匠목수、자(紙)梓通

李 릐 [리]果名形似杏오얏、이

姓也성、이 行裝行ㅣ행구、이 又보따리、이(紙)

杞。치 [기] 藥名枸ㅣ구기자、기 柳屬ㅣ柳산버들、기(紙)

杅 위 [우] 浴桶목욕통、우 自得貌ㅣㅣ든든한체할、우(虞)

杆 깐 [잔] 山柘산뽕나무、간(翰) 僵木자빠진나무、간 盾也방패、간 臂衣토수、간(寒)

杇 우 [오] 泥鏝흙손、오(虞) 圬同

杜。두 [두] 塞也막을、두 敷同、果名甘棠아가위、두 香草ㅣ蘅藥名ㅣ冲蝎名ㅣ伯(虞)

杕 디 [체] 樹盛나무무성할、체 木生高孤나무오뚝홀로설、체(霽) [타] 船尾小梢배의작은키、타(哿) 梢通

材。채 [재] 木之原料재목、채 性質賢ㅣ자품、재ㅣ料재료、재(金木水火土謂五ㅣ金工皮工設色工刮磨工搏埴工謂六ㅣ珠象玉石土金革羽謂八ㅣ)(灰)

村。춘 [촌] 市外部落마을、촌 墅也농막、촌(元) 邨同

杓。쑈 [표] 斗柄북두자루、표(蕭) [작] 飲器桮ㅣ술구기、작(藥) 勺同

杈。차 [차] 岐枝ㅣ椏나무두가장귀질、차 捕魚具작살、차 農具ㅣ把쓰레、차(麻) 椏同

杗 망 [망] 大梁대들보、망(陽) [맹] 廇梁고동보、맹 棟也동자기둥、맹(庚)

杖。장 [장] 所以扶行持ㅣ지팡이、장 大梃몽둥이、장(養) 持也가질、장 憑倚의지할、장(漾) 仗通

杉 싼 [삼] 葉似檀常綠樹多用船材스기목、삼(咸) 檆同

杏。씽 [행] 果名似梅而甘살구、행 銀ㅣ은행、행(梗)

杋 쌘 [범] 木名나무이름、범(俗稱水浮木)(咸)

束。쑤 [속] 縛也묶을、속 約也언약할、속 斂結一團뭇、속(錦一匹爲ㅣ、脯十脡爲ㅣ矢五十箇爲ㅣ)(沃)

杌 우 [올] 木無枝우둠지없는나무、올 頑凶檮ㅣ완악할、올 危也위태할、올(月) 頑通

杙。이 [익] 交趾果名익실과、익(如梨甛核) 橛也말뚝、익 所以擊獸몽치、익(職)

呆 대 [매] 癡也어리석을、매(灰)

杘。치 [희] 收絲具簍柄얼레자루、희 小兒多詐嚜ㅣ아이간교할、희(或音치)(寘)

杊 쓘 [순] 木可以爲鋤柄나무가호미자루될만할、순(眞)

杣 [日] 樵人나무꾼、산

杄 첸 [천] 桾櫏木고욤나무、천(先)

杔 퉈 [탁] 木名ㅣ櫨탁로나무、탁(藥) [적] 盞酒具ㅣ櫨술거를때에쓰는체다리、척(陌)

㊃

東。뚱 [동] 日出方동녘、동 又오른쪽、동(日出於ㅣ月出於西)(東)

柿 쀄 [폐] 削下木片자귀밥、폐 又대패밥、폐(隊) 杮同

杮。柿同

四畫 木

枇 삐 [비]果名ㅣ杷비파、비(樹似槲實如杏)(支)細櫛참빗、비所以載牲도마、비(紙)朼通 **枝** 지 [지]柯也가지、지散也흩을、지手節손마디、지(支) **松** 쑹 [송]百木之長솔、송(千歲之ㅣ上有兔絲下有茯苓、ㅣ脂入地千年化爲琥珀)番草甘ㅣ향풀、송(冬) **杵** 츄 [저]擣穀舂ㅣ절구공이、저搥衣砧ㅣ다듬이방망이、저(語) **枓** 쥬 [주]勺也水器ㅣ斟구기、주(虞)[두]柱上方木栱ㅣ기둥머리、두(有) **杼** 쥬 [저]織具ㅣ柚북、저長也길、저栩也栗屬도토리、저(語)抒通 **杸** 쓔 [수]兵器八稜無刃팔모진창、수殳同、擊也칠、수(虞) **枑** 후 [호]行馬遮攔梐ㅣ마름쇠、호(遇) **枘** 쉬 [예]柄也자루、예(霽) **枚** 메 [매]榦也줄기、매箇也낱、매馬鞭말채찍、매止喧銜ㅣ함오、매數物셀、매(灰) **杶** 춘 [춘]木名似樗樹橁ㅣ참죽나무、춘(古時作琴材)(眞)櫄杻橁同 **板** 빤 [판]片木널、판木瓦널기와、판笏也手ㅣ수판、판反側뒤칠、판(潸)版通 **杯** 빼 [배]酒盞술잔、배(盃)국바리、배(灰)桮同 **枌** 뿐 [분]白榆흰느릅나무、분(文) **杳** 먚 [묘]冥也아득할、묘幽也깊을、묘寂也ㅣㅣ고요할、묘寬也너그러울、묘(篠) **杪** 찯 [초]木末나무끝、초(篠) **杲** 짶 [고]日出ㅣㅣ날돋을、고高也높을、고(皓) **果** 꿔 [과]木實과실、과木實有核曰ㅣ、草菓有核曰蓏)菓同、敢也과단할、과豫期ㅣ然과연、과決也결단할、과腹飽ㅣ然배부를、과獸名ㅣ然짐승이름、과勇也날랠、과(哿) **杷** 빠 [파]果名似杏枇ㅣ비파、파銚也平田器쇠스랑、파柄也자루、파(禡)欛通 **枽** 困古字 **枒** 야 [아]車輪外輞바퀴테、아木名椏ㅣ종려나무、아木相拒迦ㅣ가새목질을、아木椾杈ㅣ가장귀、아(麻)椰同、掚通 **杭** 항 [항]小舟거룻배、항銀漢天ㅣ은하수、항州名고을이름、항渡也건늘、항(陽)航通 **枋** 빵 [방]染色木蘇ㅣ단목、방木堰魚場고기우리、방(陽)[병]柄也자루、병(敬) **栃** [회]橡木상수리나무、회櫟通 **枉** 왕 [왕]曲也굽을、왕屈也ㅣ駕왕림할、왕寃屈원통할、왕(養) **柳** 앙 [앙]繫馬柱말뚝、앙(漾) **秏** 맢 [모]冬熟桃겨울에익은복숭아、모(豪) **枡** [승]升也量器되、승

林。림 [림] 樹木叢生수풀、임又숲、임盛貌ㅣㅣ빽빽할、임(侵) **枕** 쩐 [침] 臥薦首具벼개、침繫牛後橫杙소매는말뚝、침車木수레뒤가룻대、침(寢)ㅣ之벼개벨、침(沁)

柟。난 [남] 木名梅ㅣ子나무이름、남(一名ㅣ梓、似杏而酸似豫章美材江南多産)(覃) 楠同 [염] 義同(鹽) **杴** 쎈 [험] 鍫屬가래、험藥名豨薟草진동찰、험(一名火ㅣ)(鹽) **杰** ㅇ졔 [걸] 壯也豪傑호걸、걸人名사람의이름、걸(梁公子翻ㅣ後周魏ㅣ)(屑) 傑同 **极**。ㅇ졔 [겁] 驢背物나귀길마、겁(葉) 笈同 **杬**。웬 완 [완] 身體按摩몸주무를、완(翰) [원] 木名나무이름、원(近似桑椹)(元)

析。씨 [석] 分也나눌、석破木쪼갤、석又팰、석虹蜺ㅣ翳무지개、석(錫) **析** 析同 **枂** 웨 [월] 剝去木皮나무껍질벗길、월鞍瓦안장기와、월(月)

杺 씬 [진] 筬也바디、진丸纖先經以ㅣ梳然使不亂사침대、진(震) **杻**。착 [뉴] 檍也박달나무、유 [추] 手械수갑、추(有)[韓] 荊也싸리、축 **柢**。씨 [시] 舂具碓衡방아채、시(支)

扶。약 [부] 布於四方사방에퍼질、부(虞) **枛** 쨔 [초] 木刺나무가시、초(嘯) **枸**。꺼 [구] 曲也구부러질、구(宥) **[illegible]** 멘 [면] 木ㅣ吉貝솜、면又목화나무、면(先) 棉同

[illegible] 화 [화] 木芙蓉목부용、화(禡) **枙** 왜 [와] 木節나무마디、와(歌) **枔**。ㅇ진 [심] 木葉나무잎사귀、심(侵) **枖** 야 [요] 樹木繁盛나무번성할、요(嘯)

杫 ㅇ직 [지] 俎也도마、지(寘) **杅** 우 [오] 鋘名鋘ㅣ갈이름、오(虞) [화] 犁鏵보습、화(麻) 鋘鏵同

五

枲。씨 [시] 牡麻無實수삼、시又씨없는삼、시(紙) **枷**。ㅇ쟈 [가] 刑也項械목에씌는칼、가打穀具連ㅣ도리깨차、가(麻) 耞通 **柈** 판 [반] 承盤쟁반、반盤也소반、반板木杅ㅣ널판、반(寒) 槃同盤通 **枳**。ㅇ지 [지] 似橘多刺實少탱자、지 [기] 害也해할、기(紙)

柅 늬 [니] 停車木수레정겻대、이絡絲器柄얼레자루、이木名實小如梨팔배나무、이盛貌ㅣㅣ무성할、이察也살필、이(紙) [닐] 止也그칠、일(質) **柶**。쓰 [사] 匕也喪用角ㅣ뿔숟가락、사(寘)[韓] 戲具ㅣ柶윷、사擲ㅣ윷던질、사 **柲**。삐 [비] 弓檠활도지개、비戈戟柄창자루、비(寘) 閉通 [필] 義同(質) 鉍通 **柜** ㅇ쥐 [거] 葉如欅皮如櫃참나무、

거語欅同 **柧** 꾸 고稜角모질、고虞 **枯** 쿠 고槁木마른나무、고虞 **柎** 부 부木名榆ㅣ느릅나무、부遇花蕚꽃받침 부編木以渡떼、부欄足난간발、부虞捬通 **枹** 부 부鼓槌북채、부虞尤桴同稃通포木叢生나무무데기로날、포肴苞通 **柱** 쥬 주楹也기둥、주麌撑也버틸、주支也고일、주遇拄通 **枸** 쥐 구藥名ㅣ杞구기자、구(一名苦ㅣ、一名地骨、服之輕身益氣)有曲也굽을、구枳名ㅣ橘탱자、구尤似椹爲醬필발、구又구나무、구麌蒟通 **柢** 듸 저根也뿌리、저齊 저薺 저霽 **枻** 이 예檝也상앗대、예霽栧同설正弓弩具檠ㅣ활도지개、설屑 **架** 쟈 가棚也시렁、가建設세울、가構也지을、가衣ㅣ횃대、가舉ㅣ틀가락、가禡 **枴** 꽤 괘老人拄杖노인지팡이짚을、괘蟹 **柰** 내 내果名蘋婆벗、내那也ㅣ何어찌、내泰나義同、나箇那通 **柬** 잰 간分別분별할、간札也편지、간潸簡揀同 **柹** 씌 시赤果감、시(有七絕一壽二多陰三無鳥巢四無蟲蠹五霜葉可玩六佳實七落葉肥大可書)紙俗作柿非 **梯** 柹俗字 **柯** 거 가枝也가지、가斧柄도끼자루、가歌 **枵** 쌰 효虛也빌、효蕭 **柁** 퉈 타正船木키、타(搉於船尾)哿舵同 **柂** 柁俗字 **柴** 채 시薪也땔나무、시又섶、시祭名燔ㅣ시제지낼、시佳柴同채籬也울타리、채卦寨通 **柩** 쥐 구棺也관、구又널、구(在牀曰尸、在棺曰ㅣ)宥匶同 **柘** 져 자山桑산뽕、자禡 **枰** 핑 평碁局바둑판、평博局장기판、평木名子ㅣ회양목、평庚 **柄** 빙 병柯也자루、병持也잡을、병權也권세、병敬棅同枋通 **柛** 썬 신木自死나무절로죽을、신又나무쓸어질、신眞 **栟** 뻰 변桂上木欂櫨주두、변霰閞同 **柔** 석 유剛之對부드러울、유順也유순할、유安也편안할、유耎弱연약할、유草木新生싹돋을、유尤 **柳** 릭 류楊也버들、유宿名별이름、유姓也성、유有栁同 **某** 뫄 모不知名者指稱아무、모有매梅古字灰 **查** 쟈 사考察사실할、사訊也파물을、사水上浮木떼목、사麻槎楂通 **柚** 위 유似橘橙而形小味酢유자、유宥櫾同축織具受

緯杼丨북、축(屋) **柑** 깐[감]橘屬色紅味甘감귤、감(覃)[겸]以木銜馬口재갈、겸(鹽)拑鉗通 **染**。산[염]著色물들、염柔弱유약할、염(琰)漬也젖을、염汚也더럽힐、염(豔)

柷 쭈[축]樂器丨敔축풍류、축(樂之初擊丨而作之、樂之末戛敔以止)(屋) **柮**。뚸[돌]木頭榾丨우둠지、돌[올]樹無枝무지렁나무、올伐木殘株밑둥만남은나무、올(月)

枿 녜[얼]伐木餘在槎丨나무등걸、얼(或音얼)(曷)櫱通 **柝**。퉈[탁]判也쪼갤、탁夜警刁斗조두、탁又목탁、탁(藥)欜通 **柞**。쭤[작]櫟也가락나무、작又갈참나무、작(藥)[책]除木나무베일、책(陌)

柤。자[사]木閑나무우리、사木名似梨而酸나무이름、사(麻)樝通 **柵**。자[책]寨也목책、책編立竹木울타리、책(陌) **柙** 쌰[합]獸檻짐승우리、합香木楓丨향나무、합(洽)匣通

㭕 취[거]极也길마、거(魚) **枮**。전[첨]斫木櫍모탕、침(侵) **枱**。이[이]耒柄따비자루、이(支)鉛同 **柀**。피[피]榧子비자、피(紙)

柊。쭝[종]椎也丨楑방망이、종(東) **柖**。쟌[소]樹搖나무흔들릴、소射的관혁、소(篠) **柒** 漆俗字七通 **柏**。빼[백]似松常綠其實稍大美味滋養잣、백椈也측백나무、백(陌)栢同

柣。지[질]門閾문지방、질(質) **柫**。뿌[불]枷也도리깨、불(物) **柴**。쯔[자]楡也느릅나무、자(支) **柭** 페[패]木生枝葉나무지엽돋을、패(隊)[발]茂貌무성할、발(曷)

柍。잉[영]杏也살구、영(庚) **柋** 대[대]蠶架누에시렁、대(隊) **柇** 허[화]棺頭관머리、화(歌) **栍** [韓]籤也사슬、생路程標木長丨장승、생

柾。[정]木之正直나무바를、정 **枺** 머[말]柱也欄丨표말、말又표말뚝、말(曷) **柃**。링[령]木瘤나무혹、령又나무옹이、령(靑) **柆** 라[랍]折木나무꺾을、납(合)拉同

柌 쓰[사]鎌柄낫자루、사(支) **柉** 빤[범]木皮나무껍질、범(咸) **柪** 야[요]曲木굽은나무、요(肴)

六

栱。궁[공]柱頭丨科기둥머리、공杙也말장、공(腫) **桋**。이[이]木名似柞赤棘가나무、이雌桑암뽕나무、이(支) **栭** 얼[이]小栗작은밤、이櫨也주두、이(支) **株**。쮸[주]根也뿌리、

四畫 木

주幹也줄기、주(植物之全體曰一ㅣ)(虞)

栩 쉬 [허] 橡也栗屬가랑나무、허又상수리나무、허又참나무、허(麌)

桂 꿰 [계] 百藥之長皮厚香多계수、계(霽)

栖 씨 [서] 住息쉴、서鳥宿새깃들일、서不安ㅣㅣ편치않을、서(齊)棲捿通鷄止닭의홰、서(霽)

栘 타 [체] 棠棣산매자나무、체又당체나무、체(ㅣ日薁李、一名爵梅、一名喜梅)ㅣ楊따드등나무、체又사시나무、체(一名高飛、一名獨搖、圓葉弱帶、微風大搖)(齊)

枅 지 [계] 屋櫨장혜、계(柱上橫木、承棟者橫之似笄也)(齊) [견] 義同(先)

栧 이 [예] 楫也상앗대、예(霽) 枻同

栵 리 [례] 木生從列나무줄로날、예(霽) [렬] 栵栗산밤、열又돌밤、열(屑)

桅 웨 [외] 檣也돛대、외(舟上帆竿)(灰) [괴] 染黃木치자나무、괴(紙)

栒 쑨 [순] 懸鐘磬格ㅣ簴경쇠거리、순木名순나무、순(軫)簨簴同

栽 재 [재] 種也ㅣ培심을、재(灰) 築墻長板토담틀、재(隊)

根 껀 [근] 柢也뿌리、근本也밑、근木株대、근星名天ㅣ별이름、근車名金ㅣ수레이름、근(元)

栞 칸 [간] 砍木나무쪼갤、간(寒)刊同

桓 환 [환] 武勇貌ㅣㅣ씩씩할、환木名모감주나무、환郵亭ㅣ表표목、환藤進盤ㅣ머뭇거릴、환下棺木ㅣ楹하관틀、환公爵所執ㅣ圭홀、환(寒)

栫 쩬 [천] 圍也에울、천柴木壅水나무로방천할、천籬也울타리、천捕魚具깃、천(霰)

桉 안 [안] 食器玉ㅣ중발、안又옥바리、안(翰)案椀通

栴 잔 [전] 香木ㅣ檀향나무、전(先)

案 안 [안] 冊牀책상、안几屬안석、안著書草稿기안할、안考也覈ㅣ복안할、안官府登錄存ㅣ등록할、안(翰)桉通

校 쟢 [교] 學宮학궁、효 [교] 械也착고、교討也겨교할、교獵也사냥할、교軍官장교、교教授處學ㅣ학교、교檢也ㅣ討바로잡을、교(效)挍通

桃 탚 [도] 果也복숭아、도(五木精能辟鬼ㅣ茢ㅣ弧ㅣ印、皆辟惡、果名、櫻ㅣ胡ㅣ)果名과실、도서名ㅣ枝대이름、도劒工ㅣ氏금공、도(豪)

栲 칸 [고] 山樗복나무、고(ㅣ似樗、色小白、生山中、亦類榛)(晧)

栳 랖 [로] 柳器栲ㅣ버들고리로짠、노(晧)

桄 꽝 [광] 麪樹ㅣ榔광랑나무、광(陽)織機베틀、광充也찰、광(漾)

桑 쌍 [상] 其葉養蠶뽕나무、상日出處扶ㅣ해돋는곳、상地名窮ㅣ空ㅣ台ㅣ땅이름、상(陽)

桒 桑俗字

桁 항 [항] 械也ㅣ楊착고、항浮橋배다리、항(陽)衣架횃대、항(漾)[형]柱頭橫木도리、형(庚)

栿 야부 [복] 梁也들보、복以小木附於大木나무덧붙일、복(屋)

栗 리 [률] 櫟屬果實有毬多刺밤、율堅也견고할、율懼也戰ㅣ두려워할、율主材신주나무、율威嚴위엄스러울、율樂名觱ㅣ풍류이름、율(質)

桎 지 [질] 足械발착고、질(在足曰ㅣ、在手曰梏)窒也막힐、질(質)

核 허 [핵] 果中含仁씨、핵(陌)[홀]義同籔逅豆實穀ㅣ과실、홀(月)覈通

栝 괘 [괄] 柏葉松身노송나무、괄又전나무、괄(曷)檜同

桔 제 [결] 俗音[길] 藥名ㅣ梗도라지、길(食用)擧烽具봉화틀、길(屑)楔通

桀 제 [걸] 凶暴흉포할、걸秀貌ㅣㅣ준수할、걸夏王御號하왕의이름、걸鷄棲杙닭의홰、걸(屑)傑榤同

格 꺼 [격] 式也격식、격至也이를、격書架庋ㅣ책거리、격正也바를、격究也궁구할、격感應감응할、격鬪也다툴、격登也오를、격資ㅣ자격、격標準方ㅣ표준할、격變革변혁할、격敵也대적할、격[핵]不入扞ㅣ막힐、핵(陌)[각]長枝긴가지、각又휘추리、각止也그칠、각阻ㅣ막을、각角戲ㅣ五씨름할、각(藥)佫通

栢 柏俗字

框 광 [광] 門ㅣ문얼굴、광棺門관문、광棺頭관머리、광(陽)

栰 퍼 [벌] 桴也編木汎水떼、벌(月)筏橃同

栓 쏸 [전] 木釘나무못、전又말뚝、전(先)[曰]桶ㅣ통마개、전瓶ㅣ병마개、전

栔 쎄 [설] 絶也끊을、설缺也이지러질、설憂也ㅣㅣ근심할、설(屑)[계]刻也새길、계(霽)

椸 이 [이] 船中欲水斗배에물푸는바가지、이(支)

梌 뤼 [려] 木名ㅣ松나무이름、려(箭笴用材、似松極佳)(語)

桻 쌍 [강] 船帆未張ㅣ欆펴지않은돛、강䉶也뜸、강(江)

栠 인 [임] 木弱貌나무연할、임(寑)

栭 얼 [이] 木茸버섯、이又느타리、이(生於枯木形如人耳)(紙)茸同

栯 위 [욱] ㅣ李산앵두、욱(果如櫻桃、稍小赤者)(屋)

栱 꿍 [공] 手械수갑、공兩手共械두손에수갑챌、공(腫)

栻 씨 [식] 推占木局점판、식(職)

桊 쫜 [권] 牛鼻穿環쇠코뚜레、권(霰)棬通

桌 쭤 [탁] 几案타상、탁(覺)

栒 씬 [신] 箟也織具바디、신(震)

𣐊 椒俗字

栐 뻥 [평] 析木聲나무패는

소리、평(蒸)

桐 퉁 [동]葉大材輕梧ㅣ오동、동又머귀、동(多用琴材)(東)

⿰木邛 궁 [공]柜柳떡갈나무、공(冬)

桕 직 [구]木名鳥ㅣ오구나무、구一名鵶ㅣ아구나무、구(有)

梁 좌 [과]手把物잡을、과(或音타)(哿)

棟 쎠 [색]棗也대추、색(陌)棗通

桍 꾸 [고]枯木마른나무、고(虞)

柧 [韓]墻壁中間結木욋가지、외

桛 [日]織具물레가락、하

七

桶 퉁 [통]木器통、통(董) [용]斛也휘、용(腫)

桵 쉐 [유]木名白ㅣ백유나무、유木生叢ㅣ樸나무떨기로날、유犂也보습、유(支)棲同

梔 지 [치]ㅣ子치자、치(一名鮮支實可染黃)(支)

梨 리 [리]快果참배、이(在山曰檎、人植曰ㅣ)(支)棃同

梩 리 [리]土轝蔂ㅣ흙담는들것、、이(支)鍬也가래、이(紙)

梓 쯔 [재]楸也喬木노나무、자又가래나무、자(自生山野、如楸實赤)木工목수、자(治木器曰ㅣ、治土器曰陶、治金器曰冶)故鄕桑ㅣ고향、자家道橋ㅣ우러러볼、자鋟文書於板鐫ㅣ책판、자(紙)

梳 쓔 [소]櫛也빗、소(眞ㅣ、月ㅣ)理髮머리빗을、소(魚)

梏 꾸 [곡]手械수갑、곡(沃)

梧 우 [오]木名ㅣ桐오동、오(虞)支持枝ㅣ상지할、오偉貌魁ㅣ허울찰、오(遇)

桴 뿌 [부]屋脊집마룻대、부筏也떼、부擊鼓杖북채、부(虞)(尤)枹泭通

梯 티 [제]木階사다리、제木稚나무어릴、제無隅角突ㅣ모퉁이없을、제(齊)

梐 삐 [폐]行馬ㅣ枑마름쇠、폐牢獄周ㅣ우리간、폐遮欄ㅣ枑목책、폐又말장、폐(齊)

梅 메 [매]似杏實酢花美매화나무、매喪容ㅣㅣ상제얼굴、매(雀ㅣ、楊ㅣ)(灰)

桮 뻬 [배]飮器ㅣ棬술잔、배(灰)盃杯通

桭 쩐 [진]屋梠梜ㅣ평교대、진(眞)

械 쎄 [계]器之總稱기계、계又틀、계手搏桎梏수갑、계(卦)

梠 뤼 [려]楣也문도리、여又문얼굴、여楣端連綿木평교대、여屋檐추녀、여(語)

梱 쿤 [곤]門橛문지방、곤(阮)

梡 환 [관]虞俎우나라제기、관斷木토막나무、관(旱)

梴 찬 [천]畚具碓機방아틀、천又방아쌀개、천木長貌나무길、천(先)

梘 젠 [견]灌具水筒홈통、견(銑)筧同

條 턒 [조]小枝곁가지、조長也길、조法令ㅣ理조리、조達也사무칠、조枚擧ㅣ目조목、조地名

鳴ㅣ땅이름、조橘屬柚ㅣ탱자、조(蕭)

梟 쌰 [효]不孝鳥올빼미、효鴞通斬刑ㅣ首목베어매달、효健也건장할、효雄也웅장할、효采名摴蒲주사위、효(蕭)

梢 쌰 [소]木杪나무끝、소船尾키꼬리、소艄同農具喬ㅣ장기자루、소(肴)

梭 쒀 [사]織具緯絲북、사(歌)

桫 싸 [사]木名ㅣ欏사라나무、사(似椰出麵産峨眉山類似枇杷)(歌)

椰 예 [야]椰子야자나무、야(産熱帶地、形似棕櫚花可釀酒)(麻)椰同、枒通

桹 랑 [랑]木名桄ㅣ광랑나무、낭(俗名黃楊、形似栟櫚、木皮有色、材質有鐵色有紫黑、多用舂具製櫛印版)船板뱃전、낭(陽)榔通

梁 랑 [량]負棟木들보、양木橋나무다리、양石障水爲ㅣ돌다리、양以笱堰水魚ㅣ발로웅덩이막음、양亂走貌陸ㅣ달음박질할、양跳ㅣ펄펄뛸、양強ㅣ굳셀、양(陽)樑同

梬 잉 [영]小柹ㅣ棗고욤나무、영(梗)

梗 껑 [경]山楡산느릅나무、경正直정직할、경大略ㅣ概대개、경病也병、경猛也強ㅣ강경할、경塞也막을、경(梗)

桯 팅 [정]牀前几ㅣ서안、정又걸상、정柱也기둥、정[형]義同(靑)

梃 팅 [정]杖也막대、정一枝直莖외줄기、정勁直貌ㅣ然꼿꼿할、정(迥)

桴 뿌 [보]鼓槌북채、부(虞)(尤)枹同桴通

梵 뻔 [범]西域釋書불경、범(佛家用字、除邪淸潔)吟聲ㅣ唄읊을、범又경읽을、범(陷)

梮 꾸 [국]山中雪泥所乘썰매、국(沃)檋同

桷 꾸 [각]方形椽木네모진서까래、각(覺)

桺 柳本字

梪 뚜 [두]樹名獨ㅣ독두나무、두木食器나무식기、두(宥)笠同

梫 친 [침]桂也계수、침又계나무、침(ㅣ似枇杷皮厚白葉冬夏長靑)(侵)

梄 우 [유]積也쌓을、유薪也섶、유(有)楢同

桼 치 [칠]木汁可以黏黑옻나무、칠(質)㯃同漆通

桲 뿌 [발]打穀具連枷도리깨채、발梨屬榲ㅣ돌배、발梨種二十七中榲ㅣ其一)杖也지팡이、발(月)

梲 쒀 [절]梁上短柱棳ㅣ동자기둥、절(屑)[탈]大杖작대기、탈(曷)

梜 쟈 [협]箸也ㅣ提젓가락、협(葉)筴同

梀 쑤 [속]短椽짧은추녀、속梀也가사목、속又박달나무、속(陌)

桸 씨 [희]杇也나무썩을、희(支)

桻 뽕 [봉]枝端나뭇가지끝、봉(冬)

桽 취 [좌]麥李밀오얏、좌早桃일찍된복숭아、좌(歌)

梂 착 [子] 櫟實包房도토리받침、子(尤)

梆 빵 [방] 木鐸목탁、방發響竹筒대롱칠、방(江)

梇 롱 [롱] 地名|棟땅이름、농(送)

梑 디 [적] 龍棹용두레、적(錫)

梒 한 [함] 櫻桃앵두、함(覃)

梖 패 [패] 木名패나무、패(印度多產、葉可書字、實如椰子、經冬不凋)(泰)

梣 천 [침] 青皮木무푸레、침(侵)

梷 레 [렬] 帆檣돛대、열(屑)

桾 군 [군] 梬棗|櫏고욤、군(文)

桻 뽄 [봄] 舟篷배뜸、분(吻)

梴 셴 [선] 鷹架매더대、선(霰)

梍 잔 [소] 皂莢스무나무、조又쥐염、조(皓)

梊 지 [제] 撮取집어가질、제(霽)

梕 페 [폐] 券契어음조각、폐(隊)

梦 夢俗字

梶 이 [미] 木杪나무끝、미(尾) [日]正船木키、미

梛 나 [나] 木名나무이름、나(歌)

梺 [日]麓 俗字

栬 [日]秋葉紅가을잎에단풍들、파

桬 싸 [사] 木名|棠사당나무、사(花紅、實味如李無核、食之使人不弱、極可衛水)(歌)

桿 깐 [한] 木梃줄기、한(旱) [간] 棒也몽둥이、간(寒)

梌 뚜 [도] 梍也쥐염나무、도(皓)

桡 취 [작] 藥名枳|탱자나무、각(覺)

椓 쩌 [저] 自枯木말라죽은나무、저(魚)

梤 뿐 [분] 香木향나무、분(文)

梻 [日]佛供香木(用櫁爲主)향나무、불

八

棌 채 [채] 櫟也떡갈나무、채又참나무、채(賄)

棼 뿐 [분] 亂也||어지러울、분屋棟지붕마루、분多木나무많을、분(文)

棒 뻥 [방] 俗音[봉] 杖也棍|몽둥이、봉打也칠、봉(講) 棓通

棟 뚱 [동] 屋脊들보、동(送)

棓 뽁 [부] 打也때릴、부星名天|별이름、부(尤) [방]打穀具連枷도리깨채、방(講) 棒通

𣘻 웨 [유] 木名白|백유나무、유犂也보습、유桵同 [위]農器곱정이、위(支)

棊 치 [기] 奕子圍|비둑、기(支) 碁同、棋通

棋 치 [기] 根柢뿌리、기圍碁바둑、기(支) 棊通

椎 췌 [추] 鐵棒철장대、추鐵|쇠몽치、추擊也칠、추擣也짓찧을、추不治|鈍둔할、추(支) 槌通

椅 이 [의] 梓也노나무、의又가래나무、의(支) 坐床|子의자、의(紙)

椑 삐 [비] 澁柹烏|떫은감、비(支) 斧柄도끼자루、비圓榼둥근합、비飲器잔、비(齊) [벽]內棺속관、벽(陌) [비]鼠李갈매나무、비

棄 치 [기] 捐也버릴、기忘也잊어버릴、기失也잃을、기 (寘)

植 ∘지 [식] 栽也樹立심을、식置也둘、식 (職) [치] 立也세울、치種也심을、치倚也기댈、치枝榦줄기、치築城楨榦달구질대、치椎也방망이、치將領主帥之稱두목、치 (寘)

棿 ∘이 [예] 不安杌ㅣ불안할、예危也위험할、예 (齊) 輗通

棜 위 [어] 承尊具술잔받침、어 (御)

棃 梨同

椐 ∘쥐 [거] 樻也인가목、거又가마태나무、거又영수목、거(木節腫可作杖以扶老靈壽也) (魚)

椇 ∘쥐 [구] 婦人之贄枳ㅣ폐백에쓰는탱자나무、구梨屬蔆ㅣ팥배、구𣪘俎은나라제기、구 (虞) 枸蒟通

棲 ∘씨 [서] 息也쉴、서鳥ㅣ새깃들일、서牀也평상、서往來貌ㅣㅣ서성거릴、서 (齊) 栖通

棨 치 [계] 有旗戟曰ㅣ기달린창、계傳信符ㅣ신호깃대、계 (薺)

棙 리 [려] 琵琶撥機關ㅣ비파고동、여 (霽)

棣 ∘티 [체] 移也산매자、체郁李唐ㅣ아가위、체 (霽) [태] 威儀ㅣㅣ엄전할、태閑習貌ㅣㅣ익숙할、태 (隊)

棷 ∘쥐 [추] 藪也숲、취 (泰) [추] 薪也섶、추 (尤) [수] 郰ㅣ수풀、수 (有) 藪通

棕 椶俗字

椌 ∘쿵 [공] 器物質차기물질박할、공 (東) [강] 柷樂축풍류、강 (江)

棺 ∘꽌 [관] 所以掩屍令完ㅣ椁관、관(有虞氏瓦ㅣ、夏后氏堲ㅣ、周殷人ㅣ椁) 斂也염할、관 (寒)

棻 ∘뿐 [분] 香木향나무、분 (文)

棔 훈 [혼] 合歡木자귀나무、혼又상무나무、혼 (元)

棍 꾼 [혼] 束木나무묶을、혼 (阮) [곤] 刑具ㅣ杖곤장、곤 (願)

椀 완 [완] 食器小盂주발、완又바리、완 (旱) 盌同

棧 ∘잔 [잔] 棚也사다리、잔閣木爲ㅣ비게、잔閣道목도、잔馬ㅣ마판、잔柩車상여틀、잔小鐘작은쇠북、잔(大鐘曰鏞小鐘曰ㅣ) ㅣ橋다리、잔 (潸) (諫) [華] ㅣ房전방、잔

棬 촨 [권] 屈木爲器栝ㅣ동구리、권又휘어만든그릇、권牛鼻拘ㅣ쇠코뚜레、권 (先) 桊通

椒 ∘쟢 [초] 似茱萸而辛香후추、초山巓산마루、초 (蕭)

[illegible] 椒俗字

棐 ∘뻬 [비] 輔也도울、비木名似柏비자나무、비 (尾) 篚榧通

棗 ∘잔 [조] 棘實赤心果대추、조(大者曰ㅣ小者曰棘) (皓)

榜 ∘빵 [방] 木片나뭇조각、방揭示게시판、방標題방써붙일、방選職次序發表ㅣ目방목、방 (養) 牓榜同笞也볼기칠、방進船배떠날、방船人뱃사공、방 (漾) [병] 義同 (敬)

棚 평 [붕] 棧架시렁、붕 閣也누각、붕 矢藏전통、붕(庚) **棢** 앙 [앙] 屋蓋斜角飛ㅣ추녀、앙(陽) **棠** 탕 [당] 木名如李無核沙ㅣ아가위、당 (杜棃甘ㅣ)地名땅이름、당(陽)

棖 청 [정] 門兩邊木문설주、정(庚) **栟** 뼝 [병] 椶也ㅣ櫚종려나무、병(木高二丈葉如蒲扇、葉下有毛如髮、故名ㅣ櫚)(庚) **棅** 뼝 [병] 柯也자루、병 又權也권세、병本也밑、병(敬) 柄同

棽 린 [림] 枝繁ㅣ麗나뭇가지무성할、임(侵) **椉** 乘本字 **棸** 쪽 [추] 姓也성、추(尤) **棱** 령 [릉] 柧也모질、능(蒸) 楞同 **森** 쎤 [삼] 木多貌ㅣ林나무빽들어설、삼 植也심을、삼 ㅣ嚴삼엄할、삼(侵)

[illegible] 찐 [금] 机也책상、금(沁) **椓** 쫘 [탁] 擊也칠、탁 宮刑불알베일、탁(覺) 斲椓通 **椁** 꿔 [곽] 外棺덧관、곽 度也잴、곽(藥) 槨同

棘 찌 [극] 小棗多ㅣ가시나무、극 鳥名ㅣ扈새이름、극 囚處叢ㅣ가시성、극 大弓큰활、극(職) 戟棘通 **棫** 위 [역] 木叢生ㅣ樸나무무더기로날、역 白桵柞ㅣ허여 은참나무、역(職)

椄 쪠 [접] 續木나무접붙일、접 刑械형틀、접 楔也문설주、접(葉) **梌** 투 [도] 木枝四布나뭇가지퍼질、도(虞)

棆 룬 [륜] 楡也느릅나무、윤(眞) **棉** 멘 [면] 木ㅣ주라나무、면 又목화나무、면 吉貝솜、면(先) 柄同 **棝** 꾸 [고] 捕鼠具ㅣ斗쥐덫、고(遇) **棡** 깡 [강] 木名강나무、강 木栅横木목책가룻대、강(陽)

[illegible] 량 [량] 松脂송진、양(養) **棤** 제 [착] 木皮錯粗나무껍질두꺼울、착(或音척)(藥) **棪** 옘 [염] 木名염나무、염(琰) **[illegible]** 따 [답] 柱頭기둥머리、답(合)

棯 신 [임] 果名ㅣ棗대추이름、임(寢) **[illegible]** 쮜 [절] 棒也몽치、절 縣名毋ㅣ고을이름、절(屑) **棶** 래 [래] 木名ㅣ椋박달나무、내(灰) **[illegible]** 쮜 [국] 柏也측백나무、국(屋)

椊 쭈 [졸] 以柄納孔ㅣ杌자루맞칠、졸(月) **椋** 량 [량] 葉似柹而材堅박달나무、양(適造車輌)(陽) **棎** 씬 [섬] 果名似柰而酸팔배、섬(實形如梨、冬熟味酢、南越山中多産)(鹽)

椛 [화] 丹楓단풍나무、화 **棑** 애 [패] 盾也방패、패 筏也뗏목、패(佳) **[illegible]** 쉬 [예] 草木實垂貌초목에열매주렁주렁달릴、예(霽) **棣**

싸[삽]木理起貌나뭇결일어날、삽(洽)

棩 원[연]曲木나무굽을、연(先)

⿰木芟 싼[삼]接檐遮陽채양、삼(陷)

棹 잔[도]楫也노、도(效)櫂同

椏 야[아]樹枝分岐杈ㅣ나뭇가지아귀질、아又두가장귀질、아(麻)

棰 취[추]馬策말채찍、추箠刑매때릴、추(紙)箠捶通

榕 직[고]俗音[근]汲水具桔槹두레박 구(豪)

⿰木屈 쥐[굴]斷木토막나무、굴自枯木풍당목、굴(物)

椧 [韓]筧也홈통、명(寺名慶州北ㅣ寺)

椙 [曰]杉也삼나무、창

九

楺 억[유]屈木나무휠、유又굽은나무、유(宥)

椶 종[종]棕櫚종려나무、종(一名蒲葵)(東)棕同

椸 이[이]衣架횃대、이又옷걸이、이榻前几책상、이(支)箷同

椔 쯔[치]木立死者서서죽은나무、치(支)

楣 메[미]門上橫梁인중방、미又문웃설주、미(支)

楎 훼[휘]掛衣架옷걸이、휘㩓也문지방、휘(微)[혼]農具犁轅쟁기술、혼(元)

楮 츄[저]皮可造紙닥나무、저(葉有瓣曰ㅣ、葉無瓣曰構)(語)

楚 츄[초]荊也싸리、초國名초나라、초(熊繹所封)鮮明ㅣㅣ고울、초高也翹ㅣ높을、초叢木더부룩할、초撻ㅣ종아리칠、초(語)辛痛쓰라릴、초(御)憷髗通

楰 위[유]木名鼠ㅣ산유자나무、유(似山楸而黑)(虞)(寘)

楡 위[유]白枌느릅나무、유(ㅣ有十種葉皆相似皮木理異內皮汁取、塗料可用)晩景桑ㅣ저녁때경치、유(星名白ㅣ鄕名枌ㅣ塞名ㅣ林)(虞)

楛 쿠[호]木名나무이름、호(形似荊而赤莖似蓍)[고]器物濫惡물건추잡할、고矢也화살、고荊也싸리나무、고(麌)

楀 위[우]木名나무이름、우姓也성、우(麌)

楷 제[해]模也본뜰、해又본보기、해法式법、해書名해자、해孔子墓木해나무、해(ㅣ木生於孔子塚上其幹枝疎而不屈)(佳)

⿰木卿 혁[혁]木下白나무밑동허연을、핵[각]案脚책상、각(陌)

楯 쉰[순]欄干난간、순干也방패、순拔擢뺄、순喪車상여、순(眞)(軫)(震)盾輴通

楥 웬[원]木名柜柳떡갈나무、원卷絲籰실감개、원又얼레、원靴楦신골、원(元)楦通

楝 련[련]木名似槐苦ㅣ고련나무、련(霰)

楗 젠[건]鎖門橫木문빗장、건門限木關ㅣ문지방、건(阮)揵通

楦 훤[훤]履模신골、훤(願)楥通

椵

四畫 木

ㆁ쟈 【가】柚屬櫠ㅣ유자、가(ㅣ子大如盂、皮厚二三寸、中似枳、食之小味)〈馬〉擧物具枤틀가락、가〈禡〉【因】械칼、가〈麻〉

椴 단 【단】杝也피나무、단(一名杝樹似白楊而其材能濕)〈翰〉

橡 찬 【연】櫞也서까래、연〈先〉

楩 편 【편】木名나무이름、편(南方大木、似豫章)〈先〉

樝 ㆁ자 【사】果名山ㅣ아가위、사桴也떼、사鵲鳴ㅣㅣ까치소리、사古木下體등걸、사〈麻〉查槎通

楊 양 【양】蒲柳白ㅣ메버들、양逢閏倒長黃ㅣ회양목、양(黃ㅣ性堅緻難長歲長一寸、閏歲倒長一寸)葉長靑ㅣ왕버들、양圓葉移ㅣ사시나무、양(移ㅣ弱蔕、微風大搖)〈陽〉通

楹 잉 【영】柱也기둥、영窆棺具桓ㅣ하관틀、영〈庚〉

楞 령 【릉】柧也四角네모질、능〈蒸〉棱同、稜通

楨 ㆁ정 【정】木名쥐똥나무、정剛木단단한나무、정築墻具ㅣ榦담틀마구리、정〈庚〉

楢 유 【유】柔木부드러운나무、유燎柴홰、유〈尤〉槱通

楸 추 【추】梓也노나무、추或가나무、추基局紋ㅣ바둑판줄、추〈尤〉萩通

楓 뿡 【풍】欇也丹ㅣ단풍나무、풍又신나무、풍〈東〉

楙 뫄 【무】木瓜무과나무、무盛也성할、무〈宥〉茂古字

楱 ㆁ졀 【주】小橘작은귤、주又감자、주鐵齒杷鍽ㅣ쇠스랑、주〈宥〉

椹 썬 【침】斫木臺ㅣ鑕모탕、침又도끼바탕、침〈侵〉【심】桑實뽕나무열매、심又오디、심〈寢〉葚通

㮚 栗古字

㮇 텬 【첨】炊竈火杖부지깽이、첨又부짓대、첨〈鹽〉

椷 ㆁ잼 【감】俗音 【함】函屬木篋목함、함又궤짝、함容也용납할、함〈咸〉

楔 쎼 【설】棖也문설주、설(門兩傍柱)柱也기둥、설似松有刺노가주나무、설櫻桃앵두、설〈屑〉

楅 뱍 【복】牛角橫木ㅣ衡쇠뿔에가루댄막대、복(以防牛觸人故以一木橫于角端)〈屋〉【벽】義同〈職〉

楠 난 【남】木名梅ㅣ남나무、남(美材似豫章)〈覃〉枏俗字

楘 무 【목】車輈皮束爲飾가죽으로감은차멍에、목〈屋〉

楶 ㆁ제 【절】梁上短頭동자기둥、절又공대、절〈屑〉

椓 퉈 【탁】ㄱ斗조두、탁又목탁、탁判也쪼갤、탁〈藥〉欜柝同

極 ㆁ지 【극】中央가운데、극甚也至ㅣ지극할、극盡也다할、극窮也궁진할、극天地肇判前太ㅣ덩어리、극辰也별、극(北ㅣ出地三十六度、南ㅣ入地三十六度、當高正當天地中ㅣ)方隅八ㅣ한끝、극(紀綱八ㅣ、經緯六合)遠也멀、극

終也마침극(職)

楫 〔지〕[접] 短棹曰ㅣ노、접(葉)檝同 [집] 棹也돛대、집(緝)

楪 〔데〕[접] 牀板널평상、접牖也창바라지、접(葉)

業。〔예〕[업] 事也업、업事之일할、업(功ㅣ、基ㅣ、世ㅣ、學ㅣ、工ㅣ、商ㅣ、藝ㅣ、農ㅣ、創ㅣ、産ㅣ)危也岌ㅣ위태할、업已然이미、업壯也씩씩할、업懸鐘具大板종다는널조각、업敬也ㅣㅣ공경할、업(葉)

楬。〔커〕[갈] 標示표할、갈又패세울、갈(月)止樂器椌ㅣ풍류그칠、갈(黠)藒通

椰。椰同

椶。〔쏘〕[소] 船之總名배、소(豪)艘艘艘同

楈 〔쒸〕[서] 木名나무이름、서(語)

椻 〔옌〕[언] 積木防川나무로방천할、언(阮)(願)

楄。〔펜〕[편] 棺中笭牀ㅣ柎칠성판、편方木ㅣ部모진나무、편短椽禁ㅣ짧은서까래、편(先)

楂 〔차〕[잡] 木折聲나무부러지는소리、잡茂也무성할、잡(洽)

楆 〔얀〕[요] 腰細棗허리잘룩한대추、요(蕭)

楔 〔졔〕[계] 食器藏置度ㅣ찬탁자、계又찬장、계(卦)

楴。〔티〕[체] 摘髮족집게、체整髮小簪빗치개、체(霽)

楧 〔얼〕[이] 木耳버섯、이紅藍잇、이(支)

楖。〔졔〕[즐] 木名ㅣ栗즐률나무、즐櫛也빗、즐縣名ㅣ裴고을이름、즐(質)

楳 〔쌰〕[초] 剡木殺上나무끝뾰족하게깎을、초又위을、초(效)剿通

楰 〔위〕[우] 人形木偶제웅、우又허수아비、우(遇)

楲。〔웨〕[위] 褻器ㅣ窬요강、위大小便器古稱虎子(微)

楃。〔우〕[옥] 木帳나무로만든장막、옥(屋)[악] 房帳방장、악(覺)

楉 〔워〕[약] 果名ㅣ榴석류、약(藥)

楸 〔꺼〕[구] 曲枝굽은가지、구(尤)

楑。〔퀘〕[규] 椎也柊ㅣ방망이、규(支)

楇 〔훠〕[화] 塗輪膏筒바퀴에바르는기름통、화(箇)

椿 〔츈〕[춘] 壽木大ㅣ대춘나무、춘香檽참죽나무、춘(葉常綠而花如冬碧榨實取油塗髮甚美)(眞)

楈。〔셔〕[서] 俎也도마、서木椉交以支炊箅체따리、서(梗)

楏 〔퀘〕[규] 鋤柄호미자루、규(齊)

楕 〔뱌〕[포] 四十斤사십근、포(效)

楱 〔네〕[이] 俗音[내] 枯立木죽은나무、내(霽)

楜。〔후〕[호] 胡椒호초、호(虞)

楟 〔딩〕[정] 木名棠梨아가위、정(靑)

楩。梗本字

椯 〔타〕[타] 箠也채쪽、타又회초리、타(哿)

楅 〔약〕[부] 機足베틀발、부(有)[복] 屐也신、복(屋)

椳 〔왜〕[외] 門

樞문지두리、외(灰)

⿰木前 잔[잔]棚也사다리、잔又시렁、잔(潛)棧通

⿰木客 거[객]掛衣架횃대、객又옷걸이、객(陌)[격]鞍ㅣ안장걸이、격(藥)

榼 盍本字

楳 梅本字

楻 형[황]旗竿깃대、황(庚)

樺 허[할]鼓也북、할(黠)

⿰木無 센[험]陰也그늘、험(琰)

⿰木咢 어[악]穽也함정、악(藥)

⿰木面 棉俗字

⿰木是 쓰[시]木匙나무숟가락、시(支)

椺 [韓]樑也들보、보

楾 [日]通水管홈통、천

榀 [日]土壁中編木외가지、품

十

榕 융[용]南方樹木용나무、용(熱帶地產喬木)(冬)

榿 지[기]木名기나무、기(蜀人爲薪樹、不三年其材可倍)(支)

榰 지[지]柱礎나무주초、지(古用木今用石)(支)搘同

榌 피[비]連檐木부연、비楄端梠木평고대、비(支)

榱 취[최]椽也서까래、최(支)

槌 퉤[퇴]棒也방망이、퇴蠶架簿木누에시렁、퇴摘也딸、퇴(灰)[추]擊也칠、추(支)椎捶通

榧 뼤[비]木文似柏비자나무、비(尾)棐通

榛 전[진]實如小栗가얌나무、진蓁也ㅣㅣ덤거칠、진(眞)

榅 우[올]拙梨ㅣ桲돌배、올(月)[온]柱也기둥、온(問)

椳 [illegible]同

槃 판[반]承盤쟁반、반(適父母舅姑之所、少者奉ㅣ、長者奉水、請沃盥)樂也考ㅣ즐거울、반不進ㅣ停머뭇거릴、반(寒)拌同、盤通

榦 깐[간]木根밑줄기、간築墻具楨ㅣ담틀、간柘也산뽕나무、간柄也자루、간(翰)[한]樓名井ㅣ누이름、한(寒)幹通

榷 취[교]橫木渡水쪽널다리、교(效)[각]義同、獨占利독득할、각(覺)搉通

槁 깐[고]枯也마를、고枯木마른나무、고乾魚말린고기、고積也쌓일、고(皓)

槀 槁同

槐 홰[회]俗音[괴]喬木花可染黃괴화나무、괴又느티나무、괴(質堅理細)(灰)(佳)櫰同

槎 차[사]桴也떼、사斜斫엇찍을、사(麻)査通

榎 쟈[가]楚也싸리나무、가(馬)檟通

榭 쎄[사]講武屋ㅣ亭정자、사廟無室사당집、사(廟有室曰寢、無室曰ㅣ)(禡)

榶 당[당]棣也아가위、당椀也주발、당(陽)

榨 쟈[자]壓酒器술주자、자壓油機기름틀、자(禡)醡同

榔 랑[랑]果名檳ㅣ빈랑、낭(向陽者曰檳ㅣ、向陰者曰大腹子、實有紫紋者曰檳、圓矮者曰ㅣ、熱帶地產、藥用果實)(陽)

槍 창[창]稍也창、

창(銳削竹木之端刺物用具)(陽) 稽同 [쟁] 彗星欃ㅣ혜성、쟁(庚)

榥 황 [황] 讀書牀책상、황(養) 櫎通

榮。 승 [영] 華也빛날、영 名譽영화、영 茂也무성할、영 屋簷추녀、영 碧桐오동나무、영 氣血ㅣ衛피、영(庚)

縢 썽 [승] 織機持經者바디、승 又도토마리、승(徑)

構。 꾸 [구] 屋架집세울、구 造成지을、구 合也모일、구 楮也닥나무、구(宥)

穀 꾸 [곡] 楮也닥나무、곡 姓也ㅣ梁성、곡(屋)

槃 穀同

榜 楞俗字

槊。 쒀 [삭] 丈八矛창、삭 雙陸상륙、삭(覺) 稍同

榤。 쎄 [걸] 鷄棲杙닭의홰、걸(屑)

榼 커 [합] 酒器주합、합 蓋也뚜껑、합(合)

榾 꾸 [골] 木中箭笴枸ㅣ살대나무、골 木頭ㅣ柮삭정이、골(月)

榻。 타 [탑] 狹長牀긴걸상、탑 座也자리、탑(合) 㯓同

榏 이 [익] 青雀舟푸른새그린배、익(錫) 艗同

窠 松古字

樧。 싸 [살] 山桃산복숭아、살(樹似茱萸實如草莓淮南多產)(黠)

榠。 밍 [명] 果名ㅣ櫨명자、명 葉花實似木果돌무과、명(青)

榡。 쐭 [색] 木名白ㅣ백색나무、색 梢也나뭇가지、색(職)

棖 찬 [천] 俗音[전] 樹長貌ㅣ나무길찰、전(銑)

榩。 쩬 [건] 斫木鑽모탕、건 米倉쌀고、건(先)

槜。 쮀 [취] 木節나무마디、취(支)

榣。 얍 [요] 樹動나무흔들릴、요(蕭)

榪 마 [마] 橫木關定器物ㅣ子나무로테멜、마(禡) 華ㅣ杓주걱、마

棞。 훈 [혼] 圓木未析통나무、혼(元)

榫 쓴 [순] 斫木入竅자루박을、순(軫)

㮷 찌 [적] 屋之檐木마룻대、적(陌)

榹。 쓰 [사] 山桃산복숭아、사(實小如莓)槃也소반、사(支)

榯。 씨 [시] 木直堅立나무곧게설、시(支)

㮲 칙 [추] 牛鼻繫繩쇠코뚜레、추(尤) 板木不正널판뒤틀릴、추(虞)

㮴 쏘 [소] 船之總名배、소(豪) 艘艘同

槅。 꺼 [혁] 車軛멍에、혁 [핵] 果中核씨、핵(陌)

槄 닾 [도] 梓也가나무、도(豪)

槙。 뎬 [전] 木杪나무끝、전 顚木자빠진나무、전(先)

榊 [신] 神樹신나무、신(常用榊木爲主、楊桐之類)

尌 樹古字

樲 터 [득] 杙也말뚝、득(職)

榁 찌 [질] 屋枅기둥머리、질(質)

槏。 쳰 [겸] 牖傍柱창설주、겸 檢束단속할、겸(鹽)

榬。 웬 [원] 絡絲籰자새、원 懸鐘磬具종다는나무、원

원(元)

榴 橊俗字 **榘** 구 [구] 正方器곡척、구 法也법、구(麌) 矩同 **榽** 씨 [혜] 木名ㅣ榼나무이름、혜(齊) [계] 束也묶을、계(霽) **槑** 梅古字 **榙** 한 [합] 梘也홈、

함(覃) **榟** 되 [제] 研木椹절구공이、제(齊) **榑** 뿌 [부] 神木ㅣ桑日所出해돋이뽕나무、부(虞) **樢** 우 [오] 青梯푸른감、오(虞) **樑** 꽁 [공] 小舟거룻배、

공可憎貌ㅣ松가증스러울、공(冬) **榓** 삐 [필] 門限문지방、필(質) **榚** 얀 [요] 木長나무길、요(蕭) **榼** 씨 [해] 酒樽술통、해(賄) (十一) **樅** 총 [종] 木

名松葉柏身전나무、종撞也칠、종(冬) **㮏** 차 [대] 茶樹차나무、다(麻) 茶同 **樁** 쫭 [장] 杙也말뚝、장(江) [용] 撞也두드릴、용(冬) **樏** 레 [류] 欙也山行所乘썰매、유榼

中有隔찬합、유(支)(紙) 欙同 **樗** 화 [화] 樺也벚나무、화以其皮裏松脂似柂가죽나무、화(樹皮如黍而色青有臭)(禡) 樺同 [저] 惡木不材개똥나무、저(魚) **模** 뫄 [모] 法也법、모以

木爲規본뜰、모形也ㅣ範모범할、모周公墓木주공묘에난나무、모(虞) 橅摹同 **樞** 어 [추] 椳也戶ㅣ지두리、추本也밑둥、추主要주요할、추星名天ㅣ북두첫째별、추(北斗第一

位星)中央가운데、추官名ㅣ密벼슬이름、추月也金ㅣ달、추(虞) [우] 木名山ㅣ似楡씀베나무、우(尤) **槥** 쒜 [혜] 小棺ㅣ櫝적은관、혜(霽) **槩** 깨 [개] 平斗斛말깎이、

개(斗量時用平斗木)意氣節ㅣ졸가리、개大率梗ㅣ대강、개感觸經心거리낄、개榛樽칠한술통、개(隊) 概同 **槪** 槩同 **㮳** 씬 [신] 牀前橫木상 앞에가로막대、신(眞)

槿 진 [근] 蕣也木ㅣ무궁화、근(花開朝而暮萎、一名椴、一名櫬、一名舜華、一名日及、一名王蒸、一名無窮花、一名皇漢)(吻) **樊** 빤 [번] 籠也새장、번藩籬울타리、번紛雜貌ㅣ然어수선

할、번(元) **樠** 만 [만] 松心木관솔、만松脂出貌송진흐를、만(寒) [문] 義同、木液出ㅣㅣ나무진솟을、문(元) **標** 퍄 [표] 表識표할、표表記기록할、표擧也들、표高枝높은가

지、표旗旗기、표書也쓸、표(蕭) 木末나무끝、표(篠) **槾** 만 [만] 梠也평교대、만杇也泥ㅣ흙손、만(寒) 墁同、鏝通 **槔** 꼬 [고] 汲水器桔ㅣ용두레、고(豪) **樂** 러 [악] 八

音總名풍류、악(典ㅣ、軍ㅣ、音ㅣ)復姓ㅣ正두자성、악(覺) [락]喜也즐길、낙(藥) [요]好也좋아할、요(效)

榱 어 [아]木盛ㅣ榱나무무성할、아(哿)樹枝長弱나뭇가지휘청거릴、아(歌)

槽 찬 [조]溜器馬ㅣ말구유통、조酒坊酒ㅣ술거르는틀、조茶碓茶ㅣ차절구、조ㅣ也琵琶비파바탕、조(檀ㅣ、石ㅣ)果名枸ㅣ子과실이름、조(豪)

樝 자 [사]果名榠ㅣ명자、명似梨而酸돌배、사(麻)柤通

樜 져 [자]山桑산뽕、자(禡)柘同

槳 쟝 [장]橫楫前推櫂상앗대、장(縱曰櫓、橫曰ㅣ、長大曰櫓、短小曰ㅣ)(陽)(養)

[木將] 槳同

樟 쟝 [장]木名樟ㅣ예장나무、장(其樹ㅣ梗楠豫ㅣ、熱帶地產、搾實取蠟)(陽)

樑 梁俗字

樘 탕 [탱]衺柱버팀목、탱(庚)橖同、撐通

樛 규 [규]木枝下曲가지늘어질、규周流ㅣ流두루떠다닐、규(尤)

樓 루 [루]重屋다락、누銳嶺岑ㅣ봉우리、누兩肩玉ㅣ어깨、누城ㅣ문、누聚也모일、누(尤)

槱 유 [유]積也쌓을、유薪也나무、유(有)楢同、燎柴祭天화톳불놓고제지낼、유(尤)(有)楢栖通

槮 썬 [삼]木長貌나무밋밋할、삼積柴取魚고기깃줄、삼(侵)罧同

槧 잔 [참]削版鉛ㅣ분판、참麤樸始削걸목칠、참(感) [점]櫝也서판、첨(鹽)(豔)

槭 써 [색]葉落枝空ㅣㅣ나뭇잎이떨어져앙상할、색(陌) [축]丹楓屬단풍나무、축(職)

樚 루 [록]井上所設汲水用機ㅣ轤두레박고패、녹(屋)轆通

[木桼] 치 [칠]木可爲杖汁可塗器옻나무、칠又칠나무、칠(質)桼同、漆通

槷 네 [얼]射的鵠中관혁、얼繩垂柱角줄띠워볼、얼不安兀ㅣ편치못할、얼(屑)臬通

槲 후 [곡]櫟類ㅣ槲떡갈나무、곡又도토리참나무、곡(屋)

樕 쑤 [속]櫟類槲ㅣ떡갈나무、속(屋)

槨 꽉 [곽]外棺덧관、곽(藥)椁同

樀 듸 [적]櫓也추녀、적機上卷絲器도토마리、적槌也방망이、적(錫)

[木旋] 쒼 [선]鷹架매덕대、선(霰)椗同

槢 씨 [습]堅木굳은나무、습械也틀、습(緝)

槤 련 [련]門橫關木문빗장、연(銑)

槦 용 [용]兵器插架병기꽂는틀、용木中箭笴楇ㅣ살대나무、용(冬)

槵 환 [환]木名無ㅣ무환나무、환(一名無患)實爲念珠염주나무、환(此所謂當貫木ㅣ子、一百單八個常隨身、作可念珠)(諫)

槶 궤 [귀]筐底광주리바닥、귀(或音궤)(未) 槸 이 [예]木相磨나무서로개갈、예(霽) 樆 리 [리]山梨돌배、이又메배、이(在山曰ㅣ、人植曰梨)(支) 樇 쓕 [수]木長나무밋밋할、수(尤) 椑 피 [피]木下交接ㅣ槲나무밑둥서로얽힐、피(支) 樎 쑥 [축]家畜食桶구유통、축(屋)槽通 檕 이 [예]烏木오목、예(葉似棕櫚材質堅輕)(霽) 樔 쑈 [소]澤上守草樓풀막、소(늪위의초루)橧巢너스레、소(肴) 穎 잉 [영]錐柄송곳자루、영[경]足几발달린궤、경筬也상자、경(梗) 榷 최 [최]木蘊積나무쌓을、최(灰) 樋 퉁 [통]木名어름나무、통(東)[日]通水筧대홈통、통 槻 궤 [규]適用弓材欅ㅣ느티나무、규(支) 樣 양 [양]式也貌ㅣ모양、양(漾)樣同 [상]栩實상수리、상(養)橡通 樫 [日]檞屬떡갈나무、견 樉 쌍 [상]木茂貌나무더부룩할、상(養) 橺 깐 [간]柄也자루、간又손잡이、간(旱) 樥 뺑 [봉]草木盛也초목무성할、봉(送) 梆 빵 [방]杖也지팡이、방(或音부)(講) [木焉] 씬 [흔]平斗量木되깍이나무、흔(眞) 樍 찌 [적]川柳물버들、적(錫) 檫 차 [찰]木搖動聲나무흔들리는소리、찰(黠) 槴 헉 [호]取魚具통발、호(虞) [木兔] 뚜 [두]木根無椏곧은뿌리、두(尤) [木產] 싼 [산]果樹산나무、산(ㅣ樹子如桃實長寸餘二月花連著實五月熟色黃味酸、似白梅出九眞)(潸) 樒 미 [밀]香木침향나무、밀(南越交州有蜜香樹欲取先斷其根經年後外皮朽爛木心與節堅黑沈水者爲沈香浮水面平者爲雞骨最麤者爲棧香)(質)

十二

橦 퉁 [동]木名동나무、동(花可爲績)陷陣車진뚫는수레、동(東)木一截나무토막、동(冬)[장]旗竿깃대、장(江) 機 끼 [기]織具ㅣ杼베틀、기發動所由고동、기運氣變化기미、기巧術ㅣ械기계、기(有ㅣ械者必有ㅣ事有ㅣ事者必有ㅣ心)ㅣ會기회、기星名握ㅣ별이름、기(微) 橅 뫄 [모]法也規ㅣ법、모(虞)模同 樲 얼 [이]酸棗ㅣ棘신대추、이(寘) 樹 쓔 [수]植物總名나무、수立也세울、수植也扶ㅣ심을、수(麌)屛也막을、수獸名皮ㅣ짐승이름、수(遇) 櫄 츈 [춘]木名琴材참죽나무、춘(眞)杶同 橇 취 [교]泥

行乘ㅣ形如箕진흙썰매、교(蕭)轎同[취]義同(霽)

樽 준 [준]酒桶술통、준止也그칠、준(元)鐏同、尊通

櫼 젠 [전]山栗돌밤、전(一名甘栗、一名咸栗)(先)山梅산매자、전(霰)

橋 찬 [교]渡水ㅣ梁다리、교懸繩以量絙ㅣ줄띠어잴、교嫚也ㅣ泄업신여길、교木名ㅣ梓교나무、교魯地名陽ㅣ땅이름、교(蕭)

樵 찬 [초]柴也땔나무、초採薪나무할、초焚也불사를、초(蕭)

橈 산 [요]短櫂짧은노、요(蕭)[뇨]動搖흔들릴、요曲木굽은나무、요(巧)枉也굽힐、요摧折꺾을、요弱也약할、요散也헤칠、요身體柔ㅣ착착분일、요(效)

橑 랸 [료]椽耑木평고대、요(蕭)[로]椽木서까래、노車前蓋幌수레앞장、노(皓)

橠 눠 [나]木盛橠ㅣ나무무성할、나(哿)

橢 뛰 [타]長圓形길게둥글、타車笭中器다라기、타(哿)

樺 화 [화]木屬皮可貼木벗나무、화(禡)檴通

橡 쌍 [상]栩實상수리、상又도토리、상(實如栗而極小)(養)

橕 청 [탱]斜柱枝ㅣ버팀목、탱又작살、탱(庚)本棠、古樘俗撐

橆 우 [무]無同(虞)蕃也번성할、무(麌)廡蕪通

橫 헝 [횡]縱之對비낄、횡欄木난간목、횡(庚)不順ㅣ逆거스를、횡(敬)黌衡通

橙 떵 [증]橘屬큰유자、증又귤、증(實大皮甘柚類)(庚)[등]几屬등상、등(徑)凳通

橧 쩡 [증]積薪住居ㅣ巢너스레、증(上古未有住屋人皆居其ㅣ巢)豚之所寢돝의북심자리、증(蒸)

橊 릭 [류]果名石ㅣ석류、유(一名丹若)獸名ㅣㅣ짐승의이름、유(尤)榴本字

橬 천 [잠]積柴水中取魚물고기섶줄、잠(鹽)涔通[심]義同(侵)

橄 깐 [감]果名ㅣ欖감람、감(熱帶地產)(感)

橝 탄 [점]檐也처마、점蠶棚누에시렁、점木灰可染잿물들일、점(琰)

樸 프 [박]質也질박할、박木素나무등걸、박(土曰坏、木曰ㅣ)朴也순박할、박(覺)朴通[목]小木叢生棫ㅣ땅갈나무、복木密나무빽빽할、복(屋)

橘 쥐 [귤]柚屬木奴귤、귤(質)

橃 빠 [벌]大船큰배、벌(月)

樻 꿰 [궤]椐也가마테나무、궤靈壽木영수목、궤(寘)

樾 웨 [월]兩樹陰閒두나무그늘、월(月)

橛 쮀 [궐]杙也말뚝、궐門梱문지방、궐斷木도막나무、궐馬銜말재갈、궐擊鼓槌북채、궐(月)

⿱絜木 겨 [결]汲水具ㅣ槔

용두레、결 擽同、捁通(屑)

櫜 퉈 [탁]無底櫜전대、탁用力ㅣㅣ힘쓸、탁杵聲ㅣㅣ공이소리、탁治器도가니、탁獸名ㅣ駞짐승이름、탁(藥)

樴 지 [직]繫牛杙소매는말뚝、직樴也문지방、직(職)

楡 楊古字

樿 싼 [전]黃楊木황양목、전白理木전나무、전(木理白而多用印材製櫛)(霰)

榼 씨 [혜]木名榽ㅣ나무이름、혜(齊)

榔 랑 [랑]木名ㅣ楡느릅나무、낭(養)

⿰木斯 씨 [서]木下相交榑ㅣ나무밑둥서로얽힐、서踏板발판、서(齊)

橉 린 [린]木皮나무껍질、인門梱문지방、인(震)

⿱毳木 최 [취]重揣거듭쩔、취(霽)

橓 숀 [순]木槿무궁화나무、순(朝榮暮落)(震)

⿰木壴 후 [호]棗大尖上굵고끝빤대추、호(虞)

橗 멍 [맹]木心나뭇고갱이、맹(庚)

櫱 ㅇ지 [치]分蠶누에나눌、치(寘)

檸 닝 [녕]果名ㅣ檬영몽、영(迥)

⿰木獃 예 [엽]葉動貌잎이너풀거릴、엽(葉)

槹 꾸 [고]木名牡ㅣ무고나무、고木布四方나무사방으로퍼질、고(虞)

椇 껑 [경]犁田밭갈、경(庚)耕同

槇 덴 [전]木理堅密나뭇결찹찹할、전(霰)

藂 叢古字

橒 윈 [운]木紋나무무늬、운(文)

橤 쉐 [예]花鬚頭點꽃술、예垂也드릴、예(紙)蘂繠通

橚 쓔 [숙]長直貌ㅣ直蠱길고꼿꼿할、숙(屋)

橪 산 [연]酸小棗산대추、연(銑)香草ㅣ支향내나는풀、연(先)

⿱羲木 이 [의]八駿之一白ㅣ팔준마이름、의(周穆王、八駿馬)(寘)

檄 테 [철]棗也대추、철(屑)

橏 싼 [전]木瘤나무혹、전(霰)[건]樹長貌ㅣ㯫나무밋밋할、건(阮)

⿰木舄 씨 [석]木履나무신、석(陌)

⿰木悳 [韓]架木덕、덕又넉스레、덕地名땅이름、덕

⿰木紫 [韓]地名ㅣ木城땅이름、자

椅 이 [의]木節나무마디、의(支)

橄 추 [추]實成열매열、추(尤)

橵 [韓]屋上瓦下布木ㅣ子산자가지、산

橎 뻔 [번]堅木단단한나무、번(元)

橺 ㅇ젠 [간]巨樹큰나무、간(潸)

⿰木⿱丰巴 파 [파]棠也아가위、파(麻)

⿰木褭 와 [왜]枝垂가지늘어질、와(哿)

椊 췌 [취]朽木썩은나무、취(寘)

吉

檥 이 [의]整舟着岸배등대할、의(紙)艤同

檖 쒜 [수]山梨楊ㅣ팔배나무、수(寘)

⿰木虜 루 [로]大盾큰방패、

노(虞)櫓同

檜 꽤[회]柏葉松身전나무、회國名나라이름、회(泰)鄶通[괄]義同(曷)栝通

檀。란[단]香木旃ㅣ향나무、단(紫ㅣ、白ㅣ、黑ㅣ)善木박달나무、단(材質強靭木中車輻)(寒)

檛。좌[과]馬鞭말채찍、과(麻)簻同箠通

檟。쟈[가]楸也가나무、가(馬)榎通

橿。양[강]檍也박달나무、강(一名萬年木)鋤柄호미자루、강正直ㅣ然곧고바를、강棧木사닥다리、강強盛貌ㅣㅣ억셀、강(陽)

檉。청[정]河柳능수버들、정(一名兩師)(庚)

檠。징[경]燈架등잔대、경正弓器활도지개、경(庚)(梗)[木+敬]同、有足几발달린궤、경(敬)

[木+敬] 檠同

檎 친[금]果名林ㅣ似柰능금、금(侵)

[木+禁]。진[금]杆門木格문막은목책、금又사립짝、금(侵)

檐 옌[첨]屋前後端처마、첨(鹽)櫩簷同

檢。잰[검]校也교정할、검式也법、검制也금제할、검ㅣ束검속할、검印封봉할、검書籤수결둘、검又책메뚜기、검(琰)

檆。싼[삼]木名스기목、삼(咸)杉同

檋 쥐[국]雪泥所乘썰매、국山行履나막신、국直轅車멍에、국(沃)梮同

檗 빽[벽]黃柏황경피나무、벽(皮作可染)(陌)蘗同

檄。지[격]徵兵書羽ㅣ격서、격敵惡諭告격문、격過ㅣ과격할、격(錫)

檍。이[억]杻也참죽나무、억(葉似棣木質堅弓材)杻也박달나무、억(一名萬年木)(職)

檝 제[집]橈也短ㅣ노、집(緝)楫同[접]義同(葉)

檁 린[름]屋上橫木들보도리、늠(寢)

櫽 檃同

[木+感] 한[함]木之裂線나무터질、함(感)

[木+截]。쥐[작]木皮錯亂나무껍질뒤틀릴、작(藥)

槜。쥐[추]以木所擣절、추地名ㅣ李땅이름、추(支)檇同

檈。쎈[선]以繩轉軸가리틀、선又가리질할、선(霰)圓案둥근책상、선(先)

檑 레[뢰]自高轉石돌굴릴、뢰守城捍禦具石ㅣ돌소뇌、뢰(灰)礧礌同

檓 훼[훼]大椒호초、훼(椒實大者名ㅣ)(紙)

檔 땅[당]冊床책상、당橫木框ㅣ널방판、당(陽)

檕。지[계]桔槹上轉機橫木용드레、계又두레박채、계(霽)

[木+枼] 데[접]屋上笮板산자널판、접(葉)

檡。씨[석]梬棗고욤、석又개암、석(陌)

檦 퍄[표]表也표、표(篠)

檧 쑹[송]箸篇桶ㅣ수저통、송(冬)

橽 타[달]所以泄水물통、

달(曷)[韓]檀木박달나무、달 **檣** 창[장]帆柱돛대、장(陽)檣同 **櫖** ○취[거]藩蘺울타리、거(魚) **[木幹]** 깐[간]柘也산뽕나무、간 檀也박달나무、간(翰) **檞** ○제

[해]松樠솔나무고갱이、해(蟹) **櫒** 사[삽]枯也마른、삽(合) **樍** 시[석]川柳개버들、석(錫) (十四) **櫃** 꿰[궤]櫝也궤、궤篋也상자、궤(寘)匱同 **檳** 삔

[빈]果名丨榔빈랑、빈(丨榔樹無枝實從心出熱帶地産藥用)(眞) **櫄** ○춘[츤]似樗可弓幹참죽나무、춘(眞)杶橁同 **檼** ○인[은]屋脊집마룻대、은 複屋棟대공、은(吻)(問)穩通

橐 꾼[곤]橐也전대、곤 束也묶을、곤(阮) **櫂** 짜[도]楫也노、도(效)棹同 **櫼** ○젠[전]香木향나무、전(先) **檮** ○탈[도]斷木토막나무、도 不明貌丨昧흐리멍덩

할、도頑凶丨杌흉악할、도(豪) **檾** ○징[경]似苧白麻어저귀、경(今績麻布)(梗)(迥)苘同穎通(俗作蘔) **檿** 옌[염]山桑산뽕나무、염(丨有點文材可弓幹車轅)(琰) **檻**

○잰[함]欄也난간、함丨車죄인타는수레、함圈也우리、함(虎豹獅象等飼養處曰圈丨)(豏)轞通 **[臨木]** ○한[함]墝确地疆丨메마른땅、함(豏)壏通 **檬** 멍[몽]果名檸丨영몽、몽

(東) **[木對]** 뒈[대]車箱柱木차에난간기둥、대(隊)轛同 **[木緊]** ○진[긴]木理密緻나뭇결촘촘할、긴(軫) **櫟** 쌰[삭]縣名丨廣고을이름、삭(覺) **欂** ○뻐[벽]壁柱중깃、

벽(陌) **櫎** 檴同 **檴** 훠[확]樺也벚나무、확(藥) **檽** 수[누]木名丨梓누신나무、누(棺榔用材)[유]木耳버섯、유(有) **櫅** ○치[자]白棗흰대추、자(支)[제]斷木토막나무、제

(霽) **檵** ○지[계]枸丨구기자、계(俗枸杞也)(霽) **櫋** 멘[면]杜冲두충、면(先) **櫈** 떵[華]卓子탁자、등 **檯** 태[대]燈臺등대、대(灰) **[木覈]** 쒀[핵]果中實

씨、핵(陌) **[木匳]** 옌[염]洗手器세수통、염鏡匳경대、염(鹽) **檷** ○늬[니]卷絲具실패、이(紙) **[木箄]** 빼[패]筏木떼목、패(佳) **檭** 인[은]丨杏은행나무、은(俗作銀

杏)(眞) (十五) **櫚** 릐[려]椶也棕丨종려(熱帶產植物)(魚) **櫓** ○루[로]櫂也進船具노、노艣通大盾큰방패、노樐同、城上望臺망대、노戰陣望車망보는수레、노(麌)

櫑 래 [뢰] 酒樽彫雲雷象술잔에뇌문새길、뇌劔飾ㅣ具칼자루에새김놀、뇌(賄)

櫋 멘 [면] 屋根連接지붕연접할、면(先)

櫞 연 [연] 果名枸ㅣ둥근불수감、연(似橘實大有香)(先)

櫜 까 [고] 弓衣활집、고受弓矢器ㅣ韃전동、고韜也갈집、고甲衣갑옷집、고(豪)

櫎 황 [황] 所以支器그릇받침、황窓廡通名창、황屏風類帷ㅣ장지、황(或音광)(養)榥通

櫝 뚜 [독] 函也함、독又궤、독棺也관、독(屋)匵同

櫛 ㅇ제 [즐] 梳也빗、즐理髮빗질할、즐(質)

櫍 ㅇ지 [질] 斫木臺모탕、질(刑用斧ㅣ)(質)鑕通

櫟 ㅇ리 [력] 柞也槲屬도토리나무、역又상수리나무、역又참나무、역捎掠노략질할、역(錫)櫪通

⿰壴桑 쌍 [상] 鼓匡북통、상(養)

檇 檇同

櫌 ㅇ우 [우] 鉏柄호미자루、우(尤)

⿰木巤 ㅇ라 [랍] 樹生白蠟백랍나무、납(樹可放蠟煎汁爲油可作蠟燭)(合)

櫙 어 [우] 刺楡스무나무、우(尤)

櫖 뤼 [려] 山櫐굵은칡、여(魚)

⿰木劉 류 [류] 木名나무이름、유(尤)

櫡 ㅇ쥬 [저] 飯具匙ㅣ젓가락、저(俗作匙箸)(御)箸同

櫠 예 [폐] 柚屬ㅣ椵큰유자、폐(隊)

⿰木磊 라 [가] 樹斜貌ㅣ椏나무비뚜루설、가(哿)

櫐 례 [류] 似葛粗大山ㅣ굵은칡、유(紙)

櫏 쳔 [천] 梬棗椑ㅣ고욤、천(先)

櫢 쑤 [수] 樹盛貌ㅣ檽나무무성할、수(宥)

樚 루 [록] 柹也감나무、녹(屋)

縝 쎤 [진] 絲線실갈피、진(眞)

(十六)

櫳 ㅇ룡 [롱] 檻也난간、농養獸所우릿간、농窓也창、농(東)⿱龍木通

⿱龍木 ㅇ룡 [롱] 窓也창、농(東)櫳通

櫧 ㅇ쥬 [저] 木名나무이름、저(實似柞子如栗可食)(魚)

櫫 ㅇ쥬 [저] 表識揭ㅣ표목、저杙也말뚝、저(魚)

櫲 위 [여] 木名ㅣ樟여장나무、여(熱帶植物)(御)

櫩 옘 [염] 砌也섬돌、염屋端四垂처마、염曲屋步廊처마기슭、염(鹽)檐簷同

櫱 ㅇ네 [얼] 伐木餘그루터기、얼(屑)枿同 [알] 木根生芽나무뿌리에싹돋을、알(曷)

櫨 ㅇ루 [로] 柱頭주두、노(果名黃ㅣ楊ㅣ漆樹)(虞)

櫰 홰 [회] 花可染黃회야나무、회又괴나무、회(槐之別名)(佳)(灰)槐同

櫬 ㅇ천 [츤] 棺也관、츤木槿무궁화나무、츤(或音친)(震)藽通

櫯 쑤 [소] ㅣ枋단목、소(木可染黃)(虞)

⿰木商 챵

[장]帆柱돛대、장(陽) 檣同

⿰木褭 뇨 [뇨]樹長弱貌나무휘청거릴、요(篠)

櫪 리 [력]廐棧마판、역櫟也가죽나무、역蠶薄누에발、역(錫)

櫭 제 [계]木釘檢ㅣ나무못、결(屑)

欜 퇴 [탁]刁斗조두、탁(藥) 欜榜同柝通

櫇 핀 [빈]柰也ㅣ婆사과、빈(眞) 檳通

櫮 악 [악]花盛開貌꽃활짝필、악(藥)

⿰木霍 훠 [곽]枳木탱자나무、곽(覺)・

槮 잔 [잠]木實나무열매、참(刪)

⿰木隸 리 [례]篗柄자새자루、예(霽)

十七

櫸 쥐 [거]木名柜柳참귀목、거(葉如櫟槲皮似檀槐材堅多文用途最多)(語) 柜同

⿰木龜 [韓]槐木一種느티나무、귀

⿰木戲 씨 [희]杓也구기、희(支)

櫽 인 [은]揉曲ㅣ栝휠、은又줄목、은又도지개、은(揉曲者曰ㅣ、正方者曰檃)(吻) 檃同檼通

欄 란 [란]階除木句ㅣ난간、난牛圈외양간、난(寒) 闌通

⿰木毚 싼 [산]鎖門横木빗장、산(刪)

櫻 잉 [앵]果名ㅣ桃앵두、앵又시랏、앵(一名含桃)黑ㅣ벚나무、앵(花美皮可卷觳弓、杖、也)(庚)

櫺 령 [령]檻也난간、영有間隔窓살창、영又완자창、영(俗格子窓)(青) 欞同

櫾 유 [유]似橙而酢유자、유(宥)

欃 찬 [참]檀木박달나무、참(一名木蘭)通水管수통、참彗星ㅣ槍혜성、참(咸) 攙通

欂 뼥 [박]柱上方木ㅣ櫨주두、박壁柱중깃、박(藥)

檈 쏀 [선]果名ㅣ味맛든대추、선(先)

欀 쌍 [양]木名交ㅣ교양나무、양(皮中有如白屑以水淋之作餅、樹高五六尺、葉長厚產交趾)[상]路上木길위에선나무、상(陽)

櫵 찬 [초]柴也나무、초採薪나무할、초(蕭) 樵同

⿰木麋 미 [미]菱也마름、미(支)

⿰糹焦 찬 [초]生麻날삼、초(蕭)

櫼 첸 [첨]楔也문설주、첨(鹽)[삼]木名스기목、삼(感) 檆同

十八

⿰木鬵 천 [잠]梣也무푸레、잠(一名青皮木)(侵)

權 촨 [권]事物隨意處置威力권세、권稱錘저울질할、권平也평할、권反經合道권도、권攝官벼슬겸임할、권(先)

欇 졔 [섭]楓也ㅣㅣ단풍나무、섭杖也지팡이、섭(葉)

⿱雜木 자 [잡]海鳥ㅣ縣물새이름、잡交雜섞일、잡(合)

欆 쌍 [쌍]未張帆桻ㅣ접은배돛、쌍(江)

欈 줴 [추]地名ㅣ李땅이름、추木名나무이름、추(支) 檇槜同

欋 취 [구]四齒杷쇠스랑、

구木根盤나무뿌리얽힐、구(虞)

欌 [韓]所以衣藏의장、장

櫑 류[류]藤也등나무、유(尤)

(十九)

欐 리[리]藩也柴ㅣ울타리、이(支) 籬同

欐 리[려]梁也들보、여小船거루、여(齊)(霽)

欒 란[란]木名似樺나무이름、난瘦貌ㅣㅣ파리할、난(寒)

欑 찬[찬]叢木숲평이、찬又떨기、찬(寒)

欏 롸[라]蘿也ㅣ落울타리、나裂也찢을、나似枇杷桫ㅣ사라나무、나(歌)

〔木+燮〕 체[첩]飯臿주걱、첩(葉)

〔木+關〕 촨[전]栈也말뚝、전(先)[관]手相關付손댈、관(删)

〔木+纂〕 쥐[절]木錐나무꼬챙이、절(屑)

(二十)

欓 땅[당]越椒월나라산초、당木桶나무통、당(養)

欔 훠[곽]犂也보습、곽鋤也가래、곽(藥)

欕 [韓]鸓不踏木엄나무、엄

(二十一)

欙 레[류]山行所乘썰매、유(支) 樏同

欗 란[란]桂類木ㅣ목란、난(俗作木蘭)(寒)

欛 빠[파]刀柄칼자루、파(禡) 把通

欖 란[람]果名橄ㅣ감람、남(感)(勘)

欘 쥬[촉]斤柄自曲者절로굽은자귀자루、촉犂也보습、촉(沃)

欚 레[례]小船종선、예(齊)

(二十二)

〔木+疊〕 데[첩]木名나무이름、첩(木實如薾其中有綿可以織布)(葉)

欝 울[울]氣滯ㅣㅣ답답할、울(物)(鬱同俗字)

(二十四)

欞 링[령]란간、영檻也(青) 櫺同

欠部

欠 쳰[흠]張口解氣하품할、흠不足부족할、흠疲乏貌ㅣ伸기지개결、흠(豔)[감]義同(陷)

(二)

次 ㅊ[차]亞也버금、차又다음、차第也차례、차舍也사처、차急遽造ㅣ급거할、차又잠간、차至也이를、차編髮머리쪽질、차(寘)

(三)

〔阝+欠〕 이[의]嘯也수파람불、의(支)

〔己+欠〕 깨[해]笑而破顏웃을、해(灰)[이]欬也기침할、이(紙)

(四)

欣 쎈[흔]喜也기쁠、흔忻同、訢通(文)

欪 씨[희]戲笑貌ㅣㅣ희롱하며웃을、희(支)

欦 한[함]含笑빙그레웃을、함貪欲탐낼、함(覃) 欿同

〔比+欠〕 삐[비]氣息呼出숨내쉴、비(支)

〔欠+欠〕 쳰[흠]嚏也재채기할、흠(文)

欥 이[일]喜悅기뻐할、일(質)

〔勿+欠〕 후[홀]怒聲성낸소리、홀(物)

(五)

㰦 취 [거]張口運氣欠ㅣ하품할、거(御)

欨。쒸 [구]吹也불、구笑貌벙글거릴、구欠也하품할、구(虞)

㰤 허 [하]大笑ㅣㅣ껄껄웃을、하張口出息입벌리고숨쉴、하(哿) 歎通

㰹。한 [함]或也혹、함又혹그러할、함(覃) 澉同

㰳 어 [액]笑語ㅣ歅웃고말할、액(陌)

㰺 씨 [계]笑也ㅣ欯웃을、게(霽) 歌通

㰾 싸 [합]鼻息ㅣㅣ코로숨쉴、합(洽)

㰴 씽 [형]含笑貌빙그레웃을、형(敬)

㰷 찬 [조]氣上蒸ㅣ歊기운오를、초健也건장할、초(蕭)

欪。추 [출]無慙咄ㅣ부끄럼없을、출笑也웃을、출(質)

㰢 씬 [신]吟也읊을、신苦매앓을、신(眞) 呻同

㰯 예 [해]飲也마실、해(灰)

㰣 즈 [지]吐也토할、지(寘)

㰩 씨 [희]氣逆상기할、희(支)

㰻 옐 [결]開也열、결(月)

六

欬。거 [해]因風逆氣ㅣ嗽기침할、해大呼廣ㅣ크게부를、해疾言聲ㅣ일갤、해(隊) 咳同 [애]飽食喘息배불러숨찰、애(卦) 噫通

欯。이지 [힐]喜也기쁠、힐笑也웃을、힐(質)

欱。하 [합]大歠한숨에훅들여마실、합合也합할、합斂受之意주름잡을、합(合) 哈同

㱎 꿰 [궤]疲極고달플、궤(紙)

㰵 꾸 [골]飲聲마시는소리、골(月)

欰 쒸 [술]蟲鳴ㅣㅣ벌레울、술(質)

㰶 유 [유]呼犬聲개부르는소리、유(虞)

㰥。애 [애]歎聲탄식하는소리、애(佳)

㰬 쓘 [순]信也믿을、순悅也기쁠、순氣逆숨찰、순(眞)

㰿 작 [축]愁也근심할、축(尤)

七

欷。씨 [희]悲泣氣咽抽息한숨휘내쉴、희歎也歔ㅣ허희탄식할、희含泣歎聲흑흑느낄、희(未)(微) 唏同

欸 애 [애]歎也탄식할、애然也그렇다할、애(灰) 唉同、棹歌ㅣ乃노젓는소리、애(賄)

欶。쑤 [삭]著也붙을、삭吮也含吸빨아들일、삭(覺) 瘶通 [수]上氣咳ㅣ기침할、수(宥) 嗽同

欲。위 [욕]期願之辭하고자할、욕貪也탐낼、욕愛也사랑할、욕將然장차、욕(沃) 慾通

㰮 쩬 [신]俗音[진]指而笑손가락질하며웃을、진(軫)

欦 한 [함]含笑貌빙그레웃을、함(覃) 欦同

㰹。꾸 [구]小兒凶惡數ㅣ아이흉악할、구(宥)

㰼 쪄 [협]俗音[헙]喘也氣息숨찰、협(合)

欳 꾀 [괴]太息크게한숨쉴、괴(卦)

欴 랑 [랑] 貪也탐낼、난(陽)

⑧

欹 이 [의] 歎美辭ㅣ與거룩하다할、의(支) 猗通

欺 치 [기] 詐也속일 기 自昧其心속을、기 陵也업신여길、기 妄也망녕될、기(支)

款 관 [관] 誠也정성스러울、관 叩也두드릴、관 敬愛사랑할、관 塞也막힐、관 ㅣ曲관곡할、관 科也條目조목、관 誌也기록할、관 所欲ㅣㅣ하고자할、관(旱) 款同

款 款俗字

欽 친 [흠] 敬也공경할、흠 思望意ㅣㅣ물끄럼이바랄、흠 恭也공순할、흠 皇敕ㅣ差황제의칙교、흠 鐘聲有節쇠북절조맞쳐칠、흠(侵)

欿 간 [감] 不滿意ㅣ然뜻에차지않을、감(感)

㰳 야 [아] 嘶也驢鳴나귀울、아(禡)

㰶 부 [부] 語而不受말하며받지않을、부(有)

歄 즈 [자] 無廉啝ㅣ염치없을、자(支)

𣢞 씨 [혁] 拭涙눈물씻을、혁(錫)

𣣋 훈 [혼] 不知ㅣㅣ알지못할、혼 暗昧어두울、혼(元)

欻 후 [홀] 忽也홀연、홀 暴起급히일어날、흘 動也ㅣㅣ흔들거릴、홀 疾貌ㅣ吸훅들여마실、홀 幽邃歇ㅣ으슥할、홀(物) 欻同

𣤊 치 [치] 齧也씹을、치(紙)

欶 주 [졸] 吮也빨、졸 口飮마실、졸(質)

㱇 쓰 [시] 惛死復生까무러쳤다깨날、시(寘)

𣣌 익 [옥] 驚也놀랄、욱(屋)

⑨

歈 위 [유] 歌名吳ㅣ노래이름、유 相手弄笑ㅣ舞희학질할、유(虞)

歅 인 [인] 人名九方ㅣ사람의이름、인(秦人善觀相者)(眞) [연] 義同(先)

歀 款同

歂 촨 [천] 姓也ㅣ孫ㅣ師성、천(先) 疾息헐떡거릴、천 口氣귀吸들여마실、천(銑) 喘同

歆 씬 [흠] 神食ㅣ饗흠향할、흠 饗也먹일、흠 欣羨흠선할、흠(侵)

歇 쎄 [헐] 休息쉴、헐 氣泄無餘느른할、헐 又헐떡거릴、헐 幽邃ㅣ欻으슥할、헐 消散흩어질、헐 竭也다할、헐(月)

歃 싸 [삽] 歠也마실、삽 信盟ㅣ血입에피발러맹세할、삽(洽) 通

歁 간 [감] 食不滿음식나쁠、감 意不滿뜻에차지않을、감(覃)

歋 이 [이] 驢鳴ㅣ㰳나귀울、이(紙)

𣣗 옌 [언] 大呼用力크게부르짖어힘쓸、언 怒而膨腹성나배불덕거릴、언(願)

㰹 쎈 [함] 含笑방그레웃을、함(覃) [감] 呌也부르짖을、감(勘)

歶 운 [은] 逆氣피기할、은 又딸꾹질할、은(願)

⑩

歊 쌰 [효] 氣出貌ㅣㅣ기운날、효 熱

氣더운김、효喧也지꺼릴、효(蕭)

歌。꺼[가]永言以聲노래、가詠也읊조릴、가曲合樂장단맞출、가(歌)謌同哥通

歉。젼[겸]荒歲一穀不升흉년들、겸小也작을、겸(琰)嗛通 食不滿나쁠、겸(鹽)[감]貪也탐할、감嗛也무리、감(陷)

歍。우[오]心有所惡欲吐아니꼬울、오又구역질할、오又토와질할、오(虞)

歊 약[요]氣出貌ㅣㅣ기운날、요(蕭)

歃 한[함]貪也탐할、함(感)

𣣚 치[치]嘲笑조롱해웃을、치(支)嗤同

𣣡 씨[혜]歎息탄식할、혜(齊)

歋 이[이]相笑ㅣ歈서로웃을、이(支)

欱 허[합]大啜흡들여마실、합(合)歙通

⑪

歐。어[우]俗音[구]姓也성、구(尤)欲吐ㅣ逆토하려할、구捶擊쥐박을、구(有)嘔毆通

歎。탄[탄]太息탄식할、탄稱美讚和아름답다할、탄(寒)(翰)嘆同

歖。저[색]語笑歖ㅣ말하며웃을、색(陌)

㱃 飮古字

𣤈 럭[루]小兒凶惡ㅣ頭어린아이흉악할、누(宥)

㱂。캉[강]空也빌、강穀不充實흉년들、강(陽)

歑 후[호]出氣太息숨길게내쉴、호吹也불、호(虞)

𣤧。쭤[최]一擧盡食한입에다먹을、최齧也씹을、최(卦)嘬同

歏。진[근]欠也모자랄、근(震)

⑫

歔。쒸[허]抽息ㅣ欷휘한숨쉴、허泣也鼻息울며코훌적거릴、허(魚)

歕 픈[분]吹氣기운불、분潠也뿜을、분(元)噴同

𣤬 라[랍]不滿貌ㅣ歁서운해할、납(合)

歗 嘯古字

歙。씨[흡]縮鼻코우무러질、흡又코찡찡이、흡斂氣숨들이쉴、흡(緝)[섭]義同(葉)

歘 후[훌]暴起급히일어날、훌(物)欻同

𪑾 희[흑]唾聲침뱉는소리、흑咳也기침、흑(職)

歖 씨[희]卒喜갑자기기뻐할、희(支)

⑬

歛。렌[검]貪也탐할、검乞也구걸할、검(覃)

歜。츄[촉]怒也盛氣대단성날、촉(沃)[잠]菖蒲菹름ㅣ장포김치、잠(感)

𣤙 씨[희]相笑서로웃을、희(支)

𣤝 써[식]怯也겁낼、식(職)

⑭

歟。위[여]助辭어조사、여又그러나할、여(疑問時或推測時用字)(魚)

𣤶 훠[획]吐聲토하는소리、획(陌)

𣤷 듸[적]痛聲앓는소리、적(錫)

𣤻 이[읍]癡也痴歠어리석을、읍(合)

⑮

歠。쮜

[철]大飮훅들이마실、철(屑)啜通 **歔** 우[우]氣逆기운역할、우(尤) (十七) **歟**。잉[영]怒氣성낸기운、영(梗) **歗** 츄[축]接口입맞춤、축(屋) **[illegible]** 찬

(十八) **歡**。환[환]喜樂기뻐할、환酒名ㅣ伯술이름、환樹名合ㅣ나무이름、환(寒)懽同驩通 **歙** 예[엽]取也취할、엽[첩]氣動貌ㅣㅣ기운뜰、첩(葉)

[초]飮酒盡杯술마셔다할、초(嘯) (二十) **[illegible]** 쿤[곤]愚也어리석을、곤(元) (二十二) **[illegible]**。同難

止部

止。지[지]停也그칠、지留也머무를、지已也말、지息也쉴、지靜也고요할、지居也살、지心之所安마음、지禮節容ㅣ예절、지行儀擧ㅣ거동、지語助辭어조사、지(紙)

正。졍[정]方直不曲바를、정歲首첫、정定也정할、정平也평할、정當也마땅할、정長也어른、정射侯畫布사포、정分辨분변할、정豫期미리작정할、정(敬)政通

(二) **此**。ᄎᆞ[차]玆也이、차彼之對)止也그칠、차(紙) (三) **步**。뽀[보]徒行걸을、보擧足爲跬걸음、보又자취、보人才特出獨ㅣ독보、보又하나、보運也운수、보(國ㅣ天ㅣ)渡頭水際나루、보又선창、보首飾ㅣ搖머리꾸밀、보(遇) **[illegible]** 씬[신]待也기다릴、신(震) (四) **歧**。치[기]路二達길두갈래질、기飛行貌ㅣㅣ둥둥떠다닐、기(支)

武。우[무]威也위엄스러울、무健也건장할、무勇也날랠、무猛也용맹할、무跡也자취、무剛也강할、무繼也接ㅣ이을、무樂名풍류이름、무北方星名玄ㅣ현무、무(麌)[韓]軍官虎班호반、무 **肯** 字近古 **歨** 字旅古 **[illegible]** 字正古 (五) **歫**。쥐[거]止也그칠、거搶也찌를、거超ㅣ뛸、거違也어길、거至也이를、거抗也겨룰、거(語)距通

歪。왜[외]不正비뚤어질、외又기울어질、외(尾) **[illegible]** 피[피]覆也덮을、피(寘) (六) **峙**。지[치]不進ㅣ踏주저할、치又머뭇거릴、치儲備저축할、치(紙)時同峙通

[illegible] 쥬[저]盛物於器담을、저(御) **[illegible]** 긴[근]足踵발꿈치、근(元) (八) **[illegible]**。同歸 **[illegible]** 창[상]掌拒버티딜、상(漾) **[illegible]**

剪古字 ⿱止凶 齿同 ⿰止卒 치 [치] 待也기다릴、취 寘 ⿰止夌 졍 [정] 止也그칠、정 迥 ⑨ 歲 쒜 [세] 年也햇、세(唐虞曰載夏曰ㅣ、商曰祀周曰年)年穀成곡식익을、세星名太ㅣ별이름、세 霽 ⿰止重 踵古字 ⑩ 澀 써 [삽] 酸苦떫을、삽不滑깔깔할、삽墻疊石成文ㅣ浪돌담무늬、삽 緝 澀澁濇同 ⿰止臭 쥐 [후] 休息쉴、후 尤

⑪ ⿰止責 지 [적] 正齊바를、적 陌 ⑫ 歷 리 [력] 過也經ㅣ지낼、역傳也전할、역行也행할、역盡也다할、역靜也寂ㅣ고요할、역越也넘을、역釜鬲銅ㅣ다리굽은가마、역明也ㅣㅣ역력할、역文章貌ㅣ錄문채날、역 錫 ⿰止喬 蹻同 ⑬ ⿰止著 躇同 ⿱辟止 躄同 ⑭ 歸 궤 [귀] 還也돌아올、귀返送于他돌아갈、귀嫁也于ㅣ시집갈、귀附也붙일、귀投也던질、귀許也허락할、귀卦名ㅣ妹괘이름、귀 微 歸皈同 [궤] 餉也 먹일、궤 寘 饋通

歹部

歹 어 [알] 剔肉殘骨살발른뼈、알 曷 歺 歹同 歹 대 [대] 逆也거스를、대好之反좋지않을、대惡也괴악할、대 賄 ② 死 쓰 [사] 殁也絶命죽을、사 紙 ⿰歹丂 싹 [후] 割也저밀、후又베일、후 有 朽同 ③ ⿱巛歹 지 [흘] 流也흐를、흘 質 ⿰歹戈 졔 [결] 盡也다할、결 屑 ④ 歿 뫄 [몰] 死也죽을、몰舒緩貌殟ㅣ천천할、몰 [홀] 盡也다할、홀 月 沒通歾同 歾 殁同 ⿰歹内 누 [눌] 心亂殟ㅣ심란할、눌 月 殀 약 [요] 短折早死일찍죽을、요又요사할、요又단명할、요斷殺끊을、요 篠 夭同 ⿰歹欠 즈 [자] 死而復生까무러쳤다깨날、자 支 ⿰歹斤 씨 [설] 夭死일찍죽을、설又단수할、설 屑 ⿰歹丣 리 [류] 欲死죽으려할、유 尤 ⿰歹文 쳰 [천] 殘餘나머지、천 銑 ⑤ 殆 대 [태] 危也위태할、태幾也거의、태近也가까이할태始也비로소、태將也장차、태 賄 殄 뎐 [진] 絶也끊을、진盡也다할、진滅也멸할、진善也착할、진 銑 軫 被 피 [피] 開肉解剖살찢어벌릴、피 支 枝折가지꺾을、피 紙 披通 殂 주 [조] 死也ㅣ落죽을、조 虞 殃 앙 [앙] 禍

也앙화、앙罰也벌나릴、앙쌈也허물、앙(陽)袂同 **殅**· 썽[생]死而更生죽었다살아날、생(庚) **𣧃** 민[면]矜也불상히여길、면(陌) **𣧑** 終古字 **𣧊**。殂古字

𣦸 쉐[설]盡也다할、설(屑) **殀** 찌[치]鬼魅귀신、치(寘) **𣧖** 쭈[구]枯也마를、구又시들시들할、구(有) ⑥ **殉**· 쓘[순]以人從死따라죽을、순營也경영할、순求也구할、순從也좇을、순(震) **殊**·。 쓔[수]異也다를、수絶也끊어질、수死也죽을、수誅也목베일、수語助辭어조사、수(虞) **殈**· 씨[혁]卵坼알터질、혁(職)

𣧢 쯔[자]死而復生죽었다깰、자(寘) **𣧣** 同𣧢 **𣧤** 롼[란]臨死神迷懸ㅣ죽으려까무러칠、란(翰) **殑**。 씽[승]欲死ㅣㅣ까무러칠、승(逈) **𣧛** 미[미]米半壞쌀반쪽썩을、미又절미、미(薺) **𣧞** 짠[잔]禽獸食餘짐승먹던찌끼、잔(寒)賤同 **𣧜**。 러[락]卒死殟ㅣ갑자기죽을、낙(藥) ⑦ **殍**· 퍞[표]餓死굶어죽을、표(篠)莩同 莩標通

殏 칙[구]終也마칠、구(尤) **㱣**。 네[뇌]弱也猥ㅣ약할、뇌(賄) **𣧴** 꾸[곡]臨死畏却죽길겁낼、곡(屋) **殐**· 쑤[속]殭也죽어썩지않을、속(屋)

𣧥 껀[긍]欲死죽으려할、긍(蒸) **𣨕** 맏[묘]飽厭물릴、묘(俗音모)(效) **𣨛** 헝[형]腫也부을、형(庚) ⑧ **殘**·。 찬[잔]凋傷쇠잔할、잔害也해할、잔餘也나머지、잔(寒)戔通 **殌**。 쭈[졸]死也죽을、졸終也마칠、졸(質)(月)卒通 **殙** 훈[혼]心不明了흐리멍덩할、혼又혼미할、혼瞀也아찔할、혼(元)惛同 **殖**·。 씨[식]生也蕃ㅣ날、식又번식할、식又부를、식興財生利식리할、식又이불릴、식種也심을、식平正ㅣㅣ반듯할、식(職) [華]骨ㅣ뼈、식 **殕**· 뿌[부]物腐生黴곰마지낄、부又곰팡날、부腐也썩을、부(虞)[복]斃也죽을、복(屋)

𣨊。 치[의]棄也버릴、의死也大ㅣ죽을、의(支) **殗**· 예[업]病而不甚ㅣ殜병심하지않을、업(葉)[엽]殁也죽을、엽(鹽) **㱢**。 웨[위]枯死말라죽을、위又시들、위(支) **殔**。 이[이]瘞也埋沒묻을、이(寘) **𣨙** 친[심]草木萎死초목시들어죽을、심(沁) **𣨚**· 웬[완]人死貌사람죽은모양、완(阮) **𣨝**

四畫 歹歺

一九五

위[악]卒死ㅣ路갑자기죽을、악(覺) **殀** 야[요]害也해할、요(蕭) **⿰歹京** ㅇ장[강]屍體시체、강 又송장、강(漾)

九

殛 ㅇ지[극]殺也죽일、극 誅也施刑형벌해죽일、극(職) **⿰歹畏** 웨[외]不知人事ㅣ⿰歹妥정신모를、외(賄) **殜** 예[엽]罹病병들、엽(葉) **⿰歹昬** 殙本字 **⿰歹彖** 씨[회]疲困피곤할、회(隊) **⿰歹度** 뚜[도]敗也패할、도(遇)

⿰歹柬 란[란]破壞깨뜨릴、난(翰) **⿰歹參** 唁同

十

殞 원[운]歿也죽을、운 落也떨어질、운(軫) **殠** 척[추]腐氣썩은기운、추(宥) **⿰歹豈** 깨[개]腜胎첫아이밸、개 殺羊取胎양죽여태끄낼、개(灰) **殟** 우[올]胎敗낙태할、올 心亂ㅣ⿰歹内심란할、올(月) [온]病也병들、온 極也극진할、온(元) **⿰歹益** 이[의]萎死시들어죽을、의(寘) **⿰歹鬼** 홰[회]愚也어리석을、회(賄) **⿰歹宰** ㅇ재[재]滅也멸망할、재(賄) **殦** 까[고]曝也볕바랠、고(皓)

十一

殢 티[체]困極늘어질、체 又까부러질、체(霽) **殣** ㅇ진[근]餓死굶어죽을、근 瘞也묻을、근(震) **殤** 쌍[상]夭也일찍죽을、상(未滿二十而死)(陽) **⿰歹責** ㅇ지[지]病也병들、지 獸死짐승죽을、지(寘) **殥** 인[인]遠也멀、인(眞) **⿰歹貫** 관[관]盡也다할、관(諫) **⿰歹雈** 최[최]破也깨질、최(隊)

十二

殪 이[에]死也죽을、에 殺也殄絶죽여없앨、에(霽) **殫** 딴[단]盡也다할、단(寒) **殨** 회[회]腫決종기터질、회(隊) **殩** 찬[찬]饋喪家食ㅣ孝상제먹일、찬(翰) **⿰歹最** 쐐[세]瘦病파리한병、세 又마르는병、세(泰)

十三

殭 ㅇ장[강]死而不腐죽어썩지않을、강(陽) **殮** 렴[렴]着衣于屍염할、염 殯也빈소할、염(豔) 斂通 **⿱⿰歹夗死** 뭐[몰]臨死迷亂ㅣ⿱垂死죽으려까무러칠、몰(月) **⿰歹歲** 훼[예]死物殘ㅣ죽은물건、예(隊) **⿰歹辟** 피[벽]欲死죽으려할、벽(陌)

十四

殯 삔[빈]殮也염할、빈 死體入棺不葬致ㅣ빈소、빈(死在棺將遷葬柩賓遇之)(震)

十五

殰 뚜[독]死胎사태할、독(屋) 牘同

十六

⿰歹歷 리[력]幾至死境거의죽으려할、역(錫)

十七

⿰歹闌 란[란]爛敗물크러질、난 又물러터질、난(翰) **殲** ㅇ젠[섬]盡也다

할、섬滅也멸할、섬(鹽) (十九) ⿰歹羸。라[라]病也병들、나(歌) ⿰歹顚 뎐[전]沒落떨어질、전又주거넘어질、전(先)

殳部

殳。쑤[수]戈也창、수(兵器八稜無刃)杸同擊也칠、수(虞)

(四) ⿰冘殳。진[침]下擊上칩더칠、침(或音담)(沁)(感)[금]治也다스릴、금禁制금제할、금又제어할、금(侵)

(五) 段。딴[단]分片조각、단擇物고를、단(翰)

(六) 殷。인[은]衆也많을、은盛也성할、은大也클、은中也가운데、은成湯國號은나라、은(文)盛貌ㅣㅣ융성할、은雷發聲천둥소리、은(吻)磤通[안]黑赤色검붉은빛、안(刪)

殻 殼同

殺。싸[살]戮也죽일、살矢鏃살촉、살散貌ㅣ然흩을살垂貌騷ㅣ늘어질、살(黠)煞糷同[쇄]減也감할、쇄疾也빠를、쇄降也내릴、쇄(卦)[시]弑同(寘)

⿰亥殳 깨[개]笑也웃을、개(灰)

(七) 㱿 허[학]嘔吐토할、학又구역질할、학(覺)殼通

殹。이[예]聲相應소리마주칠、예(霽)

⿰辰殳。전[진]躍而喜貌ㅣㅣ뛰며기뻐할、진又소스리쳐기뻐할、진擊也칠、진(眞)

⿰豆殳 투[두]遙擊멀리칠、두(尤)

殸 聲古字

(八) 殽。효[효]亂也어지러울、효相雜混ㅣ섞일、효豆肴마른안주、효俎肴진안주、효(肴)肴餚同淆通

殼。취[각]甲皮껍질、각素也본디、각又바탕、각自上擊下내리칠、각(覺)殻同、㱿通

⿰尚殳 당[등]推也길、등揬也부딪칠、등(庚)

(九) 毀。훼[훼]隳之헐、훼(寘)壞也허러질、훼訾也흉볼、훼瘦也哀ㅣ상제슬퍼얼굴파리할、훼小兒更齒아이이갈、훼(紙)

殿。뎐[전]宸居宮ㅣ대궐、전又전각、전軍後군사뒤、전下功하등공、전(上功曰最下功曰ㅣ)呻也ㅣ屎신음할、전鎭也진압할、전(霰)

毄 지[계]飼養ㅣ畜먹여기를、계(霽)[격]攻也칠、격(錫)

(十) 毃。챠[각]擊頭머리때릴、각橫擿결매로칠、각(覺)敲通

毄 지[각]勤苦用力애쓸、각[격]相擊聲마주치는소리、격拂也물리칠、격戈戟類ㅣ兵창、격(錫)喫通

⿰宮殳 퉁[동]擊空之聲쿵쿵울리는소리、동(冬)

⿰宰殳 재[재]殺也죽일、재(賄)

(十一) 毅。이[의]果敢勇斷굳셀、의(弘ㅣ、剛ㅣ)妄怒성빨끈

별、의(未)

毆 우[구]捶擊쥐박을、구又칠、구(有)

(十二) **毇** 훼[훼]精米쌀쓿을、훼又훼(紙)糳同

毈 단[단]卵不孵化알곯아까지못할、단(翰)

[殸+召] 쌋[소]舜樂大ㅣ풍류、소(蕭)韶同

[數+殳] 취[착]穿也뚫을、착(屋)

(十三) **㲉** 취[각]鳥卵새알、각卵孵알깔、각(覺)

(十四) **[殸+至]** 징[갱]不可近가까이못할、갱又멀리할、갱(庚)

[殸+壽] 쑥[수]擊也칠、수(尤)

(十五) **毉** 醫同

[殸+禾] 이[예]美也아름다울、예(霽)

(十九) **毊** 쌋[효]大磬큰경쇠、효(蕭)

[殸+僉] 렌[렴]鏡函경대함、염(鹽)

(二十) **[嚴+殳]** 리[력]別離나눌、역又떠날、역(錫)

毋部

毋 우[무]禁止辭말、무莫也없을、무地名寧ㅣ땅이름、무(虞)無通夏冠ㅣ追하우씨관、무(尤)

毌 꽌[관]貫也꿸、관地名ㅣ岳땅이름、관魏人複姓ㅣ丘儉성、관(翰)貫通

母 무[무]俗音[모]生我慈親어미、모(父之配、繼ㅣ、養ㅣ、伯ㅣ、季ㅣ、乳ㅣ、姑ㅣ、姨ㅣ)妻ㅣ聘ㅣ장모、모又빙모、모(石名雲ㅣ、藥名益ㅣ、仙名西王ㅣ、天干曰十ㅣ)(有)

(三) **每** 메[매]常也매양、매又일상、매凡也무릇、매各也각각、매貪也탐할、매雖也비록、매屢也여러、매(賄)數也셀、매美田ㅣㅣ좋은밭、매(隊)草盛풀성할、매(灰)

毐 애[애]人無行嫪ㅣ행실없을、애又음란할、애(賄)

(四) **毒** 뚜[독]惡也독할、독又악할、독害也해할、독痛也아플、독苦也괴로울、독恨也한할、독憎也미워할、독(草害荼ㅣ烏頭鷄ㅣ、草名狗ㅣ、繩ㅣ、病名丹ㅣ)(沃)

(九) **毓** 위[육]養也기를、육稚也어릴、육盛多郁ㅣ번성할、육(屋)育同

比部

比 삐[비]較也비교할、비類也무리、비ㅣ例견줄、비(紙)和也고를、비並也아우를、비次也차례、비革帶鉤師ㅣ혁대갈구리、비虎皮皐ㅣ범의가죽、비(支)密也빽빽할、비及也미칠、비從也좇을、비矢括살오늬、비頻也ㅣㅣ자주、비櫛具ㅣ余빗、비偏也편벽될、비(寘)[필]次也櫛ㅣ차례、필又질번할、필(質)

(五) **毗** 피[비]輔

也도울、비明也밝을、비厚也두터울、비體柔夸ㅣ몸굽신거릴、비革帶鉤辟ㅣ혁대갈구리、비(支)

毘 同毗 **毖**。삐 [비]愼也삼갈、비勞也수고로울、비泉流貌샘졸졸흐를、비(眞)

(六) **毗** 毗本字 **毘** 同毗

(十) **㲋** 쮀 [결]貉也담비、결(屑)

(十一) **㲌** 씨 [시]담비、시(眞)

(十三) **毚**。찬 [참]약은토끼、참(感)

毛部

毛。맏 [모]毫也터럭、모(動物皮膚上所生細條)無草不ㅣ풀없을、모羊也柔ㅣ양、모髮斑白터럭반쯤셀、모莎草地ㅣ뗴、모序齒燕ㅣ나이차례、모(豪)

毴同

(二) **毜** 닝 [녕]犬毛毬ㅣ개털、녕(徑)

(四) **㲎**。빼 [패]多毛ㅣ毦털많을、패(泰)

毟 뿐 [분]毛落털빠질、분(文)

㲃。찌 [지]毛織氀ㅣ털로짠베、지(支)

㲅。제 [계]獸之細毛짐승의가는털、세(卦)

毱 사 [삽]眼睫長貌속눈섭길、삽(合)

(五) **毩** 링 [령]毛結不理털엉길、영(青)

毻。뱌 [조]鳥尾毻ㅣ새꽁지、초(蕭)

毡。氈俗字

毨 썽 [생]毛起貌ㅣ㲪털끝일어설、생(庚)

毞 삐 [비]毯類담、비(支)

毠。자 [가]毛衣털옷、가(麻)

毪 러 [루]毯席담자리、누又담방석、누(虞)

毤 취 [태]初生毛갓난털、태(陌)

毧 먼 [모]毛密貌털많이날、무(有)

(六) **毦**。얼 [이]結毛爲飾머리틀、이兜飾罽ㅣ투구치장할、이羽毛飾깃과털로꾸밀、이錦名兜羅ㅣ비단이름、이(眞)

毢 씨 [시]張羽毢ㅣ날개벌릴、시(灰) 毸同

毨。썬 [선]毛落更生整齊털다시나함치르르할、선(銑)

毼 허 [합]目睫長속눈섭길、합(合)

毣 무 [목]毛濕털젖을、목美好貌함함할、목思貌ㅣㅣ곰곰생각할、목(屋)

毥 쉰 [순]初生毛솜털、순(震)

㲖。同毣

毬 숭 [융]細毛가는털、융又솜털、융(東)

(七) **毫** 한 [호]細長毛가늘고긴털、호又털끝、호筆也揮ㅣ붓、호(豪)豪通

毮 싸 [사]毛長貌毵ㅣ털길、사(麻)(歌)

毬。착 [구]戲具鞠丸제기、구又공、구(蹴ㅣ、打ㅣ、野ㅣ、撞ㅣ)毛布花ㅣ화문담요、구帶名團ㅣ띠이름、구(尤)

毻。쌰 [소]鳥尾毻ㅣ새꽁지、소(蕭)

𣯖 同毻

㲇 얖 [무]鳥脫毛

새털벗을부(虞) 毨 썬 [선] 毛織모직、선(先) 𣬼。쳡 [첩] 目毛속눈섭、쳡(葉) 睫睞同 𣭞 래 [래] 斑毛얼룩털、내(泰) 𣭲。발 [발] 短毛짧은털、발(月) ⑧

毳。취 [취] 細毛솜털、취氈也ㅣ幕담장막、취(霽) 毰 페 [배] 張羽ㅣ毸날개펼、배(灰) 毯 탄 [담] 毛席담자리、담(感) 毱 쥐 [국] 毬也蹴ㅣ제기、국(屋)

踘同 氂 리 [리] 彊毛억센털、이(支) 𣭷。쏴 [졸] 毛生털날、졸(月) 毴 마 [모] 毛同 [용] 毹同 毲 뙤 [탈] 織毛罽모직、탈(曷) 毲同毲 𣯊 더 [득] 毛

小털작을、득(職) 𣭏 쯔 [지] 毛多털많을、지(紙) ⑨ 毹。위 [유] 毛席氍ㅣ털방석、유(虞) 毸 씨 [시] 張羽毰ㅣ날개벌릴、시(灰) 毢同 毷 마 [모] 解也풀、

모又끊을、모解毛털벗을、모(號) 毼。거 [갈] 毛織毲ㅣ털로짠베、갈又모직、갈(曷) 毻 퉈 [타] 禽獸解羽毛새와짐승털갈、타(箇) 𣯳 빵 [방] 毛織物ㅣ毼털로

짠、베 방(養) 𣰆 쌰 [수] 毛布氍ㅣ털담요、수(尤) 毽 쪈 [건] 戲具抛足제기、건(願) 𣯹 내 [내] 多毛毹ㅣ털많을、내(泰) 𣯍。편 [편] 長毛긴털、편 [변] 結毛不理ㅣ毿

털엉길、변(銑) 毧 숭 [용] 細毛가는털、용(東) 毩 同鞠 ⑩ 毾。타 [탑] 毛席ㅣ㲪털자리、탑(合) 𣯷 당 [당] 罽也ㅣ毾담、당冠上飾毫상모、당長毛

긴털、당(陽) 𣰉 숭 [용] 細毛가는털、용(東) 𣯤。찌 [기] 毛文털무늬、기又열룽거릴、기(支) 㲡 수 [욕] 毛織褥모직요、욕(沃) 毮 사 [사] 毛羽婆娑貌털너풀거

릴、사(歌) ⑪ 氂。리 [리] 牛尾쇠꼬리、이數名十毫호리、이雜毛잡털、이(支) 犛氂通 毿 싼 [삼] 毛長ㅣㅣ털길、삼(覃) 氀 뤄 [루] 毛織布ㅣ毼털로짠베、누

(虞) 𣰥 충 [종] 罽也ㅣ氈모직、종(冬) 𣰱 리 [리] 白毯帽子흰담모자、이(支) 𣯽 만 [만] 赤毛褥붉은털요、만(元) 氁 무 [모] 毛緞털비단、모(虞) ⑫

氃 퉁 [동] 散毛氋ㅣ흩어진털、동又털용승거릴、동(東) 氄。숭 [용] 如絲細毛솜털、용(腫) 氅。창 [창] 以羽爲衣鶴ㅣ학창의、창(養) 鷩同 [韓] 官人平常服ㅣ衣창의、

창㊀養 㲪。떵 ⓓ등 罽也毾ㅣ털로짠베、등㊀蒸 氆 빵 ⓑ방 蕃織䍜ㅣ양의털로짠융、방㊀養 𣰖 짶 ⓙ조 兜上毛飾투구상모、조㊀蕭 𣯻 뱍 ⓑ복 毛不理毸ㅣ털엉킬、복㊀屋

十三 氉。쌰 ⓢ소 煩悶毵ㅣ답답할、소㊀號 𣱋 례 ⓛ렵 車鬣차에먼지막는깃부채、렵(所以車中防禦風塵者ㅣ)葉 氈。짠 ⓙ전 蹂毛戉片전、전又담、전毛席담자리、전又전방석、전㊀先旃通

氊 同氈 𣰽 취 ⓖ구 毛褥털요、구又담요、구㊀虞 氍同

十四 氋 뭉 ⓜ몽 散毛ㅣ氄흩어진털、몽㊀東 𣱎。란 ⓛ람 毛長ㅣ毵털길、남㊀覃

𣱌。예 ⓐ알 多毛털많을、알㊀月 𣰿 同氍氍 𣱦 핑 ⓑ빙 犬毛ㅣ毣개털、빙㊀蒸 𣰗 닝 ⓝ녕 多毛犬삽쌀개、영㊀庚 𣰼 취 ⓒ체 斷也끊을、체㊀齊

十五 氌 루 ⓡ로 西蕃毛織䍜氆ㅣ융、노又우단、노㊀虞 𣱀 뚜 ⓓ독 旗也기、독㊀屋

十八 氍。취 ⓖ구 毛褥ㅣ毹담요、구㊀虞 𣰽𣰽同

二十 𣱶。쏘 ⓢ수 毛之逆立털거스릴、수㊀虞

二十二 氎 데 ⓒ첩 細毛織物세모직、첩(白ㅣ、金ㅣ、霞ㅣ)葉

氏部

氏。쓰 ⓢ시 俗 ⓢ씨 姓也ㅣ族성씨 씨 婦人尊稱각씨、씨(男女尊稱辭)㊀紙 ⓙ지 西域國名月ㅣ서역나라이름、지單于妻名閼ㅣ되놈의처이름、지㊀支

氐 듸 ⓙ저 本也근본、저至也이를、저羌也오랑캐、저㊀齊 抵同邸通宿名별이름、저賤也천할、저㊀齊 低同

民。민 ⓜ민 衆庶백성、민(士、農工商爲四等ㅣ)眞

四 氓 멍 ⓜ맹 民也백성、맹㊀庚 毗岷同 𣱆 同氓

五 𣱈 쓰 ⓢ시 伺也살필、시㊀支

六 𣱉。데 ⓙ질 手拔物뽑을、질觸也찌를、질㊀屑

九 𣱊 인 ⓘ인 사라없어질 인㊀震

气部

气 치 ⓚ기 雲ㅣ구름기운、기㊀未 氣通 ⓖ걸 求乞구걸할、걸㊀物 乞通

二 氖 同气 氛。뿐 ⓑ분 氣也기운、분(妖氣ㅣ祲祥氣ㅣ氳)文

氜 양 ⓨ양 陽氣볕기운、양㊀陽 陽同 氞 인 ⓔ음 陰氣달기운、음㊀侵 陰同 気 同氣

六 氣。치 ⓚ기 候也기운、기息也숨、기生之元精ㅣ정기、기(天地間萬物

之現象陰陽風雨、晦明六丨)(未)炁同

[illegible] 인 [인]天地合氣丨氳천지기운합할、인(眞)絪通

[illegible] 쓘 [순]逆氣기운거스릴、순(眞)

七

[illegible] 쑈 [소]天上雲丨하늘、소天氣하늘기운、소(蕭)霄同

十

氳 윈 [온]氣盛氤丨기운성할、온(文)

十七

[illegible] 氣同

水部

水 쉬 [수]地之血氣물、수(河川海、洋、流動成體)(五行之一)(紙)

永 웅 [영]長也길、영遠也멀、영(梗)

氷 冰俗字

二

氿 궤 [궤]水涯물가、궤側出泉곁에서나오는샘、궤(紙)

汀 틩 [정]水際물가、정(青)泥淖丨濘진흙수렁、정(迥)矴同

求 착 [구]索也구할、구乞也구걸할、구等也짝、구(尤)

氾 뺀 [범]水溢丨濫물넘칠、범不定之辭뜰、범又범범할、범濟陰水名물이름、범(陷)姓也성、범鄭地名땅이름、범(咸)

汃 파 [팔]波相擊聲澎丨물결서로치는소리、팔(黠)

汁 찌 [즙]俗音[집]液也진액、집又국물、집(緝)

氽 툰 [탄]浮也뜰、탄又헤엄칠、탄(人在水上曰丨、人在水下曰溺)(阮)

氻 릐 [륵]水聲물소리、늑(職)

氼 溺古字

三

汏 따 [대]水激過流물부딪치고지날、대洗也씻겨갈、대又사태날、대(泰)

汎 뺀 [범]任風波自縱떠울、범又떠나갈、범漂也丨丨둥둥뜰、범輕也丨剽가벼울、범(陷)泛通 [봉]浮也뜰、봉(東)

汞 홍 [홍]水銀수은、홍(董)

江 꺙 [강]川之大者강、강水出岷山강수、강(江)

池 츠 [지]穿地瀦水못、지飛貌差丨석바꿔나를、지黃帝樂名咸丨풍류이름、지(支) [타]幷州水名滹丨물이름、타(歌)沱同

汜 쓰 [사]水之分流復合물결갈라졌다다시합할、사日入處濛丨해떨어지는곳、사窮瀆늪、사又소、사河南水名물이름、사(紙)

汝 수 [여]爾也너、여(河南州名、弘農水名)(語)

汙 우 [오]窊下웅덩이、오降殺隆丨낮을、오(虞)洿同、穢染더러울、오小池작은못、오去垢때없앨、오(遇) [와]鑿地땅팔、와(箇)洿通、鑿地爲尊구덩이、와(麻)窊通

汗 한 [한]人液땀、한又진、한水長貌瀾丨물질펀할、한(水無涯曰洋丨、水廣大無際曰丨丨)(翰)(突厥酋長可丨、地名番丨)(寒)

汛 쒼 [신]灑

也물뿌릴、신(震)

汚 同洿

汍 완[환]汍瀾눈물줄줄흘릴、환(寒)

汕 싼[산]罾也撩罟통발、산又반두、산魚游水물고기자맥질할、산韓國水名물이름、산(諫)

汊 차[차]水岐流물두갈래로흐를、차(遼東水名三ㅣ河)(禡)

汔 씨[흘]水涸물잦일、흘(物)

汒 망[망]怱遽ㅣ若총망할、망(陽)汒同

汇 同汒

汋 쮜[작]挹取汲水물떠낼、작激水聲물결치는소리、작(藥)

汎 쏀[섬]波起淊ㅣ물결솟을、섬(鹽)

汓 치[수]足泳水上선헤엄칠、수又발헤엄칠、수(尤)

汖 패[패]臬皮分割삼쨀、패(卦)

汈 인[인]濕相付着젖어맞붙을、인(軫)

汐 씨[석]夕潮저녁조수、석又썰물、석(陌)

汑 튀[탁]滑也미끄러질、탁(藥)

四

沖 충[충]和也화할、충深也깊을、충虛也빌、충動搖흔들릴、충上飛위로나를、충幼小어릴、충垂貌ㅣㅣ늘어질、충鑿冰聲ㅣㅣ얼음끄는소리、충(東)

沚 즈[지]小渚모래톱、지(紙)洔同

沂 이[기]魯南水名물이름、기靑州山名산이름、기(微)

沍 후[호]凍也얼、호閉塞막힐、호(遇)涸通

汭 쉐[예]水曲물굽이、예水內嫣ㅣ물속、예(雖州水名)(霽)

沛 페[패]行貌ㅣㅣ행하는모양、패雨盛貌ㅣ然비쏟아질、패裕餘貌ㅣ乎넉넉할、패偃仆顚ㅣ자빠질、패容倦貌ㅣ艾점잔을、패(泗水縣名)(泰)霈伂通

汰 태[태]滑也미끄러질、태洗也淘ㅣ씻길、태又밀릴、태(泰)

沕 미[매]潛藏잠길、매(隊)[물]深微貌깊고작을、물(物)

沕 [물]義同

汾 쁜[분]水轉貌溫ㅣ물굽이쳐흐를、분(太原水名)(文)

沄 윈[운]轉流굴러흐를、운沸貌沄ㅣ끓을、운(文)

汶 원[문]玷辱ㅣㅣ더럽힐、문又욕될、문(元)(瑯琊水名)(問)

沅 웬[원]水名물이름、원(元)

沌 둔[돈]不明貌混ㅣ어둘、돈元氣未判혼탁할、돈又塞也不通막힐、돈(阮)

汳 빤[판]陳留水名물이름、판(願)汴通[변]義同(霰)

汼 판[반]水涯물가언덕、반(翰)泮通

汵 涎本字

沔 멘[면]流滿흘러가득할、면(銑)

汴 뻰[변]陳留水名물이름、변(霰)汳通

沙 싸[사]疏土모래、사(石碎極細)(麻)砂通

汸 팡[방]大雨ㅣ沱큰비、방(庚)

船배서로연결할、방水名물이름、방(陽)滂同 **汪**。왕[왕]深廣ㅣㅣ깊고넓을、왕池也못、왕(鴈門縣名ㅣ陶)(漾) **沆**·앙[항]大水漭ㅣ큰물、항水草廣大貌ㅣ茫진펴리、항水

深廣貌ㅣ漾물충충할、항北方露氣ㅣ瀣북방이슬기운、항(養) **沈**。천[침]沒也잠길、침釆也綵ㅣ채색、침澤之無水못에물마를、침汁也진액、침(侵)沉同湛通[심]姓也성、심(寢)瀋

通 **沇** 옌[연]流貌ㅣㅣ물흐를、연(濟水別名)(銑)兗同 **沁** 친[심]以物探水물적실、심又물속찾을、심(上黨水名)(沁) **沉** 沈俗字 **沐**。무[목]治也다스릴、목濯髮

머리감을、목浴也목욕할、목潤澤윤택할、목細雨溟ㅣ이슬비、목(屋) **汩** 위[율]水流물흐를、율疾行빨리걸을、율光明ㅣ越광명할、율鼓動貌拂ㅣ북울릴、율(質) **汨**。

꾸[골]治也다스릴、골亂也어지러울、골水聲ㅣㅣ물소리、골浮沉ㅣ沒골몰할、골潷波ㅣ涵솟는물결、골通也통할、골(月)滑通[멱]長沙水名ㅣ羅물이름、멱(錫) **沃**·우[옥]灌也물

댈、옥潤也윤택할、옥又기름질、옥柔也부드러울、옥盛也ㅣ若무성할、옥土肥ㅣ壤토옥할、옥壯姣ㅣㅣ좋을、옥盥手ㅣ盥손씻을、옥(沃) **決**。쥐[결]斷也결단할、결行流물골러놓

을、결絶也끊을、결破也깨질、결射具ㅣ拾활깍지、결(北方水名)(屑)抉通 **沒**。메[몰]沈也잠길、몰又빠질、몰盡也다할、몰過也지날、몰奪取乾ㅣ건물로빼앗을、몰(月)歿通

沕 泐俗字 **沓** 타[답]重也거듭、답合也합할 답貪也탐할、답善語ㅣㅣ말잘할、답溢也넘칠、답(合)遝諮通 **汲**。띠[급]引水於井물기를、급又물뜰、급引也당길、급

不休ㅣㅣ부지런할、급又급할、급(緝) **汖** 流古字 **汥**。찌[지]水分流물나누여흐를、지(支) **汦**·츠[지]均一ㅣㅣ균일할、지又가지런할、지(支) **汵** 깐[감]水

入船隙배틈으로물들、감水名물이름、감(勘)淦同 **汱**。촨[견]水落貌물떨어질、견伏水물샐、견[현]義同(銑) **汽**·치[기]湯水蒸氣물끓는김、기(未)[흘]幾也거의、흘(物) **沛** 쟈

[잡]纔濕涾ㅣ겨우젖을、잡(合) **沘**。삐[비]水名물이름、비(紙) **汯** 꿩[굉]迅流ㅣㅣ물빨리흐를、굉水回泓ㅣ물굽이쳐돌아나갈、굉(庚) **汻** 운[오]水涯물가、오(麌)

㳂 沿俗字 浔 쉬 [서] 溝渠개천、서又도랑、서(語) 汼 우 [유] 濡也젖을、유潤也윤택할、유(有)

(五)

泛 뺀 [핍] 水聲물소리、핍(洽) [범] 浮也뜰、범(陷) 汎同 [봉] 覆也덮을、봉又엎을、봉(腫) 要通

泜 찌 [지] 臨城水名물이름、지(支) [치] 南陽水名(紙) 湍同 [저] 常山水名(霽)

治 찌 [치] 理也다스릴、치又가릴、치攻也다듬을、치(支) 理效다스림、치校也비교할、치州郡所駐고을、치(寘)

泚 太 [자] 水清물맑을、자鮮明고울、자(紙) [체] 汗出貌땀축축히날、체(霽)

泗 쓰 [사] 肺液콧물、사(濟陰水名)(寘)

泌 삐 [필] 水狹流물좁게흐를、필(質) [비] 泉水涓流貌샘물졸졸흐를、비(寘)

沸 삐 [비] 涫也鼎ㅣ끓을、비(未) [불] 泉湧滭ㅣ샘솟을、불(物)

沮 쮜 [저] 漸濕ㅣ洳축축할、저(御) 止也그칠、저拒也막을、저恐怖공포할、저(扶桑水名)(魚) 壞也무너질、저漏也샐、저(語)

泭 뿌 [부] 小筏적은떼、부水泡물거품、부(虞) 桴通

沽 꾸 [고] 買也살、고(虞) 賣也팔、고(漁陽水名)(語)

注 쮸 [주] 灌漑물댈、주水流射물쏟칠、주嚮心ㅣ意주의할、주記也ㅣ文물건주문할、주措置ㅣ措조처할、주釋經典주낼、주(遇) 註通

泥 늬 [니] 滯也막힐、이(霽) 涅通、水和土수렁、이又진흙、이(薺書曰紫ㅣ、糊窓曰ㅣ窓、大醉曰ㅣ醉) 塗也흙바를、이露濡ㅣㅣ이슬에젖을、이柔澤야드를할、이(齊) 苨通

泲 찌 [제] 沇水東流爲濟물이름、제(薺) 濟同

沴 리 [려] 害也해로울、려妖氣요기、려水渚물가、려水不利물마스순치못할、려(霽)

泄 쎼 [설] 漏也샐、설發越발설할、설瀉病똥질할、설(屑) [예] 散也흩을、예出也怠緩ㅣㅣ내칠、예(霽) 洩同

沬 메 [매] 微昧之明희미할、매晝星낮별、매(泰) 洗面낯씻을、매(衛邑之名)(隊) 頮通

沫 머 [말] 涎也침、말又춤、말泡也湯華끓는물거품、말汗也땀、말(水名)(曷)

泰 태 [태] 大也클、태通也통할、태寬也너그러울、태安也편안할、태侈也사치할、태甚也심할、태(山名卦名)(泰) 太通

泯 민 [민] 滅也민멸할、민沒也빠질、민昏也어두울、민盡也다할、민水貌ㅣㅣ물모양、민(軫)

泮 판 [반] 半水諸侯學宮반궁、반冰解얼음풀릴、반(翰) 頖同沜泮通

泉 촨 [천] 水源샘、천(涌出曰濫ㅣ、縣

出曰沃ㅣ、仄出曰氿ㅣ)瀑布立ㅣ폭포수、천錢也貨ㅣ돈、천劒也龍ㅣ칼이름、천先

洇 뎐 [전] 水無際廣大물가없을、전先

沿 옌 [연] 從流而下물따라내려갈、연循也좇을、연先

泫 쏀 [현] 水深网ㅣ물깊을、현先涕流눈물흘릴、현露光이슬번드를할、현銑

沼 잔 [소] 曲池굽은못、소篠

泡 팟 [포] 水上浮漚물거품、포肴

河 허 [하] 四瀆之一물、하(天漢曰銀ㅣ、酒器名銀ㅣ)歌

波 빠 [파] 浪也물결、파(大ㅣ爲瀾小ㅣ爲淪直ㅣ爲徑)潤也물젖을、파月光金ㅣ달빛、파目光눈광채、파(書名偃ㅣ)歌

沱 퉈 [타] 大雨滂ㅣ큰비、타池也못、타水別流물갈래져흐를、타河名滹ㅣ물이름、타歌

泱 앙 [앙] 水深廣물충충할、앙水聲宏大물소리우렁찰、앙陽廣大貌ㅣ漭물질펀할、앙漂疾潨ㅣ물결빨리갈、앙養

泓 훙 [훙] 水深물깊을、훙清也물맑을、훙庚

泠 링 [령] 涼意서늘할、령泉聲ㅣ샘소리、령(丹陽水名)青

泂 징 [형] 寒也찰、형遠也멀、형深廣깊고넓을、형迥迥通

泳 융 [영] 潛行水中헤엄칠、영又자맥질할、영又풍감질할、영又잠행할、영敬

油 우 [유] 膏也기름、유雲盛ㅣ然구름필、유和謹ㅣㅣ공손할、유(武陵水名)尤

泅 쳐 [수] 浮行水上헤엄칠、수尤

泔 깐 [감] 米汁쌀뜨물、감覃

沾 쟌 [첨] 漬也적실、첨濡也젖을、첨輕薄ㅣㅣ경박할、첨鹽 [접] 自喜ㅣㅣ스스로기뻐할、접葉霑通

沭 쓔 [술] 東莞水名물이름、술質

泝 쑤 [소] 逆流上ㅣ洄물거스를、소順流下ㅣ游물내리흐를、소遇溯遡同

泬 쎼 [혈] 空虛ㅣ寥휑할、혈又빌、혈水從穴出샘솟을、혈屑

泊 빠 [박] 休宿쉴、박舟着埠頭배머무를、박止也그칠、박恬靜澹ㅣ담박할 박又맡쑥할、박流寓漂ㅣ표박할、박藥

泐 리 [륵] 石解散돌결일어날、늑職

泣 치 [읍] 無聲出涕소리없이울、읍沸聲ㅣㅣ끓는소리、읍緝

法 빠 [법] 憲章制度법、법(禮文刑律民ㅣ、刑ㅣ、商ㅣ、司ㅣ)效則본받을、법常也떳떳할、법象也형상、법洽

沶 쓰 [시] 縣名ㅣ鄕고을이름、시寘

泎 쪄 [색] 水落地聲瀺ㅣ물떨어지는소리、색陌

泪 淚同

泏 츄 [출] 水湧貌물솟을、출

(質)

泼 빠[발] 灌漑물댈、발 寒也찰、발 (月)

⿰氵甲 야[압] 低濕ㅣ插낫어습할、압 又 축축할、압 (洽)

⿰氵⿴囗乂 늬[닙] 淹濕狀浥ㅣ 축축할、입 (緝)

⿰氵布 。부[포] 地名ㅣ州땅이름、포 (遇)

⿰氵弁 뼨[변] 導水使平물흘러서고르게할、변 (霰)

⿰氵卉 훼[휘] 水波之紋물결무늬질、휘 (未)

泍 뿐[분] 泉湧貌샘솟을、분 (吻)

泑 。의[유] 水黑色물검은빛、유 (山名ㅣ山) (有)

⿱⿰氵夗皿 꽌[관] 洗手器손씻는그릇、관 (翰)

況 。광[황] 矧也하물며、황 況同 寒水찬물、황 (琴名修ㅣ) (漾) [항]俗

泆 。이[일] 淫蕩음탕할、일 溢出넘어나올、일 (質)

沰 뚜[탁] 使落떨어트릴、탁 投石돌던질、탁 水滴물방울떨어질、탁 (藥)

泾 괘[괘] 水勢물형세、괘 (卦)

泧 웨[월] 大水큰물、월 漲溢넘칠、월 (月)

沲 타[타] 水流물흐를、타 (哿)

泞 쟈[저] 澄也맑을、저 (語)

泙 。핑[평] 水聲물소리、평 (庚)

六

洚 。쟝[홍] 水不導道물넘을、홍 (東) 洪通 無水涯ㅣ洞물가없을、홍 (送) [강] 水逆流물거슬려흐를、강 (河內水名) (絳)

洞 。룽[통] 明也通達밝고통달할、동 [동] 幽壑골、동 疾流빨리흐를、동 深也깊을、동 空也빌、동 (送) 孝敬ㅣㅣ공경할、동 相連鴻ㅣ서로연할、동 (董)

洟 이[이] 鼻液콧물、이 (澤名溫ㅣ) (支)

洪 。홍[홍] 大也클、홍 又 넓을、홍 洚水큰물、홍 姓也성、홍 (東) 洚通

洶 쓩[흉] 水勢ㅣㅣ물결흉할、흉 (冬) 水聲ㅣ涌물소리、흉 (腫)

洢 이[이] 河南水名물이름、이 (支)

洏 얼[이] 涕流漣ㅣ눈물흘릴、이 湯水끓는물、이 (支)

洧 。웨[유] 潁川水名溱ㅣ물이름、유 (紙)

洔 쯔[지] 小渚작은모래톱、지 (紙) 沚同

洎 찌[계] 及也미칠、계 潤也윤택할、계 灌釜가마부실、계 肉汁고기집넘、계 (寘) 曁漑通

洳 。수[여] 漸濕沮ㅣ축축할、여 (魚)(御)

洙 。쥬[주] 水涯물가、수 (泰山水名ㅣ泗) (虞)

洿 우[오] 濁水不流흐린물괴일、오 窊下地웅덩이、오 (虞) 汚汙同

洣 미[미] 波也물결、미 江州水名물이름、미 (薺)

洗 。씨[세] 滌也씻을、세 承水器물받는그릇、세 (薺) 洒通 [선] 潔也정결할、선 又 조촐할、선 (律名姑ㅣ) (銑)

洩 。쎄[설] 漏也샐、설 發越발설할、설 歇也쉴、설 (屑) 泄同 [예] 飛翔貌나르는모

양、예怠緩ㅣㅣ게으로고느릴、예(霽)

洒 싸[선]肅貌ㅣ然조심할、선水深물깊을、선(銑)寒慄ㅣㅣ떨、선(霰)[최]高峻높을、최(賄)[쇄]滌也ㅣ掃씻을、쇄(卦)灑同[세]洗也씻을、세雪也설치할、세(霽)洗同[사]汛也ㅣ落물뿌릴、사(馬)[새]汛也뿌릴、새(蟹)

洼 와[와]曲也굽을、와(麻)[왜]義同陜西水名溼ㅣ물이름、왜(佳)

洄 훼[회]逆流泝ㅣ물거슬러흐를、회(灰)

派 패[패]俗音[파]分流물나눠흐를、파分出나눠나갈、파(卦)

泽 채[채]水浦개、채又나루、채(卦)

津 진[진]水渡處나루、진液也진액、진又침、진溢也ㅣㅣ넘칠、진(眞)

洵 쓘[순]信也믿을、순渦中水웅덩이물、순無聲出涕소리없이눈물흘릴、순(眞)[현]遠也멀、현(霰)

洹 웬[원]流也흐를、원(上黨水名)(元)

洊 젠[전]再至거듭올、전(霰)荐同

洮 됴[조]洗手손씻을、조洗濯ㅣ汰빨래할、조(隴西水名黃河支流)(豪)

洸 광[광]水涌물솟을、광怒也성낼、광武勇ㅣㅣ위엄스러울、광(陽)

洋 양[양]大海큰바다、양又물、양(太平ㅣ、大西ㅣ、南氷ㅣ、北氷ㅣ、印度ㅣ是爲五ㅣ)水盛貌ㅣㅣ물부를、양瀾也물결칠、양(陽)

洲 쥬[주]洋中有陸섬、주(亞細亞ㅣ、歐羅巴ㅣ、亞弗利加ㅣ、濠太地利亞ㅣ、北亞美利加ㅣ、南亞美利加ㅣ、是爲六ㅣ、人畜可居)(尤)

洺 밍[명]易陽水名물이름、명(庚)

洧 涓俗字

洑 뽁[복]伏流스며흐를、복(屋)澓同[韓]引水漑田보막을、복

活 활[활]生也살、활[괄]水聲ㅣㅣ물콸콸흐를、콸(曷)

洌 례[렬]清也맑을、렬寒也찰、렬(韓國水名)(屑)

洛 러[락]都也ㅣ陽서울、낙弘農水名ㅣ水낙수、낙(藥)維通

洫 쒸[혁]田間水溝밭도랑、혁濫也넘칠、혁(職)滅通

洽 허[흡]和也화할、흡合也합할、흡霑濡젖을、흡(洽)

涑 쒸[색]小雨零落가는빗방울뚝뚝떨어질、색(陌)

洃 회[회]溲粉반죽할、회(灰)

洘 갈[고]水涸물마를、고(皓)

洨 쟈[효]水流合물흘러합할、효(冀州水名)(肴)

浀 취[곡]水名ㅣ池물이름、곡(沃)

洀 쥬[주]水文물노리칠、주(尤)[반]曲也ㅣ屈서릴반(寒)盤同

洦 메[맥]淺水얕은물、맥(陌)

浺 츙[충]山下泉산밑샘、충水聲ㅣ淙물소리、충(東)

涃 젠[건]竇也구

멍、건(阮) **汧**。첸[견]澤也못、견(扶風水名)(先) **洱** 이[이]弘農熊耳山水名물이름、이(紙) **洝** 안[안]湯也끓는물、안(翰)[알]弇曲不平穿ㅣ구슬풀、알(曷) **[illegible]**。

청[승]沒也潛ㅣ빠질、승又잠길、승(蒸) **洍**。쓰[사]水別復入물모여들、사江水강물、사(紙)汜同 **沖** 충[충]水遠물멀、충(東) **泆** 이[일]水岸물가언덕、일(質) **[illegible]**

쑤[속]降雨비올、속(沃) **淶** 래[래]染色물들、내(隊) **洁**。지[길]良水맛좋은물、길(質) **[illegible]** 이[의]水清물맑을、의(微) **洇** 인[인]細波가는파도、인(震) **[illegible]**

뭐[모]水岸물가언덕、모(尤) **[illegible]** 쓔[휴]水沈退減물들었다빠질、휴(尤)

七

浵 퉁[동]水深汪ㅣ물깊을、동(冬) **浲**。뻥[봉]單孤山出水名물이름、봉(冬)逢同

涌。湧同 **浽** 쒜[수]小雨ㅣ微작은비、수濁也물흐릴、수(支) **涘**。쓰[사]水涯물가、사(紙) **涖** 리[리]水聲ㅣㅣ물소리、이(寘)莅通 **涂** 투[도]溝道도랑、도(虞)

[차]沮洳축축할、차塗飾맥질할、차(麻)搽通 **浯** 우[오]琅邪水名물이름、오零陵溪名내이름、오(虞) **浦**。푸[포]水濱물가、포又개、포(麌) **涕** 티[체]涙也눈물、체(薺)

(霽) **浿** 패[패]水涯물가、패(韓國水名)(泰)(卦) **海**。해[해]天池바다、해(百川之朝宗)(賄) **浼** 멘[매]汚也더러울、매水平貌ㅣㅣ물평평할、매(賄) **浚** 쮠[준]取

也취할、준深也깊을、준堀也팔、준淘也일、준(衛邑名)(震)濬通 **涒** 쮠[군]水流曲折ㅣ鄰물굽이쳐흐를、군食而復吐먹고다시토할、군(願) **浣**。환[완]洗衣옷빨、완(旱)

澣同 **[illegible]** 깐[간]水流ㅣㅣ물흐를、간涸也물마를、간(翰) **涎**。옌[연]口液침、연(先)光貌ㅣㅣ빛날、연相連迆ㅣ서로연할、연(霰)次漾同 **漩** 쒠[선]回泉도래샘、선

(元)(霰)漩同 **[illegible]** 쫭[장]米甑蒸汽쌀찔、장(漾) **涓**。쥔[연]小流ㅣㅣ졸졸흐를、연滴也물방울、연擇也가릴、연(先)消本字 **涊** 넨[년]垢濁淟ㅣ때낄、연汨沒끌몰할、연

汗出땀날、연邪媚態간사히아첨할、연(銑) **涀**。쪤[견]小溝작은도랑、견(高陵水名)(霰) **涏**。뎬[전]俗音[정]光澤ㅣㅣ빛나고윤택할、정美也아름다울、정(霰) **浡** 쌋

〔효〕水涯물가、효(南郡水名)(肴)

消 쏘〔소〕滅也사라질、소又꺼질、소敝也ㅣㅣ해질、소盡也다할、소釋也풀릴、소(蕭)銷通

浪 랑〔랑〕流貌ㅣㅣ물결、낭(荊山水名滄ㅣ、陽武地名博ㅣ、朝鮮郡名樂ㅣ)(陽)不精要孟ㅣ맹랑할、낭(養)波也물결、낭不敬謔ㅣ희롱지거리할、낭(漾)

浩 호〔호〕廣大ㅣ然넓고클、호(皓)

浧 잉〔영〕沈也잠길、영泥滓찌끼、영(梗)

涇 징〔경〕通也통할、경(安定水名)(青)

浟 우〔유〕水流ㅣㅣ물흐를、유(尤)滺同

流 류〔류〕水行물흐를、유覃也번질、유求也구할、유放也귀양보낼、유布也퍼질、유類也九ㅣ무리유(儒家ㅣ、道家ㅣ、陰陽家ㅣ、法家ㅣ、墨家ㅣ、縱橫家ㅣ、雜家ㅣ、農家ㅣ、小說家ㅣ、分爲九ㅣ)(尤)

浮 뿌〔부〕泛也뜰、부溢也넘칠、부順流순히흐를、부盛貌ㅣㅣ성할、부無定意ㅣ沈맨데없을、부又정치못할、부(尤)

涑 쏘〔속〕洗布세탁할、속(沃)(河東水名)(屋)〔수〕濯垢때씻을、수(尤)盪口양치할、수(宥)漱通

涔 천〔잠〕牛馬足跡浸水蹄ㅣ소와갈발자국에괴인물、잠漬也적실、잠雨貌ㅣㅣ비죽죽올、잠淚貌눈물、잠(侵)

浸 찐〔침〕漬也적실、침又잠길、침潤也윤택할、침漸也점점、침涵也젖을、침(沁)寖浸同湛寖通

浴 위〔욕〕洗身몸씻을、욕又목욕할、욕(陰山水名)(沃)

浞 쫘〔착〕濕潤젖을、착(人名寒ㅣ)(覺)

浡 빼〔발〕興起ㅣ然우쩍일어날、발(海別名ㅣ海)(月)勃通

浙 쩌〔절〕洗米쌀씻을、절(錢塘水名)(屑)淛通

浹 쨔〔협〕徹也ㅣ洽협흡할、협又관철할、협徧也둘릴、협(自甲至癸ㅣ日、自子至亥ㅣ辰)(葉)

浥 이〔읍〕潤濕厭ㅣ젖을、읍(緝)〔엽〕潤也윤택할、엽(葉)〔압〕水流下貌물아래로흐를、압(洽)

涵 한〔함〕沈也잠길、함(覃)

涅 네〔녈〕水中黑泥앙금흙、녈染黑검은물들일、녈鷄伏卵始化닭이알안을、녈(屑)

涉 쎄〔섭〕渡水물건늘、섭徒行跋ㅣ걸을、섭經也ㅣ獵지날、섭(葉)

浘 위〔미〕海洩ㅣ閭바다물날、미(尾)〔매〕泉底샘밑、매(賄)

洬 쓔〔숙〕善也착할、숙清也맑을、숙(屋)淑同

浭 껑〔경〕流也흐를、경(庚)

沙 싸〔사〕開口始語말시작할、사(麻)

涗 쒜〔세〕灰汁잿물、세微溫미지근할、세(霽)

浶 레〔렬〕山上有

水산우에물있을、열 (屑)

浜 빙 [병] 安船溝배매두는갯고랑、퐁 (庚) [빈] 濱通 (眞)

湒 제 [즙] 纔有水渻|물자질자질할、즙 (葉)

浤 횡 [굉] 海水騰湧바닷물용솟음할、굉 (庚)

浢 두 [두] 挾浦엽갯고랑、두(河北水名) (宥)

泂 잉 [형] 水回旋貌|濴물빙빙돌、형 (庚)

浺 충 [중] 水深廣貌|瀜물충충할、충 (東)

浬 리 [리] 水路里數물잇수、이(現今各國通行海|米「미터」千八百五十二倍、邦度十六町五十八間餘) (支)

浝 방 [방] 大水큰물、방 (江)

湍 단 [담] 高波높은물결、담 (覃)

湓 뿐 [분] 水出물날、분 (願)

浰 렌 [련] 急流급히흐를、연 (霰)

八

涳 쿵 [공] 細雨|濛가는비、공 直流곧게흐를、공 (東)

涷 뚱 [동] 暴雨소낙비、동 (東)(送)

淞 쑹 [숭] 吳郡江名강이름、송 (冬)

淙 충 [종] 水聲||물소리、종 (冬) [장] 義同 (江)

淇 치 [기] 河内水名물이름、기 (支)

涯 예 [애] 水畔물가、애 (佳) 厓通 [의] 義同 (支) [아] 義同、窮盡意다할、아 (麻)

淄 쯔 [치] 黑色검을、치(梁父水名) (支)

淚 레 [류] 俗音[루] 涕也눈물、누(泣時從目自出) (寘)

淤 위 [어] 泥也진흙、어 澱滓해감、어 (魚)(御)

涸 허 [학] 水渴물잦일、학 (藥) [호] 義同 (遇) 沍通

淒 치 [처] 雲貌||구름피여날、처 寒風찬바람、처 (齊)

淝 뻬 [비] 廬江水名강이름、비 (微)

淛 쯔 [제] 江名강이름、제 (霽) [절] 義同、汰米쌀일、절 (屑)

淠 피 [비] 舟行貌배떠날、비 盛貌|성할、비(汝南水名) (霽)

淮 홰 [회] 揚州水名|水회수、회 又물이름、회 (佳)

淬 취 [쉬] 燒刃入水날담글、쉬 染也물들일、쉬 犯也범할、쉬 (隊) 焠同

淳 춘 [순] 純樸순박할、순 清也맑을、순 (眞)

淪 룬 [륜] 沈沒빠질、윤 小波작은물결、윤 (眞) [론] 氣未分渾|기운순전할、논 (元)

混 훈 [혼] 濁也|沌흐릴、혼 又섞일、혼 (阮) 渾通 [곤] 西戎|夷서녘오랑캐、곤 (元)

涴 와 [완] 水廻曲貌|演물굽이쳐돌、완 泥著物진흙묻을、완 (阮) [와] 汚也더러울、와 (箇) 汙通

淦 깐 [감] 水入船隙배틈으로물들、감(豫章水名) (勘) 泠同

淺 첸 [천] 水不深물얕을、천 少聞|識고로할、천 又들은것없을、천 (銑)

淀 뎬 [전] 俗音[정] 如淵淺泉얕은샘、정 船

泊배댈、정(霰)

涫。판 [관] 沸也끓을、관(寒)(翰)

淟 텐 [전] 垢濁ㅣ涊때낄、전(銑)

淼。먀 [묘] 大水ㅣ茫큰물、묘(篠)

淆 쌰 [효] 亂也요란할、효水濁混ㅣ물흐릴、효雜也잡될、효(肴)殽通

淖 냐 [뇨] 泥也진흙、요(效)

渏 워 [와] 汚穢溾ㅣ더러울、와漚也물에불릴、와(歌)

涶 唾同

涼。랴 [량] 微冷서늘할、양薄也엷을、양(陽)涼通佐也도울、양信也믿을、양(漾)諒通

清。칭 [청] 淨也맑을、청潔也정결할、청靜也고요할、청廉直청렴할、청(目上眉下曰ㅣ揚)(庚)

淨 쩡 [정] 清也無垢정결할、정又맑을、정(敬)瀞同

洴 핑 [병] 洗濯ㅣ澼빨래할、병(青)

涬。씽 [행] 自然氣溟ㅣ천연스러울、행(迥)

淩。링 [릉] 馳也달릴、능歷也지날、능慄也떨、능(臨淮水名)(蒸)棱通

淜 펑 [빙] 徒涉걸어물건늘、빙馮通水聲ㅣ滂물소리、빙(蒸)

涪 뿌 [부] 水泡물거품、부(廣漢水名)(尤)

淫。인 [음] 亂也奸ㅣ음란할、음又간음할、음過也과할、음溢也넘칠、음貪也탐할、음甚也심할、음漬也浸ㅣ적실、음久也滯ㅣ오랠、음(侵)婬通

淋。린 [림] 注也물댈、임水滴ㅣ漓물똑똑떨어질、임滲貌ㅣㅣ질퍽질퍽할、임(侵)

深。썬 [심] 淺之對깊을、심藏也감출、심邃也멀、심淺ㅣ測量천심재어볼、심(沁)㴱俗字

淰 썬 [심] 濁也흐릴、심(寑) [섬] 魚驚躍貌고기놀랄 섬(琰)

涵 한 [함] 濡也ㅣ泳젖을、함沈也잠길、함(覃)涵同

淡 딴 [담] 水貌ㅣㅣ물맑을、담(覃)澹通薄味싱거울、담(感)濃之對맑을、담(勘)

淵。원 [연] 池也못、연深也깊을、연鼓聲ㅣㅣ북소리둥둥할、연江中沙地모래둔、연(先)

添。텐 [첨] 益也加付더할、첨(鹽)

淹 옌 [엄] 漬也담글、엄久留오래머무를、엄(扶餘國水名ㅣ淲)(鹽)沒也빠질、엄水涯물가、엄(豔)

淑。쓔 [숙] 善也착할、숙清也맑을、숙和也화할、숙(屋)淑同婌通

淥。루 [록] 水清물맑을、녹(沃)滲也샐、녹(湘東水名)(屋)漉通

涿 쮜 [탁] 擊也칠、탁水滴流下물방울떨어질、탁(上谷郡名ㅣ鹿)(覺)

淈 꾸 [굴] 濁也흐릴、굴決流汩ㅣ물콸콸흐를、굴 [홀] 治也다스릴、홀(月)

液。이 [액] 汁也津ㅣ진액、액又집、액潤也부를、액解散헤칠、액(陌)

淅 씨 [석] 汰米쌀일、석雨聲ㅣ瀝빗소리、석(錫)

淢 위 [역] 疾流빨리흐를、역 [혁] 悲愴惻ㅣ슬퍼울、혁 城溝성도랑、혁又해자、혁(職) 洫通

涾 타 [답] 沸溢끓어넘을、답 水波ㅣ沲물결출렁거릴、답(合)

涮 쌀 [산] 俗音 [쇄] 洗也씻을、쇄(諫) [찰] 水名물이름、찰(黠)

淘 탈 [도] 淅米쌀일、도 水流ㅣㅣ물흐를、도(豪)

⿰氵㫚 후 [홀] 極潔극히정결할、홀 大清극히맑을、홀 黑青色검푸른빛、홀(月)

淊 한 [함] 泥水ㅣㅣ진흙물、함(感)

淔 지 [칙] 草名풀이름、칙 水名물이름、칙(職)

⿰氵昔 져 [책] 俗音 [석] 偃也방축、석(陌)

⿰氵枽 쎄 [설] 漏也샐、설 治井우물칠、설(屑) 渫同

浠 팡 [포] 漬也담글、포又적실、포 清也맑을、포(肴)

沲 퉤 [태] 砂隨水流遺ㅣ모래물에흘러내릴、타(哿) 沱同

⿰氵鄉 깐 [감] 或然혹그러할、감(覃) 欿同

沱 沲同

淴 위 [올] 水聲물소리、올(月)

湣 훈 [혼] 濁水ㅣㅣ흐린물、혼(願)

⿰氵卷 좐 [권] 水廻旋貌물돌아흐를、권(霰)

淍 쩍 [주] 水匝물돌릴、주(尤)

淣 이 [예] 水際물가、예(齊)

淁 쩨 [접] 纔有水ㅣ⿰氵乱물자질자질할、접(葉)

淯 우 [육] 水增물부를、육(縣名ㅣ陽)(屋)

〈淏〉 한 [호] 清也맑을、호(皓)

⿰氵弃 이 [일] 口液침、일(或音역)(錫)

⿰氵岳 인 [은] 滓也찌끼、은(震)

淂 더 [득] 水貌물모양、득(職)

⿰氵罔 망 [망] 大水큰물、망(養)

淧 빼 [필] 水溢물넘을、필(質)

⿰氵匊 쮜 [국] 水文물결어룽거릴、국(屋)

⿰氵穹 꿍 [궁] 急流빨리흐를、궁(送)

⿰氵冉 단 [담] 險波험한파도、담(勘)

⿰氵妾 체 [첩] 湧出물솟을、첩(緝)

九

渢 뿡 [풍] 水聲ㅣㅣ물소리、풍(東) [범] 汎貌둥둥뜰、범(感)

渱 훙 [홍] 水沸湧潰ㅣ물끓어솟을、홍(東)

湩 뚱 [동] 乳汁젖、동 鼓聲북소리、동(腫)(送)

湧 涌俗字

港 쨩 [항] 水分流물갈려져흐를、항 水中航路배다니는길、항(講) [華] 海口貿易場항구、항

湄 메 [미] 水草之交물가、미(支)

渼 메 [미] 波紋물결무늬、미(長安水名ㅣ陂)(紙)

渳 미 [미] 水平貌물질펀할、미 浴尸송장목욕시길、미(紙)

湋 웨 [위] 水回轉물돌아갈、위(關中水名)(微)

渭 웨 [위] 心不安貌沸ㅣ속끓일、위(隴西水名

丨水)(未)

渠 쮜 [거] 溝也도랑、거又개천、거深廣丨丨깊고넓을、거笑貌軒丨걸걸웃을、거大也클、거指稱他人丨儂저이、거(魚)

湑 쓔 [서] 露貌丨丨이슬맺을、서漉也걸를、서(魚)醑通

渚 쮸 [저] 小洲모래톱、저又물가、저水岐물갈래질、저(語)陼通

湖 후 [호] 大陂큰늪、호又물、호(圍陸大湛)(虞)

渝 유 [투] 俗音[유] 變也변할、유汚也더러울、유(虞)

渡 뚜 [도] 濟也通涉건늘、도讓與건네줄、도(遇)

㴑 泝古字

湝 꼐 [개] 水盛丨丨물성할、개[해] 寒也찰、해(佳)

湃 패 [배] 水聲澎丨물소리、배(卦)

湮 인 [인] 沒也빠질、인塞也丨鬱막힐、인落也떨어질、인(眞)

湣 민 [민] 謚也시호、민(齊丨王謚號)(軫)[혼] 未定滑丨정치못할、혼(元)

湓 뿐 [분] 水溢물넘칠、분驟雨소나비、분(潯陽水名)(元)水湧물솟을、분水聲물소리、분(願)噀也물뿜을、분潰也적실、분(問)

渾 훈 [혼] 俗音[훈] 濁也丨淪흐릴、훈(戎名吐谷丨)(元)雜也丨淆섞일、훈厚貌丨丨혼후할、훈(阮)混通

湌 쏜 [손] 飯也밥、손(元)飧通[찬] 俗音[찬] 饌也먹일、찬(寒)餐通

湲 웬 [원] 水聲潺丨물소리、원(先)水流潺丨물졸졸흐를、원(元)[환] 義同(删)

湍 퇀 [단] 急瀨激丨급한여울、단(寒)

渙 환 [환] 流散흘러흩어질、환文貌丨爛문채날、환水盛丨丨물부를、환解釋풀어질、환卦名괘이름、환(翰)

湔 젼 [전] 洗也씻을、전(蜀郡水名)(先)

渷 옌 [연] 濟水別名물이름、연(銑)沇同

湎 멘 [면] 溺酒沈丨술에적실、면流移丨丨흘러갈、면(銑)䤄同

湅 렌 [련] 熟絲익힌실、연(霰)

㴐 멘 [면] 大水滇丨큰물、면(霰)

渺 먀 [묘] 水長貌丨丨물질펀할、묘(篠)

湫 찍 [초] 隘下웅덩이、초(篠)[추] 懸瀑龍丨꿈틀거려흐르는폭포、추涼意으스스할、추憂愁貌丨丨찌푸릴、추水池늪、추(尤)

渦 워 [와] 旋流물돌아흐를、와(歌)

渮 꺼 [가] 山陽水名물이름、가(歌)(哿)

渣 짜 [사] 滓也찌끼、사(麻)

湘 썅 [상] 烹也삶을、상(零陵水名)(陽)

湟 황 [황] 泠水찬물、황溺也빠질、황(金城水名)(陽)

湯 탕 [상] 波動貌丨丨물결칠、상[탕] 熱水물끓을、탕(商王號成丨)(陽)熱沃튀할、탕(漾)

渻 씽

[성]減少물줄、성(梗) **渟** 딩 [정]水止물괴일、정(青) **游**。우 [유]浮行헤엄칠、유順流遡ㅣ떠내려갈、유又순히흐를、유自適優ㅣ놀、유旗旒깃발、유(尤)斿遊通 **溲** 쓔 [수]溺也오줌、수(小便)(尤)溲同水調粉麪반죽할、수(有)

湊。착 [주]水會물모일、주競進다퉈나갈、주(宥) **湛** 딴 [담]樂之久也오래즐길、담(覃)妉通 [침]沒也빠질、침(侵)沈通漬也젖을、침(沁)浸通 [잠]露貌ㅣㅣ이슬、잠澄也맑을、잠沒也빠질、잠安也편안할、잠(鹽)姓也성、잠(陷)

湳。난 [남]西河水名물이름、남(感) **渰**。옌 [엄]雲起貌구름피여오를、엄(琰) **減**。젠 [감]損也除去감할、감(豏) **渥** 우 [악]霑濡젖을、악潤澤윤택할、악(覺) **渤** 빠 [발]霧濃滃ㅣ안개자욱할、발(海名ㅣ海)(月) **渴** 커 [갈]欲飲목마를、갈急也급할、갈(曷) [걸]水涸물잦일、걸(屑)

渫。쎼 [설]漏也샐、설治井우물칠、설(屑) 渫同 [접]波貌浹ㅣ물결칠、접(葉) **湱** 훠 [획]波激聲湖ㅣ물결부딪치는소리、획又파도소리、획(陌) **湨** 지 [격]波激물결칠、격(河內水名)(錫) **測**。처 [측]度也측량할、측又잴、측深也깊을、측清也맑을、측刃利ㅣㅣ날카로울、측(或音칙)(職)

湢。삐 [벽]水涌ㅣ泧물솟을、벽浴室목욕간、벽(職) **湜**。씨 [식]水清ㅣㅣ물맑을、식持正貌엄숙할、식(職) **湆** 치 [읍]濕也축축할、읍(緝)脏通 **湒** 치 [즙]雨下비올、즙沸湧물끓어솟을、즙(或音집)(緝) **湁**。리 [립]泉出ㅣ潗샘날、입(緝)

氿 꿰 [궤]涸也물마를、궤(紙)厬同 **湀**。꿰 [규]泉出샘날、규(紙) **渨**。웨 [외]俗音[외]波涌ㅣ濕물결용솟음할、외沒也빠질、외水澳曲물굽이、외(灰) **湡** 수 [유]霑也젖을、유滯也지체할、유(虞)濡同 **渲**。쉔 [선]淋之물적실、선小水물지적지적할、선書畫ㅣ刷개칠할、선(霰)

濅 찐 [침]漬也적실、침潤也윤택할、침(沁)浸同 **渜**。놘 [난]浴水餘汁목욕한물、난湯也더운물、난(翰) **潒** 渜同 **渽** 재 [재]清也맑을、재(水名ㅣ水)(灰) **湇** 치 [읍]俗音[읍]羹汁국물、읍(緝) **湦** 씽 [생]人名終ㅣ사람의이름、생(庚) **湞**。쩡 [정]水名물이름、정(庚) **渏** 커 [가]船著沙

배가모래에붙을、가(箇)

湄 맏 [모]水漲물부를、모(號)

渞 작 [추]水源물근원、추(尤)

澋 헝 [횡]水石相激聲물과돌이마주치는소리、횡(庚)

渧 듸 [제]滴水드는물、제又물방울、제(霽)

⿰氵思 쌔 [사]漉米쌀씻어건질、사(支)

湔 찬 [견]淖耕물가리할、견(銑)

⿰氵便 뻔 [변]小便오줌、변(霰)

湴 뻔 [픔]深泥수렁、픔(陷)

温 운 [온]暖也따슬、온又따뜻할、온燖也데울、온習也익힐、온和也화할、온柔也ㅣㅣ숙부드러울、온(元)自勝ㅣ藉온자할、온(問)溫同

⿰氵扁 褊同

⿰氵亝 濟古字

⿰氵拏 나 [노]漬濕젖을、노(虞)

湭 착 [추]酒汁술집벌、추(尤)

渶 잉 [영]水清물맑을、영(庚)

湠 탄 [탄]廣也넓을、탄(翰)

湙 쎄 [역]流也흐를、역(錫)

湸 량 [량]大水큰물、양(漾)

湐 배 [백]淺水얕은물、백(陌)

⿰氵臿 싸 [삽]濕也젖을、삽(合)

⿰氵屖 제 [제]洗米水쌀뜨물、제(齊)

⿰氵邠 뿌 [분]飛也나를、분(文)

湶 泉同

十

溶 용 [용]安流ㅣㅣ편편히흐를、용閒寂한적할、용消解녹을、용(冬)

滃 웡 [옹]雲起구름일어날、옹(董)

滋 쯔 [자]潤殖부를、자旨也ㅣ味맛、자蕃盛번성할、자多也많을、자益也더할、자浸也잠길、자液也진액、자(支)

滓 쯔 [자]俗音[재]渣也찌끼、재又앙금、재(紙)

⿰氵蛍 泜同

溦 웨 [미]小雨溕ㅣ이슬비、미(微)

滁 츄 [저]山東水名물이름、저(魚)

滏 뿌 [부]沸也물끓을、부(磁州水名)(麌)

溥 푸 [부]大也클、부廣也넓을、부(麌)普通[박]水名물이름、박(藥)

溪 씨 [계]谷間流水시내、계(齊)谿嵠磎同

溱 천 [진]盛也ㅣㅣ성할、진衆也많을、진舒也펼、진至也이를、진(鄭水名)(眞)臻通

㴱 深古字

準 쥰 [준]法規법、준平也평평할、준均也고를、준倣也비슷할、준樂器似瑟풍류、준(軫)准通[절]鼻頭隆ㅣ콧마루、절(屑)埻通

⿰氵賣 瀆同

溫 温同

源 웬 [원]泉本근원、원(元)

溷 훈 [혼]厠也便所뒷간、혼濁也흐릴、혼穢也더러울、혼亂也어지러울、혼(願)圂同

滇 뎬 [전]盛貌ㅣㅣ성할、전大水ㅣ汚물창일할、전(益州地名、西南夷名)(先)

溔 얀

[요]大水浩ㅣ큰물、요(篠) **消** 찬[초]峻波높은물결、초(嘯) **溺**。뇨[요]溲也小便오줌、요(嘯)尿同、溲通[익]沒也빠질、익(錫) **滔** 도[도]水漫물넓을、도流貌ㅣㅣ물질펀할、도(豪)

溞 쏘[소]淅米聲쌀이는소리、소(豪) **滈**。학[호]久雨장마、호水盛ㅣ汗물넘칠、호(長安水名)(皓) **潵** 쌔[사]瞻諸山水出ㅣ물、사(禡) **溠** 차[자]豫州水名물이름、자(禡)

溳 윤[운]波之相疊畫ㅣ물결서로부딪칠、운(軫) **滄**。창[창]寒也서늘할、창(水名ㅣ浪)(陽) **滉** 황[황]水之深廣ㅣ瀁물깊고넓을、황(養)

溏 당[당]池也연못、당淖也진흙수렁、당(陽) **濴** 승[형]小溝실개천、형(河南水名郡名ㅣ陽)(靑) **溟**。밍[명]海也바다、명小雨ㅣㅣ이슬비、명(靑)自然氣ㅣ涬천연스러울、명(迥)

滕 텅[등]水超涌물뛰어오를、등(魯附庸國名ㅣ)(蒸) **溝**。꾸[구]水瀆개천、구又도랑、구田間水道ㅣ洫밭새물도랑、구(尤) **溲** 溲俗字 **溜** 리[류]水流下簷ㅣ처마물흘러내릴、유(有)霤通

㴨 연[짐]流貌물졸졸흐를、짐(寢) **溵** 인[은]水聲汩ㅣ물소리、은(潁川水名)(文)(吻)濦溵同 **濂**。렌[렴]粘着붙을、염漬也담글、염薄冰살얼음、염(豔)中絶小水중간끊인작은물、염(琰)濂同

㴒 涵本字 **溽**。수[욕]濕熱무더울、욕季夏ㅣ暑늦더위、욕濃厚무르녹을、욕又기름질、욕(沃)

溢。이[일]漲滿洋ㅣ넘칠、일滿也찰、일(質) **溧** 리[률]水涯물가、율(丹陽水名)(質) **滑** 화[골]詼諧ㅣ稽희개할、골治也다스릴、골亂也어지러울、골(月)汩通[활]澾也미끄러울、활又미끄러질、활(黠)

滅 메[멸]自亡멸할、멸火熄불꺼질、멸(屑) **滌**。되[척]先也씻을、척除也제할、척燻風ㅣㅣ더운바람、척旱氣ㅣㅣ가무는기운、척(錫)

溼。濕本字 **溘**。커[합]奄忽문득、합又잠간、합至也이를、합(合) **溕** 뭥[몽]微雨가는비、몽(送) **淪** 룬[론]水中曳船배끌、논(願) **溡** 씌[시]雨水빗물、시(支)

溴 척[츄]水氣물기운、취(宥) **溻** 타[탑]濕也젖을、탑(合) **溾** 웨[외]汙濁ㅣ浽더러울、위(屋) **溭**。쩌[즉]波如鱗ㅣ淢물결이비늘같을、

즉(職) **溸** 潚俗字 **滂**。빵 [방] 大雨ㅣ沱비퍼붓ᆯ、방(陽) 汸雱霶霶同 **溯**。쑤 [소] 逆流물거슬릴、소(遇) 泝溹潚遡同 **溿** 판 [반] 水涯물가、반(翰) **潧**

약 [요] 深不測ㅣㅣ깊이모를、요(篠) **滊**。쎄 [혈] 鹽池소금못、혈(月) [기] 蒸氣김오를、기(未) **潝** 쌰 [합] 湍流ㅣ濈여울、합(合) **滒**。꺼 [가] 多汁즙많을、가又진흐를、

가淖也ㅣ溏수렁、가(歌) **滀**。츄 [축] 水聚물몰일、축(屋) **滐** ᅇ제 [걸] 水激回旋물이부딪고돌、걸(屑) **溎** 옌 [연] 大水貌물창일할、연(霰) [계] 水名물이름、계(霽)

溼。ᅇ지 [저] 研米槌방앗공이、저(齊) **濋**。ᅇ재 [착] 濕也젖을、착(藥) **溗** 씽 [승] 水不流물흐르지않을、승(蒸) **濞** 삐 [비] 水聲물소리、비(寘) **㴲**。쓰 [사] 水涯물가、사(支)

十一

湷 쫭 [장] 水深處立標물깊은곳에표세울、장(江) **漴** 츙 [충] 水聲ㅣㅣ물소리、충 雨急소낙비、충(東) **潨** 츙 [총] 水聚ㅣㅣ물몰일、총

(東) [종] 疾貌ㅣㅣ빠를、송(腫) **漦**。씌 [시] 涎沫침거품、시(支) **漓**。리 [리] 流貌滲ㅣ질펀히흐를、이秋雨淋ㅣ가을비부슬부슬올、이(水名ㅣ水)(支) 灕同 **漵**。쒸 [서] 浦

也개、서又포구、서(語) 溆同 **漇** 쓰 [사] 流貌ㅣㅣ물흐를、사潤也흠치르르할、사(紙) **漬**。ᅇ즈 [지] 漚也거품、지浸潤也담글、지染也물들일、지獸死짐승죽을、지(寘) **漁**。

위 [어] 捕魚고기잡을、어侵取ㅣ奪낚어빼앗을、어(魚) **漪**。이 [의] 波文如錦비단결같은물결、의(支) **漊** 럭 [루] 下水溝돌창、누又도랑、누又개천、누(有) 小雨不絕ㅣㅣ비

지즘거릴、누(麌) (武陵水名)(虞) **滹**。후 [호] 信都水名ㅣ沱물이름、호(虞) **滬** 후 [호] 漁具통발、호(水名玄ㅣ)(麌) **滸** 후 [호] 俗音[허] 水涯물가、허(麌) **漨** 浲同

滯。ᅇ지 [체] 止也막힐、체積也쌓일、체凝也엉길、체淹也오래머물、체漏也샐、체(霽) **漼**。췌 [최] 霜雪積聚서리와눈쌓일、최(灰) 深也깊을、최鮮明선명할、최涕垂貌눈물

흘릴、최(賄) **漑**。깨 [개] 灌也물댈、개滌也씻을、개(隊) **漘** 쓘 [순] 水厓물가、순(眞) **滾** 꾼 [곤] 流貌ㅣㅣ끔틀거려흐를、곤湯水끓는물、곤(阮) **漶** 환 [환] 不

分漫ㅣ석일、환(旱)(翰)

漧 乾古字

漫• 만[만] 廣遠無涯汗ㅣ아득할、만灄瀚물크러질、만分散爛ㅣ흩어질、만徧布퍼질、만雲色ㅣㅣ구름빛、만(翰)水廣ㅣㅣ물질펀할、만(寒)曼通

滿。만[만] 盈也찰、만又가득할、만(旱)

漙 롼[단] 露貌ㅣㅣ이슬맺을、단(寒)

漢。한[한] 天河雲ㅣ은하수、한男子賤稱놈、한(賊ㅣ惡ㅣ常ㅣ)(嶓冢水名ㅣ水)(翰)

滻 찬[산] 藍田水名물이름、산(潸)

漹。옌[언] 西河水名물이름、언(先)

漣• 렌[련] 水紋ㅣ漪물문채、연涕流ㅣㅣ눈물흘릴、연(先)

漩 쒼[선] 水之回ㅣ물돌、선(先)回泉도래샘、선(霰)淀同

潒 澆同

漂• 퍞[표] 浮流떠서흐를、표又뜰、표(蕭)水中洗絮빨래할、표高飛貌ㅣㅣ까맣게뜰、표又빤짝거릴、표(嘯)

漻 랴[료] 清深맑고깊을、요高遠貌寂ㅣ높고멀、요又아득할、요(蕭)漻同[류]水清貌물맑을、유(有)瀏通

漕• 찬[조] 航船배질할、조水運轉ㅣ배로실어옮길、조(號)衛邑名고을이름、조(豪)

漳。장[장] 南郡水名물이름、장(陽)

漿。쟝[장] 酢也초、장米汁쌀뜨물、장飲液미음、장葴草寒ㅣ풀、장蚌也含ㅣ조개、장(陽)

漭 망[망] 大水ㅣ流큰물、망曉色決ㅣ새벽빛、망(養)

漲• 쟝[창] 水滿물부를、창水溢시위날、창(漾)

漾。양[양] 波動蕩ㅣ물결일、양(隴西水名)(漾)瀁通

漰 평[붕] 水擊聲물결치는소리、붕(地名ㅣ口)(蒸)堋通

潁 잉[영] 陽城水名ㅣ川물이름、영(梗)

滺 유[유] 水流ㅣㅣ물철철흐를、유(尤)攸同

滮。뱌[퓨] 水流물흐를、퓨(尤)

漚 억[구] 水泡물거품、구(尤)久漬오래불릴、구(宥)

滫 쓔[수] 久泔ㅣ瀡오랜뜨물、수(有)

漱 쑤[수] 盪口양치할、수澣也빨래할、수(宥)涑嗽通

漏。럭[루] 泄也샐、누穿也뚫을、누遺失忘ㅣ잊을、누屋西北隅집서북모퉁이、누壺水知時玉ㅣ누수、누(宥)

滲。썬[삼] 漉也스밀、삼羽生ㅣㅣ깃날、삼漏也샐、삼(侵)流貌ㅣ灘물스며흐를、삼(沁)

漸• 쟨[점] 稍也점점、점次也차차、점進也나갈、점(琰)浸入번질、점染也물들、점濕也젖을、점沒也빠질、점洽也흡족할、점(鹽)[참]高也높을、참(咸)嶄巉通

漉。루[록] 濾也걸를、녹滲也스

밀、녹(屋) 淥盝通

漆· 치 [칠] 塗料樹汁옻、칠(岐周水名)(質) 榛通

滭 삐 [필] 泉湧ㅣ沸샘끓어솟을、필(質) 觱通

漠。뫼 [막] 廣大ㅣㅣ아득할、막清也맑을、막磧鹵沙ㅣ사막、막恬靜淡ㅣ고요할、막(藥)

滴· 듸 [적] 水點涓ㅣ물방울、적瀝下스며내릴、적(錫)

漷 쿼 [곽] 水名물이름、곽(藥)[획]義同(陌)

漐 ᅇ지 [칩] 汗出ㅣㅣ땀날、칩(緝)

漯 타 [탑] 東郡水名물이름、탑(合)

漀。칭 [경] 側器傾水그릇에물따를、경側出泉옆으로나오는샘、경(迥)

漈· ᅇ지 [제] 水涯물가、제(霽)

漮 캉 [강] 空也빌、강(陽)

滵 미 [밀] 流貌물졸졸흐를、밀(質)

演。옌 [연] 長流줄창흐를、연通也통할、연潤也윤택할、연廣也넓을、연(銑) 衍通

滷 루 [로] 苦也쓸、노(麌) 鹵通[華]鹽ㅣ간수、노

漤 란 [람] 鹽漬果소금에저린과실、남水滴下ㅣ如물방울、남(感)

漥。와· [와] 牛蹄跡地溜水소발자국에괴인물、와(麻) 窊通

潃 쓘 [순] 汗出ㅣㅣ땀날、순(眞)

⿰氵⿱宀良 랑 [랑] 溝渠涂ㅣ도랑、낭又개천、낭(漾)

滰。ᅇ징 [경] 漉也걸를、경(敬)[강]乾黏말라붙을、강(養)

漃。ᅇ지 [적] 水淨ㅣ漻물맑아정결할、적(錫)

漗。ᅇ중 [총] 汲也물길을、총(東)

漺 쌍 [상] 淨也맑을、상冷也찰、상(養)

⿰氵梵 빤 [반] 浮也뜰、반(諫)

潚 쑤 [숙] 清潔조촐할、숙(屋)

澯。찬· [찬] 清白말숙할、찬(翰)

漌 친 [근] 清也맑을、근(吻)

漄 涯同

漟 탕 [당] 谷也끌、당(陽)

漝 씌 [습] 影也그림자、습(緝)

⿰氵通· 퉁 [통] 水聲물소리、동(東)

⑫

潼。퉁· [동] 高波물결높을、동(廣漢水名)(東)

潨 충 [종] 水會물모일、총(東)[종]義同(冬)

澒。홍 [홍] 水銀수은、홍元氣未分濛ㅣ기운순전할、홍相連ㅣ洞서로연할、홍(董) 鴻通

潙 웨 [위] 益陽水名물이름、위[규](河東水名又姓也)(支)

澓 뿌 [복] 伏流은혈로흐를、복(貯水引洩)(屋) 洑同

澈· 처 [철] 水澄물맑을、철(屑)

潿。웨 [위] 濁不流흐려서흐르지못할、위(微)

澍。ᅇ쥬 [주] 時雨때맞춰오는비、주注流물쏟힐、주(遇) 霔同

潞。루 [로] 歸德水名물이름、노(遇)

潰· 쾌 [궤] 散也흩어질、궤

壞也무너질、궤亂也어지러울、궤怒也성낼、궤⦅隊⦆ **潾** 린 [린] 水清물맑을、인(交趾地名金ㅣ)⦅眞⦆石間水돌샘、인⦅震⦆粼通 **潣** 민 [민] 流貌물졸졸흘러내릴、민⦅軫⦆ **潤**。순 [윤] 滋也부를、윤澤也윤택할、윤⦅震⦆ **潘**。빤 [번] 淅米水뜨물、번⦅元⦆[반]義同姓也성、반水名물이름、반⦅寒⦆ **潬** 딴 [단] 水中沙堆모래톱、단⦅旱⦆ **潺** 촨 [잔] 水流貌ㅣ湲물졸졸흐를、잔靜流ㅣㅣ물잔잔히흐를、잔流涕貌눈물졸졸흘릴、잔⦅刪⦆ **澗**。얜 [간] 山夾水간수、간又시내、간⦅諫⦆磵㵎同 **潸** 싼 [산] 流涕貌눈물흘릴、산⦅刪⦆⦅潸⦆

潮。찬 [조] 海濤呼吸조수、조又밀물、조(太陽太陰引力關係海水進退早則ㅣ晩則汐魚名望ㅣ끌뚜기、조⦅蕭⦆ **潎** 페 [별] 水潎ㅣ洌물다닥칠、별魚游ㅣㅣ물고기오락가락할、별⦅屑⦆ **潑**。퓌 [발] 散水澆ㅣ물뿌릴、발⦅曷⦆ **澇**。랖 [로] 大波큰물결、노⦅豪⦆潦通 **滜** 깐 [고] 岸也언덕、고澤也늪、고又못、고緩也완완할、고虎皮ㅣ比호피、고頑貌ㅣㅣ완만스러울、고姓也성、고⦅豪⦆皋同 **澔** 하 [호] 采色映耀ㅣ汗채색빛날、호⦅皓⦆ **濆** 뿐 [분] 水涯물가、분(水名汝ㅣ)⦅文⦆ **澎** 평 [팽] 水聲ㅣ濞물소리、팽⦅庚⦆ **潦**。랖 [로] 霖雨장마、노⦅號⦆潦通、雨水빗물、노路上流水行ㅣ길바닥에흐르는물、노⦅皓⦆ **潢**。황 [황] 天河銀ㅣ은하수、황積水池방축、황又물모인늪、황星名별이름、황⦅陽⦆ **潒** 쌍 [상] 水急貌漭ㅣ물쏟혀내릴、상廣也넓을、상⦅養⦆ **潠** 쉰 [손] 含水噴물물어뿜을、손⦅願⦆ **澄**。청 [징] 清也맑을、징⦅蒸⦆瀓同 **瀓**。同澄 **潯** 씬 [심] 水涯물가、심(瑯琊水名)⦅侵⦆ **潭**。탄 [담] 淵也水深연못、담又소담、담⦅覃⦆ **澉** 깐 [감] 無味䵤ㅣ맛없을、감洗滌濫ㅣ씻을、감⦅感⦆ **潛**。첸 [잠] 沈也잠길、잠藏匿감출、잠浮游떠다닐、잠又헤엄칠、잠魚所息너겁、잠⦅鹽⦆灊潜通潛同 **潜** 潛俗字 **澌**。쓰 [시] 水盡물잦일、시⦅支⦆散聲목쉰소리、시⦅齊⦆ **澆**。얖 [요] 漑也물댈、요薄也엷을、요⦅蕭⦆澆同(人名寒浞子ㅣ)⦅嘯⦆ **潏**。쥐 [휼] 水流沕ㅣ물이뭉글뭉글흐를、율 [줄] 大中小洲모래톱、술⦅質⦆ [휼] 泉湧샘솟을、휼(杜陵水名)⦅屑⦆ **濡** 수 [유] 霑也젖을、유滯也지체할、유⦅虞⦆濡同

四畫 水氵水

潔 ◦졔 [결] 清也맑을、결(屑) 絜通 潹 쒸 [색] 細雨가는비、색小雨零貌빗방울뚝뚝떨어질、색(陌) 潟 씨 [석] 鹹土염밭、석又쟌흙、석(潮汐出入之地)(陌) 潗 ◦지 [집] 泉出湁ㅣ샘날、집水沸ㅣㅣ물끓을、집(緝) 澁 써 [삽] 不滑깔깔할、삽石墻成文ㅣ浪돌담무늬、삽 [십] 酸苦떫을、십(緝) 歰濇同 澀俗字 潝 ◦씨 [흡] 水疾聲급한물소리、흡不善ㅣㅣ착하지못할、흡(緝) 潕 ◦우 [무] 水涸물마를、무(水名)(虞) 潚 ◦쓕 [축] 深清깊고맑을、축疾也빠를、축 [숙] 姓也성、숙(屋) 濆 ◦삐 [비] 泉湧샘솟을、비(未) [불] 水溢貌ㅣ滑물철렁철렁할、불(物) 潳 두 [도] 潤也부를、도(山名)(虞) ⿰氵筑 筑同 渢 홍 [홍] 水風물바람불、홍(董) 澅 화 [홰] 揚水물끌어올릴、홰(卦) 澐 ◦원 [운] 大波큰물결、운(文) 潐 ◦쟈 [초] 漉酒술걸를、초(嘯) ⿰氵最 나 [님] 影動그림자움직일、입(洽) ⿰氵⿱𤇾厶 어 [우] 罧也고기깃줄、우(冬月積草於水中以取潛魚)(有) 潶 희 [흑] 水濁물흐릴、흑(水名)(職) 漽 ◦지 [저] 研米槌방앗공이、저(齊) 漽同 澹 澹俗字 澋 ◦징 [갱] 水流旋回물돌아나갈、갱(梗) 澖 쎈 [한] 廣也無涯넓을、한(刪) 澗同 澗 ◦同 澖 潓 씨 [혜] 水波물결、혜(霽) ⿰氵壹 이 [열] 俗音 [일] 流也흐를、일(屑) ⿰氵戠 ◦지 [직] 粘也차즐、직(職) 潵 싼 [산] 散水물뿌릴、산(翰)

吉 濃 ◦눙 [농] 淡之對걸찍할、농又무르녹을、농厚也두터울、농(冬) 濉 쒜 [수] 浚儀水名물이름、수(支) 睢通 澬 ◦쯔 [자] 霖雨涔ㅣ장마、자(支) 澻 쒸 [수] 田間ㅣ溝밭도랑、수通谷골속、수(寘) 澴 환 [환] 波流轉貌漩ㅣ물결꿈틀거려흐를、환(刪) 澧 ◦리 [례] 衡山水名물이름、예(武陵州名)(薺) 澨 씨 [서] 水涯물가、서(水名三ㅣ) [예] 義同(霽) ⿰氵裔 이 [예] 水貌溶ㅣ물노리칠、예(霽) 澥 ◦쎄 [해] 海之別名勃ㅣ바다이름、해(蟹) 澮 ◦쾌 [회] 井溝畎ㅣ봇도랑、회(泰) [괘] 義同(卦) [활] 兩水合流두물이합쳐흐를、활(黠) ⿰氵業 이 [예] 蒸蒽찐파、예(霽) 濊 ◦훼 [회] 深廣汪ㅣ깊고넓을、회(泰) [예] 水多물많을、예(隊) [활] 礙流ㅣㅣ거쳐서흐를、활(曷) 獩通 澽 ◦쥐

[거] 乾也마를、거㊀御 [子] 曝也말릴、子㊀襲

澠 썽 [면] 縣名ㅣ池고을이름、면㊀銑 黽通 [먼] 義同㊀軫 [승](臨淄水名)㊀蒸

潿 위 [여] 瞿塘水名灎ㅣ물이름、여㊀御 灪同

澳。오 [오] 深也깊을、오水隈물굽이、오㊀號 [욱] 義同㊀屋 隩同、墺通

澣 浣同

澱。덴 [전] 滓垽찌끼전 又앙금、전㊀霰

澡。잔 [조] 洗也씻을、조㊀皓

濄 궈 [과] 淮陽水名물이름、과㊀歌

澪 링 [령] 海中航路배다니는길、영水落물떨어질、영㊀青

濂 렌 [렴] 輕薄경박할、염(道州谿名)㊀鹽

澹。단 [담] 複姓ㅣ臺두자성、담㊀覃 水貌ㅣ淡물맑을、담㊀感 恬靜ㅣ泊담박할、담凝也엉길、담㊀勘 澹同、淡通

澶。찬 [전] 波靜물결고요할、전(衛地名ㅣ淵)㊀先

澩 쓕 [학] 涸泉마른샘、학夏有水冬無水여름에만샘날、학㊀覺

湆 늬 [읍] 沸聲끓는소리、읍水紋물결무늬、읍㊀緝

憖 척 [수] 憂愁貌근심할、수又쩌푸릴、수㊀尤

澤。재 [택] 沼也늪、택又못、택潤也윤택할、택恩也은혜、택洗也씻을、택㊀陌 [탁](星名格ㅣ)㊀藥

激。지 [격] 急烈급할、격衝突다닥칠、격興奮흥분할、격疾波빠른물결、격㊀錫

滜。췌 [최] 新水새로난물、최㊀賄

濈 치 [즙] 和也화할、즙疾貌ㅣ然빠를、즙角貌ㅣㅣ뿔같을、즙(或音집)㊀緝

[氵+董] 뚱 [동] 物落水聲물에떨어지는소리、동又풍덩하는소리、동㊀董

[氵+葛] 꺼 [갈] 波勢澹ㅣ물결、갈㊀曷

澞 위 [우] 陵夾水언덕사이물、우㊀虞

[氵+旨] 이 [예] 燒松取汁송진낼、예㊀霽

灉。灘同

[氵+萐] 츄 [조] 大水溢出큰물넘쳐흐를、조㊀語

[重+沓] 타 [답] 積厚두틈할답無賢愚之別ㅣㅣ분별모르기、답㊀合

潽 부 [보] 水廣貌물넓을、보㊀麌

[氵+盝] 루 [록] 瀝也걸를、녹竭也다할、녹㊀屋 盝同、漉通

濅。찐 [침] 漸也점점、침大瀡큰못、침㊀沁 浸通

澯 찬 [찬] 清也맑을、찬水貌ㅣ瀾물출렁거릴、찬㊀翰

澼 피 [벽] 漂帛洴ㅣ빨래할、벽㊀錫 [피] 腹腩間水창자사이물、피㊀寘

澟 린 [름] 淒清차고맑을、늠㊀寢

濇。써 [색] 不滑깔깔할、색㊀職

澰 렌 [렴] 水溢貌ㅣ灎물벌창할、염㊀琰 水滿泛ㅣ물철철넘을、염㊀豔 瀲同

[氵+歇]。쎄 [갈] 俗音[헐] 遲也더딜、헐㊀曷

[氵+遀] 瀡同

[氵+窟]。쥐 [굴] 水深貌물속우중충할、굴㊀月

漾 同涎

澼 피 [벽] 水分流물나뉘여흐를、벽(陌)

澾 타 [달] 泥滑미끄러울、달(曷)

澾 同澾

濁 쮜 [탁] 不清混ㅣ흐릴、탁(蒲州水名)(覺)

演 演古字

溦 미 [미] 水際물가、미(支) 細雨가는비、미(微)

澲 예 [업] 防水橫木물막는나무、업(葉)

滵 삐 [필] 過溢물철철넘칠、필(質)

漗 총 [총] 水聲물소리、총(東)

(古) 濛 멍 [몽] 微雨溕ㅣ이슬비、몽(東) 元氣未分鴻ㅣ기운순전할、몽(董)

濰 웨 [유] 瑯琊水名물이름、유(支)

濞 피 [비] 水聲滂ㅣ물소리、비(寘)

澳 쒸 [서] 浦也개、서 (水名)(語) 漵同

濡 수 [유] 霑也젖을、유 滯也지체할、유 潤澤흠치르르할、우 又담글、유(虞) 濡濡同

濩 후 [호] 流散布ㅣ흩어퍼질、호(遇) [확] 烹也삶을、확 雨流霤下貌기슭에물떨어질、확 宮室深邃貌蠖ㅣ궁실으슥할、확(藥) 頀通

濔 늬 [니] 俗音[미] 衆也ㅣㅣ많을、미 水滿물넘칠、미(薺) 瀰同

濟 찌 [제] 度也건늘、제 賙救건질、제 又구제할、제 事遂일치를、제(霽) 定也정할、제 止也그칠、제 多威儀貌ㅣㅣ가지런할、제(齊)

濜 찐 [진] 急流貌ㅣ湏물쏟혀흐를、진(軫) 氣之液김서릴、진(眞)

濬 쮠 [준] 深也깊을、준 瀹也팔、준(震) 浚通

濤 타 [도] 大波큰물결、도(豪)

濦 溵濦同

濠 호 [호] 城下池해자、호 (鍾離水名)(豪) 壕通

濙 잉 [형] 小水滎ㅣ작은물、형(梗) 瀅通 水回旋瀅ㅣ물돌아나갈、형(靑)

濘 닝 [녕] 淖也泥ㅣ진흙수렁、영(迥) 滑也미끄러질、영(徑)

濫 란 [함] 泉湧샘솟을、함(豏) 浴桶목욕통、함(陷) [람] 義同溢也넘칠、남 漬也담글、남 氾ㅣ범람할、남 叨也참람할、남 失實실없을、남 浮辭헐은말、남(勘)

濮 푸 [복] 東郡水名물이름、복(屋)

濯 쮜 [탁] 澣也씻을、탁 又빨、탁 大也ㅣㅣ클、탁 漑也적실、탁 光明빛날、탁 山無草木산빨개벗을、탁(覺)

漻 랴 [료] 清深맑고깊을、요(蕭) 漻同

濕 씨 [습] 霑潤젖을、습 又축축할、습 牛耳驚動ㅣㅣ소귀벌쭉거릴、습(緝) 溼同

潠 취 [취] 飮也마실、취 吮也빨、취(霽)

濥 인 [인] 水脈ㅣㅣ물줄기、인 水門물문、인(軫)

濭 애 [애] 陰霽晻ㅣ그늘질、애 雲陰貌구

름길、애(泰) [갑] 船著沙場배모래에걸릴、갑(合)

[illegible] 잼 [함] 沈水使冷물에챌、함(陷)

湲 환 [환] 弄水물작란할、환(旱)

濴 잉 [영] 水回流濴ㅣ물돌아나갈、영(庚)

濼 同濼

濢 취 [쥐] 小濕눅눅할、취(寘)

溂 라 [랄] 灘也여울、날(曷)

灩 칭 [정] 冷寒찰、정(徑)

潨 적 [착] 急流물급히흐를추(宥)

澀 澁同

濱 빈 [빈] 水涯물가、빈(眞) 瀕同

瀩 뒈 [대] 漬也담글、대 濡也젖을、대(隊)

濣 와 [알] 取水물받을、알(曷)

瀐 제 [설] 水滿물가득할、설(屑)

(十五)

[illegible] 뤼 [려] 泄浰水尾ㅣ미려할、려 又물스밀、여(魚)

濾 뤼 [려] 漉水去滓걸를、여 洗也씻을、여 澄也맑을、여(御)

瀊 판 [반] 水回旋물돌、반(寒)

瀍 찬 [전] 河南水名물이름、전(先)

濺 잰 [천] 水激물뛸、천(霰) 湔通 疾流ㅣㅣ빨리흐를、천(先)

瀌 뱌 [표] 雨雪貌ㅣㅣ눈비퍼불、표(蕭)

[illegible] 쟈 [효] 水遠渺ㅣ물멀、효(篠)

漻 쟈 [교] 大水貌ㅣ滈물벌창할、교(肴)

瀉 쎄 [샤] 洩水쏟을、사 吐也토할、사 泄也설사할、사(馬)(禡)

瀁 양 [양] 水貌流ㅣ물모양、양 水無際ㅣㅣ망망할、양(養) 漾通

瀏 류 [류] 流清맑게흐를、유(有) 瀏通 水清물맑을、유(尤)

瀅 잉 [형] 水澄물맑을、형(迥) 瀯通 小水汀ㅣ물비자울、형(徑)

瀀 우 [우] 潤氣多貌윤기많을、우 又흡치르르할、우 寬也너그러울、우 渥也기름질、우(尤)

瀆 뚜 [독] 溝也도랑、독 又개천、독 濁也흐릴、독 慢也거만할、독 溷也어지러울、독(屋) 黷通

瀋 썬 [심] 汁也즙、심(寢) 沈通 置水于器그릇에물담을、심(沁)

濼 푸 [록] 濟南水名물이름、녹(沃) [락] 義同 [박] 陂澤늪、박 又방죽、박(藥)

瀄 제 [즐] 水流貌ㅣ汨물흐를、즐(質)

㶁 훠 [괵] 水裂去물갈래져흘러갈、괵 [획] 水聲ㅣㅣ물소리날、획(陌)

[illegible] 자 [잡] 波也물결、잡 吳興水名、잡(洽)

灅 레 [뢰] 波湧貌灅ㅣ물결용솟음할、누(紙)

濿 리 [례] 俗音[여] 履石渡水돌밟고물건늘、여(霽)

瀃

쓰 [샤] 泄水門물문러놓을、시 溜也방축、사(寘)

𤄍 훼 [휘] 振水去물떨어버릴、휘(微)

瀑 뽀 [포] 疾雨소나비、포(號) 폭그 懸泉飛下폭포、폭(屋) 瀑同

瀕 휘 [할] 不

淨ㅣ瀕막지못할、할曷

澵 듸 [적]土得水沮흙이물에풀어질、적錫

濾 어 [우]飮水물마실、于(或音우)宥

瀇 왕 [왕]極望ㅣ瀁아득할、왕又넓을、왕養 停水臭고인물범새날、왕漾

瀎 머 [말]淨抺ㅣ布걸레、말又믿씨깨、말拭滅닦아버릴、말曷 [멸]疾流貌ㅣ瀎물쏜혀흐를、멸屑

濇 써 [삽]不滑깔깔할、삽墻石成文ㅣ浪돌담무늬、삽酸苦떫을、삽緝 澀澁同

⿰氵⿰㐬頁 취 [최]不淨ㅣ막지못할、취又흐릴、취寘

瀙 淨古字

滭 피 [필]泉湧샘솟을、필質

⿰氵適 듸 [적]水點下물방울떨어질、적水注물댈、적錫 滴通

⿰氵叟 씌 [효]面汗얼굴의땀、휴尤

(十六)

瀧 롱 [롱]沾漬ㅣ涷적실、농雨貌ㅣㅣ비부슬부슬올、농東 [日]瀑也폭포、농 [랑]昭州水名 [상]急灘급한여울、상江

瀢 웨 [유]魚相隨游ㅣㅣ물고기떼지어놀、유支 [대]水泛沙動ㅣ浝물에모래밀릴、대隊

瀡 쒜 [수]滑也瀡ㅣ미끄러울、수紙 ⿰氵遀同

瀦 쮸 [저]水停ㅣ澤물괼、저魚

⿰氵豫 위 [여]瞿塘峽水名灩ㅣ물이름、여御 澦同

瀘 루 [로]牂牁水名물이름、노虞

瀤 홰 [회]北方水名ㅣ澤물이름 회佳

瀨 래 [뢰]灘也여울、뇌泰

瀣 쎄 [해]北方海氣沆ㅣ북녘바다기운、해卦 夜半露氣流ㅣ이슬기운、해隊

瀕 빈 [빈]水涯물가、빈眞 濱同

瀚 한 [한]廣大貌浩ㅣ질펀할、한(北海名)翰

瀟 쌰 [소]雨聲ㅣㅣ빗소리、소水清深물맑고깊을、소(永州江名ㅣ湘)蕭

瀛 잉 [영]大海큰바다、영(神山ㅣ洲)庚

瀞 찡 [정]無垢정결할、정淸也맑을、정敬 淨同

瀖 훠 [곽]波聲ㅣ㶁물결소리、곽彩色眩曜ㅣ濩채색휘황할、곽藥

瀜 숭 [륭]水深沖ㅣ물깊을、융東

⿰氵横 헝 [횡]小津작은나루、횡以船渡水배로건늘、횡筏也떼、횡庚

瀝 리 [력]滲也스밀、력水下滴물떨어져방울질、력飮食盡餘력찌끼、력雨聲淅ㅣ빗소리、력錫

瀩 뛔 [대]水帶沙往來물에모래밀릴、대隊

⿰氵閻 옌 [염]汚也더러울、염鹽

⿰氵閼 어 [알]水名金ㅣ물이름、알(在於金國釀酒甚佳)曷

⿰氵選 쎈 [선]含水噴물물어뿜을、선銑

⿰氵翯 쏴 [학]水漲물부를、학覺

⿰氵滕 덩

등 水湧물솟을、등(蒸)

(十七)

瀰。늬 니 水滿貌물가득할、이(齊) 미 水流貌ㅣㅣ물철철넘어흐를、미(支)(紙) 濔同

𤅌 溵濦同

瀵•분 분 散也흩어질、분(汾陰水名)(問)

瀾•。란 란 大波큰물결、난 泣貌汍ㅣ눈물흘릴、난(寒) 淋漓貌ㅣ漫번드를할、난 洪濤ㅣ汗파도일、난 米汁쌀뜨물、난(翰)

瀼。양 낭 流貌決ㅣ물절절흐를、낭(夔州水名)(養) 瀼同 양 露濃ㅣㅣ이슬무르녹을、양(陽)

瀯 잉 영 水聲ㅣㅣ물소리、영 小水渟ㅣ웅덩이、영(庚)

瀲• 렴 렴 水溢貌ㅣ灩물벌창할、염(琰) 水滿泛ㅣ물가득할、염(豔) 澰同

瀸•。잼 점 泉水乍出乍渴전수샘、점 漬也적실、점(鹽)

瀺。찬 참 水聲ㅣ灂물소리、참(咸)

瀹 워 약 薄熟데칠、약 煮也지질、약 漬也적실、약 開滌疏ㅣ씻을、약(藥)

瀱。지 계 井水우물물、계 泉出貌샘퐁퐁솟을、계 無水ㅣ汋물잣일、계(霽)

瀷。이 익 漏流스며흐를、익(職)

瀻 대 대 酒不清술흐릴、대 濁酒흐린술、대(隊)

瀿 뺀 번 水暴溢물급히넘칠、번(元)

瀴 잉 영 水遠貌ㅣ溟물질펀할、영 遙也멀、영(庚)

灀 쌍 상 殺物된서리칠、상(漾)

(十八)

灃•。뻥 풍 扶風水名물이름、풍(東)

灉•융 옹 曹州水名물이름、옹(冬)(宋) 澭同

灌•。꽌 관 溉也물댈、관(翰)

灂•。잪 작 俗音 작 水聲瀺ㅣ물소리、작(覺) 조 車轅漆塗수레에옻칠할、조(嘯)

瀑。빤 포 疾雨소낙비、포(號) 폭 懸泉流下폭포、폭(屋) 瀑同

灊 쳔 잠 廬江縣名고을이름、첨(鹽) 潛通 심 (巴郡水名)(侵)

灋 法古字

灄 쎠 섭 雨露濕ㅣ흠치를할、섭(西陽水名)(葉)

潚 쓔 숙 波貌ㅣ潤물결번득거릴、숙(屋)

灈。취 구 水名물이름、구(虞)

灁 씨 혁 怖遽ㅣ沐두려워할、혁(錫)

灆 란 람 清也맑을、남(勘)

(十九)

灕 리 리 流貌滲ㅣ즐편히흐를、이 秋雨淋ㅣ가을비지점거릴、이(支) 漓同

灑•。쌔 새 散水물뿌릴、새 驚貌ㅣ然깜짝놀랄、새(蟹) 쇄 義同(佳) 사 ㅣ落깨끗할、사(馬) 洒通

灘•탄 탄 瀨也여울、탄(水中多石而急流處)(寒) 歲名涒ㅣ해이름、탄 又지지、탄(歲在申曰涒ㅣ)(翰)

灓。롼 란 橫流渡물비껴건늘、난(翰) 漏流스며흐를、난 漬也적실、

난(寒)

灒。잔 [찬] 汗灑땀뿌릴、찬(翰)

灑 뤄 [라] 長沙水名汨ㅣ물이름、나(歌)

灓 워 [약] 熱貌ᄀᆞㅣ물펄펄끓을、약(泚陽水名ㅣ水)(藥)

灖 미 [미] 流也흐를、미(御)

(二十) 灛 찬 [천] 大水溢出別爲小江샛강、천(銑)

灚。잔 [교] 攪水聲물젓는소리、교(巧)

灙 당 [당] 水形물모양、당(養)

(二十一) 灡 란 [란] 米泔潘ㅣ뜨물、난(翰)

灞 빠 [파] 俗音[패] 水涯물가、패(長安水名)(禡)

灝。한 [호] 水勢遠ㅣ漾물줄기멀、호又끝없을、호夷曠ㅣㅣ아득할、호豆汁콩물、호(以ㅣ浴身故四月八日用豆俗佛)(皓)

瀼 양 [낭] 流貌決ㅣ물철철흐를、낭(水名)(養) 瀼同

灠 란 [람] 湧泉샘용솟음할、남 染也물들일、남(感)

灟。쮸 [족] 恭也ㅣㅣ공손할、족 淚也눈물、족(沃)

(二十二) 灣 완 [만] 水曲물굽이、만(刪)

灢 낭 [낭] 水濁決ㅣ물흐릴、낭(漾)

灘。한 [한] 水濡更乾물에젖었다마를、한(翰)

(二十三) 灤 롼 [란] 漏流새서흐를、난(遼西水名ㅣ河)(寒)

灧 얨 [염] 水滿溢ㅣ물가득할、염(琰) 水波動물결출렁거릴、염(豔) 灩同

灪。쏸 [산] 洗馬말씻길、산(翰)

(二十四) 灨。공 [공] 豫章水名물이름、공(送) 滇同、贛通 [감] 義同(勘)

灔 灩俗字

(二十六) 灩 灩同

(二十九) 灪 위 [울] 大水貌ㅣ滃물벌창할、울(物)

(三十) 𤅶 우 [부] 水聲물소리、부(尤)

火部

火。휘 [화] 炎上불、화(五行一、南方位)燒也불사를、화(燧人氏初作ㅣ、質陽性陰)(哿)

(二) 灰。휘 [회] 燒餘燼재、회(灰)

灯 뎡 [등] 烈火맹렬한불、등(蒸) 燈通

灮 光同

灳 휘 [화] 火起불일어날、화(哿)

灱 닾 [효] 熱也더울、효[도] 燒也태울、도(肴)

[illegible] 灰古字

(三) 災。ᄋᆞ재 [재] 禍害재앙、재又횡액、재(天ㅣ水ㅣ旱ㅣ、震ㅣ、虫ㅣ、火ㅣ)(灰) 烖同 菑通

灾 災同

灺 쎄 [사] 燭燼초똥、사又불똥、사(馬)

灵 靈俗字

灸。ᄋᆞ쥐 [구] 灼也지질、구 爇也불사를、구(有)(宥)

灼。쟉 [작] 燒也사를、작 灸也지질、작又구을、작 煎盡졸、작 花盛貌ㅣㅣ꽃활작필、작(藥) 焯通

灶 竈俗字

灴 궁 [공] 燎也횃불、공(東)

炨 튀 [탁]燒聲타는소리、탁(禡) 炣 와 [와]煖也따뜻할、와(箇) ⿰火川 쩍 [주]燒土탄흙、주(遇)

❹

炊。취 [취]爨也불땔、취(地名ㅣ鼻)(支) 炁 氣同 炘 씬 [흔]熱也화근거릴、흔又기글기글할、흔(文) 炒。찬 [초]熬也볶을、초(巧)煼同 炙 쪄 [적]燔肉고기구울、적(陌) [자]義同親近薰ㅣ친근할、자(禡) 炕 캉 [항]乾也마를、항炙也구울、항北地煖牀캉、항(漾)亢通 炅 징 [경]光也빛날、경(梗) 炎。앤 [염]火光上불꽃、염燄也불꽃성할、염熏也더울、염(鹽) 炄 뉴 [뉴]半乾𤍠ㅣ반쯤마를、유(有) 炔。쥐 [혈]火始然焆ㅣ불붙을、혈 [결]煙盛貌연기뭉게뭉게일어날、결(屑) ⿰火勿 후 [홀]火氣盛불기운성할、홀(物) 炖 뚠 [돈]從風火盛바람결에불성할、돈赤色붉을、돈(元) 炉 爐俗字 炐 팡 [방]遇火脹起불에데워부푸러일어날、방火光貌불빛환할、방(絳) 炈。이 [역]陶竈煙匋옹기가마굴뚝、역(陌) 炂 쑹 [송]熱化녹일、송熟汁끓일、송(冬) 炆 운 [문]熅也연기날、문(文) 炓 랴 [료]火光貌불빛환할、요(嘯) ⿰火内。눈 [눈]熱也더울、눈(願) [내]義同(泰) ⿱化火 화 [화]明照밝을、화(禡) 炚 꽝 [광]照明비칠、광(陽)

❺

炬。쥐 [거]束葦爲燎횃불、거(語)苣通 炷。쮸 [주]燈心심지、주(寘)(遇) 炱。태 [태]煙塵ㅣ煤거림、태(灰) 炭。탄 [탄]燒木숯、탄(木ㅣ、石ㅣ、烟ㅣ骨ㅣ粉ㅣ)炧也불똥、탄(翰) 炫 쎈 [현]明也밝을、현火光ㅣ耀불빛환할、현(霰) 炤 쌰 [소]明也밝을、소(蕭)昭通 [조]光也빛날、조(嘯)照通 [작]明也밝을、작(藥)灼焯通 炮。빠 [포]裹物燒싸서구울、포毛炙肉털그슬를、포(肴) 炰 炮同 炟 딴 [달]火起불일어날、달(曷) 炳。뼝 [병]明也밝을、병光也빛날、병(梗)昞同 ⿱𠈌火 쫜 [천]火種불씨、천(霰) 炯。징 [형]光也빛날、형(迥)明察ㅣㅣ밝게살필、형(梗) 炥 쀄 [비]氣熱기운더울、비(未) 炠 쌰 [압]火乾불에말릴、압(洽) 炡 쩡 [정]煠也ㅣ爚네칠、정(庚) 炦。뻬 [별]氣上김오를、별火氣불기운、별(屑) ⿰火幼 유 [유]欲乾ㅣ炄쭈글쭈글할、유又뿌득뿌득할

유(有)

炵 동[동] 火焱불꽂、동 火盛불붙을、동(冬)

炶 젠[협] 俗音[점] 火閃불번쩍거릴、점(覃)

六

烘 홍[홍] 火乾불에쪼일、홍 炬也횃불、홍(東)(送)

烜 훤[훤] 光明빛나고밝을、훤 乾也마를、훤(阮) 晅通[훼](官名司―)(紙)

烏 우[오] 孝鳥까마귀、오(反哺爲―) 何也어찌、오 又어디、오 歎辭하하、오 又오흡다할、오 秦曲――진나라곡조、오(虞) 嗚通

烖 災本字

烓 꼐[계] 小竈화덕、계 明也밝을、계(齊) 䨴通

烟 煙俗字

烋 쑈[효] 美也아름다울、휴(尤) 休通[효] 氣健皃―기운건장할、효 和也화할、효(肴)

烝 졍[증] 蒸氣上行찔、증 熏也김오를、증 冬祭겨울제사、증 上淫치붙을、증 語辭어조사、증(蒸) 蒸通

烈 레[렬] 熱也뜨거울、열 寒氣――매울、열 又찬기운、열 毒也독할、열 威也――위엄스러울、열 光也빛날、열 功也공、열 猛也맹렬할、열(屑) 列通

烕 쎄[혈] 消火불꺼질、혈(屑)

烙 러[락] 灼也지질、낙 火鍼단근질할、낙(藥)

烆 씽[행] 炬也화、행(庚)

烔 퉁[동] 熱氣――더운기운、동(東)

烎 언[은] 微火温肉고기쪼일、은(元)

烊 양[양] 炙也구을、양(陽)

〔奐〕 환[환] 火光明불빛밝을、환(翰)

烌 쑤[휴] 灰也재、휴(尤)

㶳 진[진] 火餘불똥、진(震) 燼同

烑 야[요] 光也빛날、요(蕭)

烤 칸[華] ―曬불에말릴、고

烄 쟈[교] 燋也태울、교(巧)

烍 쎈[선] 野火들불、선(銑)

烐 쟈[주] 火閃불반짝거릴、주(尤)

烛 충[중] 旱也가물、충(東)

七

烿 융[용] 火氣불기운、융(東)

[illegible] 훼[훼] 火熾불훨훨붙을、훼(紙) 燬同

烽 뽕[봉] 煙火警報봉화、봉(晝燧夜―)(冬) 熢同

烾 烽同

焄 쉰[훈] 香臭향내、훈(文)

烳 푸[보] 炬也횃불、보(麌)

焌 쥐[준] 燃火불붙을、준(願)

焉 연[언] 何也어디、언 又어찌、언 疑也의심쩍을、언 語助辭어조사、언(先)

焆 졔[결] 火光불빛、결(屑)

烹 평[팽] 煮也삶을、팽(庚)

烰 뿌[부] 烝也――찔、부 火氣불김、부(尤)

烴 징[형] 焦臭눗는냄새、형(迥)

焅 쿠[혹] 旱氣가무는기운、혹[곡] 熱氣뜨거운기운、곡(沃)

焋 짱[장] 熏蒸찔、

장又김오를、장(ㅣ糕於甑)(漾)

炡 처 [철] 火燃불당길、철(屑)

㷃 씨 [이] 乞人ㅣ欲녈름거릴、이(支)

焍。 디 [제] 灼龜木거복지지는나무、제(霽)

烺 랑 [랑] 火貌爣ㅣ불이글이글할、낭(養)

烰 뻐 [발] 蒸熱熨ㅣ찌는듯할、발煙起貌연기뭉게뭉게날、발(月)

焇。 쏘 [소] 鑠也녹일、소乾也말릴、소曝也쪼일、소(蕭)

炈 이 [혁] 燒麥보리볶을、혁(陌)

焣 차 [삽] 火乾불에말릴、삽(洽)

烼。 후 [훌] 火熛구을、훌暖也따뜻할、훌(月)

焥。 애 [애] 輝也빛날、애熱也더울、애火盛貌불성할、애(灰)

焊 한 [한] 火乾불에말릴、한(旱)

烸 회 [회] 使乾말릴、회(賄)

烱 쌍 [형] 炎也불꽃、형(梗)

庻。 庶古字

烯 씨 [희] 火色불빛、희(微)

⿰火亏 ㅇ잔 [작] 火盛불성할、작(藥)

八

無。 우 [무] 有之對없을、무舞同、不也않을、무(草名文ㅣ)(虞) 亾毋通

焙 빼 [배] 火乾불에말릴、배(隊)

焞 춘 [퇴] 盛貌ㅣㅣ성할、퇴(灰) [순] 明也밝을、순(眞) [돈] 灼龜炬거복지지는홰、돈(元)

⿱林灬 뿐 [분] 燒也사를、분(文) 焚燓同

焚 ⿱林灬同

焠。 ㅇ재 [쉬] 燒刃入水날담글、쉬灼也지질、쉬染也물들일、쉬(隊) 淬同

焮 씬 [흔] 炙也구을、흔爇也불살을、흔(問)

焜 혼 [혼] 火光불빛、혼明也밝을、혼(阮) 輝通

然。 산 [연] 如是그럴、연又그렁다할、연許諾허락할、연承上接語그러나、연(山名燕ㅣ、蛇名率ㅣ、猿名果ㅣ)(先) 燃通

焰 앤 [염] 火光불꽃、염(豔) 爓同炎通

焦。 ㅇ쟈 [초] 火傷델、초火燒黑탈、초又볶을、초火之臭味불내날、초(蕭) 龜通

焫 서 [설] 俗音 [열] 燒也불사를 열(屑) 爇同

焯。 쫘 [작] 明也밝을、작光貌ㅣ爍빛날、작(藥) 灼焯通

焱。 씨 [혁] 火焰ㅣㅣ불꽃、혁(錫) [염] 義同(豔)

⿰火奄 어 [압] 埋火불묻을、압(合)

焣 찬 [초] 火乾불에말릴、초(巧)

焵 깡 [강] 燒刃갈날벼를、강(漾)

⿱或火。 ㅇ뿌 [물] 火盛貌불이글이글할、물(物) 烕同

焝 훈 [혼] 火燃불탈、혼火閃불번쩍거릴、혼(元)

焟 씨 [석] 爆也쪼일、석(陌)

焧 충 [총] 暖也따뜻할、총(東)

焴 우 [육] 光也빛날、육(屋)

爲 象古字

焬 씨 [석] 乾也말릴、석(錫)

九

熙。 씨 [희] 光

也빛날、희和也ㅣㅣ화할、희(支)

煇。휘 [훈]灼也지질、훈(文) [휘]光也빛날、휘(微) 輝通 [운]日光氣해무리、운(問) 暈通 [혼]赤色붉을、혼火氣ㅣ煌불빛、혼(阮) 焜通

煒• 위 [위]盛赤벌건을、위光也밝을、위(尾)

煓 퇀 [단]火熾불꽃성할、단赫也빛날、단(寒)

煮•。쭈 [자]烹也삶을、자又지질、자又다릴、자(語) 鬻同

煑 煮同

煦 쒸 [후]蒸也찔、후熱也뜨거울、후日出温해돋아따뜻할、후(虞)(遇) 昫通

煤 메 [매]煙塵炱ㅣ거림、매石炭석탄、매(灰)

煞 싸 [살]戮也죽일、살(黠) 殺同

煙•。옌 [연]火氣연기、연(先) 烟同 [인]氣也ㅣ煴기운、인(眞)

煩 뺀 [번]繁亂번거로울、번勞也수고로울、번悶也번민할、번ㅣ熱번열할、번(元)

煖•。눤 [난]温也더울、난又따뜻할、난(旱) 暖通

煗 煖同

煟 웨 [위]火光불빛、위(未)

煥•。환 [환]文貌ㅣ爛빛날、환火光불빛、환明也밝을、환(翰)

煅 鍛俗字

煎•。젼 [전]熟煮다릴、전又지질、전(先) 熬也볶을、전醬煮조릴、전(霰)

煉。련 [련]鑠冶金쇠불릴、연(霰) 鍊同

照•。쟌 [조]暎也發光비칠、조(嘯) 炤曌通

煌 황 [황]火光ㅣㅣ불빛휘황할、황輝也빛날、황盛也성할、황(郡名敦煌)(陽)

尞 료 [료]明火불밝힐、요柴燎祭天불놓고천제지낼、요(嘯) 燎橑通

煬。양 [양]融和화할、양鑠也녹일、양炙燥구어말릴、양(陽)(漾)

煢• 칭 [경]獨也외로울、경憂也근심할、경(庚) 嬛惸通

煁。썬 [심]烓也炉竈화덕、심無釜竈헛부엌、심(侵)

煜•。위 [욱]耀也빛날、욱火焰불꽃、욱(屋) [읍]義同、火貌불빛환할、읍(緝)

⿰火曷 예 [알]傷暑더위먹을、알(月) 暍同

煏 피 [픽]火乾불에말릴、픽(職) 稫同

煠•。자 [잡]薄熱데칠、잡(洽)

煆 쌰 [하]爇也불잘를、하(禡) 乾也煦ㅣ말릴、하(馬)

煈 뿡 [풍]焚也불살를、풍燒也태울、풍(送)

⿱夆火 웅 [옹]輝也빛날、옹(人名孫ㅣ)(腫)

⿸戊火 뿌 [불]火盛貌불이글이글할、불(物) 㶂同

煣•。쉭 [유]以火屈木불로나무지저휠、유(有)

⿰火臿 차 [삽]火燒殘餘불탄끌으리、삽(洽)

〈**⿱冏火**〉헝 [형]明也밝을、형(周穆王太僕官名伯ㅣ)(迥)

煐 잉 [영]輝也빛날、영(人名張ㅣ)(庚)

焰• 焰俗字

煝。메 [미]早

氣가무는기운、미 赫也빛날、미(眞)
劉 烈古字
煊 쉔 훤 暖也따뜻할、훤(元)
煄 중 종 燃也탈、종(腫)
猷 칙 착 耳鳴귀울、추又귀먹먹할、추(尤)

熜 쫑 총 熅也더운김、총 麻蒸삼졀、총(董)

十

熊 쑹 웅 似豕冬蟄곰、웅(獸名性猛冬期山中穴居白ㅣ、黑ㅣ)光也빛날、웅(東)
熂 씨 희 燒草풀사를、희(未)
㷇 웨 외 火中埋炙불에묻어구을、외 盆中火爊화루에구을、외(灰)
粦 燐同
熏 쉰 훈 火氣上出불기운、훈又훈징할、훈灼也불사를、훈和悅ㅣㅣ기쁘할、훈(文) 燻同
熉 윈 운 黃色ㅣ然누런빛、운(文)
熅 원 온 鬱烟서린연기、온又내낄、온氣也煙ㅣ기운、온 煖也따뜻할、온(文) 火炙伸物불에쪼여펼、온(問)
煽 싼 선 使火熾불부칠、선(霰) 盛熾불일어날、선(先)
熇 쌴 효 炎氣불꽃、효(蕭) 혹 熱也뜨거울、혹(沃) 炎熾불꽃이글이글할、혹(屋) 학 義熇同(藥) 고 乾也마를、고(肴) 燺同
煼 찬 초 熬也볶을、초(巧) 炒同
煻 탕 당 熱灰ㅣ煨더운재、당(陽)
熒 잉 형 疑惑의혹할、형 眩亂현란할、형(迥) 瑩通、燈燭光ㅣㅣ등불반짝거릴、형 明也밝을、형(青)
熑 렌 렴 火不滅불꺼지지않을、염 燫車輞수렛바퀴불로지져휠、염(鹽)
煿 뻐 박 火乾불에말릴、박(藥) 爆通
熄 씨 식 鎮火불끌、식 滅火불꺼질、식(職)
熁 쎼 협 火氣迫也불닥칠、협(葉)
(火+追) 㩗同
熈 熙俗字
熆 허 합 吹火불불、합(合)
熐 밍 명 匈奴部落ㅣ蠡흉노의부락、명(靑)
(宰+灬) 재 재 小烹살짝데칠、재(賄)
(火+冓)

꾸 구 烽火봉화、구(宥)
(羊+炗) 츠 치 束炭묶은숯、치(支)
(殼+火) 후 혹 日出時赤해돋을때붉으레할、혹(屋)
熀 녜 엽 火光盛貌煒ㅣ불빛이글이글할、엽(葉)
(火+翁) 웡 옹 烟氣ㅣ然연기기운、옹(董)
熌 쎈 섬 火行불당길、섬(琰)
煛 징 경 驚目貌놀란눈모양、경(迥)
(火+烝) 증 증 熱也더울、증(蒸)
熓 우 올 火滅불꺼질、올(月)

十一

熢 앵 봉 擧火警報봉화、봉(冬) 烽同
熨 위 외 火斗다리미、외(未) 울 持火展繒다림질할、울(物) 尉斗同
熯 한 한 乾也말릴、한 炙也구을、한(旱)(翰) 暵同

선火盛불성할、선敬也공경할、선銑

熭 웨 [위] 曝乾볕에말릴、위霽

熛 빠 [표] 飛火屑불티、표又불똥튈、표蕭

熮 랴 [료] 燒也사르를、요穴貌뻔할、요又빠끔할、요蕭

熬 오 [오] 乾炒볶을、오愁聲ㅣㅣ걱정소리、오又애타는소리、오豪

熠 씨 [습] 盛光환할、습鮮明ㅣㅣ선명할、습螢火ㅣ耀반딧불반짝거릴、습緝

熲 잉 [경] 光也빛날、경梗迥

熰 어 [구] 熱極몹시뜨거울、구尤

熟 쓔 [숙] 生之反익을、숙深煮흐물흐물할、숙食飪익힐、숙成也이룰、숙歲稔풍년들、숙屋

熱 ᅀᅧ [열] 温也더울、열又뜨거울、열暑度더위、열炎氣불꽃、열屑

熞 쪈 [견] 灼鐵淬之쇠달궈물에담을、견先

[illegible] 퉤 [퇴] 湯除毛튀할、퇴灰 [illegible]同

熢 뿡 [봉] 煙鬱ㅣ烽연기서릴、봉東冬

燡 이 [역] 輝也빛날、역人名張ㅣ陌

熥 퉁 [통] 以火暖物불로덥게할、통東

熧 쭝 [종] 火連行불번질、종冬

[illegible] 짜 [조] 燒也사를、조火餘木불탄끝으리、조豪

燩 뱨 [발] 煙起白연기허옇게일어날、발月

[illegible] 펑 [봉] 烟塵雜起ㅣ埲연기와티끌이자욱할、봉董

[illegible] 리 [리] 帷中火장막속불、이支

熚 삐 [필] 火貌ㅣ烕불이글이글할、필火聲불타는소리、필質

[illegible] 찬 [소] 燋也불살을、소肴

燹 쓔 [서] 野火들불、서燒草풀탈、서語

[illegible] 짠 [잠] 俗音점火起불일어날、점鹽

熝 루 [록] 煉也단련할、녹屋

熣 최 [최] 煤也거림、최灰

熡 루 [루] 炎也불꽃、누灰

熩 후 [호] 輝也빛날、호虞

十二

熹 씨 [희] 明也밝을、희熾也불성할、희支

熺 同熹

熾 지 [치] 火盛불성할、치炊也불땔、치寘

燐 린 [린] 鬼火도깨비불、인自起煌불일어날、인震眞軫粦 粦同

燔 반 [번] 炙也구울、번元

燉 툰 [돈] 火盛불성할、돈地名ㅣ煌元

燖 씬 [심] 火熟物불에익힐、심又삶을、심沈肉於湯데쳐낼、심侵 燂同

燀 찬 [천] 炊也불땔、천光明貌빛나고환할、천先銑

燕 옌 [연] 召公所封國名연나라、연先鳦玄鳥제비、연安也ㅣㅣ편안할、연息也쉴、연先 鷰醼通

燋 쟢 [초] 然持火불당

길、초焦也그슬을、초(嘯)灼龜炬거북의등지지는횃불、초(嘯) **爚** 씨 [흡] 熱也더울、흡(緝) **燈** 떵 [등] 錠中置燭등、등又등잔、등點火取明등불、등(靈草名金ㅣ)(蒸) 灯鐙通

燎。랴 [료] 地上露火庭ㅣ뜰에세운홰、요(嘯)放火불놓을、요照也비칠、요(篠)燹通 **燃**。산 [연] 燒也불붙을、연又불탈、연使燒태울、연(先)然通 **熸** 쳠 [잠] 火滅불꺼질、잠(鹽)

燂。탄 [담] 火爇불당길、담(覃) [심] 燖同(侵) [첨] 灰爛불시울、첨 [섬] 湯瀹肉고기삶을、섬(鹽)爓通 **[illegible]** 탄 [담] 青黃色繒유록빛비단、담(感)緂綊同 [첨] 衣動ㅣㅣ옷움직일、첨(鹽)

燄。앤 [염] 火初燃불처음당길、염炎也불꽃、염(琰)爓通 **燅** 찬 [잠] 湯中瀹肉고기데칠、잠温也따뜻할、잠(鹽) **燁** 예 [엽] 光也빛날、엽火盛ㅣㅣ불이글이글할、엽(葉)

燒。쏘 [소] 焚也사를、소又태울、소燔也구을、소(嘯)野火들불、소(羌名ㅣ當)(蕭) **燍** 쓰 [사] 火焦臭단내、사又화덕내、사 [서] 焦貌煙ㅣ타서누를、서(支) **[illegible]**。燧同

燙 탕 [탕] 滌也씻을、탕(漾) [華] 火傷델、탕 **𤎒** 앤 [안] 火色불빛、안(翰) **燚** 이 [일] 火貌불모양、일(質) **燏** 이 [율] 光也빛날、율(質) **燆** 熇同 **燌** 焚同

十三

燧 쉐 [수] 烽火봉화、수火也불、수(左佩金ㅣ右佩木ㅣ)取火於木鑽ㅣ나무문질러불낼、수取火於日金ㅣ(又陽ㅣ)햇발로불낼、수(寘)隧同 [華] 自來火성냥、수 **燬**。훼 [훼] 烈火불이글이글할、훼(紙)焜同 **熝** 안 [오] 埋灰煨物재에묻어구을、오熟炙흠씬구을、오(豪)爊同 **燥**。짜 [조] 火乾불에말릴、조(皓)(號) **燠** 유 [욱] 暖也따스할、욱 [옥] 熱也더울、옥(屋) [오] 痛聲ㅣ咿끙끙앓을、오(皓)(號)

[illegible] 후 [흘] 火煨불에묻어구을、흘(物) **燮**。쎼 [셥] 和也ㅣ理화할、셥炎也불꽃、셥(葉) **燣** 란 [람] 焦黃누를、남(覃)

營 잉 [영] 造也지을、영度也經ㅣ경영할、영治也다스릴、영軍衙영문、영惶恐意屛ㅣ황송할、영(庚) **燦**。찬 [찬] 光明ㅣ爛찬란할、찬又빛날、찬(翰) **燭**。쥬 [촉] 蠟炬초불、촉照也비칠、촉明也밝을、촉(四時和曰玉ㅣ藥名南天ㅣ草名石ㅣ)(沃) **燡** 예 [역] 火甚불심할、역(陌) **燪** 충 [총] 炬火횃불、총(東) **燫** 렌 [렴] 火不絶불끊

이지않을、염(鹽)熑同

十四

燼。진 [신]俗音[진]火餘灰ㅣ불탄끝으리、진餘也나머지、진燭餘燈ㅣ초끝으리、진(震)盡同

燻。쉰 [훈]火氣上出불기운、훈又훈징할、훈灼也불사르를、훈和氣ㅣㅣ기쁘할、훈(文)熏同

燿。샨 [요]照也비칠、요光貌炫ㅣ빛날、요明也熠ㅣ밝을、요(嘯)耀通

燾 또 [도]覆也덮을、도照也비칠、도(號)幬通

燺 칸 [고]火乾불에말릴、고(皓)

爁。란 [람]火延불번질、남(覃)

爀 허 [혁]輝也빛날、혁(陌)赫通

[illegible]。煏同

爂 퍄 [표]輕脆연약할、표(蕭)[체]義同(霽)

燸 수

[유]温也따뜻할、유(虞)

燹。쎈 [희]野火들불、희(寘)[선]義同兵火병화、선(銑)

燽 쭈 [주]明也밝을、주現著드러날、주(尤)

[illegible] 휘 [획]熱也더울、획(藥)

十五

爇

爈 뤼 [려]山火熂ㅣ산불、여(御)

爋 쉰 [훈]火乾불에말릴、훈(問)

爆。빠 [포]俗音[폭]火裂불터질、폭(效)[박]爇也불사르를、박(覺)火乾불에말릴、박(藥)爆同、煿通

爇

[설]俗音[열]燒也불사르를、열(屑)焫爇同

爇。爇俗字

[illegible] 지 [즐]俗音[절]燭燼초끝으리、절(職)

爄 리 [례]火斷불끌、예又불물릴、예(霽)[렬]義同(屑)

爊。熝同

爕 燮俗字

爍 쌱 [삭]光也灼ㅣ빛날、삭(藥)

十六

爐。루 [로]火函화로、노(火ㅣ、風ㅣ、香ㅣ、暖ㅣ)列陽洪ㅣ되약볕、노(虞)炉鑪同

爒。랸 [료]炙也구을、요(篠)

爗。燁同

燅 쳠 [섬]以湯脫毛튀할、섬(鹽)

爔 씨 [희]火也불、희日光赫曦날빛、희(支)

燔。빤 [번]膰肉번육、번(宗廟祭亨孰肉)(元)

[illegible] 燧古字

[illegible] 예 [엽]俗音[엄]火不明불밝지못할、엄(葉)

爓。앰 [염]火光불빛、염又불꽃、염(豔)焰同、燄通、瀹肉于湯고기데칠、염(鹽)燂通

十七

爛。란 [란]燭光ㅣㅣ촛불휘황할、난熟也糜ㅣ익을、난明也燦ㅣ찬란할、난ㅣ漫난만할、난潰也火傷데서버서질、난(翰)

爚。워 [약]爇也불사르를、약電光번개번쩍할、약火飛불똥뒬、약(藥)

十八

爞 츙 [충]旱熱ㅣㅣ가무러뜨거울、충(東)蟲通

爟。판 [관]烽火봉화、관擧火불켜들、관日影取火볕에불켤、관(翰)

爝。쟌 [조]炬火횃불、조(嘯)[작]義同(藥)

[illegible] 네 [녑]俗音[섭]

煐也따뜻할、섭(葉) 爆 同爆 ⑲ [illegible]。 然古字 [illegible] 체 ⟨쳘⟩ 烟出연기날、쳘(屑) ⑳ 爣• 당 ⟨당⟩ 明也밝을、당 又환할、당(陽) ㉑ 爥• 쵹

⟨쵹⟩ 照也비칠、쵹(沃) ㉑ 爨• 춘 ⟨춘⟩ 鼎欲沸貌끓어나라할、춘(元) ㉒ [illegible] 져 ⟨쳘⟩ 竈中烟아궁이속연기、쳘(屑) ㉔ [illegible]。 焦本字 爧 링 ⟨령⟩ 火

光불빛、영(靑) ㉕ 爨•。 찬 ⟨찬⟩ 炊也불땔、찬竈也아궁이、찬火氣上불길오를、찬(翰) ㉙ 爩 위 ⟨울⟩ 烟出연기뭉게뭉게날、울(物)

爪部

爪 잔 ⟨조⟩ 手足甲톱、조(手ㅣ、足ㅣ)覆手取物긁어다릴、조又할퀼、조(巧) ④ 爬 파 ⟨파⟩ 搔也긁을、파手行손집고길、파(麻) 爭•。 정 ⟨쟁⟩ 競

也다툴、쟁理也다스릴、쟁辨也분변할、쟁(庚)辨難옳다그르다할、쟁(敬)諍通 [illegible] 爲古字 ⑤ 爰•。 웬 ⟨원⟩ 於也이에、원又어조사、원引也당길、원易也바꿀、원緩

也느지러질、원(元) 爯 씽 ⟨승⟩ 擧也들、승大也클、승(蒸) 爮 퐈 ⟨표⟩ 削也깎을、표(肴) [illegible] 。징 ⟨경⟩ 織也짤、경(庚) ⑧ 爲•。 웨 ⟨위⟩ 造也할、위又하、위語助辭

어조사、위治也다스릴、위使也하여금、위所以위할、위助也도울、위緣也인연、위成也될、위護也호위할、위母猴원숭이、위(寘) ⑩ [illegible]•。 搔本字 ⑪ [illegible]

리 ⟨력⟩ 以爪擇物손톱으로가릴、력(錫) ⑭ 爵•。 쟉 ⟨작⟩ 位也작위、작又벼슬、작(公ㅣ、侯ㅣ、伯ㅣ、子ㅣ、男ㅣ)封也ㅣ祿봉할、작飮器一升술준、작(官名主ㅣ)(藥)雀通

父部

父•。 뿌 ⟨부⟩ 生我嚴親아비、부又아버지、부 ⟨보⟩ 老叟稱늙은이、보男美稱사내、보(尼ㅣ、尚ㅣ、亞ㅣ、田ㅣ)(麌)甫通 ④ 爸 빠 ⟨파⟩ 父也ㅣㅣ아

비、파(羌人呼父)(禡) ⑥ 爹•。 데 ⟨다⟩ 父也阿ㅣ아비、다(荊俗呼父)(哿) [illegible] 퉁 ⟨동⟩ 養父양아비、동(東) ⑨ 爺• 예 ⟨야⟩ 父也ㅣㅣ아비、야(麻) [illegible]。 져

⟨차⟩ 父也아비、차(吳人呼父)壻也阿ㅣ사위、차(麻)

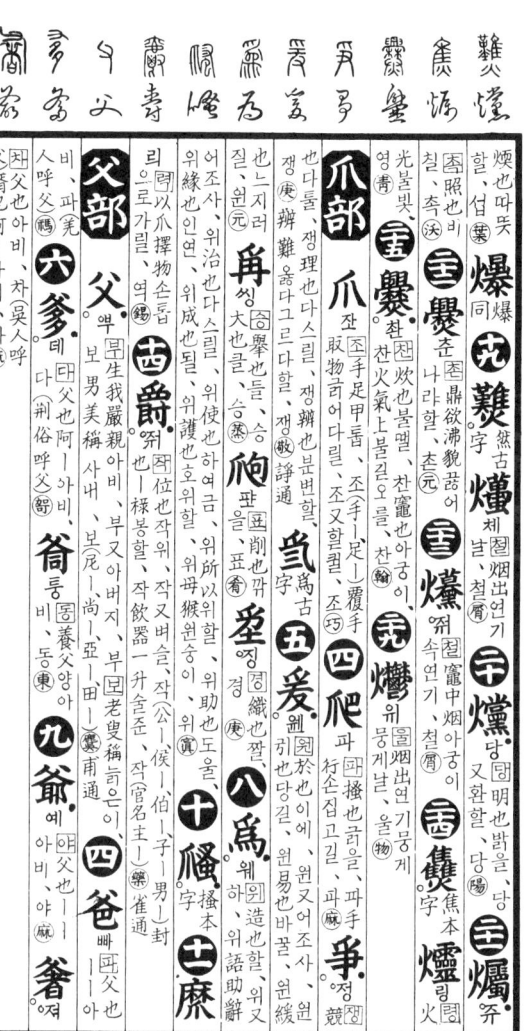

爻部

爻。쏘 [효]像也형상、효易卦六ㅣ육효、효又점괘、효效也본받을、효(肴)

㸚 례 [례]明白밝을、예(霽)

五

⿰爻宁 쪄 [저]進也나갈、저(語)

⿰爻延 쎠 [서]引導인도할、서(魚)

七

爽。쌍 [상]清快ㅣ塏시원할、상明也밝을、상忒也틀릴、상差也어긋날、상微明昧ㅣ훤이밝을、상烈也매울、상(養)

⿰爻見 髮古字

十

爾。얼 [이]汝也너、이語助辭어조사、이近也가까울、이已而말、이(紙)尒𠙶同

十一

⿱人爾 爾同

爿部

爿 ᅌ장 [장]判木조각널、장(右半爲片、左半爲ㅣ)(陽)

四

牀。촹 [상]臥榻ㅣ簀평상、상(人所坐臥)跨床걸상、상(陽)

⿰爿水 漿古字

⿰爿卝 卯古字

五

牁。꺼 [가]繫舟杙배매는말뚝、가(郡名牂ㅣ)(歌)戨牁同

⿰爿召 쏘 [소]浴床목욕상、소(蕭)牊同

六

牂。ᅌ장 [장]牝羊암양、장盛貌ㅣㅣ성할、장(歲在午曰敦ㅣ、郡名ㅣ牁)(陽)牫同戕通

七

⿰爿求 칙 [구]鑿首끌머리、구(尤)

八

⿰爿戔。ᅌ잔 [잔]飼羊屋양의우리、잔(潸)

⿰爿空 쿵 [공]穿垣담뚫을、공(送)

九

牃 뎨 [접]牀板평상널판、첩(葉)

十

牄。챵 [장]鳥獸食聲ㅣㅣ새와짐승먹는소리、장(陽)

十一

牅 융 [용]垣也담、용(冬)墉同

十二

⿰爿賁 뿐 [분]牀板평상널、분(文)

十三

⿰爿嗇 牆同

⿰爿戠 치 [즙]殳立貌창옷뚝세울、즙(緝)

十五

牆。챵 [장]垣也담、장門屛ㅣㅣ둘러막을、장又차면할、장(陽)牆墻廧𢊹同

片部

片 편 [편]判木조각、편又반쪽、편(左半爲爿右半爲ㅣ)判也쪼갤、편(霰)

三

⿰片女 창 [장]畫飾그림으로꾸밀、창(陽)

⿰片也。이 [이]羹也국、이(支)

四

版。빤 [판]判也조각、판又쪼갤、판戶籍ㅣ圖호적、판笏也手ㅣ홀、판僻也ㅣㅣ궁벽할、판(潸)板通

⿰片分 빤 [반]片也조각、반(寒)

⿰片尺 치 [척]板也널、척(錫)

五

⿰片平 뺑 [팽]析木聲나무짜개는소리、팽(庚)

⿰片半 판 [판]分也나눌、판又가를、판(翰)

牊。쏘 [소]浴床목욕상、소(蕭)⿰爿召同

⿰片禾 휘 [회]棺蓋관

뚜껑、화(麻)

六

⿰片旨 지 [지]假家가게、지 蓋舍집이울、지(支)

⿰片朱 주 [주]防水板ㅣ⿰片婁물막는널、수(虞)

⿰片辰 패 [맥]破物깨뜨릴、백 分也나눌、백(陌)

⿰片列 레 [렬]破裂깨질、열(屑)

⿰片向 쌍 [향]北窓북창、향(漾)

七

⿰片足 추 [족]迫也재촉할、촉又촉박할、촉(沃)

八

牌 패 [패]牓也패、패札也조각、패籍也笪ㅣ호패、패(佳) [화]下書于牋者曰ㅣ旨배지、배

牋 젼 [전]記書附ㅣ표지、전又쪽지、전又부전、전(先)箋同

牎 牕俗字

九

牒 데 [첩]札也편지、첩 官廳公文通ㅣ공문、첩書板서판、첩譜ㅣ족보、첩(葉) [필]判任授官ㅣ紙첩지、첩

牏 루 [루]俗音[유]築墻板담틀、유(尤)廠通

牐 자 [잡]俗音[삽]城門閉具문빗장、삽(洽)閘通

⿰片柬 련 [련]木理解裂나뭇결풀릴、연(霰)

⿰片怱 牕俗字

十

牔 뻑 [박]屋耑板ㅣ風박공、박(藥)

牓 빵 [방]標也방、방題也ㅣ目방목、방木片나뭇조각、방(養)榜橫同

十一

牅 용 [유]壁窓창、유又바라지、유向也안할、유又향할、유導也인도할、유(有)

⿰片婁 뤼 [루]防水板⿰片朱ㅣ물막는널판、누(虞)

牕 촹 [창]户也창、창(在墻曰牅在屋曰ㅣ)(江)窻窗窓同囪通

⿰片崔 취 [최]屋破狀ㅣ牘집모양허술할、최(灰)

⿰片离 리 [리]破木못쓸나무、이(支)

十二

⿰片粦 린 [린]稜也觚모질、인(震)

⿰片貴 퀘 [회]屋破狀⿰片崔ㅣ집모양허술할、퇴(灰)

十三

⿰片業 예 [업]築墻板담틀、업(葉)

⿰片詹 잔 [첨]簷端板평고대、첨又처마끝널、첨(豔)

十四

⿲辛片辛 펜 [편]革中絶가죽끊어질、편(霰)

⿰片臺 태 [대]木理逆剡나뭇결거슬려깎을、대(賄)

⿰片壽 쓱 [주]棺也관、수(有)

十五

牘 뚜 [독]書板서판、독簡간독、독又편지、독(屋)

十七

⿰片毚 찬 [참]板也널판、참 水門물문、참(陷)

牙部

牙 야 [아]牡齒엄니、아又어금니、아 大將旗대장기、아(麻)

㸦 互俗字

三

⿰牙予 야 아어린아이、아(麻)

六

⿰牙艮 깐 [간]齧

也씹을、감(濳) 八 齮 치[기]虎牙범의어금니、기(支) 牚 청[당]邪柱버팀목、당(養) 九 齵 우[우]齲齒너리먹은이、우又벌레먹은어、우(虞)

十 齸 애[애]牙也어금니、애咀也씹을、애又새김질할、애(灰)

牛部

牛。뉴[우]耕畜大牲소、우(體大脚短頭有兩角、一元大武)(宿名牽ㅣ)(尤)

二 牝。빈[빈]雌獸암컷、빈又짐승、빈(軫)

牟 뫼[모]大也클、모牛鳴소울、모侵奪빼앗을、모取也취할、모大麥來ㅣ보리、모器也敦ㅣ그릇、모(地名中ㅣ)(尤)麰通

牞 쭈[구]牛多力소힘셀、구(尤)

[牛+丩] 쭈[구]牡牛수소、구又황소、구(尤)

三 牣 신[인]滿也實ㅣ가득할、인塞也充ㅣ짝맥힐、인(震)

牢。라[로]堅也굳을、노又견고할、노養獸圈우리、노(牛曰太ㅣ、羊曰少ㅣ)海獸蒲ㅣ물짐승、노(豪)窂通

牡。무[무]雄獸수컷、무又수짐승、무門鍵자물쇠、무(有)

[牛+川] 쉰[순]牛行遲소걸음더딜、순(眞)馴通

[牛+干] 간[간]牛停소머무를、간(寒)

四 [牛+斤]。쩬[건]犗牛불친소、건(元)(郡名ㅣ爲)(先)犍同

[牛+冘] 썬[심]水牛물소、심(寢)

牧。무[목]畜養기를、목又칠、목畜養場우리、목治也다스릴、목司也맡을、목察也살필、목田官권농관、목(屋)坶同

物。우[물]有形萬ㅣ만물、물事也일、물財也재물、물類也같을、물(物)

牦 갚[모]野牛들소、모(豪)

牬。빼[패]二歲牛두살된송아지、패(泰)

[牛+巴] 빠[파]牛角相背자빡뿔、파(麻)

[牛+天] 텬[전]牛食草소풀먹을、천(霰)

[牛+介] 쩨[개]四歲牛사년된송아지、개(卦)

[牛+尤] 외[유]靜也고요할、유不動꿈쩍않을、유(尤)

[牛+分]。뿐[분]牡牛수소、분(文)

[牛+今]。찐[금]牛舌病소혀병、금(沁)

牥 빵[방]良牛좋은소、방(如橐駝日行二百里)(陽)

[牛+不] [牛+丕]同

牫 짜[가]角也뿔、가(歌)

[牛+斗] 꺼[과]牡之大牛큰황소、과(歌)

五 牯 꾸[고]牝牛암소、고(虞)

牴。듸[저]觸也받을、저又찌를、저略也大ㅣ대저、저雜技角ㅣ씨름、저當也당할、

저(齊)觝同抵通 **牱** 꺼[가]繫船杙배매는말뚝、가(歌)牱牁同 **牲**。썽[생]將殺犧ㅣ희생、생又죽이라할、생(六畜曰六ㅣ、飼養曰畜、將殺曰ㅣ、祭神供用、牛羊豕畜)(庚) **⿰牜支** 타[도]牛徐行소더디갈、도(豪) **牭**。쓰[사]四歲牛사년된소、사(寘) **⿰牜丕** 쀠[비]使牛聲소부리는소리、비(支)犿同 **牮** 쪤[천]土石防水흙과돌로물막을、천(霰) **⿰牜句**。후[후]牛鳴소울、후犢也송아지、후(有) **牰** 이우[유]目黑牛눈거먼은소、유(有) **⿰牜它** 퉈[타]無角牛뿔없는소、타(歌) **牠** 同⿰牜它 **⿰牜乍** 쭤[작]山牛산소、작(藥) **⿰牜平** 핑[평]斑牛얼룩소、평(庚)

六

牸 쯔[자]牝牛암소、자獸育子짐승새끼칠、자(寘) **特**。터[특]挺立우뚝할、특唯獨특별할、특配匹짝、특牡牛수소、특凡三歲獸삼년쯤된짐승、특但也다만、특獨也一牛소한필、특(職) **⿱𠔉牛** 촨[권]牛鼻棬소코뚜레、권(願) **⿰牜因** 인[연]牛尾縫소꼬리혼솔、연(先) **牷**。촨[전]純色牛순색소、전又한빛털로생긴소、전(先) **⿰牜吉**。꿰[귀]牛聲소소리、귀(紙) **⿰牜劦** 쎄[협]牛健소건장할、협(葉) **⿱㓞牛** 써[세]牛之仰角소천지각、세又뿔뻗죽할、세(霽) **⿰牜后** 후[후]牡牛황소、후(有)

七

犀。씨[서]南徼外牛물소、서又무소、서(形如水牛、鼻上一角)瓠瓣박속、서(齊)屖通 **牼**。찡[경]牛膝下骨소정갱이뼈、경(庚) **牽**。쳰[견]引也이끌、견挽也잡아당길、견連也연할、견速也속할、견(星名ㅣ牛)(先)舟索百文ㅣ배끄는줄、견(霰) **⿰牜羊** 짱[장]牝羊암양、장(陽) **⿰牜矣** 쓰[사]一歲牛일년된소、사(紙) **⿰牜坒** 뻬[폐]牛馬行⿰牜皆ㅣ마소다닐、폐(齊) **牻**。망[방]白黑雜色牛흰고거먼얼룩소、방(江) **⿰牜寽** 얘[열]駁牛얼룩소、열(屑) **⿰牜肖**。짠[초]角尖뿔날카로울、초(效) **⿰牜夆** 쓩[봉]野牛들소、봉(冬) **⿰牜貝** 빼[패]二歲牛두해된소、패(泰) **⿰牜辛** 同騂 **牿** 꿔[곡]牛馬牢외양깐、곡(沃)

八

犂。리[리]斑牛얼룩소、이耕具보습、이[려]義同(齊) **犉** 춘[순]黃牛黑脣누르고입술꺼먼은소、순(眞) **犅**。깡[강]赤色牡牛붉은수소、강(陽) **犇** 뻔[분]牛驚소놀라뛸、분(元)奔同 **犆**。지

[직]緣也선두를、직牛也犥ㅣ소、직 [특]一也하나、특(職)

𤙖 써 [사]牝也암컷、사(禡)

𤚎 씨 [세]牛角直立소뿔꼿꼿할、세(霽)

㹁。 량 [량]牻牛얼룩소、양(陽)

犈 촨 [권]黑脚牛다리거먼은소、권(先)

𤚴。 쳔 [견]牛不從牽소끌리지않을、견(霰) [한]義同(潸)

㸬 뷔 [비]耦耕쌍겨리할、비 又쌍소밭갈、비(尾)

𤙿。 나 [뇨]以角挑物뿔로들출、요(肴)

𤜝 삐 [비]牛齒現出소이드러날、비(眞)

犄 이 [의]長也길、의犗也소불깔、의(支)

犃。 뷰 [부]牡也수컷、부(有)

九

犎。 뿡 [봉]野牛들소、봉(形如橐駝)(冬)

𤚩 위 [유]黑牛거먼소、유(虞)

犍。 ∘젠 [건]犗牛불깐소、건(元)(蜀郡名ㅣ爲)(先) 𤘯同

𤛎 ∘쟈 [가]牛有力소힘있을、가(麻)

𤛇 츙 [종]牛孕胎새끼밴소、중(送)

𤚁 쑤 [수]三歲牛삼년된소、수(尤)

犑。 ∘지 [격]牛也소、격(錫)

𤙰 찬 [천]牛緩소굼뜰、천 又느린소、천(銑)

𤚺。 훠 [휘]犂牛頭얼룩소머리、휘(微)

犐 꽈 [과]無角牛뿔없는소、과(歌)

𤙵 먀 [묘]長尾牛꼬리긴소、묘(肴)

十

犗。 ∘제 [개]騬牛불깐소、개 畜健強者짐승건강한놈、개 宮刑불알썩힐、개(卦)

犒。 캎 [호]餉軍ㅣ牛호궤할、호 又군사먹일、호(號) 鎬同

犖。 러 [락]駁牛얼룩소、낙 超羣卓ㅣ뛰여날、낙 分明ㅣㅣ분명할、낙(覺)

𤜨 친 [진]牛名소이름、진(眞)

犓 츄 [추]以芻飼牛꼴먹여기를、추(虞)

犔 씨 [희]牛病소병들、희 牛饑소굶길、희(未)

犕。 삐 [비]以鞍裝馬말안장지을、비 八歲牛여덟해된소、비(寘)

𤛔 꾸 [구]搾取牛乳소젖짤、구(有)

𤛌。 워 [악]白牛흰소、악(覺)

𤜃 쑤 [수]無尾牛꼬리없는소、수(尤)

𤛹 ∘젠 [건]犗牛불깐소、건(元)

𤛿。 빵 [방]背白牛등흰소、방(陽)

十一

犚 웨 [위]黑耳牛귀검은소、위(未)

㹏 同犚

犛。 리 [리]黑牛거먼소、이(支)

𤛮 레 [류]俗音[루]求子牛암내내는소、누(支)

𤛗 잔 [산]飼畜짐승기를、산 畜牲새끼기를、산(潸)

犙。 싼 [삼]三歲牛삼년된소、삼(覃)

犞 융 [용]犎也들소、용(冬)

𤜵 ∘진 [근]牛馴소길들、근 柔也부드러울、근(吻)

⿰牛習 라 랍 牛牴소받을、납㊀合

⿰牛啇 듸 적 特牛수소、적㊀錫

⿰牛隺 위 최 白牛흰소、최㊀灰

(十二)

犝 등 동 無角牛뿔없는소、동㊀東

⿰牛堯 찬 의 俗音 요 牛馬騰躍曰ㅣ 말소솟아뛸、요㊀肴

⿰牛喬 갼 교 乾肉鮮ㅣ말린고기、교又 포、교(宗廟祭亨所以奉ㅣ)㊀篠

⿰牛龠 따 답 抵也받을、답㊀合

⿰牛華 화 ㅣ牛 황소、망

⿰牛敫 韓 貂也ㅣ皮 돈피、돈

(十三)

⿰牛畺 쟝 강 白脊牛등마루흰소、강㊀陽

⿰牛豢 환 환 飼也기를、환㊀諫 豢同

⿱覃牛 환 환 劣也용렬할、환㊀刪

犡 례 례 白脊牛 등마루흰소、례㊀泰

⿰牛蜀 犢同

(十四)

⿰牛需 수 유 牛莖소자지、유㊀遇

⿰牛翟 위 약 白牛흰소、악㊀覺

⿰牛壽 탄 도 牛無孕둘암소、도㊀豪 채 義同㊀灰

(十五)

犢 뚜 독 小牛송아지、독又 송아지、독㊀屋 ⿰牛蜀同

犤 피 피 短脚牛난장이소、피㊀支

犣 레 렵 牛名소이름、엽㊀葉

⿰牛臧 장 장 善牛순한소、장㊀陽

⿰牛憂 산 요 牛柔소순할、요㊀篠 ⿰牛夒同

犦 犦同

犥 빠 표 黃白駁牛얼룩소、표㊀蕭

(十六)

犧 씨 희 廟牲희생할、희(帝號庖ㅣ)㊀支 사 酒器ㅣ樽술준、사㊀歌 獻戲通

⿲彳牛亍 웨 위 牛蹄소굽、위㊀霽 궤 牴也받을、궤㊀寘

犨 척 주 牛息聲소숨소리、주出也 나올、주姓也성、주㊀尤 犫通

⿰牛褱 홰 회 獸似牛四角네뿔돋은짐승、회㊀佳

(十七)

⿰牛營 잉 영 嘤牛子聲송아지부르는소리、영又소울、영犢也송아지、영㊀梗

⿰牛毚 잔 참 牛角소뿔、참㊀陷

(十八)

犩 웨 위 蜀牛촉나라소、위(大而肉重千斤)㊀微㊀未

⿰牛夒 와 요 牛柔順소순할、요㊀篠 ⿰牛憂同

犦 빠 박 牛名소이름、박(狀如橐駞日行三百里牴觸百獸無敢當者)㊀覺 犦同

(二十)

犪 퀘 규 牛名ㅣ牛소이름、규㊀支

(二十一)

⿰牛纍 직 루 求子牛암내내는、누㊀支

(二十三)

犫 척 주 人名郤ㅣ사람이름、주㊀尤 犨通

(二十四)

⿰牛靈 링 령 大牛큰소、영㊀青

犬部

犬 찬 견 大狗큰개、견㊀銑

犮 빼 발 犬走貌개달는모양、발㊀曷

(二)

犯 빤 범 干也범할、범抵觸다닥칠、범侵也침노할、범僭也참

남할、범(鐮) **犳** 력 (력) 犬爭貌 개으르렁거릴、역(職) **犰** 직 (구) 獸名丨徐 짐승이름、구(熱帶產獸形如穿山甲、逢敵則縮身如毬)(尤)

三

犴 안 (한) 野犬 들개、한 獄也 犴丨옥、한 又우리、한(翰) 豻通

犵 지 (힐) 南蠻丨狫 남녘오랑캐、힐(質) **犭凡** 쉰 (신) 小獸色黃食鼠 족제비、신(震) **狏** 지 (시) 狼屬 이리、시(蜿山有獸 其狀如狐白尾長耳)(紙)

四

狁 윤 (윤) 北狄玁丨 북녘오랑캐、윤(軫) **犭卞** 반 (번) 相從連丨 서로좇을、번(元) **㹠** 툰 (돈) 豕子 돋의새끼、돈(元) 豚同 **狂** 광 (광) 心病 미칠、광 失情錯亂 정신잃을、광(陽) **犺** 강 (강) 健狗 실팍한개、강(漾) **狀** 장 (장) 樣也 형상、장 牒也 문첩、장 札也 편지、장 類也 같을、장(或音상)(漾) **狃** 뉴 (뉴) 親狎 친압할、유 習也 익힐、유(有) 慣也 익숙할、유 就也 나갈、유(宥) **狄** 디 (적) 北丨 북녘오랑캐、적 樂吏丨人 풍류맡은관원、적 畫雉衣 揄丨 꿩그린옷、적 遠也 멀、적(錫) **犬欠** 위 (유) 呼犬子丨丨 강아지부를、유(虞) **犾** 인 (은) 犬相吠 개마주짖을、은 又개서로물、은(文) **犭及** 차 (잡) 犬之食 개먹을、잡(合) **犭斤** 인 (은) 犬吠聲丨丨 개짖는소리、은(文) 狺同 **犭市** 페 (패) 犬怒 개성낼、패(隊) **狆** 중 (중) 長毛犬 삽살개、중 **犿** 옌 (연) 獟犬 사나운개、연 逐虎犬 호박개、연 食人犬 사람잡아먹는개、연(霰) **狟** 후 (호) 長尾猿 꼬리긴원숭이、호(遇) **犼** 후 (후) 山犬 산개、후(有) **狮** 獅俗字

五

狐 후 (호) 妖獸多疑 여호、호又여우、호(形如犬而稍小毛赤黃、死則首丘)(虞) 狐同 **狉** 픠 (비) 羣走丨丨 떼지어달아날、비 狸子 삵의새끼、비(支) 豾通 **犭主** 쥬 (주) 黃犬黑頭 몸누르고머리거먼은개、주(遇) **狋** 이 (의) 犬怒貌 개응승그릴、의(微) (은) 犬爭 개싸움할、은(眞) (권) (代郡縣名丨氏)(先) **狙** 쥐 (저) 手長猿 손긴원숭이、저 伺也注視 엿볼、저(魚) (처) 詐也 간사할、처(御) **狒** 쀄 (비) 猿類丨丨 원숭이、비 又비비、비(或音불)(丨如人身、被髮脣長)(未) **狚** 딴 (단) 似猿編丨 원숭이같은짐승、단(旱) (달) 巨狼猲丨 큰이리、달(曷) **狌** 셩 (성) 似猿能言丨丨 성성이、성(靑) (생) 義同(庚) 猩同 **狗** 꾸 (구) 犬也 개、구(有)

狖 우 유 黑猿꺼먼 은원숭이、유 宥 貁同 狘 웨 월 驚走貌놀라 달아날、월 月 狊。 。지 격 犬視貌개노리고볼、격 鳥張兩翅새기지개켤、격 錫 狎。 싸
압 親近친압할、압 習也익힐、압 忽也홀하게여길、압 洽 ⿰犭召 됴 초 短尾犬동강개、초 蕭 狔 。닉 이 從風貌猗ㅣ바람에 너풀거릴、이 支 紙 犿 뻔 변 犬爭貌개싸
할、변 霰 狆 。진 신 狂也미칠、신 眞 ⿰犭加。 。자 가 玃也큰원숭이、가 麻 ⿰犭占 톈 첩 犬舐개핥을、첩 葉 ⿰犭付 야 부 羊也양、부 遇 ⿰犭玄 。쎈 현 心急마
음급할、현 先 ⿰犭只 。지 채 駭也얼룩、채 蟹 ⿰犭央 앙 앙 貉也담비、앙 陽 狓。 삐 피 飛上猖ㅣ너풀너풀나를、피 支 狑 링 령 怜犬영리한개、영 青 六 狨
숭 옹 猴類원숭이、융 東 狧 쓰 시 犬舌取物개핥을、시 紙 탑 義同貪欲ㅣㅣ탐욕낼 탑 合 狟 。쎈 환 貆子담비새끼、환 寒 貆同 狠。 。인 한 俗音 완 犬鬪聲개싸우
는소리、완 戾也사나울、완 阮 很通 한 過度之意과도할、환 狦 。싼 산 惡犬악한개、산 刪 狡。 。잔 교 猾也교활할、교 又간사할、교 狂也미칠、교 小狗작은개、교 疾也빠
를、교 巧 ⿰犭休 貅同 狩。 。쓰 수 冬獵겨울에사냥할、수 巡也순행할、수 又돌 、수(天子適諸侯曰巡ㅣ) 宥 狣 。잔 조 犬有力개힘셀、조 篠 ⿰犭夅 쌍 항 犬不服牽繼ㅣ개
길들지않을、항 江 狤 。지 길 獸名ㅣ掘짐승이름、길 質 狢。 。허 학 貈也담비、학 藥 貉同 ⿰犭幵 옌 연 逐虎犬범쫓는개、연 霰 ⿰犭曳 예 예 狸子삵의새끼、예 霽
⿰犭凶 놔 노 牝貉암담비、노 皓 ⿰犭伏 빠 파 腰軀而行허리굽으리고갈、파 哿 七 狴。 피 폐 牢獄ㅣ犴옥、폐(獸名ㅣ犴) 齊 陛同 狵 。망 방 犬多毛삽살
개、방 江 尨同庬逄 狽 빼 패 獸名狼ㅣ낭패、패又이리、패(狼短後足ㅣ短前足相依而行) 泰 狸。 리 리 野貓삵、이 支 貍同 狷 。쫜 견 性急패려궂을、견又편협
할、견 銑 獧通有所不爲고집스러울、견 燥急조급할、견 猶豫未決미적미적할、견 霰 狿 옌 연 獸名獌ㅣ짐승이름、연(似狸而長) 先 狼。 。랑 랑 獸名이리、낭(似犬銳頭口大耳小

頰白)ㅣ藉낭자할、낭又와자할、낭陽(地名博ㅣ)漾浪通(星名)養

狺● 인 은 犬爭吠聲ㅣㅣ뭇개짖는소리、은文 犷同

⿰犭廷 팅 정 猿類猓ㅣ원숭이、정青

⿰犭足。 촤 작 宋種良犬송나라개씨、작藥 猎同

狻。 쏸 산 獅子ㅣ猊사자、산寒

狹● 쌰 협 隘也좁을、협洽 陜陿同峽通

狶 씨 희 豕也돋、희支

⿰犭孝 쑈 효 豕犬驚貌개돋놀랄、효肴

⿰犭豆 뚜 두 犬吠聲개짖는소리、두宥

狾● 。찌 제 狂犬미친개、제霽 猘同

狳● 위 여 獸名犰ㅣ짐승이름、여魚 犰通

⿰犭孚 후 화 小犬ㅣ狢작은개、화歌

⿰犭肖 쏘 소 狂病미치광이、소蕭

⿰犭谷 위 욕 獸名獨ㅣ짐승의이름、욕(狀如白虎犬首馬尾)沃

⿰犭巠。 찡 경 狩也사냥할、경迥

⿰犭吾 우 오 猿也원숭이、오虞

八

猗●。 이 의 犗犬불깐개、의長也길、의支 弱貌ㅣ狔휘청거릴、의紙 아 柔順ㅣ儺유순할、아哿 欹倚通

猊 이 예 獅子狻ㅣ사자、예齊

猘 狾同

猜●。 채 시 疑也의심낼、시恨忌시기할、시又샘낼、시懼也두려워할、시狠也사나울、시灰

猋 뺘 표 犬走개달아날、표回風회리바람、표蕭

猇 햐 효 虎欲齧聲범이물랴하는소리、효虎吼범울、효(濟南縣名)肴 虓同

猖● 창 창 駭也狂ㅣ미쳐뛸、창縱裂ㅣ披너풀거릴、창陽

猙 쩡 쟁 獸名짐승이름、쟁(似狐有翼)庚

猛。 멍 맹 勇也날랠、맹威也위엄스러울、맹惡也사나울、맹又모질、맹嚴也엄할、맹(獸名ㅣ氏如熊大者)梗

猒●。 옌 염 飽也배부를、염足也족할、염安也편안할、염斁也싫을、염鹽 饜同、厭通

猝●。 추 졸 倉卒창졸、졸忽然갑자기、졸又별안간、졸突出뛰어나올、졸月 卒通

猎 ⿰犭足同

猅 패 배 短頭犬머리짧은개、배佳

猈 패 패 短脛狗발발이개、패(一名案下狗)蟹

猆 쀄 비 姓也성、비微

猉 치 기 犬子강아지、기支

猓● 꿔 과 似猴ㅣ然원숭이、과(長尾猿)哿

猔。 ⿰犭從同

⿰犭沓 타 탑 犬食개먹을、탑合

⿰犭委 猧同

猑● 쿤 곤 大犬큰개、곤元

⿰犭易。 째 적 犬怒張耳개성내어귀벌죽거릴、적陌

⿰犭咎 챠 교 健也ㅣ犺건장할、교篠

⿰犭屈

취 [굴] 獸名猲ㅣ짐승이름、굴(物)

猼 ᄋ 퉈 [탁] 猛犬사나운개、탁犬嚙개물、탁狩也사냥할、탁(覺)

猍 래 [래] 貍也삵、내(灰)

犭戔 찬 [찬] 犬咬개물、찬(潸)

猏 젠 [견] 三歲豕세살된돋、견(先)

九

猪 ᄋ 豬俗字

猣 ᄋ 종 [종] 犬生三子개새끼셋낳、종(東)

猤 켸 [계] 武勇용맹스러울、계(寘)

猢 후 [호] 猴也ㅣ猻원숭이、호(虞)

猨 웬 [원] 猴類원숭이、원(似獼猴長大者長臂善嘯)(元) 猿本字

猴 ᄋ 헉 [후] 猱也獼ㅣ원숭이、후又잔나비、후(猿之大者)(尤)

猫 ᄋ 貓俗字

猱 놔 [노] 猴也원숭이、노(手長猿善升木)(豪) 獶同 夒通

猧 와 [와] 犬名개이름、와(歌) 㹻同

猵 ᄋ 폔 [편] 似猿ㅣ狚수달、편(先)

猷 ᄋ 우 [유] 謀也꾀、유圖也도모할、유道也길、유可也옳을、유若也같을、유(尤) 猶通

猩 썽 [성] 似猿ㅣㅣ성성이、성(猿類中最大而最近人類者)(靑) [생] 義同(庚) 狌同

猶 ᄋ 우 [유] 似也같을、유尙也오히려、유同一한가지、유舒遲夷ㅣ더딜、유(尤) 未決ㅣ豫멈출、유(有) 冘猷通

獀 ᄋ 쑤 [수] 秋獵가을에사냥할、수(有) 南越名犬獶ㅣ수캐、수(尤) 獀同 蒐通

猴 ᄋ 猴本字

猰 猰同

猲 ᄋ 허 [헐] 獵犬사냥개、혈(月) [갈] 義同(曷) [갑] 恐逼공갈할、갑又얼를、갑(洽)

谷犬 쌰 [효] 犬吠ㅣㅣ개짖을、효(效)

㲋 쫘 [작] 奔走怵ㅣ달아날、작(藥)

献 ᄋ 獻俗字

猭 촨 [천] 獸走貌짐승달아날、천 [전] 義同(先)

猳 ᄋ 쟈 [가] 羆如熊黃白文누르고허연큰곰、가(麻) 豭同

猯 ᄋ 퇀 [단] 狸屬似豚而肥삵、단又오소리、단(體如豬而薄黑頭瘦喙尖穴居好眠)(寒) 貒同

犭是 ᄋ 씨 [시] 獺屬ㅣ排수달、시(紙)

犭甾 貓同

犭音 안 [암] 犬吠개짖을、암(咸)

猬 ᄋ 위 [위] 刺鼠食瓜고슴도치、위(未)

盾犬 둔 [돈] 獵犬사냥개、돈(願)

十

獅 ᄋ 쓰 [사] 猛獸ㅣ子사자、사又사지、사(獸之長也肉食動物勇猛敏捷能食虎豹)(支)

獃 ᄋ 애 [애] 癡也못생길、애又지더릴、애失忘懛ㅣ우두컨할、애(灰)

猥 ᄋ 웨 [외] 妄也망녕될、외雜也잡될、외鄙也더러울、외又외람할、외曲也굽을、외(賄)

猻 쑨 [손] 猴也猢ㅣ원숭이、손(元)

猿 ᄋ 猨俗字

犭員 猿同

犭般 판

[반]短尾犬ㅣ狐동갱이、반(寒) **獄**。위 [옥]人囚牢屋옥、옥又우리、옥(沃) **猺** 얀 [요]狗種獏ㅣ개、요蠻種ㅣ獞남녘오랑캐、요(蕭) **獀** 獀同 **⿰犭恙** 양 [양]獸名無

恙짐승이름、양又무양、양(北方荒野有獸如獅食人虎豹咋人則疾黃帝殺之人無憂疾謂之無恙)(漾) **⿰犭兼**。칸 [협]犬吠不止개연속짖을、협兩犬相爭개맞싸울、협(謙) **猾**。화

[활]狡也교활할、활又간휼할、활黠也꾀많을、활亂也어지러울、활(黠) **獂**。웬 [원]豕也돋、원(縣名ㅣ道)(元) **⿰犭荒** 황 [황]狼屬이리、황(陽) **⿰犭蚩** 치 [치]狩也사냥할、

치狵也삽살개、치(支) **⿰犭翁** 웅 [옹]豬也돋아지、옹(東) **⿰犭差** 차 [차]犬狂개미칠、차(歌) (十一) **獌**。만 [만]似貍貙ㅣ스라소니、만(願) **獒**。오 [오]四尺犬

큰개、오又후박개、오猛犬사나운개、오(豪) **獎**。쟝 [장]嗾犬厲之개퀴갈、장又개버릇사납게가르칠、장(養) **獍**。징 [경]惡獸梟ㅣ짐승이름、경(狀如貙而形似虎豹始

生還食其母故曰梟ㅣ)(敬) **獐**。쟝 [장]鹿屬노루、장(似麅體小無角善驚)(陽)麞同 **⿰犭參**。싼 [삼]賊疾미워할、삼又패덤빌、삼(謙)大容頭進개구멍에머리내밀、삼獸名山ㅣ짐승이

름、삼(形似人而體長尺餘捕食蝦蟹)(咸) **獋**。깐 [호]犬吠개짖을、호咆也웅얼거릴、호[고](人名夷ㅣ)(豪) **⿰犭從** 쫑 [종]犬生一子개새끼한마리날、종(宋)猔同 **⿰犭婁** 뤼 [루]豬

求子돋암내벌、누(虞) **⿰犭翏**。쟈 [교]擾也요란할、교獪也교활할、교(肴) **獏** 머 [맥]似熊食鐵불가사리、맥(覺)獏同[모]犬種ㅣ猺개、모(虞) **⿰犭庸** 웅 [용]獸名짐승이름、

용(冬) **⿰犭毫** 확 [호]貉類ㅣ子담비、호(豪) **⿰犭帶**。체 [체]狂犬미친개、체(霽) **⿰犭曩** 낭 [낭]狵也삽살개、낭(江) (十二) **獞**。퉁 [동]犬名개、동(東) **⿰犭壹** 씌 [희]人

名⿰犭壹ㅣ사람의이름、희(寘) **⿰犭貴** 꿰 [계]蜼之小者獛ㅣ꼬리째진작은원숭이、계(霽) **獘**。뻬 [폐]死也죽을、폐(霽)斃同 **獠** 랴 [료]夜獵밤에사냥할、요(蕭)(蠻種犬名ㅣ

獞)(嘯)(西南夷)(巧)獠通 **獢**。쌰 [효]短喙犬부리짧은개、효(蕭) **獝** 쥐 [귤]狂也미칠、귤(質) **獟** 챠 [교]勇也날랠、교(蕭)[요]狂犬미친개、요(效) **⿰犭然** 산 [연]猴名猓

ㅣ원숭이、연(先)

獗• °궐 [궐] 賊勢猖ㅣ도둑일어날、궐(月)

⿰犭敢 칸 [함] 俗音 [감] 大聲개소리、감(感)

獡 °쌱 [삭] 犬隨人ㅣㅣ개가사람따를、삭(藥)

獥 [교] 貂也ㅣ

皮돈피、돈

獚 황 [황] 大犬큰개、황(陽)

獜 린 [린] 強健강건할、인(眞)(震)

獳 노 [노] 狵也삽살개、노(豪)

⿰犭單 쎈 [선] 犬嚙개물、선(先)

(十三) 獬• °쪠 [해] 神羊ㅣ豸해태、해(能別曲直)(蟹) 觟同

獪• °화 [회] 狡也간교할、회(泰) [괘] 義同(卦)

獩 훼 [예] 東夷ㅣ貊동녘오랑캐、예(隊) 濊薉通

⿰犭農 °노 [노] 獅犬더펄개、노(豪)

獫 렌 [렴] 長喙犬입부리긴개、염(豔) 玁通

獨• °뚜 [독] 單也홀로、독(獸名ㅣ狢)(屋)

⿰犭達 타 [달] 水狗물개、달(曷) 獺同

獧 °쒼 [현] 疾也빠를、현(銑) 狷通

獥 씨 [혁] 俗音 [격] 狼子이리새끼、격(錫)

⿰犭雍 양 [옹] 犬不訓개길들지않을、옹(江)

獦 거 [갈] 短口犬입짧은개、갈(曷)

(十四) 獱• 뻰 [빈] 小獺작은수달、빈(眞)

獯 쓘 [훈] 北狄ㅣ鬻북녘오랑캐、훈(文)

獴 멍 [몽] 蜼之小者ㅣ⿰犭責꼬리째진원숭이、몽(東)

獮 쎈 [선] 秋獵가을에사냥할、선(銑) [미] 殺也捕獲죽여잡을、미(未)

獳• °누 [누] 怒犬성낸개、누(尤)

獰• 닝 [녕] 惡也영악할、영(庚)

獲 °훠 [획] 取得얻을、획(陌) [확] 失志隕ㅣ실심할、확(藥)

⿰犭監 칸 [함] 虎聲범의소리、함(豏)

⿰犭隱 인 [은] 산나귀、은(問)

(十五) ⿰犭畾 레 [뢰] 박쥐、뇌(紙)

獶 냐 [뇨] 개놀랄、요(巧) [노] 원숭이춤、노(豪) [오](犬名ㅣ狻)(尤)

獷 °꾱 [광] 麤惡ㅣㅣ추악할、광(梗) [황] 黃鼠족제비、광

獸• 쓔 [수] 짐승、수(宥)

獵 °레 [렵] 사냥할、엽(葉)

(十六) 獻• °쎈 [사] 술준、사(歌) 犧通 [헌] 드릴、헌(願) 献同

獹 루 [로] 큰개、노(虞)

獺 타 [달] 물개、달(曷) [찰] 義同(黠) ⿰犭達同

⿰犭縣 렌 [련] 토끼달아날、연(先)

⿰霍犬 훠 [학] 至也이를、학 高也높을、학(覺)

(十七) 獼• 미 [미] 원숭이、미(支)

⿰犭嬰 잉 [영] 짐승이름、영(庚)

⿰犭靈 링 [령] 良犬좋은개、영(青) ⿰犭霝同

⿰犭戲 씨 [희] 豕也돋、희(支)

(十八) 獿 °猱同

獾 환 [한] 貒也왕살기、한(寒) 貛同

(二十) 玁• 현 [험] 北夷북녘오

랑개、험(琰)獫通

玃。취 [확] 큰원숭이、확(藥) 玃同

獮 치 [기] 개새끼한마리낳、기(微)

⑰ 獿 쌋 [효] 누른개、효(蕭)

⑳ 玁 링 [령] 좋은개、영(青)

五畫

玉部

玉。위 [옥] 石之美者寶ㅣ옥、옥愛也사랑할、옥成也이룰、옥(沃)

王 왕 [왕] 君也임금、왕又인군、왕(陽)盛也성할、왕保有一國之主稱號임금노릇할、왕(漾)

② 玎。띵 [쟁] 玉聲ㅣ玲옥소리、쟁(庚) [정] 義同(青)

玏 러 [륵] 如玉美石옥돌、늑(職)

玔 뱍 [박] 未琢玉石덩어리옥、박(覺)

玐 빠 [팔] 玉聲옥소리、팔(黠)

③ 玒 꿍 [공] 玉名옥이름、공(東) [강] 義同(江)

玘 치 [기] 珮玉패옥、기又노리개、기(紙)

玗。위 [우] 石似玉옥돌、우(樹名ㅣ琪)(虞)

玕。깐 [간] 美石琅ㅣ예쁜돌、간(狀如珠玉)(寒)

玖。°작 [구] 黑石검은돌、구(有) 九通

玓。디 [적] 明珠色ㅣ瓅구슬빛환할、적(錫)

玔 찬 [천] 玉環옥고리、천玉釧腕環옥팔지、천(霰)

玞 뱌 [보] 玉器옥그릇、보(虞)

玣 이 [을] 高也높을、을(質)

④ 玢 얀 [분] 玉紋貌ㅣ豳옥무늬、분(文) [빈] 義同(眞)

玞。뱌 [부] 美石次玉珷ㅣ무부、부又걷옥、부(虞) 砆同

玟。민 [민] 石種次玉珊ㅣ옥돌、민(眞) 珉碈砇同

玫 메 [매] 火齊珠ㅣ瑰불구슬、매(灰)

玠 °제 [개] 大圭큰서옥、개又큰홀、개(卦)

玜 뻬 [배] 占吉凶玉ㅣ珓배교、배(灰)

玤 빵 [방] 玉中次玉옥돌、방(講)

玩。완 [완] 弄物구경할、완又작난할、완珍也奇ㅣ보배、완(翰)

玭 핀 [빈] 有聲淮珠소리나는진주、빈(眞) [변] 義同(先) 蠙同

玜 꿍 [공] 玉名옥이름、공(東)

玵 字 鈕古

玦。°줴 [결] 珮玉半環노리개、결(屑)

玡 야 [아] 玉似骨옥같은뼈、아(禡)

玣 뻰 [변] 玉飾冠弁옥으로꾸민관、변又고깔꾸미개、변(霰)

玧 윈 [윤] 充耳玉귀막는옥、윤(軫) [문] 赤玉붉은옥、문(元)

⑤ 珏。°쟈 [각] 雙玉쌍옥、각(覺) 瑴同 [곡] 義同(屋) 嗀同

珇 쭈 [조] 珪上凸起서옥머리도두룩할、

조(囊)

玳 대 [대]龜甲ㅣ瑁대모、대(隊)瑇同

珍。 전 [진]寶也보배、진貴重귀중할、진(眞)

珎 珍俗字

珊 싼 [산]海中産動物ㅣ瑚산호、산(形如樹枝、色有赤白、黑者甚美)珮玉聲ㅣㅣ패옥소리、산(寒)

玼。 츠 [자]玉病옥티、자(支) [차]玉色옥빛、차(紙) [체]玉色鮮明옥빛깨끗할、체(齊)疵通

玻 뻐 [파]寶石ㅣ瓈파려옥、파又유리、파(一名水玉、瑩如水、堅如玉、有兩點者眞品)(歌)

珂。 커 [가]白瑪瑙흰마노、가馬勒飾말굴레치장、가(歌)

玲 령 [령]玉聲ㅣ瓏쟁그렁거릴、영又옥소리、영瑀鏤貌아롱아롱할、영(青)

玷 뎀 [점]玉傷痕옥이즈러질、점(琰)(豔)

珈。 쟈 [가]笄飾六ㅣ비녀치장、가(麻)

珌。 삐 [필]刀飾琫ㅣ칼장식옥、필(質)

珄 썽 [생]金色금빛、생(庚)

珀 퍼 [맥]俗音[박]松脂所化琥ㅣ호박、박(陌)

珉。 민 [민]美石次玉옥돌、민(眞)玟同

玹 쎤 [현]玉次石옥돌、현(霰)

[illegible] 璽俗字

六

珕 리 [려]蜃屬刀飾자개로칼장식할、여(霽)

珙 꿍 [공]大璧크고둥근옥、공(腫)

珮 페 [패]帶也ㅣ玉패옥、패又찰、패(隊)佩同

珣。 쓘 [순]玉器옥그릇、순(玉名)(眞)

班。 빤 [반]列也반렬、반又늘어설、반別也분별할、반次序차례、반(刪)般通

珧。 야 [요]蜃屬江ㅣ柱강요주、요(一名海月)(蕭)[illegible]同

珓 쟈 [교]占吉凶玉环ㅣ배교、교又점치는산통、교(效)

珦 쌍 [향]玉名옥이름、향(漾)

珤 寶古字

珩。 헝 [형]佩玉노리개、형(庚)

珬 쒸 [술]老鵰入海所化珂類수리가물에들어가변해된조개、술(質)

珞。 리 [락]頸飾瓔ㅣ구슬로목에치장할、낙(藥)

琉 츙 [충]玉名ㅣ珥충이옥、충(東)

珖 꽝 [광]琯也옥피리、광(人名孫ㅣ)(陽)

[illegible]。 이 [이]五色斑石화반석、이(支)

珢 컨 [은]俗音[간]石似玉옥돌、간(眞)

珨 야 [압]俗音[합]開閉門문여닫을、합(洽)

瑙 瑙碯同

珥。 얼 [이]耳璫簪ㅣ귀고리、이瑱也琉ㅣ귀마개옥、이(紙)(寘)

珠。 쮸 [주]蚌胎所生진주、주又구슬、주(虞)

珝 쒸 [후]俗音[우]玉名옥이름、우(麌)

珪。 꿰 [규]瑞玉서옥、규(齊)圭同

[illegible] 꿍 [공]玉帶옥띠、공(冬)

㊆

理。리 [리]治也다스릴、이道也이치、이性也성품、이正也바를、이(紙)

⿰王吳 우 [오]美石琨ㅣ옥돌、오(虞)

珷 우 [무]美石ㅣ玞무부、무(虞)碔同

珶 되 [제]佩玉瓄ㅣ패옥、제(齊)

琅。랑 [랑]石似珠玉ㅣ玕낭간、낭玉聲琳ㅣ옥소리、낭(陽)[華]法ㅣ파란、낭

珸 同⿰王吳

琊 예 [야]齊國郡名琅ㅣ고을이름、야(麻)

珵 청 [정]佩玉패옥、정(庚)

珽 뎡 [정]笏也大圭옥홀、정(天子搢ㅣ)(迥)

現。쎤 [현]玉光옥빛、현顯也나타날、현今也지금、현(霰)見通

琉 류 [류]石有光ㅣ璃유리돌、유(泉州國名ㅣ球)(尤)瑠同

琇 쓱 [수]美石ㅣ瑩옥돌、수(宥)

球。칙 [구]玉磬옥경쇠、구美玉아름다운옥、구圓也둥글、구(尤)璆同[華]地ㅣ지구、구(世界二分、東半ㅣ、西半ㅣ)(泉州國名琉ㅣ)

琀 한 [함]飯含玉반함옥、함(勘)含通

珋。류 [류]寶石보석、유金剛石금강석、유(尤)(有)

琄 휀 [현]佩玉貌ㅣㅣ패옥늘어질、현(銑)鞙通

〔琈〕 뱌 [부]玉采ㅣ筍문채、부(尤)

⿰王足 쥐 [착]等也비등할、착(覺)[작]義同(屋)

琁 센 [선]玉石옥돌、선又구슬、선(先)璿璇同

⿰王車 쳐 [華]ㅣ琚자개、차

㊇

琫。뷩 [봉]刀鞘裝飾ㅣ珌칼집장식옥、봉(董)鞛同

琮。쫑 [종]祭也瑞玉黃ㅣ지신제에쓰는옥、종(冬)

琦 치 [기]玉也옥、기大貌ㅣ瑋클、기又헌거러울、기(支)

琪 치 [기]玉屬珣ㅣ옥、기(支)

琵 피 [비]馬上樂器ㅣ琶비파、비(ㅣ琶胡琴、體圓有柄、四絃十二柱)(支)

琥。후 [호]發兵虎符옥호부、호松脂所化ㅣ珀호박、호(虞)

琚。쥐 [거]佩玉瓊ㅣ패옥、거(魚)

琨 쿤 [곤]美玉ㅣ瑛아름다운옥、곤(元)

琬。웬 [완]俗音[완]圭也서옥、완又홀、완美玉ㅣ琰아름다운옥、완(阮)

琯 꽌 [관]以玉爲管옥저、관又옥소、관又옥피리、관(ㅣ狀如篪六孔)(旱)管通

琠 뎬 [전]玉名옥이름、전(銑)瑱通

琱。됴 [조]治玉ㅣ琢옥다듬을、조又옥조각할、조(蕭)彫雕通

琶 빠 [파]馬上樂器琵ㅣ비파、파(琵ㅣ胡琴)(麻)

琤。쪙 [쟁]玉聲ㅣㅣ옥소리쟁쟁할、쟁(庚)

琳。린 [림]美玉球ㅣ아름다운옥、임(侵)

琡 슉 [숙]玉名옥이름、숙大璋큰홀、숙(屋)

琰 얨

[염]青玉비취옥、염美玉琬ㅣ아름다운옥、염(琰) **琖**○잔 [잔]夏爵名玉ㅣ옥술잔、잔(潸)盞同 **琴**。친 [금]七絃樂거문고、금(伏羲初造五絃、文武各加二絃)(侵) **琺**뻐

[법]齒質ㅣ瑯법랑、법(洽) **琚**꺼 [거]耳環귀고리、거(魚) **琢**。취 [착]俗音[탁] 治玉雕ㅣ옥다듬을、탁(覺) **琛**。瑑瑑同 **琭**루 [록]玉貌ㅣㅣ자질구레한옥、녹(屋)

琸쫘 [탁]人名劉ㅣ사람의이름、탁(覺) **琕**同鞞 **琧**어 [악]白玉흰옥、악(藥) **琙**위 [역]人名公孫ㅣ사람의이름、역(職) **琲**。뻬 [배]珠十貫진주열꿰미、배(賄)(隊)

九

瑋웨 [위]珍奇瑰ㅣ기이하고보배스러울、위(尾) **瑞**。쉐 [서]祥也상서、서信玉符ㅣ홀서又옥신부、서(寘) **瑚**후 [호]海中産物珊ㅣ산호、호宗廟祭器ㅣ璉호련、호(虞) **瑀**위 [우]美玉琚ㅣ옥돌、우(麌) **瑅**티 [제]玉名ㅣ瑭옥이름、제(齊) **瑇**대 [대]龜屬ㅣ瑁대모、대(雄曰ㅣ瑁、雌曰蠵蠵)(隊)玳同 **瑁**。모 [매]龜屬玳ㅣ대모、매(隊)蝐同 [모]義同、圭冒서옥두겁、모(號) **瑸**뻰 [빈]玉文ㅣ璘옥무늬얼른얼른할、빈(眞) **瑗**。웬 [원]大孔璧구멍큰옥、원又도리옥、원(願)(霰) **瑄**쏀 [선]大圓玉크고둥근옥、선(先) **瑑**○잔 [전]圭上凸刻兆ㅣ옥홀머리도두룩하게아로새길、전彫玉爲文옥새길、전(銑) **瑕**。쌰 [하]玉玷옥티、하赤玉붉은옥、하(麻)遐通

瑌완 [연]珉也蜀石黃ㅣ옥돌、연(先)碝同 **瑝**。황 [황]玉聲옥소리、황(陽) **瑙**난 [노]文石瑪ㅣ마노、노又옥돌、노(印度産、可製裝品)(皓)瑙碯同 **瑊**○잼 [감]俗音[함]石次玉ㅣ玏옥돌、함(咸) **瑟**。씨 [슬]大琴絃樂큰거문고、슬又슬슬又실풍류、슬(包犧氏所製二十五絃)風聲ㅣㅣ바람소리、슬矜莊貌끼끗한체할、슬(質) **瑃**춘 [춘]玉名옥이름춘(眞) **瑒**창 [창]圭瓚제향에강신하는주자、창(宗廟祠時、降神祭器)(漾) **瑈**뮤 [유]玉名옥이름、유(尤) **瑛**。잉 [영]玉光옥광채、영(紫ㅣ水晶)(庚) **琿**。흔 [혼]美玉아름다운옥、흔(或音훈)(元) **瑍**훤 [환]玉有文采환옥、환(翰) **瑉**뻰 [빈]俗音[민]石次於玉琳ㅣ옥돌、민(眞) **瑜**위 [유]美玉瑾ㅣ아

름다운 옥、유(虞)

瑎 쌰 [해]黑石似玉꺼먼 은옥돌、해(佳)

⊕十

瑰• 궤 [괴]石次於玉瓊丨옥돌、괴火齊珠玫丨붉은구슬、괴(灰)瓌通

瑱。 뎬 [진]充耳玉 귀막이옥、진(震)[전]義同(霰)

瑢 융 [용]珮玉聲瑽丨패옥소리、용(冬)

瑠• 瑠俗字

瑥 원 [온]人名晉翟丨사람의이름、온(元)

瑵。 잔 [조]車蓋일산、조又수레덮개、조(玉丨金丨)(巧)

瑤。 요 [요]美玉아름다운옥、요(丨琨瓊丨)斗杓丨光북두자루、요(蕭)

瑳 최 [차]玉色鮮明옥빛깨끗할、차巧笑貌상긋웃을차(歌)(哿)

瑣• 쇄 [쇄]磨玉屑옥가루、쇄細小丨丨잘、쇄又좀스러울、쇄(或音쇠)(哿)璅同

瑪 마 [마]美石丨瑙마노、마又옥돌、마(馬)碼同

瑲• 챵 [장]玉聲丨丨옥소리、장樂聲丨丨풍류소리、장(陽)鏘同

瑬。 류 [류]垂玉冕飾면류관드림옥、유旗末 깃발、유(尤)旒通

瑩• 잉 [영]瑱也귀막이옥、영明也밝을、영(庚)[형]玉色光潔옥빛조촐할、형水鏡丨然물맑을、형(徑)惑也의혹할、형(迥)滎通

瑭 당 [당]玉名丨璑옥이름、당(陽)

瑴 쟉 [곡]二玉相合쌍옥、곡(屋)[각]義同(覺)玨同

瑨 璡同

瑯• 랑 [랑]硬質琺丨법랑、낭(齊郡名丨琊)(陽)

璅 천

[침]寶也보배、침(侵)琛賝同

⿱殸玉• 瑴同

⿰王恩 인 [은]玉也옥、은(眞)

瑠 瑠俗字

⿰王追。 퉤 [퇴]磨玉옥광채벌、퇴又옥다듬을、퇴(灰)

⊕十一

瑽 춍 [종]珮玉聲丨瑢옥차는소리、종(冬)

瑿 이 [예]黑玉꺼먼은옥、예(琥珀千年者爲丨狀如玄玉 、黑如純漆、大如車輪)(霽)

璃• 리 [리]水玉玻丨유리、이(俗硝子、或琉丨)(支)

瑾。 진 [근]赤玉붉은옥、근(震)美玉丨瑜아름다운옥、근(吻)

璀。 췌 [최]玉光丨璨옥빛찬란할、최(賄)

璊 뭔 [믄]赤玉붉은옥、문(俗音 만)(元)

璇• 셴 [선]玉名丨璣옥이름、선(星名丨璣)(先)璿琁同

璉• 렌 [련]宗廟祭器瑚丨호련、연(銑)

璈 오 [오]樂器雲丨악기이름、오(豪)

璆。 착 [구]玉聲옥소리、구(尤)球同

璅 쇄 [쇄]玉屑옥가루、쇄石之似玉옥돌、쇄(或音쇠)(哿)瑣同

璂 치 [기]弁飾玉丨고깔꾸미개、기(支)⿰王綦同

璋。 쟝 [장]半圭반쪽서옥、장(生男慶云弄丨)(陽)

瑹 슈 [서]笏也홀、서(魚)

瓘 관[곤]美玉아름다운옥、곤(俗音관)(元) 瑳 쮜[좌]人名景ㅣ사람의이름、좌(歌) 瓣。뺀[반]駁也어룽질、반(刪) 璄 엉[경]玉光옥빛、경(梗) 璟同

十二

璐· 루[로]美玉寶ㅣ예쁜옥、노(遇) 璣·。지[기]小珠작은구슬、기渾天儀璿ㅣ선기、기(星名璇ㅣ、北斗第三位)(微) 璘 린[린]玉文璘ㅣ옥무늬、인(眞) 璡 진[진]石之似玉옥돌、진(眞)(震) 瑨同 璠·。뺀[번]寶玉璵ㅣ보배옥、번(元) 璙 랴[료]玉名옥이름、요(蕭) 璚 瓊同 璟 璄同 璢 랴[류]ㅣ璃유리、유(尤) 琉璢同

璿 璿古字 璜· 황[황]半璧珩ㅣ반달옥、황(陽) 璏 지[체]劍鼻玉飾칼코옥으로꾸밀、체(霽) 璞 푸[박]玉未琢옥덩어리、박(覺) 璑。우[무]玉光옥빛、무(虞) 璗。탕[탕]金之美者아름다운금、탕(與玉同色)(養) 璝 瑰同 璛 쑤[숙]琢玉工옥장공、숙(屋)

十三

璲· 쉬[수]瑞玉서옥、수佩玉패옥、수(寘) 璨 찬[찬]玉光璀ㅣ옥광채、찬(翰) 環·。환[환]繞也둘릴、환(諫) 還通、璧屬도리옥、환圜也둥글、환圓成無端옥고리、환(刪) 璬 쟈[교]珮玉차는옥、교(篠) 璪 쟈[조]飾冕玉면류관드림옥、조(皓) 璫·。땅[당]華飾耳珠귀고리、당佩玉聲丁ㅣ패옥소리、당鈴鐸琅ㅣ방울、당(陽) 瓙 쑥[촉]玉名옥이름、촉(沃) 璭 꽌[관]金玉磨光금옥마광할、관(旱)[곤]義同(願) 𤫩 웅[옹]玉器옥그릇、옹(冬) 璱 씨[슬]碧珠ㅣㅣ푸른진주、슬(質) 璧·。뼈[벽]圜玉둥근옥、벽又도리옥、벽(星名東ㅣ)(陌)

十四

璺 원[문]玉破옥깨어질、문器破未裂그릇금갈、문(問) 璽·。씨[사]俗[새]王者印玉ㅣ옥새、새(紙) 瑧 璂同 璵 위[여]寶玉璠ㅣ보배옥、여(魚) 瓀 옌[연]石似玉옥돌、연(先)(銑) 碝通 璿·。쒼[선]美玉아름다운옥、선(天子之寶ㅣ)(先) 琁璇同 璸 삔[빈]珠名진주이름、빈玉文옥무늬、빈(眞) 璹 쓔[숙]玉器옥그릇、숙(屋) 瓂 깨[개]人名向ㅣ사람의이름、개(泰) 璼 란[람]白玉흰옥、남(勘)

十五

瓈· 리[려]水玉玻ㅣ유리、여(齊) 瓃。레[뢰]玉器옥그릇、뢰

五畫 玉王

二五五

灰 瓄 두 독 玉器옥그릇、독屋 瓊 칭 경 赤玉ㅣ琚붉은옥、경庚 璚同 瓆 지 질 漢人名劉ㅣ사람의이름、질質 瓅 리 력 明珠色玓ㅣ진주빛환할、역錫

瓖 지 기 不圓珠둥글지않은진주、기未 璶 티 적 瑕也옥티、적錫 瓚 瓚俗字

(十六) 瓏 룽 롱 玉聲玲ㅣ옥소리쟁그렁거릴、농精明환할、농東

瓌 괴 괴 玉名瓊ㅣ옥이름、괴大貌ㅣ偉큰모양、괴灰 瑰通 璹 쥐 주 珠也진주、수尤 瓐 루 로 碧玉비취옥、노虞

(十七) 瓓 란 란 玉采옥무늬、난翰 瓔 잉 영 美石似玉옥돌、영頸飾玉ㅣ珞목도리구슬、영庚 瓖 쌍 양 馬之腹帶裝飾말배띠장식、양釵鈿飾玉ㅣ嵌비녀와팔걸이치장할、양陽

靈 링 령 靈巫以玉事神신을위성하는옥、영靑

(十八) 瓘 관 관 珪也서옥、관(人名陳ㅣ)翰

(十九) 瓚 잔 찬 宗廟祼器玉ㅣ종묘제향에강신하는옥주자、찬旱翰

(二十) 瓛 환 환 桓圭서옥、환(位在公者所執)寒

(二十二) 瓤 옌 언 玉甑옥시루、언銑 瓕 뤼 루 玉器옥그릇、누支

玄部

玄 쉔 현 黑也꺼먼을、현天也上ㅣ하늘、현幽遠아득할、현先 玆通

(四) 玅 먀 묘 精微玄ㅣ현묘할、묘嘯 妙同

(五) 玆 쯔 자 此也이、자支 현 黑也검을、현先 玄通

(六) 率 쐐 솔 領也거느릴、솔循也좇을、솔皆也다、솔大略ㅣ常대강、솔用也쓸、솔輕貌ㅣ爾경솔할、솔(上天兜ㅣ、蛇名ㅣ然) 帥通 률 約數셈、율計也헤아릴 율表的표할、율(官名ㅣ耍)質 주 鳥網새그물、수寘

玈 루 로 黑色거먼은빛、노虞

瓜部

瓜 꽈 과 蔓生蓏외、과又참외、과木ㅣ모과、과麻

(三) 瓝 瓟同

(四) [illegible] 뻥 봉 瓜多實외주렁주렁맺힐、봉董 唪通

(五) 瓟 빠 박 小瓜ㅣ瓠종구락、박覺 瓝同 포 醬名외지、포豪 [illegible] 꾸 구 王瓜ㅣ瓝박、구 又쥐참외、구尤 瓞 데 질 小瓜ㅣ瓝자질구레한외、질又북치 질屑

𤬪 同瓞

⿰弗瓜 유 〔유〕 根本微弱밑둥약할、유(寶)

⿰舌瓜 수 〔여〕 乾菜말린채소、여(語)

(六) 瓠。 후 〔호〕 瓢也표주박、호(虞) 壺通、匏ㅣ박、호(遇)

⿰來瓜 레 〔리〕 瓜中ㅣ瓠외속、뇌 傷熟瓜진물른외 뇌(賄)

⿰舌瓜。 파 〔괄〕 藥名ㅣ蔞하늘타리、괄(曷) 萿同

(七) ⿰奴瓜 네 〔뇌〕 瓜中瓤ㅣ외속、뇌(賄)

(十) ⿰婁瓜 루 〔로〕 王瓜瓠ㅣ박、누(尤)

⿰廉瓜 렌 〔렴〕 瓜子외씨、염(鹽)

⿱熒瓜。 씽 〔형〕 小瓜작은외、형(青)

(十一) 瓢。 퍞 〔표〕 瓠也박、표又표주박、표(蕭)

(十三) ⿰當瓜 땅 〔당〕 瓜中實ㅣ 瓤외씨、당(陽)

(十四) 瓣。 빤 〔판〕 瓜中實외씨、판花ㅣ꽃잎아리、판(諫) 〔판〕 義同(霰)

(十六) ⿰盧瓜 루 〔로〕 瓠似壺瓠ㅣ호로박、노(虞)

(十七) ⿰襄瓜 상 〔양〕 외속、양(陽)

瓦部

瓦。 와 〔와〕 燒土蓋屋기와、와陶器總名질그릇、와紡塼길삼벽돌、와(馬) 〔日〕 佛國基本衡名單位그람、와(我衡二分六毛六厘餘)

(二) ⿱冖瓦 와 〔와〕 施瓦於屋기와로집덮을、와(禡)

瓧。 십 〔日〕 衡名데가그람(瓦十倍)

(三) 瓨。 쌍 〔항〕 長頸似甖목긴항아리、항(江) 缸同

瓩 천 〔日〕 衡名킬로그람(瓦千倍)

⿰土瓦 두 〔두〕 瓦器기와그릇、두(虞)

(四) 瓫 뿐 〔분〕 盎也동의、분水溢물넘칠、분(元) 溢盆通

瓮。 同甕

瓪 빤 〔판〕 牝瓦암기와、판(潸)

瓬 깡 〔강〕 大甕큰독、강(陽)

瓱。 모 〔日〕 衡名미리그람(瓦千分之一)

⿰今瓦。 한 〔함〕 似瓶有耳귀있는병、함(覃)

瓰 분 〔日〕 衡名데시그람(瓦十分之一)

瓲 〔日〕 衡名돈、돈(瓩千倍 我衡二百六十貫餘當)

(五) ⿱央瓦 앙 〔앙〕 大甖貌甕ㅣ큰 혹부리、앙(漾)

瓵。 이 〔이〕 甌甎小甖중두리、이(支)

⿰白瓦 빼 〔백〕 井甃우물벽돌、백(陌)

瓴。 령 〔령〕 牝瓦암키와、영(青)

(六) 瓷。 ㅊ 〔자〕 瓦器오지그릇、자(支)

⿰同瓦 同甋

瓸 백 〔日〕 衡名헥드그람(瓦百倍)

(七) ⿰希瓦。 치 〔치〕 酒瓶술병、치(支)

⿰肙瓦 쫜 〔견〕 瓫底孔독밑구멍、견(先)

⿰東瓦 둥 〔동〕 牡瓦수키와、동(東) 甋同

⿰夾瓦。 예 〔협〕 半瓦반쪽기와、협瓦相掩기와가서로엎힐、협(葉)

⿰每瓦 멍 〔맹〕 屋脊지붕대마루、맹

五畫 瓜 瓦

(庚) 甍同

瓺 ᄋ장 [장] 罋也질그릇、장(陽)

㼨 한 [함] 似瓶有耳귀달린병、함(覃)

(八)

甀 。취 [추] 小口罌부리작은항아리、추(支)

㼚 堈同

甞 。땅 [당] 大盆큰소래기、당又큰동이、당(漾)

瓶 。핑 [병] 酒水等所入器병、병(青) 缾同

瓿 뿌 [부] 小罌ㅣ甊작은항아리、부(有)

㼭 뎬 [점] 支物不平괴임벽돌、점(豔)

𤭛 차 [차] 瓦屑磨器벽돌가루로그릇닦기을、차(麻)

甍 명 [맹] 甑帶시루떼、맹(梗)

(九)

甄 。젼 [진] 陶也질그릇、진姓也성、진(眞) [견] 義同、明也밝을、견表也표할、견(先)

甃 。쪽 [주] 井甓우물벽돌、추(宥)

甂 。뼌 [변] 小盆口大下卑자배기、변(先)

㼮 티 [제] 甂也자배기、제(齊)

甋 레 [렵] 破瓦聲歷ㅣ기와깨지는소리、엽(葉)

㼶 약 [유] 甇也항아리、유(虞)

甅 이 [日] 衡名센티그람、이(瓦百分之一)

(十)

甈 。치 [계] 破罌깨진질그릇、계(霽)

𤭮 셴 [함] 施瓦於屋기와덮을、함(咸)

(十一)

甎 ᄋ좐 [전] 甓也벽돌、전(先) 塼同

㼹 캉 [강] 陶器ㅣ甈질그릇、강(陽)

甍 甑同

甌 。억 [우] 俗音[구] 甌也중발、구又사발、구(尤)

甊 뤄 [루] 甁也병、누小罌瓿ㅣ작은단지、누(有)

甋 듸 [적] 甓也벽돌、적(錫)

𤮝 졔 [접] 未燒瓦굽지않은기와、접(葉)

𤮿 。쌍 [상] 그릇닦는가루、상(養)

(十二)

甒 。우 [무] 酒尊瓦ㅣ질술준、무(麌)

甐 。린 [린] 敝也해질、인動也움직일、인(震)

甑 。ᄋ징 [증] 甗也蒸器시루、증炊器釜ㅣ솥、증(徑) 鬸同

㽆 쓰 [사] 破甕瓦聲깨진독소리、사(支)

(十三)

甔 떵 [등] 禮器瓦豆질제기、등(蒸) 登同

甔 딴 [담] 大罌큰독、담(覃)(勘)

甓 。피 [벽] 瓴甋也벽돌、벽又벽장、벽(錫)

甕 。웡 [옹] 罌也독、옹(送) 瓮罋同

𤮮 레 [뢰] 屋棟瓦지붕말루기와、뇌(灰)

𤮺 싼 [선] 瓦器緣질그릇전、선(霰)

(十四)

甖 。잉 [앵] 罌也큰독、앵瓦器질그릇、앵(庚) 罌甇同

㼨 ᄋ잼 [함] 大瓮큰독、함(陷) 鑑通

(十六)

甗 。옌 [언] 甑也시루、언(銑)

㼿 룽 [롱] 築土礱穀연자매、용(東)

(十七)

𤮪 찬 [참] 大盎큰소래기、참(陷)

𤮼 쎄 [세] 瓦破聲

기와깨지는 소리、섭(葉) ⑯ 甋 꿰 [켜] 甑孔시루구멍、켜(齊) 窐同 ⑲ 𤮿 롸 [롸] 瓦器질그릇、나 烟突굴뚝연통、나(麻) ⑬ 甗 레 [뢰] 屋櫓지붕마루、뇌(灰) 甗 레 [뢰] 屋櫓지붕마루、뇌(灰) 甗同

甘部

甘 깐 [감] 甜也달、감(五味之一) 嗜也즐길、감 美味맛、감 快意쾌할、감(覃) ④ 甚 썬 [심] 劇也심할、심 尤也더욱、심(寢) 何也무엇、심(沁)

⑥ 甛 텐 [첨] 甘也달、첨 臥睡黑ㅣ곤히잠잘、첨(鹽) 甜 同甛 ⑧ 甝 한 [감] 白虎흰범、감(覃) 甞 嘗同 𤯌 옌 [염] 甘也달、염(琰) ⑩ 甉 쎈 [협] 香也향기로울、협(俗音겸)(鹽) ⑪ 𪏲 깐 [감] 調和화창할、감(覃)

生部

生 썽 [생] 出也날、생 產也해산할、생 死之對살、생(庚) ③ 𤯓 姓同 ⑤ 甡 썽 [신] 衆貌ㅣㅣ많을、신(眞) 𤯞 우 [육] 養也기를、육(屋) 育通 ⑥ 產 찬 [산] 生也낳을、산 民業生ㅣ생산할、산(動物曰天ㅣ 植物曰地ㅣ)(潸) ⑦ 甤 쉬 [유] 草木實垂ㅣㅣ초목에열매다닥다닥맺힐、유(支) 甥 썽 [생] 姊妹之子생질、생 女壻사위、생 外孫彌ㅣ외손자、생(庚) 甦 甦俗字 ⑨ 甦 수 [소] 息也쉴、소 死而復生깨날、소(虞) 甦同、穌通

用部

用 융 [용] 可以施行쓸、용 使也부릴、용 利ㅣ부릴、용(宋) 甪 루 [록] 仙名ㅣ里신선이름、녹(四皓之一)(屋) ② 甬 융 [용] 湧也물솟을、용 巷道골목길、용 斛也量名휘、용(仲春之月 日夜分則角斗ㅣ) 鐘鼻쇠북꼭지、용(腫) 埇通 [롱] 管也통、통(東) 筩同 甫 뿌 [보] 男子美稱某ㅣ아무개、보 大也클、보 衆也ㅣㅣ무리、보 且也또、보(麌) 父通 ⑦ 甯 닝 [녕] 願詞차라리、영 又원할、영 姓也성、영(徑) 寧通 ⑭ 𤰈 융 [용] 城垣성담、용(冬)

田部

田 뎐 [전]耕地밭、전獵也사냥할、전蓮葉貌ㅣ연잎둥글둥글할、전(先) [曰]水ㅣ논、전

甲。갸 [갑]幹名閼逢첫재천간、갑(十干之首)始也으뜸、갑草木初生ㅣ圻떡잎날、갑法令영갑、갑鎧也갑옷、갑魚蟲介殼껍질、갑科第과거、갑(歲課ㅣ乙丙科)殿也ㅣ帳대궐、갑(洽)鉀通

由。유 [유]從也말미암을、유經也지날、유(尤)繇通

甶 부 [불]鬼頭귀신머리、불(物)

申。썬 [신]伸也펼、신也支第九位猿也원숭이、신(眞)欠伸기지개결、신(震)伸通

㊁

甸 뎐 [전]王畿五百里경기 전(霰) [승]治也다스릴、승車名衷ㅣ수레、승(徑)乘通

町。뎡 [정]田區밭지경、정市街區域구역、정(三千步爲一ㅣ)田畝밭두덕、정(迥)

甹 유 [유]倒木生苗쓰러진나무에싹날、유(尤)

甹 핑 [병]曳也끄을、병(靑)

甽 畎同

男。난 [남]丈夫사내、남(子對父母曰ㅣ)(位名ㅣ爵)(覃)

㊂

甽 畎古字

𤰞 毗同

画 畫同

𤰚 畎同

甾 鶹同

畀 삐 [비]與也줄、비(寘)

㊃

界。지 [계]境也지경、계又갈피、계(卦)

畄 畱同

畇 윤 [균]墾田밭개간할、균畇同、[윤]義同(眞)

畈 뺀 [판]平疇평평한밭두둑、판(俗音반)(願)

畋 뎐 [전]獵也사냥할、전平田평밭、전(先)佃通

畎。쟌 [견]田中溝밭도랑、견山中水道산골물도랑、견(先)甽𤰚同

畊 耕古字

𤰪 깡 [강]陌也밭사이길、강境也지경、강(養)

畏。웨 [외]恐懼두려울、외忌也꺼릴、외(未)威通

畓 [韓]水田논、답

畑 [日]田也밭、전

㊄

畚 뻔 [분]盛土器흙삼태、분(阮)

畛。전 [진]田界畦ㅣ밭지경、진(眞)(軫)

畭 畛同

畔。판 [반]田界밭두둑、반又밭도랑、반(翰)叛通

留 畱俗字

畜。쑥 [휵]養也기를、휵容也용납할、휵慉通[축]養也기를、축(牛馬羊豕鷄犬)積也쌓을、축(卦名大ㅣ、小ㅣ)(屋)[추]家養獸집에서기르는짐승 추(在野曰獸、在家曰ㅣ)[휴]獸可養기름직한짐승、휴(宥)蓄通

畝。뫄 [무]田壟밭이랑、무(六尺爲步步百爲ㅣ)(俗音묘)(有)畮同

畞 畝同

𤱹 퍼 [파]小高貌睬ㅣ조금두두룩할、파(哿)[피]耕也밭갈、피(支)

畟 씨

[츅]進也ㅣㅣ나갈、츅良耜ㅣㅣ보삽날카로울、츅骰子瓊ㅣ주사위、축(職) **畐** 福古字 **畘** 난 [남]田十畝曰ㅣ밭열이랑、남(覃) **畠** [日]田也밭、창 ❻ **時**。 씌 [치]祭地제터、치(紙) **畡** 垓同 **畦** 치 [휴]田龍壟밭두둑、휴(田五十畝爲ㅣ)(齊) **畢**。 삐 [필]竟也마칠、필盡也다할、필簡也편지、필兎網토끼그물、필(星名二十八宿之一)(質) 畢通 **略**。 략 [략]簡也간략할、약謀也方ㅣ꾀할、약(藥) **畷** 뤄 [타]小高貌ㅣ畯조금도두룩할、타(哿) **畣** 答古字 **畱** 리 [렬]陷也빠질、열(霽) [韓]畓區논배미、열 ❼ **異**。 이 [이]不同다를、이恠也괴이할、이分也나눌、이(寘) 異正字 **畬** 위 [여]開墾三年田삼년된밭、여(魚)[사]火田화전、사又따비밭、사(麻) **畯** 쭌 [준]農夫농부、준典田官권농관、준(震) **畫**。 화 [홰]俗音[화]繪也그림、화(卦) 画同[획]分界그을、획又나눌、획止也그칠、획計策꾀할、획書也글씨、획(陌) **番** 빤 [번]第次차례、번宿直번들、번(諫)(元)[반](南海地名ㅣ禺)(寒)[파]勇貌ㅣㅣ날랠、파老貌ㅣㅣ하얗게늙을、파(歌) **畮** 畝同 **畱**。 롸 [류]住也머무를、유待也기다릴、유久也오랠、유滯也淹ㅣ막힐、유(宥) 留本字 **畤** 레 [렬]耕田起土밭갈아흙들출、열(屑) ❽ **畸**。 끼 [기]殘田뙈야기밭、기餘數ㅣ零셈남어지、기(支) **畷** 췌 [체]田間道밭사이길、체(霽)[철]義同(屑) **畤** 庤同 **畹** 완 [원]田三十畝밭삼십이랑、원(阮) **畺** 疆同 **當**。 땅 [당]適合마땅할、당敵也당할、당郎也곧、당(陽)出物質ㅣ전당할、당中也맞을、당(漾) **𤳆** 래 [래]不耕荒田묵은밭、내(灰) **𤳳** 삐 [비]壅水漑田ㅣ田보막아논에물댈、비(支) **𤳄** 텬 [전]鹿跡ㅣ疃사슴의발자취、전(銑) ❾ **畽**。 톤 [톤]無廉隅염우없을、톤(阮)[탄]舍傍空地마당、탄(旱) 疃通 **㽉**。 완 [연]隙地틈서리땅、연城下田성밑밭、연(先)(霰) 堧壖同 **畴** 疇古字 **𤳉**。 유 [유]良田좋은밭、유又걸찬밭、유(尤) **畻**。 청 [승]畦也밭두둑、승(蒸) **𤳒** 疃同 **畼** 창 [창]地名땅이름、창(漾) ❿ **畿**。 끼 [기]王國千里경기、기疆界지경、기門內문안、기(微) 圻通 **𤳚** 蹊同

𤳅 취 [채] 殘穢田거친 조각밭、차(歌) 𤲞 畇同 畾 뢰 [뢰] 田間밭사이、뇌(灰) 十一 𤲿 차 [잡] 鍪也부삽、잡(洽) 暘 場同 疁 류 [류] 火田화전、유(燒草詩種)(尤) 暵 한 [한] 耕麥地보리밭、한(翰) 十二 疄 린 [린] 田壟밭두둑、인(眞) 𤳑 빤 [반] 輩也무리、반(寒) 𤳋 𤳑同 疃 퇀 [퇀] 鹿跡蹂ㅣ사슴발자국、탄(旱) 暖同、畽通 畻 영 [증] 水田논、증(逈) 𤳹 塍古字 𤳷 덩 [등] 伸長펴서 느릴、등(蒸)

十四 疆 쟝 [강] 境界지경、강 限也변두리、강 강(陽) 畺壃同 疇 쥬 [주] 田也밭、주(穀田曰田、麻田曰ㅣ)誰也누구、주匹也짝、주類也무리、주(尤)

十五 疈 삐 [벽] 析也쪼갤、벽 副通(祭名ㅣ辜)(職)

十七 疊 뎨 [첩] 重也거듭、첩積也쌓을、첩震懼두려워할、첩(葉) 疊 疊同

十八 𤳳 쥐 [휴] 壟也밭두둑、휴五十畝밭 사면칠십보남짓할、휴(齊) 畦同

疋部

疋 피 [소] 足也발、소(魚) [필] 偶也짝、필 布ㅣ끝、필 又필、필(質) 匹通 𤴔 雅同

三 疌 녀 [섭] 機下足所履板베틀디딜판、섭(葉)

七 䟽 쓔 [소] 疏窓영창、소(魚) 疏 쓔 [소] 稀也성길、소(不近不親)通也소통할、소遠也멀、소分也나눌、소麤也추할、소(魚)疎通、註釋주벌、소條陳抗ㅣ상소할、소(御) 疎 쓔 [소] 枝葉盛扶ㅣ지엽무성할、소(魚)疏通

九 疑 이 [억] 正立바로설、억(職) [을] 義同(物) [응] 定也정할、응(蒸) [의] 惑也의심낼、의似也그럴듯할、의(支) 疐 찌 [지] 頓也곱힐、치跲也미끄러질、치(寘) 躓通 [체] 去本꼭지딸、체(霽) 嚔通

十一 𤴸 창 [창] 趨走추창할、창 又달아날、창(陽)

疒部

疒 네 [녁] 疾也병、역(陌)

二 疔 뎡 [정] 毒瘡정、정 又헌데、정(青) 𤴯 쟌 [교] 腹中急痛뱃속경길、교(巧) 疞 𤴯同 𤴬 쭈 [구] 病也병、구(尤) 疕 삐 [비] 頭瘡머리헐、비(紙)

三 疝 싼 [산] 三陰急痛산증、산(男子有七ㅣ、寒水筋血氣狐癩是也)(諫) 疚 쭈 [구] 久病오랜병、구(宥)

疛。쭈 [주] 小腹痛하 복통、주(有) 疙・치 [흘] 癡也어리석을、흘頭上 瘡突起쥐부스럼、흘(物) 疟 뚜 [투] 乳癰젖멍울、투 乳病젖몸살、투(遇) ⿸疒下 쌰 [하] 痢疾 이질、하(碼) ⿸疒丸 환 [환] 搔生瘡긁어난 부스럼、환(翰) 疘 꽁 [공] 下部病脫ㅣ밑빠질、 공(東)

四

疥・。쩨 [개] 痒瘡 옴、개(卦) 疷。찌 [기] 滯病 체증、기(支) [저] 義同(薺) 疢 천 [진] 熱病열병、진 美嗜 爲病감질、진(軫)(震) 疤 빠 [파] 瘡痕헌데 자리、파(麻) 疣 우 [우] 瘤也혹、 우(尤) 肬同 疫・。이 [역] 癘也瘟ㅣ 온역、역又염 병、역(陌) ⿸疒水 쒸 [쉬] 俗音[수] 腫病부증、수 又습종、수(霽) 疦。쎄 [혈] 瘡裏空창구 멍빌、혈(屑) ⿸疒冉 찬 [첨] 皮剝病피 풍、첨(鹽) 疪・삐 [폐] 脚濕 冷病다 리습병 병、폐(霽) 疲 빤 [반] 癡騃어리석을、 반吐疾토할、반(阮) 疨 야 [하] 喉病인후병、하 [아] 病 甚疨ㅣ병심할、아(麻) ⿸疒手・쫘 [華] 無腕팔목 없을、좌

五

痄。자 [차] 瘡不合합창되지않을、차 (碼) [자] 病甚ㅣ疨병더칠、자(麻) 疲・。피 [피] 勞也가쁠、피乏也 피곤할、피(支) 罷通 疻 쯔 [지] 毆傷맞어서 상할、지(紙) 疽。쮜 [저] 瘡也종기、저 癰ㅣ등창、저(魚) 痀。쭈 [구] 曲脊ㅣ僂곱 사등이、구(虞) 疰 쮸 [주] 病染병전 염할、주(遇) 疹・。쪈 [진] 痘瘡역질、진又마마、진 又손님、진皮外小起癰ㅣ 두드러기、진(軫) 胗同 熱病화병、진(震) 疢通 疸 딴 [단] 黃病황달、단（目黃 溺黃赤、安臥者、黃ㅣ、已食 如餓者 胃ㅣ）(翰) 癉通 [달] 頭瘡疙ㅣ쥐부스럼、달(曷) 疴・。커 [아] 病 也병、아(歌) 痾同 痂 쨔 [가] 乾瘍헌데딱지、가 （瘡生肉所蛻乾爲ㅣ）(麻) 病・。뼝 [병] 疾加병들、병憂也근심할、병 苦也괴로울、병痛也아플、병(敬) 疵 츠 [자] 病也병、 자痕跡 험집、자黑黰껌은 사마귀、자(支) 玼通 疾・。찌 [질] 病也병、질急也급할、질妒也투기할、 질怨也원망할、질憎也미워할、질(質) 嫉通 疼 텅 [등] 俗音[동] 痛也 아플、동(蒸) ⿸疒滕同 疳・깐 [감] 小兒食病ㅣ疾감질、감（小兒食甘物 多生ㅣ病 ㅣ病有五、心、肝、肺、脾、腎也）(覃) 痆 나 [닐] 瘡痛부스럼아플、 닐又헌데쑤실、닐(黠) 疶。쎼 [설] 痢也 이질、

설(屑)

疺 빠 [법]瘦也파리할、법疲也가쁠、법又고달플、법(洽)

[疒+古]。꾸 [고]小兒口瘡어린아이입병、고(遇)

[疒+尒] 疢俗字

痱• 뻬 [비]觸暑汗濕痤ㅣ땀띠、비（觸熱膚疹 如沸者曰ㅣ子）(未)

疱• 퐈 [포]腫病부푸를、포（皮上如泡小瘡）(效)

痃 쎈 [현]癖積적병、현筋肉急縮病힘줄당기는병、현(先)

[疒+府]。뿌 [보]俛病몸펴지못하는병、보(麌)

[疒+它] 뒤 [타]病也병、타(歌)痷同 [華]ㅣ子곱사등이、타

痷 同[疒+它]

痁。덴 [점]瘧疾학질、점(鹽)(豔) [華]癮ㅣ멍들、점

症• 쩡 [華]病勢병증세、증

[疒+瓜] 꽈 [과]瘡也헌데、과（春發爲燕ㅣ 秋發爲雁ㅣ）(歌)

[疒+朮] 착 [출]狂走미쳐달아날、술(質)

(六)

痌 同恫

痍• 이 [이]傷也다칠、이傷痕험집、이(支)

痔 찌 [치]肛門病隱ㅣ치질、치(紙)

痏 웨 [유]打傷맞어서상할、유(紙)

痎 깨 [해]二日瘧이틀거리학질、해(佳)

痕。헌 [흔]瘢也딱지자리、흔凡物之跡흔적、흔(元)

痒。양 [양]疥疾옴、양病也병들、양(陽)瘍通、膚欲搔가려울、양(養)癢通

痊 찬 [전]病除병나을、전(先)

痑。뙤 [타]馬病말병、타疲也고달플、타(哿)

痓 ᄎ [치]風病풍병、치惡也악할、치(寘)

[疒+列]• 同癘

[疒+老] 롸 [로]疥瘡瘑ㅣ옴、노(皓)

痐 회 [회]腹中長蟲회、회又거위、회(灰)

[疒+合] 따 [답]肥也살찔、답 [압]寒病오한증、압(合)

[疒+兩] 쌍 [상]憂也근심할、상痛也아플、상(漾)

(七)

痛。통 [통]疼也아플、통傷也상할、통甚也심할、통病也병、통(送)

痞 피 [비]氣隔不通더부룩할、비又답답할、비腹內結痛배속결릴、비（不痛者爲ㅣ滿痛者爲結胷）(紙)

痢• 리 [리]腹痛瀉疾이질、이又곱똥、이(寘)

痣 쯔 [지]黑子검은사마귀、지(寘)

痡。푸 [부]病也병들、부(虞)

痗• 메 [매]病也병、매(賄)(隊)

[疒+肙] 윈 [연]骨節酸痛뼈마디저릴、연煩鬱답답할、연(先)

痟。쌰 [소]渴病조갈증、소頭痛머리아플、소(蕭)

痤 취 [좌]小腫뾰루지、좌癤也멍울、좌(歌)

痘• 뚜 [두]胎毒ㅣ瘡역질、두又마마、두（傳染性瘡）(宥)

[疒+侵] 친 [침]體貌醜惡몸모양추악할、침又난장이、침(寑)

[疒+辛]。씬 [심]感寒體戰오

한날、심(或音신)(寢)

痙 징[경] 彊急뫼뻣뻣할、경 又중풍든、경(筋急縮而屈伸不利)(梗)

⿸疒里 리[리] 病也병、이(紙)

⿸疒希 인[은] 創肉反出다친살뒤쳐질、은 熱氣著膚몸더울、은 脪通[흔] 義同 痛也아플、흔(或音희)(震)

痠 산[산] 痛也ㅣ疼저릴、산(寒)

⿸疒春 툰[탄] 病而善食과식하는병、탄(軫)

⿸疒言 후[훌] 多睡病잠자는병、훌(月)

⿸疒孝 쌰[효] 喘也헐덕일、효 喉病ㅣ瘷인후증、효(肴)

⿸疒些 쎄[사] 痒也가려울、사(麻)

⿸疒酉 위[유] 朽木臭썩은나무냄새、유(尤)

⿸疒步 뿌[보] 復病병도질、보 又병더칠、보(遇)

痧 싸[華] 霍亂괴질、사

⿸疒狂 꽝[광] 熱病열병、광 又미친병、광(陽)

痥 뒤[탈] 馬腫말부스럼、탈(曷)

八

痿 웨[위] 痺濕病각기、위 又습병、위 陰ㅣ不起자지늘어질、위 又늘어질、위(支)

痾 同疴

瘁 췌[췌] 俗音취 罹病병들、췌 勞也 焦ㅣ파리할、췌(寘) 萃顇通

痺 쎄[비] 脚病각기、비 又습다리、비(寘) 痹通

痱 쀄[비] 風病풍병、비 小腫뾰루지、비(微)(未) [배] 義同(賄)

⿸疒叔 츄[축] 腹痛배아플、축(屋)

瘀 위[어] 血壅病어혈질、어(御)

痼 꾸[고] 久病고질、고(遇)

痯 관[관] 懷憂病근심병、관 疲貌ㅣㅣ고달플、관(旱)

痴 癡俗字

瘂 야[아] 瘖也벙어리、아(不能發言)(馬) 啞通

瘃 쮸[촉] 手足中寒傷瘡손발얼어터질、촉(沃) [작] 義同(覺)

⿸疒易 이[역] 病相傳染병전염할、역(陌)

痮 장[창] 腹脹배부를、창(漾)

⿸疒合 커[합] 寒病추위에상한병、합(合) [금] 瘧也학질、금(侵)

⿸疒戔 쟨[천] 小痒근지러울、천(銑)

痳 린[림] 尿道病임질、임(小便難通) 疝痛산증、임(侵)

痵 찌[계] 心動마음두근거릴、계(寘)

痲 마[마] 風熱病ㅣ疹홍역、마 體失感覺저릴、마(麻)

痹 삐[비] 鳥名새이름、비(支) 痺通

⿸疒昏 同痻

⿸疒卷 촨[권] 手屈病손곱는병、권(先)

⿸疒殷 찐[긴] 脣腫순종、긴(軫)

⿸疒侖 륜[륜] 指病손가락병、륜(眞)

九

瘏 투[도] 病也병들、도 困病노곤증、도(虞)

瘇 同尰

瘐 위[유] 罪囚病死갇혀서병나죽을、유 憂而成病근심하여병될、유(麌)

瘉 위[유] 病差병나을、유(麌) 愈

通 瘉同 **痻** 민 [민] 病也병、민 ㊀眞 痻同 **瘕**。 야 [가] 腹病積塊적병、가又괴뱉、가 ㊀馬 **瘍**• 양 [양] 頭瘡머리헐、양痒通、腫瘡종기、양 ㊀陽 **⿸疒省** 성 [생] 瘦也파리할、생

㊀梗 **瘦**。 쑤 [수] 臞瘠파리할、수 ㊀宥 瘦腴同 **瘖**• 인 [음] 不能言ㅣ瘂병어리、음 ㊀侵 喑通 **⿸疒曷** 저 [갈] 內熱病속가깝할、갈 ㊀曷 傷暑더위먹을、갈 ㊀月 暍通 **瘈** 치 [계] 瘛

疾ㅣ瘲간질、계狂 犬미친개、계 ㊀霽 **瘊**• 후 [후] 疣之小者ㅣ子 무사마귀、후 ㊀尤 **瘋**• 뿡 [풍] 頭風病바람머리、풍又두풍、풍（偏 頭風在右屬痰、屬熱在左、屬風屬血） ㊀東 **瘌**。

라 [랄] 病也앓을、날疥也옴、 날藥毒痛ㅣ약독날、날 ㊀曷 **⿸疒扁**。 편 [편] 半枯편고증、편又몸반쪽 마를、편病也병들、편 ㊀先 **瘓** 환 [환] 四體癱瘓不仁癱ㅣ 중풍할、탄又전신불

수、탄 ㊀旱 **⿸疒胡**。 후 [호] 物阻喉中ㅣ⿸疒蒦 목에걸릴、호 ㊀虞 **⿸疒突** 두 [돌] 下部病하 초병、돌 ㊀月 **⿸疒皆** 째 [해] 老瘧無時發作ㅣ瘧오래 된학질때없이발할、해 ㊀佳 **⿸疒逢** 瘧 同

瘔 쿠 [고] 困也곤할、고病不善乘ㅣ 車병들어차멀미할、고 ㊀遇 ⊕十 **瘝** 꽌 [관] 病也병들、관癏 同、曠也빌、관 ㊀刪 **⿸疒衰** 衰 同 **瘛**。 씨 [계] 小兒驚風 ㅣ瘲어린아

이경기병、 계 ㊀霽 **瘣**• 훼 [외] 病也병들、외木 瘤나무혹、외 ㊀賄 **瘙** 쌴 [소] 疥也옴、 소 ㊀號 **瘥**。 차 [채] 病除병나을、채 ㊀卦 差通 [차] 小疫작은역질、차 ㊀歌 **瘟**

원 [온] 疫也온역、온 又염병、온 ㊀元 **瘢**。 빤 [반] 瘡痕딱지자리、 반又헌질、반 ㊀寒 **瘨** 뎐 [전] 病也병들、전狂 也미칠、전 ㊀先 癲通 **瘡**• 창 [창] 瘍也종기、창 又부스럼、창痍

也상할、 창 ㊀陽 創通 **⿸疒桑** 쌍 [상] 馬病말 병、상 ㊀養 **瘦** 瘦 同 **瘚** 꿰 [궐] 氣逆기운질 릴、궐 ㊀月 厥通 **瘧**。 눼 [학] 寒熱病ㅣ疾학질、학又고금、 학（隔日或每日 間定時而

先寒 後熱 之病） ㊀藥 **瘷** 瘷俗 字 **瘠**。 찌 [척] 瘦也파리 할、척 ㊀陌 **瘞**• 이 [예] 埋也묻 을、예 ㊀霽 **瘜** 씨 [식] 寄肉군살、식又혹、 식又쓰리、식 ㊀職 **⿸疒馬** 마

[마] 眼病눈병、마惡氣著身악기몸에범할、 마 ㊀禡 [난] 牛馬病蝕創마소비름먹을、난 ㊀潸 **⿸疒烝** 쩡 [증] 骨ㅣ뼈골 쑤실、증 ㊀迥 **⿸疒盍**。 야 [압] 短氣기단할、압跛 病발저는병、압 ㊀合 **⿸疒壹**

애[애] 痴病어리석은병、애(灰)

瘯 색[색] 脉動맥들먹거릴、색(陌)

瘠 꾸[골] 膝病무릎병、골(物)

癅 瘤俗字

十一

癕 옹[옹] 鼻塞코막힐、옹(冬)

瘱 嫕同

⿸疒帶 대[대] 婦人下部病ㅣ下대하증、대(有赤白ㅣ)(泰)[체] 久痢오랜이질、체(霽)

瘵 째[채] 勞病허로병、채又노점、채(卦)

瘽 진[근] 病也병、근(文)

瘰 뤄[라] 疥瘡옴、나蠃同、蠡通 瘡也ㅣ癧연주창、나(哿)

瘶 쑤[수] 上氣欬ㅣ해수할、수(宥) 嗽欶同

⿸疒殹 이[의] 瘠也파리할、의 呻吟聲앓는소리、의(或音이)(支)

瘯 쭈[족] 疥癬진버짐、족又진옴、족(屋)

瘼 뭐[막] 病也병、막(藥)

瘴 쨩[장] 山川厲氣ㅣ癘장기、장(漾)

瘳 챠[추] 病愈병나을、추(或音요)(尤)

⿸疒畢 삐[피] 轉筋전근될、피又뒤틀릴、피(寘)

⿸疒芻 댜[조] 狂也미칠、조(嘯)

瘭 퍄[표] 病名ㅣ疽병이름、표(肉中忽生點、大者如豆、小者如栗、甚大者如梅李有根痛傷心久則四面腫泡日ㅣ疽)(蕭)

⿸疒徙 癬同

瘲 쭝[종] 小兒驚風病瘛ㅣ경기증、종(宋)

瘸 췌[가] 手足病손발병、가(歌)

⿸疒衰 꺼[패] 禾苗蟲傷有病벼이삭벌레먹어병들、패(歌)

⿸疒虘 쟈[사] 痂甲헌데딱지、사(麻)

瘻 뤼[루] 曲脊病ㅣ곱사등이、누頸腫목부을、누(虞)久瘡오랜종기、누(宥)

癊 인[음] 心病심화병、음(沁)[華]ㅣ暈멍들、음

十二

癈 뻬[폐] 痼疾고질、폐(隊)

癉 딴[단] 勞也가쁠、단(旱)黃病황달、단(翰) 疸癉通[다] 義同、怒也성낼、다(箇)

癇 쎈[한] 俗音[간] 小兒癲病간기、간(刪)

癄 쨔[초] 減縮ㅣ瘁초췌할、초憂也근심할、초(嘯) 憔通

療 랴[료] 治病병고칠、요(嘯) 藥同

瘤 릐[류] 疣也혹、유(肉起爲疣、血聚爲ㅣ)(尤)(宥)

⿸疒朁 憯同

癁 뿌[복] 病復병도질、복(屋)

⿸疒斯 씨[서] 聲散소리흩어질、서(齊)

癆 랖[로] 積勞瘦削노점병、노 藥毒약독날、노(號)

癌 안[암] 臟腑內生腫암종、암(咸)(子宮ㅣ胃ㅣ)

⿸疒敝 삐[별] 腫滿皮裂부어터질、별(屑)

癀 황[황] 黃疸病황달병、황(陽)

⿸疒爲 웨[위] 口咼입비뚤어질、위(紙)

⿸疒責 써[사] 多病병많을、사(禡)

癃 룽[륭] 罷病들피병、융又파리할、융老也

늙을、융(東)癃同 瘩 따 [華]疙ㅣ두두러기날、답 㿗。태 [퇴]陰病소문병、퇴又자지병、퇴(灰) [대]血漏대하증、대(隊) [illegible] 쑈 [효]腫欲潰곪길、효(肅) ⿸疒登 덩

[등]病甚병심할、등(蒸) 瘈 쪠 [계]頭瘡머리헐、계禿病머리털빠질、계(霽) ⑬ 癖 피 [벽]腹病積聚적병、벽偏嗜편기할、벽又즐길、벽(陌) ⿸疒睪。이 [역]病相傳

染병전염할、역(陌) 癏 瘝同 ⿸疒亶。딴 [단]病也병들、단(旱) 癉通 癜 덴 [전]斑片ㅣ風어루러기、전(皮膚上生斑之病)(霰) ⿸疒微 뼤 [비]骭瘍종아리종기、비(微)

癕 癰同 ⿸疒僉 찬 [첨]物毒入喉而痛목구멍아릴、첨(鹽) 癘。리 [려]痛也ㅣ疫염병、여又시환、여惡疾악질、여(霽) 瘌同 癙 쓔 [서]中暑더위먹을、서(御) 癛

린 [름]感寒栗體소름돋을、늠(寢) 癑。농 [농]瘡潰종기터질、농腫血설곪길、농(送) ⿸疒賁 뿐 [분]熱腫ㅣ膹종기확근거릴、분病悶병으로번민할、분(問) 癗 레 [뢰]皮外小

粟痱ㅣ두드러기、뇌(賄) 癙 쓔 [서]憂病근심으로난병、서(語) 癒 瘉同 癔 이 [억]心病심화병、억(屋) ⑭ 癠 치 [제]病也병、제(薺)(霽) 癡。츠

[치]心神不慧어리석을、치又지더리、치疵病죽은깨、치(支) 痴同 ⿸疒㥯 인 [은]皮外小起ㅣ疹두드러기、은(吻) 癮同 ⿸疒鼻。삐 [비]手冷손시릴、비(寘) ⿸疒蒦 훠 [확]物在喉

中⿸疒胡ㅣ목에걸릴、확(藥) 癕 癰同 ⿸疒疌 야 [협]獸之足病짐승발병날、협(洽) 癟 삐 [별]不能飛날지못할、별枯病마르는병、별(屑) ⑮ 癢。양 [양]搔病가

려울、양伎ㅣ망근지러울、양(養) 痒懩通 癥。쪙 [징]腹中結塊ㅣ瘕적병、징又괴、징(蒸) ⿸疒藤 疼同 癤。쩨 [절]瘍之小者부스럼、절(屑) ⿸疒樂。療同 ⿸疒編 뼌

[편]骨風疾골절풍、변(銑) ⑯ 癩 래 [나]惡疾문둥병、나又대풍창、나(原音뢰)(全身腐敗)(泰) 癨 훠 [곽]吐病ㅣ亂곽란、곽又토왁질、곽(藥) 癧 리 [력]筋節病瘰ㅣ

연주창、역(錫) ⿸疒頹 퉤 [퇴]下部病ㅣ疝산증、퇴(泰) ⿸疒蘇 쑤 [소]病也병、소(虞) ⑰ 癬。쎈 [선]乾瘍마른옴、선又마른버짐、선又새면바리、선(銑) ⿸疒先同 癭。

잉 영 頸瘤목의혹、영(梗) **癮** 인 癮同 華 烟酒成癖인백일、인朋通 ⑩ **癰** 옹 옹 疽也종기、옹又등창、옹(有疵ㅣ、厲ㅣ、脫ㅣ、最多生於頸部、或背)(冬) 癰癰癰同

癯 臞同 ⑱ **癲** 뎐 뎐 狂病미칠、뎐又지랄병、뎐(先) 瘨通 **癱** 탄 탄 四肢不仁중풍날、탄又사지틀릴、탄(筋脈癱瘓)(寒) **⿸疒麗** 리 려 瘦黑파리하고검을、여(霽)

⿸疒羸 레 리 病疲병들어파리할、이(支) **癵** 련 련 病體拘曲병들어굽으러질、연(先) ⑲ **⿸疒蠡** 롸 라 疥瘡옴、나(哿) 瘰同

癶部

癶 뻙 발 行也걸을、발又갈、발(曷) ④ **癸** 꿰 계 幹名昭陽천간、계(天干之終、方位則北、時配則冬、五行則水)婦人經水天ㅣ몸날、계又경도、계(紙) **癹** 뻙 발 以足夷草발로풀뭉그질를、발(月) ⑦ **登** 떵 등 升也오를、등進也나갈、등成也이룰、등尊也높일、등高也높을、등熟也익을、등(蒸) **發** 빠 발 開也필、발起也일어날、발出行떠날、발興也일으킬、발動也움직일、발洩也누설할、발明也발명할、발放射쏠、발疾貌ㅣㅣ빠를、발(月)

白部

白 빼 백 西方色素흰、백告也고할、백又사뢸、백又아뢸、백潔也透明깨끗할、백又청백할、백(陌) **百** 빼 백 十十백、백又일백、백(紀于一、協于十、長于ㅣ、大于千、衍于萬) 맥 勵也힘쓸、맥行杖道驅入曰五ㅣ매드길나장이、맥(陌) **癿** 체 가 姓也성、가(歌) ② **皃** 貌同 **皁** 잔 조 黑色검은빛、조馬櫪마판、조賤隸하인、조櫟實도토리、조(皓) **皀** 씨 흡 香也향내날、흡(緝) **皂** 皁同 ③ **的** 디 적 明也밝을、적實也적실할、적射板관혁、적標準표할、적(錫) **帛** 메 메 布帛幅邊포백자투리、메(霽) **皔** 晘同 ④ **皇** 황 황 君也ㅣ帝황제、황又임금、황大也클、황正也바를、황美也아름다울、황盛美貌ㅣㅣ성할、황(陽) 光貌ㅣㅣ빛날、황嚴肅엄숙할、황(養) **皆** 졔 개 俱辭다、개同也같을、개(佳) **⿰白巿** 퓌 발 淺白ㅣ昧엷게흴、발(曷) **皈** 歸同 **⿰白攵** 皈同 **⿰白分** 빠 파 亂也어

지러울、파(麻)

(五) 眛 머 [미] 淺白䏢ㅣ엷게흴、미(未)

皋。 까 [고] 岸也언덕、고澤也늪、고又옷、고告也고할、고緩也늦으러질、고又완완할、고ㅣ復혼부를、고(陛屋而號告曰ㅣ某復)虎皮ㅣ比호피、고頑貌ㅣㅣ완만스러울、고姓也성、고(豪) 滜同、睾通 [호] 呼也부를、호(號)

(六) 皎。 쟈 [교] 月光白달밝을、교又달빛흴、교白也흴、교(篠)

皏 평 [팽] 淺薄色엷은빛、팽(梗)

(七) 皖 환 [환] 地名땅이름、환明星밝은별、환(寒)

皓。 한 [호] 白也흴、호光也빛、호明也밝을、호(商山四ㅣ)(皓) 皞通

皔 한 [한] 白也ㅣㅣ흴、한(旱) 旰同

(八) 皙。 씨 [석] 人色白ㅣ사람의빛흴、석(錫) 晳通

皘。 쳔 [쳔] 白貌희멀건을、쳔(霰)

皗 루 [록] 白獸흰짐승、녹(屋)

⿰白卑 베 [배] 白皮흰가죽、배(卦)

(十) 皚。 ⿱雨豆同

皛 쌰 [효] 明也밝을、효白也흴、효顯也나타날、효ㅣ飯흰밥、효(篠)

皜 깐 [고] 白貌흴、고 [호] 義同(皓) 暠高顥通

皝 황 [황] 氣容貌엄숙할、황盛也성할、황(人名燕主慕容ㅣ)(養)

皞 후 [호] 明也밝을、호(帝號太ㅣ)(皓) 皞皞同、皓昊通

皬。 同 翯高

⿱竝白 틔 [체] 廢一偏低한쪽으로치우쳐낮을、체(霽)

(十一) 皠 취 [최] 白也흴、최高峻높을、최(賄)

皟 채 [책] 深白깊게흴、책(陌)

(十二) 皞 皥同

皤。 퍼 [파] 頭白머리흴、파(歌)

皢 쌰 [효] 日白날흰、효(篠)

(十三) 皦。 쟈 [교] 玉石白옥과돌흴、교(篠)

皣 예 [엽] 白花흰꽃、엽(葉)

(十四) ⿰白蒙 뭥 [몽] 物上所生白醭곰마지몽 又곰팡이、몽(董)

⿰白書 룽 [롱] 左右小門ㅣ歷좌우협문、용(冬)

⿰白壽 쯔 [주] 詞也말、주(尤)

(十五) 皫 뱌 [표] 禽毛變色새털빛변할、표(篠)

皪。 리 [력] 白貌的ㅣ희끗、역(錫) ⿰白歷同

⿰白華。 예 [엽] 白花흰꽃、엽光盛빛날、엽(葉)

(十六) ⿰白霍 허 [학] 鳥白ㅣㅣ새흴、학(藥)

⿰白爲。 웨 [위] 花也꽃、위(御)

⿰白歷 皪同

(十八) 皭。 쟈 [조] 白也흴、조(嘯) [작] 淨也정결스러울、작(藥)

(二十) ⿰白黨。 당 [당] 明也밝을、당(養)

(二十四) ⿰白靈 링 [령] 白也흴、영(青)

皮部

皮° 피 [피] 剝獸取革가죽、피(生曰ㅣ、理曰革、柔曰韋)體表껍질、피又거죽、피(凡生物之表皆曰ㅣ)(支)

㊁ **⿸皮丁** 딩 [정] 皮膚急縮가죽당길、정(梗)

㊂ **⿰丸皮** 완 [환] 瘑病혹병、환箭筒韇ㅣ전통、환(寒)

皯° 깐 [간] 面黑病얼굴에기미낄、간(旱) 䵟酐同

㊃ **⿰开皮**• 피 [피] 開口貌ㅣ覗입딱벌릴、피(支)

⿰比皮 피 [피] 器破未離그릇금날、피(支)

⿰尢皮° 뱌 [파] 蹇也절、파又절뚝거릴、파(哿) 曲足病발비틀어질、파(箇)

⿰內皮• 난 [남] 柔革다룬가죽、남(勘)

⿰巴皮 파 [파] 赤濃鼻주독오른코、파(麻)

⿱山皮 삐 [비] 劈麻苧ㅣ頭삼모시갈라꼭지질、비不伸ㅣ皺쪼그러질、비(寘)

㊄ **皰**°• 팦 [포] 面皮所生如水泡부푸를、포又여드름、포疱痕얽은자리、포(效)

⿰目皮 츄 [추] 皮裂皴ㅣ가죽터질、추(虞)

⿰民皮• 민 [민] 皮膚細ㅣ피부에주름살질、민(軫)

⿱此皮° 쟈 [자] 皮不伸가죽오그러질、자(紙)

⿰央皮° 앙 [앙] 面色蒼얼굴빛푸를、앙(漾)

㊅ **⿱沓皮** 따 [답] 皮寬가죽늘어질、답(合)

⿰危皮 劫同

⿰吉皮 찌 [길] 皮黑가죽검을、길(質)

⿰交皮° 아 [오] 皮堅가죽단단할、오(肴)

⿰旬皮• 쓘 [순] 足坼발터질、순(眞)

㊆ **皴**°• 츈 [준] 皮生細條ㅣ裂살터져주름질、준(眞)

⿰臿皮 쨔 [잡] 老人皮膚皺貌늙은이피부에주름질、잡(合)

⿰旱皮 한 [한] 射韝ㅣ臂활쏘는팔지、한(翰)

⿱夾皮 켸 [결] 撮取皮꼬집어뜯을、결(屑)

⿰兌皮° 뒤 [탈] 皮剝가죽벗어질、탈(曷)

⿰求皮 칙 [구] 毬也공、구又제기、구(尤)

㊇ **⿰昔皮**• 춰 [작] 皮皺가죽주름질、작(藥)

⿰婁皮 루 [록] 皮肉瘦惡ㅣ瘯마른살결억셀、록(屋)

⿱臤皮 찐 [흠] 皮厚貌가죽두틀할、흠(寢)

㊈ **皸**°• 쥔 [균] 凍裂ㅣ瘃얼어터질、균(文)(問)

⿰查皮 皻俗字

⿱封皮 빵 [봉] 皋履미투리、봉又삼신、봉皮履가죽신、봉又꺽두기、봉(董)

皷 鼓俗字

⿰者皮 뚜 [두] 桑皮뽕나무껍질、두(虞)

⿰甾皮 쯔 [치] 皮黑살검을、치(支)

㊉ **皺**°• 쩍 [추] 蹙摺주름질、추又쭈그러질、추(宥)

⿰菆皮 취 [주] 粟體소름돋을、추(如粟粒者發膚)(支)

⿰殼皮 짝 [확] 卵孚알속껍질、확(覺)

⿰麻皮°• 마 [마] 閉口ㅣ嚼입딱다물、마(麻)

㊉㊀

皻。차 사 鼻上皰코에열꽃돋을、사 粉刺비누가시、사(麻) **皺** 쪽 추 皮縮가죽오그라들、추(有) **⿰曼皮** 만 만 皮脫가죽벗을、만(阮) **⿸虍⿰曼皮** 同⿰曼皮 **⿸鹿皮** 루 루 皮文가죽무늬、녹(屋)

⑫ **皽** 쟌 전 皮外薄膜피부걸허물、전(銑) **⿺辶⿰皮幸** 타 달 皮外突起부르틀、달(曷) ⑭ **⿸厭皮** 앰 염 瘍痂딱지、염(琰) **⿰需皮**。산 천 俗音 연 柔皮다룬가죽、연(銑) ⑮ **皾**。同韇 ⑲ **⿰䜌皮** 젼 견 皮起부르틀、견(銑)

皿部

皿。밍 명 器也그릇、명(梗) ② **⿱⺊皿** 치 기 器也그릇、기(紙) ③ **盂** 위 우 飯器밥그릇、우又주발、우又바리、우(虞) **⿱亡皿** 망 맹 不精要ㅣ浪맹랑할、망又거칠、맹(養) **⿱干皿** 깐 간 大盌큰바리、간(寒) ④ **盅** 쭁 츙 器虛그릇빌、츙(東) **盃** 杯俗字 **盆**。퓐 분 盎也、동이 분又소래기、분盆氣通(盛水瓦器)乳房ㅗ骨缺ㅣ젓가슴뼈、분(藥名覆ㅗ)(元) **盈**。잉 영 充滿찰、영ㅣ縮남을、영溢也넘칠、영(庚) ⑤ **盎** 양 앙 盆也瓦器동이、앙盛貌ㅣ섬할、앙(漾) **盌** 同椀 **⿱氾皿** 뺀 범 盃也술잔、범(咸)(陷) **盋** 同鉢 **益**。이 익 增也더할、익進也나갈、익助也도울、익多也많을、익饒也넉넉할、익(卦名)(陌) **盇** 허 합 何不之義어찌아니할、합合也합할、합覆也덮을、합(鳥名ㅣ旦)(合) **盉**。허 화 調味器양념그릇、화(歌) **⿱幼皿** 약 요 器中不平그릇속험할、요(效) **⿱囚皿**。원 온 화할、온又어질、온(元) **⿱亞皿** 아 아 酒杯술잔、아(馬) ⑥ **⿱汙皿** 위 우 旋流盤ㅣ돌아흐를、우(虞) **盖** 蓋俗字 **盒**。허 합 有蓋食器 합、합(合) **盔** 쾨 회 首鎧투구、회盆也동이、회(灰) **⿱尽皿** 盡俗字 **⿱有皿** 우 유 抒水小器물뜨는그릇、유(有) ⑦ **盜**。따 도 賊也도둑、도又훔칠、도(暗取他物曰竊ㅣ懵取他物曰強ㅣ)(號) **⿱東皿** 同簋 **盛**。썽 성 繁昌성할、성壯也장할、성多也많을、성大也클、성(敬) 容入于器담을、성成也이룰、성薦穀粢ㅣ제향곡식、성(庚) **⿱皀皿** 同簋 **⿱區皿**

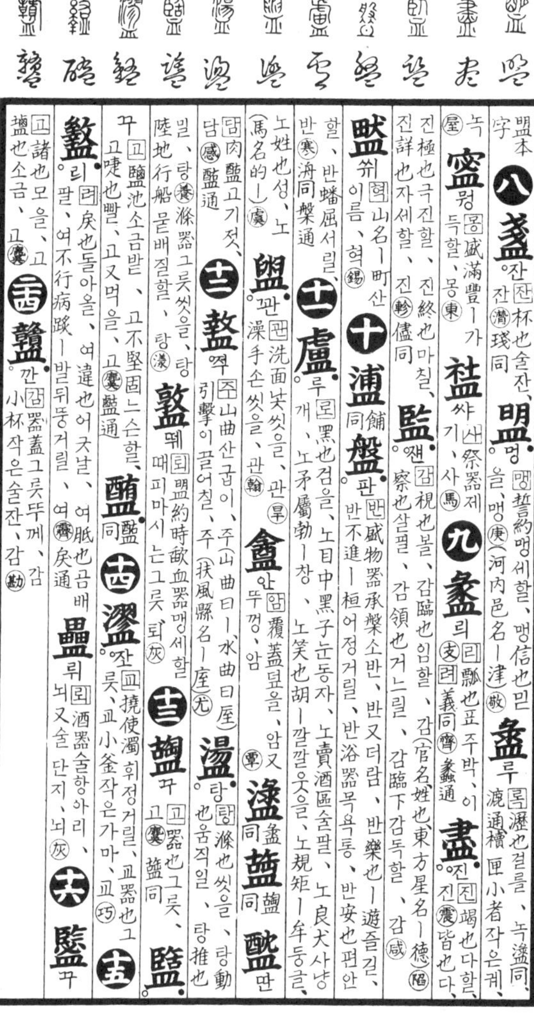

盟本字

八

盞 잔 [잔] 杯也술잔、잔(潸) 琖同

盟 명 [맹] 誓約맹세할、맹信也믿을、맹(庚)(河內邑名|津)(敬)

盝 루 [록] 漉也걸를、녹盝同、녹漉通櫝匣小者작은궤、녹(屋)

盛 뭥 [몽] 盛滿豐|가득할、몽(東)

盐 쌰 [사] 祭器제기、사(馬)

九

盠 리 [리] 瓢也표주박、이(支) [려] 義同(齊) 蠡通

盡 진 [진] 竭也다할、진皆也다、진極也극진할、진終也마칠、진詳也자세할、진(軫) 儘同

監 잼 [감] 視也볼、감臨也임할、감(官名、姓也、東方星名|德)(陷) 察也살필、감領也거느릴、감臨下감독할、감(咸)

盬 쒸 [혁] 山名|町산이름、혁(錫)

十

盧 同舖

盤 판 [반] 盛物器承槃소반、반又더랍、반樂也|遊즐길、반不進|桓어정거릴、반浴器목욕통、반安也편안할、반蟠屈서릴、반(寒) 洀同槃通

十一

盧 루 [로] 黑也검을、노目中黑子눈동자、노賣酒區술팔、노良犬사냥개、노矛屬勒|창、노笑也胡|깔깔웃을、노規矩|牟둥글、노姓也성、노(馬名的|)(虞)

盥 꽌 [관] 洗面낯씻을、관(旱) 澡手손씻을、관(翰)

盦 안 [암] 覆蓋덮을、암又뚜껑、암(覃)

盫 盦同

𥂓 𥃜同

醓 만 [담] 肉醢고기젓、담(感) 醓通

十二

盩 쪄 [주] 山曲산굽이、주(山曲曰|水曲曰厔)、引擊이끌어칠、주(扶風縣名|厔)(尤)

盪 탕 [탕] 滌也씻을、탕動也움직일、탕推也밀、탕(養) 滌器그릇씻을、탕陸地行船뭍배질할、탕(漾)

盭 뛔 [퇴] 盟約時歃血器맹세할때피마시는그릇、퇴(灰)

十三

𥃜 꾸 [고] 器也그릇、고(麌) 盬同

盬 꾸 [고] 鹽池소금밭、고不堅固느슨할、고嗜也빨、고又먹을、고(麌) 鹽通

醢 同醢

十四

盪 잔 [교] 撓使濁휘정거릴、교器也그릇、교小釜작은가마、교(巧)

十五

盭 리 [려] 戾也돌아올、여違也어긋날、여胝也곰배팔、여不行病跛|발뒤뚱거릴、여(霽) 戾通

櫑 뤼 [뢰] 酒器술항아리、뇌又술단지、뇌(灰)

十六

盬 꾸 [고] 諸也모을、고鹽也소금、고(麌)

二十四

贛盬 깐 [감] 器蓋그릇뚜께、감小杯작은술잔、감(勘)

目部

目 무 [목]眼也눈、목條件조건、목要點題ㅣ제목、목㊖屋

𥃩 쟈 [교]目重皮눈쌍꺼풀질、교㊖巧

二

𥃳 쎈 [현]目搖눈방울굴릴、현㊖霰 [순]目眩눈앗질할、순㊖眞

𥃘 약 [복]目骨눈퉁이빼、복㊖屋

三

盱 쒸 [우]張目ㅣㅣ눈부릅뜰、우喜悅貌睢ㅣ눈웃음칠、우㊖虞

盲 망 [맹]目無瞳판수、맹又장님、맹暗也어둘、맹㊖庚

盰 깐 [간]張目눈부릅뜰、간㊖翰

直 지 [직]不曲곧을、직正也바를、직伸也펼、직但也다만、직侍也번들、직不猶豫곧、직㊖職 [치]物價값、치㊖寘

𥄗 첸 [천]遙視不明멀어희미할、천㊖先

𥄒 환 [환]轉目睕ㅣ눈동자굴릴、환㊖翰

盳 망 [망]仰視치어다볼、망㊖陽

𥃚 야 [요]深目깊은눈、요㊖效

𥄂 뺀 [범]大目큰눈、범㊖陷

𥄉 체 [천]常視일상볼、천又늘볼、천㊖霰

四

䀁 내 [내]惡目睚ㅣ악한눈、내㊖泰 [왈]搯目눈부빌、왈㊖曷

盻 씨 [혜]恨視눈흘겨볼、혜㊖霽 盼通

眂 視同

盾 슌 [준]干也방패、순(官名鉤ㅣ)㊖軫 [둔](人名晉趙ㅣ)㊖阮

眅 판 [판]眼多白눈에흰자위많을、판反目흘겨볼、판㊖刪、白膜侵睛눈동자에백대낄、판㊖潸

看 칸 [간]視也볼、간㊖寒㊖翰

盼 판 [반]美目눈매예쁠、반流視흘겨볼、반顧視돌아볼、반㊖諫 盻通

眄 멘 [면]斜視곁눈질해볼、면㊖霰

相 샹 [상]共也서로、상質也바탕、상㊖陽 視也볼、상助也도울、상導也인도할、상扶也붙들、상官名정승、상ㅣ術상볼、상㊖漾

眇 먀 [묘]偏盲애꾸、묘一目小한눈쨔긋할、묘微也작을、묘遠也멀、묘盡也다할、묘(王者仁ㅣ天下義ㅣ天下威ㅣ天下)㊖篠

明 밍 [명]視也볼、명又눈밝을、명㊖庚 明通

省 셩 [셩]察也살필、성公署마을、성 [생]減少덜、생詳也자세할、생㊖梗

眊 뫄 [모]目少精눈흐릴、모不明老ㅣ눈어둘、모㊖號 耄通

眈 땀 [탐]視貌ㅣㅣ노려볼、탐過喜너무즐길、탐㊖覃 耽同

眗 뎐 [전]轉視貌徹ㅣ눈알굴려볼、전(入生三月而徹ㅣ然後能有見)大目ㅣ瞑큰눈、전又왕눈이、전㊖先

盹 뚠 [순]目藏졸、순又눈감을、순㊖眞

県 쟈 [교]斬首倒懸목베어달、교㊖蕭

𥄎 쒸 [혁]擧目使之눈

짓할、혁(或音혈)職 瞀同 **昚** 旻同 **昉** 倣同 **眉**。메 미 目上毛눈섭、미(天有攝提ㅅ有兩丿)支 睂同 **眏**。ᅌ쥐 결 目患눈앓을、결 혈 驚視눈휘둥그래볼、혈不定

顚眄흘금흘금볼、혈 脣 **盼**。메 매 遠視멀리볼、매目迷눈침침할、매 隊 **眦** 화 화 目動눈끔적거릴、화 麻 **眣** 텬 천 仰視우러러볼、천 先 **眛** 패

괘 目不明눈어둘、괘 泰 **(五)** **看** 看俗字 **眙**。이 이 擧目눈치뜰、이(楚州縣名盱眙)支 치 直視똑바로볼、치 寘 **眥**。쯔 자 目際눈추리、자 寘 제 義同含恨疾視

睚ㅣ흘겨볼、제 霽 眦同 **眦** 眥同 **眡** 디 뎌 視也볼、저 齊 **眛** 메 매 目暗눈어둘、매 隊 泰 **眞**。쪈 진 實也참、진又진실로、진 正也바를、진 神也신검스러

울、진 精也정할、진原質근본、진 眞 **真** 眞同 **眕** 연 진 目有所限한껏볼、진 重厚진중할、진 軫 **眢**。완 원 目不明눈어둘、원 水涸井물마른우물、원 元 완 義同 寒 **眠**

면 면 翕目졸、면又조름、면又자부름、면 瞑通 寐也잘、면又쉴、면 先 **䀡** 覘同 **眩**。쒠 현 視亂瞑ㅣ현황할、현又어찔어찔할、현又아득할、현 暗也어둘、현 惑也의혹

할、현 霰 幻通 **眑** 야 유 深遠아득할、유又응성깊을、유 有 요 幽靜깊숙할、요又고요할、요 篠 窅通 **眚**。셩 생 災也재앙、생 目病生翳백태낄、생 過誤허물、생 梗 **眣**

찌 질 目不正눈비뚤、질 目露出貌눈망울툭불거질、질 質 眰同 **眜**。머 말 目不明눈어둘、말 曷 **眽**。마 말 疾視몹시볼、말又노려볼、말 恥也부끄러울、말 黠 **眨**

짜 잡 目動눈끔적거릴、잡 洽 **眀**。쭈 구 左右視좌우로볼、구 遇 瞿同 **眗** 眀同 **眒** 썬 신 張目눈부릅뜰、신 疾貌儵ㅣ빠를、신 鳥獸驚貌새짐승놀랄、신 震 **眖**

광 황 視也볼、황 漾 **眐**。쩡 정 獨視貌혼자만볼、정 庚 **昭**。찬 조 以目弄人눈으로사람희롱할、조 嘯 **眪** 뼝 병 目明눈밝을、병 梗 **眎** 視古字 **眏**

쓘 순 以目通知瞚瞬눈짓할、순 震 **眊** 뫃 모 嫉妒人ㅣ瞴사람투기할、무 宥 **眝** 누 노 怒目눈부릅뜰、노 虞 **眑**。먀 묘 邪視眑ㅣ할금할금볼、묘 巧 **眝**

데 [저]長眙정신들여볼、저語 **眣** 쎄 [혈]驚視깜짝놀라볼、혈 [결]目深옴팡눈이、결屑 **眘** 愼古字 **❻** **眵**。 츠 [치]目汁凝눈곱、치支 **眹**• 천 [진]目瞳눈동자、진(無目ㅣ謂之瞽)兆也幾微빌미、진又조짐、진軫 **眴** 쒼 [현]目動눈끔적거릴、현霰 [순]以目使人눈짓할、순震 瞚通 **眼**。 앤 [안]目也눈、안(果名龍ㅣ)潸

眺 됴 [조]視也볼、조望遠멀리바라볼、조嘯 **眷**。• 좐 [권]回視돌아볼、권顧念고념할、권親屬부치、권勸意ㅣㅣ근념할、권霰 睠同 **眮**。 뚱 [동]轉目눈굴릴、동目眶눈자위、동怒視눈흘겨볼、동東 **眶**• 광 [광]目厓눈두덩、광陽 **眡** 씨 [식]目所記눈여겨볼、식眼標안표할、식職 **眰** 眣同 **眱** 이 [이]熟視不言물끄러미보고말없을、이支

眲• 늬 [익]輕視얕잡아볼、익又멸시할、익(或音액)陌 **⿰目亥**。 깨 [개]俗音[해]相視貌ㅣ矚서로볼、해目大눈부리부리할、해灰 **⿰目㐬** 황 [황]目不明눈어둘、황陽 ⿰目巟同 **眳** 밍 [명]目暗눈어둘、명不悅貌기쁘아니할、명眉睫之間눈섭사이、명庚 **眭**。• 씨 [휴]深目깊은눈、휴惡視몹시볼、휴齊 **⿰目幵** 치 [계]蔽人視사람을가리고볼、계又엿볼、계齊

⿰目攸 쓕 [수]斂容視貌瞭ㅣ얼굴스침하고볼、수尤 **眯** 미 [미]物入目中눈에티들、미齊 **眸**• 뫃 [모]目瞳ㅣ子눈동자、모尤 **眽**。 머 [맥]相視ㅣㅣ서로볼、맥衺視빗겨볼、맥陌 覛同 **⿰目舌** 꽈 [괄]怒視성내볼、괄曷

❼ **睂** 眉同 **睎**。 씨 [희]望也바랄、희慕也사모할、희微 希通 **睇**。• 듸 [제]小視할깃볼、제霽 題通 [체]視也볼、체齊 **睅** 한 [환]大目큰눈、환又왕눈이、환潸 睆通 **睊**。 좐 [견]側目相視貌ㅣㅣ서로결눈질해볼、견先霰 **睆**。• 환 [환]光鮮貌睍ㅣ고울、환又예쁠、환明星貌별반짝거릴、환潸 晥睅通

睍。• 셴 [현]光鮮貌ㅣ睆고울、현視貌ㅣㅣ물끄러미볼、현銑 **睋** 어 [아]視也볼、아歌 **⿰目貝** 꺽 [격]閉目눈감을、격陌 **䀹**• 睫毦同 **睃** 쥰 [준]視也볼、준震 **睄** 쌴 [초]小視잠간볼、초效 **⿰目豆** 뚜 [두]目汁凝ㅣ眵눈곱、두尤 **睉**。 쵀 [좌]惡目ㅣ眵사나운눈、좌馬 **⿰目狂**

왕[왕]目泣ㅣㅣ눈물그렁그렁할、왕(陽) 䀹 싼[섬]目數動ㅣㅣ눈자주끔적거릴、섬(琰) ⿱罒目。쫜[권]目圍눈언저라、권(霰) 䀻 핑[빙]視也볼빙(敬) ⿱多目 뚜[도]多也많을、도(豪) ⿰目廷 딍[정]目出눈솟을、정(梗) 睈 청[정]照視ㅣㅣ비쳐볼、정(梗) ⿱折目。찌[제]目光눈광채、제(霽) ⿱沙目 쐬[사]偸視곁눈질해볼、사(歌)

睌。만[만]無畏而視겁없이볼、만(潸) ⿰目沙 省同 ⿰目丣 륙[류]臥視누어서볼、유(尤) ⿰目每 무[목]眼疾안질、목(屋) ⿰目孝 쌒[효]偏目애꾸、효(效) 瞎也눈멀、효(肴) ⿰目良 랑[량]目病눈병날、양(漾)

八

睢。쒸[휴]怒視恣ㅣ성내어볼、휴(寘) 瞋視ㅣ盱눈부릅뜨고볼、휴(支) 濉通 睟 쒸[수]正視똑바로볼、수潤澤윤택할、수目明눈밝을、수(寘) 睡。쒸[수]坐寐졸、수又졸음、수(寘) 睥 삐[비]傍視ㅣ睨곁눈질할、비(霽) 睤同 睤 睥同 睨 이[예]斜視흘겨볼、예(霽) 睚 애[애]目際눈가、애(佳) 恨視ㅣ眦밉게볼、애又눈흘길、애(卦) 睞。래[래]傍視곁눈질할、내 顚眄돌아볼、내(隊) 睠 眷同 睘 칭[경]驚視놀라볼、경(庚) 瞏同 睛。ᄋ징[정]目珠눈망울、정(庚) 睒 싼[섬]晶瑩ㅣㅣ빛날、섬又번쩍거릴、섬暫視언뜻볼、섬(琰) 睩 루[록]謹視曼ㅣ눈굽게떠볼、녹(屋) 睦。무[목]親和친목할、목又화목할、목目順눈매고울、목敬也공경할、목(屋) 督。뚜[독]董也동독할、독察也살필、독領也거느릴、독勸也권할、독中央가운데、독催促독촉할、독(沃) 睪 이[역]伺視엿볼、역又기찰할、역(陌) 睫 쪠[첩]目毛속눈섭、첩(葉) ⿰毛夾 䀹同 ⿰目典 텬[뎐]慚也부끄러울、전(銑) 睔。꾼[곤]大目큰눈、곤(阮) 睕 완[완]轉目눈굴릴、완開目눈뜰、완(翰) 深目눈옴폭할、완(阮) ⿰目表 뱦[표]著眼而視눈에대고볼、표(蕭) ⿰目幸 씽[행]瞑目눈어둘、행又눈감을、행(迥) ⿰目臽。쟈[겹]目陷눈자위꺼질、겹(俗音 함)(洽) ⿰目咸同 睙 레[렬]轉視눈굴려볼、열(屑) ⿰目長 ᄋ장[창]失志貌실심할、창(漾) 睜。ᄋ정[정]不悅視睜ㅣ반갑게보지않을、정(梗) ⿰目奇 치[기]目一隻외눈、기(支) 睧

훈[혼]目暗눈어둘、혼(元) 䁐 眲同 䁐 미[밀]暫見얼핏볼、밀又슬적볼、밀(質)[믁]義同(職) 睗 씨[석]速見빨리볼、석(陌) ⑨ 瞀 우[무]無識ㅣ무식할、

무又천치、무又어리석을、무(宥)貿通目不明눈어둘、무(遇) 睹 뚜[도]見也볼、도(麌) 睽 퀘[규]乖也어그러질、규 異也다를、규(齊) 睼 티[제]迎視마

주쳐볼、제 遠視멀리볼、제(齊) 睿 叡同 䁔 훤[훤]大目큰눈、훤(阮) 䁍 眳同 睾 꼬[고]陰囊腎丸불알、고(豪) 睃 쑤[수]無目판수、수又장님、수又봉사、

수(有) 瞍同 瞂 빠[벌]盾也방패、벌(月) 睮 위[유]諂也ㅣㅣ아첨할、유(尤) 䁋 쎄[섭]閉一目視한눈짜긋하고볼、섭又한눈멀、섭(葉) 䁅 만[모]俯目細視눈내리

떠볼、모(皓) 睲 씽[성]目精照눈에광채날、성(庚) 䁎 딍[중]詳審視자세히볼、증(庚)[정]目眵눈곱、정(靑) 睴 꾠[곤]大目出큰눈툭불거질、곤(願) 䁏 야[요]遠

視ㅣ眇멀리볼、요(篠) 睶 츈[춘]大目큰눈、춘(軫) 䁓 쭝[종]相窺視서로엿볼、종(董) 睧 민[민]俯視굽어볼、민(眞) 瞘 瞜同 䁄 와[알]目深黑貌눈깊고

검을、알(曷) 睱 쌰[하]緩視천천히볼、하(禡) 䁑 양[양]眉間양미간、양(陽) 睺 후[후]半盲반판수、후(有) 䁖 라[랄]目子不正눈알비뚤、날又눈엇뜨기、날(曷)

瞁 쒸[혁]驚視놀라볼、혁(陌) 䁝 찡[경]目光눈광채、경(迥) 睷 쪈[건]以目許質눈으로세볼、건(元) 睯 훈[혼]煩悶번민할、혼(元) ⑩ 瞋 천

[진]怒而張目눈부릅뜰、진(眞) 瞑 밍[명]翕目눈감을、명(靑)(迥)(徑)[면]劇也ㅣ眩독할、면(霰)眠通 䁘 야[요]視貌眇ㅣ찌긋하고볼、요(篠) 䁨 꽈[곽]去目精눈뺄、곽

(覺)矐通[학]失明눈멀、학(藥) 瞎 쌰[할]一目盲애꾸눈、할(黠) 瞇 미[미]眇目애꾸눈비、미(紙) 䀿 판[반]轉目視눈굴려볼、반(寒) 䁙 옌[언]目相戲눈으로희

롱할、언(阮) 瞘同 䀮 同䀮 瞉 꾸[구]無識지식없을、구 愚也어리석을、구(宥) 瞌 커[갑]坐眠ㅣ睡앉아졸、갑(合) 瞍 同睃 𥊤 잉[앵]目淨貌눈맑을、

앵(或音)영(庚) **䁞** 써 [식]視無見䁞ㅣ뵈지않을、식(職) **督** 리 [려]索視찾아볼、여 又둘러볼、여(齊) **䁍** 따 [답]垂目貌눈내리깔、답(合) **䁜** 메 [메]汚面낯

더러울、 **瞏**。同瞏 **瞚** 쑨 [순]目病눈병、순(阮) **瞋** 찐 [진]淫亂음란할、진(眞) **瞿** 쟉 [구]畏視두려워볼、구(遇) **十二** **瞢**。명 [몽]目不明눈어둘、

몽(東)(澤名雲ㅣ)(送)懜通 [맹]悶也답답할、맹不明ㅣㅣ캄캄할、맹(徑)懵通 **瞖** 이 [예]眼疾ㅣ膜안질、예又눈에백대낄、예(齊) **瞭**。치 [체]視察살펴볼、체(齊) **瞞**。만

[만]平目반듯한눈、만欺也속일、만㬋也부끄러울、만目瞼低눈거슴츠레할、면(寒) **瞠** 청 [쟁]直視곧게볼、쟁(庚) 瞸同 [징]義同(敬)瞪同 **瞙** 뫅 [막]目不明눈어둘、막目

瞖눈에백대낄、막又예막、막(藥) **䁢** 쳰 [선]目好貌ㅣㅣ눈매예쁠、선(先) **瞇** 미 [밀]不可測측량못할、밀(質) **䁖** 루 [록]目淨瞜ㅣ눈맑을、녹(屋) **䐪**。틔 [척]失

意視실신하고볼、척(錫) **䀩** 同瞻 **䁔** 컹 [갱]視不分明ㅣ矙아릿아릿할、갱(庚) **䁯** 쪄 [적]目竪눈곧두설、적(陌) **矑** 同覻 **瞛** 쫑 [종]目光눈에광채날、종(冬)

瞜 뤄 [루]偏盲ㅣ瞜애꾸눈、누(尤)笑也眗ㅣ웃을、누(虞) **䁻** 위 [어]環眼馬고리눈말、어(魚) **瞟**。퍞 [표]目小貌눈자그마할、표(篠)明察ㅣ瞭밝게살필、표(蕭) **䁫**。

댜 [조]熟視익히볼、조(蕭) **瞝** 리 [리]急視급히볼、이(支) **瞡** 궤 [규]眇視결눈질해볼、규(支) **瞕**。쟝 [장]目生障翳눈에백대낄、장(漾) **䁊** 가 [갑]困悶眼

졸린눈、갑(合) **瞚**。同瞚 **䁪** 찬 [참]ㅣ眼눈끔적일、참(豏) **䁚** 리 [리]目耴눈쌍꺼풀질、이(支) **瞔** 쨰 [책]目張눈부릅뜰、책(陌) **十三** **瞚**。同瞬 **瞳**

동 [동]目珠눈동자、동(東) **瞯**。同瞷 **瞬** 쓘 [순]目動눈끔적일、순(震)瞚同眴通 **瞤** 쓘 [순]目動눈끔적거릴、순(眞) **瞵** 린 [린]目精눈정기、인(震) [련]以目隨之

눈치챌、연(眞) **瞸** 同瞠 **瞭** 랴 [료]目明눈밝을、요遠視멀리볼、요(蕭)(嘯) **瞪** 청 [징]直視직시할、징(徑) **瞫**。썬 [심]窺視가만이볼、심(寢) **瞰** 칸

감[감]俯視굽어볼、감(勘) 矙通 瞲 쉬 [휼]驚視놀라볼、휼 目深눈깊을、휼(質) 瞥。 폐 [별]暫見얼핏볼、별(屑) 覕瞥同 [目貫] 관 [관]直視貌똑바로볼、관(諫) [目焉]

웨 [위]目好貌ㅣㅣ눈매예쁠、위(紙) [目尊] 쥰 [존]赤目붉은눈、존(元) 瞧。 챠 [초]偷視결눈질할、초 窺視엿볼、초(蕭) [目棠] 瞠同 [目朁]。 쳔 [잠]閉目內思눈감고생각

할、잠(鹽) 矚 矚俗字 [目戠] 치 [즙]出淚눈물날、즙(緝) 瞴。 뫄 [무]微視ㅣ婁잠간볼、무(尤) [目絜]。 졔 [혈]目赤貌矃ㅣ눈속붉을、혈(屑) [目曾] 졍 [증]目小作

態瞢ㅣ눈재긋하고 대도지을、층(蒸) [目粦] 뺘 [표]惡視貌반갑지않게볼、표(蕭) 瞯。 셴 [한]覷視엿볼、한(刪) [간]義同(諫) [희]馬片目白한쪽눈흰말、희(寘) 瞦 씨 [희]瞳

淸눈동자맑을、희(支) [目堯] 쑈 [우]目深눈깊을、우(尤) 瞮 리 [철]目明눈밝을、철(屑) ⑬ 瞿。 취 [구]驚視ㅣㅣ놀라볼、구 鷹視노려볼 구又매볼、구(虞) 懼通

瞽。 꾸 [고]盲也장님、고又판수、고 樂官전악、고(舜父名ㅣ瞍)(麌) 瞾 좌 [조]目美눈고울、조(唐 武后自制爲名)(嘯) 照通 瞻。 잔 [쳠]仰視우러러볼、쳠(鹽) 瞼 잼

[검]目上下弦눈시울、검(琰) [目亶]。 잔 [전]視而止보고말、전(銑) [目睘] 뻔 [편]始生兒目有翳갓난아이눈에예맥있을、편(銑) [目睪] 이 [역]目明눈밝을、역(陌) [目顛] 쒀

[휴]目多汁눈곱지적지적할、휴又눈물많을、휴(尤) [目黴] 메 [미]覷視엿볼、미(支) 瞹 애 [애]目不明눈흐릴、애(泰) 瞸 예 [엽]瞼也눈시울、엽(葉) ⑭ 矇。

뭉 [몽]有瞳未見청맹과니、몽(有眸子而無見曰ㅣ瞍)(東) 矉。 顰同 矎 쒠 [현]目不正ㅣㅣ눈엇뜨기、현(霰) [目赫] 허 [혁]目赤눈붉을、혁(陌) [目察] 차 [찰]詳

視자세볼、찰(黠) [目㬎] 치 [습]俗音[읍]目睛中枯눈속말라뿌덕뿌덕할、읍(緝) [目屈] 쿠 [굴]目突눈불거질、굴(月) 矄 쉰 [훈]目暗눈침침할、훈(文) 矆。 휘 [확]電

光ㅣ睒번개빛、획(陌) [확]大視눈부릅뜨고볼、확(藥) [辡目]。 판 [판]小兒白眼아이눈뽀얄、판(諫) 矈。 몐 [면]片目不明외눈어둘、면 密也빽빽할、면(先) 矊 몐 [면]黑瞳검은눈

동자면(先) **瞑**。밍 [명] 眉濶눈섭넓을、명 又미간넓을、명(敬) **瞘** 릭 [륜] 温故復習복습할、유 決意결심할、유(宥) **矃**. 넝 [녕] 視也볼、영(迥) **䁭** 깐 [감] 瞻視처다볼、감(陷)

(十五) **矌** 꽝 [광] 目無珠청맹과니、광 又눈동자없을、광(漾) **矆**。훠 [확] 驚視놀라볼、확 輕健貌|鑠날쌜、확 失容|然눈휘동그럴、확(藥) **𥌒** 머 [묵] 視無見|瞢뵈지않을、묵(職) **矈** 메 [멸] 目眥傷赤눈추리다쳐붉을、멸(屑) **𥌯** 리 [려] 視也볼、여(齊) **䁢** 레 [렵] 病眼병난눈、엽(葉) **𥌓**。매 [매] 邪視곁눈질할、매 怒目성나서눈부릅뜰、매(卦)

(十六) **矑**。루 [로] 目瞳눈동자、노 視也볼、노(虞) **矐**. 허 [획] 失明눈멀、획(藥) 矐通 **矋** 리 [력] 目淨|瞝눈맑을、역(錫) **矒** 멍 [맹] 視不分明눈희미할、맹(庚) **矇** 멍 [몽] 寐言잠꼬대할、몽(東) **𥌾**。씨 [희] 瞬也눈깜짝일、희(支)

(十七) **𥍉** 링 [령] 目光눈광채、영(青) **䁝** 잉 [앵] 目無光|矇눈에광채없을、앵(庚) **𥌐**。약 [요] 誤視잘못볼、요(嘯) **𥌭**. 잉 [응] 定視정하고볼、응(蒸) **𥊬** 리 [례] 求視자청하여볼、예(齊) **䁮** 셴 [섬] 笑也웃을、섬(琰)

(十八) **矔**。꽌 [관] 瞋目눈부릅뜰、관 轉目顧視눈흘깃떠돌아볼、관(翰) **䂂** 쟉 [작] 目瞑눈감을、작 又눈어둘、작(藥)

(十九) **矖**. 리 [리] 索視둘러볼、이 又찾아볼、이(支) **矕**。만 [만] 目美貌눈예쁠、만(潸) **矗**. 추 [촉] 聳上||우뚝할、촉 直也곧을、촉 草木盛貌초목무성할、촉(屋) **䁯** 쎄 [섭] 閉目눈감을、섭(葉)

(二十) **矙** 칸 [감] 窺也엿볼、감 視也볼、감(勘) 瞰通 **矘**。탕 [당] 目無精直눈멀거니뜨고볼、당(養) **矍**。휘 [확] 顧也돌아볼、확 懼也두려울、확(藥)

(二十一) **矚**. 쥬 [촉] 視也眺|볼、촉(沃)

矛部

矛. 맏 [모] 如鋋而三廉세모진창、모(兵器長柄頭刄)(尤)

(三) **矵** 이지 [격] 矛也창、격(銑)

(四) **矜**。잉 [긍] 驕也교만할、긍 哀也슬플、

긍愍也불상히여길、긍飾也꾸밀、긍矛柄창자루、긍自賢자랑할、긍惜也애낄、긍竦也곱숭거릴、긍(蒸)兢通 [근]矛柄창자루、근(眞)⿰矛堇通 [환]老無妻늙은홀아비、환(刪)鰥通 矜

씨 [혁]長矛긴창、혁(錫)

七 **矞**。위 [율]以錐有穿송곳으로뚫을、율詭詐궤휼할、율(神名ㅣ皇)(質) **矟** 槊同 **⿰矛良**。랑 [랑]短矛짧은창、낭(陽) **⿰矛侵** 친 [침]錐也송곳、침(侵) **⿰矛夆** 뽕 [봉]二枝矛두갈래진창、봉(冬)

八 **矠**。처 [착]俗音[색]刺取魚類작살、색(陌)

十 **⿰矛倉** 槍同

十一 **⿰矛堇** 친 [근]矛柄창자루、근(眞)(文)矜通 **⿰矛悤** 촹 [총]短矛짧은창、총(冬)

十二 **⿰矛童**。츙 [충]短矛짧은창、충(冬)

十三 **⿰矛解** 예 [해]矛銳利貌창날카로울、해(蟹)

十四 **⿰矛爾**。미 [미]矛也창、미(支)

十五 **⿰矛暴**。빡 [박]杖矛지팡이창、박(唐時衛仗名ㅣ矟)(覺)

十九 **⿰矛贊**。좐 [찬]鋋也작은창、찬(ㅣ制如戟鋒刃兩旁微起下有鐏銳)(旱)

二十 **矡**。휘 [확]鋤也호미、확(藥)

矢部

矢。쓰 [시]箭也살、시(肅愼氏楛ㅣ石砮尺有咫)誓也맹세할、시直也곧을、시陳也베풀、시糞也똥、시又찌、시(紙)屎通

二 **矣** 이 [의]語助辭어조사、의又말끝날、의(用之語末以表斷定之意)(紙)

三 **知**。지 [지]識也알、지覺也깨달을、지諭也이를、지主也주장할、지(支)智通(寘)

四 **矤** 쌘 [신]况也하물며、신齒本이틀、신(軫)哂同哂通 **矦** 侯同

五 **矩**。쥐 [구]正方器곡척、구法也법、구(麌)榘同 **⿰矢此** 즈 [자]短小貌⿰矢卑ㅣ짧고작을、자(支) **⿰矢去** 빼 [법]矢也살、법(葉) **⿰矢召** 좌 [조]短也짧을、조(蕭)

六 **⿰矢舟** 쪄 [주]射鳥箭활고두리、주(尤) **⿰舟矢** 同⿰矢舟

七 **矬**。취 [좌]身短난장이、좌(歌) **⿰身矢** 射同 **短**。똰 [단]長之反짧을、단又저를、단指人過失남의허물지목할、단(旱) **⿰矢見** 規同

八 **矮**。애 [왜]短人난장이、왜又키짧을、왜(蟹) **⿰矢卑** 빼

[비]短小貌ㅣ⿰矢比 체형작을、비(齊)
⿰矢叕 레 [철] 短身키작을、철(屑)

十

⿰矢疾 씨 [시] 待也기다릴、시(紙)

十二

矯° °쟈 [교] 正曲바로잡을、교 詐也거짓、교 擅也천단할、교 又오로지할、교 勇貌ㅏㅣ용맹스러울、교(篠) 撟通

矰° °정 [증] 弋矢ㅣ繳줄살증(蒸) 䎖同

⿰矢斯 쓰 [시] 短也짧을、시(支)

十四

矱 휘 [확] 度也榘ㅣ법도、확(藥) 彠同

十五

矲° 파 [패] 短小貌작고앙징할、패(ㅣ矮、ㅣ⿰矢比、ㅣ⿰矢卑)(蟹)

石部

石° 씨 [석] 山骨돌、석 又돌침、석(一種堅硬鑛物) 量名十斗섬、석 衡名 百二十斤저울、석 樂器八音之一경쇠、석(擊ㅣ、拊ㅣ)(陌) 䄷通

二

矴 띵 [정] 錘舟石배닻돌、정(徑) 碇 ⿰石奠同

⿰石巳° 砓同 启 石古字

三

矷 °쯔 [자] 小石잔돌、자(紙)

矼 강 [강] 聚石渡水돌징검다리、강(江)

矸 깐 [안] 山石산돌、안(翰)

⿰石亡 망 [망] 山石산돌、망(沛邑山名ㅣ碭)(陽)

矹 우 [올] 石崖不穩硉ㅣ돌비알、올(月)

矻° 쿠 [굴] 勞也ㅣㅣ수고로울、굴 又느른할、굴(月)

矺 뒤 [탁] 打石돌로칠、탁(木名ㅣ鼠)(藥) 磔通

砓 차 [차] 山石산돌、차(佳)

矵 저 [적] 衆石돌무더기、적(錫) ⿰石啇同

四

砆 玞同

砌° 치 [체] 階甃섬돌、체(霽)

砏 얀 [분] 雷聲ㅣ磤우뢰소리、분(文)

砂 싸 [사] 沙也모래、사(丹ㅣ辰ㅣ)(麻) 沙通

砑 야 [아] 碾也연、아 又맷돌、아(禡) ㅣ刀인두、아 [畢]熨縫之具

砐° °지 [업] 山高ㅣ礏산높을、업(葉)

砉 훠 [획] 皮骨相離聲ㅣ然백장의칼쓰는소리、획 又가죽과뼈서로떨어지는소리、획(陌) [혁] 義同(錫)

砇 玟同

砅° 리 [려] 履石渡水돌디디고물건늘、여(霽)

砒 磇同

砋 °쯔 [지] 擣衣石방칫돌、지(紙)

砎 °제 [길] 小石礦ㅣ조약돌、길(質) [개] 硬也단단할、개(卦)

砊 강 [항] 石聲ㅣ硠돌소리、항(漾) [강] 雷聲ㅣ磕우뢰소리、강(陽)

砃 단 [단] 赤石붉은돌、단(寒)

⿰石殳 씨 [설] 石山돌산、설(屑)

五

砥° °쯔 [지] 磨石숫돌、지 節操ㅣ礪절개、지(支)(紙)

砮° 누 [노] 石鏃돌살촉、노(肅愼

氏國産楛矢石砮(虞)(寘)

砠 同岨

硅 괘 [괘]石似玉者돌옥같을、괘(卦)

砦 同寨

砢 커 [가]衆小石貌磊ㅣ잔돌무더기、가又돌서덜、가(哿)

砰 펑 [팽]水石聲砯ㅣ물에돌굴르는소리、팽(庚)

砲 同礮

破 퍼 [파]裂也物壞깨질、파又깨뜨릴、파(箇)

砯 핑 [팽]水急打巖聲물이바위에부딪치는소리、팽(蒸)[빙]義同(徑)

砧 전 [침]擣衣石방칫돌、침又다듬잇돌、침(侵)碪同

砭 뻰 [폄]石鍼돌침、폄(以石刺病)(鹽)(豔)砨同

砞 머 [말]碎石부서진돌、말(曷)

砟 자 [사]碑石비석、사又빗돌、사(禡)

砣 퇴 [타]投石戲돌팔매질、타碾輪石연자매、타又맷돌、타(歌)堶碻同

砤 同砣

砒 츠 [자]石名ㅣ黃자황석、자又누런은돌、자(支)

砩 뼤 [폐]以石過水돌로물막을、폐(隊)

砎 써 [사]石垂貌磣ㅣ돌수구러질、사(或音나)(馬)

砪 무 [무]藥石雲ㅣ돌비늘、무又운무、무(有)

砛 전 [진]石不平貌돌험상스러울、진防水石방천돌、진又돌모루、진(眞)

砬 러 [력]二石相擊成聲돌마주부딪치는소리、역(藥)[각]義同(覺)

砰 판 [반]大石큰돌、반(寒)

砆 뿌 [부]白水晶흰수정、부(遇)

砱 링 [령]石孔돌구멍、영(青)

砓 씨 [시]石落聲돌떨어지는소리、시(支)

砫 쮜 [주]石櫃돌궤、주(寘)

六

䂬 꿍 [공]水邊石물가돌、공(腫)

硊 웨 [외]石貌磈ㅣ바위옹두라지、위(紙)

研 옌 [연]礦也갈、연又연마할、연究也궁구할、연又연구할、연(先)硯通

硋 同礙

硉 루 [률]石轉돌구를、율石崖ㅣ矹돌비알질、율(月)

䂬 同硌

硌 러 [락]石貌磊ㅣ바위옹두리、낙山上大石큰바위、낙(藥)

硃 쥬 [주]丹砂주사、주(虞)

硄 광 [광]石色光澤돌빛윤택할、광(陽)

硈 야 [할]堅固ㅣ然견고할、할(黠)

硇 놔 [노]藥石ㅣ砂노사、노(肴)

硍 건 [간]石有痕돌에흔적있을、간(願)

硐 퉁 [동]磨也갈、동以刀通竹節作笛總ㅣ대마디뚫어저만들、동(董)

硗 쟈 [요]山田산밭、요(肴)(效)[교]義同(篠)

硎 씽 [형]砥石숫돌、형(青)

硂 꽈 [과]盤石반석、과又편편한돌、과(麻)

硬 우 [오]石似玉옥같은돌、

유(虞)

七

硯 연 [연]研墨石벼룻돌、연(霰)研通 **碇** 찬 [천]展繒石깁펴는돌、천又쟁치는돌、천又방칫돌、천(霰) **硝** 챂 [소]俗音[초]藥石硭ㅣ망초、초ㅣ石유리만드는돌、초(蕭) **硪** 어 [아]巖也바위、아山高破ㅣ산높을、아(哿) **硨** 쳐 [쟈]石似玉者ㅣ磲옥돌、차(寶石一種)(麻) **硭** 망 [망]藥石ㅣ硝망초、망(陽) **硠** 랑 [랑]石聲ㅣㅣ돌소리 낭堅也단단할、낭(陽) **硜** 컹 [갱]小人貌ㅣㅣ똑똑한체할、갱又아릿아릿할、갱(或音경)(庚)硻同 **硬** 잉 [경]堅牢굳셀、경又견강할、경又딱딱할、경又단단할、경(敬)鞕同 **硫** 릒 [류]藥石ㅣ黃유황、유(性烈易燃磨則生臭火山之地最多產出用度廣汎)(尤)磂同 **确** 쵸 [학]石地磽ㅣ자갈땅、학(覺)埆同 **硩** 틔 [텩]挑摘딸、척(官名ㅣ蔟)(錫) **硤** 쨔 [협]堅也굳셀、협(縣名ㅣ石)(洽) **硊** 웨 [예]磨消갈아없이할、예(霽) **硰** 싸 [사]小石잔돌、사(地名ㅣ石)(麻)[좌]義同(箇) **[石甫]** 뱌 [보]磑也ㅣ磓돌매、보(麌) **碅** 큔 [곤]石落貌ㅣ碖돌떨어질、곤(阮) **[石赤]** (韓)地名ㅣ城땅이름적 **硵** 랖 [로]石器돌그릇、노(豪)(皓) **[石坐]** 좌 [좌]碎石부스러진돌、좌(哿) **[石孚]** 뱌 [부]石破聲돌깨뜨리는소리、부(尤) **[石尾]** 위 [미]磨石돌갈、미(尾)

八

碗 완 [완]器也그릇완 **碁** 棊同 **碎** 쒜 [쇄]細破부슬、쇄又부서질、쇄(隊) **[石隶]** 埭同 **碓** 뒈 [대]舂具水ㅣ방아、대(隊) **碕** 埼同 **[石兒]** 연 [연]人名사람의이름、연(先) **碔** 珷同 **硾** 쥐 [추]鎮也누를、추擣也다듬을、추(寘)磓同 **碍** 礙俗字 **碆** 퍼 [파]石鏃돌살촉、파(歌)磻通 **[石刪]** 硼同 **硼** 평 [평]石名평돌、평(庚)[봉](藥名ㅣ砂)(蒸) **[石昆]** 쿈 [곤]鐘病聲종소리럴럴할、곤(阮) **碌** 루 [록]綠石푸른돌、녹(沃)石地不平ㅣ磩자갈땅、녹又조악돌많은땅、녹庸貌ㅣㅣ녹녹할、녹又용렬할、녹(屋)錄通 **[石亞]** 야 [아]地形不平磈ㅣ지형험할、아(麻) **[石沓]** 다 [답]踏碓舂米방아디딜、답又쌀찧을、답(合) **碇** 矴同 **[石彖]** 쫘 [탁]擊也칠、탁(覺) **碑** 삐 [비]刻石紀功德비석、비又빗돌、비(宮)室廟屋墓隧之碣鐫文於石而建立者皆

曰丨(支) **琳** 린 [림]深貌丨丨깊을、임(侵) **碏**。취 [작]敬也공경할、작雜色石얼룩돌、작(藥) **碉** 됴 [주]石室돌집、주(蕭) **硆** 인 [음]深險嶮丨나내험할 음(侵)

碖 룬 [론]石落貌硱丨돌떨어질 논(阮) **⿰石妻** 취 [취]磓也매、취(隊) **硿**。쿵 [공]藥石丨青공청、공(東)石落聲돌떨어지는소리、공(送) **⿰石建** 치 [접]山連貌산이

연접할、첩(葉) **⿰石乖** 괘 [괴]碎石돌부서뜨릴、괴(佳) **碃** 창 [청]青石푸른돌、청(青) **硱** 쥔 [균]石危돌위대할、균(眞) **碐** 릉 [릉]石險돌험할、능(蒸)

⿰石卓 됴 [조]石高돌높을、조(篠) **九** **碣**。께 [갈]碑也비석、갈又비、갈(方者爲碑 圓者爲丨李斯所造)(月)(東海山名丨石)(屑) [계]立石돌세울、계(霽) **碝**。완 [연]美石次

於玉옥돌、연(白者如冰半有赤色)(銑)瑌同、瓀通 **碯**。난 [노]文石碯丨마노、노又무늬진돌、노(晧)瑙瑙同 **碫** 同鍛 **碬**。싸 [하]礪石숫돌、하(麻) **碭** 땅 [탕]文石무

늬있는돌、탕(浦邑山名芒丨)(漾) **碪** 同砧 **碞**。엠 [암]險也험할、암山不齊貌울뭉줄뭉할、암(咸) **碡** 뚜 [독]磨田器碌丨받고르는돌 곰배、독(沃) **碮** 네 [뎨]明

礬別名백반、뎔(屑) **碩** 쌰 [셕]大也클、셕充實충실할、셕(陌)鼫通 **碧**。뻐 [벽]深青色깊게퍼런옥빛、벽青石似玉청강석、벽(陌) **⿱敄石** 맏 [모]前高後低丘앞은높고뒤는

낮은언덕、모(豪) **⿰石皆** 예 [개]黑石似玉검은옥돌、개(佳) **碈** 同玟 **碟** 뎨 [혈]治皮가죽다룰、혈(屑) **⿰石直** 쥐 [저]磓也硬丨맷돌、저(語) **碃** 同碥 **碥**。삐 [편]乘

降履石노둣돌、편又디딤돌、편水疾厓傾물결에언덕무너질、편(銑) **⿰石㒸**。墜本字 **⿰石奓** 차 [차]石垂貌丨礫돌수구러질、차(禡) **碤** 잉 [영]石有文彩화반석、영又채색돌、

영(庚) **碠** 징 [정]石亭丨정자、정(青) **碨**。외 [외]險也험할、외(尾) **碦** 커 [각]堅石단단한돌、각(陌) **十** **磁**。츠 [자]石名吸引鐵類지남석、자(支) **磈** 웨

[외]石貌丨礧돌서덜、외又바위엉드러지、외(尾)碨通 **磓** 뒈 [퇴]落石돌떨어뜨릴、퇴(灰) [추]鎭也누를、추(寘)硾通 **碨**。웨 [외]地不平丨磊돌자갈땅、외(尾)磈通 **磇**。피

[비]毒石ㅣ霜비상、비(齊)砒同 **磕**• 거[개]石聲돌소리、개(泰)磕同[갑]義同(合) **磑**。애[애]磨石맷돌、애(隊)[외]積也쌓을、외(灰) **磊**。레[뢰]衆石重疊ㅣㅣ돌첩첩할、뇌又

돌무더기、뇌礨通、奇偉ㅣ落끼끗할、뇌魁貌ㅣ砢헌걸찰、뇌(賄) **磐**• 판[반]大石반석、반(寒) **碾** 넨[년]轢物器맷돌、연又연자매、연(霰) **磋** 취[차]磨也갈、차

(歌)(箇) **磎** 溪同 **碼**• 瑪同(英國度名英尺三尺)야드、마又야루、마(馬) **磅**。팡[방]石落聲돌떨어지는소리、방(山名ㅣ礴)(陽)[팽]地形ㅣ礴땅언틀먼틀할、팽(庚)英國貨幣單位名

又衡名파운드、방(我十二兩重餘) **磉** 쌍[상]柱下石주춧돌、상(養) **磏**。렌[렴]蒞礪선숫돌、염(鹽)磏同 **確**• 춰[확]堅實확실할、확堅也굳을、확(覺) **碻**

確同 **磆** 화[활]藥石ㅣ石활석、활(黠) **磔**。쩌[책]刑名ㅣ市능지할、책又찢어벌릴、책(裂體剐肉死刑)(陌) **⿰石鬲**。꺼[격]石地險惡돌땅험할、격(陌) **碽** 꿍[공]石擊聲

돌치는소리、공(東) **磂** 硫同 **磃** 듸[체]怪石磃ㅣ괴석、체(齊)[사]館名ㅣ氏집이름、사(支) **磌**• 뎬[전]柱下石주춧돌、전石轉落聲돌떨어지는소리、전(先) **磍**

싸[할]感怒磍ㅣ성불끈낼、할礫地ㅣ磤자갈땅、할(黠) **磒**。윈[운]落也떨어질、운(文) **礐** 랴[락]石相扣聲ㅣ確돌서로부딪치는소리、낙(覺) **磄** 탕[당]怪石ㅣ

磃괴상스러운돌、당(陽) **磖** 라[랍]破物聲ㅣ磼깨지는소리、납(合) **⿰石冓**。꾸[구]碼也디딤돌、구(有) **⿰石貨**• 싸[사]小石조약돌、사又자갈、사(哿) **⿰石宮** 꿍[강]石落聲

돌떨어지는소리、강(江) **⿰石烏**。우[오]石阿돌언덕、오(虞) **⿰石咢** 어[악]險也험할、악(覺) **⿰石虔**。쳰[건]礎也주춧돌、건(先)

十一

䃜 이[예]黑石검은돌、

예(齊) **磤** 인[은]雷聲砏ㅣ우렛소리、은(文)(吻)殷隱通 **磝**• 嶅同 **磨**。머[마]治石갈、마(歌)礳同、石磑매돌、마摩擦만질、마(箇) **磢** 촹[창]以石洗物去垢돌로닦을、

창(養) **⿰石啇** ⿰石勺本字 **磬**。칭[경]石造樂器돌경쇠、경又돌풍류、경(玉ㅣ、石ㅣ)騁馬말달릴、경僂身ㅣ折몸굽힐、경縊也목맬、경激事掉ㅣ일충동일、경又일격동할、경(徑)

磧 지 [적] 水渚有石ㅣ歷물가자갈、적 沙漠 모랫벌、적(陌) 碿 씨 [석] 礎也주춧돌、석(陌) 磞 평 [팽] 擊石돌때릴、팽(或音붕)(庚) 磚 同甎 磢 추 [족] 砮也돌살촉、족(屋) 磣 천 [삼] 物中混沙모래섞일 삼(或音친)(感) 磫 쫑 [종] 石遅돌결、종(冬) ⿰石虖 싸 [하] 石裂돌버러질、하(禡) ⿰石堅 同硜 磩 치 [척] 美石似玉옥같은돌、척(錫) 磛 찬 [참] 山險산험할、참(咸) ⿰石斬 同磛 磪 최 [최] 險高험하고높을、최(灰) 磦 퍄 [표] 山峰出貌산봉오뚝할、표(蕭) ⿰石鄕 꿔 [곽] 石棺돌관、곽(覺) ⿰石莫 머 [막] 沙漠모래바닥、막(覺) ⿰石婁 랴 [루] 石多돌많을、누(尤)

十二

磯 지 [기] 水激石물이돌에부딪칠、기 水中磧물속자갈、기(微) 磲 취 [거] 石似玉硨ㅣ옥돌거、大蛤큰조개、거(魚) 磾 디 [제] 染色黑石물들이는검은돌、제(人名金日ㅣ)(齊) 磷 린 [린] 玉石符采ㅣㅣ옥돌문채、인(眞) 雲母돌비늘、인 薄石얇은돌、인(震) 磻 판 [반] 溪名시내、반(鳳翔溪名ㅣ溪姜太公釣處)(寒) 碆通 [과] 石磢돌살촉、과(歌) 磵 同澗 磽 챠 [교] 礉地자갈땅、교 堅硬단단할、교(肴) 礉通 磴 同嶝 ⿰石欽 친 [금] 深險連延貌ㅣ硷 줄창험할、금(侵) ⿰石厥 쥐 [궐] 採石돌뜰、궐(月) ⿰石晉 잔 [잠] 石門돌문、잠(侵) 磹 텐 [점] 電光礹ㅣ번개빛번쩍거릴、점(琰) ⿰石尊 同矸 ⿰石毳 취 [취] 石破돌깨질、취(霽) 磺 同礦 ⿱敦石 둔 [돈] 石可踞걸터앉는돌、돈(元) 磼 짜 [잡] 山高貌ㅣ礏산우뚝솟을、잡(合) [섭] 物破聲礏ㅣ물건깨지는소리、섭(葉) 磿 리 [력] 石聲ㅣㅣ조약돌대그락대그락할、역(燕宮名ㅣ室)(錫) 礁 찬 [쵸] ㅣ水中巖ㅣ암초、초 ⿰石肅 쑤 [숙] 砥石玄ㅣ검은숫돌、숙(屋) ⿰石虛 쒸 [허] 輕石가벼운돌、허(魚) ⿰石最 쬐 [최] 小石자갈、최(泰)

十三

礎 츄 [초] 柱下石주춧돌、초(語) 礌 同礧 礉 챠 [교] 石不平돌울퉁불퉁할、교(效) 磽通 [핵] 刻也각박할、핵(陌) 礓 쟝 [강] 小石ㅣ礫조약돌、강(陽) ⿰石詹 딴 [담] 藥名石ㅣ석담、담(石ㅣ者石中有汁如膽汁、酸辛氣寒、治諸石瘤石淋、目痛)(感) ⿰石廉 同磏 ⿰石感 깐 [감] 石篋돌함、

감(封禪所用)(感) 磴 同墜 礐。 취 [각] 石聲돌소리、각(覺) 磯 전 [침] 以石打之돌로칠、침(寢) 礏 읍 [읍] 山高貌礏ㅣ산우뚝솟을、읍(緝) 礔 同霹 礒

이 [의] 巖也바위、의(紙) 磈 외 [외] 石多貌돌많을、외(賄) 礆 젼 [검] 石險돌험할、검(琰) 礒 지 [즙] 石高돌높을、즙(緝) 十四 礜。 위 [여] 毒石名白ㅣ여돌、

여(ㅣ石鼠食則死蠶食則肥)(御) 礚 同磕 礙。 애 [애] 阻止그칠、애又막을、애妨也해롭게할、애(隊) 硋同閡通 礛。 잼 [감] 磨玉礪石ㅣ礛옥가는숫돌、감(咸)

礞 몽 [몽] 藥石靑ㅣ石청몽석몽又퍼런은돌、몽(東) 礠 치 [척] 夜警鼓순경북、척(錫) 礩 삔 [빈] 硶石聲돌부스러뜨리는소리、빈(眞) 礰。 리 [력] 耕具石犁돌

모습、역(錫) 十五 礧 레 [뢰] 自高轉石돌굴려내릴、뇌(隊) 礌櫑同擂通、山貌礧ㅣ산높을、뇌(紙) 礪。 리 [려] 砥石숫돌、여(霽) 礨 레 [뢰] 小穴ㅣ空작

은구멍、뇌(賄) 磊通 礥 쎈 [흔] 難貌근지할、흔又어려워할、흔(眞) [현] 艱險간험할、현剛強딱딱할、현(先) 礬。 뺀 [번] 涅石백반、번(俗音반)(一種礦物使用於藥材又染

料)(花名山ㅣ)(元) 礩。 지 [질] 柱下石주춧돌、질(質) 礦 꽝 [광] 金銀銅鐵類樸石쇳돌、광(梗) 鑛磺同 礤 차 [찰] 粗石거친돌、찰又껄끄러운돌、찰(曷) 礫。 리

[력] 小石자갈、역又조약돌、역(錫) 𥗝 礣同 礣 머 [말] 小石자갈、말堅也단단할、말(曷) 礖 뤼 [려] 石堅돌단단할、여(語) 十六 礱。 룽 [롱] 礲也磨ㅣ갈、농

(東) 磑也맷돌、농(送) 礮 판 [포] 兵機石彈돌탄알、포又돌쇠뇌、포又대포、포(或音표)(效) 砲同 礰。 同靂 礑 쮸 [저] 磨玉靑礪礛ㅣ옥가는푸른숫돌、저(魚) 𥗺

뇨 [뇨] 山曲산꼬불꼬불할、요(篠) 𥗪。 쾌 [괴] 小石조약돌、괴(灰) 𥗷 친 [친] 水中石물속돌、친(震) 十七 礴。 뿍 [박] 地形匊ㅣ땅형세、박裸體盤ㅣ벌거벗을、박

混也섞일、박廣被넓게덮일、박(藥) 礏。 쎄 [섭] 雹光ㅣ礔번개빛、섭(或音섭)(葉) 礏同 [화] ㅣ礚石부싯돌、섭 礢 상 [양] 軟石연한돌、양(雌黃之惡者)(養) 十八 𥗿

짝 [子] 青礪石푸른 숫돌、子 (虞) **磼** 짜 [잡] 雜石多貌잡 석많을、잡 (合) (十九) **礳** 同磨 (二十) **礹** 옘 [엄] 石山돌 산、엄 (鹽) (二十一) **⿰石霸** 파 [파] 砧也방 칫돌、파 (禡) (二十二) **⿰石襄** ⿰石囊 同 **⿰石羅** 라 [라] 石山돌 산、나 (哿)

示部

示 쓰 [시] 呈也揭丨보일、시 (寘) [기] 神丨귀신、기 (支) 祇通 **礼** 禮古字 (二) **礽** 이 [잉] 福也복、잉 就也나갈、잉 (蒸) (三) **祁** 치 [기] 大也클、기 盛也성할、기 衆多丨丨많을、기 (支) **祀** 쓰 [사] 祭也제사、사 奉祭제지낼、사 年也해、사 (紙) 禩通 **社** 써 [사] 主土神丨稷귀신、사 又사직、사(建國之神位右丨稷左宗廟) 丨日사일、사(立春立秋後、五戊爲丨) 團合結丨둘레、사 又모일、사 (馬) **礿** 禴同 (四) **祇** 찌 [기] 地神지신、기 安也편안할、기 大也클、기 示通 [지] 敬也공경할、지 但也다만、지 適也마침、지 (支) 秖通 **祈** 치 [기] 禱也기도할、기 又빌、기 告也고할、기 徐也丨丨천천할、기 (微) **祋** 대 [대] 殳也창、대 (泰) [갈] 義同 (曷) **祅** 얍 [요] 災也재앙、요 (蕭) **⿰示支** 同庪 **祊** 빵 [팽] 廟門祭神사당문 제사、팽 (庚) 閍通 **祉** 쯔 [지] 福也복、지 (紙) **⿰示比** 삐 [비] 奉祭제사지낼、비 (紙) (五) **祠** 츠 [사] 廟也사당、사(將營宮室先立丨堂) 春祭名봄제사、사 (支) **祕** 삐 [비] 密也비밀할、비 隱也가만이할、비 又은근할、비 神也귀신、비 (寘) 秘同 **祛** 취 [거] 卻也물리칠、거 強健丨丨굳셀、거 散也흩을、거 逐也쫓을、거 (魚) **祟** 쒜 [수] 神禍빌미、수 又동토、수 (寘) **〈祘〉** 쏸 [성] 省也살필、성 (梗) **祖** 쭈 [조] 父之父할아비、조 又한아비、조 又한배、조 始也비로소、조 本也근본、조 道神祭길제사、조 (麌) **神** 썬 [신] 靈也신、신 又검、신 又영검할、신(天丨棲于日人丨棲于目) (眞) **祐** 우 [우] 助福也도울、우(天丨神助) 幸也다행할、우 (宥) **⿰示央** 同殃 **祓** 뿌 [불] 除災求福제액할、불 又푸닥거리할、불 除也덜、불 滅也소멸할、불 (物) **祝** 쭈 [주] 以言告神축

원할、추(宥) [축]祭主贊詞축문、축饗食神求福빌、축織也짤、축斷也끊을、축始也비로소、축(屋)呪通

祏 씨 [석]廟中藏主石室宗ㅣ종묘돌감실、석(陌)

祢 同禰

祜 후 [호]福也복、호(麌)

祔 뿌 [부]祭名부제사、부(以後裔合祭先祖也)合葬합폄할、부(遇)

祚 쭤 [조]福也복조、조位也지위、조(卒踐帝ㅣ)歲也해조(初歲元ㅣ)(遇)

祡 채 [시]燔柴祭天천제지낼、시(佳)柴通

祙 미 [미]山神산귀신、미(眞)

[示可] 거 [가]祭也제사、가(歌)

六

祣 뤄 [려]山川祭산천제、여(語)

祪 꿰 [궤]廢廟之主폐한사당신주、궤(紙)

祭 쩨 [제]祀也제사、제又기고、제奉祀제사지낼、제(霽) [채](姓也)(卦)

祧 됴 [조]遷遠祖廟체천할、조又사당、조(蕭)

祥 썅 [상]幸福상서、상福也복、상吉也길할、상凶吉之兆조짐、상祭名제사、상(父母喪期而小ㅣ、再期而大ㅣ二十五月而大ㅣ)(陽)

祫 쌰 [협]合祭先祖합제사、협(ㅣ者謂已祧之祖合於太祖廟而祭之)(洽)

祤 유 [우]縣名고을이름、우(麌)

祵 인 [인]成就성취할、인(眞)

票 퍄 [표]火起불날、표輕擧貌ㅣ然훌적날、표(蕭)勁疾ㅣ姚날랠、표(嘯)嫖飄通

祩 쮸 [주]詛也방자할、주又저주할、주(虞)

七

祴 쪠 [개]塼道甓ㅣ벽돌깐길、개(佳)(夏樂名)

祳 천 [신]社祭生肉사직에제지내는날고기、신(軫)脤同

祰 꼬 [고]祈也빌、고(皓)

䄆 우 [유]燎柴祭天홰켜고천제지낼、유(有)槱通

[示咎] 禍古字

祲 친 [침]日傍暉氣해무리、침精氣感祥상서、침凶氣ㅣ妖흉할、침(侵)(沁)

[示肖] 찬 [초]福也복、초(蕭)

䄉 어 [아]盛也성할、아祭也제사、아容貌美好얼굴예쁠、아(歌)

八

祺 치 [기]吉也길할、기祥也상서、기(壽考維ㅣ)(支)

祽 취 [쵀]月祭월제지낼、쵀又삭제、쵀(隊)

祼 관 [관]祭酌鬯以ㅣ地강신할、관(翰)灌通

䄍 짜 [자]年終祭名납향제、자(夏曰淸祀商曰嘉平周曰ㅣ秦曰臘)(禡)蜡通

禁 찐 [금]制止금할、금又금지할、금天子所居宮ㅣ대궐、금承酒尊器술잔대、금(沁)勝也이길、금當也당할、금(侵)

祿 루 [록]福也복록、녹俸給녹봉、녹又요、녹善也착할、녹火神回ㅣ불귀신、

녹(屋)
禂。댜[도]禱馬祭마조단제、도又말제지낼、도(晧)驕同
禀。稟俗字
裯 댜[도]吉祥상서、도(虞)神也귀신、도(豪)
祅 얍[요]災也재앙、요(蕭)
⿰礻奇 치[기]好也좋을、기(支)
禌 츠[치]安也편안할、치(支)
⿰礻坴 륙[륙]現露나타날、육(屋)
禃 씨[식]專一오로지할、식(職)
(九)
禕。이[의]美也아름다울、의珍貴보배로울、의嘆美辭의홈다할、의(支)
禔。쓰[지]福也복、지[시]義同(支)[제]義同安也편안할、제(齊)
禊 씨[계]除惡祭祓ㅣ푸닥거리할、계(霽)
禘。듸[제]王者大祭大ㅣ나라의큰제향、제(霽)
禖 메[매]天子求子祭名高ㅣ천자의아들비는제、매(仲春之月以太牢祠高ㅣ)(灰)
禋 인[인]潔祀정결히제지낼、인(眞)祵通
禍。홰[화]災也재화、화又재앙、화殃也재앙、화(哿)
福。뷱[복]祐也복、복吉祥상서、복善也착할、복慶也경사、복祭祀胙肉음복할、복(屋)
禎 졍[정]祥也상서、정(庚)
禓。양[양]道上祭길제사、양道神길귀신、양[상]逐強鬼귀신쫓을、상(陽)
禗 쓰[사]神不安欲去ㅣㅣ귀신이불안하여가려할、사(支)
[illegible] 쇄[쇄]問吉凶무꾸리할、쇄(隊)
⿰礻侯 훅[후]求福복구할、후祈也빌、후(虞)
⿰礻胥 쓔[서]祭器제기、서(語)
禒 쎈[선]祭餘肉제사나머지고기、선(銑)
(十)
禠 치[사]福也복、사(支)
禡。마[마]師旅所止地祭名진터제、마(禡)
禜。잉[영]除災祭재앙제하는제、영禳風祭雨기우제、영(敬)
禚 쟉[작]齊地名땅이름、작(藥)
⿰礻冥 밍[명]福也복、명(靑)
禛 졘[진]以眞受福복받을、진(眞)
⿰礻留 류[류]祝神詛也예방할、유又방법할、유(宥)
⿰礻旁 빵[방]春祭봄제사지낼、방(庚)
禟 당[당]神祐도울、당(陽)
(十一)
禦。워[어]防也막을、어止也그칠、어(語)
⿰礻虘 詛古字
⿰礻畢 삐[필]竈祭조왕제、필(質)
⿰礻逢 뽕[봉]負山之神산귀신、봉(冬)
⿰礻亶 씬[신]上古神人신인、신(眞)神古字
⿰礻婁 류[루]飮食祭음식제、누(尤)
(十二)
禧。씨[희]福也복、희吉也길할、희(支)釐通
禩。쓰[사]年也해、사(紙)祀通
禨 이지[기]祥也상서、기祟也빌미、기(微)

沐而飲酒목욕한뒤에 먹는 술、기(新沐體虛必進ㅣ酒)未

禪。싼 [선] 讓位전위할、선除地封ㅣ터닦을、선(古者天子封泰山而祭天ㅣ、小山而祭山川)霰 靜也고요할、선僧也중、선(ㅣ有五外道ㅣ、凡夫ㅣ、小乘ㅣ大乘ㅣ、最上乘ㅣ)先 壇同

禝 랴 [료] 燔柴祭天섶대워천제지낼、요嘯 賚通

[示+焦] 醮同

禫。탄 [담] 除服祭담제、담(父母喪期而小祥又期而大祥中月而ㅣ)感

[示+番] 膰同

[示+虛] 쒸 [허] 耗鬼주린귀신、허魚

⑬

禮。리 [례] 節文仁義예도、예(表敬意之式)齊

禬。쾌 [회] 除 殃祭재앙제하는제사、회泰

[示+睪] 이 [역] 祭之明日제사이튿날、역(殷曰彤、周曰ㅣ)陌 繹通

[示+亶] 싼 [선] 祭天천제지낼、선讓也사양할、선霰

禭 쒸 [수] 神名귀신이름、수祭名제사이름、수(高句麗國在遼東之東千里國東有大穴號ㅣ神以十月而祭之)寘

⑭

禰。늬 [니] 親廟아비사당、이(正音녜)生 稱父死稱考入廟稱ㅣ)齊 祢同

禱。땨 [도] 祈神求福빌、도又기도할、도皓 號

[示+厭] 앤 [염] 禳也도액할、염又예방할、염琰 厭通

⑮

[示+厲] 리 [려] 鬼災뜬귀신작난할、여又여귀、여齊

[示+憂] 우 [우] 福也복、우有

⑯

[示+賴] 래 [뢰] 詛祝방자할、뇌壞也무너질、뇌泰

⑰

禳。샹 [양] 祈也기도할、양陽

禴。위 [약] 夏祭名여름제사、약(天子、四時之祭、夏曰ㅣ)藥 礿同

⑲

禷。레 [류] 祭天神천제지낼、유寘

禶。찬 [찬] 詛呪저주할、찬翰 祝神귀신에게빌、찬旱

⑳

[示+雟] 졘 [견] 祭也제사、견元

禸部

禸 석 [유] 獸足蹂地짐승의발자국、유有

④

禺 위 [옹] (廣州地名番ㅣ)冬 [우] 義同、日在巳曰ㅣ中사시、우虞 母猴암원숭이、우遇

禹。위 [우] 夏后名하우씨、우(夏朝創業聖君之號)舒也펼、우徐緩느즈러질、우麌

⑥

离。리 [리] 明也밝을、이麗也빛날、이散也헤어질이(卦名、獸名)支 離通

⑦

萬 狒同

禼 쎄 [셜] 殷祖名은나라시조이름、설卓也높을、설屑 偰卨同、契通

⑧

禽。친 [금] 鳥也飛ㅣ새、금戰勝生獲사로잡을、금侵

⑬

[禺+與] 狒同

禾部

禾 허 [화] 穀類總名곡식、화又벼、화(嘉穀二月生八月熟)(歌) 和通 [華] 馬齒數말나수효、수

秀 싸 [수] 榮茂빼날、수(凡言特異者皆曰ㅣ)禾吐華이삭、수又벼패일、수美也아름다울、수ㅣ才수재、수(宥)

私 쓰 [사] 不平사정、사又사사、사又마들、사己稱나、사自爲姦ㅣ간사、사女子之姊妹夫謂ㅣ형제의남편、사又아제사(支)

秃 투 [독] 毛脫털빠질、독(屋)

㊂

秄 쯔 [자] 培也북돋을、자(或秐或耔)(紙)

⿰禾己 치 [기] 禾名穋ㅣ육기벼、기白粟흰조、기(紙)

秆 稈同

秉 빙 [병] 把也잡을、병柄同、禾束벼묶음、병(梗)

秊 年本字 俗作秊

秅 차 [타] 穀數곡식수효、타 [차](國名烏ㅣ)(麻)

秈 籼同

⿰禾勺 됴 [초] 禾穗垂貌벼이삭고개숙일、초(篠)

⿰禾乞 쌔 [흘] 屑米細者싸라기、흘稻生벼싹날、흘(或音헐)(月)

⿰禾于 위 [우] 禾不秀也벼패지않을、우(虞)

⿰禾弋 이 [익] 稈也짚、익(職)

㊃

种 츙 [츙] 稚也어릴、츙(東) 冲同

秖 찌 [지] 稻熟벼익을、지(支) 秪通

秕 삐 [비] 穀不成實쭉정이、비使穢더럽힐、비稗也가라지、비(紙) 粃同

秒 댜 [묘] 禾芒벼가시랭이、묘(篠) [日] 時針초침、초

秏 맏 [모] 減也덜、모又모손할、모稻也벼、모(號) 耗通

科 커 [과] 程也과정、과又한정、과本也근본、과又밑둥、과條也조목、과品也품수、과等也무리、과坎也웅덩이、과條格ㅣ第과거、과罪責處罰ㅣ料벌쓸、과(歌)

⿰禾巴 穲同

秊 季俗字

秔 갱 [갱] 稻不粘메벼、갱(稻之不黏而晩熟者曰ㅣ)(庚) 粳稉同

秋 착 [추] 夏之次節가을、추(金行之時白藏節)馬騰貌ㅣㅣ말뛸、추愁也ㅣㅣ근심할、추(尤)

⿰火禾 秋同

⿰禾夫 뿌 [부] 再生稻벼움날、부(虞)

秎 윤 [분] 稻束벼묶음、분又볏단、분(文)

⿰禾丑 부 [뉴] 禾耎弱벼연약할、유又모、유(有)

秐 耘同

秓 찌 [지] 稈也벼줄기、지又짚、지(支)

采 쒜 [수] 禾成벼익을、수禾穗벼이삭、수(寘)

⿰禾牛 리 [려] 耕也밭갈、여(齊)

⿰禾牙 야 [아] 芽也싹、아稻束볏단、아稏也피、아(麻)

⿰禾开 젼 [견] 小束작은단、견十束열묶음、견(銑)

⿰禾夬 찌 [지] 茂也무성할、지(支)

㊄

秠 퓌 [비] 黑黍검은가장、비(支)(紙)

秧 양 [앙] 禾苗모양、양 (陽) **秭** 쯔 [자] 億之千倍천억、자 (紙) **秬** 쥐 [거] 黑黍검은기장、거 (語) **秘** 同祕 **秜** 늬 [니] 自生稻돌벼、이又피、이 (支) **秦**。 친 [진] 國名진나라、진 (白翳所封)(禾名) (眞) **秩**。 찌 [질] 序也차례、질俸給봉급、질官職班列품수、질常也떳떳、질 (質) 袟帙通 **秤** 청 [칭] 衡也저울、칭 (徑) 稱通 [華] 百斤칭、칭

秫 쓔 [술] 黏粟차조、출 (質) **秣** 머 [말] 飼馬料말먹이、말飼馬말먹일、말 (曷) 餘同 **秚** 빤 [반] 物相和섞일、반又화합할、반 (旱) **租**。 쭈 [조] 稅也부세、조又구실、조積也쌓을、조 (虞) [華] 已收禾正ㅣ벼、조 **秢** 링 [령] 稻始熟벼처음익을、영年也나이、영 (青) 齡通 **秙** 쿠 [고] 禾不實ㅣ穛벼여물지않을、고 (遇) **[禾弗]**。 삐 [필] 禾重生ㅣ櫛움벼、필 (質)

秞 우 [유] 禾黍並盛벼와기장무성할、유 (尤) **[禾石]**。 씨 [석] 十斗섬、석 (陌) 石通 **秥** 뎬 [점] 禾也벼、점 (鹽) **秡** 빠 [발] 禾傷벼상할、발 (曷)

秨 쭤 [작] 禾搖動貌벼흔들릴、작 (藥)

六

移。 이 [이] 遷也옮길、이禾相倚遷모별、이 (支) **[禾夷]**。 同稊 **秷** 찌 [질] 禾穗벼이삭、질刈禾聲벼비는소리、질 (質) 挃通 **秸** 同稭 **秱** 퉁 [동] 禾盛貌벼마디길、동又벼무성할、동禾節벼마디、동 (東) **[禾巟]** 황 [황] 凶年흉년들、황空也빌、황 (陽) 穔同 **秳** 궈 [괄] 禾生貌벼날、괄 [활] 舂粟不潰조닦여지지않을、활 (曷) **秵** 인 [인] 禾華벼꽃、인 (眞) **[安禾]**。 안 [안] 穈禾벼갈、안 (翰) **秺** 뚜 [두] 地名땅이름、두 (遇) **[禾兆]** 됴 [도] 自生禾피、도又돌벼、도 (蕭)(肴)

[禾存] 춘 [존] 禾積벼쌓을、존 (願) **[禾曳]** 이 [예] 收禾벼거둘、예 (霽) **[共禾]** 꿍 [공] 晚稻늦사리벼、공 (冬) **[禾劦]** 례 [례] 長禾긴벼、례 (霽) **[覀禾]** 栗古字

七

稀。 씨 [희] 疏也드물、희又성길、희少也적을、희希通淡也맑을、희 (微) **稆** 同穭 **稃**。 뱌 [부] 穀類外糠등겨、부又왕겨、부 (虞) **稌** 뚜 [도] 稉稻찰벼、도 (虞)(麌) **稊** 티 [제] 野生ㅣ稗돌피、제又가라지、제 (齊) [禾夷]第同 **稅**。 쒜 [세] 貢賦부세、세又구실、세斂也거둘、세捨也놓을、세又버릴、세休息ㅣ駕쉴、세 (霽) [태] 追服추복입을、

대(日月已過聞喪而服曰ㅣ)(泰)[탈] **稛** 균[곤]成熟곡식 **䅋** 약[뵤]禾積벼쌓은、부又 **稩** 。얀[견]麥
解也풀、탈又끄를、탈(曷)稅通 익을、곤(阮) 벗가리、부(虞)稃通
莖보리줄기、견(先) **稍** 。쌰[초]漸也ㅣㅣ점점、초(巧)少也적을、초 **稂** 節 **程** 。청[정]式也법、정限
又보릿대、견(先) 稟食요식、초又녹、초均也고를、초(效) 同 也한정、정量
也헤아릴、정準也준거할、정課也 **秸** 쿠[곡]禾熟벼익 **稄** 처[즉]禾密稫ㅣ벼 **稈** 。깐[간]禾莖
과정、정道里길잇수、정又길、정(庚) 을、곡(沃) 빽빽할、측(職) 벼줄기、
간又볏짚、 **䅀** 빼[별]禾列不齊벼포기고 **稉** 。秔 **䅍** 뎡[정]稻麥傑立貌벼우 ㊇ **秘** 빼[별]禾香
간(旱)秆同 루서지않을、별(屑) 同 뚝우뚝설、정(徑) 벼향기、
별 **稚** 。찌[치]幼禾어린벼、치晩也늦을、 **稗** 。빼[패]似禾實細피、패 **䅘** 래[래]麥也보 **稡** 취[최]
(屑) 치小也幼稺어릴、치(寘)稺同 (葉似稻而實小)(卦) 리、내(灰) 聚
也會ㅣ모을、최(泰)[졸]禾 **稛** 。균[균]束也묶을、균滿 **稕** 。쥰[쥰]稕束짚묶음、 **䅜** 뛰[타]小積작
聚貌벼포기모을、졸(月) 也가득할、균(軫) 쥰又짚단、쥰(震) 게쌓을、
타 **稏** 야[아]稻名穲ㅣ벼 **稜** 렁[릉]田片밭뙈기、능(藥名三ㅣ)(徑)廉角觚ㅣ모、능又모 **稠** 。착
(哿) 이름、아(禡) 질、능神靈之威영검할、능勢也형편、능(蒸)楞通
[주]密也빽빽할、주多也많을、 **稟** 。빙[품]奏事품할、품又아뢸、품天賦性質 **𥞌** 穆古 **稔**
주濃也무르녹을、주(或音조)(尤) 성품、품給也줄、품受命받을、품(寢) 字
신[임]穀熟풍년들、임又곡식익을、 **稑** 。루[륙]稻名種ㅣ동륙벼、육早熟 **稙** 。찌[직]早種稻일찍
임年也해、임積久오랠、임(寢) 稻올벼、육又이른벼、육(屋) 심은벼、직又
조도、직又올에、직又옥자강、직 **稵** 。즈[치]禾死벼죽을、 **䅏** 쀄[비]禾穗垂貌벼이 **䅕** 쮜[거]
(ㅣ稺、菽麥先種曰ㅣ種、後種曰稺)(職) 치耕也갈、치(支) 삭숙을、비(尾) 黍
也穗ㅣ기 **稴** 쎔[섬]禾傷貌벼 **稖** 同䅫 **䅑** 허[화]稽頭관머 **䅚** 촨[권]禾相近벼포기서 **穄** 同䆐 **稘** 。
장、거(魚) 상할、험(鹽) 同 리、화(歌) 로가까울、권(阮) 同 。

ᄶ지 [기]豆莖콩줄기、기周年주년、기(支)朞通 **稞**。ᄏ [과]無芒麥중보리、과(歌)無皮穀알 곡식、과(哿) **稒** 꾸 [고]縣名ㅣ陽고을 이름、고(遇)捆同 **稤**。[?]各宮幹事者ㅣ宮숙궁、숙

⿰禾奄 엔 [엄]禾不實벼쭉정이、엄(琰) **稇**。큔 [곤]束也묶음、곤又단、곤(或音혼)(阮) **稦** 이 [의]禾茂貌벼무성할、의(支) **稩** 꽌 [관]禾病벼병들관、(旱)

⿰禾空 쿵 [공]藁也짚、공(東)

九

種。쫑 [종]類也종류、종髮短ㅣㅣ머리털모지라질、종ㅣ子씨、종物物가지、종(腫)藝植심을、종(宋) **稰** 쒸 [서]熟穫다작할、서又가을걷이할、서 [소]祭神米고사쌀、소(語) **稭**。ᄶ제 [갈]禾藁짚고갱이、갈(去皮爲席、祭天設之)(黠)秸鞂同 [개]義同(佳)藍同 **稬** 눠 [나]黏稻찰벼、나(箇)糯同 **稱**。청 [칭]言也일컬을、칭銓也저울질할、칭揚也날릴、칭擧也들、칭名號이름할、칭(蒸)稱同、衡也저울、칭愜也맞음에 맞을、칭相等參ㅣ같을、칭又상등할、칭量度헤아릴、칭(徑)秤通

稫。삐 [벽]禾密生貌ㅣ稄벼빽빽할、벽又보일、벽(職) **稧**。쎄 [결]禾稈볏짚、결(屑) [계]修ㅣ계、계(霽) **稯**。쫑 [종]禾束벼묶음、종又볏단、종(東) **⿰禾音** 엔 [염]苗齊ㅣㅣ싹고를、염(鹽)

⿰禾胄 쯕 [추]稔實벼알염을、추又실염될、추(宥) **⿰禾⿱覀田** 치 [즙]種也심을、즙(緝) **⿰禾耑**。뛰 [타]禾垂貌벼고개숙일、타(哿) [단]義同(寒) **稨** 삔 [변]籬上豆울콩、변(先)

⿰禾屋 우 [옥]禾芒벼꺼럭、옥(屋)

十

⿰禾𦎫 穆同 **稺** 稚穉同 **⿰禾尃** 퓨 [포]大豆왕콩、포(虞)補通 **稹**。연 [진]密也빽빽할、진叢也무더기、진茂也성할、진(軫)

稽。ᄶ지 [계]考也상고할、계留止머무를、계貯滯저체할、계詼諧滑ㅣ회해할、계計也계교할、계議也의논할、계至也이를、계(齊)下首돈수할、계又허리굽힐、계(霽)乩通

稻。따 [도]水田種穀벼、도(其實穀有芒、穀物中最好者)(皓) **稼**。쨔 [가]種穀곡식심을、가(禡) **稾** 꺄 [고]禾稈볏짚、고文草초잡을、고(皓)稿藁同 **稿** 稾同

穀。꾸 [곡]禾稼之總名곡식、곡又낟알、곡又쌀、곡善也착할、곡生也살、곡祿也녹、곡(屋)穀同、榖通 **⿱𣪊禾** 穀同 **稶** 위 [욱]黍稷盛貌서속성할、욱(屋) **稸** 蓄同

稷•어지[직]黍屬不黏메기장、직又피、직(五穀之一、其實黃其苗穗似蘆)(農官曰后ㅣ土神曰社ㅣ)(職) ⿰禾栗리[릐]積禾貌ㅣㅣ벼쌓어가릴、율(質) 稴。렴[렴]稻不黏

메벼、염(鹽)[겸]義同(琰) ⿰禾荒同稅 ⿰禾唐당[당]黍也ㅣ秬기장、당(陽)[韓]玉蜀黍옥수수、당又강냉이、당 ⿰禾耆씨[시]麥下播種보리밭에씨뿌릴、시(或音기)(支) ⿰禾昷。

윤[온]盛也번성할、온(文) ⑪ ⿰禾悤종[총]禾束벼묶을、총(董) 穊。어지[기]稠密빽빽할、기又밸、기(寘) 穈•메[미]黍屬기장、미粥也미음、미(支)穈同[문]赤粱粟

붉은차조、문(元)虋通 積。어지[적]堆疊쌓을、적聚也모을、적(陌)[자]儲也委ㅣ저축할、자(寘)積通 穄어지[제]稷也기장、제又피、제(似黍黑而不黏、飯之美者)(霽) 穌。쑤

[소]息也쉴、소舒悅기쁠、소死而復生깨날、소(救世主曰耶ㅣ)(虞)甦蘇通 ⿰禾累뤄[라]穀積노적더미、나又곡식쌓을、나(歌) 穛어좌[초]物縮少축날、초又쭈그러질、초(嘯)

穅강[강]穀皮겨、강(樂器名)(陽)糠同 穎•잉[영]穗也이삭、영錐鋑송곳끝、영才能拔出빼날、영(梗) 穆。무[목]和也화할、목敬也공경할、목廟序昭ㅣ사당차례、목(屋)

穋同繆通 稌투[도]禾穗벼이삭、도(虞) 穋。同稑 ⿰禾票묘[묘]禾芒벼꺼럭、묘又벼가시랑이、묘(篠)[표]稻苗秀出상이삭、표(蕭) ⿰禾虘어자[자]俗音[사]紅稻赤ㅣ붉은벼、

사又샘다리、사又산오려、사(麻) 穇•싼[삼]穗不實穇ㅣ벼실염못될、삼稗也피、삼禾長벼길찰、삼(感) 䅻리[리]禾華ㅣㅣ벼이삭고개숙일、이(支) ⿰禾啇어제[적]離

而種之모종낼、적又띠어심을、적(錫) ⑫ 穜。둥[중]禾名ㅣ稑충륙벼、충[충]義同(冬)[동]先種晩熟늦벼、동(東)重通 穗。쒸[수]禾秀벼이삭、수又벼고갱이、수(寘)穟同

穖。어지[기]禾也벼、기(尾) 穚쫘[교]禾秀벼패여날、교(蕭) 穛•쫘[작]早穀이른곡식、착又풋바심할、착(熟穫曰穭、生穫曰ㅣ)(覺) ⿰禾賁뻔[븐]穀米籛貌穟ㅣ까

부르지않은곡식、분(吻) ⿰禾朁。천[잠]禾欲秀벼패려고할、잠(侵) 穤메[매]禾傷雨生黑斑벼가비에상하여대모얐을、매(隊) ⿰禾勞•랖[로]野豆돌콩、노(豪) ⿰禾栗斉

[속]禾穗벼이삭、속(沃) 穉・同稺 穓 이[익]耕也갈、익(職) 穔 황[황]野麥들보리、황(陽) ⿰禾留 류[류]禾盛벼성할、유(尤) 穘 요[요]禾傷벼상할、요(肴)

(十三) 穠・농[농]繁華번화할、농(冬) 穟 同穗 ⿰禾會 괘[괴]穅也등겨、괴(泰)(隊) 穢・훼[예]汚也더러울、예蕪也거칠、예使汚더럽힐、예田中雜草김、예(隊) 薉通 䆃 도[도]擇也가릴、도治粟용정할、도瑞禾상서벼、도(皓)(號) ⿰禾零 령[령]草莖疎풀줄기성길、영(青) 穑 同穡 ⿰禾亶 젠[전]禾束볏단、전(霰) ⿰禾資 즈[자]積禾벼쌓을、자又볏가리、자(支) ⿰禾廉 렌[렴]草不結實풀에열매맺지않을、염(鹽)

(十四) 穫・휘[확]刈穀곡식베일、확收穀곡식거둘、확困迫곤박할、확(藥)[호](扶風地名 焦ㅣ)(遇) 穧 지[제]穫刈베인벼、제禾把벼웅큼、제(霽) 穨・퇴[퇴]暴風급한바람、퇴禿貌모지라질、퇴(灰)頹通 穩・원[온]安也편안할、온聚穀곡식걷어모을、온(阮) 穥 위[여]蕃盛貌ㅣㅣ서속번성할、여(語) 穪 稱俗字 ⿰禾聚 추[중]俗音[추]麻東삼단、추(虞)[수]聚也모을、수(有) 穦 삔[빈]香氣향기、빈(眞) ⿰禾寧 닝[녕]禾苗벼꺼럭、영又벼가시랭이、영(庚) ⿰禾翟 데[적]黏米찹쌀、적(錫)

(十五) 穲・빠[파]稻名ㅣ稏벼이름、파(禡)耙同 穮 同穮 ⿰禾鄉 쩨[즐]禾重生움벼、즐(質)鄉同 ⿰禾憂 우[우]把數十莖마흔줌、우又움큼수、우(把謂之秉秉四曰筥筥十曰ㅣ)(尤) 穬 꽝[광]稻不熟벼여물지않을、광(梗) 穭 루[려]自生稻돌벼、여(語)秜同

(十六) ⿰禾冀 미[미]散種씨뿌릴、미又씨뿌릴、미(寘) 穡・써[색]收穫曰ㅣ곡식거둘、색又곡식다작할、색(職)穑同

(十七) ⿰禾龍 룽[롱]禾病벼병들、농(東) ⿰禾韱 쎈[섬]禾不實穣ㅣ벼쭉정、섬(鹽) 穰・상[양]禾莖벼줄기 양豐也풍년들、양(陽)人多浩ㅣ사람많을、양繁盛번성할、양(養) ⿰禾薦 첸[천]獸類所食草짐승먹는풀、천又끝천(霰)

(十八) 穱・쥐[작]稻下種麥벼그루에보리심을、작(覺) ⿰禾雚 좐[권]禾熟黃벼익어누러질、권(元) ⿰禾糞 뿐[분]糞田거름、분紫稻상무벼、분稻不黏벼

차지지않을、분(問)

𥡝 씨 [섭] 禾動於風벼가바람에흔들릴、섭(葉)

⑲ **穳** ◦ 짠 [찬] 제禾積벼베어가리칠、찬(寒)

㉒ **⿰禾黨** 당 [당] 黃穀누른곡식、당(養)

穴部

穴 ◦ 쉐 [혈] 窟也굴、혈又구멍、혈土室움、혈(上古ㅣ居而野處)隙也틈、혈壙也곳、혈又광중、혈(屑)

穵 와 [알] 手探穴구멍우빌、알大穴큰구멍、알(點)

② **究** ◦ 직 [구] 窮理궁리할、구又궁구할、구(宥)

穽 영 [정] 穿也뚫을、정(庚)

③ **穹** 쿵 [궁] 高也높을、궁天也ㅣ蒼하늘、궁大也클、궁窮也궁할、궁(東)

空 ◦ 쿵 [공] 虛也빌、공天也太ㅣ하늘、공又공중、공大也클、공(東)窮也궁할、공缺也ㅣ乏이즈러질、공又없을、공穴也구멍、공(官名司ㅣ)(送)孔通

穸 ◦ 씨 [석] 墓穴窀ㅣ광중、석又곳、석(陌)

⿱穴土 써 [색] 以土塞穴흙으로구멍막을、색(職)

⿱穴亡 망 [망] 穴也ㅣ窔구멍、망空也빌、망(養)

穻 위 [우] 窓也창、우(虞)

④ **窀** ◦ 뜬 [둔] 墓穴ㅣ穸광중、둔埋也묻을、둔(眞)

穿 ◦ 촨 [천] 通也통할、천鑽也뚫을、천穴也구멍、천(先)貫也꿸、천(霰)

穾 窔突同

窂 랃 [로] 獸圈짐승우리、노充實충실할、노(豪)牢通

穽 영 [정] 穿地陷獸坑함정、정又구덩이、정(梗)(敬)阱同

突 ◦ 투 [돌] 出貌오뚝할、돌卒出법듯、돌觸也부딪칠、돌猝急급할、돌煙出竈굴뚝、돌(月)

⿱穴元 완 [연] 柔皮革다룬가죽、연(銑)

⿱穴厷 헝 [굉] 大屋큰집、굉(庚)

⑤ **窈** ◦ 얀 [요] 靜也ㅣㅣ고요할、요幽閒ㅣ窕요조할、요又안존할、요深也ㅣㅣ깊을、요姿美고운、요(篠)窅通

窅 얀 [요] 深目옴팡눈이、요又눈옴쑥할、요深遠까말、요又멀、요(篠)窈眑通

窆 ◦ 뻰 [폄] 下棺하관할、폄葬也장사지낼、폄(豔)封通

窊 ◦ 와 [와] 汙下웅덩이、와(麻)汙窪窳通

窋 ◦ 쿠 [줄] 欲出穴中빠쭉이내빌、줄(質)

窄 ◦ 째 [책] 狹也좁을、책迫也낄、책(陌)

窑 얀 [요] 燒瓦기와구을、요(蕭)

窌 ◦ 잔 [교] 窟也굴、교(效)奅窖通

窉 뻥 [병] 穴也구멍、병驚疾놀라는병、병三月삼월、병(三月爲ㅣ)(梗)寎同

窇 빠 [박] 土窟움、박又굴、박(覺)

⿱穴弘 헝 [굉] 幽深아

득할、광(庚)

窅 야 [압] 刺脈맥찌를、압(洽) 盅 밍 [명] 窟也굴、명(梗) 窌 링 [령] 井也우물、영(靑) 窊 ● 피 [피] 排泄샐、피(寘)

六

窐 ◦ 꿰 [규] 甑孔시루구멍、규(齊) 甗同 窔 窔同 窓 ● 窻俗字 窕 ◦ 됴 [조] 幽閒窈ㅣ요조할、조又미려할、조靜也고요할、조(篠) 宦 宧俗字 窒 ◦ 지 [질] 塞也막힐、질又막을、질滿也가득할、질(質) [절] 義同(屑) ⿱穴合 ● 거 [합] 相當ㅣ合합할、합又맞을、합又상당할、합(合) 窑 窯同 ⿱穴同 퉁 [동] 通也통할、동(東) 穻 우 [오] 卑也낫을、오(虞) 穾 씬 [심] 烟突굴뚝、심(侵) ⿱穴共 꿍 [공] 使空빌、공(送)

七

窘 ● ◦ 쥔 [군] 迫也군색할、군(軫) 僒同 窖 ◦ 쟌 [교] 地藏大ㅣ지함、고又움、고(效) 窌通 窌 窌同 窌 ◦ 륙 [류] 濟北地名石ㅣ땅이름、유(宥) 窗 窻同 ⿱穴巠 ◦ 칭 [경] 空也빌、경(徑) ⿱穴良 ● 랑 [랑] 空也㝗ㅣ빌、낭穴也空ㅣ구멍、낭(陽) 窉 뮨 [분] 地名땅이름、분(文) ⿱穴豆 ● 뚜 [두] 陷穽함정、두(宥) ⿱穴肙 ◦ 젼 [견] 狹穴좁은구멍、견(銑) ⿱穴甬 퉁 [통] 圓孔둥근구멍、통(送) ⿱穴彖 ◦ 젼 [견] 遠也멀、견(鹿名)(狖) ⿱穴坐 운 [온] 座所자리、온(阮) ⿱穴冥 닝 [녕] 天也하늘、영(靑)

八

窛 쿠 [구] 猛也사나울、구(宥) 窠 ● ◦ 커 [과] 巢也둥우리、과(穴中曰ㅣ、樹上曰巢)空也빌、과穴也구멍、과(歌) 窣 ◦ 쑤 [솔] 俗音 [졸] 徐行貌勃ㅣ천천이 걸을、졸枝撐聲窸ㅣ나뭇가지우지직거릴、졸自穴中出구멍으로나올、졸(月) 窞 ◦ 탄 [담] 坎也구덩이、담(感) 窟 ● 쿠 [굴] 土中孔穴구멍、굴土室 굴、굴又움、굴(月) ⿱穴祭 ◦ 자 [찰] 穴中見구멍으로볼、찰(黠) 窢 ● 화 [획] 逆風聲ㅣ然바람마주치는소리、획(陌) ⿱穴卦 과 [괘] 博局方目바둑판줄、괘(卦) ⿱穴崩 ● 평 [붕] 葬後平土평토칠、붕(迥) ⿱穴森 란 [람] 聚土흙그러모을、남(感) 窴 뎐 [전] 山下穴산밑구멍、전(霰) 窪 유 [유] 器之傷痕그릇험、유(麌) ⿱穴萈 관 [관] 深穴깊은구멍、관(寒)

九

窬 ● ◦ 위 [유] 穿板爲户판장문、유(虞) [두] 門傍小户엽문、두褻器械ㅣ요강、두(宥) 竇通 ⿱穴㒳 窩同 窩 위 [와] 藏也감출、

와土窟움、와(歌) **窪**。와 [와] 深也깊을、와溝也도랑、와窊也웅덩이、와(麻)窊通 **窨**。인 [음] 地室움、음又지하실、음(沁) **⿱穴复** 부 [부] 鳥抱卵새알품을、부(宥)

⑩

窳。위 [유] 怠也惰ㅣ게으를、유器缺苦ㅣ그릇이지러질、유(麌)窊通 **窮** 竆同 **窴** 톈 [전] 塞也막을、전(先)塡同 **窯**。얀 [요] 燒瓦竈기와굽는가마、요(蕭)窑同

窰。上同 **⿱穴氣** 피 [비] 氣由下泄방귀、비又방기、비放氣방귀뀔、비(寘) **⿱穴料** 찬 [조] 俗音 [요] 屋深寥ㅣ집안으슥할、요(肴) **窱**。됴 [조] 深遠窈ㅣ아득할、조又까맣고아득할、조(篠)

⑪

⿱穴康 강 [강] 空也ㅣ食빌、강家靜집조용할、강(陽) **⿱穴庸** 융 [용] 器病窳ㅣ그릇털털할、용(冬) **窻**。챵 [창] 戶也창、창(江)牕窗同、囪通 **窺**。규 [규] 小視엿볼、규(支)闚同 **窶**。寠同 **⿱穴淡** 단 [담] 薄而大窰ㅣ엷고클、담(勘) **窵**。됴 [조] 深也ㅣ窅깊을、조(嘯) **⿱穴需** 친 [침] 漸也점점、침地名ㅣ縣、(沁) **⿱穴啎**

우 [오] 竈也아궁이、오又부뚜막、오(遇)寤 **窹** 同寤 **窼** 찬 [초] 鳥巢새집、초(肴) **⿱穴啇** 쩌 [적] 兔窟토끼굴、적(陌) **窸**。씨 [실] 聲也ㅣ窣바람에부딪치는소리、실自穴中出구멍으로나올、실(質) **⿱穴區** 우 [오] 山穴멧구멍、우又산구멍、우(虞) **⿱穴沓** 따 [달] 入食張頰빰불룩거릴、달又음식씹을、달圓面얼굴둥글、달(黠)

⑫

窿。룽 [륭] 天形穹ㅣ하늘형체、융(東) **⿱穴毳**。췌 [췌] 穿壙始穴광중팔、취又금전놓을、취(霽) [천] 義同(霰) **⿱穴款** 관 [관] 空也빌、관(旱) **⿱穴復**。뷰 [복] 穴室움、복窟也굴속、복(屋) **⿱穴焦** 쬬 [추] 穴中鼠聲구멍속쥐소리、추(尤) **⿱穴覃** 탄 [담] 內曲안으로굽을、담(感) **⿱穴覘**。청 [징] 正視바로볼、징 [탱] 赤色붉은빛、탱(庚) **⿱穴數** 竄古字 **竂** 랴 [요] 穿也뚫을、요舍也집、요(蕭) **⿱穴登**。뎡 [정] 廣大貌ㅣ宏넓고클、정畫繪그림、정(靑) **⿱穴惺** 싱 [성] 大悟크게깨달을、성(靑)

⑬

竄。찬 [찬] 逃也도망할、찬匿也숨길、찬放逐誅ㅣ내칠、찬又귀양보낼、찬隱也숨을、찬(翰) **竅**。챠 [규] 穴也구멍、규(嘯)

⑭

竆。쿵 [궁] 極也극진할、궁又다할、궁究구할、궁困窘곤궁할、궁又

막힐、궁(壄名ㅣ奇)東窮同竆通
⿱穴監 람 [람]薄而大ㅣ䆗얇고클、남覃
⿱穴邑。궁 [궁]廣而深也넓고깊을、궁(夏后時夸羿國有ㅣ)東竆通
十五 竇。두 [두]穴也구멍、두決也터질、두有竇通
竊 竊俗字
十六 竉 룽 [룽]深穴窟ㅣ깊은구멍 농董
竈。조 [조]爨炊竈부뚜막、조又부엌조(炊煮器掛處)號
十七 竊。체 [절]盜也도둑질할절私闇가만히、절又사사、절淺也얕을、절察察貌ㅣㅣ깐깐할、절屑
⿱穴鮮 씨 [시]水厓물가、시穴也구멍、시支
二十 [illegible] 단 [담]옷엽은채잘담覃

立部

立。립 [립]起住설、입建也세울、입成也이룰、입堅也굳을、입速意곧、입緝 曰佛國基本量名(五合五勺四抄三撮)리터、입
一 竍 曰佛國量名(五十倍、五升五合餘)데가리터、십
⿰立几 치 [치]正也바를、치御
三 竏 曰佛國量名(五千倍、五石五斗四升三合餘)킬로리터、천
四 竑。횡 [횡]廣也넓을、횡量度헤아릴、횡庚
竕 曰佛國量名(五十分之一、五勺五毛餘)데시리터、분
竓 曰佛國量名(五千分之一)미리리터、모
五 竝。병 [병]併也아우를、병比也견줄、병皆也다、병相扶붙들、병迥 並同 [방]與人同處짝할、방漾 傍通 [반]連近연접할、반(牂柯郡名)旱
竚 同佇
竛 령 [령]行不正ㅣ竮배착거릴、영又비쓱거릴、영青 秢通
站。잔 [참]驛也참、참又역、참獨立홀로설、참陷
竘。쥐 [구]治也다듬을、구飾也꾸밀、구健也건장할、구有
竜 龍古字
竨。주 [주]待也기다릴、주虞
六 章。장 [장]文彩문채、장文也글、장明也밝을、장表也표할、장印款인장、장條也장정、장陽
竟。징 [경]終也마침、경窮也궁리할、경際也지음경敬
竮 同⿰立屏
竡 曰佛國量名(五百倍、五斗五升四合餘)헥트리터、백
七 童。동 [동]幼也ㅣ蒙아이、동(十歲前後男女兒 稱)、동盛貌ㅣㅣ우뚝우뚝할、동又빼죽빼죽할、동山無草木민둥산、동(牛羊之無角者謂之ㅣ)東
竦 송 [송]敬也공경할、송懼也두려울、송聳也솟을、송腫 捒通
竢 同俟
竣。준 [준]退立물러설、준事畢일마

철、준止也그칠、준 (眞) 蹲亍 [전] 義同 (先)

⿰立甫。뿌 [포] 物之端끝、포 (虞) ⿰立肖 챺 [초] 立貌선모양、초 又우뚝설、초 (嘯) ⿰立孛 뻐 [발] 撥物聲물건누르는소리、발 (月) 竱 뺑 [빙] 使也부릴、빙 (靑)

八

竫。쟁 [정] 停安머물러편안할、정 靜也고요할、정 擇也가릴、정 (梗) 竪 豎俗字 ⿰立屈 퀘 [외] 俗音 [괴] 獨立貌ㅣ然홀로설、괴 (賄)

竨 됴 [조] 高危ㅣ嶢휘뚝휘뚝할、조 (嘯) ⿰立卑。피 [비] 行不正비틀거릴、비 立貌ㅣㅣ오뚝설、비 (齊) ⿰立彔。루 [록] 鬼見ㅣㅣ귀신뵐、녹 (屋) ⿰立昔。쟉 [작] 驚也놀랄、작 懼也겁낼、작 (藥) ⿰立忝 텸 [첨] 恭也공손할、첨 (琰) ⿰立享 대 [대] 重也포갤、대 木實垂貌나무열매늘어질、대 (賄)

九

端。뎐 [단] 物首끝、단 正也단정할、단 萌也싹、단 始也비로소、단 專也오로지、단 緖也실마리、단 審也살필、단 (寒) 耑通 竭。졔 [갈] 盡也다할、갈 涸也마를、갈 (月) [걸] 義同 (屑) 竮 同竮 ⿰立甚。젼 [침] 坐立不移貌우두커니、침 (侵) ⿰立頁 쓔 [수] 立而待서서기다릴、수 (虞) 竰 [日] 佛國量名(立百分之一)센티리터、이

十

⿰立眞。뎐 [전] 塞也막을、전 (先) 竢 쎼 [혜] 待也기다릴、혜 (齊)

十一

⿱立見 同競 竮 평 [병] 行不正竛ㅣ비틀거릴、병 (靑) ⿰立幷竮同

十二

⿱毄立。지 [계] 窮究궁구할、계 (霽)

十三

⿱須立。쓔 [수] 久待오래기다릴、수 (虞) ⿰立堯。쟈 [요] 高危竨ㅣ높아위태할、요 (蕭) 竳。떵 [등] 立貌ㅣㅣ우뚝설、등 (蒸) 竲。칭 [증] 高也높을、증 (蒸)

十三

⿰立羸 라 [라] 弱立약하게설、나 (箇)

十四

⿰立需 쓔 [수] 久待오래기다릴、수 (虞)

十五

競。징 [경] 爭也다툴、경 強也굳셀、경 盛也성할、경 高也높을、경 進也나갈、경 (敬) ⿱立見競傹同 倞通

十七

⿰童頁。퉁 [동] 鐘聲쇠북소리、동 (送) 競。同競

六畫

竹部

竹。쥭 [죽] 冬生草대、죽(桿有節而中空) (屋)

二

竺 쥭 [독] 厚也두터울、독 (沃) 篤通 [축](西域國名天—) (屋)

竻 러 [륵] 竹根대뿌리늑 (職)

三

竼 篷同 **笓** 篦同 **竽** 위 [우] 大笙큰생황、우(三十六簧樂形如鳥翼管有十九) (虞)

𥫽。지 [기] 竹席대자리、기 (紙)

竿。깐 [간] 竹梃대줄기、간 掛衣架횃대、간 漁—낚싯대、간 (寒)

四

笋 筍同 **笊** 잪 [조] 竹器—籬조리、조 (巧)(效)

笑。쌒 [소] 喜而解顏啓齒웃을、소又웃음、소 (嘯) 咲同

笆 빠 [파] 竹籬대울타리、파竹有刺가시대、파 (麻)

笇 同 笲 **笐**。깡 [항] 衣架횃대、황又옷걸이、황(竹名) (漾) 桁通

笔 筆同 **笏**。후 [홀] 手版홀、홀(有位者朝見時所持版曰—、有事則書于此版、以備要件、—有二種玉或象牙、長二尺六寸、廣六寸) (月)

笈。지 [급] 書箱책상자、급 (緝) [겁] 驢上負나귀걸마、겁 (葉) 极同

笗 쭝 [종] 長節竹마디긴대、종 (冬)

𥬠。뚠 [둔] 容穀竹篅둥구미、둔 (阮)

笌 야 [아] 竹筍죽순、아 (麻)

笒 한 [함] 實中竹속밴대、함 (覃) [금] 竹籤첨대、금 (沁)

笅 筊同 **笀** 빵 [방] 竹籠죽롱、방 (陽)

笫 씨 [시] 王竹큰대、시(長至百丈) (紙)

笎。웬 [원] 竹文대무늬、원 (元)

笓 삐 [비] 眞梳참빗、비 (寘) [필] 列也벌릴、필 (質)

笄 항 [항] 竹編捕魚具통발항 (漾)

五

笞。치 [치] 俗音 [태] 箠打매칠、태又볼기칠、태又태장、태 (支)

笫 쯔 [자] 牀也평상、자 (寘)(紙)

符。뿌 [부] 兩合爲信병부、부又보람、부(以木版或竹簡製之各持一片、相合爲信)證驗증거、부祥瑞상서、부 (虞)

笯。누 [노] 鳥籠새농、노 (虞)(遇) [나] 義同 (麻)

笟 꾸 [고] 竹名관음대、고 (豪)

第。디 [제] 次也차례、제宅也집、제但也다만、제且也또、제科—과거、제 (齊)

笨。뿐 [분] 竹裡댓속、분麤率추솔할、분又추잡할、분肥大두박할、분 (吻)

笲 빤 [번] 盛婦贄棗修器신부의폐백반、번(以葦竹類製造形如筥而着青繒者—) (元) [반] 義同 (阮)

笴 깐 [간] 矢幹살대、간幹也줄기、간 (旱) 幹同 [가] 義同 (哿)

笳。쨔 [가] 卷蘆葉而作笛吹之갈잎피리、가又초금、가又괴리、가 (麻)

笙。썽

[생]樂器ㅣ簧저、생又생황、생(女媧所作、大者有十九管、小者有十三管)竹席桃ㅣ대자리、생(庚)

笭。령 [령]漁具ㅣ箸종다래끼、영小籠작은농、영(青)

笥。쓰 [사]衣篋상자、사(寘)

笱。꾸 [구]曲竹捕魚具통발、구(有)

笪 따 [달]覆船簟배덮는삿자리、달又뜸、달(曷) [단]笞也고리짝、단(旱)

笵 同範

笮。째 [책]矢箙전동、책狹也좁을、책迫也짤、책屋上板산자、책壓也누를、책(陌) [작]黥刑鑽ㅣ자자할、작(藥)筰通

笝 나 [납]繫舟竹索배매는댓줄、납(合) [닙]補籬울타리얽어맬、닙(洽)

笛。듸 [적]管樂저、적又피리、적又날라리、적(錫)

笹 [日]細竹가는대、세

笠。리 [립]簦也삿갓、입頭冠갓、입(緝)

笟 籂同

笶 취 [허]竹製飯器대밥그릇、허(魚)

笰 뷸 [불]輿之後戶수레뒷창、불箭也살、불(物)

笧 策同、冊古字

⑥

筒。퉁 [통]竹名射ㅣ사통대、통圓長中虛之物대통、통(東)筩通

筇 궁 [공]蜀竹可爲杖공대、공又대지팡이、공(冬)

筎 수 [여]竹皮대껍질、여(ㅣ爲塞舟孔)(魚)

筓 지 [계]簪也비녀、계(齊)

筍。슌 [순]竹萌댓순、순(軫)箰笋同、簨通

筋 긴 [근]骨絡肉力힘줄、근(肉中通理體力之本)(文)觔同

筌 쵠 [전]藏魚竹器다래끼、전又가리、전又통발、전(先)

筐。광 [광]方形竹器모진대광주리、광(陽)

筊。쇼 [효]小簫작은퉁소、효(肴) [교]義同(巧)笅同

等。떵 [등]齊也가지런할、등輩也무리、등類也같을、등級也등급、등待也기다릴、등(迥)

筑 쥬 [축]樂器似箏축풍류、축又주방울、축拾也주울、축(水名)(屋)瀫同

筆。삐 [필]作字述書붓、필(一名不律)(史載ㅣ、士載言)(辛夷別名木ㅣ)(質)笔同

筏 퍼 [벌]桴也떼、벌(編竹渡水者曰ㅣ)(月)栰橃同

策。쳐 [책]謀也籌ㅣ꾀、책馬箠채찍、책簡冊책、책落葉聲ㅣㅣ잎떨어지는소리、책著也龜ㅣ시초、책鐵杖金ㅣ쇠지팡이、책(星名天ㅣ)(陌)箣同、筴冊通

筃 지 [체]以竹補缺대로기울、체(霽)簀通

筭。찬 [전]貫物竹針대꼬챙이、전(銑)

答。따 [답]對也대답、답報也갚을、답麤布굵은베、답然也그러나할、답(合)

笸 지 [기]取蟣櫛참빗、기(支)

筄 요 [요]屋笮산자、요(嘯)

笐。항 [행]竹簞ㅣ籥대삿자리、행(庚)
⿱竹曳 이 [예]合板際널붙인틈、예(霽)
筈。괄 [괄]受絃矢頭살오늬、괄(曷)栝通 [曰]將然之意그러할터、괄
筁。쥐 [곡]蠶箔누에발、곡(沃)
⿱竹老 랖 [로]柳器⿱竹考ㅣ버들고리、노(皓)
⿱竹考 갚 [고]竹器ㅣ⿱竹老대고리、고(皓)
⿱竹洛。러 [락]束也묶을、낙(藥)
筃 인 [인]車褥차방석、인(眞)
⿱竹列 례 [례]籌也숫가지、예(霽)
⿱竹茸 융 [용]斑竹아롱진대、용(冬)
⿱竹丞 청 [승]竹炬대홰、승(蒸)
⿱竹兵 잉 [영]竹筍죽순、영(庚)

七

筩。퉁 [통]竹筒대통、통捕魚鉤낚시、통(東)甬同筒通 [용]箭室전통、용(腫)
筥。쥐 [거]圓篋둥근광주리、거(語)
筮。씨 [서]蓍卜시초점、서(霽)
筞 策俗字
筠。윤 [균]竹皮대껍질、균(眞)
筦。同管
筭 쏸 [산]籌也숫가지、산又셈대、산(翰) 笇同計數수놓을、산(旱)算同
筵。연 [연]竹席대자리、연(先)
筧。졘 [견]以竹通水대홈통、견(銑)梘同
筲 쏘 [소]竹器容斗二升말두되드는대그릇、소飯器밥통、소(肴)
筳。팅 [정]竹片대쪽、정細竹가는대、정紡絲筳ㅣ子가락、정(靑)
筤 랑 [랑]幼竹蒼ㅣ어린대、낭(陽)
筬 청 [성]織具經絲者바디、성(庚)
筰。쟉 [작]竹索대새끼、작又대동아줄、작笮通引舟배끌、작(藥)
⿱竹豆 同梪
筯 同箸
筴。쟈 [협]箸也젓가락、협(葉)(洽)梜同 策
筟。부 [부]竹中衣댓속、부又댓속청、부織緯具북、부(虞)
⿱竹寽 뤼 [률]射鳥竹管새쏘는대총、율(質)
筡。투 [도]中空속빈、도(虞) [서]竹筐篋ㅣ대광주리、서(魚)
筢 파 [파]用以取草泥ㅣ갈퀴、파(麻)
⿱竹別 삐 [필]分契엄쪽、필割竹대쪼갤、필(質)
筣。리 [리]竹籬笆ㅣ대울타리、이又대차변、이(支)
⿱竹刮。잔 [첨]削物使薄깎어얇게할、첨(鹽)
⿱竹舫。뻑 [박]手足指節鳴손발마디울、박(覺)
⿱竹夆。펑 [강]酒篘ㅣ簍용수、강(江) [봉]車奩수레뜸、봉(東)
⿱竹尾 웨 [미]帚也비、미(尾)
⿱竹酉。同篘
⿱竹新。지 [제]竹席대자리、제(霽)
⿱竹夋 쐬 [사]梭也북、사(歌)
⿱竹言。옌 [언]大籥큰퉁소、언(元)
⿱竹角。잔 [각]竹椽대서까래、각(覺)
⿱竹沂 인 [은]大笛큰저、은(文)

簕 산 [산]竹製盛飯器대밥통、산(寒) 笹 테 [첩]小葉적은잎사귀、첩(葉) ⿱竹邑 이 [읍]捕魚具竹器통발、읍(緝) 筱 쌰 [소]細竹가는대、소(篠) 笮 쟈

[갑]竹箱대상자、갑(合) ⿱竹忯 지 [지]堅竹단단한대、지(支)

八

箜 콩 [공]絃樂瑟類ㅣ篌공후、공又거문고、공(師延所作絃有二十三而體曲而長以兩手抱而彈奏)(東)

箕 지 [기]去糠具키、기(宿名南ㅣ風師名ㅣ伯)(支) 箄 삐 [비]捕魚具가리、비又종다래끼、비(支)小籠작은종다래끼、비(齊)篦通 箛 꾸 [고]笳也피리、고又초금、고(車駕住吹小ㅣ發吹大ㅣㅣ即笳)(虞) 箅 삐 [폐]甑底所敷箅시루밑에까는발、폐(齊) 算 筭同 管 관 [관]截竹대롱、관主也주관할、관樂器如篪六孔쌍피리、관筆彄붓대、관樞要고동、관(旱)筦同琯通 箋 젼 [전]記書表札쪽지、전又부전、전註也주낼、전文體名전문、전(今奏記之類)(先)牋同 ⿱竹卓 罩同 箇 꺼 [개]枚也낱、개(箇)個同个通

箏 쩡 [쟁]竹身絃樂쟁풍류、쟁(秦時蒙恬之創作絃有十三)(庚) 箒 帚同 箝 쳠 [겸]鋏攝족집개、겸又재갈、겸鑽頸목잠글、겸又목에갈씌울、겸(鹽)箝同鉗通

箝 箝同 箙 뿌 [복]盛矢器전동、복(屋)韇韥同 箔 빠 [박]簾也발、박(藥)薄通 箚 자 [잡]俗音[차]奏事ㅣ子차자、차又전갈할、차針刺침줄、차記錄기록할、차(洽)

箑 쌰 [삽]扇也부채、삽(洽)⿱竹妾同翣通 ⿱竹妾 쌰 [삽]竹翣대아삽、삽(洽)箑翣通 箁 뿌 [부]竹葉댓잎、부(有) 箳 삥 [병]門扉ㅣ篳대사립문짝、병(青) ⿱竹莽 망 [망]節多竹마디많은대、망(養)

箈 츠 [지]篠箈가는댓순、지水中魚衣말풀、지(一名箭萌)(支)⿱竹怠通 箴 籆同 箍 꾸 [고]以竹束物대테멜、고(虞)苽同 箞 녠 [념]挽舟索배끄는줄、념(一名百丈)(豔)

箬 篛同 箌 됴 [도]牛飼筐소먹이그릇、도(虞) ⿱竹匊 쮜 [국]竹根대뿌리、국(屋) 箃 쪄 [추]竹黃대누를、추(尤) 箓 루 [록]竹高筐높은대상자、녹(屋)

箉 따 [대]淺長籃얕고긴바구니、대(泰) ⿱竹屈 취 [굴]洗物刷子그릇닦는솔、굴(物) ⿱竹旱 [韓]柳筐버들고리오(地名ㅣ城栗名ㅣ栗) 箔 뎬

[점]漉紙箔종이뜨는발、점(鹽) [전]薇絮簀솜발、전(先) **箘**。쥔[균]美竹箭材살대감、균笋也댓순、균(木名ㅣ桂)(眞)(軫) **䈁**륜[륜]推船竿배밀대、윤(眞) **箐**쳥[정]小籃笭

ㅣ바구니、정(庚) [전]竹극대활、천(霰) **䈧**위[어]葉薄竹잎사귀엷은대、어(魚) **䈉**빠[파]竹笮대산자、파(麻) **箎**후[호]長竹긴대、호(長至百丈)(虞) **九**

箠。취[추]馬策말채쭉、추 箠刑볼기친、추竹節대마디、추(紙)棰通 **箶**。후[호]箭室ㅣ簏전동、호(虞) **䈚**。태[태]竹萌죽순、태(灰)箈通 **簨**쉰[순]懸鐘磬格ㅣ

簴경쇠걸이、순(軫) 簨簴同筍通 **簨**同簨 **箰**同筍 **篅**촨[천]盛穀圓器둥구미、천(先)圌同 **𥲤**同簜 **篇**。편[편]聯章글편、편 書冊책、편(先) **篆**

。좐[전]書也전자、전(大ㅣ者周史籀所作、小ㅣ者秦李斯所作)繫鐘帶쇠북매는띠、전(銑) **箷**同椸 **箸**。쥬[저]飯具挾物匙ㅣ젓가락、저(御)筯櫡同 **箭**。쟨[전]矢也살、전

(藥名赤ㅣ)(霰) **篍**착[초]吹簫勸役퉁소부러역사시킬、초(蕭) [추]竹簫대퉁소、추(尤) **箾**쌰[소]舞者所執象ㅣ상소、소(蕭)蕭通 [삭]舞曲名桓ㅣ춤가락이름、삭(覺) **箱**。

썅[상]箧也상자、상 米廩쌀고、상(陽) **篁**。황[황]竹叢대포기、황 竹林대밭、황(陽) **箵**씽[성]漁具笭ㅣ종다래끼、성(靑) **篂**씽[성]車蔽䉜ㅣ수레덮는뜸、성(靑)

篌후[후]絃樂箜ㅣ공후、후(尤) **箴**。짐[잠]縫衣細針바늘、잠 規戒경계할、잠(侵)針通 **䈜**친[침]工人用墨尺먹자、침(沁) **範**。빤[범]法式법、범 模也본、범又

모뜰、범又본보기、범(豏)范同 **築**。쥬[축]擣也다질、축 積重쌓을、축(屋) **箹**워[약]小笛작은피리、약(覺) [요]竹節대마디、요(效) **箮**쒼[현]竹花대꽃、현(元)

箼우[옥]竹叢대빽빽할、옥 又대총총할、옥(屋) **篗**쏴[사]席也돗、솨(縣名ㅣ人)(哿) **箬**同篛 **節**。졔[절]竹ㅣ대마디、절 操也절개、절 檢制절제할、절 示信符ㅣ

인、절 時候때、절 又절후、절(屑) 卩卪巀通 **篋**同匧 **箽**뚱[동]竹器대그릇、동 竹根대뿌리、동(董) **䈈**패[패]竹片대쪽、패(卦)簰同 **簰**同䈈 **箑**싸[삽]竹

器緣編대그릇가휘갑칠、삽(合)

簂 괘 [괘]竹笋ㅣ筍죽순、괘矢竹살대、괘(卦)

⿱竹斫 쫘 [작]盪米具조리、작(藥)

篊 홍 [홍]以竹漁梁대어살、홍筧也홈통、홍(送)

⿱竹臾 유 [유]黑竹검은대、유(尤)

篎 同篎

⿱竹葉 예 [엽]竹簡대쪽、엽(葉)

⿱竹耶 예 [야]海濱生竹바닷가에나는대、야(麻)

篦 삐 [비]編竹小盤대쟁반、비(支)

箯 뻔 [편]竹輿대남여、편(先)

⿱竹嵏 同籔

⿱竹兹 쓰 [자]竹名자죽、자竹盛대성할、자(支)

箽 찐 [긴]皮白竹껍질흰대、긴(軫)

⿱竹亭 띵 [정]竹欄干대난간、정(庚)

十

篩 쓰 [사]大竹왕대、사(南方大竹船材)去麤取細체、사(馬尾或葛或竹線編造)擇分粉末之麤者而取其細末者之用器)(支)

篪 치 [지]橫吹笛옆으로부는저、지(箎有八孔)(支) 箎同

篚 삐 [비]圓形竹器둥근대광주리、비(方曰筐圓曰ㅣ)(尾)

篨 츄 [저]竹席籧ㅣ대자리、저不能俯病籧ㅣ천상바라기、저(魚)

⿱竹旅 뤼 [려]盛飯器밥소쿠리、려(語)

篦 삐 [비]髮具密櫛참빗、비箄通、비齊毛釵ㅣ비치개、비(齊)

篔 윈 [운]大竹ㅣ簹왕대、운(文)

⿱竹般 빤 [반]捕魚具통발、반(魚能入其口而不能出之者)(竹名ㅣ籛)(寒)

篹 쫜 [찬]逆奪빼앗을、찬(諫) 篡同 [산]竹筥籬ㅣ대소쿠리、산(旱) [전]述也지을、전具食반찬、전(霰) 饌撰通

篡 同篹

篙 깐 [고]進船竿상앗대、고(豪) ⿱竹咎同

⿱竹差 짜 [차]洞簫篸ㅣ퉁소、차竹貌篸ㅣ대퍼질、차(歌) [자]炭籠숯둥구미、자(馬)

篣 搒同

篘 척 [추]簏酒용수、추(尤) ⿱竹酋同

篛 쉬 [약]箬也죽순、약竹皮대껍질、약(藥) 箬同

⿱竹兼 젬 [겸]竹籠대농、겸又종다래끼、겸(鹽)

篤 뚜 [독]厚也두터울、독又도타울、독固也견고할、독又굳을、독純也순전할、독疾甚병위독할、독馬行頓遲말걸음느린、독(沃) 竺通

篥 리 [률]勁竹쟁쟁한대、율(篳篥樂器)(質)

篞 네 [녈]中管중피리、열(屑)

篝 꺼 [구]覆火籠불우리、구又불덮개、구負物笭부담농、구(尤) 篝同

篎 먀 [묘]小笛작은저、묘又세피리、묘(篠) 篎同

⿱竹翕 다 [답]窗扉창짝、답(合)

⿱竹浮 뿌 [부]竹有斑文자문죽、부又아롱대、부(尤)

⿱竹⿰禾毛 야 [요]竹

枝대가지、요(蕭) **簹**당[당]竹席笐ㅣ대자리、당(陽) **篗**·籰同 **篛**나[납]纜舟竹索배매는대동아줄、납(洽) **篘**。찬[잠]搔馬말긁은、잠[담]刷馬篦말긁는빗、담(覃)

篊홍[홍]熯物竹器경그레、홍又너스레、홍又배롱、홍(送) **䈰**도[도]飼牛竹筐소먹이는그릇、도(豪) **䉤**·쇼[소]竹聲ㅣㅣ대소리、소(豪) **篧**。줘[착]捕魚籠

가리、착又고기잡는발、착(覺) **篬**창[창]竹色青貌ㅣㅣ대빛푸른、창(陽) **筟**부[부]竹青皮대푸른겹질、부(虞) **簑**·蓑同 **䈾**。쇼[소]飯臿주걱、소(巧) **箢**

웬[원]絡絲籰얼레、원又자세、원(元) **箑**짠[선]箑也부채、선(霰) **篕**。깨[합]竹席대자리、합(合)[계]義同(泰) **䈞**시[식]搔耳具귀이개、식(職) **篗**식[수]篘

也용수、수(尤) **篋**지[격]竹履다신、격(陌) **篢**궁[공]竹笠대삿갓、공(東) **篘**쥐[주]簇也織具바디、구(遇) **𥳭**용[용]文竹자문죽、용(冬) **篭**·籠同

篹무[모]竹箱대상자、모(遇) **䈗**쇄[삭]竹索대동아줄、삭(或音색)(藥)

十一

簗레[루]盛土籠삼태、누(紙) **篷**。펑[봉]編竹覆舟대뜸、봉(東)笲同

簁。쓰[사]竹篩대체、사 籭同篩通(支)(紙) **簋**。궤[궤]盛黍稷器簋ㅣ제기、궤又보、궤(紙)盙同 **篲**。쒜[세]帚也비、세(霽)彗通[수]義同(寘) **篰**뿌[포]沈水取魚具

가리、포(虞) **簅**찬[산]大籥큰피리、산(似笛三孔而短)(潸) **篿**。쫜[전]折竹卜占筳ㅣ점대、전(先)[단]圓竹器둥근대그릇、단(寒) **䈾**·쌰[초]船舵尾키꼬리、초又키끝、초(效)

[작]飯帚솔솔、삭(覺) **䉌**。쫘[조]大筌큰생황、조(肴) **箳**뻥[병]車覆ㅣ篂수레가림、병(車上障塵者前曰藩後曰ㅣ)(梗) **簍**。루[루]竹籠대농、누又대상자、누(有)

簉·쭈[추]齊飛일매지게나름、추又가지런히나름、추副也버금、추(宥) **簇**추[족]小竹가는대、족聚也모일、족(屋)蔟通[주]義同(或音추)(宥) **䈴**딴[담]甘竹단대、

담大竹큰대、담(勘) **簏**。루[록]竹篋대상자、녹(屋) **篠**。쌰[소]細竹가는대、소[조]義同(篠) **簎**줘[착]刺魚具작살、착刺也찌를、착(覺)擉同 **篳**삐[필]門사

립문、필(質) 篳通

篾 메 [멸] 析竹짜갠대、멸竹皮대껍질、멸(屑) 簚同

䈼 篾同

簀 쩌 [책] 牀棧살평상、책葦笛갈대발、책積聚쌓아모을、책(陌)

篸 잔 [잠] 鍼也바늘、잠首笄비녀、잠(覃) 簪通

籬 리 [리] 竹器笊ㅣ대조리、리(支)

⿱竹從 츙 [종] 病枯竹삭은대、종(東)

篴 笛同

篶 옌 [언] 黑竹흑죽、언(先)

簰 패 [패] 大桴큰떼、패(佳)

篻 퍞 [표] 細竹가는대、표(蕭)

篼 뚜 [두] 竹輿ㅣ子대남여、두 飮馬器말구융통、두(尤)

篽 籞同

簂 꿔 [궤] 婦人首飾첩지、궤(隊)

簃 이 [이] 樓邊小屋누에달아진작은집、이(支)

笭 령 [령] 篂也홈통、영(青)

簆 켜 [구] 筬也織具바디、구(宥)

⿱竹意 척 [주] 箸也젓가락、주 躕躇주저할、주(尤)

⿱竹通 통 [통] 無節竹마디없는대、통(東)

簌 쏘 [속] 篩也체、속 茂密貌더부룩할、속(屋)

⿱竹歎 쏸 [연] 釣針낚시바늘、연(銑)

⿱竹將 쟝 [장] 有節剖竹마디두고짜갠대、장(養)

⿱竹拏 나 [나] 鳥籠새농、나(麻)

⿱竹斛 꾸 [곡] 大箱큰상자、곡(屋)

⿱竹堇 진 [근] 皮白竹껍질흰대、근(文)

⿱竹巤 레 [렵] 編竹曝物엮은대、렵 又대、렵(葉)

⿱竹徒 두 [도] 架也시렁、도(遇)

十二

⿱竹窮 쿵 [공] 車篷ㅣ籠수레덮는대뜸、공(冬)

簣 궤 [궤] 盛土器삼태、궤(寘) 匱通

⿱竹觚 꾸 [고] 竹簡대쪽、고稜也모질、고(虞) 觚通

⿱竹盡 부 [보] 盛黍稷器ㅣ簋대제기、보 又보、보(外方內圓曰ㅣ容一斗二升)(麌)(遇) 簠同

簬 루 [로] 作矢適竹활살만드는대、노(遇)

簞 딴 [단] 小筐소쿠리、단 又도시락、단 笥也상자、단(寒)

簡 쟌 [간] 書札편지、간記文竹牒대쪽、간略也간략할、간易也쉬울、간分別분별할、간要也중요로울、간誠也진실로、간檢閱점고할、간又검열할、간選也가릴、간大也ㅣㅣ클、간(潸) 柬通

簜 탕 [탕] 大竹굵은대、탕(養) ⿱竹昜同

簦 떵 [등] 雨傘우산、등(蒸)

簪 쟌 [잠] 首笄비녀、잠聚也盍ㅣ모을、잠(侵)(覃) 篸撍通

簟 탄 [점] 竹席대자리、점(琰)

簙 뽝 [박] 局戲六ㅣ장기、박(象棋)(藥)

簝 랖 [료] 宗廟盛肉竹器종묘에고기담는대제기、요(蕭) [로] 義同(豪)

簩 랖 [로] 竹名대이름、노(ㅣ竹有毒夸

人爲觚、刺獸則(死) ㊀豪 簧。황 [황] 樂器笙ㅣ생황、황(女媧所作)笙舌피리혀、황 ㊀陽 簫。쇼• [소] 管樂퉁소、소(洞ㅣ、短ㅣ、玉ㅣ)舜樂韶ㅣ소소풍류、소弓末활고자이、소 ㊀蕭 箾通

篾 미• [멱] 白狗皮素ㅣ흰개가죽、멱車覆수레덮개、멱 ㊀錫 篗 약 [복] 竹實대열매、복 ㊀屋 簢 민 [민] 竹中空대속빈、민 ㊀軫 簥。쟈 [교] 大管큰저、교 ㊀蕭 䈀

쉐 [예] 初生筍갓난죽순、예 ㊀支 簨• 簨栒同 䉮 린 [린] 竹中實대속찰、인 ㊀震 䉇。줴 [취] 絡絲具실패、취 ㊀寘 簛 쓰 [시] 篩也체、시竹節대마디、시 ㊀支

篃 메 [미] 冬生筍겨울에나는죽순、미 ㊀寘 箁 뿌 [보] 簾也발、보 ㊀麌 䇓 쉬 [수] 魚筌고기다래끼、수 ㊀虞 篪 티 [체] 琴名ㅣ鐘거문고、체 ㊀齊 䉷• 죄

[죄] 竹帚대비、죄 ㊀泰 ⑪ 簿。뿌• [부] 籍也記事적바림、부又문서、부又치부、부領也거느릴、부笏也홀、부車駕鹵ㅣ의장、부 ㊀麌 [박] 蠶箔누에발、박 ㊀藥 箔通 簴

쥐 [거] 鐘鼓柎筍ㅣ북틀、거 ㊀語 虡同 鐻通 簬 簵。同 簺 쌔 [새] 戲具ㅣ子쌍륙、새(一名簙ㅣ) ㊀隊 簳 笴同 簸。빠 [파] 揚穀去糠까부를、파 ㊀哿 ㊀箇 簹• 땅 [당] 大

竹篔ㅣ왕대、당 ㊀陽 簻 檛同 簾。렴• [렴] 箔也발、염(天子外屛、諸侯內屛、大夫以ㅣ、士以帷) ㊀鹽 簽 쳠 [첨] 押署수결둘、첨又이름둘、첨信書편지、첨 ㊀鹽 簷 檐同

簶• 루 [록] 箭筒胡ㅣ전동、녹 ㊀屋 䈓 거 [갈] 止樂器木虎갈풍류、갈又그칠풍류、갈(一名敔) ㊀黠 楬通 䈂 껴 [격] 竹帳ㅣ子대장지、격又대창살、격 ㊀陌 䉜。ᄋ지 [치] 幼

竹어린대、치 ㊀紙 䉜同 籬 籬同 籣 쳰 [견] 戶籍ㅣ籍호적、견 ㊀銑 籧。쥐 [거] 飮牛器소먹이그릇、거 蠶箔누에치는발、거 ㊀語 籌• 籌同 䉠 탄 [단] 俗音단

練索배끄는줄、단 ㊀旱 簙。뻐 [박] 行碁ㅣ奕바둑돌、박 ㊀藥 䉑 민 [민] 竹中空대속빈、민 ㊀軫 篬 창 [창] 竹矛대창、창 ㊀漾 䉩 례 [례] 細軟竹가늘고연한대、예 ㊀齊

⑫ 籉• 태 [대] 防雨笠子삿갓、대 ㊀灰 䉘 춍 [총] 捕魚竹器籠ㅣ고기잡는대그릇、총 ㊀東 䉛。위 [욱] 漉米籔炊ㅣ조리、욱 ㊀屋 籈 연 [진] 止樂鼓敔그

칠풍류 채진(眞) **籌**。착 [주]算也숫가지、주又셈대、주ㅣ畫셈놓을、주壺矢투호살、주(尤) **籃** 란 [람]大篝籠큰등롱、남編竹盛物之器以便提攜들바구니、남(覃) **籍**。

°지 [적]簿書문서、적書冊서책、적户口圖ㅣ호적、적狼ㅣ왁자할、적語聲ㅣㅣ재재거릴、적(陌)藉通 **籊**。릐 [적]竹貌ㅣㄱ대걸찰、적又대쪽쪽번을、적(錫) **籋**。네

[녑]鉗也족집개、엽踏也밟을、엽(葉)鑷躡通 **篝**。꾸 [구]熏籠배롱、구(尤) **⿱竹⿰镸肖** 쌒 [초]竹枝長댓가지걸、초(巧) **⿱竹巢** 찬 [소]大笙큰생황、소鳥巢새보금자리、소(肴)

簍。⿱竹建同 **⿱竹鍴** 똰 [단]小竹작은대、단竹名대이름、단(寒) **籈** 링 [령]盛飯筐밥담는광주리、영(徑) **籚** 쓔 [서]疎篩성긴체、서(御) **䉗** 중 [총]箸筩젓가락

통、총(董) (十五) **⿱竹穀** 꾸 [곡]函也함곡(屋) **籔**。쑤 [수]漉米籔조리、수(有)[주]頭戴薦盆簍ㅣ돼리、수量名휘、수(受十六斗)(麌) **籑**。°찬 [찬]述也지을、찬具食반찬、찬(潸)

撰饌通 **籀**。°주 [주]大篆ㅣ文큰전자、주(宥)繇通 **⿱竹區** 어 [구]竹器以息小兒아이앉히는대둥우리、구又구자、구(或音우)(尤) **⿱竹畾** 뭬 [대]稻米碓쌀쓸는맷돌、대 [래]

(隊)義同 **籐**。텅 [등]蔓生似竹등、등又등나무、등(蒸)藤通 **籓**。빤 [번]大箕큰키、번籬也울타리、번又바자、번又울、번(元) **籓**藩同 **⿱竹遷** 쳔 [천]扱稻具벼훑

이、천(先) **⿱竹溜** 릭 [류]竹聲댓소리、유(尤) **篶** 쎼 [사]筆也채쪽、사(馬) (十六) **籠**。롱 [롱]箱屬농、농又채롱、농笭也종다래끼、농包擧ㅣ物얽어들、농鳥檻새장、

농矢箙전통、농(東)篭同 **籚**。루 [로]戟柄창자루、노筐也광주리、노(虞) **籛**。°젼 [전]姓也성、전(彭祖姓ㅣ名鏗善養性歷夏殷周年七百六十ㄷ歲而不衰)(先) **籟**。래 [뢰]簫

也피리、뇌(三孔籥)孔竅所發聲曰ㅣ소리、뇌(如天ㅣ、地ㅣ)(泰) **籯** 잉 [영]箸筩젓가락통、영籠也농、영(庚) **籙** 루 [록]籍也호적、녹又서적、녹冊籍책장、녹(沃) **籗**。

°쥐 [곽]罩也가리、곽又종다래끼、곽(捕魚籠)(藥) **籜** 뤄 [탁]竹皮대껍질、탁(藥) **⿱竹隨** 쒜 [수]籠也채롱、수(支) **籞** 워 [어]御苑池ㅣ나라동산、어(語)篽同 **⿱竹衛** 웨

위 細竹가는대、위(齊)

䉯 쎤 현 竹枯대마를、현(霰)

䉺 엔 연 竹病대병들、연(豔)

䉸 뼌 편 蘆葉笛갈잎피리、편(銑)

(十七)

籧 쥐 거 竹席 거ㅣ篨 대자리、거(魚)

籣 란 란 盛弩矢負器 동개、난(寒)

䉳 쎤 선 人户版籍簿ㅣ호적、선(銑)

籥 워 약 樂器似笛管ㅣ피리、약(有三孔或六孔者)(藥)

籤 쳄 첨 標記찌지붙일、첨 懺同、用以卜者竹ㅣ점대、첨 書ㅣ서상대、첨 驗也증험할、첨(鹽)

䈎 데 접 俗音접 簸也까부를、접(葉)

籅 위 여 竹輿대남여、여(魚)

籦 죵 종 枝多竹가지많은대、종(冬)

籢 匳同

䉔 지 계 竹實대열매、계(或音혜)(齊)

(十八)

籩 뼌 변 祭用竹器ㅣ豆변두、변 又대제기、변(先)

䉶 쌍 쌍 帆也돛、쌍 酒籠용수、쌍(江)

䉣 졔 개 黑竹검은대、개(佳)

䉢 자 잡 簾也발、잡(合)

(十九)

籭 簁同

籬 리 리 藩也울타리、이(支) 欐同 離通

籮 뤄 라 箕也키、나 筐也광주리、나(歌)

籫 쫜 찬 竹器대그릇、찬(旱)

(二十)

籯 잉 영 箱屬상자、영(庚)

䉷 엔 엄 射雉翳푸집게、엄 禦也막을、엄(鹽)

籰 쵞 확 卷絲器자새、확(藥) 籆同

䉪 룽 롱 筐也광주리、농 箱也상자、농(東)

(二十四)

䉡 깐 감 有毛竹털난대、감(感)

(二十六)

籲 위 유 呼也부를、유(遇) 龥同

米部

米 미 미 穀實精鑿쌀、미 又낟알、미(齊) 粎通 日佛國基本度名(我度三尺三寸三分)미터、미

粌 쀄 피 碎米싸래기、피(寘)

(二)

籴 糴同

粁 日佛國度名(米十倍)데카미터、십

(三)

籹 녀 여 蜜餌粔ㅣ약과、여 又중백기、여(以米麪和蜜煎熬者)(語)

籸 쎤 신 粉滓무거리、신 又녹말、신 粥凝범벅、신(眞)

籺 쎼 흘 米粉糠ㅣ쌀가루、흘(月) 麧同

粠 훙 홍 陳臭米묵은쌀 냄새날、홍(東)

籼 쎤 선 稉也메벼、선(先) 秈同

籽 쯔 자 種子ㅣ粒씨앗、자(紙)

粆 씬 심 米滓쌀찌끼、심(侵)

类 類同

籾 日 稻也벼、인 又나락、인

粁 日佛國度名(米千倍)길로미터、천

𠧪 粟古字

(四)

粃 秕同

粉。얀 [분]物之碎末가루、분ㅣ飾분바를、분燒鉛傳面분、분白灰塗壁회새벽할、분㊉吻 [日]佛國度名(米十分之一)데시미터、분

粍 [日]佛國度名(米千分之一)밀리미터、모

粆 싸 [사]砂糖사탕、사㊉麻

粄。빤 [판]屑米餅싸래기떡、판團子경단、판㊉潸

粅 우 [물]粉貌ㅣㅣ고운가루、물㊉物

粈。뉴 [뉴]雜飯잡곡밥、유又비빔밥、유㊉有

⿰米氏 지 [기]赤米붉은쌀、기㊉支

⿰米丙 메 [멸]屑米싸래기、멸㊉屑

粋 쉬 [쇠]純也순전할、쇠精也정밀할、쇠㊉隊

五

粔。쥐 [거]蜜餌ㅣ籹약과、거又중백기、거(一名環餅)㊉語

粗。추 [조]踈也엉성할、조又성길、조略也약간、조㊉麌 麤麤通

粕。퍼 [박]酒滓糟ㅣ재강、박又지게미、박㊉藥 魄通

粜 同糶

冞 미 [미]深也깊을、미冒也무릅쓸、미置也둘、미㊉紙

粐 후 [호]粥也죽、호煮米爲粥죽쑬、호㊉虞

粘。同黏

粊 삐 [비]惡米낫은쌀、비㊉寘 ⿰米非同

⿱䒑尨 밍 [명]漬米물에담근쌀、명㊉青 [미](縣名ㅣ泠)㊉支

⿰米乍 짜 [사]滓也찌끼、사㊉麻

⿰米付。뿌 [부]穀皮겨부、부㊉虞

粓 깐 [감]洗米汁쌀뜨물、감㊉覃

粒。리 [립]米顆쌀알、입又낟알、입㊉緝

粖 머 [말]饘也糜粥미음、말又죽、말㊉曷

粯 뻬 [배]磨麥之粥간보리죽、배㊉灰

粙 쥬 [주]稻之結實벼알들、주㊉宥

六

粢。쯔 [자]祭飯ㅣ盛젯밥、자稷也明ㅣ피、자餈也인절미、자(或音지)㊉支

粥 쮸 [죽]糜也미음、죽饘也죽、죽卑劣貌ㅣㅣ어리석은체할、죽鬻通 [육]賣也팔、육㊉屋

粟。쑥 [속]黍屬極小조、속米有殼者겉곡식、속㊉沃

粤。웨 [월]語辭發端어조사、월(于也、於也)審愼之詞곰곰생각할、월(國名)㊉月 曰越通

粞。씨 [서]碎米싸래기、서㊉齊

⿰米朿 쐭 [색]壞米糲ㅣ상한쌀、색餅相黏떡차질、색㊉陌

⿰米先 씬 [신]粥凝죽엉길、신粉滓무거리、신㊉眞

⿰米亘 환 [환]白米흰쌀、환㊉寒

粨 [日]佛國度名(米百倍)헥트미터、백

粡 뚱 [동]粗米궂은쌀、동㊉東

⿱巩米 춍 [공]精米정한쌀、공㊉冬

粦。同燐粦

粣 쒝 [색]扁米ㅣ전병、색㊉陌

粧。同糚

⿰米風 패 [패]研米混羹쌀갈아국에탈、패㊉隊

⿱白米 쟉 [작]熬米볶

은쌀、구(有) **⿰米多** 단[단]黏也차질、단(覃) ㊆ **⿰米甫** 뿌[포]꿀떡、포(遇) **粲**。찬[찬]鮮明ㅣㅣ선명할、찬盛笑貌ㅣ然껄껄웃을、찬精鑿食쓿은쌀밥、찬(翰)粲通

粮 同糧 **粱**。량[량]穀名기장、양(ㅣ、粟類五穀之長)(陽) **⿰米每** 메[매]酒本술밑、매(灰)醂同 **粰** 뿌[부]穀皮겨、부饘也된죽、부(尤) **粳** 同秔 **⿰米宋** 싼

[삼]蜜漬瓜實정과、삼(感) **⿰米兌** 태[태]粉末가루、태(隊) **⿰米見** 깐[간]米粉쌀가루、간(諫) **⿰米流** 류[류]熬米볶은쌀、유(尤) **⿰米肖** 찰[초]細粉고운가루、초(篠) ㊇

粿 꽈[과]無皮穀알곡식、과精米정한쌀、과(哿) **粽** 同糉 **粹**。쉬[수]精也純ㅣ순전할、수又정할、수專也오로지할、수(寘) **粺**。빼[패]精米정한쌀、패又골

른쌀、패(卦) **粼**。린[린]水淸ㅣㅣ물맑을、인(眞)水出石間물이돌틈에서날、인(齊)潾通 **粻**。장[장]糧也양식、장餡也엿、장(陽) **精**。징[정]擇定가릴、정又정할정專一전일

할、정物之眞氣정기、정又정신、정細密세밀할、정詳也자세할、정明也밝을、정熟也익숙할、정(庚) **粶** 루[록]火爆米불에말린쌀、녹(屋) **⿰米卷**。촨[권]粥稠貌죽되직할、

권(阮) **⿰米非** 同粊 **⿱𥝢米** 리[리]軟粥묽은죽、이(支) **⿰米斯** 시[석]洗米쌀씻을、석(錫) **⿰米周** 작[주]團子餠도래떡、주又경단、주(尤) ㊈ **糉**。종[종]餠也角黍송

편、종又주악、종又편수、종(米粉和水作如芋子、裹之樹葉蒸成餠者曰角黍、昔屈原五日投汨羅楚人此日竹筒貯米投水致祭今世五月端午節作ㅣ)(遇)粽同 **糈**。쉬[서]糧也양식、

서祭神米제메쌀、서(魚)[소]饊也산자、소(語)⿰貝疋通 **糎** [日]佛國度名(米百分之一)센티미터、이 **糊**。호[호]黏也풀、호又풀칠할、호(以米麪粉煮成濃粥用於付物)漫通、模

ㅣ모호할、호(虞) **糇** 후[후]乾食ㅣ糧마른밥、후(尤)餱同 **糅**。석[유]色混雜ㅣ섞일、유亂也粉ㅣ얽힐、유雜飯잡곡밥、유(有) **糂**。同糝 **⿰米英** 잉[영]精米정한쌀、영(庚)

糆 麪俗字 **糄**。뻰[변]燒稻取米벼볶아쌀만들、변(銑) **⿰米畐**。피[픽]以火焙肉불에고기말릴、픽(職) **⿰米屎** 쓰[시]屎尿똥오줌、시(紙) **⿰米咨** 쯔[자]稻餠ㅣ餻인절미

자 (支) **糲** 라 [랄] 粗飯추한 밥、날 (曷) **⿰米是** 지 [지] 黏也차 질、지 (紙) **糃** 당 [당] 精米정 미、당 (陽) **⿰米南** 난 [남] 雜穀粥잡 곡죽、남 (感) **⿰米皇** 황 [황] 祭米 제사쌀、

황 (陽) **十** **糕** 同餻 **糖** 당 [당] 飴也엿、당砂ㅣ사 탕、당 (陽) 餹同飴錫通 **⿰米芻** 착 [추] 濾取粉末녹말、 추又분얏힐、추 (尤) **糓** 同穀 **糗** 착 [구] 煮米 粉미싯

가루、구乾飯細屑밥 말려가루만들、구 (有) **糏** 셔 [설] 舂餘屑米방아 찌꺼기、설 (屑) **⿱殺米** 싸 [살] 散也흩을、살放也 놓을、살 (曷) 撒蔡𢹎通 **糒** 삐 [비] 乾飯말린 밥、비 (寘) [배]

義同 (卦) **⿰米蚤** 쏘 [수] 汁也국물、수水調 稻粉쌀반죽할、수 (有) **粹** 취 [쉬] 粉滓무거리、쉬 (隊) [방] 黍也기장、방 (陽) **⿰米兼** 셈 [함] 稻不黏메 벼、함 (咸) **糐** 부 [부] (虞)

餌동근수제비、 부又경단、부 (虞) **⿰米旁** 빵 [방] 玉蜀黍옥 수수、방 (庚) **十一** **糜** 미 [미] 饘也죽、미爛也물크러 질、미糏也싸래기、미 (支) **糟** 조 [조] 酒滓ㅣ 糠술재강、

조又지게미、 조 (豪) 醩同 **糢** 무 [모] 漫貌ㅣ糊모호할、모又흐릴、 모又어름어름할、모 (虞) [韓] 模俗字 **糞** 분 [분] 穢也똥、분 (食物消化之殘滓) 培也거름할、분掃除쓸、분 (問)

糞同 坌通 **糙** 촤 [조] 粗米거친 쌀、조 (號) **糚** 쨩 [장] 粉飾분단장 할、장 (陽) 粧同 **糠** 穅同 **糝** 싼 [삼] 米屑쌀가루、삼雜也섞일、 삼以米和羹국죽、삼黏也차 질、

삼 (感) 糂同 **⿰米啇** 쳐 [책] 壞米ㅣ粀상 한쌀、책 (陌) **⿰米曼** 만 [만] 飯澤ㅣㅣ밥윤택할、 만又밥웃물、만 (寒) **⿰米咸** 치 [축] 煮米餠쌀볶아 만든떡、축 (屋) **⿰米崔** 취 [최] 精米 정한쌀、

최 (灰) **十二** **⿰米番** 빤 [반] 米汁쌀뜨 물、반 (寒) **糦** 同饎 **糧** 량 [량] 穀食곡식、양又 양식、양 (陽) 粮同 **⿰米焦** 쟉 [착] 早收穀풋바심、착又지 레타작할、착 (生穫曰ㅣ

熟穫曰 穱) (覺) **糤** 同饊 **糨** 쟝 [강] 和水磨米풀 무리、강 (漾) **⿰米禽** 同⿰麥禽 **⿰米麄** 추 [추] 米不精궂 은쌀、추 (虞) **⿰米黃** 황 [황] 麴黴누룩곰 팡날、황 (陽) **糯** 뉘

[나] 黏稻찰벼 나 (箇) 穤同 **⿰米壹** 예 [열] 糓也송 편、열 (屑) **十三** **⿰米睪** 씨 [석] 淅米ㅣㅣ쌀일、 석又쌀씻을、석 (陌) **⿰米毀** 同毇 **糪** 뻐 [벽] 飯之未熟선밥、 벽 (陌) 糪同 [필] 餠半

熟선떡、필(黠)

糫 환 [환]粔籹膏ㅣ약과、환(刪)

[illegible] 라 [라]積米쌀쌓을、나(歌)

䊪 젼 [전]濃粥된죽、젼(先) 饘同

(十四) **糯** 稬糯同

糰 퇀 [단]粉餌수단、단又경단、단(寒)

[illegible] 됴 [도]厚粥범벅、도又죽、도黏也차질、도(尤)(晧)

(十五) **糲** 려 [려]米不精麤ㅣ궂은쌀、려(霽) 粟애찧은조、[랄]脫 날又매지미、날(曷)

[illegible] 메 [멸]粥也죽、멸(屑) 麥粉밀가루、말(曷)

(十六) **糵** 비 [얼]酒媒麴ㅣ누룩、얼(屑) 蘗同

糳 쟉 [착]精舂米정하게쓿은쌀、착又정미、착(藥) 鑿通

糴 뎍 [적]買穀곡식살、적(錫) 籴同

(十七) **[illegible]** 糱同

[illegible] 상 [양]雜也섞일、양(漾)

[illegible] 산 [한]豆團子콩경단、산(一名豆ㅣ餻)

(十九) **糶** 됴 [조]賣穀곡식팔、조(嘯) 粜同

[illegible] 허 [핵]粗糠거친겨、핵(陌)

[illegible] 미 [미]碎糠몽근겨、미舂米쌀찧을、미(支)

[illegible] 糱同

[illegible] 찬 [조]米穀雜궂은쌀、조又섞인쌀、조(號)

(二十) **[illegible]** 찬 [산]礤粟곡식갈、산(潛)

(二十二) **糷** 란 [란]飯黏相著밥질、란又밥들러붙을、난(翰)

[illegible] 쟉 [착]精白米정한쌀、착(藥)

[illegible] 粟古字

糸部

糸 미 [멱]俗音[사]細絲가는실、사(錫)

系 씨 [계]緒也실끝、계繫也맬、계繼也이을、계血統계통、계胤也맏아들、계(霽) 繫通

糺 작 [규]收也거둘、규(有) 糾通

(二) **糾** 작 [규]繩三合삼겹노、규察也살필、규擧也들、규督也동독할、규質問물을、규彈也탄핵할、규纏也동여맬、규絢也꼬을、규(有) [교]舒遲窈ㅣ종요할、교愁結窈ㅣ맺칠、교笠輕擧삿갓선뜻들、교(篠) 糺号通

紌 絿同

[illegible] 졍 [정]絲繩緊直貌노끈팽팽히경건、정引也잡아당길、정(梗)

[illegible] 낫 [조]倒懸거꾸로달、조(篠)

糼 궁 [공]紡績길쌈할、공又짤、공(東)

(三) **紅** 홍 [홍]絳也붉을、홍(南方色)女ㅣ길쌈、홍顏料臙脂연지、홍(東) 功通

紆 위 [오]縈也얽힐、우縮也얽을、우屈曲굽힐、우(虞)

紀 지 [기]維也벼리、기記也기록、기十二年열두해、기法也법、기綱ㅣ법、기理也다스릴、기歲也해、기(支)

紉 인 [닌]以絲貫針바늘에실꿸、인(眞)

紃 쉰 [순] 條也실띠、순又끈、순(如繩圓綸曰丨)法也법、순(眞) 紈 완 [환] 素也冰丨흰깁、환(寒) 約 야 [약] 期也기약할、약結也맺을、약誓也맹세할、약又언약할、약儉也검소할、약簡也간략할、약大槪대개、약省也덜、약柔弱淖丨유약할、약(藥) [요] 信也믿을、요契也약속할、요(嘯) 紇 허 [흘] 絲下실끝、흘束也묶을、흘大絲굵은실、흘(人名孔子父叔梁丨)(月) 紒 계 [결] 絲束실묶음、결(屑) 紂 적 [주] 馬緧말뒤걸이、주又밑치、주(商王辛號)(有) 紃 쯔 [순] 粹也순전할、순(眞)純通 [치] 黑色검은빛、치(支)緇通 絇 [華] 牝鈕암단추、구 紆 깐 [간] 摩衣而展옷만져펼、간(旱) 紁 차 [차] 內衣襠丨속바지、차(禡)

四

紕 삐 [비] 繒欲壞삭은비단、비邊飾가꾸밀、비衣緣옷선、비粗繒성긴비단、비(支)飾也꾸밀、비織組짤、비(寘)諟通 [치] 績苧길쌈모시、치(紙) 紙 즈 [지] 楮皮其他原料所成종이、지(蔡倫作始)(紙) 紓 서 [서] 緩也더딜、서又늘어질、서解也풀、서(魚)(語)緖通 素 쑤 [소] 白也흴、소本也본디、소又바탕、소質차질박할、소生帛깁、소無色순색、소(遇) 純 츈 [순] 粹也순전할、순篤也도타울、순全也온전할、순絲也실、순 [돈] 包束꾸릴、돈又묶을、돈(元)(眞)紃通 [준] 衣緣옷선、준(軫) 紖 천 [진] 牛鼻繩쇠코뚜레끈、진(軫) [인] 牽車索수레끄는줄인(震) 紛 뿐 [분] 紊亂丨丨분잡할、분又시끄러울、분雜也섞일、분衆也많을、분(文) 紜 윈 [운] 物多紛丨분운할、운又어지러울、운(文) 紋 원 [문] 織文무늬、문又문채、문(文) 紊 원 [문] 亂也어지러울、문又얽힐、문(問) 紗 싸 [사] 絹屬깁、사又사、사(麻)縩同 紡 빵 [방] 治麻編絲丨績길쌈、방又낳을、방(養) 紘 헝 [굉] 宏也넓을、굉又클、굉長垂冠纓긴갓끈、굉綱也八丨벼리、굉(庚)紭同 紌 綆同 紑 뿌 [부] 衣潔옷정결할、부(尤) 紐 뉴 [뉴] 結也맺을、유(有) [華] 牡鈕숫단추、유 紟 찐 [금] 衣系옷고름、금結衣者댄추、금(侵)單被홑이불、금(沁)衿通 紝 신 [임] 織也짤、임又길쌈할、임(侵)絍同 紞 딴 [담] 冕前垂紐면류관앞드림、담(感) 索 쒀

[삭]綯而作條노、삭又줄、삭又새끼、삭盡也다할、삭散也흩을、삭懼也ㅣㅣ두려워할、삭縈紆繭ㅣ얽힐、삭(藥)[색]求也찾을、색搜也더듬을、색探也탐지할、색法也법、색(陌)

紒 계 [계]束髮상투、계(霽)髻通 [결]絺也맺을、결(屑)結通

級 지 [급]等次등급、급又차례、급又층、급(品位、班列等ㅣ、階ㅣ)絲次第실갈피、급(緝)[韓]編魚二十日ㅣ두름、급

納 나 [납]入也들일、납受也받을、납獻也바칠、납(合)內通

⿰糸支 지 [지]挽舟繩배끄는줄、지(支)

紌 작 [구]白絹絲흰비단실、구(尤)

紏 덕 [두]告也고할、두黃絲누른실、두(有)

(五)

終 죵 [종]竟也마침、종又마침내、종窮極마지막、종又마칠、종末也끝、종卒也죽을、종(君子曰ㅣ小人曰死)(東)

絁 쓰 [시]繒屬비단、시紬也명주、시(支)

細 씨 [세]微小가늘、세又세밀할、세小也잘、세又작을、세(齊)

累 레 [류]俗音[루]縈也얽힐、누緣坐연좌할、누纍通繫也係ㅣ맬、누又동일、누又묶을、누(支)增也더할、누又부를、누(紙)絫通[韓]多貌여럿、누

紫 쯔 [자]黑赤間色검붉을、자又자주빛、자(紙)

紵 쥬 [저]檾屬絺ㅣ모시、저(語)褚苧通

組 주 [조]綬也인끈、조條也실띠、조交織、섞어짤、조事物構成얽어만들、조(麌)

絇 쥐 [구]屨頭飾신코꾸밀、구(虞)(遇)屩同

紿 대 [태]絲縈難理실엉킬、태欺也속일、태疑也의심할、대(賄)詒通

紳 썬 [신]大帶큰띠、신束也묶을、신仕宦縉ㅣ벼슬아치、신(眞)

絣 繁同

紾 전 [진]引戾비틀、진使轉굴릴、진(軫)抮同

絆 빤 [반]馬縶羈ㅣ말옭아맬、반(翰)

⿰糸旦 綻同

絃 쎈 [현]八音之絲管ㅣ풍류줄、현(琴瑟箏樂器之彈絲)(婦死曰斷ㅣ)(先)

紹 싼 [소]繼也이을、소相助ㅣ介소개할、소緊糾얽을、소(篠)

絅 징 [경]急引급히끌、경捕魚고기낚을、경襌衣홑옷、경(青)(迥)褧同

紲 셰 [설]繫也맬、설牛馬牽繩마소고삐、설(屑)絏緤同

紱 부 [불]印綬인끈、불纏也얽을、불(物)紼韍通

⿰糸戉 웨 [월]細布가는베、월采繒채색비단、월紵布반베、월(月)

紮 자 [찰]纏絡弓弝활줌동싸개、찰札通纏束동여맬、찰(黠)

紨 부 [부]粗紬거친명주、부布也베、

부大絲긁은실、부(虞)

⿱奴糸 나 [녀]敝絮묵은솜、여[여]塞也막을、여(魚)[나]相著들러붙을、나絲亂실엉킬、나(馬)

⿰糸欠 예 [결]一縷絲실한올、결(屑)

紙 듸 [저]絲滓실찌끼、저(齊)

紽 퉈 [타]絲數실마리、타又실수효、타縫也꿰맬、타縫際실밥、타(歌)

⿰糸正 졍 [정]馬飾말갈기땋서치장한실、정(庚)

紬 츄 [주]大絲繒명주、주(尤)緖也실끝、주引其端緖주릴、주(宥)

紭 紘同

紺 깐 [감]深青而含赤色애청、감又보라빛、감(勘)

紩 찌 [질]縫也꿰맬、질索也줄、질(質)

絀 츄 [출]縫也꿰맬、출(質)[굴]曲也굽을、굴(物)詘同

紼 블 [불]亂絲엉킨실、불引索끄는줄、불(物)練紱通

⿰糸末 머 [말]束衣옷맬、말足衣버선、말(月)[멸]義同(屑)

紴 빠 [파]錦紋水ㅣ비단무늬、파(歌)[피]絛也실띠、피(紙)

⿰糸民 민 [민]釣絲낚시줄、민(眞)

紶 쥐 [거]絲繩실끈、거(語)

紸 주 [주]繼也이을、주冕傍纊면류관결에단솜、주(遇)

⿰糸古 구 [고]草名ㅣ縷고루풀、고又망개、고(虞)

六

絨 슝 [융]練熟絲삶은실、융細布가는베、융(東)

絧 퉁 [동]布名동베、동連也이을、동直馳貌鴻ㅣ곧게달릴、동(東)

統 퉁 [통]總理거느릴、통紀也벼리、통緖也실머리、통本始근본、통系ㅣ대이을、통(宋)

絳 쟝 [강]深赤色짙게붉을、강染草名강초、강(水名)(絳)

絲 쓰 [사]細條之稱실사、蠶之所吐비단실、사(數名十忽)(八音之一)(支)

絫 레 [류]俗音[루]重也포갤、누增也더할、누十黍之重기장열무게、누(紙)累通

絝 袴同

⿰糸耳 얼 [이]轡盛貌ㅣㅣ고삐늘어질、이(紙)

絮 쉬 [서]敝綿헌솜、서(棉花去實曰ㅣ)[처]調味맛마칠、처絲亂실엉킬、처(御)[여]姓也성、여(魚)

絘 ㅊ [차]績緝길쌈할、차市場稅布저자구실베、차(寘)

絑 쥬 [주]赤色繒붉은비단、주(虞)

⿰糸米 미 [미]繡文수놓은무늬、미(如粒極小者ㅣ)(薺)米通

給 께 [급]足也족할、급又넉넉할、급與也줄、급口捷말잘할、급供也공급할、급(緝)

絓 罣同

絪 인 [인]枲麻수삼、인元氣ㅣ縕원기、인(眞)氤通

絙 환 [환]緩也느즈러질、환(寒)

絟 촨 [전]細布고운베、전葛布갈포、전(先)

絭

권攘臂繩소매걷는끈、권又팔찌、권霰

絢。쳰 현采成文채색무늬、현又문채날、현霰

絞。쟌 교縊也ㅣ刑목매죽일、교急也급할、교斂布염베、교(小斂布ㅣ)蒼黃色초록빛、교(草綠色)巧

紽 뛰 타冕前垂物면류관앞드림、타哿

絚 끈 긍急張絃줄켕길、긍大索밧줄、긍徑縆通

絖 同纊

結。졔 결締也맺을、결屑紒通 韓稅禾百負뭇、결

經 데 질喪服麻帶삼띠、질又수질、질又요질、질(麻在首在腰皆曰ㅣ)屑

絏 同紲

絕。졔 절斷也끊을、절自斷끊어질、절滅也멸할、절奇也기이할、절超也뛰어날、절冠也으뜸、절相距遼遠아득할、절屑

絜。졔 혈度也ㅣ矩잴、혈又헤아릴、혈約束묶을、결麻一耑삼한끝、결靜也고요할、결屑潔通 계提也끌을、계霽

絡。락 락聯也연락할、낙脈也經ㅣ맥、낙又경낙、낙包ㅣ쌀、낙生麻생삼、낙連也얽을、낙藥

絯 깨 해束也묶을、해灰挂也걸、해蟹 핵大絲굵은실、핵陌

絤 同線

絘 쯔 자理絲실다듬을、자寘

緎。同織

絈 패 파散絲흩은실、파卦

絣。同絣

絎 씽 행縫紩바느질할、행敬

絍。同紝

絗 후 회縷縈실꾸리、회又실둘릴、회月

絙 졘 견緊結줄켕겨맬、견先

絩 쟈 조絲數실수효、조五色絲오색실、조嘯

絬。예 설堅也굳을、설屑

絿 찬 차塗漆옻칠할、차寘

絳 머 모不和화하지않을、무尤

絉 여 역絡絲실얽을、역陌

七

絺 처 치細葛布가는갈포、치支

綏。쉬 수安也편안할、수車轡수레고삐、수冠纓갓끈、수 유旗竿頭飾기머리장식할、유支緌通

綕 쯔 지治絲실다룰、지寘織通

綀 同紓

綑 쿤 곤織也짤、곤阮捆通

綈。티 제厚繒두터운비단、제齊

絻。원 문喪服상복、문(始發喪服)紼也끄는줄、문(引舟引棺者ㅣ)問免通

綄 환 환船上風候標배위바람표、환寒

綖 옌 연冕上前後覆면류관싸개、연先銑

絹。좐 견繒如麥稍깁、견又비단、견(蠶絲所織厚而疏者便於染色故畫幅多用)霰

綤 同紗

綃 쌰 초生絲綺繒생초、초(絞ㅣ、冰ㅣ)采繒색비단、초蕭

絛。탑[도]編絲繩엮은줄、도又실띠、도(豪) 縚同 **綁** 빵[방]縛也결박할、방又묶을、방又얽을、방(陽) **絿**• 착[구]急也급할、구求也구할、구嚴也엄할、구(尤) 紈同

經。잉[경]書也경서、경又글、경過也지날、경常也떳떳、경織用縱絲날、경營也경영할、경法也법、경治也다스릴、경(靑)縊也목맬、경(徑) **綎** 팅[정]綬也인끈、정又띠술、정(靑) ⿰糸盈同

⿰糸呈。同綎 **綐** 뒈[예]俗音[태]細紬가는명주、태(泰) **綂** 統俗字 **綍**• 약[발]大索동아줄、발(物) 紼通 **綉** 쑤[수]錦一片爲丨비단조각、수(宥)

綊 쎄[협]冕綖紐丨면류관싸개、협(葉) **綌**。차[격]麤葛布굵은갈포、격(精曰絺、麤曰丨)(陌) **絼** 쩐[짐]牛鼻索繩丨著쇠고뚜레끈、짐(侵) **綅**• 천[침]絳絲붉은실、침(侵)

綒 약[부]麤網굵은그물 부(虞) **綔** 후[호]印綬인끈、호(遇) **緐**• 빤[번]馬髦飾말갈기치장、번(元) **絸**。繭古字 **絽** 리[려]紩衣丨縷옷꿰맬、여絣織줄지게짠베、여(語)

綀 쑤[소]絺屬花丨화문포、소粗葛布굵은갈포、소(魚) **綆**。• 껑[경]汲水器繩두레박줄、경(或音갱)(梗) **綇** 셔[수]絆前足앞발잡아맬、수(有)

⿱折糸 베[별]編繩엮은줄、별(屑) **⿰糸㐬** 리[류]旗旒깃발、유(尤) **綘** 縫同

八

綜 쭝[종]經絲交持機縷잉아、종聚也모을、종(宋) **維**。• 웨[유]綱也벼리、유(國有四丨、曰禮義廉恥)發語辭발어사、유係也맬、유惟也오직、유方隅모퉁이、유(支)

綦。치[기]綺采蒼白艾色반베、기履飾신들메、기(支) **緌** 쒜[유]冠纓下垂관끈늘어질、유(支) 綏通

綺。• 치[기]彩繒무늬비단、기又깁、기(紙) **緋** 뻬[비]絳色짙게붉은빛、비(微) **緀** 처[처]文采相錯무늬엇놀、처(齊) 萋通 **綮** 치[경]筋肉結處肯丨힘줄얽힌곳、경(迥)[계]緻繒톡톡한비단、계又두터운비단、계旗標기표、계戟衣창집、계(齊)

綟 리[려]綠色초록빛、여(霽) **綴**。• 쮜[체]連也연결할、체又이어맬、체緝也선두를、체(霽)[철]義同止也그칠、철聯也잇댈、철結也맺을、철舞列춤나란이출、철(屑)

綵• 채[채]五采繒繒채색비단、채(五色綢曰丨)(賄) **緍**。同緡 **綷** 쵀

[최]紈素聲ㅣ縩깁바삭거릴、최(賄)[채]五絲繒오색비단、채(隊)

綸。륜[관]青絲綬푸른인끈、관(刪)[륜]義同綱也벼리、윤鈞繳낚싯줄、윤王言絲ㅣ사륜、윤(王言如絲其出如ㅣ)纏裹彌ㅣ흰쌀、윤揉雜紛ㅣ분잡할、윤(眞)

緊。진[긴]急也긴할、긴(凡縛之急者曰ㅣ事之急者亦曰ㅣ)(軫)

緄꾼[곤]繡帶수놓은띠、곤(阮)

綣촨[권]厚情繾ㅣ정다운、권(願)不離繾ㅣ서로따를、권(阮)

綰완[관]繫也맬、관又얽을、관貫也꿸、관(潸)

綻。잔[탄]衣縫解ㅣ裂옷솔기터질、탄(諫)綻組同、袒通

綿。몐[면]纊也솜、면(精曰ㅣ、麤曰絮)(先)緜通

綪쳔[천]赤繒붉은비단、천(霰)[쟁]結而又屈고볼、쟁(庚)

綫線同

綯됴[도]糾絞繩索새끼꼬을、도(豪)陶通

綢。착[주]纏也ㅣ繆얽을、주(尤)[도]藏也감출、도纏也동일、도韜也쌀、도(豪)

綱。깡[강]總網大繩벼리、강總要근본、강法紀법、강(陽)

糸阿어[아]細繒가는비단、아縞練마전할、아(歌)

網왕[망]漁具ㅣ罟그물、망(養)

緉량[량]雙履신한켤레、양(漾)

絣뼝[병]振繩墨먹줄튀길、병(庚)絣同

総總同

綾。링[릉]紋繒무늬있는비단、능(其文如望冰凌故曰ㅣ)(蒸)

緅。쭈[추]青赤色아청빛、추(即鴉青色)(尤)

綬。쓔[수]佩組載維인끈、수(ㅣ受也所以官人承受者印環)(有)(宥)

綝쳔[침]繕也수보할、침又기울、침又꿰맬、침(侵)

綠。뤼[록]青黃間色초록빛、녹(王名結ㅣ)(沃)

糸屈취[귤]俗音[굴]結也맺을、굴后服황후의옷、굴(月)

綽챡[작]寬大너그러울、작多也많을、작(藥)繛通

緂毿同

〔**緈**〕씽[행]直也곧을、행(迥)

緎。위[역]縫際옷솔기홀、역(職)

緁。쳬[첩]衣縫옷꿰맬、첩(葉)

糸咅부[부]敝絮發理묵은솜펼、부(宥)

緀예[접]絲續실이을、접(葉)

綧쭌[준]布帛廣幅피륙넓이、준又포백넓이、준(軫)

綶。꿔[과]纏束얽어동여맬、과(哿)

綹。류[류]絲二十縷실스무오리、유(有)

綼삐[비]裳幅錦繡치마폭에수치장할、벽(錫)

緆。씨[석]細布가는베、석熟布누은베、석又익힌베、석(錫)

綳繃同

糸奄옘[염]繅絲以手振出고치의실뽑아낼、염(豔)

糸爭청[쟁]急

絃聲풍류줄켕길、쟁 赤絣붉은끈、쟁(庚) **綞** 타 [타] 綞屬ㅣ子 타(哿) **綡** 량 [량] 裏頭巾머리싸는수건、양(陽) **[糸+空]** 쿵 [공] 長絲긴실、공(送) **[糸+忝]** 텬 [첨] 毛

織모직、첨(鹽) **綪** 욱 [욱] 以青色經絲 연옥색、욱(屋) **縱** 죵 [종] 染色繒물들인비단、종(冬) **總** 후 [홀] 細小잘홀、홀(月) **九** **緵** 죵 [종] 布縷베올、종(東) 魚網그물、

종(所謂百囊罟)(送) **緦** 쓰 [시] 十五升布열다섯새베、시三月服석달복、시又시마、시(支) **緢** 묘 [묘] 絲旋실반대、묘又실두름、묘旄絲기술、묘(蕭) **緻** 치 [치] 密

也톡톡할、치又밸、치縫補緻衣헌옷기울、치(寘) **緹** 티 [제] 赤帛붉은비단、제(土色黃赤者曰ㅣ)(霽) **緯** 위 [위] 織橫絲經ㅣ씨、위又둘릴、위星右旋별오른편으로돌、

위(五ㅣ、即五星言ㅣ者、二十八宿、隨天左轉爲經、五星右旋爲ㅣ)(未) **緭** 웨 [위] 白繒흰비단、위(未) **緒** 셔 [서] 絲耑실끝、서又실머리、서殘餘나머지、서發端시초、서(語)

締 티 [체] 結也맺을、체 閉也닫을、체(霽) **緖** 캐 [개] 大絲굵은실、개(佳) **緺** 와 [왜] 紫青印綬왜청빛인끈、왜又푸른인끈、왜(佳) [과] 義同(麻) **緡** 민 [민] 錢孔貫

繩돈꿰미、민釣繳낚싯줄、민被也입을、민(眞) 緍同 **緷** 곤 [혼] 百羽백우、혼又장목、혼(元) 大束큰묶음、혼(阮) **緩** 환 [완] 遲也느즈러질、완又더딜、완(旱) **緞** 단 [하] 履

跟帖신뒤축、하(麻) 鍜同 [단] 義同(翰) **緣** 연 [연] 因也인할、연(先) 衣服邊端옷전、연又인연、연ㅣ飾옷에선두를、연(霰) 椽通 **緜** 면 [면] 新絮햇솜、면不絶ㅣㅣ그치지않을、

면鳥聲ㅣ蠻꾀꼬리소리、면纏也얽을、면(先) 綿通 **編** 변 [편] 次簡책편、편交織엮을、편錄也적을、편婦人假紒副ㅣ첩지、편(先) [변] ㅣ髮머리땋을、변(銑) 辮通 **緬** 면 [면] 遠

也멀、면改葬禮면례할、면思貌ㅣ然우두커니바라볼、면(銑) **練** 련 [련] 煮漚潔白마전할、련又눌、련又익힐、련閱歷열력할、련又단련할、련又겪을、련(霰) 鍊通 **線** 션

[선] 縷也실、선又줄、선(霰) 綫絤同 **緇** 츠 [치] 黑色검은빛、치(支) 紂通 **緲** 묘 [묘] 微也縹ㅣ적을、묘遠視貌아득할、묘(篠) **緗** 샹 [상] 淺黃色엷게누른빛、상(陽)

緥 同褓

緶◦ 뻔 [편] 縫也 꿰맬、편(先) [변] 褰衣 옷걷어칠、변(銑)

緪 건 [긍] 大索 동아줄、긍(蒸) 絚通

緱 꾸 [구] 劒頭飾纏 칼자루감을、구(尤)

緧 착 [추] 紂也 馬鞦 말가슴걸이、추 馬股後革 말뒷걸이、추(尤) 鞧緧同 鞦通

緧 同緧

緘◦ 셴 [감] 俗音 [함] 封也 봉할、함 束也 묶을、함(咸)

[illegible] 셰 [혈] 廣帶 넓은띠、혈(屑)

緝 치 [즙] 績也 길쌈、즙 績也 이을、즙 集也 모을、즙 光也 ㅣ熙 빛날、즙 (或音집)(緝) 葺通

緤 同絏

[illegible] 쳰 [전] 織一番 베한참짤、전(先)

緟◦ 츙 [중] 增也 더할、중 重也 거듭할、중(冬)

[illegible]◦ 쓘 [순] 衣之督脊 옷등솔、순(眞)

[illegible]◦ 同綎

緰◦ 위 [유] 裂繒 찢어진비단、유(虞) [요] 帛也 비단、요(蕭)

[illegible] 뿡 [봉] 枲履 미투리、봉 小兒革鞋 아이가죽신、봉(董)

[illegible] 同褄

[illegible] 쟈 [저] 相著貌 ㅣ絮 서로붙을、저(馬)

[illegible] 쟈 [잡] 縫也 꿰맬、잡(洽)

緫◦ 쭝 [종] 靑黑繒 검푸른비단、총 輕絹 얇은비단、총(東) [종] 絲數 실오리、종(冬)

[illegible] 치 [희] 固結 매듭질、희(寘)

縇 [韓] 衣緣曰ㅣ 선、선 又 선두를 선

縅 [日] 甲麟縫縷 갑옷비늘다는실、위

緼◦ 운 [온] 舊絮 묵은솜、온 枲麻 모시、온 盛貌 紛ㅣ 성할、온 元氣 絪ㅣ 기운넝이、온(吻)(問) 縕同

[illegible] 베 [배] 繻也 속적삼、배(隊)

[illegible]◦ 우 [유] 雜色繒 잡색비단、유(宥)

緛 완 [연] 縮也 쭈그러질、연(銑)

[illegible] 넌 [난] 細織 가늘게짤、인(侵)

[illegible] 상 [승] 麻布 삼베、승(蒸)

緾 纏略字

[illegible] 우 [우] 喪中束手 묶을、우(宥)

十

縋◦ 줘 [추] 繩懸 줄에매달、추(寘)

縊◦ 이 [의] 俗音 [에] 結項 목맬、에(霽)

縗 췌 [최] 喪服 상복、최(灰) 榱同 衰通

縖 쌰 [할] 束物 묶을、할 又 동일、할(黠)

縝 천 [진] 結也 맺을、진 密也 톡톡할、진 絲縷 실오리、진(軫)

縉◦ 진 [진] 淺絳色 분홍빛、진(震) 搢通

縓 촨 [전] 絳色 붉은빛、전(先)

縕 同緼

縏 판 [반] 小囊 작은주머니、반(寒)

縣◦ 셴 [현] 繫也 달릴、현 又 맬、현 絶也 끊어질、현(先) 懸同 行政區域 州ㅣ 고을、현(霰)

縚 同絛

縞◦ 깐 [호] 素也 白繒 흰비단、호 (練繒) 精繒 生(繒) 縷紋 줄질、호(皓)(號)

縈 웅 [영] 繞也 얽힐、영 繫也 맬、영(庚)

縢。텅 [등]緘也봉할、등又꿰맬、등纏脚行ㅣ행전、등繩也노、등約也묶을、등(蒸)

縐 적 [추]蹙也주름질、추又구길、추細絺가는갈포、추(宥)

縑 겸 [겸]合絲交絹합사로짠비단、겸又갑견、겸又교직、겸(鹽)

[illegible] 同縠

縠 후 [곡]縐紗저사、곡又비단지우사、곡細綾霧ㅣ고운비단、곡(屋)

縟。수 [욕]采飾織ㅣ화문놓을욕、細也가늘욕(沃)

縒 취 [착]絲亂ㅣ綜실엉킬、착(藥)

縛。뫄 [박]繫也얽을、박又동일、박束也묶을、박(藥)

[韓]面有痘痕ㅣ色얽을、박

縊 이 [역]印綬인끈、역(陌)

縟 타

[illegible] [탑]以索罥物얽을、탑(合)

縗 同緅䋎

緍 꾸 [골]結也맺을、골(月)

縡。째 [재]事也일、재(賄)(隊)載通

縜 윈 [균]俗音[운]特網紐그물고、운(眞)

緤 찌

[illegible][치]針縫刺ㅣ바느질할、치(寘)

褫。리 [리]惡絮縕ㅣ궂은솜、이(支)

縍 同幫

縖 [華]紞ㅣ실매듭、탑

綐 예 [비]細布가는베、비(支)

縳。당 [당]大繩큰줄、당(陽)

緦。궤 [귀]黑繒검은비단、귀(寘)

縹 리 [률]綵繒채색비단、율(質)

縼 식 [수]緯絲씨실、수(寘)

縞 꺼 [학]生絲생사、학(陌)

繐 수 [소]生繒생사로짠비단、소(遇)

十一

總。쫑 [총]統也거느릴、총合也합할、총皆也다、총括也끄덩이잡을、총聚也ㅣㅣ모을、총ㅣ角束髮총각상투짤、총(董)摠揔総同縫也꿰맬、총(冬)

縱 쭁 [종]直也길이、종又세로、종竪也세울、종(冬)從通雖也비록、종放也놓을、종亂也어지러울、종(宋)[총]急遽ㅣㅣ바쁠、총又총총할、총又급할、총(董)

縫。뽕 [봉]以針綴衣꿰맬、봉又바느질할、봉補合彌ㅣ아물을、봉大衣ㅣ掖큰옷、봉(冬)絳同衣會혼솔、봉(宋)摓通

縭。리 [리]帨也차는수건、이縿也끈、이香囊향주머니、이以絲介履신들메끈、이(支)褵通

縲 레 [류]俗音[누]黑索繩ㅣ검은새끼、누(支)纍同纝通

縻 미 [미]繫也맬、미又얽을、미靡通牛轡소고삐、미(支)

縷。뤼 [루]綫也실、누委曲觀ㅣ곡진할、누衣敝藍ㅣ남루할、누(麌)

緊。이 [예]黑青繒검푸른비단、예戟袋창집、예歎辭하하할、예(齊)翳通

縰 同纚

繁。빤 [반]馬腹帶ㅣ纓말배때끈、반(寒)緐同[번]盛也

성할、번多也많을、번雜也ㅣ蕪번잡할、번(元) **縳** 繐同 **縵**。만[만]無文繒무늬없는비단、만(翰)寬心마음너그러울、만調絃줄고를、만(寒)緩也ㅣㅣ늘어질、만(諫) **縼** [illegible]

[선]牛馬繫바、선(霰) **繇**。요[요]順從순종할、요隨也따를、요茂也성할、요役也역사할、요(蕭)[유]從也좇을、유行貌ㅣㅣ달려갈、유和柔優ㅣ부드러울、유(尤)傜謠由通[주]占辭文ㅣ

점때、주(宥)籒通 **縹**。표[표]青白色옥색빛、표(篠) **繅** 소[소]繹繭出絲고치켤、소(豪)繰通[조]薦玉采繒옥받침비단、조(ㅣ有五采)(晧) **繈** 鏹同 **繃**。빵[팽]俗音[붕]

束也묶을、붕又얽을、붕卷也감을、붕(庚)繃棚同 **繆**。무[무]絲千縷실천오리、무纏綿綢ㅣ얽을、무[규]絞也ㅣ經수질、규又요질、규(尤)[류]錯也紕ㅣ그릇칠、유又어긋칠、유姓

也성、유(宥)[목]惡謚목슬시호、목(屋)穆通 **縿** 싼[삼]旗幅기폭、삼(咸)幓同纔通 **縮**。쒸[축]斂短쭈그러질、축又줄어질、축直也곧을、축束也묶을、축(屋) **縬** 츄

[축]縮也움츠러질、축縮文구김살、축(屋) **[illegible]** 縬同 **縪**。비[필]止也그칠、필冠縫관솔기、필(質) **繂** 뤼[률]維舟大索뱃머리줄、율又배닻줄、율玉藉韋ㅣ옥받침、

율(質) **績**。지[적]緝也紡ㅣ길쌈、적功也成ㅣ공、적績也이을、적事也일、적(錫)勣通 **縶**。지[집]繫馬말맬、집(緝)馽同 **繌** 채[채]鮮衣綷ㅣ선명한옷、채衣聲옷와삭

거릴、채(泰) **縳**。좐[전]紡絲올、전又나이실、전(霰)白而鮮色곱고선명한빛、전羽數束名장목、전(十羽爲審、百審爲摶、十摶爲ㅣ)(銑) **縴** 쳔[견]惡絮ㅣ纊궂은솜、견(先) **縸**

무[모]惡絮궂은솜、모(遇)[막]網羅貌絡ㅣ그물칠、막(藥) **[illegible]**。쳬[첩]鮮明衣緹ㅣ선명한옷、첩(葉) **繀**。쉐[쇄]織ㅣ실톳、쇄(隊) **緷** 훈[혼]縫也꿰맬、혼(阮) **[illegible]**

미[멱]繩索노、멱(錫) **[illegible]** 뤼[략]紩衣紹ㅣ옷꿰맬、약(藥) **縯**。인[인]長也길、인引也당길、인(軫)[연]義同(銑) **[illegible]** 젼[견]緊急긴급할、견(先) **[illegible]** 됴[조]懸

也매달、조(篠) **[illegible]** 루[록]純綷순전할、녹(屋) **[illegible]** 두[두]編絲結囊실로짠주머니、두(尤) **[illegible]**。어[우]漚麻삼불릴、우(宥)

⑫

繠。쉬[예]垂也드릴、

예葺也기울、예羣集모여들、예(紙)槷通

織。지 [직]經緯相交짤、직又나이、직(職)紙同[지]治絲실다듬을、지紩通[치]幟也기、치(寘)

繐 쉐 [세]俗音[혜]細絲疎布가늘고성긴베、혜(霽)繐同

繢 同繪

繣· 화 [홰]乖戾緯ㅣ어긋칠、홰(卦)[획]破聲깨지는소리、획兩頭繫두끝맬、획(陌)

繙。빤 [번]譯也번역할、번旗貌繽ㅣ기펄렁거릴、번解紬끈풀、번(元)

繜 쭌 [준]小衣잠방이、준又작은옷、준聚也모을、준(阮)撙通

繟 찬 [천]帶緩띠늘어질、천(銑)

繕。싼 [선]補也기울、선又꿰맬、선寫也쓸、선治也다스릴、선(霰)勁通

繞。산 [요]纏也얽을、요圍也둘릴、요(篠)

繚 랸 [료]纏也얽을、요又동일、요繞也둘릴、요(蕭)(篠)理也다듬을、요(嘯)

繒 정 [증]帛之總名비단、증(國名姒姓夏禹之後)(蒸)

繡。쑤 [수]五采刺文수놓을、수(姓也)(宥)

繘 유 [율]汲水器綆두레박줄、율(質)

繖 同傘

繓 쥐 [촬]結也맺을、촬縫餘가위밥、촬(曷)

繛 춰 [작]緩也너그러울、작瑩白貌깨끗할、작(藥)婥通

繎。산 [연]深紅色짙게붉을、연又빨갈、연絲難理실엉킬、연(先)

繗· 린 [린]紹也이을、인(眞)

[illegible] 삐 [별]劍帶칼끈、별惡絮굳은솜、별(屑)

纊 황 [광]繩束줄로동일、황(漾)

纕 쌍 [상]淺黃緗ㅏ엷게누렁을、상(陽)(漾)

[illegible]· 챠 [초]生麻생삼、초(蕭)

[illegible]。쒸 [수]絆前兩足두앞발동일、수(虞)

繏 쉔 [선]蠶巢懸繩누에집달아매는줄、선(蜀錦名)(霰)

繑。챠 [교]袴紐바지끈、교(蕭)

[illegible] 신 [심]續也이을、심(侵)

纀 뿌 [복]纏頭巾머리동여매는수건、복(沃)

[illegible] 우 [무]繰淹殘餘실겨고남저지、무(麌)

繻 繻同

[illegible]。시 [희]笑也웃을、희樂也즐길、희(支)

纆 무 [묵]黑絲검은실、묵(屋)

十三

繸 쒸 [수]綬也인끈、수又노리개끈、수(寘)

繫·지 [계]縛也맬、계又얽을、계又동일、계約束묶을、계[혜]義同(霽)係系通

繪。훼 [회]彩畫그림、회繡也수놓을、회(泰)(隊)繢同

繲 졔 [해]浣衣옷빨、해(卦)

繭·。젠 [견]蠶衣누에고치、견(銑)趼通

繯 쒠 [현]絡也얽을、현環也둘릴、현(銑)[환]薄繒엷은비단、환(諫)

繳。샨 [교]纏也얽을、교(篠)

격 弋箭繒ㅣ주살、격(藥)

繰。잘 [조] 紺色繒아청통견、조(皓) [소] 繅繭고치켤、소(豪) 繅通

繮 장 [강] 馬紲말고삐、강(陽) 韁同

繹 이 [역] 理也다스릴、역又풀、역(抽絲曰ㅣ、言解曰ㅣ)抽絲실뽑을、역不絕絡ㅣ잇닿을、역尋究抽ㅣ끝찾을、역又궁구할、역光采ㅣㅣ빛날、역(陌) 繹同 襗通

繹 繹同

繩。셩 [승] 索也노、승又줄、승直也곧을、승又먹줄、승衆多ㅣㅣ많을、승繼也이을、승法也법、승治也다스릴、승(上古結ㅣ而治政)(蒸)

繴。벽 [벽] 鳥網새그물、벽魚網홀치그물、벽(錫)

繶 이 [억] 條繩땋은노、억(赤ㅣ、黃ㅣ)履緣縫絡신변자、억(職)

繐。쉐 [세] 練布마전한베、세(霽)

緒 쥬 [저] 綿絮裝衣옷에솜둘、저(語)

縕 윤 [운] 染間色간색들일、운(問)

繳。쥐 [작] 生絲縷생실오리、작(藥)

繵。탄 [단] 單衣홑옷、전纏繞ㅣ緣얽힐、전(先) [단] 紫色자주색、단繩也노、단(寒)腰帶허리띠、단(旱)

⿱虔糸。쳔 [견] 持意堅固뜻굳게가질、견閉口입다물을、겸(鹽)

繷。눙 [농] 盛多紛ㅣ많을、농又수두룩할、농(董)

緤。예 [엽] 縛也얽을、엽縫也꿰맬、엽(葉)

⿰糸僉 렴 [렴] 蠶箔懸繩누에발다는줄、염(琰)

⿰糸零 령 [령] 古綿묵은솜、령(靑)

纗。纂同

繬 써 [색] 縫也交合합쳐꿰맬、색(職)

⿰糸辟 삐 [벽] 織絲爲帶분합띠、벽絮也綿ㅣ솜、벽(陌)

⿰糸禁 진 [금] 絲也실、금(沁)

⿰糸鳥 라 [랍] 薄繒엷은비단、납(合)

十四

繻 수 [수] 細密羅고운깁、수繒綵비단무늬、수帛符비단보람、수(虞) 繻同

繼。지 [계] 續也이을、계(霽)

繽 삔 [빈] 盛也ㅣ紛성할、빈衆也ㅣㅣ많을、빈(眞)

纁 쒼 [훈] 淺絳色분홍빛、훈(文)

辮 삔 [변] 交也땋을、변又얽을、변(銑) 編通

⿰糸㥯 인 [은] 縫衣相著옷호아맞붙일、은(吻)

纂。잔 [찬] 集也모을、찬又편찬할、찬(旱) 纗同、纘通

繾。쳔 [견] 不相離ㅣ綣다정스럴、견又떨어지지않을、견(銑)

繿 襤同

⿰糸蒙 뭥 [몽] 絲亂緖貌실끝얽힐、몽(東)

⿰糸翟 또 [도] 靑黃間色초록빛、도(號)

繢 쿼 [궤] 織餘짜든드끈、궤(寘)

十五

纍。레 [류] 罪也죄、유囚繫갇힐、유索也노、유(支) 係也맬、유(寘) 縲累通

縩 채 [채] 紈素聲

綷ㅣ깁와삭거릴、채泰 **纇**。레 뢰 絲節실마디、뇌疵也사마귀、뇌又주근깨、뇌隊 **纊** 광 광 細綿고운솜、광漾 絖同 **纏** 찬 전 繞也얽을、전 束也묶을、전先

約也동일、전霰 **續**。쐒 속 繼也이을、속沃 **纈** 졔 힐 結也맺을、힐 文繒무늬있는비단、힐屑 **纆** 머 묵 三合繩세겹노、묵職 **纅**。워 약 色絲색실、약藥

역 治絲실다듬을、역錫 **纋** 우 우 笄巾비녀당기、우又게건、우尤 **纙** 라 랍 絲之錯雜실섞일、납洽 **纖** 纖俗字 **纘** 纘俗字 **繐** 씨 세 細布가는베、

세霽 **十六** **纑**。루 로 布縷베올、노麻絲삼실、노練麻익힌삼、노虞 **𦇇** 편 빈 擣衣옷다듬을、빈眞 **繖** 傘繖同 **𦇭** 라 랍 衣敝ㅣ繿옷해질、납合

纜 纜同 **𦇄** 리 력 張繩定界줄띠울、역又줄칠、역錫 **十七** **纔**。채 재 僅也겨우、재暫也잠간、재始也비로소、재灰 才通、삼 微黑色회색빛、삼咸

纕 상 양 佩帶蕙ㅣ패옥띠、양馬腹帶말북두、양又발배때끈、양捲臂팔걷을、양陽 **𦇦** 罽同 **纓**。잉 영 冠系갓끈、영庚 **纖**。쎈 섬 細也가늘、섬 細線가는줄、섬

鹽 纖同 鑯通 **𦈐** 약 약 絲也실、약藥 **十八** **纗**。씨 수 繫也맬、수大帶큰띠、수支 **𦇽** 총 종 合絲而織실합쳐서짤、총東 **𦈇** 촨 권 掩頭巾풍뎅

이、권又풍차、권先 **十九** **纘**。좐 찬 繼也이을、찬旱 纂通 **纚**。씨 사 繼布韜髮치포건、사又머리싸는수건、사連續ㅣ迤연속할、사紙 縱同 이 纓也갓끈、이支 라

長貌颯ㅣ긴모양、나索也ㅣㅣ비비꼬일、나歌 **纛**。뚜 독 羽葆幢깃일산、독軍中大旗ㅣ둑、독沃 도 義同號 翿通 **纙** 라 라 錢緡돈꿰미、나箇 **𦇻** 샥 학 衣

領內옷깃안、학陌 **纆** 纆同 **二十** **纚** 시 시 紬也명주、시支 纚同 **二十一** **纝**。纍同 **纜**。란 람 維舟索배닻줄、남勘 纜同 **𦈉**。수 촉 帶也띠、촉

綴領細깃걸어매는끈、촉沃 **二十二** **𦈢** 낭 낭 緩也너그러울、낭漾 **二十三** **𦆩** 롼 련 不斷끊어지지않을、연霰

缶部

缶 부 早 盎也장군、부 腹大口小、燒土陶器盛用酒醬 有 缻缸通

⿱𠂉缶 缶俗字

三 缸。깡 항 長頸甖병、항又항아리、항 江 瓨同 缻通

⿰缶亏 우 우 汲水器두레박、우 虞 釪同

⿰缶于 同⿰缶亏

四 缺。취 결 虧也器破이지러질、결毀也깨질、결又이빠질、결電光裂ㅣ번개번쩍거릴、결 屑 鈌同

䍃 얀 요 瓦器질그릇、요 蕭 유 甕瓦也독、유 尤

五 缻 깡 부 盎也동이、부 有 缶通 항 缸通 江

⿰缶占。뎀 점 缺也이지러질、점 琰

⿰缶宁。쥬 저 米袋쌀주머니、저 語

⿱⿰缶缶缶 궁 공 大甕큰독、공 腫

六 缿。썅 항 貯金器돈모는벙어리、항受信器ㅣ箭항통、항 講

⿰缶交 쟈 교 土造樂器질장구、교吹火器풀무、교 肴

七 ⿰缶孚 얍 부 未燒瓦굽지않은기와、부 虞

⿰缶咅 베 배 缶也장군、배 灰

⿰缶巠 징 형 頸長器목긴그릇、형 庚

八 缾。同瓶

⿰缶戔 잔 잔 酒器玉爵옥술잔、잔 潸

⿰缶岡 깡 강 甕也독、강 陽

九 ⿰缶是 듸 제 缶也장군、제 齊

⿰缶重 죵 종 量名말이름、종(六斛四斗入) 冬

十 罃。同甖

⿱殸缶 꾸 곡 未燒瓦器굽지않은질그릇、곡 屋 子義同 有

⿰缶留 랴 류 甀也시루、유 有

十一 罅。쌰 하 孔隙틈、하裂也벌、하又갈라질、하 禡 墟同

罄。칭 경 盡也다할、경 器中空그릇속빌、경 徑

十二 ⿰缶尊。쭌 준 酒器술통、준又술준、준 元 樽同 尊通

⿰缶單 싼 선 瓦器之緣질그릇전、선 霰

十三 ⿱雝缶 同甕

⿱毄缶 지 게 器中空그릇속휜히빌、게 霽

十四 罌。同甖

⿱興缶 씬 흔 器裂그릇터질、흔 震

十五 ⿱監缶 얜 함 陶器질그릇、함 陷 ⿰監瓦通

罍 레 뢰 酒器술잔、뇌(畫雲雷形者) 灰

⿰缶齒 네 알 器缺그릇이빠질、알 黠

十六 ⿰缶盧 루 로 罍也뇌묻놓은술잔、노 虞

十七 ⿰缶霝。링 령 似瓶有耳귀달린병、영 青

十八 罐。꽌 관 물뜨는그릇、관 翰

网部

网 왕 망 羅罟總名그물、망 養

二 ⿱罒丁 딩 정 小罟작은그물、정 青

三 罕。한 한 稀也드물、한旌旗雲ㅣ기、한畢星ㅣ車

필성、한(旱)

罕 罕同

罔 왕 망 無也없을、망 欺也속일、망 結也맺을、망 無知ㅣㅣ호릴、망(養)

四

罜 후 호 兎罟토끼그물、호(遇)

𦊗 헝 횡 網그물벼리、횡(庚)

罘 부 부 兎罟토끼그물、부 罘也ㅣ罳병풍、부 又차면、우(山名芝ㅣ)(尤)

⿱罒比 삐 비 取鰕網새우잡는그물、비(支)

⿱罒今 신 심 新網새그물、심(侵)

五

罞 멍 몽 麋罟고라니그물、몽(東) 모 義同(肴)

罛 꾸 고 魚罟最大큰그물 고(虞)

罟 꾸 고 魚網그물、고(麌)

罠 민 민 麋罟고라니그물、민 釣也낚을、민(眞)

罝 쟈 저 捕獸網짐승그물、저(麻)

罡 깡 강 北斗星名天ㅣ강별、강(二月榆魁臨于卯八月麥生天ㅣ據西)(陽)

罜 주 주 魚罟ㅣ麗물고기그물、주 小網작은그물、주(遇)

⿱罒示 머 무 水中張網그물칠、무(有)

六

⿱罒未 罣同

罣 꽈 괘 礙也거리낄、괘 罥也옭힐、괘 又걸릴、괘 罟也그물、괘(卦) 絓同

⿱罒光 꽝 광 滿網그물에가득할、광(庚)

七

罦 뿌 부 覆車大網새잡는덮치기、부(有兩轅中施罥以捕鳥)(虞)(尤)

⿱罒每 메 모 雉網꿩그물、모(虞) 매 義同(灰)

⿱罒弟 디 제 兎網토끼그물、제(齊)

罥 쟌 견 係取옭아다릴、견(霰) 挂也걸릴、견(銑) 羂同

⿱罒良 랑 랑 廣大貌莽ㅣ질펀할、낭 廣張網그물넓게칠、낭(漾)

八

置 지 치 止也둘、치 設也베풀、치 棄也버릴、치 驛也郵ㅣ역、치(寘)

罪 쬐 죄 罰惡허물、죄 又죄、죄 科惡죄줄、죄(卽辠字秦始皇以辠似皇乃改爲ㅣ)魚網물고기그물、죄(賄)

⿱罒隹 쟌 조 覆鳥網새덮치기、조(效)

罫 꽤 괘 棊局線間바둑판정간、괘 礙也거리낄、괘(卦)

罧 싼 삼 積薪取魚고기깃줄、삼(侵) 槮通 림 義同(沁)

罨 옌 엄 網魚후리질할、엄 覆也덮을、엄(琰) 압 義同(合)

罬 쵀 철 鳥網새그물、철(屑)

罭 위 역 魚網물고기그물、역(職)

罩 쟌 조 捕魚器竹籠가리、조(效) 箄同

九

罳 쓰 시 罘也遮面병풍、시 又차면할、시 宮殿簷間罘ㅣ전각처마기슭、시(支) 새 義同(灰)

署 쓔 서 官衙마을、서 表記표할、서 又쓸、서 置也둘、서(御)

罰 빠 벌 責罪行法벌줄、

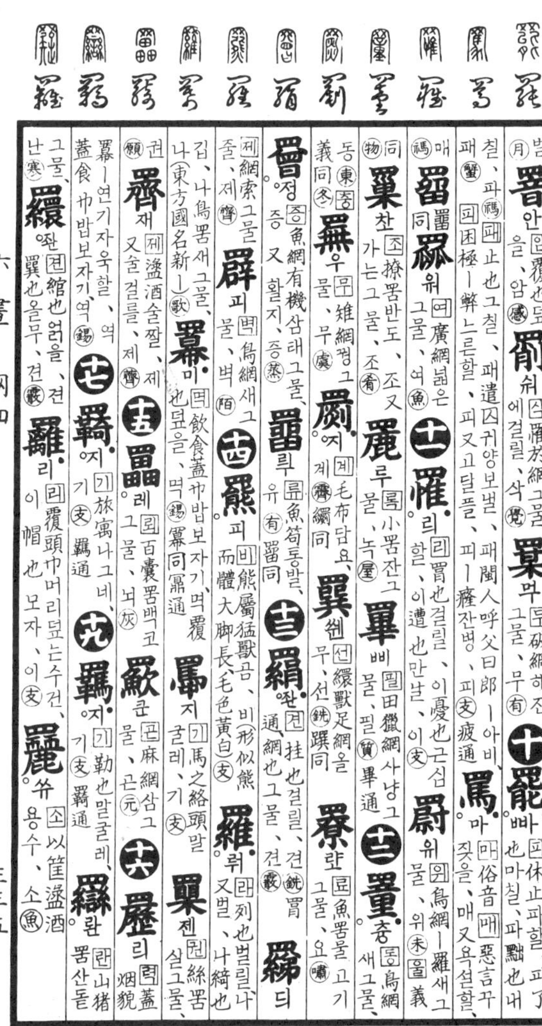

벌(月)

罯 안 [암] 覆也덮을、암(感)

罻 쉬 [삭] 罹於網그물에걸릴、삭(覺)

罞 먹 [모] 破網해진그물、무(有)

(十)

罷 빠 [파] 休止파할、파了也마칠、파黜也내칠、파(禡) [패] 止也그칠、패遣因귀양보낼、패閩人呼父曰郎ㅣ아비、패(蟹) [피] 困極ㅣ弊느른할、피又고달플、피ㅣ癃잔병、피(支) 疲通

罵 마 [마] 俗音 [매] 惡言꾸짖을、매又욕설할、매(禡)

罶 罶同

罛 위 [여] 廣網넓은그물、여(魚)

(十一)

罹 리 [리] 罹也걸릴、이憂也근심할、이遭也만날、이(支)

罻 위 [위] 鳥網ㅣ羅새그물、위(未) [울] 義同(物)

罺 찬 [조] 撩罟반도、조又가는그물、조(肴)

罜 루 [록] 小罟잔그물、녹(屋)

罼 삐 [필] 田獵網사냥그물、필(質) 畢通

(十二)

罿 츙 [동] 鳥網새그물、동(東) [종] 義同(冬)

䍌 우 [무] 雉網꿩그물、무(虞)

罽 지 [계] 毛布담요、계(霽) 㔑同

䍐 쉔 [선] 繯獸足網올무、선(銑) 羂同

䍡 랴 [료] 魚罟물고기그물、요(嘯)

罾 정 [증] 魚網有機삼태그물、증又활지、증(蒸)

罶 류 [류] 魚笱통발、유(有) 罶同

(十三)

羂 쫜 [견] 挂也걸릴、견(銑) 罥通、網也그물、견(霰)

䍦 듸 [제] 網索그물줄、제(齊)

罼 피 [벽] 鳥網새그물、벽(陌)

(十四)

羆 피 [비] 熊屬猛獸곰、비(形似熊而體大脚長、毛色黃白)(支)

羅 롸 [라] 列也벌릴、나又벌、나綺也깁、나鳥罟새그물、나(東方國名新ㅣ)(歌)

羃 미 [멱] 飮食蓋巾밥보자기、멱覆也덮을、멱(錫) 冪同冪通

䍛 지 [기] 馬之絡頭말굴레、기(支)

羄 젼 [권] 絲罟실그물、권(願)

䍤 재 [제] 盞酒술짤、제又술걸를、제(薺)

(十五)

罍 레 [뢰] 百囊罟백고그물、뇌(灰)

䍣 쿤 [곤] 麻網삼그물、곤(元)

(十六)

䍥 리 [력] 蓋烟貌羃ㅣ연기자욱할、역 蓋食巾밥보자기、역(錫)

(十七)

羇 지 [기] 旅寓나그네、기(支) 羈通

(十九)

羈 지 [기] 勒也말굴레、기(支) 羇通

䍦 롼 [란] 山猪罟산돋그물、난(寒)

羅 쫜 [견] 綰也얽을、견羂也올무、견(霰)

䍦 리 [리] 覆頭巾머리덮는수건、이帽也모자、이(支)

䍣 쑈 [소] 以筐漉酒용수、소(魚)

羊部

羊。양 [양] 柔毛家畜양、양一足鳥商ㅣ상양새、양遊也相ㅣ노닐、양(陽) **羋** 메 [미] 羊鳴양울、미(楚姓)(紙) 吀同 ㊁ **羌** 창 [강] 西戎되、강又서녘오랑캐、강語端詞말끝낼、강(陽) 羗同 **羗** 羌同 ㊂ **美**。메 [미] 嘉也아름다울、미好也예쁠、미又좋을、미(紙) 媺同 **羑** 우 [유] 導也인도할、유進善착한말할、유(殷獄名ㅣ里)(有) **羍** 따 [달] 小羊애양、달又양의새끼、달(曷) 達通 ㊃ **羖**。꾸 [고] 黑牝羊ㅣ䍽검은암양、고(麌) 䍩同 **羔** 꼬 [고] 羊子양새끼、고又염소、고(大曰羊小曰ㅣ)(豪) **羓** 빠 [파] 腊屬포、파(麻) **羒**。뷴 [분] 牝羊암양、분(文) **羘** 牂同 **䍐** 완 [완] 野羊들양、완(寒) **䍧** 양 [양] 羝羊수양、양(陽) [韓]牛胃양、양 ㊄ **羛**。이 [의] 魏郡地名ㅣ陽땅이름、의(紙) **羜** 쥬 [저] 小羊어린양、저(五月羔未成羊)(語) **䍩** 羖同 **羝** 듸 [저] 牡羊수양、저(性善抵觸)(薺) **羚** 링 [령] 大羊큰양、영(似羊而大角有圓繞蹙文夜則懸角木上以防患)(青) 羺羻麢同 **羞**。쑤 [수] 恥也부끄러울、수膳也반찬、수滋味庶ㅣ음식、수供物진찬할、수(尤) **䍪** 머 [말] 胡羊名ㅣ羯말갈、말(月) **䍫** 핑 [평] 駁毛羊얼룩양、평(庚) **䍬** 타 [타] 野羊들양、타(歌) **䍭** 뷴 [분] 白牡羊흰수양、분(文) ㊅ **羠** 이 [이] 野羊羱ㅣ들양、이(支) **羕**。양 [양] 水長물길、양(漾) **羡** 이 [이] 廣也넓을、이(地名沙ㅣ)(支) **䍮** 즈 [자] 牝羊암양、자(紙) **䍠** 예 [결] 牡羊수양、결(屋) **䍯** 퉁 [동] 無角羊뿔없는양、동(東) **䍰** 잪 [조] 一歲牝羊한살된양、조(篠) **䍱** 인 [인] 黑羊검은양、인(眞) ㊆ **羣**。췬 [군] 會衆무리、군又떼、군朋也벗、군聚也모일、군(文) **群** 羣俗字 **義**。이 [의] 適宜事理옳을、의人所可行道理의리、의事物ㅣ旨뜻、의(寘) 誼同 **羨**。쏀 [선] 貪欲歆ㅣ부러워할、선餘裕奇ㅣ넉넉할、선溢也넘칠、선長也길、선[연]義同、埏也墓道광중길、연(霰) **羦** 환 [환] 細角山羊뿔가는산양、환(寒) **羧** 취 [최] 羊病양의병、최(灰)

䍳 텬 [텬] 羊之長尾 양의긴꼬리、천 (霰) 䍱 위 [여] 野羊 들양、여 (魚) 䍲 빤 [반] 毛長羊 털긴양、반 (寒)

八

䍶 이 [예] 胡羊 羺ㅣ 오랑캐양、예 (齊) 䍵。 ᅌ정 [쟁] 羊子 양의새끼、쟁 (庚) 䍷 산 [잔] 羊屋 양우리、잔 馬必作騸 豕必作豶 羊必作ㅣ (潸) 䍴。 웨 [위] 羊聚 양모일、위 (寘) 䍸 둥 [동] 一角羊 외뿔난양、동 (東)

九

羭。 위 [유] 黑牡羊 검은수양、유 (虞) 羮 羹俗字 羯。 계 [갈] 羠羊 불깐양、갈 (羊之被閹割者曰ㅣ) (上黨地名) (月) 䍹 웨 [위] 羊相逐貌 ㅣㅣ 양서로쫓는모양、위 (尾) 䍺。 이 [예] 黑羊 검은양、예 (齊) 羬 쳠 [암] 大羊 큰양、암 (咸) [검] 義同 (鹽) 䍻。 우 [무] 生經六月羊 여섯달된양、무 (遇)

十

䍼 ᅌ자 [알] 騬羊 불알깐양、알 (黠) 羖 꾸 [구] 搾取羊乳 양의젖짜낼、구 (尤) 羱。 완 [완] 野羊 들양、완 (角大可以爲器亦善鬪) (寒) 䍭 羶同 䍽 뿌 [박] 去勢羊 불깐양、박 (藥) 䍦 타 [탑] 鼓名 북이름、탑 (合)

十一

羲。 씨 [희] 氣也 기운、희 (古聖帝號伏ㅣ) (姓也又官名ㅣ和) (支) 䍾 지 [지] 集也 모을、지 羊疫 양역、지 (寘) 䍿 러 [루] 四角羊 뿔넷난양、누 (尤) 䎀 환 [환] 無口獸 입없는짐승、환 (刪)

十二

䎁 퉁 [동] 無角羊 뿔없는양、동 (東) 羵。 뿐 [분] 土怪ㅣ羊 흙속괴물、분 (文) (吻) 羳。 빤 [번] 黃腹羊 배누런은양、번 (元) 羴 羶同 䎂。 잔 [잠] 羊腌 젓담근양고기、잠 (覃) 䎃 擵略字 䎄 쥐 [궐] 長毛羊 털긴양、궐 (月)

十三

羸。 레 [리] 瘦也 파리할、이 弱也 약할、이 (支) 羶。 싼 [전] 羊臭 양냄새날、전 又 노린내날、전 (先) 羴䍭同 䎅 뚜 [독] 羊丈六尺 여자되는양、독 (屋) 羷 렴 [검] 羊角曲捲 양의뿔비틀릴、검 (琰) [렴] 義同 (鹽) 羹。 깽 [갱] 臛也 국、갱 (五味和肉) (庚)

十四

羺 수 [누] 胡羊 오랑캐양、누 (尤) 䎆 위 [여] 肥羊 살찐양、여 (魚)

十五

䎇 매 [매] 垢膩貌 ㅣ䍮 비게낄、매 又 때낄、매 (卦) 羼。 찬 [산] 俗音 [찬] 羊相雜 양서로섞일、찬 (諫) 相出爭前 서로다퉈앞설、찬 (潸)

十六

䎈 리 [력] 羊名羖ㅣ 염소、역 (黑色牡羊 검은수양、역) (錫) 䎃䎂同 䎉 䎈同

⿰羊褱。홰 [회] 垢膩貌⿰羊褱ㅣ때낄、회(卦) ⑰ ⿰羊霝。羚同 ⑲ ⿰羊靈 羚同

羽部

羽。위 [우] 鳥翅깃、우又짓、우五音之一우성、우(五聲 宮商角徵ㅣ)舒也펼、우(虞)(遇) ③ 羾 궁 [공] 飛至날아올、공(或音홍)(送) 羿 이 [예] 平也평탄할、예(古射師名后ㅣ)(霽) ⿰羽也 치 [치] 鷙飛貌제비나를、치(支) ④ 翀 충 [충] 直上飛치떠나를、충(東) 冲通 翁。웡 [옹] 父也아비、옹 老稱늙은이、옹 鳥頸下毛새목털、옹 飛貌훨훨나를、옹(東) 翅。츠 [시] 鳥翼날개、시又나래、시 回飛貌ㅣㅣ시 啻也뿐、시(寘) 翄同啻通 翄 ⿰羽氏同 ⿰羽氏。翄同 翂 윤 [분] 飛貌ㅣㅣ풀풀나를、분(文) 翁。翂同 翃 항 [항] 飛下날아내릴、항 항(陽)(漾) 頏通 ⿰厷羽 헝 [굉] 蟲飛貌ㅣㅣ벌레 풀풀 나를、굉(庚) ⿰羽巴 파 [파] 飛貌나를、파(麻)

翆 翠同 ⿱羽王 황 [황] 持羽而舞깃들고춤출、황(陽) ⑤ 翏 랴 [료] 高飛貌까맣게나를、요 風聲ㅣㅣ바람소리、요(蕭) 翎。링 [령] 鳥羽새깃、영又날개、영 矢羽살깃、영(靑) 翐 찌 [질] 飛貌ㅣㅣ펄펄나를、질(質) ⿰羽只 翐同 翇。뿌 [불] 舞羽춤추는것、불(芾舞執羽以祀社稷)(物) 翌。이 [익] 明日이튿날、익又다음날、익又명일、익(職) 翊。이 [익] 輔也도울、익敬謹ㅣㅣ공경、익飛貌나를、익(職) 翼通 習。씨 [습] 學也익힐、습慣也익을、습又풍습、습和舒ㅣㅣ솔솔불、습(緝)

翈 싸 [압] 翮上短羽쪽지위의짧은깃、압(洽) 翉 펀 [분] 飛起일며날、분(阮) 翋 라 [랍] 飛也나를、납(合) ⿰羽包 빠 [보] 矢羽살깃、보(皓) ⿰冉羽 산 [염] 翼下細毛깃밑잔털、염(琰) ⿰羽冉 ⿰冉羽同 翍 페 [피] 張羽貌날개적벌릴、피(支) 披通 翑。쥐 [구] 羽曲날개굽을、구後足白馬뒷발흰말、구(虞) ⿰召羽 잔 [초] 鳥尾翹貌새꼬리처들、초(蕭) ⑥ 翔。쌍 [상] 回飛돌아나를、상伸翅飛行날개펴고나를、상莊敬貌ㅣㅣ엄숙할、상(陽) ⿰羽戉 쒸 [훌] 飛去貌훨훨날아갈、훌(質) 翓 예 [힐] 飛上날

아오를、흡(屑)頡同 **翕**。씨 [흡]合也합할、흡盛也성할、흡聚也모흡(緝) **翖** 翕同(西域官名) **翞** 쩍 [주]弱羽부둥깃、주(尤) **翐** 펴 [락]飛去날아갈、낙(藥)

翗 翎同 **翐**。주 [주]高飛높이나를、주(虞) **翑** 이 [예]低飛낮게나를、예(霽) ⑦ **翛**。쏘 [소]羽聲ㅣㅣ깃소리、소又날개치는소리、소羽破ㅣㅣ깃모지라질、소(蕭) **翍**。뿌 [부]細毛가는털、부又솜털、부(虞) **翜**。써 [삽]捷也빠를、삽又훨나를、삽(緝) **翖** 한 [합]雛鳥飛貌새새끼풀풀나를、합(覃) **翓** 꺄 [고]斜飛빗게나를、고(號)

翔 신 [신]羽多깃많을、신(眞) **翄** 녜 [녑]急飛급히나를、엽(洽) **翙** 봐 [박]打羽而飛깃치며나를、박(藥) ⑧ **翠**。취 [취]青羽鳥비취、비취、취又산초록

취(翡翠形如燕而產越南等處雄赤曰翡雌青曰ㅣ、總身青黃羽可爲飾品)(一名山鷸)山氣ㅣ微산기운、취綠色초록빛、취(寘)翠同 **翡**。뷔 [비]赤羽鳥비취、비(翠之雄也)(一名魚狗、玉名ㅣ翠)(未) **翪** 쨘 [잔]速飛ㅣㅣ빨리나를、잔(潸) [전]猛也모질、전(銑) **翟**。디 [적]山雉꿩、적(后服褕ㅣ、車名重ㅣ、厭ㅣ)(錫)鸐同 [적](姓也、縣名陽ㅣ)(陌) **翣**。싸

[삽]棺飾如扇운아삽、삽(雲ㅣ、亞ㅣ)扇也부채、삽(洽)箑通 **翏** 루 [록]水上飛물위로나를、녹(屋) **翞** 쟝 [강]鶬行貌ㅣㅣ까치걷는모양、강又강장강장뛸、강(陽) **翐** 쒸 [혁]羽聲깃소리、혁(職) **翪** 얜 [엄]斂羽쭉지낄、엄(豔) **翠** 추 [줄]飛疾貌훨나를、줄(或音 춭)(質) **翜** 치 [첩]捷飛빨리나를、첩(洽) ⑨ **翅** 츠 [시]羣飛ㅣㅣ떼지어나를、시(支)提通 **翨**。츠 [시]鳥之彊翄굳센깃、시(官名ㅣ氏)(寘) **翬**。휘 [휘]打羽ㅣㅣ날개칠、휘疾飛빨리나를、휘雉屬꿩、휘(五采成文、毛色鮮光)(微)

翫。완 [완]弄觀구경할、완貪也탐낼、완慣習익숙할、완厭也싫을、완(翰)忨通 **翥** 쥬 [저]飛上날아오를、저(御) **翭** 후 [후]羽初生부둥깃날、후羽本깃밑동、후(尤) **翪** 쭁 [종]竦翼而飛날개움추리고나를、종(東) **翩**。편 [편]疾飛ㅣㅣ빨리나를、편輕擧貌ㅣㅣ너풀거릴、편往來貌聯ㅣ오락가락할、편(先) **翦**。잰 [전]削

滅齊斷갈길、전除也제칠、전㊀銑 剪通 **⿰羽爰** 화 [환]緩飛느러느러나를、환㊀旱 **⿰羽皇** 헝 [횡]打羽聲깃치는소리、횡又날개치는소리、횡㊀庚 ⑩ **翰**。 한 [한]羽也깃、한又날개、한榦也줄기、한飛也나를、한筆也붓、한(以羽爲筆故稱筆曰ㅣ)書也글、한(天鷄赤羽、官名ㅣ林)㊀寒㊀翰 **翯**。 후 [혹]鳥羽光澤ㅣㅣ깃흠치르르할、혹㊀沃 [학]義同㊀覺 皠同

翮。 껴 [핵]羽本쪽지、핵勁羽갈깃、핵㊀陌 **[illegible]** 헝 [횡]羣鳥弄翅뭇새가날며희롱할、횡飛聲ㅣㅣ나르는소리、횡㊀庚 **⿰羽尃** 뿌 [부]翮下羽쪽지밑깃、부又부둥깃、부㊀虞 **⿰羽罙** 타 [답]飛也ㅣㅣ훨훨나를、답㊀合 **[illegible]** 우 [유]鳥飛貌ㅣㅣ새훨훨나를、유㊀尤 **[illegible]** 따 [답]羣飛떼지어나를、답㊀合 ⑪ **翳**。 이 [예]語助辭어조사、예㊀霽 繄通(掩也가릴、예蓋也羽葆깃일산、예㊀霽 **翲** 퍄 [표]高飛ㅣㅣ높이나를、표㊀蕭 **[illegible]** 헝 [훙]蟲聲ㅣㅣ벌레소리、훙飛貌풀풀나를훙㊀蒸 **⿰羽莫** 한 [환]俗音[한]高飛높이나를、한㊀翰

⑫ **翻**。 빤 [번]飛也날、번反覆뒤칠、번又뒤치락엎치락할、번㊀元 飜拚同、幡通 **翹**。 챠 [교]俗音[요]、擧也들、요高貌ㅣㅣ우뚝할、요㊀蕭 **翱**。 오 [고]遨遊ㅣ翔노닐、고㊀豪 **⿰肅羽** 쓔 [숙]羽聲ㅣㅣ깃소리、숙飛也나를、숙㊀屋 **⿰曾羽** 졍 [증]翥也나를、증㊀蒸 **翼**。 이 [익]翅也날개、익又나래、익敬也공경할、익扶也붙들、익衛也호위할、익(星名、二十八宿一)㊀職 翊通 **⿰喬羽** 챠 [교]仄飛기울게나를、교高飛높이나를、교㊀蕭 **⿰羽惠** 훼 [혜]六翮之末칼깃끝、혜又쪽지끝、혜㊀霽

⑬ **翽**。 홰 [홰]羽聲ㅣㅣ날개소리、홰㊀泰 **翾**。 환 [현]小飛파뜩파뜩나를、현急也輕薄경박할、현㊀先 **⿰亶羽** 뎐 [전]遠飛멀리나를 전㊀先 ⑭ **翿** 됴 [도]翳也舞蹈所執둑、도又깃일산、도(今羽葆幢)㊀號㊀豪 纛纛通 **耀**。 약 [요]光也照ㅣ빛날、요㊀嘯 燿曜通 **⿰賓羽** 삔 [빈]飛上ㅣㅣ날아오를、빈㊀眞 ⑮ **⿰羽慧** 훼 [혜]六翮之本쪽지밑등、혜㊀霽 **⿰羽亂**。 라 [랍]飛初起貌ㅣ⿰羽罙처음으로나를、납㊀合

老部

老。랖 로年高늙을、노尊稱늙은이、노又늙으신네 노(皓) 考。캎 고老也壽ㅣ오랠、고又늙을、고父死稱죽은아비、고(死父稱ㅣ生前父母死後ㅣ妣)稽也상고할、고成也이룰、고終也마칠、고(皓) 三 耂占 뎜 졈老人面上如點늙은이얼굴의검버섯、점(琰) 耈 꺾 구長命명길、구老壽오래살、구(有) 耇同

四 者。져 자語助辭어조사、자指物之辭놈、자又것、자(卽如彼ㅣ、此ㅣ)此也이、자(馬) 耆 씨 기老也늙을、기長也어른、기(六十曰ㅣ)(支) 지致也이를、지(紙)底通 耄。맏 모九十歲ㅣ期구십세、모又늙은이、모(自八十至九十歲)(號)眊通 耂易 삭 수老人僅行追從늙은이겨우따라갈、수(遇) 五 耂攴 땁 도七十歲老人칠십세늙은이、도(號) 耈。耇同 六 耋。데 질八十歲老人팔십세노인、질(屑)耊同 耊 耋同

而部

而。얼 이上下接續辭말이을、이又또、이又그리하여、이於也에、이汝也너、이如也같을、이乃也이에、이語助辭어조사、이(支) 三 耐。내 내忍也견딜、내又참을、내(隊)能通 耑 端古字 耍 쏴 솨戲也희롱할、솨利也이할、솨(或音산)(馬) 耏 얼 이頰鬚ㅣ구레나룻、이(支) 내剃鬚수염깎을、내(古時刑罰)(隊) 四 耎。軟同 耎女 얼 이媚也아첨할、이(支) 四 耎火 난 난縮也움추러질、난(旱) 六 需 얼 이連續이을、이(支) 七 而忍 부 부憂貌눈살찌푸릴、육(屋) 八 而叔 黻同 十 而扁。쟌 전小卮작은잔、전(銑) 而甫 黼同

耒部

耒。레 뢰手耕曲木따비、뇌又쟁기、뇌又곱정이、뇌又훌청이、뇌(隊) 二 耓 례 뢰縣名ㅣ陽고을이름、뇌(賄) 耵 딩 정耒之下木쟁기술、정(青) 三 耔。쯔 자培也苗木북돋을、자(紙)芓同 耘也김맬、자(支) 耛。치 글俗音 결平量고루게두량할、결(物) 耗 돠 타鼠也ㅣ子쥐、타

⿰耒巳 耜同

四

耘。 윤 [운] 김맬、운(文) 秐同

耖 찰 [초] 重耕거듭갈、초 農具如耙쓰레、초(效)

耗。 모 [모] 亂也어지러울、모 減也축날、모又덜릴、모(號)

耙 빠 [파] 農具破塊쇠스랑、파又쓰레、파(禡)

耕。 껑 [경] 犂田밭갈、경又호미질할、경又셔리질할、경(庚) 䎭同

五

耞 쨔 [가] 打穀具連ㅣ도리깨、가(麻) 枷通

⿰耒台 ᄎᆞ [치] 除草耘ㅣ김맬、치(支)

⿰耒巳。 쓰 [사] 耒末刃따비날、사又보습끝、사(紙) ⿰耒巳同、耟通

耟 쥐 [거] 耒末刃따비술、거(語) 耜通

耝。 취 [저] 耕而起土갈아흙들출、저(縣名ㅣ城)(御)

⿰耒平 청 [정] 耒柄따비자루、층(蒸)

六

⿰耒圭。 졔 [규] 田器長耒긴쟁기、규又굽정이、규(齊) [와] 耕也갈、와(歌)

⿰耒全 찬 [전] 深耕깊이갈전(先)

⿰耒各 거 [격] 直耕곧게갈、객(陌)

七

耡。 쮸 [조] 稅也부세、조 [저] 共耕한가지갈、저(井田八區八家共作)(御) 助通 [서] 田器助耕호미、서(魚)

⿰耒局 쥐 [국] 耕田밭갈、국(沃)

八

⿰耒咅 빵 [방] 田器보습、방(講) [부] 耕也鑼ㅣ밭갈、부(尤) 棓同

⿰耒炎 앤 [염] 利耜날카로운따비술、염(琰)

耤。 지 [적] 帝王親耕之田적전、적又친경할、적(陌) 籍通

耣 륜 [륜] 束禾벼뭇음、윤(軫)

⿰耒委 웨 [위] 大耒큰따비、위(支)

九

⿰耒叜 창 [창] 不耕而種갈지않고심글、창(或音총)(江)

耦。 우 [우] 耒也쟁기、우又따비、우 配也짝、우 竝耕겨리、우又둘이갈、우(陽卦奇陰卦ㅣ)(有) 偶通

十

耩。 쟝 [강] 耕也밭갈、강(講)

耨 누 [누] 薅耨田김맬、누(宥) 鎒同

⿰耒耆 치 [기] 播下麥種보리씨뿌릴기(支)

十一

耬 루 [루] 播種具씨뿌리는그릇、누(尤)

⿰耒曼。 만 [만] 不播田묵은밭、만(翰)

⿰耒啇 듸 [톄] 不耕而種대우칠、톄又갈지않고심을、톄(霽) [적] 義同(錫)

⿰耒莫 한 [한] 冬耕겨울에갈、한(翰)

十二

⿰耒幾 끠 [기] 耕也갈、기(微)

⿰耒責。 시 [책] 灰中播種재속에심을、책(陌)

耮 랖 [로] 摩田器고무래、노又번지、노(晧)

⿰耒童 창 [동] 播種씨뿌릴、동(江)

⿰耒斬 잔 [작] 作畦밭고랑지을、작(地名)(藥)

十三

⿰耒睪。 시 [석] 深耕깊이갈、석(錫)

⿰耒會 홰 [회] 柄長耒자루긴쟁기、회(泰)

十四

⿰耒蒦。 휘 [획] 刈穀곡식베일、확(藥)

(十五)

⿰耒麃 빠 [표] 除田穢草김맬、표 又지슴맬、표(蕭) 穮同 麃通

耰• 우 [우] 破塊椎곰방메、우 播種摩田具써레、우(尤)

⿰耒罷 비 [비] 長耒긴따비、피(支)

(十八)

⿰耒瞿• 작 [구] 鉏也보습、구(虞)

(十九)

⿰耒靡。 메 [매] 廣耕넓게갈、마(哿)

耳部

耳。 얼 [이] 主聽귀、이 語決辭말끝날、이 又뿐、이 柔從ㅣㅣ훌부들할、이 附於物之兩旁者ㅣ쪽자리、이 盛也성할、이 八代孫여덟대손자、이(卽玄孫之曾孫)(紙)

耴 예 [첩] 耳下垂肉귀뿔、첩(葉)

(二)

耵 뎡 [정] 耳垢ㅣ聹귀에지、정(迥)

⿱⺈耳 셔 [서] 待也기다릴、서(魚) 胥通

(三)

耶。 예 [야] 語助辭어조사、야 疑問辭그런가、야(麻) 邪通

⿰耳幺 약 [요] 耳鳴聊ㅣ귀울、요(蕭)

耷 따 [답] 大耳큰귀、답(合)

⿰耳工 꿍 [공] 耳聞鬼聲귀신소리들을、공(東)

(四)

耿。 징 [경] 小明ㅣㅣ반짝거릴、경 光也빛날、경 心不安ㅣㅣ마음편치않을、경 介也깨끗할、경 憂也근심할、경(梗)

耽。 땀 [탐] 虎視ㅣㅣ흘겨볼、탐 眈同、過樂과히즐겨할、탐 耳太而垂귀크게늘어질、탐 深遠깊고멀、탐(覃)

耼。 땀 [담] 耳無輪귀바퀴없을、담(老子名ㅣ)(覃) 聃同

耹 친 [금] 音也소리、금(地名ㅣ遂)(侵)

耺 윤 [운] 耳中聲귀청울릴、운(文)

耻• 恥俗字

耾 횡 [횡] 耳語귀에말할、횡 大聲ㅣㅣ큰소리、횡 [굉] 聾聵也귀먹을、굉(庚)

⿰耳月 웨 [월] 耳斬귀베일、월(月)

⿰耳𡈼 聽古字

⿰耳切 치 [체] 耳聰귀밝을、체(霽)

(五)

聄 연 [진] 告也고할、진 聽也들을、진(軫)

聆。 령 [령] 聽也들을、령 悟也깨달을、령(靑)

聊。 랴 [료] 賴也힘입을、요 又애오라지、요 耳鳴귀울、요 願也원할、요 語助辭어조사、요(蕭)

⿰耳冊 聃俗字

⿰耳矢 쳐 [철] 以矢貫耳살로귀꿸、철(軍法小罪ㅣ)(屑)

聓• 壻同

⿰耳必 삐 [비] 恥也부끄러울、비(寘) [필] 義同(質)

⿰耳占。 뎜 [점] 耳小垂귀조금늘어질、점(鹽)

(六)

聒• 꽈 [괄] 聲擾讙語요란할、괄 又또적거릴、괄 愚也어리석을、괄(曷)

聐。 녜 [얼] 痴不聽頪ㅣ멍청이、얼 無覺감각없을、

얼(屑)
聑。예[접]安也편안할、접(葉)
耴잔[조]耳疾귀앓을、조(蕭)
耺홍[홍]耳鳴귀울、홍又귀속쩡할、홍(東)(送)
聏。유[육]恥也부끄러울、육(屋)[이]和也화할、이(寘)

七

䎸우[오]聽也들을、오(遇)
䎽 聞古字
聖。성[성]大而化之성인、성又착할、성(智德最高無不通知)通也통할、성(皇帝尊稱ㅣ)(敬)
聘。핑[빙]國際相問사신보낼、빙徵召부를、빙又청할、빙娶也장가들、빙(敬)娉通
聕혹[호]聞也들을、호長耳긴귀、호(皓)
䎫홍[홍]耳中鳴ㅣㅣ귀속울、홍(董)
聜제[제]近聞가까이들을、제(齊)

八

聞。원[문]耳受聲感心들을、문(文)感聲들릴、문傳說소문、문達名令ㅣ이름날、문(問)
聚。쥐[추]俗音[취]集會모을、취又모일、취斂也거둘、취衆也많을、취積也쌓을、취(寘)(遇)
䏏디[저]耳患膿귀에지앓을、저(齊)
聙졍[정]善聽잘들을、정又귀밝을、정(庚)
䎽치[기]傾耳귀기우릴、기(支)
䏿뛰[타]耳垂귀뿔늘어질、타(哿)
聝。꿕[괵]斷耳귀베일、괵(陌)
聟。壻俗字
䎨얜[엄]耳也귀、엄(琰)
聡 聰同
䎺망[망]聽也귀밝을、망(養)
䎼。루[록]蜥蜴도마뱀、녹(屋)
䎾샤[사]遙聞멀리들을、사(禡)

九

䎤얼[이]聽音不敢言소리는들고감히말못할、이(寘)
聤。틩[정]耳病膿出귀에지앓을、정(青)
聥。쥐[우]驚也놀랄、우張耳所聞귀쫑긋거릴、우(虞)[오]義同(遇)
聧。퀘[규]聾者귀머거리、규(齊)
䎪。옌[연]耳戲귀흔들、연(霰)[안]義同(諫)
聰。聽俗字
䎿착[추]耳鳴귀울、추(尤)
瑆。싱[성]耳明귀밝을、성(青)
䏂츠[차]誤聞잘못들을、차(寘)
䏓삭[수]聽也귀밝을、수(有)瞍同
聢。정[정]確定결정할、정

十

䏁。째[재]聽而不聽멍청이、재又귀머거리、재(賄)
䏃면[면]注意而聽잠심하여들을、면又자세히들을、면(先)
聬웡[옹]耳聲귓소리、옹(董)
䐜뎐[전]聲滿耳소리가귀에찰、전又귀에쩡할、전(先)
䏊 瞍同
䁠。렴[렴]耳垂귀늘어질、염(琰)
䎶누[육]恥也부끄러울、육(屋)

⓫ **聰**。총 [총]耳明通察귀밝을、총(反聽之謂ㅣ內視之謂明)(東)聰聦同 **聳**。숑[용]高也솟을、용聾也귀먹을、용(腫) **聯**。련[련]連也연할、연合也합할、연(先) **聱** 오[오]不聽ㅣ牙말아니들을、오又못들은체할、오語不順理말딱딱할、오(肴) **⿰耳曹** 찬[초]耳鳴ㅣㅣ귀울、초(蕭) **聲**。썽[성]音也소리、성(自咽喉所發響)名譽기릴、성樂也풍류、성(庚) **⿰耳票** 퍄[표]僅聞겨우들을、표行聽가며들을、표(嘯) **⿰耳郭** 궈[곽]大耳큰귀、곽(藥) **⿰耳彖** 애[애]聾者귀머거리、애(卦) **⿰耳啇** 디[적]耳孔深귓속깊을、적(陌) **⿰耳翏** 랴[료]耳中鳴귓속쩡할、요(蕭)

⓬ **聵** 왜[외]生而聾者천생귀머거리、외又배내귀머거리、외(卦)[회]義同(隊) **職**。지[직]主也주장할、직品位벼슬、직執掌맡을、직又직분、직多也ㅣㅣ많을、직(職) **聶**。녜[섭]附耳小語수군거릴、섭又귓속말할、섭攝也끌、섭(姓也、地名)(葉)牒通 **⿱敝耳** 폐[별]暫聞넌짓들을、별(屑) **⿰耳善** 싼[선]耳門귀구멍、선(銑) **⿰耳覃** 단[담]喧也시끄러울、담(覃)

⓭ **⿰耳農** 넝[농]聽雷者耳ㅣㅣ귀먹먹할、농(冬) **聸**。딴[담]垂耳귀늘어질、담(覃)儋通 **⿰耳當** 당[당]耳下垂귀처져붙을、당(陽)

⓮ **聹** 닝[녕]耳垢耵ㅣ귀에지、영(靑) **⿰耳㬎**。씨[집]牛馬動耳貌ㅣㅣ마소귀움직거릴、칩(緝)[合]義同(合) **聻** 늬[적]鬼也귀신、적(陌)[니]指示손가락질할、이(紙) **聺** 체[절]聰也귀밝을、절(或音철)(屑)

⓯ **⿰耳廣** 궈[광]耳廣귀넓을、광(漾)

⓰ **聽**。틩[청]聆也들을、청受也받을、청從也좇을、청(靑)斷也결단할、청待也기다릴、청謀也꾀할、청偵察수소문할、청任也맡길、청(徑) **聾**。룽[롱]耳不能聽귀먹을、농闇也감감할、농(東) **⿰耳歷** 리[력]詳聞자세히들을、역(錫)

⓱ **⿰耳闑**。녜[얼]聾者귀머거리、얼(黠)

聿部

聿。위[율]遂也마침내、율惟也오직、율自也스스로、율筆也붓、율(質)

⑵ **津** 진[전]義也뜻、전進也나갈、전(先)

⑶

肁 잔 [조] 謀也꾀할、조開也열、조始也비로소、조(篠) 四 肂 쓰 [사] 埋棺坎下토감할、사又하관할、사(寘) 五 畫 畫俗字 七 肄 이

[이] 習也익힐、이勞也수고로울、이嫩枝곁가지、이(寘) 肆 쓰 [사] 放恣방자할、사陳也베풀、사店也市ㅣ저자、사緩也느즈러질、사長也길、사究也궁구할、사(寘) 四通

肅 쓱 [숙] 嚴也엄숙할、숙恭敬공경할、숙戒也경계할、숙進也나갈、숙整也정제할、숙(國名ㅣ愼)(屋) 八 肇 잔 [조] 始也비로소、조敏也민첩할、조(篠) 肈 肇同

肉部

肉 위 [육] 肌也살、육又고기、육(屋) [유] 肥也살찔、유滿也찰、유璧邊옥둘레、유鍾也저울추、유(宥) 二 肌 찌 [기] 膚肉살、기(人身四肢)

附骨者皆曰ㅣ(支) 肎 肯同 肍 착 [子] 肉醬고기로장담글、구(尤) 肋 러 [륵] 脅骨갈빗대、늑(職) 𦘴 치 [칠] 肥骨살쪄서미끄러울、칠(質) 肏 시

[흘] 振也떨칠、흘(物) 三 肜 융 [륭] 商祭名ㅣ상나라융제、융(祭之翌日、又祭爲ㅣ)和也화할、융(東) 肛 깡 [항] 大腸之端ㅣ門분문、항又똥구멍、항又밑구멍、항脹

大膀ㅣ배똥똥할、항(江) 肔 이 [이] 剝腸창자가를、이(紙) 肚 뚜 [두] 胃也밥통、두(胃謂之ㅣ)(麌) 肖 쏘 [초] 似也같을、초(子不似父謂之不ㅣ、不賢亦曰不ㅣ)小也작

을、초模倣본받을、초(嘯) [소] 衰微쇠약할、소失散흩어질、소(蕭) 肝 깐 [간] 木藏간、간(五臟之一ㅣ左三葉右四葉以膽爲府附脊第九椎)(寒) 肓 황 [황] 胸膈흉격、황又

명치끝、황(陽) 肘 적 [주] 臂之關節팔꿈치、주手腕脈動處팔회목、주(有) 肒 한 [환] 搔而生創긁어부스럼날、환(翰) 肐 이 [억] 胸骨가슴뼈、억(職) [흘] 肐ㅣ肘팔꿈치、

흘 肕 인 [인] 堅肉질긴고기、인(震) 韌通 肙 원 [연] 小蟲작은벌레、연撓動요동할、연(先) 肑 데 [적] 腸下肉창자밑살、적(錫) [박] 指節鳴손가락마디울、박(覺)

𦘺 돠 [도] 大腹큰배、도(虞) 肗 위 [여] 魚腐생선썩을、여(語) 胘 센 [현] 牛胃소밥통、현(先) 四 肨 팡 [방] 腹脹배불룩할、방臭也퀴퀴할、방(絳) 肢

엮지〔지〕體也四ㅣ사지、지又팔다리、지(人之足鳥之翼及足皆謂之ㅣ)(支)肢同

肥。 삐〔비〕體肉厚多살찔、비又이질、비地味厚沃토옥할、비(地名合ㅣ)(微)

肵 치〔기〕尸所食俎시동이먹는도마、기(微)〔근〕敬也공경할、근(問)

股。 꼬〔고〕脛本다리、고(麌)

肺 폐〔폐〕金藏主魄부와、폐又허파、폐(五臟之一呼吸作用而有六葉兩耳附着脊骨第三椎)(一名心臟)(隊)〔패〕盛貌ㅣㅣ성할、패(泰)

肧。 피〔배〕婦孕一月曰ㅣ胎한달된잉태、배又애밸、배(事物有形未成者曰ㅣ)(灰)胚妚同

肫。 쥰〔순〕懇誠ㅣㅣ정성스러울、순面顴광대뼈、순(眞)諄通

肩。 젼〔견〕膊上어깨、견委任맡길、견克也이길、견能也능할、견負擔멜、견(先)

肴 효〔효〕俎實骰肉안주、효(肴)餚同殽通

肮 강〔항〕頸也목、항(陽)

肪。 빵〔방〕脂也비게、방又기름、방肥也살찔、방(陽)

肯。 컹〔긍〕可也즐길、긍骨間着肉뼈새에살、긍(迴)肎同

肎 肯同

肱 헝〔굉〕臂之上部팔、굉(蒸)厷同

肣 친〔금〕斂也거둘、금(侵)〔함〕舌也혀、함又세、함牛脯쇠고기포、함(覃)

育。 유〔육〕養成기를、육生也發ㅣ날、육(屋)毓同毒通

肬 疣同

肸 써〔힐〕響布盛作ㅣ蠁소리울릴、힐大貌佛ㅣ클、힐(質)〔흘〕義同(物)

肹 肸同

肭。 녀〔눌〕俗音〔내〕海狗膃ㅣ해구、내又물개、내肥也살찔、내〔눌〕義同(月)

肳 吻同

朊 관〔관〕胃府밥통、관(旱)

肦。 븐〔분〕大首큰머리、분(文)頒通〔반〕賦也부세、반(刪)

䏖。 인〔인〕俗音〔인〕瘡痕험집、인脊肉등살、인又등심、인(震)癮通

胵 ㅊ〔치〕鳥腹膍ㅣ새창자、치(支)

肶。 膍同

䏚 먀〔묘〕脅下兩傍虛軟處허구리、묘(篠)

肤 졔〔결〕肛門똥구멍、결(屑)

肰 연〔연〕犬肉개고기、연(先)

肐 괘〔괘〕腰痛허리아플、괘(隊)

䏞 탄〔탐〕肉破살해질、탐(覃)

䏙 탄〔탐〕肉汁滓고기국찌끼、탐(感)

肚 두〔도〕大腸큰창자、도(虞)

五

胝。 듸〔지〕皮堅腁ㅣ못박일、지(因於勞動手足涁肉皮堅者)(支)

胑 肢同

胏 쯔〔자〕有骨肉腊뼈섞은포、자(紙)

胔 骴同

胃。 웨〔위〕消食之腑밥통、위(脾ㅣ、腸ㅣ)星名二十八宿之一)(未)

胥 싀〔서〕相也서

로、서皆也다、서蝴蝶나비、서待也기다릴、서(國名華ㅣ地名蒲ㅣ)(語)胥通 **胠**。취[거]開發열、거(魚)脅也갈비、거(語)[겁]義同軍右翼오른편군대、겁(軍法右ㅣ)(葉)[협]義同(洽)

朐 취[구]脯也포、구遠也멀、구(草名寠枆ㅣ)(虞) **胡**。후[호]何也어찌、호壽也오래살、호遐遠멀、호牛頷垂肉소멱줄띠、호瓠米彫ㅣ고미、호大笑盧ㅣ깔깔웃을、호(蒙

古地 方民族謂ㅣ)(虞) **胕** 同腑 **胙** 쭤[조]祭餘肉제지낸고기、조福也복、조報也갚을、조(遇) **胎**。태[태]孕也삼、태又애밸、태又태、태(懷姙三月)(灰) **背**。

삐[배]脊也등、배負也질、배日旁氣해무리、배[패]棄也버릴、패違也孤負배반할、패又저바릴、패反面 얼굴돌이킬、패(隊)偝同倍通 **胗** 同疹 **胤**。인[윤]繼也이을、

윤嗣也맏아들、윤又씨、윤(子孫相承)受也받을、윤(震) **胖** 판[반]大也肥ㅣ살찔、반(寒)[판]半體肉반짝、판(凡牲之半體曰ㅣ)脅側薄肉견지、판(翰) **胞**。빠[포]胎衣태、포

(同ㅣ)(肴) **䏡** 쩡[정]煑魚煎肉전유어、정又고기지질、정(庚)鯖通 **胜** 씽[성]犬膏臭개기름냄새、성生肉날고기、성(青)腥通 **胄**。쪼[주]嫡也ㅣ子맏아들、주

後裔자손、주系嗣血統혈통、주(宥) **胚** 同肧 **胈** 빠[발]股上細毛다리털、발(曷) **胅** 同猷 **胛**。쨔[갑]背上兩髆間肩甲견갑、갑(洽) **䏊** 치[읍]肉

羹고기국、읍(緝)湆通 **胇** 삐[필]身大ㅣ胅장대할、필(質)[비]乾也마를、비(未) **胂**。썬[신]伸身몸펼、신(眞)[이]背脊肉등심、이(支) **胉**。퍼[박]脅也허리뼈、박(藥)

䏋 싼[산]脂肪기름、산(寒) **胘**。쎈[현]牛胃소천엽、현(先) **䏧**。쨔[가]瘡痂딱지、가疥瘡옴、가(麻) **胆**。딴[단]口脂澤침내게、단(寒)[달]肥也살찔、달(曷) **胴**

쓰[새]頭會백회、사(寘) **胦**。양[앙]臍也脖ㅣ배꼽、앙(陽) **䏣**。체[저]蠅之所生肉中蟲구더기、저又쉬、저(魚)蛆通 **胍** 구[고]大腹ㅣ胍큰배、고又배불뚜기、고(虞)[괘]

義同(麻) **䐢** 쥐[고]臀也볼기、고(豪) **䏡** 시[시]肉生새살날、시(寘) **䏓**。주[주]身直몸곧을、주(虞) **䏜**。同腕 **胟** 무[무]拇也엄지손가락、무(虞)

脆 이[이] 剞腸창자 끊을、이(紙)

六

胷。 쑹[흉] 膺也가슴、흉(兩乳在處曰ㅣ 如ㅣ襟ㅣ次)心情마음、흉(冬) 胸 同胷 膖 팡[방] 腹脹貌ㅣ肛배부을、방(江)

胹 얼[이] 煮熟익힐、이又끓、이(支)

脂。 즈[지] 膏也기름、지又비계、지(肉中粘液凝結柔滑)지(以紅藍花汁凝ㅣ爲之燕國始出謂之燕ㅣ後人用爲口ㅣ化粧)肥也살찔、지(支) 脂 同脂

胵。 찌[치] 鳥之餌囊膍ㅣ새멀떠구니、치臟腑總稱오장과육부、치牛胃소천엽、치(支)

胰 이[이] 脊肉등살、이(支) [illegible]通

胾 쯔[재] 切肉大臠큰고기、자(寘)

胯。 콰[과] 兩股間사타구니、과又사태、과(禡)袴通 [고]股也다리、고(遇)

脃 취[취] 物易斷연할、취又부스러지기쉬울、취(霽) [절]弱也약할、철(屑) 脆 脃俗字

胲。 깨[해] 足之大指엄지발가락、해備也갖출、해(書名奇ㅣ五行用兵二十三卷)(灰)侅通頰肉볼살、해(賄)

朐 츈[준](蜀縣名ㅣ肕)(震) [화]蚓也ㅣ肕지렁이、순

能。 녕[능] 善爲능할、능又착할、능勝任능히할、능(蒸) [내]三足鼈龜세발자라、내黃能누런은곰、내(灰)耐通 [태]台通(隊)

胭 옌[연] 嗌也목구멍、연ㅣ脂연지、연(先)咽臙通

胱 꽝[광] 水府膀ㅣ오줌통、광(在於腹部中津液藏囊氣化則湛溺)(陽)

脀 쩡[증] 熟肉익은고기、증(蒸)

[illegible]。 청[승] 癡也어리석을、승[증]以牲盛俎희생잡아제기에담을、증(蒸)

脊。 찌[척] 背心등마루、척(背之中央上下貫骨)理也倫ㅣ결、척(陌)

[illegible] 쎼[설] 脂膀기름、설(屑)

脋。 쎼[협] 腋下갈비、협、威力恐人ㅣ迫위협할、협又얼를、협斂也거둘、협(葉) 脇 同脋

[illegible]。 씨[흡] 體也몸、흡(緝) [읍]肩也ㅣ膊어깨쭉지、흡

胒 나[나] 不密腠ㅣ성길、나(麻) [치]肉之肥美살찌고연할、치(紙)

胳 꺼[각] 腋下겨드랑이、각(藥)

胴 뚱[동] 大腸큰창자、동形貌형상、동(送)

胺 예[알] 肉腐臭고기썩을、알(曷)

脈。 머[맥] 血絡맥、맥又핏줄、맥(血理臟腑之氣分流四肢通精神)(血ㅣ、山ㅣ、泉ㅣ)(陌) 衇脉脈同 脉 同脈

胻。 씽[행] 脛也종아리、행(庚)

脢 메[매] 背肉등심、매又등살、매(灰)

腴 腴俗字

胶。산 [효]脛骨다리뼈、효(肴)

腂 와 [와]手足曲病손발굽으러지는병、와(麻)

䏰 흔 [흔]足踵발뒤꿈치、흔(元)

朓 잔 [조]祭肉제사고기、조(嘯)

胆 열 [이]筋強힘줄강할、이(寘)

脙 삭 [휴]瘠腹파리한배、휴(尤)

䖝 쥬 [저]蛆也구더기、저(魚)

胅 얜 [華]鷄眼脚ㅣ티눈、첨

七

䏌 이 [이]家肉돝의고기、이(支)胰通

脯。야 [포]腊也乾肉포、포(虞)

脫。뤄 [탈]免也벗을、탈又벗어날、탈略也간략할、탈誤也그릇칠、탈物自解풀어질、탈或然之辭혹그런듯할、탈遺也끼칠、탈又버릴、탈(曷) [태]舒遲ㅣㅣ천천히할、태(泰)娧通

脢 메 [매]脊肉등심、매(灰)(隊)

脣。츈 [슌]口耑입술、슌又입설、슌(眞)脗同

脤 祳同

脗 원 [문]合也합할、문(吻) [민]義同(軫)

䏰 신 [인](蜀縣名朐ㅣ)(震) [준]蚯蚓朐ㅣ지렁이、인

脘。환 [완]胃府중완、완(胃之受水穀者曰ㅣ、臍上五寸爲上ㅣ、四寸爲中ㅣ、二寸爲下ㅣ)(旱)

脬。팦 [포]膀胱尿ㅣ오줌통、포(肴)

脞 촤 [좌]細碎叢ㅣ좀스러울、좌又잘、좌(哿)

脡 텅 [정]脯朐포、정(迥)

脝 헝 [형]脹貌膨ㅣ배불룩할、형(庚)

脛 씽 [경]胻也종아리、경又정강이、경(自膝至踝骨)(迥)(徑)

脩。쓔 [수]脯也束ㅣ포、수長也길、수治也닦을、수敬也공경할、수乾也마를、수(尤)修通

脚。腳同

脰 뚜 [두]項也목、두(宥)

脥 頰同

脙。착 [구]瘠也파리할、구(尤)

脟 례 [렬]脅肉갈비살、렬腸脂창자기름질、렬(屑)臠通

䏴 쏘 [소]物之尖銳끝뾰、소(效)

䏷 한 [한]用創藥名臢ㅣ창병에쓰는약、한(翰)

脧。취 [최]赤子陰部어린아이자지、최(灰) [선]減也감할、선(先)

脾 삐 [폐]胃脘ㅣ脛밥통、폐(或音비)(齊)

脪。인 [은]腫起부을、은(震)痛通

脖 뻐 [발]臍也ㅣ胦배꼽、발(月)

脕。문 [만]美也예쁠、만(願) [문]草芽新生풀새로날、문(問)

脠 션 [전]生肉醬날고기장、전(或音선)(生ㅣ以一分膾二分細切、和ㅣ攪之)(先)

䏭 꺵 [갱]食骨掛咽뼈가목에걸릴、갱(梗)

䏯 즤 [지]黑子사마귀、지(寘)

䏳 졔 [절]脂皮기름껍질、절(屑)

䏑。데 [톄]鼻不正코삐뚤어

질、체(齊) [절]違也 어긋칠、철(屑) 䏃 이 [읍]鹽漬肉저린 고기、읍(葉) 脭 딩 [정]精肉정한 고기、정(庚) 脮 퉈 [퇴]肥也살 찔、퇴(賄) 䏭 녜 [녈]腫也부을、열(屑)

八

腔。 걍 [강]內空속빌、강骨體뼈대、강馬膁 말허구리、강歌調노래곡조、강(江) 脾。 피 [비]土藏ㅣ胃지라、비又허파、비又 만하、비(五臟之一、在於胃下、助胃主 掌食物 消化)(支) 腗 脾俗字 脽。 쉬 [수]尻也꽁무니、수臀也 볼기짝、수(支) [주]義同(尤) 腓。 쀄 [비]脛腨장딴지、비病也병 들、비避也피할、비(微) 腂 꾀 [과]腫 赤부어서붉은 발설、과(箇) 胼 폔 [변]皮堅ㅣ胝못백 일、변(先) 跰同 腑。 뿌 [부]臟ㅣ장부、부又육부、부(心脾肝肺腎五臟 小腸大腸胃膽膀胱命門三焦 六ㅣ)(麌)(遇) 胕同

腒 쮜 [거]乾雉건치、거 又꿩의포、거(魚) 腇 녜 [뇌]耎弱萎ㅣ잔 약할、뇌(賄) 腐。 뿌 [부]朽也썩을、 부(傷敗發臭)(麌) 腎 썬 [신]水藏콩팥、신 臟精불알、신(軫) [韓]陰莖자지、 신又정액、신 䏎 쪙 [쟁]跟筋발꿈치 힘줄、쟁(庚) 踦 찌 [기]分牲희생나눌、 기羹也국、기(寘) 腆。 텐 [전]厚也두터울、전多膳 ㅣㅣ많이차려놓을、전善 也착할、전至極 지극할、전(銑) 脹。 쟝 [창]腹滿鼓ㅣ배부를、창又창 증、창張也벌어질、창(漾) 腍 신 [임]熟也익힐、임飫也배부를、암 又물릴、임味好맛좋을、임(寢)

腋。 이 [액]左右脅間겨드 랑이、액(陌) 掖通 腊 씨 [석]乾肉포、 석(陌) 昔通 腌。 옌 [업]鹽漬魚肉저 린고기、업(葉) 腃 퀘 [권]筋節急힘줄당길、 귀(寘) [권]吻也입시울、 권(先) 腕。 완 [완]臂也팔、완手ㅣ팔목、 완(翰) 捥腎眢同 腎通 䏼 찬 [잔]禽獸食滓짐승먹 든찌끼、잔(寒) 殘同 胮 팡 [방]腹脹滿배불 룩할、방(陽) 脿 臕同 腄。 췌 [수]瘢胝떡지자리껍 질、수(縣名黃ㅣ)(支) 胔。 치 [기]腓也장딴지、기 又종아리、기(紙) 𦟌 脣同 䐃 쥔 [균]腸中脂肪창자속기름、균 肘膝後肉如塊者사태、균(軫)

䐈 찌 [직]黏也끈끈할、직頭髮積 有脂膏머리겨를、직(職) 腏。 줘 [철]挑取骨間之肉뼈사 이살발라낼、철(屑) 䐐 跽同 䐉 쯔 [자]肥貌살틍틍할、자(寘) 胸

쥐 [구]女子陰部보지、구(虞) **脺**。쉬 [주]顏面光澤얼굴윤택할、수(眞) [졸]耎易연할、졸(月) **腡**한 [함]頤也턱、함(口上曰臄口下曰ㅣ)(覃) **䐊**쥐

[굴]臀骨볼기뼈、굴(月) **腱**。치 [첩]肩端骨어깨쭉지뼈、첩(葉) **䏶**부 [부]豕肉醬돝의고기장、부(尤) **脼**량 [량]味多맛있을、양(養) **脵**레 [례]跛足절뚝발이、

예(霽) **䐄**셤 [함]食肉不厭고기먹어서싫지않을、함(感) **腖**동 [동]肉赤고기붉을、동(送)

九

腫。죵 [종]癰也종기、종膚肉浮滿부을、종(腫) **腴**。위

[유]下腹肥腴아래배살찌고기름질、유(虞) **腱**。첸 [건]筋也힘줄、건(先)(願) **腯**。뚠 [돈]牲肥희생살찔、돈(願) [돌]豕肥돝살찔、돌(月) **膥**츈 [춘]肥也살찔、춘(軫)

腛워 [악]脂厚비게두터울、악(覺) [옥]義同(屋) **脚**쟉 [각]脛也종아리、각又다리、脚同[華]足也발、각(藥) **腨**。촨 [천]腓也장딴지、천又어복、천(銑) **腰**。야 [요]身

體中央허리、요(蕭)要通 **腦**。난 [노]俗音[뇌]頭骨之髓머리골、뇌(ㅣ形橢圓主掌知覺運動呼吸)(皓)𡿺同 **腸**창 [장]水穀道창자、장(心肺腑大小ㅣ)(陽) **腥**씽 [성]生肉날

고기、성肉臭누린내날、성又비릴、성(青)胜鯹通 **腶**。똰 [단]脯也ㅣ脩약포、단(翰) **腵**쟈 [가]腸病창자병、가(麻) **腬**。쉭 [유]肥肉살찐고기、유(尤)

腢워 [우]膊前骨어깨앞뼈、우(尤)肩頭어깨쭉지、우(有) **腤**안 [암]烹也삶을、암煎油魚전유어、암(覃) **腠**척 [주]皮膚ㅣ理피부、주又살갈피、주(宥) **腹**。뿌

[복]五臟總括배、복厚也두터울、복(屋) **腷**。삐 [픽]臆塞不泄뜻막힐、픽又뜻내뵈지않을、픽鷄打羽聲ㅣ膊닭의날개치는소리、픽(職) **䐑**。쪠 [접]細切肉회칠、접(葉)聶通

腜。메 [매]始孕ㅣ兆첫애밸、매(灰) **腭**同齶 **膣**。찌 [질]生肉새살날、질(質) 女子陰部보지、질膣同 [日] **腡**뤄 [라]手文손금、나(歌) **䯁**同腡 **臝**뤄

[라]獸名짐승이름、나(哿) **腝**。눈 [이]有骨雜醢뼈섞인젓、이(支) [눈]臂節팔꿈치、눈(願) [노]軟也연할、노(號) **腧**。쓔 [수]針灸ㅣ穴침놓는혈、수(脊中要處)(遇) **䐐**퀴 [규]醜

也臛丨추하게생길、규又곱사등이、규(支)

腠 자[자]不密丨腠성길、차(麻)

腮 顋俗字

䐉 착[수]膕也오금、수(腴膝曲節處)(尤)[華]曲丨팔다리오금、수

腪 윤[윤]膜也흘떼기、윤(問)

臄 쥐[갹]牛舌소혀、갹大笑크게웃을、갹(藥)

腺 [日]頸腋核멍울、선肉孔살구멍、선又땀줄기、선(動物體肉中、諸液汁分泌路分泌乳汁者曰乳丨分泌汗液者曰汗丨)

⿰月壴 추[추]膳也반찬、추(遇)

腩 [韓]肝炙간랍、남又지짐질、남

⿰月夆 지[절]違骨뻐거굿날、절(屑)

⿰月侌 인[음]胸病가슴병、음(沁)

● 十

膍 피[비]鳥胃丨胵새멀떠구니、비牛胃천엽、비厚也두터울、비(支)臍也배꼽、비(齊)肶同

膇 줴[추]足腫重丨발부을、추(寘)

腿 퉤[퇴]股也다리、퇴脛也정강이、퇴(股大丨、腓小丨)(賄)

膂 뤼[려]力也힘、여脊骨心丨등성마루뼈、여又사능이뼈、여肉也고기、여(語)呂通

膎 쎄[해]脯也포、해肉肴고기안주、해肌也살 해(佳)

膋 랴[료]腸間脂肪창자의발기름、요(蕭)膫通

膏 꼬[고]脂也기름、고(凝曰脂、澤曰丨)沃也丨粱기름질、고(豪)以丨潤物기름지게할、고(號)

膀 팡[방]水腑丨胱오줌통、방(陽)

⿰月函 ⿰骨函同

膁 쳰[겸]腰之左右허구리、겸(琰)[엄]美味맛좋을、엄(鹽)

膃 우[올]海狗丨肭해구、올肥也살찔、올(月)

⿰月隺 허[확]肉羹고기국、확又곰국、확(藥)臛同

膊 뻐[박]肩也어깨、박磔也능지할、박又발길질할、박脯也포、박界也지경、박鷄打羽鳴膈丨닭이날개치고울、박(藥)髆通

膉 이[익]脰肉목덜미살、익(陌)

⿰月盍 카[갑]欲睡졸릴、갑(合)

⿰月息 씨[식]鼻中寄肉콧속군살、식(職)

膄 瘦同

膆 쑤[소]肥也살질、소喉食受處메통、소又멀떠구니、소(遇)

⿰月眞 천[진]肉脹起부어오를、진(眞)

膈 꺼[격]心脾間胸丨흉격격又명치、격(陌)

膌 찌[적]俗音[척]瘦也피리할、척(陌)

膅 당[당]脚肥다리살찔、당(陽)

⿰月倉 창[창]皮腸껍질상할、창(養)

⿰月宮 꿍[궁]腐刑불알썩힐、궁(東)

⿰月貞 솨[좌]膏膜기름흘떠기、좌(哿)

⿰月冓 꾸[구]足曲발굽을、구(尤)

⿰月差 츠[차]腹鳴배끓을、차(歌)

膸 치 [기] 積病적병、기(眞)
觳 꾸 [곡] 足跗발등、곡(屋)
賽 새 [새] 體顫몸떨、새(隊)
膸 최 [치] 目之凝汁눈곱、치(支)

(十一)

膚 얘부 [부] 體面被皮피부、부又껍질、부又살갗、부美也아름다울、부大也클、부(虞)
膢 려 [루] 立秋神祭貙ㅣ입추제、누(八月一日先人廟立秋日宗廟祭)食新離ㅣ천신할、누又새것먹일、누(虞)(尤)
膜 뭐 [막] 肉間ㅣ脈흘떼기、막(藥) [모] 長跪拜걸게절할、모(虞)
膞 쫜 [전] 切肉고깃점、전膓也腓ㅣ창자、전(銑)陶作器具질그릇만드는틀、전(先)
[月+皐] 쌎 [효] 腫欲潰膮ㅣ종기터지라할、효(蕭)
膝 씨 [슬] 脛骨節무릎、슬又종지뼈、슬(質) 厀同
膠 쟌 [교] 黏膏아교、교又부레、교堅固굳을、교不通옹색할、교鷄鳴ㅣㅣ닭울、교(萊州水名)(肴)和也ㅣㅣ화할、교撓也ㅣㅣ흔들릴、교(巧)
膟 뤼 [률] 膓間脂肪발기름、율(質)
膕 꿔 [괵] 膝後曲節오금、괵(陌)
膒 어 [구] 以脂漬皮가죽에기름먹일、구久脂오래된기름、구(或音우)(尤)
膔 루 [록] 腹鳴배끓을、녹(屋)
[月+累] 레 [류] 俗音[루] 形醜貌ㅣ臛형상추악할、누腩也포、누(紙)
臛 채 [수] 俗音[최] 形惡貌[月+累]ㅣ형용추악할、최(支)
[月+習] 지 [접] 爚也데칠、접薄切肉얇게썬고기、접(葉)
[月+寅] 인 [인] 脊肉등심、인(眞)
膙 쟝 [강] 筋強힘쫄설、강(養)
[月+從] 총 [종] 肥病몸시살찔、종肥也살찔、종(冬)
膘 퍄 [표] 脅後髀前肉허구리살、표(篠) [華] 魚ㅣ부레、표
膭 퀘 [궤] 腰痛ㅣ腰허리아플、궤(隊)
[匸+月] 이 [이] 豕肉제육、이(支)
[月+樍] 청 [華] 蚤子서캐、성
膣 [目] 腟同
膓 腸俗字
[月+虘] 자 [자] 皰鼻如榴주독오른코、자(麻)
[月+責] 처 [책] 魚子脯물고기새끼포、책(陌)
[月+魚] 위 [어] 馬目白者ㅣ고리눈말、어(魚)

(十二)

膩 늬 [니] 肥也살찔、이滑也미끄러울、이垢也때、이(寘)
膴 후 [무] 大也클、무多也많을、무脯也포、무法也법、무(虞)厚也두터울、무美也ㅣㅣ아름다울、무(麌)
膰 뺀 [번] 祭餘肉제지번고기、번(元) 皤同 [파] 大腹뚱뚱한배、파(歌)
膳 쌴 [선] 具食반찬、선食也먹을、선(銑)(霰) 饍同
膲 쟌 [초] 無形之府삼초、

초(六腑之一)(蕭) **膫**。랴[료] 炙也구을、요又지질、요(嘯) 膋通 **膨**• 평[팽] 大腹ㅣ脝배부를、팽(庚) **䐹** 쑤[수] 乾魚말린고기、수(尤) 鱐通 **膱** 지[직] 長脯긴포、직(ㅣ長尺二寸)(職) **膦** 넨[련] 無力ㅣ腆힘없을、연(銑) **[月+畫]** 화[획] 曲脚中오금、획(陌) **膮**• 쌰[효] 豕羹돋의고기국、효(蕭) **[月+猋]** 빠[표] 腫欲潰ㅣ[月+阜]종기터지라할、표(蕭) **膪** 짜[채] 瘡痕부스럼자국、차(麻) **膵**• [日] 甜肉經췌육경、췌又지라、췌(臟腑一名、在胃之下方、狹長如舌、分泌消化以消化食物者) **膧**。 퉁[동] 尻骨볼기뼈、동(東) **[月+巽]** 순[손] 切肉混血고기썰어피에섞을、손(阮) **[月+朁]** 잔[잠] 缺脣언청이、잠(覃) **膯**• 덩[등] 飽厭물릴、등(蒸) **[月+絜]** 계[결] 喉脈목의맥、결(屑)

十三

膿 눙[농] 腫血고름、농(筋肉腐爛所出之液汁)(冬) **臂**。 삐[비] 肱也팔、비又팔뚝、비(自肩至肘曰臑自肘至腕曰ㅣ)(寘) **膾**。 쾌[회] 魚肉細切회、회又회깟、회(泰) 鱠同 **[月+睪]** 뚜[탁] 肥貌살통통할、탁(藥) **臀**• 툰[둔] 腿靨볼기、둔(腰下股上肉之厚部)(元) **臋** 臀同 **臇**。 쫜[전] 臛也곰국、전又지짐이、전(銑) **臊**。 쌰[조] 犬豕脂臭개돝구린내、조(豪) **膺**• 잉[응] 胸也가슴、응受也받을、응親也가까울、응擊也칠、응馬帶말배띠、응又북두、응(蒸) 應通 **膽** 땀[담] 肝之腑쓸개、담又담、담拭治씻을、담(感) **臆**。 이[억] 胷也가슴、억意也뜻、억(職) 億通 **臉** 렌[검] 頰也뺨、검(琰) **臄** 쥐[각] 口上인중、갹(藥) **臈** 臘同 **膷** 썅[향] 牛肉羹소고기국、향(陽) **膻**。 싼[잔] 兩乳間ㅣ中젖사이、잔(先) **[月+奧]** 안[욱] 鳥胃새멀떠구니、욱(屋) **膝** 膝俗字 **臃** 융[옹] 腫也종기、옹(冬) **[月+當]** 땅[당] 耳下凹處귀밑오목한곳、당(陽) **臅** 츢[촉] 臆中脂가슴속기름、촉(沃) **[月+難]** 臡同 **臁** 렌[렴] 脛也정갱이、염(鹽) **膸** 髓同

十四

臍。 치[제] 子生繫肥斷痕배꼽、제(齊) **[月+監]** 셴[함] 餅中肉떡속고기、함(陷) **臒** 휘[확] 善肉좋은고기、확(藥) **臑**。 난[노] 臂節팔마디、노(號) **臎** 취[취] 鳥尾上肉새꽁무니살、취肥也살찔、취踝

骨복사뼈、취(寘)

臏• 뻰[빈]膝蓋骨종주뼈、빈(軫)髕同

臐。 쉰[훈]羊臛양고기국、훈(文)

⿰月壽 착[주]髀後엉덩이、주(有)

⿰月鼻 삐[비]肥 壯살뚱뚱이찔、비(寘)

⿰月寧 닝[녕]耳中垢귀속때、영(迥)

⿰月憑 핑[빙]腫滿부어서퉁퉁할、빙(徑)

(十三)

臖 씽[흥]腫痛공겨쑤실、흥(徑)

臕 빠[표]肥貌腤ㅣ살찔、표(蕭)膘同

臘。 라[랍]年終祭神납향제、납終月섣달、납(夏曰清祀、殷曰嘉平、周曰蜡 漢曰ㅣ)(昔冬至後第三戌日自李太祖冬至後第三未日)(合)臈同

⿰月賣。殰同

⿰月養 양[양]欲吐ㅣㅣ메식거울、양(養)

臗 쿤[곤]臀也볼기、곤(元)

⿰月質 찌[질]金創藥ㅣ腁금창약、질(質)

(十六)

臚。 뤼[려]腹前배앞、여陳也베풀、여 腹脹배부를、여(官名鴻ㅣ)(魚)

臛 臛同

臙• 옌[연]紅藍花汁ㅣ脂연지、연咽也목구멍、연蚌粉조개분、연(先)胭通

⿰月蕭。 쌰[주]肉羹곰국、수(或音소)乾魚尾건어꼬리、수(尤)

⿰月贏 잉[영]大便똥、영(庚)

⿰月龍 룽[롱]肥貌살찔、농(董)

⿰月閻 옌[염]烹也삶을、염(鹽)

(十七)

臝• 裸同

⿰月薄 뻐[박]割肉저민고기、박(藥)

⿰月嬰 잉[영]嗌也목구멍、영頸也목、영(梗)

⿰月襄 상[양]肥也ㅣㅣ살찔、양(養)

膱。 셴[섬]羹也국、섬(鹽)

(十八)

臞。 취[구]瘠也파리할、구(虞)癯同

臟• 짱[장]腑也五ㅣ오장、장(心肝肺脾腎)(漾)

藏通

⿰月聶 녜[녑]肉動살떨릴、엽(葉)

⿰月雚 촨[권]醜也ㅣ朕추할、권(元)

臇 이[이]瘡痕험집、이(紙)

(十九)

臡。 늬[니]有骨醢뼈섞인젓、이(齊)

臍•。 롼[련]切肉고깃점、연又산적、연(銑)脟通

⿰月靡。 머[마]泄病ㅣ痳설사병、마(歌)

⿰月羅• 라[라]腹下肉배아래살、나(麻)

⿰月蘇 수[소]甘酒단술、소(虞)

(二十二)

⿰月戀 귀[과]臚胃나귀밥창자、과(麻)

臣部

臣• 천[신]事君之稱신하、신(仕於國曰ㅣ、仕於家曰僕)惶恐之辭主ㅣ두려울、신(眞)

(二)

臥• 워[와]偃也休息누울、와又쉴、와寐也잘、와(箇)

臤 깐 [간]堅也굳을、간(刪)[현]義同(庚)

五 **跈** 친 [진]明也밝을、진又환할、진又명랑할、진(軫)

六 **臦** 광 [광]乖也어그러질、광(漾)

八 **臧** 장 [장]善也착할、장厚也두터울、장奴婢ㅣ獲종、장(罵奴曰ㅣ、罵婢曰獲)(陽)

十一 **臨** 린 [림]莅也임할、임又다다를、임監視볼、임大也클、임(卦名)(侵)衆哭여럿이울、임以尊適卑굽힐、임(沁)

自部

自 즈 [자]由也스스로、자從也부터、자又좇을、자己也몸、자又몸소、자無勉ㅣ然저절로、자(寘)鼻通

四 **⿰自乚** 쟈 [교]自重진중할、교(篠)

臭 착 [추]俗音[취]鼻之所嗅냄새、취敗也썩을、취(宥)

臬 녜 [얼]門梱문지방、얼法也법、얼射的관혁、얼極也극진할、얼(屑)槷闑通

六 **臯** 皐俗字

臮 暨古字

臰 臭俗字

八 **⿰臭夬** 예 [열]臭發냄새날、열(屑)

九 **臱** 면 [면]不現於眼보이지않을、면(先)

十 **臲** 녜 [얼]不安ㅣ危위태할、얼(屑)隉同摯通

⿰由臭 씬 [신]腋臭암내、신(震)

⿰臭曷 허 [할]臭氣퀴퀴할、할又비린내、할又냄새、할(曷)

十三 **⿰臭柰** 네 [내]臭發냄새날、내(佳)

十四 **⿰臭畀** 뼤 [비]犬初生子개새끼첫배、비又문 열이、비(寘)

至部

至 즈 [지]到也이르、지又이를、지極也지극할、지(日躔達 極南極北處曰冬ㅣ夏ㅣ)(寘)

三 **致** 쥐 [치]至也이를、치極也극진할、치委也버릴、치使之招ㅣ부를、치趣也風ㅣ풍치、치納也드릴、치(寘)⿰至不同

四 **⿰至不** 致同

六 **⿰至存** 쩬 [천]再也거듭、천 頻也자주、천(霰)洊同荐通

臷 떼 [질]年之至여든살、질(屑)

臸 진 [진]至也이를、진(眞)前進나갈、진(震)

⿰至各 꺄 [각]別也가지、각又각각、각(覺)

七 **㙜** 臺俗字

八 **臺** 태 [대]築

土高而觀四方者대、대又높을、대又집、대賤稱輿ㅣ하인、대鼾息聲咍ㅣ코골、대(灰)

【十】**臻** 연 [진] 至也이를、진(眞) 轃同、溱通

【十二】**臸** 지 [질] 塞也막을、질(質)

臼部

臼 쯔 [구] 舂也절구、구(搗穀器具)(星名、地名)(有)

【二】**臾** 위 [유] 俄頃須ㅣ잠간、유善也착할、유捽抴꺼두를、유(國名顓ㅣ)(虞) 反弓張夾ㅣ활뒤집힐、유(虞) [용] 勸也縱ㅣ피일、용(腫) 慂通 [궤] 草器삼태、궤(寘) 蕢通

臽 셴 [함] 小阱구덩이、함又함정、함(陷)

【三】**臿** 차 [잡] 舂去麥皮보리닦을、잡(洽) 函同揷鍤通

【四】**舁** 위 [여] 對擧마주들、여轝ㅣ마주잡이、여又들것、여(魚)

舀 얀 [유] 抒臼절구학그려낼、유(尤) 抭同、揄通 [요] 義同(篠)

⿰臼帀 빠 [벌] 舂米쌀찧을、벌又용정할、벌(月)

⿱臼帀 同⿰臼帀

⿰臼欠 얀 [요] 引也끄을、요(篠)

⿱臼欠 同⿰臼欠

【五】**舂** 쟝 [용] 擣米절구질할、용又용정할、용鐘聲ㅣ容쇠북소리、용(冬) 摏同

⿰臼末 머 [말] 舂米碎之싸래기、말(曷)

【六】**舄** 씨 [석] 履也신、석(舃服用鞋)大也아람찰、석(陌)

【七】**舅** 쯔 [구] 母之兄弟외삼촌、구夫之父시아비、구(婦事ㅣ姑、如事父母)妻父와ㅣ장인、구(有)

⿱臼土 젼 [정] 土塊흙덩이、정(銑)

【八】**與** 위 [여] 許也共爲더불、여及也다못、여如也같을、여善也좋아할、여施予줄、여和也화할、여干也參ㅣ참여할、여黨ㅣ무리、여(御) 蕃蕪ㅣㅣ번성할、여語助辭어조사、여(魚) 与同、歟預通

【九】**興** 씽 [흥] 起也일어날、흥又일、흥擧也일으킬、흥盛也성할、흥悅也기쁠、흥感想而發흥치、흥又감동할、흥(六詩曰風曰賦曰比曰ㅣ曰雅曰頌)(徑)

【十】**⿰臼差** 취 [차] 舂也절구질할、차(歌)

【十一】**擧** 쥐 [거] 扛也들、거皆也다、거拔也뺄、거升也오를、거動也움직일、거起也일으킬、거行也행할、거合也합할、거(語)

⿰臼柬 인 [인] 小鼓작은북、인(震)

【十二】**舊** 쯔 [구] 新之對예、구又오랠、구老也늙은이、구交誼故ㅣ친구、구(宥)

【十三】**釁** 씬 [흔] 爭端罅隙틈낼、흔又흔단낼、흔(震) 釁通

舌部

舌 셔 [설] 在於口中發語感味허、설又세、설(屑)

二

舍。 써 [사] 屋也집、사釋也놓을、사止也쉴、사施也베풀、사置也둘、사(禡) 捨通

三

⿰舌也 舓同

四

舐 舓同

⿰舌今 噤同

舑 땀 [담] 吐舌貌舚ㅣ 혀빼물、담(覃)

⿰舌支 지 [기] 喘也숨찰、기又헐덕거릴、기(寘)

六

舒。 쓔 [서] 伸張펼、서徐也천천할、서閑也ㅣ遲한가할、서詳也자세할、서(魚)

七

辞 辭俗字

八

舔 톈 [첨] 以舌取物핥을、첨(琰)

舓。 지 [지] 以舌取物핥을、지(紙) ⿰舌也舐咶同

⿰舌沓 따 [답] 大食크게먹을、답(合)

九

⿰舌枼。 타 [답] 大食크게먹을、탑(合) [첩] 小舐홀작거릴、첩(葉)

舖。 鋪俗字

十

⿰舌害 꽈 [괄] 舌出貌혀널름거릴、괄(黠)

舘 館俗字

十二

⿰舌單 탄 [탄] 訥言말얼얼할、탄(寒)

十三

舚。 텸 [첨] 出言말낼、첨(豔)

十五

⿰舌華 화 [화] 舌短貌혀짧을、화(麻)

十七

⿰舌闌。 란 [란] 訥言말얼얼할、난(寒)

舛部

舛。 촨 [천] 相背어그러질、천乖違錯亂어수선할、천(銑)

六

舜。 쓘 [순] 木槿무궁화、순有虞氏號帝ㅣ제순、순又순임금、순(震)

七

舝 轄同

八

舞。 우 [무] 樂也節音춤、무又춤출、무(手ㅣ足蹈)(麌) 儛同

舟部

舟。 쪽 [주] 船也배、주杯臺잔대、주(尤)

⿰舟乙 이 [을] 舟行배갈、을(質)

二

舠。 또 [도] 小船거루、도(豪)

⿰舟刂 우 [올] 船行不安배까불을、올(月)

⿰舟了 랴 [료] 船小而長鵃ㅣ작고긴배、요(篠)

三

舡。 썅 [강] 吳船艕ㅣ방강배、강(江) 船通

⿰舟彡 천 [침] 舟相續行배서로잇대갈、침(侵)

⿰舟叉 艖同

⿰舟乇 타 [탑] 船泊배댈、탑(合)

四

般。 빤 [반] 還也돌아올、반分布나눌、반(人名魯公輸ㅣ)(刪) 班通 多也많을、반樂也즐길、반移也옮길、반(寒)

舥 빠 [파] 浮梁배

다리、파(麻)

舫 빵 [방] 兩船連結배연결할、방船人사공、방(漾)

航。항 [항] 船也배、항以船渡水배질할、항又건늘、항(陽)杭通

舩 船同

⿰舟少 찰 [초] 船不安배위태할、초(肴)

舶 이 [일] 舟飾배꾸밀、일(質)

⿰舟今 진 [금] 新舟새배、금(沁)

⿰舟戈 자 [가] 小船작은배、가(歌)

五

舷 쎤 [현] 船邊뱃전、현(先)

船。찬 [선] 舟也배、선(先)舩同舡通

⿰舟召 됴 [초] 吳船초배、초(蕭)

舸。커 [가] 大船큰배、가(哿)

舵 同柁

⿰舟句 꾸 [구] 大船ㅣ艛큰배、구又구록배、구(洲名ㅣ艛)(尤)

舳。쮸 [축] 船尾배꼬리、축又고물、축(屋)

舶 빽 [백] 航海大船큰배、백又당두리배、백(陌)

舴 쪄 [책] 小舟ㅣ艋작은배、책(陌)

舲 同⿰舟霝

⿰禾舟 융 [영] 舟行배떠날、영(敬)

⿰舟付。同⿰舟步

舺 자 [갑] 長船긴배、갑(洽)

⿰舟氏 디 [제] 戰船ㅣ艡싸움배、제(齊)

六

⿰舟同 同艟

舽 팡 [방] 吳船ㅣ舡방강배、방(江)

⿰舟兆 됴 [도] 大船ㅣ舸큰배、도(豪)

七

艅。유 [여] 津船나룻배、여(吳船名ㅣ艎)(魚)

艄 쌓 [소] 船尾배꼬리、소又哨船金翅정탐배、소(肴)稍通

艁 짜 [조] 舟梁ㅣ首배다리、조(皓)

艇。텅 [정] 狹長小船길고작은배、정(迥)

艆 랑 [랑] 舷也뱃전、양(陽)

⿰舟步 쀼 [부] 短而深舟짧고속깊은배、부(遇)⿰舟付艀同

⿰舟亭 헝 [형] 載鹽船소금배、형(庚)

艀 쀽 [부] 端艇거룻배、부又종선、부(尤)

⿰舟弟 디 [제] 小船작은배、제(齊)

艃 리 [리] 長形小船길고작은배、이(支)

八

⿰舟卓。됴 [도] 行舟배떠어놓을、도舵也키、도(效)

⿰舟念 녠 [념] 舊船修理낡은배수리할、염挽船배끄을、염(豔)

艋 멍 [맹] 釣船舴ㅣ낚싯배、맹(梗)

⿰舟疌。쪄 [접] 舟行疾배빨리갈、첩(葉)

⿰舟非 빼 [배] 船後所排方向木키、배(卦)

⿰舟侖 룬 [륜] 船之橫木배밑창나무、윤(眞)

⿰舟青 쳔 [천] 俗音 [청] 輕船가벼운배、청(霰)

艍 [韓] 小舟거룻배、거

九

⿰舟發。쭝 [종] 船着沙上배붙을、종(東)

艑 편 [편] 小舟작은배、편 [변] 義同(銑)(先)扁通

艎。황 [황] 吳船艅ㅣ오나라배、황大船큰배、황(陽)

⿰舟夋 同梭

艓 뎨

[집]小舟ㅣ子작은배、접(葉) 艒。웨 [위]漕運船운송선、위(未) 䑺 同帆 艅·유 [유]刳空木中作船홈배、유(虞) 𦩗 지 [계]長船긴배、계(霽) 艏 삭 [수]船首뱃머리、수(有) 䑼 우 [유]舟浮배뜰、유(尤)

(十) 艖 챠 [차]小舟작은배、차(歌)(麻) 𦨴同 艘·艘同 艗。이 [익]青雀舟푸른새그린배、익(錫) 榏同、鷁通 𦪇 타

[탑]廣大船큰배、탑(合) 艙·창 [창]甲板底갑판밑창 艕 뺑 [방]廣船넓은배、방(漾) 𦪆。척 [추]海船대동선、추(尤) 艜 젼 [겸]底深船밑깊은배、겸(鹽) 䑰 애 [애]底廣船밑넓은배、애(灰)

(十一) 艛·락 [루]樓船艓ㅣ다락있는배、누(尤) 䑾 루 [록]船名舸ㅣ구록배、녹(屋) 𦪈 同艕 艚。찬 [조]小舟작은배조、又종선、조(豪) 𦪅 시 [습]覆船具배차일、습(緝)

(十二) 䑲·랴 [료]小長船작고긴배、요(蕭) 𦪻 빠 [발]樓船ㅣ艛다락있는배、발(曷) [벌]海筏떼、벌(月) 艞 댜 [조]船泊掛板배발판、조(或音요)(自岸至船、所掛長板、以通往來)(蕭) 𦪏 쭌 [준]船底孔배밑구멍、준(願) 艟·둥 [동]戰船艨ㅣ싸움배、동(東) 舸同 [종]義同(冬) 𦪽 줘 [궐]繫船杙배매는말뚝、궐(月) 艠 덩 [등]緘閉봉할、등(蒸)

(十三) 艤。이 [의]整舟向岸배등대할、의又배댈、의(紙) 檥同 艣 루 [로]進船具似槳曰ㅣ노、노(麌) 艪同 櫓通 艡 땅 [당]兵船舡ㅣ병선、당(陽) 𦫁 따 [달]戰船싸움배、달(曷) 艢 창 [장]帆柱돛대、장(陽) 艢同 𦪷 삐 [비]船釘배못、비(尾)

(十四) 艨·멍 [몽]戰船ㅣ艟싸움배、봉(狹而長曰ㅣ艟以衝突敵船)(東) 艦。젼 [함]戰船싸움배、함(四方施版、以禦矢石)(今稱海軍曰ㅣ隊、戰船曰軍ㅣ)(豏) 𦫗 치 [제]船之承艣凸物노거리、제(齊)

(十五) 艪 同艣 𦫂 레 [예]大船큰배、예(齊) 𦪲 머 [묵]釣船낚싯배、묵(屋)

(十六) 艢 同艢 艫。루 [로]船頭뱃머리、노(虞) 𦫳 룽 [롱]覆蓋小船뚜껑덮은배、용(冬) 𦫓 릐 [력]往來船왕래하는배、역(錫)

(十七) 𦫖。릥 [령]舟有窓者창있는배、영(青) 舲同

(十八) 艭·쌍 [쌍]大船艂ㅣ큰배、쌍(江)

艮部

艮。건 [간] 止也그칠、간 限也한정할、간 方位간방、간 (方則東北時則自午前二時至同四時)(卦名) (韻)

良。량 [량] 善也어질、[양] 又착할、양 頗也자못、양 誠也진실로、양 夫稱ㅣ人남편、양 首也머리、양 深也깊을、양 器工장인、양 能也능할、양 (陽) ㅣ有以때문、양 (漾)

⑪ **艱**。잰 [간] 難也어려울、간 又가난할、간 憂也근심할、간 (遭父母之喪曰丁ㅣ又丁憂) 苦窮고롱할、간 (刪)

色部

色。써 [색] 五采빛、색 顔氣낯、색 又기색、색 美女예쁜계집、색 (男女間之情慾) 怒也作ㅣ핏대올릴、색 (職)、

④ **⿰纟色** 씨 [혜] 黃病色황달빛、혜 (霽)

⑤ **艴**。뿌 [불] 怒也ㅣ然성발끈벌、불 (物) ⿰孛色同 [발] 怒色ㅣ如성낸빛、발 (月) 勃通 [배] 將曙之色새벽빛、배 (隊)

⿰央色 앙 [앙] 氣上기운뜰、앙 (養)

⿱癶色 빠 [발] 無色빛없을、발 淺色엷을、발 (曷)

⿰白色 빠 [파] 色不眞正빛참되지않을、파 (禡)

⑦ **⿰孛色** 同艴

⑧ **⿰并色**。병 [병] 縹色옥색、병 (王色) (青)

⑩ **⿰冥色**。밍 [명] 青黑色ㅣ⿰黑色검푸를、명 又애청빛、명 (青) 閉目눈감을、명 (敬)

⿱穴色 와 [와] 色脫빛벗을、와 (禡)

⑫ **⿰曾色**。청 [증] 顔色凶惡얼굴빛흉할、증 (蒸)

⑬ **艶**。艷俗字

⑭ **⿱熏色** 쉰 [훈] 物被熏色그을어누른빛、훈 (問)

⑯ **⿰瞢色** 멍 [몽] 顔色之惡낯빛흉할、몽 (東)

⑱ **艷**。豔俗字

艸部

艸。찬 [초] 百卉總名풀、초 又새、초 (皓) 草通

⿱丷十 제 [개] 羊角開貌양의뿔벌어진모양、개 (蟹)

② **艾**。애 [애] 蕭也炙草쑥、애 老也者ㅣ늙은이、애 養也ㅣ기를、애 美好少ㅣ예쁠、애 安也保ㅣ편안할、애 (泰) 乂通 [예] 治也ㅣ安다스릴、예 (隊) 又通

芀 됴 [조] 葦華갈대꽃、조 (今人取之爲帚曰ㅣ帚) (蕭)

艽。착 [교] 藥名蓁草망초、교 (肴) [규] 義同 [구] 荒野거친들、구 (尤)

艼 同酊

艿 싱 [잉] 陳根不芟新草更生묵은뿌리에새로싹날、잉 (蒸) 芿同

艻 러 [륵] 香草蘿

ㅣ향풀、녹(藥名牛脂ㅣ)(職)

三

芄。완 [환] 莞也ㅣ蘭왕굴、환(寒) 雚通 **芎**·츙 [궁] 香草ㅣ藭궁궁이、궁(東) **芓** 耔同 **芑**·치 [기] 白粱粟 흰차조、기又와여

묵이조、기(菜名 似苦菜)(紙) **芋**。·위 [호] 大也클、후(虞) 訏通 [우] 土芝토란、우(葉如蓮根似藷)(遇) **芃** 펑 [봉] 草盛ㅣㅣ풀성할、봉(東) **芊** 쳰 [천] 草茂ㅣㅣ풀더부

룩할、천(先) **芐** 쌰 [하] 地黃지황、하(地黃生者以水試之浮者天黃半沈半浮者人黃沈者地黃ㅣ字亦趨下之義)(禡) [변] 熟ㅣ숙지황、변(先) **芒**。·망 [망] 草端가시랑이 망又꺼럭

망 大貌ㅣㅣ질펀할、망(神名句ㅣ)(陽) 茫 杧通 **芍**。·쌰 [적] 蓮實연밥、적(錫) 菂同 [작] 藥名ㅣ藥작약、작又함박꽃、작(藥) **芅** 이 [익] 羊桃양도、익(草名銚ㅣ)(職) **芇**。멘

[면] 睹也내기할、면 相當비길、면(先) **芉**·깐 [간] 薏苡율무、간(旱) **芏** 투 [토] 海邊生莞갯벌왕골、토(虞) **芼** 퉈 [택] 藥草名약풀、택(陌) **芕** 쌰 [소] 藥草 遠志원

지、소(篠)

四

芝。·쯔 [지] 瑞草靈ㅣ지초、지又잔디、지又버섯、지(ㅣ寄生於已枯之樹木其體如菌)(荷名冰ㅣ)(支) **茚** 앙 [앙] 菖蒲창포、앙(陽) **芪** 치 [기] 藥名黃

ㅣ단너삼、기(一名王孫根高三四尺根爲藥用)(支) **芷**·쯔 [지] 藥名白ㅣ구리대、지又궁궁이、지香草향풀、지(紙) **芰**。치 [기] 三角菱세뿔마름、기(寘) **芘** 삐 [비] 草

名滚ㅣ준비풀、비(寘) 庇通 **芾** 얘 [비] 木盛蔽ㅣ나무성할、비(未) [패] 義同 (泰) [불] 草木盛초목우거질、불(物) 黻通 **芧** 쥬 [서] 栩也가락나무、서(魚) [저] 義同(語) 苧通 **芻**。·

추 [추] 飼牛馬之草꼴、추又짐승 먹이、추(虞) **芙**。·부 [부] 荷也ㅣ蓉연꽃、부(虞) **芮**。쉐 [예] 草生貌ㅣㅣ풀뾰족할、예水涯물가、예(ㅣ之言內也 水內曰隩水外曰鞫)(霽)繫楯後

帶방패끈、예 姓也성、예(霽) **芸** 윈 [운] 香草향풀、운多也ㅣㅣ더부룩할、운(文) **芬** 윈 [분] 香也향기、분亂也ㅣㅣ어지러울、분(文) **芹**·친 [근] 水菜楚葵미나리、근(文)

芚 툰 [둔] 木始生나무싹날、둔菜似莧可食둔나물、둔愚也어리석을、둔(元) **芭**·빠 [파] 甘蕉ㅣ苴파초、파(麻) **芼**。 마오 [모] 菜也나물、모(豪) 擇也가릴、모(號)

花。화 [화] 草木之葩꽃、화(麻) 華蘤通 **芽** 아 [아] 萌也싹、아(麻) **芳**。방 [방] 香氣芬ㅣ꽃다울、방又향기、방聲譽之美이름빛날、방(陽) **𦬼** 芳同 **芣** 뿌 [부] 車前草ㅣ苢질경이、부又길장구、부(尤) **芤** 쿠 [큐] 蔥也파、큐(尤) **芩**。친 [금] 鹿食草금풀、금(藥名黃ㅣ根如釵股葉如竹)(侵) **芡** 쳼 [검] 水果鷄頭마름、검(琰)

芟 싼 [삼] 제초풀베일、삼(咸) **芴**。우 [물] 菲也土苽순무、물緻密軋ㅣ빽빽할、물(物) 惚通 **芨** 찌 [급] 藥名白ㅣ대암풀、급(白ㅣ葉似初生櫻苗開花紅紫色中心如舌、一名鳥頭)(緝) **芛**。쒼 [순] 草木盛生초목성할、순(軫) 蒓通 **芵** 쪄 [결] 薢茩ㅣ光초결명、결(屑) **芢** 신 [인] 種子씨、인(草名)(眞) **芫** 芫同 **芫**。웬 [원] 草名魚毒고기잡는풀、원(煮ㅣ投水中則魚死而浮出故以爲名)(元)

芥。쪠 [개] 辛菜겨자、개草ㅣ집검불、개(卦) **芁** 깡 [항] 蒲也부들、항(草名)(陽) **芺** 얖 [요] 薊屬野芉엉겅퀴、요(葉端有刺)(草名鉤ㅣ、又苦味草)(篠) **芌** 누 [우] 藥名牛膝우슬、우(尤) **苢** 이 [일] 草色풀빛、일(質)

五

茈。쯔 [자] 染紫草지치、자草名勃薺올매、자子薑새앙、자(支) **苴**。쮜 [저] 有子麻암삼、저賂遺包ㅣ꾸러미、저竹喪杖대상장、저履藉신바닥、저(魚) [차] 水中浮草마른풀、차(麻) [자] 和糞草土두엄풀、자(馬) **苡**。이 [이] 草實薏ㅣ율무、이(俗謂ㅣ米可煮粥磨麪並爲藥用) 車前草芣ㅣ질경이、이(紙) **苣** 苴同 **苣**。쮜 [거] 菜名萵ㅣ상치、거胡麻ㅣ藤흑임자、거(語) 炬通 **苦**。쿠 [고] 火味쓸、고苶也大ㅣ쓴바귀、고勤勞괴로울、고惡也모질、고(麌) **苧**。쮸 [저] 草可布纏ㅣ麻모시、저(語) 紵苧通 **苽**。꾸 [고] 茭米彫胡고미、고(虞) 菰同 **苻** 뿌 [부] 草名鬼目귀목풀、부(似葛)(姓也)(虞) 草之莩甲껍질、부(尤) **苨** 늬 [니] 似參薺ㅣ겨륵기、이(薺) **苐** 稊同 **苔**。태 [태] 蘚也이끼、태又김、태(高有瓦ㅣ卑有澤葵散巖竇者曰石髮補空田者曰垣衣在屋曰昔邪、在水曰陟釐)(灰) 菭同

苑。웬 [원] 囿也御ㅣ나라동산、원(養禽獸曰ㅣ)大風ㅣ風왜풍、원(阮) **苯** 뿐 [분] 草叢生ㅣ蕁풀더부룩하게날、분(阮) **苕**。됴 [초] 草名陵ㅣ능초풀、

초高貌ㅣㅣ우뚝할、초(蕭) **苗** 먀 [묘]穀草初生싹、묘禾秀벼이삭、묘胤也ㅣ裔이을、묘(蕭) **茅** 마 [모]菅也띠、모(肴) **苞** 빠 [포]蔗也딸기、포苞也쌀、포本也밑둥

포草木叢生초목모도록이날、포茂也무성할、포(肴) 枹通 **苛** 커 [가]小草잔풀、가煩也까다로울、가酷也혹독할、가責也꾸짖을、가擾也흔들、가(歌) **茄** 쨔 [가](麻)俗音

[가]菜名ㅣ子가지、가芙渠莖연줄기、가(藥名五ㅣ)(歌) **苹** 핑 [평]藾蕭可食다북쑥、평(庚) [日]林檎사과、평 **若** 쉬 [약]如也같을、약汝也너、약順也순할、약豫及辭및、약

假說辭만약、약年少젊을、약(藥) [야]梵語般ㅣ반야、야僧居蘭ㅣ절、야(馬) **英** 잉 [영]華也꽃부리、영智出萬人영웅、영(藥名五ㅣ)(庚) 韺通 **苘** 同檾 **苓** 링 [령]藥名茯

ㅣ풍령이、영(千年之松下有茯ㅣ)草名ㅣ耳도꼬마리、영菌類豬ㅣ저령、영 大苦草씀바귀、영(青) 蘦通 **茆** 同 **苟** 꺼 [구]誠也진실로、구草率ㅣ且구차할、구但也다만、구僅

也겨우、구草也풀、구若也만약、구(有) **茂** 뭐 [무]草盛무성할、무美也아름다울、무勉也힘쓸、무(太歲在戊曰閹ㅣ)(宥) 楙通 **苷** 깐 [감]甘草감초、감(一名靈通、一名國老ㅣ最

爲衆藥之主)(覃) **苫** 짠 [점]編茅覆屋집이울、점喪席거적자리、점書貌廉ㅣ글씨흘려쓸、점(鹽)(豔) **苒** 산 [염]草盛貌풀우거질、염展轉荏ㅣ덧없을、염(琰) **范** 빤 [범]蜂

也벌、범草名벌풀、범(姓也)(豏) 蓪通 **苺** 메 [매]覆盆蛇ㅣ뱀딸기、매(賄) **苾** 삐 [필]馨也ㅣ芬향기날、필(質) 咇同 **茁** 좌 [줄]草芽풀싹、줄(質) [절]草初生貌풀뽀죽뽀죽날、

절(屑) [찰]肥貌ㅣ壯살찔、찰(黠) **茀** 뿌 [불]草盛풀성할、불福也복、불治也다스릴、불(物) **茇** 뿌 [발]藥名蓽ㅣ필발、발(蒟醬生於蕃國者大而紫謂之蓽ㅣ)草舍초가집、발

草名ㅣ葀발괄풀、발草根풀뿌리、발(曷) [불]舟索뱃줄、불(物) **茉** 머 [말]花名ㅣ莉말리꽃、말(曷) **苵** 蔑 同 **苶** 네 [녈]疲貌ㅣ然고달플、녈(屑) [엽]義同(葉) **苙**

리 [립]藥名白芷궁궁이、입畜欄짐승우리、입(緝) **苖** 듸 [적]羊蹄草소루장이、적(大黃)(錫) **苠** 민 [민]竹皮대껍질、민多貌ㅣㅣ그득할、민(眞) **苪** 빙 [병]明著나

타볏、병〔梗〕

苬 칙 [수] 芝也지초、수〔尤〕 **苰** 홍 [홍] 胡麻藤ㅣ피마자、홍〔蒸〕 **苳**。 동 [동] 冬生草ㅣ겨우살이、동〔冬〕 **苲** 자 [자] 土苴두엄、자〔馬〕 [작] (縣名定ㅣ、山名ㅣ領)〔藥〕

茪 同恍 **苜**。 무 [목] 菜名ㅣ蓿거여목、목(牛馬飼草)(一名連枝草)〔屋〕 **苮** 쎤 [선] 草名似莞노양이、선〔先〕 **茌** 同茬 **苼** 셩 [생] 花蕊꽃술、생〔庚〕 **苩** [韓] 百濟姓성、백

⑥

茺 츙 [충] 藥名ㅣ蔚익모초、충〔東〕 **茙** 슝 [융] 似葵茙葵규화、융厚貌ㅣㅣ두룸할、융〔東〕 **茚** 츙 [공] 蕢茷實책력풀、공〔冬〕 **茸**。 슝 [용] 草生ㅣㅣ풀날、용不肖闒ㅣ못생길、용美貌丰ㅣ예쁠、용〔冬〕 鹿角鹿ㅣ녹용、용〔腫〕 [illegible]通 [이] 松情松ㅣ송이、이〔眞〕

茳 쟝 [강] 香草ㅣ蘺향풀、강〔江〕 **茨**。 ᄎ [자] 以茅蓋屋집이을、자草名疾藜납가새、자〔支〕 薺通 **茲**。 ᄌ [자] 蓐席돗자리、자重也거듭、자此也이、자草木盛貌초목우거질、자(西域國名龜ㅣ)〔支〕 **荑** 티 [이] 白蕡흰비름、이(一名莁ㅣ)芟제베일、이〔支〕 [제] 茅始生花띠꽃순、제〔齊〕

荔 리 [례] 果名ㅣ枝여지、례(ㅣ枝、樹高五六丈、青花米實實如鷄卵)〔霽〕 [려] 香草薜ㅣ벽려풀、려〔霽〕 **茹**。 수 [여] 食也먹을、여〔語〕 茅根띠뿌리、여〔御〕 受也받을、여度也헤아릴、여柔也부드러울、여染草ㅣ蘆꼭두서니、여〔魚〕

茱。 쥬 [수] 藥名ㅣ萸수유、수(九月九日、折ㅣ萸房插頭、可辟惡氣)〔虞〕 **荄** 깨 [해] 草根풀뿌리、해〔佳〕〔灰〕 **茷** ᄈᆐ [패] 草葉茂盛풀잎무성할、패有法度ㅣㅣ법도있을、패〔泰〕 **茴** 회 [회] 藥名ㅣ香회향、회(有大ㅣ香、小ㅣ香)藥草防風葉방풍잎사귀、회〔灰〕 **茝**。 ᄌ [채] 芎苗ㅣ궁궁이싹、채(一名蘼蕪)蘭類蕙ㅣ난초、채〔賄〕

茵 인 [인] 蒿也ㅣ蔯더위지기、인又다위때、인蓐席자리풀、인〔眞〕 鞇通 **荀**。 슌 [순] 草名풀이름、순(青要之山有草焉、黃花赤實名曰ㅣ草)(姓也又國名)〔眞〕

荃 촨 [전] 香草향풀、전芥粉겨자가루、전〔先〕 **荈** 촨 [천] 晩取茶늦꺾이차、천〔銑〕 **荐**。 젼 [천] 薦席자리、천再也거듭、천頻也자주、천〔霰〕 蒨通

茜 쳔 [천] 茅蒐꼭두서니、천又잇、천(花可染絳)〔霰〕 蒨通 **荍** 쟈 [교] 錦葵花금규화、교(一名荊葵)〔蕭〕 **茭** 쟈 [교] 乾芻마른꼴、교〔肴〕 **草**。 찬 [초] 百

卉總名새、초又풀、초文藁글씨쓸、초粗也ㅣ率초솔할、초苟簡ㅣㅣ초초할、초創初비로슬、초(皓)艸通 **荂** 과〔과〕花也꽃、과(麻) **荼**。차〔다〕茗也차、다(葉與椿煎飮者)(麻)榛同

茫 망〔망〕廣大ㅣㅣ망망할、망水貌滄ㅣ물빛질펀할、망(陽)芒通 **荒**。황〔황〕蕪也거칠、황大也클、황廢也폐할、황穀不登曰ㅣ흉년들、황(陽) **荇** 씽〔행〕水菜接余마름풀、행(一名薸菜)(梗)莕同

茗 밍〔명〕茶芽차싹、명(迥)酩通 **茲** 蒸同 **秣** 麻同 **荏**。인〔임〕大豆ㅣ菽콩、임白蘇可油들깨、임柔也ㅣ染부드러울、임(寢)

茯。부〔복〕藥名ㅣ苓복령、복又풍낭이、복(松脂入地千年化爲ㅣ苓、ㅣ苓化爲琥珀、且精氣不盛止爲附結本根既不離本故曰ㅣ神)(白ㅣ苓、赤ㅣ苓)(屋) **荆** 荊俗字 **苖** 취〔곡〕蠶箔누에발、곡(沃)

茼 퉁〔동〕香菜ㅣ蒿쑥갓、동(東) **茢** 례〔렬〕苕帚桃ㅣ부정풀이비、열(屑) **茖**。껴〔격〕山葱산파、격(陌) **荅** 따〔답〕小豆좀콩、답當也당할、답(合)

茛 껀〔간〕草烏頭苗毛ㅣ바곳의싹、간又노저나물싹、간樟類장뇌나무、간(願) **荙** 뒤〔다〕菱也마름、다(南夷名鹿ㅣ)(歌) **茦**。츠〔재〕草之刺針풀가시、자(寘)莿同 〔책〕義同(陌)

茩。꾸〔구〕決明薢ㅣ초결명、구(有) **茪** 꽝〔광〕決明英ㅣ초결명、광(陽) **茬** 츠〔치〕草貌풀모양、치(地名)(支)茌同 **[艹血]** 쒜〔혈〕蒨也地ㅣ꼭두서니、혈(染絳)(屑)

茥。꿰〔규〕覆盆子딸기、규(齊) **䒷** 꽈〔괄〕藥名ㅣ蔞하늘타리、괄(曷) **荁** 환〔한〕草名풀이름、한(寒) **茋** 치〔기〕薺草약풀、기(紙) **[艹戌]** 쒸〔술〕藥名莪ㅣ아술、술艾也쑥、술(質)

茭 殍同 **荎**。찌〔지〕五味子ㅣ藸오미자、치(支) **茰** 萸同 **茟** 이〔일〕花蕾꽃방울、일赤藜명아주、일(質) **茻** 멍〔망〕衆草相雜잡풀우거질、맹(養)

茽。쭝〔중〕草貌叢生풀무더기로날、중(送) **[艹牟]** 머〔모〕麁麥귀리은보리、모(尤) **莱** 래〔래〕果垂과실주렁주렁달릴、내(隊) **[艹毛]** 베〔배〕果名ㅣ醬구장、배(灰)

[艹充] 칙〔축〕河柳능수버들、축(屋)

七

荽 쉐〔유〕香菜胡ㅣ고수풀、유(支) **荾** 荽同 **莉** 리〔리〕花名茉ㅣ말리꽃、이(南越花草)(寘) **莅**。리

[리]臨也임할、이位也자리、이(寘)涖通

莒。쥐 [거]草名풀이름、거(可爲結繩)諸也감자、거(邑名ㅣ父又國名)(語)

莁 우 [무]白蕒ㅣ荑흰비름、무(虞)

荼• 투 [도]苦菜씀바귀、도苦也쓸、도(神名神ㅣ)(虞)

莩• 부 [부]葭中白皮갈청、부(虞) [표]餓死굶어죽을、표(篠)

莆。부 [보]蕘時瑞草萐ㅣ삽보풀、보(麌)

荰 뚜 [두]香草ㅣ蘅두형풀、두冬葵겨울해바라기、두(虞)

荹。뿌 [보]亂藳짚북더기、보(遇)

莫• 머 [막]勿也말、막無也없을、막定也정할、막薄也엷을、막大也클、막茂也ㅣㅣ무성할、막謀也꾀、막(藥) [맥]靜也고요할、맥(陌) [모]菜也푸성귀、모(遇)幕通

苺• 메 [매]苔也이끼、매草實山ㅣ산딸기、매美田ㅣㅣ결찬밭、매(灰)

莘 씬 [신]藥名細ㅣ세신、신衆貌ㅣㅣ많을、신長也길음할、신(國名)(眞)姺通 㜪同

莞• 완 [관]草可爲席왕골、관(寒)菅同 [완]笑貌ㅣ爾빙그레할、완(潸)

莬 菟同

莧。환 [한]莔也패모、한(諫) [현]商陸草자리공、현又비름、현(霰)

莚• 옌 [연]不斷蔓ㅣ만연할、연又덩굴번을、연續也연속할、연(霰)

莜 蓧同

茆 뫄 [모]蓴菜鳧葵순나물、모(肴) [묘]義同(巧)茅通 [류]蒲柳갯버들、유(有)茆本字

莢。햐 [협]豆角콩껍질、협瑞草蓂ㅣ책력풀、협(葉)

荷•。허 [하]芙蕖연꽃、하擔也멜、하怨聲ㅣㅣ원망할、하藥名薄ㅣ박하、하(歌)負也짐、하(哿)加也더할、하(箇)

莪 어 [아]蒿屬蘿ㅣ다북쑥、아(歌)

莝 취 [좌]斬芻여물、좌(箇)

莊•。쫭 [장]嚴也씩씩할、장端也단정할、장敬也공경할、장盛也성할、장六達街육거리、장田舍別ㅣ별장、장(陽)

莣 왕 [망]杜榮도롱이、망(ㅣ草似茅皮可以爲繩)(陽)

莨 랑 [랑]毒草ㅣ菪초우웡、낭又이앓이풀、낭(漾) [일]烟草담배、낭

莖•。징 [경]草幹줄기、경(庚)

莛 뎡 [정]莛也줄거리、정屋梁들보、정(靑)

莕。荇同

莠• 우 [유]害穀草稂ㅣ가라지、유醜也추할、유(有)

荳 豆同

菡 한 [함]花開ㅣ萏꽃필、함又함박꽃、함(勘)

莤 쒸 [숙]束茅灌鬯酒모에강신할、숙(屋) [유]漉酒술걸를、유(有)

苩 뻐 [백]藍也쪽、백(陌)

荻• 듸 [적]萑也蘆屬갈대、적又달、적(錫)蔐同

莎。쒸 [사]香附子향부자、사ㅣ鷄범메

뜨기、사(歌)[수]ㅣ草잔디、수(支)𦯀同

荴 부 [부] 荷葉將落時연잎이울、부(虞)

葸 인 [인] 菜名ㅣ冬인동초、인(一名隱ㅣ)(軫)

菥 져 [절] 斷草풀베일、절篳也

죽점、절(屑)

荺 윤 [윤] 蓮根연뿌리、윤(草名)(軫)

莃 씨 [희] 食用菜蔬희나물、희(葉似葵而稍小)(微)

䒧 분 [분] 以草爲境풀로지경정할、분(願)

莋 쥐 [작] 食草풀

먹을、적(地名)(陌)

莌 뛰 [탈] 草名活ㅣ활탈초、탈(曷)

茱 추 [주] 茱萸子수유씨、구(尤)

莐 천 [침] 知母ㅣ藩지모、침(侵)茺同

莔 멍 [맹] 藥草貝母패모、맹(庚)

萙 졔 [접] 小葉작은잎、접(葉)

茰 징 [경] 草莖풀줄기、경(梗)

莥 뉴 [뉴] 鹿豆돌콩、유(山野自生荳)(有)

莦 쏘 [소] 惡草모진풀、소(肴)

莙 쥰 [군] 蓬

水藻ㅣ말마름、군菜名ㅣ蓮군대、군(軫)

蓱 萍同

莂 베 [별] 移植옮겨심을、별又모종별、별(屑)

荱 미 [미] 草垂풀늘어질、미(未)

䓌 운 [운] 山漆산칠나무、문(吻)

莟 인 [음] 水蒜물에나는마늘、음(侵)

莗 쳐 [차] 藥名ㅣ前子차전자、차(麻)

䓋 직 [지] 藥草遠ㅣ원지、지(寘)

䒤 쓰 [사] 茅荄띠싹、사(支)

八

菘 쑹 [숭] 菜名배추、숭(東)

菶 뽕 [봉] 草茂貌ㅣㅣ풀우거질、봉(東)(董)

菾 텬 [첨] 苫也상치、첨(菜名)(鹽)

萁 치 [기] 豆莖豆ㅣ콩대、기(菜名似蕨)(支)

萎 웨 [위] 枯也이울、위又마를、위矮縮시들、위(支)

萑 환 [환] 蓷也달、환荻也갈、환(寒) [추] 益母草익모초、추(支)

䓁 蒔同

萃 췌 [췌] 聚也모을、취(或音췌)(卦名)(寘)瘁通

菲 뷔 [비] 菜名葑類순무、비(似菁蕪可食者)香也芳ㅣ향기로울、비草茂貌芳ㅣ풀우거질、비(微)薄也엷을、비(尾)

菹 쥐 [저] 漬菜김치、저又침채、저(魚)葅同

菩 푸 [보] 樹名ㅣ提염주나무、보(摩伽陀國有ㅣ提樹高二丈餘葉如卯形大實如櫻桃子可爲念珠)事也ㅣ薩보살、보又깔、보(佛號ㅣ薩又佛覺道通曰ㅣ薩)(虞)

菰 苽同

菟 투 [토] 藥名ㅣ絲새삼、토(遇)[도]虎也於ㅣ범、도(魯邑名ㅣ裘又朝鮮郡名玄ㅣ)(虞)

莽 망 [망] 粗率鹵ㅣ추솔할、무(陌)[망]義同 草深ㅣㅣ풀우거질、망(養)[모]宿草묵은풀、모(麌)

萋 치 [처] 草盛ㅣㅣ풀무성할、

처雲行貌구름뭉게뭉게갈、처(齊)緀通

苨 늬[니]露濃ㅣㅣ이슬이드르를할、이草根露出풀뿌리들어날、이(齊)泥通

落 苔同

萊。래[래]藜草명아주、내田休不耕밭묵힐、내荒草쑥、내(蒿ㅣ草ㅣ)(灰)

菜 채[채]蔬也나물、채(隊)

菌。줜[균]地蕈버섯、균(一名朝ㅣ)黴ㅣ곰팡、균又벌레、균(寄生他物體曰細ㅣ、恆爲傳染病之媒介者)(軫)

菣 켠[긴]香蒿다북쑥、긴(震) 堅同

菫。진[근]苦草씀바귀、근藥名烏頭오두、근(香草名ㅣ菜)(吻)(震)

菀 완[울]茂也ㅣ然무성할、울(物)[원]木盛나무우거질、원(藥名紫ㅣ)(阮)

菅 관[간]茅也띠、간(姓也)(刪)[관]小蒲왕골、관(寒)莞同

菆 쭤[찬]積木以殯ㅣ塗丈빈할、찬(寒)欑通[추]草叢풀더부룩할、추矢之善者좋은살、추(尤)

萍。핑[평]楊花所化浮ㅣ개구리밥、평又마름、평(根不着地浮生水上)(靑)蓱苹同

菤。쫜[권]草名ㅣ耳도꼬마리、권(銑)

萄。도[도]蔓果葡ㅣ포도、도又머루、도(豪)

菢 뽀[포]鳥抱卵새알품을、포覆也덮을、포(號)

菏 허[허]蔽也菁根무、하[가](澤名)(歌)

華。화[화]榮也빛날、화花開꽃필、화色澤윤택할、화(麻)華同 蘤通(西嶽名太ㅣ、國名中ㅣ)(禡)華同、花通

菖 창[창]似蓀ㅣ蒲창포、창(冬至後五旬七日、ㅣ始生、ㅣ者百草之先于是耕)(陽)

萇。창[장]木名ㅣ楚보리수、장(俗名羊桃國名爲ㅣ)(陽)

菪 탕[탕]毒草莨ㅣ초우웡、탕又이아리풀、탕(莨ㅣ、葉圓而光有毒、悞食令人狂亂、甘草解之)(漾)

菓 꽈[과]木實熟成과실、과又실과、과又과자、과(哿)果同

荊 쪙[형]楚也광대싸리、형莿也가시、형(庚)

菁。쩡[정]菜名蕪ㅣ무、정韭花부추꽃、정三脊茅세골진띠、정(庚)[청]茂貌ㅣㅣ휘늘어질、청(靑)

萌。멍[맹]草芽싹、맹(凡草木始生皆曰ㅣ)始也비롯을、맹(庚)

荓 핑[평]使也부릴、평[병]草名馬帚말솔풀、병燕子花연자화、병(人名趙靑ㅣ)(靑)

蓳 菫同

菸。위[어]葉無色ㅣ邑시들、어臭草썩은풀、어(魚)蔫通

菱 릉[릉]芰也마름、능(三角四角曰芰、兩角曰ㅣ)(蒸)蔆同

菴 안[암]蒿草ㅣ蕳진주봉、암又쑥、암草舍초막암又암자、암(覃)庵通、翳薈ㅣ藹기릴、암(勘)

菼。탄[담]葦萑生芽담순、담又갈싹、담(感)

萏 탄[담]芙蓉菡ㅣ연꽃봉

오리、담(感)

菽 쓕 [숙] 衆豆總稱콩、숙又다랏、숙(屋) 尗同、叔通

菊。 쮜 [국] 秋華국화、국(屋) 蘜同、鞠通

菔 뿍 [복] 菜名蘿丨무、복(一名菜丨又蘆丨)(屋) [븍] 義同(職) 葍通

菉 루 [록] 綠色小豆녹두、녹(一名王芻)(沃)

菥 씨 [셕] 大薺丨蓂굵은냉이、석(錫)

萋。 쳬 [접] 水生莕菜조악이、접又마름풀、접又순채、접(一名接余)(葉)

菂 芍同

萐。 쌰 [삽] 瑞草丨莆삽보풀、삽又상서풀、삽(丨莆王者有孝德則生於厨)(洽)

莿 茦同

菇 꾸 [고] 王瓜藈丨쥐참외、고(虞)

幕 삐 [맥] 木綿목화、맥(陌)

菋 웨 [미] 五味子오미자、미(未)

萮 쓔 [호] 藥草蛇床뱀도랏、후(虞)

菎 쿤 [곤] 香草향풀、곤(元)

䓗 蔥同

菒 꼬 [고] 枯草마른풀、고(皓)

菍 씬 [심] 苗心蝢食枯死이삭벌레먹어죽을、심(侵)

萙 착 [조] 地榆丨蓨외나물、주(尤)

䔔 꽤 [개] 俗音 [괴] 頭寬中狹잘룩할、괴又바르지않을、괴(麻)

萷 蘿蔔俗字

菠 빠 [파] 菜名丨薐시금치、파(歌)

菡 菌同

菦。 친 [근] 草名白艾흰쑥、근(眞)

菧 디 [저] 薺苨계로기、저(根似桔梗)(齊)

菰。 꾸 [고] 草盛貌풀우거질、고(橋名丨首)(虞)

菺 옌 [견] 蜀葵촉규화、견(先)

菻。 린 [름] 艾也쑥、늠(國名拂丨)(寢)

菿 따 [도] 草木倒초목거꾸러질、도(號)

萆。 삐 [비] 藥名丨薢며래、비(支) [벽] 蓑衣도롱이、벽(錫)

萑 취 [추] 荊也싸리、수(熱帶地產荊木)(紙)

䓘 따 [답] 荷葉覆水연잎이물에덮일、답(合)

萉。 뼤 [비] 避也피할、비(微) 枲實삼씨、비(未) [복] 菔也무、복(屋)

菄 동 [동] 白山菊흰산국화、동(東)

菕。 룬 [론] 香草향풀、논(元)

蒟 쥐 [구] 藷也감자、구(虞)

菈 라 [랍] 萊菔무、납壞聲무너지는소리、납(合)

菹 지 [지] 漬菜김치、지(支)

菗 적 [주] 五色葵오색촉규화、주(尤)

䒽 망 [망] 春麥봄보리、망(養)

萞 예 [비] 蓖麻子피마자、비又아주까리、비(或音배)(齊)

䓖。 쿵 [공] 莖之中空줄기속빌、공(東)

䓡 지 [지] 香附子향부자、지(支)

䒿 쁠 [日] 疲也가쁠、침

九

葼。 쭝 [종] 細枝나무휘추리、종染草종풀、종(東)

葒 홍 [홍] 水草馬蓼요화、홍(東) 葓同

蕻 葒同
葑。봉 [풍]蕪菁배추、풍(東) 豐同 [봉]義同(冬) 菰根고미뿌리、봉(宋)
董。뚱 [동]督也동독할、동正也바를、동固也굳을、동藕根연뿌리、동雜膳骨ㅣ비빔밥、동(董) 董同 [日]古物骨ㅣ고물、동
蕧 蓡同
蔿。위 [와]菜名ㅣ苣부루、와又상치、와(歌)
葹 쓰 [시]草名卷ㅣ도꼬마리、시(一名藉荾)(支)
菑。쯔 [치]田一歲한해된밭、치(支) [재]災也재앙、재(灰) 甾同 灾通
葸 쓰 [사]怯也겁낼、사(紙)
葳 웨 [위]草木盛ㅣ蕤초목성할、위(微)
葦。웨 [위]大葭큰갈、위(初生爲葭稍大爲蘆長成爲ㅣ)(尾)
葅 菹同
著。쭈 [작]被服입을、착附也붙을、착置也둘、착着也다다를、착(官名ㅣ作又般樽名ㅣ)(藥) 着同 [저]明也밝을、저述也지을、저(御)位次朝ㅣ반열、저(太歲在戊曰雍ㅣ)(魚)
萸。위 [유]藥名茱ㅣ수유、유(九月九日折茱ㅣ房插頭可辟惡氣)(虞) 茰同
葡。푸 [포]蔓果ㅣ萄포도、포又머루、포(一名草龍)(歐洲國名ㅣ萄牙)(虞)
葫 후 [호]大蒜큰마늘、호(虞)
蔽 蒯同
葰。쥔 [준]大也클、준(震) [유]薑屬새앙、유(支) [사](上黨縣名ㅣ人)(馬)
葷。쉰 [훈]臭菜고명풀、훈(葱、蒜韮薑、等屬)(文) 薰通
萱。쉔 [훤]忘憂草원추리、훤(一名宜男草)(元)
萲 萱同
葐 뻔 [분]藥名覆ㅣ딸기、분(覆ㅣ子花曰蘇蜜那花)香也馥ㅣ향기、분盛貌ㅣ葐자욱할、분(元)
萬。완 [만]數名十千만、만又클、만(蜂名又舞名)(願) 万通
葂 완 [면]盛也성할、면(人名蔣閭ㅣ)(銑) 莬同
䓴 완 [연]木耳버섯、연(銑)
葽。얀 [요]草名遠志아기풀、요(一名王蕢)草盛貌풀우거져많을、요(蕭)
葆 빠오 [보]草盛풀성할、보韜藏감출、보蓋也羽ㅣ일산、보(皓)
葵 퀘 [규]向日花해바라기、규百菜之主아욱、규蜀ㅣ촉규화、규(支)
葭 쨔 [가]葦之未秀갈、가(麻)
葬。짱 [장]藏也埋尸장사지낼、장又묻을、장又영장、장(漾) 葬塟同
葬 葬同
葩 파 [파]花也꽃송이、파(麻)
萩。츄 [추]蒿也다북쑥、추木名明枝子가래나무、추又싸리、추(尤) 楸通
葶。팅 [정]大薺ㅣ藶두루미냉이、정又할새냉이、정野芥들겨자、정(青)
萯 뿌 [부]王瓜쥐참외、부又땅외、부(有)
葴。쩐 [침]草名馬藍끄아리、침(一名酸醬)(侵)
葚。

썬[심]桑實오디、심又뽕、심(寢)椹黮通 **萷** 쏘[소]葉落莖立줄기만남을、소又마들가리、소(蕭) **葍**。뫄[복]葍也예무、복又순무、복(屋) **[艹括]** 꽈[괄]瑞草상서로

운풀、괄(曷) **葛** 꺼[갈]蔓生絺綌草칡、갈(取其纖維而織布、取其根而作粉食用)(曷) **落**。란[락]零也떨어질、낙聚也村ㅣ마을、낙天也碧ㅣ하늘、낙蕭索冷ㅣ쓸쓸할、낙難合ㅣ

ㅣ헤질、낙始成ㅣ成祭낙성재、낙(藥)[韓]畓斗石數마지기、낙 **萼** 어[악]花跗꽃받침、악(藥)蕚同、蘁通 **萴**。져[즉]藥名ㅣ子즉자、즉又부자、즉(一年虫附子)(職) **葺**。치

[즙]覆屋집이울、즙修繕수리할、즙又고칠、즙又수집할、즙(緝) **葉**。예[엽]花之對잎、엽又잎사귀、엽(莖枝發生扁形美物)世也대、엽(所謂初ㅣ、中ㅣ、末ㅣ)(姓也)[섭](南陽縣名)(葉) **[艹耗]**

한[호]草木葉折糞田갈꺾어거름할、호又절초하여받에봉을、호(號) **萬**。위[오]姓也성、우(虞) **萰** 렌[련]白薟가회톱、연青盛貌芊ㅣ퍼렁게우거질、연(霰) **萹**。뻔[변]藥

名ㅣ蓄옥매담、변(先) **葯**。위[약]白芷구리때、약(藥)[악]義同(覺)[華]藥也약、약 **萿** 훠[활]藥草獨ㅣ땃두릅、활(曷) **葇** 여[유]蘇也蘾ㅣ들깨、유(蘇之ㅣ者、謂之蘾ㅣ)香

ㅣ노야기、유(尤) **葋** 취[구]草名풀이름、구(虞) **葄**。저[조]藉也깔、조(遇) **葎**。리[률]藥名ㅣ草한삼、율又너삼、율(似葛莖有細刺)(質) **葔** 후[후]香附子향부

자、후又후사、후(一名ㅣ莎)(尤) **[艹祝]** 쉐[예]草生貌풀돋아날、예(霽) **葖** 두[돌]菔也무、돌(月) **葻**。란[람]風草바람에흔들리는풀、남(覃) **葝** 징[경]山薤산염교、

경又산부추、경(庚) **[艹昜]** 탕[탕]不自收斂儻ㅣ방탕할、탕(養)蕩通 **葟**。황[황]茂也ㅣㅣ무성할、황(陽) **葥**。젼[전]藥草車ㅣ질경이、전(先) **葞** 미[미]春草봄

풀、미春麥봄보리、미(紙) **[艹拜]** 빼[배]草名青藜푸른명아주、배(卦) **葪**。찌[계]割也베일、계綆刺蔕ㅣ목걸릴、계(霽) **[艹眇]** 먀[묘]草細莖풀가는줄기、묘(篠) **葙**

쌍[상]鷄冠花青ㅣ맨드라미꽃、상(陽) **葈** 씨[시]藥名ㅣ耳도꼬마리、사(一名卷耳)(紙) **蒁**。쒸[술]藥名蓬莪茂다위매、술(質) **蓸** 同彙 **蒂**。同蔕 **[艹秩]** 착

[주] 鳥巢새집、주(宥) **菑** 씨 [흘] 草盛貌풀성할、흘(人名孫ㅣ)(物) **萪** 커 [과] 藤也등나무、과(歌) **薌** 샹 [향] 菜羹나물국、향(漾) **蕍**。유 [유] 木耳나무버섯、유(尤)

蒩。져 [자] 芹也미나리、자(麻) **蕠** 채 [시] 野芹돌미나리、시 藥名ㅣ胡시호、시(佳) **葱**。蔥同 **葮** 똰 [단] 槿花무궁화、단(翰)

⑩

蒙。뭉 [몽] 幼稺어릴、몽草名女蘿삼년출、몽覆也덮을、몽被也입을、몽冒也무릅쓸、몽飛揚蔑ㅣ날릴、몽(卦名)(東) 冡同 **蓊** 웡 [옹] 草木盛貌ㅣ鬱초목성할、옹染黃草옹풀、옹(董) **蓉**。융 [용] 蓮花芙ㅣ연꽃、용(一名拒霜花、一名木蓮、藥名蓯ㅣ)(冬) **蓍** 씨 [시] 筮草시초、시(支) **蒔**。씌 [시] 小茴香소회향、시(一名ㅣ蘿)(支) 種모종낼、시植也심을、시(寘) 蒔同 **蒲** 푸 [포] 水草부들、포(可以造席)菖ㅣ창포、포(一名白菖、端午製ㅣ劍者即此故陰歷五月亦曰ㅣ節)(虞) **蒱**。푸 [포] 戲具摴ㅣ저포、포(虞) **蒩** 쭈 [조] 茅藉띠자리、조(虞) **蒟**。취 [구] 蓽茇ㅣ醬구장、구又필발、구(ㅣ醬緣樹而生其子如桑椹正青長二三寸以蜜藏而食之)(草名ㅣ蒻)(麌) 椇同、枸通 **蓋**。깨 [개] 覆也덮을、개又뚜께、개大凡대개、개傘也華ㅣ일산、개掩也가릴、개苫也白茅이영、개(泰) [합] 苫覆이영덮을、합又지붕이울、합蒲席부들자리、합 [갑](齊下邑名又姓也)(合) **蓓**。빼 [배] 始華ㅣ蕾꽃방울、배(草名黃ㅣ)(賄) **蒯** 괘 [괴] 茅類菅ㅣ기령풀、괴(卦) 蔽同 **蓁**。젼 [진] 草盛ㅣㅣ풀성할、진藥名ㅣ艽망풀、진(眞) **蒨** 쳔 [천] 草盛ㅣㅣ풀더부룩할、천(霰) 茜通 **蒕** 원 [온] 盛貌蒕ㅣ성할、온(文) **蒭** 芻俗字 **蓇** 꾸 [골] 莖也풀줄기、골(草名ㅣ草、花黑而不實食之令人無子)(月) **蓀**。쑨 [손] 香草蘭ㅣ난초、손(一名谿ㅣ)菖蒲창포、손(元) **蒜** 쏸 [산] 葷菜마늘、산(俗稱小ㅣ)(翰) **蒑** 인 [은] 草色青풀빛푸를、은(文) **蒿**。한 [호] 蓬屬다북쑥、호眛塵ㅣ目눈에티들、호蒸出ㅣ氣김오를、호(豪) **蓑** 쐬 [사] 防雨草衣도롱이、사又누역、사(歌) 簑同 **蓏**。뤄 [라] 草實果ㅣ풀열매、나(木實曰果草實曰ㅣ)(哿) **蓈** 랑 [랑] 莠屬가라지、낭禾粟不成實者董ㅣ쭉정이、낭(陽) 稂同 **蒡** 팡 [방] 藥名牛ㅣ우엉、방又우방

자、방(陽)

蒼 창 [창] 深青푸를、창人間丨生창생、창急遽丨卒창졸、창華髮丨浪흰털、창(陽)草野色莽丨풀난들질펀할、창(養)

蒗 랑 [랑] 溝也도랑、낭(譙郡渠名丨蕩)(漾)

蓂 밍 [명] 知時草丨莢책력풀、명(丨莢瑞草堯時生于庭月一日一莢生、十六日一莢落、俗謂曆曰丨莢)(靑) [멱] 大薺菥丨굵은냉이、멱(錫)

蒸 정 [증] 炬也홰、증熱也薰丨찔、증去皮麻幹삼대、증(麤曰薪、細曰丨)衆也무리、증薪也섶、증(蒸)菸同、烝通

薗 웬 [원] 莖葉廣布줄기와잎퍼질、원(元)

菡 한 [함] 花未發曰丨꽃봉오리、함芙蓉丨萏연봉오리、함(感)菡同

蒹 졈 [겸] 葦屬丨葭갈、겸(似藿而細)(鹽)

葴 뎬 [점] 草名점풀、점(人名晳丨)(琰)

蓄 츄 [축] 積也쌓을、축聚也모을、축貯也저축할、축藏也감출、축(屋)稸同、畜通

蓐 수 [욕] 陳草復生묵은풀에싹돋을、욕薦席깔、욕又자리、욕(沃)

蒺 지 [질] 旱草丨藜납가새、질藥草丨藜찔레、질(質)

蒻 쉬 [약] 蒲下白者부들밑둥、약草名蒟丨구약풀、약(藥)

蓆 씨 [석] 大也클、석(草名丨莫)(陌)

蒳 나 [납] 香草爻丨향풀、납(合)

蔱 싸 [살] 茱萸수유、살菝葜丨薔흰비름、살(黠)

蒗 랑 [랑] 藥名丨毒오독도기、낭(陽)

蒘 나 [나] 粘草薾丨찰풀、나(其實如麥善附人衣)(麻)

蒚 리 [력] 山蒜산마늘、역(錫) [핵] 蒲黃부들꽃、핵(陌)

蒐 쒸 [수] 草名茅丨모수풀、수(可染絳色)聚也모을、수隱也숨을、수(尤)棷通

蒵 씨 [해] 草也풀、해(齊) [계] 䕲丨신들메끈、계(薺)

蒢 츄 [제] 地榆䔏丨외나물、제藸也黃丨땅짜리、제(魚)

蒤 두 [도] 藥草虎杖감젓、도委葉시든잎、도(虞)

蒦 워 [약] 度也잴、약尺也자、약(藥)

蒧 찡 [경] 芋莖곤대、경(梗)

蒪 뽀 [박] 大蘘荷丨苴굵은양하、박(莖葉根似薑)(藥)

蒫 취 [차] 薺實냉이열매、차(歌)

蒮

䕭 워 [욱] 山韭산부추、욱(屋)

蒴 蒴同

蒴 쒀 [삭] 藥名丨藋말오줌나무、삭(覺)

蒠 씨 [식] 菜也나물、식(職)

蒑 애 [애] 菜似蕨生水中고사리같은물쑥나물、애(灰)(尾)

蓌 취 [좌] 拜失容節丨拜꾸뻑할、좌(箇)

蓎 탕 [당] 女蘿丨蒙소나무겨우살이、당(陽)

蓏 지 [라] 瓜也동아、급(緝)

蒩 직 [주] 酒液술진액、주(尤)

蒿

우【오】荻也 갈、오(虞)

蔚 同蔚

䓖 궁【궁】香草芎藭 궁이、궁(東)

蒒 쓰【사】海草實如大麥 싸락풀、사(支)

蔾 리【률】菱也 마름、율(質)

蒶 분【분】積草 풀쌓을、분(文)

蓞 단【담】葱也 파、담(覃)

蘢 종【종】草亂貌 풀어수선할、종(腫)

蒷 궁【공】結實 결실될、공(送)

十一

蔥 총【총】葷菜 파、총 青也 푸를、총 佳氣丨丨 좋은기운어릴、총(東) 䓗葱同

蓬 펑【봉】蒿也 다북쑥、봉 亂盛貌 丨丨더부룩할、봉(東)

蓪 퉁【통】藥名丨草 어름덩굴、통 又 목통、통(東)

蓯 총【총】草盛貌 蓁丨 풀무성할、총(董)【종】(藥名肉丨蓉)(冬)

蓰 쓰【사】物數五倍 오곱、사 又 다섯갑절、사(紙)

蔇 지【기】至也 이를、기(寘)

蔉 蘲同

蔚 위【위】藥名茺丨 익모초、위(益母草) 草木盛貌蓊丨 초목우거질、위 文密貌 잔무늬、위(未) 蔚同【울】(州名又島名)(物) 蔚同

蔀 뿌【부】障明小席 떼우적、부(有) 閏餘一數丨首 부수、부(七十二歲爲一丨、二十丨爲一紀) 草名蔀丨 서부풀、부(虞)

蔬 쑤【소】草菜通稱 푸나물、소(食用菜丨)(魚)

蔞 루【루】似艾丨蒿 물쑥、누(虞)(尤)

蓿 쑤【숙】菜名苜丨 게여목、숙(屋)

蔕 듸【체】果蓏托處 根丨 꼭지、체(霽) 蒂同

蓷 퇴【퇴】益母草 익모초、퇴(一名茺蔚)(灰)

蔡 채【채】法也 법、채 龜也 거북、채(丨仲所封國名)(泰)【살】放也 내칠、살(曷) 𥻦通

蓴 춘【순】水葵絲丨 순나물、순(丨生水中、葉似鳧葵、採莖可噉、三月至八月、莖細如釵股、名曰絲丨、九月至十月、漸粗在泥中、名曰瑰丨)(眞) 蒓同

蕢 蕡俗字

蓘 곤【곤】培也 북돋을、곤(阮)

蔓 만【만】葛屬延茂 덩굴、만 又 넌출、만(願) 菁也 순무、만(寒)

蓮 련【련】荷實 연밥、연(今多用如荷華曰丨花、荷葉曰丨葉)(先)

蔦 됴【조】寄生草 겨우살이、조(篠)(嘯)

蔈 퍄【표】落也 떨어질、표 又 이울、표(篠) 摽通

蓼 랴【료】辛菜 여뀌、요(國名)(篠)【륙】草長丨丨 풀길、육(屋)

蓧 됴【조】竹器 대삼태、조 苗也 싹、조(嘯) 莜同

蓩 우【모】卷耳 도꼬마리、모 茂也 성할、모(皓)

蔗 쟈【자】砂糖草 甘丨 사탕풀、자(葉莖如黍、採汁製糖之植物熱帶地多產)(禡) 柘通

蔣 쟝【장】水草菰丨 파장풀、장(陽)(姓也)(養)

蔫 연【언】物不鮮 시들부들

할、언(先)菸通[연]臭草 蔆。同菱 墪同畝 蔌·쑤[수]菜蔬總稱나물、수又푸성귀、수(有)[속]義同、
ㅣ菸썩은풀、연(霰) 陋也ㅣㅣ더러울、속威風ㅣㅣ바람서슬、속(屋)

蓪 쪽[추]草相連接풀서로잇닿은、추草 蔲 쿠[구]藥名荳ㅣ두구、 蔟。추[족]聚也모을、족(屋)簇
根相雜풀뿌리서로얽힐、추(宥) 구(草則藿蒳荳ㅣ)(宥) 族通[주](正月律名大ㅣ)

(宥) 蔘 씬[삼]神草人ㅣ인삼、삼(一名人銜、又名 蔭。인[음]庇護덮을、음又음덕、음(凡托庇於人者、
地精)(山ㅣ、紅ㅣ、沙ㅣ)(侵)葠蓡同、參通 謂之ㅣ、如祖ㅣ父ㅣ)陰景그늘질、음(沁)廕

蔪 짼[점]麥秀ㅣㅣ보리팰、점(鹽)草 蓺。이[예]種也심을、예 蓫 쭈[축]羊蹄草소루쟁이、축(屋) 蓽·삐[필]
蓸同 相ㅣ苞풀더부룩할、점(琰) (霽)埶同、藝通 藥

名ㅣ茇필발、필荊也휘추 蔖 짜[차]蒩類菌ㅣ그렁풀、차(歌)[사]楚葵미나리、사(麻) 蔑·메[멸]無也없을、멸削也깎을、
리、필豆也콩、필(質)篳通 멸輕易업신여길、멸(屑) 蔑

쩬[전]以色飾紙종이 蔓同蔑 蓨 댶[조]苗也 菴同庵 蔹 단[담]瓜菹濫ㅣ외 蓱·同萍 蓴。착[작]亂
에물들일、전(先) 싹、조(蕭) 김치、담(覃) 也달、

구荻也갈、 蓮 쪠[첩]編草障户풀거적、 蓶 웨[유]菜蔬푸성귀、 蔃 쨩[강]百合ㅣ菜개 蓾。루[로]蘆
구(尤) 첩又떼적、첩(葉) 유(紙)笋通 나리、강(陽) 也그령

풀、 蔌·듸[적]旱氣가무는 蔏 쌍[상]大藜명아주、 蓼。루[륙]大藜명아주、 蔔·뿌[복]梔子花薝ㅣ
노(虞) 기운、적(錫) 상(藥名ㅣ蓼)(陽) 육(藥名蔏ㅣ)(屋) 치자꽃、복(職)

蒑 蔐同荻 蔫 쏀[훈]蒸氣出貌ㅣ蔫김오를、 蔙 쉔[선]藥名ㅣ葍 蓹。위[어]地名땅이 蔛·후[곡]
通 훈又훈증할、훈(文)葷通 하국、선(霰) 름、어(御) 藥

草石ㅣ석곡 蔜·아[오]鷄膓草달기씨 蔝 미[미]鷄膓草달기씨 蔠 쫑[종]草名ㅣ葵머 蔢 뻬[파]
초、곡(屋) 。깨비풀、오(豪) 깨비풀、미(齊) 루덩굴、종(東) 薄

荷박하、파草木茂盛초목무성 蔾 리[률]草芽甲出풀 蔤。미[밀]荷本연 蓸·쒜[세]草第풀비、세
할、파果名蘋ㅣ사과、파(歌) 아귀틀、율(質) 근、밀(質) (霽)[혜](草名)(寘)

蔨 찬 [균]野鹿豆들콩、균(或音균)(軫) **蔩**。 인 [인]王瓜쥐참외、인又땅외、인(一名土瓜)(眞) **萆** 삐 [비]細莞가는왕굴、비(紙) **蔊** 한 [한]辛味菜산갓、한(旱)

蔮。 궤 [궤]無笄繼布冠잠없는치포관、궤(隊) **蔯** 천 [진]蒿屬茵ㅣ더위자기、진又약쑥、진(茵ㅣ、經冬不死、更因舊苗而生故亦名因陳)(眞) **䔲** 蕞俗字 **䕅**。 선 [심]蒲

類부들、심(可作席)(侵) **蔍** 루 [록]忘憂草원추리、녹(屋) **蓶** 최 [최]花垂貌꽃늘어질、최(灰) **蔎**。 시 [설]香也향내날、설(屑) **䔟**。 이 [이]萎也시들、이(支) **蕱**

산 [소]荷根細者가는연뿌리、소(巧) **䔡** 위 [어]荏也들깨、어(魚) **䕣** 쉬 [허]蒭也꼴、허(飼牛馬草)(語) **十二** **蕤**。 쉬 [수]俗音[유]盛貌葳ㅣ더부룩할、유花垂貌꽃

늘어질、유(支) **藜** 리 [리]旱草蒺ㅣ납가새、이(支)[려]義同(齊) **蕊** 蘂同 **蕢**。 궤 [궤]草器둥구미、궤又삼태기、궤(寘)臾通[괴]赤莧붉은비름、괴(卦) **蕖** 취 [거]蓮花芙

蓉연꽃、거(魚) **蕪**。 우 [무]荒也거칠、무(虞) **蔽**。 삐 [폐]掩也가릴、폐(霽)弊通 **蕙** 훼 [혜]蘭屬香草난초、혜又향풀、혜(一幹一花而香有餘者蘭一幹數花而香不足者ㅣ)(霽)

蕞 줴 [최]小貌ㅣ爾조그마할、최(泰)叢同 蕝通 **蕣**。 쓘 [순]木槿무궁화、순(震) **蕓**。 윈 [운]菜名ㅣ薹평지、운又장다리、운(文) **蕝** 졔 [제]束茅表位綿ㅣ띠묶어

표할、체(叔孫通與弟子百餘人盟爲綿ㅣ)(霽)[절]義同(屑)蕞通 **蕡** 뿐 [분]麻子삼씨、분草木多實열매많이열릴、분(文) **蕃**。 뻔 [번]茂也번성할、번多也많을、번滋也부를、번(元)藩

通 **蓴** 쥰 [준]草叢生茶ㅣ풀다부룩이날、준(阮) **蕑** 쟨 [간]野蘭들난초、간(一名都梁香殺蟲除毒)(刪) **蒇**。 찬 [천]備也갖출、천敕也신칙할、천解也풀、천(銑) **蕭**

쌴 [소]蒿也쑥、소寂寞ㅣ條쓸쓸할、소馬鳴ㅣㅣ말울、소風聲ㅣ瑟바람소리、소斧名도끼이름、소(蕭) **蕎**。 쟌 [교]白花蕎ㅣ麥모밀、교藥名大戟호랑버들、교(蕭) **蕉**。 쟌 [초]草

名芭ㅣ파초、초薪也땔나무、초(蕭) **蕘** 산 [요]刈草採薪芻ㅣ나무할、요(蕭) **蕩**。 탕 [탕]大也ㅣㅣ클、탕廣遠질펀할、탕無檢放ㅣ방탕할、탕法廢板ㅣ법없어질、탕(養)蕩

通

蕚 同萼

藤 썽 [승] 胡麻苣ㅣ흑임자、승(徑)

蕕 우 [유] 臭草썩어범새나는풀、유(尤)

蕈. 씬 [심] 菌也버섯、심(地菌俗稱地ㅣ)(侵)

蕨. 。쥐 [궐] 薇屬고사리、궐(山中濕生、初芽無葉、形如人拳、食用佳菜)(月)

醋 쿠 [고] 醋菹초김치、고(一名韭菹)(遇)

蕀 。지 [극] 藥草遠志아기풀、극(一名ㅣ莞又天門冬)(職)

蕁 。단 [담] 海藻마름、담(藥名知母)(覃)

蔜 쏘 [소] 鷄腸草ㅣ蔞달기씨깨비풀、소(皓)

蔔 。뿌 [부] 細蔔잔무、부(有)

蕅 同藕

蕄 멍 [맹] 在也ㅣㅣ있을、맹(庚)

蕇. 。뎬 [전] 山芥산겨자、전(銑) 葶藶두루미냉이、전(銑)

蔾 리 [려] 草茂貌풀성할、려(國名新ㅣ)(齊)

䕃. 同蔭

蓁 친 [금] 草名三稜蓳매자것줄기、금(侵)

蕍 위 [유] 藥名澤瀉쇠귀나물、유(尤)

蕏 同藷

蔊 한 [한] 酸漿꽈리、한(寒)

蕒. 매 [매] 菜名野苣들상치、매(一名苦苣)(蟹)

蕺 。지 [극] 藥名大ㅣ버들、극(陌)

蕐 同華

款 관 [관] 藥名ㅣ冬승검초、관(旱)

蕠. 수 [녀] 黏着들러붙을、여(魚)

蕦 쒸 [수] 蕪也순무、수(虞)

蕧 。뿌 [복] 藥名蔙ㅣ하국、복ㅣ盆草딸기넌출、복(一名金佛草)(屋)

蕫 。둥 [동] 似蒲而細蕭ㅣ자오락、동(董)

蕛 。티 [제] 似稗布地而生돌피、제(齊)

蕬 쓰 [사] 藥名兔ㅣ새삼、사(支)

藧 완 [연] 紅藍草잇、연(染草)(銑)

蔿. 。웨 [위] 草也풀、위(紙) 薳通 [괘] 喧也떠들、과(麻)

蓨 이 [의] 蔕也꼭지、의莎也잔디、의又떼、의藍穗쪽이삭、의(紙)

蕋. 蕊俗字

薵 뚜 [독] 地柳땅버들、독(沃)

薴 닁 [녕] 荏也들깨、녕(梗)

蒷 이 [이] 麻也이삼、이(眞)

蕮 뿌 [보] 葅也김치、보(尤)

蔱 쌰 [효] 黃茅根그령이뿌리、효(肴)

蕎 쥐 [귤] 野芹돌미나리、귤(一名馬芹)(質)

蕸. 썅 [향] 向日葵해바라기、향(漾)

蕗. 。루 [로] 甘草감초、노(遇)

蓻 시 [십] 草聲풀소리、십(緝)

蕥 야 [아] 無實穀쭉정이、아(馬)

蘒 지 [지] 草名卷耳도꼬마리、지(紙)

十三

薋 。쯔 [자] 積也쌓을、자惡草蒺藜납가새、자(支) 薺通

薙 찌 [치] 제草풀깎을、치(紙) [체] 義同(齊)

薏. 。이 [의] 草珠ㅣ苡율무、의(寘) [억] 蓮心연밥속、억(職)

藇 위 [여] 山薯마、여又산감

자、여(御) 蕻䕯通 **薊**•ᄋ지[계]朮也삽주、계(ㅣ生山中者名朮形似蒲公英)(涿郡地名)(霽)鄭同 **薜**。뻬[폐]牡贊ㅣ荔담장이덩굴、폐山麻돌삼、폐(麻生山中者名ㅣ)當歸승검초、폐(霽)[벽]義同(陌) **辥**。•쐐[설]薛也다북쑥、설(國名又姓也)(屑)辥同 **薈**홰[외]俗音[회]草多ㅣ蔚풀많을、회鬔菜鴻ㅣ염교、회障也막을、회(泰) **蕾**레[뢰]花之將開蓓ㅣ꽃방울、뇌又맺힐、뇌(賄) **薅**할[호]拔草田間김맬、호又기음맬、호刈草풀베일、호(豪) **薃**薅同 **薆**애[애]草木盛貌ㅣ薱초목성할、애香氣觸鼻향내날、애(隊) **薪**。•씬[신]蕘也섶、신又나무、신(燃料草木)(眞) **薀**원[온]水草有文무늬있는수초、온藻屬마름、온(吻)蘊通積也쌓을、온(問) **薖**커[과]寬大貌너그러울、과饑意속허출할、과(歌) **薦**。•ᄋ젠[천]進也ㅣ擧천거할、천祭也ㅣ新천신할、천(無牲而祭曰ㅣ)席也자리、천(荐曰席、藁曰ㅣ)草稠풀모도록할、천蒿也쑥、천(獸之所食)(霰) **薙**鬀俗字 **薧**。•캬[고]乾魚말린물고기、고黃泉ㅣ里저승、고(皓) **薉**。훼[예]汚也더러울、예荒蕪田中雜草김묵일、예(隊)穢獩通 **薠**뺀[번]似莎青ㅣ잔디、번又떼、번香附子향부자、번(元) **蕸**싸[하]荷葉연잎、하(麻) **薑**ᄋ쟝[강]葷菜多香새앙、강(味辛食用)(陽)薑同 **薌**香同 **蕶**링[령]草木零落초목이울어떨어질、영(青) **薓**蔘同 **薇**。•메[미]蕨也고비、미花名紫ㅣ백일홍、미花名薔ㅣ장미화、미(微) **薝**딴[담]梔子花ㅣ蔔치자꽃、담(感) **薟**•렌[렴]藥名白ㅣ진동찰、염(琰)蘞通 **薁**。와[욱]山生葡萄類蘡ㅣ머루、욱(屋) **薩**싸[살]佛名菩ㅣ보살、살普濟도울、보(菩普也ㅣ、濟也能普濟衆生)(曷) **薘**따[달]草名馬舃질경이、달菜名蒼ㅣ근대、달(曷) **薄**。•빡[박]不厚엷을、박又얇을、박輕微적을、박又가벼울、박(謂之物ㅣ土ㅣ、味ㅣ、德ㅣ、情ㅣ等)聊也애오라지、박臨迫임박할、박又닥칠、박疾驅ㅣㅣ빨리달릴、박簾也발、박草叢林ㅣ풀떨기、박集也모을、박(草名ㅣ荷)(藥) **蕺**•치[즙]野生菜모밀나물、즙又멸、즙(一名筆管菜、葉似蕎麥、多生濕地、根可食用)(緝) **蕻**홍[홍]草菜之心장다리、홍(送) **藘**。취[거]苦菜ㅣ蕒사라부루、거(魚) **薔**。•써

[색]澤生者蓼물여뀌、색(職)蘠通 蘒 청 [칭]黑荏子흑임자、칭(胡麻)(蒸) 蕽 농 [농]蘆花蓬ㅣ갈꽃、농(冬) 薡 명 [정]似蒲而細ㅣ董자오락、정又그령이、정(迥) 薂·

씨 [격]蓮實연밥、격(錫) ⿱艹亶 단 [단]草蔓布地덩굴땅에퍼질、단(寒) ⿱艹賊 제 [적]木賊속새、적(職) ⿱艹亂 °완 [완]荻也갈、완(潸) 薢· °예 [해]藥名草ㅣ며래、해(山野自生、

根似藷者)(蟹) ⿱艹⿰禾俞 뚜 [투]俗音[유]草席초석、유(有) 薕· °렴 [렴]蒹也갈、염(鹽) ⿱艹碭 탕 [탕]商陸자리공、탕(陽) 薨· °헝 [훙]奄也죽을、훙又상사날、훙(庶民死曰亡

皇帝死曰崩、王侯死曰ㅣ)(蒸)[횡]羣飛聲ㅣㅣ떼로날으는소리、횡(庚) 蘖 네 [알]俗音[얼]餘枿나무끄트리、얼(月) ⿱艹健 °잰 [간]俗音[건]瓜病외병들、건(刪) 蕵 손 [손]菜名ㅣ

蕪손무、손(元) ⿱艹⿰鬲司 화 [화]草連接貌풀연접할、화(馬名ㅣ騮)(麻) ⿱艹⿸鹿鬼 훼 [회]草名惡芋못된감자、회(灰) ⿱艹⿰禾頁 오 [오]瓜蔓외덩굴、오(皓) ⿱艹鼓· °꾸 [고]葒草龍ㅣ요

화、고(麌) ⿱艹蜀 쓱 [촉]花名ㅣ葵촉규화、촉(沃)[蜀]玉ㅣ黍옥수수、촉 ⿱艹滈 한 [호]侯莎향부자、호(皓) ⿱艹塘 당 [당]樹名莖美들벚나무、당(莖葉形似楡也)(陽) ⿱艹雋· °셴 [선]細

菔가는무、선又열무、선(銑) ⿱艹䓬 퉈 [택]葛蔓칡덩굴、택(陌) ⿱艹⿰鬲可 거 [가]薄荷박하、가(箇) ⿱艹戴 戴俗字 ⿱艹⿰鬲函 쥔 [균]地蕈땅버섯、균(眞) (古) 薺· °치

[재]蒺藜납가새、자(藥名采ㅣ)(支)薋通[제]甘菜냉이、제(齊)似蓼ㅣ苨게로기、제(霽)茨通 ⿱艹叢 叢最同 薳· °웨 [원]藥草遠志아기풀、원(阮)蔫通[위]義同(紙) 薿 °이 [의]茂也ㅣㅣ무

성할、의(紙)[억]義同(職) 薯· 쓔 [서]藥名ㅣ蕷마、서又감자、서又고구마、서(御) 藇 유 [여]諸也薯蕷마、여又감자、여(御)蕷通[서]美酒아름다운술、서(語) 薹 대 [대]菜名蕓

ㅣ평지나물、대又장다리、대夫須草띠、대(灰) 薶 °同埋 薱 뒈 [대]草木盛蔆ㅣ초목무성할、대(隊) 蕡 蘋同 藎· °진 [신]染黃草염황초、신又갈꽃、신進也나갈、신(震)

薰· °쒼 [훈]香草향풀、훈灼也훈할、훈(文) 薸 퍞 [표]浮萍草개구리밥、표(蕭) 藐 먀 [막]染紫草지초、막美也아름다울、막輕視경솔히볼、막(覺)邈通[묘]少也적을、묘弱也

약할、묘廣遠멀、묘(篠) **藋**。됴 [조] 藜也명아주、조藥名蒴ㅣ말오줌나무、조(嘯) **藁**• 꼬 [고] 禾稈짚、고文草글초잡을、고(皓) 稿同 **藻** 藻同 **藃** 햐 [모] 俗音 [고] 暴起貌퇼、고草肥倒傷풀웃돼서쓰러질、고(號) **藏**。창 [장] 隱也감출、장匿也숨길、장(陽) 倉也광、장又곳간、장(漾) **藑** 칭 [경] 香草ㅣ茅향풀、경(庚) **藉**。지 [자] 薦也布席깔、자助也도울、자借也憑ㅣ빙자할、자又핑계댈、자厚待慰ㅣ대접할、자(禡) [적] 雜踏狼ㅣ와자할、적又어수선할、적(陌) **蕕** 수 [유] 藥名香ㅣ향유、유又노야기、유(尤) **藍**。란 [람] 染青草쪽、남繳衣ㅣ縷옷추루할、남僧居伽ㅣ절、남(伽ㅣ梵語)(覃) **蘵** 데 [절] 繊草藕ㅣ김、절又돌피、절(屑) 芙蕺同 **[艹+廩]** 린 [름] 義蘿ㅣ蒿뺑쑥、늠(寢) **蘡**。승 [영] 草旋풀얽힐、영(庚) **[艹+甄]**• 전 [진] 草名ㅣ蒴개비름、진(眞) **薾**。얼 [이] 花盛꽃번성할、이(紙) **[艹+熒]** 싱 [형] 藥草萎蕤들개나리、형(一名笑草)(青) **藄**。치 [기] 薇也고비、기(支) **[艹+罰]** 빠 [벌] 草枯萎縮풀시들시들할、벌(月) **藆**。젼 [건] 草名건초、건(銑) **藈** 꿰 [규] 王瓜ㅣ菇쥐참외、규(齊) **[艹+精]** 징 [정] 仙草黃ㅣ둥구레、정(庚) **藊** 뻔 [변] 白扁豆백변두、변(一名莢扁豆)(銑) **[艹+養]** 餧同 **藒**。졔 [걸] 香草ㅣ車향풀、걸(屑) **薵**• 직 [주] 葱也다、주覆也덮을、주(尤) **[艹+甄]** 례 [려] 草疎貌풀성긋성긋할、렵(葉) **[艹+鞘]** 챠 [초] 草生長貌풀자랄、초(巧) **[艹+僕]** 뱌 [박] 花落꽃떨어질、박(藥)

十五

藭。츙 [궁] 香草芎ㅣ궁궁이、궁(其根藥用)(東) **藙** 이 [의] 吳茱萸오수유、의(未) **藘**• 뤼 [려] 染絳草茹ㅣ꼭두서니풀、여(魚)蘆通 **藟** 레 [류] 葛蔓칡덩굴、유(紙) 藟通 **[艹+閭]** 뤼 [려] 蔄也들쑥、여藥名菴ㅣ진주봉、여(魚) **藜**。리 [려] 蒿類蕘菜명아주、여(ㅣ堊葉、似王芻可爲作杖)(王名縣ㅣ)(齊) **藝**•。이 [예] 才能재주、예文也글、예法也법、예準也대중할、예種也심을、예極也극진할、예(霽)蓺通 **藩** 뻔 [번] 籬也울타리、번域也土ㅣ제후나라、번(元)蕃通 **藖**。쟨 [간] 茎餘여물찌끼、간(刪) [현] 菫草고목박이、현(先) **藨**。뱌 [표] 山莓산딸기、표耘也김맬、표(蕭)穮通、草名鹿藿녹두잎、표(篠) **藤**•

덩 [등] 蔓生木藟 등나무、등 又 덩굴、등 (熱帶地産)(蒸) 籐通

藕 어 [우] 荷根 연뿌리、우 (有) 蕅同

藪。쑤 [수] 大澤 큰늪、수 林ㅣ 숲、수 又 덤불、수 戴器簍ㅣ 똬리、수 (有) 棷通

藗 쑤 [속] 白茅 흰띠、속 又 곱띠、속 (屋)

藫 탄 [담] 水苔 물이끼、담 海藻 마름、담 (覃)

藚。쑤 [속] 菜名水舄 쇠귀나물、속 (一名ㅣ斷)(沃)

藤 씨 [슬] 藥草牛ㅣ 쇠무릎지기、슬 (質)

藥。약 [약] 治病草 약、약 (金石木草劑可以治病者皆謂之ㅣ神農氏嘗百草始有醫ㅣ)(藥)

蕛 티 [제] 草名羊蹄 소루장이、제 (齊)

蘉 뭥 [몽] 睡起 잠깰、몽 (徑)

蘱 레 [렵] 草動 풀흔들릴、엽 (葉)

藛 쌔 [사] 藥草澤ㅣ 쇠귀나물、사 (馬)

蘮。蔕同

䕶 야 [부] 草名地ㅣ 댑싸리、부 (莖可爲帚)(虞)

蕌。쌰 [교] 薤類ㅣ子 자총이、교 又 염교、교 (根似葱頭)(嘯)

藢 찌 [치] 紫芋 검붉은 토란、치 (紙)

藬 퉤 [퇴] 草名牛蹄 소루장이、퇴 (一名羊蹄)(灰)

藣。뻬 [피] 蘢也牛尾 쇠꼬리、피 (草名)(支)

蘔 쎄 [혈] 馬蓼龍ㅣ 말여뀌、혈 (屑)

藦。머 [마] 草名蘿ㅣ 새박、마 (箇)

蘩 뺀 [번] 草名 번풀、번 (元)

薻 藻同

蘣 티 [체] 蔕也 꼭지、체 (霽)

藯 웨 [위] 益母草 익모초、위 (一名茺ㅣ)(未) 蔚同

蘸 산 [삼] 漏也 젖을、삼 (陷)

(十六)

蘄。친 [근] 藥名山ㅣ 승검초、근 (文) [기] 芹也 미나리、기 求也 구할、기 (支)

蘂。쒜 [예] 花心鬚 꽃술、예 又 꽃수염、예 (ㅣ有雌雄花內植物傳種之粉)(花外曰蕚花內曰ㅣ)(藥名石ㅣ)(紙) 蕊同、繠通

蘆。루 [로] 葦也 갈、노 (葦之未秀者ㅣ)(虞) 絳染草 [려] 茹ㅣ 꼭두서니、여 (藥名漏ㅣ)(魚) 藘通

藶 리 [력] 大薺葶ㅣ 두루미냉이、역 (錫)

蘇。쏘 [소] 草名紫ㅣ 차조기、소 木名扶ㅣ 부소나무、소 氣懼ㅣㅣ 기운까부러질、소 荏子 들깨、소 死而復生 깨날、소 (虞) 穌通 [韓] ㅣ魚 밴댕이、소

藾 래 [뢰] 艾也ㅣ蕭 맑은대쑥、뇌 陰也 덮일、뇌 又 그늘질、뇌 (泰)

蘁 어 [오] 逆也 거스를、오 (遇) 忤通 [악] 華跗 꽃자리、악 (藥) 蕚通

藹。애 [애] 盛多貌ㅣㅣ 수두룩할、애 (泰) 草木叢雜貌 초목우거질、애 (賄)

蘋 편 [빈] 大萍 큰개구리밥、빈 (眞) 薲同

藽 천 [츤] 俗音 [친] 木槿 무궁화、친 (震) 櫬通

蘠。창 [장] 花名ㅣ薇 장미화、장 (一名灌木、枝茂多刺、花有紅白黃色)(陽) 牆同、薔通

蘈 퉤

囯草名牛ㅣ소루장이、퇴又암눈비얏、퇴(方莖長葉有穗有花)灰

藴 同薀

蘊 원 온 積也쌓을、온 文 吻 問 宛薀通

蘉 멍 망 勉也힘쓸、망 陽

蘅 헝 형 香草杜ㅣ곰취、

蘀 퉈 탁 葉落낙엽질、탁 枯葉잎파리마른、탁 藥

[艹澤] 재 택 藥名ㅣ瀉쇠귀나물、택 陌

藿 훠 곽 豆葉콩잎、곽 藥草ㅣ香곽향、곽 藥 韓 海菜미역、곽

[艹獨] 뚜 독 藥名ㅣ活땅두릅、독 屋

藻 잘 조 水草마름、조 文章글、조 皓 藻藻同

藺 린 린 草名馬ㅣ뇌양이、인(似莞而細、可爲編席)震

藷 쥬 서 俗音저 番藷甘ㅣ감자、저 又마、저(形似著而稍大甘味)御

藸 쥬 저 五味子莖ㅣ오미자、저 魚 豬同

薟 첸 섬 蘞人野草ㅣ麻풀쐐기、섬 又독사풀、섬(拂人肉體、即成瘡疱)鹽

[艹禾尞] 랖 로 乾梅實마른매실、노 皓 [艹木尞]同

蘌 위 어 掩也가릴、어(地名ㅣ況)語

蕃 빤 번 藥名知母지모、번 元

[艹嬴] 잉 영 菊花국화、영 庚

[艹憑] 핑 빙 草木茂盛초목무성할、빙 蒸

蘸 찬 착 藥名附子부자、착 覺

蘑 뭐 모 華ㅣ菇표고、모

(十七)

[艹皤] 빠 파 白蒿흰쑥、파 歌

蘢 룽 롱 葒草ㅣ鼓요화、농 東 롱 馬蓼말여뀌、용 冬

蘼 메 미 芎藭苗ㅣ蕪궁이싹、미 支

蘣 투 투 禾苗發出벼싹팰、투 有

蘧 취 거 瞿麥석죽화、거 又패랭이꽃、거 自得貌ㅣㅣ마음에든든할、거 魚

蘙 이 예 草盛ㅣ薈풀성할、예 霽

蘩 빤 번 白蒿애탕쑥、번 元

蘭 란 란 香草一幹一花난초、난 寒

蘚 쎈 선 苔也瓦ㅣ이끼、선 又김、선(一名宣ㅣ)銑

蘨 야 요 草盛貌풀더부룩할、요 蕭

蘦 링 령 甘草감초、영 青 苓通

蘘 상 양 草名ㅣ荷양하、양(一名蓄葅、莖葉如薑、味辛食用)陽

蘠 同薔

蘡 잉 앵 蔓草ㅣ薁머루넌출、앵(葉似葡萄而小)庚

蘝 렌 렴 藥名白ㅣ가회톱、염 又진동찰、염 琰 蘞通 蔓草덩굴진풀、염 험 辛毒草험풀、험 鹽

蘖 同蘗

[艹縷] 뤼 로 鷄腹草 蔞ㅣ닭기씨깨비、수 虞

蘜 同菊

蘤 웨 위 花也꽃、위 紙 花華通

蘬 퀘 귀 馬蓼말여뀌、귀 薺實냉이씨、귀 支

蘥 워 약 雀麥귀리、약(一名燕麥)藥

蘮 지 계 粘

草ㅣ藜찰풀、궤實如麥而善着人衣) 齊

⿱艹⿰言鳥 예 [혈] 萂也요화、혈又말여뀌、혈 屑

蕿。 蘱同

蘤 위 [육] 茂也무성할、육花開敷ㅣ꽃필、육 屋

蘫 란 [람] 瓜葅외김치、남 覃

⿱艹韱。 셴 [섬] 山韭산부추、섬 鹽

【十六】

叢。 총 [총] 草叢生풀떨기로날、총 東

蘴 뼝 [풍] 蕪菁무、풍 東 葑通

蘒 잔 [교] 藥名連ㅣ어아리나무、교 蕭

蘱 레 [류] 茅屬萬蕫그령、유又자오락、유 寘

⿱艹鼕 뚱 [동] 鼓聲ㅣㅣ북소리、동 董

蘲。 레 [류] 土籠삼태기、유 支 蔂同

⿱艹瞿。 취 [구] 蘧也ㅣ麥석죽화、구 虞

⿱艹黠 同稭

蘵 찌 [직] 黃蒢땅꽈리、직 職

⿱艹釐 리 [리] 香附子향부자、이 支

⿱艹𣡕 레 [첩] 花開꽃필、첩 洽

【十七】

蘼。 미 [미] 虋冬蘠ㅣ맥문동、미 支

蘺 리 [리] 香草茳ㅣ궁궁이、이 支 籬通

⿱艹鷏 同虉

蘿。 뤄 [라] 托松而生女ㅣ솔겨우살이、나菜也ㅣ菖무、나香也蒔ㅣ시라향、나藤ㅣ댕댕이덩굴、나薜ㅣ담장이덩굴、나 歌

蘸。 잔 [잠] 以物淬水물에담글、잠 陷

⿱艹躅 쓔 [촉] 花名⿱艹躑ㅣ철쭉꽃、촉(草名) 沃

蘻。 지 [계] 草連貌풀연접할、계 霽

蘽。 레 [류] 蘡也山ㅣ산머루、유 紙

⿱艹顛 덴 [전] 草頭풀머리、전 先

蘾 홰 [괴] 藥名茴香회향、괴 卦

⿱艹鼟 뗭 [등] 睡覺薨ㅣ잠깰、등 徑

⿱艹贊 짠 [찬] 蔓草牡ㅣ담장이덩굴、찬 翰

⿱艹識 씨 [식] 苦蓼쓴너삼、식 職

虀。 齏俗字

【二十】

⿱艹瀸 잰 [첨] 草名첨풀、첨又지네풀、첨(形似蜈蚣而百足) 鹽

⿱艹蠭 살 [韓] 箭也화살、살

虂 루 [로] 草名蔠葵머루덩굴、노 遇

【二十一】

虇 촨 [권] 蘆筍갈순、권 阮

虉。 이 [역] 草有雜色似綬역풀、역又인끈풀、역 錫 鷏同

⿱艹鷊 同虉

虆。 레 [류] 蔓也덩굴、유 支 藟通

【二十二】

⿱艹躑 찌 [척] 花名ㅣ⿱艹躅철쭉、척 陌

【二十三】

⿱艹⿰若若 위 [약] 風吹水貌물노리칠、약 藥

虊。 롼 [란] 蓴菜순채、난鳧葵마름풀、난 寒

⿱艹欒。 同虊

【二十四】

⿱艹釀 상 [양] 蘇也ㅣ荏들깨、양(蘇小者曰ㅣ)菜葅나물김치、양 養

⿱艹贛。 궁 [공] 薏苡율무、공 送

【二十五】

虋。 뭔 [문] 草名ㅣ冬맥문동、문赤梁粟붉은기장、문 元 穈通

虌 뼤 [별] 初生蕨

처음난고사리、별(屑) ⑬ 蘼麤。추 [추] 草履짚신、추(虞)

虍部

虍 후 [호] 虎文범의문채、호(虞) ⊜ 虎。후 [호] 猛獸之君범、호又호랑이、호(虞) ⊜ 虐。햑 [학] 苛酷사나울、하又모질、학又까다로울、학殘害해롭게할、학(藥) 虖 후 [호] 虎吼범울、후(虞) ㊃ 虒 쓰 [사] 虎有角委ㅣ뿔있는범、사(地名縣ㅣ)(支) 虔。켠 [건] 敬也공경할、건强取빼앗을、건殺也죽일、건(先) 虓。핳 [효] 虎怒聲ㅣ然범이고함지를、효(肴)虠唬同 虓 同虓 猇 이 [예] 虎貌범의모양、예(隊) 虑 삐 [필] 愁也근심할、필又애달、필(質) ㊄ 處。츄 [처] 所也곳、처(御)居也살、처又거처할、처定也정할、처止也그칠、처分別ㅣ置처치할、처(如言ㅣ事ㅣ刑ㅣ斬ㅣ絞ㅣ理ㅣ分等) 未嫁ㅣ女처녀、처又색씨、처未仕ㅣ士처사、처(語) 処同 䖏 處俗字 虖。후 [호] 歎也탄식할、호大聲소리지를、호(虞)呼嘑通 虙 뱍 [복] 虎貌범웅승거릴、복(帝號ㅣ犧)(姓也)(屋)宓通 虠 이 [울] 虎視貌범이노리고볼、울(物) 虚 同虛 虗 同虛 虒 이 [의] 虎息범이숨쉴、의(未) ㊅ 虛。쉬 [허] 空也빌、허徒然헛될、허弱也약할、허(宿名)(魚)虗虚同 虘 배 [맥] 白虎흰범、맥(陌) 虜 루 [로] 生擒사로잡을、노(生得曰ㅣ、斬得曰獲)(虞)擄通 ㊆ 虞。위 [우] 慮也염려할、우樂也즐길、우擇也가릴、우備也갖출、우誤也그릇칠、우葬後祭禮우제、우(帝舜國號、山澤官名、仁獸騶ㅣ)(虞) 號。핳 [호] 大呼부르짖을、호大哭크게울、호(弓名烏ㅣ)(豪)譹同、嗥通 召也부를、호命令호령、호票記표할、호名稱이름、호(號)号通 琥 한 [함] 虎聲범의소리、함(感) 虘 처 [차] 猛也모질、차(歌) 䖘 꾸 [고] 虎息범이숨쉴、고(虞) ㊇ 虞。同虞 虝 후 [호] 不見보지못할、호(虞) 虓 쟈 [교] 虎聲범의소리、교(巧) ㊈ 虣。빠 [포] 虐也포악할、포又혹독할、포(號)暴虣同 虢。꿕 [괵] 虎攫범이하빌、괵(國名)(陌) 虩 웨 [열] 虎睡범잘、열(屑) 虒 안

암雄虎수ㅅ범、암(咸)

十 **虥**。잔 잔淺毛虎ㅣ猫털몽근범、잔(删) **虓** 안 요不安貌뒤뚱거릴、요(嘯) **𧇷** 斧 숙虎入林中범이숲에들、숙(屋) **䖘** 두

도虎也烏ㅣ범、도(虞) **虤** 쒠 현虎怒범이성낼、현(銑) **虨**・彪同

十一 **虧**。훼 휴缺也이지러질、휴(支)虧同 **彪** 빤 반虎文범의문채、반(删)虨同

虒 디 제虎臥범누을、제(齊)

十二 **虩**。씨 혁恐懼ㅣㅣ두려워할、혁繩虎虫승호충、혁(陌) **虧** 同虧 **䖑** 우 오虎也ㅣ菟범、오(虞) **號** 한 호土釜흙가마、호(號)

虦 한 함虎聲범의소리、함(咸) **虪** 쒹 삭虎貌범의모양、삭(藥)

十三 **虪** 쐭 색虎驚貌범이놀랄、색(或音솩)(陌)

十四 **虪**。지 지恐也두려워할、

虪。인 은兩虎爭聲범다투는소리、은(眞)

十五 **虪** 례 려細切肉가늘게끊은고기、여(語) **虪** 쎄 혁虎聲범의소리、혁(陌)

十七 **虪** 쥬 저器物그릇、저(語)

二十 **虪**。斧 속黑虎검은범、속(屋)

二十二 **虪** 텅 등黑虎검은범、등(蒸)

虫部

虫。훼 훼俗音충鱗介總名벌레충(尾)蟲通 **虬** 同蚪

二 **虯** 꺅 규龍之無角者뿔없는용、규(尤)虬同 **虱** 同蝨 **虮** 여 기蟲

名密ㅣ밀기벌레、기(支) **虰** 띵 정蜻蜓ㅣ蛵잠자리、정(青) 증蝗也蠪ㅣ개미、증(庚) **匦** 지 직蟲食病벌레먹는병、직(職)

三 **虹**。홍 홍螮也ㅣ蜺무지개、홍(太陽光線映射水氣弓形作色現出空中)(東) 강義同(泗州縣名)(絳)玒通 **蚕** 同虹 **虷**。깐 간水中赤色細蟲쟁가비、간又장구벌레、간(汚水棲息化形爲蚊)犯也범할、간又덤빌、간(寒)

虿。텐 천蟲之曳行벌레꿈틀거릴、천(銑) **虵** 蛇俗字 **虶** 위 우蛐蟃蚨ㅣ그리마、우又치자리、우(形似蜈蚣節足尤多)(虞) **虴**。퉈 택蚱蜢베메뚜기、택(一名稻

螽)(陌) **虸** 同蝨 **虹** 꿍 공泗州縣名(送)虹通 **虸**。쯔 자害稼蟲ㅣ蚄며루、자(紙) **蛍** 同螣 **虺** 同虺 **虳**。듸 굴鼠也쥐、굴(物) 적義同(錫) **虷** 작

[주]海蟲바닷벌레、주(有)

(四)

蚣 꽁 [공]毒蟲蜈ㅣ지네、공(一名百足蟲)(東)[종]蝗也ㅣ蝑메뚜기、송(冬)蜙通

蚌 빵 [방]蛤也조개、방(講)蜯同

蚩 치 [치]愚也ㅣㅣ어리석을、치醜也추할、치(蟲名星名ㅣ尤旗人名ㅣ尤)(支)

蚨 뿌 [부]水蟲青ㅣ청부、부又물나비、부(狀如蟬而塗錢可還故俗因謂錢曰青ㅣ)(虞)

蚑 치 [기]蟲行貌ㅣㅣ벌레길、기長足蛛蠨蛸발긴거미、기(一名長ㅣ)(支)(寘)

虺 훼 [훼]蝮蛇독사、훼(尾)虺同[회]馬病ㅣ蟦말비루먹을、회(灰)

蚍 피 [비]大蟻ㅣ蜉왕개미、비(支)

蚋 蜹同

蚘 우 [회]赤長蟲회、회(寄生人腹)(灰)蛔通(九黎君號蚩ㅣ)(灰)

蚆 파 [파]貝也자개、파(麻)

蚓 인 [인]土龍蚯ㅣ지렁이、인(一名曲蟺)(蚯ㅣ土精無心之蟲與阜螽交)(軫)螾通

蚥 뿌 [보]黃甲小蟲노른재、보又외벌레、보(喜食瓜葉故名守瓜)(麌)

蚊 원 [문]虷之羽化모기、문(齧人吸血)(文)蟁蚉同

蚕 텐 [천]蟺也지렁이、천[잠]俗蠶通(覃)

蚄 빵 [방]害稼蟲蚄ㅣ며루、방(陽)

蚪 떠우 [두]蛙子蝌ㅣ올창이、두又개구리새끼、두(一名蝌子)(有)

蚤 자오 [조]嚙人跳蟲벼룩、조早也일찍、조(皓)早通

蚦 산 [염]大蛇可食먹는구렁이、염又염뱀、염(無鱗尾圓身有斑文)(鹽)

蚎 蠘同

蚇 치 [척]屈身循行蟲자벌레、척(一名蠖蟲)(陌)

蚡 뻔 [분]地鼠두더지、분(伯勞所化)(文)(吻)鼢同

蚅 어 [액]豆菜青蟲콩망아지、액又배추벌레、액(陌)

蚧 졔 [개]白蛤흰조개、개(燕雀所化)(卦)

蚗 줴 [결]蟬類蟧ㅣ쓰르라미、결蛟也교룡、결(屑)

蚖 웬 [원]蜥蜴蠑ㅣ도마뱀、원又도롱뇽、원(元)螈通[완]蝮蛇독사、완(寒)

蚟 왕 [왕]蟋蟀ㅣ蟋귀뚜라미、왕(陽)

蚒 뉴 [뉵]蚰蜒ㅣ蚭지차리、육又그리마、육(屋)

蚚 치 [기]米蠹쌀바구미、기(微)

蚛 쭝 [중]蟲食物벌레먹을、중(送)

蚝 츠 [자]斑蝥龍ㅣ갈애、자(寘)載通

蚞 무 [목]蟧蚗蝬ㅣ쓰르라미、목(屋)

蚠 뻔 [분]人名伯ㅣ(文)

𧊅 먀오 [묘]俗音[묘]蠶初生새끼누에、묘(蕭)

蚢 항 [항]食蕭蠶蟲쑥누에、항(陽)

蚥 뿌 [보]螳蜋蝫ㅣ버마재비、보又연가시、보(麌)

蚐 쥔 [균]臭蟲馬陸노래기、균(一名香娘角氏)(眞)

蚜 야 [아]小蟲작은벌

레、아(麻)

蚵 [日]螺類소라、회

五

蚳 츠 [지]蟻卵ㅣ醢개미알、지(支)

蛇。써 [사]毒蟲眼聽뱀、사又子령이、사(爬蟲一種)(麻)[이]自得貌委ㅣ든든하게여길、이(支)[타]義同(歌)它通

蚢 숭 [용]小蟲蛹行작은벌레길、용(腫)

蛆。취 [저]蠅子구더기、저(生於腐物中者)蜈蚣지네、저(魚)沮通

蚷 취 [거]馬蚿商ㅣ노래기、거(語)

蛄。꾸 [고]穴蟲螻ㅣ도로래、고(土中穴居、雄能鳴飛、雌腹大羽)(一名天螻、仙ㅣ)蟬類蟪ㅣ쓰르라미、고(虞)

蛀 쮸 [주]食木蟲나무좀、주(遇)

蛃 뼝 [병]白蟫흰좀、병(衣書中蟲、一名ㅣ魚、衣魚)(梗)

蛉。링 [령]赤卒蜻ㅣ고추잠자리、령(青)蠕通

蚯 추 [구]土龍ㅣ蚓지렁이、구(尤)

蚴 우 [유]龍貌ㅣ蟉용꿈틀거릴、유(有)土蜂땅벌、유(尤)

蚶。깐 [감]蚌屬魁陸강요주、감(覃)

蚻 짜 [찰]小蟬쓰르라미、찰(黠)

蚿 쎈 [현]多足蟲馬ㅣ노래기、현(先)

蚱 짜 [책]蝗類ㅣ蜢메뚜기、책[칙]秋蟬가을매미、칙(陌)

𧊒 취 [겁]紫貝石ㅣ검붉은자개、겁(葉)蜐同[거]蟾也두꺼비、거(語)

蚭 늬 [니]蚰蜒蚰ㅣ지차리、이又그리마、이(支)

蚼。쮜 [구]蟻也蜉蚍개미、구(有)

蚰 우 [유]蚰也ㅣ蜒지차리、유(尤)

䖨 씨 [석]蟷蜋버마재비、석(陌)

蚵 커 [가]蜥蜴ㅣ蠪도마뱀、가(歌)(蟲名蛧ㅣ)(哿)

蚸 릭 [력]細長蠡蠓ㅣ가늘고긴메뚜기、력(錫)蝷同

蚹 뿌 [부]蛇腹下橫鱗뱀의배비늘、부蝸牛달팽이、부(遇)

蛁。됴 [조]蛁也ㅣ蟧쓰르라미、조(一名蟪蛄)(蕭)

蛂 뼤 [별]甲蟲蟥蛢풍뎅이、별(以翼鳴者)(屑)

蚍。蝠同

蛪 삐 [필]黑蜂검은벌、필(質)

蛆 蜇同

蛅。신 [염]蛓也ㅣ蟖쐐기、염(鹽)

蛈 데 [철]螲蟷ㅣ母도로래、철土蛛땅거미、철(屑)

蛋 단 [단]鳥卵새알、단(翰)蜑通

蚲 핀 [평]蝱也등애、평(庚)

蚾 퍼 [파]蟾也두꺼비、파(哿)

蛪 자 [가]食米蟲쌀바구미、가(麻)

蚕 쉬 [서]蔥蟲파벌레、서(語)

六

蛬 꿍 [공]蟋蟀귀뚜라미、공(冬)蛩通

蛜 이 [이]鼠婦ㅣ蝛쥐며느리、이(支)

蛩。꿍 [공]稻蠡벼메뚜기、공獸名ㅣㅣ공공이、공(狀如馬名曰ㅣㅣ一走百里)(冬)蛬通

蛛。쮸 [주]網蟲蜘ㅣ거미、주(虞)鼄同

蛙。와 [와]黽屬개구리、와(麻) [왜]義同(佳) 鼃同、䵷通
蛔 회 [회]腹中蟲회충、회又거위、회(灰) 蛕同、蚘通
蛕 蛔同(灰) 土蟲흙벌레、회(賄)
蛟。쟌 [교]龍屬교룡、교(肴)
蛑 뮤 [모]大蟹蝤ㅣ큰게、모又바닷게、모(尤)
蛐 취 [곡]蚓也지렁이、곡(沃)
蛣。찌 [길]啖糞ㅣ蜣발똥구리、길蟹奴蠂ㅣ방게、길食木蟲나무좀、길(質)
蛭。찌 [질]血食蟲거머리、질(水棲蟲而着人皮膚吸取其血)(質)
蛚。례 [렬]蛬也蜻ㅣ귀뚜라미、열(屑)
蛤。꺼 [합]蚌類조개、합(雀入海水爲化)(合)
蛓 츠 [자]毛蟲쐐기자(紙) 螆同、蚝通
蛖 빵 [방]螻蛄도로래、방(江)
蛝 쎈 [한]大蟻蚍蜉왕개미、한(刪)
蛞。퀄 [활]蝸牛無殼ㅣ蝓집달팽이、활又암달팽이、활蝌蚪ㅣ東올챙이、활(曷)
蛇 차 [차]俗音[타]水母무렴、타又해파리、타(形如笠而泛泛浮水)(禡) 鮀同
蛥。쎄 [설]蟬類ㅣ蚗쓰르라미、설(屑)
蛪 蜺同
蚈 쳰 [견]螢火반딧불、견(腐草化爲螢火)(先)
[illegible] 珧同
䖵 쿤 [곤]蟲之總名벌레、곤(元)
蛗 뿌 [부]蝗也稻螽벼메뚜기、부(有)
蛡 이 [익]蟲之匍行벌레길、익(職)

七

蜂。蠭同
蛹。융 [용]繭蟲누에번데기、용(蠶化爲ㅣ、ㅣ化爲蛾)(腫)
蜍 위 [여]似蛙大者蟾ㅣ두꺼비、여(腹下有丹書八字者眞蟾ㅣ)(魚) 蠩同
蜈。우 [오]毒蟲ㅣ蚣지네、오(虞)
[illegible] 티 [제]小蟬작은매미、제(齊)
蛻。쒜 [세]蛇蟬類脫皮허물벗을、세(霽) [태]義同(泰)
蜃。천 [신]大蛤큰조개、신蛟屬이슴、신又이무기、신(ㅣ狀如蛇大有角生如龍紅鬣)(一名ㅣ氣樓又曰海市)(軫)(震) 蜄通
蜐 蛣同
蜑 딴 [단]南蠻남녘오랑캐、단(旱) 蛋通
蜎 윈 [연]蟲行ㅣㅣ벌레꿈틀거릴、연(先) 屋中深廣貌蜎ㅣ집속깊고넓을、연(霰) [견]水中蟲ㅣ蠉장구벌레、견(銑)
蜓。뎡 [정]赤卒蜻ㅣ고추잠자리、정(青) [전]蛇屬蝘ㅣ도마뱀、전(銑)
蛸 쏘 [소]桑蟲螵ㅣ뽕나무벌레、소(蕭) 蟢子蠨ㅣ거미알、소(肴)
蛾。어 [아]蠶蛹所化ㅣ羅누에나비、아ㅣ眉나비눈섭、아(歌)
蜋 랑 [랑]蟷ㅣ버마재비、낭(前肢如鎌) 轉丸蟲蜣ㅣ말똥구리、낭(陽)
[illegible] 휘 [회]豕掘地돝땅뒤질、회蝟也땅두더지、회(灰)
蜉。뿌 [부]大蟻蚍ㅣ왕개미、부

渠略ㅣ蝣하루살이、부(朝生暮死)(尤)

蜀 。쓕 [죡] 葉蟲배추벌레、촉(地名巴ㅣ、西ㅣ)(沃)

蛺 。졔 [협] 野蟻ㅣ蝶범나비、협(洽) [겹] 義同(葉)

蛵 씽 [형] 蜻蛉虹ㅣ잠자리、형(靑)

蛶 。례 [렬] 蟲名벌레이름、열(屑)

蛷 착 [구] 蟲也ㅣ螋그리마、구(形如蛄而多足)(尤)

蛘 메 [미] 米中甲蟲強ㅣ쌀바구미、미又쌀눈、미(紙)

蜌 뻬 [폐] 淡菜海ㅣ홍합、폐(一名紅蛤又東海夫人)(齊)

蜁 쒼 [선] 螺也ㅣ蝸소라、선(先)

蜄 。젼 [신] 動也움직일、신(軫) 蜃通

蜇 쪄 [철] 螫也쏠、철(屑) 蛆通

蜆 。쎤 [현] 小蛤작은조개、현(銑)

蜊 리 [리] 海蚌蛤ㅣ참조개、이(支)

蜏 우 [유] 蜉蝣하루살이、유(朝生暮死)(有)

⿰虫谷 。同 螸

蜒 엔 [연] 蚰蜒蚰ㅣ지차리、연又그리마、연屈曲貌蜿ㅣ꿈틀거릴、연(先)

蜈 우 [오] 蜈蚣지네、오(虞)

⿰虫赤 동 [동] 赤蟲붉은벌레、동(冬)

八

蜙 쓩 [송] 蝗類ㅣ蝑다리로우는메뚜기、송又베짱이、송(冬) 蚣通

蝀 。뚱 [동] 虹也蝃ㅣ무지개、동(東)(董)(送)

蜯 同蚌

蜰 。뻬 [비] 臭蟲蠦ㅣ떡풍뎅이、비旱蟲蠦ㅣ진디벌레、비(尾)

蜞 치 [기] 小蟹蟛ㅣ방게、기水蛭거머리、기(支)

蜝 同蜞

⿰虫奇 。지

[기] 長足蛛발긴거미、기(支) [기] 蟬也매미、기(紙)

蜚 。븨 [비] 阜螽메뚜기、비(尾)(未)惡臭蟲떡풍뎅이、비(微) 飛通

蜼 우 [류] 似猴尾岐꼬리째진원숭이、유(紙) [유] 義同(有)

蜺 。

이 [예] 雌虹암무지개、예(齊) [열] 蟬黑而赤亂鳴불매미、얼又발매미、얼(屑) 蛪同

蜘 。찌 [지] 網蟲ㅣ蛛거미、지(支) 鼅鼄鼅同

蝃 듸 [체] 虹也ㅣ蝀무지개、체(霽) 螮同

蜹 。쉐 [예] 蚊也모기、예蘫鷄초눈이、예又바구미、예(霽) 蚋同

蜳 。윤 [윤] 氣不安定蝩ㅣ가슴두근거릴、윤又기운펀치못할、윤(軫) [돈] 義同(元)

蜫 。쿤 [곤] 蟲也벌레、곤(元) 昆通

蜿 。웬 [원] 龍貌ㅣㅣ꿈틀거릴、원(元)(阮) [완] 虎行貌범이설렁거릴、완蟲動貌蟠ㅣ꿈틀거릴、완(寒)

蝂 빤 [판] 負蟲蝜ㅣ지기잘하는벌레、판(蝜ㅣ者善負小蟲也行遇物輒取仰首負之蹭蹬極不止)(潸)

蜷 촨 [권] 屈曲不行貌움추러질、권(先)

蜩 。됴 [조] 蟬也매미、조(蕭)

蜾 。궈 [과] 細腰蜂ㅣ蠃나나니벌、과(ㅣ蠃逢螟蛉之殖子而祝之曰類我類我、

久則省之) 語 蜡 자 사 蠅蛆 쉬、사(年終祭名) 禡 措通 처 義同 御 蟯 챵 강 啖牛糞蟲蛣ㅣ쇠똥구리、강(取糞作丸轉般者) 陽 蜻。칭 청 胡離ㅣ蛉 잠자리、청 蟋蟀ㅣ蜊 귀뚜라

미、청 庚 蛧 同魍 蜢 멍 맹 蝗類蚱ㅣ메뚜기、맹 梗 蜽 同魎 蛙 루 륙 圓蛤有文魁ㅣ강요주、육又동근조개、육 屋 蜜。미 밀 蜂釀甘飴 꿀、밀 質

蜲。웨 위 鼠婦ㅣ蝛 쥐며느리、위 紙 蝠 취 굴 木蠹蛣ㅣ나무좀、굴 物 蚍同 蝁。어 악 虺屬大眼有毒 눈큰독사、악 藥 蜴 이 역 守宮蜥ㅣ도마뱀、역 陌 척 欺也

속일、척 錫 蜥。씨 석 蛇屬ㅣ蜴 도마뱀、석(在草曰ㅣ蜴、在壁曰蝘蜓) 錫 蜮。위 역 含沙射人短狐 단호、역(一名射影) 職 蜨 同蝶 蜶 쿵 공 蟬蛻ㅣ皮 매미허물벗

은껍질、공 東 蝜 얍 부 蜲也鼠婦 쥐며느리、부 有 蜟 위 육 蟬蜶未蛻 허물벗으랴하는매미、육 屋 蜠。쥔 균 俗音 균 貝也 자개、균 軫 蜹 셰 사 蟹醢 게젓、

사 禡 蝑通 蟴 쓰 사 蜙蝑ㅣ螽 황새메뚜기、사(以長足相摩發聲) 支 蟸 리 리 蟲名蛛ㅣ 질리、이 支 蜦。룬 륜 行貌蝹ㅣ 꿈실거릴、윤 大蝦蟇 찰머구리、윤 眞 蜧通 螔

후 호 蜘蛛 거미、호(一名蠅虎) 虞 蜧。리 려 大蝦蟆 큰찰머구리、여又두꺼비、여(善食蛇者) 蜦通、神蛇 여뱀、여 霽 蜪。닾 도 蝗子蝝ㅣ메뚜기새끼、도 豪 蝬 잔

잔 蟲名馬ㅣ노래기、잔 潸 蜬 한 함 蠃小者 작은소라、함 覃 蜭。한 함 毛蠹 쐐기、함(多毛螫人) 感 蝳 타 답 蝶也ㅣ蝠 떡정벌레、답 小蝱 작은등애、답 合 蛗

얍 부 蝗類ㅣ螽 메뚜기、부 有 蝍 치 기 蠍也蚼ㅣ 전갈、기(一名全ㅣ、熱帶產虫) 支 蟐 창 장 蛐蜒ㅣ蠼 그리마、장又치자리、장 陽 쟁 蟑ㅣ蜋 바퀴、장 蛢。핑 병 蛂也黃

ㅣ풍뎅이、병 靑 蜸。건 간 蠶也 누에、간 견 蚯蚓 지렁이、견 銑 蜱 삐 비 蟷蠰子ㅣ蛸 버마재비새끼、비又연가시새끼、비 支 蝅 蝅 蠶略字

九

蝺 위 우 青蚨蟱ㅣ청부、우又물나비、우(蟱ㅣ形如蟬其子如蝦著草葉得其子則母飛來就之煎食辛而美) 虞 蝦。쌰 하 蟾屬ㅣ蟆 두꺼비、하又찰머구리、하 麻 鰕通 蝛

웨[위]鼠婦蛜ㅣ쥐며느리、위(微) **蝟**。웨[위]刺鼠고슴도치、위(形似鼠而毛刺容生)(未)彙通 **蝑** 쉬[서]蝗類蜙ㅣ다리로우는메뚜기、서(脚長善鳴)(魚)蝑通 **蝴**• 후[호]野蛾ㅣ蝶들나비、호(虞) **蝶**• 데[접]野蛾蝴ㅣ들나비、접(蟦螬羽化者)(莊周夢爲蝴ㅣ)(葉)蜨同 **蝓**。위[유]蝸牛집없는달팽이、유(無殼蛞ㅣ)(虞) **螄** 쓰[시]強蛘蛄ㅣ쌀바구미、시(支) **蝡**• 순[윤]蟲動貌꿈실거릴、윤(軫)[연]蟲行ㅣㅣ벌레길、연(先)(銑)蠕同 **蝔** 쩨[개]雨蛙참개구리、개(一名雨母)(佳) **蝘**。옌[언]守宮ㅣ蜓도롱뇽、언(阮) **蝝** 완[연]蝝子메뚜기새끼、연(先) **蝙**• 삔[편]仙鼠ㅣ蝠박쥐、편又뿔쥐、편(形似鼠而有翼晝隱暗處夜出飛行)(一名服翼)(先) **蜵** 완[연]深廣ㅣ蜎깊고넓을、연(屋中深廣)(先) **[虫耑]** 찬[천]蟲動ㅣ蝡벌레꿈직일、천(銑) **蝥**。맏[모]食穀毒蟲蝥ㅣ가리、모(或音묘)(肴) **蝌** 커[과]蛙子ㅣ蚪올챙이、과(狀如河豚頭圓身上青黑色始出有尾無足稍大則足生尾脫)(歌) **蝩** 충[중]蠶晩生두벌누에、중(一云原蠶)[종]蝗也메뚜기、종(冬) **蝗** 황[황]食苗蟲황충、황(陽) **蝱**。멍[맹]俗音[망]齧人飛蟲등애、망(庚)虻同 **蝣**• 우[유]渠略蜉ㅣ하루살이、유(尤) **蝤** 우[유]大蟹ㅣ蛑큰게、유[추]木食蟲ㅣ蠐나무좀、추(尤) **蝊** 빤[범]蜂也벌、범(豏)范通 **蝠**。뿌[복]飛鼠蝙ㅣ박쥐、복(蝙ㅣ千歲、體白如銀)(屋) **蝎**• 허[할]桑蠹뽕나무좀、할(曷)[헐]俗音[갈]蠍蟲전갈、갈(ㅣ形如蟋蟀有尖尾前有兩螯能咬人甚毒)(月)蠍通 **蝮**。뿌[복]毒蛇독사、복又살모사、복(屋) **蝳** 뚜[독]蜘蛛거미、독(沃) **蝨**• 씨[슬]齧人蟲이、슬(生於皮膚之垢而嚙人吸血)(質)虱同 **蝍** 찌[즉]蜈蚣ㅣ蛆지네、즉(職) **蝐** 瑁同 **蝜** 뿌[부]善負小蟲ㅣ蝂지기잘하는벌레、부(ㅣ蝂者善負小蟲也行遇物輒取仰首負之雖困極不止)(有) **蝞** 메[미]胄貝두구자개、미蝦也새우、미(寄生龜甲蟲)(寘) **蝚**。석[유]螻蛄도로래、유(國名ㅣ蠕)(尤) **蝭**• 띠[제]蟬也ㅣ蟧쓰르라미、제(齊) **蝬** 쩌[주]多足蟲그리마、수(尤)螋同 **蝸**• 꽈[와]陵螺ㅣ牛달팽이、와(麻)[왜]義同(佳) **蝯**。웬[원]猱也원숭이、원(腕長猿)(元) **[虫泉]** 찬[천]貝

也자개、천(先) 蝹。원 빈俗音 운 龍貌ㅣㅣ용꿈틀거릴、운(眞) 蝷 同蚸 蝺 위 구好貌예쁠、구曲人난장이、우(虞) 蝏 팅 정馬刀ㅣ蝭말씹조개、정又맛살조개、정(青) ⿰虫並 뼁 병馬刀蝏ㅣ말씹조개、병(梗) 蝪 탕 탕土蛛蝗蟷땅거미、탕又도로래、탕(一名蛈ㅣ、形似蜘蛛、穴居爲窠、網覆穴口)(陽) ⿰虫星 싱 성蜻蜓잠자리、성(青) ⿰虫風 뱅 풍蟲窟벌레구멍、풍又벌레집、풍(東) 蝵 착 추蜘蛛거미、추(尤)

十

融。숭 융和也화할、융明也昭ㅣ밝을、융ㅣ通、융통할、융(神名祝ㅣ)(東) 螉。웅 옹細腰蜂蠮ㅣ허리가는벌、옹又가다리、옹(東) 螄。쓰 사螺也소라、사(支) 螘。이 의蚍蜉개미、의醆汁滓酒浮ㅣ술구더기、의(紙)蟻同 螓 친 진蛪也작은개미、진大蠅蝴ㅣ왕파리、진(眞) 螆 同蠽 螈。웬 원二化蠶두벌누에、원蜥蜴도마뱀、원(元)蝘同、蚖通 螗 당 당蜩也매미、당(陽) 螃 팡 방蟹也ㅣ蜞방게、방(陽) 螟。밍 명食苗害蟲며루、명桑蟲ㅣ蛉뽕나무벌레、명(青) 螚 蠶俗字 螢。잉 형腐草爲化반딧불、형又개똥버레、형(一名丹鳥、一名宵燭、形小翅大、夜間飛行腹下發光)(青) 螣。텅 특蝗也황충이、특(職)蟘同 등神蛇등뱀、등(蒸) 螛 쌰 할搖目吐舌눈굴리고혀널름거릴、할(曷) ⿰虫宮 꿍 궁守宮蜥蜴도마뱀、궁(一名壁虎、形似蜥蜴、尾端長項、夜出捕蟲、體色灰黑有斑)(東) 螇。씨 해似蚣蝑而細長ㅣ蚸긴메뚜기、해(齊)蠏同 ⿰虫孫 쏜 손蟋蟀虰ㅣ귀뚜라미、손(元) 螌。빤 반毒蟲ㅣ蝥갈외、반又반묘、반(一名斑貓、體長五六分、黃足斑文、馬腹犬喙、秋食豆花、爲ㅣ蝥)(刪) ⿰虫犀 츠 지蛭也거머리、지(支) 螋 蝬同 螏。찌 질蟲名ㅣ蟄질이、질(質) ⿰虫盍 허 합蚌也蟾ㅣ딱정벌레、합(合) 螐 우 오食菜蟲ㅣ蠋배추벌레、오(虞) 螑 쒸 후伸頸低昂趨ㅣ목들고끄떡거릴、후(宥) ⿰虫桀。쪄 걸土螽땅메뚜기、걸(屑) 螒 한 한沙鷄글가리、한(翰) 螔 이 이蝸牛ㅣ蝓달팽이、이(支) 螕。피 비牛蝨진디、비又비듬、비(齊) 螅 同蟋 螖 화 활小蟹ㅣ蠌방게、활(黠) 螜 후 곡螻蛄도

로래、곡(屋) **蜆**。훼[회]蠶蛹누에번더기、회(隊) **蝥**同蟊 **螞** 마[마]馬蛭ㅣ蟥말거머리、마(馬)[華]ㅣ蚱메뚜기、마 **蚕**蠶古字 **螠**• 이[의]小黑蟲ㅣ女목잘

라죽는벌레、의(善經死蟲)(寘) **蝊**同珧 **蜅**• 뻐[박]螳蜋卵ㅣ蟭버마재비、박(藥) **蚪** 두[두]蝌蚪올챙이、두(有) **蚶** 간[감]瓜虫외벌레、감(勘) **蟰** 쑤

[숙]尺蠖蟲자벌레、숙(屋) **蛢** 졔[개]螢火반딧불、개(齊) (十一) **蟁**同蚊 **蟌**。츙[종]小蜂蝓ㅣ작은벌、종(牛馬皮中發生蜂)(冬) **螭**• 치[리]蛟龍赤ㅣ교룡、이(似

龍無角體小)(支)彲同 **螮**。同蝃 **螴** 천[진]氣不定ㅣ蜳기운정치못할、진(眞) **螾** 인[인]蟬屬寒螿참매미、인(眞)蚓通 **蟂**。쟌[교]水蟲ㅣ獺교달、교(形似蛇而有四

足)(蕭) **螵** 퍞[표]桑蟲ㅣ蛸뽕나무벌레、표又연가시알、표脚長蛛발긴거미、표(蕭) **蟉**。랖[규]龍貌蟉ㅣ용구비칠、규(尤)[류]義同[료]龍貌蜩ㅣ용꿈틀거릴、요(蕭) **螯**•

안[오]蟹屬倒行가제、오蟹之鋏狀肢게엄지발、오(豪)鼇通 **螬**。찬[조]地蠶蠐ㅣ굼벵이、조(豪) **螺**同蠃 **蟆**• 마[마]蟾類蝦ㅣ찰머구리、마又개구리、마(麻)蟇同

蟇同蟆 **𧒽**同蟇 **螳** 탕[당]臂有斧ㅣ蜋버마재비、당又연가시、당(陽) **蟊**。맢[모]食苗根蟲게심이、모又느리、모(尤) **螻**• 럭[루]有翅土蟲ㅣ蛄도로래、누

(一名天ㅣ、穴土而居、吸風食土、喜就燈光)蛙也ㅣ蟈청개구리、누(尤) **蟋**。씨[실]蛩也ㅣ蟀귀뚜라미、실(一名促織)(質)螅蟋同 **蟀** 쐐[솔]蛩也蟋ㅣ귀뚜라미、솔(一名吟蛩、秋初生、

得寒則鳴)(質) **蟄**。지[칩]蟲藏벌레움추릴、칩和集貌ㅣㅣ우물거릴、칩(緝) **蟈** 꿔[괵]蛙也螻ㅣ개구리、괵(陌) **螫** 씨[석]蟲行刺毒벌레쏠、석(陌) **蠊** 캉[강]蜻

蜓ㅣ蝍잠자리、강(陽) **螲**。찌[질]螻蛄도로래、질(質) **蟟**。뤼[략]蜉蝣하루살이、약(藥) **𧒿**同蟟 **螪** 쌍[상]蟲名상벌레、상(陽) **螿**• 쟝[장]蟬屬寒蜩쓰르라

미、장又참매미、장(似蟬而小色靑)(陽) **螰**。루[록]蛄也螇ㅣ쓰르라미、녹(屋) **蚶** 한[감]桑蟲뽕벌레、감瓜蟲외벌레、감(覃) **蜨**同蝶 **螱**• 웨[위]飛蟻나는개미、

위又왕개미、위(未) 蝲同螱 螢。위 [유]逢蝓醜벋밑구멍、유(虞) 螼 친 [근]蚯蚓지렁이、근(軫) [illegible]同蜘 螽 종 [종]蝗類阜ㅣ메뚜기、종(東) 蠓同 蟱

우 [무]多足蟲ㅣ蛷그리마、무(遇) 蟦 적 [책]小貝작은자개、책(陌) 蟃 완 [만]桑蟲螟蛉뽕나무벌레、만(獸名ㅣ蜒)(願) 䗪 져 [자]蟲名鼠婦쥐며느리、자(禡) 蠊。

䗪同 [illegible] 련 [련]蟲盤屈貌蜷ㅣ벌레서릴、연(先) [illegible] 쥬 [축]百足蟲馬陸노래기、축(屋) [illegible]。씨 [습]螢火ㅣ蠄반딧불、습(緝) 蟍 리 [리]蜈蚣蝍ㅣ지네、이(支) [illegible]

위 [어]蠹也좀、어(魚) [illegible]同蠭

(十二)

蟲。충 [충]毛羽鱗介總稱버러지、충(如羽ㅣ、毛ㅣ、甲ㅣ、裸ㅣ類)熏蒸ㅣㅣ김오를、충(東) 虫蟲通 蟢 씨 [희]蜘蛛蟰 낙거미、

희(紙) 蟣 지 [기]蝨子서캐、기(微)(尾) 蟨 궐 [궐]獸名궐짐승、궐(與蛩駏比肩行)(月) [illegible] 린 [린]螢火반딧불、인(震) 蟠。판 [반]伏也屈曲서릴、반(寒) 蟬 찬

[선]蜩也매미、선(棲在樹陰飮露善鳴)舞盤曲貌蜿ㅣ굼닐、선(先) 蟜。쟈 [교]螘也蠪ㅣ개미、교(蕭)龍貌夭ㅣ용꿈틀거릴、교(篠) 蟓 쌍 [상]蠶也누에、상(桑葉食蟲)(養) 蟒 망

[망]大蛇구렁이、망(一名王蛇)(養) 蟛 평 [팽]似蟹而小ㅣ蜞방게、팽(庚) 蟚同蟛 蟫。단 [담]衣書蠹白魚좀、담(ㅣ始生則黃色既老則身有粉視之如銀故名曰白魚)(覃) [음]義同(侵)

[illegible] 츄 [축]尺蠖자벌레、축(屋) 蟨 웨 [월]小蟹蟛ㅣ방게、월(月) 蛆同 蟪。훼 [혜]蟬屬ㅣ蛄쓰르라미、혜(齊) [illegible]螽。同 蠵 취 [수]大龜ㅣ蠵큰거북、수(ㅣ蠵生海

邊甲有文如玳瑁堪爲物飾)(支) 蟖 쓰 [사]螆也蛄ㅣ쐐기、사(支) 蟭 쟈 [초]螳蜋卵蟭ㅣ버마재비알、초(蕭) [illegible] 착 [추]蜘蛛次ㅣ거미、추(尤) 蟙 지 [직]蝙蝠ㅣ蠌박쥐、

직(職) 蟘。同螣 [illegible] 쭝 [종]蝗也蝂ㅣ황충、종(冬) 蟝 취 [거]蛣蟝ㅣ蟧하루살이、거(魚) 蠷同 蟞 폐 [별]蟻也개미、별(羌名)(屑) 蟦 뻔 [비]水母무렴、비蠐

蠐굼벵이、비(微) [분]蠵也굼、분(元) 蟥。황 [황]蛂也ㅣ蛢풍뎅이、황(陽) 蟧 랃 [로]小蟬蟧ㅣ쓰르라미、노(豪) [illegible] 튼 [돈]青蚨ㅣ蝎청부又나비、돈(元) 蟩 졔 [궐]井

…蟲우물벌레、궐又장구벌레、궐(月)

蟱。뫄 [모] 蜘蛛蝥ㅣ거미、모(尤)

⿰虫桼 쓔 [서] 鼠婦쥐며느리、서(一名蝼ㅣ)(御)

蟔 머 [묵] 蛄蟖쐐기、묵(職)

蟳 씬 [심] 蝤蛑큰게、심又솔개、심(海底棲息)(侵)

蟤。 촨 [전] 屈曲貌蜿ㅣ꿈틀거릴、전又서릴、전(先)

⿱𠂤䖵 同蟲

蟯。 야 [요] 腹中短蟲촌충、요(蕭)

蟮 싼 [선] 蚓也土ㅣ지렁이、선(銑)

⿰虫惡 어 [오] 甲蟲풍뎅이、오又딱정벌레、오(豪)

蟰 쑈 [소] 長脚蛛발긴거미、소(一名ㅣ蛸)(蕭)

(十三)

蟹。 쎄 [해] 介蟲게、해(有八足二螯而傍行)(一名無腸公子)(蟹)

蟻 同螘

蜑 옌 [연] 蟲形貌蜿ㅣ벌레모양、연又징그러울、연(銑) [단] 南海夷種남해오랑캐、단(旱)

蠆 쨰 [채] 螫蟲蜂ㅣ벌、채(卦)

蠉。 환 [현] 水中小赤蟲子孑장구벌레、현蟲行貌벌레꿈실거릴、현(先)

蟺。 싼 [선] 相糾蜿ㅣ서로뒤틀릴、선蚯蚓지렁이、선(銑)

蠃。 뤄 [라] 蚌屬소라、나(殼大而卷旋者)(歌)螺、同蠡通、細腰蜂蜾ㅣ나나니벌、나(哿)

⿰虫畺 쟝 [강] 死蠶죽은누에、강又백강잠、강(陽)

蠁。 쌍 [향] 蛹也누에번더기、향(養)

蟶 청 [정] 蚌屬가리맛、정又맛살조개、정(庚)

蠅。 잉 [승] 逐臭蟲파리、승(蛆之羽化)(蒸)

蟾 찬 [섬] 蛙屬ㅣ蜍두꺼비、섬(ㅣ蜍壽三千歲者頭上有角、頷下有丹書八字)月影ㅣ光달그림자、섬(鹽)

蠈。 져 [적] 蝗也황충、적(食木蟲)(屋)

蠋。 쓕 [촉] 桑蟲뽕나무벌레、촉藿ㅣ콩망아지、촉菜蟲배추벌레、촉(沃)

蠍。 쎼 [헐] 蠆類全ㅣ전갈、헐(頭上有螫、尾端有毒刺、熱帶產蟲)(月)蝎通

蟷。 땅 [당] 蟲名ㅣ蠰버마재비、당又연가시、당(別名螗蜋)(陽)

蟼。 징 [경] 蛙屬蝦蟆찰머구리、경(大腹短脚)(梗)

蟿。 지 [계] 螇蚸ㅣ螽긴메뚜기、계(霽)

⿰虫葛 蠟俗字

⿰虫過 꿔 [괘] 蟲名不ㅣ불과벌레、괘(箇)

⿰虫瑟 同蟋

蠊 렌 [렴] 飛ㅣ땅풍뎅이、염(一名石蠆、形似蛢而大者)(鹽)

⿱雍虫 융 [옹] 蛘也쌀바구미、옹(冬)

蠌 져 [책] 小蟹螖ㅣ방게、책(陌)

(十四)

蠕 同蝡

蠓。 멍 [몽] 似蟻蠛ㅣ바구미、몽又하루살이、몽(春夏之月、有ㅣ蚋者、因雨而生、見陽而死)(董)

蠐。 치 [제] 地蠶ㅣ螬굼벙이、제(齊)

蠙 同玭

蠔。 한 [호] 蚌也굴、호(初生每旁如拳石、四面漸長、高

一二丈、黏附如山(地名ㅣ石)(豪)

蠑· 숭 [영] 水宮ㅣ螈도롱뇽、영(形似蜥蜴、棲在沼池)(庚)

⿱阜蟲 뿌 [부] 蝗也ㅣ螽메뚜기、부(有)蛗同

⿱亶䖵 蟺俗字

蠖。 후 [확] 屈伸蟲尺ㅣ자벌레、확(藥)

⿱雋虫 웨 [유] 蠵之小者작은등애、유(寘)

蠘 졔 [절] 似蟹大殼곳게、절(屑)

⿱東䖵 둥 [동] 蝌蚪올챙이、동(東)

十五

蠣。 리 [려] 蚌屬牡ㅣ굴、려(附石而生、磈礧相連如房、呼爲ㅣ房)(霽)

蠡· 리 [려] 齧木蟲追ㅣ나무속에좀먹을、여(人名范ㅣ、澤名彭ㅣ)(齊)瓠瓢표주박、여(齊)蠡盃通 [리] 蚌屬달팽이、이(支) [라] 螺屬소라、나(歌)瘰病옴、나(哿)蠃瘰通

蠢。 츈 [준] 蠢動벌레꿈실거릴、준 愚也ㅣㅣ어리석을、준(軫)

蠜 뺀 [번] 阜螽메뚜기、번(元)

蠛。 메 [멸] 似蚋亂飛ㅣ蠓바구미、멸(屑)

蠚 허 [학] 毒螫쏠、학(藥)

蠟· 라 [랍] 蜜滓밀、납冬青樹蟲吐涎所凝白ㅣ백랍、납(合)

蠝 레 [뢰] 飛鼠박쥐、뇌(灰)

⿰虫霆 텽 [정] 蠶之二眠누에두잠잘、정(青)

䘃 머 [묵] 蝙蝠蟙ㅣ박쥐、묵(職)

蟁 蚊同

⿱者䖵 쥬 [저] 毒蟲독한벌레、저(御)

蠠 미 [밀] 蠠勉ㅣ没강잉할、밀又힘쓸、밀(質)

⿰虫養 양 [양] 蠶也누에、양(養)

十六

蠩 蜍同

蠹。 뚜 [두] 木中蟲좀、두(遇)蠧同

⿸厂⿱原䖵 螈同

蠦· 루 [로] 臭蟲ㅣ蜰떡풍뎅이、노(虞)

蠥。 네 [얼] 妖也요괴、얼又요물、얼(禽獸蟲蝗之怪)憂也근심、얼(屑)孽通

⿰虫憲 셴 [혼] 蚯蚓寒ㅣ지렁이、혼(吻)

⿰虫歷 리 [력] 野蠶들누에、역(錫)

蠨· 쇼 [소] 蠨子ㅣ蛸납거미、소又바퀴、소(長足蛛)(蕭)

蠪。 룽 [롱] 蟻也개미、농(赤駮文蟻)(東)

十七

蠭 뽕 [봉] 螫人飛蟲벌、봉(冬)蜂蠭同

蠱。 꾸 [고] 腹蟲놀、고亂也ㅣ惑고혹할、고事也일、고(卦名)(麌)

蠯 패 [패] 蚌也긴금조개、패(狹長如鞘)(佳)

⿰虫應 잉 [응] 寒蟬쓰르라미、응(蒸)

⿰虫霝 링 [령] 桑蟲螟ㅣ뽕나무벌레、영(青)蛉通

蠲。 젼 [견] 明也밝을、견潔也吉ㅣ정결할、견除也ㅣ賦덜、견(蟲名馬ㅣ)(先)

⿰虫翳· 예 [열] 細腰蜂ㅣ螉허리가는벌、열(屑)

蠰。 쌍 [상] 蟲名蟷ㅣ연가시、상(漾)

⿱尉虫 웨 [위] 飛蟻나는개미、위(未)

⿰虫谿 씨 [계] 土蜂땅벌、계(齊)螇同螇通

⿰虫龠 워 [약] 螢也熠ㅣ반딧불、약(藥)

⿱匿蟲 늬 [닉] 蟲

食之病벌레먹는병、익 職

(十八) 蠵 씨 [휴] 海龜蠵ㅣ큰거북、휴 (雄曰玳瑁雌曰蠵ㅣ) 齊

蠶 찬 [잠] 食桑葉吐絲蟲누에、잠 (作繭化蛹後羽化爲蛾) (地名ㅣ陵) 覃

蠺 蠶同

蠷 취 [구] 足多蟲ㅣ螋그리마、구 尤

蠸 촨 [권] 黃甲小蟲노른재、권 (ㅣ喜食瓜葉而不食瓜故曰守瓜) 先

⿱魏䖵 웨 [위] 再蠶두벌누에、위 (夏蠶) 未

蠹 蠧同

(十九) 蠻 만 [만] 南夷남녘오랑캐、만 鳥聲綿ㅣ새소리、만 删

⿱雋䖵 잔 [전] 蟲食瘡벌레먹는창병、전 銑

⿰虫麗 리 [리] 蚰蜒蜄ㅣ지차리、이 又그리마、이 支

(二十) 蠼 잔 [각] 大猿큰원숭이、각 藥

(二十一) 蠽 졔 [절] 蟬類茅ㅣ매미、절 (似蟬而小青者) 蜻蜓잠자리、절 屑

蠾 쓔 [촉] 蚕也벼룩、촉 沃

血部

血 셰 [혈] 水穀精氣피、혈 (動物之體內循環ㅣ液可成生存力之要素ㅣ脈) (受氣于父受ㅣ于母) 屑

(二) 𧖧 딍 [정] 息也숨쉴、정 青

(三) 衁 황 [황] 血也피、황 陽

卹 쑤 [술] 掃塵ㅣ勿먼지떨이、술 月 [술] 憂也근심할、술 質 恤䘏通

⿱血丂 징 [정] 見定보고정할、경 青

(四) 衃 쀠 [배] 凝血엉긴피、배 又멍들、배 灰

衄 뉵 [뉵] 鼻血코피、육 敗北패할、육 屋 䶊同

衂 衄俗字

䘚 졔 [결] 破也파할、결 屑

(五) 衅 씐 [흔] 以血塗器際피로그릇틈바를、흔 震 釁通

⿰血永 脈同

(六) 衆 쭝 [중] 多也뭇、중 又무리、중 送 依同、藥名貫ㅣ고비뿌리、중 東

衇 脈同

衈 얼 [이] 耳血귀피、이 寘

⿰血各 蛒同

(七) ⿰血夋 취 [최] 赤子陰莖어린애자지、최 灰

⿰血免 만 [만] 塗血피칠할、만 旱

(八) ⿱監血 탄 [담] 肉醢육젓、담 感 醓同

⿰血或 꺼 [픽] 犬血개피、픽 陌

⿰血臽 찬 [감] 血羹피국、감 又선지국、감 勘

(九) ⿰血客 거 [객] 吐血피토할、객 吐聲외욕질할、객 陌 ⿰血各同

(十) ⿱幾血 지 [기] 刲而出血찔러피날、기 微

⿰血辱 수 [욕] 汚也더러울、욕 屋

(十一) ⿰血虖 후 [호] 血汗피땀、호 遇

(十二) ⿱農血 눙 [농] 腫血고름、농 冬

(十四) ⿰血鼻 衄同

(十五) 衊 메 [멸] 汚血피칠할、멸 屑

(十八) 衋 씨 [혁] 傷痛哀ㅣ쓰라릴、혁 職

行部

行。씽 [행]步也다닐、행往也갈、행路也길、행運也五ㅣ오행、행(金木水火土)用也쓸、행書體행서、행(庚)身之所敬행실、행巡視순행할、행(梗)[항]列也항렬、항(陽)剛強ㅣㅣ굳셀、항(漾)[華](物貨賣買所曰洋ㅣ、金錢貯畜處曰銀ㅣ) ② 衍 지[기]跡也자최、기(紙) ③ 衎。간[간]和樂화락할、간信也믿을、간(旱)(翰) 衍。옌[연]廣也넓을、연茂盛蕃ㅣ번성할、연溢也넘칠、연筍也篋ㅣ상자、연(數名大ㅣ)(銑)(霰)演通 ④ 衖 항[항]樂人ㅣ衖악공、항(陽) 衏 웬[원]樂人衏ㅣ악공、원(霰) [illegible] 라[랍]不能行者앉은뱅이、납(合) 衕 싱[형]步行貌걸음걷는모양、형(青) ⑤ 衒 쳰[현]自矜自謀자랑할、현(霰)眩衒同 術。쓔[술]技也재주、술又꾀、술業也술업、술心之所由심술부릴、술道也길、술(質) ⑥ 衕 퉁[동]通街거리、퉁(送) 衖 巷同 街。졔[개]四通路거리、가(佳) [illegible] 衛俗字 [illegible] 쥐[걔]倦也게을를、각又느릴、각(藥) [illegible] 웨[비]隱行암행할、비(微) ⑦ 衙。야[아]官府마을、아蜂房벌의집、아(麻)迓通 [illegible] 衙同 ⑨ 衝。충[충]突也충돌할、충又마주칠、충道路거리、충動也충동일、충(冬)衝同 衚 후[호]衕也ㅣ衕골목、호(虞) [illegible] 진[금]暗行가마니갈、금(沁) ⑩ 衛。웨[위]護也호위할、위又모실、위營也경영할、위(康叔所封國名)(霽) 衞 衛同 衡。헝[형]秤也權ㅣ저울、형車軛차멍에、형眉目之間눈퉁이、형(庚)橫通 衟 道古字 衠 쥰[준]正也바를、순不雜순전할、순(眞) [illegible] 쑈[소]淨也정결할、소(遇) ⑪ [illegible] 쐐[솔]統也거느릴、솔(質) ⑫ [illegible] 衝同 ⑱ 衢。취[구]四達之道거리、구(星名天ㅣ)(虞)

衣部

衣。이[의]庇身上衣裳옷、의(所以隱形)(微)服之입을、의(未) ② [illegible] 襻同 [illegible] 랸[료]小袴校ㅣ잠방이、요(篠) [illegible] 卒同 ③ 表。뱦[표]外面겉、표上衣웃옷、표明也밝을、표識也표할、표模範모뜰、표出衆ㅣㅣ표표할、표(篠) 衫 싼[삼]小襦적삼、삼衣之通稱옷、삼(咸) 衪 이[이]衣緣옷

선、이袖也소매、이(支) **衩** 차 [차]衽也褸ㅣ옷자락차、(禡)[채]襟也옷깃、채(卦) **袥** 탁 [탁]披衣옷헤칠、탁(藥) **衸** 지 [적]衫也적삼、적(錫)[표]襟也옷깃、표(效) ⓸ **衷** 중[중]中也속、충又가운데、충誠也정성、충褻衣속옷、충善也착할、충正也바를、충當也당할、충(東)斷其中折ㅣ절충할、충又알맞을、충(送) **衰** 쇄[쇠]殘微쇠할、쇠弱也약할、쇠耗也모손할、쇠㾕同[최]等也비등할、최(灰)喪服상복、최(支)縗通 **袂** 메[메]袖也소매、메又사매、메(霽) **袀** 쥔[균]戎服균복、균(眞) **衯** 뷴[분]衣長貌옷치렁거릴、분(文) **袁** 웬[원]衣長貌옷길、원(姓也)(元) **衮** 곤[곤]九章法服ㅣ龍衣곤룡포、곤(天子法服繡衣)(阮) **衺** 쎄[사]不正斜ㅣ비뚤어질、사(麻)邪斜通 **衾** 친[금]寢衣이불、금(侵) **衿** 찐[금]衣領옷깃、금士服靑ㅣ도포、금(侵)襟通結也衣系옷고름、금(沁)紟通 **衻** 싼[염]嫁衣纁ㅣ활옷、염衣緣옷선、염(鹽) **衽** 袵同 **衵** 싀[일]婦人常服內衣속것、일又속옷、일(質) **衲** 나[납]補也기울、납僧衣장삼、납(琴名百ㅣ)(合) **⿰衤少** 褾同 **衱** 찌[겁]衣裾옷뒷자락、겁衣領옷깃、겁(葉)袷通 **衭** 뿌[부]衣前襟옷앞깃、부(虞) **袑** 됴[초]死者衣수의、초(蕭) **袠** 表古字 **衴** 딴[담]衾緣이불、담(感) **⿰衤互** 후[호]短衣짧은옷、호(遇) **衹** 치[기]袈裟ㅣ被가사、기(支) **衼** 찌[지]袈裟衹ㅣ가사、지(支) **衶** 중[중]袴也바지、중(腫) **衸** 졔[개]脚絆행전、개衣幅옷폭、개(卦) **衳** 숑[송]褌也속바지、송(冬) ⓹ **被** 삐[피]寢衣이불、피着服입을、피(紙)覆也덮을、피及也미칠、피著也나타날、피(寘) **袘** 이[이]衣中옷속、이(支)裳下緣치마선、이(寘) **袪** 취[거]衣袂소매、거袖口소매아귀、거(魚) **袋** 대[대]囊也주머니、대又자루、대(隊)帒同 **袗** 쩐[진]袨服고운옷、진單衣홑옷、진(軫)裖同 **袢** 판[번]近身內衣속옷、번(元) **袒** 탄[단]偏脫衣ㅣ裼옷벗어엇멜、단衣縫옷솔터질、단(旱)襢綻通 **袨** 쎈[현]好衣고운옷、현(霰) **⿰衤朮** 쓔[출]鹿鶵縫성기게홀、출劒袋칼집、출(質) **袙** 帊同 **袎** 얀[요]襪頸버선목、요(效)

裊 어 아 衣長貌ㅣ裊옷치렁거릴、아 哿

袉 톼 타 裾也옷뒷자락、타 美也ㅣㅣ아름다울、타 長舒貌옷치렁치렁할、타 哿

袈 쟈 가 僧衣ㅣ裟가사、가 麻

衿 령 령 婦人嫁服直ㅣ활옷、영 梗

袧 쥐 구 喪服辟兩側상복사폭、구 尤

袤 뫄 무 延亙南北뻗힐、무 (東西曰廣南北曰ㅣ) 宥

袖 쑤 수 衣袂소매、수 宥 褎同、褏通

袜 머 말 腰帶허리띠、말 曷 足衣버선、말 月 襪韈同

袟 찌 질 劒衣칼집、질 質 帙秩通

袥 톼 탁 披開衣領옷깃헤칠、탁 衣衸옷자락、탁 藥

袠 帙同

⿱此衣 빼 피 衣不伸옷구길、피 寘 제 衣交衽옷자락여밀、제 霽

袍 퐈 포 長襦두루마기、포 衣前襟앞섶、포 豪 韓 平常禮服道ㅣ도포、포

⿰衤次 쒀 술 衣開孔옷에구멍날、술 質

袌 抱同

衹 듸 저 汗襦ㅣ裯땀받기、저 又속적삼、저 齊

袦 褔同

袝 뿌 부 盛服성한옷、부 遇

袑 쏘 소 袴襠바지、소 篠

袔 襸同

⿰衤正 정 정 小兒衣아이옷、정 庚

⿰衤立 라 랍 衣敝옷해질、납 合

袏 좌 좌 衣囊호주머니、좌 箇

⿰衤此 츠 지 換着衣옷갈아입을、지 紙

六

袽 녀 녀 敝衣袾ㅣ해진옷、여 魚

袴 쿠 고 脛衣바지、고 遇 絝同 과 兩脚間사타구니、과 禡 胯通

袿 꿰 규 婦人上衣부인웃옷、규 齊

裁 채 재 制衣ㅣ縫옷마를、재 度也헤아릴、재 判決판결할、재 灰 鑑別品ㅣ품재할、재 隊 財通

裀 인 인 內衣속옷、인 眞

裒 퍽 부 聚也모을、부 減也덜、부 尤 掊通

袼 꺼 각 衣袂當腋之縫겨드랑이솔기、각 藥

袵 신 임 衣襟옷깃、임 寑 衽同、臥褥요、임 沁

袱 뿌 복 包巾보자기、복 屋

裂 례 렬 破也찢을、열 繒餘비단자투리、열 綻也옷터질、열 屑

袺 졔 결 執衽옷섶잡을、결 屑

袹 매 말 始喪服邪巾ㅣ頭상복、말 又동건、말 黠 맥 腹帶배띠、맥 陌

袲 되 이 衣長貌裒ㅣ옷치렁거릴、이 紙 타 義同 哿 치 義同 支

袷 졔 겹 曲領동근깃、겹 葉 衱通 겹 合 衣겹옷、겹 洽 裌通

袾 쥬 주 短衣ㅣ襦짧은옷、주 內衣속옷、주 虞

袶 쟝 강 草名풀이름、강 講

⿰衤存 춘 존 衣帶돌띠、존 元

⿰衤充 츙 충 短衣ㅣ裾짧은옷、충 東

䘿 얼 [이] 衣之縮皺옷구김살、이(支) 𧘹 융 [융] 軍服군복、융(東) 𧙄 [일] 禮服一種예복、상 ㊆ 裏 리 [리] 衣內옷속、이表ㅣ속、이又안、이(紙) 裡同

裡 裏同 補 뿌 [보] 綴也기울、보助也도울、보(數名十垓曰ㅣ)(麌) 裋 쓔 [수] 長襦ㅣ褐두루마기、수敝衣해진옷、수(麌) 裕 위 [유] 寬也너그러울、유饒也넉넉할、유綏也늘어질、유(遇)

裙 췬 [군] 裳也치마、군(文) 帬同 裔 이 [예] 衣裾옷뒷자락、예後嗣후손、예邊也四ㅣ가、예種類苗ㅣ싹、예又씨、예(遠代子孫謂之ㅣ)(霽) 裞 쒜 [세] 贈死者被衣수의、세追服추복입을、세(日月已過乃聞喪而服曰ㅣ)(霽)

裖 袗同 裍 쿤 [곤] 縛衣옷동일、곤(阮) 裊 냐 [뇨] 曳貌끌릴、요又끄을、요騕美ㅣ娜간들거릴、요(騕馬名騕ㅣ)(篠) 褭通

裟 싸 [사] 僧衣袈ㅣ가사、사(麻) 裝 쫭 [장] 飾也꾸밀、장又장식할、장裹也行ㅣ봇짐、장又행장、장(陽) 裎 청 [정] 裸體벌거벗을、정(梗)(庚)

裘 착 [구] 皮衣갖옷、구(孤ㅣ、羊ㅣ)(尤) 裗 류 [류] 裞也衣縷실끝、유又옷해질、유襟也옷깃、유(尤) 裓 꺼 [극] 衣裾옷뒷자락、극(職) 裛 이 [읍] 纏也얽을、읍香襲衣옷에향내밸、읍書囊책주머니、읍(緝) [엽] 義同(葉)

裌 쨔 [겹] 合衣겹옷、겹(洽) 袷通 裲 룽 [롱] 衣一件옷한벌、농(送) 裶 무 [목] 衣縫혼솔、목(屋) 䘵 어 [아] 衣服盛飾옷모양낼、아又옷치장할、아(歌)

裚 찌 [제] 斷衣옷끊을、제(霽) 裷 썬 [한] 小兒涎巾아이턱받기、한(潸) 裻 쥰 [준] 袴裫바지통、준(眞) ㊇ 裨 피 [비] 補也기울、비又도울、비益也더할、비小也작을、비與也줄、비(朝服ㅣ冕)(支)

裶 뼤 [비] 曳衣貌ㅣㅣ옷줄줄끌릴、비(微) 裾 쥐 [거] 衱也衣後옷뒷자락、거(魚) 裯 츄 [도] 衣袂소매、도(豪) [주] 單衣홑이불、주(尤) 幬通

裞 이 [예] 衣縷옷해질、예又시침실、예(齊) 製 찌 [제] 裁也마루잴、제制也、造也지을、제式也법제、제(霽) 裼 씨 [석] 露肩袒ㅣ어깨드러낼、석(錫) [체] 褓也포대기、체(霽) 褅通

裴 피 [배] 衣長貌옷길、배(姓也)(灰) 裵同 裵 裴同 裸 뤄 [라] 赤體벌거벗을、나(哿) 躶羸嬴同 裩 褌同 裹 꿔

[과]包也쌀、과纏也얽을、과(哿)(箇) **裳**° 상 [상]婦人腰下掩衣치마、상(陽) **⿰衤定** 同綻 **裲** 량 [량]裲腹ㅣ襠배자、양(ㅣ襠掛着胸背兩面而缺其兩臂者)(養) **⿰衤朋** 同綳 **裺**

[염]衣寬옷너그러울、암(陷) **裧**° 同襜 **⿰衤屈** 쿠 [굴]短衣杭ㅣ짧은옷、굴又등거리、굴(物)袖同 **裻**° 두 [독]背縫등솔기、독衫襦橫幅소매、독(沃) **⿰衤夜** 이 [액]衣

掖下ㅣ縫겨드랑이솔기、액(陌)掖通 〈**裪**〉 도 [도]袖也襦ㅣ소매、도(豪) **⿰衤录** 루 [록]衣聲옷소리、녹(屋) **⿰衤肙** 완 [연]袖曲處소매뚜리、연(先) **裬**° 룽 [릉]馬腹下帶말

북두、능(蒸) **裱**° 뱌 [표]領巾목수건、표(嘯) **裰**° 뚸 [탈]補也기울、탈[철]義同(曷) **䘹** 쒸 [쉬]副衣여벌옷、쉬單衣홑옷、쉬(或音쇄)(隊) **袲** 치 [계]開衣옷헤칠、계(薺)

⿰衤宛 웬 [원]袖耑屈處소매뚜리、원(阮) **裮** 창 [창]衣不帶띠아니멜、창(陽) **褀** 지 [기]繫也맬、기(眞) **褂** 꽈 [괘]馬ㅣ마고자、괘(卦) **九** **褘**° 웨 [위]帳也장

막、위美也아름다울、위幃通 [휘]后祭服翟ㅣ후의제복、휘(微) **褚**° 츄 [저]綿絮裝衣옷에솜둘、저囊也주머니、저蓄也쌓을、저覆棺物구의、저又관덮개、저(姓也)(語)紵通 **褕**°

유 [유]直裾襜ㅣ괘자、유翟羽飾衣꿩의깃으로꾸민옷、유(虞) [요]皇后服ㅣ狄황후의옷、요(蕭) **褆** 티 [제]衣厚ㅣㅣ옷두터울、제(齊) **褌**° 쿤 [곤]褻衣合襠속것、곤又잠방이、곤

(元)裩同 **褍** 똰 [단]衣正幅玄ㅣ옷바른폭、단(寒)端通 **褖** 퇀 [단]后服황후의옷、단(翰)緣通 **褊**° 삐 [편]衣貌ㅣ襹옷너풀거릴、편(先)[변]狹也좁을、변(銑) **褋** 더

[접]襌衣홑옷、접(葉) **褓**° 빠 [보]小兒被襁ㅣ포대기、보(皓)緥同 **褎** 同袖 **褏**° 우 [유]衣服盛飾옷치레할、유進也나갈、유長也걸、유禾盛貌벼성할、유[수]袂也소매、수(宥)

袖通 **複**° 뿌 [복]重衣겹옷、복(衣服有裏曰ㅣ)(屋)復通[부]重也거듭、부(宥) **褐** 허 [갈]毛布털베、갈麤布굵은베、갈賤者所服갈옷、갈(曷) **⿰衤要** 얏 [요]衣襻옷고름、요(蕭)褄

同 **褏**° 褎俗字 **⿰衤有**° 뛰 [타]無袖衣소매없는옷、타(箇) **⿰衤畏** 웨 [의]垢衣때묻은옷、의(灰) **褑** 웬 [원]佩玉之帶패옥띠、원(霰) **⿱夆衣** 뿡 [봉]臬履미투리、봉

㊀董 **帽** 만 [모] 小兒頭帽어린아이남바위、모又모자、모(號) **褗**。 엔 [언] 衣領옷깃、언(阮) **⿰衤癸** 궤 [규] 衣之分裾옷뒤틀릴、규(齊) **褙** 빼 [배] 襦也배자、배又등거리、배(隊) [華]褾ㅣ배접할、배 **裒** 뿌 [부] 聚也모일、부(尤) **⿰衤臿** 시 [습] 衣重緣옷겹선、습(緝) **⿰衤要**。 옌 [연] 衣縮옷구김、연(銑)

(十)

⿰衤邕 웅 [옹] 襪襂버선목、옹(宋) **褫**。 츠 [치] 蓐衣ㅣ氈옷잇、치神志喪失ㅣ魄넋잃을、치奪衣옷빼앗을、치解衣옷끄를、치(紙)(寘) **褤** 繯同 **褦** 내 [내] 涼笠ㅣ襶패랑이、내又평량자、내不曉事ㅣ襶분수없을、내(隊) **褞** 원 [온] 褐衣굵은베옷、온(元) **褪** 툰 [톤] 卸衣옷벗을、톤花謝꽃떨어질、톤(願) **褰**。 첸 [건] 袴也바지、건扱衣옷걷을、건(先) 攐同 **褭** 냐 [뇨] 以組帶馬말북두、뇨駿馬騕ㅣ쥰마、뇨(篠) 裊通 **褧**。 징 [경] 襌也홑、경縠也저사、경(梗)(迥) 絅顈通 **⿰衤芻** 쮸 [추] 衣不伸옷구길、추(宥) **褥**。 수 [욕] 籍也裀ㅣ요、욕(沃) **褡** 따 [답] 衣敝옷해질、답小被橫ㅣ처네、답(合) **褠**。 꺽 [구] 袖狹襌衣소매좁은홑옷、구(尤) **褢**。 홰 [회] 胷衿藏物품을、회(佳) **⿰衤殺** 쌔 [쇄] 衣削幅사폭、쇄(卦) **⿰衤冥** 襪同 **褱**。 懷古字 **褨** 취 [차] 衣長貌옷길、차(哿) **褩** 빤 [반] 衣表옷거죽、반(寒) **⿰衤畜** 츄 [축] 藏也감출、축貯也쌓을、축(屋) **褮**。 잉 [형] 袂也옷에구멍날、형(庚) **褯** 쪠 [자] 小兒服어린애옷、자(禡) **褲** 쿠 [구] 袴也바지、구(遇) **⿰衤盍** 허 [합] 婦人上衣계집저고리、합(合)

(十一)

褵。 리 [리] 衣帶돌띠、이(支) 縭通 **褼** 쎈 [선] 衣貌褊ㅣ옷너풀거릴、선(先) **褾** 뱦 [표] 袖端소매끝、표卷帙飾ㅣ褙책의、표(篠) ⿰衤少同 **⿰衤鳥** 댜 [조] 短衣짧은옷、조(蕭)(篠) **襄**。 쌍 [양] 贊也도울、양平也편편할、양上也오를、양盛也성할、양(陽) **襂** 싼 [삼] 羽衣垂貌ㅣ襹깃옷늘어질、삼(侵) 腰帶허리띠、삼(咸) **襁**。 걍 [강] 負兒衣ㅣ褓포대기、강(養) **褸**。 랔 [루] 衣敝襤ㅣ옷해질、누(虞) **襀** 쪄 [적] 衣間蹙襞ㅣ옷주름、적(陌) 積通 **褶**。 데 [뎝] 騎服袴ㅣ슬갑、습(緝) [첩] 襲也裌衣껴입을、첩(葉) **褺**。 데 [뎝] 重衣겹옷、첩(巴)郡縣名ㅣ

六畫 衣 衣

江)(葉) **⿰衤區**。역[구]小兒涎衣 어린애턱받기、구(尤) **⿰衤徙** 同襹 **⿳亠冏衣** 이[예]裾也 옷뒷자락、예(人名明ㅣ之)(霽) **褻**· 쎄[설]裏衣 속옷、服 사복、설(屑) 媟通 **⿰衤率** 쐐[솔]短衣 裙ㅣ짧은옷、솔(質) **⿰衤盍** 커[합]前後兩當衣ㅣ襠 더그레、합(合) **襃**·。빠[포]揚美 포장할、포又 기릴、포(谷名ㅣ斜)(豪) **⿱臤衣** 이[예]小兒涎衣 어린애턱받기、예(霽) **⿰衤戚** 츄[초]鮮也 선명할、초 好衣 고운옷、초 又 선명한옷、초(語) **⿰衤速** 쑤[속]衣聲 襋ㅣ옷소리、속(屋) **⿰衤舂**。좡[용]短敝衣 짧고 해진옷、용(冬) **⿰衤從**。쭁[종]襌衣ㅣ襍 홑옷、종(腫) **⿱歲衣**·。웨[외]薦也 깔、외(賄) **⿰衤畢** 빵[필]肩條 질빵、필

十二

⿰衤曾 티[체]褓也 포대기、체 又 처네、체(霽) 裼通 **襌**·。딴[단]單衣 홑옷、단(寒) **襇**。잰[간]裙幅相攝 치마주름、간(諫) **⿴衣㠭**。진[전]后服丹縠衣 붉은저사옷、전(銑) 襢通 **⿰衤堯** 산[요]翦衣 칼전대、요(蕭) **⿰衤賀** 허[하]袖也 소매、하(箇) 袔同 **襐**·。쌍[상]首飾 머리치장할、상(養) **⿰衤黃** 형[횡]小被ㅣ褡 처네、횡(庚) **⿰衤尋**。씬[심]衣大 옷클、심(侵) [람]義同(感) **⿰衤業** 同幞 **⿰衤發**· 뻐[발]雨衣ㅣ襶 도롱이、발又니역、발(曷) **⿰衤最** 취[촬]緇布冠 치포관、촬(或音)촬(曷) [최]衣領 옷깃、최(泰) **⿰衤敝**· 삐[별]拂衣 떨칠、별(屑) **⿰衤棘**。지[극]衣領 옷깃、극(職) **⿰衤集** 同雜 **⿰衤虛** 취[거]衣系 옷고름、거(魚) **⿰衤厥**。줘[궐]揭衣渡 옷걷고 건늘、궐(月) **⿰衤替** 티[체]綴也 꿰맬、체(霽) **⿰衤戠** 지[직]裝飾 꾸밀、직(職)

十四

襛 눙[농]衣厚 옷두터울、농(冬) **襚**·。쒜[수]死者衣服 수의、수(寘) 禭同 **襘**。쾌[괴]帶所結 띠맬、괴 領交會 옷깃、괴(泰) **⿰衤贏**· 同裸 **襢** 단[전]喪廬不障ㅣ簀 여막、전(銑) 后服丹縠衣 붉은저사옷、전(霰) ⿴衣㠭通 [단]肉袒 옷벗을、단(旱) 袒通 **襟**·。진[금]交衽 옷깃、금(侵) 衿通 **⿰衤零** 同⿰衤靈 **襖** 안[오]袍屬 도포、오(皓) **襠** 땅[당]袴屬 褌ㅣ잠방이、당 又 고의、당 衣名 裲ㅣ배자、당(陽) **襜**。잔[첨]衣整貌ㅣ如 옷가지런할、첨 車帷 수레휘장、첨(鹽) 幨通、蔽前衣 앞치마、첨(豔) 裧同 譫通 **襡**· 쑤[촉]長襦 긴두루마기、촉 連腰衣 袿ㅣ통치마、촉(沃) **⿱辟衣**。삐[벽]帬襵ㅣ積 치마주름、

(陌)벽 襗。떡[탁]褻衣속옷、탁(陌) 襋 허[핵]衣領中骨깃받침、핵(陌) 褶 뚜[독]衣背縫옷등솔、독(沃) (十四) 齌 으[자]衣下縫옷단홀、자(支)齊通 襦· 수[유]短衣저고리、유(虞)[韓]紙衣ㅣ衫유삼、유布笠匠曰ㅣ匠베쐐기갓장이、유 襣· 삐[비]犢鼻褌쇠코잠방이、비(以三尺布作形如牛鼻故曰犢鼻褌)(寘) 襤。란[람]襜衣ㅣ褸해진옷、남(覃)繿同 襶 쩨[자]小兒衣帶어린아이돌띠、자(禡) [illegible]。쭤[탁]衣至地옷끌릴、탁(屋) [illegible] 깨[개]上衣웃옷、개(卦) [illegible] 레[려]衣相着옷서로닿을、엽(葉) 襲 [illegible]同 襨 [韓]皇室所御服衣ㅣ의대、대 [illegible] 나[날]奴服하인옷、날(黠) [illegible] 귀[과]包衣옷쌀、과(箇) (十五) 襭。쎄[혈]以衣袵扱物옷섶에쌀、혈(屑)擷通 襬 삐[피]裙也치마、피(支) 襫 씨[석]雨衣襏ㅣ뉘역、석又우비、석(陌) 襪 韈袜同 襮 뼉[박]黼領수놓은깃、박表也거죽、박(藥) (十六) 襱。룽[롱]袴兩股바지양쪽가랑이、농(東) [illegible] 襚同 襯 천[츤]近身衣속옷、츤(震) 襲。씨[습]重衣껴입을、습因也인할、습斂尸염습할、습嗣爵承ㅣ습작할、습掩其不備曰ㅣ엄습할、습(緝) (十七) [illegible] 쳰[건]袴也바지、건(先) 襴 란[란]裳與衣連ㅣ衫난삼、난(寒) 襳· 쎈[섬]長帶긴띠、섬(鹽)[삼]旗旒깃발、삼(咸) [illegible]。잉[영]作襞주름잡을、영(敬) 襷 [日]肩條멜빵、거又질빵、거 (十八) 襶· 대[대]不曉事襶ㅣ우둔할、대又분수없을、대涼笠襶ㅣ평량자、대(隊) [illegible]。襮古字 襵 쪄[접]襞積주름질、접(葉)帆通 (十九) 襹。쓰[시]羽衣貌襹ㅣ깃옷푸수수할、시[사]義同(支)褷同 襼 이[예]袂也소매、예(霽) 襻 판[반]衣系옷고름、반(諫)袢同 襺。쪤[견]新綿著衣새솜옷에둘、견(銑) 襸·。잔[찬]鮮衣고운옷、찬(翰) [illegible] 라[라]婦人上衣계집웃옷、나(歌) (二十) [illegible] 젠[건]袴也바지、건(先) (二十一) 襡· 쓔[촉]長襦긴두루마기、촉(沃) (二十二) [illegible] 낭[낭]寬也너그러울、낭(漾) (二十四) [illegible]。링[령]衣光옷광채날、영(靑)[illegible]同

襾 要 覃 覆 覈　見 規 視 覘

襾部

襾 야 [아] 覆也덮을、아(禡)

西 씨 [서] 日入方서쪽、서又서녘、서(齊)

覀 밍 [명] 同也같을、명(青)

㊂ **要** 얏 [요] 求也구할、요察也살필、요會也모을、요勒也억륵할、요(蕭) 約也언약할、요樞也중요할、요欲也하고자할、요(嘯) 腰邀通

㊃ **[覀+幵]** 쏀 [현] 人名孫ㅣ사람이름、현(先)

㊄ **覂** 뿡 [봉] 覆也덮을、봉泛通、乏也ㅣ竭다할、봉馬有逸氣不循軌轍ㅣ駕말내댈、봉又멍에벗을、봉(腫)

㊅ **[覀+里]** 씨 [흐] 俗音 [규] 鄐也더러울、규(齊)

覃 탄 [담] 及也미칠、담延也뻗을、담布也펼、담長也길、담深廣웅섡깊을、담(覃)

㊇ **[覀+服]** 뻬 [복] 農夫醜稱儓ㅣ고공이、복又시골뜨기、복(職)

㊉ **[覀+走]** 꿰 [규] 行竈들고다니는화덕、규(齊)

⑫ **覆** 뿌 [복] 反也도리킬、복又회복할、복敗也엎칠、복倒也엎더질、복審也檢ㅣ살필、복(屋) 復通 [부] 蓋也덮을、부伏兵군사매복할、부(宥)

⑬ **覈** 허 [핵] 考事得實핵실할、핵又사실할、핵(陌) 核通

覇 霸俗字

⑰ **覉** 예 [기] 旅寓寄也나그네、기(支) 羈俗字

⑲ **覊** 覉同

七畫

見部

見 쎤 [현] 發露드러날、현顯也나타날、현謁ㅣ보일、현現通 [견] 視也볼、견(霰)

㊃ **規** 꿰 [규] 正圓器ㅣ矩그림쇠、규法度법、규計也ㅣ求계교할、규正也箴ㅣ바르게할、규(鳥名子ㅣ)(支) 䂓同、雉通

覓 미 [멱] 尋也찾을、멱(錫) 覔同

覔 覓俗字

覑 펜 [편] 視貌스쳐볼、편(人名)(銑)

覒 맢 [모] 視也볼、모(豪)

[开+見] 니 [니] 閉口貌입다물、이(支)

㊄ **覗** 쓰 [사] 窺視엿볼、사(支)

[宀+乚+見] 씌 [시] 伺候기다려볼、시(支)

視 쓰 [시] 見也볼、시比也견줄、시效也본받을、시(紙)(寘) 眡同

覘 잔 [점] 窺視엿볼、점(鹽)(豔) 佔貼同

[氐+見] 미 [미] 病人視貌병든사람볼、미(微)

覕 瞥同

[厄+見] 어 [액] 善驚놀라기잘할、액(陌)

[台+見] 시 [시] 誘引유

인할、시(支)

六

覜。됴 [조] 視也보일、조(諸侯三年大相聘曰ㅣ)(嘯)

⿰巠見 同覿

覛 同脈

⿰叔見 취 [척] 柔也ㅣ覢수굿할、척(錫)

⿰吉見 젠 [길] 人名必ㅣ사람이름、길(質)

七

覡。씨 [격] 男巫사내무당、격又박수、격(事之神明豫言吉凶者、女曰巫男曰ㅣ)(錫)

覝 렴 [렴] 察視살펴볼、렴(鹽)

覞 요 [요] 竝視아울러볼、요(嘯)

⿰赤見 허 [혁] 見也볼、혁(地名ㅣ峴)(陌)

覠 군 [균] 大視크게볼、균(眞)

⿰告見 꼬 [고] 熟視오래볼、고又우두커니볼、고(號)

⿰窅見 묘 [묘] 深視뚫어지게볼、묘(篠)

⿰志見 즈 [지] 審視자세볼、지(寘)

⿰朕見 천 [첨] 私出頭視가만히머리내밀고볼、침(侵)

八

覢。싼 [섬] 視貌ㅣㅣ물끄럼이볼、섬(琰) 睒通

⿰婁見。루 [루] 共視한가지볼、녹眼曲而視눈고부장이볼、녹(屋)

⿰厓見 애 [애] 笑視웃고볼、애(蟹)

覣。웨 [위] 好視좋게볼、위(支)

⿰來見 래 [뢰] 俗音 [래] 內視안으로볼、내(隊)

覤 씨 [혁] 驚貌ㅣㅣ깜짝놀랄、혁(陌)

⿰叕見 쐐 [세] 破碎부스러뜨릴、세(霽)

九

覦。유 [유] 欲得覬ㅣ넘겨다볼、유(虞)

覩 睹古字

親。친 [친] 愛也사랑할、친近也친할、친又가까울、친躬也몸소、친又손수、친九族戚ㅣ겨레、친又친척、친(父母兄弟妻子謂之六ㅣ)(眞) 婚家사돈、친(震)

覧 覽俗字

⿰扁見 편 [편] 斜視빗겨볼、편(先)

⿰咢見 어 [악] 久視오래볼、악(藥)

⿰鬼見 퀘 [규] 遙視음란하게볼、규(支)

⿰省見 썽 [생] 脚露종아리드러낼、생(梗)

⿰甚見。탄 [담] 徐視천천이볼、담(感)

⿱敄見 착 [추] 悶視민망이볼、추(宥)

⿰相見 상 [상] 信也믿을、상(養)

⿰眇見 꼐 [게] 直視바로볼、게(霽)

十

覬。지 [기] 希望ㅣ覦바랄、기(寘)

覯 꾸 [구] 遇見만나볼、구(宥)

⿰旁見 팡 [방] 側視貌곁눈질할、방(養)

⿰員見 윈 [윤] 姓也ㅣ平성、윤(問)

⿰兜見 뚜 [두] 目蔽垢눈꼽낄、두(尤)

覭。밍 [명] 暗處密窺어둔데서엿볼、명(青)

⿰耆見 치 [기] 視也볼、기(支)

⿰鹵見 와 [유] 下視探物내려다보며찾을、유(尤)

⿰益見 좐 [견] 遠視멀리볼、견(先)

十一

覰 취 [처] 伺視엿볼、처(御) 覻同

覲。진 [근] 謁見보일、근(諸侯秋見天子曰ㅣ)(震)

覼 뤄 [루] 細視자세히볼、누 片盲ㅣ睽애꾸、누(尤) 覱 찬 [참] 避也피할、참(咸) 覹 뱌 [표] 所見省察둘러볼、표(篠) 䙾 이 [예] 視貌흘깃거릴、예(霽) 覿

재 [책] 憎視밉게볼、책(陌) ⑫ 覵 쟨 [한] 覷也엿볼、한(刪) [간] 雜也섞일、간(諫) 瞷同 覴 뎡 [등] 久視오래볼、등(蒸) 覾 覵同 覿 쪄 [적] 目赤눈

붉을、적 遙視멀리바라볼、적(錫) 覸 깐 [고] 見也볼、고(豪) 䚒 썬 [심] 深見깊이볼、심下視내려다볼、심(寑) 覹 린 [린] 親也친할、인(震) 覽 瞀同 覽 매

[매] 小視조금볼、매(佳) ⑬ 覺 쟈 [각] 寤也깨달을、각知也깨우칠、각直也꼿꼿할、각大也클、각(覺) [교] 夢醒꿈깰、교(效) ⑭ 覼 뤄 [라] 好視좋게볼、나委曲ㅣ縷곡

진할、나(歌) 覼同 ⑮ 覽 란 [람] 視也볼、남周視두루볼、남(感) 覿 듸 [적] 謁見뵈올、적(錫) 覿通 覿 삔 [빈] 暫視ㅣ覼잠간볼、빈(震) 覹 뺀 [번] 暫視覼

ㅣ잠간볼、번(元) 覼 리 [려] 疾視몹시볼、여(霽) ⑰ 覼 야 [요] 誤視잘못볼、요 又그릇볼、요(嘯) ⑱ 觀 꽌 [관] 視也볼、관示也보일、관闕也대궐、

관容貌儀ㅣ형용、관道宮樓ㅣ도관、관壯麗壯ㅣ장관、관(翰) 覼 궤 [규] 注視눈녀겨볼、규(支) ⑲ 覼 리 [리] 求也구할、이索視찾아볼、이(眞)

角部

角 쟈 [각] 獸所戴芒ㅣ뿔、각觸也받을、각競也다툴、각校也비교할、각隅也모퉁이、각吹器대평소、각量器휘、각頭髻總ㅣ총각、각(宿名二十八宿之一)(覺) [록] (商山四皓之一ㅣ里)(屋) ② 觔 筋同 觓 뛰 [다] 角短貌뿔짧을、다(歌) 觓 觩同 ③ 觛 扛同 觛 씬 [신] 二十枚스무개、신(眞) 觙 챠

[차] 角簪뿔비녀、차(麻) ④ 觖 꿰 [결] 怨也원망할、결不滿ㅣ望서운할、결(屑) 觕 麤同 觕 觸古字 觚 파 [파] 牛角張뿔뻗을、파(麻) 觘 샤 [소] 角

匙뿔숟가락、소(肴) ⑤ 觜 쮜 [자] 西方宿名ㅣ觿자별、자(二十八宿之一)(支) [취] 喙也부리、취(紙) 嘴通 觚 꾸 [고] 酒爵술잔、고方也모질、고竹簡대쪽、고(虞) 柧箛通 觝

抵同

觝 距同

觷 뉘 [낙]屋角집모퉁이、약(覺)

觘 쓰 [사]角器뿔그릇、사(寘)

六

解 째 [해]判也풀、해緩也느즈러질、해(卦名)[개]釋也끄를、개脫也벗을、개散也헤칠、개(蟹)發也ㅣ額발신할、개物自散흩어질、개(卦)

觥 팡 [굉]大也클、굉酒器兕ㅣ뿔술잔、굉剛直ㅣㅣ꼿꼿할、굉(庚)觵通

觡 꺼 [격]鹿有枝角사슴뿔、격(麋角有枝曰ㅣ無枝曰角)(陌)

觟 獬同

觠 좐 [권]曲角굽은뿔、권(先)

觢 씨 [서]兩角竪立두뿔곧두설、서(霽)

觤 꿰 [궤]角一長뿔하나길、궤(紙)

[illegible] 빠 [파]角曲뿔굽을、파(麻)

七

觲 씽 [성]角弓調利활바로잡을、성又활저마할、성(庚)觪同、騂通

觩 착 [구]角上曲貌뿔끝굽을、구弓健貌활핑핑할、구(尤)觓同、捄通

觫 쏘 [속]懼貌觳ㅣ곱숭거릴、속又두려워할、속(屋)

⿰角肖 쌋 [초]牛角開貌쇠뿔벌어질、초(巧)角上銳뿔끝뾰족할、초(效)

⿰角告 꾸 [곡]象也코끼리、곡治象牙상아다듬을、곡(沃)

⿰角希 시 [희]好角좋은뿔、희(紙)

⿰角多 치 [치]角不正뿔뒤틀어질、치(紙)

八

觭 치 [기]兩角俯仰어박뿔、기又천지각기(角一俯一仰)得也얻을、기隻也외짝、기(支)奇通

⿰角卒 주 [졸]角初生뿔첨날、졸(質)

⿰角得 대 [대](人名宋都ㅣ)(賄)

⿰角昆 훈 [혼]角圓貌뿔둥그스럼할、혼(阮)

⿰角卑 삐 [패]角橫倒貌뿔비뜨름할、패(齊)

⿰角叕 졔 [결]角觸뿔에받칠、결(屑)

⿰角來 대 [대]俗音[래]角心뿔심、내(賄)

九

⿰角思 쌔 [새]角中骨뿔속뼈、새(灰)

⿰角耑 똰 [단]獸名角ㅣ각단、단(形似豕而角在鼻上堪爲作弓)(寒)

⿰角咠 치 [즙]角多ㅣㅣ뿔많을、즙(緝)濈通

觱 삐 [필]蕃樂ㅣ篥대평수、필(羌人所吹角屠ㅣ以驚馬)風寒ㅣ發쌀쌀할、필(質)滭滭通

⿰角枼 처 [철]角也뿔、철帶飾띠장식、철(天子革帶玉鉤ㅣ、太子革帶金鉤ㅣ)(屑)

⿰角宣 쒠 [헌]角揮뿔두를、헌(先)

觰 따 [다]角根뿔뿌리、다(麻)

⿰角是 디 [제]角鬢뿔비녀、제(齊)

十

觳 꾸 [곡]懼貌ㅣ觫두려울、곡又떨、곡盡也다할、곡(屋)[각]無潤윤택지않을、각又가슬가슬할、각競也다툴、각(覺)斛通

⿰角羊 觲同

⿰角虒 치 [이]角傾뿔기울어질、이(紙)

十一

⿰角昜

쌍 [상]酒卮總名잔、상(陽)觴同

⑫ 觶 지 [치]鄉飲酒器술잔、치(四升入角)罰爵벌술잔、치(寘)

觵 굉 [굉]酒器兕ㅣ뿔술잔、굉(庚)觥通

⿰角矞 웨 [결]有舌鐍미늘있는고리、결(屑)觼同、鐍通

⑬ 觸 쵞 [촉]觝也받을、촉又써를、촉犯也범할、촉(沃)

觷 쒜 [학]角也뿔、학治角뿔다듬을、학(覺)

觹 씨 [혀]角飾杖頭뿔로지팡이에손잡이할、혀(錫)

⑭ 觺 이 [의]角利ㅣㅣ뿔예리할、의(支) [억]義同(職)

⑮ 觻 루 [악]角鋒뿔끝、악(錫) [록](縣名)(屋)

觼 ⿰角矞同

⑯ 觾 옌 [연]鳥名巂ㅣ전연、연(霰)

⑱ 觿 씨 [휴]角錐뿔송곳、휴(左佩小ㅣ右佩大ㅣ)(支)(齊)

⿰角雚 촨 [권]揮角뿔두를、권(元)

言部

言 옌 [언]語也말씀、언又말할、언(直ㅣ曰ㅣ、論難曰語)語辭어조사、언(元)

② 訃 부 [부]告喪부음、부又통부、부(遇)

計 지 [계]數也ㅣ算셀、계又셈、계又회계、계謀策꾀할、계又계교、계(霽)

訇 헝 [굉]大聲訇ㅣ큰소리날、굉(庚)

訂 띵 [정]評議평론할、정正定바로잡을、정(迥)(徑)

訆 叫同

⿰言乃 성 [잉]厚也후할、잉(蒸)訒同

訄 직 [구]迫也급할、구(尤)

③ 訌 훙 [홍]潰也무너뜨릴、홍敗也패할、홍爭訟相陷모함할、홍(東)虹通

訑 이 [이]淺意自得자긍할、이(支)詑施通 [탄]放也慢ㅣ방탕할、탄(翰)誕通

記 지 [기]註也주낼、기錄也기록할、기又적을、기書也글、기志也뜻、기(寘)

訏 쒸 [우]詭也속일、우大也ㅣㅣ클、우(虞)

訒 신 [인]鈍也둔할、인訥言말어눌할、인(震)

訊 씬 [신]問也물을、신鞫罪국문할、신(震)誶迅通

訓 쒼 [훈]誨也가르칠、훈說教뜻일러줄、훈註解ㅣ詁주낼、훈(問)

訔 訓古字

訕 싼 [산]謗也비방할、산(刪)(諫)

⿰言口 叩同

討 탄 [토]治也다스릴、토誅也칠、토訶也꾸짖을、토探也탐지할、토(皓)

訉 빤 [범]多言수다할、범(陷)

訖 치 [흘]至也이를、흘終也마칠、글(物)迄通

訐 졔 [알]發人陰私발각할、알(月)

託 퉈 [탁]寄也委也부탁할、탁(藥)侂同

⿱大言 誇古字

訋 댜 [조]聲

也소리、조(嘯) 訔 인 [은]爭論ㅣㅣ시비할、은(眞) 訬 信古字 訍 차 [차]異言딴말할、차(禡) 謑同、訏也발각할、차(麻) 訂 지 [기]呻也高聲소리지를、기(支) 訏。

와 [와]拒絕거절할、와又끊을、와(歌) ㊃ 訉 완 [완]發也語始말시작할、완(人名與ㅣ)(翰) 訑 識同 訟。쑹 [송]爭辯송사할、송責也꾸짖을、송(卦名)(宋) 許。쉬

[허]與也承諾허락할、허處所곳、허(國名)(語) [호]衆力聲ㅣㅣ여럿이지르는소리、호(虞) 詉 녜 [녀]말바르지아니할、나(麻) 䛘 同呝 訞。얍 [요]巧言공교히말할、요災也ㅣ孽재앙、

요(蕭) 訢 씬 [흔]喜也기뻐할、흔欣遷 [은]和敬貌ㅣㅣ공순할、은(文)誾通 訬。찬 [초]輕也가벼울、초(效) 訛。어 [와]僞也거짓말、와鄙言사투리、와動也소동할、와和也화할、

와(歌)吪譌通 訝 야 [아]疑怪의혹할、아迎也맞을、아(禡) 訪。빵 [방]謀也꾀할、방尋也심방할、방(漾) 訩 쓩 [흉]訟也송사할、흉亂也어지러울、

흉(腫)詾同 訧 우 [우]罪也허물、우(尤) 訥。누 [눌]言難謇ㅣ말더듬거릴、눌(月) 訣。꿰 [결]別也이별할、결方術要法비결、결(屑) 設。써 [설]陳也베풀、

설作也지을、설假借辭서령、설(屑) 託 만 [모]信也소식、모(號) 訮 諺同 訷 이 [억]快也쾌할、억(職) 訌 同誑 䚋 원 [운]言語不定訡ㅣ말정하지못할、

운(文) 詽 산 [염]多言ㅣㅣ말수다할、염(鹽) 訰 쭌 [준]亂也ㅣㅣ어지러울、준(震) 䚹。우 [유]從也좇을、유(尤) 訡 同吟 訨 쯔 [지]訐也들

쳐낼、지(紙) 𧦧 詩古字 訦。천 [신]信也믿을、신(侵) 訒 썬 [신]況也하물며、신(軫) 䛺 쎄 [해]言善말잘할、해(卦) 䛑。야 [부]語辭어조사、부(虞)

訜。옾 [분]語不定ㅣ訟말정하지못할、분(文) 䚮。同訒 䛊 이 [치]快也쾌할、치(寘) 訹 턱 [유]誘也꾀일、유(有) 䛀 후 [호]기록할、호(遇) 𧦝 착 [축]부

끄러워할、축(屋) 䚾。겨 [과]말더딜、과(箇) 䛉 인 [음]泣也울、음(侵) 訯 사 [사]지꺼릴、사(馬) 䛀 앤 [반]자랑할、반(寒) 䛂 쥐 [균]속일、균(震) 𧥷 인 [임]생각할、임(侵)

五

詞。ᄎ 사 言也말씀、사 告也고할、사 文也글、사 支

訾。쯔 자 毁也훼방할、자 又흉볼、자 量也어림할、자 思也생각할、자 病也병통、자 支 限也한정할、자 紙 訿同

詖。삐 피 辯也말잘할、피 佞也간사할、피 不正險ㅣ알소할、피 支 寘

詒 이 이 贈言遺也줄、이 懈倦貌誒ㅣ느른할、이 支 貽同 태 欺也속일、대 賄 隊 紿同

詑 튀 이 自得貌ㅣㅣ자득할、이 支 訑同 타 欺也속일、타 歌

訿 訾同

詈。리 리 罵ㅣ욕할、이 寘

詛 쥬 조 告禱神明、저주할、조 又방자할、조 語 御 阻通

詎 쮜 거 豈也어찌、거 未知詞모를、거 語 御

詁 꾸 고 通古今明其故訓ㅣ주낼、고 又새김、고 麌 遇

訴。쑤 소 告也하소연할、소 訟也송사할、소 遇

註。쮸 주 解也訓釋주낼、주 又글뜻새김、주 記物기록할、주 遇

詆。듸 저 訶也꾸짖을、저 訐也들쳐낼、저 訾也흉볼、저 齊 薺

詍 이 예 多言ㅣㅣ잔말할、예 霽

診。쪈 진 視也볼、진 驗也증험할、진 候脈ㅣ察맥볼、진 又병볼、진 軫 震

詔 쟢 조 上命ㅣ勅조서、조 敎也가르칠、조 告也고할、조 嘯

訶 허 하 俗 가 大言而怒責역정내어꾸짖을、가 譴也꾸지람、가 歌 呵同 何通

詐。짜 사 僞也거짓、사 欺也속일、사 詭譎간사할、사 禡

詇 양 앙 智也슬기스러울、앙 早知미리알、앙 養

評。핑 평 品論평론할、평 量也헤아릴、평 訂也꼲을、평 庚 平言기롱할、평 敬

証 졍 정 諫也간할、정 敬 俗作證略字

詗。씽 형 刺探候伺염탐할、형 敬 明悟똑똑할、형 知處告言고발할、형 迥

訹 쓔 수 誘也꾀일、수 有 술 義同 質

詀 쟌 잠 讝也희학질할、잠 咸 被誑속을、잠 陷

詘。취 굴 曲也굽을、굴 辭塞말막힐、굴 喜失節貌充ㅣ굴할、굴 物 屈通

詉 나 나 語不解絲ㅣ말아지못할、나 麻

䛌。팦 포 亂語ㅣ譟말수선스러울、포 豪 詾通

䛪 辯古字

詓 취 거 聲也소리、거 語

詝。쮸 저 智也슬기스러울、저 語

詜 탇 도 言不節ㅣ諂말두

미없을、도(豪)

詙 빠 [발]神農妃聽ㅣ신농씨부인、발(黠)

詉 늬 [니]呼人사람부를、이(齊)言不通말통하지못할、이(霽)

詌。깐 [감]口開不言입다물、감(勘)

謩 謀古字

詜。츠 [자]謀也꾀、자人名崇ㅣ사람의이름、자(寘)

詉 呶同

[言只] 찌 [혜]喜笑不止빙글빙글할、혜(齊)

[言民] 면 [면]誘言꾀이는말、면(霰)

詅 령 [령]賣也팔、령(靑)

詄。데 [질]忘也잊을、질誤也그릇할、질(屑)

詃 쥔 [견]誘也꾀일、견詐也속일、견(銑)

詂 뿌 [부]言有所依믿음직한말、부(遇)

[言布] 푸 [포]諫也간할、포敷陳베풀、포(遇)

[言㕣] 원 [연]笑貌웃을、연善言말잘할、연(銑)

[言禾] 和同

[言由]。쥐 [주]祝也빌、주人名楊ㅣ사람의이름、주(宥)

訽。詬同

[言四] 치 [치]陰知은근히알、치伺察살필、치(支)

詋 呪同

[言甲] 쟈 [갑]多言수다할、갑(洽)

[言乏] 쌘 [범]急言말급할、범(咸)

[言矢] 시 [시]爲志뜻할、시(寘)

詊 빤 [반]巧言말잘할、반(翰)

詏 얀 [요]逆也거스릴、요(效)

[言冉]。안 [염]言未盡말다못할、염(豔)

[言弗] 애 [비]言急말급할、비(未)

詑 訑同

[言穴] 쎄 [혈]怒也성낼、혈(屑)

詚 따 [달]不靜조용하지아니할、달(曷)

六

詷。퉁 [동]急言謥ㅣ말더덜거릴、동(送)

詾 쓩 [흉]訟也송사할、흉衆言수군거릴、흉(冬)喧戾聲떠들석할、흉(腫)哅同

詩。씌 [시]言志커글、시樂章풍류가락、시經書名시전、시承也받들、시持也가질、시(支)

詭 꿰 [궤]詐也속일、궤異也다를、궤責也꾸짖을、궤至怪弔ㅣ괴이할、궤戾也어그러질、궤(紙)

誄。레 [뢰]謚也시호、뢰述死人生前功德만장、뢰(紙)

[言尗] 寂同

試。씨 [시]用也ㅣ驗시험할、시探也嘗ㅣ더듬을、시較也明ㅣ비교할、시持也가질、시(寘)

誎 츠 [자]諷ㅣ下刺上비유하여나무랄、자(寘)刺通

誅 쭈 [주]戮也벨、주責也꾸지람、주剪除갈길、주罰也벌줄、주(虞)

詡。쒸 [후]俗 [허]和也화할、허普也넓을、허大言자랑할、허敏而有勇열쌜、허又날랠、

허(霽)

詣 이 [예]至也이를、예進也나갈、예學業深入造ㅣ학업에달통할、예(霽)

[言+曳] 詍同

該 깨 [해]其也그、해備也갖출、해宜也마땅할、해皆也다、해兼也겸할、해軍中約군호、해(灰)

詼 휘 [괴]俗[회]嘲也조롱할、회調也고를、회譏戲기롱할、회ㅣ諧재담、회又익살、회(灰)

話 화 [화]語也이야기、화又말할、화善言착한말、화(卦)

詿 꽈 [괘]誤也그릇할、괘(卦)

詢 쒼 [순]咨也물을、순諮ㅣ상의할、순信也믿을、순謀也꾀할、순(眞)

詵 씬 [신]俗[선]衆多ㅣㅣ많을、선致言말전할、선(眞)

詮 촨 [전]評論事理평론할、전具也갖출、전(先)

誂 댶 [조]相呼誘꾀일、조卒然별안간、조弄言ㅣ戲기롱지거리할、조(篠)

詨 쌰 [효]叫呼부르짖을、효(肴)

誇 콰 [과]大言矜ㅣ자랑할、과(麻)侉同

詫 차 [차]俗[타]誇也자랑할、타吒大言而驚人풍칠、타驚ㅣ신통할、타(禡)

詳 썅 [상]審也자세할、상悉也다、상[양]詐也거짓、양(陽)佯通

誆 誑同

詷 퉁 [동]急言譓ㅣ말더덜거릴、동(送)

詶 酬同

詬 꺼 [구]罵也꾸짖을、구耻辱욕할、구無志節臾ㅣ절조없을、구(有)[후]義同(有)

詹 짠 [첨]至也이를、첨瞻也볼、첨小言ㅣㅣ소군거릴、첨官名ㅣ事벼슬이름、첨(鹽)

詰 지 [길]俗[힐]問也물을、힐又따져물을、힐責讓꾸짖을、힐治也다스릴、힐謹也삼갈、힐明朝밝는아침、힐(質)

詧 察同

詻 어 [액]論訟송사논난할、액辭厲ㅣㅣ말불근거릴、액(陌)

誈 誣同

誃 츠 [치]離別이별할、치(紙)

[言+血] 쒸 [술]靜也고요할、술(質)

誁 삥 [병]助言도와말할、병人名不ㅣ사람의이름、병(梗)

誀 얼 [이]誘也꾀일、이(寘)

詽 쎈 [현]爭語말다툼할、현怒也ㅣㅣ성낼、현(先)

詺 밍 [명]目諸物기록할、명(敬)

[言+字] 쯔 [치]作名也이름지을、치(寘)

[言+有] 웨 [외]呼人사람부를、외(灰)

[折/言] 뤼 [약]歎美言칭찬할、약(藥)

詯 훼 [회]膽氣充滿聲在人上말소리우렁찰、회(隊)

[言+朵] 뚸 [타]言相誇말자랑할、타

(箇)

訹 츄 [축] 聞香貌 譹ㅣ향내맡을、축(屋)

詪。껀 [간] 不聽從듣지않을、간(阮) [현] 爭語말다툴、현(銑)

𧦝 인 [임] 信也믿을、임念也생각할、임(侵)

諆。지 [기] 發人之惡발악할、기(寘)

謊。황 [황] 夢言잠꼬대할、황詐也속일、황(陽)

謏 諛俗字

詥 허 [합] 和也화할、합(合)

諏 쥐 [주] 多言수다할、주(尤)

七

誦。쑹 [송] 唱讀욀、송又읽을、송言也말할、송怨謗원망할、송諷也풍유할、송(宋)

誹 삐 [비] 錯謬그릇할、비(支)

誌。쯔 [지] 記也기록할、지史傳記事文사기、지(寘)志識通

諚 誼同

語。위 [어] 告人말할、어言辭말씀、어(御)

誣 우 [무] 欺罔속일、무詐也간사할、무(虞)

誧 뿌 [포] 大也클、포諫也간할、포人相助도울、포(虞)謀也꾀할、포(遇)

誤。우 [오] 謬失그릇할、오又잘못할、오(遇)悞同

誓。씨 [서] 約信戒也맹세할、서(霽)

說。쒀 [설] 告也고할、설又말할、설辭也말씀、설序述글、설 [열] 喜樂也기쁠、열(屑)悅同 [세] 誘也달랠、세舍也쉴、세(霽)

誡。쪠 [계] 警敕辭命也告也경계할、계(卦)

誨。훼 [회] 敎訓가르칠、회(隊)

誖 뻬 [패] 亂也어지러울、패乖也어그러질、패逆也거스릴、패(隊)悖同 [발] 義同(月)

認。신 [인] 辨識알、인許也ㅣ可허락할、인(震)

誕。딴 [단] 生也降ㅣ날、단大也클、단乃也이에、단育也기를、단欺也속일、단濶也넓을、단妄也허탄할、단(旱)放也방탕할、탄(翰)訑同

誚 챠 [초] 以辭相責꾸짖을、초(嘯)譙同

誥。깐 [고] 文言告曉깨우쳐고할、고敎也가르칠、고(號)

詐 짜 [자] 慙語부끄러운말、자(禡)

誑 꽝 [광] 欺也속일、광(漾)誆誑同

誙 경 [경] 言確말확실히할、경羣趨貌ㅣㅣ여럿이급신거릴、경(庚)

誠。청 [성] 純一無僞정성、성信也믿을、성敬也공경할、성審也살필、성果也과연、성(庚)

誘。우 [유] 相勸導也달랠、유敎也가르칠、유引也당길、유(有)牖通

䛠 떠 [두] 不能言ㅣ譳말머뭇거릴、두(宥)

𧦧 두 [독] 狡猾詆ㅣ간사할、독

欺詆속일、독(屋)

誩。쨍 [경]競言다투어말할、경(敬)

[言赤] 씨 [혁]內侮속으로업신여길、혁(錫)

[言希] 씨 [희]語聲말소리、희(眞)

[言坐] 쥐 [좌]以言折人핀잔줄、좌(箇)

誢 쏀 [현]諍語간하는말、현(銑)

[言甹] 쳐 [추]不決ㅣ讀결단하지못할、추(尤)

[言貝] 홰 [해]言長말느리할、해(隊)

誜 싸 [사]俊言준절한말、사(禡)

[侵言] 친 [침]私語소근거릴、침(侵)

[亻言]。씨 [혜]待也기다릴、혜(霽)

[言別] 뻬 [별]言析理말로판단할、별(質)

誒。씨 [희]ㅣ笑선웃음칠、희娭也즐길、희(支)

誔 팅 [정]欺也속일、정(梗)

[言余] 투 [도]言不明말분명치못할、도(虞)

誐。어 [아]狡猾詆ㅣ간사할、아(歌)

誏 랑 [랑]泛言띄어놓고말할、낭(養)

誎。쑤 [속]督促독촉할、속(屋)

[言夾] 쟈 [겹]多言떠짓거릴、겹(葉)

誋。끼 [기]誡也경계할、기(眞)

[言利] 천 [짐]言美말아름다울、짐(鹽)

詘 노 [노]謎也수수께끼、노(豪)

[言旱] 한 [한]多言수다할、한(旱)

[言足] 추 [촉]言急말급할、촉(沃)

[言何] 쌰 [하]喧也시끄러울、하(歌)

八

[言穹] 츙 [궁]多言말수다할、궁問也물을、궁(送)

誰。쒜 [수]孰也누구、수何也무엇、수(支)

諀 피 [비]惡言악담할、비訾毁헐어말할、비(紙)

諅 끼 [기]忌也꺼릴、기志也뜻、기(眞)

諉。왜 [위]託言推ㅣ핑계할、위勞也수고로울、위(寘)

誶 쒜 [수]誶也욕할、수(寘)[쇄]義同(隊)[신]訊同(震)[줄]責罵몰아셀、줄(質)

誹 액 [비]ㅣ謗흉볼、비謗言怨ㅣ중얼거릴、비(微)(尾)(未)

諏 쭈 [추]聚謀꾀할、추(虞)咨事물을、추(尤)娵通

諄 쮼 [순]誠懇貌지극할、순佐也도울、순(眞)肫通

論。룬 [론]議也의논、논思也생각、논(願)[륜]言有理倫也차례、윤(眞)

諓。쨘 [전]善言착한말、전諂言아첨할、전(先)

諐 愆同

調。됴 [조]和也고를、조(蕭)査也조사할、조(嘯)[주]朝也ㅣ飢아침、주(尤)

課。커 [과]稅也부세매길、과程也법식、과(箇)

諕 햐 [하]誑也속일、하(禡)謼同[확]驚貌ㅣ然깜짝놀랄、확(陌)謋同

誷 왕

[망]誣也속일、망(養)
諒 량 [량]信也믿을、양 思也 생각하여줄、양(漾) 亮同
請 ㅇ칭 [청]乞也청할、청(梗) 義同 秋朝見가을에조회할、청(敬)
諍 ㅇ정 [쟁]諫也간할、쟁(敬)
⿰言咎 ㅇ직 [구]毀也훼방할、구(有)
⿰言受 쑤 [수]口授말전할、수(宥)
諗 썬 [심]告也고할、심 謀也꾀할、심(寢)
談 ㅇ탄 [담]言論말씀、담(覃) 碁手ㅣ바둑둘、담(覃)
諂 ㅇ찬 [첨]佞言曰ㅣ아첨할、첨(琰)
諑 ㅇ쥐 [작]譖訴참소할、착 責也꾸짖을、착(覺)
諎 ㅇ져 [책]大聲큰소리、책(陌)
⿰言長 ㅇ쟝 [장]誑也속일、장(陽)
誻 ㅇ타 [답]妄語망녕되이말할、답 多言잔말할、답(合) 譅同
⿰言枼 同諜
⿰言疌 쳐 [첩]多言口ㅣ말이죽거릴、첩(葉)
⿰言戾 리 [려]人名사람의이름、려(魚)
⿰言奄 옌 [엄]予也줄、엄(豔)
誼 ㅇ이 [의]人所宜옳을、의 理也다스릴、의(寘) 義同
⿰阝⿱𠂇言 훼 [회]毀謗훼방할、회(灰)
諘 뽀 [표]讚也칭찬할、표(篠)
訙 同訊
諔 ㅇ쑤 [숙]詭也속일、숙(屋)
⿰言奇 ㅇ지 [기]語相戲말로농할、기(支)
⿰言戈 ㅇ 識古字
⿰言缶 커 [갑]笑語ㅣ讘웃고말할、갑(合)
⿰言卓 ㅇ쥐 [작]人名韓ㅣ사람의이름、작(覺)
諈 ㅇ쥐 [추]ㅣ諉핑게할、추 許也들처낼、추(寘)
諆 ㅇ치 [기]謾言속이는말、기 謀也꾀할、기(支)
⿰言制 ㅇ지 [제]語不正말바르지못할、제(齊)
⿰言面 멘 [면]慧黠총명할、면 欺也속일、면(先)
諰 티 [제]言不懈말부지런히할、제(齊)
諢 훈 [혼]語不明말분명하지못할、혼(阮)
⿰言林 천 [침]善言착한말、침(侵)
⿰言居 ㅇ쥐 [거]言有則말법도있을、거(御)
誾 ㅇ인 [은]和悅貌ㅣㅣ화평할、은(眞)(文)
誺 치 [치]不知모를、치 白ㅣ울림소리、치(支)
⿰言兹 쎤 [현]言急말급할、현(先)
誵 얖 [효]言不恭謹말불공할、효(肴)
諸 튀 [타]退言말물리칠、타(歌)
⿰言匋 ㅇ탄 [도]往來言왕래하는말、도(豪) 記通
⿰言忝 텬 [전]言不定ㅣ讇말정하지못할、전(銑)
⿰言亞 ㅇ우 [오]相毀서로훼방할、오(虞)
諊 同鞠
誳 쥐 [굴]詭異괴이할、굴(物)
誴 쫑

[종]樂也즐거울、종(冬) 𧧻 싱 [행]怒也성낼、행(敬) 誽° 나 [나]以言窺知人之心情뜨개질할、나(麻) 諁 톄 [철]喧也시끄러울、철(屑) 謍 오 [오]鴉鳴聲

까마귀우는소리、오(豪) 諰 쓰 [시]入言말들일、시(寘) 諌° 둥 [동]言多也잔말할、동(董) 諃 신 [섬]無實言거짓말、섬(鹽) 諺 옌 [언]談語鬼事도깨비

이야기할、언(霰) 諙 화 [홰]誤也그릇칠、홰(卦)

九

諷° 뻥 [풍]ㅣ刺비유하여나무랄、풍誦也욀、풍(送) 諮• 쯔 [자]問也물을、자謀也꾀、자(支) 咨

同 諟 쓰 [시]是也이、시理也다스릴、시(紙) 謚 씨 [시]立號以易名시호、시諡行행장、시(寘) 謂° 웨 [위]與之言이를、위告也고할、위(未) 諱

휘 [휘]忌避也꺼릴、휘死者名죽은이이름、휘(未) 諸° 쮸 [저]衆也모든、저語助辭어조사、저(魚) 諝 쒸 [서]智才之稱슬기、서(魚)(語) 諛 위 [유]諂也아

첨할、유(虞) 諭° 위 [유]告也고할、유曉也효유할、유(遇) 諦 티 [체]審也살필、체(霽) 諧 쎄 [해]笑譺詼ㅣ기롱지거리할、해(佳) 諲 인 [인]敬也공

경할、인恭也공순할、인(眞) 諠 쒠 [훤]譁也지껄일、훤(元)喧諼通 諼 쒠 [훤]忘也잊을、훤詐也거짓、훤(元)(阮) 諺° 안 [언]俚語상말、언(霰) [안]剛猛사나울、

안(翰) 喭同 諫° 얜 [간]直言以悟人간할、간諷也비유하여나무랄、간(諫) 諞 편 [편]巧言교묘한말、편(先) [변]義同(銑) 謏 쌒 [소]小也작을、소誘也꾀일、

소(篠) [수]私罟중얼거릴、수(宥) 謏同 諻 헝 [황]大聲큰소리、황(庚) 謀° 뭐 [모]俗[모]計也꾀、모議也의논할、모(尤) 諶 썬 [심]信也믿을、심測也헤아릴、심

(侵) 諳 안 [암]知也알、암記憶기억할、암(覃) 諵 난 [남]多言ㅣㅣ재재할、남(咸) 諴 쎈 [함]和也화할、함誠也정성、함(咸) 謁° 예 [알]請見보일、

알白也아뢸、알(月) 諾° 눠 [낙]答也대답할、낙許也허락할、낙(藥) 諤 어 [악]直言謇ㅣ곧은말、악(藥) 諔 여 [극]訥言말더듬거릴、극(職) 諿 치

[즙]和也화할、즙(緝) 諜。데 [첩]軍中反間이간할、첩(葉)諫通 諆 여지 [기]人名與ㅣ이름、기(寘) 諄 同詢 𧩼 쭈 [주]奏也아뢸、주(尤) 諽 껴 [격]飾也꾸밀、격(陌)

[illegible] 쓰 [시]多言말수다할、시(支) 諩 同譜 [illegible] 챠 [가]巧言ㅣ詬교묘한말、가(禡) 諬 同辯 諻 휑 [휑]謗也비방할、휑(紙) 諰。씨 [시]懼貌눈휘둥굴할、시直言바른말、시(紙)

[illegible] 同誘 諯。쨩 [전]相讓서로사양할、전(先) 課 同誡 [illegible] 놔 [노]語相侮말로욕할、노(皓) 諥。쯩 [종]言相觸말서로마주칠、종(宋)

諢。웬 [원]弄談농담할、원(願) 誶。同訴 [illegible] 쏀 [현]相責서로책망할、현(霰) [illegible] 同諳 [illegible] 퉈 [타]慧也민첩할、타(哿)

[illegible] 뛰 [덕]欺也속일、닥(藥) 誒 흑 [후]言也말할、후(肴) [illegible] 인 [은]頑也완악할、은(眞) [illegible] 쫘 [과]急言말급할、과(麻) 諨。부 [복]備也갖출、복(屋)

諪 딩 [정]調也고를、정(青) [illegible] 라 [랄]語聲말소리、날(曷) 諹 양 [양]讚也칭찬할、양(陽) [illegible]。지 [치]笑也웃음、치(寘)

十

講。쟝 [강]論也강론할、강和解강화、강(講) 謚。이 [시]俗諡同行謚非(寘) [익]笑貌빙그레웃을、익(陌) 謑 씨 [혜]不正貌ㅣ髁비뚤、혜(齊)恥辱ㅣ詬욕할、혜(薺) [하]怒言성내어말할、하(禡)

謎。미 [미]隱語수수께끼、미(齊)謎通 謓 천 [진]恚怒성낼、진(眞)嗔同 謜。웬 [원]徐語천천히말할、원(元)(願) 謇 옌 [건]吃也難言말떠듬거릴、건(阮)直言ㅣ諤곧은말、건(銑)

謠。얀 [요]徒歌無章曲노래、요風說ㅣ言소문、요(蕭) [illegible] 謏俗字 謅 찰 [초]弄言농담할、초相擾가드락질할、초(巧)

謟 탄 [도]疑也의심할、도(豪)慆通 謌 同歌 謝。쎄 [사]拜ㅣ사례할、사絶也끊을、사告也고할、사(禡) 謗 빵 [방]毀也헐어말할、방又흉볼、방訕也나무랄、방(陽)(漾)

謄。덩 [등]移寫베낄、등(蒸) 謙。켬 [겸]自不滿겸손할、겸(鹽)嗛通 謖 쑤 [속]起也일어날、속峻挺ㅣㅣ꼿꼿

할、속(屋) 謐。미 [밀]靜也고요할、安也편안할、밀(質) 謞 허 [학]崇讒慝ㅣㅣ간특할、학(藥) 嗃同 謔。훠 [학]調戲ㅣ浪기롱지거리할、학(藥) 諜 훠

[획]速也빠를、획(陌) 諕 同唬 誇 화 [화]應也대답할、화(麻) 譶 껴 [격]語不相入말서로듣지못할、격(陌) 諫 쏘 [소]諳也윌、소(遇) ⿰言虔 연

[건]口吃말떠듬떠듬할、건(阮) 謇同 ⿰言屛。츠 [지]諄諄말거듭이를、지(支) ⿰言烝 영 [증]語煩ㅣ仍말번거할、증(蒸) ⿰言疾 찌 [질]語急말급할、질(質) 謈。뽀

[포]痛冤聲呼ㅣ부르짖을、포(豪) 謒。창 [창]語輕말경하게할、창(陽) 諸 씨 [시]怒也성낼、시(支) ⿰言氣 씨 [희]語氣말기운、희(未) ⿰言扇。싼 [선]以言感

人말로감동시킬、선(霰) ⿰言盍 허 [합]多言말수다할、합(合) ⿰言眔 同誻 謉。同愧 ⿰言乘 청 [승]促言말속히할、승(徑) ⿰言朋。同訴 ⿰言豈 애 [개]謹也삼갈、

(灰)개 謍。잉 [영]小聲속살거릴、영(庚) ⿰言差 차 [차]異言又失也다른말、차(禡) 誖。빠 [발]言亂말어지러울、발(月) ⿰言宰 쟈 [하]誑也속일、하(禡) (十一)

謦 칭 [경]欬聲기침、경(迥)(徑) 謥 총 [총]急言貌ㅣ詷덜거릴、총(送) 謨。뫼 [모]汎議將定其謀꾀、모(虞) 謩 同謨 謼 후 [호]大叫부르짖

을、호(虞) 嘑呼通 號也부를、호(遇) ⿰言鹵 루 [로]言不定ㅣ謊황당히말할、노(虞) 謹。찐 [근]愼也삼갈、근 敬也공경할、근(吻) ⿰言巢 찬 [초]代人說대신말할、초

(肴) 謾 만 [만]欺也속일、만(寒) 且也또、만(諫) 慢同 謷 오 [오]不肖人語중얼거릴、오(肴) 謔也농담할、오(號) 傲通 ⿰言卒 同諕 謳。어 [구]歌也노래、구(尤)

謬。뮤 [무]俗[류]誤也그릇、유 亂也어지러울、유(宥) 謫 여 [적]咎也罪也귀양갈、적 讁責꾸짖을、적(陌) 讁同 謮 여 [책]怒也성낼、책讓也꾸짖을、책(陌) 嘖

同 ⿰言酓 同諳 ⿱彊言 창 [강]詞不屈말굳셀、강(養) ⿱敕言。速古字 ⿱殹言 이 [예]譍也대답할、예(齊) ⿰言庵 안 [암]語不決ㅣ阿말결단못할、암(覃) ⿰言豖。

이[이]이(支)別門딴문、誃通
⿰言畢。삐[필]敬也공경할、필(質)
謺。찌[집]多言말수다할、집(緝)拾人語남의말주을、접(葉)[접]
⿰言爽 同訍
⿰言望 왕[망]相責서로책망할、망(漾)
⿰言窒 찌[질]言無倫脊諮ㅣ말종작없을、질(質)
⿰言基 同諆
謵。씨[습]服習익달할、습(緝)
謰。련[련]繁絮말전주할、연(銑)
⿰言哀 꾼[곤]語不明말분명하지못할、곤(阮)
謱。루[루]委曲覶ㅣ곡진할、누(虞)
⿰言屚 루[루]暴怒ㅣ詬불끈할、누(霽)
⿰言竟 同競
謪 쌍[상]度也헤아릴、상(陽)
⿱既言 찌[기]無次차례없을、기(寘)
謭 同譾
謸 同謷
⿰言帶 듸[제]審諦諟ㅣ살필、제(霽)
⿰言祭 同嚌
謧。리[리]多言말수다할、이(支)
謤 퍈[표]言輕말경할、표(蕭)
⿰言雩 위[우]妄言망녕되이말할、우(虞)
謲。천[침]讖也흉볼、침(寢)
⿰言竸 징[경]語也말할、경(徑)
⿰言羕 양[양]聲變소리변할、양(漾)
⿰言虘 同詛
謏 사[사]虛談빈말할、사(馬)
⿰言桼 同誺
⿰言庶 줘[작]欺也속일、작(藥)
⿰言曹 同嘈

⑫

譆。씨[희]痛呼아소리지를、희(支)
識。찌[식]知也알、식(職)[지]記也기록할、지(寘)志通誌同
譏 찌[기]誹也나무랄、기誚也꾸짖을、기(微)
⿰言惡 우[오]憎也미워할、오(遇)
譓 훼[혜]多智슬기많을、혜順也순할、혜(霽)
譒 同播
譐 쭌[준]聚語수군거릴、준(阮)噂同
譔 쐔[선]述也지을、선選也뽑을、선(銑)(霰)
譙。챂[초]羽殺ㅣㅣ깃모지라질、초(蕭)呵責꾸짖을、초(嘯)誚同
譊。뇨[요]恚呼볼멘소리할、요鳴也울、요(肴)
⿱暴言 同⿱㬥言
譌 同訛
譁 화[화]讙也喧ㅣ시끄러울、화(麻)
證。엉[증]驗也증거、증質也질정할、증(徑)
譍 잉[응]答言대답할、응(蒸)以言對대답할、응(徑)應通
譛 찬[참]讒也참소할、참不信거짓말、참(沁)僭通
譚 同談
譎。쮜[휼]詐也간사할、휼詭也속일、휼(屑)
⿰言靑 同請
⿰言勞 랖[로]聲多소리많을、노(號)
⿰言翕 씨[흡]疾言말빨리할、흡(緝)
⿱差言 同嗟

[言芔] 무[묘]言不定誧ㅣ황당히말할、묘(蕭)
譗 ㅇ자[잡]言不倫脊ㅣ譶말종작없을、잡(洽)
[隋言] 쉬[수]相毀서로훼방할、수(寘)
譕 우[무]言行莫先언행있을、무(虞)
[斯/言] 쓰[서]悲聲슬픈소리、서(齊)
[言壹] 이[의]審諦ㅣ諦살필、의(寘)
[言嵒] 얌[암]戲言희롱할、암(咸)
[言尞] 랴[료]巧言ㅣ[言歷]말잘할、요(蕭)
譈 뒈[대]怨也원망할、대惡也미울、대(隊)
䜌 롼[련]言不絕말잇다일、연治也다스릴、연(霰)
譇 써[사]語競말다툼할、사不解ㅣ詉아지못할、사(馬)
[言欶] 同謝
讉 홰[희]中止그칠、희悟也깨달을、희(泰)
譅 써[십]訥也어눌할、십(緝)
譄 ㅇ정[증]加也더할、증人名사람의이름、증(蒸)
譃 쒸[후]妄言거짓말、후(虞)
[言賀] 허[하]應語대답할、하(箇)
[言皋] 화[호]相欺ㅣ讀속일、호(號)
譂 찬[전]妄言망녕된말、전(銑)
謿 同嘲
譑 ㅇ쟈[교]發罪糾ㅣ죄들어낼、교(篠)
[言尋] 탄[탐]言不正而違也말어긋날、탐(感)
[言善] ㅇ젼[전]善言좋은말、전(銑)
[言止] 同譅
[言韋] 同韋

(吉)

譭 훼[훼]謗也헐어말할、훼(紙)毀通
議 이[의]語也의논、의謀也꾀할、의(寘)
譬 피[비]喩也비유할、비曉也깨우칠、비(寘)
譜 푸[보]音樂曲節곡보、보牒也문서、보(麌)
[言歲] 훼[홰]衆聲들렐、홰(泰)噦通
譮 同話
譞 환[현]慧智슬기스러울、현多言말수다할、현(先)
譱 善古字
[敫/言] ㅇ쟈[교]訏也들처낼、교痛呼소리지를、교(嘯)
譟 싼[소]俗[조]羣呼聒也지꺼릴、조(號)噪同
警 ㅇ징[경]戒也경계할、경起也경동할、경寤也깨달을、경(梗)
譫 ㅇ잔[섬]多言중얼거릴、섬心病ㅣ妄헛소리할、섬(鹽)
譣 쎤[험]姦言ㅣ詖간사한말、험(琰)
譧 同詀
譯 이[역]傳ㅣㅣ夷之言者통변할、역詁釋經義번역할、역(陌)
[言垂] ㅇ자[잡]聲也소리、잡(合)
譨 누[누]多言ㅣㅣ속살거릴、누(尤)
譩 이[의]恚也분할、의傷也상할、의(支)
[言興] 꽈[파]相誤서로그릇할、파(禡)
譡 同讜

譤 껵 [격]詐也거짓、격(錫) 譢 쉬 [수]諫也간할、수告也고할、수(寘) 譠· 탄 [탄]欺也ㅣ謾속일、탄(寒) ⿰言萬 。매 [매]誇誕자랑할、매(卦) ⿰言遀 쉬 [주]言從말좇을、수(支) ⿰言葉 쎄 [섭]言失讋ㅣ실언할、섭(葉) ⿰言奧 안 [오]告也고할、오(號)奧通 譝 。썽 [승]譽也칭찬할、승(蒸) 譤 警同 譪· 애 [애]盡力힘다할、애(泰) ⿰言煎 쳔 [전]語煩말번거할、전(銑) ⿰言業 예 [업]語笑말하며우슬을、업(洽) ⿱鄉言 쌍 [향]暫也잠간、향(漾) ⿰言感 깐 [흠]怒言성내말할、흠(沁)

(十四)

譽· 。유 [여]俗[예]稱也聲美기릴、예令聞이름날、예(魚)義同、樂也즐길、예(御)豫通 護· 。휴 [호]擁全保ㅣ호위할、호庇也역성들、호(遇) 譴 켼 [견]責也誚也꾸짖을、견怒也성낼、견謫問귀양갈、견(霰) 譹· 한 [호]號也哭聲부르짖을、호(豪)號同 ⿰言寧 녕 [녕]小言속살거릴、녕(庚) 譻 。잉 [앵]聲也鳴也ㅣㅣ방울달랑할、앵(庚) 譸· 。착 [주]誑也ㅣ張속일、주(尤) 譳 부 [누]不能言諠ㅣ말머뭇거릴、누(宥) ⿰言遝 타 [답]言語相及말다툼할、답妄語망녕되이말할、답(合)沓諮同 ⿰言𢇍 퇀 [단]言惑誘ㅣ말의혹날、단(旱) ⿰言菐 푸 [박]以言蔽말로방패막이할、박(屋) ⿱監言 監古字 譺· 。擬同 ⿰言蒙 뭥 [몽]言不明말분명하지못할、몽(東) ⿰言爾 診同 ⿰言臱 면 [면]慧黠영리할、면(先) ⿰言望 。왕 [망]責望책망할、망欺也속일、망(漾) 譶 。타 [답]疾言재재거릴、답(合) ⿰言㬎· 어 [압]笑語謳ㅣ웃고말할、압(合) ⿰言察 치 [철]細語속살거릴、철(屑) ⿰言睿 이 [예]恨也한탄할、예(霽) ⿰言聚 쥐 [추]罵也욕할、추(宥) ⿰言臺 태 [태]明審자세할、태(灰) ⿰言齊 칙 [제]言多수다할、제(霽)

(十五)

譾· 。쟨 [전]淺也얕을、전(銑) 讀· 。뚜 [독]誦書글읽을、독(屋)[두]文語絕處句ㅣ귀절、두(宥) 讁· 謫同 ⿰言蔡 싸 [살]散言흩은말、살(曷) 譞 쉔 [현]有所求욕심낼、현流言뜬소리、현(霰) ⿰言樂 러 [락]狂言ㅣ譊미친말、낙(藥) 讄 。레 [뢰]謚也시호、뇌哀死

而述其行행장、뇌(紙)誄譔同

[言+寫] 쎄 [사]以言寫志말로속시원하게할、사(馬)

[言+質] 여지 [질]野人言상말、질(質)

[言+慮]• 뤼 [려]詐也거짓、여(御)

譿 쉐 [혜]辨察살필、혜(霽)

讅 審同

讖。讖俗字

讃• 讚俗字

[言+巤] 려 [렵]多言饒舌짓거릴、엽(葉)

[言+遲] 치 [지]言之逸出말헛나갈、지(支)

讂 위 [육]嗅也냄새맡을、육(屋)

(十六)

讆 웨 [위]夢言不慧잠꼬대할、위詐也거짓、위(霽)僞通

變• 뼨 [변]化也변할、변災異재앙、변死喪죽을、변戰亂난리、변手段수단、변(霰)

讌 연 [연]會飮잔치、연合語ㅣ坐모여말할、연(霰)燕醼宴同

讎• 쳐 [수]仇也원수、수匹也짝、수校也비교할、수等也같을、수(尤)

讇 諂古字

讋• 셥 [섭]懼也두려울、섭失氣言시르죽은말、섭(葉)懾慴同

[諴+言] 한 [함]愛也사랑。할、함(覃)

諄 쓘 [순]誨言重複ㅣㅣ거듭이를、순人名崇ㅣ사람의이름、순(眞)諄肫通

讉 위 [유]怒也성낼、유(支)

[言+親] 찬 [친]訓言훈계할、친(震)

[言+噩] 諤同

[頻+言]。 편 [빈]多言수다할、빈(眞)

[言+憲] 쎈 [헌]狼戾ㅣ搏냥자할、헌(阮)

讈 리 [력]巧言譎ㅣ교묘한말、역(錫)

讐 讎同

(十七)

[言+蹇]• 졘 [건]口吃難말떠듬거릴、건(阮)

讕• 란 [란]逸言미댈、난誣毁詆ㅣ속여말할、난(翰)

讓• 상 [양]謙也사양、양責也꾸짖을、양與也줄、양(漾)

讖 찬 [참]符命圖ㅣ참서、참(未來의吉凶禍福을豫言한것)(沁)

讒 찬 [참]僭也참소할、참佞也간악할、참(咸)

讔 인 [은]隱言ㅣ者숨겨말할、은(吻)

[言+龠] 요 [요]誤也그릇칠、요(嘯)

(十八)

讙• 환 [훤]譁也지꺼릴、훤(元)喧同 [환]義同、歡也기쁠、환(寒)

讘 네 [섭]俗[접]多言話ㅣ속살거릴、섭(葉)

讗。 휘 [획]言壯貌장담할、획數相怒성발끈낼、획(陌)

讛• 嘻同

[言+闒] 따 [답]言多수다할、답(合)

(十九)

[言+藝] 囈同

讚 잔 [찬]佐也도울、찬明也밝을、찬稱美칭찬할、찬(翰)贊同

(二十)

讞 언 [언]議罪評獄죄의논할、언(銑)(霰)[얼]義同

讜。 땅

【당】直言忠ㅣ곧은말、당(養) 言中理유리하게말할、당(漾)

讝 엔 【섬】病人自語헛소리할、섬(鹽)

⿰言矍。 확 【확】妄言망녕될、확(藥)

(二十一) ⿰言纍。 讄同 ⿱㬎言 詰古字

(二十二) 讟。 뚜 【독】怨痛而謗원망할、독(屋)

(二十三) 讋 讋同

谷部

谷。 꾸 【곡】山間水道골、곡窮也궁할、곡養也기를、곡王名ㅣ蠡오랑캐임금의이름、곡(屋) 【욕】姓也성、욕(沃)

谷 잔 【각】笑也웃을、각(藥)

(二) ⿰谷九 쥬 【구】大谷큰골、구(尤)

(三) ⿰谷千。 쳔 【천】青貌ㅣㅣ퍼럴、천(先)

⿰谷工 훙 【홍】大谷큰골、홍(東)

(四) 谻 이지 【극】倦也끈할、극(陌)

谺。 싸 【하】空谷貌谽ㅣ골속휑할、하(麻)

谹。 헝 【횡】谷中響골속울릴、횡(庚)

(五) 㕡。 叡古字

⿰谷甘 깐 【함】高谷높은골、함(覃)

(六) 谼 훙 【홍】大壑큰구렁텅이、홍(東)

⿰谷合 허 【합】兩山相接두산서로닿을、합(合)

(七) 谽。 한 【함】谷空貌ㅣ谺골속휑할、함(覃)

⿰谷宰 랖 【로】深谷貌⿰谷皐ㅣ깊은골자기、노 谷空貌골속휑할、노(豪)

(八) 谾。 훙 【홍】谷空골휑할、홍【롱】山深貌산깊숙할、농(東) 【항】空谷빈골짜기、항(江)

⿰谷周 잪 【교】谷大골짜기클、교(蕭)

⿰谷虎 깐 【감】虎怒범성낼、감(陷)

(十) 谿。 씨 【계】川澗水注시내、계(齊) 俗作溪

豀 씨 【혜】反戾怒爭勃ㅣ뒵들、혜(齊)

豁。 훠 【활】通谷내뚫린골、활疏也開也통할、활廣也넓을、활明知환할、활(曷)

(十一) ⿰谷尞 同隙

豂 랖 【료】谷深골깊을、요(蕭)

(十二) 豃。 한 【함】開也열릴、함深谷貌골깊을、함(感)

⿰谷皐 한 【호】深谷貌ㅣ⿰谷宰깊은골짜기、호(豪)

⿰谷間 同澗

⿰谷勞 랖 【로】谷空골빌、노(號)

(十四) ⿰谷睿。 씬 【신】深谷깊은골、신(震)

(十五) ⿰谷賣。 瀆古字

(十六) 豅。 룽 【롱】大長谷크고긴골、농(東)

(十七) ⿰谷霝 링 【령】岩穴바위구멍、영(青)

豆部

豆 뚜 [두] 菽也 콩、두 小荳 팥、두 量名 말、두 (宥) 荳同 斗通

(三) **豈** 치 [기] 何也 어찌、기 曾也 일찍、기 (尾) [개] (賄) 愷凱通

豇 쟝 [강] 豆名 광저기、강 (江)

(四) **豉** 츠 [시] 配鹽幽菽 豆ㅣ 콩자반、시 (寘)

(五) **䜴** 豌同

䜶 뚜 [두] 裂也 찢을、두 (尤)

(六) **豋** 떵 [등] 禮器瓦豆 제기、등 (蒸) 㽅同 鐙通

䜷 썅 [강] 豇豆ㅣ䜷 광저기、강 (江)

豊 禮古字 今俗豐略字

(七) **䝁** 친 [침] 野生豆 들콩、침 鼓也 콩자반、침 (侵)

䜹 츄 [촉] 小荳 팥、촉 (屋)

䜸 메 [매] 豆碎其 콩깍지、매 (賄)

䜺 딍 [정] 張幕 장막칠、정 (青)

(八) **豎** 쓔 [수] 立也 세울、수 童僕 더벅머리、수 (麌)

豍 삐 [비] 白扁 백편두、비 (齊)

豌 완 [완] 西胡豆名 동부、완 (寒) 䜴同

䜻 처 [책] 磨豆 비지、책 (陌)

䜼 萁同

䜽 깐 [감] 豉味厚也 된장맛 깊을、감 (勘)

䜾。 [육] 豆也 콩、육 (屋)

(九) **䜿** 위 [유] 變色豆 빛변하는 콩、유 (虞)

䝀 무 [목] 豆萁 콩깍지、목 (屋)

䝂 同 豋

䝃 同 豉

䝄。同 豉

䝅 인 [음] 幽豆 메주 만들、음 (侵)

(十) **豏** 쎈 [함] 豆半生 더친콩、함 餅中豆 콩소、함 (豏)

䝆。同 䝉

鼕 둥 [동] 鼓聲 북소리、동 (東)

鼙 삐 [비] 騎兵用鼓 군사북、비 (齊)

𨍭 덩 [동] 舒也 펼、동 (蒸)

(十一) **豐**。 뻥 [풍] 有年 풍년、풍 饒也 많을、풍 大也 클、풍 盛也 성할、풍 (東)

䝇 위 [여] 量也 헤아릴、여 (魚)

䝈 삐 [필] 豌豆 동부、필 (質)

䝉 랴 [루] 白豆 흰콩、누 (尤)

䝊 탄 [단] 黃色 누를、단 (蒸)

(十二) **䝋**。 뎐 [전] 鼓聲 북소리、전 (先)

䝌 루 [로] 野豆 새콩、노 (豪) 𧯷同

䝍 렌 [렴] 打鼓 북칠、염 (鹽)

(十三) **豑**。 秩古字

鼜 꿔 [국] 鼓聲ㅣ鼜 북소리、국 (職)

䝎 한 [호] 土釜 흙솥、호 (皓)

䝏 레 [렵] 打鼓 북칠、엽 (葉)

(十四) **䝐** 데 [집] 黃色荳 누른콩、집 (葉)

(十五) **䝑**。 치 [기] 相摩近 맞비빌、기 (微)

(十七) **䝒** 레 [렵] 鼓聲 북소리、렵 (葉)

(十八)

⿰豆雙 쌍 [쌍] 豇豆䜶ㅣ광저기、쌍 (江)

⿰豆歷。 릐 [력] 鼓聲鼓國ㅣ북소리、역 (錫)

(二十)

豓・ 同豔

(二十一)

豔。 얌 [염] 容也豐滿美也탐스러울、염 歆美羨부러울、염 (豔)

(二十二)

[illegible]・ 덩 [등] 益也더할、등 (蒸)

豕部

豕。 쓰 [시] 彘也돝、시 又돼지、시 (紙)

(一)

豖。 쥬 [축] 豕絆足行발얽은돝의걸음、축 (屋)

(二)

⿰豕丁 뎡 [정] 豕貌돝모양、정 (靑)

(三)

豗・ 휘 [회] 相擊맞부딪칠、회 閧聲喧ㅣ떠들석할、회 (灰)

豻 깐 [한] 豕走貌돝달아나는모양、한 (旱)

⿰豕夂 수 [족] 豕行돝갈、족 (沃)

⿰豕土 화 [홰] 豕掘土돝흙뒤질、홰 (灰)

(四)

豚。 둔 [돈] 小豕돼지、돈 魚名河ㅣ복、돈 (元)

豝・ 빠 [파] 牝豕二歲암돝、파 (麻)

豰 후 [훌] 豬子돼지새끼、훌 (月)

⿰豕厷 흥 [홍] 孤豕홀돝、홍 (東)

⿰豕尤 우 [우] 大豕큰돝、우 (尤)

豛 예 [역] 豚也돼지、역 (陌)

豣 豜俗字

(五)

象・ 쌍 [상] 南方大獸長鼻牙大코끼리、상 形也형상할、상 法也법받을、상 樂曲名풍류곡조、상 (養)

象 象俗字

⿰豕令 링 [령] 藥名豬ㅣ약이름、령 (靑)

豛。 쮜 [탁] 擊也칠、탁 (覺)

⿰豕厄 어 [액] 大豕큰돝、액 (陌)

豿 후 [구] 豕鳴꿀꿀할、구 (有)

豠 쥬 [저] 小豕작은돝、저 (魚)

⿰豕毋 무 [무] 牝豕암돝、무 (有)

⿰豕皮 애 [애] 瘠豕마른돝、애 (賄)

⿰豕冊 싼 [산] 豕羣돼지떼、산 (寒)

(六)

豥 해 [해] 豕白蹢네굽흰돝、해 (蟹)

豢・ 환 [환] 養畜芻ㅣ칠、환 又기를、환 (諫)

豤。 컨 [간] 齧也씹을、간 款誠정성스러울、간 (阮)

⿰豕艾 애 [애] 老豭늙은돝、애 (泰)

豣・ 견 [견] 大豕큰돝、견 (先) 麠也노루、견 (銑)

豦 취 [거] 猿類원숭이、거 (魚)

⿰豕夷 시 [시] 去勢豕불친돝、시 (紙)

⿰豕先 션 [선] 牝豕암돝、선 (先)

⿰豕同 퉁 [동] 山豬멧돝、동 (東)

⿱吅豕 깐 [간] 大豬큰돝、간 (旱)

(七)

豨・ 씨 [희] 大豕큰돝、희 神獸封豕짐승이름、희 (微)(尾)

豪。한 [호]俊也호걸、호俠也호협할、호強也잘날、호(豪)毫通 ⿰豕尨 뚜 [두]尾星名龍ㅣ별이름、두(宥) 豩。삔 [빈]二豕쌍돝、빈(眞) 豙 이 [위]豕怒也毛豎돝성나털일어날、위(未)

豧。푸 [포]豕聲돼지소리、포(遇) ⿰豕孝 쌰 [효]豕走돼지달아날、효(效) ⿰豕卮 지 [지]大豕큰돝、지(支)

八

⿰豕宗 쭁 [종]牡豕수돝、종(宋) ⿰豕介 매 [매]頑惡ㅣ⿰豕舌완악할、매(泰) ⿰双豕 쿠 [굴]豕發土돝흙뒤질、굴(物) ⿰豕空 깡 [강]豕肉之中空돼지고기속빌、강(江)

九

豬。쮸 [저]豕也돝、저水所停물괴일、저澤名孟ㅣ못이름、저(魚)瀦通 豭。쨔 [가]牡豕수돝、가(麻) 豫。위 [여]俗[예]早也先也먼저、예猶ㅣ머뭇거릴、예悅也기쁠、예游也놀、예州名고을이름、예(御)

⿰豕兪 위 [유]豪豬別名豲ㅣ멧돝、유(虞) ⿰豕耑 퇀 [단]似豕而肥오소리、단(寒)貒同 豤 쩐 [견]齧也씹을、견(銑) ⿰豕便 뻔 [변]大豕큰돝、변(先)

⿰豕奏 착 [주]皮理堅厚之豕껍질두터운돝、주(宥) ⿰豕軍。쥔 [군]小野豕작은멧돝、군(問) ⿲豕豕攵 퉈 [탁]行也갈、탁(覺)

十

豯。씨 [혜]豕生三月석달된돝、혜(齊) 豳。삔 [빈]周始封國陝西州名나라이름、빈(今陝西省邠州)(眞)邠同 豲 웬 [원]豕屬돝、원(元)[환]豪豬멧돝、환(寒)貆同 豱 원 [온]豕名ㅣ豬돝이름、온(元)

豰。후 [혹]白狐子흰여우새끼、혹(屋) ⿰豕氣 씨 [희]豕息돝숨쉴、희(未) ⿰豕舌 화 [홰]頑惡⿰豕介ㅣ완악할、홰(卦) ⿰豕冥 밍 [명]小豚작은돝、명(青)

十一

豵。쭁 [종]一歲豚햇돝、종豕生三子세새끼돝、종(東) ⿰豕婁 뤄 [루]求子牝豕암내내는돝、누(尤) 豴 듸 [적]豕蹄돝굽、적(錫) ⿰豕覓 메 [멱]頭黑體白豕머리검고몸흰돝、멱(錫)

⿰豕㒼 만 [만]肥豕살찐돝、만(寒) ⿱豩犬 쾌 [쾌]逐犬개쫓을、쾌(佳)

十二

豷。씨 [희]豕息돝숨쉴、희(寘)豷同

豶。뿐 [분]去勢豕불친돝、분(文) ⿰豕脩 쉬 [수]豕子돝의새끼、수(支) ⿰豕曾 청 [증]豕所寢檜돼지우리、증[층]圈也우리、층(蒸) ⿰豕童 충 [충]土豬땅돼지、충

(東) ⿰豕粦• 린 [린]大豕큰돝、인(眞) ⑬ ⿱殸豕 후 [훅]豕聲돝소리、훅(屋) ⿰豕遀。 수 [수]牝豕암돝、수(支) ⑭ ⿰豕聚 추 [추]小母豬작은암돝、추(虞)

⿰豕箑 샤 [삽]老母豬늙은암돝、삽(洽) ⿰豕夢 멍 [몽]山豬산돝、몽(東) ⑮ ⿰豕巤。 레 [렵]豕長毛돝의긴털、렵(葉) ⿰豕暴• 뽀 [폭]小豕작은돝、폭(屋) ⑯

⿰豕雚。 환 [환]野豬들돝、환(寒) ⿰豕聶 同攝

豸部

豸• 츠 [치]無足蟲발없는벌레、치(紙) [채]義同(蟹)廌同 ② ⿰豸力 리 [력]犬也개、역(職) ③ 豺。• 채 [재]狼屬승냥이、俗[시] 시(佳) 豻 안 [안]野犬似狐들개、안(寒)獄也옥、안(翰) 犴同 [간]野犬들개、간(刪) ⿰豸乇 뒤 [탁]驢父牛母之獸트기、탁(陌) 豹。• 뽀 [표]猛獸似虎圜文표범、표(效) ④ 豽• 눠 [놜]獸似貍삵、놜(黠) 豼。同貔 ⿰豸巴 빠 [파]獸醜狀짐승더러울、파(麻) ⿰豸公 웅 [옹]獸似豕돝같은짐승、옹(冬) ⿰豸木 同貅 ⿰豸元 웬 [완]狐也여우、완(寒) 豣 젼 [견]大豕큰돝、견(先) ⑤ 豾 뷔 [비]貍子삵의새끼、비(支) ⿰豸瓜 同狐 貁。• 유 [유]似猿仰鼻長尾원숭이、유(宥) 狖同

貀。 누 [눌]無前足獸앞발없는짐승、눌(月) 貂。• 댜 [초]鼠屬黃黑色돈피、초(蕭) 鼦同 ⿰豸央 앙 [앙]貉也ㅣㅣ담비、앙(陽) 豿 꺼 [구]熊虎之子곰과범의새끼、구(有) ⿰豸坐 줘 [좌]獸也짐승、좌(哿) ⿰豸非 단 [단]無足蟲발없는벌레、단(潸) ⿰豸皮• 삐 [비]⿰豸非也발없는벌레、비(未) ⿰豸冬 둥 [동]有角獸뿔난짐승、동(冬)

⿰豸去 켜 [거]猛也사나울、거(魚) ⑥ 貆。• 훤 [훤]貉屬담비새끼、훤(元) 狟同 [환]義同(寒) 貅• 쓔 [휴]摯獸貔ㅣ비휴、휴(尤) 㹯同 貉。同貈 貊 매 [맥]蠻ㅣ오랑캐、맥靜也고요할、맥食鐵似熊夷맥이、맥朝鮮國名나라이름、맥(江原道春川)(陌) 貄 쓰 [사]獸體多長毛짐승의몸에긴털많을、사(寘) ⿰豸冊 싼 [산]暴

惡사나울、산(刪) ⿰豸甾 퍈 [표]好睡羊잠잘자는양、표(篠) ⿰豸多 이 [이]頭白野犬머리흰들개、이(支) ⿰豸伏 부 [복]狐也여우、복(屋) ⿰豸史 싀 [시]貉也담비、시(寘) ⿰豸同 퉁 [동]大豕큰돋、동(東) 貈。허 [학]似貍善睡斑毛狐ㅣ담비、학(藥)

七 貌。모 [모]容儀모양、모(效) 皃額同 [막]描畫모뜰、막(覺) 邈同 貍。리 [리]野猫狐ㅣ삵、이(支) 狸同 貋 同豻

八 貄 쓰 [사]貍子삵의새끼、사(寘) 貏 삐 [피]漸平貌ㅣ豸점평평할、피(紙) ⿰豸奇 이 [의]犄犬불친개、의(支) ⿰豸沓 타 [답]海狗물개、답(合) 貎 同猊 ⿰豸卓 됴 [조]豸也발없는벌레、조(效) ⿰豸來 래 [래]貍也삵、내(灰)

九 貐。유 [유]似貙貗ㅣ짐승이름、유(虞) 貓 同猫 貑 同豭 貒。퇀 [단]貛也似豕而肥오소리、단(寒) ⿰豸契 야 [알]俗[설]似貙虎爪ㅣ貐짐승이름、설(黠) ⿰豸𡿺 놔 [노]雌貉암담비、노(皓) ⿰豸柔 同猱 ⿰豸胃 同蝟 ⿰豸酋 와 [유]良犬좋은개、유(尤) ⿰豸重 죵 종 [종]乳也젖、종(宋)

十 貔。피 [비]猛獸名ㅣ貅짐승이름、비(支) 豼同 貕 씨 [해]豬子돼지、해(養) 澤名ㅣ養못이름、해(齊) 豲 同獂 貖 어 [액]大鼠큰쥐、액(陌) ⿰豸弟 예 [비]猛也사나울、비(支)

十一 貙。위 [추]似貍而大ㅣ獌이리、추(虞) 貘。머 [맥]似熊食鐵짐승이름、맥(陌) ⿰豸离 치 [리]猛獸名짐승이름、이(支) ⿰豸曼 만 [만]狹屬貙也이리、만(翰) 貗 루 [루]貒子오소리새끼、누(遇) ⿰豸㒼 만 [만]貙貗이리、만(願)

十二 ⿰豸尞 랴 [료]西南夷名오랑캐이름、요(巧) ⿰豸賁 뿐 분 [분]羊也양、분(吻) ⿰豸皋 同嗥

十三 ⿰豸雍 융 [옹]大猿큰원숭이、옹(冬) ⿰豸歲 同濊

十八 貛。환 [환]牡狼숫이리、환野豕너구리、환(寒)

二十 貜。취 [확]大猿큰원숭이、확(藥)

貝部

貝 빼 [패]海介蟲자개、패又조개、패貨也재물、패錦名비단이름、패(泰)

二 貞。정 [정]正也곧을、정固也굳을、정女操정절、

정(庚) 負。부 [부]背荷物짐질、부敗也질、부蒙也ㅣ傷입을、부(有) 貟 同員 貝卜 푸 [복]羨人之財재물부러워할、복(屋) 負 베 [배]河神물귀신、배(灰)

㊂ 貢 공 [공]獻也바칠、공稅也세바칠、공(送) 貤 이 [이]物重數물건무게、이(寘)延也벋을、이移也옮길、이(支) 財。재 [재]貨也재물、재所寶보배、

재(灰)裁材通 貣 특 [특]從人求物假ㅣ빌、특(職)貸通 貨 쇄 [쇄]貝介聲자갯소리、쇄(哿) 貝刃 인 [인]堅牢굳을、인(震) ㊃ 責。책 [책]誚也꾸

짖을、책求也조를、책任也맡을、책(陌) [채]負債빚、채(卦)債同 貧。빈 [빈]乏也無財가난할、빈又구차할、빈(眞) 貫 관 [관]穿也꿰일、관達也달할、관中

也맞힐、관(翰) 販。반 [판]賣也팔、판商也장사、판(願) 貨。화 [화]財也재물、화物ㅣ물건、화賂也선물할、화(箇) 貪 탐 [탐]欲物愛財탐할、탐又욕심

낼、탐(覃) 貥 항 [항]大貝큰자개、항(陽) 貝亡 同貯 貭 質略字 貦 완 [완]好也좋을、완(翰) 貝勻 민 [민]稅貢부세、민(眞) 貟 면 [면]財殖천

량늘、몬(願) ㊄ 貲 즈 [자]財也재물、자(支)貲同 貽 이 [이]遺也끼칠、이旣也줄、이(支) 貾 츠 [지]黃貝누른자개、지(支) 貳。얼 [이]二也둘、

이副也버금、이疑也攜ㅣ의심별、이代也대신、이(寘)二同 費。븨 [비]散財用耗損허비할、비ㅣ用入ㅣ비용、비(未) 賁 삔 [비]飾也꾸밀、비(寘) [분]大也클、분

(文)勇也虎ㅣ날랠、분(元) 貴 궤 [귀]位高尊也높을、귀不物賤귀하게여길、귀(未) 貯。져 [저]積也쌓을、저又저축할、저藏也감출、저(語) 貝疋 솨 [소]

問財복채、소(語) 貰 씨 [세]賖也세낼、세借也빌、세(霽) [사]義同寬罪죄용서할、사(禡) 買 매 [매]市也ㅣ賣살、매招也ㅣ怒부를、매(蟹) 貸。대 [대]借

施빌릴、대以物與人更還其主假也갚을、대(隊) [특]借也빌、특(職)貣同 貝玄 헨 [현]售也賣也팔、현(霰)衒同 賀。허 [하]慶也하례할、하勞也위로할、하加也더

할、하(箇)

貺 황 [황]賜也與也줄、황(漾)

貿 뫄 [무]財貨交易무역할、무無識貌ㅣㅣ어릿어릿할、무(宥)瞀同

貶 뻔 [폄]損也덜릴、폄謗也폄할、폄減也덜、폄(琰)

貼 데 [첩]依附붙일、粘置접어둘、첩藥包數첩、첩(葉)

⿰貝㐌 貤同

⿰貝央 양 [앙]無極限한량없을、앙(養)

⿰貝甘 한 [감]貪財ㅣ贉재물탐낼、감(覃)

貱 피 [피]與也줄、피(寘)

⿱扁貝 뻔 [편]財增천량늘、편(銑)

⿰貝乍 쥐 [작]財也재물、작(藥)

⿰貝生 셩 [성]財也재물、성(敬)

⿰貝主 주 [주]財也재물、주(遇)

⿰貝句 쥐 [구]治也다스릴、구(宥)

⿰貝示 시 [시]示財재물보일、시(寘)

六

資 쯔 [자]貨物재물、자賴也憑也자뢰、자ㅣ本밑천、자取也취할、자(支)

賈 꾸 [고]坐賣앉은장사、고買也살、고(虞)[가]售値값、가(禡)價同

賂 루 [로]進物선물、노賄ㅣ뇌물、노遺也줄、노(遇)

賅 깨 [개]俗[해]備也갖출、해贍也넉넉할、해非常奇也이상할、해(灰)咳侅同

賄 휘 [회]財帛總名재물、회ㅣ賂뇌물、회進物선물、회(賄)⿰貝每同

賃 린 [님]傭也품팔이、임借也빌、임以財雇物세낼、임(沁)

⿰貝血 쓔 [휼]俗[휼]分賑기민먹일、휼(質)卹同

賊 쩨 [적]盜也寇ㅣ도둑、적傷害殘ㅣ해칠、적不忠不孝ㅣ子역적、적(職)

賌 깨 [개]俗[해]陰陽奇秘之要奇ㅣ이상할、해(灰)賅同

⿰貝寺 치 [치]貯財재물모을、치(紙)

⿰貝厽 린 [린]貪食음식탐낼、인(輪)

⿰貝安 애 [애]貯也쌓을、애(卦)

⿱劦貝 쎄 [협]財也재물、협(葉)

賑 신 [신]質物전당、신(軫)

賚 래 [래]積也쌓을、내(賄)

⿱爻貝 쌴 [효]煩也번거할、효(蕭)

⿰貝光 황 [황]賜也줄、황(漾)

貽 이 [이]遺送보내줄、이(支)

⿰貝交 皎同

⿰貝幷 뻔 [변]益也더할、변(先)

七

賫 쯰 [제]俗[재]持遺집어줄、재裝送싸보낼、재(齊)齎同

⿰貝每 賄同

賓 삔 [빈]客也손、빈導也寅ㅣ인도할、빈懷德ㅣ服복종할、빈(眞)

賒 쎠 [사]貰買세낼、사遠也멀、사久也오랠、사(麻)

賕 쭈 [구]贓也以財枉法장전、구(尤)

⿰貝甫 뿌 [포]財相酬

갚을、포(遇) 賔 賓俗字 㪿 깨 [개]深堅깊고굳을、개(隊) 賑° 젼 [진]救也ㅣ賉기민먹일、진富也풍부할、진(震) 賐 순 [순]益也加也더할、순(震)

⿰貝吝 린 [린]貪也탐할、인(震) ⿰貝斤 타 [탈]貨也재물、탈(黠) ⑧ 賨 죵 [종]蠻賦ㅣ布오랑캐부세、종(冬) 賜° 쓰 [사]錫也上予下줄、사惠也고마울、사(寘)

質° 찌 [질]物ㅣ물건、질主也本質바탕、질性ㅣ성품、질信也미쁠、질正也바를、질(質) [지]以物相贅交ㅣ전당、지(寘)贄通 賦 부 [부]稅也부세、부又구실、부給與줄、부量也헤아릴、부詩之流글、부(遇)

賣° 매 [매]出貨鬻物팔、매詐也ㅣ友속일、매求也ㅣ名구할、매(卦) 賚 래 [뢰]賜也予也줄、뇌(隊) 賢 쎤 [현]有德行어질、현善也조흥을、현勝也나을、현(先)贒同

賤° 젼 [쳔]卑下不貴쳔할、쳔(霰) ⿱商貝 商古字 賞° 쌍 [상]賜有功상줄、상玩也구경할、상嘉也아름다울、상稱美칭찬할、상(養)

賡° 껑 [갱]續也ㅣ載이을、갱(庚) 賩 칭 [청]受賜받을、청(庚) 賙 쥬 [주]給也賑贍기민먹일、주(尤)周通 賧 탄 [담]蠻夷以財贖罪속바칠、담(勘)

賬° 쟝 [장]計簿치부책、장(養) ⿰貝宛 완 [완]小有財ㅣ⿰貝耑재물조그마치있을、완(旱) 賠 페 [배]補償물러줄、배又배상할、배(灰) 賥 취 [수]貨也재물、수(寘)

賛° 贊同 賝 친 [침]寶也보배、침(侵) ⿰貝京 량 [량]稅也부세、양(陽) ⿱知貝 지 [지]質物전당、지(支) ⿰貝支 지 [긔]赤貝붉은자개、긔(寘)

賟 뎬 [전]富裕넉넉할、전(銑) ⿰貝居 쥐 [거]賣也팔、거(魚) 賖 써 [사]不交사귀지않을、사(麻) ⿰貝厓 애 [애]豐裕넉넉할、애(卦) ⿱發貝 예 [비]稅也부세、비(未)

⑨ 賵° 뽕 [봉]贈死助喪車馬曰ㅣ부의、봉(送) ⿱臾貝 貴本字 賭° 뚜 [도]博奕取財내기、도(麌) 賴° 래 [뢰]蒙也힘입을、뇌恃也믿을、뇌藉也자뢰할、뇌(泰)

賮° 찐 [신]珍貨琛ㅣ보배、신送行財幣노자、신又노수、신(震)贐同 ⿱旚貝 빤 [표]散匹帛與三軍봉족줄、표(嘯) 賱 윈 [운]富

有ㅣ賰넉넉할、운(吻)

賥 뽀 [보]和儥物者 거간、보(皓)

賰 춘 [춘]富有賰ㅣ 넉넉할、춘(軫)

⿰貝匽 옌 [연]物相當물건 알맞을、연(阮)

⿰貝耑 똰 [단]小有財 腕ㅣ재물조그마치있을、단(旱)

賯 同貾

⿰貝臿 따 [답]博戲노름、답(洽)

⿰貝侯 후 [후]貪財게염낼、후(宥)

⿰貝奐 안 [연]小有財작은재물、연(銑)

⿰貝貞 정 [정]責而不得利밀질、정(敬)

⿰貝敫 지 [치]賑也진휼할、치(寘)

(十)

賻 부 [부]以貨助喪부의、부(遇)

賽 쌔 [새]報祭치성드릴、새立方形六角戲具주사위、새相誇勝내기할、새(隊)塞通

賸 썽 [잉]送也보낼、잉副也버금、잉以物相增加더할、[싱]餘也남을、싱益也더할、싱(徑)俗作剩非

購 꾸 [구]以財求設賞募살、구(宥)

賝 同琛

賺 짠 [잠]重賣되팔기、잠(陷)賺同

賾 쩌 [색]幽深難見깊을、색(陌)

賹 애 [애]寄人物부쳐보낼、애(卦)

賶 창 [창]貯財재물모을、창(漾)

賷 同齎

(十二)

贄 쩌 [지]帛也執ㅣ폐백、지(寘)

贅 쮀 [췌]屬也붙이、췌無用物군것、췌疣瘤附ㅣ군살、췌又혹、췌壻也데릴사위、췌聚也모을、췌(霽)

⿰貝戚 同贓

⿰貝患 환 [환]支財貨재물지당할、환(諫)

⿰貝參 썬 [삼]賭也내기할、삼(感)

⿰貝婁 뤄 [루]貪也탐할、누(宥)

⿰貝密 미 [밀]水流물흐를、밀(質)

(十二)

贇 윈 [윤]美好貌예쁠、윤(眞)

贊 짠 [찬]佐也도울、찬明也밝힐、찬頌也기릴、찬又찬성할、찬參也참예할、찬(翰)賛同

贈 쩡 [증]送遺줄、증增也더할、증(徑)

贉 탄 [담]買物先入直선셈받을、담錦ㅣ책마구리꾸밀、담(感)

⿰貝都 뚜 [도]賭勝내기하여이길、도(虞)

贋 贗譌字

贆 퍄 [표]陸居貝뭍에사는조개、표(蕭)

⿰貝喬 쥐 [귤]大貝큰자개、귤(質)

⿰貝爲 지 [귀]財也재물、귀(寘)

⿰貝需 同⿰貝奐

⿰貝敢 깐 [감]賄也뇌물、함(陷)

(十三)

贏 잉 [영]有餘남을、영包也쌀、영擔負멜、영伸也펼、영(庚)

贍 싼 [섬]足也富ㅣ넉넉할、섬賙給도울、섬(豔)

⿰貝廉 同賺

⿰貝遂 수 [쉬]賻

物부의、쉬(寘)

⑭ **贔**・삐 [비]作力貌ㅣ屭기운낼、비雖鼇암자라、비(寘)

贐 賮同

贒° 賢古字

贎 란 [람]貪財재물탐낼、남(勘)

贓・ᄋ장 [장]吏受賂非理所得財장물잡힐、장(陽)

⑮ **贗** 얀 [안]僞物眞ㅣ위조할、又갓자、안(諫)

⿰貝廛 ᄋ잔 [전]謀人財남의재물꾀할、전(霰)

贖° 쑤 [속]納金免罪속바칠、속貿易살、속(沃)

贕・뚜 [독]卵內敗곯을、독(屋)

⿰貝厲 리 [례]多財많은재물、예(霽)

⑯ **贙**° 인 [인]分別분별할、인西海獸名짐승、인(軫)

⿰貝遺 이 [유]贈也줄、유(寘)

⿰貝親 츤 [친]錢也돈、친(震)

贚° 룽 [룽]貪也가난할、용(宋)

⿰貝寫 뚠 [돈]贈送奇異物기이한물건보낼、돈(阮)

⑰ **贛**・°꿍 [공]賜也줄、공(送)貢贛灨通

⿱賏奧 징 [증]愚也어리석을、증(蒸)

赤部

赤・° 치 [적]朱色붉을、적空盡無物빨갈、적又빌、적不穩過激ㅣ化과격할、적眞心진정、적不隱숨김없을、적(陌)

② **⿰赤丁** 딩 [정]赤色붉은빛、정(庚)

③ **⿰赤工** 홍 [홍]皮肉腫赤곪아붉을、홍(東)

④ **⿰赤支** ᄋ찌 [지]婦人面飾赬ㅣ연지、지(支)

⿰赤欠 씨 [혁]笑聲ㅣㅣ껄껄웃을、혁赤也붉을、혁(錫)

赦・° 써 [사]釋罪죄사할、사又용서할、사(禡)

⑤ **赧**・° 난 [난]面慚赤ㅣ然무안할、난又얼굴빛붉을、난(潸)

⿰赤皮 넌 [년]笛聲緩眞ㅣ저느러지게불、연(霰)赧同

⑥ **赩**・° 허 [혁]大赤싯벌걸、혁(職)

赨 뚱 [동]赤色벌걸、동(冬)

⿰赤同 뚱 [동]赤色붉을、동(董)

⑦ **⿰赤巠** 赬同

赫・° 허 [혁]火赤貌불이글이글할、혁光明빛날、혁盛也ㅣㅣ성할、혁怒發불끈성낼、혁(陌)

⿰赤含 한 [함]淺赤色분홍빛、함(覃)

⿰赤尾 미 [미]赤尾붉은꼬리、미(尾)

⑨ **赮** 싸 [하]東方赤色貌벌걸、하(麻)

赭・° ᄋ쪄 [자]赤土붉은흙、자禿山민둥산、자罪人服전중이옷、자(馬)

赬 ᄋ저 [정]赤色붉을、정(庚)⿰赤巠同

⿰赤垔 연

[연]婦人飾연지、연(先) 𧹳 쎄 [혁]絳色빨갈、혁(職) 十 赯 탕 [당]面色紫얼굴검붉을、당(陽) 𧹞 후 [혹]日出之赤햇발붉을、혹(屋) 䞖 환 [환]濁

也흐릴、환(旱) 十一 𧹛 시 [흡]赤貌붉을、흡(緝) 十四 䞕 수 [유]火色불빛、유(虞) 𧹿 쎄 [혁]濃赤色진한붉은빛、혁(職)

走部

走 쭈 [주]奔也달아날、주求也구할、주僕也종、주獸類짐승、주(宥) 赱 同走 二 赴 뿌 [부]奔也달을、부趨而至다다를、부(遇) 赳 쭈 [규]武貌ㅣㅣ헌걸찰、규(有) 赲 릭 [력]步也걸을、역(職) 三 起 치 [기]興也일어날、기擧事動作ㅣ居기동할、기立也설、기始也시작할、기(紙) 赶 깐 [간]逐也쫓을、간擧尾走꼬리뻗치고달아날、간(旱)趕同 赸 싼 [산]跳躍뛸、산(刪) 赿 지 [지]走也달아날、지(支) 𧺆 쑤 [속]疾也빠를、속(沃) 𧺇 쥐 [굴]走貌달아날、굴(物) 𧺈 재 [재]起去일어날、재(灰) 𧺊 치 [글]直行곧갈、글(質) 𧺋 지 [질]碎也부술、질(質) 𧺌 징 [경]獨行貌혼자갈、경(庚) 四 𧺢 투 [투]自投下떨어질、투(宥) 𧺜 짜 [잡]急走貌달음박질할、잡(合) 䞞 충 [종]急行빨리갈、종(冬) 赽 꿰 [결]踶也찰、결馬疾行貌말달려갈、결(屑) 赹 同赳 䞦 이 [율]遠走멀리달아날、율(質) 䞶 탄 [탐]徘徊머뭇거릴、탐(感) 䞤 톄 [척]越也넘을、척(陌) 趵 작 [子]足屈而不伸발꼬부라질、구(尤) 𧺸 지 [기]猿之昇樹원숭이나무에오를、기(支) 𧺆 우 [오]東夷之舞동녘오랑캐、오(虞) 赾 진 [근]難也어려울、근(吻) 五 趄 쨔 [저]不進趑ㅣ머뭇거릴、저(魚)且通 趁 천 [진]逐也쫓을、진行不進ㅣ趲머뭇거릴、진(震) [전]踐也밟을、전(銑)蹍同 趂 천 [진]趁同、驅ㅣ다다를、진(震) 超 챤 [초]越也躍過뛰어넘을、초又뛰어날、초過剩넘칠、초卓也높을、초(蕭) 越 웨 [월]過度넘을、월渡也건늘、월遠也멀、월超也뛸、월春

秋戰國時代國名나라이름、월(今浙江省地方)(月) 粤通 [활] 蒲席부들자리、활瑟孔실구멍、활(曷)

趉 츄 [출] 走出달아나올、출(質)

⿺走去 솨 [살] 走去달아나갈、살(曷)

趃 지 [질] 大走크게달아날、질(屑)

⿺走玉 위 [옥] 跛足절뚝발、옥(沃)

⿺走冋 융 [용] 急走급히달아날、용(冬)

⿺走白 迫同

⿺走巨 쥐 [거] 步也걸음、거(語)

⿺走犮 빠 [발] 忙行바삐갈、발(曷)

⿺走玄 쎤 [현] 遠走멀리달아날、현(先)

⿺走石 치 [척] 緩步천천히걸을、척(錫)

⿺走旦 단 [단] 直行곧장갈、단(旱)

⿺走此 즈 [지] 渡涉淺瀨얕은여울건늘、지(紙)

⿺走立 시 [십] 走貌달아날、십(緝)

⿺走乍 줘 [작] 忙走바삐달아날、작(藥)

⿺走世 티 [체] 越也넘을、체(霽)

⿺走斥 차 [차] 留也머무를、차(馬)

⿺走句 주 [구] 走而顧달아나며돌아볼、구(虞)

⿺走凷 쥐 [굴] 卒起而走별안간달아날、굴(物)

⿺走丘 겨 [구] 跛行절뚝거릴、구(有)

(六)

趑 즈 [자] 難行ㅣ趄머뭇거릴、자(支)

趍 趨俗字

趎 츄 [주] 人名南榮ㅣ사람의이름、주(虞)

趒 댜 [조] 躍也뛸、조越也넘을、조(嘯)

趌 지 [길] 怒走골나서달아날、길(質)

趏 짜 [활] 蒲席부들자리、활(曷) 越同

趐 쎼 [혈] 進也나아갈、혈衆鳥飛새떼로날、혈(屑)

⿺走并 迸同

⿺走各 허 [혁] 僵也ㅣ趚자빠질、혁(陌)

⿺走圭 지 [기] 擧足半步반걸음、기(紙)

⿺走有 와 [유] 急走급히달아날、유(宥)

⿺走后 후 [후] 蹇行절며갈、후(宥)

⿺走夷 이 [의] 遠走멀리달아날、의(微)

⿺走劦 셴 [험] 勇走날쌔게달아날、험(豔)

趚 지 [적] 側行足옆으로걷는발、적(陌)

⿺走冊 쟉 [주] 佇立멀거니볼、주(尤)

⿺走合 허 [흡] 跛行절、흡(洽)

⿺走百 배 [맥] 越也넘을、맥(陌)

⿺走亘 웬 [원] 居處相換처소바꿀、원(元)

趔 레 [렬] 趑也자저할、열(屑)

(七)

⿺走夋 쥔 [준] 行速빨리걸을、준(眞)

趙 잪 [조] 春秋時代國名나라이름、조(今直隷省南部、山西省北部) 刺也찌를、조趨也자주걸을、조久也오랠、조(篠)

趕 赶同

⿺走余 두 [도] 伏地趙ㅣ땅에엎드러질、도(虞)

趗

쭈 [촉]局小貌趢ㅣ국축할、촉(沃)
趖· 쥐 [좌]疾行빨리달아날、좌(歌)
⿺走君 원 [운]亂也어지러울、운(吻)
⿺走告。흐 [혹]越也넘을、혹(屋)
⿺走求 치 [구]違也어긋날、구(尤)
⿺走里。리 [해]欲走而留달아나랴다머물을、해(灰)
⿺走否 브 [부]僵也엎드러질、부(遇)
⿺走孚· 브 [부]速也속할、부(遇)
⿺走夾 샤 [삽]疾行빨리갈、삽(洽)
⿺走希 시 [희]走貌달아날、희(微)
⿺走赤。시 [확]急走급히달아날、확(陌)
⿺走谷· 휘 [혹]倒也거꾸러질、혹(屋)
⿺走尾 씨 [혁]獸走짐승달아날、혁(錫)
趚 쑤 [속]走聲닫는소리、속(屋)
⿺走呈 네 [녈]急行급히갈、열(月)
⿺走豆 흐 [후]趑趄자저할、후(有)

八

趣。취 [추]俗[취]指意뜻、취心向마음갈、취ㅣ味재미、취疾也빠를、취(遇) [조]掌馬官ㅣ馬벼슬이름、추(有) [촉]催也재촉할、촉(洽) 促同
趠· 툐 [초]五月風舶ㅣ오월바람、초超也뛸、초(效) [탁]俗[탁]逴也멀、탁(覺) 逴同
趢 루 [록]局小貌ㅣ趗국축할、녹(沃)
⿺走豖· 쭈 [촉]小兒行趢ㅣ타달타달걸을、촉(沃)
⿺走易 틔 [적]狂走⿺走易ㅣ미쳐서달아날、적(錫)
趡。웨 [유]動也움직일、유地名땅이름、유(紙)
⿺走或 쒸 [혁]盜走몰래달아날、혁(職)
趟 청 [쟁]躍貌趟ㅣ뛸、쟁(庚)
⿺走念 옌 [겸]俯首疾行머리숙이고달아날、겸(鹽)
趞· 치 [척]側行옆으로걸어갈、척(錫)
⿺走金 인 [음]低頭疾行머리숙이고빨리갈、음(寢)
趜 쥐 [국]窮也궁구할、국(屋)
⿺走音· 브 [복]僵也넘어질、복(職)
⿺走奄。야 [압]急走급히달아날、압(合)
⿺走困 균 [균]赴也다다를、균(吻)
⿺走東 둥 [동]狂走미쳐뛰어나갈、동(東)
⿺走夌 령 [릉]越也넘을、능(蒸)
⿺走卑· 삐 [비]小步자박자박걸을、비(支)
⿺走肴 쏘 [효]走貌달아날、효(肴)
⿺走來 래 [래]到也이를、내(灰)

九

趦· 趑俗字
趥。쯔 [추]徒步行貌타달거릴、추蹴也찰、추(尤)
⿺走复 브 [복]小兒手據地行、⿺走甫ㅣ어린아이길、복(屋)
趪· 황 [황]直走곧달아날、황(陽)
⿺走盾 츈 [춘]逃也도망할、춘(眞)
⿺走曷。제 [걸]怒走성내고달아날、걸(月)
⿺走重

종 [종]斜行비뜨루걸음、종(宋) ⿺走胃。위 [울]急遽行갑자기갈、울(物) ⿺走叜• 채 [채]進行나갈、채(灰) ⿺走叟 숙 [숙]脊曲未伸者곱사등이、숙(屋) ⿺走勇 웅

[용]勇行날쌔게갈、용(腫) ⿺走昜• 탕 [탕]進也나갈、탕(陽) ⿺走兪。同踰 趧 듸 [제]夷舞오랑캐춤、제(支) ⿺走臿 사 [삽]疾行빨리갈、삽(洽) ⿺走辟 탹 [탁]半步반

걸음、탁(陌) ⿺走耑 부 [불]正走바르게달아날、불(物) ⑩ 趨。취 [추]走也달아날、추捷步ㅣ踖자박자박걸음、추(虞) ⿺走夾 ᄶ [질]走遽빨리달아날、질(質)

⿱寒走。션 [현]走貌달아날、현(元) ⿺走虒。츠 [치]輕薄ㅣ騰경박할、치(支) ⿺走索 쓱 [색]僵也趦ㅣ자빠질、색(陌) ⿺走匽 연 [언]烟上升연기오를、언(阮) ⿺走豈•

깨 [해]急走급히달아날、해(灰) ⿺走烏 우 [오]輕走가볍게달아날、오(虞) ⿺走骨• 화 [활]速走속히달아날、활(黠) ⿺走眞 뎐 [전]猝走별안간달아날、전(先) ⿺走䍃

야 [요]遠行멀리갈、요(蕭) ⿺走臭 슝 [흥]疲行피곤히갈、흥(送) ⿺走差• 츠 [치]僵也자빠질、치(支) ⿺走留 쎄 [해]留也머물을、해(灰) ⑪ ⿺走參 찬 [참]走

貌달음질할、참(覃) ⿺走畢。삐 [필]止行清道警ㅣ길치울、필(質)蹕同 ⿺走覓 미 [멱]狂走ㅣ趨미쳐서달아날、멱(錫) ⿺走曼。만 [문]行遲더디걸을、문(元) ⿺走票• 퍞

[표]輕行사뿐사뿐걸을、표(蕭) ⿺走焉 연 [언]緩行천천히걸을、언(阮) ⿺走雀 져 [저]斜進비뜨루갈、저(語) ⿺走巢 샾 [초]競走다투어달아날、초(肴) ⿺走章• 쟝 [장]勇

行날쌔게걸을、장(陽) ⿺走鹿 루 [록]走聲달리는소리、녹(屋) ⿺走啇。지 [적]正行바로걸을、적(陌) ⿺走祟 착 [축]直也곧을、축(屋) ⿱斬走 잔 [잠]疾騰빨리오를、잠(勘)

⑫ 趫。챠 [교]緣木善走輕ㅣ나무에잘오를、교健也건장할、교(蕭) 趭• 쟢 [초]奔走貌달음질할、초(嘯) 趪• 황 [황]威武貌ㅣㅣ위엄스러울、황走

也달아날、황(陽) ⿺走覃 탄 [담]走也、驅步⿺走參ㅣ몰아달릴、담(覃) 趬 챠 [교]行輕貌사뿐사뿐걸을、교(蕭) ⿺走尞 럎 [료]脚長貌성큼성큼걸을、요(蕭) 趩。

치 [직] 行聲ㅣㅣ걷는소리、직(職)

⿺走爲 와 [와] 蹣躇주저할、와(歌)

⿺走肅 쑤 [숙] 正走바로달아날、숙(屋)

⿺走厥 쥐 [궐] 挑起헤치고일어날、궐(月)

⿺走厤 리 [력] 速行속히갈、역(錫)

⿺走幾 지 [기] 遠走멀리달아날、기(微)

⿺走矞 쥐 [귤] 狂走미쳐뛰어나갈、귤(質)

⿺走童 둥 [동] 輕步사뿐사뿐걸을、동(董)

⑬

⿺走亶 잔 [전] 趁也다다를、전 轉也구를、전(先) 邅同

趮 잔 [조] 疾也빠를、조 太急할、조(號) 躁同

⿺走蜀 쮸 [촉] 小兒行자박자박걸을、촉(沃)

⿺走睘 환 [원] 疾行빨리갈、원(元)

⿺走僉 쳰 [김] 低首疾走고개숙이고빨리달아날、김(寢)

⿺走豦 쥐 [거] 犯行범할、거(魚)

⿺走敫 쟌 [교] 從也따를、교(嘯)

⿺走詹 졘 [점] 疾走빨리달아날、점(琰)

⿺走辟 삐 [벽] 遠走멀리달아날、벽(陌)

⿺走感 깐 [함] 跳上뛰어오를、함(感)

⑭

趯 티 [적] 跳也ㅣㅣ뛸、적(錫)

⿺走與 위 [여] 安行편안히걸을、여(魚)

⿺走蒦 훠 [픽] 脚長다리길、픽(陌)

⑮

⿺走臱 벤 [변] 猝走별안간달아날、변(先)

⿺走韱 졔 [길] 斜進비뚜루갈、길(質)

⿺走會 귀 [귤] 走意달아나라고할、귤(質)

⿺走憂 옌 [염] 疾走빨리달아날、염(琰)

⿺走賣 뚜 [독] 獨行혼자갈、독(屋)

⑯

⿺走憲 쏀 [헌] 走意달아나라할、헌(願)

⿺走歷 ⿺走厤同

⑰

⿺走霝 링 [령] 犬走貌개달아날、영(青)

⑱

⿺走雚 촨 [권] 屈脊而走구부리고달아날、권(先)

⿺走翼 이 [익] 擴手如翼而走손벌리고달아날、익(職)

⿺走瞿 작 [구] 走顧달아나며돌아볼、구(虞)

⑲

趲 쫜 [찬] 散走흩어달아날、찬 逼也쫓을、찬(旱)

⑳

⿺走矍 꿔 [각] 大步뚜벅뚜벅걸을、각(藥)

足部

足 쮸 [족] 趾也발、족 滿也흡족할、족 行也疾ㅣ걸을、족(沃) [주] 益也添物더할、주(遇)

②

⿰𧾷丩 쮜 [규] 足行不正ㅣ踈비틀거릴、규(宥)

⿰𧾷丁 띵 [정] 脚細長跉ㅣ다리가늘고길、정(庚)

⿰𧾷卜 우 [부] 走也달아날、부(遇)

③

⿰𧾷叉 차 [차] 踏也밟을、차 岐道갈린길、차(禡)

⿰𧾷卂 싸 [삽] 歛

膝坐꿇어앉을、삽(緝) ⿰⻊于 꽈 우 踞也걸터앉을、우(虞) 趵 뱍 박 蹴聲차는소리、박 足齊발나란할、작(覺) ⿰⻊干 깐 간 脛骨정강이뼈、간(翰)

四

趾 즈 지 足也발、지 止也그칠、지 基ㅣ터、지(紙) 趺 뿌 부 佛坐跏ㅣ도사리고앉을、부(虞) 跗同 趻 천 참 ㅣ足行ㅣ踔앙감질할、참(寢) 趹 꿰 결 馬行貌말갈、결(屑) 趿 싸 삽 進足有所擷取발로긁어다릴、삽(合) ⿰⻊屯 뚠 둔 ㅣ坐쪼구리고앉을、둔(眞) 跀 웨 월 斷足발벨、월(月) 跁 빠 파 短人ㅣ踦난장이、파(禡) ⿰⻊内 누 눌 足傷발상할、눌(月) ⿰⻊巿 뻐 발 行貌걸을、발(曷) 비 義同(未) ⿰⻊亢 꺙 항 伸脛다리뻗을、항(養) ⿰⻊互 후 호 雙膝著地두무릎꿇을、호(遇) 趽 빵 방 曲足쥐암발、방 跗骨之一발목뼈、방(陽) ⿰⻊氏 시 시 蹢躇주저할、시(紙) ⿰⻊切 치 절 失足헛디딜、절(屑) ⿰⻊化 와 와 跛足절뚝발이、와(歌) ⿰⻊元 웬 완 踞也걸터앉을、완(寒) ⿰⻊分 뿐 분 失足실족할、분(文) ⿰⻊兮 쎼 혜 跡也자취、혜(齊) 跂 찌 기 足多指육발이、기 蟲行벌레길、기(支) 蚑通、垂足坐걸터앉을、기(紙) 擧足望발저겨디딜、기(寘) 企同 ⿰⻊欠 즈 지 却行뒤로나설、지(支)

五

⿰⻊去 라 라 佇立가다가설、나(馬) ⿰⻊民 민 민 獸蹄굽、민(軫) 距 쮜 거 經也相ㅣ지낼、거 至也이를、거 鷄ㅣ며느리발톱、거(語) 跔 쮜 구 跳躍跿ㅣ뛸、구 凍足不伸발곱을、구(虞) 跗 뿌 부 足背발등、부(虞) 跇 이 예 渡也、超踰뛰어넘을、예(霽) 跆 태 태 蹋也밟을、태(灰) 跚 싼 산 跛行蹣ㅣ절뚝거릴、산(寒) 散通 跈 산 전 踐也밟을、전(銑) 蹍同 跑 팦 포 蹴也足ㅣ地허빌、포(肴) 跎 뒤 타 不遇蹉ㅣ시기잃을、타 又미끄러질、타(歌) ⿰⻊㐌 同跎 跏 쨔 가 屈曲坐ㅣ趺도사리고앉을、가(麻) ⿰⻊母 뭐 무 行貌걸음、무 足大指엄지발가락、무(有) ⿰⻊弗 뿌 불 跳也急行貌뛰어달아날、불(物) 跋 빠 발 水草行ㅣ涉걸을、발(山野行曰ㅣ水中行曰涉) 足後

발뒤꿈치、발踐也躐也밟을、발書末文글、발(曷) **䟦** 跋同 **跌**。데 [뎔]俗[질]蹶也蹉ㅣ미끄러질、질又어긋날、질(屑) **跖**。저 [척]足下발바닥、척履踐밟을、척人名盜ㅣ도척、척(古代大盜賊)(陌) **跅**。치 [척]無檢局ㅣ弛놓아먹을、척(陌) **跕**。뎨 [접]墮貌ㅣㅣ미끄러질、접曳履신끌、접(葉) **⿰𧾷瓜** 꽈 [과]足理文발금、과(麻) **⿱尚足** 청 [쟁]正也바를、쟁(庚) **跓** 쮸 [주]停足발머물、주(麌) **跈** 뎐 [전]踏地聲땅밟는소리、전(先) **⿰𧾷必** 뻬 [별]足擊手찰、별(屑) **跊** 츄 [출]獸足跡짐승의발자국、출(質) **⿰𧾷甲** 쟈 [갑]步行聲걸음소리、갑(洽) **跍**。꾸 [고]蹲也걸터앉을、고(虞) **跙**。쥐 [저]行不進머뭇거릴、저(語) **跜** 늬 [니]龍動貌ㅣ蚪꿈틀거릴、이(支) **跒**。커 [가]跁也난장이、가(馬) **⿰𧾷丘** 작 [구]步行걸을、구(宥) **跐** 츠 [자]蹈也履也밟을、자(紙) **跘** 빤 [판]跏也도사리고앉을、판(旱) **跛**。뻬 [파]足偏廢절뚝발이、파(哿) [피]仄立기우려설、피(寘)

(六)

跫 쿵 [공]足音蹋聲발자취소리、공(冬) [강]俗[상](江) **跠** 이 [이]距也걸터앉을、이(支) 夷同 **跪** 궤 [궤]拜ㅣ兩膝隱地꿇어앉을、궤(紙) **跱** 씨 [치]不前ㅣ躇머뭇거릴、치具也갖출、치(紙) 峙同 **路**。루 [로]道也길、노大也클、노車名수레이름、노(遇) 輅通 **跟** 껀 [근]足踵발뒤꿈치、근(元) **跧** 촨 [잔]伏也엎드러질、잔蹴也찰잔(刪) [전]義同(先) **跣**。쎤 [선]徒足履地맨발로다닐、선旋行貌蹁ㅣ돌아다닐、선(銑) 踐通 **趼** 옌 [견]胝也皮起如繭발부르틀、견(銑) **跳**。됴 [도]躍也蹶也뛸、도(蕭) 越也건늘、도(嘯) 趒同 **跨**。콰 [과]騎也걸터앉을、과越也넘을、과(禡) 不進踦ㅣ머뭇거릴、과(遇) **跡**。져 [적]步處前人所留발자국、적(陌) 迹蹟同 **跲**。갸 [겁]躓也엎드러질、겁(葉) **跮** 지 [희]疾走互前卻ㅣ踱아금막기할、희(寘) **跭** 쌍 [강]竪立ㅣ躞우뚝설、강(江) **⿰𧾷叕** 워 [약]足下文발금、약(藥) **⿰𧾷伏** 뿌 [복]屈手足伏地꿇어엎드릴、복(屋) **跦**。쥬 [주]跳行貌강장강장뛸、주(虞)

跤 쟈 [교] 脛也 종아리、교(肴) **跢** 뒤 [대] 小兒行 어린아이 걸을、대(箇) **⿰⻊匡** 광 [광] 急行 급히갈、광(陽) **跬**。 퀴 [규] 半步 반걸음、규(紙) **⿰⻊亥** 해 [해] 急行 급히갈、해(隊)

⿰⻊吉。 지 [길] 步行 걸을、길(質) **⿰⻊同** 뚱 [동] 走貌 달아날、동(東) **⿰⻊聿** 릐 [률] 後退ㅣ跌 뒷걸음칠、률(月) **跩** 씨 [세] 踰也 넘을、세(霽)

跰 同跰 **⿰⻊丞** 청 [증] 長足 긴발、증(迥) **⿰⻊在** 재 [재] 行步遲 걸음더딜、재(賄) **⿰⻊行** 깐 [함] 步貌 걸을、함(咸)

七

踊。 융 [용] 跳也 哀至辟ㅣ 뛸、용 刖足屨ㅣ貴 끌신、용(腫) 踴通 **跽**。 찌 [기] 兩膝着地長跪 꿇어앉을、기(紙) **踈** 疏俗字非 **跿** 두 [도] 跳也ㅣ跔 뛸、도(虞) **踆** 쮠 [준] 止也 그칠、준 伏也 엎드릴、준 退也 물릴、준(眞) ⿺走夋踆蹲通 **踉** 랑 [량] 勇躍 跳ㅣ 뛸、양 行不迅 천천히걸을、양(漾) [랑] 急行ㅣ蹡 급히걸을、낭(陽) **踁**。 씽 [형] 俗 [경] 脚也 다리、경 胻也 종아리、경(迥) 脛同 **跼** 쮜 [국] 不伸蹐ㅣ 허리굽히고 걸을、국 曲也 굽을、국(沃) 局通 **踂** 녜 [녑] 俗 [섭] 兩足不相過 두발오그러붙을、섭(葉) **⿰⻊武**。 우 [보] 跡也 발자국、부(麌)

⿰⻊余 투 [도] 不履 맨발、도(遇) **踅** 이 [예] 一足行 앙감질할、예(霽) **踃**。 쏘 [소] 動也 跳ㅣ 움직일、소(蕭) **⿰⻊貝** 패 [패] 踏也 밟을、괘(泰) 狽同

⿰⻊旋 션 [선] 靜行 조용히갈、선(霰) **⿰⻊足** 츄 [촉] 謹也 삼갈、촉(屋) **⿰⻊弟** 듸 [제] 踏也 밟을、제(霽) **⿰⻊旱** 한 [한] 偏足立 외발로설、한(旱) **⿰⻊辛**。 신 [선] 步也 걸을、선(先)

⿰⻊延 同⿰⻊旋 **⿰⻊辰** 천 [진] 動力就事 일할、진(震) **⿰⻊更** 헝 [항] 獸迹 짐승의 발자취、항(陽) **⿰⻊求**。 칙 [구] 踏也 밟을、구(尤) **⿰⻊坐** 쥐 [좌] 詐拜 거짓절할、좌(箇)

⿰⻊斤 졔 [체] 踰也 넘을、체(霽) **⿰⻊幵** 지 [기] 曲脛 굽은종아리、기(支) **⿰⻊岑** 신 [심] 蹄蹟之停水 짐승의 발자국에 괴인물、심(侵) **⿰⻊寽**。 레 [렬] 踰也 넘을、열(屑)

⿰⻊豆 두 [두] 跌足 미끄러질、두(尤) **踇** 무 [모] 行貌 걸을、무(有) **⿰⻊見**。 옌 [언] 行步不正貌 걸음바르지못할、언(霰) **⿰⻊呈** 딩 [정] 里數 잇수、정(庚) **⿰⻊甫**

쭈[포]馬蹄痕말굽자국、포㉦ 䟻 예[열]踏楚가시밟을、열屑 䠆 디[절]足長발길、절屑

❽

踏。타[답]踐也밟을、답合 蹋同 踟 치[지]不進ㅣ躕머뭇거릴、지支 踦。치[기]跛也절뚝발이、기支 踑 치[기]長踞ㅣ踞걸터앉을、기支 踓 웨[유]狂走貌미쳐서달아날、유紙 䠊。쀄[비]刖足발꿈치벨、비未 踞 쥐[거]蹲也걸터앉을、거御 踠。웬[원]屈也굽힐、원馬跌말넘어질、원阮 跰 同胼 踡 찬[권]不伸ㅣ跼허리굽힐、권先 踐。쨘[천]蹋也履也밟을、천履行행할、천銑 踔。찯[초]踰也넘을、초踶也밟을、초效[착]俗[탁]卓立高遠우뚝설、탁行貌踔ㅣ앙감질、탁覺 踒 워[와]足跌미끄러질、와歌 踠通[위]折足발접칠、위支 踝。과[과]足骨跟也복사뼈、과馬 踣。뻐[부]僵也엎드러질、부偃也쓰러질、부有 仆同[복]義同 踘 쭤[국]毬戲蹴ㅣ제기찰、국屋 鞠同 踧。쮸[축]行敬謹ㅣ踖조심하여걸을、축屋 蹙通[적]行平易ㅣㅣ편편할、척錫 踤。추[졸]蹴也찰、졸踢也밟을、졸質 踖。쪄[적]行敬謹踧ㅣ조심하여걸을、적蹐也뛸、적陌 踢 틔[척]以足蹴物찰、척驚動貌깜짝놀랄、척錫 踥。쳬[첩]行貌ㅣ蹀저벅저벅걸을、첩往來貌ㅣㅣ오락가락할、첩葉 踭。쩡[쟁]足痕발자국、쟁江 踨 蹤古字 䠓 쿤[곤]瘃足얼어터진발、곤跡也자취、곤阮 踕 쳐[첩]足疾발재빨、첩葉 䠁 얀[염]疾行ㅣㅣ빨리걸을、염琰 䢇。야[아]岐路갈랜길、아麻 踦 뿌[부]跗骨之一발목뼈、부麌 踪。同蹤 𨂂 字跗俗 踼 창[창]踞也걸터앉을、창養 䠕 레[례]跛行절、예齊 䠐 쥐[구]跔也손발곱을、구虞 䠤 연[전]迹也자국、전銑 踗。예[념]輕步삽붓삽붓걸을、념葉 𨃃 데[득]急行貌빨리갈、득職 跙 더[저]馬足病말발병、저語 䢁 야[압]跛足절뚝발이、압合 踼 창[장]跪也꿇어앉을、장陽 踚。룬[룬]勇

步날래게걸을、윤(眞) ⿰足屈 쥐 [굴] 力也힘、굴(物) 踛 륙 [륙] 跳也뛸、육(屋) 踜 릉 [릉] 留也머물、능(蒸) ⿰足官 관 [관] 逃也도망할、관(翰) 跱

지 [치] 難進가기어려울、치(紙) 九 踶 뎨 [제] 蹋也찰、제(霽) 獸足굽、제(齊) 蹄同 踵 죵 [종] 足跟발뒤꿈치、종 接也접할、종 因也인할、종(腫) 踰

위 [유] 越也넘을、유(虞) 逾同 踴 踊俗字 踽 쥬 [구]俗[우] 獨行貌ㅣ혼자갈、우(麌) 踳 츈 [준] 相舛ㅣ駁어그러질、준 雜也잡될、준(軫) 蹁 편 [편] 旋

行ㅣ蹮돌쳐갈、편 足不正잘름거릴、편(先) 踼 탕 [탕] 逸也跌ㅣ미끄러질、탕(漾) 蹂 유 [유] 踐也履也밟을、유 ㅣ黍쌀씻을、유(尤)(有)(宥) 踸 跉同 蹀

뎨 [접] 行貌ㅣ躞저벅저벅걸을、접 履也밟을、접(葉) 踹 돤 [단] ㅣ足발구를、단 足跟발꿈치、단(寒) ⿰足若 어 [야] 小兒始行貌⿰足容ㅣ타달타달걸을、야(馬) ⿰足臭

착 [규] 行不正跬ㅣ비틀거릴、규(有) 踱 뚝 [탁] 跣足蹋地맨발로걸을、탁 乍卻跮ㅣ어금막기할、탁(藥) ⿰足奎 퀘 [규] 開足발벌릴、규(齊) 蹅 쟈 [사] 履也밟

을、사(麻) 蹄 톄 [제] 獸足굽、제 取魚兎器筌ㅣ토끼그물、제(齊) ⿰足叚 샤 [하] 足跡발자국、하(麻) ⿰足屋 어 [악] 迫也급할、악(覺) ⿰足盾 遯同 ⿰足致 지 [치] 踏

也밟을、치(寘) ⿰足癸 꿰 [기] 脛肉정강이살、기(寘) 踷 따 [다] 斜行비스듬히갈、다(馬) ⿰足象 텬 [천] 正步단정하게걸을、천(霰) 踺 젼 [건] 行步速걸음속할、

건(願) ⿰足咼 궈 [과] 足理발금、과(麻) ⿰足胡 후 [호] 屈膝무릎굽힐、호(虞) 蹳 빠 [발] 踏草풀밟을、발(曷) ⿰足彥 안 [안] 迹也자취、안(潸) ⿰足庠 튀 [탁] 緩也늘

어질、탁(藥) ⿰足柴 채 [채] 急行급히갈、채(灰) ⿰足毒 뚜 [독] 不正行비뚜루갈、독(沃) ⿰足便 뻔 [변] 遠行멀리갈、변(先) ⿰足軍 훈 [혼] 步行걸을、혼(願) 踾

뫅 [복] 聚也모을、복(屋) 踿 착 [죽] 近也가까울、죽(屋) ⿰足屏 뼝 [병] 急行급히갈、병(青) ⿰足悤 춍 [총] 遽行바삐갈、총(東) ⿰足臿 샤 [삽] 足動발움직일、

삽(洽) 蹀 퇴 [탑]涉也건늘、탁(藥) ⓫ 蹊 씨 [혜]徑路穿徑지름길、혜(齊)蹊同 蹏 同蹄 蹇。 옌 [건]跛也절、건又절뚝발이、건盡忠義ㅣㅣ충성

다할、건拔也뺄、건停也머물을、건(銑) 盤 판 [반]屈足곱장발、반(寒) 蹍 넨 [전]足踏履밟을、전(銑)跈同 蹈。 또 [도]踐也밟을、도舞ㅣ춤출、도(號) 蹉。

취 [차]失時ㅣ跎미끄러질、차過也지날、차(歌)(箇) 蹎 뎬 [전]仆也엎드러질、전跋也뛸、전(先) 蹌。 챵 [창]趨也추창할、창舞貌ㅣㅣ춤너풀거려출、창(陽)

䠙 팡 [방]急行踉ㅣ달음박질할、방(陽) 蹐。 쳐 [척]小步累足발소리없이걸을、척(陌) 蹋。 同踏 ⿰足䍃 얀 [요]跳也뛸、요(蕭) ⿰足窊 와 [와]踏地用

力ㅣ踏힘써디딜、와(禡) 踏 따 [탑]跳也뛸、탑(合) ⿰足茶 챠 [다]難進而立가다가설、다(麻) ⿰足畜 착 [축]肥足살찐발、축(屋) ⿰足荂 同跨 ⿰足鬼 애 [폐]跛

也절뚝발이、폐(霽) ⿰足芻 착 [추]獸足짐승의발、추(尤) ⿰足辛 싸 [살]不正行비뚜루갈、살(曷) ⿰足蚤 산 [소]跳也뛸、소(號) ⿰足高。 꼬 [교]脛也종아리、교(肴)

⓬ 蹖 춍 [용]蹋也밟을、용(冬) 蹤。 쭁 [종]跡也자취、종人行處ㅣ跡간곳、종(冬)踪同 蹛。 대 [대]北漢地名땅이름、대踶也밟을、대(泰) 蹣

만 [반]跛行貌ㅣ跚절뚝거릴、반 [만]踰也넘을、만(寒) 蹡 쟝 [장]行貌ㅣㅣ종종걸음칠、장(陽) 蹔 同暫 蹙。 츄 [축]迫也쭈구러질、축愁貌顰ㅣ찡그릴、

축(屋)顣同 蹜。 쓕 [숙]俗[축]擧足曳踵발끌어디딜、축(屋) ⿰足遂 同躅 蹕 삐 [필]淸道止行警ㅣ길치울、필(質)⿺走畢同 蹟。 찌 [적]前事行ㅣ사적、적跡也자

취、적(陌)迹同 蹠。 찌 [척]履也밟을、척足下발바닥、척(陌)跖同 蹢 찌 [척]跳貌ㅣ躅깡창뛸、척(陌)躑同 [적]蹏也굽、적(錫) ⿱執足 뎨 [첩]小步ㅣ足지어걸을、

첩(葉) 蹝。 싀 [사]徐也천천히걸을、사(紙) ⿱夢足 뭉 [몽]疲行貌ㅣ蹊다리질질끌、몽(送) 蹞 同跬 ⿱䒎足 同⿱楚足 蹴 同蹙 ⿰足區。 쥐 [구]跛行절、구

(虞) 蹗 루 [록] 疾走빨리달아날、녹(屋) ⿰足梁 량 [랑] 走也달아날、양(陽) 蹘。 랴 [료] 遠走멀리달아날、요(肴) ⿰足祭 쳬 [철] 疾行빨리갈、철(屑) ⿰足屚

루 [루] 輕踏사뿟밟을、누(宥) ⿰足基 지 [기] 本也근본、기(支) ⿰足票 퍞 [표] 輕行사뿟사뿟갈、표(蕭) ⿰足巢 샆 [소] 行捷걸음빠를、소(肴) 蹚。 탕 [당] 跢也미끄러

질、당(陽) ⿰足專 좐 [전] 踵也발뒤꿈치、전(銑) ⿰足虘 자 [자] 蹵音발자국소리、자(歌) ⿰足族 주 [족] 足曲발굽으러질、족(屋) 蹥。 련 [련] 踵也발뒤꿈치、연(先)

⿰足康 캉 [강] 散走흩어져달아날、강(漾) ⊕十二 躕 躕俗字 蹶。 궤 [궤] 動也움직일、궤 行遽급히걸을、궤(霽) [궐] 僵也쓰러질、궐 跌也미끄러질、궐 拔也뺄、

궐 跳也뛸、궐(月) 蹸 린 [린] 車踐수레에밟힐、인(震) 躝轔同 蹲。 쥰 [준] 踞也걸터앉을、준 聚也모을、준 舞貌ㅣㅣ춤움직거려출、준(元) 蹯 반 [번] 獸足掌

짐승의발바당、번(元) 躚 션 [선] 旋行貌蹁ㅣ돌쳐갈、선 舞貌蹁ㅣ춤너풀너풀출、선 蹣跚절뚝거릴、선(先) 蹭。 청 [층] 失路貌어정거릴、층(徑) 蹻。 쟌

[교] 一擧足발저겨디딜、교 武貌ㅣㅣ날쌜、교 剛直강직할、교(篠) [갹] 草履짚신、갹 驕貌교만할、갹(藥) [교] 企也바랄、교(蕭) 蹺同 蹺。 챤 [교] 擧足企也발저겨디딜、교

(蕭) 蹻同 蹬 떵 [등] 失勢貌어정거릴、등 履也밟을、등(徑) 蹴。 츄 [축] 躡也踏也찰、축 밟을、축(屋) 蹙同 蹳 뻐 [발] 足拔物찰、발(曷) 蹩。 쁴 [별] 跛

也절뚝발이、별 踶也밟을、별(屑) 蹹 踏同 躈 轍同 ⿰足間 탄 [담] 以足踏地而歌발장단맞추며노래할、담(感) 蹼。 뿌 [복] 鳧足오리발、복(屋) 躄

躃同 蹪 퀘 [퇴] 仆也엎더질、퇴(灰) ⿰足巽。 션 [선] 買獸足網올무、선(霰) ⿰足單 타 [타] 小兒行態ㅣ아장아장걸을、타(哿) 蹵 蹴同 ⿰足敝 蹩同 ⿰足啻。

蹢古字 躇 쥬 [저] 踟ㅣ머뭇거릴、저(魚) 蹨 산 [연] 逐也쫓을、연(銑) 蹜 쌋 [소] 正行단정히갈、소(嘯) 蹫。 쥐 [귤] 狂走미쳐달아날、귤(質) ⿰足最

⿰足嵐 란 [람]急行바삐갈、남(覃) 踏 따 [답]跨也걸터앉을、답(合) ⿰足晉 자 [잡]留止머물、잡(合) ⿰足朁 同⿰足晉 蹱 종 [종]小兒行步어린애걸음、종(冬) ⿰足巽 틱 [척]步行聲걷는소리、척(職)

【十三】

躇 츄 [저]住足躕ㅣ머뭇거릴、저(魚) [착]超也不次건너뛸、착(藥) 躁 쟈 [조]ㅣ急조급할、조又성미급할、조動也움직일、조不安靜바시댈、조急進疾也빠를、조(號) ⿰足詹 잔 [점]馬急行말달려갈、점(豔) 躅 쥬 [촉]跡也자취、촉行貌蹢ㅣ강동강동뛸、촉花名躑ㅣ철쭉꽃、촉(沃) 躄 삐 [벽]坐客앉은방이、벽(陌) ⿰足敫 찬 [규]蹄也말굽、규(嘯) ⿰足須 同蹯 躆 쥐 [거]手據也짚을、거動作僑ㅣ꿈적거릴、거(御) 躃 同躄 ⿰足楚 쮸 [조]馬蹄痛病말저름날、조(語) ⿰足葛 同躐 ⿰足睪 뙤 [탁]跳足맨발、탁(藥) 躉 둔 [돈]艀舟종선、돈(阮) ⿰足亶 뎐 [전]移也옮길、전(銑) ⿰足奎 사 [삽]獨行홀로갈、삽(合) ⿰足禁 진 [금]坐也앉을、금(侵) 躂 따 [달]跌也미끄러질、달(曷) ⿰足頁 지 [기]擧足발들、기(紙) ⿰足睘 젼 [견]疾跳빨리뛸、견(霰) ⿱殸足 팡 [팽]踏地聲땅밟는소리、팽(敬) ⿰足歲 쾌 [쾌]小便오줌、쾌(隊) ⿰足戚 졔 [적]踐害밟아해할、적(職)

【十四】

躋 지 [제]登也升也오를、제(齊) 隮同 ⿱巠足 칭 [경]一足行앙감질할、경(徑) 躊 쥬 [주]進退ㅣ躇머뭇거릴、주(尤) 躍 워 [약]跳也進也뛸、약(藥) ⿸𡰪足 취 [착]行疾걸음빠를、착(覺) ⿰足業 同蹼 ⿰足𢇍 똰 [단]踐處발자국、단(翰) ⿰足臱 변 [변]行不正걸음바르지않을、변(先) ⿰足豖 주 [주]醉倒취하여너머질、주(宥) 躎 녠 [년]踏也밟을、연(銑) ⿰足頻 同跛 ⿰足縣 同踏

【十五】

躓 찌 [지]頓也쓰러질、지又너머질、지路也밟을、지(寘) 疐同 ⿰足疐 찌 [지]躓同、礙也거리낄、지(寘) 疐同 躔 찬 [전]日運行해질、전星次별자리、전踐也밟을、전(先) ⿰足廣 광 [광]路曠遠길넙고멀、광(漾) 躐 레 [렵]踐也밟을、엽踰也ㅣ等넘을、엽又뛸、엽(葉)

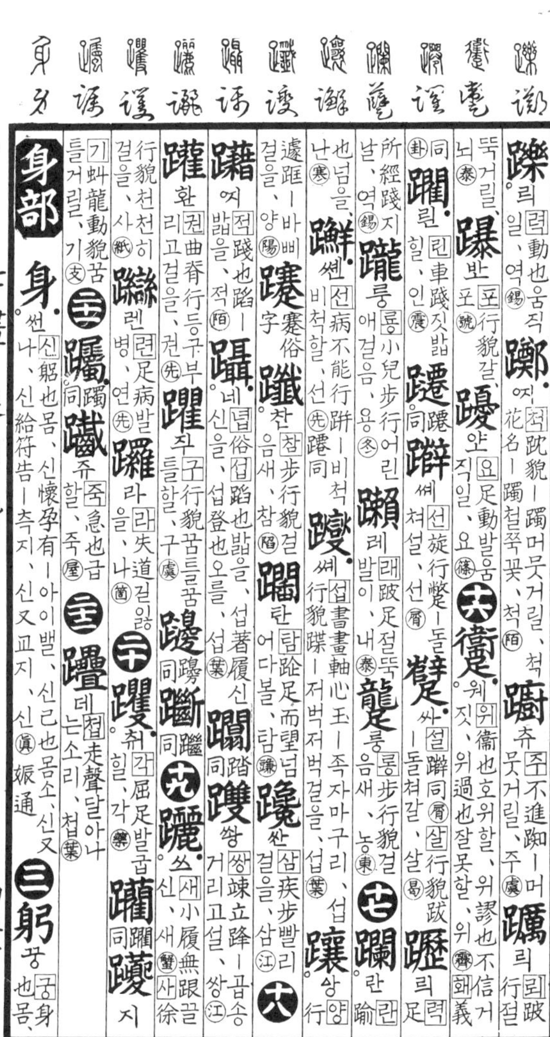

躒。리 [력]動也움직일、역(錫) 躑。여 [척]跳貌ㅣ躅머뭇거릴、척(陌) 花名ㅣ躅철쭉꽃、척(陌) 躕 츄 [주]不進踟ㅣ머뭇거릴、주(虞) 躘 리 [리]跛行절뚝거릴、뇌(泰) ⿰足暴 반 [포]行貌갈、포(號) ⿰足憂 요 [요]足動발움직일、요(篠)

(十六) 躛。웨 [위]衛也호위할、위謬也不信거짓、위過也잘못할、위(霽) [홰]義同(卦) 躪。린 [린]車踐짓밟힐、인(震) 躚。同蹮 ⿰足辟 세 [선]旋行躠ㅣ돌쳐설、선(屑) 躠。싸 [설]躃同(屑) [살]行貌跋ㅣ돌쳐갈、살(曷) ⿰足歷 리 [력]足所經踐지날、역(錫) 躘 룽 [룽]小兒步行어린애걸음、용(冬) ⿰足賴 레 [래]跛足절뚝발이、내(泰) ⿱龍足 룽 [룽]步行貌걸음새、농(東)

(十七) 躝。란 [란]踰也넘을、난(寒) ⿰足鮮。션 [선]病不能行蹁ㅣ비척비척할、선(先) 蹮同 躞。셔 [섭]書畫軸心玉ㅣ족자마구리、섭 行貌蹀ㅣ저벅저벅걸을、섭(葉) 躟。상 [양]行遽距ㅣ바삐걸을、양(陽) ⿰足蹇 蹇俗字 ⿰足韱。찬 [참]步行貌걸음새、참(陷) ⿰足閻 탄 [담]踰足而望넘어다볼、담(豏) ⿰足毚 싼 [삼]疾步빨리걸을、삼(江)

(十八) 躤 여 [적]踐也蹈ㅣ밟을、적(陌) 躡。네 [녑]俗[섭]蹈也밟을、섭著履신신을、섭登也오를、섭(葉) 躢 同踏 ⿰足雙 쌍 [쌍]竦立降ㅣ곱송거리고설、쌍(江) ⿰足雚 환 [권]曲脊行등구부리고걸을、권(先) 躣 주 [구]行貌꿈틀꿈틀할、구(虞) ⿰足臱 同⿰足旁 ⿰足𢇍 同躐

(十九) 躧。쓰 [새]小履無跟끌신、새(蟹) [사]徐行貌천천히걸을、사(紙) ⿰足䜌 련 [련]足病발병、연(先) ⿰足羅 라 [라]失道길잃을、나(箇)

(二十) 躩。취 [각]屈足발곱힐、각(藥) 躪 同躙 躨 지 [기]蚑龍動貌꿈틀거릴、기(支)

(二十一) ⿰足屬。同躅 ⿰足蠘 쥬 [죽]急也급할、죽(屋)

(二十二) ⿰足疊 데 [첩]走聲달아나는소리、첩(葉)

身部

身。썬 [신]躬也몸、신懷孕有ㅣ아이밸、신己也몸소、신又給符告ㅣ측지、신又교지、신(眞) 娠通

(三) 躬 궁 [궁]身也몸、

궁親也몸소、궁(眞)躳同 躮룽[롱]身也몸、농(蒸) 四 ⿰身比피[비]體柔⿰身夸ㅣ몸부드러울、비(支) 躭。耽俗字 ⿰身支시[설]使也부릴、설(屑)

五 ⿰身句꿍[궁]恭貌공순할、궁(東) 躰體俗字 ⿰身夭。射同 ⿰身主쥬[주]身直貌몸꼿꼿할、주(寘) ⿰身立친[친]身端몸단정할、친(吻) ⿰身付。

[부]著衣옷입을、부(遇) ⿰身丘軀俗字 ⿰身犮。빠[발]走也달아날、발(曷) ⿰身只胑同 ⿰身出。친[친]走貌달아나는모양、친(眞) ⿰身申츙[총]身直몸곧을、

종(冬) 六 躱。뒤[타]避也피할、타(哿) ⿰身夸콰[과]體柔ㅣ⿰身比몸부드러울、과(麻) ⿰身向썅[향]仰向쳐다볼、향(漾) ⿰身同。퉁[동]身不端軉ㅣ몸단정하

지못할、동(董) ⿰身兆탄[조]體長몸길、조(嘯) ⿰身亥。駭俗字 七 躳。躬同 躴랑[랑]身長ㅣ⿰身康키클、량(陽) ⿰身廷틩[편]身長直몸길고클、편(銑)

八 ⿰身穹츙[궁]曲躬몸구부릴、궁使役부릴、궁(送) 躶。裸同 ⿰身奇치[기]身也몸、기隻也외짝、기(支) ⿰身委矮同 躹쥐[국]曲躬몸굽힐、국

(屋) 九 躽옌[언]曲身몸굽힐、언怒腹ㅣ體성난배、언(阮) ⿰身兪。쓔[수]著衣⿰身付ㅣ옷입을、수(遇) ⿰身重즁[종]孕也아이밸、종(宋) ⿰身叚。쌰[하]屈

身몸굽힐、하(麻) ⿰身皇황[황]鐘聲종소리、황(陽) 十 ⿰身豈깨[해]身長몸길、해(灰) ⿰身弱탕[탕]弱也약할、탕(養) 十一 軀。취[구]四體몸、구

又몸동이、구(虞) ⿰身康캉[강]身長躴ㅣ키클、강(陽) ⿰身國궈[괵]裸身맨몸、괵(陌) 十二 ⿰身單。퉈[타]廣厚넓고두터울、타垂下드릴、타(哿) ⿰身勞랖

[로]身長몸길、노(號) 軄。職俗字 十三 軆體俗字 ⿰身亶젼[전]裸身맨몸、전(銑) ⿰身詹딴[담]好也좋아할、담(覃) 十四 ⿰身監란[람]身長貌

ㅣ軁키클、남(覃) ⿰身寧。닝[녕]垢也때、녕(迥) ⿰身壽。또[도]身長몸길、도(號) 十六 ⿰身歷리[력]裸身맨몸、력(錫) 軉룽[롱]身不端ㅣ⿰身同몸단정하지못

할、농(董) (十七) 軈 회 待暫時잠시기다릴、응 (十八) 𨈼 찬 참 身長艦ㅣ키클、참(感) (二十) 𨉷 위 옥 寶也보배、옥(沃)

車部

車。 역 거 輅也수레、거 回轉輪之總稱바퀴、거 網名罿ㅣ그물、거 齒根잇몸、거(魚) 차 義同、姓也성、차(麻) (一) 軋。 야 알 勢相傾

아슬、알 又불화할、알 又다툴、알 車輾수레삐걱거릴、알 無涯際軼ㅣ편할、알(黠) (二) 軌。 궤 궤 車軸兩轍間굴대、궤 法也법、궤 循也좇을、궤(紙) 軍。

역 군 兵隊군사、군 又병정、군 戰爭싸울、군 師所駐진칠、군(文) 軋 반 범 車軾前차앞턱나무、범(鹽) 軓同 軒 딩 정 停車수레머물、정(靑) 軏 리 림 彩

也채색、일(質) (三) 軔 신 인 礙車止輪木바퀴괴임나무、인 八尺長여덟자길이、인(震) 軒。 션 헌 大夫車초헌、헌 擧也들、헌 檐宇추녀끝、헌 笑貌ㅣ渠껄껄

웃을、헌 自得貌ㅣㅣ주적댈、헌 欄板ㅣ檻툇마루、헌 樂設ㅣ縣풍류틀、헌(元) 肉膾麤切고기큼게저밀、헌(願) 軓 軛同 軏。 워 월 車轅耑持衡木멍에막이、월(月)

軎 쇄 세 車軸頭굴대끝、세(霽) 軖 字 釭俗 軘 츈 준 下棺車하관차、준(眞) 軑。 듸 대 輨也바퀴통감가쇠、대(賓) 軓 션 선 車跡수레자국、

선(霰) 𨊠 작 子 車後수레뒤、구(尤) (四) 軖 광 광 紡車물레、광 一輪車외바퀴수레、광(陽) 軝。 치 기 車轂之旁出者수레굴통대、기(支) 軘

둔 돈 兵車싸움수레、돈(元) 軬。 반 반 車耳反出수레휘장、반(阮) 軟。 완 연 柔也부드러울、연 又연할、연 鑛物質이섞이지아니한것「水」(銑) 연(水)에 軩

훙 굉 車聲수렛소리、굉(蒸) 較。 同較 軛。 어 액 轅耑橫木駕馬領者멍에、액(陌) 軶同 転 字 轉略 軜。 나 납 驂馬內轡속고삐、납(合) 軞 만

모 君王所乘ㅣ車임금타시는수레、모(豪) 軕 신 심 車軥心木수레심대、심(侵) 軗。 삭 수 車引수레끌、수(虞) 軚 항 강 軌也수레바탕길、강(漾) 朝

웖[월]釭也바퀴통쇠、월(月) 䡇 빠 [파]軍車군사수레、파(麻) 䡅 인 [님]紡車물레、임(侵) 軡 진 [금]新車새수레、금(侵) 䡆 션 [현]車蓋骨수레뚜껑살、현(銑) 䡊 뿌 [부]轄也바퀴비녀장、부(虞)

㊄

軹 쯔 [지]轂末轊頭굴대끝、지縣名고을이름、지(紙) 軱 꾸 [고]大骨큰뼈、고(虞) 軥 꾸 [구]車軶兩邊叉馬頸者멍에、구(虞)ㅣ牛소멍에、구夏后車名하후씨수레、구(尤) 軴 쮸 [주]車止수레머무를、주(遇) 軧 듸 [저]大車後수레뒷채、저(齊) 輩 輩俗字 軫 쪈 [진]車後橫木수레뒤턱나무、진動轉구를、진地形盤曲貌길구불렁구불렁할、진二十八宿名별이름、진(軫) 軺 또 [조]小車展望車유람차、초(蕭) 軻 커 [가]不遇轗ㅣ때못만날、가車軸차축、가孟子名맹자이름、가(歌)(哿) 軨 링 [령]獵車사냥하는수레、영車欄수레난간、영獸名ㅣㅣ짐승의이름、영(青) 軸 쭈 [축]車輪中心木굴대、축又장축、축中心樞要중요할、축織具杼ㅣ바디집、축書帙卷ㅣ질책、축又축、축病也앓을、축〔物理〕物體가一直線上에回轉할때그直線又는그것에相當한假設의線「地ㅣ」〔數〕一個의圓形의各部가一個의直線에對하여對稱的으로있을때此直線의稱(屋) 𨊥 同轂 軼 데 [질]過突지나칠、질(質)迭通[질]車相過侵突마주칠、질(屑) 軷 빠 [발]將出道祭노제、발(曷) 軶 軛本字 䡐 퉈 [타]車疾馳차빨리달아날、타(歌) 軯 뻥 [팽]車行聲수레가는소리、팽鐘鼓聲쇠북소리、팽雷聲천둥소리、팽(庚) 輋 빤 [반]車上篷遮수레뜸、반(阮) 軵 숭 [용]輕車가벼운수레、용(腫) 軮 앙 [앙]無涯際ㅣ軋펀할、앙(陽) 䡏 同軖 軦 쾅 [황]蟲名黃ㅣ벌레이름、황(漾) 軎 빠 [발]車破聲수레깨지는소리、발(黠) 䡗 꿍 [공]車輪外圍바퀴둘레、공(腫) 軩 태 [태]車傾수레기울어질、태(賄) 軪 약 [요]車聲수레소리、요(肴) 軲 꾸 [고]車也수레、고(虞) 軳 뽀 [포]戾也돌아올、포(肴) 䡊 同硨 䡉 류 [류]載柩車

관신는수레、유(有)

輥 민 [민] 輞也바퀴두리、민(眞)

軶 늬 [니] 軾也차앞턱나무、이(支)

⿰車乍 차 [차] 車裂차벌어질、차(禡)

⿰車田 텬 [전] 轟轉也차소리시끄러울、전(先)

⿰車𠬝 녠 [년] 轢也수레에깔릴、연(銑)

六

輀 열 [이] 喪車상여차、이(支)

輊 쯔 [지] 車前低也앞낮은수레、지(寘)

輅 루 [로] 車也天子所乘玉ㅣ천자타시는수레、노(遇) [핵] 車前橫木수레앞가로나무、핵(陌)

載 재 [재] 乘也실을、재又탈、재記也기록할、재始也비로소、재滿也가득할、재則也끝、재事也일、재勝也이길、재年也해、재書也글、재運也운전할、재語助辭어조사、재(隊)(賄)綷同

輇 찬 [전] 量人物달、전樞車상여차、전(先)銓同

較 쟈 [교] 相角不等比ㅣ비교할、교少也조금、교(效)校同 [각] 車耳車上曲銅수레귀、각明也ㅣ然밝을、각略也大ㅣ대강、각競也獵ㅣ다툴、각(覺)

⿱癶車 청 [증] 軺車後登초헌뒷발판、증(迥)

輈 쮸 [주] 車轅수레채、주強梁貌ㅣ張발칙할、주(尤)

輂 쥐 [국] 大車駕馬마차、국轝土器들것、국(沃)

軾 씨 [식] 車前橫木可憑수레앞가로나무、식(職)

⿰車次 츠 [차] 以漆飾車수레에칠할、차(寘)

輄 ⿰車黃同

輁 꿍 [공] 所以持棺관괴임、공(冬)

⿰車色 써 [색] 轉戾軫ㅣ비틀、색(職)

軿 輧同

⿰車艮 끈 [흔] 車前裝飾차앞치장、흔(元)

⿰車夅 쟝 [항] 打也칠、항(江)

⿰車兆 됴 [조] 薄也엷을、조(蕭)

⿰車多 지 [게] 礙也거리낄、게(齊)

⿰車旬 횡 [행] 轟車聲亂수렛소리어지러울、행(庚)

輆 해 [해] 礙也거리낄、해(賄)

⿰車曳 이 [예] 輀也상여、예(霽)

⿰車冰 뼹 [빙] 轟轉也수렛소리시끄러울、빙(徑)

⿰車旨 看同

七

輔 뿌 [보] 兩旁夾車木수레덧방나무、보頰骨광대뼈、보弼也助也도울、보(麌)

輓 완 [만] 引車수레끌、만薦也推ㅣ천거할、만(願)挽同

輕 칭 [경] 不重가벼울、경薄也엷을、경ㅣ便손쉬울、경又편리할、경疾也빠를、경(庚)

輒 쳡 [첩] 忽然문득첩每事卽然번번히、첩專也오로지첩足疾발병들첩軍兩騎수레에

병장기꽂는틀、첩(葉)

⿰車卯 류 [류]喪車상여차、유(有)

輐• 완 [완]刓去圭角둥굴릴、완(翰)

⿰車匋• 뎐 [전]車聲수렛소리、전(先)

輍。 위 [욱]車枕前수레앞피일、욕(沃)

輑 쥔 [균]車軸相連굴통대、균(眞)

⿱壯車 장 [장]修車차중수할、장(漾)

輎。 샤 [소]軍車군사수레、소(肴)

⿰車巵 지 [지]車之器具、수레연장、지(支)

⿰車良 량 [랑]軍車군사수레、낭(陽)

⿰車皃 뫄 [묘]引車차끌、묘(效)

⿰車辛 싱 [성]長車긴수레、성(庚)

⿰車余 슈 [서]車鈴차에다는방울、서(魚)

八

輝• 휘 [휘]光也빛날、휘(微)煇同

輗 이 [예]轅耑持衡者수레채마구리、예(齊)

輩。• 베 [배]類也무리、배又물、배又패、배比也견줄、배(隊)

輪。• 륜 [륜]車所以轉바퀴、윤高大ㅣ焉우렁찰、윤委曲ㅣ困서릴、윤迴旋ㅣ轉돌、윤九州地域廣ㅣ땅길이、윤(眞)

輥 곤 [곤]轉速빠르게구를、곤(阮)

輨。 관 [관]ㅣ轄줏대、관車轂耑鐵굴통끝휘갑쇠、관(旱)館通

輚• 쟌 [잔]臥車ㅣ輅누어타는차、잔兵車싸움수레、잔(潛)轏同

輧。 편 [변]婦人車부인의수레、변(先) [병]車馬聲ㅣ輷벅적할、병(庚)輕車가벼운수레、병(靑)

輦。• 년 [련]駕人以行王ㅣ연、연輓運당길、연(銑)

輤 쳔 [천]柩車之蓋상여뚜껑、천(霰)

輠 괘 [과]篇也車盛膏器차기름통、과(哿)

輬。 량 [량]臥車轀ㅣ누어서타는수레、양(陽)

輞 왕 [망]車輪外圍바퀴테、망川名내이름、망(陝西省藍田縣所在)(養)

輣• 평 [팽]兵車有樓싸움수레、팽(庚)

輘• 릉 [릉]踐踏ㅣ轢짓밟힐、능車聲ㅣ輷수렛소리、능(蒸)陵同

輖。 쥬 [주]低也낮을、주重載짐무거울、주(尤)

輡 칸 [감]車行不正ㅣ轗수레길언틀먼틀할、감(感)轗同

輹。 복 [복]車笭間皮篋盛弩者수레상자、복(屋)箙同

輟。• 취 [철]止也歇也그칠、철又걷을、철(屑)

⿰車昏 ⿰車昏同

⿰車宛 웬 [원]車後壓차뒤로숙을、원(元)

輛• 량 [량]車數詞수레、양又채、양車ㅣ수레、양(養)

輫 폐 [배]車箱수레난간、배(佳)

⿰車肯 컹 [갱]車鞭차채찍、갱(庚)

輢

이[의]車旁兵所插處수레에 병장기 꽂는 틀、의(寘) **輙** 輒俗字 **輜** 츠 [치]載衣物車짐수레、치(支) **⿰車爭** 징 [정]車聲수렛소리、정(庚) **⿰車坴** 륙 [륙]軸

也바퀴심대、육(屋) **⿱甑車** 증 [증]副車따르는수레、증(蒸) **⿰車奄** 압 [압]車之器具수레연장、압(合) **⿰車尚** 당 [당]鐵軸쇠심대、당(陽) **⿰車卷** 좐 [권]車牽차끌、

권(霰) **⿰車卓** 됴 [조]車弓수레우장대、조(效) **⿰車沓** 따 [답]釭也바퀴통속쇠、답(合) **⿰車隹** 퉤 [퇴]盛也성할、퇴(灰) **⿰車盲** 징 [경]車聲수렛소리、경(庚) **⿰車昌**

원 [운]軍車군사수레、운(文)

㊈

輭 同軟 **⿰車咼** 同輠 **輸** 쓔 [수]送也보낼、수盡也다할、수勝負ㅣ贏질、수隳也떨어뜨릴、수瀉也쏟을、수(虞) 委ㅣ수

운할、수所送짐바리、수(遇) **輺** 同輜 **⿰車㚇** 쭁 [종]輪也바퀴、종(董) ⿰車悤同 **輴** 츈 [춘]俗[순]喪車龍ㅣ상여차、순泥行所乘진길썰매、순(眞) **輷** 훵 [횡]車

聲ㅣㅣ수렛소리、횡大聲輷ㅣ소리크게지를、횡(庚) 轟同 **輶** 우 [유]輕車가벼운수레、유輕也가벼울、유(尤)(宥) **輮** 쉬 [유]踐也짓밟을、유(有) 蹂同、車輞바퀴괴

임、유車輞바퀴테、유(宥) **輳** 쥬 [주]競聚輻ㅣ바퀴살통、주又몰려들、주(宥) **輻** 부 [복]俗[폭]輪轑바퀴살、폭(屋) [부]競聚ㅣ輳몰려들、부(宥) **輹** 부 [복]伏

兎以承輻者바퀴통、복車下縛바퀴테、복(屋) **輵** 거 [갈]戟形轇ㅣ세갈래질、갈馳驅貌몰아달릴、갈(曷) 轕通 **⿰車客** 허 [핵]輓車當胸橫木수레차앞마구리、핵

(陌) 輅同 **輯** 이 [집]聚也모을、집和也睦也화목할、집斂也거둘、집(緝) **⿰車軍** 훈 [흔]車相避수레서로피할、흔(元) **⿰車昏** 민 [민]車伏兎下革차바탕밑가죽、

민(軫) ⿰車昏同 **⿰車悤** 同⿰車㚇 **⿰車皆** 쌔 [해]登車차에오를、해(佳) **⿰車貞** 정 [경]堅也굳을、경(庚) **⿰車秋** 착 [추]輻也바퀴살、추(尤) **⿰車扁** 뻔 [변]小車작은수레、변(銑)

⿰車屏 同輧 **⿰車昜** 양 [양]飾車치장한수레、양(陽) **⿰車咸** 한 [함]車聲찻소리、함(咸) **⿱敄車** 무 [목]轅也멍에채끝、목(屋) **⿰車复** 뒤 [탁]迴轉也구를、탁(藥)

⿰車胥 쉬 [서]車下수레아래、서(語)

⿰車皇 황 [황]引也끌、황(庚)

⿰車彖 삭 [수]暢也펼、수(寘)

(十)

輿 위 [여]車底수레바탕、여佳氣扶ㅣ기운어릴、여衆也무리、여始也權ㅣ비로소、여負也질、여世界ㅣ地천하、여(魚) 舁ㅣ남여、여(御)

轃 연 [진]至也이를、진臻同大車簀수레뜸、진(眞)

轀 원 [온]臥車ㅣ輬누워서타는수레、온(文)

轅 웬 [원]車宮ㅣ門진문、원車前駕馬木멍에、원星名軒ㅣ별이름、원(元)

⿰車畚 빤 [분]車篷수레뜸、분(阮)

輾 쟌 [전]轉之半모로눌、전(銑) [년]轉輪治轂연자매、년(霰) [韓][전]打稻타작할、전

⿰車䍃 軺同

轂 꾸 [곡]車輻所湊바퀴통、곡薦人推ㅣ사람천거할、곡(屋)

轄 쌰 [할]車軸鐵鍵굴대빗장、할統ㅣ거느릴、할又다스릴、할(黠) 鎋舝同

⿱龸車 칭 [경]一輪車외바퀴차、경(庚)

⿱羊車 채 [재]車抵階차섬돌에대일、재(佳)

⿰車旁 輣同

⿰車桑 쌍 [상]輪之外圍바퀴걸두리、상(養)

⿰車尃 반 [박]車下索수레아래맨줄、박(藥)

⿰車盍 자 [갑]車聲수렛소리、갑(合)

⿰車圂 후 [홀]車軸수레심대、홀(月)

⿰車唐 당 [당]軍車군사수레、당(陽)

⿰車冥 징 [경]車堅수레튼튼할、경(庚)

輠 화 [화]轉也구르、화(賄)

⿰車烏 우 [오]車之心木수레심대、오(虞)

⿰車眞 징 [경]車響수렛소리、경(庚)

⿰車疌 치 [치]小車작은수레、치(寘)

(十一)

轊 웨 [예]車軸頭굴대끝、예(霽)

轉 쮼 [전]動運구를、전ㅣ倒넘어질、전回轉돌、전ㅣ輾돌아볼、전(銑)遷也옮길、전運之굴릴、전(霰)

轇 쟌 [교]ㅣ轕세갈래질、교長遠貌아득할、교(肴)

轆 루 [록]車軌轣ㅣ멍에채에가죽테할、녹吸水器ㅣ轤두레박달아올리는바퀴、녹又물건달아올리는바퀴、녹ㅣ轤갈이、녹(屋)

轈 찬 [소]兵高車加巢以望敵軍망대수레、소(肴) 巢同

⿰車袞 輥同

⿰車悤 총 [총]檻車載囚者죄수싣는차、총(東)

⿰車從 쭝 [종]車跡수렛바퀴자국、종(冬)

⿰車逢 뿡 [봉]車聲수렛소리、봉(東)

⿰車曼 만 [만]車之衣蓋차장막、만(願)

⿰車羞 삭 [수]載柩車상여수레、수

(尤)⿱殸車 징 [경] 車堅수레튼튼할、경 (庚) ⑫ 䡴 충 [충] 陷陣車진뚫는수레、충 (冬) 衝通 轔。린 [린] 車聲ㅣㅣ수렛소리、인 鄰通、户限문지방、인 (眞)

轢也짓칠、인 (震) 躪同 轒。분 [분] 戰車ㅣ轀싸움수레、분 (文) 轓。빤 [번] 車箱수레난간、번 車蔽수레가림、번 (元) 轏。짱 [잔] 兵車싸움차、잔 臥車수레평상、잔

(潸) 輚同 轎。쟈 [교] 竹ㅣ가마、교 (蕭) 小車籃ㅣ남여、교 (嘯) 轑。랴 [료] 車蓋弓수레뚜껑、요 轉也구를、요 楚邑名고을이름、요 (蕭) [로] 撓也轢也가마긁을、노 (豪)

⿰車黃 광 [광] 車下橫木수레밑가로나무、광 (陽) 輄同 轐。푸 [복] 伏兔所以安軫수렛바퀴받침、복 (屋) 轍。처 [철] 車迹바퀴자국、철 (屑) [illegible]。쟌 [초] 飾車有

華藻수레번화하게꾸밀、초 (皓) ⿰車間 鐧同 ⿰車登 덩 [등] 車飾수레치장、등 (徑) ⿰車彭 펑 [팽] 車聲찻소리、팽 (庚) ⿰車單 싼 [산] 車輞바퀴둘레、산 (刪) ⿰車堯。

쟌 [교] 軸端수레심대끝、교 (嘯) ⿰車斯 쓰 [시] 車輪수렛바퀴、시 (支) ⿰車衰 나 [나] 車軸之端수레심대끝、나 (箇) ⑭ 轙。이 [의] 車衡載轡者수레에고삐매

는고리、의 (紙) 轘。환 [환] 車裂人발길、환 (諫) 地名ㅣ轅땅이름、환 (刪) 轗。輡同 轕 輵同 轚。찌 [격] 車轄相擊굴대서로부딪칠、격 迫隘處ㅣ互회좁은

길、격 挂也걸릴、격 (錫) ⿰車稟。란 [람] 車不進輡ㅣ수레머뭇거릴、남 (感) 轖 시 [색] 氣結기운맺을、색 (職) ⿰車夆 뿅 [봉] 車篷수레뜸、봉 (東) ⿰車當 당 [당] 車

床수레바탕、당 (陽) ⿰車遂。삭 [수] 車之裝飾수레치장、수 (寘) ⿰車豦 쥐 [거] 車輞바퀴둘레、거 (魚) ⿰車廉 련 [렴] 車輞바퀴둘레、염 (鹽) ⑮ 轝 輿同 ⿰車善

인 [은] 車聲ㅣㅣ수렛소리、은 (吻) 轞。쎈 [함] 車聲수렛소리、함 囚車죄인태는수레、함 (豏) 檻通 ⿱監車 轞同 轟。헝 [횡] 俗[굉] 車聲수렛소리、굉 大砲雷鳴ㅣ

ㅣ우르를、굉 又쿵광、굉 (庚) 轛。뒈 [대] 車箱立木수레난간기둥、대 (隊) ⿰車蓋 캐 [개] 車聲轄ㅣ수렛소리、개 (泰) 轜。輀同 ⿱算車 션 [선] 繕治車수레중수

할、선(霰) ⑮ 轡。폐[비]馬韁靶也고삐、비(寘) 轠 뢰[뢰]車連ㅣ轤수레잇달、뇌擊也칠、뇌觸也찌를、뇌(灰) 轢 력[력]車陵踐轢ㅣ수렛바퀴에치일、역不和軋ㅣ화목하지못할、역(錫) ⿰車質 輊同 ⿰車磊 락[락]車轉聲찻소리、낙(藥) ⑯ 轤。루[로]吸水器轆ㅣ두레박틀、노轆ㅣ갈이、노(虞) ⿺辶⿰車壴 輊同 ⿰車龍。룽[롱]軸頭굴대끝、용(東) ⿰車華 簏同 轣 력[력]軌道ㅣ轆수렛바퀴길、역(錫) ⑰ ⿰車韱 싼[삼]車聲수렛소리、삼(咸) ⿰車薄 버[박]車之裝飾수레치장、박(陌) ⑱ ⿰車巂。씨[휴]輪轉一周바퀴한번돌、휴(齊) ⿰車聶 지[각]車之重複수레거듭칠、객(陌) ⑲ ⿱䜌車 렌[련]綴也이을、연(先) ⑳ ⿰車獻。네[얼]高貌ㅣㅣ우뚝할、얼(屑)[알]車載高수레에높이실을、알(曷) 轥 躪同 ㉑ ⿰車疊 데[첩]車聲수렛소리、첩(葉)

辛部

辛。씬[신]金味艱苦悲酸매울、신ㅣ苦고생、신苛酷혹독할、신天干第八位천간、신(眞) ⑤ 辝 辭同 辜 꾸[고]罪也허물、고磔也疈ㅣ능지할、고又사지찢을、고障也막을、고必也반드시、고(虞) ⑥ 辟。삐[벽]君也임금、벽妻祭夫남편제사、벽法也법、벽除也屛也물리칠、벽邪也간사할、벽偏也편벽될、벽刑也형벌、벽驚退ㅣ易놀라물러날、벽明也밝을、벽徵也부를、벽開壂열、벽(陌)[피]避同(寘) 辠。罪古字 ⿰辛朿 싸[살]味辛ㅣ辣매울、살(曷) 辞 辭俗字 ⿰多辛 신[신]多也많을、신(眞) ⑦ 辢 辣同 辣 라[랄]味辛甚몹시매울、날苛酷가혹할、날(曷)辢同 辡。뻰[면]罪人相訟죄인서로송사할、면(銑) ⑧ 辤 辭同 ⿰辛卑 辣俗字 ⑨ ⿰耒辛 시[시]耒端따비끝、시(紙) 辨。뻔[변]別也분별할、변判也판단할、변井地九夫爲ㅣ아홉갈피、변(銑)偏通 辦 빤[판]力也힘쓸、판具也갖출、판處理처리할、판(諫) 辥。쎄[설]罪也허물、설姓也성、설國名나라이름、설(屑)薛通

⿰辛苦 꾸 [고]辛而苦쓰고매울、고(遇)

⑩ ⿰辛兼。젼 [겸]艱也어려울、겸(鹽)

⑪ ⿰辛卒 환 [환]駁也얽을、환(刪)

辬 뻰 [빈]駁也얽을、빈(眞)

辦 벤 [변]兩股間허벅지、변(諫)

⑫ 辭。ᄎᆞ [사]言也말씀、사文ㅣ글、사別去사례할、사却不受사양할、사(支)辤辭通

⿲辛攵辛 뻰 [변]憂也근심할、변(銑)

⿰辛畫 홰 [획]辛也매울、획(陌)

⑭ 辯。뻰 [변]善言말잘할、변諷諭풍유할、변(銑)

辰部

辰。쳔 [신]日月合宿謂之ㅣ별、신時也때、신地支第五位지지、신龍也용、신方位東南동남방、신時刻午前八時진시、신天樞北ㅣ북두성、신古朝鮮國名나라이름、신(今慶尙北道及慶尙南道東北部地方)時也때、신日也날、신(眞)俗[진]

③ 辱。수 [욕]恥也욕될、욕屈也굽힐、욕汙也더럽힐、욕僇也욕할、욕(沃)

⑥ 農。눙 [농]耕種闢土植穀농사、농勉也힘쓸、농(冬)

⑦ ⿸辰心 辱古字

晨 신 [신]夙也일찍、신(眞)

⑧ 䢇 슝 [용]不肖못생길、용劣也용렬할、용(腫)

⿱林辰。農古字

⑫ ⿰多農 눙 [농]多也많을、농(冬)

⿰單辰。전 [진]笑貌ㅣ然빙그레할、진(軫)

辵部

辵。쮜 [착]乍行乍止쉬엄쉬엄갈、착蹅也뛸、착(藥)

② 辻。[日]四通路사거리、십

込 [日]入滿之意담을、입

辺 邊俗字

迈 셩 [잉]行也갈、잉(蒸)

③ 迆。이 [이]邪也가만가만걸을、이連接ㅣ邐잇달、이(紙)

迂。위 [우]曲也굽을、우遠也멀、우避也피할、우闊也오활할、우(虞)

迅。쎤 [신]疾也빠를、신狼子有力억셀、신(震)

迄。씨 [흘]至也이를、흘竟也마침、흘(物)

迖 티 [체]足滑미끄러질、체(霽)

辿 싼 [천]緩步느럭느럭걸을、천(先)

迁 遷俗字

迃。迂正字

⿺辶卜 부 [부]安也편안할、부(麌)

⿺辶丌 지 [기]進也나아갈、기(寘)

迀 깐 [간]進也나아갈、간(寒)

四

迕 우 [오]遇也만날、오違也어길、오逆也거스를、오交雜錯ㅣ섞일、오(虞)(遇) **迍** 둔 [둔]難行ㅣ邅머뭇거릴、둔(眞) 屯同 **近** 찐 [근]不遠가까울、근庡幾거의、근(吻)附也親也가까이할、근(問) **返** 빤 [반]還也復也돌아올、반(阮) **迓** 야 [아]迎也맞을、아(禡) **迋** 광 [광]欺也속일、광(養)(漾)誑同[왕]往也갈、왕恐懼두려울、왕(漾) **迎** 잉 [영]迓也接也맞을、영逢也만날、영(庚)壻迓婦親ㅣ장가들어올、영(敬) **迊** 匝同 **迚** [韓]國字마두리、두穀不滿斛 **迒** 깡 [항]兎道토끼길목、항(陽) **𨑑** 치 [질]近也가까울、질(質) **迌** 뚜 [돌]詆誂貌ㅍ활할、돌(月) **迗** 빵 [방]急行달아날、방(養) **迖** 빠 [발]急走급히달아날、발(曷) **迣** 즤 [지]移也옮길、지(紙) **迀** 지 [기]使近가까이할、기(紙) **𨑥** 뎨 [제]退也물러갈、제(齊) **从** 종 [종]從也따를、종(冬)

五

迤 이 [이]自得貌逶ㅣ든든할、이(支)迆同(紙)[타]行貌逶ㅣ어정거릴、타(歌) **迩** 邇略字 **迡** 늬 [니]近也가까울、이(齊) **迨** 대 [태]及也미칠、태(賄) 逮同(隊) **迢** 쟌 [초]遠也ㅣ遞멀、초(蕭) **迱** 퉈 [타]自得貌逶ㅣ든든할、타旁行ㅣ邐외돌아갈、타(支)迆同(紙)[라]行貌逶ㅣ어정거릴、나(歌) **迦** 쨔 [가]佛號釋ㅣ부처이름、가(歌)(麻) **迥** 쮱 [형]寥遠멀、형光輝빛날、형(迥) **述** 쓔 [술]譔也修也著ㅣ지을、술續也이을、술循也繼ㅣ좇을、술諸侯朝ㅣ職조회할、술(質) **迭** 뎨 [뎔]俗[질]更遞갈마들일、질侵突침노할、질(屑)軼通 **迣** 迾古字 **迫** 빼 [백]俗[박]逼也핍박할、박急也급할、박窘ㅣ궁할、박又곤난할、박(陌) **迮** 쨔 [책]迫也낄、책起也ㅣ발끈일어날、책(陌) **迪** 듸 [적]進也나아갈、적順也순할、적開發導ㅣ열어줄、적(錫)至也이를、적躬行행할、적(錫) **迲** [韓]國字以鐵索小曰ㅣ자내、겁又자래、겁 **迠** 뎨 [텹]行也갈、첩(葉) **迯** 逃俗字 **𨑩** 쥬 [조]行也갈、조(虞) **迟** 지 [격]曲行굽게갈、격(陌)

⿺辶戉 同越 ⿺辶氐 뎨 [제] 驚也놀랄、제 霽 ⿺辶齊 씨 [세] 遊步놀며걸을、세 霽 ❻ 送 숑 [송] 遣也보낼、송餞也전송할、송篕射縱ㅣ활잘쏠、송持也가

질、송 送 逄 팡 [방] 姓也성、방 江 追 쥐 [추] 逐也쫓을、추上溯已往밀을、추隨也따를、추 支 [퇴] 治玉ㅣ琢옥다듬을、퇴鐘紐쇠북꼭지、퇴 灰 頽通 迷

미 [미] 惑也미혹할、미又헤맬、미又흐릴、미亂也희미할、미 齊 迺 내 [내] 乃同、語助辭어조사、내汝也너、내 賄 乃俗字 退 퉤 [퇴] 却也물러갈、퇴去也

갈、퇴遜讓謙ㅣ겸양할、퇴退之물리칠、퇴減也덜、퇴 隊 逃 됴 [도] 避也달아날、도又피할、도亡也도망군이、도逸去도망할、도 豪 逅 후 [후] 不期而

會邂ㅣ우연히만날、후 宥 逈 迥俗字非 适 괄 [괄] 疾也빠를、괄人名南宮ㅣ사람의이름、괄 曷 迾 례 [렬] 車駕淸道길치울、렬遮遏막을、렬 屑 逆

이 [역] 不順거스릴、역迎也맞을、역君父臣子之道不守大ㅣ역적、역 陌 迹 젹 [적] 足ㅣ발자국、적凡有形可見者曰ㅣ자취、적 陌 跡蹟同 迨 허 [합] 行相及

ㅣ還뒤미처갈、합 合 ⿺辶守 [韓] 國字땅이름、수地名ㅣ城 迿 쓘 [준] 先也먼저、준 震 迵 퉁 [동] 過也지날、동達也사무칠、동 東 迻 同移 迴

回同 迸 逬同 迎 인 [인] 走也달아날、인 軫 迶 우 [유] 步行貌걸을、유 宥 ⿺辶亥 해 [해] 走也달아날、해 隊 ⿺辶而 연 [연] 行步遲걸음더딜、연

銑 ⿺辶羊 양 [양] 欲行不進머뭇거릴、양 陽 ⿺辶至 지 [치] 走貌달아날、치 支 ⿺辶戌 쑤 [휼] 衆人之走貌여럿이달아날、휼 質 ⿺辶聿 유 [율] 分配나누어펼、

율 質 ⿺辶灰 同恢 ❼ 通 퉁 [통] 達也통할、통又뚫릴、통又사무칠、통亨也형통할、통暢也통창할、통交好사귈、통ㅣ過지날、통總也모두、통往來왔다

갔다할、통普ㅣ널리、통男女密情私ㅣ간음할、통文書數詞一ㅣ벌、통 東 逢 뽕 [봉] 遇也만날、봉迎也맞을、봉大也클、봉 冬 鼓聲ㅣㅣ북소리、봉 東 逋

뿌[포]欠ㅣ官物포흠질、포又세금못받은것、포亡也도망갈、포(虞)

途 뚜[도]道也路也길、도(虞)塗同

逜 우[오]寤也相干깨우칠、오(遇)

逓 遞俗字

逝 씨[서]往也行也갈、서死也죽을、서發語辭이에、서(齊)

逡。쮠[준]行不進ㅣ巡추창할、준(眞)

連。련[련]接也聯也연할、연續也잇닿을、연牽也끌릴、연屬綴蟬ㅣ붙일、연(先)難也ㅣ蹇어려울、연遲久머무를、연ㅣ坐연좌、연(銑)

逍 쌰[소]自適ㅣ遙노닐、소又노라리、소(蕭)

造。쨔[조]作也지을、조(皓)至也이를、조就也나아갈、조急遽ㅣ次잠간、조始也처음、조時代시대、조(號)

這 쪄[자]此也이것、자迎也맞을、자(禡)[韓]條條曰ㅣㅣ갓갓、갓

逞。청[정]俗[령]通也통할、영快也쾌할、영解也풀、영不檢不ㅣ구속아니받을、영(梗)

逕。징[경]相去遠ㅣ庭동안뜰、경步道길、경至也이를、경直也곧을、경近也가까울、경(徑)徑同

逑。착[구]匹也짝、구聚斂모을、구(尤)

逌 와[유]田古字、笑貌ㅣ爾빙그레할、유(尤)條同

透。텋[투]通也통할、투徹也사무칠、투過也지나칠、투ㅣ明환할、투(宥)

逗 떠[두]止也ㅣ遛머무를、두(宥)

速。쑤[속]疾也빠를、속召也부를、속陋也더러울、속鹿跡曰ㅣ사슴발자취、속(屋)遫通

逐。쮸[축]追也쫓을、축斥也물리칠、축ㅣ一날날이、축爭也角ㅣ다툴、축(屋)[적]馳貌ㅣㅣ달릴、적(錫)

逖。틔[적]遠也疏ㅣ멀、적(錫)

逛 꽝[광]走貌달아날、광(養)

⿺辶貝 패[패]壞也무너질、패(卦)

⿺辶⿱日夊 退古字

⿺辶更 껑[갱]兎路토끼길、갱(庚)

⿺辶耴 틔[첩]走貌달아날、첩(葉)

八

⿺辶疌 치[첩]疾走빨리달아날、첩(葉)

逵 퀴[규]九達道큰길、규(支)

逶 웨[위]衺行貌ㅣ迤비쓸거릴、위(支)

逮。듸[체]及也미칠、체繫囚잡아갇힐、체安和貌ㅣㅣ단아할、체(霽)[태]及也미칠、태追也쫓을、태(隊)迨隸同

進。진[진]前也나아갈、진登也오를、진薦也천거할、진效也본받을、진勉強힘쓸、진增也더할、진獻

上올릴、진 進物선물、진 (震)

逭 환 [환] 逃也도망할、환 迭也갈마들일、환 (翰)

迓 야 [아] 次第行줄느런히갈、아 次也버금、아 (禡)

迼 往古字

逬 빵 [병] 散走흩어져달아날、병 (敬) 𧺆同

逴 취 [착] 遠也멀、착 蹇也절、착 超絶뛰어날、착 (覺) [작] 義同 (藥)

逸 이 [일] 縱也놓일、일 遁也隱也숨을、일 過失허물、일 放也놓을、일 奔ㅣ달아날、일 優也ㅣ品뛰어날、일 脫也빠질、일 (質) 佚同

逷 逖古字

逰 遊俗字

逯 루 [록] 忽然往來훌적갔다올、녹 (屋)

週 쭈 [주] 周同、日、月、火、水、木、金、土之七曜日謂之一ㅣ주일、주 又이레、주 (尤)

逫 졔 [결] 遠也멀、결 (屑) [줄] 氣出遲貌김뜰、줄 (質)

𨓈 인 [임] 過也지날、임 (侵)

逳 와 [육] 轉也구를、육 (屋)

逨 래 [래] 至也이를、내 (灰)

逪 잔 [착] 交雜섞일、착 (藥)

九

遂 쉬 [수] 因也드딜、수 又인할、수 竟也마침、수 達也사무칠、수 進也나아갈、수 成就從志이룰、수 (寘)

違 웨 [위] 背也違也어길、위 不決依ㅣ미적미적할、위 (微)

逾 위 [유] 邁也갈、유 過也越也넘을、유 (虞)

運 윈 [운] 轉也行也운전할、운 動也움직일、운 徙也옮길、운 曆數ㅣ祚운수、운 土地南北曰ㅣ땅길이、운 (問)

遯 遁古字

遁 둔 [돈] 逃也달아날、돈 隱也숨을、돈 回避피할、돈 (阮) [둔] 義同 (願)

遄 촨 [천] 疾也速也빠를、천 頻繁자주、천 (先)

遍 徧同

遇 위 [우] 道路相逢만날、우 待也接也대접할、우 (遇)

道 됴 [도] 路也길、도 理也이치、도 順也순할、도 仁義忠孝之德義도、도 (皓) 言也말할、도 由也말미암을、도 行政區域의一、我國은全國을十四道로分함 (號)

過 궈 [과] 經也지날、과 (歌) 越也넘을、과 誤失그릇할、과 罪愆허물、과 ㅣ去지난날、과 又예전、과 (箇)

遐 허 [하] 遠也멀、하 (麻)

遑 황 [황] 急也급할、황 暇也겨를、황 (陽)

逿 탕 [탕] 倒也거꾸러질、탕 蕩也마음두근거릴、탕 (漾) 蕩通

遉 청 [정] 邏候순라、정 (庚) (敬)

遊 우 [유] 遨也놀、유 友也交ㅣ벗사귈、유 旅也나그네、

유(尤)游同 **遒** 착 [주]勁也健也굳셀、주固也단단할、주盡也다할、주聚也모을、주迫也핍박할、주(尤) **達** 따 [달]通也사무칠、달到ㅣ이를、달送ㅣ보낼、달成就이룰、달顯也나타날、달決也결단할、달生也날、달薦也천거할、달放恣挑ㅣ방자할、달(曷) **遏** 어 [알]絕也막을、알止也그칠、알(曷)選同 **逼** 삐 [벽]俗 [핍]近也가까울、핍迫也驅也핍박할、핍窮也궁핍할、핍(職) **遅** 遲同 **遌** 어 [악]遇也만날、악(藥) **選** 選同 **遤** 야 [가]猶犬牙左右相制ㅣ互좌우로겨를、가(麻) **⿺辶重** 動古字 **逌** 逌同 **遠** 遠古字 **逽** 워 [약]進也나아갈、약(藥) **遪** 렌 [천]閒步한가히걸을、천(銑) **⿺辶臿** 사 [삽]疾步빨리걸을、삽(洽) **⿺辶夋** 작 [주]步行貌걸을、주(尤)

十

遡 쏘 [소]逆流거슬릴、소迎也맞을、소嚮也향할、소許也호소할、소(遇)泝同愬通 **遞** 듸 [쳬]更迭ㅣ代갈마들일、쳬驛也傳ㅣ역말、쳬遠也迢ㅣ멀、쳬物順次傳送우쳬、쳬(薺)(霽) **遠** 웬 [원]遙也멀、원(阮)離也ㅣ之멀리할、원(願) **遜** 쏜 [손]謙恭겸손할、손順也순할、손遁也도망할、손辭避사양할、손(願)愻同 **遣** 쳔 [견]送也보낼、견放逐쫓을、견祛也물리칠、견(銑)祖奠견전제、견(霰) **遙** 얀 [요]遠也멀、요徜徉逍ㅣ노닐、요又노라리、요(蕭) **遘** 꾸 [구]遇也만날、구(宥) **遝** 타 [답]行相及迨ㅣ뒤미쳐따를、답雜ㅣ뒤섞일、답(合) **遢** 타 [탑]䠳行貌邋ㅣ천천히걸을、탑不謹事용렬할、탑(合) **遛** 遛同 **道** 道古字

十一

遰 듸 [쳬]往也갈、쳬遠也迢ㅣ멀、쳬刀鞞칼집、쳬(霽) **遲** 츠 [지]緩也더딜、지久也오래、지徐行천천할、지息也棲ㅣ쉴、지(支)待也기다릴、지乃也이에、지(寘) **遯** 遁同 **遨** 오 [오]遊也ㅣ嬉노닐、오(豪)敖同 **遭** 짜 [조]逢也ㅣ遇만날、조巡也周ㅣ빙둘릴、조匝也마주칠、조(豪) **遮** 져 [챠]蔽也가릴、차𢫦也遏也막을、차語多周ㅣ잔말할、차(麻) **遬** 쑤 [속]謙慤齊ㅣ공순할、속(屋) **適** 듸 [적]偶

爾丨然마침、적往也갈、적自得安便맞갖을、적悟也깨달을、적嫁也시집갈、적(陌) 嫡同 [적]從也좇을、적專主주장할、적親也친히할、적意所必從좇을、적(錫)

[illegible]○ 遙古字

遧○장 [장]彰顯드러날、장(陽)

遷○쳔 [천]移也徙也옮길、천變也변할、천又바뀔、천謫也귀양보낼、천去下之高옮을、천徙官曰丨벼슬옮길、천(先)

遦 관 [관]君也익힐、관(翰)

遚○사 [삽]遚也스밀、삽(合)

[illegible] 치 [치]近也가까울、치(紙)

[illegible] 춍 [종]緩步천천히걸을、종(冬)

遱 러 [루]連也연할、누(尤)

⿺辶莝 쥐 [좌]急躁바쁠、좌(歌)

(十二)

遺○이 [유]贈也끼칠、유又줄、유餽也먹일、유(寘) 失也잃어버릴、유餘也남을、유加也더할、유陳迹자취、유棄也버릴、유小便오줌、유落也떨어뜨릴、유(支)

遻 우 [오]遇也만날、오違也어길、오(遇) 忤通

遵○쭌 [준]循也좇을、준行也행할、준(眞)

遴○린 [린]行難머뭇거릴、인貪也거염벌、인選也掄才가릴、인(震)

選 쉔 [선]擇也가릴、선又뽑을、선數也셀、선貨貝白丨재물、선須臾少丨조금있다가、선(銑) 擇也銓丨뽑을、선環舞도래춤、선(霰) 巽通

遼○랴 [료]遠也멀、요國名나라이름、요川名丨河내이름、요(盛京省奉天을經하여海에注함)(蕭)

遶 繞同

遛 류 [류]止也逗丨머무를、유(尤)(宥)

遹○쒸 [휼]循也좇을、휼述也지을、휼發語辭이에、휼回邪간사할、휼(質)

⿺辶筆○쟈 [잡]行書貌초서、잡(洽)

[illegible] 뻰 [변]振繩墨먹줄튀길、변(先)

⿺辶無 우 [무]迹也자취、무(麌)

⿺辶焦 찬 [초]疾走빨리달아날、초(篠)

⿺辶象 샹 [상]行步貌갈、상(養)

⿺辶衆 츙 [충]逃也도망할、충(東)

邉 [변]姓也성변

(十三)

避○삐 [피]逃也피할、피隱遁숨을、피違也어길、피(寘) 辟同

遽○쮜 [거]急也卒也급할、거又바쁠、거懼也두려울、거驛車傳丨역말수레、거(御)

遾 씨 [서]逮也及也미칠、서(霽)

邁○매 [매]遠行멀리갈、매過也지나갈、매老也늙을、매力行힘쓸、매不顧돌아보지않고갈、매(卦)

邂

쎄[해]不期而遇ㅣ逅우연히만날、해(卦)

還。환[환]返也돌아올、환退歸돌아갈、환償也갚을、환顧也돌아볼、환(刪)繞也둘릴、환(諫)環同[선]轉也周ㅣ돌、선便捷가벼울、선速也빠를、선(先)旋同

邅。잔[전]難行貌迍ㅣ머뭇거릴、전(先)轉也굴릴、전逐也쫓을、전(霰)

邀。요[요]迎也맞을、요求也구할、요招來부를、요(蕭)

要徼通

⿺辶業 鑿同

⿺辶會 홰[홰]周繞두를、홰(泰)

⿺辶僉 쳠[첨]欲近가까이할、첨(琰)

⿺辶詹 셤[섬]速行속히갈、섬(豔)

⑭ **邃**。취[수]深遠幽ㅣ깊숙할、수又깊을、수(寘)

邇。얼[이]近也孔ㅣ密ㅣ가까울、이(紙)迩同

邈。먁[막]遠也渺也멀、막輕視업신여길、막悶也ㅣㅣ민망할、막(覺)藐同

⿺辶霅 사[삽]疾行빨리갈、삽(洽)

⑮ **邌** 리[려]徐行貌천천히걸을、여天欲明ㅣ明먼동틀、여(齊)黎同

邊。뻔[변]側也가、변ㅣ邑변방、변旁近결할、변陲也모퉁이、변辟邑두메、변(多角形을에워싼線「等ㅣ三角形」)(先)

邋。라[랍]行貌ㅣ遢천천히걸을、납(合)

⿺辶賣 뚜[독]慣也익을、독(屋)

⑯ **邍**。원[원]廣原넓은언덕、원(元)

⿺辶歷。릭[력]近也가까울、역(錫)

⑰ **邎** 요[요]疾行빨리갈、요(蕭)

⿺辶龠 약[약]遙也멀、약(藥)

⑱ **[illegible]** 原古字

⿺辶翼 이[익]走也달아날、익(職)

⿺辶聶 예[엽]行貌갈、엽(葉)

⑲ **邏**。뢰[라]巡也행순할、나游偵순라、나環繞둘러막을、나(哿)(箇)

邐。리[리]行貌ㅣ迤비쓰거릴、이連接잇닿을、이因循미적거릴、이(紙)

⿺辶䙴 遷古字

⑳ **⿺辶矍** 확[확]旋也돌、확(藥)

邑部

邑。이[읍]都ㅣ四縣爲都四井爲ㅣ골、읍氣結於ㅣ흑흑느낄、읍憂鬱ㅣㅣ답답할、읍(緝)悒同

② **⿰忄阝** 시[십]縣名고을이름、십(緝)

③ **邛** 츙[공]勞也病也병될、공亂也어지러울、공蜀地名臨ㅣ땅이름、공(今泗川省內)(冬)

邔 지[기]廣大之邑넓은고을、기(紙)

邕。옹[옹]塞也막

힐、옹和也화할、옹㊅冬 壅同

邘 위 [우]鄭地名武王子所封우나라、우㊅虞

邗 깐 [한]吳水名ㅣ溝물이름、한㊅寒

邙。망 [망]洛陽山名北ㅣ북망산、망(河南省河南府)㊅陽

⿰扌阝 재 [재]鄉名시골이름、재㊅灰

㊃

邨 村俗字

邦。빵 [방]國也나라、방封也봉할、방㊅江

邠 豳同

邧 웬 [원]秦邑名고을이름、원㊅元

那 那俗字

那。나 [나]何也어찌、나大也클、나多也많을、나安也편안할、나盡也다할、나都也도읍、나㊅歌 ㊅哿 語助彼也저、나國名支ㅣ나라이름、나(今中華民國)㊅箇

邪。쎄 [샤]不正姦思ㅣ佞간사할、사衺同、不祥ㅣ氣사기、사 [야]下地汙ㅣ축축한땅、야語助疑辭그런가할、야地名瑯ㅣ땅이름、야㊅麻

⿰支阝 岐同

邥 썬 [심]地名ㅣ垂땅이름、심㊅侵

郉。씽 [형]國名나라이름、형(今直隸省邢臺縣地名)姓也성、형㊅青 邢同

邞 얍 [부]縣名고을이름、부㊅虞

⿰云阝 鄖同

邡 訪同

邤 신 [흔]鄰也이웃、흔㊅文

㊄

邳 쀠 [비]泗州縣名下ㅣ고을이름、비(今江蘇省邳縣)㊅支

邸。듸 [저]貴人之宅집、저郡國京舍주막、저又사처、저主本홑바탕、저屛也皇ㅣ병풍、저㊅薺

邰。태 [태]國名나라이름、태(今陝西省武功縣地方)㊅灰

邶。뻬 [패]故商邑朝歌地땅이름、패(今河南省衛輝府地方)㊅隊

邯。한 [한]趙都ㅣ鄲땅이름、한(今直隸省大名道에屬함)㊅寒 [함]義同㊅覃

邵。쌒 [소]晉邑名땅이름、소㊅嘯 召同

邴 삥 [병]鄭邑名땅이름、병和適貌ㅣㅣ맞갖을、병㊅梗 丙通

邲 삐 [필]鄭地名땅이름、필(今河南省開封府鄭州)美貌예쁠、필㊅質

邱。칙 [구]丘也언덕、구㊅尤

㊅

邾 쮸 [주]魯附庸國나라이름、주(今山東省鄒縣地方)㊅虞

邽。꿰 [규]縣名上ㅣ下ㅣ고을이름、규(上ㅣ는今甘肅省秦州府內、下ㅣ는陝西省鳳翔府內)㊅齊

郇。쉰 [순]文王後所封地나라이름、순(今山西省猗氏縣)㊅眞

郊。쟈 [교]邑外曰ㅣ들、교市外시외、교又문밖、교㊅肴

郱 邢同

郈 후 [후]魯邑名고을이름、후(今山東省東平州)㊅有

郁

위 욱 文盛ㅣㅣ문채날、욱 氣厚濃ㅣ자욱할、욱 香氣향내날、욱 屋

郄 同隙

郅。지 질 至也이를、질 登也오를、질 質

郃 허 합 馮翊縣名고을이름、합(今陝西省同州府內) 合

邿。씌 시 國名나라이름、시(今山東省寧州)山名산이름、시(山東省平陀縣所在) 支

⿰安阝 안 안 當陽里名마을이름、안 寒

郋 씨 해 汝南部陵里名마을이름、해 齊

⿰危阝 궤 귀 遠里먼마을、귀 紙

郲 래 래 縣也고을、내 隊

⑦

郗。치 치 河內邑名땅이름、치(今河南省河內縣地方) 支

郛 얍 부 城外大郭성바퀴、부 虞

郚 우 오 魯邑名땅이름、오 虞

郜 깐 고 文王子所封國나라이름、고(今山東省武縣內) 號

郡。윈 군 縣所屬고을、군 行政區域之一道之下面之上 問

郎。랑 랑 男子稱사내、낭 婦稱夫남편、낭 官名벼슬이름、낭 陽

郕 청 성 國名나라이름、성(今山東省寧陽府地方)鄭地名땅이름、성(河南省武陟縣西南) 庚

郢。잉 영 楚地名땅이름、영(今湖北省江陵縣內) 敬

郝 허 학 扶風地名땅이름、학(今陝西省鄠縣盩庢內) 葉

郤 씨 극 隙同、姓也성、극 陌

郟。쟈 겹 河南邑名ㅣ鄏땅이름、겹(河南省洛陽縣內) 洽

郣 뿨 발 地之起者땅붕긋할、발 月

郠。엉 경 邑名고을이름、경 梗

郶 뿌 부 地名땅이름、부 有

郔 옌 연 地名땅이름、연 先

郖。뚜 두 津名ㅣ津나루이름、두 尤

⿰余阝 두 도 縣名고을、도 虞

⿰辰阝 신 신 小邦작은나라、신 眞

郩 산 소 郡也고을、소 效

⑧

郫。피 비 益州地名땅이름、비 支

部。뿌 부 分也나눌、부 行伍ㅣ曲떼、부 又항오、부 麌 統也거느릴、부 署也마을、부 界也지경、부 有

郱 핑 병 齊地名땅이름、병(今山東省臨朐縣內) 青

郵。우 우 驛也역말、우 政府經營之文書物品運送制度ㅣ便우편、우 又우체、우 過也지날、우 尤

郴。천 침 桂陽縣名땅이름、침(今湖南省內地方) 侵

郯 탄 담 少昊後所封나라이름、담(今山東省郯城縣地方) 覃

郾 옌

엄國名나라이름、엄琰

郭 꿔 곽外城밖성、姓也성、곽藥

郳 이 예國名나라이름、예齊

郬 칭 청地名땅이름、청庚

郲 래 래地名時ㅣ땅이름、내山名邛ㅣ산이름、내灰

郰 쪄 추魯下邑孔子之鄉땅이름、(今山東省曲阜縣內)尤

郪 치 처齊地ㅣ丘땅이름、처齊

⿰尚阝 당 당住所머무는곳、당養

⿱非邑 배 패鄉里마을、패灰

⿰昔阝 씨 석鄉名고을이름、석錫

九

鄈 퀘 규汾陰地名땅이름、규支

郿 메 미地名땅이름、미(今陝西省郿縣)魯邑名고을이름、미(今山東省東平州內)支

都 뚜 도天子所居도읍、도ㅣ合모두、도總也거느릴、도居也거할、도盛也성할、도歎美辭아아、도虞

鄅 위 우國名나라이름、우虞

⿰契阝 찌 계上谷縣名黃帝後所封나라이름、계霽薊通

鄆 윈 운魯地名땅이름、운(一은山東省沂水縣內、一은山東省鄆城縣內)姓也성、운問

郾 옌 언潁川縣名땅이름、언(今河南省郾城縣)願

鄂 어 악楚地名땅이름、악(今湖北省武昌縣內)外見貌ㅣ然나타날、악辨厲ㅣㅣ말정직하게할、악垠也가、악額也이마、악藥諤愕通

鄇 후 후地名땅이름、후宥

鄄 쩬 전地名땅이름、전先

鄆 이 위聚也모을、위微

鄃 쑤 서縣名고을이름、서寘

鄓 쮜 격邑名ㅣ陽고을이름、격錫

鄀 워 약國名나라이름、약藥

十

鄑 쯔 자邑名땅이름、자支

鄔 우 오鄭地名땅이름、오(今河南省偃師縣內)晉地名(今山西省介休縣內)寘

鄖 윈 운漢南國名나라이름、운(今湖北省安陸縣內)衛地名땅이름、운(今江蘇省如皐縣內)文

鄗 핲 효滎陽水名敖ㅣ물이름、효肴 호常山邑名땅이름、호(今直隸省趙州府高邑縣)皓 학晉邑名고을이름、학藥

鄉 썅 향邑里시골、향生地고향、향處也周代行政區劃名一萬二千五百戶曰ㅣ향、향陽嚮向通

鄍 밍 명晉邑名고을이름、명(今山東省平陸縣內)青

鄒 쩌 추魯縣古邾婁國나라이름、추(今山東省兗州府

內)(尤) **鄏**• 우 [욕]河南地名郟ㅣ땅이름、욕(今河南省洛陽縣內)(沃) **⿰益阝** 이 [익]地名땅이름、익(陌) **鄐**。츢 [축]邑名고을이름、축(屋) **鄋** 쑤 [수]狄國名

ㅣ瞞나라이름、수(尤) **鄎**• 씨 [식]齊地名땅이름、식(職) **⿰鬼阝** 꽤 [왜]不平坦평탄하지아니할、왜(賄) (十一) **鄘**。융 [용]周國名나라이름、용(河南省汲縣內)城

也재、용姓也성、용(冬) **鄙**•。삐 [비]陋也더러울、비又더럽힐、비都之對시골、비邊邑邊ㅣ변방、비自己語謙稱ㅣ見나、비啬財ㅣ吝인색할、비(紙) **鄜** 뿌 [부]馮

翊縣名땅이름、부(今陝西省西安府의北)(虞) **鄠**。후 [호]扶風縣名땅이름、호(今陝西省西安府內)(麌) **鄢**• 연 [언]鄭地名땅이름、언(今河南省鄢陵縣內)(阮) 楚都ㅣ郢

땅이름、언(今湖北省宜城縣內)(先) **鄞**•。인 [운]會稽縣名땅이름、운(今浙江省寧波府內)(眞) **鄤** 만 [만]鄭地名땅이름、만(寒) **⿰虘阝** 촤 [차]沛邑땅이름、차(歌)

鄣 쟝 [장]莒國邑名땅이름、장(今江蘇省榆縣內)(陽) 障同 **鄡**• 걓 [교]鉅鹿縣名땅이름、교(蕭) **鄟**。좐 [전]地名땅이름、전(先) **鄝**。랼 [료]國名舒ㅣ나

라이름、료(篠) **鄛**• 챃 [소]南陽棗陽縣名땅이름、소(蕭) **鄚** 뫅 [막]縣名땅이름、막姓也성、막(藥) **⿰崩阝** 페 [배]國名나라이름、배(灰) **⿰乾阝**。깐 [간]地名땅

이름、간(寒) (十二) **鄪**• 뼤 [비]魯邑名땅이름、비(寘) 費通 **鄰**。린 [린]近也이웃、인親比이웃할、인連接맞붙을、인輔弼臣ㅣ도울、인周代行政區劃名五家之稱

(眞) **鄲** 딴 [단]趙都邯ㅣ땅이름、단(今直隸省大名道)(寒) **鄯** 쌴 [선]西域國名ㅣ善나라이름、선(今新疆省婼羌縣地方)(霰) **鄱**•。퍼 [파]趙地名땅이름、파(今

江西省饒州府)湖名호수이름、파(江西省所在)(歌) **鄭**•。쪙 [정]周叔友所封國정나라、정(今河南省新鄭縣內)ㅣ重정중할、정姓也성、정(敬) **鄧** 뗭 [등]國名나라이

름、등(今湖北省襄陽縣內)姓也성、등(徑) **鄫**•。쪙 [증]姒姓國나라이름、증(蒸) **鄩** 씬 [심]河南地名땅이름、심(今山東省濰州縣內)姓也성、심周邑名고을이름、심(今

河南省犨縣內)(侵)

鄮• 뫄 [무]縣名고을이름、무(有)

鄬• 웨 [위]地名又坂名땅이름、위(支)

鄥 쟈 [교]國名나라이름、교(蕭)

鄨。 뻬 [폐]水名ㅣ水물이름、폐縣名고을이름、폐(霽)

鄦• 후 [허]炎帝太岳之胤甫侯所封나라이름、허(語)

(十三)

鄶。 꽤 [회]祝融後所封國나라이름、회(河南省密縣內)(泰)

鄵 쟈 [조]地名땅이름、조(號)

鄳。 멍 [맹]江夏縣名땅이름、맹(庚)

鄴• 예 [업]魏郡縣名땅이름、업(今河南省臨漳縣內)姓也성、업(葉)

⿰義阝 이 [의]地名땅이름、의(紙)

⿰盟阝 멍 [맹]古縣名在義昌땅이름、맹(敬)

鄷 酆俗字

(十四)

鄸• 멍 [몽]邑名曹地땅이름、몽(東)

鄹 同鄒

⿰壽阝 석 [수]蜀水名也물이름、수(尤)

(十五)

鄽 同廛

鄻。 넨 [련]邑名周地땅이름、연(銑)

鄾• 우 [우]地名땅이름、우(尤)

⿰美阝 랃 [랑]縣名고을、낭(陽)

(十六)

鄼 찬 [참]宋地名땅이름、참(感)

酀。 연 [연]邑名고을이름、연(先)

鄿• 치 [기]沛郡地名땅이름、기(微)

(十七)

酃 링 [령]長沙縣名땅이름、영(靑)

(十八)

酆。 뿡 [풍]周文王所都땅이름、풍(今陝西省鄠縣內)水名물이름、풍(東)

酅 씨 [휴]邑名고을이름、휴(齊)

酄 환 [환]境界지경、환(寒)

(十九)

酇。 취 [찬]聚也모을、찬(寒)義同南陽縣名땅이름、찬(今湖北省光化縣內)(翰) [차]沛邑땅이름、차(歌)鄼同

酈• 리 [력]南陽縣名땅이름、역(今山東省兗州府附近)姓也성、역(錫)

(二十)

⿰矍阝。 쥐 [극]河東地名땅이름、극(陌)

酉部

酉• 유 [유]地支第十位지지、유鷄也닭、유方位西方서쪽、유時刻自午後六時至八時유시、유西方辰별、유就也나아갈、유(有)丣同

(二)

酊• 띵 [정]醉貌酩ㅣ비틀거릴、정又술취할、정(迥)

酋• 쭈 [추]魁首ㅣ長괴수、추又두목、추酒熟술익을、추過也지날、추(尤)

(三)

酏。 이 [이]飮也미

음、이酒也약주술、이(支)黍酒기장술、이甜也달、이(紙)

配 페 [배]匹也짝、배ㅣ之짝할、배侑也도울、배流刑隷귀양보낼、배分ㅣ나눌、배(隊)

酒 쥬 [주]米麴所釀술、주明水玄ㅣ무술、주官名벼슬이름、주(有)

酎 쮸 [주]三重酒세번위덮은술、주醇也重釀酒전국술、주火酒소주、주(宥)

酌 쟉 [작]斟也行觴잔질할、작酒也술、작審擇參ㅣ짐작할、작又대중할、자(藥)

⿰酉弋 이 [익]酒色술빛、익(職)

酑 위 [우]飮也마실、우(虞)

酐 한 [항]苦酒쓴술、항(養)

四

酗 쒸 [후]醉怒迷亂酒德주정할、후(遇)⿰酉句同

酕 모 [모]極醉貌ㅣ醄몹시취할、모(豪)

⿰酉亢 깡 [강]鹽澤염전、강(養)酛同

酘 투 [두]重釀酒위덮은술、두(宥)

酖 텀 [짐]鴆酒짐새술、짐(沁)[탐]嗜酒樂飮술즐길、탐(覃)

⿰酉市 뻐 [발]酒色술빛、발(曷)

⿰酉勻 인 [인]少少飮홀작홀작마실、인(軫)

酓 앰 [염]酒味苦쓴술、염酒盈量술이양에찰、염ㅣ桑뽕나무、염(琰)

酔 醉俗字

⿰戈酉 꽈 [과]酒之色술빛、과(歌)

⿰酉屯 듄 [준]美酒좋은술、준(眞)

⿰酉不 醅同

⿰酉勿 운 [문]酒杯술잔、문(問)

⿰酉今 옌 [염]酒也술、염(琰)

⿰酉丙 酒同

⿰酉支 리 [리]乳腐젖썩을、이(支)

⿰酉氏 지 [지]腐乳썩은젖、지(支)

五

酥 쑤 [수]酪屬牛羊乳타락죽、수(虞)

酤 꾸 [고]買酒술살、고賣酒술팔、고一宿酒겨명주、고(虞)(麌)(遇)

⿰酉句 酗同

酢 추 [초]酸漿醶也초、초又단것、초味酸실、초(遇)醋通[작]酬ㅣ술권할、작又수작할、작(藥)

酡 퉈 [타]醉容얼굴붉을、타(歌)

酏 酡同

⿰酉央 양 [앙]濁酒막걸리、앙(養)醠同

酣 한 [함]俗[감]酒宴最中한참어우러질때、감樂酒不醉흥날、감酒樂飮治술열근할、감(覃)

酟 텸 [첨]和也섞을、첨又달、첨(鹽)

⿱夵酉 원 [문]和酒鬆餅起ㅣ떡기주할、문(問)

⿰酉包 퐌 [포]美人醉面얼굴붉으레할、포(效)

⿰酉此 츠 [자]糟也재강、자(支)

酦 바 [발]酒氣술기운、발(曷)

⿰酉瓜 꾸 [고]酒杯술잔、고(虞)

⿰酉冬 둥 [동]酒敗也술썩을、동(冬)

䣠 추[추]醬也된장、추(虞) 酠 커[가]苦酒쓴술、가(馬) 䣯 삐[필]酒飲盡술다마실、필 又술홀닥마실、필(質)

⑥ 酮 퉁[동]馬酪말젖、동酢也초、동酒壞신술、동(東) 酨 ◦재[재]酢漿초、재又단것、재釋米汁뜨물、재(隊) 酩 밍[명]醉貌ㅣ酊비틀거릴、명又술취할、명甘酒단술、명(迴) 酬 착·[수]勸酒술권할、수又수작할、수報也갚을、수周也두루、수(尤)醻同 酧 酬俗字 酪 러[락]乳漿타락、낙(藥) 酭 유[우]勸酒也술권할、우(宥)

䣶 甜同 䣷 작[저]酌也잔질할、저(魚) 䣻 남[남]厭飽물릴、남(勘) 䤹 착[철]鹽藏物젓갈、철(屑) 䣽 왜[왜]醉貌취할、왜(灰) 䤲 쟌[교]賣酒술팔、교(肴) 䣼 이[이]再釀酒두번빚은술、이(寘)

⑦ 酴 두[도]重釀酒ㅣ醿위덮은술、도酒母술밑、도(虞) 酺 뿌[포]飲酒作樂、大ㅣ술잔치、포(虞)會飲여럿이마실、포除裁祭고사지낼、포(遇) 酹 래[뢰]綴祭酒沃地강신술、뇌(泰)(隊) 酶 메[매]酒本누룩、매(灰)媒通 酳 인[윤]酒漱口술로양치할、윤飲酒安食반주、윤(震) 酸 싼[산]酢味실、산悲痛슬플、산又아플、산ㅣ素의略稱、非金屬元素의一、無色無味無臭의氣體로서地球上가장많이存在하여水、空氣等을構成함、成分의一、酸味를有하고「리트머스」青色素를變하여金屬과合하여水素를發生하는것「ㅣ類、硫ㅣ」(寒) 酵 ◦쟈[교]俗[효]以酒母起麪發ㅣ술괴일、교(效) 酲 청[정]病也술병、정醉覺술깰、정(庚) 酷 쿠[곡]俗[혹]虐也慘也혹독할、혹甚也심할、혹痛恨원통할、혹酒厚味술맛텁텁할、혹(沃) 䤔 영[영]酒醒술깰、영(迴) 䤌 한[함]酒之色술빛、함(覃)

⑧ 醉 ◦취[취]爲酒所酣술취할、취心ㅣ침혹할、취潰也괴란할、취(寘) 醋 추[작]主客相酌酬ㅣ술권할、작(藥)酢通、ㅣ酸은無色酸性의液인데刺戟臭를有하며酢의主成分을成함、醫藥、染色其他工業上廣히使用됨[초]酸漿초、초(遇) 醅 폐[배]酒未漉醱ㅣ술괴일、

배(灰)

醆° 잔 [잔]酒微清술도청덜될、잔夏爵名술잔、잔(潸)

醇° 슌 [순]不澆酒전국술、순專也순전할、순重也ㅣ謹삼갈、순厚也두터울、순(眞)純通

醄 도 [도]極醉貌酕ㅣ몹시취할、도(豪)

醃 엄 [엄]鹽漬魚物저릴、엄葅也김치、엄(鹽)

醁• 록 [록]美酒名醽ㅣ맛좋은술、녹(沃)

醶 염 [념]苦味쓸、염(鹽)

⿰酉京° 량 [량]漿也장、양(漾)

⿰酉炎 단 [담]酒醋薄也술맛새금할、담(勘)

醂• 린 [람]乾柿건시、남又곶감、남(感)

⿰酉隹 이 [위]和肉酒고기든술、위(支)

⿰酉典 뎐 [전]濃酒전국술、전(銑)

⿱制酉 지 [제]魚子醬생선조림、제(齊)

⿰酉盂 우 [우]宴也잔치、우(虞)

(九)

醐° 후 [호]酥之精液醍ㅣ타락웃물、호清酒약주술、호(虞)

醑 셔 [서]美酒좋은술、서醾酒술거를、서(語)

醍° 티 [제]酥之精液ㅣ醐타락웃물、제清酒약주술、제(齊)

醒• 싱 [성]醉解술깰、성夢ㅣ꿈깰、성覺ㅣ깨달을、성(青)(迥)(徑)

醎 鹹俗字

⿰酉盇 씨 [혜]酸漿단것、혜又초、혜(齊)醯同

⿰酉某 메 [매]醋之別名단것、매又초、매(灰)酶同

醙• 쑤 [수]白酒힌술、수(尤)(有)

醕 醇同

⿰酉兪° 투 [두]榆醬醔ㅣ느릅나무장、두(宥)

⿰酉面 면 [면]沈於酒술에젖을、면(銑)

醔° 뫄 [무]榆醬ㅣ⿰酉兪느릅나무장、무(宥)

⿰酉甚 신 [심]麴也누룩、심(侵)

⿰酉音 인 [음]醉也취할、음(侵)

⿰酉軍 쉰 [혼]注酒술따를、혼(阮)

⿰酉者• 뚜 [도]醬也된장、도(虞)

⿰酉益 씨 [해]酒杯술잔、해(賄)

⿰酉怱 충 [총]濁酒탁주、총(東)

⿰酉南 난 [남]煮肉고기지질、남(感)

⿰酉癸 궤 [귀]清酒맑은술、귀(紙)

⿰酉荼 지 [절]漬菜풋김치、절(屑)

(十)

醞°• 원 [온]釀酒술빚을、온含蓄ㅣ藉온자할、온(吻)(問)

⿰酉耆 嗜同

醝 취 [차]白酒흰술、차(歌)

醟°• 융 [영]酗酒주정할、영(敬)

醡 쟈 [자]壓酒具술거르는체다리、자(禡)

醜°• 츄 [추]惡也미울、추穢也더러울、추類也같을、추衆也무리、추美之對추할、추鼈竅자라똥구멍、추恥也부끄러울、추(有)

⿰酉⿱必皿 미 [밀]飲

酒俱盡술그릇마를、밀醬也간장、밀又지령、밀(質)

醫 이 [의]酒也술、의(支)

醱。뭉 [몽]麴生衣누룩뜰、몽(東)

醚 미 [미]醉也취할、미(支)

醛 [줄]酒味變술맛변할、줄(屑)

醘 커 [갑]酒器술그릇、갑(合)

醢。해 [해]肉醬간장、해刑罰人體鹽漬형벌、해(賄)

醫· 꾸 [곡]濁酒蟲술파리、곡(屋)

醾 상 [상]乳酒젖술、상(陽)

醶 한 [한]清酒맑은술、한(翰)

醟 메 [멱]乾酪말린젖、멱(錫)

醣。빵 [방]奉上酒술올릴、방(陽)

醎 우 [욱]面黃낯빛누를、육(屋)

(十一)

醨。리 [리]薄酒모주、이(支)

醫。이 [의]治病者의원、의又의사、의療也병고칠、의療病學問技術의술、의救也구원할、의(支) 毉同、酏也梅漿단것、의又초、의(紙)

醥 퍞 [표]清酒약주술、표(篠)

醩 糟籀文

醪· 랖 [료]濁酒醇ㅣ막걸리、요(豪)

醬。쟝 [장]醢也肉醬간장、장(漾)

醶 루 [루]ㅣ魚젓、누(虞)

醾 미 [미]白生醬酢醭ㅣ골마지、미(齊)

醿 醾同

醧。우 [어]私燕飮사사로이잔치할、어(御)

醋 醡同

醻 鶮同

醳 예 [폐]榆醬느릅나무장、폐(齊)

醭 무 [모]美醬좋은장、모(虞)

醐 홍 [홍]醉倒취하여자빠질、홍(董)

(十二)

醮· 쟌 [초]冠娶祭名초례제、초(嘯)

醰。 탄 [담]酒長味醇단술、담(感)

醯。씨 [혜]酢味단것、혜又초、혜(齊) 醘同

醭 뿌 [복]酒上白술에끌마지낄、복(屋)

醱· 뻐 [발]重釀ㅣ醅술괴일、발(曷)

醆 예 [기]既沐飮酒又秫酒목욕하고술마실、기(未)

醰 탄 [단]濁酒막걸리、단(寒)

醅 예 [비]酒之色술빛、비(紙)

醬 신 [짐]飮酒술마실、짐(寢)

醋 황 [황]末漉酒전국술、황(漾)

醷 랖 [료]清酒맑은술、요(篠)

醕。젼 [전]苦酒쓴술、전(銑)

醏 화 [화]醇酒전국술、화(麻)

醟 우 [유]清薄酒멀건술、유(有)

醑 한 [한]鹹也짤、한(諫)

(十三)

醲· 농 [농]厚酒전국술、농(冬) 濃酒

醴。리 [례]一宿熟甘酒단술、예ㅣ泉단샘、예(薺)

醷 이 [의]梅漿단

것、의又초、의(紙)[억]義同(職) 醵。취[거]斂錢共飮酒술추렴벌、거ㅣ金돈거둘거(魚)(御)[갹]義同(藥) 醳이[역]苦酒쓴술、역醇酒전국술、역(陌)釋同 ⿰酉零 醹同

⿰酉亶 쌴[선]酒苦술맛쓸、선(銑) ⿰酉⿱雨毛 표[표]面疱여드름、표(巧) 醶어[엄]酸也실、엄(豔) ⿰酉嘗 상[상]嘗也맛볼、상(陽) ⿰酉感 감[감]鹹也짤、감

(感) 十四 ⿰酉與 쒀[서]美酒좋은술、서(語) 醹。수[유]厚酒전국술、유(虞)(麌) 醺。쒼[훈]醉也和悅貌술얼근히취할、훈(文) 醻。酬同 ⿰酉監 란

[람]泛齊行酒잔넘게술따를、남(勘) ⿰酉蒙 맏[몽]麴衣누룩곰팡이、몽(東) ⿰酉齊 졔[제]鹹也짤、제(霽) ⿱斬酉 졉[점]味薄싱거울、점(琰) 十五 ⿰酉樂 학

[악]酢也초、악(藥) ⿰酉暴。포[포]一宿酒게명주、포(號) ⿰酉韱 [illegible]同 十六 醼 宴同 ⿰酉歷 리[력]下酒술거를、역(錫) 十七 醾 미[미]酒名酴ㅣ막

걸리、미(支) 釀。냥[양]醞酒술빚을、양(漾) 醽。령[령]美酒ㅣ醁좋은술、영(青) ⿰酉零同 ⿱敢酉 한[감]敗酒신술、감(感) ⿰酉韱 참[참]酢也초、참酸也실、

참(豏) ⿱彌酉 미[미]麴也누룩、미(齊) 十八 釁。쓴[흔]罅隙틈、흔爭端틈벌、흔罪累죄、흔兆也조짐、흔牲血塗器피로틈바를、흔(震) 釂。쟌[조]飮盡훌

적들이마실、적(嘯) ⿰酉爆 뽀[포]一宿酒게명주、포(號) 十九 釃。쓰[시]下酒술거를、시(支)[소]義同(魚) 醿 醾同 二十 釅。옌[엄]酒醋味厚술과초

맛준할、엄(豔) 二十一 ⿰酉蠡 리[력]酪滓젖찌끼、역(錫) 二十四 醽 醹同

采部

采。뺀[변]辨別분변할、변(銑)辨本字 一 采。채[채]取ㅣ色채색、채事也일、채擇也가릴、채食邑채읍、채風ㅣ풍채、채(賄)採彩通

(隊)採同 四 宷 메[매]深入깊이들어갈、매(齊) ⿱釆攵 쟝[권]握飯爲圓밥뭉칠、권(霰) 五 釉。우[유]光澤빛날、유石英末和灰汁制者所以塗

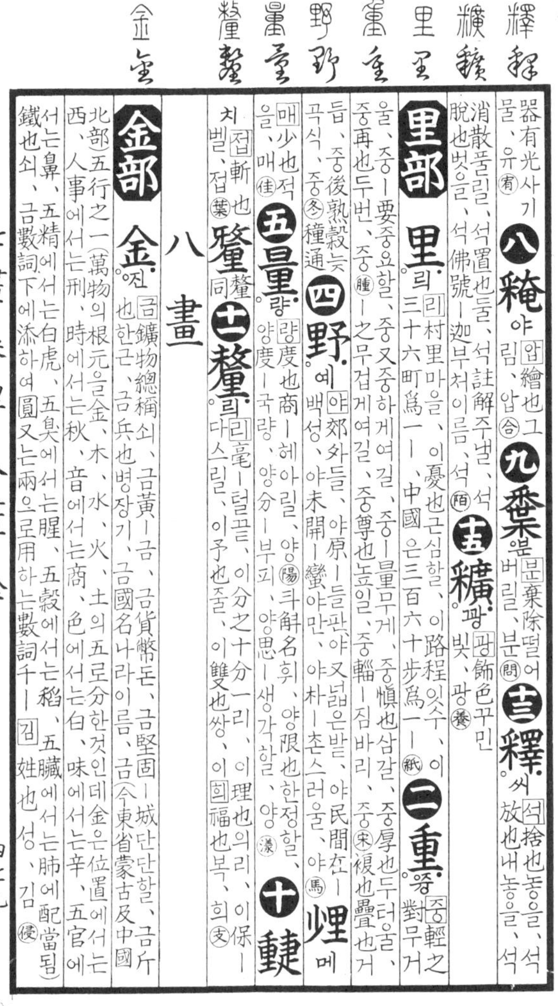

器有光사기물、유(有)

(八) [illegible]야 [압]繪也그림、압(合)

(九) [illegible]분 [분]棄除덜어버릴、분(問)

(十三) 釋°씨 [석]捨也놓을、석放也내놓을、석消散풀릴、석置也둘、석註解주낼、석脫也벗을、석佛號ㅣ迦부처이름、석(陌)

(十五) [illegible]°광 [광]飾色꾸민빛、광(養)

里部

里°리 [리]村里마을、이憂也근심할、이路程잇수、이三十六町爲一ㅣ、中國은三百六十步爲一ㅣ(紙)

(二) 重°중 [중]輕之對무거울、중ㅣ要중요할、중又중하게여길、중ㅣ量무게、중愼也삼갈、중厚也두터울、중再也두번、중(腫)ㅣ之무겁게여길、중尊也높일、중輜ㅣ짐바리、중(宋)複也疊也거듭、중後熟穀늦곡식、중(冬)種通

(四) 野°예 [야]郊外들、야原ㅣ들판、야又넓은밭、야民間在ㅣ백성、야未開ㅣ蠻야만、야朴ㅣ촌스러울、야(馬)

埋메

[매]少也적을、매(佳)

(五) 量°량 [량]度也商ㅣ헤아릴、양(陽)斗斛名휘、양限也한정할、양度ㅣ국량、양分ㅣ부피、양思ㅣ생각할、양(漾)

(十) [illegible]

치 [접]斬也벨、접(葉)

[illegible]釐同

(十一) 釐°리 [리]毫ㅣ털끝、이分之十分一리、이理也의리、이保ㅣ다스릴、이予也줄、이雙也쌍、이 [희]福也복、희(支)

八畫

金部

金°진 [금]鑛物總稱쇠、금黃ㅣ금、금貨幣돈、금堅固ㅣ城단단할、금斤也한근、금兵也병장기、금國名나라이름、금(今東省蒙古及中國北部)五行之一(萬物의根元을金、木、水、火、土의五로分한것인데金은位置에서는西、人事에서는刑、時에서는秋、音에서는商、色에서는白、味에서는辛、五官에서는鼻、五精에서는白虎、五臭에서는腥、五穀에서는稻、五臟에서는肺에配當됨)鐵也쇠、금數詞下에添하여圓又는兩으로用하는數詞千ㅣ [김]姓也성、김(侵)

二

釜。부 [보]鬴俗字、無足鼎가마、부量名휘、부(六斗四升)(虞) **釗** 쇼 [쇼]俗[쇠]勉也힘쓸、쇠見也보일、쇠弩牙소뇌고등、쇠(蕭)[교]周康王名이름、교(蕭)[韓]金也쇠、쇠 **釘**。뎡 [정]鐵尖못、정裝ㅣ못박을、정矛名창、정(青)ㅣ鈒불린금、정(徑) **針**。짐 [침]縫具바늘、침刺病침、침(侵)鍼同縫也바느질할、침刺也찌를、침(沁) **釕** 됴 [조]帶頭飾띠머리장식、조錦ㅣ걸쇠、조(篠) **釙** 박 [박]未鍊荒鐵불리지않은쇠、박(覺) **釓** 에 [비]箭也화살、비(支) **釞** 지 [집]銛也날카러울、집(緝) **釟** 빠 [팔]鍊也단련할、팔(黠)

三

釪 위 [우]樂器似鐘錞ㅣ요령、우僧家飯器鉢ㅣ바릿대、우(虞) **釭**。궁 [공]車轂中鐵굴대、공(東)[강]燈也등잔、강(江) **釱** 디 [체]足鉗착고、체(霽)[대]義同(泰) **釵**。채 [채]婦人岐笄비녀、채(佳)[차]義同(麻) **釬** 깐 [한]臂鎧팔찌、한以硼砂合땜할、한急也급할、한(翰)銲同 **釩** 빤 [범]拂也떨칠、범(豏) **釧** 촨 [천]女飾臂環釵ㅣ팔찌、천(霰) **釣**。됴 [조]鉤魚낚시、조取也낚을、조求也구할、조(嘯) **釦** 쿠 [구]金飾器口그릇에금테두를、구讙動떠들석할、구叩也두드릴、구(有) **釳**。치 [흘]乘輿馬頭飾方ㅣ말머리장식、흘(物) **釤** 싼 [삼]鏟屬자귀、삼(咸)大鎌큰낫、삼(陷) **釨** 꼐 [걸]戟也삼지창、걸(屑) **釴** 이 [익]鼎附耳在表솥귀、익(職) **釶** 鍦同 **釥** 찬 [초]美金좋은쇠、초(篠) **釨** 쩨 [자]剛也강할、자(紙)釨別字 **釮** 채 [재]銳利날카로울、재(齊) **釰** 이 [일]鈍也둔할、일(質)

四

鈚。피 [비]箭鏃살촉、비(齊)錍別名보습、비(支) **鈇**。뿌 [부]莝斫刀작도、부斧也ㅣ鉞ㅣ質도끼、부(虞) **鈞**。쥔 [균]三十斤설흔근、균陶具질그릇골、균天地大ㅣ洪ㅣ천지、균樂名ㅣ天풍류이름、균(眞)均通 **鈗** 윈 [윤]侍臣所執兵器창、윤(軫) **鈏** 인 [인]錫金白鑞백철、인(軫) **釿**。인 [근]平木具대패、근(文) **鈍**。뚠 [둔]頑ㅣ둔할、둔不利무딜、둔(願) **鈑** 빤 [판]鉼金金ㅣ불

린금、판(潸)

鈔。찬 [초]取也취할、초略也노략할、초謄寫베낄、초(肴)抄同紙幣지전、초(效)

鈋 어 [와]刓名爲圓모잴、와(歌)

鈀. 파 [파]兵車싸움수레、파鉏屬五齒平土除穢쇠스랑、파又갈퀴、파(麻)

釾 鋣同

鈜. 횡 [횡]鐘鼓聲鏗ㅣ쇠북소리、횡(庚)

鈕。뉴 [뉴]印鼻인꼭지、유鏡鼻거울손잡이、유(有)

鈐 쳼 [검]車轄굴대비녀장、검鏁也자물쇠、검大犂보습、검星名鉤ㅣ별이름、검(鹽)

鈒。써 [삽]鋋也戟也삽지창、삽(緝)鏤也새길、삽(合)

鈌 쾌 [결]刺也찌를、결(屑)

鈉. 납 [눌]打鐵메、눌(月)

鈆 鉛同

鈲。피 [벽]裁木爲器갈이박、벽破也깨질、벽(錫)

鈎 鉤同

鈂 친 [침]鐵杵쇠공이、침(侵)

鈅 웨 [월]劍也칼、월(月)

鉚 꿍 [궁]釧也팔고리、궁(東)

鈊 신 [심]銳利날카로울、심(沁)

鈠 이 [역]小矛작은창、역(陌)

五

鈹。피 [피]刃戈날있는창、피大針쇠꼬챙이、피(支)

鉏. 츄 [조]俗[서]治田器호미、서(魚)鋤同、相距ㅣ鋙어긋날、서(語)

鉅。쥐 [거]大也클、거鉤也갈구리、거大剛鐵강한쇠、거(語)巨詎通

鈷 꾸 [고]熨斗ㅣ鏻다리미、고(麌)

鉒 쮸 [주]丱也쇠돌、주(遇)

鉛。쳰 [연]錫類靑金납、연白粉분、연(先)鈆同

鈿 뎬 [전]首飾金ㅣ비녀、전具飾器자개그릇、전(先)(霰)

鉉。쒠 [현]所以貫鼎擧之솥귀、현(銑)

鉊 쟢 [초]大鎌큰낫、초(蕭)

鉋. 빠 [포]鏟屬平木器대패、포(效)

鉌 허 [화]車鈴ㅣ鑾차방울、화(歌)

鉠 양 [앙]鈴聲ㅣㅣ방울소리、앙(陽)

鉎 썽 [생]鐵衣동록、생(庚)

鈶 枱同

鍂 鋑同

鉗。쳠 [겸]以鐵束頸髡ㅣ목사실、겸(鹽)拑通

鉦 쪙 [정]鐃也鐲也징、정(庚)

鈴。렁 [령]鐸也방울、영呼ㅣ종、영(靑)

鉤 꾸 [구]鐵曲갈구리、구牽也끌、구規也ㅣ矩그림쇠、구ㅣ索갈거머리、구釖屬곰장칼、구懸物者갈구리、구(尤)

鉆。쳠 [검]大犂보습、검(鹽)鈐通[첩]鐵鈲집게、첩(葉)

鈺 위 [옥]寶也보배、옥堅金단단한쇠、옥(沃)

鉍. 삐 [필]矛柄창

자루、필 (質) **鈯**。두 [돌] 鈍也무딜、돌 小刀창칼、돌 (月) **鉞** 훼 [월] 斧也鈇ㅣ도끼、월 (月) **鈸** 빠 [발] 鈴也銅ㅣ방울、발 (曷) **鉢**· 뱌 [발] 盂屬食器바릿대、발 (曷)

鉔。쟈 [작] 釜也가마、작 (藥) **鉐** 씨 [석] 鍮也놋、석 (陌) **鉀**· 꺄 [갑] 鎧也갑옷、갑 (洽) 甲同 **⿰金幼** 와 [유] 銀上黑은빛 죽을、유 (遇) **鉄** 鐵俗字 [韓]

無痘痕뻔뻔이、석 **鉧**· 무 [무] 熨斗鈷ㅣ다리미、무 (有) 鉾同 **鉑** 빠 [박] 金薄금박、박 (藥) **⿰金予** 마 [무] 矛也所以巡警는장、무 (尤) **鉥**。쉬 [술] 針長돗바늘、

[술] 導也인도할、술 (質) **鉟**。애 [비] 刃戈날있는 창、비 (支) 鈹同 **鉈** 샤 [사] 短矛짧은 창、사 (麻) **鉚**· 랴 [류] 美金황금、유 (有) **鈭** 즈 [지] 斧也도끼、지 (支)

鈱 민 [민] 鐵葉철판、민 (眞) **鈳**。아 [아] 小釜작은 가마、아 (哿) **銻**· 제 [제] 銳利날카로울、제 (齊) **鉯** 시 [시] 鋋也쇠창이、시 (支) **鈽** 부 [포] 金板철

판、포 (虞) **鉂** 시 [사] 金環쇠고리、사 (紙) **鉃** 시 [지] 箭末살끝、지 (紙) **鉇**。鉈同 **鉓** 티 [척] 飾也꾸밀、척 (職) **鉕** 퍼 [파] 銅器也구리그릇、파 (歌)

鉔· 쟈 [잡] 轉旋不倒之香爐구르는 향로、잡 (合) **鉖** 둥 [동] 釣針낚시바늘、동 (冬) **⿰金冉** 안 [염] 黑鐵무쇠、염 (琰) **鉜** 뷰 [부] 大釘큰 못、부 (尤) **鉝** 리

[립] 食器밥그릇、입 (緝) **鉣** 져 [겁] 組帶鐵띠매는 쇠끈、겁 (葉) **銏** 싼 [산] 鐵器쇠그릇、산 (諫)

⑥

銅。둥 [동] 赤金구리、동 赤ㅣ貨동전、동 石髓鉛自然

ㅣ산골、동 (東) **銎**。쿵 [공] 斤斧受柄孔도끼구멍、공 (冬) **銔** 퓌 [피] 旗名靈姑ㅣ기이름、피 (支) **⿰金危** 꿔 [궤] 臿屬가래、궤 (紙) **銖**。쓔 [수] 百黍錙ㅣ저울눈、

수 一割十分之一푼、수 (虞) **銀**· 인 [은] 白色金屬은、은 白色ㅣ河하얄、은 金錢돈、은 (眞) **銓** 촨 [전] 度也權衡저울질할、전 選法사람가릴、전 (先) **銒** 옌

[견] 酒器似鐘頸長목진 병、견 (先) [형] 義同 (青) **銑**。쏀 [선] ㅣ鐵분쇠、선 金之澤者윤택한 금、선 鐘兩角쇠북귀、선 飾弓以金활꽂이에 금올릴、선 (銑) **銚** 됴 [조] 田

器ㅣ鍔가래、조[요]溫器쟁개비、요(蕭)
鉸 쟈 [교]交刀가위、교(巧)義同、裝飾금장식、교(肴)
銙 콰 [과]帶飾十三ㅣ띠돈、과(馬)
銘 밍 [명]刻以識事새길、명志也記誦기록할、명ㅣ心명심할、명ㅣ旌명정、명(青)
銛 셴 [섬]利也날카로울、섬鍤屬가래、섬(鹽)
銜 셴 [함]馬口勒재갈、함口ㅣ物함오、함官階관함、함感也느낄、함恨也원망할、함(咸)
銍 찌 [질]刈禾短鎌갈강낫、질(質)
銕 鐵古字
銱 댜 [조]釘ㅣ걸쇠、조(蕭)
銗 후 [후]頸鎧鏂ㅣ목투구、후投書函함통、후(尤)
銊 쒸 [훌]鎖處鏂ㅣ배목、훌鋸聲톱소리、훌(質)
銃 츙 [총]兵器총、총(送)
鉿 꺼 [협]陷聲빠지는소리、협(洽)
鉺 얼 [이]鉤也갈구리、이(寘)
銂 씽 [형]羮器국그릇、형(青)
鉼 鉼俗字
鉻 러 [락]鬅也깎을、낙(藥)
銋 싄 [임]聲不進貌鍖ㅣ목막힐、임(寢)
鉾 矛古字
鉁 진 [겸]鑿也끌、겸(鹽)
鉵 둥 [동]鋌也쇠덩이、동(冬)
鋖 뒤 [태]鈌也이지러질、타(哿)
銂 직 [주]金劍금칼、주(尤)
銆 메 [맥]兵器병기、맥(陌)
銌 춘 [존]切也끊을、존(願)
鉷 훙 [홍]弩牙소뇌고동、홍(東)
銐 치 [체]刈草鎌풀베는낫、체(齊)
銁 회 [화]金屬器具쇠연장、화(隊)
銝 삭 [휴]長針긴바늘、휴(尤)
銷 鋗同

七

鋒 뻥 [봉]刀劍芒칼날、봉事物之端筆ㅣ끝、봉軍之前列先ㅣ앞잡이、봉(冬)
鋤 츄 [조]俗[서]田器去穢호미、서除草김맬、서滅也誅ㅣ없앨、서(魚)鉏同
鋙 위 [어]不相當鉏ㅣ어긋날、어(語)
鋪 푸 [포]布也펼、포門首銜環문고리、포(虞)設也베풀、포病也병들、포貫肆전방、포(遇)舖同
鋘 우 [오]劍名錕ㅣ칼이름、오(虞)[화]兩刃鍤쌍날가래、화(麻)鏵同
銳 쉐 [예]利也날샐、예凡物鐵利者날카로울、예又뾰족할、예芒也까락、예(霽)[태]矛屬창、태(泰)
鋂 메 [매]子母環사슬고리、매大鎖큰자물쇠、매(灰)
銲 釬同
鋎 환 [환]刀也칼、환(潸)
鋗 쉔 [현]銅銚퉁

노구、현無足鐺노구솥、현(先) 鋋 연 [연]小矛작은창、연剌也찌를、연利金좋은금、연(先) 鋧 션 [현]小鑿銑ㅣ푼끌、현(銑) 銷 쇼 [소]鑠金녹일、소盡

也녹을、소散也ㅣ暑헤칠、소衰也쇠할、소(蕭)消同 鈔 싸 [사]銅器水盆ㅣ鑼구리동이、사(歌) 鋣 예 [야]吳神劍名鏌ㅣ칼이름、야(麻) 鋩 망 [망]刀劍鋒

ㅣ서슬、망又날、망(陽) 鋩 同鋩 鋃 랑 [랑]鎖也잠글、양又쇠사슬、양(陽) 鋥 청 [정]磨出劍光칼날세울、정(敬) 鋌 팅 [정]銅鐵樸쇳덩이、정箭足箭

ㅣ살촉、정疾走貌달음박질할、정(迥) 銶 챠 [구]鑿屬끌、구(尤) 鋟 쳰 [침]鏤版爪刻새길、침(寢) 鋄 만 [만]馬首飾말머리치장、만(諫) 鋈 우 [옥]銷

金灌沃爲飾도금할、옥(沃) 鋜 쭤 [착]足鎖발목잡아맬、착鋤也호미、착(覺) 鋝 례 [렬]量名六兩옛냥중、열(屑) 鋏 쨔 [겹]俗[협]劍也칼、협可以持治器

鑄鎔者집게、협(業) 鈲 녜 [녑]俗[섭]箝也拔毛쪽집게、섭(葉)鑷同 鋦 쮜 [국]以鐵縛物철로동일、국(屋) 鋦 同鋦 鋢 롸 [로]銅器也노그릇、노(豪)

鋊 위 [욕]銅屑구릿가루、욕(沃) 銼 춰 [좌]釜也가마、좌挫也꺾을、좌(箇) 銹 쑤 [수]鐵生衣동록、수(宥)鏽同 鋕 즤 [지]銘也새길、지(寘) 鋇

빼 [패]銅樸쇠뭉치、패(泰) 銴 시 [세]五色銅오색구리、세(霽) 鏘 장 [장]鈴聲방울소리、장(養) 錄 훙 [홍]鐘之聲종소리、홍(董) 鋀 뚜 [두]鍮也놋

쇠、두(尤) 銿 同鐘鏞 鍁 同飾 鋆 인 [윤]貴金금、윤(眞) 鉐 시 [섭]黑鐵무쇠、섭(葉) 鈒 지 [급]鋤也호미、급(緝) 鋓 뎬 [첨]銳也날카로

울、첨(鹽) 鈠 이 [역]小矛작은창、역(陌) 鋖 시 [시]鉋也대패、시(支) 鋚 댶 [조]轡首銅고삐끈쇠、조(蕭) 鋞 싱 [형]鍋也남비、형(青) 鋠 신

[신]圓鐵둥근무쇠、신(震) 鋫 리 [리]黑金검은쇠、이(支)

八

錐 쮀 [추]銳也鍼也송곳、추(支) 錤 찌 [기]鉏也鎡ㅣ호미、기(支)基通 錡 치 [기]三

足釜세발가마、기(支) [의]義同、弩架노쇠틀、의鑿屬끌、의不安貌崎ㅣ휘뚝거릴、의(紙)

錍 피 [비]斧屬鍤也도끼、비(支) 箭簇살촉、비(齊)鈚同

鋸。 억 [거]鐵葉齟齬其齒片解木石者刀ㅣ톱、거(御)

錄。 루 [록]記也기록할、녹籍也문서、녹總也목록、녹又물록、녹取也취할、녹(沃)循常ㅣㅣ번번치않을、녹(屋)碌同[려]寬省ㅣ囚사실할、여(御)

錮 꾸 [고]鑄塞땜질할、고禁ㅣ가둘、고公權剝奪벼슬막힐、고ㅣ疾긴병、고(遇)

錯。 추 [착]雜也섞일、착迭也交ㅣ갈마들일、착砥也숫돌、착誤也그릇할、착乖也어긋날、착(藥)[조]行也행할、조王莽錢名ㅣ刀돈、조(遇)措同

錞。 뒤 [대]矛下鐏창고달、대(隊)鐓同[순]似鐘ㅣ釪사발종、순(眞)

錕 곤 [곤]赤金붉은금、곤鋘名ㅣ鋙칼이름、곤(元)車釭수레굴통쇠、곤(阮)

錧 관 [관]車轂鐵수레굴통쇠、관田器보습、관(旱)輨同

錢。 쳔 [전]貨幣돈、전圜之百分一전、전(先)田器ㅣ鎛가래、전(銑)

鋼。 깡 [강]鍊鐵강철、강(陽)

鋹 창 [창]利也날카로울、창(養)

錚。 정 [쟁]金聲ㅣㅣ쇳소리、쟁鉦也징、쟁(庚)

鉼 뼝 [병]金鈑불린금덩이、병(梗)

錠 떵 [정]鐙也촛대、정薦熟物器구자틀、정純金銀貨幣定率덩이、정錫屬주석、정(徑)

錦。 끈 [금]襄色織文비단、금尊稱形容詞ㅣ地(寑)

錟 탄 [염]利刃서슬、염(琰)[담]長矛긴창、담(覃)

錣 취 [철]策馬箠端有針채찍고달、철(屑)

錫。 씨 [석]鉛類金ㅣ백철、석賜也줄、석杖也지팡이、석(錫)

錔 타 [탑]器物金冒쇠두겁、탑(合)

錘。 취 [추]稱ㅣ八銖저울눈、추(支)鍛器爐ㅣ마치、추(紙)稱ㅣ저울추、추(寘)

錥 위 [육]小釜鎢ㅣ옹솥、육(屋)

錪。 뎬 [전]金也쇠、전鍑也솥、전(銑)[돈]重也무거울、돈(阮)

錨。 먀 [묘]鐵ㅣ닻、묘(蕭)

錌 예 [업]椎也마치、업(葉)

⿰金屈 취 [굴]鑽處ㅣ鉞배목、굴(物)

⿰金非 피 [비]鍼也침、비(微)

錛 뻔 [분]平木器자귀、분(元)

⿰金戾 레 [리]鉈也대패、뇌(隊)

錏。 야 [아]頸鎧목가림투구、아(麻)

鉐 錫同

錈

짠 [권]屈金쇠말릴、권(銑) 鋻。젼 [견]剛鐵강철、견(霰) 刃使堅날담글、견(先) 錵 同鋑 鋿 창 [상]車輪繞鐵바퀴테、상(陽) 鋓 同鏟 錜 녠

[녑]小釵비녀、엽(葉) 錇。부 [부]缶别名장구、부(尤) 錎 썜 [함]連環사슬고리、함 陷也빠질、함(陷) 鋺• 웬 [원]權衡臺저울바탕、원(阮) 錆• 칭

[청]精也정할、청(陽) 錙• 츠 [치]六銖曰ㅣ저울눈、치 六兩重稱엿냥중、치(支) 錞 단 [조]未鍊鐵불리지않은쇠、조(嘯) 錭 단 [도]鈍也쇠덩이、도(豪) 錀

룬 [륜]貴金금、윤(眞) 錁。궈 [과]帶飾金具띠치장、과(馬) 錂 렁 [릉]強鐵강한쇠、능(蒸) [金夜] 예 [야]鏡也거울、야(禡) 錊• 새 [쇄]鍊也단련할、쇄

(隊) 錋 평 [병]兵器병기、병(庚) 錌 얜 [안]軟鐵연한쇠、안(翰) [金帚]。산 [소]鐵粉쇳가루、소(號) [金函] 한 [함]鎧也갑옷、함(覃) 錒 아 [아]釜也가

마솥、아(歌) 錗 同錘 [制/金] 同[列/金] 錬 둥 [동]犁刃보습날、동(東) 九 鍿 同錙 鍾• 쭝 [종]酒器술잔、종 量名八斛휘、종 律名黃ㅣ검은고、종 聚也

뭉칠、종 垂淚貌눈물흘릴、종(冬) 鐘通 鍍• 뚜 [도]以金飾物도금할、도(遇) 鍥。치 [계]刻也새길、계(霽) [결]鎌也낫、결(屑) 鍇 캐 [개]好鐵좋은쇠、개

(蟹) 鍲 민 [민]計稅꿰지을、민 業也장사밑천、민(眞) 鍵 젼 [건]開鑰金具열쇠、건 車轄수레굴대、건(阮)(先)(銑) 鍛• 뙨 [단]打鐵冶金쇠불릴、단 修鍊단련

할、단(翰) 鍰 환 [환]鋝也黃鐵六兩주석엿냥중、환(刪) 環同 鍊。련 [련]精金쇠불릴、연 冶也단련할、연 煎冶銅鐵使精熟달을、연 又불릴、연(霰) 鍬 쵸

[조]臿也가래、초(蕭) 鍫 同鍬 鍋• 꿔 [과]金屬溫器노구、과 又남비、과 車釭수레굴통쇠、과 盛膏器기름통、과(歌) 鍜。쌰 [하]頸鎧鍜ㅣ목투구、하(麻) 鍚

양 [양]馬額飾당노、양(陽) 鍧 헝 [횡]俗[굉]鐘鼓聲ㅣ鏗쇠북소리、굉(庚) 鍠。황 [횡]俗[굉]鐘鼓聲ㅣㅣ쇠북소리、굉(庚) 鍒 ᅀᅮ [유]鐵之軟者떡쇠、유 又

시우쇠、유(尤)

鍪 뫄 [무]首鎧兜ㅣ두구、무(尤)

鍮• 투 [투]俗[유]銅十亞鉛三之合金놋쇠、투(尤)

鍭。후 [후]箭鏃살촉、후(尤)

鎪 쑤 [수]刻鏤새길、수(尤)

鍼• 젼 [침]刺病石ㅣ침、침縫布帛錐바늘、침(侵) 針同(鹽)

鍔 어 [악]劍刃鋒ㅣ칼날、악(藥)

鍤 차 [삽]鍬也가래、삽(洽) 臿同

鍑。부 [복]釜也가마솥、복(屋)

鍱•。셰 [섭]金鐵片鍱也쇳조각、섭又편철、섭(葉)

鍴 돤 [단]鑽也송곳、단(寒)

鍝 위 [우]耳垂金寶鐻ㅣ귀고리、우(虞)

鍘 짜 [찰]ㅣ刀작도、찰(黠)

鍖• 젼 [침]斧質쇠모탕、침聲不進ㅣ鉾목맺힐、침(侵)

鍯 충 [종]大鑿끌、종(東)

鍐 쭁 [종]馬首飾말굴레、종(冬) 㚇同

鍉。츠 [시]鍵也열쇠、시錯ㅣ숟갈、시(支) [저]鋒也날、저(齊)(錫)

鍦• 셔 [사]短矛짧은창、사(支) 釶同

鍳 鑑同

鍺。둬 [도]釭也바퀴통쇠、도(豪)

⿰金肴 퉈 [타]車轄수레굴통쇠、타犂錧보습、타(哿)

鎁• 鋣同

鍈 잉 [영]鈴聲방울소리、영(庚)

⿰金耎 싼 [연]軟銀연한은、연(霰)

⿰金盾 뚜 [돌]槍也창、돌(月)

鍏。웨 [위]犂也보습、위(微)

⿰金咠• 지 [집]板鐵판철、집(緝)

鍗 틔 [제]大釜큰가마、제(齊)

鍞 鏗同

鍟 싱 [성]銹也녹、성(靑)

鍶 숭 [종]鐵器무쇠그릇、송(冬)

鍸。후 [호]鐵皿쇠접시、호(虞)

鍹 쉔 [선]鍤也가래、선(先)

鍻。커 [갈]金飾鼓금으로장식한북、갈(月)

⿱削金 쉬 [삭]鐶也쇠고리、삭(覺)

鎀 수 [수]鋌也쇳덩이、수(尤)

⊕ 十

鎔•。숭 [용]銷也녹일、용ㅣ鑄불릴、용鑄型틀、용又골、용(冬)

鎡 쯔 [자]鋤之別名ㅣ基호미、자(支)

鎚• 취 [추]金ㅣ쇠마치、추權也저울추、추(支) 錘同 [퇴]治玉옥다듬을、퇴(灰)

鎩。쌔 [대]長矛긴창、대(卦) [살]義同、翦除갈길、살(黠)

鎞 삐 [비]櫛髮具빗치개、비箭鏃살촉、비金ㅣ손톱칼、비釵也비녀、비(齊)

鎭•。젼 [진]安也진정할、진戍也수자리、진寶器玉ㅣ홀、진(眞)按也ㅣ壓누를、진藩ㅣ변방、진安之진정시킬、진重ㅣ무거울、진(震)

鎧 캐 [개]甲也갑

옷、개兜鍪首ㅣ투구、개(賄)(隊) **鎬**。호 [호]温器남비、호又쟁개비、호武王所都ㅣ京호경、호(陝西省西安府內)耀也빛날、호(皓) **鎖** 쇄 [쇄]俗[쇄]鑰也자물쇠、쇄鐵環사슬、쇄封ㅣ꼭막을、쇄項ㅣ항쇄、쇄英語Chain의譯字「쳰」一哩의八十分之一約十一間三寸八分餘」(哿) 鎖同 **鎻**。鎖同 **鎈** 차 [차]錢異名돈、차金光금빛、차(麻) **鎊** 팡 [방]削也깎을、방(陽) **鎗**。창 [쟁]金石聲鏗ㅣ금석소리、쟁三足鬴鼎類세발노구、쟁(庚)鎗鐺同 **鎣** 잉 [형]飾也꾸밀、형磨劍器줄、형(徑)

鋡 한 [함]鎧也갑옷、함(覃)函通 **鎒** 耨同 **鎌**。렴 [겸]鉤鐭세草낫、겸(鹽)鐮同 **鎰** 이 [일]量名二十四兩스물넉냥중、일(質)溢通 **鎋** 싸 [할]車軸頭鐵바퀴녀장、할管ㅣ주장할、할(黠)轄同 **鎛**。빡 [박]鐘也쇠북、박鋤類호미、박鐘筍飾ㅣ鱗쇠북틀채색할、박(藥) **⿰金蚩** 찬 [천]抒長늘여길게할、천(銑)

⿰金雈 위 [악]大椎메、악(覺) **鉄** 지 [질]鐵搗ㅣ鐴쇠몽치、질(質) **鎤**。황 [황]鐘聲종소리、황鈴也방울、황(養) **⿰金冓**。꾸 [구]甕根爲溝受水뿌리물받이、구(尤) **鎢**。우 [오]小釜ㅣ錥옹솥、오(虞) **⿰金蚤** 쏘 [소]銅器놋그릇、소(豪) **鍺** 치 [기]軸鐵쇠굴대、기(支) **鎘**。리 [력]曲脚鼎다리굽은솥、역(錫) **鎏**。루 [류]美金순금、유冕飾垂玉면류관드림、유(尤) **鎍** 쇡 [색]鐵繩철줄、색[책]鐵弗적쇠、책(陌) **鎉**。따 [탑]鉤也갈구리、탑(合) **鎮**。鎭俗字 **鎺** 鈨同

⿰金冓 鍛同 **鎐** 야 [요]金屬酒器쇠술잔、요(蕭) **鎑** 타 [탑]鑢也줄、탑(合) **鎓** 옹 [옹]鍤也가래、옹(東) **⿰金鬼**。외 [외]金屬之塊쇳덩이、외(賄) **⿰金罘**。판 [판]犂刃보습날、판(刪) **錎** 다 [도]鐵函쇠함、도(豪) **鎕** 당 [당]赤珠붉은구슬、당(陽) **鎝** 삽 [삽]鏤也새길、삽(合) **⿰金冡** 뭥 [몽]犂刃보습날、몽(東) **鎟** 쌍 [상]鈴聲방울소리、상(養) **鎦** 류 [류]殺也죽일、유(尤) **鎪**。鏤俗字 **鍗** 지 [제]曲刀굽은칼、제(齊)

(十一)

鏞。웅 [용]大鐘큰쇠북、

용(冬) 鏦 총[총]矛也창、총(冬)[창]義同(江) 鏤。루[루]刻也새길、누剛鐵강철、누(虞)누(有)釦名屬ㅣ칼이름、鏝 同墁 鏟 찬[산]平木鐵器대패、산剗也깎을、산鏟也쇠조각、산鞘也칼집、산(潛)(諫) 鏇。쉔[선]轆轤바퀴、선(先)轉軸갈이틀、선(霰) 鏖。오[오]多殺무찌를、오又함빡죽일、오銅盆구리동이、오(豪)

鏊 오[오]燒器번철、오(號) 鏁 同鎖 鏘。창[장]玉聲ㅣㅣ옥소리、장(陽) 鏜。탕[당]鼓聲북소리、당(陽) 鏗 컹[갱]金石聲ㅣ鏘금옥소리、갱(庚) 鏡。징[경]鑑也取景器水ㅣ거울、경眼ㅣ안경、경模範본뜰、경明察살필、경(敬) 鏉 쑤[수]利也날카로울、수彫也새길、수(尤) 鏐 릭[류]美金순금、유(尤)

鏨。잔[찬]小鑿푼끌、찬鐫石돌새길、찬(覃)(感)[잠]義同(勘) 鏃。쭈[족]俗[조]矢末金살촉、족(屋) 鏌 뭐[막]釰名ㅣ鋣칼이름、막(藥) 鏚 치[척]斧也도끼、척(錫) 鏑。디[적]箭鏃살촉、적(錫) [illegible] 同銍 鏩 쟨[점]銳進貌ㅣㅣ속히나갈、점(琰) 鏢 퍄[표]刀鋒칼날、표(蕭) 鏠 뻥[봉]兵耑병장기끝、봉(冬)

鏈。련[련]鎖也사슬、연鉛未煉者덩어리납、연(先) 鏄 퇀[단]塊鐵쇠덩이、단(寒) 鋺 웬[원]鉏頭曲鐵호미목아지、원(元) [illegible] 同鉧 鏬 싸[하]罅也坼ㅣ틈、하(禡) 鏀 루[로]釜也가마、노以木爲刀柄칼자루、노(虞) 鑪同 鏋 만[만]金也금、만金精금정기、만(願) 鏥 同銹 鏂。우[우]削也깎을、우(尤)

鏅 同鎀 鏆 관[관]穿也뚫을、관(翰) 鏎 삐[필]簡也쪽、필(質) 鏒。싼[삼]黑鐵器무쇠그릇、삼(感) [illegible] 평[팽]鍊也쇠불릴、팽(庚) 鏓 총[총]大鑿큰끌、총(東) [illegible]。락[루]銹也녹、누(有) 鏙 최[최]雜也섞일、최(賄) 鏛 창[상]磨也갈、상(陽) [illegible] 위[어]錫也백철、어(語) 鏧 룽[롱]鼓聲북소리、농(冬) 鍪 머[무]首鎧투구、무(尤)

十二

鐘。쭝[종]懸樂金音쇠북、종時刻報ㅣ인경、종(冬) 鍾通 鐀 同櫃 鐖。

찌 [기]魚鉤逆鋩낚시미늘、기大鐮큰낫、기(微) **鐞** 꾸 [고]矢名鏃ㅣ살이름、고(虞)姑通 **鐓**· 同錞 **鐏** 쭌 [준]矛下銳銅창고달、준(願) **鐗**。쨘 [간]車軸鐵수레굴대、간(諫) (韓)鑛也쇳덩이、간 **鐎**。찬 [초]温器有柄쟁개비、초ㅋ쥬조두、초(蕭) **鐐**· 랼 [료]白金之美은、요 有孔鑪풍로、요(蕭) **鐃**。나 [뇨]小鉦似鈴無舌징、요 又꽹파리、요(肴) **鏵** 同鋘 **鏹**· 쟝 [강]錢貫돈꿰미、강金別名白ㅣ금、강(養) 繈同 **鐋** 탕 [탕]平木器鐮ㅣ대패、당(韓)治木器邊ㅣ변탕、탕(漾) **鐄** 헝 [횡]大鐘큰쇠북、횡鐮也낫、횡(庚) **鐙**。떵 [등]馬鞍足所踏등자、등足下跗발적대、등(徑) 登同燈古字(蒸) **鐂** 劉古字 **鐔** 씬 [심]劍珥칼콧등이、심似劍而小작은칼、심姓也성、심(侵) **鐕**。쨘 [잠]釘也못、잠(覃) **鏷**· 푸 [박]矢名ㅣ鏵살이름、박生鐵날쇠、박(覺) **鏺**。뻐 [발]兩刃刀有木柄쌍날칼、발세也벨、발(曷) **鐍**。위 [결]俗[휼]箱篋前鎖處扃ㅣ상자장식、휼日旁氣玉ㅣ해무리、휼(屑) 鐍同 **鏶**。지 [집]金鐵쇠조각、집(緝) **鐝** 쥐 [궤]大鉏ㅣ頭괭이、궤(卦) **鐥** [韓]國字量酒油器복자、선又구기、선 **鑐** 쒸 [수]자물쇠속、수(虞) **鑧** 관 [관]燒鐵灸단근질할、관(翰) **鐌**· 쌍 [상]器輒ㅣ鼻그릇꼭지、상(養) **鐉**。촨 [전]樞也문돌쩌귀、전(先) **鐇**· 。반 [번]椎也ㅣ鑁몽치、번(元) **鐱** 란 [남]馬口中鐵ㅣ驂말재갈、남(覃) **鐁** 쓰 [시]平木器ㅣ彌까뀌、시(支) **鏽**· 同銹 **鏃** 쏘 [족]錫槍창、속(屋) **鏌**。同鈿 **鏴** 루 [로]金路금길、노(遇) **鏾** 싼 [산]弩牙緩쇠뇌고등늦출、산(旱) [선]雄鷄去勢수탉불알칠、선(霰) **鏸**· 시 [혜]三隅矛세모창、혜 大鼎큰솥、혜(齊) **鏅** 퉈 [타]大秤鈴ㅣ보습、타(賄) **鐚**· 야 [아]鉏同(麻) **鏳**。청 [청]玉聲옥소리、청(庚) **鐷** 청 [청]鐘聲종소리、청(庚) **鏉** 쏘 [속]貴金금、속(沃) **鏖** 궈 [궐]磨也갈、결(月) **鐅**。베 [별]犁刃보습날、별(屑) **鐆** 同鐩 **鐈** 챠 [교]長足鼎발긴

솥、교(嘯)
鏟 산[잔]小鑿작은끌、잔(删)

十三

鐩 숴[수]取火日中陽ㅣ화경、수(寘)
鐶 환[환]圜郭有孔고리、환(删)
鐻 쥐[거]鐘鼓柎북받침、거(御)籧同、金銀器금은그릇、거(魚)
鐫 쟌[전]刻也새길、전ㅣ黜깎일、전(先)
鏖 안[오]溫器퉁노구、오(豪)
鐺 땅[당]鎖也琅ㅣ쇠사슬、당(陽)[쟁]鼎屬有耳노구、쟁(庚)
鐮 同鎌
鐸 뛰[탁]武用大鈴金ㅣ요령、탁文用木ㅣ목탁、탁(藥)
鑮 빡[박]杵頭공이머리、박(覺)
⿰金嬴 뤄[라]小釜銼ㅣ옹솥、나(歌)
鑪 루[로]煎膠器부레도가니、노刀柄칼자루、노(虞)
鍋 꿔[과]세鉤낫、과(哿)
鐵 톄[철]黑金쇠、철又철、철武器寸ㅣ병장기、철堅耐不動ㅣ石단단할、철(屑)銕同
鍱 예[엽]鋌也쇳조각、엽(葉)
⿰金剽 同鏢
鐲 쮜[탁]鉦也징、탁(覺)
鐯 쮜[작]大鉏괭이、작(藥)
⿰金葛 同鑞
鐳 레[뢰]ㅣ瓶병、뇌(灰)
鍚 同鏝
鐬 홰[홰]鈴聲방울소리、홰(泰)
鑇 젼[전]打鞭채찍질、전(銑)
鐱 쳠[첨]鍤也가래、첨(鹽)
⿰金敫 쟈[교]器之把頭그릇손잡이、교(篠)
鐴 삐[벽]犂耳보습귀、벽(錫)
鏧 同磬
鐼 뿐[분]鉋也대패、분(元)

十四

⿰金閭 뤼[려]鑢也줄、여矛戟受柄處창심배、여(御)
鑄 쥬[주]鎔金入範부을、주又쇠를녹여틀에부을、주(遇)
鑌 삔[빈]鐵也爲刀甚利매운쇠、빈(眞) [韓]磨光匠마광할、빈又광별、빈
鑑 잰[감]鏡也거울、감模範본뜰、감誡也경계할、감(陷)明也밝을、감照也비칠、감(咸)
鑒 同鑑
鑊 훠[확]釜屬鼎ㅣ가마、확(藥)
鐕 잔[잠]無蓋釘쇠꼬챙이、잠(侵)
⿰金寧 닝[정]刀柄入處칼슴배、정(庚)
鑋 칭[경]金聲쇳소리、경(徑)
⿰金微 웨[미]鉤也갈구리、미(微)
鑂 쉰[훈]金色渝금빛투색할、훈(問)
鑐 수[유]金鐵銷而可流者쇠녹을、유(虞)
⿰金夢 멍[몽]環也쇠고리、몽(徑)
⿰金與 여[여]簪也비녀、여(御)
鐀 꿰[궤]櫃也궤、궤(寘)

十五

鑢 뤼[려]所以磨錯銅鐵줄、여又줄

질할、여治也다스릴、여(御)鑢同

鑣° 뱌 [표]盛貌ㅣㅣ성할、표馬銜外鐵一名扇汗排沫말재갈、표(蕭)

鑛• 궁 [광]銅鐵樸쇳덩이、광ㅣ朴쇳돌、광(梗)礦同

鑕 찌 [질]鐵椹머루、질斧也도끼、질(質)

鑠° 쐬 [삭]鎖金쇠녹일、삭美盛於ㅣ아름답다할、삭老而强정정할、삭(藥)

鑞• 라 [랍]錫也백철、납(合)

鑈 쎄 [사]範金쇠부을、사(馬)

鑽° 字 鑽俗

(金+廛) 뎬 [전]腕鐶팔고리、전(先)

(金+蓬) 뭉 [봉]首鎧투구、봉(東)

鑟 뚜 [독]印櫝인궤、독(屋)

(金+蝱) 밍 [명]銷也쇠녹일、명(庚)

(十六)

鑪°• 루 [로]火函화로、노酒器주전자、노賣酒場술청、노箭名鉀ㅣ살、노(虞)爐同

鑩 리 [력]鼎屬同鬲솥、역(錫)

(金+曉) 쌰 [효]黑鐵文시우쇠문채、효(篠)

(畺+金) 쟝 [강]鉛也납、강(養)

(金+噩) 어 [악]懸物鉤다는갈구리、악(藥)

鏪 鏤同

(十七)

鑱°• 찬 [참]犁鐵보습쇠、참石鍼침、참刺也찌를、참銳也뾰족할、참(咸)劖通、土具가래、참(陷)

鑮° 뿨 [박]大鐘큰쇠북、박鋤類호미、박(藥)鎛同

鑰• 야 [약]關牡자물쇠、약(藥)

鑲 쌍 [양]鉤ㅣ쇠갈구리、양型中腸거푸집알맹이、양飾緣선두를、양(陽)

鑯°• 쟌 [첨]銳也뾰족할、첨鐫也ㅣ器새김칼、첨(鹽)

鑭 란 [란]金采금채색、난(翰)

鑨 룽 [롱]金屬器쇠그릇、농(東)

(十八)

鑴° 쒸 [휴]日旁黑氣검은해무리、휴大鐘큰쇠북、휴鼎屬쟁개비、휴(齊)

[illegible] [illegible]同

鑷• 녜 [녑]俗[섭]攝取物ㅣ子족집게、섭(葉)鉺同

鑵°• 관 [관]汲器두레박、관(翰)

鑶 창 [장]鈴聲방울소리、장(陽)

鑡 싸 [찰]斷草刀작도、찰(黠)

鑺 취 [구]戟屬창、구(虞)

鑹 찬 [찬]小矟작은창、찬(翰)穳同

(十九)

鑾°• 롼 [란]鈴也天子乘車四馬鑣八ㅣ방울、난(寒)鸞通[韓]犁也보습、거

鑽 쫜 [찬]穿也뚫을、찬穿物錐송곳、찬寶石금강석、찬(翰)

鑼• 뤄 [라]軍樂銅ㅣ징、나(歌)

鑿° 쫘 [착]所以穿木끌、착取氷얼음뜰、착刻木爲舟깎을、착鮮明깨끗할、착精米쓿은쌀、착(藥)鑿同[조]穿空구멍、조(號)

(歌) 二十 鑯。네 [알]鑯也馬勒旁鐵말재갈、알(月) 轙同 钁 곽 [곽]斫也깍을、곽大鋤큰호미、곽又괭이、곽(藥) 二十三 钃· 쵹 [촉]钃也호미、촉(沃)

長部

長。챵 [장]短之對긴、장又길이、장常也늘、장又장、장遠也永也길、장久也오래、장大也클、장優也넉넉할、장善也잘할、장(陽)孟也맏、장年ㅣ어른、장尊也높을、장首領ㅣ官두목、장(養)餘分나머지、장ㅣ物좋을、장冗ㅣ쓸데없을、장度也잴、장(漾)

二 ⿰镸几。쿤 [곤]醜牛貌ㅣ屯커달이소、곤(元)

三 镹 쟉구 [구]長也길、구(有)

四 镺 우오 [오]長也긴、오(晧) ⿰镸殳。뙨 [단]投物던질、단(翰) ⿰镸公 숑 [송]長也길、송(冬) ⿰镸攴 양 [양]擧也들、양(養)

⿰镸毛· 同髦 ⿱镸衣 애 [애]不長짧을、애(蟹)

五 镻。데 [절]ㅣ蠻독사、절(屑) ⿰镸出 두 [도]長貌길、도(號) ⿰镸幼 요 [요]長而弱길고약할、요(篠)

六 ⿰镸亥。同髮 ⿰镸末 뇨 [뇨]皮鞜鞋가죽신、요(篠) ⿰镸兆 도 [도]長貌길、도(晧)

七 ⿰镸并 녜 [얼]長也긴、얼(屑) ⿰镸柰 치 [치]漆器칠그릇、치(寘)

八 ⿰镸屈· 同鬆 ⿰镸宗 즁 [종]亂髮흐트러진머리털、종(冬) ⿰镸垂 타 [타]頭髮之美머리고울、타(哿) ⿰镸岸 얀 [안]大也클、안(翰) ⿰镸卑。베 [괴]冠飾갓치장할、피(齊)

九 ⿰镸胥 셩 [셩]長貌긴、셩(梗) ⿰镸肯 퉈 [타]盡也다할、타(哿)

十 ⿰镸差 字嗟古 ⿰镸剔 틱 [척]憂也근심할、척(錫) ⿰镸容。융 [용]飾也꾸밀、용(冬)

十一 ⿰镸敖 와 [오]長大길고클、오(豪) ⿰镸從 즁 [총]亂髮머리흐트러질、총(東)

十二 ⿰镸尞· 랴 [료]長也길、료(篠) ⿰镸喬。챠 [교]長也길、교(篠) ⿰镸勞 랖 [로]長貌길、노(蕭)

十三 ⿰镸農。융 [용]多也많을、용(冬)

十四 ⿰镸寧 녕 [녕]髮亂머리흐트러질、영(庚)

門部

門。뭔 [문]兩戶象形人所出入在堂曰戶在區域曰ㅣ문、문家也집、문ㅣ閥가문、문輩也孔ㅣ무리、문家族一ㅣ집안、문其道ㅣ外漢길、문

(元) **一** **門** 산 [산]門橫關빗장、산(刪) **閂** 싸 [할]邪視흘겨볼、할(黠) **門** 머 [말]邪視흘겨볼、말(黠) **二** **閃**。싼 [섬]動貌ㅣ번쩍번쩍할、섬闚頭門中視가웃이볼、섬暫見貌언뜻볼、섬䦲避피할、섬(琰)(豔) **閁** 쭈 [구]訟也송사할、구(尤) **三** **閖** 천 [진]從門出入貌문에드나드는모양、진(震) **閈**。한 [한]里門閭也이문、한垣也ㅣ閎담、한(翰) **閉**。뻬 [폐]闔門닫을、폐掩也가릴、폐終也ㅣ會마칠、폐(霽) [별]塞也막을、별藏也감출、별(屑) **閆** 闓同 **四** **開**。캐 [개]闢也啓也열、개通也통할、개始也ㅣ會시작、개ㅣ祖처음、개ㅣ花필、개啓發깨달을、개文明ㅣ化열릴、개乘根을求함「ㅣ平」(灰) **閔**。민 [민]姓也성、민病也병、민傷也민망할、민(軫)愍同黽通 **閏** 순 [윤]曆上平年보다日、月數가多한것太陽曆에는三百六十六日이요太陰曆에는十三個月윤달、윤(震) **閑**。썬 [한]門闌문지방、한平穩한가할、한衛也호위할、한法也법、한馬廐마구간、한(刪)嫺通閒同 **閒**。썬 [한]暇也겨를、한安也한가、한[간]隙也中也사이、간(刪) 隔也사이할、간厠也가까울、간迭也갈마들일、간ㅣ道샛길、간離ㅣ이간할、간瘳也병나을、간訾也나무랄、간雜也섞일、간(諫) **間**。俗閒字 **閌**。캉 [강]俗[항]門高ㅣ閬문높을、항(漾) **閎**。헝 [횡]俗[굉]閎門이문、굉虛郭貌、굉大也클、굉(庚)宏同 **閍** 뺑 [팽]宮中門대궐문、팽廟門名사당문이름、팽(庚)祊同 **闋** 쉐 [결]無門户문없을、결(屑) **閐** 싼 [섬]雨笠ㅣ首삿갓、섬(勘) **閛** 텅 [정]門上關문위빗장、정(迥) **閜**。쎄 [해]門扉문짝、해(卦) **閄** 열 [이]内入안으로들어갈、이(寘) **閦** 쭝 [종]門外開문짝박으로열、종(冬) **閞** 판 [관]鎖也쇠사슬、관(旱) **閐** 툰 [돈]滿門문에찰、돈(元) **閅** 얀 [문]戰也싸울、분(文) **閠** 부 [유]門關빗장、유(有) **閕**。싸 [하]閉門문닫을、하(麻) **五** **閘**。야 [갑]通舟水門물문、갑閉門具빗장、갑(洽) **閟**。

뻬 [비]閉也닫을、비幽深으슥할、비終也마칠、비神也신기로울、비愼也삼갈、비(寘)

閞• 뻰 [변]柱上木欂櫨주두、변(霰)

閜。싸 [하]大開空虛豁ㅣ휑뎅글할、하(馬)

[illegible] 씨 [계]門扉문짝、계(齊)

閝 령 [령]門上窓문위창、영(青)

[illegible]。찌 [계]門臼문둔테구멍、계(齊)

閚 찬 [첨]ㅣ闚엿볼、첨(鹽)

[illegible] 쨴 [첨]立待서서기다릴、첨(鹽)

閸• 땅 [탕]門不開문열지않을、탕(漾)

閙 鬧同

[illegible]。주 [추]直開곧열、추(遇)

閛 팡 [평]閉戶聲문닫는소리、평(庚)

[illegible] 이 [이]門關문빗장、이(支)

[illegible] 단 [단]門關문빗장、단(旱)

六

[illegible] 쓰 [시]寺人閹官내시、시(寘)

閨。꿰 [규]女稱ㅣ秀색씨、규又계집、규宮中小門협문、규上圓下方월문、규女子所居도장、규(齊)

閡。애 [애]外閉隔ㅣ닫힐、애(隊)礙似同

[illegible] 쎈 [한]門閾문지방、한(潸)

閦 추 [축]衆也무리、축佛名阿ㅣ부처이름、축(屋)

閥• 얘 [벌]門地가문、벌功績ㅣ공로、벌門在左曰ㅣ왼편문、벌(月)

[illegible] 데 [질]閉也닫힐、질(屑)

閣。꺼 [각]樓也다락집、각又층집、각官署內ㅣ내각、각棧道사다리、각端直貌ㅣㅣ꼿꼿할、각蛙聲개구리소리、각藏食物皮ㅣ찬장、각(藥)

閤。꺼 [합]內中小門도장、합小室ㅣ子침방、합蛙聲개구리소리、합(合)閣通

閩。민 [민]東南越땅이름、민「今福建省地方」(眞)

閪 서 [韓]國字失物잃을、서又서실할、서

闋 궤 [결]無門戶문없을、결(屑)

[illegible] 쒸 [욱]門阻문막힐、욱(沃)

関• 關俗字

闗 關同

[illegible]。뼝 [병]閉扉聲문짝닫는소리、병(庚)

[illegible] 싸 [할]門之開閉聲문여닫는소리、할(黠)

[illegible] 꾸 [무]開也열、무(尤)

[illegible] 슝 [송]門臼문둔테구멍、송(董)

[illegible] 신 [신]澁而不滑끈끈할、신(震)

[illegible]。팡 [광]門之周圍木문도리나무、광(陽)

閞 開本字

[illegible] 웨 [위]門危문위태할、위(支)

[illegible] 꽈 [괄]開門문열、괄(黠)

七

閭。뤼 [려]里門이문、여五比마을、여海泄水石尾ㅣ미려할、여二十五家스물다섯집、여(魚)

閻•

쿤 [곤]門限문지방、곤 (阮) (願)

閬。랑 [랑]高門솟을대문、낭空虛ㅣㅣ휑뎅그렁할、낭山名ㅣ風산이름、낭 (漾) [韓]腎囊불알、낭

閱。위 [열]歷也지낼열又겪을、열簡軍實大ㅣ군사점고할、열讀也읽을、열閥ㅣ가문、열容也용납할、열觀也볼、열 (屑)

[illegible] 꾸 [곡]門聲문소리、곡 (沃)

[illegible] 융 [용]入門문에들어갈、용 (腫)

[illegible] 휙 [획]開門문열、획 (陌)

閮 딩 [정]門之中문가운데、정 (迥)

[illegible] 뚜 [독]小門작은문、독 (屋)

❽

閿。원 [문]低目視눈내리깔고볼、문弘農鄕名시골이름、문 (文) 本作閿

閽。혼 [혼]守門人문지기、혼 (元)

閼。어 [알]止也塞也막을、알夭折일찍죽을、알 (月) 歲名ㅣ逢單ㅣ해이름、알人名사람의이름、알 (曷) [연]單于妻ㅣ氏성、연 (先)

閶 창 [창]天門ㅣ闔하늘문、창 (陽)

閻。염 [염]里中門이문、염閭ㅣ여염、염巷也구렁、염地獄大王名ㅣ羅염라、염 (鹽)

閹 엠 [엄]男無勢精閉者내시、엄又고자、엄 (鹽) (琰)

閾。위 [역]門下横木内外之문지방、역 (職)

[illegible] [韓]國字門風문바람、팡

閷 殺同

闀 훙 [홍]鬪也다툼、홍 (東)

閵。躙同

閡 애 [애]以木欄門문횡강목、애 (泰)

[illegible] 씨 [희]壁隙ㅣ虛벽틈、희 (支)

閜。빠 [와]門傾문기울어질、와 (哿)

[illegible] 褎同

[illegible] 괜 [환]宮殿門전각문、환 (寒)

[illegible] 워 [어]小門작은문、어 (語)

[illegible] 쿤 [곤]宮門궁문、곤 (阮)

[illegible] 시 [설]城門板성문널쪽、설 (屑)

[illegible] 웨 [위]門高문높을、위 (紙)

閺 閿同

[illegible] 부 [부]開門문열、부 (有)

[illegible] 巷同

[illegible] 한 [한]習也익힐、한 (刪)

[illegible] 꾸 [고]獨扉門외문짝、고 (豪)

❾

闈。웨 [위]宮中之門대궐중문、위 (微)

[illegible] 위 [유]邪視闚ㅣ엿볼、유 (虞)

闍。뚜 [도]城門臺闍ㅣ성문층대、도 (虞) [사]義同、梵語ㅣ維闍茶毗화장할、사 (麻)

闅 원 [문]低目視눈내리깔고볼、문 (文)

闌。란 [란]門遮차면、난晩也늦을、난稀也드물、난盡也다할、난ㅣ干난간、난縱横ㅣ干어숫비숫할、난 (寒)

闇 안 [암]喪廬諒ㅣ여막、

암(覃)隱晦숨을、암(感)冥也幽也어두울、암(勘)暗同 闊。쿼 [활]廣也넓을、활快ㅣ활발할、활疏遠久ㅣ성길、활世事不通迂ㅣ우활할、활勤苦契ㅣ근고할、활乖ㅣ어기어질、활簡ㅣ간단할、활(曷) 𨵥허 [할]門聲문소리、할(黠) 闋。퀘 [결]休息쉴、결盡也다할、결樂終풍류마칠、결空也헛될、결終也마침、결閉門문닫을、결(屑) 闃。지 [격]靜也고요할、격(陌) 闆판 [반]門中視문속에서볼、반(諫) 䦗썽 [생]禁署대궐마을、생(梗) 闍춘 [준]中門중문、순(眞) 闉。인 [인]城內中門겹성문、인曲城굽은성、인(眞) 闄잉 [영]門之中문가운데、영(庚) 𨷲제 [결]門戶之無문짝없을、결(屑) 䦖뻬 [벽]塞也막을、벽(陌) 閴쎄 [혈]門聲문소리、혈(屑) 𨵮워 [약]引也끌、약(藥) 閬셴 [한]門限문지방、한(潸) 𨶜쩬 [전]門關빗장、건(銑) 𨶒후 [흘]小門작은문、흘(物) 閛베 [배]開閉高자물쇠、배(齊)

⑩

闓。캐 [개]開也열、개解也풀、개決拾활깍지、개(賄) 闐。톈 [전]車馬聲ㅣㅣ거마소리、전鼓聲ㅣㅣ북소리、전滿也찰、전盛也성할、전(先)西域國名于ㅣ라이름、전(霰) 闖창 [침]窺覘엿볼、침出頭貌머리남지시내밀、침突入막들어올、침(沁) 闕。취 [궐]宮ㅣ대궐、궐缺也궐할、궐失也過也허물、궐空也빌、궐穿也뚫을、궐(月) 闑녜 [얼]門橛문지방、얼(屑) 闔。허 [합]門扇문짝、합閉也닫을、합皆也모두、합天門하늘문、합(合) 闒。타 [탑]意下ㅣ茸용렬할、탑駑頓貌어리보기、탑[탑]樓上户다락문、답(合) 闟。잔 [전]門開閉利문시원하게여닫아질、전(銑) 闍따 [탑]鐘聲종소리、탑(洽) 䦧뒤 [타]奠酌술잔드릴、타(禡) 闞잔 [효]大開門문크게열、효(蕭) 𨷿창 [창]開門聲之和문여는소리순할、창(陽) 𨶖우 [오]高門높은문、오(虞) 䦢제 [결]終也마칠、결(屑)

⑪

闚。퀘 [규]傾頭門中視갸웃이볼、규窺視엿볼、규(支)窺覘通 關。판 [관]門也빗장、관閉

也문닫을、관港入口海ㅣ해관、관防也막을、관機械기관、관係也관계할、관通也통할、관車牽聲閘ㅣ굴대소리、관白也사뢸、관涉也겪을、관由也말미암을、관界上門관문、관鳥鳴聲ㅣㅣ새우는소리、관[완]持弓ㅣ矢화살먹일、완扃也문지방、완門牡수돌저귀、완要會處관계될、완刪彎通

闛。당 [당]鼓音ㅣ鞈북소리、당陽

⿵門執。同墊

⑫

闠。웨 [위]闢門문열、위紙 [왜]義同佳

闠。훼 [회]俗[궤]市門闤ㅣ저자문、궤隊

闡。싼 [천]開也열、천明也밝힐、천大也클、천銑

闞。한 [함]聲大소리우렁찰、함感 [감]望也바랄、감魯邑名고을이름、감勘 [함]虎怒聲범의포함소리、함豏

⿵門焦。쟌 [초]鳥木오목、초蕭

闟。씨 [흡]鋌也창、흡闔也닫을、흡安定편안할、흡彳亍우뚝설、흡緝

⿵門畫。훠 [획]破壞깨칠、획陌

⿵門壹。이 [열]塞也막을、열屑

⿵門黑。이 [옥]閉也닫을、옥職

⿵門黃。황 [광]關木빗장、광陽

⑬

闤。환 [환]市垣저자담、환刪

闥。타 [달]禁門紫ㅣ대궐문、달門屛문차면、달曷

闢。피 [벽]開也열、벽避也피할、벽陌

⿵門鄉。썅 [향]門頭문머리、향漾

⿵門詹。졈 [염]廟門사당집문、염鹽

⿵門睹。항 [항]直視바루볼、항絳

⿵門垔。뎐 [전]市門저자문、전先

闣。당 [당]窺也엿볼、당漾

⿵門昷。운 [온]門扉문짝、온元

⿵門睪。예 [역]開門문열、역陌

⑭

⿵門爲。젼 [전]家家집마다、전霰

⿵門黑。同⿵門垔

⑰

⿵門霝。링 [령]門上小窓들창、령青

⿵門龠。약 [약]門關빗장、약藥

⑲

⿵門䜌。롼 [란]妄入宮中대궐에함부로들어올、난寒

阜部

阜。부 [부]土山無石언덕、부又둔덕、부大陸뭍、부又땅、부大也클、부肥也살찔、부盛多많을、부高厚두둑할、부地名曲ㅣ땅이름、부螽也ㅣ螽메뚜기、부有

②

阞。레 [륵]地脈高겨、늑數之餘分數나머지、늑職

阡。시 [십]漢之縣名고을이름、십緝

阞。됴 [조]山穴산구멍、조蕭

㊂ **阤** ㅊ [치]小崩山頹사태날、치毁也헐릴、치落也떨어질、치崖際언덕、치(紙) 陊同 [타]壞也무너질、타(哿) **阡** 쳔 [천]田間道ㅣ陌밭두둑길、천墓道무덤、천(先) **阠** 씬 [신]陵名언덕이름、신(震) **阢** 우 [올]險也험할、올(月) **阣** 깨 [개]險也험할、개(隊)

㊃ **阰** 피 [비]楚南山名산이름、비(支) **阺** 쓰 [시]蜀山名산이름、시山堆欲墮산무너지랴할、시(紙) **阯** 쯔 [지]漢郡交ㅣ땅이름、지(紙) 址同、趾通 **阨** 애 [애]狹也좁을、애險也험할、애(卦) 隘同 [액]限塞막힐、액礙也거리낄、액迫也액색할、액(陌) 阸同、厄通 **阫** 푀 [배]墻也담、배(灰) 坏通 **阮** 웬 [원]姓也성、원國名나라이름、원(今甘肅省涇州地方)(阮) **阪** 앤 [판]山脅산비탈、판坡也언덕、판澤障못둑언덕、판地名ㅣ泉땅이름、판(今直隸省保安縣內)(阮) **防** 빵 [방]禦也막을、방備也방비할、방堤也방축、방崖如墳大ㅣ둔덕、방止水방축、방(漾) **阬** 컹 [갱]墟也터、갱塹也구덩이、갱陷也파묻을、갱(庚) 坑同 **阱** 찡 [정]陷也ㅣ擭함정、정(梗) 穽同 **阧** 뚜 [두]峻也ㅣ絶높을、두(有) 陡同 斗通 **阳** 陽同 **阷** 지 [급]梯段사다리층계、급(緝) **阩** 昇同 **陔** 해 [해]笑聲웃는소리、해(灰) **陜** 삐 [벽]地裂땅벌어질、벽(職) **阴** 陰同

㊄ **陂** 퍼 [피]傾也기울어질、피偏ㅣ치우칠、피(寘) [파]長阪不平ㅣ陀된비알、파(歌) 坡同、파澤障언덕、파蓄水池也방축、파(支) **陆** 취 [거]牛馬圈외양간、거遮禽獸그물칠、거(魚) **阻** 쮸 [조]隔也막힐、조憂也근심할、조艱難어려울、조險也험할、조止也그칠、조疑也의심할、조恃也믿을、조(語) **阼** 쬐 [조]東階主人接賓處동편섬돌、조(遇) **附** 뿌 [부]寄托ㅣ麗붙일、부著也붙을、부又붙일、부近也가까울、부ㅣ屬붙일、부加也더할、부與也줄、부依也의지할、부ㅣ庽속국、부(遇) **阺** 듸 [저]陵阪隴ㅣ비알、저(薺) 坻同 **陒** 阨同 **陀** 뒤 [타]長坂不平陂ㅣ비탈질、타夷地名沙ㅣ땅이름、타(歌) **陁** 뒤 [타]陀同、海中山普

八畫 阜阝(左)

ㅣ섬、타(歌)

阿。아 [아]大陵水岸曲阜언덕、아比也曲也아첨할、아棟也기둥、아美貌ㅣ然가지죽죽번을、아月御曰纖ㅣ항아、아慢應聲건성으로대답할、아細繒고운비단、아商官名ㅣ衡벼슬이름、아劒名太ㅣ갈이름、아倚也의지할、아(歌) [옥]孰也ㅣ誰누구、옥(屋)

阽。뎬 [점]臨危낭떨어지、점(鹽) 近邊欲墮비탈、점(鹽) 墊同

⿰阝冗 위 [곡]曲岸水外물가언덕、곡(屋)

⿰阝句 훅 [후]離也떠날、후(虞)

⿰阝玄 셴 [현]坑也구덩이、현(銑)

⿰阝正 쪙 [정]阜也언덕、정(庚)

⑥

降。썅 [항]服也항복할、항(江) [강]下也내릴、강落也떨어질、강貶也떨어뜨릴、강歸也돌아갈、강(絳)

陑 얼 [이]河曲地名땅이름、이(支)

⿰阝夷 이 [이]險阻험할、이(支)

陊 陁同

陔。깨 [개]俗[해]階次重也층대、해隴也언덕、해(灰) 八極변방、해(賄)

限。셴 [한]度也한정、한阻也막힐、한界也지경、한齊也가지런할、한門閾문지방、한檢也검정할、한定也정할、한(潸)

陋。럭 [루]陜惡側ㅣ더러울、누卑賤낫을、누阨狹좁을、누醜猥추할、누獨學孤ㅣ고루할、누(宥)

陌 매 [맥]田間道阡ㅣ밭두덕길、맥市中街저자거리、맥(陌)

⿰阝衣。이 [의]阪也언덕、의(微)

陓 위 [우]藪名揚ㅣ金이름、우(虞)

陒。씨 [개]俗[해]險也험할、해(支) 戲同(紙)

⿰阝虫 훙 [홍]山名從ㅣ산이름、홍(東)

⿰阝各 꺼 [각]人名張ㅣ사람의이름、각(藥)

⿰阝朵 둬 [타]射堋화살받이、타(哿)

陏。蓏古同

⿰阝光 꽝 [광]陌也밭사잇길、광(陽)

⑦

除。츄 [저]俗[제]去也제할、제又버릴、제階也섬돌、제門屛間문안뜰、제拜官벼슬줄、제籌法乘ㅣ젯법、제治也修ㅣ다스릴、제易也歲ㅣ바꿀、제(魚) 去也갈、제(御)

陛。삐 [폐]天子階殿ㅣ대궐섬돌、폐天子奉稱ㅣ下천자、폐(薺)

陣。쩐 [진]師旅行列진칠、진又진、진軍營영문、진(震) 陳俗字

院。웬 [원]宅也집、원垣也담、원官署法ㅣ마을、원寺ㅣ절、원學校학교、원庭也ㅣ落뜰、원(霰)

陗 峭同

陘 씽 [형]連山中絕산잘룩할、형坂也언덕、

형(青)

陞 씽 [승]登也躋也오를、승進也올릴、승(蒸)升同 陡 떠 [두]崖壁절벽、두頓也별안간、두(有)斗通 陜 싸 [협]不廣隘ㅣ좁을、협(洽)狹陿同 陝 산 [섬]弘農縣名古號國땅이름、섬(今河南省內地方)(琰) 陟 찌 [척]進也올릴、척登也오를、척(職) 陠 庯同 陖 峻同 陋 陋本字 陙 신 [신]小阜작은언덕、신(眞) 陚 뿌 [부]小阜작은언덕、부(遇) ⿰阝告 꾸 [곡]大阜큰언덕、곡(屋) ⿰阝見 쎈 [현]限也한정할、현(銑)

⑧

陴 피 [비]城上女牆성위담、비(支) 陫 뻬 [비]陋也더러울、비(尾) 陪 페 [배]伴也ㅣ從모실、배助也도울、배重也거듭、배貳也버금、배隨也따를、배滿也찰、배益也더할、배(灰) 陳 천 [진]列也벌릴、진布也펼、진故也묵을、진久也오랠、진告也고할、진張也베플、진堂途섬돌、진國名舜後所封나라이름、진(今河南省開封府以東으로安徽省亳州地方에至하는地方)(眞)行伍之列진、진(震)陣同 陶 됴 [도]瓦器질그릇、도暢也통할、도哀思鬱ㅣ불상히생각할、도化也화할、도教也薰ㅣ가르칠、도姓也성、도地名땅이름、도(豪)匋同、馳貌ㅣㅣ달릴、도(號)[요]和樂ㅣㅣ화락할、요舜臣皐ㅣ순임금신하、요(蕭) 陵 릉 [릉]大阜丘ㅣ큰언덕、능帝王葬山ㅣ능、능犯侮侵ㅣ업수이여길、능ㅣ夷민틋할、능轢也짓밟을、능乘也탈、능峻也높을、능(蒸) 陬 쭈 [추]隅也모퉁이、추正月孟ㅣ정월、추愧恧卑ㅣ부끄러울、추聚居마을、추魯邑鄉名땅이름、추(今山東省曲阜縣內)(尤) 陰 인 [음]陽之對음기、음又응달、음影也그늘、음曇雲也흐릴、음光ㅣ세월、음山北북쪽、음川南남쪽、음背面碑ㅣ등、음又뒤、음秘密몰래、음男女生殖器음부、음婦禮ㅣ教부인에게예가르칠、음默也가만히、음蔭也그늘할、음闇也음침할、음電氣又는磁氣의消極(侵) 陷 쎈 [함]沒也地隤빠질、함ㅣ穽함정、함(陷) 陸 루 [륙]ㅣ地水ㅣ뭍、육又땅、육路也길、육ㅣ續잇닿을、육跳也ㅣ梁뛸、육碌碌ㅣㅣ녹록할、육參差ㅣ離어긋날、육厚也두터

울、욱(屋)六通

陭。이 [의]俗[기]不安ㅣ嶇언틀먼틀할、기(支)

陲。췌 [수]疆也邊也변방、수危也위태할、수(支)垂通

陮 퇴 [퇴]高也높을、퇴(賄)

⿰阝來 래 [래]階也섬돌、내(灰)

陯 淪同

⿰阝享 뷰 [부]盛也성할、부(有)

⿰阝匊 쥐 [국]盈也찰、국(屋)

陱 적 [주]大阜큰언덕、주(尤)

⿰阝念 넴 [념]岸上相遇언덕위에서 만날、념(琰)

⿰阝戔 젼 [전]水中阜물가운데 있는언덕、전(銑)

⿰阝昇 싱 [승]日升해돋을、승(蒸)

九

隆。룽 [륭]盛也성할、융尊也높을、융物之中高가운데우뚝할、융豐也두둑할、융大也클、융(東)

隋。쉬 [수]國號楊堅受封숫나라、수(支)

陼 渚同

隃 유 [유]越也넘을、유(虞)逾同[요]遠也멀、요行也다닐、요縣名고을이름、요(蕭)遙同

隅 위 [우]方也모퉁이、우廉稜모、우(虞)

隄 堤同

隁 隝同

階。걔 [개]俗[계]陛也섬돌、계差等ㅣ梯층、계又사다리、계級也官階벼슬차례、계ㅣ級등급、급登堂道층뜰、계三台星泰ㅣ삼태성、계(佳)堦同

隊。뒈 [대]羣也部也ㅣ五떼、대(隊)

陻 인 [인]塞也막을、인(眞)堙同湮通

隍 황 [황]城下池無水해자、황(陽)

陽。양 [양]日也볕、양又해、양陰之對總是一氣分爲陰ㅣ양기、양明也밝을、양春也靑ㅣ봄、양川北북쪽、양山南남쪽、양男子之生殖器자지、양佯也거짓、양自得ㅣ ㅣ양양할、양文章貌환할、양電氣又는磁氣의積極(陽)

陾。성 [잉]築墻聲담쌓는소리、잉(蒸)

隉。臲同

陿 陝同

隂 陰同

隌 안 [암]不明어두울、암(感)

隈。웨 [외]水曲深隩處모퉁이、외(灰)

⿰阝盾 쉰 [순]階也섬돌、순(軫)

⿰阝复 피 [퍅]頹山무너진산、퍅(職)

⿰阝畐 陝同

陖 수 [수]坑也구덩이、수(虞)

⿰阝咢 어 [악]阜貌언덕、악(藥)

⿰阝界 堺同

十

隖。우 [오]壁壘高성、오山阿小障돈대、오(虞)隝同

隑 치 [기]曲岸굽은언덕、기梯也사다리、기(支)埼碕同

隗。웨 [외]高貌높을、외人名郭ㅣ사람의이름、외(灰)高也높을、외姓也성、외(賄)

隘

애[애]陝也좁을、애險也험할、애塞也막을、애陋也더러울、애(卦)阨阸同 隕。원[운]墜也떨어질、운殞也죽을、운困迫ㅣ穫끈난할、운(軫)[원]均也幅ㅣ폭원、원(先)

隒 연[엄]崖有重岸층언덕、엄(琰) 隔。졔[격]塞也障也막을、격又막힐、격遠也멀、격己也이미、격(陌) ⿰阝唐 탕[당]堤也방축、당(陽) 隙。치[극]壁際孔틈、극釁也怨ㅣ틈날、극暇也閑也틈탈、극(陌)郄郤同 ⿰阝旁 빵[방]近也가까울、방(漾) ⿰阝荅 따[답]低也낮을、답(合) ⿰阝馬 마[마]益也더할、마마(禡)

⑪ 隟 隙俗字 際。졔[제]會也合也지음、제又모을、제極也끝、제接也대일、제機會때、제又기회、제交ㅣ사귈、제又섞일、제逢也만날、제(霽) ⿰阝崔 췌[최]崩也무너질、최(灰) 隝 島同 障。쨩[장]隔也막힐、장(陽)保ㅣ가리움、장屛ㅣ장지、장界也隔塞간막을、장故ㅣ거치적거릴、장又불복할、장(漾)

⿰阝巢 隙古字 ⿰阝區。취[子]不安貌ㅣ隅편치못할、구(尤) 隞 앞[오]地名땅이름、오(豪) ⿰阝焉 隁同 ⿰阝婁 루[루]縣名嬴ㅣ고을이름、누(有) ⿰阝⿱止土。徙同 ⿰阝習 隰同 隚 탕[당]礎也주춧돌、당(陽) ⿰阝頃 징[경]危也위태할、경(梗) ⿰阝庸 墉同

⑫ 隤。퉤[퇴]下墜摧也무너질、퇴蹉跎崔ㅣ미끄러질、퇴柔順순할、퇴疲勞피곤할、퇴(灰)頹同 ⿰阝粦。鄰俗字 隥。떵[등]險坂된비알、등仰也우러럴、등梯也사다리、등(徑) ⿰阝皋 한[호]城下道성밑길、호(豪) ⿰阝菐 뿌[복]蠻國名나라이름、복(屋) ⿰阝爲 웨[휘]坂也고개、휘(支) ⿰阝需 열[이]險也험할、이(支) ⿰阝朁 신[심]陷也빠질、심(沁) ⿰阝尋 신[심]小阜작은언덕、심(侵)

⑬ 隨。쒜[수]附ㅣ따를、수任也맡길、수從也좇을、수卦名震下兌上괘이름、쑤地名땅이름、수國名나라이름、수(支) 隧。쒜[수]地中鑿穴道路굴、수墓道무덤길、수道也門ㅣ亭ㅣ길、수大穴神ㅣ구멍、수(寘) 隩。앞[오]藏也감출、오水隈물가언덕、오(號)澳同[욱]室也아랫목、욱四ㅣ네모퉁이、욱

(屋)澳同 **險**。센 [험] 難也험할、험危也위태할、험心不正陰險흉할、험邪也惡也간악할、험(琰)嶮同 **⿰阝豦** 쥐 [거] 階也섬돌、거(魚) **⿰阝解** 제 [해] 小谷작은골、해(蟹)

隵 쳄 [첨] 陷也빠질、첨(豔) **隤** 同墤 十四 **隮**。지 [제] 登也오를、제升雲구름피어오를、제虹也무지개、제(齊) **隱**。인 [은] 藏也숨을、은蔽匿ㅣ諱숨길、은陰事몰래、은謎也ㅣ語수수께끼、은短墻면담、은困也어려울、은微也은미할、은私也아낄、은痛也ㅣ憂속걱정、은仁心惻ㅣ불상히여길、은占也ㅣ度점칠、은(吻)殷通、依也ㅣ几의지할、은築也쌓을、은(問) **隰**。씨 [습] 阪下濕진펄、습(緝)

十五 **隫** 同濱 **隯** 뇨 [뇨] 低也낮을、요(篠) **隳** 휘 [휘] 壞也무너질、휴(支)隓同、毁通 **隤**。同潰 十六 **隴**。롱 [롱] 大坂큰긴등、농天水縣名땅이름、농(今甘肅省鞏昌府)ㅣ畝밭두덩、농丘ㅣ둔덕、농(腫)壟通

十七 **隵** 시 [희] 險也험할、희(支) **⿰阝毚** 산 [삼] 陷也빠질、삼(陷) 二十四 **⿰阝靈** 링 [령] 隙也틈、영(青)

隶部

隶。이 [이] 本也밑、이及也미칠、이與也더불、이(隊) 七 **⿰镸隶** 리 [시] 陳也벌릴、시故也연고、시(寘) 八 **隷** 리 [례] 奴ㅣ종、예附屬配ㅣ붙이、예閱也검열할、예書名篆之捷者팔분글씨、예罪囚전중이、예(霽) 九 **隸**。隷古字 **⿰魚隶**。대 [태] 及也미칠、태(賄)迨同、逮通

十 **⿰馬隶** 同隷 十一 **⿱隶異** 웨 [위] 獸似鼠짐승、위(未)

隹部

隹 쮜 [추] 鳥之短尾總名새、추(支) 二 **隼** 쓘 [준] 鷙屬貪殘之鳥鷹ㅣ새매、준(軫) **⿰九隹** 同鳩 **隻**。지 [척] 物單稱鳥一枚외새、척軍艦數詞、척、척(陌) **隽** 同雋 **隺** 후 [혹] 高至높이이를、혹(沃) [작] 志高뜻고상할、작(覺) 三 **雀**。챠 [작] 依人小鳥참새、작燕麥귀리、작

鳥名孔ㅣ공작새、작ㅣ躍깡창깡창뛸、작南方宿名朱ㅣ별이름、작(藥)

⿰干隹 깐 [간]雁也기러기、간(寒)

隿 이 [익]飛鳥之繳射주살、익(職)

⿰工隹 훙 [홍]鳥肥새살찔、홍(東)

⿰山隹 雌同

四

雇 꾸 [고]傭也ㅣ賃품팔、고又더부살이、고(遇)顧通 [호]農桑候鳥九ㅣ뻐꾹새、호(麌)鳸鴮同

雅 야 [아]素也儒ㅣ맑을、아正也바를、아常也항상、아儀也閒ㅣ거동、아樂器名풍류이름、아友人敬稱ㅣ兄(馬)

集 쯔 [집]聚也會也모을、집就也나갈、집安也편안할、집成也이룰、집齊也가지런할、집諸書總要經史子ㅣ문집、집(緝)輯通

雁 鴈同

⿰支隹 씌 [지]觀名ㅣ鵲집이름、지鳥名새이름、지(支)

雄 쓩 [웅]羽屬之牡雌ㅣ수컷、웅武稱웅장할、웅英ㅣ영웅、웅勇也용맹、웅勝也優也決雌ㅣ이길、웅(東)

⿰夫隹 꿔 [규]杜鵑子ㅣ접동새、규(支)規通

⿰亢隹 항 [항]飛上飛下날아오르락내리락할、항(陽)

雂 친 [검]鵮也도요、검(鹽)

⿱隹夫 지 [귀]顧也돌아볼、귀(支)

⿰𠤎隹 치 [치]雌鳥암새、치(紙)

五

雍 웅 [옹]和也화할、옹學名辟ㅣ학교；옹太歲在戊曰著ㅣ무년、옹(冬)雝同、蔽也가릴、옹地名支那九州之一땅이름、옹(今陝西、甘肅、青海地方)(宋)壅通

雌 츠 [자]牝也암컷、자弱也약할、자敗也決ㅣ雄질、자藥名ㅣ黃약이름、자(支)

雉 찌 [치]野鷄꿩、치ㅣ性耿介士所摯폐백、치城五堵ㅣ堞성위담、치牛鼻繩쇠코뚜레、치縊也ㅣ經목맬、치(紙)

雎 쮜 [저]匹鳥ㅣ鳩王ㅣ저구새、저又원앙새、저又징경이、저(魚)

雋 쭨 [전]鳥肥肉새살찔、전書號ㅣ永글이름、전(銑)

雊 꾸 [구]雄雉鳴장끼울음、구(宥)

⿰石隹 雄同

⿰𧾷隹 鵰同

六

雒 러 [락]鳥名새이름、낙馬名말이름、낙地名낙수、낙(藥)洛同

⿰兆隹 죠 [조]低頭聽머리숙이고들을、조(嘯)

雃 젼 [견]鳥名ㅣ鳽새이름、견(先)

雑 雜俗字

⿰合隹 鴿同

翟 수 [여]鷂也메추라기、여(魚)

⿰危隹 鴭同

⿰弓隹 워 [약]碁中心一點바둑치중점、약(藥)

七

雜

위 [예]鷄子병아리、예(魚)

雅 추 [추]細頸가는목、추(紙)

雕 鵰同

雄 명 [망]鳶也솔개、망(講)

雉 鴩同

(八)

雕。댠 [조]鷲也수리、조治王皁ㅣ옥다듬을、조章明貌ㅣㅣ환할、조(蕭) 鵰同彫琱通

雔。척 [수]檮薾ㅣ由가죽나무고치、수雙鳥새한쌍、수(尤)

雡 鶹同

雟 巂同

䧳。쉬 [수]鳶也솔개、수(寘)

錐 雛同

翟 례 [려]鶩也꾀꼬리、예(齊)

(九)

雖。쒸 [수]設兩辭假令비록、수蟲名벌레이름、수(支)

雛 착 [추]鷄雛ㅣ子병아리、추(尤)

雔 죵 [종]雀也참새、종(腫)

鶩 우 [무]鷄雛병아리、무(遇)

(十)

雝。옹 [옹]和也ㅣㅣ화할、옹學名辟ㅣ벽옹、옹(冬) 廱同雍通

雙。쌍 [쌍]鳥二枚쌍、쌍又둘、쌍兩隻한쌍、쌍偶也짝、쌍獸名ㅣㅣ짐승이름、쌍一對物之數詞쌍、쌍(江)

雟。쒸 [규]鵑也子ㅣ접동새、규(支) 規雉同 [수]邛都國名越ㅣ나라이름、수(今四川省寧遠府)(紙) [휴]杜鵑ㅣ周접동새、휴(齊)

雛 추 [추]鷄子병아리、추鳥子새새끼、추鳳屬鶵ㅣ새이름、추小兒어린아이、추(虞)

雞。지 [계]司晨鳥翰音닭、계蟲名莎ㅣ베짱이、계(齊)

雘 후 [확]善丹적선지、확丹也붉은칠할、확辰砂주사、확(藥)

雜。자 [잡]參錯五采相合섞일、잡亂也난잡할、잡(合)

雗 한 [한]白雉흰꿩、한(翰)

雚。鸛同

雕 쟌 [조]鷳屬징경이、조(蕭)

雋 쥰 [전]鐫也새길、전(先)

(十一)

離。리 [리]別也떠날、이又이별할、이陳也베플、이麗也걸릴、이歷也지낼、이散也流ㅣ떠돌아다닐、이美貌陸ㅣ아름다울、이兩也둘、이語不分明侏ㅣ반벙어리、이遭遇만날、이穗實垂ㅣㅣ이삭늘어질、이卦名괘이름、이姊妹之孫曰ㅣ외손、이馬名纖ㅣ말이름、이地名鐘ㅣ땅이름、이草名江ㅣ풀이름、이(支) 去也자리뜰、이(寘)

難。난 [난]不易艱ㅣ어려울、난珠名木ㅣ구슬이름、난(寒) 患也근심、난阻也막을、난責也꾸짖을、난詰辨힐난할、난(翰) [나]盛貌ㅣ然성할、나國ㅣ大ㅣ탈、나(歌) 儺同

[翏+隹]。루 [류]大雛큰병아리、유(宥)

⿰隹從 춍 [종]鷄也닭、종(冬) 雎 우 [우]鳥聲새소리、우(有) (十二) ⿰雔攵 싼 [산]射鳥絲주살、산(旱) (十四) ⿰賓隹 삔 [빈]小雀작은참새、빈(眞) (十六)

雥。짜 [잡]衆鳥떼새、잡(合) (二十) 雧。同集 (二十四) [illegible] 웬 [연]鳥羣새떼、연(先)

雨部

雨。위 [우](麌) 水蒸爲雲降爲ㅣ비、우(遇) (二) 雼 뒹 [정]雨降비올、정(庚) (三) 雩 위 [우]祈雨祭名기우제、우(虞) 雬 싼 [삼]小雨이슬비、삼(咸) 雪。쉐 [설]陰凝爲ㅣ六出花눈、설洗也ㅣ耻씻을、설(屑) 雫 쏴 [놔]涓滴물방울、놔(馬) ⿱雨女 링 [령]女也계집、영(青) (四) 雲。윈 [운]山川氣陰陽聚爲ㅣ구름、운ㅣ漢은하수、운 八代孫曰ㅣ孫팔대손、운天也青ㅣ하늘、운(文) 雯 윈 [문]雲成章구름문채、문(文)

雱 팡 [방]雪盛貌함박눈、방(陽) 滂同 霶雱通 雰。븐 [분]雪貌ㅣㅣ눈펄펄날릴、분霧也안개、분(文) 需 쒸 [수]雲上於天구름오를、수(虞) 雭 써 [삽]雨聲ㅣㅣ빗소리、삽(緝) 雮 무 [목]鳥羽澤깃윤택할、목(屋) ⿱雨心。친 [침]雲行구름갈、침(沁) ⿱雨勿 후 [홀]雷也우뢰、홀(月) ⿱雨屯 둔 [돈]大雨큰비、돈(元)

⿱雨不 우 [부]霧也안개、부(有) ⿱雨井 잉 [영]深池깊은못、영(庚) ⿱雨水 예 [비]霧也안개、비(紙) (五) 雺。멍 [몽]天氣下地不應해미낄、몽(東) 霿同 又義同 ⿱雨冬 뚱 [동]雨貌비뚝뚝떨어질、동(冬) 雷。레 [뢰]陰陽薄震聲천둥、뇌又우뢰、뇌附和남따라소리지를、뇌鼓名ㅣ鼓북이름、뇌造化神黜ㅣ조화신、뇌(灰)

電。뎐 [전]陰陽激耀震ㅣ번개、전ㅣ光石火번쩍할、전宇宙에存在한陰陽二種의勢力電氣(霰) 零。링 [령]雨餘落비뚝뚝떨어질、영餘數奇ㅣ셈나머지、영皆無아무것도없을、영(青)碎也부서질、영落也떨어질、영(徑) [련]西羌名先ㅣ오랑캐이름、연(先) 雵 양 [앙]白雲貌ㅣㅣ흰구름피어오를、앙(陽) 雹。뽀 [박]雨氷우

八畫 隹 雨

박、박(覺) ⿱雨立。리 [립]大雨貌｜霫큰 비쏟아질、입(緝) ⿱雨音 안 [얌]霜也서 리、얌(覃) ⿱雨犮 얼 [불]雨降貌비 올、불(物) ⿱雨弗 얼 [불]雲貌구 름、불(物) ⿱雨乍。

줘 [착]降雨貌비 올、착(陌) ⿱雨出 얼 [불]雲起구름 일、불(月) ⿱雨石 탕 [탕]洞屋빈 끌、탕(漾) ⑥ 需。수 [수]食也음식、수要求구 할、수遲疑｜待머뭇거

릴、수待也기다릴、수｜要쓸、수索也 찾을、수卦名乾下坎上괘이름、수(虞) ⿱雨因。인 [인]氣流行기운 퍼질、인(震) ⿱雨回。雷古 字 雩 우 [우]暴雨 ⿱雨鹿｜소

나기、우(虞) ⿱雨豕。신 [심]霖雨장마、심(侵) [애] 雨聲빗소리、애(佳) ⿱雨次。즈 [자]大雨큰 비、자(紙) ⿱雨各 러 [락]雨零비떨 어질、낙(藥) ⿱雨舟 화 [화]海船바 닷배、해

(卦) ⿱雨夷 듸 [제]雨止비그 칠、제(齊) ⿱雨羽。위 [우]水聲물소 리、우(遇) ⿱雨并 빙 [병]雷聲우렛 소리、병(梗) ⿱雨冊 써 [색]霢也싸라 기、색(陌) ⿱雨兆。됴

[조]幽冥어두 울、조(嘯) ⿱雨処 處同 ⑦ 霈 패 [패]大雨霶｜비쏟 아질、패(泰) 沛通 震。젼 [진]動也진동할、진落雷벼락칠、 진威也위엄、진懼也두려울、

진｜災지진、진卦 名괘이름、진(震) ⿱雨見 霰同 霄 쌰 [소]天氣雲｜하늘、소 雨霰싸라기눈、소(蕭) 霆。뎡 [정]疾雷천둥、정(青) [전]陰 陽相薄激而爲｜雹번개、

전(銑) ⿱雨沇 천 [침]久陰음산 할、침(侵) 霂。무 [목]小雨霡｜부실부 실오는비、목(屋) 霅 싸 [삽]雨聲｜｜빗소리、삽(合) [잡]震 雷｜｜천둥번개할、잡衆言떠

들、잡吳興水名 물이름、잡(洽) 霉 메 [매]雨汙｜涴곰 팡이、매(灰) ⿱雨孚 얼 [부]雪降눈 올、부(尤) ⿱雨役 이 [역]大雨큰 비、역(陌) ⿱雨束。써 [색]細雨 降가는

비올、색(陌) ⿱雨耴 쳐 [첩]細雨가는 비、첩(葉) ⿱雨更 갱 [갱]雲盛延貌구름뭉 게뭉게필、갱(梗) ⿱雨弄 롱 [롱]雨聲빗소 리、농(冬) ⿱雨甹 빙 [병]雨降비 올、병(青)

⿱雨君 윤 [윤]雨也비、 윤(軫) ⿱雨延 연 [연]雲起구름 일、연(霰) ⑧ 霏。웨 [비]雨雪雰貌눈비부실부실올、 비霧也안개、비靄也놀、비(微) ⿱雨兒。이

[예]虹也雲ㅣ무지개、예(齊)[역]義同(錫) 霔 澍同 霋 치 [처]霽也갤、처雲行貌구름뭉게뭉게갈、처(齊) 霖。림 [림]久雨不止장마、임時雨甘ㅣ단비、임(侵)

黔。陰古字 霒 陰古字 霍• 훡 [확]俗[곽]疾也빠를、곽吐瀉ㅣ亂곽란될、곽刀光閃칼날번적거릴、곽國名周武王弟ㅣ叔領地나라이름、곽(今山西省霍

州)南嶽別名남악、곽(藥) 霑。잔 [점]濕也濡也젖을、점受也받을、점雨淋비지점거릴、점(鹽) 霎。싸 [삽]小雨이슬비、삽暫也ㅣ時잠간、삽(洽) ⿱雨垂 타

[타]雲散구름벗어질、타(哿) 雹 雹本字 ⿱雨忽 후 [홀]雨降비올、홀(月) ⿱雨床 상 [상]驟也소나기、상(陽) ⿱雨疌 치 [첩]雪降눈올、첩(葉) ⿱雨析。써 [석]細

雨가는비、석(錫)[색]義同 ⿱雨奄 안 [암]雲蔭구름성할、암(感) 霌 쥐 [주]霖也장마、주(尤) ⿱雨朋 붕 [붕]大雨큰비、붕(蒸) ⿱雨弦 쎤 [현]露繁이슬성할、현(銑)

霐 횡 [홍]幽深속깊을、홍(庚) ⿱雨立 라 [랍]雨聲빗소리、납(合) ⿱雨祈 霽同 ⑨ 霞。싸 [하]日旁彤雲놀、하遐也멀、하(麻) 赮通 霜。쌍 [상]露

凝서리、상歷年星ㅣ세월、상又해、상至嚴秋ㅣ엄할、상白髮흰터럭、상(陽) ⿱雨弱 靈古字 霙• 잉 [영]雪華눈꽃、영雨雪交降진눈까비、영雲貌구름、영(庚)

⿱雨曷• 靄同 ⿱雨染。산 [염]沾也젖을、염(豔) 霚。霧同 ⿱雨洼 와 [와]蹄涔쇠발자국에고인물、와(麻) ⿱雨禹 우 [우]雨聲빗소리、우(虞) ⿱雨犮 빠 [발]雲起구름필、

발(曷) 霅 차 [잡]大雨큰비、잡(洽) ⿱雨侯• 헉 [후]霖也장마、후(尤) ⿱雨甚 단 [담]雲起구름필、담(感) ⿱雨革 빡 [박]雨濡革비에가죽적실、박(藥) 霝 零同

⑩ ⿱雨真 뎐 [전]雨甚비심히올、전(先) 霣。윈 [운]墮也떨어질、운雷起出雨천둥에비몰아올、운(軫) 隕同 霶 팡 [방]大雨ㅣ霈비쏟아질、방(陽) ⿱雨兼

렌 [렴]微雨ㅣ⿱雨韱비부실부실올、렴(鹽) 霡。머 [맥]小雨ㅣ霂이슬비、맥(陌) 霢• 霡同 ⿱雨豈 애 [애]雪貌ㅣㅣ하얄、애(灰) ⿱雨理 霾同 ⿺辶雨 왜 [조]隱也숨

을、추雷也 우뢰、추(支)

霤。류 [류]屋水流낙수물、유屋水流器홈통、유又 낙수받이、유室神祭處中ㅣ회춤、유(宥)

[雨隻]。확 [확]大雨소낙비、확(藥)

[雨翁] 웅 [옹]雲之延起구름뻗칠、옹(董)

[雨函] 한 [함]霖也장마、함(覃)

[雨眞]。지 [지]雨聲빗소리、지(支)

[雨陣] 진 [진]雲起구름일、진(震)

[雨差]。차 [차]雨聲、빗소리、차(歌)

[雨毒] 꾸 [구]大雨큰비、구(宥)

[雨冢] 뭉 [몽]雷聲우뢰소리、몽(送)

[雨逢] 뿡 [봉]雨聲빗소리、봉(東)

十一

霨 웨 [위]雲起貌구름피어오를、위(未)

霧。우 [무]地氣發天不應而成안개、무氣ㅣ안개자욱할、무(遇)

[雨鹿] 루 [록]暴雨소나기、녹(屋)

[雨執]。뎬 [점]早霜又寒也일은서리、점(豔)

霫。씨 [습]雨貌비쏟아질、습(緝)

霏 뷔 [비]雲貌구름、비(尾)

霪。인 [음]久雨霖ㅣ장마、음(侵)

霦 뻰 [빈]玉光璘ㅣ옥광채、빈(眞)

霩。쿼 [확]虛ㅣ휑할、확(藥)

[雨莫] 머 [막]雨降비올、막(藥)

[雨婁] 러 [루]雨降비올、누(寘)

[雨責] 재 [책]雨降비올、책(陌)

[雨敎] 부 [불]雲起구름일、불(月)

[雨彗]。雪本字

[雨專] 좐 [전]露繁이슬성할、전(銑)

[雨宗] 상 [상]雨降비올、상(絳)

霶 빵 [방]大雨큰비、방(陽)

十二

[雨冢]。쯍 [중]久陰小雨비지점거릴、중(東)

霳。룽 [륭]雲師豐ㅣ구름맡은거신、융(東)

[雨斯] 쓰 [사]小雨이슬비、사(支)

露。뢰 [로]陰之液霜之始이슬、노現也暴ㅣ드러날、노膏澤雨ㅣ이슬줄、노羸也드러날、노疲勞가쁠、노(遇)

[雨湛] 단 [담]雲繁ㅣ霴구름피어오를、담(勘)

霱 위 [휼]卿雲상서구름、휼(質)

[雨畾]。同靁

[雨軍]。완 [만]人名孫ㅣ사람의이름、만(刪)

[雨湳] 난 [남]泥也진흙、남(陷)

[雨重] 쭝 [중]氣往來ㅣㅣ기운왕래할、중(東)

霰。싼 [선]粒雪싸라기눈、선星也별、선(霰)

霯 덩 [등]大雨큰비、등(徑)

[雨胥]。퉈 [타]雨降비올、타(箇)

[雨澤]。맏 [박]澤也못、박(藥)

[雨云云云] 대 [대]雲起구름일、대(泰)

[雨晉]。신 [심]雨聲빗소리、심(侵)

[雨復] 부 [복]覆水물흘릴、복(屋)

十三

[雨震]

농 [농]露多이슬흠치르르할、농(冬)濃通

霸。빠 [파]俗[패]把持諸侯之權ㅣ業으뜸、패以武道治天下者패왕、패(禡)伯通[백]月始生ㅣㅣ然朔死ㅣ望生ㅣ달력、백(陌)魄同

霷 양 [양]十月爲ㅣ시월、양(陽)陽通 **霶** 同雱 **霹**。피 [벽]迅雷ㅣ靂벼락、벽(陌)(錫) **霵** 지 [즙]雨降비올、즙(緝) **霑** 젠 [점]小雨작은비、점(鹽)

䨔 박 [박]大雨큰비、박(藥) **𩅐** 홰 [회]小雲실구름、회(泰) **䨜** 웅 [옹]雲氣구름기운、옹(腫) **𩅿** 미 [미]細雨가는비、미(微) **(十四)** **霿**。몽 [몽]鄙吝嗇ㅣ자욱할、몽無識貌컴컴할、몽(東)(送) **霼** 씨 [희]雲貌靉ㅣ구름낄、희不審貌흐릴、희(尾)(未) **霽**。지 [제]雨止갤、제(霽) **霾**。매 [매]風而土雨晦해미、매又흙비、매(佳)

𩇕。뒈 [대]雲黑貌靆ㅣ검은구름낄、대(隊) **𩅪** 싼 [산]小雨이슬비、산(寒) **𩆉** 만 [만]雨露濃貌蒙ㅣ흠치르르할、만(寒) **霬**。부 [누]兎子토끼새끼、누(尤) **𩅾** 씨 [희]雨止貌갤、희(微) **霥** 명 [몽]微雨가는비、몽(東) **(十五)** **靁**。雷古字 **霮** 탄 [담]久雨장마、담(感) **𩅰** 싼 [산]雨降비올、산(潛)

(十六) **靄**。어 [애]雲貌구름피어오를、애(泰)氛也아지랑이、애(賄)[알]義同(曷) **靆** 대 [태]俗[체]雲狀靉ㅣ구름낄、체(賄)(隊) **𩆝** 同霰 **靃** 휘 [확]飛聲ㅣㅣ날으는소리、확(紙) **靈**。령 [령]神也신령、영魂魄혼、영神之精明신통할、영神妙不可思議영할、영寵也괴일、영善也좋을、영(青) **靂** 리 [력]迅雷霹ㅣ벼락、역(錫)

𩆷 치 [즙]雨下비올、즙(緝) **靇** 룽 [룽]雷聲우뢰소리、농(東) **(十七)** **𩇓**。同霰 **靉**。애 [애]雲狀ㅣ靆구름낄、애(賄)(隊) **𩆴** 셴 [섬]微雨霡ㅣ비부실부실올、섬(鹽) **䨦**。상 [양]露繁이슬성할、양(陽) **(十八)** **靊** 뿡 [풍]雲師ㅣ霳구름맡은귀신、풍(東) **𩆼**。同靇 **𩇂** 同雲 **(十九)** **𩆵**。리 [력]雨不止貌霖ㅣ비그치지않을、역(錫)

(二十) **䨮** 치 [칩]雨降비올、칩(緝) **(二十六)** **䨺** 대 [퇴]雲盛구름성할、퇴(賄) **(三十)** **靐** 뼝 [빙]雷

聲우렁소리、빙(徑)

靑部

靑。칭 [청]東方木色푸를、청竹皮대껍질、청簡書殺ㅣ죽력、청ㅣ年젊을、청地名땅이름、청(今山東省의登、萊、靑의三府及奉天의遼陽地方)(靑) 菁通

三 **晴**。잉 [영]小語ㅣ吟잔말할、영(庚)情通

彭 징 [정]清飾조촐하게꾸밀、정(梗)

五 **靖**。쟁 [정]安也편안할、정謀也꾀할、정思也생각할、정理也다스릴、정(梗)靜同

六 **艶** 칭 [정]妝飾明也치장환히할、정(敬)青黑色검푸를、정(徑)

七 **靚**。징 [정]粉白黛黑ㅣ莊단장할、정(敬)靜同、女容徐ㅣ안존할、정(梗)

八 **靜**。쟁 [정]動之對고요、정又조용할、정謀也꾀할、정安也편안할、정息也쉴、정寂也고요할、정(梗)靖通

瀞 칭 [청]冷也찰、청(徑)

靛。뎐 [전]藍質ㅣ花청대、전(霰)

十 **靝** 天同

十三 **⿰靑瑟** 시 [슬]青而赤푸르고붉을、슬(質)

十四 **⿰靑蒦** 후 [호]善青파랄、호(遇)

非部

非。쀄 [비]不是아닐、비訾也나무랄、비不正也그를、비違也어길、비無也없을、비(微)

三 **奜** 패 [배]大也클、배(賄)

靟 애비 [비]分也나눌、비(尾)

⿱非巾 애비 [비]隱也숨을、비(未)

扉 애비 [비]隱也숨을、비(未)

⿱非子 애비 [비]輕也가벼울、비(微)

啡。베 [배]睡聲숨소리、배吹也불、배(灰)

四 **⿱非手** 쀄 [비]覆手손엎을、비(未)

⿱非毛 애비 [비]細毛가는털、비(微)

⿱非邑。애비 [비]別也나눌、비(寘)

⿱非火 애비 [비]塵也티끌、비(未)

五 **⿱非古** 苦同

七 **靠**。캎 [고]相違어길、고依附倚ㅣ붙일、고(號)

十一 **靡**。미 [미]散也흩어질、미爛也滅也썩을、미又물크러질、미繫也얽을、미損也ㅣ費허비할、미奢麗侈ㅣ사치할、미美也ㅣ曼예쁠、미偃也披ㅣ쓰러질、미順隨ㅣㅣ붙좇을、미連延貌ㅣㅣ번울、미無也없을、미勿也말、미(紙)縻通

九畫

面部

面。면 [면]顔也낯、면又얼굴、면向也향할、면表也外也겉、면對面만날、면對也대할、면前也앞、면見也보일、면當四方之一方面방위、면行政區劃之一郡之下里之上면、면(霰)

㊂

⿰面干。同⿰黑干 **⿰面刃** 뉵 [뉵]羞顔부끄러운얼굴、육(屋)

㊃

⿰面丰· 빵 [방]面腫면종、방(江) **⿰面巴** 빠 [파]黃面누른얼굴、파(麻) **⿰面今** 깐 [함]出頭머리내밀、함(咸) **⿰面丑** 뉵 [뉵]慙也부끄러울、육(屋) **⿰面冘**·。탄 [담]鈍也둔할、담(勘) **⿰面比** 시 [시]顔也얼굴、시(寘)

㊄

靤·。반 [포]面瘡면종、포(效) **⿰面且** 同靦 **⿰面丂** 쇼 [소]面曲낯곱을、소(巧) **⿰面幼** 요 [요]面曲낯곱을、요(巧) **⿰面皮** 년 [년]寬也너그러울、년(銑) **⿰面末** 메 [매]顔也얼굴、매(隊) **⿰面乍**。산 [산]老也늙을、산(潸) **⿰面占** 뎐 [졈]面陋얼굴더러울、졈(鹽)

㊅

⿰面舌· 꽈 [괄]面小낯작을、괄(曷) **⿰面并** 뼝 [병]面黃낯누를、병(梗) **⿰面色** 뒤 [퇴]面陋낯더러울、퇴(灰)

㊆

靦·。뎐 [뎐]慚貌ㅣ然무안할、뎐面見물그러미볼、뎐(銑) 㥏同 **⿰面甫**·。뷰 [보]頰也뺨、보(麌) **⿰面每** 회 [회]面肉肥厚얼굴퉁퉁할、회(隊) **⿰面巠**· 징 [경]頳也완악할、경(敬) **⿰面忍** 녀 [녁]愁面수심띤낯、녁(錫) **⿰面含** 한 [함]面赤얼굴붉을、함(覃) **⿰面足** 츄 [축]均也고를、축(屋) **⿰面夋**。사 [솨]面醜얼굴못날、솨(馬) **⿰面免** 만 [만]塗面낯칠할、만(翰)

㊇

⿰面宛 웬 [원]目開貌눈뜰、원(阮) **⿰面官** 완 [완]形如杓子之面오목한낯、완(諫) **⿰面宜** 이 [의]正面단정한낯、의(支) **⿰面周** 됴 [조]習也익힐、조(嘯) **⿰面奄**·。안 [암]面之黑子사마귀、암(感)

㊈

⿰面音 안 [암]戚容ㅣ⿰面參슬플、암(感) **⿱監面**· 란 [람]面長貌ㅣ⿰斬面얼굴길、남(覃) **⿱㐭面** 산 [산]廣面넓적얼굴、산(翰) **⿰面面** 면 [면]頑劣面못생긴얼굴、면(銑)

㊉

⿰面眞。면 [면]汙血ㅣ炫피묻을、면

(叡) ⿰面臭 착 [구]面醜얼굴추할、구(有)

(十一) ⿰面麻 머 [마]面青貌又慚也얼굴푸를、마(哿)

⿱斬面。찬 [잠]面長貌⿱監面|얼굴길、잠(覃)

⿰面參・찬 [참]慼容⿰面咅|슬플、참(感)

⿱面婁 츄 [줄]面短낯짧을、출(質)

(十二) 靧・훼 [회]洗面낯씻을、회(隊)

⿰面單 뎐 [전]面黃낯누를、전(銑)

⿰面焦。찬 [초]面色焦枯파리할、초(蕭)

⿰面尞 랖 [료]面白낯힐、요(篠)

⿰爭面 션 [선]圓面둥근낯、선(先)

⿰面然 산 [연]年少顔色젊은얼굴빛、연(銑)

(十三) ⿰面亶 靦同

(十四) 靨・。연 [엽]姿也頰輔웃을때빰옴속들어갈、엽 面黑子얼굴에검은사마귀、엽(葉)

⿱潸面 젼 [점]色弱빛약할、점(琰)

(十五) ⿰面蔑・。메 [멸]面小얼굴작을、멸(屑)

(十七) ⿰面韱 젼 [점]短顔짧은얼굴、점(鹽)

(十九) ⿰面羅・。뤄 [라]慚也부끄러울、나(哿) 㦬同

革部

革・。껴 [격]俗[혁]去毛生皮가죽、혁 卦名離下兌上괘이름、혁 改也고칠、혁 翼也날개벌릴、혁 甲冑金|갑주、혁 轡首가죽바、혁(陌) [극]急也病|병급할、극(職) 亟通

(二) 靪 뎡 [정]補履下신창받을、정(青)

(三) 靫・채 [채]箭室전동、채(佳) [차]義同(麻)

靬。잔 [간]乾革마른가죽、간 弓衣활전대、간 西域國名黎|나라이름、간(寒)

靮。듸 [적]馬韁고삐、적(錫)

靭・신 [인]堅柔難斷질길、인(震)

⿰革乞 흐 [흘]緊縛졸라맬、흘(月)

⿰革丸 지 [기]革也털벗긴가죽、기(寘)

靯 두 [도]箭筒전동、도(豪)

⿰革于 위 [우]大帶큰띠、우(虞)

(四) 靷・。인 [인]駕牛馬具在胷引車軸가슴걸이、인(震)

靳 찐 [근]吝也아낄、근 固也|制其行가슴걸이、근(問)

靴・훠 [화]洋|양화、화 又구두、화 鞮屬履也목화、화(歌) 鞾同

靸。싸 [삽]小兒履꺽두기、삽(合) (韓)祭鞋제사신、삽

靲 친 [금]鞮帶신들메、금(寢) [감]竹篋쨔갠대、감(覃)

靶・。빠 [파]御人所把轡革고삐、파 弓的也관혁、파(禡)

⿰革卬 앙 [앙]履也신발、앙(養)

⿰革殳 뒤 [타]履跟緣신근

피、타(哿)

⿰革氏。지 [지] 紂餘鞋밑치끈、지(支)

鞂 졔 [갈] 鞍下之被안갑、갈(黠)

⿰革欠 지 [격] 鞍也안장、격(陌)

⿰革丐 ⿰革面同

⿰革勾 지 [기] 轂飾바퀴통치장、기(支)

靵 紐同

⿰革尹 셴 [헌] 傳軛革멍에얽는가죽、헌(銑)

⿰革丰 뿡 [봉] 鞍飾안장치장、봉(冬)

⿰革毛 ⿰革茸同

⿰革比 ⿰革必同

⿰革少 샤 [사] 靴也구두、사(麻)

五

鞁。피 [비] 鞝也말가슴걸이、비馬駕具鞍上被안갑、비(寘)

鞄。팦 [포] 革包가방、포柔革工가죽다르는장인、포(肴)

⿰革半 빤 [반] 駕牛馬具소밀치、반(翰)

⿰革玄 鞙同

⿰革幼 얖 [요] 靴頸목화목、요曲也굽을、요(效)

鞀。닾 [도] 如鼓而小以導樂作소고、도(豪) 鞉鼗同

鞅 양 [앙] 煩勞ㅣ掌가쁠、앙馬駕具말배띠、앙牛羈쇠굴레、앙(養) 怏通

⿰革弘。횽 [굉] 軾中靶수레앞턱에맨고삐、굉(蒸) 鞃通

⿰革尼 닉 [니] 轡垂貌고삐늘어질、이(齊)

鞊 뎨 [첩] 韉飾ㅣ鞢안갑、첩(葉) [韓] 韆也말다래、점

⿰革禾 秸同

⿰革末 머 [말] 絳ㅣ붉은끈、말國名ㅣ鞨나라이름、말(今間島로露領沿海州方面)(曷)

⿰革由 胄同

⿰革旦。탄 [달] 柔革다룬가죽、달韃ㅣ靺鞨之後女眞別種종족、달(蒙古地方)(曷)

⿰革它。타 [타] 馬尾ㅣ밑치、타(歌)

⿰革且。찬 [조] ㅣ鞽가죽신、조(虞)

⿰革巨 쥬 [거] 鞍也안갑、거(語)

⿰革色 靶同

⿰革申 신 [신] 大帶큰띠、신(眞)

⿰革必 삐 [필] 束車革차묶는가죽、필(質)

⿰革弗 뷰 [불] 車後革수레뒷가죽、불(物)

⿰革世。이 [예] 馬鞍안장、예(霽)

⿰革甲 쟈 [갑] 花相次列貌꽃벌려있을、갑(洽)

⿰革瓜 반 [보] 製革工人가죽다루는직공、보(肴)

⿰革句。쥐 [구] 馬鞍말안장、구(虞)

⿰革令 링 [령] 羊子양의새끼、영(靑)

六

鞏。꿍 [공] 以皮束物가죽테、공固也굳을、공羌名煎ㅣ오랑캐이름、공州名고을이름、공(腫)

⿰革印 인 [인] 木履有足나막신、인(震)

鞋。쎼 [혜] 革履신、혜(佳) 鞵同

鞇 인 [인] ⿰革辱也車重席수레에깐겹요、인(眞)

⿰革艮 헌 [흔] 車前革飾수레앞꾸밈、흔(元)

鞍。안 [안] 馬鞁具안장、안(寒)

鞌。안 [안] 鞍同、

地名땅이름、안(寒) 鞉。同鞀 鞈 갸 협 ㅣ革겹가죽、협(葉) ⿰革各。러 락 生革可以爲縷가죽오리、낙(藥) ⿰革朵 同⿰革殳 ⿰革羊 양 양 治皮가죽다룰、양(養)

⿰革曳 同鞢 ⿰革夸 파 파 帶飾띠장할、파(馬) ⿰革茸 융 용 毛飾털장할、용(冬) ⿰革交。죠 교 革囊가죽주머니、교(嘯) ⿰革幷 빙 병 革帶가죽띠、병(迥)

⿰革夷 이 이 柔革다룬가죽、이(支) ⿰革同 퉁 동 箭筒飾전동치장、동(東) 鞊。지 길 鞅也가슴걸이、길(質) ⿰革危 궤 궤 獨角외뿔、궤(紙) ⿰革旨。지 지 日

傘紐일산끈、지(寘) ⿰革至 同⿰革旨 ⑦ ⿰革兌 퇘 태 補也기울、태(泰) 鞙。쉔 현 玉貌ㅣㅣ노리개드림、형 馬勒굴레、현 刀鞘鞴ㅣ칼집、현 車䩞차멍에동인끈、

현(銑) 鞗。죠 조 轡也ㅣ革고삐、조(蕭) 鞘。쌰 소 俗 초 刀室칼집、초 鞭鞘也채찍、초(肴) 鞓 텅 정 皮帶가죽띠、정(青) ⿰革廷同 ⿰革廷 同鞓 鞔。만

만 履殼신울、만 靶也고삐、만(寒) 鞕 同硬 ⿰革夾 졔 겹 靴也구두、겹(洽) ⿰革豆 뚜 두 車中席차에까는자리、두(宥) ⿰革斤 졔 제 刀鞘칼집、제(齊) ⿰革余

두 도 蒿靴짚신、도(虞) ⿰革見。쎼 혈 急繫단단히맬、혈(屑) ⿰革延 탄 단 馬之腹帶말배띠、단(旱) ⿰革甫。부 보 靴也가죽신、보(虞) ⿰革少 사 사 馬尾말꼬리、

사(歌) ⿰革束 써 색 堅也굳을、색(陌) ⿰革坒 폐 폐 長靴장화、폐(霽) ⿰革言 쎼 혈 急繫단단히맬、혈(屑) ⑧ ⿰革咅。뿅 봉 刀下飾鞞ㅣ칼아래장식、봉(董) 琫同

鞚。쿵 공 馬勒말굴레、공(送) ⿰革奇 ⿰革壽古字 鞞。피 비 騎鼓말메인북、비(齊) 鼙同 병 刀室칼집、병(迥) ⿰革戔 同韀 鞠。쮜 국 養也기를、국又칠、국

毬子蹋ㅣ궁、국又제기、국告也고할、국曲也ㅣ躬굽으릴、국稚也ㅣ子어린아이、국窮也궁할、국盈也찰、국(屋) 鞫毬踘菊通 鞛。音同 ⿰革匋 됴 도 鼓木皐ㅣ북

통、도(豪) 鞜。타 탑 革履가죽신、탑(合) ⿰革昔 시 석 舊靴헌신、석(陌) 韔 창 창 弓衣활집、창(漾) ⿰革宛 同鞔 ⿰革非 빼 배 吹火器풀무、배(卦) ⿰革取。

추 [추]束也묶을、추(有)

⿰革兩· 緉同

⿰革㡀 베 [별]鞘飾칼집치장、별(屑)

鞧° 노 [노]優緌革누그러운가죽、노(號)

䩐 이 [익]羔裘之縫갓옷바느질할、익(職)

鞥 야 [압]小兒履아이신、압(合)

⿰革易 이 [역]素靴흰신、역(陌)

鞉 쏘 [조]覆也덮을、소(蕭)

⿰革朋 평 [붕]鞴也가슴걸이、붕(蒸)

九

鞮° 듸 [제]革履가죽신、제無絇之屨ㅣ鞻코안놓은신、제上黨縣名銅ㅣ고을이름、제晉離宮名이궁이름、제西戎通官狄ㅣ오랑캐이름、제(齊)

鞂 캐 [개]鼓名북이름、개(卦)

⿰革軍° 윈 [운]理鼓工ㅣ人북매는장인、운(問)

鞬· 켠 [건]弓矢器동개、건櫜ㅣ동개、건韜也칼집、건(元)

鞤 방 [방]以皮爲履가죽신、방(陽)幫同

鞦· 착 [추]北方戲ㅣ韆그네、추馬緧말고들개、추(尤)

鞣° 역 [유]熟皮다룬가죽、유乾革마른가죽、유(尤)

鞪° 뫄 [무]首鎧鞮ㅣ두구、무(尤)鍪同

鞫· 쮜 [국]窮理罪人訊죄인밥벌、국又문초할、국水之外언덕、국盡也다할、국(屋)諊同鞠通

鞨 허 [갈]北方國名靺ㅣ나라이름、갈(今間島로露領沿海州方面)寶名紅靺ㅣ보석、갈(曷)

鞢 쎄 [섭]馬皮見鞊ㅣ말언치、섭(葉)

⿰革亟° 찌 [극]急也급할、극(職)

⿰革胃 위 [울]皮器가죽그릇、울(質)

鞭· 뻰 [편]箠策회초리、편馬箠ㅣ策채찍、편笞也ㅣ扑볼기채、편(先)

鞧· 緧同

⿰革度 뚜 [도]牛牽舟소로배끌、도(虞)

⿰革夋 쑈 [수]治革가죽다룰、수軟皮부드러운가죽、수(尤)

鞕 숭 [영]堅强딱딱할、영(敬)

⿰革复 鞴同

⿰革面 멘 [면]馬之絡頭具굴레、면(銑)

⿰革室 시 [실]刀室칼집、실(質)

⿰革宣 쉔 [훤]靴也가죽신、훤(願)

⿰革帝· 듸 [제]常也떳떳、제(齊)

⿰革叚° 쌰 [하]履跟신뒤축、하(麻)

⿰革畐 뿌 [복]革帶가죽띠、복(屋)

⿰革致 지 [치]靴底신바닥、치(寘)

⿰革弇 야 [압]革轡가죽고삐、압(合)

⿰革俞° 위 [유]餘也남을、유(虞)

鞘 쏘 [소]刀鞘칼집、소(嘯)

⿰革易 양 [양]馬頭所絡具굴레、양(陽)

十

⿰革邕 웅 [옹]靴靿목화목、옹(宋)

⿰革奚·° 쎄 [해]俗[혜]屩也짚신、혜(佳)鞋同

鞶。 판 [반]大帶ㅣ帶가죽띠、반以鏡飾ㅣ鑑거울꾸민가죽、반(寒)
鞱 韜同
鞳• 타 [탑]鐘鼓聲鏜ㅣ쇠북소리、탑(合)
鞨 어 [액]補履신기울、액(陌)
⿱㲉革 허 [학]急束바싹묶을、학又졸라맬、학(覺)
⿰革翁 웅 ⿰革邕同
⿰革貞 쏴 [쇄]革鎖가죽자물쇠、쇄(哿)
鞲• 꾸 [구]臂捍射ㅣ팔찌、구(尤)
鞴。 삐 [피]革袋風出器풀무、피[비]馬裝束말뱃대끈、비(眞)[모]盛箭室ㅣ鞁살집、모(遇)
⿰革鬼。 홰 [홰]馬繮繫御革말고삐、홰(灰)
⿰革叟 솨 [수]軟皮연한가죽、수(尤)
⿰革茸 융 [용]鞍飾안장치장、용(腫)
⿰革貢 궁 [공]生皮날가죽、공(董)
⿰革盍 쟈 [갑]革履가죽신、갑(合)
⿰革尃• 봐 [박]革囊裹가죽주머니、박(藥)
⿰革眔。 鞳同
⿰革冕 웬 [원]井水汲器두레박、원(元)

(十一)

⿰革庸 숭 [용]乾革마른가죽、용(冬)
⿰革徙。 쓰 [사]鞮屬革履가죽신、사(紙)⿰革麗同
鞻• 럭 [루]扉類四夷舞者所춤신、누樂官名鞮ㅣ악관이름、누(遇)
⿰革便 鞭同
韠 뼝 [병]同鞞(迥)[필]戟也슬갑、병(質)韠韍通
鞹• 콰 [곽]皮去毛다룬가죽、곽(藥)
⿰革章 쟝 [장]鞍飾ㅣ泥말다래、장(陽)
鞺• 탕 [당]鼓聲북소리、당(陽)
⿰革崔 최 [최]鞍皮안장가죽、최(灰)
韸 뿡 [봉]鼓聲북소리、봉(冬)
⿰革鹿 簶同
⿰革區。 우 [우]胡矛也오랑캐창、우(宥)
⿰革疾 샤 [사]藥草石韋돌장아리、사(禡)
⿰革參 싹 [삼]旗旒깃발、삼(感)

(十二)

鞿• 자 [기]馬韁在口말재갈、기(微)䩭同
鞽 쟈 [교]泥行所乘나막신、교(蕭)橇同
⿰革貴• 궤 [궤]盾綴革방패끈、궤折也꺾을、궤繡革가죽에수놓을、궤(寘)
韡。 靴同
⿰革賁 뷴 [분]鼓也북、분(文)
⿰革買 매 [매]草鞋짚신、매(佳)
⿰革需 수 [누]胡羊오랑캐양、누(尤)
⿰革童 퉁 [동]鞁飾전동장식、동(東)
⿰革舄。 시 [석]履也신、석(陌)

(十三)

韁 깡 [강]繫也ㅣ鎖고삐、강(陽)繮同
韣。 쏙 [족]弓衣활전대、족(沃)韣同
韂。 쟌 [첨]馬障泥鞍ㅣ다래、첨(鹽)
韃• 따 [달]靺鞨之後女眞別種ㅣ靼나라이름、달(今間島로露領沿海州方面)(曷)
⿰革葛

同鞨 ⿰革意 이 [억] 履頭裝飾 신머리치장、억 (職) ⿰革旁 광 [광] 草鞋짚신、광 (江) ⿰革嗇 同轖 ⿰革逢 同縫 (十四) 韄。후 [호] 刀飾칼장식、호 (遇) [획] 佩刀絲칼끈、획 (陌) ⿰革㬎• 쎤 [현] 駕馬具말뱃대끈、현 (銑)(霰) ⿰革需。수 [유] 革履가죽신、유 (虞) ⿰革爾 네 [녜] 轡垂고삐드림、예 (薺) ⿰革聚 추 [추] 鞍上掛具언치、추 (宥)

⿰革匱 同韇 ⿰革遣 젼 [견] 腰帶허리띠、견 (霰) ⿰革菐 으 [복] 纏絡牛頸之具소목걸이、복 (沃) ⿰革翟。랴 [락] 堅皮단단한가죽、낙 (覺) (十五) 韆• 쳔 [천] 繩戲鞦ㅣ그네、천 (先) 韇。뚜 [독] 藏箭器시초통、독又첨통、독又정대통、독 盛弓矢器동개、독 (屋) 韈• 메 [말] 足衣버선、말 (月) 襪韤同 ⿰革龠 지 [지] 鞍也언치、지 (支) ⿰革鼠 례 [렵] 馬頭絡繫具말굴레、엽 (葉) (十六) ⿰革龍 룽 [롱] 馬被具언치、농 (東) ⿰革遺 위 [유] 繩也줄、유 (未) (十七) 韉。 쳔 [천] 鞍具언치、천 (先)

⿰革韱 同 ⿰革毚 찬 [참] 韂也언치、참 (陷) ⿰革薄 박 [박] 車中席차안에까는자리、박 (藥) 韊 란 [란] 箭筒전동、난 (寒) (十八) ⿰革巂。쉐 [쇠] 垂貌늘어질、쇠 鞍邊帶선후걸이、쇠 (灰) (十九) ⿰革麗。同韆 (二十) ⿰革蘭• 란 [란] 藏弩矢服동개、난 (寒)

韋部

韋• 웨 [위] 柔皮다룬가죽、위 柔輭脂ㅣ훌부들할、위 諧和依ㅣ화할、위 武服韎ㅣ군복、위 (微) (三) 韌。신 [인] 堅柔難斷질길、인 (震) (四) ⿰韋及 사 [삽] 小兒履꺽두기、삽 (合) 亦作靸 ⿰韋犬 에 [피] 車軾차앞턱나무、피 (寘) ⿰韋内 나 [납] 軟也연할、납 (合) ⿰韋爻 쟈 [효] 革囊가죽주머니、효 (肴) (五) ⿰韋主 쥬 [주] 戎服蔽膝슬갑、주 皮袴가죽바지、주 (遇) 韍。부 [불] 蔽膝슬갑、불 印組인끈、불 (物) 韎• 메 [매] 茅蒐所染赤韋붉은가죽、매 樂官名ㅣ師악관이름、매 (卦)(隊) ⿰韋必• 삐 [비] 弓檠활도지개끈、비 (寘) ⿰韋包 同鞄 ⿰韋戉 웨 [월] 斧囊도끼집、월 (月) ⿰韋斥 틔 [척] 刀之把中韋자루막가죽、척 (陌) ⿰韋它

타[타]華履가죽신、타(歌)

⿰韋弗 부[불]棺繩관매는줄、불(物)

六

韐 쟈[갑]戎事服韎ㅣ가죽바지、갑(合)[겹]韋蔽膝슬갑、겹(洽)

韏 좐[권]革中斷又中分가죽사분파할、권(願)

⿰韋艮 끈[곤]束也묶을、곤(元)

⿰韋交 죠[교]囊裏也주머니、교(肴)

⿰韋伏 뿌[복]軾也수레앞턱나무、복(屋)

⿰韋亘 쒠[훤]製鼓工匠북만드는장인、훤(願)

七

韒 同鞘

⿰韋甫 부[부]尻衣잠방이、부(麌)

八

韔 창[창]韜也활집、창(漾)

韓 한[한]國名ㅣ萬所封한나라、한(今河南省中部及山西省澤路地方)朝鮮國名三ㅣ나라이름、한(今京畿、忠清、慶尚、全羅等地)朝鮮改稱大ㅣ한국、한(寒)

⿰韋沓 타[답]指衣골무、답(合)揩同

韑 빼[패]韋囊吹火허풍손이、패(卦)

⿰韋卷 촨[권]曲也굽을、권(願)

韕 쥐[국]裹也쌀、국(屋)

九

韙 웨[위]美之是也옳을、위(尾)

韘 쎄[접]射決깍지、접(葉)

韗 윈[운]攻皮之工가죽장인、운(問)

⿰韋叚 싸[하]履跟帖신근피、하(麻)

⿰韋复 부[부]裘也갓옷、부(宥)

韖 여[유]韌也질길、유(宥)

⿰韋兗 연[연]韖皮다룬가죽、연(銑)

十

韞 원[온]藏也ㅣ匵감출、온 赤色붉은빛、온(吻)

韜 탄[도]藏也감출、도 寬也너그러울、도 劍衣칼전대、도 兵法ㅣ略병법、도(豪) 韜同弢通

韝 꾸[구]射決깍지、구 臂衣팔찌、구(尤)

⿰韋尃 뵈[박]韋裹車軛멍에싸게、박(藥)

韛 同鞴

韠 同鞸

韓 韓本字

⿰韋昜 따[답]皮衣가죽옷、답(合)

⿰韋荅 同⿰韋沓

十一

⿰韋崔 새[쇠]鞍也안장、쇠(灰)

⿰韋巢 산[소]束也묶을、소(肴)

⿰韋彗 쒜[쉬]囊裏紐주머니끈、쉬(寘)

十二

韡 웨[위]華盛貌ㅣㅣ꽃활짝필、위 光明환할、위(尾)

⿰虛韋 훼[위]柔革平均가죽달을、위(支)

⿰韋番 맨[번]韋平方가죽반듯할、번(元)

⿰韋登 덩[등]張皮가죽벌릴、등(梗)

韟 간[고]弓衣활집、고(豪)

韢 쎄[혜]囊裏紐주머니끈、혜(霽)

十三

韂 옌[첨]蔽膝슬갑、첨(鹽)障泥말다래、첨(豔)義同、幨襜同

韣 뚜[독]弓衣활전대、독

屋 [속] 韜也갈집、속 沃 韣同

韂 쎠 [험] 被也입을、험 鹽

十五

韥 뚜 [독] 箭筒전동、독 屋

韈。同韤

十七

䪙 봐 [박] 藁鞋짚신、박 藥

䪞。 쭈 [추] 收束묶을、추 尤

十九

韏 잔 [권] 鞣皮다룬가죽、권 願

二十

韄。 잔 [곽] 刀裝革칼장식가죽、곽 藥

韭部

韭。 쭈 [구] 葷菜豊本又草種乳부추、구 有

四

韮。 同韭

八

韱。 쳔 [섬] 山韭산부추、섬 細也가늘、섬 鹽 纖同

𩐁 사 [삽] 起也일어날、삽 合

十

韲 찌 [제] 擣辛物爲之양념、제 齊 虀同

䪢 同齏

韰 쎄 [해] 送死歌상여소리、해 卦

䪡 지 [제] 剉菜썰은나물、제 齊

十一

齏。 찌 [제] 醢醬所和양념、제 齊

䪬 대 [대] 漬菜之剉者썬김치、대 隊

十二

䪤 빤 [번] 小蒜달래、번 元

十四

䪥 同薤

音部

音。 인 [음] 聲也소리、음 訓之對文字讀聲음、음 言語말、음ㅣ信소식、음 又편지、음 樂也음악、음 侵

三

䪫 훙 [홍] 大聲소리크게지를、홍 東

四

韵 同韻

韴 자 [잡] 斷聲끊는소리、잡 合

五

韶。 쌴 [소] 舜樂簫ㅣ순임금의풍류、소 紹也ㅣ護이을、소 美也ㅣ華ㅣ光아름다울、소 春色봄、소 蕭 磬同

䪭 부 [불] 樂聲乍息풍류소리잠시그칠、불 物

䫀。 뽕 [봉] 屋響집울리는소리、봉 東

䪨 뤄 [락] 喧也시끄러울、낙 陌

六

䪬 봐 [박] 手足之指節鳴손발마디울、박 覺

七

韸。 팡 [봉] 鼓聲ㅣㅣ북소리、봉 和也화할、봉 東

䪫。 찡 [형] 俗 [경] 顓頊樂名六ㅣ풍류이름、경 庚 莖通

韽 안 [암] 細聲가는소리、암 覃

䪯。 부 [불] 撫聲만지는소리、불 月

韼 팡 [방] 鼓聲북소리、방 江

八

䪰 녜 [념] 聲止也소리그칠、염 葉

九

韺。 잉 [영] 帝嚳樂名五ㅣ풍류이름、영 庚 英通

韹 헝 [횡] 樂聲풍류소리、횡 [앵] 鍧器聲矢그릇소리、앵 庚

十

韻。 윤 [운] 和也화할、운 風

度ㅣ致운치、운音員爲ㅣ운、운同聲相應울림、운(問) 䪮 작 [추]衆聲之喧떠들、추(有) 韸 동 [동]鐘聲종소리、동(送) 韺 잉 [영]小聲작은소리、영(庚)

⑪ 韽 안 [암]聲微不越揚가는청、암(覃)(陷) 韾 인 [음]和也화할、음(侵) ⑫ 響 쌍 [향]聲之外曰ㅣ即影ㅣ소리울림、향又맞은소리、향樂器方ㅣ풍류그릇、향(漾)鄕同饗食通 韣 뒤 [탁]聾聳者귀머거리、탁(覺) 韘 예 [업]樂也풍류、업(葉) 譩 이 [의]痛聲앓는소리、의(微) 贛 궁 [공]賜也줄、공(送)

⑭ 頀 후 [호]湯樂大ㅣ탕나라풍류、호(遇)濩同 䪯 쌍 [향]打也칠、향(陽) ⑮ 韹 광 [광]聲也소리、광(漾) ⑯ 䨩 령 [령]聲也소리、영(青)

頁部

頁 예 [혈]頭也머리、혈書冊片面又其數詞페지、혈(屑) ② 頄 꿔 [규]面顴광대뼈、규厚也두터울、규(支)頯同 [구]義同(尤) 頃 칭 [경]田百畝백이랑、경俄也아까、경(梗)頭不正머리비뚜리、경暫也잠깐、경近時요사이、경又요지음、경比時쯤、경山名西ㅣ산이름、경(庚) 頍 우 [유]顫也떨、유(宥) 頂 띵 [정]顚也이마、정物之最上部꼭대기、정戴也일、정(迴) ③ 項 쌍 [항]頭後頸也목뒤、항大也클、항箇條조목、항分數의分子又는分母、又는級數를組立한各數、又는代數式에서多項式을組立한各單式(講) 須 쒸 [수]頭毛同鬚수염、수待也기다릴、수斯ㅣ잠간、수資也用也同需거리、수魚動腮생선아가미벌떡거릴、수婢妾餘ㅣ종첩、수必也모름지기、수又반드시、수草名夫ㅣ풀이름、수星名ㅣ女별이름、수(虞) 順 쑨 [순]循理不逆순할、순從也좇을、순和也화할、순次第ㅣ序차례、순(震) 頔 얀 [요]頭小貌머리작을、요(蕭) 䪾 쿠 [굴]頰旁骨광대뼈、굴(月) 頇 한 [안]岸頭無髮ㅣ顉대머리、안冠欵後갓잦

허쓸、안翰 [한]義同寒

⿰己頁 깨 [개]頰下뺨밑、개賄

⿰乇頁 뚜 [독]頭骨머리뼈、독屋 [탁]義同藥

⿰凡頁 꿍 [공]顏也낯、공東

⿰弓頁 꾸 [후]動頭머리움직일、후

寰

⿰丸頁 완 [환]頭也머리、환寒

四

頌 용 [용]貌也모양、용又얼굴、용冬 容同 [송]稱述ㅣ德칭송할、송歌誦외일、송宋

頍 꿰 [규]弁貌고깔비녀、규擧首貌머리들、규紙

頎 치 [기]長貌헌걸찰、기微

預 위 [여]俗 [예]先也미리、예參與참여할、예及也미칠、예干也간섭할、예御 豫同 與通

頒 뱐 [반]布也반포할、반區分나눌、반頭半白머리털반쯤셀、반頒兩旁관자노리、반刪 攽朌同 [분]魚大首貌물고기머리클、분文

頓 뚠 [돈]下首至地조아릴、돈又꾸벅거릴、돈又절할、돈止也그칠、돈敗也패할、돈貯也모을、돈又쌓을、돈捨也놓을、돈壞也委ㅣ무너질、돈遽也陡ㅣ급할、돈食一次밥한끼、돈宿舍객사、돈ㅣ挫꺾을、돈整ㅣ가지런할、돈俄也별안간、돈[둔]固鈍둔할、둔又무딜、둔願 [돌]單于太子冒ㅣ선우의이름、돌月

頑 완 [완]固陋완고、완鈍也愚也완악할、완貪也탐할、완刪

頏 항 [항]鳥飛下頡ㅣ새날아내릴、항陽 頸也목、항聲也소리、항養

頊 욱 [옥]謹貌ㅣㅣ머리굽실거릴、옥人名顓ㅣ사람의이름、옥沃

⿰冘頁 연 [침]垂頭貌머리숙일、침寢

頉 위 [이]養也기를、이支 韓 有故탈날、탈

⿰丰頁 뿡 [봉]耳本귀뿌리、봉董

⿰冗頁 당 [당]頭也머리、당感

⿰卬頁 앙 [앙]擧頭머리들、앙陽

⿰今頁 깐 [감]醜也추할、감覃

頙 치 [척]正也바를、척陌

⿰乞頁 꾸 [골]頰高뺨높을、골月

⿰不頁 배 [배]曲頭굽은턱、배佳

⿰尹頁 윈 [윤]面不正낯비뚤、윤軫

⿰尤頁 와 [오]顫也떨、우宥

⿰午頁 우 [오]大頭큰머리、오皓

五

⿰厄頁 顧俗字

頗 퍼 [파]不公平偏ㅣ편벽될、파歌 義同、僅可자못、파哿

領 링 [령]衣體옷깃、영項也고개、영統理거느릴、영受也받을、영要ㅣ종요로울、영占ㅣ차지할、영悟也깨달을、영梗

頔 듸

[적]好也고울、적(遇) 頊古字 ⿰弁頁 弁同 ⿰半頁· 泮同 ⿰出頁。쥐 [절]面秀骨콧마루、절(屑) ⿰丕頁 비 [배]曲頤貌주걱턱、배(灰) ⿰冉頁· 산 [염]頰須구레나룻、염(鹽)

⿰且頁 쥬 [저]頭也턱、저(魚) ⿰旦頁 단 [단]平廣面넓적얼굴、단(旱) ⿰句頁。쥐 [구]勉也힘쓸、구(宥) ⿰民頁 민 [민]强也강할、민(眞) ⿰占頁 단 [담]垂頰처진뺨、

담(覃) ⿰可頁。커 [가]傾頭而視머리기우리고볼、가(哿) ⿰去頁 자 [갑]頭也턱、갑(合) ⿰白頁· 뿌 [복]髮白머리털흴、복(職) ⿰叵頁 퍼 [파]頭之偏傾머리기울、파(歌)

⿰氐頁 듸 [제]垂頭머리숙일、제(齊) ⿰号頁 한 [호]白髮頭흰머리、호(號) ⿰戊頁 깐 [감]頰疾뺨병、감(感) 六 頤。이 [이]頷也턱、이ㅣ指덕끄떡거릴、이養

也기를、이嚼也朶ㅣ턱까불거릴、이老也期ㅣ늙은이、이卦名震下艮上괘이름、이語助聲夥ㅣ많다고느낄、이(支) ⿰危頁。웨 [외]頭閑習머리마음대로가질、외靜也고요할、

외(賄) [위]義同(紙) ⿰兆頁 俯同 ⿰亥頁· 해 [해]頤頷턱、해(灰) ⿰自頁 뙤 [퇴]夏冠名毋ㅣ하나라관이름、퇴(灰) ⿰囟頁 씬 [신]頂門숫구멍、신(震) 囟同 ⿰牙頁。어

[알]鼻莖콧마루、알獸名齃ㅣ짐승이름、알(曷) ⿰匽頁 頤同 ⿰吉頁。쟤 [갈]轢也긁을、갈掠除휘차갈、갈(黠) [혈]俗[힐]飛上ㅣ頏날아오를、힐直項곧은목、힐古史官倉ㅣ

사람의이름、힐(屑) 翓同 ⿰各頁· 어 [액]額也이마、액不息ㅣㅣ늘、액(陌) 額同 ⿰合頁。꺼 [갑]俗[합]頤傍아랫볼、합(合) ⿰共頁 훙 [홍]頭眘顪ㅣ머리아뜩할、홍(董)

⿰至頁 츠 [치]面黑얼굴검을、치(紙) ⿰灰頁 훼 [홰]大首큰머리、홰(隊) ⿰耒頁 뢰 [뢰]頭傾머리기울、뇌(賄) ⿰艮頁 큰 [곤]頰高뺨높을、곤(阮) ⿰匡頁 광 [광]目

匡눈가、광(陽) ⿰交頁。쟌 [교]不媚아첨안할、교(肴) ⿰舌頁 꽈 [괄]短面짧은얼굴、괄(曷) ⿰并頁· 삥 [병]淺靑色옥색、병(靑) ⿰赤頁 戚同 ⿰充頁 충 [총]滿也찰、총

(腫) ⿰臣頁· 신 [신]擧目而視눈들고볼、신(軫) ⿰开頁 옌 [연]姣也얼굴예쁠、연(霰) ⿰羽頁。뻔 [변]頭美머리고울、변(先) ⿰同頁 퉁 [동]直頸곧은목、동(董) 七

頯 킈 [규]面顴광대뼈、규 ㊉支

頹。 퉤 [퇴]崩壞무너질、퇴衰也쇠할、퇴暴風사나운바람、퇴傾也기울어질、퇴從也좇을、퇴 ㊉灰 隤同、穨通

頵 줜 [균]頭大머리둥클、균 ㊉眞

䫷 䪼同

頻。 핀 [빈]數也자주、빈連也比也자주할、빈急蹙貌찡그릴、빈 ㊉眞 顰通

頸 꼉 [경]項也목、경 ㊉梗

䫌 貌同

頲 팅 [정]直也곧을、정狹頭머리동홀죽할、정 ㊉迥

頷 한 [암]點頭ㅣ之머리끄떡거릴、암[함]不飽顑ㅣ주릴、함頤也턱、함 ㊉感

頭。 투 [두]首也머리、두上也위、두首領ㅣ目두목、두始也年ㅣ시초、두端也끝、두牛馬數詞마리、두 ㊉尤

頾 髯同

頰。 야 [겹]俗[협]面兩旁뺨、협徐言譬說緩ㅣ천천히말할、협 ㊉葉

𩓞 큔 [곤]耳門귀문、곤 ㊉元

頶。 후 [곡]鼻高貌코우뚝할、곡 ㊉沃

頼 착 [구]戴也일、구 ㊉尤

䪬 뻐 [발]頸也목、발 ㊉質

頳。 赬同

頽 頹同

頴。 穎俗字

䫄。 퇴 [탈]小頭작은머리、탈 ㊉黠

䫏 어 [아]均也고를、아 ㊉歌

䫔 산 [삼]動頭머리움직일、삼 ㊉勘

𩔆 휘 [활]短面짧은낯、활 ㊉曷

䫐 메 [매]暗也어두울、매 ㊉隊

䪦 홍 [홍]頭直머리곧을、홍 ㊉董

䫆。 청 [성]頸也목、성 ㊉庚

頱 라 [랄]面醜낯추할、날 ㊉曷

䫍 부 [부]頰骨광대뼈、부 ㊉虞

䪩 인 [음]顲頭머리흔들、음 ㊉沁

䪢 홍 [홍]頭痛머리아플、홍 ㊉東

䫣 시 [희]頭動머리움직일、희 ㊉微

䫛。 우 [오]大頭큰머리、오 ㊉虞

䫙 멍 [망]頭也머리、망 ㊉江

䪱 듸 [제]頭不正머리비뚤、제 ㊉齊

䫌 애 [괘]曲頭굽은머리、괘 ㊉灰

㊇

顇。 瘁同 悴同

𩓺。 쯔 [자]口上鬚웃수염、자 ㊉支 俗作髭非

顁。 뗭 [정]額也題ㅣ이마、정 ㊉徑 定通

顈 쨍 [경]似苧可績爲布어저귀、경 ㊉迥 褧絅檾苘同

頩 핑 [병]怒色靑성나파랗게질릴、병斂容천연할、병 ㊉迥

顄 頷同

顆。 커 [과]ㅣ粒알、과又알갱이、과土塊덩어리、과蓬ㅣ무덤、과 ㊉哿

顉 친 [금]曲頤주억덕、금 ㊉侵 [암]低頭머리숙일、암 ㊉感 頷同

䫂 얘

[추]出額이마툭불거질、추㊄支 ⿰肩頁°젼 [잔]頭鬢少髮터럭적을、잔㊄刪 ⿰金頁 鬚同 ⿰皁頁 頣同 顊 삐 [패]傾頸목기울、패㊄齊 ⿰㡀頁 삐 [별]短貌짧을、별㊄屑

頼 래 [래]覆也덮을、내㊄齊 ⿰争頁° 징 [정]美也아름다울、정㊄敬 ⿰炎頁 단 [담]面長낯길、담㊄覃 ⿰叕頁 테 [철]頭短머리짧을、철㊄屑 ⿰亲頁 지 [기]小頭작은머리、기㊄支 ⿰木頁 頪同 ⿰杲頁 구 [고]頭也머리、고㊄皓 ⿰林頁 린 [림]俯首머리숙일、임㊄侵 ⿰岸頁 안 [안]額也이마、안㊄翰 ⿰屈頁 위 [굴]面短낯짧을、굴㊄物 ⿰青頁° 칭 [청]大頭큰머리、청㊄庚

⿰亞頁 두 [두]面不正낯비뚤、두㊄尤 ⿰彔頁° 루 [록]項也목、녹㊄屋 ⿰卷頁 좐 [권]曲頯굽은뺨、권㊄先

❾

顒 웅 [옹]仰也우러를、옹大也클、옹温貌ㅣㅣ온공할、옹㊄冬 題° 티 [제]額也이마、제ㅣ目제목、제試問물을、제書ㅣ글제、제品ㅣ평론할、제署也쓸、제㊄齊 小視볼、제㊄霽 睇同 顋 쌔 [싀]俗[신]頰也볼다구니、시㊄灰 顔° 얀 [안]容也顏角얼굴、안又낯、안山高孱ㅣ산우뚝할、안姓也성、안㊄刪 顓 °좐 [전]獨專오로지、전蒙也어리석을、전星名ㅣ項별이름、전國名ㅣ史나라이름、전㊄先 專通 顑° 칸 [함]不飽ㅣ頷주릴、함瘦也파리할、함㊄感 額 어 [액]顙也이마、액分量ㅣ數수효、액扁ㅣ현판、액㊄陌 頟同

顐° 渾同 ⿰面頁 훼 [회]面肥얼굴살찔、회㊄隊 顎 어 [악]頷骨上下ㅣ骨턱、악㊄藥 頼 頪俗字 ⿰契頁 지 [혜]伺候찾을、혜㊄霽 ⿰彖頁 둔 [돈]禿也모지러질、돈㊄願 ⿰爰頁° 웬 [원]面不正낯비뚤、원㊄阮 ⿰帝頁 지 [절]小頭작은머리、절㊄屑 ⿰叚頁 자 [가]無度言語헛된말、가㊄麻 ⿰曷頁 싸 [할]健也건장할、할㊄曷

⿰奥頁 폐 [폐]傾頭머리기울어질、폐㊄霽 ⿰癸頁 궤 [기]大口큰입、기㊄寘 ⿰咼頁° 궈 [과]短頭짧은머리、과㊄麻 ⿰昏頁 ⿰氐頁同 ⿰頁頁 찬 [찬]具也갖출、찬㊄潸 ⿰幽頁 얀 [요]頭凹머리오목할、요㊄肴 ⿰角頁 항 [항]飛上飛下날아오르락내리락할、항㊄養

❿

類° 레 [류]分ㅣ나눌、유肖似같을、유種ㅣ종류、유善

也착할、유比也견줄、유法也법、유 **顗**。이[의]樂也즐길、의謹 **⿰員頁** 원[운]面首俱圓머
等也무리、유祭名제사이름、유(寅) 壯貌점잖을、의(尾) 리낫이둥그스
름할、운(吻) **願**。웬[원]欲也원할、원又하고자할、원顗望바랄、원羨
慕부러워할、원思也생각할、원請也청할、원(願) **顛**。뎬[전]頂也이마、전仆倒엎드러
질、전專一ㅣㅣ한갈질、전傾斜비뚜름할、전ㅣ
倒거꾸로설、전本也ㅣ末근본、전又시초、전(先) **顙**。쌍[상]額也이마、상(養) **顝**。쿠[골]獨處貌오뚝이앉을、
골大頭머리통클、골醜也추
할、골相抵觸다닥칠、골(月) **⿰豆頁** 뚜[두]面折⿰區頁ㅣ편잔줄、두(尤) **顜**。쟝[강]明也밝을、강(講) **⿰翁頁** 옹[옹]頸毛也목털、옹(東)
顄 同頷 **⿰恖頁** 同頤 **顚**。顛俗字 **⿰羔頁** 쇼[효]大頭큰머리、효(嘯) **⿰缶頁**。애[비]短鬚짧은수염、비(支) **⿰兼頁** 안[암]頰長뺨길、암(感) **⿰衾頁** 진
[금]首動머리움직일、금(沁) **⿰奚頁** 시[해]頭不正머리비뚤、해(薺) **⿰冥頁** 밍[명]額也이마、명(青) **⿰盍頁** 커[갑]頰骨뺨뼈、갑(合) **十** **⿰厥頁** 同蹙 **顡**。
이[의]不聽明痴ㅣ멍이텅구리、의(未) **⿰參頁**。싼[참]搖頭頷ㅣ머리흔들、참(感) **⿰區頁** 어[구]面折ㅣ⿰豆頁편잔줄、구(尤) **顠**。퍈[표]髮亂貌ㅣㅣ털엉킬、표(蕭)
⿰責頁 지[책]頭不正머리비뚤、책(陌) **⿰婪頁** 란[람]垂首머리숙일、남(覃) **⿰麻頁** 마[마]語訥말더듬을、마(麻) **顟**。랸[료]頭長머리길、요(蕭) **⿰爽頁** 상
[상]醜也추할、상(屋) **⿰卑頁** 삐[비]髮半白털반백될、비(支) **顱** 同顱 **十一** **⿰善頁**。싼[선]倨視人사람거만히볼、선(銑) **顧**。꾸[고]回首旋視돌아볼、고
眷也돌보아줄、고發語辭反也도리어、고
思也생각컨대、고(遇)俗作頋非 **顦**。同憔 **顥**。한[호]大也클、호白貌허열、호(皓) **⿰童頁** 홍[홍]肥也살찔、홍(董)
⿰皋頁 잔[고]大顏큰얼굴、고(皓) **⿰朁頁** 친[침]俯首머리숙일、침(寢) **⿰貴頁** 홰[홰]無髮털없을、홰(賄) **⿰尋頁**。산[삼]俯首머리숙일、삼(覃) **⿲木頁木** 뻰[번]醜

也추할、번(元)

⿰粦頁 린 [린]髮踈털성길、인(軫)

⿰員頁 션 [선]圓顔둥근얼굴、선(先)

十三

顪 훼 [훼]頰也뺨、훼(隊)

顫。쟌 [전]頭不正머리비뚜를、전四支寒掉사지떨릴、전(霰)

顩。잔 [검]俗[염]頰面銳頤貌하관빠를、엄(琰)

⿰業頁 야 [압]頭動머리움직일、압(合)

顑 한 [함]臨於火氣불쪼일、함(勘)

⿰蜀頁 뚜 [독]頭骨머리빼、독(屋)

十四

顯。쎤 [현]著也明也나타날、현達也통달할、현尊也높을、현子孫이亡父母에對한敬語ㅣ考ㅣ妣(銑)

⿰寧頁 녕 [녕]頂顚이마、영(迥)

⿰蒙頁 뭉 [몽]頭昏ㅣ頫머리아뜩할、몽(董)

顬 수 [유]髮鬢骨顳ㅣ귀밑뼈、유(虞)

⿰蓋頁 깨 [개]頭骨머리뼈、개(泰)

⿰壽頁。 됴 [도]大面큰낯、도(豪)

⿰夢頁 형 [횡]惛也어두울、횡(蒸)

⿰臱頁 뼨 [변]雙生兒쌍동이、변(先)

十五

顰。삔 [빈]眉蹙눈살찌푸릴、빈強學效ㅣ숭내낼、빈(眞) 嚬同

⿰齒頁 웕 [알]齾어긋날、왈(黠)

十六

顱。루 [로]首骨頭ㅣ해골、노頭也머리、노(虞)

顟 잔 [교]面不正낯바르지못할、교(肴)

十七

⿰嬰頁 잉 [영]頸瘤목에혹날、영(梗)

⿰薨頁 顭同

⿰霝頁 링 [령]面瘦얼굴파리할、영(庚)

⿰毚頁。 산 [삼]頭長머리길、삼(陷)

十八

顴 촨 [권]頰骨광대뼈、권(先)

顳。녜 [섭]鬢骨ㅣ顬귀밑뼈、섭(葉)

飛部

飛。 뷔 [비]鳥翥날、비六馬六ㅣ여섯말、비疾也빠를、비散也흩을、비(微)

十二

⿰番飛。 빤 [번]反覆飛也뒤칠、번又번드길、번(元)

十三

⿰亶飛 쎤 [현]飛也날、현(先)

⿰睘飛 환 [환]繞貌ㅣ飛빙돌아날、환(删)

風部

風。 뿡 [풍]空氣之搖動바람、풍ㅣ吹바람불、풍敎化가르칠、풍ㅣ俗풍속、풍威ㅣ위엄、풍容姿모양、풍ㅣ景경치、풍病名中ㅣ풍병、풍牝

牡相誘흘레할、풍王者聲敎울림、풍(東) 諷同(送) 凬 字風古 (二) ⿰風刀 됴 [됴]熱風더운바람、요(肴) (三) ⿰風工° 훙 [훙]風聲바람소리、홍(東) ⿰風勺 땨

[됴]風聲바람소리、요(肴) (四) ⿰風日° 위 [율]大風颶ㅣ큰바람、율(質) 颫 뷰 [부]風自上下ㅣ飄바람내리불、부(虞) ⿰風牙· 쌰 [하]開口吐氣입벌리고기운토

할、하(馬) ⿰刄風· 횡 [횡]大風큰바람、횡(庚) ⿰風屯 툰 [돈]風也바람、돈(元) ⿰風少° 쇼 [소]風起바람일어날、소(肴) ⿰風夬 졔 [결]風吹바람불、결(屑) ⿰風今

잔 [감]寒風찬바람、감(覃) ⿰風毛 퐌 [포]輕也가벼울、포(豪) ⿰風火 뿡 [붕]吹也불멜、붕(送) ⿰風罔 망 [망]經風내리부는바람、망(養) (五) 颭°· 쟌 [점]物

受風動搖펄렁거릴、점(琰) 颮· 뽀 [박]物自空墮貌ㅣㅣ뚝뚝떨어질、박飛相擊聲날개치는소리、박(覺) ⿰風弗° 뿌 [불]小風바람솔솔불、불疾風휘부는바람、불(物)

⿰風戉 웨 [월]風聲바람소리、월(月) 颯°· 싸 [삽]風聲바람소리、삽衰也쇠할、삽(合) ⿰風召 챠 [조]清風맑은바람、조(蕭) ⿰風令 령 [령]寒風찬바람、영(靑) ⿰風幼

우 [우]風聲ㅣㅣ바람소리、우(有) ⿰風它 이 [이]小旋風작은회리바람、이(支) 颱°· 태 [태]南支那海에서起하는暴風、氣象學上區別한風의一種,颶風보다조금緩하

고비가석임、바람、태(灰) ⿰風必° 삐 [별]微風적은바람、별(屑) ⿰風卯 류 [류]風聲바람소리、유(有) ⿰風朮· 쑤 [술]微風적은바람、술(質) ⿰風号 하 [호]風聲바람소리、

호(豪) ⿰風尼 이 [이]大風큰바람、이(支) ⿰風甘°· 깐 [함]風聲바람소리、함(勘) ⿰風永 훙 [홍]風吹바람불、홍(董) ⿰風犮 빠 [발]疾風빠른바람、발(曷) ⿰風巳 颿同

(六) 飀 릐 [려]急風휙부는바람、여(霰) 颲° 례 [렬]烈風매운바람、열(屑)烈通 ⿰風㐱 뾰 [표]狂風미친바람、표(蕭) ⿰風甚· 훙 [홍]風聲바람소리、홍(東)

⿰風戌 쉐 [휼]微風적은바람、휼(質) ⿰風休 슈 [휴]風聲바람소리、휴(尤) 颳° 꽈 [괄]惡風모진바람、괄(黠) ⿰風吉· 지 [힐]風吹바람불、힐(質) ⿰風劦 쎼 [협]風

和바람화할、협(葉)

七

颵 쌒 [소]風聲바람소리、소(肴) **⿺風丣** 류 [류]緖風⿺風丣ㅣ슬슬부는바람、유(有) **颮**° 同飃 **颶**° 同颶 **颴** 쒼 [선]風轉회리바람、선(先) **⿺風孛**° 얍 [불]風吹바람불、불(月) **⿰委風** 뇌 [뇌]風動貌바람움직일、뇌(賄) **⿰兒風** 옌 [연]微風적은바람、연(霰) **⿺風尾** 미 [미]風吹偃物불어자빠뜨릴、미(未) **⿺風朮** 착 [구]微風적은바람、구(尤) **⿺風赤**° 화 [홰]熱風뜨거운바람、홰(陌) **⿺風夾** 싸 [삽]風疾바람빠를、삽(洽) **⿺風攸** 우 [유]風聲바람소리、유(尤) **⿺風登**• 싸 [살]風吹바람불、살(曷)

八

⿺風京° 량 [량]北風북풍、양(陽) 涼通 **颶**• 쮜 [구]四方風海中大風회리바람、구(遇) **⿺風戾** 릐 [려]風聲바람소리、여(霽) **⿺風忽**° 후 [홀]疾風貌휙부는바람、홀(物) **⿺風垂** 취 [수]風偃物바람에쓰러질、수(支) **⿺風夌** 렁 [릉]大風큰바람、능(蒸) **⿰虎風**• 뿌 [부]風之強吹바람셀、부(尤) **⿺風周** 작 [주]風吹바람불、주(宥) **⿺風卑**° 삐 [배]風吹바람불、배(齊) **⿺風或** 꿔 [괵]熱風뜨거운바람、괵(陌) **⿰委風**• 왜 [외]低吹風낮은바람、외(灰) **⿺風析** 시 [석]風聲바람소리、석(錫) **⿺風疌** 쳐 [첩]風勁吹바람몹시불、첩(葉) **⿺風奉** 뿡 [봉]風起바람일어날、봉(董) **⿺風尚** 당 [정]風聲바람소리、정(庚) **⿺風卒**° 새 [세]破也파할、세(霽) **⿺風音** 얍 [부]風穩바람잔잔할、부(有) **⿺風炎** 퐌 [표]狂風미친바람、표(蕭)

九

颸°• 쓰 [시]涼風서늘한바람、시(支) **⿰皆風** 예 [개]疾風휙부는바람、개(佳) 喈通 **颾** 쌒 [소]風聲바람소리、소(豪) **颺**°• 양 [양]風飛날릴、양(漾) 揚同(陽) **颼**° 쑤 [주]風貌ㅣ飀바람솨불、수(尤) **⿺風胃** 위 [울]大風큰바람、울(物) **⿺風風** 쿵 [공]亂風어지러운바람、공(講) **⿺風息** 형 [횡]風聲바람소리、횡(敬) **⿺風幽** 우 [유]風聲바람소리、유(尤) **⿺風剌** 라 [랄]風吹바람불、날(曷) **颹**• 웨 [위]大風큰바람、위(微) **⿺風侯**°• 허 [후]風吹바람불、후(尤) **⿺風秋** 삭 [수]風聲바람소리、수(尤) **⿰兒風** 옌 [연]微動風잔잔하게부는바람、연(銑) **⿺風枼** 예

엽風動바람움직일、엽(葉) 颾。인 안颶風회리바람、안(翰) 颵。유 유颶風회리바람、유(虞) 颹 잉 영高吹風높은바람、영(庚) 䬕 옌 전風動바람움직일、전(先) 䬝 우 유風吹바람불、유(尤)

十

颻。야・ 요風動風飄ㅣ날릴、요(蕭) 颿・ 빤 범馬疾步말달릴、범船饅돛、범(感)(陷) 帆䫲同 飃 리 률暴風왜풍、율又사나운바람、율(質) 颲同 䬗 당 당風吹바람불、당(陽) 颽。同凱 颾 솨 삭風聲바람소리、삭(藥) 䬍 먀 묘疾風吹빠른바람、묘(蕭) 䬆 쏘 호熱風뜨거운바람、호(肴)

十一

飄。퍄・ 표旋風회리바람、표風貌ㅣ飄날릴、표隧也떨어질、표(蕭) 飆同 飂。랴・ 료風聲ㅣ颸바람소리、요(蕭) 飉同 류高風ㅣㅣ높은바람、유(尤) 飀同 䬛 쑤 숙風吼바람소리칠、숙(屋) 䬛 삐 필風寒바람찰、필(質) 䫼 와・ 오風聲바람소리、오(豪) 飃 同飄 䬟 쐐 솔風聲바람소리、솔(質) 颯 씨 습大颯風ㅣ큰바람、습(緝)

十二

飆。빤・ 표從下而上扶搖風회리바람、표(蕭) 飄猋同 䬗 당 당狂風미친바람、당(庚) 䬥。덩 정風聲바람소리、정(庚) 飅 쑤 숙風聲바람소리、정(屋) 飈・ 同飆 䬠 퀴 회暴猋風從上下왜풍내리불、회(灰) 飉。랴 료風聲바람소리、요(蕭) 䬟 횡 황暴風왜풍、황又사나운바람、황(庚) 飀・ 류 류高風ㅣㅣ높은바람、유(尤)

十三

飋 씨 슬秋風ㅣ飋쓸쓸한바람、슬(質)

十四

飌 타 도大風큰바람、도(豪)

十五

飀 류 류風行聲바람가는소리、유(尤) 䬞。려 렵風聲바람소리、엽(葉)

十六

䬢 력 력風聲바람소리、역(錫) 飌・ 風古字 䬣 쏘 소涼風北風북풍、소又하늬바람、소(蕭)

十八

䬤。시・ 섭風吹바람불、섭(葉)

食部

食。쓰・ 식殽饌飮ㅣ밥、식茹也먹을、식啗也씹을、식祿也녹、식生計衣ㅣ살림、식(職) 사以ㅣ與人飯먹일、사飼同 이人名ㅣ其사람의이름、

이(眞)

二

飠又 위 [어]餞也전별할、어(御)

飤 飼同

飣 띵 [정]貯食ㅣ餖괴임새、정(徑)

飢。 지 [기]餓也곪을、기又주릴、기又곪을、기五穀不成흉년들、기(支)饑同

飡 飧俗字

三

飧。 손 [손]餔也夕食저녁밥、손水澆飯물、만밥、손(元)

飠也 지 [지]飴也엿、지(支)

飠乞 치 [흘]飽也배부를、흘麫ㅣ밀수제비、흘(物)

飠勺。 위 [약]食節음식존절할、약(藥)

飥。 탁 [탁]麫湯餺ㅣ밀수제비、탁(藥)

飦 饘同

四

餖 뚜 [두]饅ㅣ만두、두(尤)飣也괴임새、두(宥)餖同[설]陳飲食음식차려놓을、설(屑)

飲。 인 [음]歠也咽水마실、음(寑)予人以歠마시게할、음含也머그믈、음隱也숨길、음(沁)

飠厄 餩同

飰 飯俗字

飯。 빤 [반]食也먹을、반飼也칠、반(阮)餐也炊穀밥、반(願)

飩 뚠 [돈]圂餌餛ㅣ경단、돈賜也줄、돈(元)

飫 위 [어]燕食饜也먹기싫을、어飽也배부를、어(御)

飪。 신 [임]羹美ㅣ떡국、임熟也익힐、임(寑)餁同

飠內 나 [납]食也먹을、납(合)

飬 養同

飠元 웬 [원]餠也떡、원(元)

飠冗 융 [용]食也먹을、용(腫)

飱 飧俗字

飭。 치 [칙]致堅신칙할、칙整備修ㅣ갖출、칙修治닦을、칙勤也부지런할、칙謹也삼갈、칙正也바를、칙(職)

五

飠令 링 [령]屑餠가루떡、령(青)

飠甲。 쟈 [흡]餠也떡、흡(洽)

飠句。 쥐 [구]牛之飽소배부를、구(尤)

餇 징 [경]飽也배부를、경(迥)

飠尼 니 [니]餌也미끼、이(支)

飠攵 饑古字

飠本 뻔 [본]粗飯거친밥、본(阮)

飠召 찬 [초]小食적게먹을、초(嘯)

飠占。 옌 [염]食麥보리먹을、염(鹽)

飠付 부 [부]食也먹을、부(尤)

飠正。 졍 [정]餠也떡、정(庚)

飳 주 [주]餌也미끼、주(遇)

飠氐 듸 [제]寄人而食얻어먹을、제(齊)

此食。 츠 [자]惡食악한음식、자(紙)

夗食 위 [울]飴和豆콩엿、울(物)

飾。 씨 [식]裝也修ㅣ꾸밀、식緣ㅣ가선두를、식文ㅣ문채날、식粉ㅣ분바를、식整也정제할、식(職)

餩。 어 [액]飢也곪을、액又주릴、액(陌)飠厄同

飶。 삐 [필]食

之香음식맛있을、필(質)苾同 䬴。同秣 䬬 양 [앙]飽也배부를、앙滿也가득할、앙(養)(漾) 飷 쟤 [자]食無味음식맛없을、자(馬) 飽。빠 [포]食充滿배부를、포厭也飫也먹기싫을、포又물릴、포滿足十分흡족할、포(巧) 䬳 빤 [반]屑米餠싸라기떡、반(旱) 飵 쭤 [조]相謁食麥饘보리미음、조(遇) [작]義同(藥) 飼。쓰 [사]以食食人먹일、사畜禽獸칠、사(寘)飤同 飴。이 [이]餳也以米糵煎秫엿、이 [시]養也기를、시(支)

六

䬺 양 [양]餠也떡、양(漾) 䬶 안 [한]飢也주릴、한(願) 餇 퉁 [동]食物음식、동(東) 䬰 쟢 [요]屑餠가루떡、요(蕭) 餎。루 [로]餄ㅣ곪은국수、노(虞) 䬷 써 [서]厭也싫을、서(御) 餄 쟈 [협]餠也떡、협(洽) 䬹 찌 [질]刈禾人벼베는사람、질(質)(屑) 餃 쟌 [교]屑米麪和飴湯中牽丸경단、교(效) 餀。애 [해]穢臭더러운냄새、해(卦) 餅. 빙 俗餠字 餂 텐 [첨]鉤取낚아들일、첨(琰) 餁 飪同 餉. 썅 [상]俗[향]饋也먹일、향饁也점심、향軍糧군량、향短時間食頃식경、향(漾)晌通 養.。양 [양]育也長也기를、양取也취할、양憂貌ㅣㅣ마음수란할、양ㅣ生몸위할、양飼ㅣ칠、양滋ㅣ살찔、양賤役廝ㅣ하인、양(養)下奉上봉양할、양(漾) 餌.。얼 [이]食也먹일、이又먹을、이粉餠흰떡、이動物飼料먹이、이(寘)啗魚具鉤ㅣ미끼、이又이깝、이(紙) 餈.。츠 [자]餻也飯餠인절미、자粿餌떡、자(支)

七

䭃 딩 [정]餉也먹일、정(敬) 䭁。이 [이]食物음식、이(寘) 䭏 쑤 [수]蒸飯찐밥、수(尤) 䭜 랑 [랑]善美也국、낭(陽) 𩛽 신 [신]烏飯검은밥、신(震) 䬾 드 [제]餠也떡、제(齊) 餑. 뻐 [불]麥餠보리떡、불(月) 䬽 시 [세]食也먹을、세(霽) 餗.。쑤 [속]鼎實八珍之膳곰、속(屋) 䭂 이 [읍]臭也食ㅣ밥쉴、읍(緝) 𩜖 메 [미]食餘대궁、미又덕찌기、미(尾) 𩟔 쪄 [제]敗味맛변할、제(霽) 䭨 웬 [원]貪食게걸스럽게먹을、원(元) 餓.。어 [아]甚于飢굶을、아又굶길、아(箇) 餖

뚜[두]貯食飣ㅣ괴임새、두(宥)餖同 **餇** 원[연]饜食飫물릴、연(霰) **飧**° 쏜[손]餔也먹을、손水澆飯물만밥、손(元)飱同[찬]呑食삼킬、찬間食간식먹을、찬飲饌안주、찬(寒)湌同 **餕**° 쥰[준]食之餘대궁、준又턱찌기、준祭餘제사퇴물、준(震)[산]ㅣ餡떡소、산(寒) **餒**° 네[뇌]餓也주릴、뇌魚爛생선물크러질、뇌飢之굶길、뇌(賄)餧同 **餔**° 뽀[포]申時食저녁결두리、포食也먹을、포(虞)與食먹일、포(遇)哺同 **餘**° 위[여]殘也나머지、여賸也饒也남을、여末也끝、여大韓民國古國名扶ㅣ나라이름、여(長春吉林等地)(魚)

八

[食垂] 췌[추]飢也虛ㅣ헛헛할、추(寘) **餲** 예[얼]飯窒밥체할、얼(屑) **[食念]** 餡同 **餤** 탄[담]進也나아갈、담(覃)啖也씹을、담餌之미끼먹일、담(勘) **餡**° 쎈[함]餠中實味떡소、함(陷) **餠**° 뼝[병]麪餈밀가루떡、병又떡병一片한조각、병(梗) **餉**° 쌍[향]糧也양식、향(漾) **餦** 쨩[장]餳也ㅣ餭산자、장(陽) **[食匋]** 同餡 **餚** 화[효]饌也반찬、효(肴)殽肴同 **餞**° 쪈[전]送行燕전별잔치、전送也보낼、전(銑)(霰) **館**° 꽌[관]客舍候ㅣ객사、관官署公使ㅣ마을、관店也전방、관學校학교、관院也집、관(旱)(翰) **餛** 훈[혼]餛ㅣ飩경단、혼(元) **餟** 쮀[체]祭酹酒모사술、체(霽)[철]義同、聯祭차례지낼、철(屑) **餧**° 웨[위]飼也먹일、위(寘)[뇌]飢也주릴、뇌(賄) **餳**° 싱[성]飴也엿、성(庚) **餣** 옌[업]餠也떡、업(葉) **[食夌]**° 링[릉]馬食穀多氣流四下말피내릴、능(蒸) **[食甾]** 츠[치]粥也죽、치(支) **[食昔]**° 주[조]食也먹을、조(遇) **[食固]** 구[고]餠也떡、고(虞) **[食事]** 쓰[시]嗜食즐길、시(寘) **餜** 궈[과]餠也떡、과(哿) **餝**° 飾同 **[非食]** 뷔[비]食也먹을、비(尾) **餢** 쭈[부]起麪餠ㅣ[食俞]밀전병、부(宥) **[食於]** 위[어]飫也싫을、어(御)

九

[食柔]° 우[유]蒸飯찐밥、유(有) **[食勇]** 융[용]食物먹을、용(腫) **[食复]**° 뿌[복]食也먹을、복(屋) **[虎食]** 饕同 **[食巽]** 饌同 **[食甚]** 깐[감]飢也주릴、감(感) **[食畐]** 애비[벽]飽厭물릴、벽(職)

餜 커 [과]以穀屑蒸造餅而塗細粉者고물떡、과(歌) 餴• 분 [분]半蒸飯선밥、분(文)饋同 餢 투 [두]起麪餅餅ㅣ밀전병、두(有) 餱• 허 [후]乾食ㅣ糧말
린밥、후(尤)糇同 餮• 례 [철]貪食貪財탐할、철惡獸。名饕ㅣ짐승이름、철(屑) 餯 훼 [훼]餀也더러운냄새、훼(隊) 餿 쏘 [수]飯壞밥상할、수(尤) 餳
당 [당]飴也엿、당(陽)餹同[셩]義同(庚) 餲。 애 [애]飯臭밥쉴、애(卦)[알]義同 餭 황 [황]黍餳乾飴餦ㅣ산자、황(陽) 䭏 [韓][國]字餅也떡、편 餬• 후 [호]糜也ㅣ
饘미음、호寄食붙여먹을、호(虞) 餰 饘同 餪 난 [난]女嫁後三日餉食饋풀이기잔치、난(旱) 䭂 쒸 [주]豆屑雜糖콩가루묻친엿、수(紙) 餫• 훈 [운]野
饋들에서먹일、운(問) ⑩ 𩞁 다 [답]食也먹을、답(合) 䭒 시 [식]氣息舍、식食也먹을、식(職) 餽•。饋同 館 젼 [견]乾餅마른떡、견(銑) 餻。
꼬 [고]餌餅粉資饔ㅣ흰떡、고(豪) 餡 餡同 饁• 예 [엽]餉田食들점심먹일、엽(葉) 𩝠 쏘 [소]菜食無肉소식、소(遇) 䭈 사 [할]飽厭물릴、할(黠) 䭨
라 [라]飽厭물릴、나(哿) 䭃 웬 [원]貪也탐할、원(元) 餺 뿩 [박]餅屬ㅣ飥떡、박麪湯밀수제비、박(藥) 䭓。 어 [온]飽也배부를、온(願) 餼• 씨 [희]廩也饔
ㅣ곳집쌀、희饋餉먹일、희(未) 䭑。 렘 [렴]飯後小食간식、염(琰) 䭛 犒同 餾。 류 [류]飯氣蒸流饋ㅣ밥뜸들、유(宥) 䬳 꽈 [과]消食밥내릴、과(麻)
餹 糖同 䭗 뎐 [전]好味좋은맛、전(銑) 餿 餕同 䭌 착 [후]食物爛밥상할、후(有) 䭇 嗜同 䭔• 퇴 [퇴]蒸餅증편、퇴(灰) 䭕 사 [삽]餅
也떡、삽(洽) ⑪ 饈 쑤 [수]進供드릴、수(尤) 饅• 만 [만]餅也ㅣ頭만두、만麪食밀것、만(寒) 𩟋。 충 [종]多食많이먹을、총(冬) 䭯 왜 [적]日月蝕일월
식할、적(陌) 𩟔。 상 [종]愛食饞ㅣ게걸들릴、종(冬) 䭖 츙 [숭]貪食饞ㅣ게걸스러울、숭(東) 䭙 산 [삼]粒也낟알、삼(感) 饇• 위 [어]飽也배부를、어

(御)飫同。우 義同(遇)

⿱麻食 머 마 哺小兒어린아이먹일、마(歌)

饉 진 근 飢也주릴、근無菜白ㅣ푸성귀흉년、근(震)

⿰食強 쟝 강 硬食찬밥、강(養)

⿱斬食 잔 잠 無味滋ㅣ맛없을、잠(感)

⿰食庶 쟈 저 豕食돼저、저(御)

⿰食曹 잔 조 餡也떡소、조(豪)

饆 삐 필 餠麪有餡ㅣ饠두텁떡、필(質)

⊕十二

⿰食畱 餾同

⿱敦食 둔 돈 貪也탐할、돈(元)

饙 餴同

⿰食尞 (韓)國字飢乏不食요기할、요

饐 이 의 飯傷濕臭味變밥쉴、의(寘) 애 義同(霽)

饎 지 치 酒食술밥、치炊黍稷서속찔、치(寘)糦同

⿰食象 샹 상 晝食점심、상(養)

⿰食黃 황 황 粥也죽、황(陽)

⿰食景 잉 영 飽滿배부를、영(梗)

⿰食登 덩 등 祭食제사밥、등(蒸)

⿱覃食 단 담 無味맛없을、담(感)

⿰食朁 잔 참 味小甘달금할、참(寢)

饍 膳同

饒 산 요 豐也넉넉할、요飽也배부를、요益也더할、요餘也남을、요(蕭)

饋 궤 궤 餉也먹일、궤進食於尊진지올릴、궤(寘)餽同

饌 쟌 찬 具食반찬、찬(潸) 전 義同(霰)膳同

饑 지 기 穀不熟흉년들、기餓也주릴、기(微)

⿰食掌 탕 탱 飽也배부를、탱(庚)

⿰食童 탕 탕 貪食탐하여먹을、탕(江)

饊 싼 산 餦餭熬稻산자、산(旱)

⊕十三

⿰食會 홰 홰 食也먹을、홰(泰)

⿰食達 다 달 麪乾ㅣ수제비、달(曷)

饘 잔 전 糜也厚粥범벅、전(先)

⿰食過 궈 과 食也먹을、과(箇)

⿰食農 녕 농 强食饛ㅣ억지로먹을、농(江)

⿰食蜀 이 이 飽厭물릴、이(寘)

饄 당 당 與食밥줄、당(陽)

⿰食零 링 령 飽厭於食밥물릴、령(青)

⿰食奧 와 오 妒食거염내먹을、오(號)

⿰食雍 옹 옹 食之酸敗밥쉴、옹(腫)

饕 토 도 貪財嗜食ㅣ餮탐할、도(豪)

⿰食斂 렴 렴 無味맛없을、렴(琰)

饔 옹 옹 朝ㅣ아침밥、옹熟食밥、옹(冬)

⿰食廉 졈 겸 不厭물리지않을、겸(琰)

⿰食睪 이 역 飯之酸敗밥쉴、역(陌)

饖 애 예 飯之腐臭밥상한냄새날、예(隊)

饗 샹 향 大飮賓잔치할、향祭而神歆흠향할、향(養)享同

⿰食感 깐 함 食不飽나쁠、함(感)

⿰食無

饎同

(十四) 饓 녕 [녕] 强食ㅣ餦억지로먹을、영 (庚)

⿰食遣 견 [견] 乾菓子마른과자、견 (銑)

饜 옌 [염] 飽也足也싫을、염 (鹽)(豔) 厭同

饛 뭉 [몽] 器滿밥수북히담을、몽 (東)

籑 同饌

⿰食蓋 웨 [의] 食而吐먹고토할、의 (賄)

⿰食察 차 [찰] 添食더먹을、찰 (黠)

⿰食蒦 훠 [학] 味薄싱거울、학 (藥)

⿰食意 언 [은] 食欲飽ㅣ⿰食豈배부르려할、은 (願)

(十六) ⿰食褱 화 [회] 飯敗밥쉴、회 (卦)

⿰食龍 룽 [룽] 餠名ㅣ餠떡、농 (東)

(十七) ⿰食韱 찬 [참] 貪也탐할、참 (陷)

⿰食麋 미 [미] 哺小兒어린아이먹을、미 (紙)

饟 同餉

饞 同嚵

(十九) 饡 잔 [찬] 以羹澆飯국만밥、찬 (翰)

⿰食靡 머 [마] 哺小兒어린아이먹일、마 (歌)

饠 뤄 [라] 餠也饆ㅣ두텁떡、나 (歌)

首部

首 쑤 [수] 頭也머리、수 先也먼저、수 魁ㅣ괴수、수 始也처음、수 君也임금、수 ㅣ領우두머리、수 (有) 嚮也향할、수 有咎自陳자백할、수 降服항복할、수 詩歌數詞수、수 (宥)

𦣻 首古字

(二) 馗 궤 [규] 九達道아홉거리、규 鬼名鍾ㅣ귀신이름、규 (支) 逵通 [구] 義同 (尤)

(五) ⿰丁首 頂同

⿰首犮 髮同

(六) ⿰首亥 해 [해] 首也머리、해 (灰)

(七) ⿰旨首 稽古字

(八) 馘 꿔 [괵] 軍前斷首목벨、괵 軍法獲而不服則殺而獻其左耳왼편귀베어바칠、괵 (陌)

(九) ⿰首頁 수 [수] 初産兒첫아이、수 (有)

(十) ⿱髟首 부 [불] 婦人首飾額前飾이마드림、불 (物)

(十一) ⿰首國 同馘

香部

香 썅 [향] 氣芬芳향내、향 又향기、향 又고소할、향 (陽) 薌通

(四) ⿰香今 뻬 [볃] 香發향기날、별 (屑) [함] 義同 (覃)

馚 同馩

(五) 馛 빠 [발] 香也향기날、발 (曷)

⿸疒香 쌍 [항] 氣疾기운병、항 (陽)

馝 삐 [필] 馨香ㅣㅣ내날、필 (質)

馜 니 [니] 香也향기날、이 (紙)

(七) 馞

퍼[발]大香馚ㅣ향내물큰날、발(月)

馠 한 [함]香也향기날、함(覃)

馟 투 [도]香也향기날、도(虞)

八

馢 젼 [전]향나무、전(先)

馣 안 [암]香氣ㅣㅣ향내、암(覃)(感)

馡 뷔 [비]香氣ㅣㅣ향내、비(微)菲通

䭲 이 [의]香也향기날、의(紙)

⿰香奉 뿡 [봉]香盛향기성할、봉(董)

九

馤 애 [애]香氣향내、애(泰)

⿱香香 쌍 [향]大香향내물큰날、향(陽)

馥 뿍 [복]香氣芬ㅣ향내、복(屋)

十

⿰香翁 웅 [옹]香也향내날、옹(董)

⿰香害 쌰 [할]香氣향내날、할(曷)

馧 원 [온]香氣香ㅣ향내、온(文)

馦 션 [험]香味고소할、험(鹽)

十一

馨 씽 [형]香遠聞향내멀리날、형語辭寧ㅣ이러한、형(青)

⿸麻香 눈 [논]香也温ㅣ향내、논人名사람의이름、논(元)

十二

⿰香覃 탄 [담]香氣향내、담(覃)

馩 뿐 [분]香臭향내、분(文)

十四

⿰香盍 애 [애]香也향내날、애(泰)

馪 삔 [빈]香氣盛貌향내물큰날、빈(眞)

十六

馫 흥 [홍]香氣향기、홍(蒸)

⿱魏香 웨 [위]藥草약풀、위(未)

十畫

馬部

馬 마 [마]武獸乘畜生於午稟火氣無膽말、마戲具말、마屋四角陽ㅣ추녀끝、마朝鮮古國名ㅣ韓나라이름、마獨逸貨幣마크、마(馬)

二

⿰馬八 빠 [팔]馬八歲여덟살된말、팔(黠)

馭 위 [어]使馬駕ㅣ말어거할、어又말부릴、어(御)御同

馮 핑 [풍]姓也성、풍郡名ㅣ翊고을이름、풍官名ㅣ相벼슬、풍(東)[빙]乘也탈、빙陵也업신여길、빙依也비길、빙相視마주볼、빙(蒸)憑淜通

⿱馬十 환 [환]馬十歲열살된말、환(删)

三

馱 뒤 [타]負荷以畜載物짐실을、타騎也탈、타(歌)(箇)或作佗

⿰馬凡 반 [범]馬行貌말저벅저벅걸을、범(陷)颿通

馴 쓘 [순]馬順擾也從也길들일、순善也착할、순漸致길들、순(眞)[훈]順也순할、훈(問)

古訓字

馳。 츠 [치] 疾驅ㅣ騖달릴、치 御路ㅣ道 거동길、치 傳也전할、치(支)

駒 듸 [적] 馬白頭별 박이、적(錫)

馯 한 [한] 東夷別名오랑캐、한(寒) [간] 馬青黑검푸른말、간 姓名성、간(刪)

馵。 쥬 [주] 馬後左足白왼쪽 뒷발흰말、주(遇)

馲 퉈 [탁] 負重畜脊有肉鞍ㅣ駝약대、탁(藥) 驝同 [책] 驢父牛母ㅣ⿰馬百맥이、책(陌)

四

馹。 싀 [일] 驛傳遽馬 역마、일(質)

馺 싸 [삽] 馬行疾ㅣ⿰馬沓말빨리걸을、삽 漢殿名ㅣ娑전각、삽(合)

⿰馬卬 앙 [앙] 千里駒천리마、앙 馬怒貌ㅣㅣ말성낼、앙(陽)

馻 윈 [윤] 馬毛逆말털 거스릴、윤(軫)

⿰馬毛 맏 [모] 馬之長毛말 긴털、모(豪)

馾 땀 [점] 馬睡貌말 졸、점(勘)

馱。 馱譌字

⿰馬父 뿌 [부] 牡馬수말、부(虞)

⿰馬介 졔 [개] 結馬尾말꼬리 잡아맬、개(卦)

馿。 驢俗字

駃 쾌 [쾌] 疾也빠를、쾌(卦) 快同 [결] 馬父贏子ㅣ騠버새、결(屑)

⿰馬巿 폐 [패] 馬勇말날랠、패(泰)

駁。 뼉 [박] 馬雜色얼룩말、박 雜ㅣ섞일、박 非難攻擊논박할、박(覺) 駮通

駂 봐 [보] 驪馬烏驄오 총말、보(皓)

馽。 지 [칩] 絆馬ㅣ羈잡아 맬、칩(緝) 縶通

⿰馬亢 앙 [항] 馬頭高말머 리높을、항(養)

五

駏 쮜 [거] 馬名似騾ㅣ驉트기、거 負 蟨獸ㅣ蛩벌레이름、거(語)

駛 쓰 [사] 馬行疾말빨리 걸을、사(紙)(寘)

駓 피 [비] 馬黃白雜色황부루말、비 走貌ㅣㅣ말달릴、비(支)

⿰馬玄 휀 [현] 馬歲한살 된말、현(先)

駒。 꾸 [구] 二歲馬망아지、구 小馬佉ㅣ애말、구(虞)

駚 앙 [앙] 野馬들 말、앙(漾)

駈。 驅同

駗 쪈 [진] 馬載重難行ㅣ驙말짐 무거워걷지못할、진(軫)

駜。 삐 [필] 馬飽而肥살 찐말、필(質)

駞 駝同

⿰馬失 이 [일] 疾走빨리 달아날、일(質)

駊 퍼 [파] 馬搖頭ㅣ騀말머 리내두를、파(哿)

駔。 창 [장] 壯也駿馬좋은말、장 會貫責 買ㅣ儈거간、장 又중개、장(養)

⿰馬瓜 騧同

駝。 퉈 [타] 封牛駱ㅣ약대、타 佝僂곱사등이、타(歌)

⿰馬半 빤 [반] 馬行말걸 을、반(翰)

駟。 쓰 [사] 一乘四馬夏駕兩謂麗殷益一 謂驂周益一謂ㅣ사마、사 房四

星天ㅣ별이름、사(眞) **駐**。쥬 [주]馬止말머무를、주滯在머무를、주行在所ㅣ蹕임금탄말머무를、주(遇) **駑** 누 [노]最下乘ㅣ駘노둔한말、노魯鈍노둔할、노(虞) **駕**。쟈 [가]馬在軛中멍에、가車ㅣ임금탄수레、가馭也멍에멜、가(禡) **駉** 쟝 [경]馬肥壯貌ㅣㅣ살찌고큰말、경(靑) **⿰馬幼** 얀 [요]馬騶따르는말、요(篠)

駘。태 [태]駑馬노둔한말、태脫銜재갈벗을、태(灰)廣大意펀할、태ㅣ蕩화창할、태疲也들피질、태(賄) **駙** 뷰 [부]副馬곁말、부皇女王女之壻ㅣ馬부마、부近也가까울、부(遇)

六

駯 쥬 [주]口黑馬입검은말、주(虞) **駱**。락 [락]ㅣ駝약대、낙白馬黑鬣검은갈기의흰말、낙(藥) **駛** 駛同 **駧** 둥 [동]馳馬말달릴、동(送) **駲** 직 [주]蓄地大馬큰말、주(尤) **駥**。숭 [융]馬高八尺有絕力者크고세찬말、융(東) **駣** 탄 [조]馬三歲始乘習새로길들인말、조(篠) **駡** 罵同 **駬**。얼 [이]馬名騄ㅣ준마、이(紙) **駮**。駁同 **駰**。인 [인]泥驄馬陰白雜毛준마、인(眞) **⿰羽馬** 취 [구]馬後足皆白뒷발흰말、구(虞) **駭**。쎄 [해]驚起놀랄、해ㅣ鼓북울릴、해(蟹) 駴同 **駩** 찬 [전]白馬黑唇검은입술의흰말、전(先) **⿰馬百** 머 [맥]驢牛交生駝ㅣ트기、맥(陌) **⿰馬臾** 유 [유]疾也빠를、유(虞)

駢。騈同 **⿱列馬** 레 [렬]列馳나란히달아날、열(屑) **駪**。씬 [신]馬衆多ㅣㅣ말우물우물할、신疾行貌빨리걸을、신(眞)侁同 **駤** 쯰 [치]말뒤걸음칠、치勃怒성불끈낼、치(寘)

七

⿰馬步 뿌 [보]習馬步ㅣ馬말걸음익힐、보(遇) **駹** 망 [방]靑馬面顙皆白ㅣ찬간자、방(江) **駾**。퉈 [대]奔突벋뛸、대(隊) [태]馬行疾말빨리걸을、태(泰) **駷** 쑹 [송]馬搖銜走재갈채쳐달릴、송(腫) **駼**。투 [도]良馬騊ㅣ말이름、도獸名騊ㅣ짐승이름、도(虞) **騃**。애 [애]癡也無知貌어리석을、애(蟹)

駽 쉔 [현]靑驪馬鐵驄철총마、현(先)(霰) **騁** 청 [칭]俗[빙]直馳走也달릴、빙(梗) **駵** 同騮 **駻** 한 [한]惡馬ㅣ突사나운말、한(翰)馯通 **駿**。쥰 [준]馬

之美稱준마、준大也클、준[준]疾速빠를、순(震) 騂 씽[성]赤色牲붉은소、성馬赤黃누른말、성(庚)騂通 駴 駭同 駸。친[침]驟貌ㅣㅣ말몰아달릴、침(侵)

騀。어[아]馬搖頭駊ㅣ말머리내두를、아[아]獸名짐승이름、아(哿) 八 騍 커[과]牝馬암말、과(箇) 騄。루[록]八駿之一ㅣ駬준마、녹(沃) ⿰馬沓 다

[답]馬行疾貌馺ㅣ말빨리걸을、답(合) 騘 驄俗字 騊。돠[도]良馬ㅣ駼좋은말、도(豪) 騋。래[래]馬高七尺ㅣ牝키큰말、내(灰) 騐 驗俗字 騌

駿俗字 ⿰馬夌 령[릉]馬病말병、능(徑) 駢 뻰[변]二馬並駕두말한멍에할、변增贅旁出者육손이、변(先)[병]齊地名땅이름、병(青) 騏。치

[기]青黑馬日行千里천리마、기(支) 騇 써[사]牝馬암말、사(禡) 騎。치[기]跨馬말탈、기(支)馬軍車ㅣ마병、기(寘) ⿰馬𡿺 노[노]良馬좋은말、노(皓) ⿰馬空

장[강]馬行步말걸음걸을、강(江) 騉 쿤[곤]馬名ㅣ蹄말이름、곤(元) ⿰馬叕 데[철]白額馬별박이、철(屑) 騅。쮀[추]蒼白雜色馬오추마、추(支) 騑。쀄

[비]驂馬곁말、비馬行不止貌ㅣㅣ말쉬지않고갈、비(微) ⿰馬阜 뿌[부]盛也성할、부(有) 䮘 이[예]小馬작은말、예(齊) 九 騥 쉬[유]青驪繁鬣갈기숱

하고푸른말、유(尤) 騜 황[황]馬黃白相間色누르고흰말、황(陽)⿰馬黃同 騝 쪈[건]騮馬黃脊등마루누르고검은말、건(先) ⿰馬罙 탄[탐]馬步向前말걸음법들、

탐(勘) 騧。꽈[왜]黃馬黑喙ㅣ驪주둥이검고누른말、왜(佳)[과]義同(麻) 騕。약[요]駿馬ㅣ褭日行千里천리마、요(篠) ⿰馬复 삐[필]神馬ㅣ騆도총이、필(質) 騛。

쀄[비]馬逸走말뛸、비六馬여섯말、비(微) 騟 위[유]紫色馬검붉은말、유(尤) 騠。티[제]良馬駃ㅣ잘닫는말、제(齊) ⿰兹馬 쎈[한]馬步習말걸음익힐、한(刪)

⿰馬禺 顒同 騢。싸[하]駁馬얼룩말、하(麻) ⿰馬春 춘[준]馬雜文얼룩말、준鈍馬걸음느린말、준(軫) 騖。우[무]奔也달릴、무疾也빠를、무(遇) 騗

편 [편]躍上馬말뛰어오를、편(霰)

騙 편 [편]欺也속일、편(霰)

騣 종 [종]馬鬣말갈기、종(東) 鬃鬉同

騤 궤 [규]馬壯健ㅣㅣ말세찰、규 馬行威儀끌밋할、규(支)

騞 휘 [획]行不止쉬지않고갈、획 解牛聲백정칼쓰는소리、획(陌) 砉同

騁 딩 [쟁]馬佳貌말우뚝설、쟁(庚)

𩥭 돤 [단]遲行馬더디게걷는말、단(翰)

騘 同驄

(十)

騱 씨 [해]駏驉類驒ㅣ트기、해(齊)

騰 텅 [등]升也오를、등 馳也달릴、등 踊躍뛰놀、등(蒸)

䮨 재 [재]雜毛驄馬얼룩말、재(賄)

騵 웬 [원]騮馬白腹배희고갈기검은말、원(元)

騹 덴 [전]馬額白戴星별박이、전(先) 顚通

騸 싼 [선]割去畜勢ㅣ馬불알친말、선(霰)

䮳 타 [탑]馬行不進驥ㅣ말막설、탑(合)

騩 궤 [괴]馬淺黑色잿빛말、괴(寘) [귀]義同 山名산이름、귀(微)

騬 청 [승]去勢馬불친말、승(蒸)

驏 잔 [전]馬轉卧土浴말땅에구를、전(霰)

騫 첸 [건]虧也이지러질、건 馬腹病말배앓을、건(先)

驕 잔 [교]體高六尺馬높이여섯자되는말、교(蕭)

隲 찌 [즐]牡馬수말、즐 升也오를、즐 定也정할、즐(質)

騮 류 [류]赤馬黑鬣驊ㅣ검은갈기에붉은말、유(尤) 駵同

騪 同搜

騲 찬 [조]牝畜通稱암컷、초(皓)

䮰 同驝

騬 청 [승]犗馬불알친말、승(蒸)

騷 싼 [소]擾動소동할、소 愁也근심스러울、소(豪)

騴 앤 [안]馬尾本白꼬리밑둥흰말、안(諫)

騯 평 [팽]馬行盛貌ㅣㅣ말떼지어갈、팽(庚) 彭通

騶 쭈 [추]廐御ㅣ徒마부、추 仁獸ㅣ虞짐승이름、추(尤) 鄒郰同

䮵 운 [온]駿馬좋은말、온(元)

䯅 驥同

(十一)

驀 머 [맥]上馬말탈、맥 超越뛰어넘을、맥 一字進곧장、맥(陌)

驁 오 [오]駿馬준마、오 輕視깔볼、오(豪) 義同、樂章名ㅣ夏풍류이름、오(號)

驃 퍄 [표]驍勇ㅣ騎날쌜、표 黃色馬누른말、표(嘯)

驄 총 [총]馬青白色푸른말、총(東)

驩 째 [적]牡牛交驢而生ㅣ騵트기、적(陌)

騺 찌 [지]馬重말짐무거울、지(寘)

䮥 리 [리]驢子나귀새끼、

이 (支) 驅。취 [자]驟也奔馳몰、구軍前鋒先ㅣ앞잡이、구(虞)(遇) 驂。찬 [참]駕三馬세말멍에할、참車衡外兩馬멍에밖곁마、참(覃) 參通 騺 춍 [용]鷙馬용렬한

말、용(冬) 騼 루 [록]野馬騼ㅣ들말、녹(屋) ⿰馬見 미 [멱]馬惡말사나운、멱(錫) 騾 驘俗字 騻 驌同 ⿰馬魚 위 [어]環眼馬고리눈말、어(魚) ⑫

驐 뚠 [돈]畜去勢짐승불알칠、돈(元) 驕。쨘 [교]自矜교만할、교逸傲縱姿방자할、교馬六尺키큰말、[효]短喙田犬주둥이짧은사냥개、효(蕭) 獢同

驒。탄 [탄]連錢驄돈점박이말、탄(寒) [타]義同、野馬ㅣ騱들말、타(歌) ⿰馬番。반 [번]畜之蕃殖짐승번성할、번(元) 驏。잔 [잔]馬不鞍而騎안장없이말탈、잔

(潸) 驈。위 [율]驪馬白跨사타귀흰검은말、율(質) 驉 쉬 [허]似騾駏ㅣ트기、허(齊) 驑 騮同 驊 화 [화]駿馬名ㅣ騮준마、화(麻) 驎。린 [린]馬

斑文얼룩말、인(眞) ⿰馬黃 騜同 驍。쑈 [효]勇捷날랠、효良馬좋은말、[교]健也武猛건장할、교(蕭) 驔 탄 [담]驪馬黃脊등누르고검은말、담毫在骭白정강이흰

말、담(覃) [점]義同(琰) 驌 쑤 [숙]良馬ㅣ騻좋은말、숙(屋) ⿰馬間 쎤 [한]馬一目白한눈흰말、한(刪) 驓。정 [증]四骹皆白발목다흰말、증(蒸) ⑬ 驛。이

[역]遞馬역말、역傳舍역말집、역汽車停車場정거장、역連屬絡ㅣ잇달、역苗貌ㅣㅣ싹뾰족할、역(陌) 驙。탄 [단]白馬黑脊등검은흰말、단馬載重말짐무겁게실을、

단(寒) 驜 예 [업]壯也장할、업(葉) 驖。데 [철]馬如鐵赤黑色검붉은말、철(屑) ⿱𦥯馬 워 [악]馬腸鳴말배끓을、악(覺) 驗。넨 [엄]俗[험]證也증험할、험效ㅣ

보람、험兆候조짐、험考視시험할、험(豔) ⿰馬歲 훼 [외]馬怒말성낼、외(賄) 驘 뤄 [라]騎畜驢馬交生노새、나(歌) 騾本字 ⿰馬蜀 뚜 [독]野馬騼ㅣ들말、독(屋)

驚。찡 [경]馬駭말놀랄、경駭也놀랄、경懼也두려울、경(庚) ⑭ ⿰馬監 쎈 [함]馬走말달아날、함(陷) 驞 삔 [빈]衆聲ㅣ騈떠들석할、빈(眞) 驟 쭤

[주]俗[취]突然별안간、취ㅣ雨소낙비、취馬疾步몰아갈、취奔也달릴、취數也자주、취(宥) ⿰馬壽。禂同 驝 탁[탁]脊有肉鞍ㅣ駝약대、탁(藥) 馲同 ⿰馬蒙 몽[몽]牡牛交驢生騾ㅣ트기、몽(東)

十五 ⿰馬夐 씽[경]馬求芻不得而怒말끌샘낼、경(敬) ⿰馬樂。레[력]馬色말빛、역(錫) ⿰馬巤。라[랍]馬不進ㅣ騔말가지않을、납(合)

⿰馬鹿。鑛同 ⿰馬廣 광[광]馬回毛在脊闕ㅣ말등도래털、광(陽)

十六 驡 룽[룽]野馬들말、농(東) 驠 연[연]馬白尻꽁무니흰말、연(霰) 驣 덩[등]馬躍말뛸、등(蒸) 驢。려[려]俗[로]似馬長耳以午及五更初而鳴나귀、노(魚)

十七 ⿰馬竄 찬[찬]ㅣ馬잰말、찬(刪) 驦 쌍[상]良馬驌ㅣ좋은말、상(陽) 騻同 驧。쮜 국[국]馬曲脊새우등말、국(屋) 驤。쌍[양]馬低昂騰躍말뛸、양遠也擧也날칠、양官名龍ㅣ벼슬이름、양(陽)

十八 ⿰馬聶 녜[녑]俗[섭]馬疾貌말달릴、섭(葉) 馲籥通 驨 씨[휴]騏驥천리마、휴(齊) 驩。환[환]馬名말이름、환南荒國名ㅣ頭나라이름、환(寒) 歡同

十九 驪。리[리]純黑色馬八駿一盜ㅣ검은말、이黑色검을、이(支) [려]義同(齊) 麗通

二十 ⿰馬馬 聘古字 驫。뱌[표]衆馬走貌말몰려달아날、표(尤)

骨部

骨。꾸[골]肉之覈뼈、골事物之ㅣ子살、골剛直꽂꽂할、골(月)

二 ⿰骨丁 딩[정]腨骨종아리뼈、정(青) ⿰骨力 꾸[골]用力힘쓸、골(月) 骩 骫俗字

三 ⿰骨乞 꺼[억]胷骨가슴뼈、억(職) 骬。위[우]鈌盆骨髃ㅣ가리、우(虞) 骩。骫同 ⿺九骨 화[활]治骨聲뼈긁는소리、활(黠) 骭。깐[한]脛骨정강이뼈、한胷也갈빗대、한(諫) ⿰骨刃 인[인]喉中軟骨喉ㅣ목구멍에연한뼈、인(震) 骫 워[위]骨屈曲ㅣ骳뼈고불탕고불탕할、위茂盛貌拔ㅣ더부룩할、위(寘) ⿰骨亏 骭同

四 ⿰骨及。사[삽]搖頭머리흔들、삽(合) ⿰骨反。반[반]臂骨節팔마디、반撓骨굽은뼈、반(阮) ⿰骨欠。야[알]咽中息

不利숨쉬기거북할、알(黠)
骯 강 [항] 亢直ㅣ髒꼿할、항(泰)
骱 제 [갈] 小骨작은뼈、갈(黠)
骰 투 [투] 博陸釆具ㅣ子주사위、투(尤)
⿰骨支。跂同

五

骶。듸 [저] 脊𦞦處꽁무니끝、저(齊)
骫 칸 [고] 尻骨꽁무니뼈、고(豪)
骲 빺 [박] 骨鏃箭不翦羽뼈다귀살촉、박(覺)
⿰骨号 얖 [요] 肩骨어깨뼈、요(篠)
骳 삐 [피] 骨屈曲骫ㅣ뼈구불탕구불탕할、피(紙)(寘)
骷 쿠 [고] 髏也頭蓋骨해골、고(虞)
骴。쯔 [자] 朽骨삭은뼈、자(寘)
⿰骨令 링 [령] 長骨긴뼈、영(靑)
⿰出骨 쿠 [굴] 月所生月ㅣ달나오는곳、굴(月)
⿰骨失 데 [질] 骨差뼈튕길、질 又삐일、질(屑) 胅同
⿰骨它。두 [과] 手足之曲病손발굽으러지는병、과(麻)

六

骻 콰 [과] 腰骨股間잔허리뼈、과(馬) 髁通
骺 흐 [후] 骨端骺ㅣ뼈끝、후(有)
⿰骨舌 쾨 [괄] 骨端뼈끝、괄(曷)
骼 꺼 [격] 枯骨마른뼈、격(陌)
骸。쌔 [해] 骨也百ㅣ뼈、해 身體形ㅣ몸、해(佳)
⿰骨行 씽 [행] 牛脊後骨소등마루뒤뼈、행(庚)
骹。쟈 [교] 脛骨近足細處발목뼈、교(肴)(效)

七

⿰骨廷 튕 [정] 大腿骨넙적다리뼈、정 長骨貌긴뼈、정(靑)
骾。껑 [경] 骨留咽中가시걸릴、경 臣遇事敢行가시셀、경(梗) 鯁同
⿰骨甫 뿌 [부] 膝骨무릎뼈、부(虞)
⿰骨完 환 [환] 燒骨和漆而髹桼골회칠할、환(翰)
⿰骨坒 삐 [폐] 股也넙적다리、폐 ㅣ臀볼기짝、폐(齊)
⿰骨良。랑 [랑] 膝骨무릎뼈、낭(陽)
⿰骨肖 얖 [요] 肩骨어깨뼈、요 右脅오른편갈비、요(篠)
⿰骨巠 징 [경] 骨也뼈、경(靑)
⿰骨妥。腿同
髐 쌰 [효] 鳴鏑우는살촉、효(肴)
⿰骨系 鯀鮌同
⿰骨夾 쌰 [협] 顴骨광대뼈、협(葉)

八

⿰骨非。쀠 [비] 腓骨장딴지뼈、비(微)
⿰骨垂 쒜 [수] 漆器先以骨垸之칠하기전에듬메일、수(寘)
⿰骨兒 이 [의] 骨細뼈가늘、의(支)
髁。콰 [화] 不正貌誤ㅣ비뚤、화(哿) [과] 膝骨무릎뼈、과(馬) 骻同
⿰骨空 창 [강] 尻骨髗ㅣ꽁무니뼈、강(江)
髀。삐 [비] 股骨넙적다리뼈、비(紙) [폐] ⿰骨坒同
⿰骨叕 티 [철] 續骨뼈이을、철(屑)
⿰骨宛 완 [원] 膝

ㅣ무릎뼈、원(翰)

⿰骨卒 쏘 [솔] 小骨잔뼈、솔(月)

骿 뼨 [변] 幷脇肋骨連合爲ㅣ통갈비、변(先) 駢通

⿰骨奇 치 [기] 小骨잔뼈、기(紙)

⿰骨易 틔 [적] 骨間黃汁뼈사이누른집、적(錫)

九

⿰骨度 두 [도] 頭骨머리뼈、도(虞)

髂 커 [가] 腰骨허리뼈、가(禡) [격] 骼同(陌)

⿰骨重 죵 [종] 脚腫다리부을、종(腫)

髃 위 [우] 髆前骨어깨죽지뼈、우 肩前兩間骨앙가슴뼈、우(有) 髃同

⿰骨曷 허 [갈] 缺盆骨ㅣ骭동정뼈、갈(曷)

十

⿰骨兼 젼 [겸] 瘦也몸마를、겸(鹽)

髈 膀同

髇 嚆同

髆 뱍 [박] 肩甲어깨죽지、박(藥)

⿰骨害 해 [해] 細骨가는뼈、해(泰)

髊 骴同

⿰骨追 퉤 [퇴] 頂後骨목뒤뼈、퇴(支)

十一

⿱麻骨 머 [마] 細瑣幺ㅣ잘、마(歌)(哿)

⿱敖骨 오 [오] 螯大脚게엄지발、오(豪)

⿰骨逢 뽕 [봉] 胷前骨가슴뼈、봉(宋)

髏 루 [루] 首骨髑ㅣ해골、누(尤) 顱通

髎 랖 [료] 髖也응치、요(蕭)

髍 ⿱麻骨同

十二

⿰骨堂 챵 [당] 尻骨ㅣ腔꽁무니뼈、당(江)

⿱厥骨 꿰 [궐] 尾本꼬리밑둥、궐(月)

髐 쌰 [효] 白骨貌ㅣ然해골、효箭也살、효(肴)

⿰骨業 [박] 骨箭뼈로만든화살、박(覺)

十三

髑 뚝 [촉] 頂骨ㅣ髏해골、촉(屋)

體 틔 [체] 身也몸、체四ㅣ사지、체ㅣ之몸받을、체形狀모양、체又꼴、체又체、체物ㅣ물건、체又것、체本也근본、체效也본받을、체(薺) 俗作軆

⿰骨零 링 [령] 細骨가는뼈、영(靑)

⿰骨適 쐬 [수] 骨中脂골、수又뼈골、수心底마음속、수(紙)

⿰骨辟 쟝 [장] 婞直貌骫ㅣ꼬장꼬장할、장 體胖貌몸뚱뚱할、장(養)

⿰骨隋 髓同

十四

⿰骨蒦 훡 [확] 骨鳴뼈울、확(藥)

髕 臏同

十五

髖 콴 [관] 髀上兩股間응치뼈、관(寒)

十六

⿰骨歷 리 [력] 骨病뼈병、역(錫)

髗 顱同

十八

⿰骨雚 촨 [권] 頰骨광대뼈、권(先)

高部

高 꼬 [고] 崇也象臺觀形높을、고上也위、고尊也높을、고ㅣ尚고상할、고物價不廉비쌀、고ㅣ歌ㅣ唱큰소리、고低之對높이、고敬也높

일、고(豪) **髙** 高俗字 (二) **高** 칭 [경]瓜屋원두막、경(梗) (三) **⿳亠口⿵冖子** 墉古字 (四) **⿰高毛** 맛 [모]強毛뻔뻔한털、모(號) (五) **⿰高亢**

[고]明也밝꾸을、고(豪) (九) **⿰高頁** 잔 [고]大頭큰머리、고(皓) (十一) **⿰鳥高** 산 [소]足高발높을、소(肴) (十三) **⿰高喿** 잔 [조]高也높을、조(號) (十六)

⿰高單 타 [타]廣也넓을、타(哿) (十二) **⿱㗊高** 쌐 [효]喧也떠들、효(蕭)

髟部

髟 빠 [표]長髮垂머리늘일、표羽旌飛揚貌ㅣ髦깃발날릴、표白黑髮雜머리희뜩희뜩할、표(蕭) (二) **⿱髟乃** 내 [내]髮亂鬡ㅣ머리엉킬、내(灰) **髡** 쿤 [곤]去髮머리깎을、곤古代刑罰之一머리깎는형벌、곤樹禿나무모지라질、곤(元) **⿱髟又** 센 [섬]美髮좋은더럭、섬(鹽) (三) **⿱髟己** 이지 [기]男子陰部ㅣ髢자지、기(未) **髢** 티 [체]髮也益髮땋은머리、체月子다리꼭지、체(霽) 鬄同 **髠** 髡同 (四) **髯** 안 [염]在頤曰鬚在頰曰ㅣ구레나룻、염又수염、염(鹽) 髥同 **髩** 鬢俗字 **⿱髟不** 퓌 [비]被髮走머리풀고달아날、비(支) [부]多鬚ㅣ髵수염많을、부(虞) **髣** 빵 [방]相似ㅣ髴비슷할、방(養) **⿱髟介** 예 [개]髻髻쪽질、개假髻딴머리、개(卦) **⿱髟巴** 바 [파]髻貌상투、파男子陰⿱髟巴ㅣ자지、파(禡) **髦** 맛 [모]兒生三月翦髮爲髻及長猶爲事父母之飾다팔머리、모俊也ㅣ士준수할、모輕也并ㅣ가벼울、모童子髫ㅣ어린아이、모(豪) **⿱髟丈** 장 [장]髻也상투、장(陽) **髤** 髹同 **髧** 탄 [담]髮垂貌머리늘일、담(感) (五) **髬** 퓌 [비]猛獸奮鬣貌ㅣ髵갈기일어설、비(支) **⿱髟付** 브 [부]結髮머리땋을、부(虞) **⿱髟乍** 자 [차]髮多더럭많을、차(禡) **髴** 부 [불]若似髣ㅣ비슷할、불婦人首飾부인머리치장할、불亂髮貌더벅머리、불(物) **髭** 츠 [자]口上鬚웃수염、자(支) **⿱髟冒** 만 [만]小女首飾젊은계집머리치장할、만(删) **髫** 죠 [초]童子垂髮ㅣ髦다박머

리、초(蕭)

髥 髯俗字

⿱髟占 잔 [점] 鬢髮疎薄貌ㅣ鬑터럭드믓성드믓성날、점(琰)

髳 뫄 [무] 髮至眉다박머리、무西方蠻族羌ㅣ오랑캐、무(尤)

髲 삐 [피] 婦人首飾被머리쓰개、피(寘)

⿱髟亢 꿍 [궁] 髮亂터럭엉킨、궁(冬)

髮 빠 [발] 頭上毛也머리、발又터럭、발又머리카락、발不毛之地窮ㅣ메마른땅、발又아무것도되지않는땅、발(月)

髱 팦 [포] 多鬢수염많을、포(效)

六

髷 취 [곡] 卷髮貌고수머리、곡(沃) 曲同

⿱髟戎 웅 [숭] 細髮가는터럭、숭(東)

髺 꽈 [괄] 束髮머리땋을、괄(曷) 鬠同、括通

髸 꿍 [공] 髮亂머리엉킬、공(冬)

髻 찌 [계] 總髮髻結상투、계(霽) [결] 竈神부엌귀신、결(屑)

⿱髟旨 지 [지] 鬣也갈기、지(紙)

髵 얼 [이] 猛獸奮鬣貌⿱髟至ㅣ갈기일어설、이(支)

髹 쑤 [휴] 以漆漆物赤色옻칠할、휴(尤) 髤同

⿱髟兆 됴 [도] 髮長터럭길、도(皓)

⿱髟次 츠 [차] 用梳比빗질할、차(寘)

髶 웅 [용] 亂髮엉킨터럭、용(冬)

七

髿 싸 [사] 髮美머리흠치르르할、사垂貌鬖ㅣ머리풀어헤칠、사(麻)

⿱髟夾 례 [렵] 髮疎머리털성길、엽(葉)

鬂 鬢俗字

⿱髟示 뇨 [뇨] 髮長머리길、요(篠)

髽 좌 [좌] 婦人喪髻猶男括髮여상제북상투쪽질、좌(麻)

鬀 剃同

⿱髟重 릐 [리] 顱下左右ㅣ鬢관자노리、이(支)

髼 펑 [봉] 髮亂貌ㅣ鬆엉킨머리、봉(東)

髾 쌒 [소] 髮末털끝、소旌旗所垂之羽기드림털、소(肴)

八

鬅 펑 [붕] 髮亂ㅣ鬙머리더부룩할、붕(蒸)

⿱髟昔 시 [석] 髮也터럭、석(陌)

⿱髟卒 주 [졸] 髻也상투、졸(月)

鬄 鬀同

⿱髟周 챺 [초] 髮多털많을、초(蕭)

鬆 쑹 [송] 髮亂髼ㅣ더벅머리、송粗ㅣ거칠、송(冬)

鬝 깐 [간] 疎髮성긴터럭、간(刪)

鬃 쭝 [종] 高髻높은상투、종馬鬣말갈기、종(冬)

⿱髟咅 우 [부] 髮短터럭짧을、부(尤)

⿱髟采 채 [채] 髻也상투、채(賄)

鬈 촨 [권] 鬢髮鬚好貌수염보기좋을、권(先)

⿱髟屈 취 [굴] 半臂羽衣繡ㅣ털반배、굴(月)

⿱髟卓 줘 [탁] 長也길、탁(覺)

鬇 쩡 [쟁] 髮亂ㅣ鬡머리더부룩

할、쟁(庚)

⑨ 鬍• 후 [호] 頰之鬚 구레나룻、호(虞)

鬋。젼 [전] 鬢鬚貌 살쩍、전 剔治須髮 수염깎을、전(先)(銑)

鬷 쥰 [종] 髮亂 더부룩할、종(東)

髾 싸 [살] 細毛 솜털、살(黠)

⿱髟畐 뿌 [부] 假髻 딴상투、부(宥)

鬉 同騣

鬊 츈 [순] 亂髮 머리풀어헤칠、순(震)

⿱髟頁 同鬚

鬌。취 [추] 髮落 털빠질、추 小兒翦髮所遺爲ㅣ 꼭두마머리、추(支) [타] 義同(哿)

⿱髟亀 쌔 [새] 多鬚髥ㅣ덥석부리、새(灰)

⑩ ⿱髟容 융 [용] 髮長 터럭길、용(冬)

鬒。젼 [진] 黑髮而稠 머리숫할、진(軫)

⿱髟差 차 [차] 髮美 터럭아름다울、차(哿)

鬐。치 [기] 馬鬣 말갈기、기 魚脊 생선잔등이지느러미、기(支)

鬄。쟈 [적] 鬀髮 머리깎을、적(錫)

⿱髟般 판 [반] 臥髻 북상투、반(寒)

⑪ 鬖• 싼 [삼] 髮垂貌ㅣ髿 머리늘얼、삼(侵) 亂髮貌 鬖ㅣ 머리더부룩할、삼(覃)

鬕。마 [마] 顱顛下左右髯ㅣ 관자노리、마(禡)

⿱髟柰。同⿱髟森

⿱髟票 퍞 [표] 髮亂 머리엉킬、표(蕭)

鬘 만 [만] 月子다리꼭지、만(删)

⿱髟累 뤼 [라] 髮稠密 머리숫할、나(歌)

鬗。만 [만] 長貌 머리치렁치렁할、만(寒)

⿱髟崔 쵀 [최] 髮之亂垂 터럭엉켜늘어질、최(賄)

⑫ ⿱髟登• 뎡 [등] 毛亂貌 머리엉킬、등(蒸)

⿱髟費 예 [비] 鬚多 수염많을、비(寘)

⿱髟戟 지 [극] 鬚也 수염、극(陌)

鬜。잰 [간] 頭鬢禿 머리밀、간(删) [갈] 義同(黠)

⿱髟尊 죤 [존] 禿也 모지라질、존(願)

鬚• 쉬 [수] 頤毛 수염、수 又 아래수염、수(虞) 須同

⿱髟戠。지 [직] 髮垢 머리때、직(職)

⿱髟鼠 同鬣

鬙• 썽 [승] 髮亂 鬅ㅣ 머리더부룩할、승(蒸)

⑬ ⿱髟粲 찬 [찬] 髮光 머리빤지르할、찬(翰)

鬟。환 [환] 屈髮爲髻 쪽질、환(删)

鬠 同髻

⑭ 鬡 닝 [녕] 髮亂 鬇ㅣ 머리더부룩할、영(庚)

⿱髟監 란 [람] 髮垂ㅣ鬖 머리치렁치렁할、남(覃)

鬢• 뻰 [빈] 頰髮 살쩍、빈(震)

⑮ 鬣•。렵 [렵] 馬領毛 말갈기、엽 帚端 비끝、엽(葉)

⑯ ⿱髟歷 리 [력] 髮疏 터럭성길、역(錫)

⑰ 鬤 상 [양] 亂髮 머리엉킬、

양(陽) ⿱髟霝。령 [령]髮疎터럭성길、영(靑)

鬥部

鬥 쥐 [각]鬪也싸울、각(覺) 四 ⿵鬥戈 쎈 [현]試力錘힘시험하는추、현(先) 鬪 鬭古字 五 鬧。뇨 [뇨]擾也喧囂시끄러울、요(效) 六 鬨。홍 [홍]鬭聲싸움소리、홍鬭也싸울、홍(送) [항]義同(絳) 八 鬩 씨 [혁]怨恨訟也송사할、혁鬭也싸울、혁(錫) ⿵鬥卷 鬨同 ⿵鬥琴 琴古字 十 鬪 鬭俗字 ⿵鬥翏 료 [료]絞也목매죽일、유(尤) 十三 鬫 깐 [함]虎聲범우는소리、함(豏) 十四 鬭。뚜 [두]競也ㅣ爭싸울、두又싸움、두戰ㅣ전쟁、두爭也다툴、두(宥) ⿵鬥爾 미 [미]徧狹편협할、미(紙) 十七 鬮。꾸 [구]手取也제비뽑을、구(尤) [규]義同(有)

鬯部

鬯。창 [창]奉宗廟香酒鬱ㅣ秬ㅣ술이름、창(漾) 韔同暢通 十 ⿰巨鬯 꿰 [거]黑黍검은기장、거(語) 十九 鬱 위 [울]香草ㅣ金울금초、울(物) 九 鬱。위 [울]氣蒸ㅣㅣ답답할、울木叢生積也盛也나무다부룩할、울滯也막힐、울憤結ㅣ陶마음에맺힐、울棣屬아가위、울(物)

鬲部

鬲。껴 [격]瓦瓶오지병、격趙地名땅이름、격(陌) [력]隔同 [력]曲脚鼎다리굽은솥、역(錫) 四 ⿰鬲支 이 [의]釜也가마、의(紙) ⿰鬲戈 鍋同 六 ⿱𠂉鬲。리 [력]熟飪氣上出김오를、역(錫) 鬳。쭌 [권]鼎也솥、권(願) ⿰鬲亥 해 [해]縻中塊以粉作塊如鳥卵새알심、해(灰) 七 ⿰鬲巠 징 [경]隔也가릴、경(徑) 鬴 釜同 八 鬵 씬 [심]大釜큰가마、심似甑大上小下고리、심(侵) 九 鬷。쫑 [종]衆也많을、종總也다、종釜屬가마、종(東) 十 鬸 류 [류]甑也시루、유(宥) ⿰鬲鬲 르 [력]去滓거를、역(錫) 十一 鬺。쌍 [상]烹煮삶을、상(陽) ⿱敖鬲 와 [오]乾煎볶을、오(豪) 十二 鬻。

쥭糜也쥭、쥭粥同[육]賣也팔、육儥同 육[국]養也기를、국稚也어릴、국(屋)鬻通 鬸 同甑 十三 ⿰鬲裘 거[갸]裘裏갓옷속、갸(陌) ⿰鬲發 同䰋 十五

鬻 煮古字 二十 鬻 위[약]內肉及菜湯中薄出之데칠、약(藥)

鬼部

鬼 궤[귀]精魂所歸人死骨肉歸土血歸水魂歸天其陰氣薄然獨存無所依故爲ㅣ귀신、귀又도깨비、귀又뜬것、귀(尾) 三 ⿰彡鬼 메

[미]俗[매]老精物山林異氣所生도깨비、매(寘)或作魅 ⿰火鬼 외[외]熱病열병、외(隊) 四 魂 훈[혼]附氣之神一身之精ㅣ魄혼、혼又정신、혼(元) 鬾 이지

[기]小兒鬼아이귀신、기(支) 魁 쾨[괴]首也으뜸、괴大也ㅣ然클、괴北斗首星별이름、괴(灰)小阜언덕、괴(賄) 䰟 同魂 五 ⿺鬼占 뤼[률]殺也죽일、

률(質) 魄 퍼[백]附形之靈人生始化心之精爽혼、백(陌)[박]志行衰惡落ㅣ넋잃을、박粕通[탁]失業落ㅣ넋잃을、탁(藥) 魅 메[미]俗[매]性物魑ㅣ도깨비、매又허깨비、

매(寘) 鬽通 魃 빠[발]旱鬼一名旱母가물귀신、발旱也가물、발(曷) 七 ⿰豸鬼 뎐[뎐]醜貌추할、뎐(銑) ⿺鬼妥 태[태]熱病열병、태(隊) ⿺鬼甫 뱌[보]北斗星

별이름、보(麌) ⿺鬼里 리[리]惡鬼악한귀신、이(紙) 魈 쇼[소]山精獨足鬼산도깨비、소(蕭) 八 魎 량[량]山鬼一脚魍ㅣ산도깨비、량(養) 蜽同 ⿺鬼卑

삐[비]醜也추할、비(齊) 魏 웨[위]舜禹所都위나라、위大也클、위闕也象ㅣ대궐、위(未) ⿺鬼虎 후[호]鬼貌귀신、호(虞) 魋 튀[추]椎頭髻북상투、추(支)[퇴]神

獸赤熊곰、퇴人名宋桓ㅣ사람의이름、퇴(灰) 魔 엔[엄]使汚더럽힐、엄(豔) 魍 왕[망]木石鬼ㅣ魎산도깨비、망(養) 蝄同 ⿺鬼其 同倛 九

⿺鬼者 처[차]醜惡추악할、차(馬) 十一 魑 리[치]俗[리]鬼屬ㅣ魅도깨비、이(支) 魔 머[마]狂鬼迷人마귀、마害善事之惡神마귀、마不可思議之術法

마술、마마鬼也귀신、마(歌)

(十二)

⿺鬼尞 랄 [료]驚也놀랄、요(效)

⿺鬼矞 위 [율]無頭鬼머리없는귀신、율(質)

魖。 쉬 [허]耗鬼헛도깨비、허(魚)

(十三)

⿺鬼睪。 이 [역]鬼使사자、역(陌)

(十四)

魗• 착 [주]惡也추악할、수棄也버릴、수(尤) [추]義同、穢也더러울、추(有) 醜通

魘。• 얀 [염]驚夢ㅣ魅잠꼬대할、염(琰) [엽]睡中氣窒가위눌릴、엽(葉)

(十七)

⿰霝鬼 링 [령]鬼也귀신、영(青)

十一畫

魚部

魚。• 위 [어]鱗蟲總名물고기、어又생선、어蠹名衣ㅣ좀、어(魚)

(一)

⿰魚乙 야 [알]黃頰鱴ㅣ자가사리、알(黠)

(二)

魝 지 [결]治魚고기썰、결(屑)

魜 인 [인]人魚인어、인(眞)

魛。 딴 [도]鮆魚갈치、도(豪)

(三)

⿰魚亾 [韓]魚名망둥이、망

魠• 퉈 [탁]黃頰魚자가사리、탁(藥)

魭 웬 [원]大鼈큰자라、원(元)

魮 삐 [비]飛魚나는고기、비(支)

魟 홍 [홍]魚肥고기살찔、홍(東)

(四)

魯。• 루 [로]愚也鈍也노둔할、노伯禽所封國名나라이름、노(麌)

魶 너 [납]鯷魚메기、납鯢也암코래、납(合)

魦 鯊同

⿰魚公 꿍 [공]鰕也새우、공(東)

魴。• 방 [방]鯿魚小頭縮項闊腹細鱗방어、방(陽)

魧。 깡 [강]大貝큰자개、강(陽)

⿰魚戶 鱸俗字

⿰魚幻 환 [환]鯇也黃ㅣ복생선、환(諫)

魪• 쪠 [개]比目魚가자미、개(卦)

⿰魚王 왕 [왕]大魚큰고기、왕(陽)

魥 취 [겁]竹貫魚말린고기、겁(葉)

魬• 빤 [반]形似鯿而稍大넙치、반(潸)

魱 후 [호]鰣魚준치、호(虞)

魫。 신 [심]魚子고기새끼、심(寢)

魳 싸 [사]鰕也새우、사(支)

魵。 뿐 [분]魚名鰕也고기이름、분(吻)

⿰魚文 운 [문]玄鱧가물치、문(文)

魨• 툰 [돈]毒魚河ㅣ복、돈(元)

魰 위 [어]捕魚고기잡

을、어(魚)

魪 [日]메기편

五

鮇· 믜 [미]嘉魚방어、미(未)

鮂 칙 [수]白鯈버들치、수(尤)

鮓。쨔 [자]魚菹젓갈、자又젓자(馬)東海魚名狀如凝血

無頭目內無藏衆鰕隨之名水毋해파리、자(禡)

鮔。쥐 [거]長足章魚발진문어、거(語)

鮌 끈 [곤]魚也곤어、곤(阮)鰥鯀同

[魚且] 주 [저]鰻也뱀장어、저(魚)

鮏· 싱 [성]魚臭비릳、성(青)俗作鯹

鮈 쮜 [구]魚名鯸ㅣ고기이름、구(虞)

鮆·。쪠 [제]刀魚狹薄頭長如刀갈치、제(薺)

魽 깐 [함]蛤也조개、함(覃)

鮃 평 [병]比目魚가자미、병(庚)

鮐。태 [태]河豚別名복、태老人ㅣ背늙은이、태(灰)

鮒· 뿌 [부]鯽也붕어、부(遇)

鮗 [日]전어、동

鮟 양 [앙]黃頰魚ㅣ魟자가사리、앙(陽)

鮅 삐 [필]石ㅣ魚상피리、필(質)

鮑·。받 [포]以鹽漬魚저린생선、포姓也성、포(巧)

魺 캬 [가]魟也자가사리、가(歌)

鮊 빼 [백]魚名돌잉어、백(陌)

[魚本] 쟌 [교]陽鱎피라미、교鱎也善躍水中돌잉어、교(蕭)

魼·。셔 [허]比目魚가자미、허(魚)鱋同

[魚尔] [日]모래무지、

鮄 뿌 [불]魴也방어、불(物)

[魚幼]·。얀 [요]船矴魚꺽정이、요(蕭)

鮀 퉈 [타]小沙魚體圓而有點모래무지、타(歌)

鮍 피 [비]魴也방어、비(支)

鮎。녬 [점]頭大尾小身滑無鱗一名鰋메기、점(鹽)

[魚丙] [日]뱅어병

六

[魚米] 미 [미]魚子고기알、미(薺)

鮜 헉 [후]鯷也메기、후(宥)

鮥 러 [락]魚名고기이름、낙(藥)

鮬 뿌 [보]小魚魚婢쏘가리、보(遇)

鮞· 얼 [이]鯤也魚子在腹고니알、이(支)

[魚亘] 껀 [긍]鮪也상어、긍(徑)

[魚吳] 워 [우]魚名鮈ㅣ고기이름、우(虞)

鮮·。쎤 [선]生魚생선、선國名朝ㅣ조선、선新也새、선潔也조촐할、선善也좋을、선(銑)尟同

鮧 이 [이]鹽魚、腸鱁ㅣ아감젓、이又창명젓、이(支)[제]大鮎큰메기、제(齊)鯷同

鮫·。쟌 [교]海鯊皮可飾刀상어、교ㅣ人居水織綃淚成珠인어、교(有)

鮣 인 [인]斑魚얼룩고기、인(震)

鮲· [日]가리맛、복(蚌屬)

鮛 쓕 [숙]魚名작은삼치、숙(屋)

[魚共]。꿍

홍 紅魚가오리、홍(腫) 鮦。퉁 동 鱧也가물치、동(東) 중 義同(冬) 鮪·우 유 似鱣而小靑黑頭小而尖似鐵兜鍪口在頷下甲可磨薑상어、유(紙) 鮡 쟢 조 魚名고

기이름、조(篠) 鮨·쯔 기 鮓也젓갈、기(支) 鮑 지 위 鼈也자라、위(尾) [魚寺] 鰣同 鮝 鯗俗字 鮭 셰 해 魚菜總名어채、해 河豚복、

해(齊) 鮤 례 렬 刀魚갈치、열(屑) 鮚。찌 길 蚌也조개、길(質) 鮟 日 琵琶魚꺽저기、안 鮰 훼 회 民魚민어、회(灰) [魚亘] 魱俗字 魠 차 타 水

母무럼생선、타(禡) 鮠 웨 외 鯷之小者메기새끼、외 河豚복、외(灰) [魚匜] 이 이 河豚別名 이복、이(支) ❼ 鮹。쌒 소 八梢魚문어、소 小八梢魚낙지、

소(肴) 鮸。면 면 石首魚조기、면(銑) 鮷。티 제 鮎也메기、제(齊) 鯏 日 모시조개、이 [魚良] 랑 랑 雄蟹수게、낭(陽) 鯆 뿌 포 江豚別名 尾毒물아지、

포(虞) [魚孚]· 부 부 江豚물아지、부(虞) 鮻 이 역 似鮎有四足메기같고네발있는고기、역(職) 鰔同 鮿 쪄 첩 不鹽乾魚말린고기、첩(葉) 魦 鯊同 䲁

이 읍 魚名고기이름、읍(緝) 鯑 日 청어알、희 鯴 뫼 무 似鮻而小황석어、무(尤) 鮵 뒤 탈 小鮦작은가물치、탈(曷) 鯈。댤 조 好游魚피라미、

조(蕭) 주 小魚송사리、주(尤) 鮺 [魚差]同 鯇· 훈 혼 鯉也잉어、혼(阮) 鯶同 鯐 日 모장이(숭어새끼) 鯀。同鮌 鯊 싸 사 鮀也모래무지、사 鮫也皮可飾刀

鉤靶상어、사(麻) 魦同 鯆 쓰 시 似猪魚물돋、시(支) 鯅 싼 전 魚醬젓갈、전又젓、전(先) 鯉。리 리 三十六鱗魚有赤白黃三種 잉어、이 書札편지、이(紙)

[魚廷] 팅 정 全魚醬젓갈、정又젓、정(迥) 鯁。껑 경 魚骨생선뼈、경 骨ㅣ之臣가시셀、경(梗) 鮾 鯘同 ❽ 鯪· 링 릉 呑舟魚腹背有刺如三角菱능잉

어、능 小皮曰穿甲山천갑산、능(蒸) 鯠 래 래 魚名鰻ㅣ고기이름、내(灰) 鯧 창 창 魚名ㅣ鯸병어、창(陽) 鯌。쟈 작 鮫魚出入母腹드나들이상어、작(藥)

鯖。정 [청]魚名青色有枕骨비웃、청[日]고등어 청(青)[정]煮魚煎肉열구자、정(庚)脜同 **鯎** 鰕同 **鰊** 뚱 [동]魚名似鯉고기이름、동(東) **鯝** 꾸 [고]魚壯中腸생

선배리、고(遇) **鯲**。[日]미꾸리어 **鯮** 鯼同 **鮥**。꺽 [각]䲡也준치、구(有) **鯯** 찌 [제]魚名可爲醬美味在額암채、제(霽) **⿰魚忿** 뿐 [분]形如荷葉腹下有口額

上有眼尾有刺而螫人魚가오리、분(問) **鯬** 릐 [리]魚名고기이름、이(支) **鯢**。늬 [예]雄鯨雌ㅣ암코래、예(霽) **鯗** 썅 [상]乾魚腊어포、상(養) **鯜**。鰈同

鯤。쿤 [곤]魚子ㅣ鮞물고기알、끈北溟大魚곤어、곤(元) **⿰魚卑** 삐 [비]黑鯉검은잉어、비(支) **鯰** [日]메기、념 **鯞** 쩍 [추]鱖也쏘가리、추(有) **鯘** 네

[뇌]魚敗생선석을、뇌(賄)鮾同 **鯛**。돞 [조]銅盆魚도미、조 骨脆뼈연할、조(蕭) **⿰魚亞** [日]누처아 **鯨**。옝 [경]海中大魚고래、경(庚) **鯕** 치 [기]鯿也방어、기(支)

鯔 쯔 [치]似鯉身圓頭扁骨軟숭어、치(支) **鯫**。쭈 [추]雜小魚송사리、추(尤) 小人ㅣ生소인、추(有) **鯡** 쀄 [비]魚子고기새끼、비(未) **鯣** 이 [역]鱺也뱀

장어、역(陌) **鯥** 루 [륙]鯥ㅣ魚능육어、육(屋) **九** **鰐** 어 [악]似鼉呑人악어、악(藥) 鱷同 **鰍**。착 [추]魚名生淺淖中似鱓미꾸리、추(尤) 鰌同 **鰄** [日]보

리새우、함 **鯹** 腥同 **鰉** 황 [황]鱣同 **鰌**。착 [추]鰍同미꾸리、추 藉也빙자할、추(尤) **鯿** 뼨 [편]魴類縮項鯾魚병어、편(先) **鰇** 유 [유]烏賊魚오징

어、유(尤) **鯼** 쫑 [종]石首魚조기、종(東) 鯮同 **鰅**。웅 [옹]魚名고기이름、옹(冬) **鰓**。쌔 [새]魚類中骨아가미、새(灰) **鰆** 츈 [춘]馬鮫魚상어、춘(眞) [日]

삼치 **鰙** [日]피라미、약 **鰒** 鯾同 **鯷**。틔 [제]大鮎重千斤메기、제(齊) **鰗** 후 [호]河豚복、호(虞) **鰑** 양 [양]鮦也가물치、양(陽) **鯶** 鯇同 **⿰魚帝**

듸 [제]大鯉큰잉어、제(齊) **鰈**。타 [답]比目魚가자미、답(合) [접]義同 魚名出樂浪藩國넙치、접(葉) **⿰魚毘** [日]자가사리、비 **⿰魚重** 鮦同 **鰋**。옌 [언]鯷類額白메

기、언(阮) 鰚 [日]숭어선 鯸 후 [후]河豚복、후(尤) 鮔 鮔同 鰒 박 [박]俗[복]魚名、似蛤有殼一面附石細孔或七或九一名石決明전복、복(覺) 鯽

찌 [즉]似鯉色黑體促붕어、즉(陌) 鰊 련 [련]魚名고기이름、연[日]비웃(霰) 鰕 하 [하]大鯢別名암코래、하水蟲長鬚새우、하鰕魚하어、하(麻) 鰂 져 [즉]烏賊魚口中

有墨狀如算囊一名墨魚오징어、즉(職) 鰖 톼 [타]魚子물고기새끼、타(哿)鯖同 ⊕十 鰨 타 [탑]比目魚가자미、탑(合) 鰝 호 [호]大鰕왕새우、호(皓)

鰜 겸 [겸]比目魚가자미、겸(鹽) 鰞 우 [오]烏賊魚오징어、오(虞) 鰩 요 [요]文ㅣ魚鳥翼날치、요鱏也홍어、요(蕭) 鰥 관 [환]無妻曰ㅣ홀아비、환大魚

큰고기、환愁悒不寐目恒ㅣㅣ然如魚눈반반할、환(刪)矜同 鰣 씨 [시]美魚似魴多鯁준치、시(支) ⿸⿰⿸虍魚攴 漁同 鮺 자 [자]藏魚젓담글、자(馬) ⿰魚叟 쑤

[수]人名사람의이름、수(尤) ⿰𠦝魚 깐 [한]魚名고기이름、한(翰) ⿰魚唐 당 [당]魹也자가사리、당(陽) ⿰魚豈 해 [해]雄蟹수게、해(灰) 鰭 치 [기]魚脊骨脊上鬣지

느러미、기(支) 鰦 즈 [자]鯔也버들개지、자(支) 鰧 텅 [등]虎魚쐐기、등(蒸) 鰤 쓰 [사]鰕也새우、사(支) 鰯 [日]멸치、약 鰮 운 [온]小魚멸치、온(刪)

鰬 젼 [건]大鱓뱀장어、건(先) 鰰 [日]은어、신 ⊕十一 ⿰魚規 궤 [규]河豚복、규(支) 鰹 견 [견]鱧大者큰가물치、견(先)海魚背蒼黑腹灰白色강고도리、

견(銑) 鰿 져 [적]鮒也붕어、적紫貝자개、적(陌) 鰶 졔 [제]魚名전어、제(霽) 鱅 용 [용]似鰱而黑鱮也용어、용(冬) 鰾 뾰 [표]魚胞可作膠부레、표(篠)

⿰魚婁 루 [루]鯉魚잉어、루(尤) 鱇 [日]꺽저기、강 鱄 좐 [전]美魚전어、전(先) 鰵 민 [민]大口魚대구、민(軫) 鰺 쏘 [소]腥也비릴、소(豪) 鱁 쥬

[축]鹽魚腸ㅣ아감젓、축又창명젓、축(屋) 鱆 쟝 [장]望潮魚꼴뚜기、장(陽) 鰷 됴 [조]魚名白ㅣ피라미、조(蕭) 鱈 [日]大口魚대구、설 鰻 만

[만]ㅣ鱺뱀장어、만(寒) **[魚異]** 라미이 [日]파 **鰼。** 씨 [습]鰌也미꾸리、습(緝) **[魚華]** 씬 [신]魚尾長꼬리긴생선、신(眞) 華通或作鮮 **鰲。** 鼇俗字 **鰴** 훼

[위]魚有力힘센고기、위(微) **[臤魚]** 찌 [기]鰭屬상어、기(未) **鰱。** 련 [련]鱮也연어、연(先) **鰳** 러 [륵]似鰣小首細鱗준치、늑(職) **十二** **鱄** 젼 [잔]魚名멸

치、잔(刪) **鱘** 씬 [심]魚名背如龍丈餘고기이름、심(侵) **[魚勞]** 랖 [로]魚名고기이름、노(豪) **鱗。** 린 [린]魚甲비늘、인魚類總稱물고기、인(眞) **鱊** 위

[율]小魚大如針晒乾爲鮏실뱅어、율(質) **[魚惠]** 등어 [日]고 **鯖。** 퇴 [태]魚子已生者물고기새끼、타(哿) **鱐** 쑤 [수]乾魚腒ㅣ어포、수(尤) 鱐同 [숙]義同(屋) **鱋** 同鮭

鱍 뱌 [발]魚掉尾貌ㅣㅣ물고기꼬리툭툭칠、발(曷) **鱔** 同鱓 **鰎** 옌 [건]微鹽魚얼간한생선、건(元) **鱉** 鼈俗字 **鱒。** 쭌 [준]似鯶赤眼독너울、준

(阮)(願) **鱓。** 쌴 [선]蛇ㅣ似蛇黃黑文두렁허리、선(銑) [타]鼉ㅣ皮可冒鼓자라、타(歌) 鼉同 **鱛** [日]메태비증 **鱖** 궤 [궤]婢魚巨口細鱗斑彩一名水豚쏘가리、궤(霽) [걸]

義同(月) **[魚晉]** 친 [침]鹽藏魚자반、침(侵) **鱏。** 씬 [심]長鼻魚口在頷下長七八尺심어、심(侵) **鱎** 쟈 [교]白馬別名뜰잉어、교(篠) **十三** **鱤** 깐

[감]魠也자가사리、감(感) **[魚業]** 예 [업]魚盛고기성할、업(葉) **鱝** 뱐 [분]洪魚가오리、분(問) **[魚僉]** 연 [엄]魚口動貌ㅣ喁고기입쭝긋거릴、엄(琰) **鱧。** 리

[례]鮦也가물치、례(薺) **鱦** 썽 [승]魚子물고기새끼、승(徑) **鱨。** 창 [상]黃頰魚날치、상(陽) **鱫** [日]해묵은연어、애 **鱜** 同鱫 **鱣。** 쟌 [전]鯉類黃魚전

어、전(先) 鱓同 **[魚義]** 이 [의]魚子고기새끼、의(支) **鱠。** 同膾 **[魚普]** 푸 [보]河豚복、보(麌) **鱞** 同鰥 **鱢。** 쏘 [소]腥臭비린내、소(豪) **鱟** 헉 [후]蟹屬鬼

ㅣ바닷게、후(宥) **[魚畺]。** 징 [경]海中大魚ㅣ鯢수코래、경(庚) 鯨同 **鱡** 同鰂 **十四** **[魚壽]** 착 [주]魚之大者큰고기、주(尤) **鱬** 수 [유]魚身人面인어、

(虞)휴 鱮。쒸 [서]鰱也似魴 연어、서(語) 鱭 同鮆 鱯。화 [화]魚名似鮎 메기、화(禡) 鱝 삔 [변]魚名似魴 방어、변(先) 鱃 쑤 [수]白魚 뱅어、수(有)

⑮ 鱲。라 [렵]魚名 고기 이름、엽(葉) 鱵 연 [침]針魚 공미리、침(侵) 鱺 릐 [리]鰻也 뱀장어、이(支) 鱴 며 [멸]鮆魚 갈치、멸(屑) ⿰魚節 졔 [절]魚名鼢鼠所化 망상어、절(屑) 鱶 쌍 [상]鯗魚之大 상어、상 [양]鯗也 어포、양(養) ⿰魚輩 同鮚

⑯ 鱸。루 [로]巨口細鱗似鱖四腮魚 出松江 농어、노(虞) ⿰魚賴。同獺 ⿰魚歷 릐 [력]⿰魚乙也 자가사리、역(錫) 鱷。同鰐

⑰ 鱄 뿌 [박]一目鯉 외눈박이잉어、박(藥)

⑱ ⿰魚巂 씨 [휴]大龜文似瑇瑁蠵ㅣ 대모 점박인 큰 거북、휴(齊) 鱹 꽌 [관]人名鱗ㅣ 사람의 이름、관(翰)

⑲ 鱺。릐 [리]似蛇無鱗甲其氣辟蠹魚 뱀장어、이(支) 鱧同

㉑ ⿰魚蠡 同鱧

㉒ 鱻。션 [선]生肉 날고기、선 新魚 생선、선(先) 鮮通

鳥部

鳥。댶 [조]羽族總名 새、조(篠)

① 鳦 이 [을]燕也玄ㅣ 제비、을(質) [알]義同(黠)

② 鳨 릐 [력]小鳥凡 작은 오리、역(職) ⿰七鳥 치 [칠]鳥聲 새소리、칠(質) ⿱九鳥 同鳩 鳫 同鴈 鳧。뿌 [부]水鳥鷖屬 물오리、부 野ㅣ家鴨 背有文青色卑脚短喙 청등이、부(虞) 鳰 [日]쥐오리、입 鳬 同鳧 鳩。쭈 [구]鳥名鶻鵃鷹所化 비둘기、구 以鵻官名五ㅣ 벼슬、구 安也 편안히 할、구 聚也集也 모을、구(尤) 鳪 뿌 [복]雉也 꿩、복(屋) 鳭 됴 [조]黃鳥ㅣ鸝 꾀꼬리、조(蕭)

③ 鳶 원 [연]鷙鳥鴟類 솔개、연 紙ㅣ 연、연(先) 鳯 同鳳 鳴。밍 [명]鳥聲 새울、명 凡物出聲皆曰ㅣ 울、명(庚) ⿰鳥大 때 [대]鳥也 새、대(齊) 鳳。뽕 [봉]神鳥羽蟲長ㅣ 새、봉 又 봉황、봉(送) ⿰工鳥 훙 [홍]大鳳 큰새、홍(東) 鳲 씨 [시]布穀ㅣ鳩 뻐꾹새、시(支) ⿰土鳥 뚜 [도]杜

鶻접동새、도(麌)
鳦 鶻同
㊃
鳿 위 [옥]似鴨而大鷖ㅣ독수리、옥(沃)
鴈。얀 [안]隨陽鳥婚禮奠ㅣ取其信和不再偶기러기、안(諫)
鳫 鴈同
鳼 원 [문]鶉子메추라기새끼、문(文)
鴻。훙 [홍]雄鳥수새、홍(東)
鳶 꿔 [궉]姓也성、궉鳳古字(屋)
鴃 鴂同
鴄 피 [필]鴨也집오리、필(質)
鳸 후 [호]農桑候鳥九ㅣ오디새、호鷃雀ㅣ鷃종달새、호(麌) 扈通
毣 맏 [모]鳥輕毛솜털、모(號)
鴔 잪 [교]梟也올빼미、교(蕭)
鴟 䲬同
鳷 씌 [지]鵲也까치、지(支)
鴇。빠 [보]似鴈無後趾毛有豹文넉새、보(皓) 鳵同
鴆。천 [짐]毒鳥食蛇其羽畫酒飲之卽死짐새、짐(沁) 酖通
鴊。졍 [정]征鳥題肩매、정(庚)
鴉。야 [아]烏別名갈까마귀、아漆黑검을、아(麻) 鵶同
鴟 지 [시]雉之別名꿩、시(支)
鳻。뷴 [분]青雀파랑새、분(文) 鶡通 [번]大鳩뻐꾹새、번(刪)
鴂。꿰 [결]鶗ㅣ서쩍새、결子規접동새、결巧婦뱁새、결(屑) [격]蠻語伯勞ㅣ舌개고마리、격(錫) 鵙同
鴀 우부 [부]鳺ㅣ오디새、부(尤)
鴓 鵋同
鳰 제 [개]雀也참새、개(卦)
鳺 우부 [부]鳩也ㅣ鴀메비둘기、부(虞)
㊄
鴪 쎤 [현]燕也제비、현(先)
鴚。꺼 [가]鵝也舒鴈거위、가(歌)
鴕 뒤 [타]熱帶產大鳥타조、타(歌) 駝同
鴲。삐 [비]鷳也징경새、비(支)
鴛。웬 [원]匹鳥雄ㅣ雌鴦원앙새、원又징경새、원(元)
鴦。앙 [앙]匹鳥鴛ㅣ원앙새、앙又징경새、앙(陽)
鴟 츠 [치]惡鳥ㅣ鴞솔개、치角ㅣ수알치、치鵂鶹부엉이、치茅ㅣ말똥구리、치芋也蹲ㅣ토란、치跋扈ㅣ張마음대로날칠、치梟ㅣ올빼미、치(支)
鴒 령 [령]鶺渠鶺ㅣ飛行鳴相應以比兄弟할미새、영(青)
鴫 [日]황새
鴥 위 [율]疾飛貌휙날、율(質)
鴠。딴 [단]鶡ㅣ求旦似鷄晝夜常鳴尤美鳥할단새、단卵也알、단(翰)
鴧 웅 [용]鳿飛새매날、용(宋)
鴶 깐 [감]鳥聲새소리、감(勘)
䳮 머 [말]鴨也ㅣ鴟집오리、말(曷)
鴣。꾸 [고]鷓ㅣ越鳥其鳴自呼云鉤輈格磔자고

새、고(虞) 𪀚 차 찰 鳥之雜毛色새 잡털빛、찰(黠) 鷂 얏 요 似鳧오리、요(篠) 鶣 뼌 변 二歲鷹묵이매、변(銑) 鴐 야 가 鴈屬ㅣ鵝들거위、가

(麻) 鴗。리 립 魚狗青似翠喙紅項下白食魚쇠새、입(緝) 鴾。同鶓 䳭 치 척 鴒也할미새、척(青) 鴔 우 핍 戴勝ㅣ鵖오디새、핍(屋) 鵖同 鴡。

雎同 鴧 우 유 鼯鼠夷ㅣ나는다람쥐、유(尤) 鴝 꾸 구 ㅣ鵒似鴨有幘구욕새、구(虞) 鸜同 鴨。야 압 家鶩舒鳧집오리、압(洽) 鴙 同雉 鴩

이 일 勃鳩메비둘기、일(質) 鴞。쌰 효 惡聲鳥鴟ㅣ솔개、효 鶚可爲羹올빼미、효(蕭) ⑥ 翭 후 후 羽初生貌깃처음날、후(尤) 蔦 同鳶 鴰。

꽈 괄 九尾鳥鶬ㅣ왜가리、괄(曷) 䳕 숭 숭 似鷹而小捕雀새매、숭(東) 鵁 同鵔 鵜。띄 제 鶘也사다새、제(齊) 鴷 례 렬 啄木鳥딱다구리、열(屑)

鵏 쉰 순 鶉鶉뱁새、순(眞) 鴶 까 알 布穀ㅣ鵴뻐꾹새、알(黠) 鵄。ㅊ 치 鳶也솔개、치(支) 鴹 썅 양 一足鳥鷸ㅣ舞則天下雨외발새、양(陽)

鴽。수 여 鴾也집비둘기、여 田鼠所化鴾母종달새、여 鶉屬메추라기、여(魚) 鵅。꺼 격 鵂鶹鴝ㅣ부엉이、격(陌) 鵂 同鶹 鴲。쯔 지 雀聲참새소

리、지(寘) 鴵 잔 교 梟也올빼미、교(肴) 鳽。쩐 견 鵁鶄교청새、견(先) 鳶 웬 원 鳶名ㅣ鵲새이름、원(先) 鴻。홍 홍 隨陽鳥

鴈之大者기러기、홍 大也클、홍 直馳ㅣ濛끝게달릴、홍ㅣ濛기운덩이、홍(董) 澒同 鳾。일 이 玄鳥鷾ㅣ제비、이(支) 鴮 우 오 鵜鶘ㅣ鸅사다새、오(虞) 鴺

이 예 鼯鼠나는다람쥐、예(霽) 鵀。인 임 戴勝別名戴ㅣ오디새、임(侵)(沁) 鴼 랍 로 鶼類鶩ㅣ두루미、노(皓) 鴏。치 직 水鳥물새、직(職) 鷙通 鵃

뫄 모 鶩也ㅣ母종달새、모(尤) 鴴 싱 행 雀也참새、행(庚) 鴱 애 애 䳺桃蟲암뱁새、애(泰) 鵁。쬬 교 睛交而孕ㅣ鶄似鳧교청새、교(肴) 鵤 꿰

[계]子規鷶ㅣ접동새、계(紙)
鶈 꿰 [귀]子規鶪ㅣ접동새、귀(未)
鵂。쑤 [휴]怪鳥角鴟ㅣ鶹부엉이、휴(尤)
鷬 황 [황]雀也삼새、황(陽)
鵃。쩌 [주]斑鳩鶻ㅣ메비둘기、주(尤)
鴿。꺼 [합]鳩屬鵓ㅣ性喜合집비둘기、합(合)

⑦

鵑。ㅇ쫜 [견]鳥名杜ㅣ蜀魂一名杜字一名子規뻐꾹새、견又두견새、견又접동새、견花名杜ㅣ진달래、견(先)
鵙。ㅇ지 [격]伯勞왜가리、격(錫)
鵖 랑 [량]鳩子비둘기새끼、낭(陽)
鶨 同鵋
鵋 ㅇ지 [기]鵂鶹鳥ㅣ鵋부엉이、기(寘)
鵔 同鵕
鵊 ㅇ쟈 [겹]杜鵑접동새、겹(洽)
鵡。우 [무]能言鳥鸚ㅣ앵무새、무(麌)
鵒。위 [욕]似鴝入哥鴝ㅣ구욕새、욕(沃)
鴨 同鴨
鶪 同鵙
鵓 뻐 [발]鵓鴿也勃姑집비둘기、발(月)
鵞。同鵝
鵚 두 [독]秃頭鳥ㅣ鶖두루미、독(屋)
鵗 씨 [희]攻皮之工ㅣ雉가죽다루는장인、희北方雉名꿩、희(微)
鵝。어 [아]家所畜舒鴈善鳴峨首辟蛇蜮거위、아(歌)
鵔 ㅇ쥔 [준]山雉似鳳장끼、준冠名ㅣ鷫관이름、준(震)
[illegible] [日]새매판
鵠。꾸 [혹]天鵝黃鵠ㅣ고니、곡水鳥鴻ㅣ따오기、혹[곡]帿的과녁、곡(沃)
鵘 쥔 [군]無尾雞꼬리없는닭、군(問)
鵟。광 [광]茅鴟부엉이、광(陽)
鵏 푸 [부]鵝也거위、부(虞)
鵜。틔 [제]水鳥ㅣ鶘사다새、제(齊)
鵛 ㅇ징 [경]鳥名새이름、경(青)
鵌。두 [도]與鼠同穴쥐와함께사는새、도(虞)
鵖。예 [업]戴勝鵖ㅣ오디새、업(緝)

⑧

鶂。이 [역]水鳥相視而孕새이름、역鶂聲ㅣㅣ거위소리、역(錫)鷁通[예]義同(齊)鶃同
鵹 리 [려]鸝鶊也楚雀倉庚꾀꼬리、여(齊)鸝通
鶉 쑤 [솔]家鳩집비둘기、솔(月)
鵺。예 [야]似雉鳥새이름、야(禡)
鶬 同鵊
鵧 삥 [병]小黑鳥ㅣ鳩작고검은새、병(青)
鵳 ㅇ젠 [견]鷂屬鵳ㅣ새매、견(先)
鶀 치 [기]小鴈되강오리、기鵋也수알치、기(支)
鵼。쿵 [공]怪鳥새이름、공(東)
鵻。同隹
鶄。칭 [청]交睛而孕鵁ㅣ교청새、청(庚)
䳟 밍 [명]神鳥似鳳鷦ㅣ초명새、

명(庚) **鵻** 同雛 **鶅** 쯔 [因]東方雉名 평、치(支) **鵰**。 됴 [조]鷙也翮可爲箭羽수리、조靑ㅣ보라매、조(蕭) **鶆** 래 [래]鷹也매、내(灰) **鵲**。 챡 [작]綠

背白腹鳥喜ㅣ乾ㅣ鵲ㅣ以音孚以視抱까치、작練ㅣ白毛如練대까치、작犬名宋ㅣ개이름、작人名扁ㅣ사람의이름、작(藥) **鶊**。 껑 [경]黃鳥鶬ㅣ꾀꼬리、경(庚) **⿰帛鳥**

멘 [면]鶯囀꾀꼬리울、면(先) **鶍** [日]잣새이 **鵴**。 쮜 [국]布穀鳴鳩鵠ㅣ빼꾹새、국(屋) **鵶**。 同鴉 **鵩** 웍 [복]鴞屬不祥鳥올빼미、복(屋)服通 **鵫** 쮜

[착]白雉흰꿩、착(覺) **鵵** 투 [토]似鵄而小木ㅣ부엉이、토(遇) **鶂** 同鷁 **鵯**。 삐 [필]鵯斯ㅣ鶋갈까마귀、필(質) **鵱**。 루 [륙]野鵝들거위、육(屋) **鵪**

안 [암]鴽也메추라기、암(覃)鶴同[압]鴨古字 **鶋** 쮜 [거]海鳥鶢ㅣ원거새、거鸒斯鶋ㅣ까마귀、거(魚) **鵮** 칸 [감]鳥啄物쪼을、감(咸) **鶇**。 둥 [동]鳥名새이름、

동(東) **鶌**。 취 [굴]鶌鳩ㅣ鳩메비둘기、굴(物) **鵾** 쿤 [곤]似鷄而大ㅣ鷄고니、곤(元) **鶉**。 츈 [순]鶉ㅣ鴽也메추라기、순鶉衣懸ㅣ옷해질、순(眞)[단]鵰也수리、단

(寒) **鶉** 同鶉 **鵬** 평 [붕]鯤魚所化大ㅣ붕새、붕(蒸) **鵷**。 웬 [원]鳳屬ㅣ雛봉황、원(元) **鵽**。 뒈 [탈]沙漠所産小雀사막새、탈(曷) (九) **鶖**。 츄

[추]水鳥似鶴扶老禿ㅣ두루미、추(尤) **鶜** 맏 [모]鴆也ㅣ鶜비둘기、모(肴) **鶟** 투 [돌]似雉而靑ㅣ꿩갈고푸른새、돌(月) **鶝** 웍 [복]戴勝ㅣ鶝오디새、복(屋)

鶩 머 [맥]鳥驚視貌새놀라보는모양、맥(陌) **鶘**。 후 [호]淘河鵜ㅣ사다새、호(虞) **鷤**。 同鶗 **鶩**。 무 [목]舒鳧집오리、목(屋) **鶙** 同鶗 **鶛**

예 [개]雄鶉수메추라기、개(佳) **鶚**。 어 [악]鷙擊鳥雕鳥鶚屬性好峙立독수리、악(藥) **鶗** 티 [제]子規ㅣ鴂접동새、제(齊)(霽) **鶦** 후 [호]似雉而靑鶡ㅣ꿩갈고

푸른새、호(虞) **⿰貝鳥** 同鵙 **鶢**。 웬 [원]海鳥ㅣ鶋바다새、원(元) **⿰官鳥** 同鸛 **鶡**。 허 [할]俗[갈]似鷄善鬪ㅣ旦새이름、할(曷)[분]靑雀파랑새、분(文)鳻同 **鵖**

凰同

鶥· 메 [미] 鳥名鶘ㅣ왜가리、미(支)

䳮 메 [매] 誘取禽새후려잡을、매(灰)

鶠。 옌 [언] 鳳之別名봉새、언(阮)

⿰㚇鳥 죵 [종] 鳥斂足새발오구릴、종(東)

鶔 슈 [유] 如鵲短尾鷚ㅣ까치같고꼬리짧은새、유(尤)

鶒 치 [칙] 水鳥鸂ㅣ뜸부기、칙又물닭、칙(職)

鶓 먀 [묘] 鳥名鴟ㅣ새이름、묘(蕭)

鶞。 츈 [춘] 鳥名鶞ㅣ새이름、춘(眞)

鶝 부 [복] 戴勝鶝ㅣ오디새、복(屋)

鶉 츈 [순] 鷄晩生늦게깐닭、순(眞)

鶨 퇀 [단] 鳥名새이름、단(翰)

十

鶹· 류 [류] 黃鳥鷅ㅣ꾀꼬리、유 角鶹鵂ㅣ부엉이、유(尤) 鷚同

䲲 꿍 [공] 鳥讓食새모이사양할、공(送)

鶱。 셴 [현] 飛貌훨훨날、현(元)

鶿 鷀同

鷉。 티 [제] 似鳧鸊되강오리、제又비오리、제(齊)

鶽 隼同

鶭 방 [방] 淘河사다새、방(養)

鷂。 요 [요] 五色雉장끼、요 隼也새매、요(嘯)

⿱振鳥 뎐 [진] 鷺也백로、진 翬飛貌떼로나를、진(眞)

鶼 켠 [겸] 比翼鳥ㅣㅣ새이름、겸(鹽)

⿰梟鳥 쟉 [교] 梟也올빼미、교(蕭)

鶴。 허 [학] 仙禽似鵠학、학又두루미、학 鳥肥澤ㅣㅣ새털흼치르르할、학白也ㅣ髮흴、학(藥) 翯同

鶲 웡 [옹] 鳥頸毛새목털、옹 鳥名새이름、옹(東)

鷀· 츠 [자] 鳥鬼鸕ㅣ더펄새、자(支)

鷄。 雞同

鶏 鷄同

鶮 꼬 [고] 邑名고을이름、고(豪)

鶺 쳑 [척] 鳥名鶺渠ㅣ鴒할미새、척(陌)

鶸 약 [약] 鳥名새이름、약(藥)

鶬。 창 [창] 水鳥ㅣ鴰왜가리、창 黃鳥ㅣ鶊꾀꼬리、창(陽) 倉通

⿱殺鳥 싸 [살] 鳥飛疾새빨리날、살(黠)

鶵。 雛同

鷁· 이 [익] 水鳥似鷺而大새이름、익 文ㅣ畫其象於船頭돛대끝바람개비、익(錫) 鶂鷊艗同

鶶 탕 [당] 鳥名ㅣ鷵새이름、당(陽)

鶯。 잉 [앵] 黃鳥一名金衣公子꾀꼬리、앵(庚)

鶷 싸 [할] 百舌ㅣ鶷백설조、할(黠)

鷇 꾸 [구] 鳥子새새끼、子鷄雛병아리、구 鳥子生哺曰ㅣ먹일、구(宥)

鷋 두 [도] 鳥名ㅣ鳩비둘기、도(虞)

鶾 한 [한] 丹鷄붉은닭 한鷄 肥貌살찐닭、한(翰)

鶻。 꾸 [홀] 俗 [골] 鷹

屬ㅣ鶻매、골北夷種回ㅣ오랑캐、골(月) **鵽**타 [답]飛貌鸜ㅣ푸르륵날、답(合) **鷆**뎐 [전]吐蚊鳥바람개비、전(先) **鷊**이 [역]綬鳥名吐綬새이름、

역眞珠鷄진주닭、역(錫)鶃鷁鶂同 **鵹**리 [률]黃鸝ㅣ鶹꾀꼬리、율(質) **鶲**옹 [옹]鶺鴒ㅣ鷚할미새、옹(冬) ⓬ **鷙**지 [즙]小黑鳥ㅣ鳩작고검은새、

급(緝) **鷞**쌍 [상]西方神鳥鷫ㅣ신조、상(陽)鸘同、鷹也ㅣ鳩매、상(養)爽通 **鰵**민 [민]鷗也징경새、민(軫) **鷖**이 [예]鷗也갈매기、예好浮ㅣ鷖수악새、

예鳳凰別名봉황새、예(齊) **鶕**안 [암]鳥名ㅣ鶉메추라기、암(覃)鵪通 **鶞**쟝 [장]布穀鶹ㅣ뻐꾹새、장(冬) **鷤**쥐 [규]杜鵑접동새、규(支) **鷕** 巂同

鷅퍞 [표]鳥毛色變새털빛변할、표(篠) **鷟**쟉 [작]鳳屬鸑鷟ㅣ봉황새、작(覺) **鷸**쌍 [상]一足鳥ㅣ鴹외발새、상(陽) **鷔** 鷔同 **鶞** 鶞同 **鷇**

쿠 [각]鳥卵새알、각(覺) **鷙**지 [지]鳥獸猛勇억셀、지又날쌜、지鷹鸇之類새매、지(寘) **鷗**우 [구]鷖也似鴿而白羣飛갈매기、구(尤) **鷐**천 [신]鸇也ㅣ

風새매、신(眞)晨同 **鷒**돤 [단]如鵲短尾鷒ㅣ까치같고꼬리짧은새、단(寒) **鷕**얀 [요]雌雉鳴聲암꿩우는소리、요(篠) **鷚**류 [류]大鷚종달새、유雛子꿩의새

끼、유(有) **𪆁**매 [매]麻雀참새、매(佳) **鷇**쿠 [구]鳥名ㅣ雉새이름、구(宥) **鷜**루 [루]野鵝들거위、누(尤) **鷓**쟈 [자]越雉ㅣ鴣隨陽鳥자고새、자(禡)

⓬ **鷢**궤 [궐]似鷹白ㅣ징경이、궐(月) **鷩**뼤 [별]赤雉붉은꿩、별(屑) **鷶**매 [매]杜鵑접동새、매(蟹) **鷳**쏀 [한]似雉白ㅣ한새、한(刪)

鷥쓰 [사]鳥名鷺鷥ㅣ해오라기、사帶絲띠술、사(支) **鷭**번 [번]鳥名새이름、번(元) **鷣**인 [음]鷂之別名새매、음(侵) **鷵**두 [도]鳥名鷵새이름、도(虞)

鷉쓰 [사]鵜也鸒ㅣ鵯鶋갈까마귀、사(支) **鷻**돤 [단]鵰也수리、단(寒)鳶別名솔개、단 **鷦**쟌 [초]桃蟲ㅣ鷯뱁새、초南方神鳥ㅣ鵬신조、초(蕭) **鶁**

짜리 [추]俗[취]鵰類黑色多力수리、취又독수리、취(宥) **鷷** 쭌 [준]西方雉꿩、준(眞)(元) **鷰** 옌 [연]玄鳥제비、연角觝戲ㅣ濯씨름、연(霰)燕同 **[晉鳥]** 진 [침]魯鷄큰닭、침(侵)

鷤 탄 [단]雉子꿩새끼、단(寒)[제]子規ㅣ鴂접동새、제(齊) **鷧**。이 [의]鸕鷀더펄새 의(寘) **鷩** 鷩同 **鷳**. 鷴同 **鵨** 쒸 [서]似鳧ㅣ鴈거위、서(魚)本作舒

鷬 황 [황]黃鳥꾀꼬리、황(陽) **鷮**。쨘 [교]長尾雉꿩、교(蕭) **鷸**. 위 [휼]知雨翠鳥翠ㅣ비취새、휼相持勢蚌ㅣ맞버팀、휼疾飛貌ㅣ如휼적날、휼涉水鳥황새、휼(質)

鷫。쑤 [숙]神鳥ㅣ鷞신조、숙(屋) **鵡** 우 [무]鸚鵡也종달새、무(虞) **鷯** 랴 [료]桃蟲在葦小鳥鷦ㅣ뱁새、요(蕭) **鶀** 鷯同 **鷺**. 루 [로]水鳥白ㅣ백로、노又해오라기、노朱ㅣ따오기、노(遇)

鵫 짜 [교]小鳩ㅣ鵖작은비둘기、교(豪) **鶋** 취 [거]鶌鶋鸜ㅣ할미새、거(魚) **[登鳥]** 떵 [등]ㅣ鷄뜸부기、등(蒸)

鸓 鸓同

(十三)

鷹.。잉 [응]鷙鳥强如類者征鳥題肩爽鷙鳥而善捕雉鳩角ㅣ매、응(蒸) **鷿**.。피 [벽]似鳧ㅣ鷉되강오리、벽(陌) **鸀** 츄 [촉]山鳥산까마귀、촉(沃)

鷺 鷺同 **[鉏鳥]** 츄 [서]白鷺鶿ㅣ백로、서(魚) **鸃**.。이 [의]鳳屬鵕ㅣ봉황새、의冠名관이름、의(支) **[農鳥]** 눙 [농]鴻也기러기、농(冬) **鸉** 양 [양]似鷹白鸇매같고꼬리흰새、양(陽)

鸇.。잔 [전]鷙鳥晨風鸇屬새매、전(先) **[罒衣鳥]** 同[罒衣飛] **[賈鳥]** 자 [가]鷹也매、가(馬) **鷾** 이 [의]燕也제비、의(寘)

鸁 뤄 [라]鸊鷉되강오리、나(歌) **鸅**。쩌 [택]淘河ㅣ鸆사다새、택(陌) **鸆** 위 [우]淘河鸅ㅣ사다새、우(虞) **鸄** 지 [격]鳥名새이름、격(錫) **鶡** 꺼 [갈]百舌鶡ㅣ백설조、갈(曷)

[監鳥] 란 [람]郭公ㅣ鶹뻐꾹새、남(覃) **鷽**.。쇄 [학]小鳩발의새、학山鵲산까치、학(覺) **鸂**. 씨 [계]水鳥ㅣ鶒뜸부기、계(齊)

[鳥巂] 꿔 [규]子規접동새、규(支)

(十四)

鸑.。워 [악]鳳屬神鳥ㅣ鷟봉새、악(覺) **鸍** 쓰 [시]鴆鳥짐새、시(支) **鸋** 낭 [녕]鴂梟ㅣ鴃부엉이、영鸋子종달

새새끼、영(青)、

鸒。위[여]鳥也小而多羣腹下白 갈까마귀、여(魚)(御) 鷽通

鸏。맹[몽]鳥名狂ㅣ鳥 새이름、몽(送)

鸆 착[주]南方雉也 쩡、주(尤)

鸎 同鶯

鸐 同翟

(十五)

[截+鳥] 제[절]小鷄 당닭、절(屑)

鸔。뽀[복]水鳥烏ㅣ 물새、복(屋)

[蔑+鳥] 메[멸]鷦鷯 뱁새、멸(屑)

[巤+鳥] 라[랍]飛起貌ㅣ[illegible] 파뜩파뜩날、납(合)

鷚 라[류]鴨也 집오리、유(尤)

鸓 레[류]鸓鼠 나는다람쥐、유(紙)

(十六)

鸕。루[로]水鳥ㅣ鷀 더펄새、노(虞)

鸗 룽[롱]鳥鳧屬小鴨 새、농(董)

鸖 同鶴

(十七)

鸚。잉[앵]南越能言鳥ㅣ鵡 앵무새、앵(庚)

鸘 同鷞

鸙 위[약]鷚也天ㅣ 종달새、약(藥)

(十八)

鸛。꽌[관]水鳥似鵠 황새、관(翰)

鸜 同雊

(十九)

鸞。롼[란]神鳥鳳凰之佐 난새、난ㅣ鈴 임금타시는수레방울、난ㅣ刀 칼방울、난(寒) 鑾通

鸝。릐[리]黃鳥倉庚 꾀꼬리、이(支) [려]義同 (齊)

(廿二)

[疊+鳥] 데[접]鳥名兩頭四足 새이름、접(葉)

(廿五)

[蠻+鳥] 만[만]比翼鳥ㅣㅣ與鶼鶼義同 새이름、만(刪)

鹵部

鹵。루[로]西方鹽地 염전、ㅗ輕脫苟且ㅣ莽 거칠、ㅗ地不生物斥ㅣ 황무지、ㅗ天子儀衛ㅣ簿 거동、ㅗㅣ掠 훔칠、노(麌) 櫓鑪通

(四)

鹶 영[긍]鹹苦滷ㅣ 짜고쓸、긍(蒸)

[鹵+亢] 캉[강]鹽澤 염전、강(養)

(五)

鹷 링[령]鹽也 소금、영(青)

[鹵+占]。탄[담]鹹也 짤、탐(陷)

(七)

[鹵+肖]。쌴[소]煎鹽 소금구을、소(蕭)

(八)

[鹵+炎] 딴[담]無味 싱거울、담(勘)

[土+鹵+皿] 同鹽

[鹵+召] 깐[감]鹹味 짠맛、감(陷)

(九)

[鹵+甚] 깐[감]鹹也 짤、감(勘)

鹹。쎈[함]鹽味 짤、함(咸) 俗醎非

(十)

盬 꾸[고]鹽也 소금、고(麌) 鹽通

[鹵+昷] 윤[온]鹽也 소금、온(元)

鹻 얜[감]鹵之凝著者 소금버케、감(豏)

鹺。촤[차]大鹹鹽味之厚 몹시짤、차(歌)

[鹵+鬼] 의[회]鹽也 소금、홰(佳)

(十二)

[鹵+喬] 쥐[굴]醬也 장、굴(質)

(十三)

鹼。첸[검]鹽分 소금물、검灰濾水 잿물、

검汚垢洗料비누、검(鹽)

鹽。옌[염]煮海爲ㅣ소금、염俗作塩、ㅣ魚자반、염元素의一、黃褐色의劇臭이있는氣體、鹽素、酸類와金屬을結合하여成한物質(豔)

豔同

⿰鹵感 깐[감]過⿰鹵感몹시짤、감(感)

(十四)

⿰鹵監。同⿰鹵甚

鹿部

鹿。루[록]麞屬仙獸사슴、녹積穀所圓曰囷方曰ㅣ모진곳집、녹小車ㅣㅣ작은수레、녹酒器술그릇、녹ㅣㅣ녹록할、녹錄祿通、劍名獨ㅣ

(屋)麓通

(二)

麀 우[우]牝鹿암사슴、우(尤)

麂。지[궤]大麋狗足似鹿큰고라니、궤(紙)

麁 麤俗字

(三)

⿸鹿巳 쓰[사]鹿二歲두살된사슴、사(紙)

(四)

⿸鹿比 삐[비]小鹿작은사슴、비(支)

⿸鹿手 차[찰]鹿貌사슴、찰(曷)

麃。빠[표]武貌ㅣㅣ위엄스러울、표(蕭)[포]麞屬노루、포(肴)麅同

⿸鹿夭 안[오]麋子고라니새끼、오(皓)

(五)

麆 쥬[조]麕子노루새끼、조(御)小兒어린아이、조(魚)

麇。균[균]麞也노루、균地名땅이름、균(眞)麕麏同[균]義同、羣也무리、균(文)東縛묶을、균(吻)

⿸鹿加 야[가]牡鹿수사슴、가(麻)麚同

麈。쥬[주]麋屬尾能辟塵사슴、주(麌)

⿸鹿本 뻔[본]牝鹿암사슴、본(阮)

麅 麃同

(六)

麋。메[미]鹿屬似水牛고라니、미水草之交물가、미(支)

⿸鹿因 인[인]牝鹿암사슴、인(眞)

⿱米鹿 미[미]縣名ㅣ冷고을이름、미(支)

⿸鹿玄 린[린]麒麟기린、인(眞)

麉 옌[견]鹿之絶有力者힘센사슴、견(先)

(七)

麎。천[신]牝麋암코라니、신(眞)

⿸鹿具 위[어]驢也노쇠、어(魚)

麏 윈[균]鹿屬고라니、균(眞)麕同

麔。지[궤]大麕큰노루、궤(紙)

麐 麟同

麌。위[우]牡鹿수사슴、우羣聚貌ㅣㅣ사슴떼우물우물할、우(麌)

⿸鹿余 駼同

(八)

麓。루[록]山足산기슭、녹又산밑、녹守山林吏산감、녹又산지키는관리、녹(屋)

⿸鹿取 추[추]小鹿작은사슴、추(虞)

麑。니[예]鹿子사슴새끼、예獸

名狻ㅣ사자、예(齊) 猊通 **麒**。치 기 仁獸ㅣ麟麕身牛尾一角牡曰ㅣ기린、기(支) **麖**。징 경 大鹿牛尾一角큰사슴、경(庚) 麠同 **麗**。리 려 美也고울、여華

也빛날、여附也걸릴、여施也베풀、여偶數짝、여高樓ㅣ譙문루、이(齊) 리 附著부딪칠、이國名高句ㅣ、高ㅣ나라이름、이(支) **麔**。짝 구 牡麋수코라니、구(有)

麕。麏同 **⿸鹿雚** 앾 주 鹿一歲한살된사슴、주(支) 九 **麙** 연 암 山羊大而細角염소、암(咸) **麘** 향 향 麝香鹿사향사슴、향(陽) **麛**。미

미 獸初生새끼、미(支) 鹿子사슴새끼、미(齊) **麚** ⿸鹿加同 十 **麜** 리 률 牝麕암노루、율(質) **麝**。써 사 似麞臍香사향노루、사(禡) 十一

⿸鹿逯 쑤 석 鹿跡사슴발자국、석(屋) **麞** 獐同 十二 **⿸鹿菐** 푸 복 鹿相隨사슴서로따를、복(屋) **麟**。린 린 仁獸毛蟲長기린、인(眞) 十三

⿸鹿彔 루 록 獸名似鹿長尾一角五色光澤짐승이름、녹(屋) **麠** 麖同 **⿸鹿零** 麢同 十七 **麢** 羚同 二十二 **麤**。추 추 大也클、추(虞) 粗觕通

麥部

麥。머 맥 五穀之一有芒穀來麰秋種夏熟보리、맥蕎ㅣ모밀、맥草名燕ㅣ돌귀리、맥瞿ㅣ귀리、맥(陌) **麦** 麥俗字 三 **⿺麥弋**

이 익 麥糓破碎者보릿겨、익(職) **⿺麥乇** 톼 탁 餠也떡、탁(藥) **麧**。히 흘 糏也磨麥糖ㅣ보리싸라기、흘(月) 四 **⿺麥亡** 망 망 麥芒보리꺼럭、망(陽) 芒俗字

麨。찬 초 糗也蒸麥成屑찐보릿가루、초(篠) **⿺麥夬** ⿺麥孚同 **麩**。약 부 小麥屑皮밀기울、부(虞) **麪**。멘 면 麥末밀가루、면溫飩국수、면(霰) 五

麮。취 거 麥甘粥보리뜨물죽、거煮麥飯보리밥、거(語) **麭**。퐈 보 餌也경단、보麪ㅣ면보、보(效) **⿺麥穴** 훠 활 麴也누룩、활(黠) **⿺麥占** 뎌 첩 黏粟차조、

첩(葉) **⿺麥末** 머 말 麪也又米屑밀가루、말(曷) **⿺麥巨** 거 거 蜜餌과자、거(語) **麬** 同麩 六 **⿺麥并** 병 병 麥餠보리떡、병(梗) **麰**。뫄 모 大麥五

穀之長보리、모(尤)麰麴同牟通 **麯**。[麵]同 ⑦ **麳**。라[라]栗粥조죽、나(箇) **䴷** 훈[혼]麥麵보리누룩、혼(元) **麲**。현[한]麥粉보릿가루、한(諫)

䴘 연[견]麥藁보릿짚、견(先) **䴸** 예[야]麷麥皮麩ㅣ밀기울、야(禡) **䴻** 리[리]麥酒보리술、이(支) **麨** 쇠[쇄]麥粉보릿가루、쇄(箇) ⑧

䵗 부[부]小麥粉餠밀가루떡、부(有) **麴** 도[도]麥餠보리떡、도(豪) **䵄** 비[비]麴也누룩、비(支) **麳** 래[래]小麥밀、내(灰)來通 **麴**。국[국]酒母ㅣ

蘖누룩、국酒也술、국花名ㅣ塵곰팡이름、국(屋)麯同 **麱**。同麱 **䵃** 훈[혼]粒麥쌀보리、혼(元) ⑨ **麷** 찰[초]麴也볶은보릿가루、초(篠) **麰** 同麱

麵。麫俗 麥字 ⑩ **䵆** 원[온]麴也누룩、온(問) **䴽** 시[설]舂餘무거리、설(屑) ⑪ **䵹** 장[장]麥腐보리썩음、장(漾) **䵑**。련[련]新麥之

餠햇보리떡、연(銑) **䵂** 디[적]小麥粉밀가루、적(錫) **䴲** 뭐[막]麷麥皮ㅣ밀기울、막(藥) ⑫ **䵘** 싼[선]新麥餠햇보리떡、선(銑) **䵋** 꿩[광]大

麥보리、광(梗)、광麥麩밀기울、광(梗) ⑬ **䵝**。취[거]麥小者잔보리、거(魚) ⑮ **䵚** 꿩[광]皮厚麥껍질두터운보리、광(梗) ⑰ **䵪** 예[얼]麥蘖보

리움、얼(屑) ⑯ **麷**。뻥[풍]熬麥볶은보리、풍(東)

麻部

麻。마[마]枲屬삼、마敕書綸命임금의말씀、마胡ㅣ깨、마(麻) ③ **麽** 머[마]微也細瑣么ㅣ잘、마何也어찌、마(歌)(哿) 麼同

麼 사[삭]治病병고칠、삭(藥) **麽**。同麽 ④ **麿** 윤[분]散也흩을、분(吻) **麾**。휘[휘]大將旗대장기、휘指揮지휘、휘指招손짓하여부를、휘

(支)戲撝通 ⑤ **麾**。휘[휘]旗也기、휘(支) **䴷** 본[본]麻桿삼대、본(阮) **麴** 꺼[구]麻也삼、구(有) ⑥ **麼** 마[마]捨也버릴、마(哿) ⑦

麿。[일]자네여、又그냥반여

八 穈 미 [미]深也깊을、미(紙)

[illegible] 적 [추]麻莖삼줄기、추聚麻(蒸)삼묶어찔、추(尤)

[illegible] 석 [수]聚麻삼단、수麻莖삼줄기、수(尤)

九 黁 난 [난]人名郭ㅣ사람의이름、난(翰)

十 [illegible] 미 [미]熟也익을、미爛也물크러질、미(支)穈通

[illegible] 麼同

十二 [illegible] 미 [미]穈別名피、미(支)

十三 黂。분 [분]枲實삼씨、분(文)

十二畫

黃部

黃。황 [황]五色之一中央色누를、황ㅣ耇늙은이、황小兒之稱어린아이、황(陽)

四 黆 강 [강]黃色누른빛、강(漾)

[illegible] 黆同

黅。진 [금]黃色누른빛、금(侵)

[illegible] 단 [단]黃色누른빛、단(寒)

黋 광 [광]武勇貌ㅣㅣ위엄스러울、광(陽)

五 黈 투 [주]黃也누를、주演也느릴、주旁纊귀막이솜、주(有)

六 黇 텐 [천]黃白色누르고흰빛、천(先)

[illegible] 이 [위]黃色누른빛、위(紙)

黊。씨 [규]鮮明黃곱게누를、규(齊) 黆同

[illegible] 충 [충]塞耳掩聽ㅣ纊귀막을、충(東)

七 [illegible]。셴 [협]赤黃주황빛、협(鹽)

八 [illegible] 취 [작]皮淡黃色껍질누를、작(藥)

[illegible] 덴 [정]濃黃色노란빛、정(鹽)

[illegible] 툰 [돈]黃色누른빛、돈(元)

九 [illegible] 윈 [운]面黃色얼굴누럴、운(吻)

[illegible]。톤 [단]黃黑色거냥빛、단(寒)

十 [illegible] 황 [황]卵中黃알의노른자、황(陽)

[illegible]。윈 [운]黃色누른빛、운(吻)

[illegible] 황 [황]煇也빛날、황(陽)

十三 黌 횡 [횡]學舍글방、횡又학교、횡(庚)

黍部

黍。서 [서]禾屬粘爲秫不粘爲ㅣ기장、서又메기장、서(語)

三 䵒 니 [닐]黏也차질、닐(質)

黎。리 [려]衆也ㅣ民무리、여黑

也검을、여天欲曙丨明동틀、여(齊)黧邌通 ㊃ ⿰黍丑 우 [유]黏也차질、유(有) ⿰黍互 후 [호]糊也풀、호(遇) 䵑。니 [닐]黏著붙을、일(質) ㊄ ⿰黍尼

니 [제]黏也차질、제(齊) ⿰黍包 판 [표]黍豉皮기장된장웃거덕、표(效) 黏。념 [점]丨土차질、점相著붙일、점糊也풀、점(鹽)粘同 ⿰黍必 삐 [필]香也향내날、필

(質) ㊅ ⿰黍多 나 [나]黏着끈끈붙을、나(馬) ⿰黍朱。주 [주]黏也차질、주(虞) ㊇ ⿰黍居 쥐 [거]黍也기장、거(御) ⿰黍卷 좐 [권]廣也넓을、권(阮) ⿰黍卑

삐 [비]稗也피、비(支) ㊈ ⿰黍畐。부 [복]治黍禾豆下潰葉떡잎제칠、복(屋) ⿰黍⿱占心 녬 [점]心有所著맘음붙일、점(鹽) ㊉ 黐 리 [리]所以黏鳥끈끈이、

이又새잡는풀、이(支) ⿰黍舀 탄 [도]蜀黍옥수수、도(皓) ⿰黍兼 련 [렴]黍之疎기장성길、염(鹽) ⑫ ⿰黍啇。듸 [적]糊也풀、적(錫) ⿰黍麻 머 [마]黏黍찰

기장、마(麻) ⿸麻黍 䵢同 ⑯ ⿰黍龍。룽 [롱]黏也차질、농(董) ⿰黍遺 이 [의]黏也차질、의(支)

黑部

黑。희 [흑]五色之一北方陰色검을、흑是非丨白그를、흑暗黑캄캄할、흑黶黑也丨子검은사마귀、흑歐羅巴國名나라이름、흑(職) ㊀

⿰黑乙 야 [알]深黑色丨昧어두울、알(黠) ㊂ ⿰黑大 대 [대]墨痕흔적、대(泰) ⿰黑弋。이 [익]黑色검을、익(職)弋通 ⿰黑乇 두 [도]深黑새캄할、도(遇) ⿰黑勺。

듸 [적]以丹注面玄丨연지찍을、적(錫) ⿰黑干 皯同 ㊃ ⿰黑乆 미 [먹]刑也極丨형벌할、먹(錫) 默。머 [묵]不語恭丨잠잠할、묵靜也조용할、묵淵丨침잠할、

묵(職)嘿同墨通 黔。친 [검]黎也丨首검을、검黑也검어질、검地名땅이름、검貴州省의別稱(鹽) [금]神名丨羸丨雷귀신이름、금(侵) ⿰黑予 슈 [서]黑也검을、서(語)

⿰黑亢 캉 [항]冥也丨黯어두울、항(漾) ⿰黑太 태 [태]甚黑몹시검을、태(泰) ⿰黑屯 툰 [돈]濁也흐릴、돈(阮) ⿰黑冘 딴 [담]滓垢黑貌때낄、담(感) ㊄ 黜。

츄 [출]貶ㅣ내리칠、출擯斥물리칠、출(質) 出同

點。뎬 [점]黚也검은점、점ㅣ畫점찍을、점鈌ㅣ훙볼 점ㅣ檢상고할、점件數수효、점雨ㅣ방울、점ㅣ頭고개끄덕일、점ㅣ火불결、점指ㅣ가리킬、점(玷)

䵢 메 [매]淺黑色엷게검을、매(隊)

黈 쮸 [주]點也점찍을、주(麌)

䵣。따 [달]白而有黑회색빛、달(曷)

黚 깐 [겸]淺黃黑검을、겸(鹽)

黝。우 [유]青黑色검푸를、유特出貌ㅣ糾우뚝할、유用黑飾地검은칠할、유(有)

黛 대 [대]畫眉눈섭그릴、대似空青而色深青ㅣ새파랄、대(隊)

六

䵥 뺑 [방]黑色검을、방(江)

黠。쌰 [할]慧也약을、할惡才컴컴할、할姦也간사할、할(黠)

䵴 재 [재]黑染검은물、재(隊)

䵱 위 [울]深也깊을、울黑也검을、울(物)

黟。이 [이]黑也검을、이丹陽縣名고을이름、이(支)

䵟 샤 [사]汗垢때、사(馬)

䵳 훼 [회]淡黑色회색빛、회(灰)

七

䵦 만 [맘]暗也캄캄할、맘(豏)

黧 리 [려]斑也얼룩질、예(齊)

黣。메 [매]面黑氣얼굴검을、매(賄)

䵩 라 [랄]黑也검을、날(曷)

䵲 챺 [초]面點ㅣ䵹죽은깨、초(嘯)

䵫。젼 [견]濡墨而磨먹갈、견(霰)

八

䵬 타 [답]猥茸貌ㅣ伯왈괘、답(合)

䵛 쳐 [첩]絲壞실엉킬、첩(葉)

䵓。래 [래]赤黑검붉을、래(灰)

䵞 툰 [돈]不幹事ㅣ黖일간섭아니할、돈(願)

黨。당 [당]朋也輩也무리、당偏也편벽될、당比也견줄、당頻也자주、당所也곳、당知也알、당五百家稱마을、당鄕里고향、당親戚일가、당(養) 儻同

䵖 진 [금]淺黃누럴、금(侵)

䵘 딴 [담]黑雲검은구름、담(感)

黤。안 [암]青黑검푸를、암(豏)

黧。리 [리]黑也검을、이(支) [려]義同(齊)

黖 훈 [혼]純黑새까말、혼忘失잊을、혼(願)

䵭 찌 [치]草書勢ㅣ黈초서쓸、치(紙)

䵮 뿐 [본]淡黑엷게검을、본(元)

黥。칭 [경]墨刑在面자자할、경(庚)

黦。위 [울]黑有文얼룩질、울(物)

九

黭 안 [암]猝至貌ㅣ然왈칵、암黑色검은빛、암(感)

䵛 난

[남]字畫之點점、남(琰)

黰 메 [매]陰氣著衣生斑沫 黴ㅣ곰팡이、매(灰)

⿰黑屋 위 [옥]黳也자자할、옥(屋)

⿰黑曷 예 [알]色變트색할、알(月)

黮。썬 [심]黑也黯ㅣ검을、심 雲黑黤ㅣ검은구름、심(感) [심]桑實오디、심(寖) 葚同 [담]不明ㅣ闇어둠침침할、탐(勘)

黬。안 [암]釜底黑솥밑에붙은거멍、암(感)

⿰黑枼。데 [접]黔首卽民백성、접(葉)

⿰黑昜 양 [양]赤黑검붉을、양(漾)

黫 인 [은]黑也검을、은(文)

黯。안 [암]深黑色시꺼멀、암 傷別貌ㅣ然아득할、암(豏)

(十)

⿰黑辱 우 [욕]垢黑때묻을、욕(沃)

黰 鬒眞同

⿰黑茲 츠 [지]濃黑色새캄할、지(支)

⿰黑冥 미 [멱]草木叢茸초목떨기、멱(錫)

黱。黛同

(十一)

⿰黑庸 충 [종]黑穴어두운구멍、종(腫)

黴。메 [미]物中久雨青黑곰팡이、미ㅣ菌균、미 梅毒담、미 面垢黑낯에때낄、미(支)

⿰黑鹿 루 [록]垢之黑着검게때묻을、녹(屋)

黲。찬 [참]物將敗色트색할、참 淺青色검파르족족할、참(感)

黳。이 [예]小黑子죽은깨、예(齊)

(十二)

⿰黑隊 뒤 [대]雲之黲黷구름뜰、대(隊)

⿰黑喜 시 [극]赤黑검붉을、극(職)

⿰黑曾 쩡 [증]面黑氣奸ㅣ얼굴에검은진얏을、증(徑)

⿰黑雲 얀 [암]雲暗구름어두울、암(豏)

⿰黑業。뷰 [복]淺黑엷게검을、복(屋)

⿰黑惠。머 [말]淺黑엷게검을、말(黠)

⿰黑最 촤 [찰]黑也검을、찰(曷)

⿰黑登。청 [징]米黑壞쌀썩어검을、징(徑)

(十三)

⿰黑歲 화 [활]黑色검은빛、활(曷)

⿰黑喿。챠 [조]麻苦雨生壞장마에삼주저앉을、조(蕭)

⿰黑葴 진 [금]黃黑色검고누른빛、금(侵)

⿰黑黽 잉 [잉]面黑子검은사마귀、잉(徑)

黵。쨘 [점]黑汚검은칠할、점(琰)

⿰黑會 홰 [회]淺黑엷게검을、홰(卦)

⿰黑僉 젼 [검]黑也검을、검(琰)

(十四)

⿰黑臺 태 [대]黑也검을、대(灰)

黶。얌 [염]黑子검은사마귀、염 [암]黑痕검은점、암(豏)

(十五)

⿰黑箴 깐 [감]面黑얼굴검을、감(感)

黷。뚜 [독]濁也汚也더러울、독 頻ㅣ자주、독 蒙也무릅쓸、독 黑也黲ㅣ검을、독 狎也媟也친압할、독(屋) 瀆通

(十六)

⿰黑⿱尚馬 덩

十二畫 黑

[등]淡黑엷게검을、등(蒸) ⿰黑歷 리[력]黑色검은빛、역(錫) 黸。루[로]黑甚새까말、노(虞) (十七) ⿰黑毚。산[삼]削去誤字글자지울、삼(咸) ⿰黑襄。양[양]黑也검을、양(養)

黹部

黹。띄[치]縫紩衣바느질할、치又바느질、치(紙) (五) 黻。부[불]裳繡黑青相次文狀如兩己相背보불、불又예복이름、불韋韠以蔽膝슬갑、불(物)芾同 (七) 黼。부[보]裳繡斧形黑白爲文ㅣ黻보불、보又예복이름、보(麌) (九) ⿰黹扁 뻔[변]履底신바닥、변(銑) (十一) ⿰黹虘。츄[초]合五采鮮明色ㅣㅣ오색빛、초(語)楚通

十三畫

黽部

黽。민[맹]鼃黽似青蛙而腹大맹꽁이、맹楚地ㅣ隘땅이름、맹(梗)[민]ㅣ勉힘쓸、민(軫)僶同[면]弘農郡名ㅣ池땅이름、면(今澠池縣)(銑) (四) 黿 원[원]介蟲之元似鼈而大以鼈爲雌큰자라、원(元) (五) ⿱尗黽 츅[축]蟾也두꺼비、축(屋) 鼂。찬[조]美王ㅣ釆고운옥、조蟲名匽ㅣ벌레이름、조姓也성、조朝也아침、조(蕭)晁同 ⿱央黽 앙[앙]龜也거북、앙(陽) 鼁 취[구]蟾蠩ㅣ鼀두꺼비、구(有) (六) 䵷。와[와]鼃同、蛙古字、滛聲음란할、와(麻) 鼄 蛛同 鼃。와[왜]蝦蟇맹꽁이、왜(佳)蛙同[와]義同(麻)䵷同 ⿱奄黽 鼁同 (八) 鼅 蜘同 (九) 鼀 취[주]蟾也두꺼비、추(尤) ⿰酋黽。착[추]蟾蠩鼀ㅣ두꺼비、추(尤) ⿰曷黽 커[갈]蛙聲개구리소리、갈(曷) (十) 鼆 멍[맹]邑名句ㅣ고을이름、맹(庚) (十一) 鼇。오[오]大鼈背負三神山큰자라、

오(豪) 鰲同 鼅 鼅同 (十二) 鼉 타 [타]水蟲類魚有足似鼉而長甲如鎧皮堅可冒鼓악어、다(歌) 鼈. 베 [별]介蟲龜屬眼聽자라、별(屑) 鱉同 (十三)

鼊. 벽 [벽]似龜而漫胡無指爪甲有珠文如蝳瑁거북、벽(錫) (十四) 䵹 시 [시]蟾也두꺼비、시(支)

鼎部

鼎. 띵 [정]烹飪器三足兩耳솥、정新也새로울、정三向合之形容詞셋이모일、정大舒貌ㅣㅣ늘어질、정卦名巽下離上괘이름、정(迥) 鼑 鼎俗字

(二) 鼏 미 [멱]鼎蓋솥뚜껑、멱(錫) 鼐. 내 [내]大鼎큰솥、내(賄)(隊) (三) 鼒. 채 [자]小鼎옹솥、자(支) [재]義同(灰) (十二) 鬺 장 [상]지질、상(陽)

鼓部

鼓. 꾸 [고]樂器革音북、고量器斛別名휘、고牽牛星河ㅣ별이름、고(麌) 鼓 꾸 [고]擊也鳴也두드릴、고又울릴、고動盪之振作之고동할、고扇火動橐ㅣ鑄풀무、고撫也어루만질、고(麌)

(一) 鼔 鼓俗字 (三) [illegible] 지 [격]鼓聲북소리、격(錫) (五) [illegible] 차 [칩]打鼓邊북변죽칠、칩(合)

鼕. 둥 [동]鼓聲ㅣㅣ북소리、동(冬) [illegible] 펑 [팽]石聲돌소리、팽(梗) [illegible] 부 [부]軍聲喧떠들석할、부(虞) (六) 鼖. 분 [분]大鼓큰북、분(文)

[illegible] 타 [탑]鼓聲북소리、탑(合) 鼗. 鞉同 [illegible] 충 [충]鼓聲북소리、충(東) [illegible] 타 [답]鼓聲북소리、답(合) (七) [illegible] 둥 [동]鼓聲북소리、동(東)

(八) 鼛 꼬 [고]役事車鼓큰북、고(豪) 皐通 [illegible] 따 [답]鼓聲雜沓북소리시끄러울、답(合) 鼙. 피 [비]騎鼓마상북、비(齊) [illegible] 쿵 [공]不堅ㅣ然튼튼하지못할、공(東)

鼘. 인 [연]鼓聲북소리、연(先) (九) [illegible] 치 [칩]鼓不鳴북소리아니날、칩(葉) (十) 鼜. 치 [척]軍旅守夜鼓순경북、척(錫)

(十一) 鼞. 탕 [당]鼓聲북소리、당(陽) (十二) [illegible] 룽 [룽]鼓音북소리、융(東) 鼟 덩 [등]鼓聲ㅣㅣ북소리、등(蒸) (十六) [illegible] 룽 [룽]鼓

寬聲북소리 녹을、용(冬)

鼠部

鼠。쓔[서]穴蟲似獸善盜쥐、서賊也ㅣ賊좀도둑、서持兩端首ㅣ풀무디딤할、서隴西山名鳥ㅣ산이름、서(語)

㊂

⿰鼠勺。뽀[포]鼠屬飛食虎豹범잡는쥐、포(效)

㊃

⿰鼠今 깐[감]蠑螈도롱뇽、감(覃) **鼤** 원[문]斑尾鼠꼬리아롱진쥐、문(文) **⿰鼠方**。방[방]土鼠흙쥐、방(陽) **鼣** 홰[폐]鼠名쥐이름、폐(隊) **鼢**。同蚡

㊄

鼥 빠[발]鼠肥者鼥ㅣ살찐쥐、발(曷) **⿰鼠令** 링[령]斑鼠얼룩쥐、영(青) **鼨** 쭝[종]豹文鼠다람쥐、종(東) **鼬**。우[유]黃鼠狼족제비、유野鼠善登木鼬ㅣ청서、유(有) **鼧** 퉈[타]鼠也쥐、타(歌) **鼦**。貂古字 **⿰鼠冋** 찡[경]斑鼠ㅣ鼨얼룩쥐、경(青) **鼪**。썽[생]飛鼠鼬能啖鼠呼鼠狼족제비、생(庚) **鼩**。취[구]小鼠鼱ㅣ새앙쥐、구(尤) **鼫**。씨[석]五技鼠석쥐、석(陌)

㊅

⿰鼠并 뼝[병]小鼠새앙쥐、병(青) **⿰鼠寺** 씌[시]鼠名쥐이름、시(支) **⿰鼠耳** 얼[이]鼠子쥐새끼、이(紙)

㊆

⿰鼠夋 쭌[준]毛可爲筆청서모、준(震) **鼮**。틩[정]豹文鼠얼룩쥐、정(青) **鼰** 넌[년]似鼠而大蒼色在樹上ㅣ鼠푸른다람쥐、연(霰) **鼯**。우[오]飛生鼠似蝙蝠一名夷由박쥐、오(虞)

㊇

⿰鼠隹。쮜[추]鼠也쥐、추(支) **鼱**。찡[정]小鼠ㅣ鼩새앙쥐、정(庚)

㊈

⿰鼠胡。후[호]似猿而白獑ㅣ흰원숭이、호(虞) **⿰鼠曷** 애[애]小鼠相銜尾而行鼶ㅣ서로꼬리물고다니는쥐、애(泰) **鼴**。옌[언]大鼠形如牛好偃河而飲水언쥐、언(阮) 地中鼠두더지、언(願) **⿰鼠是**。찌[격]似鼠馬蹄長髯賁鼠수염긴쥐、격(錫) **鼲**。훈[혼]黃鼠다람쥐、혼(元) **⿰鼠頁**。씨[혁]似鼠而白在樹上흰다람쥐、혁(錫) **鼵** 투[돌]與鳥同穴새와함께사는쥐、돌(月)

㊉

⿰鼠益 이[익]鼠名쥐이름、익(陌) **⿱殸鼠** 꾸[곡]鼩鼠족제비、곡(屋) **鼸**。션

[함]田鼠두더지、함(鎌) 鼷。씨 [혜]耳鼠極細螫毒食人及鳥獸皆不痛今甘口鼠새앙쥐、혜(齊) 鼶 씨 [사]鼠狼족제비、사(支) ⿰鼠晏 鼴同 ⿱殸鼠 ⿰鼠殸同 ㊉㊀

⿰鼠离 리 [리]小鼠相銜尾而行ㅣ⿰鼠奚서로꼬리물고다니는쥐、이(支) ⿰鼠隹 취 [작]拱鼠다람쥐、작(藥) ㊉㊂ ⿰鼠番。빤 [번]鼠婦쥐며느리、번(元) ㊉㊄

鼺。레 [루]鼺鼠청서모、누(支)

十四畫

鼻部

鼻。빠 [비]肺之竅脾之發코、비 始也ㅣ祖비로소、비(寘) ㊀ ⿰鼻乚 찰 [호]仰鼻⿰鼻斤ㅣ들창코、후(有) ㊁ 鼽。차 [구]病寒鼻窒코막힐、구(尤) ㊂ 鼿 우 [올]仰鼻들창코、올(月) 鼾。한 [한]卧息ㅣ睡코골、한(翰) ㊃ 䶊。처 [축]鼻血코피、축(屋) ⿰鼻欠 齁同 ㊄ 齁 허 [후]鼻息코골、후(尤) ⿰鼻占 덴 [전]鼻重貌코늘어질、전(先) ⿰鼻欠同 ⿰鼻斤 처 [구]仰鼻ㅣ⿰鼻乚들창코、구(有) ⿰鼻包。팍 [포]面瘡痕얼굴여드름、포(效)

㊅ ⿰鼻合 하 [합]鼻息齁ㅣ코풀、합(合) ⿰帝鼻 뎨 [제]鼻噴氣재채기할、제(霽) ⿰鼻嚔同 ⿰鼻圭 쾌 [괘]鼻息聲코숨소리、괘(灰) ⿰鼻至。⿰帝鼻同

㊇ 齂。씨 [희]卧息누워숨쉴、희(寘) ㊈ 齄。자 [차]鼻紅生點주부코、차(麻) 齃。頞同 ㊉ ⿰鼻兼 렌 [겸]鼻垂貌ㅣ⿰鼻占코늘어질、겸(鹽) 齆

웅 [옹]鼻塞코막힐、옹(送) 齅。싹 [후]鼻取氣냄새맡을、후 就鼻코내불、후(宥) 嗅同 ㊉㊀ ⿰鼻卒 쑤 [솔]鼻聲콧소리、솔(月) 齇。자 [차]鼻上皰주부코、차(麻)

㊉㊁ ⿰鼻朁 진 [침]高鼻높은코、침(侵)(沁) ㊉㊂ ⿰鼻會。쾌 [괘]喘息숨찰、괘(卦) 鼻息코골、괘(泰) 齈 농 [농]鼻病多涕콧물흘릴、농(送) ㊉㊅

鼻歷 리 력 鼻別臭냄새분별할、역錫 鼻虒。同鼻嗁

齊部

齊。쯔 제 等也가지런할、제同也같을、제整也정제할、제治也다스릴、제皆也모두、제謹也삼갈、제疾速빠를、제國名제나라、대(今山東省地方)莊也肅也엄숙할、제齊恭慤貌ㅣㅣ공순할、제齊和也고를、제齊 재 潔也致ㅣ재계할、재佳齋同 자 衣下縫ㅣ衰상옷아래단홀、자支齋同

三 齋。쨰 재 潔也ㅣ戒재계할、재 燕居室집、재佳

懠 지 제 紡績걸쌈할、제齊

五 齍。粢同

齍 지 치 盛禾祭器기장담는제사그릇、치支

七 齎。쯰 자 俗 재 持也가질、재裝也쌀、재送附보낼、재支資同 저 義同齊

九 齏。쯰 제 醯醬所和양념할、제碎也부술、제齊虀同

齒部

十五畫

齒。츠 치 口齗骨上ㅣ下牙이、치年也나이、치列也벌、치類也같을、치紙

一 齓 齔同

二 齔 천 츤 毁齒이갈、츤幼稱齠ㅣ어릴、츤震齓同

⿰齒八 파 팔 齒聲잇소리、팔黠

三 ⿰齒干。연 언 齒露貌이드러날、언阮

齕。허 흘 齧也齮ㅣ물、흘月

⿰齒也 치 치 齧也씹을、치支

四 ⿰齒巴 빠 파 突出齒뻐드렁니、파麻

齖。야 아 齒列不正뻐드렁니、아不聽人語聲ㅣ남의말아니들을、아麻

⿰齒亢 항 항 齧也씹을、항陽

齘。쎄 계 齒上下相抵處齒ㅣ이틀、계切齒怒瀕ㅣ이갈릴、계霽

齗。인 은 齒根肉잇몸、은辯爭ㅣㅣ말다툼할、은忿疾意미워할、은文

五 ⿰齒失 데 질 齒固貌이단단할、절屑

齙 뽀 포 齒露이들어날、포ㅣ牙엄니、포肴

⿰齒史 쓰 시 齒美이고울、시紙

齠。툐 초 始毁齒이갈、초蕭

齡 령 [령] 年也나이、영 (青) 齟 저 [저] 齒不相値ㅣ齬이어긋날、저 (語) 齣 츄 [착] 節句절귀、착 (陌) 齚 同齰 齝 ㅊ [치] 牛食復嚼새김질할、치 (支)

齦 옌 [언] 齒露이드러날、언 (銑) 齝 同齝 齛 쎄 [세] 羊食復嚼양새김질할、세 (霽) 齥同 齒巨 쥐 [거] 齗不固曰ㅣ잇몸무를、거 (語) 齒立 리 [립] 咬

堅物聲깨물、입 (緝)

六

齒圭 애 [애] 齒不齊이고르지않을、애 (佳) 齒虫 추 [구] 齒病朽缺너리먹을、구 (有) 齨 주 [구] 臼齒어금니、구 (有) 齥 同齛

齦 인 [은] 齒根肉잇몸、은 (文) 齗同 齒舌 꽈 [괄] 齧聲씹는소리、괄 (曷) 齧 。嚙同 齒卷 찬 [권] 曲齒옥니、권 (先) 齒并 삥 [병] 並齒덧니、병 (庚)

齒寺 ㅊ [치] 牛食草소가풀먹을、치 (支) 齩 。嚙同

七

齒合 안 [암] 齗也잇몸、암 (覃) 齒夋 쌀 [산] 齒酸이곱을、산又이새금거릴、산 (寒)

齬 위 [어] 齒不相値齟ㅣ이어긋날、어 (語) 齪 취 [착] 急促局陋貌齷ㅣ악착할、착又속이좁을、착 (覺) 齹 취 [채] 齒差跌貌이어긋날、

齒告 꾸 [곡] 治象牙상아다를、곡 (沃) 齒它 타 [타] 馬齒之長말이길、타 (歌) 齒夾 싸 [협] 曲齒옥니、협齒重生덧니날、협 (洽) 齒困 쿤 [곤] 齒起貌

ㅣ齦이솟을、뜬 (阮)

八

齒臽 쎈 [함] 切齒이갈、함 (陷) 齱 추 [족] 齒重生덧니날、족 (屋) 齪通 齯 이 [예] 老人齒落更生노인이다시날、예 (霽) 齮 이 [의] 齧也ㅣ齕이물、의 (紙)

齒其 치 [기] 齧也씹을、기 (支) 齒卒 쑤 [졸] 齧也씹을、졸 (月) 齒宜 이 [의] 齒露이드러날、의 (支) 齰 져 [색] 齧也물、색 (陌) 齚同、咋通

九

齒客 자 [가] 突出齒뻐드렁니、가 (禡) 齶 어 [악] 齒齶잇몸、악 (藥) 腭同 齲 쥐 [구] 俗字齒病너리먹을、구又충치、구 (麌) 齒臿 사 [삽] 齒動이흔들릴、삽 (洽)

齷 워 [악] 迫也ㅣ齪악착할、악 (覺) 齃 허 [할] 齧齒聲씹는소리、할 (曷) 齒剌 라 [랄] 齧也씹을、날 (曷) 齒胥 쉬 [서] 齒酸이

곱을、서又이새금거릴、서(語) 齳。운[운]無齒볼오무러질、운(吻) 齵。우[우]齒重生齒偏덧니、우齒不正뻐드렁니、우(尤) (十) 齺。족[족]齒相近貌이촘촘할、족(屋) 齻 뎐[전]男子二十四歲、女子二十一歲ㅣ牙生사랑니、전(先) ⿰齒倉 창[창]齒旁小齒덧니、창(陽) 齹。ㅊ[차]齒不齊이고르지못할、차齒本이뿌리、차(歌) ⿰齒豈 애[애]牙也어금니、애(灰) 齸。이[익]麋鹿呑芻而反出嚼이사슴새김질할、익(陌) ⿰齒尃 약[박]噍堅又噍聲단단한것씹을、박(藥) 齥 체[절]齒差이어긋날、절(屑) ⿰齒害 졔[계]睡中切齒聲자며이갈、계(霽) ⿰齒悤 ㅊ[치]齝也되씹을、치(支) (十一) 齇。자[자]齟齬이어긋날、자(麻) ⿰齒責。쪄[색]齒相伍이맞을、색(陌) ⿰齒産。찬[산]小兒齒어린애이、산(刪) ⿰齒匿 이[익]齒之痛이앓을、익(職) (十二) ⿱猌齒 인[은]笑也웃을、은(軫) ⿰齒幾。치[기]齒危이흔들릴、기(微) ⿰齒閒 젼[간]齧齒貌씹을、간(寒) ⿰齒單。同齳 (十三) ⿰齒置 쪄[저]齒不齊덧니박이、저(魚) ⿰齒僉。잠[참]無齒無牙볼오무러질、참(咸) ⿰齒禁 진[금]鉤齒內曲謂之ㅣ옥니、금(沁) 齼。츄[초]齒傷酸이다쳐곱을、초(語) (十四) ⿰齒義 이[의]齧也씹을、의(紙) (十五) ⿰齒巤 라[랍]齧齒聲씹는소리、납(合) (十六) ⿰齒歷 력[력]齒病너리먹을、역(錫) (十七) ⿰齒毚。찬[삼]齒高이높을、삼(咸) (二十) ⿱獻齒。네[알]器缺그릇이빠질、알齒缺이빠질、알獸食餘짐승턱끼기、알(黠)

十六畫

龍部

龍。룡[룡]鱗蟲之長想像上神靈動物용、용天子事物之用語ㅣ顏ㅣ駕상감님、용星名별이름、용高八尺以上馬말이름、용(冬)[총]寵同[롱]田中

高處龍埅同 둔 덕、농 (腫)

㊂ 龏 공 [공]謹也삼갈、공 (冬) 龐 롱 [롱]充實ㅣㅣ충실할、농 (東) [방]雜亂貌어수선할、방高屋높은집、방姓也성、방 (江)

㊃ 龒 龍古字 ⿰冊龍 롱 [롱]赤色붉은빛、농 (東) 龑 얌 [엄]高明貌높고밝을、엄 (琰)

㊅ 龓 롱 [롱]乘馬말탈、농牽也끌、농 (東) 瓏 롱 [롱]禱旱玉龍용그린홀、농 (冬) 龔 공 [공]給也줄、공愨也공순할、공姓也성、공 (冬) 供恭通 龕 감 [감]塔下室감실、감受盛담을、감取也취할、감勝也ㅣ暴이길、감 (覃)

㊇ 龗 롱 [롱]雷聲우뢰소리、농 (東)

龜部

龜 쭈 [귀]甲蟲之長外骨內肉天性無雄以蛇爲雄거북、귀星名天ㅣ별이름、귀ㅣ卜점칠、귀模範ㅣ鑑본뜰、귀 (支) [균]手凍皸瘃손얼어터질、균 (眞) [자]西域屬國ㅣ茲나라이름、구 (尤)

㊃ ⿱龜灬 쟌 [초]灼龜卜兆거북지져점칠、초 (蕭) 焦通 ⿰龜毛 잔 [조]毛飾털치장、조 (蕭)

㊄ ⿱宀龜 퍼 [파]龜也거북、파 (哿) ⿺去龜 궤 [거]蟾也두꺼비、거 (御) 龝 秋古字

(十二) ⿱雋龜 후 [휴]大龜큰거북、휴 (齊)

十七畫

龠部

龠 유 [약]樂名管ㅣ三孔피리、약量名容千二百黍홉사、약 (藥) 籥通

㊃ ⿰龠斤 인 [은]大箎큰저、은 (眞) 龡 吹本字 ⿰龠亢 야 [약]仰也우러를、약 (藥)

㊄ 龢 허 [화]和古字、小笙새피리、화 (歌)

㊈ 龥 유 [유]疾首號呼부르짖을、유和也화할、유 (遇) 俗作籲

漢國 明文新玉篇 終

辨似

① 相似 글字의 上欄의 글字는 部首順으로 排列하였다。

② 相似 글字 밑의 數字는 페이지를 가리킨다。

二字相似

字	訓音	頁	相似字	訓音	頁
不	아니 불	一	丕	클 비	一
且	이 차	一	旦	아침 단	一五三
丞	도울 승	一	亟	빠를 극	四
丫	무갈래질 아	二	了	마칠 료	三
丼	퐁당 정	二	井	우물 정	三
乂	어질 예	二	又	또 우	二七
乎	어조사 호	二	平	평평할 평	九四
予	나 여	三	矛	창 모	二八一
于	어조사 우	三	干	방패 간	九四
亘	베풀 선	三	亙	뻗칠 궁	三
况	하물며 황	四	況	하물며 황	一七
亦	또 역	四	赤	붉을 적	四三七
亨	형통할 형	四	享	드릴 향	四
亳	은나라서울 박	四	毫	털끝 호	一九九
仝	한가지 동	五	全	온전 전	一五
仵	짝 오	五	件	가지 건	五
休	쉴 휴	五	体	거칠 분	六
伺	살필 사	六	何	어찌 하	六
住	머무를 주	六	往	갈 왕	一〇四
侂	불일 탁	七	侘	실심할 차	七
侍	모실 시	七	待	기다릴 대	一〇四
侯	제후 후	八	候	기후 후	一〇
偏	치우칠 편	一〇	徧	두루 변	一〇六
傅	스승 부	一一	傳	전할 전	一二
僧	중 승	一二	儈	거간군 괴	一三
儿	어진사람 인	一四	几	기댈상 궤	一七
免	면할 면	一五	兎	토끼 토	一五
兢	조심할 긍	一五	競	다툴 경	三〇四
冠	갓 관	一六	寇	도둑 구	七六
冡	입을 몽	一六	冢	클 총	一六
冲	화할 충	一六	沖	화할 충	二〇三
冰	얼음 빙	一七	泳	헤엄칠 영	二〇六
凊	서늘할 청	一七	淸	맑을 청	二一二
凍	얼 동	一七	涷	소나비 동	二一一

辨似

滄	찰 창	一七	滄	서늘할 창	二一七
刀	칼 도	一八	刁	조두 조	一八
切	끊을 절	一八	功	공 공	二一
券	문서 권	一九	劵	게으를 권	二一
刺	찌를 자	一九	剌	어그러질 랄	一九
剳	갈구리 답	二〇	劄	차자 차	三〇八
勺	구기 작	二二	匀	가지런할 윤	二二
匚	모진그릇 방	二三	匸	감출 혜	二四
午	낮 오	二四	牛	소 우	二四〇
占	점칠 점	二五	古	예 고	二八
叚	빌 가	二八	段	조각 단	一九七
口	입 구	二八	囗	에울 위	四九
叨	탐할 도	二九	叩	두드릴 구	二九
吊	조상 조	二九	弔	조상 조	一〇一
吝	인색할 린	三〇	呑	삼킬 탄	三〇

呈	뵈일 정	三一	呈	미칠 광	三一
哀	슬플 애	三三	衰	쇠할 쇠	四〇一
哲	밝을 철	三五	晢	밝을 철	一五六
唏	탄식할 희	三五	晞	마를 희	一五六
商	장사 상	三六	啇	나무뿌리 적	三七
售	팔 수	三七	唯	오직 유	三六
啻	뿐 시	三八	啼	울 제	三八
喧	짓거릴 훤	三八	暄	날따뜻할 훤	一五七
喑	소리지를 음	三九	暗	어둘 암	一五七
嗚	탄식할 오	四〇	鳴	울 명	五五八
嘆	탄식할 탄	四二	暵	마를 한	一五八
嘵	두려워할 효	四三	曉	새벽 효	一五八
困	곤할 곤	四八	囷	둥근곳집 균	四八
土	흙 토	四九	士	선비 사	五八
圯	흙다리 이	五〇	圮	언덕무너질 비	五〇

埶	심을 예	五二	執	잡을 집	五三
埸	지경 역	五三	場	마당 장	五四
堆	흙무데기 퇴	五二	推	밀 추	一三二
塚	무덤 총	五四	塳	먼지날 봉	五四
壁	벽 벽	五七	璧	구슬 벽	二五五
壞	무너뜨릴 괴	五八	壤	곱다란흙 양	五八
壺	병 호	五八	壼	궐내의복도 곤	五八
天	하늘 천	六〇	夭	일찍죽을 요	六〇
失	잃을 실	六〇	矢	화살 시	二八二
妹	아래누이 매	六三	妺	계집의이름 말	六四
字	글자 자	七三	宇	집 우	七四
孟	맏 맹	七三	盂	바리 우	二七二
孤	외로울 고	七三	弧	나무활 호	一〇一
宂	바쁠 용	七四	穴	구멍 혈	三〇〇
宜	마땅 의	七五	宣	베풀 선	七五

辨似

字	訓音	頁	字	訓音	頁
密	빽빽할 밀	七六	蜜	꿀 밀	三九二
屆	이를 계	八〇	屇	구멍 전	八〇
崇	높을 숭	八四	祟	빌미 수	二九〇
巿	앞치마 불	九〇	市	저자 시	九〇
帥	장수 수	九一	師	스승 사	九一
幻	변화할 환	九五	幼	어릴 유	九五
庾	노적 유	九七	廋	숨길 수	九八
彊	강할 강	一〇二	疆	지경 강	二六二
徒	무리 도	一〇五	徙	옮길 사	一〇五
微	작을 미	一〇六	徵	징험할 징	一〇六
忽	문득 홀	一〇九	怱	바쁠 총	一〇九
怚	교만할 저	一〇九	怛	슬퍼할 달	一一〇
怗	고요할 첩	一一〇	怙	믿을 호	一〇九
惕	공경할 척	一一五	愓	방탕할 탕	一一六
惑	미혹할 혹	一一五	感	느낄 감	一一六

字	訓音	頁	字	訓音	頁
意	뜻 의	一一五	竟	마침 경	三〇三
惷	산란할 준	一一六	憃	천치 용	一一八
憶	생각할 억	一二二	臆	가슴 억	三五五
懶	게으를 란	一二三	懶	싫어할 뢰	一二三
扑	작게칠 복	一二六	朴	성 박	一六二
技	재주 기	一二七	枝	가지 지	一六四
抑	누를 억	一二七	柳	버들 류	一六六
抔	줌 부	一二七	杯	술잔 배	一六四
抗	항거할 항	一二七	杭	거룻배 항	一六四
折	꺾을 절	一二七	析	나눌 석	一六五
拄	버틸 주	一二八	柱	기둥 주	一六六
抽	뺄 추	一二九	柚	유자 유	一六六
拆	찢을 탁	一二九	柝	쪼갤 탁	一六七
拍	칠 박	一二九	柏	측나무 백	一六七
拫	끌어당길 흔	一三〇	根	뿌리 근	一六八

字	訓音	頁	字	訓音	頁
拷	때릴 고	一三〇	栲	북나무 고	一六八
挂	걸 괘	一三〇	桂	계수나무 계	一六八
挌	칠 격	一三〇	格	격식 격	一六九
挍	상고할 교	一三〇	校	학교 교	一六八
挑	돋을 조	一三〇	桃	복숭아 도	一六八
捂	어긋칠 오	一三一	梧	오동 오	一七〇
捁	흔들 교	一三一	梏	수갑 곡	一七〇
捍	팔찌 한	一三一	桿	줄기 한	一七二
捎	덜 소	一三一	梢	나무끝 소	一七一
挺	곧을 정	一三二	梃	막대 정	一七一
推	밀 추	一三二	椎	철장대 추	一七二
捧	받들 봉	一三二	棒	몽둥이 봉	一七二
捥	팔뚝 완	一三三	椀	주발 완	一七三
掉	흔들 도	一三三	棹	노 도	一七五
揮	떨칠 휘	一三四	楎	옷거리 휘	一七五

字	뜻	쪽	似字	뜻	쪽
掾	아전 연	一三五	椽	서까래 연	一七六
揚	드날릴 양	一三五	楊	버들 양	一七六
揶	야유할 야	一三六	椰	야자나무 야	一七七
搏	칠 박	一三七	摶	칠 단	一三八
搰	괄 골	一三七	榾	삭정이 골	一七九
摩	만질 마	一三八	麾	대장기 휘	五六九
摸	[illegible] 모	一三八	模	법 모	一八〇
撚	잡을 연	一四〇	橪	산대추 연	一八四
撲	씨름할 복	一四〇	樸	질박할 박	一八三
攬	잡을 람	一四四	欖	감람 람	一八九
支	지탱할 지	一四五	攴	칠 복	一四五
攵	칠 복	一四五	文	글월 문	一四九
敝	옷해질 폐	一四七	敞	드러날 창	一四七
毆	몰 구	一四八	歐	성 구	一九二
斂	거둘 렴	一四八	歛	탐할 감	一九二

字	뜻	쪽	似字	뜻	쪽
斑	아롱질 반	一四九	班	반렬 반	二五一
料	헤아릴 료	一五〇	科	과정 과	二九四
日	날 일	一五三	曰	가로 왈	一六〇
旰	날늦을 간	一五三	旴	해처음돋을 우	一五三
旻	가을하늘 민	一五三	旲	여름하늘 호	一五四
易	쉬울 이	一五三	昜	빛날 양	一五五
昆	맏 곤	一五四	毘	도울 비	一九九
明	밝을 명	一五四	朋	벗 붕	一六一
春	봄 춘	一五五	舂	절구질할 용	三五八
晨	새벽 신	一五六	農	농사 농	四六一
晴	날갤 청	一五七	睛	눈망울 정	二七七
暝	어물 명	一五八	瞑	눈감을 명	二七八
曆	책력 력	一五八	歷	지낼 력	一九四
曾	일찍 증	一六〇	會	모을 회	一六〇
未	아닐 미	一六二	末	끝 말	一六二

字	뜻	쪽	似字	뜻	쪽
朮	삽주 출	一六二	求	구할 구	二〇二
杇	흙손 오	一六三	朽	썩을 후	一六二
柹	자귀밥 체	一六三	柿	감 시	一六六
杲	높을 고	一六四	果	실과 과	一六四
杬	몸주무를 완	一六五	杭	거룻배 항	一六四
栽	심을 재	一六八	裁	옷마를 재	四〇二
栗	밤 률	一六九	粟	조 속	三一六
桶	통 통	一七〇	桷	사각서까래 각	一七一
梁	들보 량	一七一	粱	기장 량	三一七
棟	들보 동	一七二	楝	고련나무 련	一七五
森	수풀 삼	一七四	淼	큰물 묘	二一二
椿	참죽나무 춘	一七七	樁	말뚝 장	一八〇
槁	마를 고	一七八	稿	볏짚 고	二九七
穀	닥나무 곡	一七九	穀	곡식 곡	二九七
榮	영화 영	一七九	滎	실개천 형	二一七

字	訓音	頁	字	訓音	頁
槳	상앗대 장	一八一	漿	초 장	二一九
氏	성씨 씨	二〇一	氐	근본 저	二〇一
永	길 영	二〇二	氷	얼음 빙	二〇二
汎	떠울 범	二〇二	氿	눈물흘릴 환	二〇三
汏	사태날 대	二〇二	汰	미끄러질 태	二〇三
汗	땀 한	二〇二	汙	웅덩이 오	二〇二
汨	다스릴 골	二〇四	汩	물흐를 율	二〇四
汪	못 왕	二〇四	注	대일 주	二〇五
沅	물이름 원	二〇三	沆	큰물 항	二〇四
沫	침 말	二〇五	沬	희미할 매	二〇五
沽	살 고	二〇五	沾	적실 첨	二〇六
潁	물이름 영	二一九	穎	이삭 영	二九八
烏	까마귀 오	二三〇	鳥	새 조	五五八
燀	불뗄 천	二三四	燂	불당길 담	二三五
爪	톱 조	二三七	瓜	외 과	二五六
獲	얻을 획	二四九	穫	이삭거둘 확	二九九
玟	옥돌 민	二五〇	玫	붉은구슬 매	二五〇
甲	갑옷 갑	二六〇	申	펼 신	二六〇
疋	발 소	二六二	疋	아름다울 아	二六二
疸	황달 단	二六三	疽	종기 저	二六三
登	오를 등	二六九	豋	제기 등	四二八
盱	눈부릅뜰 간	二七四	盱	눈부릅뜰 우	二七四
盻	눈흘겨볼 혜	二七四	盼	눈매예쁠 반	二七四
眂	볼 시	二七四	眠	졸 면	二七五
眈	노려볼 탐	二七四	耽	즐겨할 탐	三四三
睪	엿볼 역	二七七	睾	불알 고	二七八
矩	법 구	二八二	短	짧을 단	二八二
祐	도울 우	二九〇	祜	복 호	二九一
祖	할아비 조	二九〇	袒	옷벗을 단	四〇一
竽	큰생황 우	三〇五	竿	대줄기 간	三〇五
笞	볼기칠 태	三〇五	苔	이끼 태	三六四
笫	평상 자	三〇五	第	차례 제	三〇五
筋	힘줄 근	三〇六	筯	젓가락 저	三〇七
管	대롱 관	三〇八	菅	띠 간	三七〇
簿	문서 부	三一三	薄	얇을 박	三八〇
籍	호적 적	三一四	藉	빙자할 자	三八二
籃	들바구니 람	三一四	藍	쪽 람	三八二
籔	조리 수	三一四	藪	덤불 수	三八三
綱	벼리 강	三二五	網	그물 망	三二五
縛	얽을 박	三二八	縳	흰 전	三二九
縰	지표전 사	三二八	縱	길이 종	三二八
繒	비단 증	三三〇	繪	그림 회	三三〇
膊	어깨 박	三五三	膞	고깃점 전	三五四
艮	그칠 간	三六二	良	어질 량	三六二
若	같을 약	三六五	苦	쓸 고	三六四

字	뜻	面	字	뜻	面
茄	가지 가	三六五	茹	먹을 여	三六六
茶	차 다	三六七	荼	씀바귀 도	三六八
荻	갈대 적	三六八	萩	싸리 추	三七二
蓯	풀무성할 총	三七六	蓰	오곱 사 五倍	三七六
薛	성 설	三八〇	薜	돋삼 폐	三八〇
薧	말린물고기 고	三八〇	薨	죽을 훙	三八一
藺	뇌양이 린	三八四	蘭	난초 란	三八四
虐	사나울 학	三八六	虛	빌 허	三八六
蜒	그리마 연	三九一	蜓	고추잠자리 정	三九〇
衝	마주칠 충	四〇〇	衡	저울 형	四〇〇
裏	속 리	四〇三	裹	쌀 과	四〇三
褎	길 유	四〇四	褒	옷뒤길 포	四〇四
訏	속일 우	四一二	訐	발각할 알	四一二
詰	물을 힐	四一六	話	말할 화	四一六
誠	정성 성	四一七	誡	경계할 계	四一七

字	뜻	面	字	뜻	面
誼	옳을 의	四一九	諠	지껄릴 훤	四二〇
谿	시내 계	四二七	蹊	뭡들 혜	四二七
豊	예도 례	四二八	豐	풍년 풍	四二八
貧	가난할 빈	四三三	貪	탐할 탐	四三三
趺	도사려앉을 부	四四三	跌	미끄러질 질	四四四
跟	발뒤꿈치 근	四四四	踉	뛸 량	四四五
蹝	천천히걸을 사	四四八	蹤	자취 종	四四八
辦	힘쓸 판	四六〇	辨	분별할 변	四六〇
迥	멀 형	四六二	廻	돌 회	四六三
述	지을 술	四六二	逑	짝 구	四六四
逐	쫓을 축	四六四	遂	마침 수	四六五
逵	큰길 규	四六四	達	사무칠 달	四六六
遣	보낼 견	四六六	遺	끼칠 유	四六七
酩	술취할 명	四七五	酪	타락 락	四七五
酲	술병 정	四七五	醒	술깰 성	四七六

字	뜻	面	字	뜻	面
釆	분별할 변	四七八	采	채색 채	四七八
鋋	작은창 연	四八四	鋌	쇠령이 정	四八四
錫	백철 석	四八五	鍚	당노 양	四八六
鍛	쇠불릴 단	四八六	鍜	목투구 하	四八六
鍾	술잔 종	四八六	鐘	쇠북 종	四八九
闃	고요할 격	四九七	閺	문짜방 열	四九七
阬	터 갱	四九九	阮	성 원	四九九
陛	대궐섬돌 폐	五〇〇	陞	오를 성	五〇一
陝	좁을 협	五〇一	陜	땅이름 섬	五〇一
頃	아까 경	五二二	項	목뒤 항	五二二
順	순할 순	五二二	須	수염 수	五二二
飭	신칙할 칙	五三二	飾	꾸밀 식	五三二
鱛	공미 러	五五七	鱠	회깟 회	五五七
鴂	악결새 결	五五九	鳺	멧비둘기 부	五五九
鴠	할단새 단	五五九	鴡	원앙새 저	五六〇

三字相似

于 어조사 우 三	千 천천 二四	干 방패 간 九四
估 저자세금 고 六	佑 도울 우 六	佔 엿볼 점 六
胄 투구 주 一六	胃 밥통 위 三四七	胄 맏아들 주 三四八
子 아들 자 七三	孑 고쪽할 혈 七三	孑 짧을 궐 七三
季 말째 계 七三	李 오얏 리 一六二	秊 해 년 二九四
官 벼슬 관 七五	宦 벼슬다닐 환 七五	宮 집 궁 七五
己 몸 기 八九	已 이미 이 八九	巳 뱀 사 八九
戊 천간 무 一二四	戌 개 술 一二四	戍 수자리 수 一二四
毌 뀉 관 一九八	毋 말 무 一九八	母 어미 모 一九八
祇 지신 기 二九〇	祗 공경 지 二九一	秖 벼익을 지 二九四
羸 파리할 리 三三七	臝 벌거벗을 타 三五六	嬴 남을 영 四三六

俗字

① 上段의 글字는 正字이고 下段의 글字는 俗字이다。
② 글字의 排列은 ㄱ ㄴ 順으로 하였다。
③ 上段 글字 아래의 數字는 本文의 페이지數를 가리킨다。

ㄱ

음	上段	페이지	下段
가	家	七五	傢
가	假	一〇	仮
각	慤	一一八	愨
각	卻	二六	却
각	卻	二六	郄
각	腳	三五二	脚
간	杆	一六三	桿
간	看	二七四	看
간	趕	四三九	赶
감	減	二一五	减
강	岡	八二	崗
개	蓋	三七四	盖
갱	秔	二九四	粳
갱	羹	三三七	羮
거	厺	二七	去
거	據	一四一	拠
거	擧	三五八	挙
거	擧	三五八	舉 𢹂
검	儉	一三	倹
겁	刦	一九	刼
계	笄	三〇六	筓
격	鶪	五六一	鴂
견	鵑	五六一	鵤
결	決	二〇四	决
결	潔	二二二	潔
경	叓	一四六	更
경	徑	一〇五	径
경	經	三二四	経
경	輕	四五五	軽
계	枅	一六八	枅
계	憩	一二〇	憇
계	繼	三三一	継
고	敲	一四八	敲
고	鼓	五七五	皷
고	顧	五二七	頋
곡	穀	二九七	穀
곤	髡	五四七	髠
공	恭	一一一	恭
공	筇	三〇六	笻
과	果	一六四	菓
관	款	一九一	欵
관	款	一九一	欵
관	寬	七七	寛
관	館	五三四	舘
관	關	四九七	関
관	灌	二二七	潅

音	正字	面	俗字
광	光	二二八	光
광	廣	九八	広
괘	挂	一三〇	掛
괴	怪	一〇九	恠
굉	觵	四一二	觥
구	歐	一九二	欧
구	龜	五八一	亀
구	廏	九八	厩
구	舊	三五八	舊
구	舊	三五八	旧
구	區	二四	區
구	軀	四五二	躯
구	懼	一二三	惧
구	驅	五四三	駆
구	拘	一二八	抅
구	枸	一六六	构
구	寇	七六	寇
국	國	四九	国
국	國	四九	囯
군	羣	三三六	群
궁	躳	四五二	躬
궁	窮	三〇二	竆
권	勸	二二	勧
권	權	一八八	権
규	規	二八二	規
규	叫	二九	叫
극	隙	五〇三	隙
근	巹	二六	卺
기	汽	二〇四	滊
기	寄	七六	寄
기	崎	八四	崎
기	旣	一五三	既
기	碁	一七二	棋
기	器	四四	噐
기	騎	五四一	騎
기	羈	三三五	覊
기	羇	四〇八	覉
기	夔	五九	夔

ㄴ

音	正字	面	俗字
나	拏	一二八	拿
날	捏	一二二	揑
날	埒	五二	埓
남	枏	一六五	楠
내	內	一五	内
내	迺	四六三	廼
내	柰	一六六	奈

ㄷ

音	正字	面	俗字
다	多	五九	夛
단	斷	一五一	断
담	聃	三四三	耼
담	擔	一四一	担
담	膽	三五五	胆
당	戇	一二四	戅
당	當	二六一	当
당	餳	五三五	餳
당	黨	五七二	党
대	對	七八	対
대	玳	二五一	瑇

음	正字	面	俗字
대	臺	三五七	薹
도	逃	四六三	迯
도	滔	二一七	滔
도	稻	二九七	稲
도	徒	一〇五	徒
도	圖	四九	啚
도	圖	四九	図
도	圖	四九	圖
독	獨	二四九	独
독	讀	四二五	読
두	蠹	三九九	蠧

ㄹ

음	正字	面	俗字
라	覼	四一〇	覶
란	亂	三	乱
란	欒	一八九	栾
람	覽	四一〇	覧
람	欖	一八九	欖
람	纜	三三二	纜
랍	蠟	三九八	蝋
랍	鑞	四九二	鑞
랑	郎	四七〇	郎
랑	琅	二五二	瑯
래	來	七	来
래	來	七	未
량	兩	一五	両
량	涼	二一二	凉
려	勵	二二	励
려	蠣	三九八	蛎
련	聯	三四五	聨
련	戀	一二四	恋
렴	匳	二四	奩
렴	匳	二四	匲
렵	獵	二四九	猟
렵	獵	二四九	獵
렵	躐	四五〇	躐
령	靈	五一一	灵
례	隸	五〇四	隷
로	牢	二四〇	窂
로	勞	二二	労
로	蘆	三八三	芦
로	爐	二三六	炉
로	驢	五四四	馿
로	鱸	五五八	魲
롱	弄	一〇〇	挵
롱	瀧	二二六	滝
뢰	賴	四三五	頼
료	料	一五〇	斨
루	縷	三二八	縷
루	陋	五〇一	陃
루	婁	六六	婁
루	樓	一八一	樓
루	樓	一八一	楼
류	桺	一六六	柳
류	留	二六一	留 畄
류	旒	一五二	旈
류	榴	一八三	榴
류	溜	二一七	溜
류	瘤	二六七	瘤
류	餾	五三六	餾

음	正字	面	俗字
류	騮	五四三	騮
류	鷚	五六五	鷚
류	瑠	二五五	璢
류	類	五二六	類
륭	隆	五〇二	隆
륭	癃	二六七	癃
름	凜	一七	凛
리	棃	一七三	梨
린	悋	一一三	恡
린	鄰	四七二	隣

ㅁ

음	正字	面	俗字
마	麽	五六九	麽
막	邈	四六八	邈
만	蠻	三九九	蛮
만	曼	一六〇	曼
만	萬	三七二	万
만	滿	二一九	満
만	漫	二一九	漫
만	鏝	四八九	鏝
만	灣	二二八	湾
망	亾	一五	亡
맥	麥	五六八	麦
맥	脈	三四九	脉
맥	霢	五〇九	霢
멱	覓	四〇八	覔
면	麪	五六八	麵
모	冒	一六	冐
모	帽	九二	帽
몽	夢	五九	梦
몽	夢	五九	夣
몽	懜	一二二	懵 懵
묘	貓	四三二	猫
무	畮	二六一	畝
무	莽	三六九	莾
묵	默	五七一	嘿
문	文	一四九	攵
미	彌	一〇二	弥
미	美	三三六	羙
미	眉	二七六	眉
미	瀰	二二七	猕
미	獼	二四九	㳽

ㅂ

음	正字	面	俗字
반	般	三五九	搬
반	飯	五三二	飰
발	發	二六九	発
발	發	二六九	發
발	拔	一二八	抜
발	跋	四四三	跋
방	旁	一五二	旁
배	坏	五〇	坯
배	拜	一二八	拝
배	輩	四五六	輩
백	柏	一六七	栢
번	繁	三二八	緐
벌	罰	三三四	罸
범	凡	一七	凢
법	琺	二五三	珐
변	軿	四五六	軿

음	한자	쪽	속자
변	腁	三五一	胼
변	駢	五四一	駢
변	骿	五四六	骿
변	邊	四六八	邉
변	便	一〇	便
변	辨	四六〇	弁
변	邊	四六八	辺 过
변	辯	四六一	弁
별	別	一九	别
별	鼈	五七四	鱉
병	迸	四六五	迸
병	幷	九五	并
병	倂	九	併
병	竝	三〇三	並
병	洴	二一二	洴
병	甁	二五八	瓶
병	屛	八〇	屏
병	鉼	四八五	鉼
병	餠	五三四	餅
보	報	五三	報
보	寶	七八	寳
보	寶	七八	宝
보	譜	四二四	譜
보	步	一九三	歩
부	缶	三三三	缶
부	富	七六	冨
분	墳	五六	墳
분	噴	四三	噴
분	憤	一二〇	憤
분	濆	二二一	濆
분	奔	六一	奔
불	拂	一二九	払
불	佛	六	仏
비	卑	二一	畀
비	祕	二九〇	秘
비	脾	三五一	脾
비	痹	二六五	痺
비	備	一一	備
비	鼻	五七七	鼻
비	篦	三一〇	箆 箄
빈	賓	四三四	賔
빈	濱	二二五	浜
빈	鬢	五四九	髩
빈	鬢	五四九	鬂
빙	冰	一七	氷
빙	憑	一二一	憑
사	蓑	三七四	蓑
사	絲	三二二	糸
사	辭	四六一	辞
사	辭	四六一	辝
사	舍	三五九	舎
사	寫	七七	冩
사	寫	七七	写
사	蛇	三八九	虵
산	傘	一一	仐
삼	蔘	三八〇	蔘
삼	參	二七	叅
삼	參	二七	参

人

음	正字	面	俗字
삼	摻	一三九	掺
삼	槮	一八一	椮
삽	插	一三六	挿
상	桑	一六八	桒
상	顙	五二七	顙
상	象	四二九	象
상	牀	二三八	床
상	嘗	四二	甞
상	狀	二四四	状
상	鷞	五五五	鷞
쌍	雙	五〇六	双
새	璽	二五五	玺
서	敍	一四六	叙
서	壻	五八	婿
서	鼠	五七六	鼡
석	釋	四七九	釈
석	席	九一	廗
선	旋	一五二	旋
선	璿	二五五	璇
선	躚	四五一	躚
섬	纖	三三二	纎
섬	摻	一三九	掺
성	聲	三四五	声
세	勢	二二	勢
세	世	一	卋
세	世	一	丗
소	甦	二五九	甦
소	所	一二五	所
소	匙	七九	匙
속	屬	八一	属
속	續	三三二	続
손	飧	五三二	飡
손	飧	五三二	飱
송	松	一六四	枩
쇄	灑	二二七	灑
쇄	曬	一五九	晒
쇄	殺	一九七	殺
수	收	一四五	収
수	酬	四七五	酧
수	壽	五八	寿
수	豎	四二八	竪
수	數	一四八	数
수	垂	五一	埀
수	雖	五〇六	虽
수	隨	五〇三	随
수	搜	一三五	搜
수	睃	二七八	瞍
숙	叔	二八	尗
숙	肅	三四六	粛
숙	倐	一四	倏
숙	倐	一四	倏
순	徇	一〇四	狥
순	脣	三五〇	唇
쉬	倅	九	伜
습	溼	二一七	濕
승	乘	二	乗
승	繩	三三一	縄
시	顋	五二六	腮
시	柹	一六六	柿
시	諡	四二〇	謚

音	正字	頁	俗字
실	實	七七	実
심	尋	七八	尋
집	澁	二二二	渋
집	廿	一〇〇	廿
ㅇ			
아	亞	四	亜
아	兒	一五	児
악	惡	一一四	悪
악	鰐	五五八	鰐
안	雁	五〇五	厂
안	贋	四三七	贋
암	庵	九七	盦
암	嵒	八五	岩
암	巖	八八	巌
알	戛	一二四	戞
앙	昂	一五四	昻
애	壒	五七	壒
애	礙	二八九	碍
야	椰	一七七	梛
양	樣	一八二	様
양	樣	一八二	樣
양	羊	三三六	羊
어	御	一〇五	御
어	於	一五一	扵
언	彦	一〇三	彦
얼	孼	七四	孼
엄	嚴	四七	厳
여	與	三五八	与
여	歟	一九二	欤
여	舁	三五八	舁
역	驛	五四三	駅
역	譯	四二四	訳
연	沿	二〇六	㳂
연	捐	一三一	㧴
연	姸	六四	妍
연	娟	六五	娟
연	硏	二八四	研
연	瓀	二五五	碝
연	輭	四五七	軟
열	悅	一一三	悦
염	鹽	五六七	塩
염	豔	四二九	艶
염	灩	二二八	灎
염	蚺	三八八	蚦
염	髥	五四七	髯
영	穎	二九八	頴
영	佞	六	佞
예	裔	四〇三	裔
예	蕊	三七八	蕋
오	奧	六一	奥
오	鼇	五七四	鼇
온	媼	六九	媪
온	慍	一一七	愠
온	溫	二一六	温
온	榲	一七八	榅
온	褞	四〇五	褞
옹	甕	二五八	瓮
와	臥	三五六	卧
왕	往	一〇四	徃

음	正字	面	俗字
요	幺	九五	么
요	窯	三〇二	窑
용	宂	七四	冗
욱	勖	一二二	勗
운	韻	五二一	韵
울	鬱	五五〇	欝
원	園	四九	薗
원	冤	一六	寃
원	圓	四九	円
원	圓	四九	圎
원	遠	四六六	逺
위	圍	四九	囲
위	衛	四〇〇	衞
유	游	二一五	㳺
유	遊	四六五	逰
유	幼	九五	㓜
유	臾	三五八	臾
유	兪	一五	俞
유	腴	三五二	腴
유	諛	四二〇	諛
육	衄	三九九	衂
은	隱	五〇四	隠
음	陰	五〇一	隂
응	應	一二二	応
의	醫	四七七	医
의	懿	一二三	懿
의	敧	一九一	欹
의	毅	一九七	毅
의	宐	七五	宜
의	宜	七五	冝
이	異	二六一	異
이	頤	五二四	頥
이	尒	七八	尔
이	爾	二三八	你
이	爾	二三八	伱
이	禰	二九三	袮
이	邇	四六八	迩
이	輀	四五五	轜
인	因	四八	囙
인	刃	一八	刄
일	壹	五八	壱
잉	剩	二〇	剰
ス			
자	觜	四一〇	嘴
잔	殘	一九五	残
잠	潛	二二一	潜
잠	蠶	三九九	蚕
잡	雜	五〇六	雑
잡	帀	九〇	匝
장	壯	五八	壯 壮
장	葬	三七二	塟
장	妝	六二	粧
장	莊	三六八	庄
장	牆	二三八	墻
장	腸	三五二	膓
장	場	五四	塲
장	丈	一	丈
재	齋	五七八	斎
저	豬	四三〇	猪

俗字

음	정자	면	속자
저	底	九六	弖
적	迪	四六二	廸
전	翦	三三九	剪
전	錢	四八五	戋
전	廛	九八	壥
전	鄽	四七三	鄽 廛
전	顚	五二七	顛
전	纏	三三二	纒
전	躔	四五〇	躔
절	竊	三〇三	窃
점	黏	五七一	粘
점	點	五七二	点
정	瀞	二二六	瀞 淨
정	鼎	五七五	鼑
제	濟	二二四	済
제	齊	五七八	斉
조	操	一四一	摻
조	皁	二六九	皂
조	酢	四七四	醋
조	弔	一〇一	吊
종	椶	一七五	棕
종	從	一〇五	徔
종	從	一〇五	従
종	从	四	從
종	騣	五四二	騌
좌	左	八九	𠂇
주	作	六	做
주	州	八九	刕
주	晝	一五六	昼
주	籒	三一四	籀
주	廚	九八	厨
주	厨	九八	㕑
주	躕	四五一	蹰
준	準	二一六	凖
중	眾	三九九	衆
즉	卽	二六	即
즐	櫛	一七七	櫛
증	證	四二三	証
지	旨	一五三	㫖
지	遲	四六六	遅
직	職	三四五	軄
직	直	二七四	直
진	晉	一五五	晋
진	眞	二七五	真
진	盡	二七三	尽
진	盡	二七三	盡
진	珍	二五一	珎
진	鎭	四八七	鎮
질	質	四三五	貭

ㅊ

음	정자	면	속자
차	撦	一四〇	扯
차	箚	三〇八	劄
착	斲	一五一	斵
착	著	三七二	着
찬	贊	四三六	賛
찬	巑	八八	巑
찬	瓚	二五六	瓉
찬	纘	三三二	纉
찬	讚	四二六	讃

음	자	면	속자
찬	鑽	四九二	鑚
참	憯	一二一	憯
참	讖	四二六	讖
창	[illegible]	一九	[illegible]
창	窗	三〇一	窓
창	窗	三〇一	窻
창	倡	九	娼
채	彩	一〇三	彩
책	册	一六	冊
처	處	三八六	処
처	處	三八六	䖏
천	巛	八九	川
천	遷	四六七	迁
철	鐵	四九一	鉄
첨	籤	三一五	籖

음	자	면	속자
첩	輒	四五五	輙
청	青	五一二	青
체	體	五四六	体
체	體	五四六	躰
체	體	五四六	骵
체	遞	四六六	逓
촉	觸	四一二	触
촉	矚	二八一	矚
촌	邨	四六九	村
총	傯	一一	偬
총	悤	一一二	怱
총	摠	一三八	捴
총	驄	五四二	騘
총	叢	二八	藂
총	冢	一六	塚

음	자	면	속자
추	龝	五八一	穐
추	芻	三六三	蒭
추	趨	四四一	趍
추	麤	五六八	麁
축	筑	三〇六	筑
충	衝	四〇〇	衝
췌	悴	一一四	悴
취	醉	四七五	酔
취	脃	三四九	脆
치	巵	二五	卮
치	菑	三七二	菑 甾
치	齒	五七八	歯
치	恥	一一一	耻
치	癡	二六八	痴
치	廁	九七	厠

음	자	면	속자
칠	漆	二二〇	柒
칭	偁	一〇	稱
칭	稱	二九七	称
칭	稱	二九七	穪

ㅌ

음	자	면	속자
타	陀	四九九	陁
타	[illegible]	四七	[illegible]
타	朵	一六二	朶
타	馱	五三八	駄
타	橢	一八三	楕
탐	耽	三四三	躭
탑	塔	五五	塔
택	擇	一四二	択
택	澤	二二三	沢

음	본자	면	속자
탱	撑	一四〇	撐
토	兎	一五	兔
통	統	三二二	綂
투	鬪 鬭	五五〇	鬪 闘

ㅍ

음	본자	면	속자
파	罵	五四〇	駡
패	霸	五一一	覇
폐	廢	九八	癈
포	褒	四〇六	襃
포	鋪	四八三	舖
품	稟	二九六	禀
풍	豐	四二八	豊
필	筆	三〇六	筆
필	筆	三〇六	笔

ㅎ

음	본자	면	속자
하	廈	九八	厦
학	鶴	五六三	隺
학	學	七四	斈
학	學	七四	學
학	學	七四	学
한	閒	四九四	間
한	鷴	五六四	鷳
함	函	一八	凾
함	鹹	五六六	醎
합	蓋	三七四	盇
항	恆	一一一	恒
해	解	四一一	觧
해	解	四一一	解
해	蠏	三九七	蟹
허	虛	三八六	虚
헌	獻	二四九	献
험	驗	五四三	騐
협	脇	三四九	脥
형	衡	四〇〇	衡
형	刑	一八	刑
형	形	一〇三	形
형	邢	四六九	邢
형	鉶	四八六	鉶
호	皐	二七〇	皋
호	皞	二七〇	皥
호	号	二九	号
호	冱	二〇三	冴
혼	昏	一五四	昬
화	花	三六四	苍
화	画	二六〇	画
화	畫	二六一	畵
활	闊	四九七	濶
황	況	二〇七	况
황	謊	四一七	謊
회	囘	四八	回
회	回	四八	囬
회	匯	二四	滙
회	會	一六〇	会
획	画	二六〇	画
획	畫	二六一	畵
획	獲	二四九	獲
효	效	一四六	効
후	喉	三九	喉

음	字	面	俗字
후	猴	二四七	猴
훈	勳	二二	勲
훼	卉	二五	卉
훼	毁	一九七	毀
휴	攜	一四四	携
휴	攜	一四四	擕
희	熙	二三一	凞
희	戲	一二五	戱
희	曦	一五九	曦

俗字 終

常用漢字·略字

① 本表는 常用漢字千八百五十八字를 뽑아서 部首順으로 排列하였다。

② 【 】를 붙인 글字는 部首索引 名稱이다。

③ ( )를 붙인 글字는 원字에 對한 常用略字이고、陰刻畫數는 部首의 畫數이다。

一畫

【一】一丁七丈三上下不世
丙並【丨】中【丶】丸主【丿】久之
乏乘【乙】乙九乞也乳亂(乱)
【亅】了事

二畫

【二】二互五井【亠】亡交亦京
亭【人】(亻)人仁仇今介仕他
付代令以仰仲件任伊伏
伐休伯伴伸伺似位低住
佐何余佳佛作使來(来)例
侍供依侮侯侵便係促俊
俗保俠信修俱俳俵俸倉
個倍倒候借倫倂(併)假(仮)
偉偏停健側偶傍傑備催
傳債傷傾僅働像僚僞(偽)
僧價儀億儉償優【儿】元兄
充兆兇先光克兌免兒(児)
【入】入內全兩(両)【八】八公六
共兵其具典兼【冂】冊再【冖】
冗【冫】冬冷凉准凌凍【几】凡
【凵】凶出【刀】(刂)刀刃分切刊
刑列初判別利到制刷券
刺刻(刺)則削前剛剩副割
創劇劍劑(剤)【力】力功加劣
助努効勅勇勉動勘務勝
勞(労)募勢勤勳勵(励)勸(勧)
【勹】包【匕】化北【匚】區【十】十千
升午半卑卒卓協南博【卜】
占【卩】(㔾)印危却卵卷卽【厂】
厄厘厚原厥【厶】去參(参)【又】

及友反叔取受

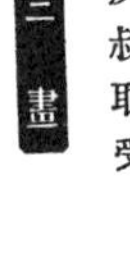

【口】口古句叫召可史右
司各合吉同名后吏吐向
君吟否含呈吸吹告周味
呼命和咸咽哀品員哲唐
唯唱商問啓善喉喜喪喫
單嗣嘉噴器嚴囑(嘱)【囗】囚
四回因困固國(国)圍(囲)園
圓(円)圖(図)團【土】土在地坂
均坊坑坪垂型埋城域執
培基堀堂堅堤堪報場塔
塗塵境墓塀(塀)增墨墮壁
壇壓壞壤【士】士壯壹(壱)壽
(寿)【夂】夏【夕】夕外多夜夢【大】
大天太夫央失奇奉奏契
奔奢奧奪奬奮【女】女奴好
如妃妊妙妥妨妹妻姉始

姑姓委姦姪姬姻姿威娘
娛娠娼婚婦婿媒嫁嫌嫡
孃【子】子字存孝季孤孫學
(学)【宀】宅守安完宏宗官定
宜客宣室宮害宴家容宿
寄密富寒察寢實(実)審寫
(写)寬寶(宝)【寸】寸寺封射將
專尉尊尋對導【小】小少尙
【尢】(尣兀)就【尸】尺尼尾尿局
居屆屈屋展層履屬(属)【山】
山岡岩岳岸峠峯島峽崇
崎崩【巛】川州巡巢【工】工左
巧巨差【己】己【巾】市布帆希
帝帥師席帳帶(帯)常帽幅
幕幣【干】干平年幸幹【幺】幻
幼幾【广】床序底店府度座
庫庭庶康廉廊廢(廃)廣廳
(廳)【廴】延廷建廻【廾】弄弊【弋】
式【弓】弓弔引弟弱張強彈

【彡】形彩彫彰影【彳】役彼往
征待律後徐徑(径)徒(徒)得
從(従)御復微徵德徹

四畫

【心】(忄⺗)心必忙忌忍志忘
快忠念性怪怯怒思怠急
怨恨恐恥恩恭息悔悖悟
患悼情惜悲惑惟惠惡惰
惱(悩)愉想愁意愚愛感愼
慈態慘(惨)慢慣慨慕慮慰
慶慾憂憐憚憤憲憶憾懇
應懲懷懸戀(恋)【戈】成我戒
戰戲(戯)戴【戶】戶戾房所扇
【手】(扌)手才打扱扶批技抑
投抗折披抱承抵押抽拂
拍拒拓拔拘拙招拜括拾
持指拳振捕捧捨掃授排
掛採探接控(扣)推描揮提

揚換握揭揮援掌損搖搜
携摘摩撫擇(択)操擔(担)據
(拋)擊擬擴攝(摂)【支】支【攴】(攵)
收改攻放政故敍(叙)教敏
救敗敢散敬敵敷數(数)整
【文】文【斗】斗料斜【斤】斤斥斬
斯新斷(断)【方】方施旅旋族
旗【无】既【日】日旦旨早旬旭
昇昌明易昔星映春昨昭
是時晚晝普景晴晶智暇
暖暗暑暮暴曆曇曜【曰】曲
更書曹曾替最會【月】月有
朋服朕朗望朝期【木】木未
末本札朱机朽杉材村束
杯東松板枕林枚果枝枯
架柿柄某染柔査柩柱柳
栗校株根格栽桃案桐桑
梅條(条)梨械棄棋棒棟森
棺植楠業極榮(栄)構概樂

(楽)樓(楼)標樞模樣(様)樹橋
機橫檄檢櫻欄權(権)【欠】次
欲款欺歌歎歐歡(歓)【止】止
正此步武歲歷歸(帰)【歹】死
殊殉殖殘(残)【殳】段殺殿毀
【毋】母每毒【比】比【毛】毛【氏】氏
民【气】氣(気)【水】(氵氺)水氷永
汁汗汚江池汰決汽沈沒
沖沙求河沸油治沼沿況
泊法波泣泥注泳泉洋洗
津洪活派流浦浪浮浴海
浸消涉泰液淑淚淡淨淫
深淵混清淺(浅)添減渡測
港渴湖湧湯源準溢溶溺
滅滋滑溫滯(滞)滴滿(満)漁
漂漆漏演漠漢漫漸潔潮
澤(沢)濃激濁濕(湿)濟(済)濱
潛(潜)瀧(滝)灣(湾)【火】(灬)火灰
災炊炎炭烈無然煉煮煙

照煩熟熱燃燈燒營(営)爆
爐(炉)【爪】(爫)爪爭爲(為)爵【父】
父【爻】爾【片】片版牌【牙】牙【牛】
(牛)牛牧物牲特犧(犠)【犬】(犭)
犬犯狂狀狩狹猛猫猶獄
獨(独)獲獵(猟)獸獻(献)

五畫

【玄】玄率【玉】(王)玉王玩珍珠
班現球理琴環璽【瓦】瓦瓶
(瓶)【甘】甘甚【生】生產甥【用】用
【田】田由甲申男町界畏畑
畜畝略異番留(畄)畫(画)當
疊(畳)【疋】疋疎疑【疒】疫疲疾
病症痘痛痢療癖【癶】登發
(発)【白】白百的皆皇【皮】皮【皿】
皿盆益盛盜盟盡(尽)監盤
【目】目盲直相省眉看眞眠
眼着睡督【矢】矢知短【石】石

砂砲破研(硏)硬硯碁碎碑
確磁磨礎【示】(ネ)示社祈祕
祖祝神票祭禁禍福禦禮
(礼)【禾】秀私秋科秒租秩移
稅程稚種稱(称)稻稿穀積
穗穩【穴】穴究空突窃窒窗
(窓)窮【立】立章童端競

六畫

【竹】竹竿笑笛符第筆等筋
筒答策算管箱節範築篤
簡簿籍【米】米粉粒粘粗粹
精糖糞【糸】系紀約紅納純
紙級紛素紡索紫累細紳
紹紺終組結絕絞絡統絲
(糸)給絹經(経)綠維綱網綴
綻綿緊緒線締緣編緩緯
練縛縣縫縮縱(縦)總(総)績
繁織繕繪繰繭繼(継)續(続)

【缶】缺(欠)【网】罪置罰署罵罷
羅【羊】羊美羣義【羽】羽翁翌
習翼【老】(耂)老考者【而】耐【耒】
耕【耳】耳聖聞聯聲(声)職聽
(聴)【聿】肅肇【肉】(月)肉肖肝股
肥肩育肺胃背胎胞胴胸
能脅脈脊脚脫腕腦(脳)腰
腸腹腐膚膜膝膺膽(胆)臆
臟【臣】臣臥臨【自】自臭【至】至
致臺(台)【臼】與興擧(挙)舊(旧)
【舌】舌舍【舛】舞【舟】舟航般
舵舶船艦【艮】良【色】色【艸】(艹)
芝花芽芳苑苗若苦英茂
茶草荒荷莊菊菌菓菜華
萬(万)落葉著葬蒙蒸蓄蔓
薄藏藝藤藥(薬)【虍】虎虐處
(処)虛(虚)號(号)【虫】蚊蛇蛙蜂
蜜融蟲(虫)蠶(蚕)蠻(蛮)【血】血
衆【行】行術街衝衛衡【衣】(衤)

衣表衰袖被袋裁補裕裂
裏裝裸製複褒襲【襾】西要
覆

七畫

【見】見規視親覺(覚)覽觀(観)
【角】角解(觧)觸(触)【言】言訂計
討訓託記訟訪設許訴診
詐詔評詞詠試詩詰話詳
誇誌誠認誓誕誘語誤說
課調談請論諭諮諸諾謀
謁講謝謠謬謹證(証)識譜
警譯(訳)議護譽(誉)讀(読)變
(変)讓【谷】谷【豆】豆豐(豊)【豕】豚
象豪豫【貝】貝貞負財貧貨
販貫責貯貳貴買貸費貿
賀賃賄資賊賦賓賜賞賢
賣賤(賎)質賴購贈贊(賛)【赤】
赤【走】走(赱)赴起超越趣【足】

足距跡路踊躍【身】身【車】車
軌軍軒軟軸較載輕(軽)輩
輪輯輸輿轉【辛】辛辨辯(弁)
辭(辞)【辰】辱農【辵】(辶)込迎近
返迫迭述迷追退送逃逆
透逐途通速造連週進逸
遂遇遊運過道違達遙遞
(逓)遠遣適遭遲(遅)遵遷選
遺避還邊(辺)【邑】(阝)邦邪邸
郊郎郡部郵都鄉【酉】酌配
酒酢酬酷酸醉醜醫(医)【釆】
釋(釈)【里】里重野量

八畫

【金】金釜針釣鈍鈴鉛鉢銀
銃銅銘鋭鋒鋼錄錢(銭)錯
鍋鎖鎭鏡鐘鐵(鉄)鑄(鋳)鑑
鑛【長】長【門】門閉開閑間閣
閱關(関)【阜】(阝)防附降限陛
院陣除陪陳陰陵陶陷陸
陽隆隊階隔隙際障隣隨
(随)險隱【隹】隻雀雄雅集雇
雌雙(双)雜離難【雨】雨雪雲
零雷電需震霜霧露靈(霊)
【青】青靜【非】非

九畫

【面】面【革】革靴【音】音響【頁】頂
項順頓預頑領頭頻題額
顏願顚類顧顯(顕)【風】風【飛】
飛飜【食】食飢飮飯飾養餐
餓餠(餅)。餘(余)館(舘)【首】首【香】
香

十畫

【馬】馬馳駁駄駐騎騰騷驅
驗驚驛(駅)【骨】骨體(体)髓(髄)
【高】高【髟】髮【鬥】鬪(闘)【鬼】鬼魂
魔

十一畫

【魚】魚鮮鯉鯛【鳥】鳥鳩鳴鶴
鷄【鹵】鹽(塩)【鹿】鹿([illegible])麗(丽)【麥】
麥(麦)【麻】麻

十二畫

【黃】黃【黑】黑默點(点)黨(党)

十三畫

【鼓】鼓

十四畫

【鼻】鼻【齊】齊(斉)

十五畫

【齒】齒(歯)齡(齢)

十六畫

【龍】龍(竜)【龜】龜(亀)

（終）

部首索引

六體新字典

一畫

一部

- 一 한일
- 丁 장정 정
- 七 일곱 칠
- 丈 길장
- 三 셋삼
- 上 윗상
- 下 아래 하
- 不 아닐 불
- 丑 소축
- 且 또차
- 世 인간 세
- 丙 남녘 병
- 丞 도울 승

丨部

- 个 낱개
- 中 가운데 중
- 串 꿰미 천

丶部

- 丸 탄자 환
- 丹 붉을 단
- 主 임금 주

丿部

- 乃 이에 내
- 久 오랠 구
- 之 갈지
- 乍 잠간 사
- 乎 온호
- 乏 다할 핍
- 乘 탈승

乙部

- 乙 새을
- 九 아홉 구
- 乞 빌을 걸
- 也 잇기 야
- 乳 젖유

乾 하늘 건

亂 어지러울 란

亅部

了 마칠 료

予 나 여

事 일 사

二畫

二部

二 두 이

互 서로 호

五 다섯 오

井 우물 정

云 이를 운

亘 뻗칠 긍

些 적을 사

亞 버금 아

亟 빠를 극

亠部

亡 도망할 망

亢 높을 항

交 사귈 교

亥 돝 해

亦 또 역

享 누릴 향

京 서울 경

亭 정자 정

亮 밝을 량

亶 믿을 단

人部

人 사람 인

什 세간 집

仁 어질 인

仄 기울 측

仆 엎드러질 부

仇 원수 구

今 이제 금

介 클 개

仕 벼슬 사

他 다를 타

付	仙	仞	代	令	以	仰	仲	件	任	企	伊	伎
붙일 부	신선 선	여덜자 인	댓수 대	하여금 령	써 이	우러를 앙	버금 중	가지 건	맡길 임	바랄 기	저 이	재주 기

伏	伐	休	伯	伴	伶	伸	伺	佃	伽	似	但	佇
엎드릴 복	칠 벌	쉴 휴	맏 백	동무 반	영리할 령	펼 신	살필 사	밭다를 전	절 가	같을 사	다만 단	오래설 저

位	低	佐	佑	何	余	佚	佛	作	佞	佩	佳	使
벼슬 위	낮을 저	도울 좌	도울 우	어찌 하	나 여	편안할 일	부처 불	지을 작	아첨할 녕	찰 패	아름다울 가	하여금 사

來 올 래
侈 사치할 치
例 견줄 례
侍 모실 시
侔 가지런할 모
供 받들 공
依 의지할 의
侮 업신여길 모
侯 제후 후
侵 침노할 침
侶 짝 려
便 편할 편
係 이을 계

促 재촉할 촉
俄 아까 아
俊 준걸 준
俗 풍속 속
俚 속될 리
保 보전할 보
俟 기다릴 사
俠 협기 협
信 믿을 신
修 닦을 수
俱 함께 구
俳 광대 배
俶 비로소 숙

俸 녹 봉
倂 아우를 병
倅 버금 쉬
倉 곳집 창
倍 갑절 배
倒 거꾸러질 도
候 기다릴 후
倚 의지할 의
借 빌어올 차
倡 광대 창
値 값 치
倦 게으를 권
倫 인륜 륜

倬 클 탁
倭 나라 왜
倜 억매지 않을 척
偃 자빠질 언
假 거짓 가
偉 클 위
偏 치우칠 편
偕 함께 해
停 머무를 정
健 건장할 건
側 곁 측
偶 우연 우
傅 스승 부

傍 곁 방
傑 호걸 걸
備 갖출 비
催 재촉할 최
傭 고용살이할 용
傳 전할 전
傷 상할 상
傾 기우러질 경
僅 겨우 근
僉 다 첨
債 빚질 채
像 형상 상
僕 종 복

僚 동관 료
僞 거짓 위
僧 중 승
僮 아이종 동
價 값 가
儀 거동 의
億 억 억
儉 검박할 검
儒 선비 유
償 갚을 상
優 넉넉 우
儲 저축할 저

儿部

兀 우뚝할 올

允 진실로 윤

元 으뜸 원

兄 맏 형

充 채울 충

先 먼저 선

兆 억조 조

兇 흉악할 흉

光 빛 광

兌 바꿀 태

克 이길 극

免 면할 면

兒 아이 아

兎 토끼 토

兕 들소 시

兜 투구 두

兢 조심할 긍

入部

入 들 입

內 안 내

全 온전할 전

兩 두 량

兪 대답할 유

八部

八 여덟 팔

公 바를 공

六 여섯 륙

共 한가지 공

兵 군사 병

其 그 기

具 갖출 구

典 법 전

兼 겸할 겸

冀 하고자할 기

冂部

冄 타달거릴 염

冊 책 책

再 두 재

冑 투구 주

冒 무릅쓸 모

冖部

冠 갓 관

冢 무덤 총

冥 어둘 명

冫部

冬 겨울 동

冰 얼음 빙

冶 풀무 야

冷 찰 랭

凊 서늘할 청

凋 떨어질 조

凌 업신여길 릉

凍 얼 동

凜 찰 름

凝 엉길 응

几部

几 기댈상 궤

凡 무릇 범

凭 의지할 빙

凵部

凶 흉할 흉

出 날 출

函 함 함

刀部

刀 칼 도

刃 칼날 인

分 나눌 분

刈 베일 예

切 끊을 절

刊 새길 간

刎 목찌를 문

刑 형벌 형

列 벌릴 렬

初 처음 초

刪 덜 산

判 판단할 판

別 이별 별

利 이할 리

- 到 이를 도
- 刺 찌를 자
- 制 제어할 제
- 刷 문지를 쇄
- 刹 절 찰
- 刻 새길 각
- 券 문서 권
- 則 법칙 칙
- 削 깎을 삭
- 剋 이길 극
- 前 앞 전
- 剖 쪼갤 부
- 剛 굳셀 강

- 剝 베일 박
- 剪 갈길 전
- 副 버금 부
- 割 베일 할
- 創 상할 창
- 剽 찌를 표
- 劇 심할 극
- 劍 칼 검
- 劑 약지을 제

力部

- 力 힘 력
- 功 공 공
- 加 더할 가

- 劣 용렬할 렬
- 助 도울 조
- 努 힘쓸 노
- 劫 겁탈할 겁
- 勁 굳셀 경
- 勃 변색할 발
- 勇 날랠 용
- 勉 힘쓸 면
- 動 움직일 동
- 勘 마감할 감
- 務 힘쓸 무
- 勝 이길 승
- 勞 수고로울 로

- 勢 형세 세
- 募 부를 모
- 勳 공훈
- 勵 힘쓸 려
- 勸 권할 권

勹部

- 勺 잔작
- 勿 말물
- 包 쌀포
- 匈 지꺼릴 흉
- 匍 길포
- 匐 길복

匕部

- 匕 비수 비
- 化 될화
- 北 북녘 북
- 匙 숟가락 시

匚部

- 匠 장인 장
- 匡 바를 광
- 匪 아니 비
- 匱 궤궤

匸部

- 匹 짝필
- 匿 숨길 익
- 區 구별 구

十部

- 十 열십
- 千 일천 천
- 廿 스물 십
- 卅 설흔 십
- 午 낮오
- 半 절반 반
- 升 되승
- 卑 낮을 비
- 卓 높을 탁
- 卒 군사 졸
- 協 화할 협
- 卉 풀훼

南 남녘 남

博 넓을 박

卜部

卜 점 복

占 점칠 점

卦 점괘 괘

卩部

卬 격동할 앙

卯 동방 묘

印 인칠 인

危 위태할 위

卵 알 란

卷 책 권

卸 벗을 사

卹 먼지채 솔

卻 물리칠 각

即 곧 즉

卿 벼슬 경

厂部

厄 재앙 액

厓 언덕 애

厖 두터울 방

厚 두터울 후

原 근본 원

厥 그 궐

厭 싫을 염

厲 엄할 려

厶部

去 갈 거

參 셋 삼

又部

又 또 우

叉 비녀 채

及 미칠 급

友 벗 우

反 돌이킬 반

叔 아재비 숙

取 취할 취

受 받을 수

叛 배반할 반
叟 늙은이 수
叡 밝을 예
叢 떨기 총

三畫

口部

口 입 구
古 예 고
句 글귀 구
叩 두드릴 구
只 다만 지
叫 부르짖을 규
召 부를 소

可 옳을 가
台 별 태
叱 꾸짖을 즐
史 사기 사
右 오를 우
司 맡을 사
各 각각 각
吃 어눌할 흘
合 합할 합
吉 길할 길
同 한가지 동
名 이름 명
吏 아전 리

向 향할 향
君 임금 균
吝 인색할 린
后 황후 후
吐 토할 토
呑 삼킬 탄
吟 읊을 음
吠 짖을 폐
否 아니 부
含 머금을 함
呈 드릴 정
吳 옷나라 오
吸 마실 흡

吹 불 취
吾 나 오
告 고할 고
呂 법려
周 두루 주
味 맛 미
呼 부를 호
命 목숨 명
咀 씹을 저
咄 꾸짖을 돌
和 화할 화
咎 허물 구
咨 탄식할 자

咫 지척 지
咸 다 함
呻 앓을 신
哀 슬플 애
咽 목구멍 인
品 품수 품
哉 어조사 재
員 인원 원
哭 울 곡
哲 밝을 철
唇 놀랄 진
唐 당나라 당
唯 오직 유

唱 부를 창
唾 침뱉을 타
啄 쪼을 탁
商 장사 상
問 물을 문
啓 열 계
啜 마실 철
啼 울 제
啻 뿐 시
善 착할 선
喉 목구멍 후
喘 숨찰 천
喚 부를 환

喜	기쁠 희
喝	꾸짖을 갈
喟	한숨쉴 위
喩	비유할 유
喫	먹을 끽
喪	상사 상
喬	높을 교
單	홑 단
嗚	슬플 오
嗜	즐길 기
嗣	이을 사
嘆	탄식할 탄
嘅	개탄할 개

嘉	아름다울 가
嘔	토할 구
嘗	맛볼 상
嘯	수파람 소
嘲	조롱할 조
噓	불 허
噴	물뿜을 분
器	그릇 기
噫	슬플 희
嚙	씹을 요
嚴	엄할 엄
囀	새울 전
嚼	씹을 작

囂	시끄러울 효
囊	주머니 낭
囑	부탁할 촉

囗部

四	넉 사
囚	가둘 수
回	돌아올 회
因	인할 인
困	곤할 곤
固	굳을 고
圃	채전 포
囹	옥 령
圄	옥 어

國 나라 국
圍 에울 위
園 동산 원
圓 둥글 원
圖 그림 도
團 둥글 단

土部

土 흙 토
在 있을 재
地 따 지
均 고를 균
坊 거리 방
坐 앉을 좌

坦 평할 탄
坪 들 평
垂 드리울 수
型 거푸집 형
垢 때 구
垣 담 원
埃 티끌 애
城 재 성
埒 비등할 날
域 지경 역
埴 찰흙 식
執 잡을 집
培 북돋울 배

基 터 기
堀 굴 굴
堂 집 당
堅 굳을 견
堆 흙덤 이퇴
堤 방축 제
堪 견딜 감
堯 요임금 요
堰 방축 언
報 갚을 보
堵 담 도
場 마당 장
塊 흙덩 이괴

- 塔 탑 탑
- 塘 못 당
- 塗 바를 도
- 塚 무덤 총
- 塞 막을 색
- 塡 오랠 진
- 塵 티끌 진
- 塾 글방 숙
- 境 지경 경
- 墓 무덤 묘
- 墜 떨어질 추
- 增 더할 증
- 墨 먹 묵
- 墮 떨어질 타
- 墳 무덤 분
- 墾 갈 간
- 壁 벽 벽
- 壇 단 단
- 壓 누를 압
- 壘 진 루
- 壚 검은흙 로
- 壞 무너질 괴
- 壤 흙덩이 양

士部

- 士 선비 사
- 壬 북방 임
- 壯 장할 장
- 壺 병 호
- 壹 한 일
- 壻 사위 서
- 壽 목숨 수

夊部

- 夏 여름 하
- 夐 멀 경

夕部

- 夕 저녁 석
- 外 밖 외
- 夙 일찍 숙
- 多 많을 다

- 夜 밤 야
- 夢 꿈 몽
- 夥 극히 많을 과

大部

- 大 큰 대
- 天 하늘 천
- 太 클 태
- 夫 지아비 부
- 夭 일찍 죽을 요
- 央 가운데 앙
- 夷 오랑캐 이
- 失 잃을 실
- 夾 낄 협
- 奄 문득 엄
- 奉 받들 봉
- 奇 기이할 기
- 奏 아뢸 주
- 契 언약할 계
- 奔 달아날 분
- 奚 어찌 해
- 奠 드릴 전
- 奢 사치할 사
- 奧 속 오
- 奬 권할 장
- 奪 빼앗을 탈
- 奮 진동할 분

女部

- 女 계집 녀
- 奴 종 노
- 奸 간사할 간
- 好 좋을 호
- 如 같을 여
- 妃 왕비 비
- 妄 망녕될 망
- 妙 묘할 묘
- 妓 기생 기
- 妊 아이밸 임
- 妨 해로울 방
- 妹 아래누이 매

妻 아내 처
始 비로소 시
妾 첩 첩
姉 맏누이 자
姑 시어미 고
姓 성 성
委 맡길 위
姦 간사할 간
姨 이모 이
姪 조카 질
姬 계집 희
姻 혼인 인
姿 모양 자

威 위엄 위
娘 젊은계집 낭
娛 즐거울 오
娉 장가들 빙
娥 고울 아
娶 장가들 취
婆 늙은계집 파
婉 고울 완
娩 해산할 만
婦 며느리 부
婚 혼인 혼
婬 통간할 음
媒 중매 매

媛 아름다울 원
媼 할미 온
媾 화할 구
嫁 시집갈 가
嫌 혐의 혐
嫡 본댁 적
嬌 아름다울 교
嬪 계집 빈
嬴 풀어질 영
孃 계집아이 양

子部

子 아들 자
孔 구멍 공

- 孕 아이밸 잉
- 字 글자 자
- 存 있을 존
- 孜 부지런할 자
- 孝 효도 효
- 孟 맏 맹
- 季 말째 계
- 孤 외로울 고
- 孫 손자 손
- 孰 누구 숙
- 學 배울 학

宀部

- 宅 집 택
- 宇 집 우
- 守 지킬 수
- 安 편안 안
- 宋 송나라 송
- 完 완전할 완
- 宏 클 굉
- 宗 마루 종
- 官 벼슬 관
- 宙 집 주
- 宛 완연할 완
- 定 정할 정
- 宜 마땅 의
- 客 손 객
- 宣 베풀 선
- 室 집 실
- 宦 벼슬 환
- 宥 용서할 유
- 宮 집 궁
- 害 해할 해
- 宴 잔치 연
- 宰 재상 재
- 宵 밤 소
- 家 집 가
- 宸 대궐 신
- 容 얼굴 용
- 宿 잘 숙

寂 고요 적
寄 붙일 기
寅 동방 인
密 빽빽할 밀
富 부자 부
寔 이 식
寒 찰 한
寓 붙일 우
寞 고요할 막
察 살필 찰
寡 적을 과
實 열매 실
寧 편안 녕

審 살필 심
寫 쓸 사
寬 너그러울 관
寵 사랑할 총
寶 보배 보

寸部

寸 마디 촌
寺 절 사
封 봉할 봉
將 장수 장
專 오로지 전
尉 편안할 위
尊 높을 존

尋 찾을 심
對 대할 대
導 인도할 도

小部

小 작을 소
少 젊을 소
尚 오히려 상
尖 뾰족할 첨
尟 적을 선

尢部

尤 더욱 우
就 나갈 취

尸部

尸	주검 시
尹	믿을 윤
尺	자 척
尼	계집 중니
尾	꼬리 미
尿	오줌 뇨
局	판 국
居	살 거
屈	굽힐 굴
屆	이를 계
屋	집 옥
屍	주검 시
屑	가루 설
展	펼 전
屛	물리칠 병
屠	죽일 도
屢	여러 루
層	층대 층
屬	붙이 속
履	신 리

屮部

屮	떡잎 철
屯	둔취할 둔

山部

山	메 산
岐	기산 기
岡	산등성이 강
岨	돌산 저
岫	산구멍 수
岬	산기슭 갑
岱	메 대
岸	언덕 안
峙	산우뚝할 치
峨	높을 아
峯	산봉우리 봉
島	섬 도
峻	높을 준
峽	골 협
崇	높을 숭

崎 산길험할 기
崔 높을 최
崖 비탈 애
崛 산우뚝할 굴
崩 산무너질 붕
嵆 산이름 혜
嵌 구멍이 감
嵎 산굽이 우
嵐 산기운 람
嵩 높을 숭
嵯 산높을 차
嶠 산길 교
嶺 고개 령
嶼 섬 서
嶽 산마루 악
巍 높고클 외
巒 봉우리 만
巓 산이마 전
巖 바위 암

巛部

川 내 천
州 고을 주
巡 순행할 순
巢 새집 소

工部

工 장인 공
左 왼 좌
巧 공교할 교
巨 클 거
巫 무당 무
差 다를 차

己部

己 몸 기
巳 뱀 사
巴 파촉 파
巷 거리 항
巽 부드러울 손

巾部

巾 수건 건

市 저자 시
布 베 포
希 바랄 희
帆 배돛 범
帑 처자 노
帖 문권 첩
帛 비단 백
帝 임금 제
帥 장수 수
師 스승 사
席 자리 석
帳 장막 장
帷 장막 유

帶 띠 대
常 떳떳 상
幅 폭 폭
幕 장막 막
幟 기 치
幡 기 번
幣 폐백 폐

干部

干 방패 간
平 평할 평
年 햇 년
幷 아우를 병
幸 다행 행

幹 줄기 간

幺部

幻 변화할 환
幼 어릴 유
幽 그윽할 유
幾 몇 기

广部

庄 천장 장
庇 덮을 비
序 차례 서
底 밑 저
店 가게 점
庚 별 경

- 府 마을 부
- 度 법도 도
- 座 자리 좌
- 庫 곳집 고
- 庭 뜰 정
- 庵 암자 암
- 庶 뭇 서
- 康 편안 강
- 庸 떳떳 용
- 庾 노적 유
- 廁 뒷간 치
- 廂 월랑 상
- 廈 큰집 하
- 廉 청렴 렴
- 廊 행랑 랑
- 廏 마구 구
- 廛 전 전
- 廟 사당 묘
- 廢 폐할 폐
- 廣 넓을 광
- 廩 쌀곳간 름
- 廬 막집 려
- 廳 대청 청

廴部

- 延 뻗칠 연
- 廷 조정 정
- 建 세울 건

廾部

- 弁 고깔 변
- 弄 희롱 롱
- 弊 해질 폐

弋部

- 弋 줄살 익
- 式 법 식
- 弑 윗사람죽일 시

弓部

- 弓 활 궁
- 弔 조상 할조
- 引 이끌 인

弘 클 홍

弗 말 불

弛 풀릴 이

弟 아우 제

弦 활시위 현

弧 나무활 호

弩 쇠뇌 노

弱 약할 약

張 베풀 장

強 강할 강

彊 활강할 강

彈 탄자 탄

彌 그칠 미

彐部

彖 결단할 단

彗 별이름 혜

彙 모을 휘

彝 떳떳할 이

彡部

形 형상 형

彥 선비 언

彩 채색 채

彪 범의문채 표

彫 아루새길 조

彭 땅 팽

彰 밝을 창

影 그림자 영

彳部

彷 방황할 방

役 역사 역

彼 저 피

往 갈 왕

征 칠 정

徂 갈 조

待 기다릴 대

徊 머뭇거릴 회

律 법칙 률

後 뒤 후

徐 천천히 서

- 徑 지름길 경
- 徒 무리 도
- 得 얻을 득
- 徘 머뭇거릴 배
- 從 좇을 종
- 御 거느릴 어
- 徧 두루 편
- 復 다시 복
- 循 돌 순
- 微 작을 미
- 徵 부를 징
- 德 큰 덕
- 徹 통할 철
- 徼 구할 요
- 徽 아름다울 휘

四畫

心部

- 心 마음 심
- 必 반드시 필
- 忌 꺼릴 기
- 忍 참을 인
- 志 뜻 지
- 忘 잊을 망
- 忙 바쁠 망
- 忝 욕될 첨
- 忠 충성 충
- 快 쾌할 쾌
- 念 생각할 념
- 忿 분낼 분
- 怏 불만할 앙
- 忽 문득 홀
- 怕 두려워할 파
- 怖 두려워할 포
- 怒 성낼 노
- 思 생각 사
- 怠 게으를 태
- 怡 화할 이
- 急 급할 급
- 性 성품 성

怨 원망 할원
怪 괴이 할괴
怯 겁낼 겁
恃 믿을 시
恆 항상 항
恐 두려울 공
恕 용서 할서
恙 병 양
恢 넓힐 회
恣 방자 할자
恤 구제 할휼
恥 부끄러울 치
恩 은혜 은

恨 한할 한
恬 편안 할념
恭 공손 공
悍 날낼 한
悋 인색 할린
悉 다할 실
悅 기쁠 열
悄 근심 할초
悃 정성 곤
恰 흡사 할흡
息 쉴 식
悔 뉘우칠 회
悟 깨달을 오

悛 고칠 전
悠 길 유
患 근심 환
悵 슬플 창
悶 답답 할민
悼 슬플 도
悲 슬플 비
悴 초췌 할췌
悽 슬퍼 할처
情 뜻 정
惆 슬플 주
惇 두터울 돈
惑 의혹 할혹

惚	황홀할 홀
惜	아낄 석
惟	오직 유
惠	은혜 혜
惡	악할 악
惰	게으를 타
惱	괴로울 뇌
想	생각할 상
惹	이끌 약
惻	불상히여길 측
愁	근심 수
愉	기쁠 유
愍	불상히여길 민
意	뜻 의
愚	어리석을 우
愛	사랑 애
感	느낄 감
慍	성낼 온
愧	부끄러울 괴
愴	슬플 창
愼	삼갈 신
愿	삼갈 원
慄	겁날 률
慇	은근할 은
慈	사랑 자
態	태도 태
慕	사모 모
慘	참혹할 참
慙	부끄러울 참
慢	거만할 만
慣	익을 관
慧	지혜 혜
慨	탄식할 개
慮	생각할 려
慰	위로할 위
慶	경사 경
憂	근심 우
憎	미울 증
憑	의지할 빙

憐 불상할 련
憚 꺼릴 탄
憤 분할 분
憬 깨우칠 경
憮 만질 무
憲 법 헌
憺 편안할 담
憶 생각할 억
憾 원망할 감
懇 친할 간
憩 쉴 게
懈 게으를 해
應 응할 응

懕 편안할 염
懲 징계할 징
懷 품을 회
懿 클 이
懼 두려울 구
懽 기꺼울 환
懸 달 현
懺 뉘우칠 참
戀 생각할 련

戈部

戈 창 과
戊 별 무
戌 개 술

戍 수자리 수
戎 군사 융
成 이룰 성
我 나 아
戒 경계할 계
或 혹 혹
戚 겨레 척
戛 창 알
戟 창 극
截 끊을 절
戮 죽일 륙
戰 싸움 전
戲 희롱할 희

戴 일 대

戶部

戶 지게 호
戾 돌아올 려
房 방 방
所 바 소
扁 작을 편
扇 부채 선
扈 호위할 호
扉 문짝 비

手部

手 손 수
才 재주 재

打 칠 타
扣 두드릴 구
托 밀 탁
扱 거두어 가질 흡
扶 붙들 부
批 칠 비
承 이을 승
技 재주 기
抄 초할 초
抉 뽑을 결
把 잡을 파
抑 누를 억
抒 끄낼 서

投 던질 투
抗 막을 항
折 꺾을 절
披 헤칠 피
抵 밀 저
抱 안을 포
押 누를 압
抽 뺄 추
拂 떨칠 불
拇 엄지손가락 무
抛 던질 포
拍 칠 박
拉 꺾을 납

拏 이끌 녀
拐 유인할 괴
拒 막을 거
拓 열 탁
拔 뽑을 발
拗 꺾을 요
拘 거리낄 구
拙 옹졸할 졸
招 부를 초
拜 절 배
括 쌀 괄
拭 씻을 식
拮 깍지낄 길

拱 손길잡을 공
拳 주먹 권
拾 주울 습
持 가질 지
指 손가락 지
按 누를 안
拶 다닥칠 찰
挑 돋울 조
挨 밀 애
挫 꺾을 좌
振 떨칠 진
挺 곧을 정
挽 당길 만

挾 낄 협
捉 잡을 착
捌 깨칠 팔
捐 버릴 연
捕 잡을 포
捧 받들 봉
捷 이길 첩
捨 버릴 사
捻 부빌 념
捲 거둘 권
掃 쓸 소
授 줄 수
掌 손바닥 장

掏 가릴 도
掖 낄 액
排 물리칠 배
掛 걸 괘
掠 노략할 략
掘 팔 굴
採 캘 채
探 더듬을 탐
接 대일 접
控 당길 공
推 밀 추
掩 가리울 엄
措 둘 조

掬 움킬 국
揃 자를 전
揆 헤아릴 규
提 끌 제
描 그릴 묘
插 꽂을 삽
揚 날릴 양
搜 찾을 수
換 바꿀 환
握 쥘 악
揭 들 계
揮 떨칠 휘
援 구원할 원

損 덜 손
搔 긁을 소
搖 흔들 요
搦 가질 약
摘 딸 적
摛 펼 리
摧 꺾을 최
摩 만질 마
摯 잡을 지
摶 둥글 단
摸 본뜰 모
摹 본뜰 모
摺 접을 섭

摽 칠 표
撒 헤칠 산
撓 요란할 요
撚 비빌 연
撞 칠 당
撥 덜 발
撫 어루만질 무
播 헤칠 파
撮 취할 촬
撲 칠 박
撰 지을 찬
撿 단속할 검
擁 막을 옹

擇 가릴 택
擊 칠 격
操 잡을 조
擔 질 담
據 웅거할 거
擢 빼일 탁
擥 잡을 람
擧 들 거
擬 헤아릴 의
擾 요란할 요
攀 휘여잡을 반
攜 끌 휴
攝 잡을 섭

攪 흔들 교
攫 움켜질 확

支部

支 지탱할 지
攲 기우려질 기

攴部

收 거둘 수
改 고칠 개
攻 칠 공
放 놓을 방
政 정사 정
更 다시 갱
故 연고 고

效 본받을 효
敘 펼 서
教 가르칠 교
敏 민첩할 민
救 구원할 구
敕 경계할 칙
敗 패할 패
敢 구태 감
散 헤어질 산
敦 도타울 돈
敬 공경 경
敲 칠 고
敵 원수 적
敷 펼 부
數 두어 수
整 정제할 정
斂 거둘 렴

文部

文 글월 문
斐 문채날 비
斑 아롱질 반

斗部

斗 말 두
料 헤아릴 료
斜 빗길 사
斟 잔질할 짐
斡 주장할 간

斤部

斤 근 근
斥 물리칠 척
斧 도끼 부
斬 베일 참
斯 이 사
新 새 신
斷 끊을 단

方部

方 모 방
於 늘 어
施 베풀 시

旁 사궐 방
旅 나그네 려
斾 기 패
旋 돌이킬 선
旌 표할 정
族 일가 족
旗 기 기
旛 기 번

无部

无 없을 무
旣 이미 기

日部

日 날 일
旦 아침 단
旨 맛있을 지
早 일찍 조
旬 열흘 순
旭 날돋을 욱
旱 가물 한
昂 들 앙
昃 날기울 측
昆 만 곤
昇 오를 승
昌 창성할 창
明 밝을 명
昏 어둘 혼
易 바꿀 역
昔 옛 석
星 별 성
映 비칠 영
春 봄 춘
昧 어둘 매
昨 어제 작
昭 밝을 소
是 이 시
晃 밝을 황
時 때 시
晉 진나라 진
晩 늦을 만

晝 낮주
晣 밝을절
晤 밝을오
晨 새벽신
晦 그믐회
晧 밝을호
普 넓을보
景 볕경
晴 개일청
智 지혜지
暇 틈가
晶 수정정
暈 해와달무리운

暉 날빛휘
暑 더울서
暗 어둘암
暝 어둘명
暖 따뜻할난
暫 잠간잠
暮 저물모
暴 모질포
暾 해돋을돈
暹 나라섬
曆 책력력
曇 날흐릴담
曉 새벽효

曙 새벽서
曜 빛날요
曠 멀광
曩 지난번낭

曰部

曰 가로왈
曲 굽을곡
曳 끄을예
書 글서
曹 무리조
曾 일찍증
最 가장최
替 바꿀체

會 모을 회

月部

- 月 달 월
- 有 있을 유
- 朋 벗 붕
- 服 옷 복
- 朔 초하루 삭
- 朕 나 짐
- 朗 밝을 랑
- 望 바랄 망
- 朝 아침 조
- 期 기약 기
- 朦 달희미할 몽
- 朧 달밝을 롱

木部

- 木 나무 목
- 未 아닐 미
- 末 끝 말
- 本 근본 본
- 札 편지 찰
- 朱 붉을 주
- 朴 클 박
- 朶 꽃송이 타
- 机 책상 궤
- 朽 썩을 후
- 杉 삼나무 삼
- 李 오얏 리
- 杏 살구 행
- 材 재목 재
- 杓 자루 표
- 杖 지팡이 장
- 杜 막을 두
- 束 묶을 속
- 杯 잔 배
- 東 동녘 동
- 杵 절구공이 저
- 杷 비파 파
- 松 소나무 송
- 板 널 판

枇	나무 비
枕	벼개 침
林	수풀 림
枚	낱 매
果	실과 과
枝	가지 지
枯	마를 고
架	시렁 가
柿	감 시
柏	잣나무 백
染	물들 염
柔	부드러울 유
柙	짐승우리 합
査	사실할 사
柩	관 구
柬	분별할 간
柯	가지 가
柰	어찌 내
柱	기둥 주
柳	버들 류
柴	땔나무 시
柵	목책 책
栗	밤 률
校	학교 교
株	줄기 주
核	씨 핵
根	뿌리 근
格	격식 격
栽	심을 재
桂	계수나무 계
桃	복숭아 도
案	책상 안
桐	오동 동
桎	착고 질
桑	뽕나무 상
桓	굳셀 환
某	아무 모
桶	통 통
栞	나무쪼갤 간

梁 들보 량
梅 매화 매
梃 막대 정
梓 노나무 자
梗 산느릅나무 경
條 가지 조
梟 올빼미 효
梢 가지 초
梧 오동 오
梯 사다리 제
械 틀 계
梳 빗 소
梭 북 사

梱 문지방 곤
梵 경읽을 범
梶 배치 미
棒 몽둥이 봉
棄 버릴 기
梨 배 리
棊 바둑 기
棗 대추 조
棚 시렁 붕
棟 들보 동
棠 아가위 당
棧 다리 잔
森 수풀 삼

棺 관 관
椅 의자 의
椀 종발 완
植 심을 식
椎 칠 추
棹 노 도
椿 참죽나무 춘
楊 버들 양
楓 단풍 풍
楚 초나라 초
楔 문설주 설
楠 남나무 남
楢 쾌 유

字	訓音
楫	노 접
業	업 업
楮	닥나무 저
楯	난간 순
極	다할 극
楷	법 해
楹	기둥 영
槌	방망이 퇴
榎	싸리 가
榛	개암나무 진
榮	영화 영
榻	긴걸상 탑
槍	창 창
構	집세울 구
槐	괴화나무 괴
槎	떼 사
槧	분판 참
榖	닥나무 곡
槽	말구유 조
槿	무궁화 근
樂	즐거울 락
槪	대개 개
槻	느티나무 규
樅	전나무 종
樓	다락 루
標	표할 표
樞	지두리 추
樟	장뇌나무 장
模	법 모
樣	모양 양
樵	나무할 초
樸	질박할 박
樹	나무 수
樺	벗나무 화
樽	술통 준
橋	다리 교
橘	귤 귤
機	베틀 기
橙	큰유자 증

橫 빗길 횡
檀 향나무 단
橿 박달나무 강
檄 격저 격
檎 능금 금
檐 처마 첨
檜 전나무 회
檢 봉할 검
檣 돛대 장
檻 난간 함
櫂 노 도
櫓 노 로
櫛 빗 즐

櫃 궤 궤
櫟 도토리 력
櫪 마판 력
櫬 관 츤
欅 참귀목 거
欄 난간 란
櫻 앵도 앵
權 권세 권
欑 떨기 찬
欒 마를 란
鬱 답답할 울

欠部

欠 하품 흠

次 버금 차
欣 기쁠 흔
欲 하고자 할 욕
欷 울 희
欸 탄식할 애
欺 속일 기
欽 공경할 흠
款 조목 관
歇 쉴 헐
歉 적을 겸
歌 노래 가
歎 탄식할 탄
歐 토할 구

歔 한숨쉴 허

歛 탐할 겁

歟 어조사 여

歡 기쁠 환

止部

止 그칠 지

正 바를 정

此 이 차

步 걸음 보

武 호반 무

歲 해 세

歷 지낼 력

歸 돌아갈 귀

歹部

死 죽을 사

歿 죽을 몰

殀 일찍죽을 요

殆 위태할 태

殉 따라죽을 순

殊 다를 수

殖 부를 식

殘 나머지 잔

殞 떨어질 운

殪 죽을 에

殯 빈소 빈

殲 멸할 섬

殳部

殳 창 수

段 조각 단

殷 은나라 은

殺 죽일 살

殼 껍질 각

殿 전각 전

毁 헐 훼

毅 굳셀 의

毆 칠 구

毋部

毋 없을 무

母 어미 모

每 매양 매

毒 독할 독

比部

比 견줄 비

毖 삼갈 비

毗 도울 비

毛部

毛 터럭 모

毫 터럭 호

毬 제기 구

毿 털길 삼

氂 쇠꼬리 리

氈 담전 전

氏部

氏 각씨 씨

民 백성 민

氓 백성 맹

气部

气 구름기운 기

氛 기운 분

氣 기운 기

氤 천지기운합할 인

氳 기운성할 온

水部

水 물 수

永 길 영

汀 물가 정

汁 국물 집

汎 떠울 범

求 구할 구

汗 땀 한

汙 더러울 오

汐 썰물 석

氾 넘칠 범

汝 너 여

江 물 강

池 못 지

汽 물기운 기

汩 물흐를 율

字	訓音
汰	미끄러질 태
汲	물길을 급
汾	물이름 분
沁	젖을 심
沂	물이름 기
沃	기름질 옥
沈	잠길 침
沌	혼탁할 돈
沐	목욕할 목
沒	빠질 몰
沖	깊을 충
沙	모래 사
沓	거듭 답
決	결단할 결
沛	자빠질 패
沮	막을 저
沫	거품 말
河	물 하
沸	끓을 불
油	기름 유
治	다스릴 치
沼	굽은못 소
沾	젖을 첨
泄	샐 설
泊	쉴 박
沿	물따라내릴 연
況	하물며 황
泉	샘 천
泌	좁게흐를 필
泓	깊을 홍
法	법 법
泗	콧물 사
泠	찰 랭
泡	거품 포
波	물결 파
泣	울 읍
泥	진흙 니
注	댈 주
泰	클 태

四畫 水氵氺

字	訓音
泳	헤엄칠 영
洋	큰바다 양
洌	맑을 렬
洗	씻을 세
洒	씻을 쇄
洙	물가 수
洛	낙수 락
洞	골 동
津	나루 진
洪	넓을 홍
洫	밭도랑 혁
洲	섬 주
洵	믿을 순
洶	물소리 흉
活	살 활
洽	화할 흡
派	물나뉘 흐를 파
流	흐를 류
浙	쌀씻을 절
浚	팔 준
浥	젖을 읍
浦	개 포
浩	넓을 호
浪	물결 랑
浮	뜰 부
浴	목욕할 욕
海	바다 해
浸	적실 침
消	사라질 소
涌	물솟을 용
涉	건늘 섭
涎	침 연
涓	물방울 연
涔	눈물 잠
涕	눈물 제
涯	물가 애
液	진액 액
涼	서늘할 량
淀	열은샘 전

浙 쌀일 석
淇 물이름 기
淋 물댈 림
淑 맑을 숙
淚 눈물 루
淒 찬바람 처
淡 맑을 담
淤 진흙 어
淨 맑을 정
淪 빠질 륜
淫 음란할 음
淮 물이름 회
深 깊을 심

淳 순박할 순
淵 못 연
混 흐릴 혼
清 맑을 청
淹 머무를 엄
淺 얕을 천
添 더할 첨
渙 흩어질 환
渚 모래톱 저
減 감할 감
渝 변할 유
渠 도랑 거
渡 건늘 도

渥 젖을 악
渦 물돌아 흐를 와
温 따뜻할 온
渫 우물칠 설
測 측량할 측
渭 위수 위
港 항구 항
渴 목마를 갈
游 놀 유
渾 흐릴 혼
湄 물가 미
湊 물모일 주
湃 물소리 배

湍 급한여울 단
湖 호수 호
湘 삶을 상
湛 맑을 잠
湮 빠질 인
湯 물끓을 탕
湲 흐를 원
源 근원 원
準 법 준
溜 낙수물 류
溝 도랑 구
溢 넘칠 일
溟 바다 명

溪 시내 계
溶 녹을 용
溺 빠질 익
溽 무더울 욕
滁 물이름 저
滂 젖을 방
滄 서늘할 창
滅 멸할 멸
滇 성할 전
滎 물이름 형
滋 부를 자
滑 미끄러질 활
滓 찌끼 재

滔 물넘올 도
滕 등나라 등
滌 씻을 척
滲 스밀 삼
滴 물방울 적
滯 막힐 체
滿 찰 만
漁 고기잡을 어
漂 빨래할 표
漆 옻칠 칠
漉 스밀 록
漏 샐 루
漑 물댈 개

演 넓을 연

漕 배젓을 조

漚 물거품 구

漠 아득할 막

漓 물이름 리

漢 한수 한

漣 물무늬 련

漩 물돌 선

漪 물결무늬 의

漫 아득할 만

漬 담글 지

漭 큰물 망

漰 물결치는소리 봉

漱 양치할 수

漳 물이름 장

漵 개 서

漸 점점 점

漿 초 장

潁 물이름 영

漲 물부를 창

漾 물결일 양

潔 맑을 결

澎 물소리 팽

潑 물뿌릴 발

潘 뜨물 번

潛 잠길 잠

潟 짠흙 석

潢 은하수 황

澗 넓을 한

潤 부를 윤

潦 장마 로

潭 못 담

潮 조수 조

潯 물가 심

潺 흐를 잔

潰 무너질 궤

澀 깔깔할 삽

澄 맑을 징

澆 물댈 요

澌 물자즐 시
澍 때맞친비 주
澣 옷빨 완
澤 윤택할 택
澥 바다별명 해
澧 물이름 례
澮 봇도랑 회
澱 앙금 전
澳 물굽이 오
澹 담박할 담
激 급할 격
濁 흐릴 탁
濃 무르녹을 농

澟 차고맑을 름
濘 진흙 녕
濛 가는비 몽
濟 건늘 제
濡 젖을 유
濤 큰물결 도
濯 씻을 탁
濠 물 호
濫 넘칠 람
濕 젖을 습
濱 물가 빈
瀆 흐릴 독
瀑 폭포 폭

瀕 물가 빈
瀉 쏟을 사
瀛 큰바다 영
瀝 물방울 력
瀧 폭포 롱
瀞 정결할 정
瀦 물괼 저
瀨 여울 뢰
瀟 빗소리 소
瀰 물가득할 니
瀲 물가득할 렴
瀾 큰물결 란
灌 물댈 관

灑 물뿌릴 새
灘 여울 탄
灝 물줄기 멀 호
灣 물굽이 만

火部

火 불 화
灰 재 회
灸 지질 구
灼 사른 작
災 제앙 재
炊 불땔 취
炎 불꽃 염
炙 구울 적

炒 볶을 초
炫 밝을 현
炬 횃불 거
炭 숯 탄
炮 싸서구울 포
炯 밝을 형
炳 빛날 병
烈 매울 렬
烏 까마귀 오
烘 불쪼일 홍
烙 지질 락
烜 밝을 훤
烝 찔 증

烹 삶을 팽
烽 봉화 봉
焉 어찌 언
焚 태울 분
焞 밝을 순
無 없을 무
焦 탈 초
焰 불꽃 염
然 그러할 연
煇 빛날 휘
煌 빛날 황
煎 다릴 전
煮 삶을 자

字	訓音
煒	밝을 위
熙	빛날 희
煖	따뜻할 난
煙	연기 연
煢	외로울 경
煤	거림 매
煥	밝을 환
照	비칠 조
煩	번민할 번
煬	화할 양
煽	불붙일 선
熄	불꺼질 식
熅	따뜻할 온
熊	곰 웅
熏	불기운 훈
熒	밝을 형
熟	익을 숙
熠	환할 습
熨	다리미 위
熬	볶을 오
熱	더울 열
熹	밝을 희
熾	불성할 치
燀	불땔 천
燃	탈 연
燈	등불 등
燎	홰 료
燐	도깨비불 린
燒	태울 소
燕	제비 연
燔	구울 번
燉	불성할 돈
營	경영할 영
燠	더울 욱
燥	마를 조
燦	밝을 찬
燧	봉화 수
燬	불성할 훼
燭	촛불 촉

- 燹 들불 희
- 燼 불똥 신
- 燿 비칠 요
- 燾 덮을 도
- 爍 빛날 삭
- 爆 불터질 폭
- 爐 화로 로
- 爓 불꽃 염
- 爛 데어벗어질 란
- 爝 횃불 조
- 爟 봉화 관
- 爨 불땔 찬

爫部

- 爪 손톱 조
- 爬 긁을 파
- 爭 다툴 쟁
- 爰 이에 원
- 爲 하 위
- 爵 벼슬 작

父部

- 父 아비 부
- 爺 아비 야

爻部

- 爻 점괘 효
- 爽 시원할 상
- 爾 너 이

爿部

- 牀 평상 상
- 牂 암양 장
- 牆 담 장

片部

- 片 조각 편
- 版 조각 판
- 牋 표지 전
- 牌 패 패
- 牒 편지 첩
- 牓 방 방
- 牖 바라지 유
- 牘 편지 독

牙部

- 牙 어금니 아
- 牚 버팀목 당

牛部

- 牛 소 우
- 牝 암짐승 빈
- 牟 클 모
- 牡 수컷 무
- 牢 견고할 로
- 牣 가득할 인
- 牧 기를 목
- 物 만물 물
- 牲 희생 생
- 牴 받을 저
- 牷 순색소 전
- 特 특별 특
- 牽 잡아당길 견
- 犀 물소 서
- 犂 보습 리
- 犇 소놀라뛸 분
- 犍 불깐소 건
- 犖 얼룩소 락
- 犒 호궤할 호
- 犢 송아지 독
- 犧 희생 희
- 犨 소숨소리 주

犬部

- 犬 개 견
- 犯 범할 범
- 狀 형상 상
- 犹 오랑캐 윤
- 狂 미칠 광
- 狄 오랑캐 적
- 狆 삽살개 중
- 狎 친압할 압
- 狐 여우 호
- 狗 개 구
- 狙 손긴원숭이 저
- 狛 이리 백

狡 간사할 교
狩 사냥할 수
狸 삵 리
狹 좁을 협
狻 사자 산
狼 이리 랑
狽 낭패 패
猊 사자 예
猋 개달아날 표
猖 미칠 창
猗 불깐개 의
猛 날낼 맹
猜 시기할 시

猝 창졸 졸
猥 망령될 외
猨 원숭이 원
猩 성성이 성
猲 사냥개 혈
猫 고양이 묘
猴 원숭이 후
猷 꾀 유
猶 오히려 유
猪 돝 저
猿 원숭이 원
猾 교활할 활
獄 옥 옥

獅 사자 사
奬 권할 장
獗 형세떨칠 궐
獠 밤에사냥할 료
獨 홀로 독
獪 교활할 화
獫 입뿌리긴개 염
獮 가을사냥 선
獰 영악할 녕
獲 얻을 획
獸 짐승 수
獵 사냥할 렵
獻 드릴 헌

獺 수달 달

五畫

玉部

玉 구슬 옥

王 임금 왕

玕 옥같은돌 간

玖 검은돌 구

玟 옥돌 민

玩 구경 완

玲 옥소리 령

玳 대모 대

珀 호박 박

玻 유리 파

珈 비녀치장 가

珉 아름다운돌 민

珊 산호 산

珍 보배 진

珙 크고둥근옥 공

珠 구슬 주

珥 귀고리 이

珪 서옥 규

班 반렬 반

珩 노리개 형

珮 패옥 패

珽 옥홀 정

現 나타날 현

球 둥글 구

琅 옥소리 랑

理 다스릴 리

琉 유리 류

珷 무부 무

琚 패옥 거

琛 보배 침

琢 옥다듬을 탁

琤 옥소리 쟁

琥 옥호부 호

琦 옥 기

琨 아름다운옥 곤

琫 칼치장 봉

琬 서옥 원

琮 서옥 종

琯 옥저 관

琰 아름다운옥 염

琳 아름다운옥 림

琴 검은고 금

琵 비파 비

琶 비파 파

琺 법랑 법

瑁 대모 매

瑊 옥돌 함

瑕 옥티 하

瑑 새길 전

瑋 기이할 위

瑗 구멍큰옥 원

瑚 산호 호

瑙 마노 노

瑛 옥빛 영

瑜 아름다운옥 유

瑞 상서 서

瑟 거문고 슬

瑣 옥가루 쇄

瑤 아름다운옥 요

瑩 밝을 영

瑰 옥돌 괴

瑪 마노 마

瑱 충이 진

瑳 옥빛깨끗할 차

瑾 붉은옥 근

璀 옥빛찬란할 최

璆 옥소리 구

璋 반쪽서옥 장

璃 유리 리

璜 반달옥 황

璠 보배옥 번

璣 작은구슬 기

璧 둥근옥 벽

璨 옥광채 찬

璫 귀고리 당

環 둘릴 환

璽 옥새 새

璵 보배옥 여

璿 아름다운옥 선

瓊 붉은옥 경

瓏 환할 롱

瓘 서옥 관

瓚 옥그릇 찬

玄部

玄 검을 현

玆 이 자

率 거느릴 솔

瓜部

瓜 외 과

瓞 북치 질

瓠 표주박 호

瓢 박 표

瓣 외씨 판

瓦部

瓦 기와 와

瓴 암키와 령

甁 병 병

甃 우물벽돌 추

甄 질그릇 진

甌 중발 구

甍 지붕대마루 맹

甑 시루 증

甓 벽돌 벽

甕 독 옹

甘部

甘 달 감

甚 심할 심

甛 달 첨

生部

生 날 생

産 낳을 산

甥 생질 생

甦 깨날 소

用部

用 쓸용
甫 클보
甬 길용

田部

田 밭전
由 말미암을유
甲 갑옷갑
申 펼신
男 사내남
甸 경기전
町 지경정
甿 백성맹
畀 줄비
界 지경계
畏 두려울외
留 머무를류
畔 밭도랑반
畚 삼태분
畛 밭지경진
畝 밭이랑무
畜 기를축
畢 마칠필
畤 제터치
略 간략할략
畦 밭두둑휴
番 차례번
畫 그림화
畯 권농관준
異 다를이
當 마땅당
畷 밭사이길체
畸 뙈기밭기
畹 밭삼십이랑원
畿 지경기
疇 밭주
疊 거듭첩

疋部

疋 짝필
疏 상소할소

疑 의심 의
疐 굽힐 치

疒部

疚 오랜병 구
疝 산증 산
疢 열병 진
疣 혹 우
疥 옴 개
疫 돌림병 역
疱 부푸를 포
疲 가쁠 피
疵 험집 자
疹 역질 진

疼 아플 동
疽 종기 저
疾 병 질
症 병증세 증
病 병들 병
痊 병나을 전
痍 다칠 이
痔 치질 치
痕 흔적 흔
痛 아플 통
痡 병들 부
痢 이질 리
痴 어리석을 치

痰 담 담
痺 각기 비
痼 고질 고
痾 병 아
痿 각기 위
瘁 병들 췌
瘉 병나을 유
瘍 머리헐 양
瘖 벙어리 음
瘦 파리할 수
瘞 묻을 예
瘠 파리할 척
瘡 종기 창

- 瘥 병나을 채
- 瘤 혹 류
- 瘧 학질 학
- 瘳 병나을 추
- 瘻 목부을 루
- 瘵 노점 채
- 療 병고칠 료
- 癃 들핏병 륭
- 癈 고질 폐
- 癘 염병 려
- 癖 적병 벽
- 癡 어리석을 치
- 癢 가려울 양
- 癬 버짐 선
- 癭 목의혹 영
- 癰 종기 옹
- 癲 지랄병 전

癶部

- 癸 북방 계
- 登 오를 등
- 發 필 발

白部

- 白 흰 백
- 百 일백 백
- 皁 검을 조
- 的 적실할 적
- 皆 다 개
- 皇 임금 황
- 皐 언덕 고
- 皎 달빛흴 교
- 皙 흴 석
- 皚 흴 애
- 皦 옥돌흴 교
- 皓 밝을 호

皮部

- 皮 가죽 피
- 皴 주름질 준
- 皸 얼어터질 군
- 皺 주름질 추

皿部

- 皿 그릇 명
- 盂 큰바리 우
- 盆 소래기 분
- 盈 찰 영
- 盃 잔 배
- 益 더할 익
- 盎 동이 앙
- 盍 합할 합
- 盒 합 합
- 盛 성할 성
- 盜 도둑 도
- 盟 맹세할 맹
- 盞 술잔 잔
- 盡 다할 진
- 監 볼 감
- 盤 소반 반
- 盥 손씻을 관
- 盧 성 로
- 盬 먹을 고
- 盩 산굽이 주
- 盪 씻을 탕

目部

- 目 눈 목
- 盲 판수 맹
- 直 곧을 직
- 相 서로 상
- 盼 눈매예쁠 반
- 盻 눈흘겨볼 혜
- 眄 곁눈질 면
- 盾 방패 순
- 省 살필 성
- 眇 애꾸 묘
- 眈 노려볼 탐
- 眉 눈섭 미
- 看 볼 간
- 眴 눈굴려볼 전
- 眆 본받을 방
- 眊 눈흐릴 모

䀏 깜짝놀라볼 혈
眛 눈어두울 매
眩 현황할 현
眞 참 진
眥 흘겨볼 제
眚 재앙 생
眙 눈치뜰 이
眕 한껏볼 진
眠 졸 면
眢 눈어둘 원
眼 눈 안
眷 돌아볼 권
眴 눈짓할 순

眵 눈곱 치
眹 눈동자 진
眺 볼 조
眽 서로볼 맥
眯 눈에티들 미
眸 눈동자 모
睎 사모할 회
睆 고은모양 완
䀹 속눈섭 첩
睇 볼 제
睪 엿볼 역
睚 눈가 애
睢 성내어볼 휴

睨 흘겨볼 예
睧 눈어둘 혼
睡 졸 수
睛 눈망울 정
睫 속눈섭 첩
睒 빛날 섬
督 거느릴 독
睥 결눈질할 비
睦 화목할 목
睞 결눈질할 래
睠 돌아볼 권
睿 성인 예
睾 불알 고

五畫 目矛矢

睽 다를 규
睹 볼 도
瞀 어리석을 무
瞋 눈부릅뜰 전
瞍 판수 수
瞑 눈감을 명
瞠 곧게볼 당
瞞 속일 만
瞟 눈자그마할 표
瞢 눈어둘 몽
瞰 굽어볼 감
瞬 눈꿈적일 순
瞳 눈동자 동

瞥 잠간볼 별
瞭 눈밝을 료
瞏 애눈에 예맥편
瞼 눈시울 검
瞽 판수 고
瞻 쳐다볼 첨
矆 번개빛 획
矇 청맹관 몽
矍 놀라볼 확
矎 눈엇뜨기 현
䁾 눈초리붉을 멸
矐 눈멀 획
矖 찾아볼 리

矗 오뚝할 촉
矕 눈예쁠 만
矚 볼 촉

矛部

矛 삼모창 모
矜 불상할 긍
矞 송곳으로뚫을 휼
矠 작살 색
矟 긴창 삭

矢部

矢 살 시
矣 어조사 의
知 알 지

矧 하물며 신
矩 곡척 구
矬 난장이 좌
短 짧을 단
矮 짧을 왜
矯 바로잡을 교
矰 줄살 증
矱 법도 확

石部

石 돌 석
矴 배닻돌 정
矻 수고로울 골
砂 모래 사
砌 섬돌 체
砒 비상 비
砦 목책 채
砥 숫돌 지
砠 돌산흙덮일 저
砧 방칫돌 침
砮 돌살촉 노
破 깨뜨릴 파
砲 대포 포
砰 물과돌소리 팽
砭 돌침 폄
砢 돌모양 가
研 갈 연
硬 굳을 경
硯 벼루 연
硝 망초 초
硠 돌소리 랑
硫 유황 류
碕 굽은낭떠러지 기
碁 바둑돌 기
碎 부스러질 쇄
碏 공경할 작
碓 방아 대
硾 누를 추
碇 배닻돌 정
碆 돌살촉 파

硼 붕사 붕
碑 비석 비
碌 푸른돌 록
碪 방칫돌 침
碞 험할 암
碣 비석 갈
碩 클 석
碧 푸를 벽
磑 맷돌 애
確 확실 확
磈 돌서덜 외
磋 갈 차
磁 지남석 자

磔 능지할 책
碼 마노 마
磅 돌소리 방
磐 반석 반
磊 돌많을 뢰
磏 숫돌 렴
磤 우렛소리 은
磬 경쇠 경
磛 산험할 참
磧 물가자갈 적
磨 갈 마
磽 단단할 교
磺 쇳덩이 광

磯 자갈 기
礁 암초 초
磴 돌고개 등
磻 시내이름 반
磷 돌비늘 린
礉 돌협할 교
礐 돌소리 각
礒 바위 의
礎 주춧돌 초
礑 밑 당
礌 돌굴릴 뢰
礙 그칠 애
礦 쇳돌 광

- 礧 돌굴릴 뢰
- 礨 작은구멍 뢰
- 礪 숫돌 려
- 礫 자갈 력
- 礬 백반 반
- 礱 갈 롱

示部

- 示 보일 시
- 社 사직 사
- 礿 여름제사이름 약
- 祀 제사 사
- 祅 재앙 요
- 祇 지신 기
- 祈 빌 기
- 祉 복 지
- 祐 도울 우
- 祓 푸닥거리 불
- 祔 부제사 부
- 祕 비밀할 비
- 祖 할아비 조
- 祗 공경할 지
- 祚 복조 조
- 祛 물리칠 거
- 祜 복 호
- 祝 빌 축
- 神 귀신 신
- 祟 빌미 수
- 祠 사당 사
- 祡 천제지낼 시
- 祥 상서 상
- 祧 체천할 조
- 票 표할 표
- 祫 합제사 협
- 祭 제사 제
- 祲 무리 침
- 祺 길할 기
- 祼 강신할 관
- 祿 녹 록
- 禀 품할 품

禁 금할 금

禊 푸닥거리할 계

禍 재화 화

禎 상서 정

福 복 복

禖 아들비는제 매

禘 나라큰제향 제

禡 진터제 마

禦 막을 어

禧 복 희

禨 상서 기

禪 고요할 선

禬 제사 회

禮 예도 례

禰 아비사당 니

禱 빌 도

禳 기도할 양

内部

内 짐승발자국 유

禹 우임금 우

禺 사시 우

禽 새 금

禾部

禾 벼 화

秃 털빠질 독

秀 빼낼 수

私 사사 사

秉 잡을 병

秊 햇 년

秬 가을 추

秏 모손할 모

科 조목 과

秒 벼가시랭이 묘

秕 쭉정이 비

租 부세 조

秣 말먹일 말

秤 저울 평

秦 진나라 진

秧 모앙
秩 차례 질
秬 검은기장 거
秭 천억 자
移 옮길 이
稀 드물 희
稂 가라지 랑
稃 등겨 부
稅 부세 세
稈 볏줄기 간
程 법식 정
稍 점점 초
稑 올벼 륙

稔 익을 임
䅘 보리 래
稗 피 패
稚 어릴 치
稛 묶을 균
稜 모질 릉
稟 품할 품
稠 주밀할 주
稬 찰벼 나
種 씨 종
稱 일컬을 칭
稷 기장 직
稹 빽빽할 진

稻 벼 도
稼 심을 가
稽 상고할 계
稾 볏짚 고
稿 원고 고
穀 곡식 곡
穅 겨 강
穆 화할 목
積 쌓을 적
穎 이삭끝 영
穗 이삭 수
穜 늦벼 동
穠 번성할 농

穡 곡식거둘 색
穢 더러울 예
穩 편안할 온
穫 거둘 확
穰 벼줄기 양

穴部

穴 구멍 혈
究 궁구할 구
穹 높을 궁
空 빌 공
穽 함정 정
穿 뚫을 천
突 마주칠 돌

窄 좁을 책
窅 눈깊을 요
窆 하관할 폄
窈 고울 요
窊 웅덩이 와
窋 뾰족내밀 줄
窌 움 교
窒 막을 질
窕 고울 조
窖 굴 고
窗 창 창
窘 궁박할 군
窟 구멍 굴

窠 새집 과
窩 감출 와
窪 웅덩이 와
窮 다할 궁
窯 기왓가마 요
窶 예절없을 구
窿 하늘 륭
窺 엿볼 규
竄 도망할 찬
竅 구멍 규
竇 구멍 두
竈 아궁이 조
竊 도둑질할 절

立部

立 설 립
竑 헤아릴 횡
站 홀로설 참
竚 오래설 저
竝 아우를 병
竟 마칠 경
章 글장 장
竢 기다릴 사
竣 마칠 준
童 아이 동
竦 가다듬을 송
竪 세울 수
竫 고요할 정
竭 다할 갈
端 끝 단
競 다툴 경

六畫

竹部

竹 대 죽
竺 두터울 독
竽 저 우
竿 댓줄기 간
笄 비녀 계
笈 상자 급
笊 조리 조
笏 홀 홀
笑 웃음 소
笘 채찍 섬
笙 피리 생
笛 피리 적
笞 태장 태
笟 대테멜 고
笠 삿갓 립
笥 대상자 사
符 병부 부
第 차례 제
笮 전통 책
笯 새장 노

笱 통발 구

笳 피리 가

笴 살대 간

筅 손씻는솔 선

筆 붓 필

筈 살오늬 괄

等 무리 등

筋 힘줄 근

筌 가리 전

筍 죽순 순

筎 대껍질 여

筏 떼 벌

筐 광주리 광

筑 물이름 축

筒 대통 통

答 대답 답

策 꾀 책

筠 대껍질 균

筥 둥구미 거

筧 홈통 견

筬 바디 성

筮 점칠 서

筯 젓가락 저

筴 젓가락 협

筵 대자리 연

箇 낱 개

箋 쪽지 전

箍 대테멜 고

箏 거문고 쟁

箒 비 추

箔 발 박

箕 키 기

算 수놓을 산

箘 댓순 균

箙 전동 복

箚 차자 차

箝 재갈 겸

箠 말채 추

管 주관할 관

箬 대껍질 약
箭 화살 전
箱 상자 상
箴 바늘 잠
箶 전통 호
落 울타리 락
箸 젓가락 저
節 마디 절
篁 대발 황
範 법 범
篆 전자 전
篇 책 편
篋 상자 협

築 쌓을 축
篙 상앗대 고
篚 대광주리 비
篝 불우리 구
篠 가는대 소
篡 빼앗을 찬
篤 도타울 독
篦 비녀 비
篩 체 사
篲 비 세
篳 사립문 필
篷 대뜸 봉
篸 바늘 잠

篾 짜갠대 멸
簀 갈대발 책
簇 가는대 족
簎 작살 착
簏 대상자 록
簞 소쿠리 단
簟 대자리 점
簡 가릴 간
簣 삼태 궤
簦 우산 등
簧 생황 황
簪 비녀 잠
簫 퉁소 소

簷 처마 첨
簸 까부를 파
簽 편지 첨
簾 발 렴
簿 문서 부
籃 큰바구니 람
籌 셈대 주
籍 호적 적
籐 등 등
籀 큰전자 주
籔 조리 수
籜 대껍질 탁
籟 피리 뢰

籠 채롱 롱
籤 점대 첨
籩 대제기 변
籬 울타리 리

米部

米 쌀 미
籹 약과 여
粊 구긴쌀 비
粃 쭉정이 비
粉 가루 분
粋 정할 수
粒 쌀알 립
粔 약과 거

粕 지게미 박
粗 성길 조
粘 찹쌀 점
粟 조 속
粤 어조사 월
粥 죽 죽
粧 단장할 장
粮 양식 량
粰 겨 부
粱 기장 량
粲 선명할 찬
粳 메벼 갱
粹 순전할 수

精 정할 정
糅 섞일 유
糉 송편 종
糊 풀 호
糈 싸래기 설
糒 말린밥 비
糖 엿 당
糗 미시가루 구
糜 죽 미
糞 똥 분
糟 재강 조
糠 겨 강
糧 양식 량

糯 찰벼 나
糲 궂은쌀 려
糴 곡식살 적
糶 곡식팔 조

糸部

糸 실 사
糺 거둘 유
系 이을 계
糾 살필 규
紀 법 기
約 언약 약
紅 붉을 홍
紆 얽힐 우

紈 흰깁 환
紉 실꿸 인
紊 어지러울 문
紋 문채 문
納 들일 납
紐 맺을 뉴
紓 늘어질 서
純 순전할 순
紕 구밀 비
紗 비단 사
紙 종이 지
級 차례 급
紛 어지러울 분

紜 분운할 운
紒 옷고름 금
素 흴 소
紡 길쌈 방
索 찾을 색
紩 꿰맬 질
紫 붉을 자
紬 명주 주
累 맬 루
細 가늘 세
紲 맬 설
紳 큰띠 신
紵 모시 저

紹 이을 소
紺 보라빛 감
紼 엉킨실 불
紾 비틀 진
紿 속일 태
絀 꿰맬 출
終 마칠 종
絃 줄 현
組 인끈 조
絅 급히끌 경
絆 말옭아맬 반
絇 신코구밀 구
絎 바누질할 행

絏 맬 설
結 맺을 결
絓 거리낄 괘
絕 끊을 절
絖 고은솜 광
絛 실띠 도
絜 맑을 결
絝 바지 고
絞 목매죽일 교
絡 연락할 락
絢 문채날 현
絣 먹줄튀길 병
給 줄 급

絨 세포 융
絪 원기 인
絮 헌솜 서
絰 요질 질
統 거느릴 통
絲 실 사
絳 질게붉을 강
絹 비단 견
絺 가는갈포 치
絽 옷꿰맬 려
綃 생초 초
綆 드레박줄 경
綈 두터운비단 제

綉 비단조각 수
綏 편안할 수
經 지낼 경
綜 잉아 종
綠 초록빛 록
綢 얽을 주
綦 반베 기
綬 인끈 수
維 오직 유
綮 비단 계
綯 새끼꼴 도
綰 맬 관
綱 벼리 강

網 그물 망
綴 맺을 철
綵 채색비단 채
綸 벼리 륜
綺 비단 기
綻 옷솔기터질 탄
綾 비단 릉
綿 솜 면
緇 검은빛 치
緉 신한켤레 량
緊 긴할 긴
緋 붉은빛 비
緌 갓끈 위

緖 실끝 서
緗 엷게누른빛 상
緘 봉할 함
線 줄 선
緝 길쌈 즙
緞 신뒤축 하
締 맺을 체
緣 인연 연
編 엮을 편
緩 더딜 완
緯 씨 위
緲 아득할 묘
練 익힐 련

緻 톡톡할 치
縈 얽힐 영
縊 목맬 에
縋 줄에매달 추
縑 교직 겸
縒 어지러울 착
縛 얽을 박
縞 흰비단 호
縟 꾸밀 욕
縠 저사 곡
縡 일 재
縢 봉할 등
縣 고을 현

縫 꿰맬 봉
縮 쭈그러질 축
縱 놓을 종
縲 검은줄 루
縵 더딜 만
縶 말맬 집
縷 옷해질 루
縹 옥색빛 표
縺 엉킬 련
縻 맬 미
總 다 총
績 길쌈 적
縿 기폭 삼

繁 번성할 번
繃 묶을 붕
繆 그릇칠 류
繇 순종할 요
繈 돈꿰미 강
繒 비단 증
繙 끈풀 번
繞 얽을 요
繡 수놓을 수
繢 수놓을 회
織 짤 직
繕 기울 선
繖 일산 산

繚 둘릴 료
繩 노 승
繪 그림 회
繫 맬 계
繭 고치 견
繰 고치켤 조
繳 얽을 교
繹 실뽑을 역
辮 땋을 변
繻 비단 수
繼 이을 계
繽 번성할 빈
繾 다정스럴 견

纁 분홍빛 훈
纂 모을 찬
纇 실마디 뢰
纈 맺을 힐
續 이을 속
纍 죄 류
纏 얽을 전
纑 베올 로
纓 갓끈 영
纔 겨우 재
纖 가늘 섬
纘 이을 찬
纚 치포건 사

纛	독 독
纜	닻줄 람

缶部

缶	장군 부
缸	빙 항
缺	이지러질 결
缾	병 병
缿	항통 항
罃	큰독 앵
罄	그릇빌 경
罅	터질 하
罇	술준 준
罌	큰독 앵
罍	술잔 뢰
罎	술병 담
罐	물깃는그릇 관

网部

网	그물 망
罔	없을 망
罕	드물 한
罘	토끼그물 부
罝	짐승그물 저
罟	그물 고
罠	낚을 민
罣	거리낄 괘
罨	덮을 엄
罩	가리 조
罪	허물 죄
罫	정간 괘
罭	물고기그물 역
置	둘 치
罰	벌줄 벌
署	마을 서
罵	욕설할 매
罷	파할 파
罹	길릴 리
罽	고기그물 제
羅	버릴 라
羆	곰 비

羇 나그네 기

羈 말굴레 기

羊部

羊 양 양

羌 오랑캐 강

美 아름다울 미

羔 염소 고

羚 큰양 령

羝 수양 저

羞 부끄러울 수

羣 무리 군

羨 부러워할 선

義 옳을 의

羭 검은수양 유

羯 불깐양 갈

羲 복희씨 희

羶 양냄새 전

羸 파리할 리

羹 국 갱

羽部

羽 깃 우

翁 늙은이 옹

翅 날개 시

翊 도울 익

翌 내일 익

翎 새깃 령

習 익힐 습

翔 날개 상

翕 합할 흡

翛 깃소리 소

翟 꿩 적

翠 비취 취

翡 비취 비

翥 날아떠오를 저

翦 갈길 전

翩 빨리나를 편

翫 구경할 완

翮 쭉지 핵

翰 날개 한

翳 어조사 예

翺 노닐 고

翹 들 요

翻 날 번

翼 날개 익

翽 깃소리 해

翿 깃일산 도

耀 빛날 요

老部

老 늙을 로

考 상고할 고

耄 구십세 모

者 놈 자

耆 늙을 기

耇 명길 구

耋 팔십세 질

而部

而 말이을 이

耎 연약할 연

耐 견딜 내

耑 끝 단

耒部

耒 따비 뢰

耔 김맬 자

耕 밭갈 경

耗 감할 모

耘 김맬 운

耜 따비날 사

耡 호미 서

耦 쟁기 우

耨 김맬 누

耰 곰방메 우

耳部

耳 귀 이

耶 어조사 야

耽 즐겨할 탐

耿 빛날 경

聆 들을 령

聊 힘입을 료

聒 요란할 괄
聖 성인 성
聘 청할 빙
聚 모을 취
聞 들을 문
聯 합할 련
聰 귀밝을 총
聱 말아니들을 오
聲 소리 성
聳 귀먹을 용
聵 천생귀머거리 외
聶 낄 섭
職 직품 직

聽 들을 청
聾 귀머거리 롱

聿部

聿 마침내 율
肄 익힐 이
肅 엄숙할 숙
肆 베풀 사
肇 비로소 조

肉部

肉 고기 육
肋 갈빗대 륵
肌 살 기
肓 명치끝 황

肖 작을 초
肘 팔꿈치 주
肚 밥통 두
肛 밑구멍 항
肝 간 간
股 다리 고
肢 팔다리 지
肥 살찔 비
肩 어깨 견
肪 기름 방
肬 혹 우
肭 물개 내
肯 즐길 긍

肱	팔 굉
育	기를 육
肴	안주 효
肸	큰모양 힐
肺	허파 폐
胃	밥통 위
胄	맏아들 주
背	등 배
胎	태 태
胖	클 반
胙	갚을 조
胚	한달된 잉태 배
胛	어깨사이 갑
胝	못박일 지
胞	태 포
胠	열 거
胡	어찌 호
胤	이을 윤
胥	서로 서
胭	목구멍 연
胯	사타구니 과
胱	오줌통 광
胴	큰창자 동
胸	가슴 흉
胹	익힐 이
能	능할 능
脂	기름 지
脅	위협할 협
脆	연할 취
脈	핏줄 맥
脊	등마루 척
脚	다리 각
脛	종아리 경
脞	좀스럴 좌
脣	입술 순
脩	닦을 수
脫	벗을 탈
脬	오줌통 포
脯	포 포

脰 목 두

脹 배부를 창

脾 지라 비

胼 못박일 변

腆 두터울 전

腊 포 석

腋 겨드랑이 액

腎 콩팥 신

腐 썩을 부

腑 장부 부

腓 장딴지 비

腔 속빌 강

腕 팔 완

腟 새살날 질

腥 비린내날 성

腦 머릿골 뇌

腫 종기 종

腯 희생살질 돈

腰 허리 요

腱 힘줄 건

腴 살찔 유

腷 뜻막힐 픽

腸 창자 장

腹 배 복

腿 정갱이 퇴

膀 오줌통 방

膂 힘 려

膃 물개 온

膄 파리할 수

膇 발부을 추

膈 흉격 격

膊 어깨 박

膏 기름 고

膚 살갗 부

膜 홀떼기 막

膝 무릎 슬

膠 아교 교

膨 배부를 팽

膩 살찔 이

膰 제지낸 고기 번
膳 반찬 선
膴 클 무
膺 가슴 응
膽 쓸개 담
膾 회 회
膿 고름 농
臀 볼기 둔
臂 팔 비
臃 종기 옹
臆 가슴 억
臉 뺨 검
臊 기름내 조

臍 배꼽 제
臘 납향 제 랍
臙 목구멍 연
臚 배앞 려
臝 벗을 라
臟 오장 장
臠 산적 련

臣部

臣 신하 신
臥 누울 와
臧 착할 장
臨 임할 림

自部

自 스스로 자
臬 관혁 얼
臭 냄새 추
臲 위태할 얼

至部

至 이를 지
致 이를 치
臺 대 대
臻 이를 진

臼部

臼 절구 구
臾 잠간 유
臿 보리닦일 잡

舁 마주들 여

舂 절구질할 용

舄 신 석

舅 시아비 구

與 더불 여

興 일어날 흥

舊 예 구

舌部

舌 혀 설

舍 집 사

舐 핥을 지

舒 펼 서

舛部

舛 어그러질 천

舜 순임금 순

舞 춤출 무

舟部

舟 배 주

舡 오나라배 강

航 배 항

舫 뱃사공 방

般 돌아올 반

舳 배꼬리 축

舴 작은배 책

舶 큰배 박

舷 뱃전 현

舸 큰배 가

船 배 선

艀 종선 부

艇 작은배 정

艘 배 소

艙 갑판밑 창

艟 전선 동

艤 배등대할 의

艦 전선 함

艨 전선 몽

艫 뱃머리 로

艮部

艮 그칠 간

良 어질 량

艱 어려울 간

色部

色 빛 색

艴 성낸빛 발

艷 아름다울 염

艸部

艽 망초 교

艾 쑥 애

芃 풀성할 봉

芊 풀성할 천

芋 토란 우

芍 함박꽃 작

芒 가시랭이 망

芘 준비풀 비

芙 연꽃 부

芚 둔나물 둔

芝 지초 지

芟 풀벨 삼

芡 마름 검

芥 겨자 개

芦 갈로

芧 가락나무 서

芩 금풀 금

芬 향기 분

芭 파초 파

芯 등심풀 심

芰 세뿔마름 기

花 꽃 화

芳 향기 방

芴 빽빽할 물

芷 구리때 지

芸 향풀 운

芹 미나리 근

芻 꼴 추

芽 싹 아

芼 나물 모

苑 나라동산 원

苒 풀성할 염

苓 복령 령
苔 이끼 태
苕 풀이름 초
苗 싹 묘
苛 잔풀 가
苜 거여목 목
苞 딸기 포
苟 진실로 구
若 같을 약
苦 쓸 고
苧 모시 저
苫 거적자리 접
英 꽃부리 영

苴 포저 저
苹 다북쑥 평
莓 뱀딸기 매
苻 풀이름 부
苽 교미 고
苾 향기날 필
茀 풀성할 불
茁 풀싹 줄
茂 풀성할 무
范 성 범
茄 가지 가
茅 띠 모
茇 풀뿌리 발

茈 생강 자
茉 말리꽃 말
茗 차싹 명
荔 여지 례
茛 바곳의싹 간
茜 꼭두선이 천
茢 부정풀이비 렬
茨 집이을 자
茭 마른꼴 교
茫 아득할 망
茱 수유 수
茲 돗자리 자
茳 향풀 강

茵 자리 풀 인

荼 차 다

茷 풀잎 무성할 패

茸 풀날 용

茹 띠뿌리 여

茼 쑥갓 동

荃 향풀 전

荅 좀콩 답

荆 가시 형

荇 마름풀 행

草 풀 초

荏 들깨 임

荐 자리 천

荑 베일 이

荒 거칠 황

荳 콩 두

荷 짐 하

荻 갈대 적

荼 씀바귀 도

莅 임할 리

莉 말리꽃 리

莊 씩씩할 장

莎 향부자 싹 사

莓 이끼 매

莒 풀이름 거

莖 줄기 경

莘 긴모양 신

莚 만연할 연

莛 줄거기 정

莝 여물 좌

莞 왕골 완

莟 꽃필 함

莠 가라지 유

莢 콩껍질 협

莧 패모 한

莨 초우엉 랑

莪 다북쑥 아

莫 말 막

莽 추솔할 무

菀 무성할 원
菁 무우 청
菅 왕골 관
菊 국화 국
菌 버섯 균
菑 한해 된밭 치
菓 실과 과
菔 무 복
菖 창포 창
菘 배추 숭
菜 나물 채
菟 새삼 토
菠 시금치 파

菩 보살 보
菫 씀바귀 근
華 빛날 화
菱 마름 릉
菲 순무 비
菹 김치 저
菽 콩 숙
萁 콩대 기
萃 모일 취
萄 포도 도
萆 멸앳 비
萇 보리수 장
萊 쑥 래

萋 풀성할 처
萌 싹 맹
萍 개구리밥 평
萎 이울 위
萩 다북쑥 추
萬 일만 만
萱 원추리 훤
萼 꽃받침 악
落 떨어질 락
葆 감출 보
葉 잎사귀 엽
葎 한삼 률
著 지을 저

葛 칡 갈
葡 포도 포
董 바를 동
葦 갈대 위
葩 꽃송이 파
葫 큰마늘 호
葬 장사지낼 장
葭 갈 가
葱 파 총
葵 해바라기 규
葷 부추 훈
葸 겁낼 사
葺 집이을 즙

蒐 모을 수
蒔 심을 시
蒙 입을 몽
蒜 마늘 산
蒟 구장 구
蒡 우엉 방
蒨 풀성할 천
蒩 띠자리 조
蒲 부들 포
蒸 찔 증
蒹 갈 겸
蒻 부들밑둥 약
蒼 푸를 창

蒿 다북쑥 호
蓁 약이름 진
蓂 책력풀 명
蓄 쌓을 축
蓆 큰 석
蓉 연꽃 용
蓊 초목성할 옹
蓋 덮을 개
蓍 시초 시
蓏 열매 라
蓐 자리 욕
蓑 도롱이 사
蓧 대삼태 조

蓫 소루장이 축
蓬 다북쑥 봉
蓮 연꽃 련
蓴 수나물 순
蓼 여뀌 료
蓽 약이름 필
蔀 떼우적 부
蔑 업신여길 멸
蔓 덩굴 만
蔕 꼭지 체
蔗 사탕수수 자
蔚 익모초 위
蔟 모을 족

蔡 법 채
蔣 수초이름 장
蔦 겨우살이 조
蔧 풀이름 혜
蔪 보리팰 점
蔬 푸나물 소
蔭 그늘질 음
蔽 가리울 폐
蕃 번성할 번
蕉 파초 초
蕊 꽃술 예
蕎 모밀 교
蕑 들란초 간

蕓 평지 운
蕖 연꽃 거
蕗 감초 로
蕘 나무할 요
蕙 난초 혜
蕝 띠묶어표할 체
蕞 작은모양 최
蕠 불을 녀
蕡 삼씨 분
蕢 둥구미 궤
蕣 무궁화 순
蕤 성한모양 유
蕨 고사리 궐

蕩 방탕할 탕

蕪 거칠 무

蕭 쑥 소

蕷 마 여

蕾 꽃매칠 뢰

蕰 쌓을 온

薁 머루 욱

薄 엷을 박

薇 고비 미

薈 염교 회

薊 삽주 계

薑 생강 강

薔 물여뀌 색

薙 풀깎을 치

薛 나라 설

薜 담장이 폐

薤 부추 해

薨 상사날 홍

薦 천거할 천

薪 섶 신

薩 도울 살

薯 감자 서

薰 향풀 훈

薹 장다리 대

薺 냉이 제

藉 빙자할 자

藍 쪽 람

藎 염황초 신

藏 감출 장

藐 멀 묘

藜 명아주 려

藝 재주 예

藤 등나무 등

藥 약 약

藦 새박 마

藩 울타리 번

藪 수풀 수

藷 감자 저

藹 초목무성할 애

- 藺 뇌양이 린
- 藻 마름 조
- 藾 맑은대쑥 뢰
- 藿 미역 곽
- 蘀 마를 탁
- 蘅 곰취 형
- 蘆 갈 로
- 蘇 차조기 소
- 蘊 쌓을 온
- 蘋 큰마름 빈
- 蘢 말여뀌 롱
- 蘗 황경피나무 벽
- 蘙 풀성할 예
- 蘚 이끼 선
- 蘞 가위톱 렴
- 蘧 석죽화 거
- 蘩 애탕쑥 번
- 蘭 난초 란
- 蘺 향풀 리
- 蘿 솔겨우살이 라
- 虆 덩굴 류

虍部

- 虎 범 호
- 虐 모질 학
- 虓 범성낸소리 효
- 虔 공손할 건
- 處 곳 처
- 虖 탄식할 호
- 虛 빌 허
- 虜 사로잡을 로
- 虞 염려할 우
- 號 이름 호
- 虧 이지러질 휴

虫部

- 虫 버레 충
- 虬 뿔없는용 규
- 虷 범할 간
- 虹 무지개 홍
- 虺 독사 훼

六畫 虫

蚊	蚌	蚍	蚑	蚓	蚕	蚜	蚣	蚤	蚩	蚪	蚫	蚯
모기 문	조개 방	왕개미 비	발긴거미 기	지렁이 인	누에 잠	작은버레 아	지네 공	벼룩 조	어리석을 치	올챙이 두	버레 포	지렁이 구

蚰	蚵	蚶	蚷	蛄	蛅	蛆	蛇	蛉	蛋	蛑	蛔	蛙
지차리 유	도마뱀 가	강요주 감	노래기 거	도로래 고	쐐기 염	진에 저	뱀 사	잠자리 령	새알 단	큰게 모	회충 회	개구리 와

蛛	蛟	蛣	蛤	蛞	蛩	蛬	蛭	蛸	蛹	蛺	蛻	蛾
거미 주	교룡 교	말똥구리 길	조개 합	암달팽이 활	메뚜기 공	귀뚜라미 공	거머리 질	거미알 소	번데기 용	나비 협	허물벗을 세	누에나비 아

蜀 배추버레 촉
蜂 벌 봉
蜃 큰조개 신
蜆 작은조개 현
蜈 지네 오
蜉 하루살이 부
蜊 참조개 리
蜋 말똥구리 랑
蜎 버레꿈틀거릴 연
蜑 오랑캐 단
蜒 그리마 연
蜓 잠자리 정
蜘 거미 지

蜚 메뚜기 비
蜜 꿀 밀
蜥 도마뱀 석
蜩 매미 조
蜮 단호 역
蜴 도마뱀 역
蜷 움추러질 권
蜺 암무지개 예
蜻 잠자리 청
蜽 도깨비 량
蜾 나나니벌 과
蜿 지렁이 완
蝌 올챙이 과

⿰虫耑 버레꿈직일 천
蝍 지네 즉
蝓 집없는달팽이 유
蝕 좀먹을 식
蝗 메뚜기 황
蝘 도마뱀 언
蝙 박쥐 편
蝠 박쥐 복
蝟 고슴도치 위
蝡 꿈실거릴 윤
蝣 하루살이 유
蝤 나무좀 추
蝥 가뢰 모

- 蝦 두꺼비 하
- 蝨 이 슬
- 蝮 독사 복
- 蝱 등애 망
- 蝴 나비 호
- 蝶 나비 접
- 蝸 달팽이 와
- 螂 말똥버레 랑
- 融 화할 융
- 螓 개미 진
- 螢 반딧불 형
- 螫 쏠 석
- 螭 뿔없는용 리
- 螳 버마재비 당
- 螺 소라 라
- 螻 도로래 루
- 螽 메뚜기 종
- 螿 쓰르라미 장
- 蟀 귀뚜라미 솔
- 蟄 버레움추릴 칩
- 蟆 찰머구리 마
- 蟋 귀뚜라미 실
- 蟒 구렁이 망
- 蟠 서릴 반
- 蟬 매미 선
- 蟲 버레 충
- 蟹 게 해
- 蟻 개미 의
- 蠅 파리 승
- 蠋 뽕나무버레 촉
- 蠍 전갈 헐
- 蠑 도롱뇽 영
- 蠕 꿈실거릴 윤
- 蠖 자벌레 확
- 蠟 밀 랍
- 蠡 나무속에좀먹을 려
- 蠢 꿈실거릴 준
- 蠣 굴 려
- 蠱 뱃속버레 고

蠲 밝을 견

蠶 누에 잠

蠹 좀 두

蠻 남녘오랑캐 만

血部

血 피 혈

衄 코피 육

衆 무리 중

衉 피토할 객

衊 피칠할 멸

行部

行 갈 행

衍 넘칠 연

衒 자랑할 현

術 꾀 술

街 거리 가

衙 마을 아

衝 마주칠 충

衡 저울대 형

衛 모실 위

衢 네거리 구

衣部

衣 옷 의

表 겉 표

衫 적삼 삼

衮 곤룡포 곤

衰 쇠할 쇠

衱 옷깃 겁

衷 속 충

衽 요 임

衾 이불 금

衿 옷깃 금

袁 성 원

袂 소매 몌

袈 가사 가

袋 자루 대

袍 도포 포

袒 옷벗어어깨에멜 단

袖 소매 수

袟 칼집 질
袢 속옷 번
袤 뻗칠 무
袪 소매 거
被 입을 피
袱 보자기 복
袴 바지 고
袷 겹옷 겹
袿 부인옷 규
裀 속옷 인
裁 옷마를 재
裂 찢을 렬
裊 끄을 뇨

裎 벌거벗을 정
裏 속 리
裔 후손 예
裕 넉넉할 유
裘 갖옷 구
裙 치마 군
補 기울 보
裝 꾸밀 장
裟 가사 사
裨 기울 비
裳 치마 상
裴 성 배
裸 벌거벗을 라

裹 쌀 과
製 지을 제
裾 옷뒷자락 거
複 겹옷 복
褊 좁을 변
褌 속것 곤
褎 나갈 유
褐 털베 갈
褓 포대기 보
褕 쾌자 유
褚 솜둘 저
褞 뵈옷 온
褥 요 욕

褫 잇 치

褸 옷해질 루

褻 속옷 설

襁 포대기 강

襃 표창할 포

襄 도울 양

襒 떨칠 별

襖 도포 오

襞 치마주름 벽

襟 옷깃 금

襠 고의 당

襤 해진옷 람

襦 저고리 유

襯 속옷 츤

襲 엄습할 습

襴 난삼 란

襾部

西 서녘 서

要 중요할 요

覃 미칠 담

覆 덮을 부

覈 사실할 핵

覊 나그네 기

七畫

見部

見 볼 견

規 법 규

覓 찾을 멱

視 볼 시

覗 엿볼 사

覘 엿볼 점

覦 넘겨다볼 유

覩 볼 도

親 어버이 친

覬 바랄 기

覯 만나볼 구

覲 보일 근

覺 깨달을 각

覽 볼 람

覿 뵈올 적
觀 볼 관

角部

角 뿔 각
觖 원망할 결
觚 술잔 고
觜 부리 취
觝 밀 저
解 풀 해
觱 쌀쌀할 필
觴 잔 상
觸 받을 촉
觿 뿔송곳 휴

言部

言 말씀 언
訃 부음 부
訂 평론할 정
計 계교 계
訇 큰소리 굉
訊 물을 신
討 칠 토
訐 발각할 알
訓 가르칠 훈
訕 비방할 산
訖 이를 흘
託 부탁할 탁
記 기록할 기
訛 사투리 와
訝 의혹할 아
訟 송사할 송
訣 이별할 결
訥 어눌할 눌
訪 찾아볼 방
設 베풀 설
許 허락할 허
訴 알릴 소
訶 꾸짖을 가
診 볼 진
註 주낼 주

訾	어림할 자
証	간할 정
詆	들쳐낼 저
詈	욕할 리
詎	어찌 거
詐	속일 사
詒	속일 태
詔	조서 조
評	평논할 평
詛	저주할 조
詞	말씀 사
詠	읊을 영
詢	꾀할 순
詣	나갈 예
試	시험할 시
詩	귀글 시
詫	자랑할 타
詬	욕할 구
詭	괴이할 궤
詮	평론할 전
詰	힐문할 힐
話	말씀 화
該	마땅할 해
詳	자세 상
詹	볼 첨
詼	조롱할 회
誂	꾀일 조
誄	시호 뢰
誅	죽일 주
誇	자랑할 과
誌	기록 지
認	알 인
誑	속일 광
誓	맹세 서
誕	낳을 탄
誘	이끌 유
語	말씀 어
誠	정성 성
誡	경계 계

誣 속일 무
誤 그릇칠 오
誥 가르칠 고
誦 외울 송
誨 가르칠 회
說 말씀 설
誰 누구 수
課 매길 과
誹 비방할 비
誼 옳을 의
調 고를 조
諂 아첨할 첨
諄 지극할 순

談 말씀 담
請 청할 청
諍 간할 쟁
諏 문의할 추
諒 믿을 량
論 의논 론
諗 고할 심
諛 아첨할 유
諜 반간할 첩
諠 지꺼릴 훤
諡 시호 시
諢 희롱할 원
諤 곧은말할 악

諦 살필 체
諧 기롱지거리할 해
諫 간할 간
諭 효유할 유
諮 물을 자
諱 기피할 휘
諳 외울 암
諵 말많을 남
諷 외울 풍
諸 모든 제
諺 속어 언
諾 허락할 낙
謀 꾀 모

謁 보일 알
謂 이를 위
謄 베낄 등
謇 어눌할 건
謎 수수께끼 미
謐 고요할 밀
謔 농담할 학
謗 비방할 방
謙 겸손할 겸
講 외울 강
謝 사례 사
謠 노래 요
謦 기침소리 경

謨 꾀 모
謫 꾸짖을 적
謬 그릇 류
謳 노래할 구
謷 농담할 오
譍 대답할 응
證 증거 증
謹 삼갈 근
譎 속일 휼
譏 꾸짖을 기
識 알 식
譜 곡보 보
譟 지껄일 조

警 깨달을 경
譫 헛소리할 섬
譬 비유할 비
譯 번역할 역
議 의논 의
譴 꾸짖을 견
護 호위할 호
譽 기릴 예
讀 읽을 독
變 변할 변
讋 두려울 섭
讎 원수 수
讒 참소할 참

讓 사양할 양

讖 참서 참

讙 지꺼릴 환

讚 밝을 찬

讜 곧은말 당

谷部

谷 골 곡

谺 골빈고양 하

谿 시내 계

豁 통한골 활

豆部

豆 콩 두

豈 어찌 기

豉 콩자반 시

豌 완두 완

豎 세울 수

豐 풍년 풍

豕部

豕 돝 시

豗 맞부딪칠 회

豚 돼지 돈

象 코끼리 상

豨 큰돝 희

豪 호걸 호

豫 미리 예

豬 산돝 저

豸部

豸 풀치

豹 표범 표

豺 승냥이 시

豻 들개 안

貂 돈피 초

貅 비휴 휴

貉 담비 학

貌 모양 모

貍 삵 리

貎 사자새끼 예

貔 날낸짐승 비

貘 짐승이름 맥

貝部

字	訓音
貝	자개 패
貞	곧을 정
負	질 부
財	재물 재
貢	바칠 공
貧	가난할 빈
貨	재물 화
販	장사할 판
貪	탐할 탐
貫	꿰일 관
責	꾸짖을 책
貯	쌓을 저
貰	세낼 세
貳	버금 이
貴	귀할 귀
貶	폄할 폄
買	살 매
貸	빌릴 대
費	허비할 비
貼	붙일 첩
貽	끼칠 이
貿	무역할 무
賀	하례 하
賁	용맹할 분
賂	뇌물 로
賃	품파리 임
賄	뇌물 회
資	자뢰 자
賈	장사 고
賊	도둑 적
賑	넉넉할 진
賓	손 빈
賚	줄 뢰
賜	줄 사
賞	상줄 상
賠	배상 배
賢	어질 현
賣	팔 매

賤 천할 천
賦 부세 부
質 바탕 질
賭 내기 도
賴 힘입을 뢰
賺 거듭팔 잠
賻 부의할 부
購 살 구
賽 치성드릴 새
贄 폐백 지
贅 군것 취
贈 줄 증
贊 도울 찬

贍 넉넉할 섬
贏 남을 영
贐 노자 신
贓 뇌물받을 장
贔 기운낼 비
贖 속바칠 속
贗 위조할 안

赤部

赤 붉을 적
赦 죄사할 사
赧 낯붉을 난
赫 빛날 혁
赭 붉은흙 자

走部

走 달아날 주
赴 달을 부
起 일어날 기
赸 뛸 산
趁 쫓을 진
超 뛸 초
越 넘을 월
趙 나라 조
趣 뜻 취
趨 달아날 추
趫 건장할 교
趯 뛸 적

足部

字	訓音
足	발족
趺	도사려앉을부
趾	발지
跂	걸터앉을기
跋	밟을발
跌	실족할질
跕	신끌점
跗	발등부
跚	절산
跛	절뚝발이파
距	지낼거
跡	자취적
跣	맨발선
跨	걸터앉을과
跪	꿇어앉을궤
跫	발자취소리공
路	길로
跳	뛸조
跼	몸굽으러질국
踆	그칠준
踉	급히걸을랑
踊	뛸용
踏	밟을답
踐	밟을천
踔	넘을초
踖	걸음삼갈적
踝	복사뼈과
踞	걸터앉을거
踟	머뭇거릴지
踠	굽힐원
踡	펴지못할권
踣	엎드러질복
踦	절뚝바리기
踪	자취종
踰	넘을유
踵	발뒤꿈치종
蹀	밟을접
蹁	돌처갈편

蹂 밟을 유

蹄 굽 제

蹇 절뚝발이 건

蹈 밟을 도

蹉 미끄러질 차

蹊 지름길 혜

蹌 추창할 창

蹐 발포개걸을 척

蹙 찡그릴 축

蹟 자취 적

蹠 발바닥 척

蹡 걷는모양 장

蹣 넘을 만

蹤 자취 종

蹲 걸터앉을 준

蹴 찰 축

蹶 움직일 궐

蹻 바랄 교

蹼 오리발 복

躁 조급할 조

躅 자취 촉

躇 머뭇거릴 저

躊 주저할 주

躍 뛸 약

躑 머뭇거릴 척

躓 넘어질 지

躩 발굽힐 각

身部

身 몸 신

躬 몸 궁

躲 피할 타

軀 몸 구

車部

車 수레 거

軋 편할 알

軌 굴대 궤

軍 군사 군

軒 마루 헌

軟 연할 연

軨 수레난간 령
軫 구를 진
軸 바디 집축
軹 굴대끝 지
軺 유람차 초
軻 차축 가
軼 지나칠 일
軾 차앞턱나무 식
較 비교할 교
輅 천자타는차 로
載 실을 재
輊 앞낮은수레 지
輒 문득 첩

輓 수레끌 만
輔 도울 보
輕 가벼울 경
輛 수레 량
輜 수레 치
輝 빛날 휘
輟 그칠 철
輦 연 련
輩 무리 배
輪 바퀴 륜
輯 모을 집
輳 몰려들 주
輸 보낼 수

輻 바퀴살 복
輿 차바탕 여
轂 바퀴통 곡
轄 굴대빗장 할
轅 멍에 원
轆 갈이 록
轉 구를 전
轍 바퀴자국 철
轎 가마 교
轗 실세할 감
轜 상여차 이
轟 수레소리 굉
轡 고삐 비

轢 수레에 밟힐 력

轣 바퀴 길 력

辛部

辛 매울 신

辜 허물 고

辟 편벽될 벽

辣 매울 랄

辨 분변할 변

辭 말씀 사

辯 말잘할 변

辰部

辰 별 진

辱 욕할 욕

農 농사 농

辵部

迂 굽을 우

迄 이를 흘

迅 빠를 신

迎 맞을 영

返 돌아올 반

近 가까울 근

迠 갈 첩

迢 멀 초

迥 멀 형

迦 부처이름 가

迪 나갈 적

迫 핍박할 박

迭 갈마들 질

述 지을 술

迷 미혹할 미

迹 자취 적

追 쫓을 추

退 물러갈 퇴

送 보낼 송

逃 도망할 도

逅 우연히 만날 후

逆 거스릴 역

逋 도망갈 포

逍 노닐 소

- 透 통할 투
- 逐 쫓을 축
- 途 길 도
- 逕 길 경
- 逗 머무를 두
- 這 이 자
- 通 통할 통
- 逝 갈 서
- 造 지을 조
- 速 빠를 속
- 逡 추창할 준
- 逢 만날 봉
- 連 연할 련

- 逮 잡을 체
- 週 두루 주
- 進 나갈 진
- 迸 흩어져 달아날 병
- 逸 편안할 일
- 逼 핍박할 핍
- 遁 도망할 둔
- 遂 이룰 수
- 遇 만날 우
- 遊 놀 유
- 運 옮길 운
- 遍 두루 편
- 過 지날 과

- 遐 멀 하
- 遑 겨를 황
- 道 길 도
- 達 통달할 달
- 違 어길 위
- 遘 만날 구
- 遙 멀 요
- 遜 겸손할 손
- 遞 갈마들 체
- 遠 멀 원
- 遡 거스릴 소
- 遣 보낼 견
- 適 마침 적

遭 만날 조
遮 가리울 차
遲 더딜 지
遷 옮길 천
遵 좇을 준
選 뽑을 선
遺 끼칠 유
遼 멀 료
遽 급할 거
避 피할 피
邁 멀리갈 매
邀 맞을 요
邂 우연히만날 해

還 돌아올 환
邃 그윽할 수
邇 가까울 이
邈 멀 막
邊 가 변
邏 순라 라

邑部

邑 고을 읍
邕 막힐 옹
邙 산이름 망
邠 나라이름 빈
那 어찌 나
邦 나라 방

邪 간사할 사
邯 땅이름 한
邱 언덕 구
邴 땅이름 병
邵 땅이름 소
邸 집 저
郁 문채날 욱
郊 들 교
郎 사내 랑
郡 고을 군
郢 땅이름 영
郤 성 극
部 마을 부

- 郭 외성 곽
- 郵 지날 우
- 都 도읍 도
- 鄂 땅이름 악
- 鄒 춧나라 추
- 鄉 시골 향
- 鄙 더러울 비
- 鄭 정나라 정
- 鄰 이웃 린
- 鄧 나라이름 등
- 鄲 땅이름 단
- 鄴 고을이름 업

酉部

- 酉 닭 유
- 酊 술취할 정
- 酋 괴수 추
- 酌 짐작 작
- 配 짝 배
- 酎 세번빚은술 주
- 酒 술 주
- 酖 술즐길 탐
- 酢 초 조
- 酣 흥날 감
- 酤 술팔 고
- 酩 술취할 명
- 酪 젖졸임 락
- 酬 갚을 수
- 酲 술병 정
- 酵 술고일 효
- 酷 혹독할 혹
- 酸 실 산
- 醆 술도청멀될 잔
- 醇 진한술 순
- 醉 취할 취
- 醋 술권할 작
- 醍 타락웃물 제
- 醐 타락웃물 호
- 醒 깰 성
- 醜 더러울 추

醞 술빚을 온

醪 막걸리 료

醫 의원 의

醬 장 장

醱 두번빚을 발

醲 준한술 농

醴 단술 례

醵 술추렴낼 거

釀 술빚을 양

醺 취할 훈

釁 틈 흔

釆部

釆 분변할 변

采 채색 채

釋 풀 석

里部

里 마을 리

重 무거울 중

野 들 야

量 헤아릴 량

釐 다스릴 리

八畫

金部

金 쇠 금

釘 못 정

釜 가마 부

針 바늘 침

釣 낚시 조

釦 두드릴 구

釧 팔찌 천

釭 등잔 강

釵 비녀 채

鈇 작도 부

鈍 무딜 둔

鈞 삼십근 균

鈴 방울 령

鈷 다리마 고

鈿 금비녀 전

鉅 갈구리 거

鉈 짧은 창 사

鉉 솥귀 현

鉋 대패 포

鉗 목사실 겸

鉛 납 연

鉞 큰도끼 월

鉢 바릿대 발

鉤 갈구리 구

鉦 징 정

鉸 가위 교

鉾 창 모

銀 은 은

銃 총 총

銅 구리 동

銑 분쇠 선

銓 저울질할 전

銘 새길 명

銚 가래 조

銛 칼날카로울 섬

銜 말자갈 함

銳 날카로울 예

銷 녹일 소

鋏 집게 협

鋒 칼날 봉

鋤 호미 서

鋩 서슬 망

鋪 펼 포

錣 채찍고달 철

鋸 톱 거

鋼 강철 강

錄 기록할 록

錆 녹 청

錐 송곳 추

錘 저울추 추

錙 저울눈 치

錚 쇳소리 쟁

錠 등자 정

錡 발솥 기

錢 돈 전

錦 비단 금
錫 줄석
錮 땜질할 고
錯 섞일 착
錨 닻 묘
鍊 쇠불릴 련
鍋 남비 와
鍍 도금할 도
鍔 칼날 악
鍛 쇠불려칠 단
鍠 쇠북소리 평
鍤 가래 삽
鍥 새길 계

鍪 투구 무
鍬 가래 초
鍮 놋쇠 유
鍱 쇳조각 섭
鍵 열쇠 건
鍼 침 침
鍾 술잔 종
鎌 낫 겸
鎔 녹일 용
鎖 자물쇠 쇄
鎗 쇳소리 쟁
鎚 쇠망치 추
鎧 갑옷 개

鎬 호경 호
鎭 진정할 진
鏃 살촉 촉
鏇 바퀴 신
鏑 살촉 적
鏖 무찌를 오
鏗 쇳소리 갱
鏘 옥소리 장
鏝 흙손 만
鏡 거울 경
鏢 칼날 표
鏤 새길 루
鐃 작은징 요

鐘 쇠북 종

鐙 등자 등

鐚 목가림 투구 아

鐵 쇠 철

鐫 새길 전

鐶 고리 환

鐸 목탁 탁

鐺 쇠사슬 당

鑄 부을 주

鑑 거울 감

鑕 머루 질

鑛 쇳덩이 광

鑠 쇠녹일 삭

鑢 줄 려

鑪 화로 로

鑵 두레박 관

鑽 송곳 찬

鑾 방울 란

鑿 끌 착

钁 큰호미 곽

長部

長 긴 장

門部

門 문 문

閂 빗장 산

閃 번쩍거릴 섬

閉 닫을 폐

開 열 개

閎 클 굉

閏 윤달 윤

閑 문지방 한

閒 한가할 한

閔 성 민

閘 빗장 갑

閤 중문 합

閥 가문 벌

閨 색씨 규

閣 집 각

閭 마을 려

閱 볼 열
閻 거리 염
閼 막을 알
閾 문지방 역
闇 어두울 암
闊 넓을 활
闌 난간 란
闍 성문층대 도
闔 문짝 합
闕 대궐 궐
闖 엿볼 침
關 빗장 관
闡 열 천

闢 열 벽
闥 대궐문 달

阜部

阜 언덕 부
阡 밭샛길 천
阤 헐릴 치
阪 언덕 판
阬 구덩이 갱
防 막을 방
阻 막힐 조
阿 언덕 아
陀 비알 타
陂 언덕 파

附 붙일 부
陋 더러울 루
陌 밭샛길 백
降 내릴 강
限 한정 한
陘 산중턱 끊어질 형
陛 섬돌 폐
陜 좁을 협
陞 오를 승
陟 오를 척
院 집 원
陣 진칠 진
除 덜 제

陪 모실 배
陬 모퉁이 추
陰 그늘 음
陲 변방 수
陳 묵을 진
陵 언덕 릉
陶 질그릇 도
陷 빠질 함
陸 뭍 륙
陽 볕 양
隄 막을 제
隅 모퉁이 우
隆 높을 륭

隈 모퉁이 외
隊 무리 대
隋 수나라 수
階 섬돌 계
隔 막힐 격
隕 떨어질 운
隘 좁을 애
隙 틈 극
際 즈음 제
障 막힐 장
隤 무너질 퇴
隧 굴 수
隨 따를 수

隩 감출 오
險 험할 험
隱 숨을 은
隴 둔덕 롱

隶部

隶 미칠 이
隸 종 례

隹部

隹 새 추
隻 외짝 척
隼 새매 준
雀 참새 작
雁 기러기 안

雄 수컷 웅
雅 맑을 아
集 모을 집
雇 품팔 고
雉 꿩 치
雋 새살찔 전
雌 암컷 자
雍 화할 옹
雕 독수리 조
雖 비록 수
雙 쌍쌍
雛 새새끼 추
雜 섞일 잡
雞 닭 계
離 떠날 리
難 어려울 난

雨部

雨 비 우
雪 눈 설
雫 물방울 놔
雰 안개 분
雲 구름 운
零 떨어질 령
雷 우뢰 뢰
雹 우박 박
電 번개 전
需 찾을 수
霄 하늘 소
霆 빠른우뢰 정
震 우뢰 진
霈 비쏟아질 패
霍 빠를 곽
霏 안개 비
霑 젖을 점
霓 무지개 예
霖 장마 림
霙 진눈깨비 영
霜 서리 상
霞 놀 하

霧 안개 무
霪 장마 음
霰 싸라기눈 선
露 이슬 로
霸 으뜸 패
霹 벼락 벽
霽 비개일 제
靂 벼락 력
靄 구름피어오를 애
靆 구름낄 체
靈 신령 령
靉 구름낄 애

青部

靑 푸를 청
靖 편안할 정
靚 단장할 정
靜 고요 정

非部

非 아닐 비
靡 없을 미

九畫

面部

面 낯 면
靦 무안할 전
靨 태도 염

革部

革 가죽 혁
靭 질길 인
靳 아낄 근
靴 가죽신 화
靼 다룬가죽 달
鞅 가쁠 앙
鞋 가죽신 혜
鞍 안장 안
鞏 굳을 공
鞘 칼집 초
鞠 기를 국
鞦 그네 추
鞭 채찍 편

鞳 쇠북소리 탑

鞺 북소리 당

鞴 풀무 피

鞿 말재갈 기

韆 그네 천

韋部

韋 가죽 위

韓 한나라 한

韜 감출 도

韡 밝을 위

韭部

韭 부추 구

音部

音 소리 음

韶 아름다울 소

韻 운 운

響 울릴 향

頁部

頁 머리 혈

頂 이마 정

頃 잠간 경

項 목덜미 항

順 순할 순

須 모름지기 수

頌 칭송할 송

預 미리 예

頑 미련할 완

頒 나눌 반

頓 졸 돈

頗 자못 파

領 받을 령

頡 곧은목 갈

頤 턱 이

頭 머리 두

頰 뺨 협

頷 턱 함

頸 목 경

頹 무너질 퇴

頻 자주 빈

顆 덩어리 과
顋 볼따구니 시
題 제목 제
額 이마 액
顏 얼굴 안
願 원할 원
顛 엎드러질 전
類 무리 류
顥 클 호
顧 돌아볼 고
顯 나타날 현
顰 찡그릴 빈
顱 머리뼈 로

飛部

飛 날 비
飜 뒤칠 번

風部

風 바람 풍
颯 바람소리 삽
颱 폭풍 태
颶 사방풍 구
颺 날릴 양
飄 회리바람 표
飆 회리바람 표

食部

食 밥 식
飢 주릴 기
飧 물만밥 손
飩 경단 돈
飫 배부를 어
飭 신칙할 칙
飲 마실 음
飯 밥 반
飴 엿 이
飼 먹일 사
飽 배부를 포
飾 꾸밀 식
餉 먹일 향
養 기를 양

餌 미끼 이
餐 안주 찬
餓 주릴 아
餘 남을 여
餞 전송 전
餅 밀가루떡 병
餡 떡소 함
館 객사 관
餬 미음 호
餾 밥뜸들 류
饅 만두 만
饉 주릴 근
饋 먹일 궤

饌 반찬 찬
饑 주릴 기
饒 배부를 요
饔 아침밥 옹
饗 잔치할 향
饜 싫을 염

首部

首 머리 수
馗 아홉거리 규
馘 목벨 괵

香部

香 향기 향
馥 향기 복
馨 멀리향기날 형

十畫

馬部

馬 말 마
馭 말부릴 어
馮 탈 빙
馱 짐실을 태
馳 달릴 치
馴 착할 순
駁 얼룩말 박
駐 머무를 주
駑 둔할 노
駒 망아지 구

駓 말달릴 비

駔 준마 장

駕 멍에 가

駘 재갈벗을 태

駙 부마 부

駛 빠를 사

駟 사마 사

駪 말많을 신

駭 놀랄 해

駮 논박할 박

駱 약대 락

駸 말몰 침

駻 사나운말 한

駿 준마 준

駢 두말한멍에할 변

騎 말탈 기

騏 천리마 기

騑 곁말 비

騖 달릴 무

騙 말뛰어오를 편

騫 이지러질 건

騰 오를 등

騷 떠들 소

騾 노새 라

驀 말탈 맥

驁 준마 오

驅 몰 구

驄 옥색말 총

驕 거만할 교

驗 증험할 험

驚 놀랄 경

驛 역마 역

驟 달릴 취

驢 나귀 로

驥 천리마 기

驩 즐길 환

驪 검은말 려

骨部

骨 뼈 골

骭 정강이뼈 한
骰 주사위 투
骸 뼈 해
骼 마른뼈 각
骾 목걸릴 경
髀 넙적다리 비
髏 해골 루
髑 해골 촉
髓 뼈골 수
體 몸 체

高部

高 높을 고

髟部

髡 머리깎을 곤
髢 다리꼭지 체
髣 비슷할 방
髯 수염 염
髦 다박머리 모
髫 다팔머리 초
髭 웃수염 자
髮 터럭 발
髴 비슷할 불
髻 상투 계
髷 고수머리 곡
鬆 더벅머리 송
鬈 수염좋을 권
鬘 다리꼭지 만
鬚 수염 수
鬟 쪽질 환
鬢 살쩍 빈
鬣 말갈기 렵

門部

鬧 시끄러울 뇨
鬨 싸움소리 홍
鬩 송사할 혁
鬫 범우는소리 함
鬪 싸울 투

鬯部

鬯 활집 창

鬲部

- 鬲 오지 병 격
- 鬵 큰가마 심
- 鬷 다 종
- 鬻 죽 죽

鬼部

- 鬼 귀신 귀
- 魁 괴수 괴
- 魂 혼 혼
- 魃 가물귀신 발
- 魄 넋 백
- 魅 도깨비 매
- 魍 산도깨비 망
- 魎 산도깨비 량
- 魏 위나라 위
- 魑 산도깨비 리
- 魔 마귀 마
- 魘 잠꼬대할 염

十一畫

魚部

- 魚 고기 어
- 魯 나라 로
- 魴 방어 방
- 鮃 가자미 병
- 鮄 방어 불
- 鮎 메기 점
- 鮏 비릴 성
- 鮐 복 태
- 鮑 저린생선 포
- 鮒 붕어 부
- 鮨 젓 지
- 鮪 상어 유
- 鮫 상어 교
- 鮭 복 해
- 鮮 좋을 선
- 鮹 문어 소
- 鯁 생선뼈 경
- 鯉 잉어 리
- 鯊 상어 사

鯔	숭어 치
鯖	고등어 청
鯛	도미 조
鯡	고기새끼 비
鯢	암고래 예
鯣	뱀장어 역
鯥	능육어 륙
鯨	고래 경
鰆	삼치 춘
鰈	넙치 접
鰉	전어 황
鰊	비웃 련
鰌	미꾸리 추

鰍	미꾸리 추
鰒	전복 복
鰓	아가미 새
鰕	새우 하
鰤	새우 사
鰥	홀아비 환
鰭	지느러미 기
鰮	멜치 온
鰶	전어 제
鰹	큰가물치 견
鰺	비릴 소
鰻	뱀장어 만
鱈	대구 설

鱏	심어 심
鱒	송어 준
鱗	비늘 린
鱧	가물치 례
鱮	연어 서
鱶	어포 양
鱸	농어 로

鳥部

鳥	새 조
鳧	물오리 부
鳩	비둘기 구
鳳	새 봉
鳴	울 명

鳶 솔개 연

鴃 왜가리 격

鴆 짐새 짐

鴇 너새 보

鴉 갈까마귀 아

鴒 할미새 령

鴕 타조 타

鴛 원앙새 원

鴣 자고새 고

鴦 원앙새 앙

鴨 집오리 압

鴴 참새 행

鴻 기러기 홍

鵄 솔개 치

鵜 사다새 제

鵑 두견새 견

鵝 거위 아

鵠 고니 혹

鵡 앵무새 무

鵯 갈까마귀 필

鵲 까치 작

鶉 메추리 순

鵾 고니 곤

鶩 집오리 무

鶯 꾀꼬리 앵

鶴 학 학

鶺 할미새 척

鷓 자고새 자

鷗 갈매기 구

鷙 새매 지

鷭 새이름 번

鷲 독수리 취

鷸 황새 휼

鷹 매 응

鷺 백로 로

鸚 앵무새 앵

鸞 난새 란

鹵部

鹵 염전 로

鹹 짤 함

鹼 잿물 검

鹽 소금 염

鹿部

鹿 사슴 록

麈 티끌 주

麋 고라니 미

麑 사슴새끼 예

麒 기린 기

麓 산기슭 록

麗 빛날 려

麝 사향사슴 사

麟 기린 린

麤 거칠 추

麥部

麥 보리 맥

麩 밀기울 부

麪 밀가루 면

麭 밀가루떡 포

麴 누룩 국

麻部

麻 삼 마

麼 잘 모

麾 대장기 휘

十二畫

黃部

黃 누를 황

黌 학교 횡

黍部

黍 기장 서

黎 검을 려

黏 차질 점

黐 새잡는풀 리

黑部

黑 검을 흑

黔 검을 검

默 잠잠 묵

黛 눈섭그릴 대

點 점 점

黥 자자할 경
黨 무리 당
黯 시꺼멀 암
黴 곰팡이 미
黶 검은사마귀 염
黷 검을 독

黹 部

黹 바느질할 치
黻 보불 불
黼 보불 보

黽 部

黽 맹꽁이 맹
鼇 큰자라 오
鼈 자라 별

鼎 部

鼎 솥 정

十三畫

鼓 部

鼓 북 고
鼕 북소리 동
鼙 마상북 비

鼠 部

鼠 쥐 서
鼬 족제비 유
鼯 박쥐 오
鼷 새양쥐 혜

十四畫

鼻 部

鼻 코 비
鼾 코골 한
齁 코골 후
齅 냄새맡을 후

齊 部

齊 가지런할 제
齋 재계할 재
齎 가질 재

十五畫

齒 部

齒 이 치

齔 이갈 츤

齟 이어긋날 주

齡 나이 령

齣 절귀 착

齪 악착할 착

齧 씹을 설

齬 이어긋날 어

齲 충치 우

齷 악착할 악

十六畫

龍部

龍 용 룡

龐 높은집 방

龔 줄 공

龕 이길 감

龜部

龜 거북 귀

十七畫

龠部

龠 피리 약

古文象形文字等의一例

上 下 中 井 京 亭

人 伐 光 具 口 囚 壺 壽

夕 天 奉 孫 寡 射

島 嶽 州 干 德 手 山

拜 文 日 旦 明

昔 星 春 口 曲 月 木

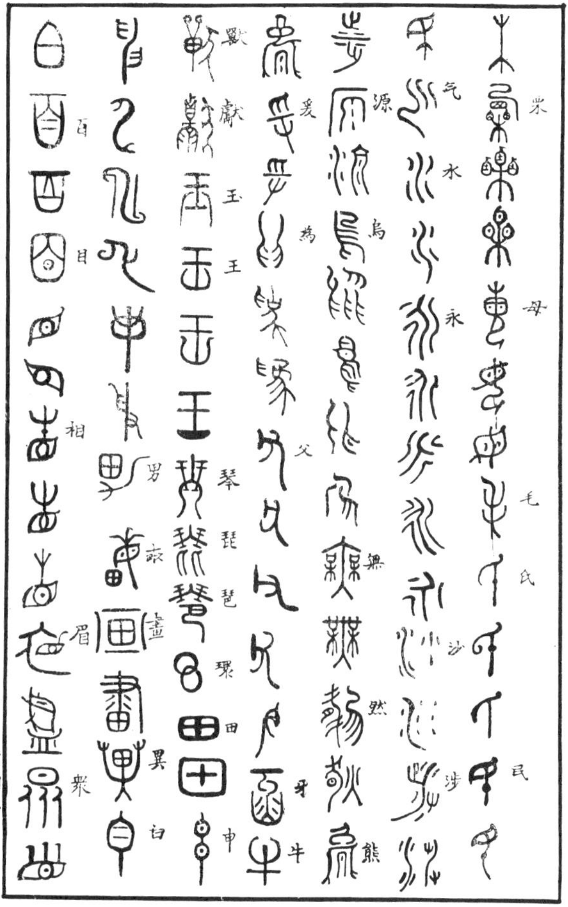

米 母 毛 氏 民

气 水 永 沙 涉

源 烏 無 然 熊

爰 爲 父 牙 牛

獸 獻 玉 王 琴 琵 琶 環 田 申

男 畝 畫 異 白

百 目 相 眉 衆

矛
矢
磺
示
祀
祈
神
禮
禾
秋
稻
穗
窗
立
竹
笠
米
糸
羊
臣
臨
鳥
舟
草
艾
華
萬
葉
虎
見
言
豆
豊
貝
賜
赤
身
車
追
道
邑
酉
酒
野

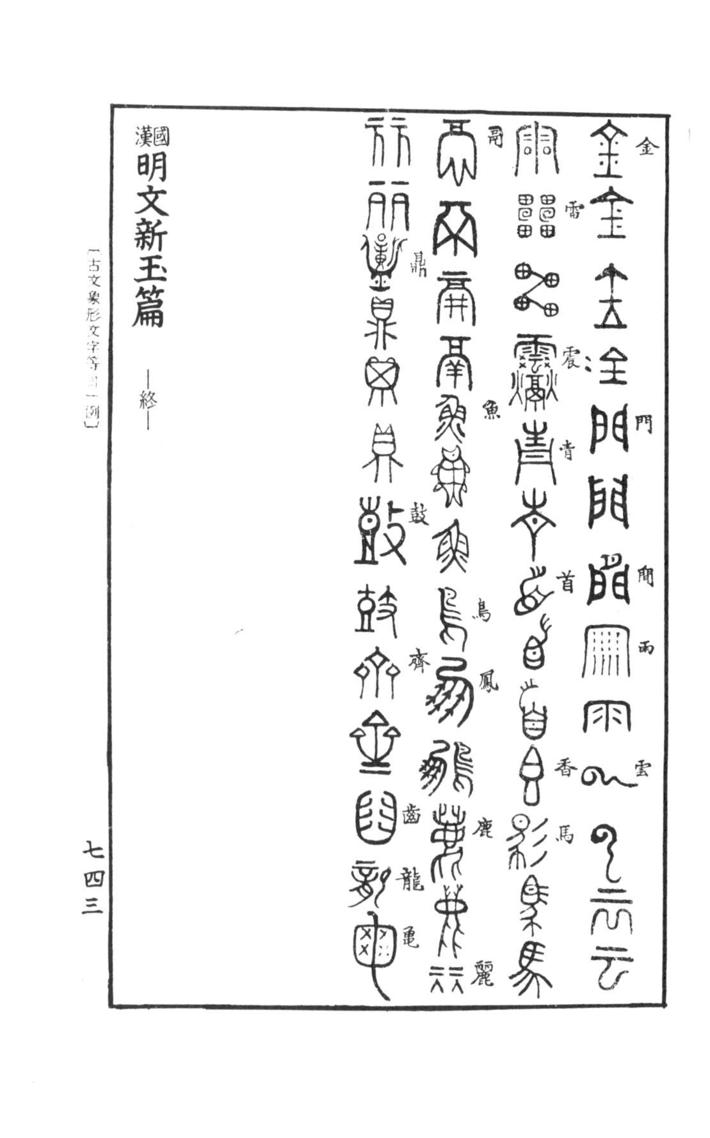

金 門 間 雨 雲

雷 震 青 首 香 馬

高 魚 鳥 鳳 鹿 麗

鼎 鼓 齊 齒 龍 龜

漢國明文新玉篇

—終—

한글字彙 (附音考)

가

加 더할 가 伽 절 가 架 시렁 가 珈 비녀치장 가 枷 도리깨 가 哿 옳을 가 痂 헌데딱지 가 茄 가지 가 迦 부처이름 가 笳 갈잎피리 가 跏 도사리고앉을 가

⿱加肉 딱지 가 鴐 기러기 가 駕 멍에 가 麚 수사슴 가 袈 가사 가 嘉 아름다울 가 耞 도리깨 가 ⿺辶枷 좌우로걸을 가 ⿰口迦 더러운말 가 咖 코피차 가

猳 큰원숭이 가 毠 털옷 가 泇 물이름 가 ⿰山加 여러산이벌려선모양 가 ⿸广架 집지을 가 ⿱加心 바를 가 ⿱加虫 쌀벌레 가 可 옳을 가 珂 말굴레치장 가

呵 꾸짖을 가 柯 가지 가 哥 형 가 歌 노래 가 苛 까다로울 가 訶 꾸짖을 가 軻 바퀴굴대 가 牁 배매는말뚝 가 坷 길험할 가 渮 물이름 가 牱 배매는말뚝 가

蚵 도마뱀 가 岢 산이름 가 舸 큰배 가 笴 줄기 가 鴚 거위 가 謌 노래 가 跒 난장이 가 ⿰礻可 제사 가 滒 진흐를 가 ⿰氵⿱少可 배가모래에붙을 가 ⿰哥弋 배말뚝 가

戨 말뚝 가 ⿰可支 칠 가 ⿰酉可 쓴술 가 魺 자가사리 가 ⿰可頁 머리기우리고볼 가 假 거짓 가 徦 이를 가 暇 겨를 가 椵 유자 가 瘕 적병 가

犌 소힘있을 가 葭 갈 가 豭 수톨 가 ⿰胡叚 복 가 ⿰女叚 고울 가 猳 누르고허연은점박인큰곰 가 腵 창자병 가 ⿰叚頁 헛된말 가 家 집 가 嫁 시집갈 가

⿰忄家 오랑캐의세금내는벼 가 傢 시험 가 稼 곡식심을 가 賈 값 가 價 값 가 檟 가나무 가 鷶 매 가 佳 아름다울 가 街 거리 가 ⿰言契 교묘한말 가

榎 싸리나무 가 乫 성 가 斝 옥잔 가 呿 입벌릴 가 ⿰舟戈 작은배 가 牫 뿔 가 ⿰忄客 몰래할 가 个 명당곁방 가 ⿰木磊 나무비뚜루설 가 ⿱艹⿵冂可 박하 가 ⿰齒客 뻐드렁니 가

砢 돌서덜 가

각

各 각각 각 恪 정성 각 袼 겨드랑이솔기 각 垎 흙마를 각 胳 겨드랑이 각 ⿰阝各 사람의이름 각 閣 집 각 擱 버릴 각 却 물리칠 각 卻 물리칠 각

脚 다리 각 腳 다리 각 ⿰木卻 책상 각 角 뿔 각 桷 네모진서까래 각 捔 앞뒤로얽을 각 埆 땅편단치못할 각 ⿱⺮角 대서까래 각 壆 산에돌자갈많을 각

覺 깨다를 각 礐 돌소리 각 㱿 껍질 각 愨 정성 각 㲉 알깔 각 瑴 쌍옥 각 慤 삼갈 각 毃 머리때릴 각 傕 이름 각 搉 약간들출 각 榷 독득할 각

較 대강 각 较 대강 각 珏 쌍옥 각 刻 새길 각 斠 되질할 각 鬥 싸울 각 鷇 새알 각 硌 단단한돌 각 鬲 땅이름 각 [illegible] 채찍소리 각 橈 탱자 각

간

艮 간방 간 莨 바곳의싹 간 硍 돌에흔적있을 간 珢 옥 간 豤 씹을 간 詪 듣지않을 간 艱 어려울 간 齦 씹을 간 干 방패 간 奸 통간할 간 肝 간 간

竿 대줄기 간 姧 간사할 간 豻 들개 간 犴 들개 간 靬 활전대 간 杆 방패 간 刊 새길 간 秆 볏짚 간 虷 쟁가비 간 汗 물흐를 간 栞 나무쪼갤 간

赶 쫓을 간 趕 쫓을 간 稈 볏짚 간 皯 얼굴에기미낄 간 玕 예쁜돌 간 旰 낮늦을 간 幹 줄기 간 衎 믿을 간 馯 성 간 䵟 얼굴에기미낄 간

𢁉 베주머니 간 骭 정강이뼈 간 迁 나아갈 간 牪 소머므를 간 盰 눈부릅뜰 간 芉 율무 간 衦 옷펼 간 紆 옷만져펼 간 榦 산뽕나무 간

弙 막을 간 雃 기러기 간 乾 마를 간 漧 마를 간 斡 구를 간 榦 줄기 간 間 사이 간 覵 엿볼 간 癇 간기 간 㵎 시내 간 蕑 들난초 간

簡 편지 간 澗 간수 간 磵 시내 간 鐧 쇳덩이 간 襉 치마주름 간 瞯 섞일 간 鬜 머리밀 간 𡼦 산골물 간 繝 무늬 간 䦨 실패 간 齫 씹을 간

柬 편지 간 暕 흐린아침에날밝을 간 揀 가릴 간 諫 간할 간 看 볼 간 看 볼 간 姦 간사할 간 笴 살대 간 侃 굳셀 간 偘 굳셀 간

墾 개간할 간 贊 여물찌끼 간 豎 화려할 간 臤 굳을 간 蜸 누에 간 舉 높은데올라갈 간 盂 큰바리 간 菅 띠 간 𦼞 볏줄거리 간 鄿 땅이름 간

粯 쌀가루 간 椅 자루 간 顅 터럭작을 간 鬜 성긴터럭 간 𧙅 헌옷 간 鶇 티티새 간 慳 아낄 간 懇 정성 간 簳 살대 간

갈

毼 모직 갈 揭 높이들 갈 堨 방죽 갈 暍 더위먹을 갈 渴 목마를 갈 喝 꾸짖을 갈 曷 어찌 갈 褐 털베 갈 碣 비석 갈 楬 표 갈 葛 칡 갈

竭 다할 갈 𤸷 속까깝할 갈 羯 불깐양 갈 鞨 나라이름 갈 鶡 새이름 갈 𤃬 물결 갈 擖 긁을 갈 𥢔 갈풍류 갈 𨍲 세갈래질 갈 蝎 전갈 갈

(갈)
猲 사냥개갈
嵑 홀로선산갈
⿰曷干 방패세워둘갈
嶱 돌오뚝할갈
鍻 금으로장식한복갈
⿰骨曷 동정뼈갈
⿰曷黽 개구리소리갈
鶡 백설조갈
介 홀짐승갈
扴 긁을갈
蚧 때낄갈
⿰革介 안갑갈
⿰革禾 짚고갱이갈
秸 짚고갱이갈
害 어찌갈
稭 짚고갱이갈
骱 작은뼈갈
⿰口辛 거절할갈

감

甘 달감
泔 쌀뜨물감
柑 감귤감
苷 감초감
嵌 구덩이곁구멍감
疳 감질감
蚶 감요주감
紺 애청감
酣 흥날감
⿰氵邯 혹그러할감
咁 먹음을감
坩 도가니감
玵 아름다운옥감
㤌 마음먹을감
詌 입다물감
⿰貝甘 재물탐할감
粓 쌀뜨물감
勘 마감할감
⿰土勘 험한비탈감
堪 견딜감
嵁 산험할감
䭙 주릴감
⿰鹵甚 짤감
⿰鹵感 몹시짤감
鹻 소금버케감
⿰鹵臽 짠맛감
凵 입벌릴감
感 느낄감
憾 한될감
撼 흔들감
喊 질을감
礷 돌함감
轗 수렛길언틀먼틀할감
鰔 자가사리감
醶 짤감
減 감할감
槭 목함감
緘 봉할감
⿰黑箴 얼굴검을감
坎 구덩이감
輡 수렛길언틀먼틀할감
埳 구덩이감
歁 음식나쁠감
欿 뜻에차지않을감
⿰乚欠 어리석을감
⿰山臽 산구덩이감
⿰血臽 피젓국감
⿰食攴 새쪼아먹을감
⿰豆臽 된장맛깊을감
敢 구태감
澉 씻을감
憨 미련할감
橄 감람나무감
瞰 굽어볼감
矙 볼감
闞 바랄감
⿰日敢 해돋을감
⿰犭敢 개소리감
⿰彳敢 위태할감
監 볼감
礛 옥가는숫돌감
鑑 거울감
鑒 거울감
⿰目監 쳐다볼감
⿱贛皿 그릇뚜께감
⿰木兼 비틀걸음감
斂 물건서로합할감
歛 탐할감
淦 배틈으로물들감
弇 덮을감
龕 감실감
玪 옥돌감
汵 물이름감
⿰風今 찬바람감
⿰龍今 도롱용감
狠 씹을감
甝 흰범감
⿸厂香 회창할감
⿱石凵 바위구멍감
戡 이길감
⿱竹贛 털난대감
⿱贛酉 신술감
⿱甘䖵 외벌레감
⿱甚䖵 뽕벌레감
鵮 쪼을감
⿰甘鳥 새소리감
⿰谷虎 범·성낼감
顑 뺨병감
⿷匚贛 상자감
頷 추할갑

갑

甲 갑옷갑
鉀 갑옷갑
押 도울갑
胛 견갑갑
岬 산기슭갑
舺 긴배갑
⿰衤甲 적삼갑
⿰言甲 수다할갑
⿰足甲 걸음소리갑
⿰革甲 꽃벌려있을갑

匣 궤갑 篕 대상자갑 閘 물문갑 合 화할갑 敆 모일갑 帢 사모갑 韐 가죽바지갑 峇 저자갑 厒 언덕갑 㕅 산양편에낭떠러지있을갑

扂 닫을갑 謌 웃고말할갑 轕 수렛소리갑 醘 술그릇갑 膉 졸릴갑 鞈 가죽신갑 瞌 앉아졸갑 搕 칠갑 䫦 뺨뼈갑 頡 턱갑 瞎 졸린눈갑 猲 공갈할갑

帢 부들자리갑

강

江 물강 扛 들강 茳 향풀강 釭 등잔강 舡 방강배강 矼 돌징검다리강 杠 깃대강 豵 돼지고기속빌강 椌 축풍류강 控 칠강 腔 속빌강

悾 믿을강 啌 양치할강 骯 꽁무니뼈강 駍 말걸음걸을강 㾵 빈집강 岡 산등성이강 堈 독강 崗 산등성이강 剛 굳셀강 犅 붉은수소강

綱 벼리강 瓨 득강 鋼 강철강 棡 강나무강 㭃 칼날벼를강 鎠 독강 掆 들강 㓻 굳셀강 摼 들강 畺 지경강 壃 지경강 橿 박달나무강

疆 지경강 殭 죽어썩지않을강 僵 자빠질강 薑 생강 礓 조약돌강 彊 굳셀강 繮 말고삐강 韁 고삐강 𧓖 백강잠강 勥 쫓을강 犟 등마루흰소강

鑋 납강 康 편안강 慷 슬플강 㼹 질그릇강 穅 겨강 糠 겨강 㝩 고요할강 踉 흩어져달아날강 躿 키클강 漮 빌강 螗 잠자리강

嗛 기침소리강 歉 빌강 窠 빌강 忼 강개할강 犺 실팍한개강 甿 지경강 㼚 큰독강 酐 염전강 𪉖 염전강 軌 수렛바탕길강 魧 큰자개강

黆 누른빛강 弜 강할강 強 강할강 繦 포대기강 繈 돈꿰미강 鏹 돈꿰미강 𧦝 말굳셀강 膙 힘줄설강 蔃 개나리강 蜣 바구미강 饁 찬밥강

糨 풀무리강 閌 문높을강 傋 아첨아니할강 講 외울강 耩 밭갈강 㑩 어그러질강 顜 밝을강 羌 되강 蜣 쇠똥구리강 姜 성강 㛃 문란할강

降 나릴강 洚 물거슬려흐를강 絳 짙게붉을강 䧏 어긋날강 䜶 광저기강 跭 우뚝설강 袶 풀이름강 佭 뻣뻣할강 䇨 용수강 捀 쌍돛달강

栙 뜸강 弶 창애강 翞 장될강 殑 시체강 䚗 뿔들강 觵 뿔로찌를강 夯 다할강 罡 별강 慶 복강 虹 땅이름강

개

个 낱개 介 클개 价 클개 髤 땋은머리개 疥 옴개 芥 겨자개 玠 큰홀개 魪 가자미개 蚧 흰조개개 忦 근심없을개 㡉 건개

夰 홀로살개 吤 큰소리개 衸 행전개 斺 맺을개 馻 말꼬리잡아맬개 㸦 사년된송아지개 尬 비틀거릴개 岕 산험할개 庎 개수판개 鴧 참새개

皆 다개 喈 새소리개 湝 물승할개 揩 문질러훔칠개 緖 굵은실개 徣 어뜩비뜩할개 稭 짚고갱이개 鍇 좋은쇠개 鞜 북이름개 颽 회부는바람개

勓 힘쓸개 蝔 참개구리개 㼩 암키와개 䃈 검은옥돌개 鶛 수메추라기개 豈 어찌개 愷 즐길개 剴 낫개 塏 밝을개 凱 화할개 鎧 투구개

闓 열개 暟 아름다울개 𣨉 첫아이밸개 䜎 삼갈개 圁 빛날개 蓋 덮을개 磕 돌소리개 盖 덮을개 轕 수렛소리개 瓂 사람의이름개 顡 머리뼈개

襶 옷옷개 慨 슬플개 摡 씻을개 漑 물댈개 槩 대개 槪 대개 嘅 성낼개 丐 빌개 匄 빌개 匃 빌개 箇 낱개 個 낱개

沓 새벽별개 㬸 웃는모양개 丫 양의뿔벌어진모양개 蛢 반딧불개 㪡 깊고굳을개 恝 격정없을개 忋 믿을개 扢 갈개 改 고칠개 黠 짚고갱이개

𣪠 웃을개 阣 험할개 頣 뺨밑개 犗 불깐소개 祴 벽돌깐길개 㲄 마음번뇌할개 幆 갈장할개 衎 갈개 愒 탐할개 愾 성낼개

開 열개 屛 엎드러질개 䈉 검은대개 解 벗을개

객

客 손객 喀 기침객 기침할객 揢 쥘객 䘔 피토할객 㮙 횃대객 𦓳 곧게갈객 𨎮 수레거듭칠객 𧟕 갓옷속객

갱

更 다시갱 叓 다시갱 粳 멥쌀갱 䨣 구름뭉게뭉게필갱 𨓈 토끼길갱 𦛝 뼈가목에걸릴갱 阬 터갱 坑 묻을갱 秔 메벼갱 羹 국갱

硜 똑똑한체할갱 硍 똑똑한체할갱 賡 이을갱 妔 예쁜계집갱 鏗 금옥소리갱 䁍 아릿아릿할갱 𡓂 멀리할갱 挭 당겨펼갱 䡖 차채찍갱 澋 물돌아나갈갱

갸

茄 가지갸

갹

醵 돈거둘갹 蹻 짚신갹 屩 짚신갹 噱 껄껄웃을갹 臄 인중갹 卻 질갹 朘 소혀갹 衛 느릴갹

거

車 수레거 俥 인력거거 巨 클거 拒 막을거 炬 횃불거 苣 상치거 柜 참나무거 歫 그칠거 秬 검은기장거 距 상거거 蚷 노래기거 粔 약과거 詎 어찌거 鉅 클거 駏 트기거 岠 산이크고험할거 昛 밝을거 耟 따비거 怇 업신여길거 䶙 잇몸무를거 麮 파자거 𧺆 걸거 璖 귓고리거 渠 개천거 磲 옥돌거 姖 단정할거 鞠 안갑거 鮔 발긴문어거 蕖 연꽃거 蟝 하루살이거 𪏚 검은기장거 鶋 할미새거 居 살거 㝘 저축할거 倨 거만할거 琚 패옥거 椐 인가목거 据 길거할거 腒 건치거 裾 옷뒷자락거 踞 걸어앉을거 鋸 톱거 稆 기장거 崌 산거 艍 거룻배거 䝳 팔거 𪐃 기장거 𧨲 말법도있을거 鶋 원새거 去 갈거 呿 입벌릴거 阹 외양간거 弆 감출거 胠 갈비거 𣢾 하품할거 祛 물리칠거 抾 가져갈거 𣏺 걸마거 紶 실끈거 袪 소매거 𧉮 두꺼비거 詓 소리거 麮 보리거 勮 두려울거 懅 겁낼거 據 웅거할거 遽 역말수레거 籧 댓자리거 鐻 북받침거 醵 돈거둘거 璩 옥고리거 澽 마를거 𣟧 울타리거 簴 소먹이그릇거 蘧 거름풀거 𧽯 범할거 𨏦 바퀴둘레거 躆 짚을거 𨼮 섬돌거 𦿄 사라부루거 𪍰 잔보리거 擧 들거 櫸 참커목거 襷 멜빵거 𤪔 커고리거 莒 감자거 筥 둥근광주리거 簴 북틀거 䙙 옷고름거 𦂢 사나울거 蘧 패랭이꽃거

건

建 세울건 健 건장할건 腱 힘줄건 楗 문지방건 犍 불깐소건 揵 들건 鞬 등개건 鍵 자물쇠건 騝 등마루누르고검은말건 𩏹 외병들건 睷 눈으로세볼건 踺 걸음속할건 𨳺 빗장건 毽 제기건 鰎 얼간한생선건 謇 어눌할건 褰 바지건 搴 뺄건 蹇 절건 騫 이지러질건

巙 산꼬불꼬불할건 謇 어눌할건 攐 빼가질건 褰 바지건 攘 옷걷어잡을건 寋 말더듬을건 蹇 한갓경쇠만울릴건 巙 산굽을건 䙭 제사건 搴

건초건 䙭 바지건 攐 빼가질건 寋 활강할건 虔 공경할건 㨜 불깐소건 䃉 주춧돌건 謇 말더듬할건 䲋 뱀장어건 攓 서로도울건 㩃 모탕건

件 물건건 揵 저포짝이름건 愆 허물건 僁 허물건 愆 허물건 乾 하늘건 巾 수건건 囝 아들건 涃 구멍건 犍 불친소건

걸

乞 비를걸 紇 고루게두량할걸 杰 호걸걸 桀 사나울걸 傑 호걸걸 榤 닭의홰걸 嵥 한없이높을걸 窠 덮을걸 搩 뼘잴걸 滐 물이부딪고돌걸 蠂 땅메뚜기걸 偈 빠를걸 朅 갈걸 藒 향풀걸 趨 성내고달아날걸 釨 삼지창걸 担 번쩍들걸 櫭 나무못걸

검

芡 마름검 儉 검소할검 劍 칼검 劒 칼검 撿 살필검 檢 교정할검 瞼 눈시울검 臉 뺨검 歛 탐할검 礆 돌험할검 鹼 소금물검 羬 양의뿔비틀릴검 黔 검을검 鉆 보습검 㡋 비단검 忴 마음급할검 鈐 보습검 雂 도요검 黔 검을검 搛 살필검

겁

刦 겁박할겁 刼 겁탈할겁 怯 겁낼겁 胠 갈비겁 唦 소리겁 蛣 검붉은자개겁 劫 겁탈할겁 砝 단단할겁 迲 자내겁 衱 옷깃겁 极 나귀길마겁 跲 엎드러질겁 拾 갈마들일겁 袷 둥근깃겁 甓 굽지않은기와겁

게

洎 윤택할게 垍 굳은흙게 憩 쉴게 憇 쉴게 憩 쉴게 偈 쉴게 愒 쉴게 甈 깨진그릇게 介 이를게 吃 따뜻할게 欪 웃을게

격

挌 칠격 格 이를격 佫 이를격 茖 산파격 垎 비낀가지격 觡 사슴뿔격 骼 마른뼈격 骼 마른뼈격 鬲 오지병격 隔 막힐격 膈 명치격 篙 대창살격 碻 돌땅험할격 嗝 꿩울격 弻 활집격 搹 줌격 褔 옷안격 謞 말서로듣지못할격 狊 개노리고볼격 湨 물결칠격 闃 고요할격 鶪 개고마리격 犑 소격 郹 고을이름격 鵙 개고마리격 鶪 새이름격 檄 격서격 激 격동할격 獥 이리새끼격 譤 거짓격 敫 연밥격 擊 칠격

毄 창격 墼 굽지않은벽돌격 罊 굽지않은벽돌격 轚 걸릴격 犳 창격 ⿱竹毄 대신격 ⿰革欠 안장격 綌 굵은갈포격 ⿰巾谷 굵은갈포격 愅 꾸밀격 㦸

다툴격 繳 주살격 ⿰扌革 고칠격 諽 꾸밀격 ⿰單虎 두려워할격 裓 앞깃격 覡 박수격 迟 굽게갈격 ⿰名斤 싸움할격 ⿸鼓土 복소리격 鳺 왜가리격 鼳 수염긴쥐격

견

見 볼견 俔 비유할견 筧 홈통견 絸 고치견 梘 홈통견 涀 작은도랑견 垷 진흙견 ⿰益見 멀리볼견 ⿰黑見 먹갈견 幵 평할견 汧 못견

岍 산이름견 豣 큰돼지견 趼 발부르틀견 ⿱幵束 작은묶음견 鈃 목긴병견 麉 힘센사슴견 豜 큰돌견 蚈 반딧불견 鳽 교정새견 雃 새이름견 秮 작은

단견 犬 개견 畎 밭도랑견 汱 물샐견 ⿰氵畎 물가리할견 罥 걸릴견 ⿰禾肙 보릿대견 狷 편협할견 絹 비단견 涓 가릴견 悁 조급할견 睊 서로곁눈질해볼견

羂 걸릴견 鵑 두견새견 肩 어깨견 鵳 새견 裐 좁을견 ⿰麥肙 보릿짚견 ⿰肙瓦 독밑구멍견 ⿰糸⿱穴肙 그물견 ⿱宀肙 좁은구멍견 ⿱艹肙 촉국화견 ⿰豕肙 세살된돋견

堅 굳을견 掔 끌어당길견 摼 이끌견 ⿱臤牛 소끌리지않을견 鋻 강철견 樫 떡갈나무견 ⿰火堅 쇠달궈물에담을견 ⿰糸堅 긴급할견 鰹 큰가물치견 牽 이끌견 縴

궂은솜견 遣 보낼견 繾 다정스럴견 譴 꾸짖을견 ⿰食遣 마른과자견 鑓 창견 ⿰革遣 허리띠견 ⿰食書 마른떡견 ⿱罒⿰糸衣 얽을견 ⿰足睘 빨리뛸견 繭 누에고치견 蠒

누에고치견 襺 솜옷견 ⿰繭皮 부르틀견 蠲 밝을견 ⿰豕睘 씹을견 ⿱龹糸 작은뭇견 ⿰糸臣 줄켕겨맬견 誸 피일견 ⿱竹閑 호적견 ⿰忄弦 베견 ⿰忄絃 베이름견 ⿰言亅 소리견

甄 밝을견 甽 밭도랑견

결

決 결단할결 决 결단할결 缺 이지러질결 訣 비결결 趹 말갈결 玦 노리개결 ⿰弓夬 깍지손뗄결 抉 갈가벌결 ⿰垂夬 이지러질결 鴃 접동새결 觖

원망할결 駃 버새결 鴂 접동새결 鈌 찌를결 ⿰月夬 똥구멍결 眏 눈앓을결 ⿰日夬 일식할결 芵 초결명결 蚗 쓰르라미결 ⿰血夬 파할결 赽 찰결 闋 문없을결

⿺風夬 바람불결 契 근고할결 絜 고요할결 ⿰契刂 새길결 ⿰木絜 용드레결 ⿰扌絜 두레박결 潔 맑을결 稧 볏짚결 ⿰木挈 두레박결 ⿰月契 목의맥결 ⿵門㓤 문없을결

鍥 낫결 結 맺을결 桔 도라지결 拮 깍지낄결 袺 옷섶잡을결 𡍮 머리기울릴결 焆 불빛결 僪 해무리결 禬 재앙결 觼 미늘있는 고리결 紓 실묶음결
絘 실한다할결 殀 다할결 㚈 담비결 觖 뿔에받칠결 逫 멀결 魝 고기썰결 闋 쉴결 闋 마칠결 觼 미늘있는 고리결 揭 이러날결 紒 맺을결
羖 수양결 闑 문짝없을결

겸

柑 재갈겸 拑 얽어맬결 箝 재갈겸 箝 재갈겸 鉗 재갈겸 䏡 부리겸 黚 검을겸 兼 겸할겸 傔 겸종겸 嗛 겸손겸 歉 흉년들겸
蒹 갈대겸 慊 앙심먹을겸 膁 허구리겸 簾 대농겸 縑 갑견겸 謙 겸손할겸 鎌 낫겸 鰜 가자미겸 鶼 새이름겸 嵰 높고험할겸 艞 밑짚은배
겸 辨 어려울겸 䐼 몸마른겸 槏 창설주겸 䨙 적을겸 鼸 코늘어질겸 餰 물리지않을겸 緘 입다물겸 趝 머리숙이고달아날겸 拎 얼른잡을겸 𥨣 멀겸
銙 끝겸

겹

祫 겹옷겹 裌 겹옷겹 鵊 두견새겹 唊 말많을겹 郟 땅이름겹 俠 아우를겹 誗 떠지껄일겹 鞅 구두겹 掐 손톱제길겹 䀹 눈자위꺼질겹

경

庚 별경 鶊 꾀꼬리경 哽 목맬경 粳 멥쌀경 梗 도라지경 硬 굳을경 更 고칠경 浭 흐를경 䁊 해높을경 綆 두레박줄경 鯁 가시셀경 㥮
원망할경 骾 가시셀경 埂 구덩이경 莄 풀줄기경 𡐠 피모이는곳경 郠 고을이름경 㪅 고칠경 挭 대개경 楥 도라지경 綆 두레박줄경 鯁 가시셀경 京
서울경 剠 자자할경 勍 굳셀경 倞 굳셀경 黥 자자할경 麖 큰사슴경 鯨 고래경 㢨 곳집경 景 별경 憬 멀경 璟 옥빛경 暻 밝을경 幜 신부
의면사포경 俓 곧을경 勁 굳셀경 剄 목찌를경 徑 지름길경 逕 동안뜰경 踁 다리경 莖 줄기경 牼 소정강이경 涇 통할경 脛 종아리경 誙 말확
실히할경 輕 가벼울경 經 글경 䪫 풍류이름경 頸 목경 𨄚 암감질할경 巠 물줄기경 哑 원숭이경 䣢 가릴경 骾 뼈경 窒 빌경 勁 대이름경 鏨 쇳소리경

鵛 새이름경 𤟹 사냥할경 痙 중풍뜰경 葝 산부추경 䩌 완악할경 逕 더딜경 竟 마침경 境 지경경 獍 짐승이름경 竸 다툴경 鏡 거울경 競 다툴경

竸 다툴경 璄 옥빛경 滰 걸를경 敬 공경할경 儆 경계할경 檠 등잔대경 檠 등잔대경 擎 들경 警 경계할경 驚 놀랠경 蟼 찰머구리경

曔 밝을경 璥 옥이름경 頃 이랑경 傾 기우러질경 熲 빛날경 䌹 어저귀경 䔛 어저귀경 𨻶 위태할경 耿 빛날경 褧 홑옷경 憼 근심할경 㪨 끈대경

冂 멀경 冏 빛날경 囧 창밝을경 絅 홑옷경 扃 빗장경 坰 들경 駉 살찌고큰말경 苘 어저귀경 囧 빛날경 高 원두막경 餇 배부를경 瓊 붉은옥경

騬 말꼴샘낼경 璚 붉은옥경 藑 향풀경 鱷 수코래경 嚽 소리길경 磬 돌경쇠경 轚 수레튼튼할경 謦 기침경 罄 다할경 惸 외로울경

𡞖 외로울경 慳 마음껏하지못할경 慶 경사경 掔 몹시칠경 綮 힘줄얽힌곳경 坙 찰경 炅 빛날경 瞏 눈팡채경 瞏 놀란눈모양경 𨏥 외바퀴차경

煢 외로울경 𦃇 어저귀경 漀 그릇에물따를경 誩 다투어말할경 𧬈 말할경 𨋾 굳을경 輷 수렛소리경 轃 수렛소리경 𨍷 수레튼튼할경 瞏 놀라볼경 嬛 홀아비경

耕 밭갈경 畊 밭갈경 卿 벼슬경 麠 큰사슴경 絖 두레박줄경 𡕒 보리정할경 𣘹 밭갈경 鞕 굳셀경

계

戒 경계할계 誡 경계할계 悈 신칙할계 械 기계계 季 말재계 悸 마음무근거릴계 痵 마음두근거릴계 㖢 근수계 系 맬계 係 이을계 繫 맬계

紒 상투계 繼 이을계 契 계약할계 鄈 나라이름계 禊 푸닥거리할계 挈 이지러질계 鍥 새길계 瘈 간질병계 鱀 진배계 瘛 어린이경기병계 𧡬 문안할계

癸 북방계 猤 용맹스러울계 𧢍 볼계 蘻 풀연접할계 溪 시내계 榽 묶을계 嵠 시내계 谿 시내계 磎 시내계 鷄 닭계 雞 닭계 鸂 뜸부기계

嗘 소리계 𧓱 땅벌계 桂 계수나무계 烓 밝을계 溎 물이름계 枅 장혜계 笄 비녀계 䀘 엿볼계 忦 근심하고두려워할계 𣬸 짐승의가는털계

界 지경계 㭼 찬장계 齘 이틈계 啓 열계 綮 창집계 棨 기날린창계 晵 비갤계 階 섬돌계 堦 섬돌계 稽 상고할계 罽 담요계 𦅁 담요계

계 蘮 찰풀계 𦼮 대열매계 薊 판풀계 瘈 머리할계 葪 베일계 薊 삽주계 毄 먹여기를계 繫 용드레채계 𦈢 긴메뚜기계 罊 그릇계

속휜히빌계 屆 이를계 計 셀계 乩 무꾸리할계 卟 점칠계 褉 옷헤칠계 襶 외폭겹계 檵 구기자계 𡸮 산높을계 彐 돌머리계 忚 싫어할계 揭 높이

들계 𤢺 꼬리짧은원숭이계 寱 깊이잠들계 闋 문둔태구멍계 閞 문짝계 髻 상투계 齘 자며이갈계 𣪠 궁구할계 紒 상투계

고

古 예고 估 저자세금고 沽 살고 姑 시어머니고 枯 마를고 牯 암소고 故 연고고 苦 쓸고 罟 그물고 楛 싸리나무고 筶 판음대고 蛄 도로래고 詁 주벌고 羖 검은암양고 鈷 다리미고 酤 술팔고 弧 작은활고 鴣 자고새고 辜 허물고 秙 벼여물지않을고 結 망개고 跍 걸터앉을고 𤵸 어린아이입병고 瘔 곤고할고 菇 쥐참외고 骷 해골고 𨐨 쓰고매울고 𨠔 초김치고 盬 그릇고 𥁕 그릇고 盬 소금밭고 盬 소금고 橭 무고나무고 𨪐 살이름고 嫴 계집죄인머물러둘고 𧆛 범이숨쉴고 告 고할고 祰 빌고 誥 깨우쳐고할고 郜 나라이름고 𡧊 잠깰고 悎 놀랄고 窖 움고 𦐇 빗게 𧢈 오래볼고 靠 어길고 高 높을고 敲 두드릴고 槁 마를고 膏 기름고 藁 짚고 稾 볏짚고 槀 마를고 稿 볏짚고 暠 명백할고 𤸰 문둥병고 殦 별바랠고 篙 상앗대고 蒿 저승고 燺 마를고 皜 흴고 𩫕 밝을고 𩕄 큰머리고 藃 퇼고 鶮 고을이름고 考 생각할고 栲 복나무고 拷 두드릴고 洘 물마를고 烤 불에말릴고 𥬗 대고리고 侤 다짐둘고 固 굳을고 涸 얼고 婟 애낄고 痼 고질고 錮 땜질할고 鯝 생선배리고 堌 오랜무덤고 棝 쥐덫고 嗰 소목도리질할고 崮 섬고 𢳊 고을이름고 稒 고을이름고 𩜋 떡고 皋 언덕고 皐 언덕고 𦷎 풀성할고 滜 언덕고 韟 활집고 翱 노닐고 𧢃 볼고 槔 용드레고 𩔡 큰얼굴고 杲 높을고 菒 마른풀고 𩑈 머리고 柧 모질고 苽 교미고 罛 큰그물고 箛 피리고 觚 대쪽고 胍 큰배고 菰 풀우거질고 呱 아이울음소리고 軱 큰뼈고 觚 술잔고 𨟾 술잔고 孤 외로울고 胯 다리고 刳 쪼갤고

梌 쥐엄나무고 挎 손가락구멍에넣어잡을고 袴 바지고 絝 바지고 桍 마른나무고 睾 부랄고 鼓 두드릴고 皷 북고 鼓 북고 薣 요화고 瞽 장님고 鼛 큰북고 盬 모을고 橰 두레박고 櫜 활집고 箍 대테멜고 羔 염소고 糕 흰떡고 餻 흰떡고 股 다리고 羖 검은암양고 ⿵門骨 왼쪽문고 叩 두드릴고 尻 꽁무니고 攷 생각할고 ⿰月尻 볼기고 ⿰骨尻 꽁무니뼈고 顧 돌아볼고 ⿰兆巳 가릴고 臯 윤택할고 庫 곳집고 賈 살고 咎 순임금신하고 頋 돌아볼고 雇 품팔고 鹽古 소금밭고 蠱 놀고 髙 성고

곡

谷 골곡 峪 꿩울곡 硲 산골짜기곡 告 청할곡 牿 외양깐곡 梏 수갑곡 ⿰禾告 벼익을곡 ⿵門告 문소리곡 ⿰阝告 큰언덕곡 ⿰告頁 코우뚝할곡 鵠 과녁곡 ⿰角告 코끼리곡 嚳 제곡 ⿰鹵告 상아다를곡 曲 굽을곡 ⿱艹曲 누에발곡 ⿰口曲 문초할곡 蛐 지렁이곡 浀 물이름곡 ⿱竹曲 누에발곡 ⿱卭舌 넉넉할곡 穀 곡식곡 榖 닥나무곡 縠 저사곡 瑴 쌍옥곡 ⿱竹穀 함곡 ⿱𣪊缶 굽지않은질그릇곡 轂 바퀴통곡 ⿱𣪊酉 술파리곡 觳 두려울곡 螜 도로래곡 嗀 입소리곡 ⿱𣪊用 발통곡 ⿱𣪊木 닥나무곡 ⿱𣪊玉 쌍옥곡 ⿱𣪊米 곡식곡 ⿱𣪊鼠 족제비곡 珏 쌍옥곡 斛 휘곡 蔛 석곡초곡 槲 떡갈나무곡 韋 바퀴통곡 ⿱彐角 굽은뿔곡 ⿰歹角 죽길겁낼곡 ⿱竹斛 큰상자곡 ⿱穴高 굽을곡 ⿰弓屈 날랠곡 阮 물가언덕곡 哭 울곡

곤

困 곤할곤 捆 두드릴곤 梱 문지방곤 悃 정성곤 稇 곡식익을곤 綑 짤곤 裍 옷동일곤 䠅 자취곤 硱 돌떨어질곤 ⿰困頁 귀문곤 ⿰齒困 이솟을곤 閫 문지방곤 昆 맏곤 混 서녘오랑캐곤 崐 산이름곤 崑 산이름곤 裩 속것곤 棍 곤장곤 琨 아름다운옥곤 硍 종소리털털할곤 蜫 벌레곤 錕 붉은금곤 緄 수놓은비단곤 ⿰禾昆 단곤 菎 향풀곤 惃 어지러울곤 猑 큰개곤 騉 말이름곤 輥 빠르게구를곤 鯤 곤어곤 鵾 고니곤 衮 곤룡포곤 滾 끓은물곤 ⿰言衮 말분명하지못할곤 ⿰土衮 찰진흙곤 蓘 북돋을곤 坤 땅곤 壼 궐내의복도곤 ⿵門壺 궁문곤 髡 머리깎을곤 ⿱罒鯀 삼그물곤 ⿰月寬 볼기곤 䖵 벌레곤 ⿰巾軍

잠방이곤 ⿰镸几 키다래기소곤 晜 후손곤 ⿰臣頁 뺨높을곤 鮌 곤어곤 ⿰魚欸 어리석을곤 橐 전대곤 瑻 아름다운옥곤 睴 큰눈툭불거질곤 睔 큰눈곤 褌 속것곤 礼 가지찍을곤

골

骨 뼈골 搰 팔골 愲 심란할골 滑 회해할골 榾 삭정이골 縎 맺을골 ⿸疒骨 무릎병골 ⿱艹骨 풀줄기골 ⿰骨力 힘쓸골 鶻 매골 顝 추할골 汩 골몰할골 抇 끌어굴릴골 ⿰月黑 달흐릴골 欱 마시는소리골 絗 실꾸리골 ⿰月屈 볼기뼈골 ⿰乞頁 뺨높을골

공

工 장인공 功 공공 攻 칠공 邛 병될공 ⿰工刂 낫질할공 玒 옥이름공 ⿰忄工 마음급할공 釭 굴대공 羾 날아올공 ⿰耳工 귀신소리들을공 筇 지팡이공 灴 횃불공 疘 밑빠질공 ⿰米邛 떡갈나무공 ⿱艹邛 책력풀공 紅 공공 倮 작고못생길공 共 한가지공 供 이바지공 拱 꽂을공 珙 크고둥근옥공 恭 공순공 栱 말장공 ⿰忄共 떨공 拲 수갑지울공 蛬 귀뚜라미공 輁 관괴임공 ⿱共木 수갑공 ⿱穴共 빌공 ⿱髟共 머리엉킬공 龔 줄공 空 빌공 倥 지각없을공 涳 가는비공 控 끄을공 崆 산이름공 悾 정성스러울공 椌 기물질박할공 ⿰巾空 소매공 箜 공후공 ⿰糸空 긴실공 ⿰爿空 담뚫을공 硿 공청공 ⿱艹空 줄기속빌공 ⿰虫空 매미허물벗은껍질공 ⿰禾空 짚공 鞚 말굴레공 ⿱壴空 튼튼하지못할공 鵼 새이름공 公 귀공 玜 옥이름공 ⿰魚公 새우공 ⿰口公 지꺼릴공 蚣 지네공 貢 바칠공 ⿰氵貢 물이름공 ⿰土貢 땅이름공 ⿰貢鳥 새모이사양할공 槓 막대공 幀 보자기공 ⿰忄貢 잘난체할공 ⿱竹貢 대삿갓공 熕 대포공 碽 돌치는소리공 ⿱艹貢 결실될공 ⿰革貢 날가죽공 ⿰音贛 줄공 贛 줄공 蘔 율무공 灨 물이름공 ⿷匚贛 작은잔공 恐 두려울공 ⿱巩石 물갓돌공 蛩 공공이공 跫 발자취소리공 ⿱巩金 도끼구멍공 鞏 가죽테공 ⿱巩禾 늦사리벼공 ⿱巩玉 옥띠공 ⿱巩米 정한쌀공 ⿱巩手 두손으로잡을공 ⿱巩缶 큰독공 ⿳竹巩虫 수레덮는대뜸공 ⿱巩金 도끼구멍공 ⿱巩車 바퀴둘레공 廾 손맞잡을공 ⿱日廾 도울공 龏 삼갈공 孔 구멍공 ⿰糸力 길쌈할공 ⿰孔頁 낯공 ⿰孔風 어지러운바람공

괴

凷 땅덩이괴 乖 어그러질괴 [illegible] 잘룩할괴 [illegible] 돌부서뜨릴괴 傀 엄전할괴 媿 부끄러울괴 愧 부끄러울괴 槐 느티나무괴 瑰 옥돌괴 魁 으뜸괴 塊 땅덩이괴 騩 잿빛말괴 會 그림괴 儈 거간군괴 廥 여물괴 癐 병심할괴 糩 등겨괴 襘 옷깃괴 㨤 거둘괴 旝 대장의지휘하는기괴 壞 무너트릴괴 [illegible] 부를괴 瓌 옥이름괴 [illegible] 조약돌괴 櫰 느티나무괴 蘹 회향괴 [illegible] 무너트릴괴 怪 괴이할괴 硁 옥돌괴 恠 괴이할괴 拐 유인할괴 蒯 기령풀괴 [illegible] 풀괴 蕢 붉은비름괴 㕟 숨쉴괴 欳 크게한숨쉴괴 [illegible] 무너질괴 宔 전각괴 [illegible] 홀로설괴 膭 뚱뚱할괴

괵

馘 목벨괵 [illegible] 쇠뿔괵 [illegible] 뜨거운바람괵 [illegible] 목벨괵 嘓 귀찮을괵 膕 오금괵 [illegible] 맨몸괵 聝 귀벨괵 虢 나라괵 㶁 물소리괵 [illegible] 눈감을괵 [illegible] 다리길괵 蟈 개구리괵

굉

厷 팔굉 宏 클굉 閎 넓을굉 肱 팔굉 紘 넓을굉 軚 수렛소리굉 汯 물빨리흐를굉 浤 바다물소용솟음할굉 硡 돌떨어지는소리굉 [illegible] 큰집굉 翃 벌레풀풀나를굉 [illegible] 수렛소리굉 鞃 수레앞턱에맨고삐굉 [illegible] 아득할굉 觥 클굉 卝 쇠뭉치굉 觵 뿔술잔굉 [illegible] 보리굉 訇 큰소리날굉 鍧 쇠북굉 鍠 쇠북소리굉 轟 수렛소리굉

과

冎 살발라낼과 剮 살발라낼과 過 지날과 堝 도가니과 踻 발금과 [illegible] 뿔많을과 諣 말급할과 薖 너그러울과 [illegible] 먹을과 簻 말채찍과 撾 칠과 濄 물이름과 檛 말채찍과 鍋 남비과 [illegible] 차기름통과 媧 여와씨과 鐹 낫과 [illegible] 짧은머리과 果 과실과 倮 협애할과 [illegible] 험산할과 菓 과실과 窠 둥우리과 堁 티끌일어날과 蜾 나나니과 踝 복사뼈과 [illegible] 벨과 騍 암말과 猓 원숭이과 稞 중보리과 粿 정한쌀과 綶 얽어동여맬과 腂 부어서붉은발설과 餜 떡과 棵 파협과 夥 많을과 輠 차기름통과 課 세금매길과 顆 알과 髁 무릎뼈과 [illegible] 볼기뼈과 錁 띠치장과 裹

쌀파 褁 옷쌀 과 科 과거 과 蝌 올챙이 과 萪 등나무 과 餜 고물떡 과 犐 뿔없는소 과 𤘘 큰황소 과 夸 사치할 과 侉 자랑할 과 恗 잘난체할 과 姱 좋을

과 荂 꽃 과 誇 자랑할 과 跨 걸터앉을 과 骻 잔허리뼈 과 銙 띠돈 과 㡆 속적삼 과 𢓜 빨리갈 과 𩊲 띠치장할 과 𥒰 반석 과 胯 사태 과 𨉖 몸부

드러울 과 瓜 외 과 㽁 헌데 과 𧿒 발굽 과 𧦧 말더딜 과 䬹 밥내릴 과 謑 서로그릇할 과 骫 손발굽으러지는병 과 臠 나키밥창자 과 𢅏 비단옷 과 梁 잡을 과

婐 아름다울 과 寡 적을 과 戈 창 과 𨟻 술빛 과

곽

霍 빠를 곽 瀖 물결소리 곽 㰌 태자나무 곽 藿 콩잎 곽 癨 곽란 곽 篧 가리 곽 𡽗 산이름 곽 郭 성 곽 廓 클 곽 𥗍 돌관 곽 𦗖

큰귀 곽 漷 물이름 곽 槨 덧관 곽 椁 덧관 곽 鞹 다른가죽 곽 钁 괭이 곽 欔 보습 곽 𩏂 칼장식가죽 곽 崞 골 곽

관

卝 북상투 관 丱 쌍상투 관 𢇅 북에실꿸 관 弁 주나라 관 官 벼슬 관 棺 관 관 涫 끓을 관 琯 옥저 관 菅 왕골 관 綰 맬 관 舘 객사 관

𧛄 바지통 관 𨃇 도망할 관 館 객사 관 輨 줏대 관 痯 근심병 관 管 대통 관 悹 근심할 관 𥠎 벼병들 관 𢄙 머리싸는수건 관 錧 보습 관 悺 근심할 관

倌 수레맡은사람 관 𠷣 새서로지저귈 관 𢉉 희롱할 관 貫 꿰일 관 摜 띠뗄 관 慣 익숙할 관 𥈪 똑바로볼 관 遦 익힐 관 鏆 뚫을 관 𣩍 다할 관

毌 꿸 관 梡 우나라제기 관 莞 왕골 관 筦 피리 관 寬 너그러울 관 髖 응치뼈 관 串 익을 관 冠 갓 관 灌 물댈 관 瓘 서옥 관 爟 봉화 관 矔

눈부릅뜰 관 罐 물뜨는그릇 관 觀 볼 관 鸛 황새 관 鑵 두레박 관 鱹 사람의이름 관 𨯯 보습날 관 𨬚 단근질할 관 款 두드릴 관 窾 빌 관 欵 두드

릴 관 𠐊 천이을 관 𦸗 시금치 관 閞 쇠사슬 관 𥁕 손씻는그릇 관 璉 금옥마광할 관 瘝 병들 관 祼 강신할 관 窤 깊은구멍 관 悗 굴문 관 脘 밥통 관 闗

빗장 관 𢹍 손맞잡을 관 擐 꿸 관 盥 낯씻을 관 癏 병들 관

팔

适 빠를 팔 䀨 볼 팔 鴰 왜가리 팔 䓤 상서로운풀 팔 筈 살오늬 팔 髺 머리땋을 팔 鬠 머리땋을 팔 㤔 팔시할 팔 佸 회계할 팔 刮 긁을 팔

括 헤아릴 팔 活 물소리 팔 栝 전나무 팔 秳 벼날 팔 䒷 하늘타리 팔 聒 요란할 팔 敌 다할 팔 捖 긁을 팔 𦧇 혀널름거릴 팔 頢 짧은얼굴 팔 闊 문열 팔

䫴 낯작을 팔 劀 굿은살도려낼 팔 昏 입막을 팔 懖 임의로할 팔 颳 모진바람 팔 髺 뼈끝 팔 齺 씹는소리 팔 䯏 하늘타리 팔

광

廣 넓을 광 僙 위엄스러울 광 擴 채울 광 壙 광중 광 曠 빌 광 礦 쇳돌 광 矌 청맹관이 광 纊 고운솜 광 鑛 쇳덩이 광 輄 수레밑가로나무 광

𦗅 귀넓을 광 韻 소리 광 䊯 꾸민빛 광 獷 추악할 광 懭 모질 광 䵚 껍질두터운보리 광 𨅑 길넓고멀 광 穬 벼여물지않을 광 嚝 쇠북소리 광

驥 말등도래질 광 𢠸 빌 광 光 빛 광 洸 물솟을 광 胱 오줌통 광 桄 베틀 광 絖 고운솜 광 侊 클 광 垙 밭사이길 광 硄 돌빛윤택할 광 咣 말잘할 광

垙 갈거리 광 姯 환할 광 珖 옥피리 광 𦊨 그물에가득할 광 茪 초결명 광 匡 도울 광 劻 급거할 광 恇 겁낼 광 眶 눈두덩 광 筐 모진대광주리 광 誆 속일 광

迋 속일 광 㤮 속일 광 誑 속일 광 狂 미칠 광 軖 물레 광 䟫 급히갈 광 閬 문도리나무 광 頣 눈가 광 逛 달아날 광 鵟 부엉이 광 𧾷 어그러질 광

敀 채마전언저리 광 炚 비칠 광 闣 빗장 광 黆 위엄스러울 광

패

柺 노인지팡이짚을 패 喎 입비뚤어질 패 詿 그릇할 패 絓 거리낄 패 罣 거리낄 패 𥦗 바둑판줄 패 褂 마고자 패 鼃 코숨소리 패 挂 걸 패 掛 걸 패

卦 점칠 패 蝸 불파벌레 패 浧 물형세 패 㾩 벼이삭벌레먹어병들 패 𤼭 개짖을 패 𨆌 오줌 패 肐 허리아플 패 戈 창 패

교

交 사귈 교 佼 좋을 교 姣 아름다울 교 狡 교활할 교 咬 새지저귈 교 茭 마른꼴 교 郊 들 교 蛟 교룡 교 絞 급할 교 筊 작은퉁소 교 較 비교할 교

校 학교 교 珓 배교 교 皎 흴 교 挍 상고할 교 鉸 가위 교 骹 발목뼈 교 鮫 상어 교 鵁 교청새 교 齩 씹을 교 烄 태울 교 跤 종아리 교 䘨

잠방이교 皎 할깃할깃볼교 ⿰革交 가죽주머니교 ⿰酉交 술팔교 鉸 풀무교 餃 경단교 ⿰韋交 주머니교 喬 큰나무교 嶠 산길교 憍 방자할교 嬌 아름다울
교 敿 동일교 僑 우거할교 撟 손들교 ⿰彳喬 더디갈교 橋 다리교 穚 벼패여날교 蟜 개미교 蹻 날쌜교 ⿱髟喬 길교 矯 바로잡을교 繑 바지끈교
⿰巾喬 바지끈교 ⿰弓喬 활쏠교 嘺 어렴풋할교 鐈 발긴솥교 ⿰牛喬 포교 鞽 나막신교 轎 가마교 趫 건장할교 譑 죄들어낼교 驕 교만할교 鱎 돌잉
어교 ⿰喬阝 나라이름교 ⿸广喬 높은집교 ⿱穴喬 손교 翹 높이나를교 蕎 모밀교 ⿰喬元 뒤뚱거릴교 鷮 꿩교 敫 노래할교 曒 밝을교 邀 따를교 謷
들처별교 璬 차는옥교 礉 험할교 皦 옥과돌흴교 繳 얽을교 噭 소울교 ⿰巾敫 행전교 嬓 사람의이름교 ⿰金敫 그릇손잡이교 ⿱敫手 옆으로칠교 敎 가르칠교
噭 싸울교 嘐 울교 嵺 산솟은모양교 膠 아교 漻 물벌창할교 ⿰犭翏 교활할교 轇 세갈래질교 ⿰翏頁 낯바르지못할교 蟂 교달교 鄡 땅이름교 嘄
부르짖을교 磽 단단할교 蹺 발저겨드딜교 ⿺麥翏 들교 ⿰車堯 수렛심대끝교 趬 사뿐사뿐걸을교 ⿰堯堯 높을교 ⿺麥翏 어아리나무교 獟 날랠교 鵫 작은비둘기교
鵫 올빼미교 ⿰兆鳥 올빼미교 ⿰鳥刅 올빼미교 ⿰𧾷高 종아리교 ⿰魚本 피라미교 ⿰馬高 높이여섯자되는말교 覺 꿈깰교 攪 손놀릴교 ⿰氵覺 물젖는소리교 橇 진흙
썰매교 ⿰谷周 골짜기클교 ⿱漻皿 그릇교 ⿰目乚 눈쌍꺼풀질교 窌 굴교 簥 큰저교 ⿱巧心 엎드릴교 捁 흔들교 嘂 크게부르짖을교 嚙 물교 ⿰土窖 굴속집교 巧
교할교 斈 인도할교 ⿰口采 움직일교 ⿸疒丩 뱃속켱길교 県 목베어달교 ⿱宀見 빌교 ⿰矛各 건장할교 劭 권면할교 ⿰交頁 아첨할교 ⿰自乚 진중할교 芁 망초교 荍
금규화교 藠 염교 虠 범의소리교 酵 술괴일교 榷 쪽널다리교

구

口 입구 叩 두드릴구 扣 두드릴구 咎 허물구 ⿱公口 기승할구 ⿰口丘 소리높일구 呴 웃을구 夻 대구구 咕 두덜거릴구 冓 재목어긋매껴쌓을구 媾
거듭혼인할구 溝 개천구 構 지을구 篝 불우리구 遘 만날구 覯 만나볼구 購 살구 韝 깍지구 ⿰口冓 부를구 搆 얽어모을구 ⿰石冓 디딤돌구

㷓 봉화 구 犕 여섯살 된소 구 𢄔 홑옷 구 褠 소매좁은 홑옷 구 𦡆 발굽을 구 𨬟 뿌리받이 구 鞲 팔지 구 篝 배롱 구 𩂯 큰비 구 𦽅 풀쌓을 구

句 글귀 절구 勾 글귀 절구 劬 수고로울 구 呴 숨내쉴 구 岣 산이름 구 狗 개 구 昫 해돋아 따뜻할 구 枸 구기자 구 朐 포 구 耇 명길 구 欨 불 구

苟 겨우 구 袧 상복사폭 구 痀 꼽사등이 구 絇 신코꾸밀 구 笱 통발 구 𦨖 큰배 구 跔 뛸 구 軥 멍에 구 鉤 끌 구 雊 장끼울음 구 蒟 구장 구

竘 다듬을 구 𣧑 마를 구 怐 치떨어질 구 𢂵 플무 구 够 모을 구 斪 호미 구 敂 칠 구 蚼 개미 구 豞 꿀꿀할 구 拘 잡을 구 豿 곰과 범의 새끼 구

𩚌 소배부를 구 鮈 고기이름 구 䝭 다스릴 구 𩋙 말안장 구 𩑈 힘쓸 구 𧺩 달아나며 돌아볼 구 瓝 박 구 玽 옥돌 구 𦱇 풀이름 구 朐 멍에목거리 구 𦱋 감자 구

翑 날개굽을 구 𣚍 굽은가지 구 鼩 생쥐 구 駒 망아지 구 鴝 구욕새 구 區 감출 구 傴 구부릴 구 摳 끄을 구 嘔 토할 구 歐 성 구 嶇 산험준할 구

熰 몹시뜨거울 구 謳 노래 구 𢅥 깍지 구 漚 물거품 구 嫗 할미 구 彄 활꽂이 구 敺 몰 구 甌 중발 구 軀 몸 구 毆 칠 구 驅 몰 구 鷗 갈매기 구

𣋊 따뜻할 구 膒 오래된 기름 구 瞘 움펑눈 구 𧑒 어린누에 구 𧝑 어린애 턱받기 구 𨂲 절 구 𨼍 편치못할 구 𩕄 핀잔줄 구 蓲 달 구 藲 물마실 구 瞿 노려볼 구

懼 두려울 구 臞 파리할 구 氍 담요 구 癯 파리할 구 衢 거리 구 鸜 장끼울음 구 𥗲 푸른숫돌 구 灈 물이름 구 欋 쇠시랑 구 䂂 보습 구 蠷 그리마 구

𧆂 석주화 구 𢖍 가는모양 구 躣 꿈틀꿈틀할 구 𧽸 달아나며 돌아볼 구 戵 네갈래진창 구 𢋆 곳집 구 具 갖출 구 俱 함께 구 椇 은나라 제기 구

𨁂 손발곱을 구 𡌽 방축 구 颶 회리바람 구 垢 때 구 姤 만날 구 詬 꾸짖을 구 茩 초결명 구 久 오랠 구 灸 지질 구 玖 검은돌 구 𢇖 뜸뜨는자리 구

疚 오랜병 구 柩 관 구 条 구미 구 镹 길 구 桕 오구나무 구 构 굽으러질 구 九 아홉 구 仇 원수 구 艽 거친들 구 朹 아가위 구 究 궁리할 구 肍 고기로장담글 구

疞 병 구 厹 기쓸 구 紌 구할 구 犰 짐승이름 구 勼 모을 구 訄 급할 구 𧮫 큰골 구 鳩 비둘기 구 鼽 코막힐 구 㚤 파부수절할 구

求 구할구 梂 도토리받침구 救 구원할구 逑 짝구 裘 갖옷구 絿 엄할구 俅 공순할구 毬 제기구 觩 끌머리구 裓 공구 捄 긴모양구 殏 마칠구,

姝 짝구 屎 자지구 庡 엽에붙은집구 蛷 그리마구 賕 장전구 觩 뿔끝굽을구 趜 어긋날구 踈 밟을구 脙 파리할구 頄 일구 怺 허물구

茱 수유씨구 球 옥경쇠구 銶 끌구 颼 적은바람구 矩 법구 榘 법구 丘 언덕구 蚯 지렁이구 赽 절뚝거릴구 跍 걸을구 齁 들창코구

邱 언덕구 瞘 놀랄구 蝺 예쁠구 齲 충치구 窐 시루구 寇 사나울구 寇 도둑구 寇 도둑구 蔻 두구 緱 칼자루감을구 鷇 양의젖짜별구

㲉 지식없을구 彀 젖짤구 彀 활잔뜩당길구 瞉 소젖짤구 鷇 새새끼구 齨 어금니구 齵 너리먹을구 瞿 두려워볼구 灈 고기깃줄구

牞 수소구 摸 들구 糗 미싯가루구 蚼 뜰구 鼁 두꺼비구 㡚 삼구 麏 수고라니구 鷗 새이름구 氍 털요구 欨 아이흥악할구 丩 넌출구

鑺 창구 寠 가난할구 窶 가난할구 㽸 신코꾸밀구 屨 삼신구 佉 나라이름구 傋 휘방할구 怸 원망할구 廐 마구 飼 배불러싫을구

褠 바지구 詬 휘방할구 韭 부추구 趵 발꼬부라질구 䮷 뒷발흰말구 眗 좌우로볼구 膈 보지구 臼 절구 舅 외삼촌구 舊 예구 㮍 볶은쌀구

匶 관구 軥 수레뒤구 訽 두드릴구 釦 두드릴구 㸰 소힘셀구 璆 옥소리구 䶗 얼굴추할구 絇 암단추구 笱 바디구 絿 흰비단실구 鮥 준치구

閧 송사할구 鬮 제비뽑을구 鬮 제비뽑을구 龜 나라이름구 傋 지각없을구

국

局 판국 挶 잡을국 梮 썰매국 跼 굽을국 鋦 철로동일국 耦 밭갈국 匊 줌국 掬 두손으로움킬국 菊 국화국 鞠 굽으릴국 趜 제기국

踘 제기찰국 椈 측백나무국 陶 찰국 淗 물결어룽거릴국 箃 대뿌리국 趜 궁구할국 躹 몸굽힐국 鞠 쌀국 麴 누룩국 鵴 뻐꾹새국 蘜 국화국

鶪 새우등말국 鞫 문초할국 國 나라국 蟈 북소리국 拲 수갑국 輂 수레국 欅 썰매국 匊 곱사등이국 厈 잡을국 麯 누룩국 擢 질국

균

軍 군사 군 㖥 입클 군 𢈹 쌓을 군 皸 얼어터질 군 𧳘 작은 멧돝 군 君 임금 군 涒 먹고 다시 토할 군 群 무리 군 羣 무리 군 宭 여럿이 살 군 窘 군색할 군 僒 군색할 군 捃 주을 군 郡 고을 군 帬 통치마 군 裙 치마 군 桾 고염 군 莙 말마름 군 珺 아름다운 옥 군 頵 머리통 큰 군 鵘 꼬리없는 닭 군 𢸗 묶을 군 䐃 사태 군 䠱 다다를 군 攈 주을 군 攟 주을 군 菌 들콩 군

굴

𠜾 우비칼 굴 厥 나라이름 굴 劂 우비할 굴 屈 굽을 굴 堀 넙뚤 굴 淈 흐릴 굴 倔 굳셀 굴 崛 산우뚝할 굴 窟 굴 굴 掘 팔 굴 𧊜 나무좀 굴 𧝒 짧은 옷 굴 誳 괴이할 굴 𤞷 짐승이름 굴 𦃦 맺을 굴 𨃅 힘 굴 鈯 배목 굴 𩓣 낯짧을 굴 㞊 동경개 굴 𣿅 물속우중충할 굴 𥳇 그릇 닦는 솔 굴 𡾎 민둥산 굴 䰳 털반배 굴 趷 달아날 굴 趉 별안간 달아날 굴 詘 굽을 굴 𧍤 달나오는 곳 굴 絀 굽을 굴 矻 느른할 굴 弡 날랠 굴 抙 막대로 팔 굴 𣢹 편치않을 굴 䫿 눈불거질 굴 𧰼 돌흙뒤질 굴 𩑡 광대뼈 굴 蚼 쥐 굴

궁

弓 활 궁 穹 높을 궁 芎 궁궁이 궁 躳 몸 궁 躬 몸 궁 𨈭 부릴 궁 藭 궁궁이 궁 窮 다할 궁 竆 궁진할 궁 䆪 물을 궁 𨉥 공순할 궁 𨈬 굽실거릴 궁 䂬 별에 말릴 궁 澓 빨리 흐를 궁 𡾮 산모양 궁 竆 궁구할 궁 𥨐 넓고 깊을 궁 宮 집 궁 𡦻 아기집 궁 营 궁궁이 궁 𦞦 불알썩힐 궁 蠶 도마뱀 궁 㑋 작고 추할 궁 𨥈 팔고리 궁 髡 터럭엉킬 궁

귀

貴 귀할 귀 嘳 한숨쉴 귀 襀 끈 귀 撌 당길 귀 𢍰 활잡이 귀 晷 해그림자 귀 庪 무너질 귀 咆 허락할 귀 特 소소리 귀 繢 검은 비단 귀 劌 상할 귀 嶡 산이 불끈 솟을 귀 歸 돌아갈 귀 帰 돌아갈 귀 䝿 재물 귀 郶 먼 마을 귀 鈽 가래 귀 䩻 외뿔 귀 醆 맑은 술 귀 隽 돌아볼 귀 鬼 귀신 귀 鳺 접동새 귀 龜 거북 귀 櫷 느티나무 귀 槶 광주리 바닥 귀 鐀 궤 귀 賢 귀할 귀

귁 幗 계집의관귁 蟈 개구리귁 摑 때릴귁 敋 때릴귁

궉 鴌 궉성

권 權 권세권 勸 권할권 顴 광대뼈권 臛 추할권 蠸 노른재권 纙 풍뎅이권 趯 구부리고달아날권 穳 벼익어누렁게될권 觽 뿔두를권 躣 등구부리고결을권 髖 광대뼈권 虄 갈순권 卷 책권 券 문서권 倦 게으를권 惓 삼갈권 婘 예쁠권 捲 거둘권 拳 주먹권 棬 동구리권 踡 허리굽힐권 𢓈 천천이결을권 淃 물돌아흐를권 犈 다리검은소권 䅌 벼포기서로가까울권 䊎 죽되직할권 腃 입시울권 蜷 움추려질권 綣 정다울권 絭 팔찌권 弮 소뇌활권 鬈 수염보기좋을권 眷 돌아볼권 睠 돌아볼권 菤 도꼬마리권 裷 복건권 𤷄 손굽는병권 錈 쇠말릴권 𩓥 굽은뿔권 齤 굽을권 輂 차끌권 𪏆 넓을권 帣 전대권 桊 소코뚜레권 𥁕 나무바리권 裷 버선권 觠 굽은뿔권 桊 쇠코뚜레권 韏 가죽사분파할권 惓 돌보아줄권 圈 짐승우리간권 䍐 눈어저리권 罥 실그물권 𢿲 밥뭉칠권 鬳 솥권 𪘨 옥니권 𢀿 가득히뜰권 彎 가득히뜰권 韏 다룬가죽권

궐 㰦 숨쉴궐 厥 그궐 瘚 기운질릴궐 橛 말뚝궐 蕨 고사리궐 撅 칠궐 劂 각도궐 蟨 짐승궐 蹶 미끄러질궐 闕 대궐궐 鱖 쏘가리궐 鷢 조고리궐 獗 도둑일어날궐 蟩 우물벌레궐 𧝞 옷걷고건늘궐 𥗼 돌뜰궐 𦏵 털긴양궐 𦨣 배매는말뚝궐 𧤼 뿔로받을궐 𧾴 헤치고일어날궐 𨮂 갈궐 𦢊 꼬리밑둥궐 亅 갈구리궐 孓 짧을궐 欮 열궐 䌰 맺을궐

궤 匱 궤궤 潰 흩어질궤 憒 심란할궤 蕢 둥구미궤 簣 삼태궤 櫃 궤궤 鐀 철궤 饋 먹일궤 闠 저자문궤 鞼 꺾을궤 樻 영수목궤 繢 짜든토끌궤 几 기댈상궤 机 책상궤 氿 물가궤 宄 바깥도둑궤 凧 연궤 佹 포갤궤 垝 무너진담궤 祪 폐한사당신주궤 姽 몸지어걸을궤 跪 꿇어앉을궤 詭 속일궤 𨥉 가래궤 恑 변할궤 㩻 헐어버릴궤 觤 뿔하나길궤 鵍 새접동새궤 㰪 고달플궤 𩩲 허리아플궤

軌 굴대궤 蔮 잠없는치포판궤 簂 첩지궤 簋 보궤 蹶 움직일궤 鐝 괭이궤 撅 옷걷을궤 鱖 쏘가리궤 麔 큰노루궤 麂 큰고라니궤

匭 궤궤 劌 상할궤 餽 먹일궤 臾 삼태궤 厬 물잦을궤

규

圭 홀규 刲 찌를규 奎 별규 珪 서옥규 窐 시루구멍규 畦 밭두둑규 袿 부인옷규 跬 반걸음규 閨 계집규 黊 곱게누를규 硅 유리만드는흙규 [扌+奎] 찌를규 [耒+圭] 굽정이규 茥 딸기규 [木+奎] 호밋자루규 [足+奎] 발벌릴규 邽 고을이름규 [雨+圭] 더러울규 [illegible] 들고다니는화덕규 [月+癸] 추하게생길규

暌 해질규 鄈 땅이름규 揆 헤아릴규 葵 아욱규 戣 양지창규 楑 방망이규 湀 샘날규 [忄+癸] 조급할규 [衤+癸] 옷뒤틀릴규 睽 다를규 [耳+癸] 귀먹어리규

騤 말세찰규 藈 쥐참외규 規 법규 摫 마름질할규 槻 느티나무규 瞡 결눈질해볼규 窺 엿볼규 闚 엿볼규 [魚+規] 복규 [規+鳥] 접동새규 叫 부르짖을규

[口+斗] 부를규 虯 뿔없는용규 糾 삼겹노규 赳 헌걸찰규 [足+丩] 비틀거릴규 朻 나무아래로굽을규 摎 묶을규 繆 수질규 樛 가지늘어질규

蟉 용굽이칠규 潙 물이름규 嬀 진나라성규 巋 산높고험할규 [歸+見] 눈여겨볼규 [illegible] 음란하게볼규 弖 책권규 [illegible] 비틀거릴규 馗 아홉거리규

逵 큰길규 虬 뿔없는용규 糺 거둘규 艽 파규 頄 광대뼈규 頍 머리들규 頯 광대뼈규 竅 구멍규 躈 말굽규 [夫+隹] 두견새규 巂 접동새규

[雋+鳥] 접동새규 [巂+瓦] 시루구멍규

균

囷 서릴균 菌 버섯균 稛 묶을균 箘 살댓감균 碅 돌위태할균 蜠 자개균 [illegible] 땅버섯균 麕 노루균 麇 노루균 麏 고라니균 龜 손얼어터질균

勻 고를균 均 고를균 畇 밭개간할균 呁 토할균 蚐 노래기균 袀 군복균 [言+勻] 속일균 鈞 설흔근균 筠 대껍질균 [illegible] 밭개간할균

姰 한가지균 覠 크게볼균 輑 굴대균

귤 橘 귤귤 獝 미칠귤 蹫 미쳐달아날귤 賯 큰자개귤 蕎 돌미나리귤 趫 미쳐뛰어나갈귤 鱊 장귤 趥 달아나려고할귤

극 克 이길극 剋 제할극 ⿰谷尤 느른할극 郄 틈극 郤 성극 谻 곤할극 ⿱白泉 벽틈극 隙 틈극 丮 잡을극 ⿰卻几 게으를극 戟 갈래진창극 撠 쥘극 ⿱艹戟 버들극 ⿰虎彡 이길극 劇 연극극 ⿸尸丮 가질극 ⿰女剋 천한할미극 屐 나무신극 亟 빠를극 極 가운데극 ⿰忄亟 조급할극 殛 죽일극 ⿰言亟 말더듬거릴극 ⿰革亟 급할극 革 병급할극 可 오랑캐극 棘 가시성극 襋 옷깃극 蕀 아기풀극 ⿰衤戒 옷뒷자락극 隟 틈극 ⿱髟戟 수염극 ⿰黑喜 검붉을극 ⿰矍阝 땅이름극

근 斤 날근 劤 강할근 芹 미나리근 近 가까울근 妡 아름다울근 赾 어려울근 釿 대패근 靳 아낄근 菦 흰쑥근 根 뿌리근 ⿰止艮 발꿈치근 跟 발뒤꿈치근 ⿰韋艮 묶을근 堇 진흙근 厪 적을근 廑 작은집근 墐 진흙근 殣 묻을근 瑾 붉은옥근 僅 겨우근 嫤 고울근 慬 날랠근 槿 무궁화근 ⿰扌堇 씻을근 勤 부지런할근 漌 맑을근 ⿰牛堇 소길들근 ⿰口堇 입시울근 謹 삼갈근 菫 오두근 ⿱竹堇 껍질흰대근 饉 주릴근 ⿰虫堇 지렁이근 覲 보일근 ⿰禾堇 창자루근 ⿸厂勤 오막살이근 瘽 병근 懃 은근할근 歏 모자랄근 巹 초례때술바가지근 ⿱丞己 펼근 ⿱丞巳 받들근 ⿰土力 흙벽근 觔 힘줄근 筋 힘줄근 ⿰扌巾 덮을근

글 契 나라이름글

금 金 쇠금 捡 사로잡을금 唫 입담을금 惍 이할금 ⿸广金 돌땅금 ⿸疒金 학질금 嶔 산불끈솟을금 ⿰金頁 주걱턱금 錦 비단금 ⿰黑金 누렬금 ⿰石欽 줄창헙할금 今 이제금 矜 입담을금 肣 거둘금 衿 옷깃금 芩 금풀금 衾 이불금 紟 옷고름금 琴 거문고금 黔 검을금 昑 밝을금 妗 외숙

금 庈 사람의이름금 黅 누른빛금 耹 소리금 衾 이불금 靲 신들메금 㪁 가질금 軡 새수레금 𤘍 소혓병금 𦸣 매자기걸줄기금 𦨈 새배금

禁 금할금 澿 쌀쌀히추울금 僸 우러를금 㯲 문막은목책금 噤 입담을금 襟 옷깃금 㦗 잠잠할금 𨆖 앉을금 𦆯 실금 齽 옥니금 禁 책상금

禽 새금 檎 능금금 擒 사로잡을금 顉 머리움직일금 黬 검고누른빛금

급

及 미칠급 芨 대암풀급 岌 산쭈뼛할급 笈 상자급 級 등급급 圾 산높을급 彶 급히갈급 忣 급할급 阰 사다리층계급 㞢 문자물쇠급

汲 물길을급 伋 생각할급 急 급할급 鈒 호미급 𠯗 배젓는소리급 𢓟 사람많이모일급 㬤 마르려할급 礏 산우뚝솟을급 𦾊 동아급 嬆 마음청백할급

鵖 작고검은새급 給 줄급 𦙋 고깃국급

긍

亙 즐길궁 肎 즐길궁 肯 즐길궁 䄰 귀신이름궁 亙 뻗칠궁 亘 뻗칠궁 恒 두루궁 揯 켕길궁 堩 길궁 縆 동아줄궁 堩 길궁

緪 밧줄궁 暅 별쪼일궁 殑 죽으려할궁 兢 조심할궁 矜 교만할궁 緪 밧줄궁 𩶥 상어궁 恆 두루궁 揯 켕길궁

기

乞 줄기 亟 창졸기 己 몸기 屺 민둥산기 杞 구기자기 玘 패옥기 紀 벼리기 記 기록할기 芑 흰차조기 䄫 흰조기 邔 넓은고을기

䇫 대자리기 䛊 해석할기 起 일어날기 忌 휘할기 𡸇 산높을기 鵋 부엉이기 跽 꿇어앉을기 惎 공순할기 誋 경계할기 㖢 먹을기 芰

세뿔마름기 伎 재주기 䞘 피곤할기 技 재주기 妓 기생기 岐 높을기 忮 사나울기 庋 찬탁자기 歧 둥둥떠다닐기 蚑 벌레길기 跂 육발이기

庪 산제지벌기 𢻻 기울기 𢻱 숨찰기 䞙 원숭이나무에오를기 𣐈 결가지기 𥩏 실을기 攲 기울어질기 䤵 쏠릴기 𢿉 기울어질기 鬾 이아

귀신기 奇 기이할기 崎 산길험할기 敧 기울기 碕 굽은낭떠러지기 寄 부탁할기 𧋍 매미기 琦 옥기 掎 통길기 埼 굽은낭떠러지기

기 剞 새김칼기 猗 범의어금니기 裿 속적삼기 [月+奇] 국기 [目+奇] 외눈기 [耳+奇] 키기우릴기 [示+奇] 좋을기 [忄+奇] 검박할기 踦 절뚝발이기 躸

몸기 綺 깁기 [骨+奇] 잔뼈기 騎 말탈기 觭 억박뿔기 [言+奇] 말로농할기 徛 징검다리기 錡 세발가마기 畸 셈남아지기 陭 언틀먼틀할기

婍 고울기 [革+奇] 나그네기 婎 모양기 娸 미워할기 [田+女] 남색할기 [女+忌] 성낼기 其 그기 基 터기 萁 깍지기 棊 바둑기 璂 고깔꾸미개기

祺 길할기 淇 물이름기 棋 뿌리기 琪 옥기 朞 돐기 欺 속일기 踑 걸터앉을기 期 기약기 蜞 방게기 碁 바둑기 [王+綦] 고깔꾸미개기

倛 추할기 騏 철리마기 箕 키기 惎 독할기 錤 호미기 諅 꺼릴기 旗 기기 綦 반베기 麒 기린기 魌 방상시기 鶀 되강오리기

猉 강아지기 褀 맬기 [其/己] 미워할기 [其/巾] 맬기 稘 콩줄기기 諆 꾀할기 鯕 방어기 娸 더럽게여길기 气 구름기운기 汽 물끓는김기

[气+乚] 찌를기 氣 기운기 滊 김오를기 暣 별기운기 [月+氣] 적병기 [角+氣] 좋은뿔기 沂 물이름기 圻 지경기 祈 빌기 肵 시동이먹는도마기 蘄

미나리기 頎 헌걸찰기 旂 용대기기 蚚 쌀바구미기 [斤/心] 생각할기 岓 산결에놓여있는돌기 [氵+舌] 부끄러워울기 [扌+蘄] 개새끼한마리날기 蚑 밀기벌레기

肌 살기 飢 주릴기 幾 거의기 畿 경기기 嘰 씹을기 機 베틀기 鐖 큰낫기 饑 주릴기 譏 나무랄기 [禾+幾] 갈기 鞿 말재

갈기 穖 벼기 禨 상서기 璣 선기기 蟣 서캐기 磯 물속자갈기 僟 삼갈기 [幾/皿] 찔러피날기 [豈+幾] 맞비빌기 [走+幾] 멀리달아날기 璣 둥글지않

은진주기 [酉+幾] 목욕하고술마실기 [齒+幾] 이흔들릴기 丌 책상기 弃 버릴기 棄 버릴기 冀 하고자할기 兾 하고자할기 懻 사나울긔 驥 철리

말기 [尸+旨] 볼기기 耆 늙을기 嗜 즐길기 鬐 말갈기기 鰭 지느러미기 [禾+耆] 보리씨뿌릴기 [耆+見] 볼기 愭 공순할기 [金+耆] 쇠굴대기 [耆+毛] 털무늬기

企 바랄기 [革+丸] 털벗긴가죽기 [革+勾] 바퀴통치장기 [罒+革+奇] 나그네기 羈 말굴레기 [罒+馬+巾] 말굴레기 [覀+革+奇] 나그네기 疷 체증기 祇 지신기 軝 수레굴통기

芪 단너삼 기 祁 클 기 衹 가사 기 夵 참치할 기 芑 약풀 기 蘷 조심할 기 蘻 고비 기 僛 취하여 춤추는 기 鶀 부엉이 기 豈 어찌 기 榿 가나무 기 隑 사다리 기 覬 바랄 기 騹 천리말 기 屺 붉은 신 기 踦 정강이살 기 跰 굽은 종아리 기 蹞 발들 기 躨 꿈틀거릴 기 呮 도사리고 앉을 기 忯 산이름 기 枳 해할 기 旣 이미 기 蔇 이를 기 塈 쉴 기 穊 밸 기 暨 다못 기 𧩯 차례없을 기 鱀 상어 기 旡 숨막힐 기 炁 기운 기 居 어조사 기 敧 이를 기 毃 활이 핑핑할 기 器 그릇 기 訂 소리지를 기 諅 발악할 기 諰 이름 기 进 가까이할 기 迉 나아갈 기 頍 작은머리 기 頯 큰입 기 賤 붉은자개 기 趌 반걸음 기 粃 붉은쌀 기 鄿 땅이름 기 髻 가지 기 鮨 젓갈 기 㥍 넓은바지 기 衼 자최 기 稩 벼상한이삭 기 筐 참빗 기 示 귀신 기 俟 성 기 醋 즐길 기

긱 㲃 애쓸 긱 喫 먹을 긱

긴 菣 다북쑥 긴 緊 긴할 긴 藍 다북쑥 긴 檕 나무결찹할 긴 瘢 순종 긴 筀 껍질흰대 긴

길 吉 길할 길 拮 깍지낄 길 蛣 방게 길 佶 바를 길 狤 짐승이름 길 趌 골나서 달아날 길 姞 성 길 𢓭 나갈 길 咭 웃을 길 恄 두려워할 길 桔 도라지 길 洁 맛좋은 물 길 跲 걸을 길 鞊 가슴걸이 길 鮚 조금개 길 覘 사람이름 길 詖 가죽검을 길 矿 조악돌 길 趩 비뚜루갈 길

김 金 성 김

나 奈 어찌 나 挼 꺾을 나 捼 꺾을 나 拏 잡을 나 挐 잡을 나 拿 잡을 나 拏 잡을 나 那 어찌 나 挪 잡아휠 나 娜 아리따울 나 峫 산연접할 나 哪 어조사 나 梛 나무이름 나 𦮙 찰풀 나 愞 겁낼 나 懦 부드러울 나 糯 찰벼 나 懦 부드러울 나 稬 찹쌀 나 糯 찰벼

나 衺 옷치렁거릴나 袲 깃발날릴나 橠 나무무성할나 ⿰月多 성길나 ⿰巾多 헛간나 ⿰多冄 많을나 ⿰黍多 꼭붙을나 ⿰車衺 수렛심대끝나 誃 말바르지아니할나

說 뜨개질할나 詉 말하지못할나 ⿱罒單 귀신쫓을나 難 성할나 儺 여역쫓을나 扨 그러하나

낙 諾 허락낙

난 愞 마음약할난 煗 더울난 餪 풀보기잔치난 ⿱亦火 움추려질난 渜 목욕한물난 㬉 따뜻할난 煖 더울난 赧 무안할난 ⿱赧心 부끄러얼굴붉을난

暖 따뜻할난 難 어려울난 戁 송구할난 攤 누를난 ⿱日糸 붉은난

날 涅 앙금흙날 捏 누를날 捋 딸날 捺 손으로누를날 ⿱剌手 갈날 攋 뒤적거려헤칠날 埒 비등할날 ⿸广剌 암자날 ⿰氵割 여울날 瘌 옴날

苶 고달플날 ⿰米剌 추한밥날 ⿰目剌 눈알비뚤날 ⿺風剌 바람불날 ⿰剌頁 낯추할날 ⿰黑寽 검을날 辣 가혹할날

남 男 사나이남 娚 오래비남 南 남녘남 喃 제비소리남 罱 그물남 婻 몸통통할남 湳 물이름남 楠 남나무남 腩 간랍남 ⿰米南 잡곡죽남

諵 재재할남 遖 갸륵할남 ⿰酉南 고기지질남 蝻 곡식벌레남 ⿰黑南 점남 ⿱雨南 진흙남 ⿰内皮 다룬가죽남 畘 발열이랑남 掐 고기물먹는모양남 枏 나무이름남

⿰亻酓 물릴남 ⿰金敢 말재갈남

납 内 들일납 妠 장가들납 納 들일납 衲 기울납 軜 속고삐납 ⿰扌納 칠납 蒳 향풀납 魶 메기납 ⿰食内 먹을납 ⿰執内 연할납 ⿱竹納 배매는대동아줄납

囡 손움직일납 ⿱竹囡 배매는댓줄납 ⿰口疌 입우물거릴납

낭 娘 아씨낭 ⿰氵曩 물철철흐를낭 曩 아래낭 ⿰土曩 토굴낭 儾 늦을낭 囊 주머니낭 灢 물절절흐를낭 瀼 물흐릴낭 ⿰山囊 산모롱이

낭 儾 가는모양 낭 攮 밀 낭 禳 너그러울 낭 欜 나무함지 낭 纕 너그러울 낭 獽 삽살개 낭

내 乃 이에 내 鼐 큰솥 내 內 안 내 帎 기느러질 내 肭 해구 내 妳 낮잠잘 내 嬭 유모 내 奈 어찌 내 柰 벗 내 耐 견딜 내 迺 어조사 내

𩬈 머리엉킬 내 能 세발자라 내 䏸 날흐릴 내 䙲 패랭이 내 𣬠 털많을 내 㮈 죽은나무 내 鯠 범새날 내 𤢖 노인자제 내

냑 搦 잡을 냑

냥 娘 계집 냥 孃 어머니 냥

녀 女 계집 녀 帤 수건 녀 絮 묵은솜 녀

녁 惄 마음주릴 녁

년 年 해 년 姩 예쁜계집 년 秊 해 년 被 저느러지게볼 년 涊 때낄 년 撚 잡을 년 碾 맷돌 년 反 부드러운가죽 년 鼳 푸른다람쥐 년

녈 䂼 백반 녈 篞 중피리 녈 𦛗 부을 녈

념 念 생각 념 惗 사랑할 념 𨹹 언덕위에서만날 념 恬 편안할 념 姌 회청거릴 념

녑 敜 막을 녑 捻 손으로찍어바를 녑 錜 비녀 녑 籋 족집개 녑

녕 寧 편안할 녕 儜 고달플 녕 嚀 정녕할 녕 濘 진흙수렁 녕 寍 편안할 녕 𩕄 이마 녕 𧮋 속살거릴 녕 獰 영악할 녕 鬡 머리더부룩할 녕

薴 들깨 녕 𨉞 때 녕 檸 영몽 녕 𩯯 머리흐어질 녕 嬣 투미할 녕 𡨄 하늘 녕 矃 볼 녕 㣷 달아날 녕 聹 귀에지 녕 𦡅 켯속 녕

薴 풀어지러울녕 ⿰禾寧 벼꺼럭녕 鸋 부엉이녕 ⿱寧毛 삽쌀개녕 ⿰飠寧 억지로먹을녕

녜

禰 아비사당녜 昵 아비사당녜

노

腦 머릿골노 ⿰女𡿺 번뇌할노 瑙 마노노 惱 번뇌할노 碯 마노노 硇 노사노 ⿰革𡿺 누그러운가죽노 ⿰言𡿺 말로욕할노 ⿰豸𡿺 암담비노 ⿰馬𡿺 좋은말노

奴 종노 努 힘쓸노 笯 새농노 砮 돌살촉노 怒 성낼노 怓 심란할노 孥 자식노 呶 지꺼릴노 弩 소뇌노 帑 새꼬리노 駑 노둔할노 ⿱奴目 눈부릅뜰노

⿰氵拏 젖을노 ⿰犭農 더펄개노 憹 뉘우칠노 獶 원숭이노 獿 원숭이춤출노 猱 원숭이노 ⿰犭⿱君凵 산이름노 臑 팔마디노 ⿰犭𡿺 암담비노 ⿰言⿱君凵 수수께끼노

獳 삽살개노

논

黁 향기논

농

農 농사농 儂 나농 膿 고름농 濃 걸찍할농 噥 달게먹을농 蕽 갈꽃농 穠 번화할농 ⿰耳農 귀먹먹할농 繷 많을농 ⿰飠農 억지로먹을농

⿱雨農 이슬흠치르르할농 齈 콧물흘릴농 癑 설곪길농 ⿰農鳥 기러기농 襛 옷두터울농 ⿰多農 많을농 醲 전국술농 擃 찌를농 ⿱農皿 고름농

뇌

挼 비빌뇌 婑 고울뇌 腇 잔약할뇌 捼 만질뇌 餧 주릴뇌 餒 주릴뇌 鯘 생선썩을뇌 ⿰弓委 활당길뇌 ⿰委瓜 외속뇌 ⿰歹妥 약할뇌 瑙 옥그릇뇌 ⿰颪風 바람움직일뇌 惱 번뇌할뇌 腦 머릿골뇌

뇨

褭 말북두뇨 ⿰亻褭 아름다울뇨 ⿰扌褭 딸뇨 ⿰木褭 나무휘청거릴뇨 ⿰石褭 산꼬불꼬불할뇨 ⿰阝褭 낮을뇨 橈 요란할뇨 撓 흔들릴뇨 鐃 팽과리뇨

尿 오줌뇨 淖 진흙뇨 閙 시끄러울뇨 鬧 시끄러울뇨 裊 간들거릴뇨

누 耨 김맬누 鎒 김맬누 譳 말머뭇거릴뇨 獳 성낸개누 䨲 토끼새끼누 㝅 젖누 羺 오랑캐양누 ⿰女乳 계집살통통할누 啂 젖먹일누

譨 속살거릴누

눈 腝 팔꿈치눈 媆 약할눈 嫩 어릴눈 ⿰火内 더울눈

눌 肭 물개눌 訥 말더듬거릴눌 吶 말더듬거릴눌 抐 물에담글눌 ⿰忄内 근심하고민망해할눌 ⿰日内 해저물눌 ⿰歹内 심란할눌 貀 앞발없는짐승눌 ⿰足内 발상할눌 鈉 메눌 豽 짐승눌

뉴 紐 맺을뉴 杻 박달나무뉴 狃 익숙할뉴 扭 누를뉴 忸 부끄러울뉴 鈕 인꼭지뉴 ⿰火丑 마를뉴 ⿰禾丑 벼연약할뉴 ⿱艹狃 풀뉴 粈 잡곡밥뉴

⿰衤丑 옷부드러울뉴

뉵 恧 부끄러울뉵 衂 코피뉵 衄 코피뉵 忸 부끄러울뉵 ⿰血鼻 코피뉵 ⿰面刃 부끄러운얼굴뉵 ⿰面丑 부끄러울뉵 ⿰虫丑 지차리뉵 朒 펴지못할뉵

능 能 능할능

니 尼 여승니 怩 부끄러울니 呢 말끝니 泥 진흙니 迡 가까울니 苨 겨로기니 柅 무성할니 跜 꿈틀거릴니 旎 깃발펄펄날릴니 埿 흙바를니 ⿰山尼 산이름니 妮 계집하인니 坭 진흙니 抳 그칠니 ⿰缶尼 웅덩이니 秜 돌벼니 馜 향기날니 ⿰車尼 차앞턱나무니 ⿰言尼 사람부를니 ⿰革尼 고삐늘어질니 ⿱艹泥 풀뿌리들어날니 蚭 지자리니 ⿰食尼 미끼니 你 너니 濔 많을니 禰 아비사당니 檷 실패니 瀰 물가득할니 膩 살찔니 ⿰开見 입다물니 ⿰魚尔 모래무지니 臡 뼈섞인젓니

닉 搦 잡을닉 愵 걱정할닉 㥾 부끄러워할닉

닌 紉 바늘에실꿸닌

닐 尼 그칠닐 怩 부끄러할닐 柅 그칠닐 昵 친근할닐 㥾 부끄러울닐 暱 친근할닐

님 恁 이러할님 賃 품팔님

놜 豽 삵놜 妠 어린아이살통통히찔놜

닙 [illegible] 그림자움직일닙

다 茶 차다 梌 차나무다 多 많을다 爹 아비다 茤 마름다 [illegible] 가다가설다 [illegible] 아첨할다 [illegible] 오목한산다 [illegible] 뿔짧을다 觰 뿔뿌리다 踷 비스듬히갈다

단 旦 아침단 但 다만단 担 떨칠단 怛 슬퍼할단 疸 황달단 袒 옷솔터질단 胆 침버캐단 觛 작은술잔단 [illegible] 넓은얼굴단 [illegible] 곧장갈단 [illegible] 작은집단 鴠 알단 單 홑단 匰 감실단 潬 모래톱단 鄲 땅이름단 癉 가쁠단 禪 홑옷단 [illegible] 외따로선산단 簞 상자단 [illegible] 막걸리단 鷤 꿩새끼단 亶 믿을단 壇 단단 檀 박달나무단 襢 옷벗을단 [illegible] 병들단 勯 힘다할단 [illegible] 달아날단 [illegible] 덩굴땅에퍼질단 驙 등검은흰말단 丹 붉을단 砃 붉은돌단 [illegible] 누른빛단 耑 끝단 端 끝단 剬 단정할단 湍 여울단 煓 빛날단 褍 옷바른폭단 貒 오소리단 [illegible] 각단 [illegible] 재물조그마치있을단 [illegible] 오소리단 踹 발구를단 猯 삵단 [illegible] 작은대단 [illegible] 거망빛단 鍴 송곳단 剸 끊을단 摶 칠단 漙 이슬

맺을 단 慱 근심할 단 團 둥글 단 鏄 쇳덩이 단 糰 경단 단 鷒 까치 같고 꼬리 짧은 새 단 段 조각 단 腶 약포 단 緞 신뒤축 단 鍛 단련할 단 毈 알곯아 까지 못할 단 㨶 채찍질할 단 葮 무궁화 단 椴 피나무 단 䮞 더디게 걷는 말 단 煅 단련할 단 碫 단련할 단 㲙 던질 단 彖 결단할 단 緣 단옷 단

褖 황후의 옷 단 鶨 새이름 단 短 짧을 단 鷻 수리 단 蜑 남녘오랑캐 단 [豸乍] 발없는 벌레 단 蜑 새알 단 [門亘] 문빗장 단 敦 모일 단 斷 끊을 단

[扌㡭] 구를 단 [言㡭] 말의혹날 단 [足㡭] 발자국 단 蠿 남해오랑캐 단

달

達 사무칠 달 撻 종아리칠 달 澾 미끄러울 달 獺 물개 달 闥 문지방 달 薘 근대 달 [彳達] 길이 서로 어긋날 달 [冫達] 미끄러울 달 橽 물통 달

噠 오랑캐나라이름 달 躂 미끄러질 달 韃 나라이름 달 [食達] 수제비 달 [皮達] 부르틀 달 [舟達] 싸움배 달 燵 자리 속에 넣는 화로 달 呾 서로 꾸짖을 달 狚 큰 이리 달

妲 계집이름 달 笪 뜸 달 疸 쥐부스럼 달 怛 슬퍼할 달 詚 조용하지 아니할 달 炟 불일어날 달 靼 다룬 가죽 달 [黑旦] 회색빛 달 羍 애양 달 [制心] 슬플 달

獺 물개 달 [穴各舌] 빼불룩거릴 달 娺 바를 달 哳 새울 달 咄 슬플 달

담

倓 편안할 담 郯 나라이름 담 淡 물맑을 담 埮 평평한 땅 담 啖 씹을 담 惔 근심할 담 菼 갈싹 담 毯 담자리 담 談 말씀 담 [穴炎] 깊을 담

[艹淡] 외김치 담 [宀炎] 엷고 큰 담 [魚炎] 유록빛 비단 담 [酉炎] 술맛 새금할 담 餤 씹을 담 [炎頁] 낯길 담 [鹵炎] 싱거울 담 [黑炎] 검은 구름 담 [竹淡] 큰대 담 痰 담 담 緂 유록빛 비단 담 錟 긴 창 담 [糸剡] 유록빛 비단 담 [口淡] 싱거울 담 覃 미칠 담 燂 불당길 담 潭 연못 담 壜 목긴 술병 담 嘾 탐할 담 禫 담제 담

蟫 좀 담 [走覃] 몰아달릴 담 譚 말씀 담 藫 물이끼 담 醰 단술 담 驔 등누르고 검은 말 담 憛 근심 적을 담 嫸 계집 몸가늘고 길 담 [貝覃] 선셈 받을 담

瞫 시끄러울 담 [穴覃] 안으로 굽을 담 憛 근심 적을 담 [香覃] 향내 담 霮 장마 담 儋 짐 담 擔 짐 담 澹 맑을 담 憺 고요할 담 聸 귀늘어질 담

𥗊 석담 답 蘫 치자꽃답 膽 담담 甔 큰독담 𨊊 좋아할담 啗 씹을담 萏 연꽃봉오리담 窞 구덩이담 䊧 차질담 啿 많을담 霮 구름필담

湛 오래즐길담 䨴 구름피어오를담 䚯 천천이볼담 曇 날흐릴담 壜 술병담 媅 할미담 虎 그늘담 㕪 새울담 𡖙 많을담 衴 이불담

妉 즐거울담 眈 볼담 紞 면류판앞드림담 監 육젓담 髧 머리놀릴담 黕 때낄담 醓 고기젓담 䩞 둔할담 呾 서로꾸짖을담 𠹱 소리담

噉 씹을담 担 떨칠담 䑙 혀빼물담 耼 커바키없을담 坍 물이언덕칠담 䒞 파담 䫲 처진빰담 𨆬 발장단맞추며노래할담 㳩 높은물결담 𣸋 험한파도담

蕁 마름담 䬻 맛없을담 𥨪 옷입은채잘담

답

荅 좀콩답 答 대답답 劄 포갤답 畣 대답답 搭 칠답 褡 처네답 剳 갈구리답 𨻵 낮을답 瘩 살찔답 瞸 눈내리깔답 𩊠 가죽늘어질답

㿯 두두러기날답 沓 거듭답 畓 논답 㗳 잔말할답 涾 끓어넘을담 踏 밟을답 誻 잔말할답 䮌 말빨리걸을답 𡏒 일감당못할답 𧎍 작은등에답

𡷺 겹겹산답 幍 앙장답 㧺 골무답 㯓 기둥거리답 偺 일감당못할답 䑽 크게먹을답 䓠 연잎물에덮일답 𥖋 쌀씷을답 𨎜 바퀴통속쇠답

𩎑 골무답 𨤲 두틈할답 𧳑 물개답 䵬 왈패답 蹹 밟을답 𥳙 창짝답 𩟗 먹을답 𩍐 갓옷답 𩎖 떼지어나를답 𧭰 수다할답

遝 뒤섞일답 𪃰 푸르륵날답 𧭶 말다툼할담 𦒎 훨훨나를담 譶 재재거릴답 𨄻 걸터앉을답 𪔳 북소리답 𪔰 북소리시끄러울답

𡗹 큰커답 𧶼 노름답

당

唐 당나라당 傏 당돌할당 塘 못당 搪 당돌할당 煻 더운재당 瑭 옥이름당 螗 매미당 糖 엿당 榶 주발당 溏 얼어붙을당 𠿕 큰말할당

嵣 산굽이당 隚 방축당 膅 다리살찔당 蓎 소나무겨우사리당 赯 얼굴검붉은당 䡀 군사수레당 鎕 붉은구슬당 磄 괴상스러운돌

당

禟 도울당 糖 기장당 篖 대자리당 䱶 자가사리당 𦃳 큰줄당 溏 연못당 㲥 담당 鶶 새이름당 党 오랑캐당 餳 엿당 黨 무리당

儻 억매지않을당 攩 막을당 欓 나무통당 曭 햇빛희미할당 𦢊 어스름할당 讜 곧은말당 戃 깜짝놀랄당 𥢶 누른곡식당 矘 눈멀거니뜨고볼당

𤾣 밝을당 爣 밝을당 灙 물모양당 党 오랑캐당 撞 칠당 幢 기당 𩪧 꽁무니뼈당 堂 집당 隚 주춧돌당 鞺 북소리당

膛 뚱뚱할당 螳 버마재비당 鏜 북소리당 蹚 미끄러질당 漟 골당 當 마땅당 璫 귀고리당 簹 왕대당 鐺 쇠사슬당 擋 처리할당 艡 병선당

襠 잠방이당 𦗲 키처져붙을당 𦞣 키밑오목한곳당 檔 책상당 蟷 연가시당 䡴 수렛바탕당 礑 밑당 饄 밥줄당 𤬪 외씨당 糃 정미당

頏 머리冗당 𪁪 큰소래기당 牚 버팀목당 棠 땅이름당 倘 억매지않을당 𨺗 머무는곳당 𨋢 쇠심대당 鼞 북소리당 䬒 미친바람당 覴 뚝바로볼당

蓎 들벚나무당 闛 북소리당 戇 고지식할당 𩘜 바람불당 闣 엿볼당 囥 돌깨뜨리는소리당 𢲫 끄을당

대

大 큰대 汏 씻겨갈대 扶 팔목뼈대 旲 햇빛대 軑 바퀴통감기쇠대 鈦 착고대 𪐗 흔적대 䲦 새대 代 대신대 垈 집터대 岱 태산대

袋 자루대 玳 대모대 帒 전대대 貸 빌릴대 柋 누에시렁대 黛 눈섭그릴대 臺 집대 儓 하인대 籉 삿갓대 擡 들대 薹 장다리대

嚺 말끊이지않을대 嬯 미련스러울대 𤗹 나무결거슬려깎을대 檯 등대 𪒦 검을대 對 대답할대 濧 담글대 薱 초목무성할대

襶 의대대 𣝂 차에난간기둥대 懟 원망할대 𣊩 성할대 轛 수레난간기둥대 霴 검은구름낄대 帶 띠대 廗 집비뚤어질대 𤺌 대하증대 蹛 땅이름대

祋 창대 隊 떼대 碓 방아대 待 기다릴대 埻 포갤대 錞 창고달대 鐓 창고달대 歹 거스를대 駾 넙뛸대 跢 어린아이걸음대

𪒠 구름뜰대 䪢 썰은것김치대 𩄳 구름일대 鎩 긴창대 𥯶 얇고긴바구미대 䉪 쌀쓰는맷돌대 敦 옥쟁반대 憝 원망할대 黱 눈섭그릴대

戴 덤받을대 襶 우둔할대 瀻 술흐릴대 瑇 대모대 瀨 물에모래밀릴대 譈 미울대 頪 왕래할대 瀢 물에모래밀릴대

덕
德 큰덕 悳 큰덕 惪 큰덕 ⿰木惪 덕

도
刀 칼도 叨 참람할도 朷 나무고갱이도 炨 태울도 忉 근심할도 舠 거룻배도 魛 갈치도 到 이를도 倒 거꾸러질도 菿 초목거꾸러질도

匋 질그릇도 ⿱罒匋 기여다닐도 ⿰彳匋 기다릴도 啕 수다할도 ⿰言匋 왕래하는말도 綯 새끼꼴도 祹 상서도 騊 좋은말도 ⿰麥匋 보리떡도 鋾 쇳덩이도

萄 포도도 陶 질그릇도 掏 가릴도 淘 쌀일도 ⿰革匋 북통도 醄 몹시취할도 蜪 메뚜기새끼도 裪 소매도 途 길도 涂 도랑도 峹 산이름도

荼 쓸도 稌 찰벼도 塗 진흙도 酴 술밑도 駼 말이름도 ⿰余阝 고을도 捈 당길도 筡 속빌도 ⿰牛余 칡소도 庩 집도 ⿺走余 땅에엎드러질도

⿰足余 맨발도 ⿰言余 말분명치못할도 蒤 감젓도 ⿰革余 짚신도 鵌 쥐와함께사는새도 鷋 비둘기도 ⿰禾荼 벼이삭도 屠 백장도 帾 찌지붙일도

都 도읍도 賭 내기도 瘏 병들도 覩 볼도 闍 성문층대도 睹 볼도 嘟 칭찬할도 ⿰貝都 내기하여이길도 堵 담도 鍺 바퀴통쇠도 廜 초가도

⿰氵屠 부를도 ⿸尸酉 술이름도 鷵 새이름도 道 길도 ⿺辶⿱首寸 이를도 導 인도할도 ⿱道木 가릴도 咷 아이울음끝질길도 桃 복숭아도 挑 오며가며서로볼도

逃 도망할도 ⿰舟兆 큰배도 鞉 북도 鼗 소고도 ⿰镸兆 길도 ⿱髟兆 터럭길도 ⿰禾兆 피도 鞀 소고도 ⿴囗臽 고기도 ⿱竹臽 소먹이는그릇도 滔 물넘을도 慆 기뻐할도

幍 모자도 稻 벼도 縚 엮은줄도 蹈 밟을도 謟 의심할도 鞱 감출도 韜 감출도 ⿰黍舀 옥수수도 鍣 쇠함도 槄 가나무도 搯 두드릴도 濤 큰물결도

擣 찧을도 幬 덮을도 檮 토막나무도 燾 덮을도 禱 기도할도 翿 둑도 ⿰風壽 큰바람도 ⿰牛壽 돌암소도 ⿰米壽 범벅도 ⿰身壽 키길도

⿰壽頁 큰낯도 ⿰舟乇 큰배도 ⿰黑乇 새깜할도 徒 무리도 跿 뛸도 ⿱竹徒 시렁도 櫂 노도 ⿰糹翟 초록빛도 絛 엮은줄도 ⿰月它 큰창자도 ⿱耂叉 칠십세늙은이도

饕 탐할도 馞 향기날도 䠟 길도 禂 마조단제도 裯 소매도 度 법도 渡 건늘도 鍍 도금할도 殬 패할도 塿 묻을도 韄 소로배끌도 𩪋

머리뼈도 島 섬도 搗 찧을도 隝 섬도 昄 햇빛도 弢 활집도 𤙅 소더디갈도 詙 말두미없을도 棹 노도 掉 흔들도 悼 슬퍼할도 梚

나무가지퍼질도 㡯 부엌도 𣈜 해그림자도 嘋 늙은이도 督 많을도 菟 범도 盜 도둑도 鞀 소고도 圖 그림도 跳 뛸도

독

讀 읽을독 嬻 설만할독 匵 함독 瀆 도랑독 瓄 옥그릇독 櫝 함독 殰 사태할독 牘 서판독 犢 송아지독 韇 동개독 鑟 인케독

黷 더럽힐독 讟 원망할독 𣰆 기독 㱩 곯을독 䞟 혼자갈독 𨘢 익을독 韣 전동독 毒 독할독 碡 발고르는돌곰배독 蝳 거미독 躅 비뚜

루갈독 䓯 땅버들독 纛 둑독 禿 털빠질독 㧻 지팡이로찌를독 䛢 속일독 鵚 두루미독 督 독촉할독 䘞 옷등솔독 獨 홀로독 𧄎 홀로

독 𦍼 예자되는양독 𩓯 머리뼈독 韣 활전대독 騳 들말독 裻 소매독 笁 두터울독 篤 도타울독 䦠 작은문독 𩑢 머리뼈독 㞘 볼기독

돈

敦 도타울돈 墩 돈대돈 燉 불성할돈 暾 날첨돋을돈 憞 마음어둘돈 𧐇 청부돈 犜 돈피돈 撴 돈피돈 驐 짐승불알칠돈 𩟐

탐할돈 礅 걸터앉는돌돈 蜳 기운편치못할돈 惇 두터울돈 弴 그림그린활돈 焞 거북지지는홰돈 朜 달빛돈 黗 일간섭아니할돈 𪎆 누를빛돈

忳 민망할돈 沌 흐릴돈 飩 죽돈 軘 싸움수레돈 純 꾸릴돈 庉 거할돈 豘 돝의새끼돈 魨 복돈 囤 작은곳집돈 旽 날돋을돈 炖 붉을돈

瓲 돈돈 黗 흐릴돈 頓 졸돈 噸 근수돈 𨳿 문에찰돈 電 큰비돈 颩 바람돈 刃 돈돈 弫 붉은활돈 豚 돼지돈 䞐 기이할물건보낼돈 獻

사냥개돈 𦻉 종선돈 遁 달아날돈 𩒧 모지러질돈

돌

咄 꾸짖을돌 柮 우둠지돌 鈯 무딀돌 宊 나타날돌 突 우뚝할돌 葖 무돌 揬 당돌할돌 堗 굴뚝돌 鵽 꿩갈고푸른새돌 鼵 새와

함게사는쥐돌 㾭하초병돌 𨑒교활할돌 鍎창돌 腯돌살찔돌 頓이름돌 𠫓해산할때에아이돌아나올돌 怢잊을돌

동 同한가지동 侗지각없을동 恫열날동 挏짓찔동 洞고을동 峒산굴동 戙배말뚝동 桐오동동 絧동베동 銅구리동 鮦가물치동

䑓싸움배동 詷말더덜거릴동 酮말젖동 哃큰말할동 胴형상동 茼쑥갓동 秱벼마디길동 衕통할동 粡굿은쌀동 𧙕바지동

㺔멧돌동 𧳮큰돌동 𩊠전동치장동 䪝곧은목동 駧말달릴동 餇음식동 眮눈굴릴동 硐갈동 赨붉을동 𨁈달아날동 𨉓몸단정하지못할동

迵지날동 烔더운기운동 垌동막이동 姛계집성품곧을동 㢠집울릴동 𢃇오랑캐옷동 𢏀활꾸밀동 𦏁뿔없는양동 戙배널판동

冬겨울동 佟성동 疼아플동 雺비뚝뚝떨어질동 苳겨우살이동 㣚근심할동 炵불꽃동 庝깊은집동 𧱓뿔난짐승동 𨠔술썩을동

鉖낚시바늘동 鮗전어동 鼕북소리동 童아이동 董동독할동 懂심란할동 僮아이종동 潼물결높을동 橦나무동 犝뿔없는송아지동

獞개동 曈먼동틀동 憧뜻바로잡지못할동 膧볼기뼈동 氃털응성거릴동 瞳눈동자동 穜늦벼동 罿새그물동 艟싸움배동

䍶뿔없는양동 㓊찌를동 朣달돋을동 䪷쇠북소리동 箽대그릇동 蕫자오락동 𪔛북소리동 湩젖동 𩍅전동장식동 𧽌사뿐사뿐걸을동

𤀹풍덩하는소리동 㠉초목없는산동 東동녘동 凍얼동 涷소낙비동 棟들보동 蝀무지개동 𠷟말많을동 腖고기붉을동 菄흰산국화동

徚곧게갈동 𢘆어리석을동 𦍓외뿔난양동 𧓕올챙이동 諌잔말할동 𪔒북소리동 錬보습날동 𨔝미쳐뛰어나갈동 鶇새이름동 崠산등성이동

鰊고기이름동 動움직일동 働힘써할동 𠷬크게노래할동 𡩆쿵쿵울리는소리동 𡨋쿵쿵울릴동 彤붉은칠할동 浵물깊을동 痋경충증동

赨벌걸동 鉵쇳덩이동 𧋍붉은벌레동 𢥗근심할동 𣹢물소리동 熥불로더웁게할동 𤕦양아비동 𤭬수기와동 鼕북소리동 𤼲

파리할 동
韽 종소리 동 輽 펄 동 仝 한가지 동

두

土 뿌리 두 杜 막을 두 肚 밥통 두 瓨 기와그릇 두 荰 두형풀 두 豆 팥 두 荳 팥 두 斢 말 두 脰 목 두 逗 머무를 두 梪 나무식기 두

笠 나무식기 두 痘 역질 두 餖 피임새 두 頭 머리 두 浢 열갯고랑 두 侸 빼빼마를 두 狟 개짖는소리 두 䀺 눈꼽 두 挜 팔목뼈 두 娍 말잘못할 두

豿 찢을 두 鋀 놋쇠 두 䩲 차에까는자리 두 郖 나루이름 두 䟟 미끄러질 두 豛 멀리칠 두 窦 함정 두 斗 말 두 枓 기둥머리 두 蚪 올챙이 두

阧 높을 두 抖 떠주거리 두 衭 적삼 두 迚 마두리 두 蚪 올챙이 두 紏 교할 두 兜 투구 두 橷 곧은뿌리 두 殬 패할 두 斁 패할 두

敳 막을 두 竇 구멍 두 窬 요강 두 蠹 좀 두 陡 절벽 두 酘 위덮은술 두 䜵 연향잔 두 皷 뽕나무껍질 두 嚽 읽을 두 覨 눈꼽낄 두

䪷 핀잔줄 두 頭 낯비뚤 두 䀺 움펑눈 두 篼 대담여 두 綑 실로짠주머니 두 撓 잡아헤칠 두 醶 느릅나무장 두 𠯀 말많을 두 㖊 경솔이말할 두

둔

盾 이름 둔 遁 피할 둔 腯 희생살질 둔 屯 모일 둔 坉 농막 둔 吨 어리석을 둔 迍 머뭇거릴 둔 頓 둔할 둔 芚 둔나물 둔 窀 묻을 둔

鈍 둔할 둔 篅 동구미 둔 跓 쪼구리고앉을 둔 訰 둔할 둔 遯 피할 둔 遯 피할 둔 臀 볼기 둔

득

得 얻을 득 𢭆 주먹으로칠 득 𣯩 털작을 득 淂 물모양 득 䙷 빨리갈 득

등

豋 제기 등 登 오를 등 毲 털로짠베 등 燈 등불 등 磴 작은비탈 등 墱 비계 등 鄧 나라이름 등 橙 등상 등 嶝 작은비탈 등

隥 된비알 등 僜 일에맞갖지못할 등 蹬 어정거릴 등 㽅 질제기 등 簦 우산 등 鐙 등자 등 覴 오래볼 등 邆 우뚝설 등 𧞬 모직띠 등 膯 물릴 등

螢 하루살이 등 轓 수레치장 등 韜 가죽버릴 등 𩞉 제사밥 등 霯 큰비 등 璒 옥돌 등 幐 펴서늘릴 등 癥 병심할 등 鵉 뜸부

기등 鐙 더할등 澄 물모여들등 鬔 머리엉킬등 瞢 잠깰등 鼟 북소리등 櫈 탁자등 等 무리등 灯 맹렬한불등 縢 봉할

등 滕 물뛰어오를등 藤 덩굴등 謄 베낄등 騰 오를등 螣 등뱀등 𤺌 아플등 䲢 쐐기등 滕 물솟을등 騰 말뛸등 籐 등등

幐 자루등 搘 멜등 黱 옳게검을등 䲍 검은범등 凳 걸상등

라

摞 다스릴라 樏 노적더미라 瘰 옴라 螺 소라라 騾 노새라 㙗 흙남는삼태라 鬤 머리숯할라 羅 벌릴라 儸 간능할라 囉 노래꺾어주는소리라 攞 찢을라 灑 물이름라 欏 울타리라 蘿 무라 邏 행순할라 籮 키라 鑼 징라 饠 떡라 醨 부끄러울라 臝 배아래살라 㦬 부끄러울라 曪 날흐릴라 纙 돈꿰미라 𨇽 길잃을라 礤 돌산라 䙨 계집옷라 玀 오랑캐라 斲 서로칠라 蠡 옴라 癩 문둥병라 懶 게으를라 攂 흔들라 儽 벌거벗을라 𢹦 벗을라 臝 짐승이름라 羸 약하게설라 蠃 소라라 嬴 쌀쌀을라 𦉪 옹솥라 臝 벗을라 驘 노새라 鏍 옹솥라 臝 벌거벗을라 鸁 되강오리라 殏 병들라 欙 벗길라 𤮊 질그릇라 腡 손금라 鎯 물릴라 欏 썰을라 簑 새농라 跍 가다가설라 麩 조죽라 蓏 풀열매라 裸 벌거벗을라 躶 벌거벗을라 覼 좋게볼라 剌 수라라

락

咯 송사하는말락 笿 묶을락 硌 큰바위락 貉 소젖락 烙 지질락 𠛾 긁을락 簬 울타리락 洛 서울락 絡 연락할락 珞 구슬로목에치장할락 落 떨어질락 𡀔 허두르며부를락 鉻 깎을락 鮥 고기이름락 駱 약대락 䩿 가죽오리락 貉 날아갈락 酪 타락락 𣦸 갑자기죽을락 礐 돌서로부딪치는소리락 嚛 얼룩소락 犖 얼룩소락 樂 즐길락 㦡 크게즐겨할락 濼 물락 䜏 미친말락 𦈾 가질락

𧣾 잡을락 轢 찻소리락 雒 새이름락 詘 시끄러울락 𩂣 비떨어질락 𩌏 단단한가죽락

란

卵 알란 亂 어지러울란 𡢃 순할란 敽 게으를란 闌 차면란 㦨 철니란 瀾 큰물결란 攔 막을란 爛 찬란할란 瓓 옥무늬란 斕 빛섞일란 㱫 물크러질란 欄 난간란 蘭 난초란 籣 동개란 讕 속여말할란 灡 뜨물란 欗 목란란 囒 말할수없을란 𡅅 거짓말할란 孄 게으를란 𦧺 말얼얼할란 襴 난삼란 躝 넘을란 鑭 금색란 糷 밥질란 韊 전동란 韊 동개란 䦨 대궐에함부로들어올란 嬾 게으를란 懶 게으를란 𢤫 부끄러얼굴붉을란 欒 파리할란 灓 적실란 灤 새서흐를란 鸞 난새란 鑾 방울란 圞 둥글란 攣 순채란 𦌾 산돌그물란 𢅻 띠란 𣩷 죽으려까무러칠란 𣨙 깨뜨릴란 𪎭 사람의이름란

랄

辣 몹시매울랄 剌 어그러질랄 喇 말급히할랄 捋 딸랄 𧩼 말소리랄 𢃳 칠랄

람

覽 볼람 灠 물들일람 攬 잡을람 欖 감남람 纜 배닻줄람 𡅗 입에넣을람 儖 흉상스러울람 懢 줄길람 𢅅 단없는옷람 擥 잡을람 濫 물넘칠람 嚂 입우물거릴람 擥 잡을람 藍 쪽람 𥨐 얇고클람 爁 불번질람 𣰽 털길람 籃 큰등롱람 襤 해진옷람 醶 잔넘게술따를람 璼 흰옥람 灆 맑을람 𧅰 외김치람 𧹓 재물탐낼람 𨈆 키클람 𡡾 그릇할람 𩈋 얼굴길람 𩯁 머리치렁치렁할람 𪉊 적을람 𪇊 뼈국새람 婪 탐할람 惏 탐할람 𣵀 탐할람 𥦂 흙그러모을람 漤 물방울람 啉 떠들람 𡝧 고울람 㑣 투미할람 醂 건시람 燣 누를람 壈 실세할람 轗 수레머뭇거릴람 顲 머리숙일람 𢺳 쌀두번찧을람 嵐 아지랑이람 葻 바람에흔들리는풀람 𨇪 바삐갈람 𠪨 막을람

랍

蠟 밀랍 邋 천천이걸을랍 鑞 백철랍 擸 꺾을랍 臘 납향제랍 𪃯 파뜩파뜩할랍 䙰 옷해질랍 㯿 백랍나무랍 䜲 실섞일랍 𦒋

처음으로 나를 랍 䮚 말가지 않을 랍 齫 씹는 소리 랍 䨣 빗소리 랍 啦 존칭할 랍 庄 집소리 랍 柆 나무꺾을 랍 𧘨 옷해질 랍 𧗿 앉은뱅이 랍 𣤗 서운해할 랍

翋 나를 랍 磖 깨지는 소리 랍 㸹 소받을 랍 𦆭 옆은 비단 랍 𦆨 옷해질 랍 㩉 꺾을 랍 拉 꺾을 랍 臈 납향 랍 摺 꺾을 랍

랑

浪 물결 랑 蒗 도랑 랑 閬 솟은대문 랑 琅 낭간 랑 烺 불이글이글할 랑 狼 이리 랑 郎 사내 랑 朗 달밝을 랑 廊 월랑 랑 瑯 법랑 랑

䆡 빌 랑 莨 초우웡 랑 蜋 말똥구리 랑 踉 급히걸을 랑 稂 가라지 랑 硠 단단할 랑 𢈢 높을 랑 榔 빈랑 랑 蓈 가라지 랑 桹 광랑나무 랑

朖 밝을 랑 誏 띄어놓고 말할 랑 䍚 질펀할 랑 䂈 짧은 창 랑 筤 어린대 랑 㰠 탐낼 랑 𩛛 국 랑 𩩬 무릎뼈 랑 𩶛 수게 랑 𩿡 비둘기새 랑

𦼑 오독도기 랑 𨋍 군사수레 랑 㴁 개천 랑 樃 느릅나무 랑 䢚 고을이름 랑 瀧 물 랑

래

來 돌아올 래 倈 올 래 徠 산이름 래 崍 산이름 래 萊 쑥 래 𥞊 보리 래 睞 돌아볼 래 庲 집 래 𤸁 장감 래 唻 노래하는 소리 래

婡 얼굴예쁠 래 𧤴 뿔심 래 𧳟 삵 래 棶 박달나무 래 猍 삵 래 𤰪 묵은 발 래 𨻶 섬돌 래 郲 땅이름 래 逨 이를 래 鯠 고기이름 래

麳 밀 래 𪐹 검붉을 래 顂 덮을 래 鶆 매 래 騋 키큰 말 래 𧻶 이를 래 覙 안으로 볼 래 莱 과실주렁주렁달릴 래 涞 물들 래 𣬤 얼룩털 래 䀁 악한 눈 래 𨆏 절뚝발이 래 賚 쌓을 래 蕾 나물 래

랭

冷 찰 랭

략

掠 노략할 략 剠 노략할 략 略 간략할 략 蟟 하루살이 략 䂮 칼갈 략 𥐻 칼갈 략 蛒 하루살이 략 𦅼 옷께맬 략 擽 칠 략

량

良 어질 량 悢 슬플 량 粮 곡식 량 俍 장인 량 哴 울어목쉴 량 埌 아득할 량 䀶 눈병날 량 鋃 잠글 량 躴 키클 량 㝗 집고요할 량

艆 뱃전 량 梁 들보 량 粱 기장 량 樑 들보 량 踉 달아날 량 兩 둘 량 倆 공교할 량 裲 배자 량 蜽 두꺼비 량 緉 신한켤레 량 脼 맛있을 량

掚 꾸밀 량 [木兩] 송진 량 輛 수레 량 魎 산도깨비 량 倞 멀 량 凉 서늘할 량 涼 서늘할 량 剠 빼앗을 량 掠 빼앗을 량 諒 믿을 량 [牛京] 얼룩소 량

椋 박달나무 량 [貝京] 부세 량 [風京] 북풍 량 綡 머리싸는수건 량 [酉京] 장 량 輬 누어서타는수레 량 亮 밝을 량 量 헤아릴 량 糧 양식 량

려

戾 돌아올 려 唳 학울 려 棙 비파고동 려 悷 슬퍼할 려 綟 초록빛 려 [亻戾] 성별 려 蜧 큰두꺼비 려 [言戾] 사람의이름 려 [風戾] 바람소리 려

麗 고울 려 儷 짝 려 攦 꺾을 려 欐 들보 려 [山麗] 산높을 려 廲 집 창 려 [疒麗] 파리하고검을 려 驪 검은말 려 鸝 꾀꼬리 려 厲 엄할 려 蠣 굴 려

濿 돌밟고물건늘 려 癘 염병 려 禲 여귀 려 勵 권면할 려 礪 숫돌 려 糲 궂은쌀 려 巁 산높을 려 曞 햇살퍼질 려 [厲見] 몹시볼 려 慮 생각할 려

濾 씻을 려 爈 산불 려 藘 꼭두서니풀 려 鑢 줄 려 櫖 굵은칡 려 [女慮] 마음에하기싫을 려 [石慮] 돌단단할 려 [忄慮] 생각깊을 려 廬 풀집 려 [示盧] 산천제사 려

[言慮] 거짓 려 曥 해비칠 려 臚 배앞 려 穭 돌벼 려 錄 사실할 려 [膚] 가늘게끊은고기 려 呂 성 려 侶 짝 려 梠 문도리 려 閭 이문 려

絽 옷꿰맬 려 [麻呂] 자네 려 [忄呂] 업신여길 려 [氵閭] 미련할 려 [艹閭] 들쑥 려 [金閭] 줄 려 櫚 종려 려 [女呂] 추잡할 려 宮 뭇 려 黎 무리 려 藜 명아주 려

瓈 유리 려 邌 먼동틀 려 [目黎] 볼 려 [艹犂] 풀성할 려 鵹 꾀꼬리 려 驢 나귀 려 蘆 꼭두서니 려 旅 나그네 려 祣 산천제 려 膂 힘 려 [竹旅] 밥소쿠리 려

沴 해로울 려 [疒列] 염병 려 勴 마음도울 려 盭 어그러질 려

력

歷 지날 력 [艹歷] 풀 력 [罒歷] 밥보자기 력 瀝 스밀 력 櫪 누에발 력 [虫歷] 회꽃회꽃할 력 癧 연주창 력 [金歷] 솥 력 [羊歷] 염소 력 靂 벼락 력

[歹歷] 거의죽으려할 력 [忄歷] 경영할 력 曆 책력 력 磿 조악돌대그락대그락할 력 嚦 소리 력 爏 불번쩍거릴 력 [目歷] 눈밝을 력 [酉歷] 술거를 력 [糸歷]

줄칠력 𦗿 자세이들을력 𦪙 왕래하는배력 蝷 들누에력 讈 교묘한말력 軆 맨몸력 𨇽 지날력 轣 수렛바퀴길력 𨘻 가까울력 鼜

북소리력 靂 비그치지않을력 趚 속히갈력 䯉 뼈병력 鱳 자가사리력 齧 너리먹을력 鬁 터럭길력 黳 검은빛력 𣪬 나눌력

𣀔 어지러울력 齸 범새분별할력 䍽 바람소리력 櫟 도토리나무력 瓅 진주빛환할력 皪 희끗력 礫 자갈력 躒 움직일력 轢 수렛바퀴

길력 䮥 말빛력 酈 땅력 鬲 솥력 䰛 거를력 𩱣 김오를력 鷊 새이름력 蒚 산마늘력 虉 역풀력 鎘 다리굽은솥력 砳 돌마주부

딪치는소리력 力 힘력 屴 산높을력 朸 나무결력 犳 개으르렁거릴력 𧲞 개력 鳨 작은오리력 边 걸을력 厤 손틈으로가릴력

(련) 煉 쇠불릴련 湅 익힌실련 練 마전할련 楝 고련나무련 鍊 단련할련 堜 언덕련 敹 가릴련 㯬 나무결풀릴련 𤣁 토끼달아날련

聯 연할련 萰 가위톱련 連 연할련 僆 쌍동이련 漣 물문채련 摙 멜련 璉 호련련 蓮 연밥련 鰱 고기련 嗹 길게말할련 槤

문빗장련 鏈 사슬련 𧎘 벌레서릴련 謰 말전주할련 𪍑 햇보리떡련 戀 생각할련 孌 사모할련 攣 맬련 臠 고깃점련 𢇍 다스릴련 𨏶

이을련 癵 병들어굽으러질련 纞 끊어지지않을련 𢅅 휘어잡을련 鄻 땅이름련 輦 연련 憐 사랑할련 怜 영리할련

(렬) 劣 용렬할렬 𢫬 뜯을렬 列 베풀렬 冽 맵게추울렬 洌 맑을렬 栵 돌밤렬 挒 비틀렬 烈 매울렬 迾 막을렬 茢 부정

풀이비렬 裂 찢을렬 蛚 귀뚜라미렬 颲 바람렬 姴 아름다울렬 咧 새소리렬 趔 자저할렬 鮤 갈치렬 㸹 깨질렬 𤱶 빠질렬 鴷

딱다구리렬 𩣳 나란이달아날렬 戾 그칠렬 捩 비틀렬 睙 눈굴려볼렬 𠜾 찔렬 攦 비틀렬 迣 막을렬 鋝 엿냥중렬 脟 갈비살렬

(렴) 奩 진동찰렴 匳 경대렴 斂 거둘렴 殮 염할렴 蘞 물가득할렴 瀲 물가득할렴 獫 입부리긴개렴 𢄔 경대렴 𦆝 누에

발다는 줄렴 醶 실렴 䭑 맛없을렴 澰 물벌창할렴 籢 경대함렴 廉 청렴할렴 濂 경박할렴 熑 불꺼지지않을렴 磏 센숫돌렴 簾 발렴 溓 붙을렴 ⿰禾廉 풀에열매맺지않을렴 稴 메벼렴 燫 불끊이지않을렴 ⿰冫兼 엷은얼음렴 慊 문휘장렴 搛 장구칠렴 ⿰耳兼 귀늘어질렴 臁 정갱이렴 ⿰食兼 간식렴 蠊 땅풍뎅이렴 ⿰鼓兼 북칠렴 ⿰廉攴 북처음칠렴 ⿰車廉 바퀴둘레렴 ⿱雨兼 비부슬부슬올렴 ⿰黍兼 기장성길렴 薕 갈렴 奩 향합렴 檶 경대렴 窑 술판다는표기렴

렵

儠 긴모양렵 獵 사냥할렵 躐 밟을렵 犣 소이름렵 ⿰土巤 흙모양렵 ⿰口巤 씹는소리렵 ⿰目巤 병난눈렵 ⿱艹巤 풀흔들릴렵 ⿰言巤 짓거릴렵 ⿰豕巤 돌의긴털렵 ⿰鼓巤 북소리렵 ⿰革巤 발굴레렵 ⿰風巤 바람소리렵 鱲 고기이름렵 ⿰日巤 해떨어지려할렵 鬣 비끝렵

령

令 하여금령 伶 영리할령 彾 홀로갈령 怜 영리할령 泠 서늘할령 昤 날빛영롱할령 玲 옥소리령 竛 비쓱거릴령 蛉 고추잠자리령 朎 달빛영롱할령 羚 큰양령 聆 들을령 袊 활옷령 舲 창있는배령 狑 영리한개령 岭 산깊을령 坽 험한언덕령 拎 달아올릴령 柃 나무혹령 秢 나이령 砱 돌구멍령 姈 계집영리할령 苓 풍넝이령 笭 작은농령 ⿰革令 양의새끼령 領 거느릴령 ⿰風令 찬바람령 ⿰食令 가루떡령 詅 팔령 軨 사냥하는수레령 ⿰豕令 약이름령 鈴 종령 閝 문위창령 零 떨어질령 澪 물떨어질령 蕶 초목이울어떨어질령 囹 옥령 翎 살깃령 瓴 암기와령 ⿰令毛 털엉킬령 鴒 할미새령 齡 나이령 ⿰骨零 가는뼈령 ⿱竹領 밥담는광주리령 ⿰糸零 묵은솜령 ⿰禾零 풀줄기성길령 ⿱穴令 우물령 ⿱竹零 대이름령 ⿲彳令亍 길령 ⿰鼠令 얼룩쥐령 ⿰鹵令 소금령 ⿰食零 밥물릴령 嶺 재령 ⿱雨女 계집령 霙 눈꽃령 ⿱雨廾 깊은못령 靈 신령령 ⿰霝頁 얼굴파리할령 ⿰音靈 소리령 ⿰谷靈 바위구멍령 ⿺走霝 개달아날령 醽 좋은술령 欞 난간령 麢 큰양령 酃 땅이름령 櫺 난간령 ⿰虫霝 뽕나무벌레령 ⿰牛靈 큰소령 ⿰犭霝 좋은개령

𤢳 좋은 개 령 闝 들창 령 𡿧 산 깊다랄 령 㩡 찍어 낼 령 皊 흴 령 㦭 마음 약은 체할 령 蘦 감초 령 𨮽 귀달린 병 령 羚 큰 양 령 舲 창 있는 배 령 𩴵 키신 령 𧟘 옷팡채 날 령 𩯄 터럭 길 령 𤒦 불빛 령 𤫊 신을 위하는 옥 령 𥌾 눈광채 령 𨽍 틈 령 𢋍 바위구멍 령 另 다를 령 逞 쾌할 령

례

例 견줄 례 栵 나무줄로 날 례 筣 숫가 례 隷 종 례 荔 여주 례 𦚔 절뚝발이 례 𨁈 절 례 禮 예도 례 澧 물이름 례 𥳨 가늘고 연 한대 례 醴 단술 례 鱧 가물치 례 贎 많은 재물 례 䅻 찌끄리 례

로

勞 수고로울 로 僗 수고로울 로 澇 큰물결 로 撈 건져낼 로 簩 대이름 로 嘮 지껄일 로 癆 노점병 로 憦 뉘우칠 로 耮 번지 로 髝 길 로 𥣗 돌콩 로 𧬄 소리 많을 로 蟧 쓰르라미 로 𧮫 골 빌 로 躼 몸 길 로 𩸭 고기이름 로 魯 노둔할 로 櫓 노 로 艪 노 로 氌 융 로

嚕 말할 로 盧 성 로 瀘 물이름 로 獹 큰개 로 壚 검은 흙 로 櫨 주두 로 蘆 갈대 로 爐 화로 로 矑 볼 로 籚 창자루 로 艫 뱃머리 로 罏 뇌문 놓은 술잔 로 纑 삼실 로 轤 갈이 로 鑪 화로 로 𤬴 호로박 로 顱 머리 로 鸕 더펄새 로 黸 새까말 로 鱸 농어 로 攎 거둘 로

驢 나귀 로 瓐 비취옥 로 蠦 떡풍뎅이 로 嚧 웃을 로 老 늙을 로 恅 심란할 로 栳 버들로 짠 고리 로 㾀 옴 로 𥮾 버들고리 로 䳱 두루미 로 虜 사로잡을 로 擄 노략질할 로 櫓 큰 방패 로 艣 노 로 𡅈 돌부르는 소리 로 𢊅 차양 로 鏀 칼자루 로 鹵 염전 로 滷 쓸 로 塷 짠땅 로

䚩 황당히 말할 로 蓾 그령풀 로 鐪 가마 로 路 길 로 潞 물이름 로 簬 활살 만드는 대 로 璐 예쁜옥 로 鷺 백로 로 露 이슬 로 虂 머루덩굴 로 簵 활살 만드는 대 로 蕗 감초 로 賂 뇌물 로 輅 천자 타시는 수레 로 鏴 금길 로 餎 굵은 국수 로 牢 굳을 로 窂 충실할 로 侔

투박할 로 䜎 깊은골자기 로 哰 말알지못할 로 鐒 놋그릇 로 磱 돌그릇 로 玈 검은빛 로 嫪 애달플 로 嘐 고요할 로 嗏 바른말할 로 𢿄 속일 로

橑 서까래 로 潦 장마 로 蹽 새콩 로 圙 길 로

록

鹿 사슴 록 漉 걸를 록 摝 떨칠 록 樚 두레박고패 록 𦪇 구록배 록 轆 멍에채에 가죽테할 록 騼 들말 록 䍡 잔그물 록 麓 산기슭 록

簏 대상자 록 膔 배끓을 록 𦄡 순전할 록 蔍 원추리 록 螰 쓰르라미 록 𧼮 닫는소리 록 𨇦 빨리달아날 록 熝 단련할 록 皪 가죽무늬 록 𥉮 눈밝을 록

䨐 소나기 록 𪐞 검게때묻을 록 䴪 짐승이름 록 濼 물이름 록 甪 신선이름 록 菉 녹두 록 渌 물맑을 록 琭 자질구러한옥 로 籙 호적 록

祿 복 록 碌 푸른돌 록 綠 초록빛 록 睩 눈곱게떠볼 록 醁 맛좋은술 록 錄 기록할 록 騄 준마 록 盝 걸를 록 盝 걸를 록

𥩠 귀신보일 록 䮉 도마뱀 록 䘵 옷소리 록 粶 불에말린쌀 록 箓 높은대상자 록 簶 전통 록 覼 한가지볼 록 趢 구축할 록 𤽯 흰짐승 록 𥀬 마른살결억셀 록

𦑻 물위로나를 록 𩔗 목 록

론

淪 기운순전할 론 論 의논할 론 掄 가릴 론 惀 생각할 론 菕 향풀 론 碖 돌떨어질 론 䚮 공칠 론 淪 배끌 론 𢛂 염치없을 론

롱

弄 희롱할 롱 哢 새지저귈 롱 𡍮 구멍뚫을 롱 峅 산구멍 롱 㢅 큰집 롱 㛞 고지식할 롱 梇 땅이름 롱 䙪 옷한벌 롱 鸗 새 롱

𩟗 떡 롱 曨 해돋을 롱 瀧 적실 롱 隴 큰긴등 롱 巃 산높을 롱 壟 무덤 롱 嚨 목구멍 롱 龐 충실할 롱 攏 가질 롱 襱 바지양쪽가랑이 롱 䆍 벼병들 롱

蘢 요화 롱 朧 달처음밝을 롱 櫳 난간 롱 聾 캄캄할 롱 籠 농 롱 攏 용그린홀 롱 竉 깊은구멍 롱 礱 갈 롱 瓏 환할 롱 鑨 쇠그릇 롱

𥳑 상자 롱 靇 우뢰소리 롱 𩏄 언치 롱 驡 들말 롱 㦕 어긋칠 롱 𢕟 끌 롱 𪓰 붉을빛 롱 儱 것목칠 롱 朧 살찔 롱 𪐆 차질 롱

躘 몸단정하지못할롱 蠪 개미롱 豅 크고긴골롱 壠 밭두둑롱 哢 조롱할롱 𨈆 몸롱

뢰

賴 힘입을뢰 瀨 여울뢰 藾 맑은대쑥뢰 籟 피리뢰 癩 문둥이뢰 ⿰礻賴 방자할뢰 懶 미워하고혐의질뢰 襰 옷해질뢰 擂 연마할뢰

雷 우뢰뢰 蕾 꽃방울뢰 礌 돌굴려내릴뢰 癗 두두러기뢰 ⿰雷攴 꺾을뢰 檑 돌굴릴뢰 ⿰雷瓦 지붕마루기와뢰 鐳 병뢰 ⿰靁瓦 지붕마루뢰 ⿰䨻瓦 지붕마루뢰

畾 밭사이뢰 儡 꼭두각시뢰 擂 급히북칠뢰 ⿱畾旦 끼끗할뢰 ⿱山畾 높고낮은산이층층할뢰 礧 돌굴려내릴뢰 ⿰犭畾 박쥐뢰 櫑 술잔에뇌문새길뢰

礨 작은구멍뢰 轠 수레잇달뢰 罍 술잔뢰 ⿱畾皿 술단지뢰 瓃 옥그릇뢰 ⿱罒畾 백코그물뢰 蠝 박쥐뢰 讄 시호뢰 磊 돌첩첩할뢰 賚 줄뢰

耒 따비뢰 誄 시호뢰 纇 실마디뢰 酹 강신술뢰 錑 대패뢰 ⿰口耒 말막음할뢰 ⿰耒瓜 욋속뢰 頛 머리기울뢰 郲 고을이름뢰 ⿰⻊厲 절뚝거릴뢰

료

了 마칠료 料 헤아릴료 ⿱穴料 집안으슥할료 翏 까맣게나를료 漻 아득할료 寥 빌료 熮 살을료 憀 힘입을료 ⿰氵寥 맑고깊을료 ⿰谷翏 골깊을료

廖 성료 蓼 여뀌료 蟉 용꿈틀거릴료 髎 응치료 廫 빌료 顟 머리길료 蹘 멀리달아날료 鄝 나라이름료 窷 고요할료 ⿰耳翏 귓속징할료

醪 막걸리료 飂 바람소리료 僚 동관료 㙩 에워쌓은담료 撩 움킬료 獠 밤에사냥할료 寮 작은창료 嶛 높을료 尞 불밝힐료 遼 멀료

嫽 아리따울료 嘹 새울료 燎 비칠료 橑 평고대료 瞭 밝을료 ⿰礻尞 섶대워천제지낼료 療 병고칠료 ⿱罒尞 물고기그물료 璙 옥이름료 膫 구을료

繚 얽을료 轑 구를료 鐐 은료 簝 종묘에고기담는대제기료 ⿰豸尞 오랑캐이름료 爒 구울료 鷯 뱁새료 飉 바람소리료 瞭 눈밝을료

璙 옥이름료 ⿺鬼尞 놀랄료 憭 쾌할료 蟟 쓰르라미료 ⿰面尞 낯힐료 ⿰言尞 말잘할료 ⿺走尞 성큼성큼걸을료 ⿰酉尞 맑은술료 ⿱髟尞 길료 竂 집료

⿰舟尞 작고긴배료 ⿰食尞 요기할료 ⿰巾尞 비단우산료 膋 창자의발기름료 敹 가릴료 ⿸疒樂 병고칠료 聊 힘입을료 ⿰山聊 산깊을료

룡 龍 용 룡 龓 연자메 룡 躘 어린애걸음 룡 䡁 굴대끝 룡 鼕 북소리눅을 룡 艨 뜨껑덮은배 룡 贚 가난할 룡

루 屚 집샐 루 漏 샐 루 䛬 불끈할 루 蹣 사뿟밟을 루 鏂 녹 루 婁 빌 루 蔞 물쑥 루 漊 개천 루 嶁 산이름 루 寠 기울어진땅 루 塿 토둔 루 屢 여러 루 僂 굽으릴 루 摟 끌을 루 慺 정성스러울 루 樓 다락 루 斢 군사가접탈할 루 膢 입추제 루 甊 병 루 瘻 곱사등이 루 瓡 박 루 艛 다락있는배 루 褸 옷해질 루 縷 실 루 螻 도로래 루 簍 채롱 루 貗 암내내는돌 루 鏤 새길 루 鞻 춤신 루 髏 해골 루 熡 불꽃 루 牗 물막는널판 루 摟 돌암내벌 루 羺 뿔넷난양 루 耬 씨뿌리는그릇 루 䅹 달기씨깨비 루 謱 곡진할 루 䝏 탐할 루 豆婁 콩 루 貗 오소리새끼 루 遱 연할 루 嘍 개부를 루 廔 집창 루 陋 고을이름 루 䨲 비올 루 鰱 잉어 루 鷜 들거위 루 瞜 애꾸눈 루 褸 음식제 루 磟 돌많을 루 劐 뚫을 루 累 얽힐 루 絫 포갤 루 犦 암내내는소 루 犡 암내내는소 루 瓃 옥그릇 루 腂 형상추악할 루 簗 삼태 루 縲 검은새끼 루 灅 물결용솟음할 루 鼺 청서모 루 垒 흙담 루 庳 초가 루 醶 젖 루 淚 눈물 루 陋 더러울 루 纍 검은새끼 루

류 茆 갯버들 류 柳 버들 류 桺 벋들 류 窌 땅이름 류 輏 상여차 류 飀 슬슬부는바람 류 鉚 황금 류 飅 바람소리 류 駵 검은갈기에붉은말 류 輮 판실는수레 류 珋 보석 류 流 흐를 류 琉 유리돌 류 硫 유황 류 旒 깃발 류 綹 실끝 류 㳅 깃발 류 粱 볶은쌀 류 塗 깃발 류 累 얽힐 류 蔂 삼태기 류 樏 썰매 류 藟 칡덩굴 류 虆 삼태기 류 蘽 덩굴 류 纍 죄 류 壘 진터토성 류 藟 산머루 류 擂 상가풍류 류 䉂 굵은칡 류 欙 썰매 류 嫘 성 류 繆 그릇칠 류 漻 물맑을 류 謬 어긋날 류 勠 협력할 류 鏐 순금 류 雡 큰병아리 류 隟 목매죽일 류 鷚 종달새 류 觼 뿔굽을 류 瀏 수족얼어붙을 류 畱 화전 류 留 머무를 류 溜 처마물흘러나릴 류 廇 가운데뜰 류 徊 가며서로기다릴 류 福

예방할 류 **蒥** 향풀 류 **鎦** 시루 류 **餾** 밥뜸들 류 **騮** 검은갈기에 붉은말 류 **霤** 낙수물 류 **鶹** 꾀꼬리 류 **鎦** 죽일 류 **㺖** 사냥개 류 **鬸** 시루 류 **瘤** 혹 류

畱 머무를 류 **塯** 질그릇 류 **瑠** 유리 류 **遛** 머무를 류 **罶** 통발 류 **霤** 낙수물 류 **餾** 밥뜸들 류 **榴** 석류 류 **鐂** 성 류 **飀** 높은바람 류 **騮** 검은

갈기에 붉은말 류 **鶹** 꾀꼬리 류 **㨨** 만질 류 **䅖** 벼성할 류 **瘤** 혹 류 **䉧** 댓소리 류 **𢤹** 결심할 류 **澑** 낙수물 류 **劉** 성 류 **瀏** 물맑을 류 **嚠** 소리맑을 류

𣟴 나무이름 류 **懰** 예쁠 류 **類** 같을 류 **禷** 천제지낼 류 **蘱** 그령 류 **𣛻** 등나무 류 **鎏** 순금 류 **飅** 바람가는소리 류 **蜼** 꼬리째진원숭이 류 **汖**

흐를 류 **舀** 학 류 **絫** 얽힐 류

륙

陸 뭍 륙 **稑** 올벼 륙 **𧌒** 강요주 륙 **𥙊** 나타날 륙 **蔍** 명아주 륙 **踛** 뛸 륙 **𨌭** 바퀴심대 륙 **鯥** 능어 륙 **鵱** 들거위 륙 **穋** 올벼 륙

六 여섯 륙 **僇** 죽일 륙 **戮** 죽일 륙 **勠** 협력할 륙 **磟** 돌곰배 륙

륜

侖 뭉치 륜 **崙** 산이름 륜 **倫** 차례 륜 **掄** 가릴 륜 **輪** 우렁찰 륜 **崘** 산이름 륜 **淪** 빠질 륜 **綸** 벼리 륜 **圇** 덩어리 륜 **棆** 느릅나무 륜

蜦 찰머구리 륜 **𤺌** 손가락병 륜 **䈁** 배밀대 륜 **稐** 벼묶음 륜 **䑳** 배밀창나무 륜 **錀** 금 륜 **踚** 날래게걸을 륜

률

聿 붓 률 **律** 법 률 **嵂** 산높고험할 률 **硉** 돌구를 률 **峍** 돌비알질 률 **建** 나누어펼 률 **𨀁** 뒷걸음칠 률 **葎** 한삼 률 **𢪍** 줍벌 률

率 헤아릴 률 **膟** 발기름 률 **繂** 배벌이줄 률 **䔁** 풀아기를 률 **栗** 밤 률 **溧** 물가 률 **凓** 찬기운 률 **搮** 쓰다듬을 률 **慄** 떨 률 **颲** 왜풍 률 **鷅**

꾀꼬리 률 **瑮** 옥무늬 률 **䅓** 벼쌓어가릴 률 **篥** 쨍쨍한대 률 **䔁** 마름 률 **𦅇** 채색비단 률 **㗚** 말분명치못할 률 **𡎵** 막을 률 **麜** 암노루 률 **䈅** 새쏘

는대총 률 **寽** 취할 률 **𢿭** 껄꺼러울 률 **㮚** 밤 률

륭

彤 화할 륭 烿 불기운 륭 瀜 물깊을 륭 隆 성할 륭 窿 하늘형체 륭 ⿰阝⿱夅石 돌떨어지는소리 륭 嶐 산형체 륭 霳 구름많은귀신 륭 鼜 북소리 륭 癃 들피병 륭 窿 하늘 륭 徿 곧게갈 륭

륵

肋 갈빗대 륵 艻 향풀 륵 玏 옥돌 륵 扐 손새에시초낄 륵 氻 물소리 륵 竻 대뿌리 륵 阞 흙켜 륵 忇 공 륵 仂 십분일 륵 泐 돌결일어날 륵 泐 돌결일어날 륵 勒 자갈 륵 嘞 흘어질 륵 鰳 준치 륵 ⿱勒土 옥돌 륵

름

廩 쌀곳간 름 凜 찰 름 懍 공경할 름 澟 차고맑을 름 檁 들보도리 름 癛 소름돋을 름 ⿱艹廩 뺑쑥 름 菻 쑥 름 㨆 칠 름

릉

夌 넘을 릉 凌 업신여길 릉 陵 능 릉 淩 달릴 릉 棱 모질 릉 稜 모질 릉 綾 무늬있는비단 릉 菱 마름 릉 崚 산울멍줄멍할 릉 㥄 슬퍼할 릉 蔆 마름 릉 裬 말북두 릉 踜 머물 릉 薐 승금초 릉 錂 강한쇠 릉 䬋 말피내릴 릉 䮚 말병 릉 碐 돌험할 릉 睖 노리고볼 릉 鯪 고기 릉 輘 수레자국 릉 楞 네모질 릉 ⿰月夌 업신여길 릉

리

里 마을 리 俚 속될 리 悝 근심할 리 娌 동서 리 狸 삵 리 梩 가래 리 理 다스릴 리 哩 마일 리 厘 털끝 리 裡 옷속 리 浬 물잇수 리 艃 길고작은배 리 ⿸疒里 병 리 喱 약이름 리 竰 센티리트르 리 糎 센티미트르 리 甅 센티그람 리 ⿺鬼里 악한귀신 리 ⿱髟里 관자노리 리 貍 삵 리 鯉 잉어 리 裏 속 리 利 이로울 리 俐 영리할 리 莉 말리꽃 리 梨 참배 리 痢 이질 리 唎 가는소리 리 悧 영리할 리 蜊 참조개 리 筣 대울타리 리 ⿱利金 검은쇠 리 鯏 모시조개 리 ⿰麥利 보리술 리 离 밝을 리 漓 질편이흐를 리 摛 펼 리 璃 유리 리 螭 교룡 리 縭 차는수건 리 褵 돌띠 리 醨 모주 리 離 떠날 리 魑 도깨비 리 灕 편편이흐를 리 ⿰火离 장막속불 리 ⿰禾离 벼이삭고개숙일 리 籬 대조리 리 䍦 모자 리 瞝 급히볼 리 ⿰口离 말그치지않을 리

䅻 끈끈리 䶘 서로꼬리물고다니는쥐리 𧳏 짐승이름리 樆 돌배리 䮥 나귀새끼리 謧 말수다할리 𣯧 흰담모자리 牓 못쓸나무리 攡 베풀

리 㒧 흰모자리 欐 울타리리 籬 울타리리 蘺 궁궁이리 罹 걸릴리 詈 욕할리 彲 교룡리 孋 나라이름리 矖 둘러볼리 纚 갓끈리

邐 잇닿을리 覼 구할리 穲 곡식포기느런할리 鸝 꾀꼬리리 𧓍 그리마리 鱺 뱀장어리 驪 검은말리 棃 묽은죽리 蟍 질리리 䱾 고기이름리

犁 얼룩소리 蔾 납가새리 蜊 지네리 棃 배리 藜 납가새리 鯬 뱀장어리 黧 검을리 嫠 과부리 氂 쇠꼬리리 孷 쌍동이리 慗

근심할리 𢅟 비단마름질할리 剺 깎을리 𠩺 가늘게그을리 犛 얼룩소리 釐 다스릴리 𦿉 향부자리 莅 임할리 李 오얏리 吏 아전리

㥳 근심할리 涖 물소리리 峛 산낮고길리 履 가죽신리 羸 파리할리 劙 저밀리 𤻌 병들어파리할리 囆 마른소리리 氂 억센털리 刕 벨리

𩰬 바를리

린

粦 도깨비불린 燐 불일어날린 𧐖 반딧불린 蹸 수레에밟을린 麟 기린린 鱗 비늘린 驎 얼룩말린 轔 수렛소리린 磷 돌비

늘린 瞵 눈정기린 疄 밭두둑린 璘 옥무늬린 隣 이웃린 鄰 이웃린 潾 물맑을린 𤗼 모질린 甐 움직일린 遴 머뭇거릴린 繗 이을린 粼

물맑을린 嶙 산높을린 獜 강건할린 撛 구원할린 橉 문지방린 𧢈 친할린 𧳩 큰돝린 𩕰 털성길린 𠃶 근심할린 䉮 댓속찰린 吝 애낄

린 悋 더러울린 恡 더러울리 𧵳 탐할리 𧸖 음식탐할리 麠 기린린 藺 뇌양이린 躙 짓밟힐린 壣 채마전린

림

林 수풀림 棽 나무가지무성할림 淋 물댈림 痳 임질림 霖 장마림 琳 아름다운옥림 晽 알고저할림 㝝 집깊을림 䫐 머리숙일림

碄 깊을림 崊 산험할림 臨 임할림

립

笠 갓 립 苙 궁궁이 립 立 설 립 雴 큰비쏟아질 립 粒 쌀알 립 岦 산우뚝할 립 砬 약돌 립 鴗 쇠새 립 㾐 두두러기 립 𪗧 깨물 립

湁 샘날 립

마

馬 말 마 傌 욕할 마 瑪 옥돌 마 碼 야루 마 禡 진터제 마 嗎 짖을 마 鷌 암자 마 榪 주걱 마 𤸫 눈병 마 螞 메뚜기 마

隯 더할 마 媽 엄마 마 罵 꾸짖을 마 駡 꾸짖을 마 麻 삼 마 麽 잘 마 摩 만질 마 磨 갈 마 嘛 중 마 𪎭 집중 마 痲 홍역 마 麼 버릴 마

嬤 엄마 마 魔 마귀 마 𪗷 잘 마 㦄 부끄러워할 마 䵎 찰기장 마 䫻 말더듬을 마 䤍 얼굴푸를 마 𤺋 심화병날 마 藦 새박 마 𦢐 설사병 마

䎳 넓게갈 마 嚤 곰의이름 마 饝 어린아이먹일 마 劘 깎을 마 礳 갈 마 蟆 개구리 마 鬕 판자노리 마

막

莫 말 막 塻 티끌 막 漠 아득할 막 寞 정막할 막 暯 어둘 막 瞙 눈어둘 막 幕 장막 막 摸 수탐할 막 膜 홀떼기 막 瘼 병 막 鏌 칼 막

嵮 몰래 막 𢉉 빌 막 磨 모래바다 막 鄚 성 막 䨉 비올 막 嗼 고요할 막 𪌍 밀기울 막 覓 구할 막 懇 업수이여길 막 懇 아름다울 막

邈 멀 막 藐 지초 막

만

晩 늦을 만 輓 수레끌 만 睌 겁없이볼 만 挽 수레끌 만 脕 예쁠 만 娩 순산할 만 𧖣 피칠할 만 鞔 신울 만 䩄 낯칠할 만 滿 찰 만

瞞 어둘 만 𡓾 흙덮을 만 鏋 금 만 𨼃 붉은털 만 䝡 살찐돌 만 瞞 반듯한눈 만 蹣 넘을 만 鬗 머리치렁할 만 懣 번거할 만 曼 길 만

漫 흩어질 만 獌 스라소니 만 墁 흙손 만 幔 장막 만 鄤 땅이름 만 慢 거만할 만 嫚 거만할 만 蔓 순무 만 槾 평고대 만 縵 줄고를 만

僈 헐개늦을 만 𥻦 밥웃물 만 𦔳 묵은밭 만 摱 끌 만 蟃 뽕나무벌레 만 𧞣 오랑캐옷 만 𨍭 차장막 만 𧳜 이리 만 𥀂 가죽벗을 만 鬘 다리

꼭지 만 鰻 뱀장어 만 謾 속일 만 鏝 흙손 만 饅 만두 만 ⿱雨曼 비와 이슬 흠치를 할 만 巒 산봉우리 만 彎 시위에 살낄 만 灣 물굽이 만 矕

눈예쁠 만 蠻 남녘오랑캐 만 鸞 새소리 만 ⿰木彎 굽은 나무 만 万 일만 만 萬 일만 만 滿 물충충할 만 ⿰女旱 교만할 만 ⿱穴勉 당길 만 ⿴囗淵 물굽이 돌아들 만

⿰忄蠻 두려울 만 ⿱竹散 벼가락 바술 만 ⿱雨單 사람의 이름 만 鬘 젊은 계집 머리치장할 만 ⿰忄反 뉘우칠 만 鋄 말머리 치장 만

말

末 끝 말 妺 계집의 이름 말 茉 말리꽃 말 秣 말먹일 말 袜 허리띠 말 抹 바를 말 沫 침 말 帓 수건 말 眜 눈어둘 말 昩 작은 별 말

⿰麥末 밀가루 말 怽 잊을 말 枺 표말할 말 ⿰口末 꺼먼빛날 말 ⿰土末 쓰레기 말 ⿰羊末 말갈 말 砞 부서진 돌 말 靺 붉은 끈 말 皌 싸래기 말 粖 죽 말 ⿰糸末

옷맬 말 ⿰末鳥 집오리 말 ⿰食末 말먹일 말 襪 버선 말 韈 버선 말 韤 버선 말 瀎 걸레 말 礣 자갈 말 騔 말막설 말 ⿰黑惠 엷게 검을 말 ⿰目必 시몹

볼 말 袹 상복 말 門 흘겨볼 말

맘

⿰黑叐 어둘 맘

망

亡 망할 망 芒 가시 망 杗 대들보 망 忘 잊을 망 妄 망령될 망 忙 바쁠 망 汒 총망할 망 邙 북망산 망 ⿰石亡 산돌 망 吂 모른체할 망

⿰山亡 험한 산 망 ⿰禾亡 등겨 망 盳 치어다볼 망 蝱 등애 망 ⿱穴亡 빌 망 茫 망망할 망 恾 걱정할 망 莣 도롱이 망 鋩 날 망 亾 망할 망 ⿰氵亾 총망할 망 ⿰石亾

망초 망 ⿰魚亾 망둥이 망 ⿰金亾 날 망 罔 없을 망 惘 실심할 망 蛧 산도깨비 망 網 그물 망 ⿰月罔 힘줄 얽힐 망 ⿰耳罔 귀밝을 망 菵 봄보리 망 ⿰氵罔 큰 물

망 誷 속일 망 輞 바퀴테 망 魍 산도깨비 망 ⿰亻尨 아첨하지 않을 망 ⿰尨頁 머리 망 ⿰尨隹 솔개 망 莾 풀우거질 망 ⿱竹莽 마디 짧은 대 망 漭 큰 물

망 ⿰目莽 희미할 망 蟒 구렁이 망 ⿰牛莽 황소 망 望 바랄 망 朢 보름 망 ⿰言望 책망할 망 ⿰言望 서로 책망할 망 ⿰口上 묻고 대답 않을 망 ⿱宀⿰爿吉 잠꼬대 망

网 그물 망 𪌉 보리 꺼럭 망 蘉 힘줄 망 孟 맹랑할 망 𧯷 사람의 이름 망 𩗧 내리부는 바람 망

매

毎 매양 매 梅 매화 매 莓 이끼 매 痗 병 매 酶 누룩 매 挴 탐할 매 坶 티끌 매 霉 곰팡이 매 䊈 술밑 매 脢 등심 매

黣 얼굴 검을 매 鋂 사슬고리 매 買 살 매 賣 팔 매 覭 조금 볼 매 蕒 들상치 매 嘪 양 울음소리 매 𡡉 약을 매 𩍂 신 매 𢸗 느낄 매

鷶 접동새 매 𢞺 마음 불편할 매 𥊁 곁눈질할 매 𤊽 적을 매 埋 묻을 매 薶 묻을 매 霾 흙비 매 貅 완악할 매 妹 아래누이 매 昧 어둘 매

眛 눈어둘 매 沬 희미할 매 寐 쉴 매 韎 붉은 가죽 매 魅 도깨비 매 靧 얼굴 매 䵢 엷게 검을 매 呆 매화 매 媒 중매 매 禖 천자의 아들 비는 제 매

煤 거림 매 䤂 초 매 腜 첫애 밸 매 鷍 새 후려잡을 매 枚 줄기 매 玫 불구슬 매 沕 잠길 매 浼 더러울 매 瑁 대모 매 呅 웃을 매

塺 티끌 매 䫮 어두울 매 黴 곰팡이 매 𥄵 멀리 볼 매 穤 벼가 비에 상하여 대모앉을 매 罵 꾸짖을 매 脄 등심 매 𪇰 참새 매 𢠸 영리할 매 鬽 도깨비 매

勱 힘쓸 매 邁 멀리 갈 매

맥

陌 밭두덕 길 맥 洦 얕은 물 맥 銆 병기 맥 趏 넘을 맥 貊 오랑캐 맥 𩢾 트기 맥 脉 맥 맥 覛 볼 맥 眽 서로 볼 맥 衇 맥 맥 脈 맥 맥

莫 고요할 맥 獏 불가사리 맥 貘 짐승이름 맥 驀 말탈 맥 麥 보리 맥 霢 이슬비 맥 䳮 새 놀라 보는 모양 맥 䖑 흰범 맥 百 힘쓸 맥

맹

孟 맏 맹 猛 날랠 맹 蜢 메뚜기 맹 艋 낚시배 맹 𥈅 들볼 맹 𢔎 사람의 이름 맹 盲 어둘 맹 甿 백성 맹 𥁰 맹랑할 맹 𤭢 지붕대마루 맹

氓 백성 맹 蝱 등애 맹 虻 등애 맹 萌 싹 맹 𣝐 나무고갱이 맹 瓾 시루테 맹 儚 밝지 못할 맹 黽 맹꽁이 맹 䁅 눈 똑바로 뜨고 볼 맹 𪓰 고을이름 맹 嫇 키작을 맹

盟 맹세할 맹 甍 지붕대마루 맹 𥉬 눈희미할 맹 莔 패모 맹 茻 잡풀우거질 맹 蕄 있을 맹 垊 백성 맹 鄳 땅이름 맹 懜 속캄캄할 맹

마

咩 양울 마
乜 성 마

멱

冖 덮을 멱
塓 흙바를 멱
幎 앙장 멱
䤉 말린 젖 멱
𪒠 초목 떨기 멱
幂 덮을 멱
冪 덮을 멱
羃 덮을 멱
鼏 솥뚜껑 멱
幭 수레뚜껑 멱
幭 수레뚜껑 멱
篾 흰개가죽 멱
覔 찾을 멱
覓 찾을 멱
䌏 노 멱
𧽋 미쳐서 달아날 멱
䮭 말 사나울 멱
默 형벌할 멱
汨 물 멱
幦 수레뚜껑 멱
糸 실 멱

면

免 면할 면
俛 굽힐 면
勉 힘쓸 면
娩 아이 날 면
冕 면류관 면
葂 성할 면
莬 성할 면
面 낯 면
偭 향할 면
勔 권면할 면
湎 흘러갈 면
糆 국수 면
麵 국수 면
䤉 땀 면
緬 멀 면
媔 투기할 면
愐 면모 면
䤄 술에 젖을 면
𩈈 못생긴 얼굴 면
𩈚 피묻을 면
宀 움 면
丏 보이지 않을 면
宆 맞을 면
𣏚 솜 면
眄 곁눈질해볼 면
沔 흘러가득할 면
㴐 큰물 면
麪 국수 면
臱 보이지 않을 면
𧭊 영리할 면
矏 빽빽할 면
櫋 지붕연접할 면
棉 솜 면
綿 솜 면
緜 햇솜 면
檰 두충 면
矊 검은 눈동자 면
𧩼 총명할 명
𣧦 불상히 여길 면
䛘 꾀이는 말 면
芇 내기할 면
眠 졸 면
𦗩 자세이 들을 면
辡 죄인서로 송사할 면
𢹇 꾸밀 면
澠 고을이름 면
蝒 말매미 면
鮸 조기 면
𪀞 꾀꼬리 울 면

멸

滅 멸할 멸
搣 만질 멸
篾 대껍질 멸
蔑 없을 멸
蠛 바구미 멸
𥻦 죽 멸
𢷬 칠 멸
衊 피칠할 멸
㒝 간사할 멸
懱 업신여길 멸
櫗 나무 비비틀릴 멸
䁾 눈추리 처북을 멸
𩉎 얼굴작을 멸
鱴 갈치 멸
𪇰 뱁새 멸
𥺝 싸래기 멸
𥈞 낯더러울 멸
𦯬 불꼬물거릴 멸

몌

袂 소매 몌
𦣞 포백자투리 몌

명

明 밝을 명
眀 볼 명
朙 밝을 명
䳟 초명새 명
𣊭 밝을 명
名 이름 명
洺 물이름 명
茗 차싹 명
銘 새길 명
酩 술취할 명

昭 날어둘명 銘 좋을명 詺 기록할명 眳 눈어둘명 命 목숨명 榀 홈통명 冥 어둘명 暝 눈감을명 溟 바다명 鄍 땅이름명 螟 며루명

蓂 책력풀명 慏 마음너그러울명 ⿰山冥 산세저물명 熐 흉노의부락명 覭 어둔데서엿볼명 ⿰豕冥 작은돝명 ⿰衤冥 복명 暝 저녁명 ⿰眉冥 눈섭넓을명

榠 돌무파명 顭 이마명 ⿰冥色 검푸를명 鳴 울명 皿 그릇명 酉 같을명 ⿸尸孕 첫아이밸명 ⿱龹毛 물에담근쌀명 ⿱穴皿 굴명 ⿰金䖵 쇠녹일명

모

毛 터럭모 芼 나물모 秏 벼모 眊 눈흐릴모 耗 덜릴모 旄 기모 酕 몹시취할모 毷 풀모 牦 들소모 竓 미리리트르모 枆 겨울에익은복숭아모 ⿰言毛 소식모 瓱 미리그람모 氁 털비단모 軞 임금타시는수레모 ⿰馬毛 말긴털모 髦 준수할모 ⿰高毛 뻔뻔한털모 ⿰糸毛 비단털모 粍 미리미트르모 耄 구십세모 覒 볼모 ⿰毛鳥 솜털모 冃 무릅쓸모 帽 모자모 媢 성낼모 瑁 서옥두겁모 冒 무릅쓸모 ⿰木冒 설주모 ⿰氵冒 물부를모 ⿰目冒 눈내리떠볼모 ⿰衤冒 모자모 莫 푸성귀모 募 부를모 嫫 추한계집모 慕 사모할모 摸 본뜰모 糢 모호할모 慔 힘쓸모 摹 규모 模 법모 暮 저물모 膜 길게절할모 謨 꾀모 謩 꾀모 ⿰酉莫 좋은장모 ⿱⺮暮 대상자모 縸 굿은솜모 母 어미모 侮 업신여길모 ⿱罒每 꿩그물모 悔 헌원씨의황후이름모 某 아무모 謀 꾀모 ⿰忄某 사랑할모 牟 클모 ⿰氵牟 물가언덕모 眸 눈동자모 ⿱艹牟 굵은보리모 侔 비등할모 蛑 큰게모 麰 보리모 鴾 종달새모 恈 탐내고아낄모 皃 모양모 貌 모양모 䫉 모양모 墲 높은무덤모 蟱 거미모 橅 법모 矛 세모진창모 茅 띠모 蝥 가리모 蓩 성할모 蟊 게심이모 ⿱敄石 앞은높고뒤는낮은언덕모 鶜 비둘기모 媌 예쁠모 歊 퇼모 姥 할미모 ⿱艹毦 순나물모 磨 표고모

목

目 눈목 苜 거여목목 睦 화목할목 ⿰目每 안질목 木 나무목 沐 목욕할목 蚞 쓰르라미목 楘 가죽으로감은차멍에목 霂 부슬부슬비오는목 牧 기를목 婺 아름다울목 鶩 집오리목 ⿱皀彡 가는문채목 穆 화할목 ⿱翏毛 털젖을목 ⿱敄豆 콩깍지목 ⿱敄車 멍에채끝목 ⿱黑糸 검은실목 ⿰衤每 혼솔목

毣 깃윤택할목 凩 찬바람목 毋 기를목 繆 몹슬시호목 鶩 집오리목

몬

貧 천량늘몬

몰

圽 묻을몰 歾 죽을몰 沒 빠질몰 玫 옥이름몰 歿 죽을몰 㱞 죽으려까무러칠몰

몽

蒙 무릅쓸몽 氋 흩어진털몽 幪 덮을몽 濛 이슬비몽 曚 동틀몽 朦 지는달빛희미할몽 矇 청맹관이몽 蠓 바구미몽 艨 싸움배몽

驝 트기몽 饛 밥수북히담을몽 㠓 먼산몽 嚎 말분명치못할몽 擝 거둘몽 礞 청몽석몽 檬 영몽몽 獴 꼬리짜진원숭이몽 𪇆 곰팡이몽

𦆡 실끝얽힐몽 朦 뚱뚱할몽 𧞫 옷입을몽 𧬨 말분명치못할몽 𨢳 누룩곰팡이몽 霥 가는비몽 顭 머리아뜩할몽 冡 어릴몽 㴿 이슬비몽

幪 덮을몽 醿 누룩뜰몽 鎵 보습날몽 霿 우뢰소리몽 夢 꿈몽 懜 부끄러워할몽 𧳋 산돌몽 襛 배자몽 鏳 쇠고리몽 鄸 땅이름몽

鸏 새이름몽 瞢 눈어둘몽 懵 심란할몽 𥌈 잠꼬대할몽 艷 낯빛흉할몽 𤼊 다리질끌몽 㝱 꿈몽 罞 고라니그물몽 雺 해매기낄몽

霿 자욱할몽 覔 나갈몽

묘

卯 동방묘 夘 동방묘 茆 순나물묘 昴 묘성묘 𥃶 할금할금볼묘 妙 묘할묘 秒 벼가시랭이묘 玅 현묘할묘 眇 애꾸묘 渺 물질펀할묘

𦙄 허구리묘 𧉧 새끼누에묘 仯 작은모양묘 吵 울묘 𦯢 풀가는줄기묘 篎 작은저묘 緲 적을묘 苗 싹묘 描 그림묘 猫 고양이묘 貓 고양이묘 緢 기술묘

𤛎 꼬리긴소묘 錨 닻묘 鶓 새이름묘 杳 아득할묘 淼 큰물묘 㡌 장옷묘 𣧌 물릴묘 𨊥 차끝묘 藐 멀묘 廟 사당묘 墓 무덤묘

嫹 아름다울묘 穮 벼꺼럭묘 䚐 뚫어지게볼묘 𧭭 황당히말할묘 䬺 빠른바람묘

무

毋 없을무 母 어미무 姆 여스승무 拇 엄지손가락무 砪 돌비늘무 胟 엄지손가락무 踇 엄지발가락무 ⿰豸母 암톨무 鉧 다리미무 ⿰田母 밭이랑무

踇 걸음무 ⿰魚每 황서기무 ⿰虫⿱每心 잠자리무 畞 밭이랑무 畒 밭이랑무 ⿰母鳥 앵무무 武 호반무 娬 예쁠무 珷 무부무 碔 무부무 鵡 앵무새무

無 없을무 憮 심란할무 幠 덮을무 撫 어루만질무 廡 월랑무 嫵 예쁠무 儛 춤출무 舞 춤출무 ⿱罒無 꿩그물무 蕪 거칠무 甒 질술준무

膴 클무 橆 번성할무 潕 물마를무 璑 옥빛무 瞴 잠간볼무 ⿰糸無 실켜고남저지무 譕 언행있을무 鷡 새무 ⿺辶無 자취무 務 힘쓸무

婺 별이름무 愗 어릿어릿할무 瞀 무식할무 鍪 투구무 鞪 투구무 騖 달릴무 堥 질그릇무 ⿱敄巾 차우비무 ⿱敄羊 여섯달된양무 蟱 마그리무 霧 안개무

鶩 병아리무 鍪 투구무 楙 성할무 懋 힘쓸무 髳 오랑캐무 戊 천간무 茂 무성할무 牡 수컷무 貿 무역할무 巫 무당무 ⿰巾巫 털옷무

莁 흰비름무 誣 속일무 ⿱𠂊目 사람투기할무 閈 열무 敄 힘쓸무 ⿺毛戊 털많이날무 繆 실천오리무 恈 아탐내고아낄무 亡 없을무 ⿱罒示 그물칠무

⿱罒亡 해진그물무 袤 벋힐무 ⿰糸牟 화하지않을무 鄮 고을이름무 鉾 능장무 莾 추솔할무

묵

墨 먹묵 纆 세겹노묵 嘿 잠잠할묵 默 잠잠할묵 蟔 박쥐묵 ⿰舟墨 낚싯배묵 ⿰虫默 쐐기묵 万 성묵

문

文 글월문 汶 더럽힐문 忞 어수선할문 雯 구름채문 抆 씻을문 蚊 모기문 紋 무늬문 紊 얽힐문 坟 무덤문 炆 연기날문

妏 낳을문 彣 채색문 ⿰魚文 가물치문 鳼 메추라기새끼문 鼤 끄리아롱진쥐문 門 문문 聞 들을문 問 물을문 們 무리문 捫 더듬을문

閿 시골이름문 閺 눈내리깔고볼문 璊 붉은옥문 懣 번거러울문 璺 옥깨어질문 虋 맥문동문 吻 입시울문 刎 목찌를문 ⿱艹刎 산칠나무문

脗 합할문 歾 몸메문 勿 덮을문 㖄 입아귀문 捪 씻을문 蟁 모기문 悗 잊어버릴문 娩 해산할문 絻 상복문 ⿰巾免 옷문 玧 옥빛문

䢈 더디걸을문 酚 술잔문 𩜇 떡기주할문 𠅅 들을문

물 勿 말물 沕 깊고작을물 物 만물물 芴 순무물 昒 밝긔올녁물 岉 산놉을물 粅 고운가루물 𣏌 동리기물

믁 万 성믁

미 眉 눈섭미 湄 물가미 媚 아첨할미 郿 땅이름미 嵋 산이름미 楣 인중방미 瑂 옥돌미 煝 빛날미 堳 담미 篃 겨울에나는죽순미

鶥 왜가리미 蝞 새우미 未 아닐미 味 맛미 祙 산키신미 菋 오미자미 鮇 뱅어미 𩛎 엷게힐미 米 쌀미 冞 깊을미 洣 물결미

迷 미혹할미 敉 편안할미 絑 수놓은무늬미 罙 두루미 眯 눈에티들미 𣨙 절미 𢙏 의혹할미 咪 양의소리미 謎 수수께끼미 瞇 애꾸눈미

蔝 달기씨깨비풀미 𧻝 어미미 糜 죽미 麊 고을이름미 麋 물가미 鮇 고기알미 𥼶 몽근겨미 蘪 궁궁이싹미 醾 막걸리미 醚 취할미

擟 세모진마름미 櫗 마름미 美 아름다울미 渼 물결무늬미 媄 빛고울미 躾 예절가르칠미 嵄 깊은산미 尾 꼬리미 娓 아름다울미

浘 바다물날미 梶 나무끝미 𥱋 비미 荱 풀늘어질미 𧹞 붉은꼬리미 𩛞 대궁미 䃘 돌갈미 𩗚 불어자빠뜨릴미 癓 불편할병미

微 작을미 薇 고비미 溦 물가미 霺 가는비미 鏾 갈구리미 矀 엿볼미 溦 이슬비미 𥁒 털구멍미 黴 곰팡이미 糜 기장미 縻 맬미

靡 얽을미 蘼 맥문동미 蘪 피미 爢 익을미 麊 깊을미 𩟼 어린아이먹일미 灖 흐를미 嫲 계집의벼슬이름미 鑣 어린아이먹일미

攠 쇠북방망이받이미 𡾰 산모양미 醾 막걸리미 芈 양울미 蝆 쌀눈미 宩 깊을미 覛 병든사람볼미 亹 힘쓸미 弭 활끗이미

渳 물질펀할미 麛 새끼미 彌 많을미 瀰 가득할미 𡦃 어미미 獼 원숭이미 穪 창미 䌕 봉할미 𡽾 산이높고뾰족할미 𤕨

편협할미 醿 누룩미 擟 밀미 彌 그칠미 醾 물마지미 穮 씨뿌릴미 䊳 눈섭미

민

民 백성민 泯 민멸할민 珉 옥돌민 岷 산이름민 罠 낚을민 湣 신호민 敃 강할민 愍 슬플민 暋 강할민 怋 민망할민 緡 낚시줄민 䡑 바퀴두리민 鈱 철판민 跊 굽민 苠 대껍질민 䪸 강할민 𤿭 피부에주름살질민 琘 옥돌민 𨍰 차바퀴밀가죽민 錉 장사밑천미 痻 병민 緍 돈꿰미민 䁕 굽어볼민 旻 가을하늘민 旼 화할민 玟 옥돌민 忞 강잉할민 閔 성민 憫 불상할민 潣 물졸졸흘러내릴민 簢 댓속빌민 𢟦 민망할민 閩 땅이름민 敏 민첩할민 慜 총명할민 緐 산소민 鷩 징경이민 鰵 대구민 簢 댓속빌민 僶 강잉할민 黽 힘쓸민 𧵢 부세민 脗 합할민 緍 돈꿰미민 澠 물이름민

밀

宓 잠잠할밀 密 빽빽할밀 蜜 꿀밀 滵 물졸졸흐를밀 榓 침향나무밀 㨸 가만히때릴밀 𥌒 측량못할밀 賯 물흐를밀 蔤 연근밀 䆩 얼핏볼밀 醓 술그릇마를밀 謐 고요할밀 蠠 강잉할밀 眣 해기울어질밀

박

彴 흐르는별박 愽 넓을박 搏 얽을박 㶿 불에말릴박 膊 어깨박 縛 얽을박 鎛 쇠북박 餺 떡박 簙 장기박 簿 누에발박 髆 어깨죽지박 薄 엷을박 欂 중깃박 嚩 먹을박 䡑 수레아래맨줄박 蛗 버마재비박 䙏 홑옷박 䪙 가죽주머니박 䪔 멍에싸게박 暷 별쪼일박 牔 박공박 䍸 불깐양박 𪉷 단단한것씹을박 蒪 굵은양하박 䈏 바둑돌박 䡷 수레치장박 䨔 큰비박 𦢊 저민고기박 䪙 짚신박 𩌏 차안에까는자리박 𩼊 외눈박이잉어박 礴 섞일박 鑮 호미박 嚗 역정낼박 懪 답답할박 懪 답답할박 𥎞 지광이창박 𣀭 칠박 襮 거죽박 爆 불살을박 犦 소이름박 襮 수놓은깃박 犦 소박 墣 흙덩이박 璞 옥덩어리박

撲 부딪칠박 鏷 날쇠박 樸 질박할박 䑑 꽃떨어질박 𧬉 말로방패막이할박 𩪐 뼈로만든화살박 朴 성박 拍 칠박 珀 호박

狛 조선개박 泊 쉴박 粕 재강박 胉 허리뼈박 廹 핍박할박 鉑 금박박 敀 박할박 箔 발박 趵 차는소리박 皰 살가죽터질박 筋 손발

마디박 貌 깃치며나를박 䫹 오래볼박 剝 벗길박 亳 은나라서울박 圤 흙덩어리박 玌 옥덩어리박 䨣 비에가죽젖을박 雹 우박박 颮

날개치는소리박 骲 뼈다귀살촉박 瓟 종구락박 瓝 종구락박 䨔 못박 鑤 공이머리박 駁 얼룩말박 詨 손발마디울박 𠈌 빠를박

반

半 절반반 泮 반궁반 伴 짝반 冸 얼음녹을반 拌 버릴반 柈 쟁반반 胖 살찔반 畔 밭도랑반 絆 말옭아맬반 姅 월경

할반 詊 말잘할반 秚 섞일반 䂸 큰돌반 怑 거스릴반 䮛 말걸음반 㪵 돼서반분할반 䬳 싸라기떡반 靽 소밀치반 𣴠 물가반 反 돌아

올반 扳 끌반 返 돌아올반 叛 배반할반 軬 수레휘장반 飯 밥반 䛀 자랑할반 𩨨 팔다리반 魬 넙치반 𤵊 토할반 㤆 더욱반 般 돌아올반 搬 운반

할반 幋 휘건반 槃 쟁반반 盤 소반반 磐 반석반 瘢 험질반 縏 작은주머니반 䈲 통발반 𨃃 곱장발반 瀊 물돌반 𩬰 북상투반

鞶 가죽띠반 搫 덜반 𥈤 눈굴려볼반 番 땅이름반 蹯 무리반 潘 성반 磻 시내반 蟠 서릴반 䉒 쌀뜨물반 𤺊 자궁병반 憣 마음변동

할반 嚩 말로사람힐난할반 奤 얼굴클반 娩 토끼새끼반 嬔 토끼새끼반 虨 범의무늬채반 攀 휘여잡을반 襻 옷고름반 𨊻 수레뜸반 闆 문속에서

볼반 扮 꾸밀반 頒 나눌반 盼 돌아볼반 肦 부세반 攽 나눌반 牉 조각반 沜 물가언덕반 㴸 뜰반 班 반렬반 斑 아롱질반 辬 어룽

질반 𥳮 수레뜸반 繁 말배때끈반 𦍩 털긴양반 癍 발반될반 弁 시전이름반 拚 버릴반 絣 말배때끈반 𧘂 옷고름반 飰 밥반 竝 연접할반

媥 빛섞일반 頖 얼음풀릴반

발 孛 요기있을발 桲 돌배반 勃 변색할발 垺 티끌발 浡 우쩍일어날발 𥪡 물건누르는소리발 脖 배꼽발 焞 찌는듯할발 哱 라주발 悖 거스릴발 綍 동아줄발 峬 산길평탄할발 荸 나물발 毴 짧은털발 䪬 목발 郣 땅붕긋할발 敎 별안간발 馞 향내큰날발 渤 안개자욱할발 鵓 집비둘기발 㶿 연기허영게일어날발 誖 말어지러울발 犮 개달는모양발 拔 뺄발 坺 흙필발 泼 찰발 沷 물댈발 妭 고운처발

袚 오랑캐옷발 胈 다리털발 秡 상할발 废 초가집발 茇 필발 鈸 방울발 酦 술기운발 詙 신농씨부인발 䟦 바삐갈발 躰 달아날발 髮 터럭발 魃 가물발 軷 노제발 跋 걸음발 盋 바릿대발 鼥 살찐쥐발 䨊 구름필발 颰 빠른바람발 馛 향기날발 癶 걸을발 癹 발로풀뭉그질를발 發 필발 墢 흙필발 襏 도롱이발 撥 다스릴발 潑 활발할발 醱 술필발 蹳 찰발 鱍 물고기꼬리톡톡칠발 鏺 벨발 䥽 다락있는배발 㦶 성미일어날발 𤼵 엷을발 迊 급히달아날발 抪 칠발 跡 걸을발 酢 술빛발 帥 엷게흴발 轂 수레깨지는소리발 鉢 바릿대발 艴 성낸빛발

방 方 모방 仿 비슷할방 彷 방황할방 防 막을방 妨 해로울방 坊 막을방 紡 길쌈방 蚄 며루방 汸 큰비방 吻 들을방 牥 좋은소방 芳 꽃다울방 放 놓을방 房 방방 昉 밝을방 肪 비게방 趽 쥐암발방 逄 달아날방 怲 꺼릴방 拹 서로갈을방 舫 사공방 訪 꾀할방 魴 방어방 枋 단목방 眆 본받을방 笻 죽롱방 雱 눈함박방 旊 옹기장방 髣 비슷할방 鼢 흙쥐방 𢎈 클방 㮄 방목방 旁 사귈방 傍 의지할방 徬 붙어갈방 搒 볼기칠방 滂 비퍼불방 榜 방목방 蒡 우방자방 膀 오줌통방 磅 돌떨어지는소리방 螃 방게방 㥬 서첩방 篣 볼기칠방 縍 결들방 雱 비쏟아질방 䠙 달음박질할방 謗 나무랄방 鎊 깎을방 霶 비쏟아질방 嗙 웃을방 塝 땅두둑방 牓

방방 ⿰牛旁 등흰소 방 ⿰示旁 봄제사지낼 방 ⿰米旁 옥수수 방 艕 넓은배 방 ⿰弓旁 활시위탱탱할 방 ⿰阝旁 가까울 방 ⿰酉旁 술올릴 방 ⿰旁皮 신도리 방 ⿰旁見 곁눈질할 방

尨 삽살개 방 厖 클 방 哤 잡된말할 방 狵 삽살개 방 牻 희고거먼은얼룩소 방 蛖 도로래 방 浝 큰물 방 庬 잡될 방 ⿱穴尨 잘 방 駹 찬간자 방 ⿰冢斗 넘게

될 방 ⿰金芳 장식할 방 炐 불빛환할 방 玤 옥돌 방 胖 퀴퀴할 방 ⿰酉丰 면종 방 ⿰耒咅 보습 방 蚌 조개 방 綁 묶을 방 倣 본받을 방 邦 나라 방 梆

목탁 방 ⿰木鄕 지팡이 방 霶 큰비 방 逄 성 방 胮 부을 방 艂 방강배 방 ⿰音夆 북소리 방 ⿰黑夆 검은 방 ⿸疒夆 공기 방 ⿰夆鳥 사다새 방 氆 양의털로짠융

방 ⿰丰毛 털로짠베 방 幇 도울 방 ⿱封手 막을 방 幫 곁들 방 鞤 가죽신 방 棒 몽둥이 방 蜯 조개 방 ⿰月奉 배불룩할 방 ⿱逢虫 성 방 龐 어수선할 방

匚 모진그릇 방 棓 도리깨채 방

배

杯 술잔 배 环 옥산통 배 肧 아이밸 배 盃 술잔 배 衃 멍들 배 桮 술잔 배 阫 담 배 坏 뒷담 배 ⿰不頁 굽은턱 배 ⿰女丕 한달된태 배 ⿰米丕

간죽보리 배 ⿰丕頁 주걱턱 배 俳 광대 배 排 밀 배 徘 어정거릴 배 琲 진주열꿰미 배 裵 옷길 배 裴 성 배 ⿰舟非 키 배 輩 무리 배 ⿱大非 클 배 啡 불 배

韛 풀무 배 猅 머리짧은개 배 輫 수레난간 배 ⿸广拜 빌 배 拜 절 배 湃 물소리 배 ⿰口拜 간병 배 ⿱艹拜 푸른명아주 배 倍 갑절 배 陪 모실 배 培

북돋을 배 焙 불에말릴 배 毰 날개펼 배 蓓 꽃방울 배 賠 배상할 배 ⿱艹陪 꽃봉우리 배 醅 술피일 배 ⿰巾犬 굵은베 배 扒 뺄 배 ⿱山辟 골속사이 배

⿱山配 산무너지는소리 배 配 짝 배 ⿱北車 무리 배 背 등 배 褙 배자 배 ⿰糸背 속적삼 배 負 물지신 배 鄁 나라이름 배 ⿰白卑 흰가죽 배 ⿰缶否 장군 배 北

패할 배 ⿱艹老 구장 배 ⿰扌拜 절 배 牌 배지 배 ⿰風卑 바람불 배 ⿵門不 자물쇠 배

백

白 흰 백 伯 맏 백 柏 잣 백 帛 비단 백 珀 호박 백 迫 급할 백 魄 혼 백 ⿰白瓦 우물벽돌 백 ⿱艹佰 쪽 백 鮊 우려기 백 苩 성 백 舶 큰배 백

백 皅 헉트르그람백 拍 손벽칠백 百 일백백 佰 백사람의어른백 栢 잣백 竡 헉트르리터백 粨 헉트르미터백 [艹百] 목화백 洦 얕은물백 [片氏]

나눌백 覇 초생달백 霸 달력백

번

反 송사공결할번 番 차례번 播 무덤번 潘 뜨물번 幡 기번 蕃 번성할번 燔 구울번 璠 보배옥번 旛 기번 蹯 짐승의발바탕

번 嶓 산돌번 磻 쌓을번 橎 단단한나무번 繙 번육번 籓 울타리번 繙 번역할번 [番力] 건장할번 膰 제지낸고기번 鐇 쇠뭉치번 鷭 새이

름번 轓 수레난간번 藩 울타리번 翻 날번 飜 뒤칠번 [韋番] 가죽반듯할번 [馬番] 짐승번성할번 [番非] 달래번 [鼠番] 쥐며느리번 [弓番] 기를번 [艹燔] 지모번

煩 번민할번 薠 번떼 [扌煩] 비빌번 樊 새장번 礬 백반번 蠜 메뚜기번 [艹樊] 번풀 [樊見] 잠간볼번 [林頁] 추할번 繁 성할번 蘩 애탕쑥번

緐 말갈기치장번 犿 서로쫓을번 袢 속옷번 拚 날을번 笲 신부의폐백반번 [丸玄] 계집영오할번

벌

撥 흙갈아일으킬벌 橃 큰배벌 閥 문벌벌 筏 떼벌 栰 떼벌 伐 칠벌 垡 발갈아들출벌 [口犮] 방패벌 瞂 방패벌 [盾戈] 방패벌

[折糸] 엮은줄벌 罰 벌줄벌 [臼巿] 쌀찧을벌 [臼巾] 쌀찧을벌

범

氾 뜰범 犯 범할범 范 벌범 [艹犯] 벌범 [車㔾] 차앞턱나무범 [氾皿] 술잔범 笵 법범 範 법범 [艹氾虫] 벌범 凡 무릇범 杋 나무이름범

汎 띄울범 帆 배돛범 訉 수다할범 軓 차앞턱나무범 梵 불경범 [馬凡] 말저벅저벅걸을범 [目凡] 큰눈범 釩 떨칠범 泛 뜰범 颿 돛범 [言乏] 말급

할범 [乏木] 나무껍질범 [亻凡] 경홀히여길범

법

法 법법 [疒去] 파리할법 珐 법당법 [女去] 살법 灋 법법

벽 塩 흙덩이 벽 湢 목욕간 벽 福 보일 벽 䈏 물릴 벽 揊 종기짤 벽 闢 막을 벽 副 순산안될 벽 疈 쪼갤 벽 辟 임금 벽 僻 더러울 벽 劈 쪼갤 벽 擗 열 벽 壁 벽 벽 澼 빨래할 벽 擘 나눌 벽 檗 황경피나무 벽 薜 담장이덩굴 벽 璧 둥근옥 벽 甓 벽돌 벽 癖 정병 벽 襞 치마주름 벽 繴 새그물 벽 躄 앉은방이 벽 闢 열 벽 霹 벼락 벽 蘗 황경피나무 벽 𣴾 물나뉘어흐를 벽 䍦 새그물 벽 廦 담벽 벽 㢰 더러울 벽 鐴 보습귀 벽 僻 편벽할 벽 避 멀리달아날 벽 糪 선밥 벽 䌟 솜 벽 㱸 죽으려할 벽 鷿 되강오리 벽 鼊 거북 벽 碧 청강석 벽 陕 땅벌어질 벽 欂 중깃 벽 綼 치마폭에 수치장할 벽 鈲 개질 벽 𡇫 닫을 벽 椑 판속 벽 捭 열 벽

변 弁 고깔 변 匥 상자 변 栟 주두 변 洴 물풀터서 표르게할 변 拚 개싸움할 변 昪 날빛 변 閞 주두 변 𩑶 고깔 변 鴘 묵이매 변 卞 법 변 忭 기쁠 변 抃 손벽칠 변 汴 물이름 변 玣 고깔꾸미개 변 扁 낮을 변 匾 납작할 변 徧 두루 변 褊 좁을 변 萹 옥매답 변 𨌈 작은수레 변 稨 울콩 변 糄 벼볶아 쌀만들 변 藊 백변두 변 甂 자배기 변 𪓊 신바닥 변 㾫 골절풍 변 昪 날빛 변 辡 근심할 변 辧 허벅지 변 辨 분변할 변 辮 얽을 변 辯 말잘할 변 邊 갓 변 籩 변두 변 變 변할 변 䢪 먹줄튀길 변 釆 분변할 변 頨 머리고울 변 𩕦 쌍동이 변 㒟 삐뚜리 변 蹁 걸음바르지않을 변 𨘢 별안간달아날 변 胼 못백일 변 跰 못백일 변 骿 통갈비 변 便 오줌 변 腁 못백일 변 駢 버릴 변 軿 부인의수레 변 賆 더할 변 𠲖 교묘이말할 변 㳷 오줌 변 𧱱 큰돌 변 𨁴 멀리갈 변 鯾 방어 변 囨 침뱉을 변 邉 성 변

별 別 다를 별 峢 산이름 별 䅽 벼포기고루서지않을 별 莂 모종널 별 𧦝 말로판다할 별 㢸 활뒤집힐 별 彆 활뒤집힐 별 襒 떨칠 별 撇 칠 별 潎 물다닥칠 별 撆 칠 별 瞥 얼핏볼 별 蹩 발랍을 별 鷩 붉은꿩 별 鼈 자라 별 鱉 자라 별 嫳 방정스러울 별 徶 옷자락펄

렁거릴 별 憋 모질 별 暼 해떨어지려 무럭거릴 별 ⿱敝糸 끈 굿은 솜 별 ⿱敝耳 넌짓 들을 별 ⿱敝金 보습 날 별 蟞 개미 별 癟 끌마터질 별 ⿰敝頁 짧을 별

⿰革必 칼집 치장 별 秘 벼 향기 별 覕 엿볼 별 ⿰⻊必 찰 별 ⿵風必 적은 바람 별 ⿱今香 향기 날 별 炦 불기운 별 蛂 풍뎅이 별 批 부딪칠 별 ⿸疒鳥 날지 못할 별

병

秉 잡을 병 棅 자루 병 兵 군사 병 垪 무덤구멍 병 鋲 징 병 丙 남녘 병 邴 땅이름 병 抦 잡을 병 怲 근심할 병 炳 빛날 병

昺 빛날 병 昞 빛날 병 柄 자루 병 窉 구멍 병 病 병들 병 蛃 흰좀 병 寎 삼월 병 鞆 팔찌 병 眪 눈밝을 병 苪 나타날 병 ⿰山昺 사람의 이

름 병 幷 아우를 병 倂 나란할 병 帲 휘장 병 洴 빨래할 병 栟 종려나무 병 ⿰歹幷 탈 병 頩 천연할 병 蛢 풍뎅이 병 餠 떡 병 絣 먹줄 튀길 병

瓶 병 병 屛 병풍 병 偋 내칠 병 迸 흩어져 달아날 병 郱 땅이름 병 缾 병 병 鉼 불린금덩이 병 箳 대사립문짝 병 鵧 작고 검은새 병 ⿰立屛 비틀

거릴 병 軿 수레가림 병 摒 제할 병 ⿱雨幷 우렛소리 병 ⿰幷頁 옥생 병 鞞 가죽띠 병 ⿰幷色 옥색 병 詽 도아말할 병 軿 가벼운 수레 병 跰 급히 갈 병

⿱幷麥 보리떡 병 ⿰面幷 낯 누를 병 ⿰彳幷 걸을 병 ⿰鼠幷 생쥐 병 ⿰齒幷 통니 병 閞 문짝 닫는 소리 병 ⿺辶幷 흩어져 달아날 병 並 아우를 병 ⿰亻並 다 병 ⿰虫並 말씹

조개 병 竝 아우를 병 ⿸广屛 으슥한 곳 병 ⿸疒幷 열병 병 ⿰金朋 병기 병 ⿱雨甹 비올 병 甹 끌 병 琕 칼집 병 鞞 칼집 병 搒 볼기칠 병

보

步 걸음 보 ⿱艹步 짚부더기 보 ⿰王步 아름다운 옥 보 ⿸疒步 병더칠 보 ⿰馬步 말 걸음 익힐 보 保 보전 보 堡 막을 보 堢 막을 보 葆 풀성할 보

褓 포대기 보 緥 포대기 보 ⿰扌保 옷위로 칠 보 賲 거간 보 ⿰木保 들보 보 甫 클 보 俌 도울 보 補 기울 보 莆 삽보풀 보 輔 도울 보 簠 대제기 보

烳 횃불 보 ⿰石甫 돌매 보 ⿰革甫 가죽신 보 ⿺鬼甫 별이름 보 黼 보불 보 普 넓을 보 潽 물넘을 보 譜 족보 보 ⿰魚普 복 보 寶 보배 보 報 갚을 보

菩 보살 보 篰 발 보 ⿱⺈十 벌릴 보 䮫 오총말 보 鴇 너새 보 ⿰王土 옥그릇 보 ⿸疒付 몸펴지 못하는병 보 ⿰羽包 살깃 보 ⿰革瓜 가죽다루는 직공 보 ⿰魚夸 쏘가

리 보 麭 경단 보 ⿱艹喜 김치 보 畚 노른재 보 蚥 연가시 보 薩 도울 보 埠 선창 보

복

伏 엎드릴 복 垘 보막을 복 洑 스며흐를 복 茯 풍낭이 복 袱 보자기 복 栿 들보 복 ⿰足伏 꿇어엎드릴 복 ⿰韋伏 수레앞턱나무 복 鮲 가리맛 복

⿰豸伏 여우 복 僕 종 복 墣 흙덩이 복 幞 복두 복 撲 씨름할 복 擈 심은대로다날 복 ⿰業毛 털엉킬 복 ⿰革業 소목거리 복 ⿰鹿業 사슴서로따를 복 蹼 오리발 복

樸 땅갈나무 복 轐 수레바퀴받침 복 濮 물이름 복 襆 복두 복 醭 술에골마지낄 복 纀 머리동여매는수건 복 ⿰阝業 나라이름 복 ⿰黑業 엷게검을 복

服 입을 복 ⿱罒服 고공 복 菔 무 복 箙 전통 복 鵩 올빼미 복 復 돌아올 복 腹 배 복 蝮 독사 복 覆 도리깰 복 ⿰土复 토굴에서살 복

椱 신 복 複 겹옷 복 輹 바퀴통 복 鍑 가마솥 복 馥 향기 복 鰒 전복 복 ⿰食复 먹을 복 ⿰复鳥 오디새 복 ⿺走复 어린아이걸 복 蕧 하국 복 澓 운혈로흐를 복

⿱雨復 물흘릴 복 癁 병도질 복 ⿱竹復 대열매 복 ⿱穴復 움 복 復 다시 복 ⿰虫覆 벼메뚜기 복 福 복 복 楅 쇠뿔에가로댄막대 복 幅 폭 복

蝠 박쥐 복 輻 바퀴살 복 副 쪼갤 복 匐 길 복 葍 메무 복 蔔 치자꽃 복 諨 갖출 복 踾 모을 복 ⿰革畐 가죽띠 복 鶝 오디새 복 卜 점 복

扑 작게칠 복 宓 성 복 虙 범웅성거릴 복 𠬝 일할 복 ⿸尸𠬝 갈 복 攴 칠 복 ⿰扌暴 잠간칠 복 ⿰扌暴 회차리 복 鸔 물새 복 鵏 꿩 복 ⿰目卜 눈등이뼈 복

⿰白頁 머리털힐 복 ⿺走咅 넘어질 복 軠 수레상자 복

본

本 근본 본 ⿸麻本 삼대 본 ⿰食本 거친밥 본 ⿸鹿本 암사슴 본 ⿰黑奔 엷게검을 본

봉

夆 끌을 봉 峯 산봉우리 봉 峰 산봉우리 봉 浲 물이름 봉 捀 두손으로받들 봉 桻 나무가지끝 봉 埄 먼지일어날 봉 逢 만날 봉

韸 북소리 봉 蜂 벌 봉 烽 봉화 봉 鋒 칼날 봉 熢 연기서릴 봉 ⿰巾逢 수건 봉 蓬 더부룩할 봉 蠭 벌 봉 鬔 엉킨머리 봉 縫 꿰맬 봉 ⿰豸夆

두갈래진창봉 犎 들소봉 篷 대뜸봉 䙜 산키신봉 㷭 사랑할봉 摓 받들봉 𣟴 초목무성할봉 䡫 수렛소리봉 鏠 병장기끝봉 韸 북소리봉

䮐 가슴뼈봉 鑝 투구봉 轒 수레뜸봉 𩂯 빗소리봉 熢 봉화봉 奉 받들봉 俸 녹봉 捧 받들봉 唪 크게웃을봉 菶 풀우거질봉 琫

칼집장식옥봉 棒 칠봉 馪 향기성할봉 烽 연기와티끌이자욱할봉 𩗓 바람일어날봉 丰 예쁠봉 𡖣 외주렁맺힐봉 玤 옥돌봉 妦 아름다울봉

鞛 안장치장봉 𩑶 귀뿌리봉 封 봉할봉 𧯧 봉산봉 紨 미투리봉 𧞔 미투리봉 𩌈 미투리봉 𩋨 들소봉 芃 풀성할봉 䇯 대뜸봉 𨑥

덮을봉 覂 덮을봉 鳳 새봉 䩬 칼아래장식봉 賵 부의봉 瓿 집울리는소리봉 埲 먼지날봉

부

夫 지아비부 扶 붙들부 玞 무부부 芙 연꽃부 砆 무부부 帗 앞깃부 䄮 벼움날부 枎 사방에퍼질부 𧦝 어조사부 衭 옷앞깃부 蚨

청부 趺 도사리고앉을부 鈇 작두부 麩 밀기울부 鳺 메비둘기부 軼 바퀴비녀장부 荴 연잎이울부 付 줄부 附 붙일부 拊 칠부 泭 적은떼부

弣 활줌통부 柎 꽃받침부 祔 부제사부 苻 껍질부 帗 넓은비단부 咐 불부 坿 떼부 𥑇 흰수정부 𤝔 양부 𥹍 겨부 紨 거친명주부 詂

믿음직할부 蚹 달팽이부 袝 성한옷부 跗 발등부 符 병부부 腑 장부부 駙 부마부 𨈆 옷입을부 𩭤 머리땋을부 𨥔 큰못부 䬸 먹을부

姇 기뻐할부 鮒 붕어부 𪔂 떠들석할부 府 마을부 俯 굽으릴부 㧝 위로할부 腑 장부부 腐 썩을부 孚 믿을부 莩 갈청부 俘 볼모잡을부

蜉 왕개미부 捊 당길부 浮 뜰부 郛 성바퀴부 桴 떼부 稃 왕겨부 罦 새잡는덮치기부 娐 예쁠부 哹 물새부 垺 성각휘부 𡖗 많을부

筟 북부 䍌 암양부 毦 새털벗을부 粰 겨부 綒 굵은그물부 䍖 굽지않은기와부 琈 문채부 烰 찔부 𥓓 돌깨뜨리는소리부 𤛛 입술검은

소부 𧼈 속할부 艀 종선부 𩷓 물아지부 𥱏 아롱대부 孵 알안아새끼깔부 雬 눈올부 剖 쪼길부 部 나눌부 涪 물거품부 掊 질부

培 작은언덕부 瓿 작은항아리부 踣 쓰러질부 蔀 떼우적부 棓 약간성낸듯할부 婄 살찔부 箁 대잎부 欸 말하며받지않을부 殕 곰팡날부 䏽 돌의고기장부 綍 묶은솜펼부 犃 수컷부 棓 때릴부 䴺 밀가루떡부 餢 밀전병부 ⿰風咅 바람잔잔할부 錇 장구부 ⿱髟咅 더럭짧을부 媍 며느리부 ⿰虫帚 쥐며느리부 負 짐질부 偩 의지할부 媍 며느리부 蝜 지기잘하는벌레부 萯 땅외부 尃 펼부 傅 스승부 溥 클부 簿 문서부 賻 부의부 榑 해돋이뽕나무부 ⿰羽尃 부등깃부 糐 둥근수제비부 副 버금부 富 부자부 褔 옷한벌부 葍 잔무부 輻 몰려들부 ⿱髟畐 딴상투부 不 아니부 否 아니부 抔 줌부 芣 길장구부 罘 병풍부 紑 옷정결할부 ⿰扌否 움큼부 ⿰否阝 땅이름부 ⿺走否 엎드러질부 吥 빨부 ⿱雨不 안개부 ⿱髟不 수염많을부 鴀 오디새부 秿 벼쌓을부 痡 병들부 ⿰羽甫 솜털부 ⿰骨甫 무릎뼈부 鵏 거위부 ⿰韋甫 잡방이부 ⿰甫頁 광대뼈부 ⿰面甫 뺨부 鬴 가마부 阜 언덕부 埠 선창부 ⿰阝阜 성할부 ⿰虫阜 메뚜기부 ⿰馬阜 성할부 ⿱阜䖵 메뚜기부 父 아비부 斧 도끼부 㕮 씹을부 ⿰扌斧 팔목뼈부 釜 휘부 滏 물끓을부 ⿰馬父 수말부 ⿰足斧 발목뼈부 仆 엎드러질부 訃 부음부 赴 다다를부 ⿰貝卜 재물부 ⿰足卜 달아날부 賦 부세부 ⿰足武 발자국부 陚 작은언덕부 缶 장군부 ⿰缶瓦 동이부 ⿰女缶 계집행실부 ⿱穴复 새알품을부 ⿰韋复 갖옷부 ⿸疒复 기쁠부 複 거듭부 復 다시부 覆 덮을부 嘸 말우물거릴부 撫 어루만질부 ⿱色兔 빠를부 ⿱工夫 공부부 ⿱竹污 대푸른껍질부 ⿰忄豆 잠깐성낼부 旉 베풀부 敷 베풀부 ⿰木色 북채부 膚 피부 裒 덜부 ⿴衣叟 모일부 ⿰夫阝 고을이름부 鄜 땅이름부 ⿺辶二 편안할부 ⿰舟步 짧고속깊은배부 ⿱隹虫 벼메뚜기부 ⿱艹膚 댑싸리부 枹 북채부 鳧 물오리부 ⿰氵⿱馬馬 물소리부 ⿵門咅 문열부 報 빠를부 頫 굽으릴부 伏 새알안을부

북

北 북녘북 僰 서남방오랑캐북

분

分 나눌 분 汾 물굽이쳐 흐를 분 妢 나라이름 분 帉 수건 분 坌 모을 분 坋 티끌 분 扮 잡을 분 弅 높은 언덕 분 砏 우뢰소리 분

毰 털빠질 분 芬 향기 분 玢 옥무늬 분 枌 흰느릅나무 분 氛 기운 분 盆 동이 분 粉 가루 분 衯 옷치렁거릴 분 紛 시끄러울 분 肦 큰머리 분 蚡 두더지 분

棻 향나무 분 吩 분부할 분 秎 볏단 분 竕 데시리트르 분 ⿰牜分 수소 분 ⿰足分 실족할 분 岎 산가를 분 昐 날빛 분 羒 암양 분 訜 말정하지 못할 분

躮 자식 분 魵 고기이름 분 瓰 데시그람 분 翂 풀풀나를 분 忿 분할 분 ⿱分力 풀향기날 분 雰 안개 분 ⿱艹坌 풀로지경정할 분 蒶 풀쌓을 분

⿸麻分 흩을 분 梤 향나무 분 ⿰氵翂 나눌 분 ⿰魚忿 가오리 분 ⿵門分 싸울 분 ⿱分乜 뿐 분 ⿱穴粉 땅이름 분 ⿱汾土 물날 분 瓫 동의 분 鳻 파랑새 분 鼢 두더지 분

湓 물넘칠 분 棼 어지러울 분 葐 향기 분 体 상엿군 분 笨 댓속 분 苯 풀더부룩하게 날 분 泍 샘솟을 분 ⿰忄本 어리석을 분 ⿰木羽 일떠날 분 賁 클 분

僨 자빠질 분 噴 뿜을 분 墳 무덤 분 濆 물가 분 憤 분할 분 幩 말자갈 분 蕡 삼씨 분 歕 뿜을 분 羵 흙소괴물 분 豶 불친돝 분

轒 싸움수레 분 饙 선밥 분 黂 삼씨 분 ⿰扌賁 씻을 분 ⿰禾賁 까부르지 않은 곡식 분 ⿰片賁 평상널 분 ⿰革賁 북 분 ⿰魚賁 심실 분 鐼 대패 분 馩 향내 분

鱝 가오리 분 豶 양 분 ⿸疒賁 종기확근거릴 분 糞 똥 분 瀵 흘어질 분 ⿰禾糞 거름 분 ⿰扌糞 쓸어버릴 분 奮 떨칠 분 ⿰巾奮 곡식자루터질 분

奔 분주할 분 倴 사람이름 분 錛 자귀 분 餴 선밥 분 鼖 큰북 분 ⿳厶大土 쓸어버릴 분 畚 흙삼태 분 ⿰木畚 배덮는 뜸 분 轓 수레뜸 분 噫 성낸소리 분

桻 배뜸 분 ⿰羊㐱 흰수양 분 ⿱癶巢 떨어버릴 분 ⿱林灬 살을 분 焚 살을 분 犇 소놀라뛸 분

불

不 아닐 불 弗 말 불 佛 부처 불 彿 흡사할 불 刜 찍을 불 怫 답답할 불 咈 어길 불 ⿱山弗 산비탈길 불 沸 샘솟을 불 坲 티끌일어날 불

拂 떨칠 불 茀 풀성할 불 艴 성발끈낼 불 岪 산굽이 불 ⿰巾弗 머리덮는 수건 불 ⿱大弗 도울 불 梻 도리채 불 ⿰弗攴 다스릴 불 ⿰革弗 수레뒷가죽 불 ⿰韋弗 판매

…는즐불 ⿰音弗 풍류소리잠시그칠불 ⿰魚弗 방어불 ⿱雨弗 구름불 柫 향나무불 笰 살불 紼 엉킨줄불 ⿰足弗 뛰어달아날불 ⿰風弗 획부는바람불 髴

비슷할불 乀 파임불 沷 찰불 帗 춤추는비단불 茇 뱃줄불 祓 제액할불 紱 인끈불 翇 춤추는깃불 韍 슬갑불 ⿱雨犮 비올불 黻 보불

⿰女孛 계집몸통통할불 ⿱雨孛 구름일불 餑 보리떡불 ⿰風孛 바람불불 ⿰音孛 만지는소리불 艴 성발끈낼불 昢 해돋을불 ⿱髟首 이마드림불 甶 귀신머리불

⿱或火 불이글이글할불 ⿸戌火 불이글이글할불 ⿱雨出 구름일불 趉 바르게달아날불 弜 보불

붕

朋 벗붕 崩 산무너질붕 棚 시렁붕 硼 붕사붕 堋 장사지낼붕 弸 활강할붕 掤 전통뚜깨붕 漰 물결치는소리붕 鵬 붕새붕 ⿰忄朋 짜증낼붕 倗 부탁할붕 ⿱穴朋 평토칠붕 ⿱雨朋 큰비붕 ⿰革朋 가슴걸이붕 傰 성붕 塴 방축붕 繃 감을붕 鬅 머리더부룩할붕 ⿰土逢 티끌일어날붕

⿺風火 불땔붕

비

非 아닐비 厞 더러울비 匪 아닐비 悱 분별비 剕 발베일비 奜 클비 婓 오락가락할비 陫 더러울비 屝 짚신비 扉 사리문비

霏 안개비 悲 슬플비 棐 도울비 腓 병들비 菲 순무비 斐 문채날비 痱 풍병비 裶 옷줄줄끌릴비 蜚 메뚜기비 榧 비자나무비

緋 질게붉은빛비 ⿰足非 발꿈치벨비 翡 비취비 誹 흉볼비 篚 둥근대광주리비 騑 곁말비 ⿱非牛 쌍겨리할비 ⿰禾非 벼이삭숙을비 ⿱非犬 성비

⿱非巴 나눌비 厞 숨을비 ⿱非火 티끌비 ⿱非毛 가는털비 ⿱非巾 숨을비 ⿱非手 손엎을비 ⿱非巴 나눌비 ⿱非子 가벼울비 ⿱非食 먹을비 ⿰金非 침비 啡

코피차비 馡 향내비 ⿰骨非 장딴지뼈비 鯡 고기새끼비 ⿱雨淝 구름비 比 견줄비 批 손으로칠비 阰 산이름비 仳 이별할비 鈚 살촉비 豼 짐승

이름비 ⿰身比 몸부드러울비 粃 쭉정이비 紕 꾸밀비 蚍 왕개미비 毗 도울비 毖 삼갈비 秕 쭉정이비 枇 비파비 芘 준비풀비 庇 덮을비 妣 죽은어미

붕·비

비 琵 비파 비 屁 방귀 비 𢂑 비단조각 비 沘 물이름 비 毘 도울 비 祕 제사지낼 비 𤘽 길마 비 毞 담비 비 㞾 쭈그러질 비 笓 참빗 비

𥮼 대쟁반 비 㗉 향 비 𣢟 숨내쉴 비 䍶 새우잡는그물 비 𢼊 그릇금갈 비 麀 작은사슴 비 枈 은쌀 비 粊 낮은쌀 비 䒗 피마자 비 諀 그릇할 비

箆 참빗 비 𢃇 차휘장 비 𢯾 손뒤칠 비 𣘈 부연 비 膍 두터울 비 䃾 비상 비 貔 짐승이름 비 鎞 빗치개 비 媲 짝 비 𣪠 집무너지려할 비 𢝊 한악

마음 비 䋍 가는베 비 蓖 피마자 비 螕 진디 비 䱝 자가사리 비 滗 물소리 비 卑 낮을 비 𠜳 깎을 비 俾 하여금 비 陴 성위담 비 郫 땅이름 비 婢 여종

비 𢓊 하여금 비 埤 더할 비 庳 낮을 비 椑 떫은감 비 脾 지라 비 痺 새이름 비 碑 비석 비 睥 곁눈질할 비 裨 기울 비 箄 가리 비

𩔰 백편두 비 錍 도끼 비 諀 악담할 비 鞞 말메인북 비 髀 넓적다리 비 鼙 마상북 비 𤳉 보막아논에물댈 비 䏶 오뚝설 비 啤 입맛쓸 비

𥏑 체형작을 비 𡔃 군사북 비 𩴾 추할 비 𪍣 누룩 비 𧼨 자박자박걸을 비 䵗 피 비 萆 며래 비 蜱 연가시새끼 비 䕗 가는왕굴 비 𢿫 때리

는소리 비 鯙 검은잉어 비 𩔾 털반백될 비 丕 클 비 伾 힘있을 비 否 더러울 비 痞 더부룩할 비 邳 고을이름 비 狉 삵의새끼 비 秠 검은기장 비

豾 삵의새끼 비 駓 말달릴 비 犃 소부리는소리 비 娝 어리석을 비 岯 산이름 비 怌 두려워할 비 呸 다투는소리 비 嚭 클 비 魾 방어 비 鉟 날있는창 비

髬 갈기일어설 비 鴀 징경새 비 顊 짧은수염 비 鼻 코 비 濞 물소리 비 𩽭 문열이 비 襣 쇠코잠방이 비 䐚 살뚱뚱이찔 비 𤺊 손시릴 비 嚊 헐떡거

릴 비 備 갖출 비 糒 말린밥 비 犕 말안장지울 비 㦢 고달플 비 𢐥 활에심감을 비 憊 고달플 비 費 비용 비 鄪 땅이름 비 𩯏 수염많을

비 𢷾 사때려너머뜨릴 비 濞 샘솟을 비 𧝒 두루마기 비 飛 날 비 䨽 사다리 비 騛 말될 비 沸 끓을 비 狒 원숭이 비 炥 기운더울 비 𥇖 말릴

비 胇 마를 비 匕 비수 비 朼 주걱 비 疕 갖출 비 𢁾 헌겊조각 비 𢖽 못생길 비 疕 머리헐 비 鈚 화살 비 泌 샘물졸졸흐를 비 柲 창자루 비

祕 비밀할비 秘 비밀할비 閟 닫을비 䏢 부끄러울비 臂 팔비 譬 비유할비 𡑞 치첩비 肥 살찔비 淝 강이름비 蜚 떡풍뎅이비 俷 배척할비

庀 무너질비 畀 줄비 淠 성할비 痺 각기비 啚 더러울비 鄙 더러울비 貔 소이드러낼비 屄 보지비 痱 땀띠비 癥 종아리종기비 竄 방커비

備 곤할비 朏 초사흘달비 㬂 성낼비 圮 언덕무너질비 㤳 어긋날비 妃 왕비비 賁 꾸밀비 蟦 무덤비 艔 배못비 轡 고삐비

贔 기운낼비 芾 나무성할비 羆 곰비 鞁 안갑비 䤵 술빛비 霏 안개비 猆 발없는벌레비 䝿 부세비 貏 사나울비 衜 암행할비

誹 말급할비

빈

賓 손빈 儐 인도할빈 濱 물가빈 擯 물리칠빈 獱 작은수달빈 嬪 계집의벼슬이름빈 殯 염할빈 檳 빈랑빈 繽 성할빈

矉 눈쌀찌푸릴빈 髕 종주뼈빈 蘋 큰개구리밥빈 蠙 소리나는진주빈 鑌 매운쇠빈 鬢 살쩍빈 㻞 공경할빈 璸 옥무늬빈 礩 돌부수려뜨리는소리빈

穦 향기빈 驞 떠들석할빈 䨈 작은참새빈 𦒎 날아오를빈 覲 잠간볼빈 馪 향내물큰날빈 彬 빈빈할빈 虨 문채성할빈

霦 옥광채빈 豩 쌍돌빈 豳 나라이름빈 頻 자주할빈 嚬 찡그릴빈 瀕 물가빈 蘋 큰개구리밥빈 顰 숭내낼빈 繽 옷다듬을빈 邠 나라이름빈

櫇 사과빈 𧮈 수다할빈 斌 빛날빈 牝 암컷빈 玭 소리나는진주빈 貧 구차할빈 份 빈할빈 瑸 옥무늬얼른얼른할빈 姘 빈첩빈 鬂 살쩍빈

鋲 빈징

빙

冫 얼음빙 冰 얼음빙 氷 얼음빙 砯 물이바위에부딪치는소리빙 輣 수렛소리시끄러울빙 馮 달빙 憑 의지할빙 蘯 초목무성할빙 淜 물소리빙

凭 의지할빙 騁 달릴빙 聘 청할빙 俜 비틀거릴빙 娉 장가들빙 甹 부릴빙 眪 볼빙 毾 개털빙 膨 부어서퉁퉁할빙

靐 우룃소리 빙

사

士 선비 사 仕 살필 사 社 모일 사 巳 뱀 사 汜 물결갈라졌다 다시합할 사 戺 섬돌 사 ⿸厃巳 섬돌 사 祀 제사 사 飼 칠 사 伺 살필 사

司 맡을 사 覗 엿볼 사 笥 상자 사 祠 사당 사 嗣 이을 사 詞 말씀 사 ⿰月司 백희 사 柌 낫자루 사 史 사기 사 ⿰山史 산멀 사 鉂 쇠고리 사

駛 말빨리걸을 사 四 넉 사 泗 콧물 사 柶 윷 사 駟 사마 사 牭 사년된소 사 ⿰角四 뿔그릇 사 沙 모래 사 紗 깁 사 砂 모래 사 桫 사라나무 사

挱 만질 사 挲 만질 사 娑 옷너풀거릴 사 ⿱沙毛 털길 사 莎 향부자싹 사 裟 가사 사 鈔 구리동이 사 魦 상어 사 鯊 상어 사 髿 머리풀어헤칠 사

⿰巾沙 가는실 사 粆 사탕 사 ⿰革沙 구두 사 唦 산돌 사 洋 암소 사 ⿱沙木 사랑나무 사 ⿰氵省 결눈질해볼 사 痧 괴질 사 ⿰氵岩 잔돌 사 ⿰革沙 말끄리 사

⿱沙毛 털너풀거릴 사 思 생각 사 葸 겁낼 사 ⿰氵思 쌀씻어건질 사 崽 저 사 禗 귀신이불안하여가려할 사 ⿰扌思 흘어저잃어버릴 사 乍 잠간 사 咋 잠간 사

厏 집이일정치않을 사 ⿱大乍 자랑할 사 ⿰米乍 찌끼 사 詐 거짓 사 射 쏠 사 ⿰氵射 물 사 榭 정자 사 ⿰衤射 옷 사 謝 꿇을 사 麝 사향노루 사 查 사실할 사

渣 찌끼 사 楂 아가위 사 ⿰足查 밟을 사 事 일 사 剚 칼꽂을 사 倳 칼꽂을 사 師 스승 사 篩 체 사 螄 소라 사 獅 사자 사 ⿰女師 무녀 사

蒒 싸락풀 사 鰤 새우 사 虒 뿔있는범 사 禠 복 사 ⿰氵虒 물가 사 榹 소반 사 鼶 족제비 사 舍 집 사 ⿸广舍 집머리 사 ⿰牜舍 암컷 사 捨 놓을 사

賒 사키지않을 사 騇 암말 사 寫 쓸 사 ⿱竹寫 채찍 사 瀉 쏟을 사 ⿰言寫 말로속시원하게할 사 ⿱艹寫 쇠키나물 사 ⿰金寫 쇠부을 사 譇 말다툼할 사

奢 사치할 사 斯 이 사 燍 단대 사 ⿰斯瓦 깨진독소리 사 蟴 쐐기 사 ⿱雨斯 이슬비 사 鷉 갈까마귀 사 ⿰歹聿 하관할 사 肆 방자할 사 ⿰豸聿 짐승의몸에긴털많을 사

⿰豸隶 삵의새끼 사 糸 가는실 사 絲 실 사 ⿰金絲 꺽쇠 사 蕬 새삼 사 鷥 해오라기 사 徙 옮길 사 屣 삼신 사 漇 물흐를 사 簁 대체

사 蓰 오곱사 韃 가죽신사 蹝 천천히걸을사 私 사정사 𥝌 띠싹사 賜 줄사 傷 다할사 潟 물문터놓을사 樝 돌배사 稙 붉은벼사

皻 비누가시사 俟 기다릴사 竢 기다릴사 涘 물가사 𤚢 일년된소사 梭 북사 唆 아이서로대답할사 誜 준절한말사 謏 빈말할사 傻

몹쓸사 似 같을사 姒 맏며느리사 卸 벗을사 䎣 멀리들을사 厙 성사 厶 사사사 洍 강물사 壐 옥새사 璽 옥새사 使 하여금사 寺

절사 死 죽을사 篓 북사 蛇 뱀샤 蝑 게젓사 蜡 쉬사 柤 나무우리사 傞 춤사 槎 떼사 䃺 자갈사 禩 해사 灺 초똥사 蜇 황새메뚜기사

耜 따비날사 些 적을사 偖 버릴사 僿 부슬사 𤵸 가려울사 𤺇 병많을사 癚 헌데딱지사 𥂉 제기사 硢 돌수구러질사 訍 지꺼릴사 賖

세벌사 赦 죄사할사 辞 말씀사 辤 말씀사 辭 말씀사 邪 간사할사 鉈 짧은창사 鍦 짧은창사 葈 도꼬마리사 衺 비뚤어질사 𩏂 석위사

麆 두살된사슴사 黖 때사 魳 새우사 畬 화전사 斜 빗길사 蓑 누역사 霹 이슬비사 躧 천천히갈사 纚 머리싸는수건사 籭 대채사

𩏂 가죽신사 食 먹을사 飤 칠사 嗄 목갈랠사 洒 물뿌릴사 獻 술준사 犧 술준사 貰 사죄할사 䠶 쏠사 虵 뱀사

삭

索 노삭 摗 집을삭 簌 대동아줄삭 虩 범의모양삭 颯 바람소리삭 䙇 옷버석버석할삭 削 깎을삭 𢳗 팔이길고가늘삭

𦋐 그물에걸릴삭 𨭖 쇠고리삭 朔 북방삭 槊 창삭 蒴 말오줌나무삭 搠 찌를삭 𡻌 산험할삭 瘶 병다스릴삭 櫟 고올이름삭 矟 창삭

欶 불을삭 嗽 들이마실삭 數 자주삭 爍 빛날삭 鑠 쇠녹일삭 獡 개가사람따를삭

산

產 낳을산 滻 물이름산 嵼 산굽이산 剷 깎을산 鏟 대패산 㦃 큰은덕산 𣝉 산나무산 摌 가릴산 𤚩 짐승기를산 簅 큰피리산

䴮 곡식갈산 𪏥 콩경단산 齴 어린애이산 散 흩어질산 繖 일산산 饊 산자산 糤 산자가지산 潵 물뿌릴산 狻 사자산 痠 저릴산

酸 실산 𩆜 이슬비산 𪘨 이몹을산 删 깎을산 狦 악한개산 姗 얼굴고울산 珊 산호산 跚 절뚝거릴산 笧 대바지산 𥮉 대밥통산 䏡 기름산 䏡 기름산 𧰾 돼지떼산 𨥧 쇠그릇산 𧲝 사나울산 跚 절뚝거릴산 山 메산 汕 통발산 疝 산증산 訕 비방할산 舢 종선산 杣 나뭇군산 赸 뛸산 閊 걸릴산 閂 빗장산 算 수놓을산 匴 대갓집산 篹 대그릇산 孿 쌍동아들낳을산 孿 쌍동아들낳을산 橵 빗장산 傘 일산산 蒜 마늘산 潸 눈물흘릴산 𩅾 비올산 筭 숫가지산 笇 숫가지산 𨚖 땅이름산 䉈 주살산 𩈖 넓적굴산 𩈩 늙을산 𨏔 바퀴둘레산

살

殺 죽일살 摋 뭉갤살 榝 산복숭아살 𣫹 흩을살 鎩 갈길살 蔱 수유살 𪆟 새빨리날살 𦈂 죽일살 蔡 내칠살 攃 헬으릴살 𧭹 흩은말살 𠴗 소리변할살 煞 죽일살 躄 비뚜루갈살 辢 매울살 躠 돌쳐갈살 颯 바람불살 𩮀 솜털살 薩 보살살 撒 헤쳐버릴살 𧓍 화살살

삼

三 셋삼 參 셋삼 幓 차휘장술삼 摻 잡을삼 犙 미워할삼 毿 털길삼 糝 쌀가루삼 縿 기폭삼 滲 스밀삼 槮 나무밋밋할삼 襂 허리띠삼 蔘 인삼삼 嘇 먹음을삼 㜗 음탕할삼 穇 피삼 磣 모래섞일삼 犙 삼년된소삼 鏒 무쇠그릇삼 𢿘 좁을삼 𩍪 깃발삼 𧸏 내기할삼 𩞀 낟알삼 鬖 머리느릴삼 彡 털자랄삼 𢁰 해진적삼삼 杉 스기묵삼 𥆑 쳐다볼삼 𢒉 이할삼 衫 적삼삼 𩃒 이슬비삼 釤 자귀삼 森 삼엄할삼 罧 고기깃줄삼 粽 정파삼 薓 인삼삼 糂 쌀가루삼 芟 풀베일삼 剼 풀베일삼 蘸 젖올삼 攕 손으로달아볼삼 䬫 새쪼아먹을삼 𢿋 싫어할삼 𣙜 차양삼 檆 수기목삼 䟮 홀로갈삼 𨏥 수렛소리삼 𨼿 빠질삼 𩕄 머리길삼 𨇽 빨리걸을삼 𪑗 글자지울삼

⿱毚齒 이높을삼 ⿰尋頁 머리숙일삼 ⿰山免 산험할삼 ⿸广兔 집기울삼 ⿸广森 털삼 摲 던질삼 ⿰宋頁 머리움직일삼 蓡 인삼

삽

扱 거두어들일삽 ⿰足及 발로긁어다릴삽 ⿰女及 얼굴예쁠삽 ⿰骨及 머리흔들삽 鈒 새길삽 靸 제사신삽 馺 전각삽 ⿺毛及 속눈섭길삽 ⿰韋及 꺽두기삽

雭 빗소리삽 ⿰女臿 말납신거릴삽 ⿰口臿 말많을삽 ⿰足臿 발움직일삽 插 꽂을삽 ⿰火臿 불탄끝으리삽 ⿰氵臿 젖을삽 ⿸广臿 감출삽 鍤 가래삽 ⿰食臿 떡삽 歃 마실삽

牐 문빗장삽 ⿺辶臿 빨리걸을삽 ⿺走臿 빨리갈삽 ⿰齒臿 이흔들릴삽 鍤 가래삽 挿 꽂을삽 倢 경솔할삽 ⿰土疌 흙떨어지는소리삽 㨗 섞을삽 ⿰木疌 마를삽

⿰垂戈 일어날삽 箑 부채삽 啑 오리가떱석먹을삽 萐 삽보풀삽 ⿰木疌 나무결일어날삽 ⿺辶疌 빨리갈삽 唼 오리와기러기먹는소리삽 霎 이슬비삽

翣 부채삽 ⿱竹妾 대불삽 ⿺走夾 빨리갈삽 ⿸風夾 바람빠를삽 颯 쇠할삽 啃 입소리삽 ⿰口習 추위참는소리삽 ⿱羽止 떫을삽 ⿰口⿱羽止 입능하지못할삽 澀 깔깔할삽

⿰氵歮 깔깔할삽 ⿰彳⿱羽止 여럿이갈삽 鎝 새길삽 ⿰足卂 꿇어앉을삽 ⿺辶參 스밀삽 濇 깔깔할삽 ⿱取火 불에말릴삽 ⿱羽火 빠를삽 ⿰彳立 갈삽 霅 빗소리삽

상

相 서로상 廂 월랑상 湘 삶을상 葙 맨드라미꽃상 想 생각할상 緗 엷게누른빛상 箱 상자상 霜 서리상 孀 과부상 灀 된서리칠상

⿰木⿱目見 믿을상 驦 좋은말상 象 코끼리상 像 형상상 潒 넓을상 橡 상수리상 襐 머리치장할상 蟓 누에상 ⿰食象 점심상 鐌 그릇꼭지상 桑 뽕나무상

搡 칠상 嗓 목구멍상 磉 주춧돌상 ⿸疒桑 말병상 顙 이마상 鎟 방울소리상 ⿰車桑 바퀴걸두리상 ⿰酉桑 젓술상 ⿰壴桑 북통상 商 장사상 墒 밭갈상

蔏 명아주상 螪 상벌레상 謪 헤아릴상 尙 오히려상 徜 상냥할상 ⿰日尙 낮상 鋿 바퀴테상 傷 상할상 殤 일찍죽을상 慯 앓을상

觴 잔상 鬺 삶을상 喪 상사상 ⿱哭亡 죽을상 纕 엷게누렁을상 常 항상상 嫦 계집이름상 鏛 갈상 賞 상줄상 償 갚을상 爽 틀릴상

慡 성품밝을상 樉 나무더부룩할상 漺 맑을상 塽 땅높고밝은곳상 ⿰爽瓦 그릇닦는가루상 ⿰爽頁 추할상 騻 좋은말상 鷞 매상 庠 우나라태

학 상 祥 상서 상 詳 자세할 상 翔 엄숙할 상 峠 산고개 상 裃 예복 상 向 성 상 晌 대낮 상 恦 생각할 상 牀 평상 상 床 평상 상 ⿱雨牀 소나기 상

堂 벗디딜 상 裳 치마 상 嘗 일찍 상 嘗 맛볼 상 ⿰酉嘗 맛볼 상 鱨 날치 상 蠰 연가시 상 鯗 어포 상 上 윗 상 鯗 어포 상 桒 뽕나무 상 ⿰商鳥

외발새 상 賣 장사 상 鸘 매 상 鱌 상어 상 ⿱雨票 비올 상 ⿸疒向 아플 상 湯 물결칠 상 ⿺辶象 갈 상 ⿰將鼎 지질 상

쌍

雙 쌍 쌍 ⿰忄雙 두려울 쌍 艭 큰배 쌍 ⿰巾雙 돛 쌍 欆 접은배돛 쌍 ⿰豆雙 팡저기 쌍 ⿱竹雙 용수 쌍 ⿰⻊雙 뭅송거리고설 쌍

새

塞 변방 새 賽 내기할 새 簺 상륙 새 ⿱𡨄月 몸떨 새 灑 물뿌릴 새 躧 끌신 새 䚡 뿔속뼈 새 ⿰髟思 털석부리 새 鰓 아가미 새 璽 옥새 새

⿰土柴 울타리 새 洒 뿌릴 새 ⿰亻西 끈게갈 새

색

色 빛 색 ⿰車色 비틀 색 涑 가는빗방울뚝뚝떨어질 색 捒 가릴 색 梀 대추 색 ⿰米朿 상한쌀 색 ⿰革朿 굳을 색 ⿱雨朿 가는비올 색 溹 가는비 색

索 찾을 색 ⿱宀索 집에들어와찾을 색 榡 나뭇가지 색 ⿺辶索 자빠질 색 鎍 철줄 색 ⿸疒索 맥들먹거릴 색 嗇 인색할 색 濇 깔깔할 색 穡 곡식거둘 색

嗇 인색할 색 薔 물여뀌 색 繬 합쳐꿰맬 색 轖 기운맺을 색 穡 곡식거둘 색 ⿰彳責 범할 상 ⿰責欠 말하며웃을 상 賾 깊을 색 槭 뚝뚝떨어질 색

⿰扌夾 새잡는덫 색 塞 막을 색 ⿰扌塞 잡을 색 泎 물떨어지는소리 색 咋 씹을 색 齚 물 색 齰 물 색 稓 작살 색 ⿱穴土 흙으로구멍막을 색 ⿰米冊 전병 색

색 ⿱雨冊 싸라기 색 ⿰齒責 이맞을 색

생

省 덜 생 ⿸疒省 파리할 생 ⿰省見 종아리드러벌 생 ⿵門省 대궐마을 생 生 날 생 牲 희생 생 狌 성성이 생 笙 저 생 栍 사슬 생 ⿰生毛 털끝일어설 생

珄 금빛 생 殅 죽었다가살아날 생 苼 꽃술 생 鉎 동록 생 眚 재앙 생 甥 생질 생 鼪 족제비 생 湦 사람의이름 생 猩 성성이 생

서

西 서녁서 栖 쉴서 粞 싸래기서 恓 애쓸서 閪 잃을서 序 차례서 抒 끄집어낼서 汿 개천서 紓 더딜서 芧 가락나무서

舒 펼서 徐 천천히서 悆 의심낼서 敍 줄서 [illegible] 차에다는방울서 叙 펼서 [illegible] 더딜서 漵 개서 瑹 홀서 暑 더울서 署 쓸서 曙 새벽서

薯 마서 [illegible] 높은집서 [illegible] 더위먹을서 [illegible] 성긴체서 胥 서로서 婿 사위서 壻 사위서 糈 양식서 湑 걸를서 稰 타작할서 蝑 다리로우는메뚜기서

諝 슬기서 醑 좋은술서 偦 재주있을서 [illegible] 수레아래서 [illegible] 지혜서 揟 고기잡을서 [illegible] 제기서 [illegible] 이곱을서 [illegible] 풀탈서

墅 농막서 [illegible] 거위서 黍 기장서 [illegible] 쥐며느리서 嶼 섬서 藇 아름다운술서 [illegible] 개서 鱮 연어서 [illegible] 좋은술서 誓 맹세할서 [illegible] 슬픈소리서

[illegible] 발판서 廝 소리흘어질서 鉏 호미서 鋤 호미서 耡 호미서 [illegible] 백노서 鼠 쥐서 癙 근심으로난병서 棲 쉴서 捿 새깃들일서

筮 시초점서 遾 미칠서 澨 물가서 噬 씹을서 犀 물소서 屖 굳을서 庶 뭇서 [illegible] 칠서 鄃 고을이름서 [illegible] 나막신서 [illegible] 나무신서

[illegible] 양실서 [illegible] 인도할서 挑 구기서 瑞 상서서 [illegible] 기다릴서 [illegible] 파벌레서 [illegible] 두뿔곤두설서 恕 용서할서 絮 헌솜서 書 글서 [illegible] 싫을서

[illegible] 검을서 藷 마서 緒 실끝서 逝 갈서

석

昔 옛석 惜 아낄석 腊 포석 [illegible] 밤석 [illegible] 방축석 焟 쪼일석 [illegible] 헌신석 [illegible] 고을이름석 [illegible] 터럭석 夕 저녁석 汐 썰물석

穸 굿석 [illegible] 앓을석 矽 유리흙석 石 돌석 祏 종묘돌감실석 [illegible] 섬석 蚸 버마재비석 鉐 놋석 碩 클석 鼫 석쥐석 磶 주춧돌석 [illegible] 나무신석

舄 신석 潟 염발석 [illegible] 신석 釋 놓을석 [illegible] 쌀씻을석 [illegible] 깊이갈석 檡 고염석 奭 클석 襫 뉘역석 螫 벌레쏠석 射 마칠석

析 나눌석 淅 쌀일석 晳 분석할석 蜥 도마뱀석 菥 굵은냉이석 惁 삼갈석 [illegible] 가는비석 [illegible] 새소리석 [illegible] 쌀씻을석 [illegible] 바람소리석

席 자리 석 蓆 클 석 煬 말릴 석 晹 빨리볼 석 裼 어깨드러낼 석 緆 가는베 석 錫 백철 석 鉄 뻔뻔이 석 樍 개버들 석 啾 고요할 석 麤速 사슴발자국 석

선

先 먼저 선 洗 정결할 선 姺 간들간들걸을 선 跣 맨발로다닐 선 毨 털다시나함치르르할 선 詵 말많을 선 銑 분쇠 선 珗 옥돌 선 烍 들불 선

㧥 비빌 선 筅 솔 선 𧱈 암돌 선 鮮 생선 선 廯 쌀곳간 선 癬 마른옴 선 蘚 이끼 선 䉳 호적 선 蹮 비척비척할 선 𡾊 작은산과큰산이따로설 선

𧕋 뱀 선 善 착할 선 鄯 나라이름 선 饍 반찬 선 繕 기울 선 膳 반찬 선 鱔 두렁허리 선 墡 백토 선 蟮 지렁이 선 䵷 햇보리떡 선

鐥 구기 선 𦗳 귓구멍 선 顭 사람거만히볼 선 宣 베풀 선 瑄 크고둥근옥 선 愃 쾌할 선 揎 소매걷을 선 渲 물적실 선 縇 선두를 선 鍹 가래 선

鰚 숭어 선 𦐇 올무 선 選 가릴 선 僎 갖출 선 譔 지을 선 繏 누에집달아매는줄 선 襈 선 선 𨆬 올무 선 潠 물물어뿜을 선 單 성 선

嬋 선연할 선 墠 제터 선 禪 전위할 선 蟬 매미 선 撣 당길 선 獮 개물 선 鐔 질그릇전 선 鱓 두렁허리 선 扇 부채 선 煽 불부칠 선

𥳽 부채 선 搧 부채로칠 선 謆 말로감동시킬 선 騸 불알친말 선 漩 도래샘 선 旋 돌이킬 선 㳬 물돌 선 椗 매덕대 선 蜁 소라 선 䟮 조용히갈 선

璇 옥돌 선 蔙 국 선 嫙 예쁠 선 𦞂 조고마할 선 𣛻 매덕대 선 䁢 눈매예쁠 선 㨘 손으로돌을 선 颴 회리바람 선 璿 옥이름 선 縼 바 선

鏇 바퀴 선 嬗 고요할 선 蟺 지렁이 선 襢 사양할 선 𤮕 질그릇전 선 䣸 술맛쓸 선 僊 신선 선 蹮 돌쳐갈 선 𢖍 멀리갈 선 褼 옷너풀거릴 선 䙴 옷너풀거릴 선

躚 돌쳐갈 선 檈 가리틀 선 𣠽 맛든대추 선 脧 감할 선 璿 아름다운옥 선 璿 아름다운옥 선 精 귀길 선 仙 신선 선 姍 비척거릴 선

匴 채반 선 擐 소매걷을 선 𣯀 모직 선 縝 실갈피 선 苮 노양이 선 蔫 열무 선 尟 적을 선 尠 적을 선 禒 제사나머지고기 선 軓 수레자국 선

籼 메벼선 線 실선 綫 실선 羨 넘칠선 蹮 돌쳐설선 篹 수레중수할선 霰 싸라기눈선 鏾 수닭불알칠선 躚 걸을선 霓 싸라기눈선

洒 조심할선 獮 가을에사냥할선 㢆 큰집선 船 배선 鱻 날고기선 燹 병화선 熯 불성할선 埏 질그릇만들선 廠 집선 𩈎 둥근낯선 顐 둥근얼굴선

譱 착할선 仚 신선선 腺 멍울선

설

舌 혀설 絬 굳을설 雪 눈설 鱈 대구설 卨 은나라이름설 卨 높을설 屑 가루설 糏 방아찐싸래기설 塮 먼지설 𢕟 옷자락너풀거릴설

㥠 약한마음설 䴳 무거리설 泄 샐설 疶 이질설 紲 맬설 渫 샐설 揲 세어가질설 緤 맬설 媟 거만스러울설 渫 샐설 忕 익힐설

砓 돌산설 設 베풀설 說 고할설 折 부러져대롱거릴설 所 단수할설 𣦼 다할설 契 사람이름설 偰 높을설 揳 막을설 挈 끌어당길설

楔 문설주설 猰 짐승이름설 辥 허물설 薛 다복쑥설 𨇵 돌쳐갈설 躠 돌쳐갈설 尐 적을설 𤀹 물가득할설 䘑 기름설 偞 소군설

𨉚 부릴설 蛥 쓰르라미설 䤳 가죽다룰설 㩗 쓸어없이할설 洩 샐설 絏 맬설 擛 뽑을설 齧 씹을설 暬 거만할설 囓 씹을설 栔 끊을설

撥 꼬집어뜯을설 吶 말느리게할설 焫 불살을설 褻 속옷설 爇 불살을설

섬

閃 언뜻볼섬 𤏤 불당길섬 㨛 번쩍거릴섬 剡 고을이름섬 掞 펼섬 睒 빛날섬 晱 번개빛섬 覢 물그럼이볼섬 燅 튀할섬 蕟 독풀섬

陝 땅이름섬 䀹 눈자주꿈적거릴섬 𢓭 건들거릴섬 敥 손들섬 鑯 가늘섬 攕 손길고울섬 孅 약할섬 纖 가늘섬 襳 긴띠섬 𣌒 웃을섬

殲 다할섬 𩅰 비부슬부슬올섬 䆎 벼쭉정섬 𡃭 탐벌섬 𤢄 달아날섬 𦢅 국섬 𧂏 산부추섬 𢔳 가기빠를섬 蟾 달그림자섬 譫 중얼거릴섬

𨘷 속히갈섬 贍 도울섬 棎 팔배섬 諃 거짓말섬 𣱧 [illegible] 笘 분판섬 銛 가래섬 閻 삿갓섬 髮 좋은터럭섬 摻

예쁜손섬 幓 기복판섬 讝 헛소리할섬 憸 아첨할섬 燂 고기삶을섬 暹 날빛오를섬

섭

涉 건늘섭 ⿰金步 무쇠섭 聶 길섭 灄 흠치를할섭 懾 두려울섭 攝 끌어잡을섭 欇 지팡이섭 囁 말하려다가멈출섭 ⿱聶木 벼가바람에흔들릴섭 躡 밟을섭 讘 속살거릴섭 ⿰火聶 따뜻할섭 顳 귀밑뼈섭 ⿰聶風 바람불섭 鑷 쪽집게섭 ⿰馬聶 말달릴섭 葉 땅이름섭 鍱 편철섭 韘 말언치섭 諜 실언할섭 ⿰目枼 한눈멀섭 燮 화할섭 躞 족자마구리섭 ⿰忄燮 경망스러울섭 ⿰目燮 눈감을섭 ⿰燮瓦 기와깨지는소리섭 踂 두발오그러붙을섭 ⿰金耴 쪽집게섭 ⿰弓枼 깍지뗄섭 疌 베틀디딜판섭 讋 두려울섭 摺 접을섭 ⿰氵閃 물결출렁거리는빛섭 拾 건늘섭 ⿰石韱 번개빛섭

성

成 이룰성 郕 땅이름성 城 재성 宬 사기두는고성 娍 헌걸찰성 盛 성할성 筬 바디성 誠 정성성 晟 밝을성 ⿱山成 사고성 珹 옥이름성 ⿰成頁 목성 星 별성 惺 깨달을성 腥 날고기성 猩 성성이성 ⿰虫星 잠자리성 睲 눈에광채날성 ⿰耳星 귀밝을성 鍟 녹성 篂 수레덮는뜸성 醒 술깰성 鯹 날고기성 姓 성성 性 성품성 胜 날고기성 狌 성성이성 ⿰貝生 재물성 鮏 비릴성 省 살필성 箵 종다래끼성 ⿰忄省 깰성 ⿰木省 도마성 渻 물줄성 㗨 입담을성 媘 깔성 ⿱宀省 마을성 髾 긴성 聲 소리성 垶 붉은흙성 ⿰牛辛 붉은소성 觪 활바로잡을성 騂 붉을소성 ⿰車辛 긴수레성 ⿰土羊 붉은흙성 觲 활바로잡을성 聖 성인성 ⿰示成 살필성 ⿱穴惺 크게깨달을성 餳 엿성

세

世 인간세 笹 가는대세 貰 세벌세 ⿰齒世 양새김질할세 稅 부세세 帨 차는수건세 涗 잿물세 裞 수의세 說 달랠세 蛻 허물벗을세 ⿰食兌 먹을세 彗 혜성세 篲 비세 繐 가는베세 ⿰巾彗 세수수건세 ⿰忄彗 삼갈세 ⿰糸慧 가는베세 勢 형세세 歲 햇세 ⿰糸歲 마전한베세 洗 씻을세 細 가늘세 ⿱㓞牛 뿔뾰족할세 ⿱制牛 소뿔꼿꼿할세 ⿰女囟 조용할세 ⿰巾祭 자투리세 ⿰巾遂 질은벌건은빛세 ⿰歹最 파리한병세 ⿰叕見 부스러뜨릴세 ⿰足曳 넘을세 軎 굴대끝세

鍫 오색구리 세 迣 놀며걸을 세 颴 파할 세 繐 가늘고성긴베 세 洒 씻을 세 忕 익힐 세

소

小 작을 소 少 젊을 소 尗 원지 소 毟 모여들 소 召 부를 소 劭 아름다울 소 佋 소목 소 卲 높을 소 邵 땅이름 소 沼 굽은못 소 昭 밝을 소 炤 밝을 소 柖 관혁 소 ⿰召卜 무꾸리할 소 ⿰爿召 목욕상 소 牊 목욕상 소 袑 바지 소 韶 이을 소 紹 이을 소 ⿱殸召 풍류 소 肖 쇠약할 소 俏 거문고뒤치는소리 소 哨 입비뚤어질 소 消 사라질 소 捎 덜 소 宵 작을 소 弰 활끝이 소 梢 나무끝 소 逍 거닐 소 硝 망초 소 痟 조갈증 소 ⿰彳肖 천천이갈 소

旓 기발 소 蛸 거미알 소 筲 밥통 소 艄 배꼬리 소 霄 하늘 소 箾 상소 소 颵 바람소리 소 踃 움직일 소 焇 녹일 소 ⿰犭肖 미치광이 소 銷 녹일 소 ⿰車肖 군사수레 소 ⿰月肖 끝빨 소 莦 모진풀 소 萷 마들가리 소 ⿰肖毛 새끙지 소 ⿱竹捎 주걱 소 ⿰肖攴 처버릴 소 ⿰肖阝 끙을 소 蕱 가는연뿌리 소 鮹 문어 소

髾 털끝 소 魈 산도깨비 소 ⿰鹵肖 소금구을 소 ⿸气肖 하늘 소 ⿰革削 칼집 소 素 흴 소 傃 향할 소 愫 정성 소 ⿰土素 흙으로만든인형 소 嗉 멀떠구니 소 溹 물거슬릴 소 ⿰扌素 훔칠 소 ⿰糸素 생사로짠비단 소 ⿰月素 살찔 소 ⿰言素 월 소 ⿰虫素 배좀 소 ⿰食素 소식 소 ⿲彳素亍 정결할 소 疋 발 소

⿰貝疋 복채 소 ⿰卤疋 여창 소 踈 지엽무성할 소 疏 성길 소 蔬 풋나물 소 搔 긁을 소 溞 쌀이는소리 소 ⿰口蚤 시끄러울 소 ⿰虫蚤 뛸 소 ⿱竹蚤 댓소리 소 ⿰彳蚤 천천이갈 소 慅 소동할 소 騷 소동할 소 颾 바람소리 소 ⿰金蚤 놋그릇 소 蕭 쑥 소 簫 퉁소 소 嘯 수파람 소 歗 수파람 소 瀟 빗소리 소 彇 활끗이머리 소 蟰 낙거미 소

蟰 발긴거미 소 ⿰足肅 단정히갈 소 橚 나무밋밋할 소 ⿺風肅 북풍 소 掃 쓸 소 埽 쓸 소 ⿰口帚 뭇새소리 소 ⿰金帚 쇳가루 소 巢 새집 소 漅 호수이름 소 ⿰火巢 불살을 소 繅 고치결 소 鄛 땅이름 소 ⿱竹巢 큰생황 소 樔 풀막 소 ⿰足巢 걸음빠를 소 ⿰車巢 망대수레 소 ⿰韋巢 묶을 소 ⿰巢高 발높을 소

謏 작을 소 艘 배 소 ⿱艹嫂 달기씨깨비풀 소 ⿰木叟 배 소 嫂 형수 소 穌 쉴 소 蘇 들깨 소 ⿸广穌 암자 소 ⿰木穌 단목 소 ⿸疒穌 병 소 ⿱⿰歹夕土 흙으로만

든인형소 遡 거슬릴소 溯 물거슬릴소 愬 하소할소 泝 물거슬릴소 訴 송사할소 ⿸戶斤 바소 所 바소 ⿰面巧 낯굽을소 鞉 덮을소 ⿰角少 뿔숟가락소

⿵風少 바람일어날소 喿 새떼지어울소 ⿰喿毛 답답할소 繰 고치결소 懆 마음소활할조 鱢 비린내소 燒 불사를소 筱 가는대소 綀 화문포소 梳 빗소

嫂 형수소 ⿰忄叟 근심소 ⿰木叟 배소 艘 배소 笑 웃음소 咲 웃음소 篠 가는대소 翛 깃소리소 甦 쉴소 甦 쉴소 肈 비로소 鰺 비릴소

⿱罒麗 용수소 ⿰氵⿸广屰 물거슬릴소 踈 성길소 瘙 옴소

속

束 묶을속 梀 짧은추녀속 涑 세탁할속 ⿰口束 빨속 殐 죽어썩지않을속 誎 독촉할속 趚 닫는소리속 速 빠를속 觫 두려울속

餗 음속 樕 떡갈나무속 遬 공순할속 藗 흰띠속 粟 조속 ⿰粟刂 잘게끊을속 ⿰忄粟 웃사람의기색맞칠속 ⿰禾粟 벼이삭속 ⿰金粟 금속 蕒 쇠키나물속

⿰彳賣 걸음머물지않을속 續 이을속 贖 살속 俗 풍속속 屬 붙일속 ⿰屬攴 칠속 簌 체속 ⿺走戈 빠를속 ⿰金策 창속 ⿰氵夙 비올속 謖 일어날속 ⿰衤速 옷소리속 ⿸虍儵 검은범속

손

巽 낮을손 潠 물뿜을손 ⿰月巽 고기썰어피에섞을손 噀 물뿜을손 飧 저녁밥손 湌 밥손 蕵 손무손 餐 물만밥손 損 덜손 ⿰目員 눈병손

孫 손자손 ⿰口孫 물뿜을손 猻 원숭이손 遜 사양손 蓀 난초손 愻 공순할손 遜 겸손할손

솔

帥 거느릴솔 率 거느릴솔 蟀 귀뚜라미솔 ⿰彳率 바삐갈솔 摔 땅에버릴솔 ⿰衤率 짧은옷솔 ⿲彳率亍 거느릴솔 ⿺風率 바람소리솔 ⿰鼻率 콧소리솔 窣 천천히걸을솔

⿰骨卒 잔뼈솔 咰 마실솔 卹 먼지채솔

송

松 솔송 訟 송사할송 炂 녹일송 衳 속바지송 ⿰長公 길송 凇 산유화송 淞 강이름송 ⿰忄松 두려울송 頌 칭송할송 蜙 베짱이송 鬆 거칠

송 宋 송나라송 悚 두려울송 捒 삼갈송 竦 두려울송 駷 재갈채쳐달릴송 誦 윌송 送 보낼송 鎹 꺽쇠송 鍶 무쇠그릇송 閪 문둔테구멍송

摟 빼낼송

쇠

挼 어루만질쇠 衰 쇠약할쇠 [illegible] 늘어질쇠 夊 편안히걸을쇠 瑣 옥가루쇠 璅 옥가루쇠 釗 힘쓸쇠 錊 단련할쇠 [illegible] 안장쇠

솨

耍 희롱할솨 [illegible] 자갯소리솨 [illegible] 기름흘떼기솨 鎖 자물쇠솨 [illegible] 보릿가루솨 惢 의심낼솨 [illegible] 얼굴못날솨 [illegible] 돗솨 鏁 자물쇠솨

솰

刷 문지를솰

쇄

刷 솔질할쇄 涮 씻을쇄 碎 부슬쇄 瑣 옥가루쇄 嗩 호적쇄 鎖 사슬쇄 璅 옥가루쇄 鏁 옥가루쇄 殺 감할쇄 [illegible] 옷헤어질쇄 [illegible] 사폭쇄 晒 볕쪼일쇄 洒 씻을쇄 曬 볕쪼일쇄 灑 물뿌릴쇄 數 무꾸리할쇄 繀 실돗쇄

수

首 머리수 [illegible] 머리수 [illegible] 첫아이수 艏 뱃머리수 受 받을수 [illegible] 입으로가르칠수 授 줄수 綬 인끈수 謏 말전할수 數 셈수 擻 떨칠수 藪 숲수 籔 조리수 櫢 나무무성할수 修 닦을수 [illegible] 꼬리없는소수 蓨 식물독집수 [illegible] 쇳덩이수 [illegible] 찐밥수 遂 드딜수 隧 무덤길수 澻 밭도랑수 [illegible] 길수 檖 팥배나무수 璲 서옥수 燧 봉화수 邃 깊을수 穟 벼이삭수 襚 수의수 [illegible] 커신이름수 繸 인끈수 旞 깃으로꾸민기수 鐩 화경수 [illegible] 수레치장수 [illegible] 간할수 [illegible] 마음깊을수 [illegible] 펼수 隋 숫나라수 隨 좇을수 瀡 미끄러울수 [illegible] 진주수 髓 골수수 [illegible] 채롱수 [illegible] 말좇을수 [illegible] 서로헤방할수 [illegible] 돌의새끼수 [illegible] 암톨수 須 잠간수 嬃 윗수이수 [illegible] 두건수 [illegible] 오래기다릴수 [illegible] 두앞발동일수 [illegible] 고기다래끼수 [illegible] 자물쇠속수 鬚 수염수 垂 드릴수 [illegible] 산이마수 倕 무거울수 陲 변방수 睡 졸수 [illegible] 솔개수 娷 일서

로부탁할수 腄 딱지자리껍질수 菙 싸리수 ⿰骨垂 칠하기전에틈메일수 ⿺風垂 바람에쓰러질수 秀 빼날수 琇 옥돌수 銹 동녹수 綉 비단조각수

⿰彳秀 걸어가며기다릴수 水 물수 ⿸疒水 습종수 叜 늙은이수 傁 늙은이수 嗖 웃음소리수 瘦 파리할수 廋 숨길수 獀 수캐수 嫂 형수수 ⿺毛叜 털담

요수 溲 오줌수 醙 흰술수 瞍 판수수 ⿰耳叜 키밝을수 搜 찾을수 鎪 새길수 ⿰阝叜 구덩이수 ⿰革叜 가죽다룰수 謏 중열거릴수 餿 방상수

颼 바람쏴불수 螋 그리마수 ⿰忄叜 쾌쾌할수 犙 삼년된소수 洙 물가수 茱 수유수 殊 다를수 銖 푼수 ⿰片朱 물막는널수 叟 늙은이수 廋 숨길

수 溲 오줌수 獀 수캐수 搜 찾을수 嫂 형수수 瘦 파리할수 瞍 판수수 ⿱竹叟 용수수 鄋 나라이름수 ⿰革叟 연한가죽수 ⿰魚叟 사람의이름수

輸 보낼수 ⿰身兪 옷입을수 腧 침놓는혈수 守 지킬수 狩 겨울에사냥할수 需 음식수 繻 고운집수 ⿰立需 오래기다릴수 脽 꽁무니수 售 팔수 誰 누구

수 濉 물이름수 雖 비록수 讎 원수수 雔 새한쌍수 收 거둘수 ⿰目收 얼굴스침하고볼수 欶 기침할수 漱 양치할수 ⿰扌欶 취할수 嗽 기침할수 蔌 나물

수 瘶 해수할수 鏉 날카로울수 睟 눈밝을수 粹 순전할수 誶 욕할수 脺 얼굴윤택할수 賥 재물수 帥 주장할수 ⿰巾頁 머리쓰개수 囚 가둘

수 泅 헤엄칠수 ⿰角囚 뿔수 鮂 버들치수 苬 지초수 壽 목숨수 醻 갚을수 ⿰片壽 판수 ⿰壽阝 물이름수 ⿰壽殳 칠수 ⿰壽鬼 추악할수 繡 수놓을수

⿰月肅 말린고기수 ⿰月蕭 곰국수 鱐 어포수 嗾 개부르는소리수 獸 짐승수 樹 나무수 ⿰木脩 나무밋밋할수 ⿰麗毛 털거슬릴수 汓 발헤엄칠수 殳 창수

杸 칠수 軗 수레끝수 愁 근심수 ⿰月秋 오금수 ⿰氵愁 찌푸릴수 裋 두루마기수 ⿱耂易 늙은이겨우따라갈수 脩 공경할수 采 벼이삭수 祟 비밀수

穗 벼이삭수 ⿰立頁 서서기다릴수 ⿰米蚤 국물수 ⿰糸酉 앞발잡아맬수 峀 산구멍수 岫 산구멍수 ⿸广卒 재모아두는집수 捒 묶을수 圳 논도랑수 ⿱規女 가는

허리수 袖 소매수 詶 갚을수 酬 갚을수 酥 타락죽수 棷 수풀수 餚 콩가루묻힌엿수 ⿱雨叜 구름오를수 ⿺風秋 바람소리수 羞 부끄러울수

轌 상여수레 수 逡 땅이름 수 豎 세울 수 廋 삼단 수 㥞 범새가코에말 여어뜨할 수 手 손 수 戍 막을 수 訹 꾀일 수 蠵 큰거북 수 繻 씨실 수 浽 작은비 수 綏 편안할 수 樔 수렛바퀴통 수 鯫 뱅어 수 纗 맬 수 旞 깃으로꾸민기 수 蒐 모을 수 率 새그물 수 宿 여러별자리 수

涑 때씻을 수 竪 세울 수 滫 오랜뜨물 수 襚 수의 수 褎 소매 수 褏 소매 수

숙

宿 잘 숙 蓿 게여묵 숙 摍 뺄 숙 蟰 자벌레 숙 颾 바람소리 숙 尗 콩 숙 叔 아제비 숙 俶 지을 숙 淑 맑을 숙 婌 궁녀벼슬이름 숙 琡 옥이름 숙 菽 콩 숙 諔 속일 숙 肅 엄숙할 숙 𢷾 칠 숙 潚 성 숙 璛 옥장공 숙 橚 길고꼿꼿할 숙 𣋉 말릴 숙 𣀆 때리는소리 숙 𧽇 바로달아날 숙 𦑟 나를 숙 驌 좋은말 숙 鱐 어포 숙 鷫 신조 숙 𥗌 검은숫돌 숙 𩙂 바람소리 숙 倏 빠를 숙 儵 물결번득거릴 숙 𤅳 물결번득거릴 숙 孰 누구 숙 塾 글방 숙 熟 익을 숙 稤 숙궁 숙 㳙 착할 숙 潄 조촐할 숙 莤 모에강신할 숙 𧆣 범이숲에들 숙 趥 곱사등이 숙 鮛 작은삼치 숙 夙 이를 숙 璹 옥그릇 숙 𢭏 이끌 숙

순

旬 열흘 순 侚 좇을 순 郇 나라이름 순 洵 믿을 순 峋 후미질 순 徇 두루 순 恂 믿을 순 珣 옥그릇 순 殉 구할 순 栒 순나무 순 荀 풀이름 순 朐 지렁이 순 眴 눈짓할 순 筍 댓순 순 詢 물을 순 簨 경쇠걸이 순 箰 댓순 순 毥 솜털 순 袧 깃끝 순 㡒 옷깃끝 순 㰬 믿을 순 𣱶 기운거슬릴 순 鴝 뱀새 순 抣 심할 순 紃 실띠 순 順 순할 순 馴 착할 순 杊 나무가호미자루될만한 순 㸉 소결음더딜 순 巡 돌 순 盾 방패 순 揗 만질 순 循 돌 순 楯 난간 순 輴 상여차 순 𦂊 옷등솔 순 𨻰 섬돌 순 淳 맑을 순 犉 누르고입술꺼먼소 순 諄 도울 순 鶉 메추라기 순 醇 전국술 순 肫 광대뼈 순 純 순전할 순 盹 졸 순 蒓 순나물 순 㢶 살오늬 순 𧷸 더할 순 舜 임금 순 蕣 무궁화 순 瞬 눈끔적일 순 橓 무궁화나무 순 瞚

눈곰적일순 脣 입술순 漘 물가순 鬊 머리풀어헤칠순 鶉 늦게깐닭순 紃 순전할순 奄 클순 奞 날개칠순 笋 초목성할순 筍 댓순순

簨 경쇠걸이순 蓴 순나물순 瞤 눈곰적거릴순 榫 자루박을순 皴 발터질순 眴 눈짓할순 淯 땀날순 筍 죽순 衠 바를순 諄 거듭이를순

稕 짚단순 闉 중문순

술

述 지을술 術 재주술 沭 물이름술 訹 꾀일술 坾 높을술 𤵸 미쳐달아날술 鉥 돗바늘술 䬄 적은바람술 戌 개술 㖅 중얼거릴술

珬 수리가물에들어가변해된조개술 茂 쑥술 䘏 벌레울술 謐 고요할술 卹 근심할술 潏 모래톱술 袕 옷에구멍날술 蒁 다위때술

숭

崇 높을숭 崈 높을숭 嵩 산이름숭 崧 산불끈솟을숭 菘 배추숭 鷲 새매숭 鵔 새매숭 髶 가는터럭숭 𩞯 게금스러울숭

㥞 영민할숭

쉬

焠 날담글쉬 晬 돐쉬 倅 버금쉬 淬 날담글쉬 粹 무거리쉬 䘹 홋옷쉬 賥 부의쉬 韢 주머니끈쉬

슬

瑟 큰거문고슬 璱 푸른진주슬 𧹞 푸르고붉을슬 飋 쓸쓸한바람슬 膝 무릎슬 䕷 쇠무릎지기슬 蝨 이슬 厀 쇠무릎지기슬

습

溼 젖을습 拾 주울습 習 익힐습 熠 환할습 槢 틀습 褶 슬갑습 霫 비쏟아질습 漝 그림자습 𧍗 반딧불습 謵 익달할습

飁 큰바람습 鰼 미꾸리습 㒨 용렬할습 隰 진펄습 濕 젖을습 襲 인할습 㥶 약은체할습

승

勝 이길승 蕂 흑임자승 縢 비디승 塍 밭두둑승 丞 도울승 承 이을승 𢓊 바로가지못할승 𣲖 잠길승 𥬠 대홰승 升 되승 陞 오를승

昇 오를승 抍 되승 陹 해돋을승 𡕀 오를승 乘 탈승 椉 탈승 嵊 산이름승 溗 물흐르지않을승 譝 말속히할승 騬 불알친말승

憴 경계할 승 繩 노 승 譝 칭찬할 승 蠅 파리 승 鱦 물고기 새끼 승 鬙 머리더부룩할 승 僧 중 승 殑 까무러칠 승 爯 들 승 線 삼베 승 脀 어리석을 승

騬 불친 말 승

시

矢 살 시 ⿰石矢 돌 떨어지는 소리 시 ⿰言矢 뜻할 시 ⿰來矢 기다릴 시 是 이 시 ⿰口是 새울 시 崼 가까운 산 시 ⿰巾是 행주 시 匙 숟가락 시 ⿰木是 나무숟가락 시

鍉 열쇠 시 ⿰犭是 수달 시 諟 이 시 徥 슬슬 걸을 시 禔 복 시 提 떼지어 나를 시 翨 굳센 깃 시 偲 재주 많을 시 罳 병풍 시 緦 시마 시 顋 볼다구니 시

腮 볼다구니 시 毸 날개 벌릴 시 颸 서늘한 바람 시 媤 시집 시 諰 바른 말 시 愢 겸손할 시 揌 움직거릴 시 侍 모실 시 時 때 시

恃 믿을 시 邿 나라이름 시 詩 시전 시 榯 나무 곧게 설 시 溡 빗물 시 蒔 심을 시 ⿵門寺 내시 시 鰣 준치 시 寺 내관 시 ⿰氵⿱罒寺 모래섬 시 鼭 쥐이름 시

澌 성애 시 撕 끌 시 嘶 말 울 시 廝 부릴 시 澌 물 자즐 시 ⿰忄斯 싱겁할 시 ⿰矢斯 짧을 시 ⿰箕斤 체 시 ⿰車斯 수렛바퀴 시 鐁 까뀌 시 示 보일 시

眎 볼 시 視 볼 시 祡 천제지낼 시 沶 고을이름 시 ⿰月示 새살 날 시 ⿰貝示 재물 보일 시 市 살 시 柿 감 시 柹 감 시 ⿰巿見 엿볼 시 氏 성씨 시 眂 볼 시 阺 산이름 시

⿰⻊氏 주저할 시 ⿰木氏 방아채 시 始 비로소 시 咶 핥을 시 狧 핥을 시 啻 뿐 시 尸 주검 시 屎 똥 시 屍 주검 시 ⿸尸帀 엿볼 시 ⿸尸矢 기다릴 시 弑 웃사람 죽일 시

試 시험할 시 ⿰言事 말 들일 시 施 베풀 시 絁 비단 시 葹 도꼬마리 시 ⿱施虫 쌀바구미 시 ⿰口施 말 시작할 시 ⿰言施 말 수다할 시 ⿺是羽 떼지어 나를 시

謚 시호 시 諸 성낼 시 豺 승냥이 시 ⿰豸吏 담비 시 ⿰豕夷 불친 돝 시 豕 돝 시 豉 콩자반 시 ⿰尗支 약념할 시 枲 수삼 시 柴 땔나무 시 ⿰糸辛 따비끝 시

⿰金⿱巛女 대패 시 釃 술 거를 시 襹 깃옷 푸수할 시 鋁 쇳덩이 시 ⿰禾耆 보리밀에 씨뿌릴 시 ⿰死次 까무러쳤다 깨날 시 ⿺兔是 담비 시 ⿺毛西 날개 벌릴 시 ⿰可氏 살필 시

漦 침거품 시 猜 의심낼 시 狏 이리 시 ⿱穴鮮 물가 시 ⿰米屎 똥오줌 시 ⿱竹市 큰대 시 ⿰糸⿱罔虫 명주 시 翅 날개 시 ⿱茈木 시호 시 ⿰它見 기다려 볼 시 ⿰台見

유인할 시 訿 얼굴 시 肆 벌릴 시 㚸 외조모 시 蓍 시초 시 䭙 즐길 시 鰣 물돋 시 鳲 뻐꾹새 시 鴟 꿩 시 鸍 집새 시 鼅 두꺼

비 시 齛 이교울 시 兕 외뿔난 들소 시 殺 죽일 시 旹 때 시 謚 시호 시 使 사신 시 屣 삼신 시

씨

氏 성씨 씨

식

食 밥 식 飾 꾸밀 식 蝕 일식 식 餽 숨 식 喰 먹을 식 息 쉴 식 媳 며느리 식 膆 궂속군살 식 篒 키우비개 식 蒠 나 식 鄎 땅이

름 식 熄 불끌 식 瘜 군살 식 殖 날 식 植 심을 식 埴 진흙 식 㥁 오로지 식 禃 오로지할 식 識 알 식 蘵 쓴너삼 식 湜 물맑을 식 寔 이 식

寋 보이지않을 식 歙 겁낼 식 式 법 식 拭 씻을 식 栻 점판 식 軾 수레앞가로나무 식 䁒 눈여겨볼 식

신

臣 신하 신 抻 씻을 신 頣 눈들고볼 신 申 납 신 伸 펼 신 呻 읊을 신 神 신령할 신 紳 큰띠 신 㤞 근심할 신 狆 미칠 신 眒 빠를

신 柛 나무쓸어질 신 抻 휘여잡을 신 胂 몸펼 신 𣖃 신나무 신 鰰 은어 신 鞞 큰띠 신 辛 매울 신 峷 아키 신 莘 세신 신 㜪 많을 신

涬 벼루키 신신 榫 상앞에가로막대 신 𦐅 깃많을 신 鋅 끄리긴생선 신 新 새 신 𡤿 나라이름 신 薪 섶 신 嘶 이야기할 신 身 몸 신 㑗 아이밴몸

신 𧛏 옷등결 신 侁 떼지어갈 신 徃 왔다갔다할 신 姺 나라이름 신 粻 무거리 신 兟 나갈 신 駪 빨리걸을 신 辰 별 신 宸 대궐 신 娠 아이

밸 신 晨 새벽 신 祳 사직에제지내는날고기 신 脤 사직에제지내는날고기 신 蜃 큰조개 신 陙 작은언덕 신 鋠 둥근무쇠 신 郿 작은나라 신 蜄 직움

일 신 唇 놀랄 신 鷐 새매 신 䢅 암코라니 신 晨 일찍 신 𧾷 기다릴 신 𤝔 족제비 신 阠 언덕이름 신 扟 성길 신 汛 물뿌릴 신 迅 빠를 신 籸

범벅 신 訊 물을 신 䭢 검은밥 신 矧 하물며 신 吲 비웃거려웃을 신 訠 하물며 신 訦 믿을 신 信 믿을 신 甡 많을 신 屾 山같이선메 신 閖 끈끈할 신

囟 정수리신 顖 숫구멍신 栖 바디신 𩕳 암내신 哂 빙그레웃을신 弞 상긋웃을신 愼 삼갈신 欥 읊을신 腎 콩팥신 誶 욕할신 燼 불탄끝으리신 藎 나갈신 𨧟 삼갈신 𦨍 스무개신 賑 전당신 贐 노자신 賮 보배신 𧮡 깊은골신 丨 위아래로통할신 禛 신언신

眘 삼갈신

실

失 잃을실 室 집실 榁 두송실 鞚 칼집실 實 열매실 悉 알실 𢕟 요동할실 窸 바람에부딪치는소리실 蟋 귀뚜라미실 㗷 짓꾸는소리실

심

心 마음심 伈 두려울심 沁 물적실심 吣 개가토할심 𨋩 수렛대심 鈊 날카로울심 莐 이삭벌레먹어죽을심 甚 심할심 葚 뽕심 愖 믿을심 𨡸 누룩심 煁 화덕심 椹 오디심 諶 믿을심 黮 검을심 尋 찾을심 𦅾 이을심 潯 물가심 燖 데쳐낼심 𨹱 작은언덕심 襑 옷클심 鄩 땅이름심 蟳 큰게심 𧾩 길심 樳 나무심 鱏 고기이름심 深 깊을심 㴱 깊을심 蕁 부들심 藫 부들심 瞫 가만이볼심 蕈 버섯심 燂 구을심 覾 깊이볼심 鐔 칼코등이심 鱘 심어심 審 살필심 嬸 숙모심 劷 힘쓸심 瀋 즙심 淰 흐릴심 諗 고할심 籸 쌀찌기심 疹 오한날심 𥤢 굴뚝심 罙 새그물심 森 크게두려워할심 𡎺 흙높을심 𨁾 짐승의발자국에피인물심 杺 나무잎사귀심 𣨌 초목시들어죽을심 䧵 빠질심 䨜 빗소리심 橬 물고기섭줄심 鬵 큰가마심 灊 고을이름심 沈 성심 𤘍 물소심 魫 고기새끼심

십

十 열십 辻 사거리십 什 열사람십 竍 데카리트르십 籵 데까미터십 𨚰 고을이름십 卅 설흔십 卌 마흔십 趇 달아날십 䙕 옷겹선십 蓻 풀소리십 謵 어눌할십

㊀아 我 나아 俄 갑자기아 哦 읊을아 峨 산이름아 硪 바위아 莪 다북쑥아 睋 볼아 娥 예쁠아 蛾 나비눈섭아 ⿰礻我 성할아 ⿰扌我 부서뜨릴아

⿰衤我 옷치장할아 誐 간사할아 ⿰我頁 고를아 鵝 거위아 騀 짐승이름아 餓 굶을아 亞 버금아 啞 벙어리아 瘂 벙어리아 婭 동서아

⿺辶亞 버금아 椏 나무가지아키질아 俹 의지할아 ⿰忄亞 속답답할아 孲 어린아이아 ⿱穴亞 비뚜러질아 ⿰足亞 갈랜길아 ⿰石亞 지형험할아 掗 흔들아 ⿰亞欠 나귀울아

堊 백토아 稏 벼이름아 鵶 갈가마귀아 錏 목가림투구아 ⿰魚亞 눈치아 阿 언덕아 啊 사랑할아 婀 예쁠아 娿 예쁠아 ⿳亠可衣 옷치렁거릴아

旖 깃발날릴아 疴 병아 ⿰糸阿 마전할아 ⿰木⿳亠可衣 나무무성할아 痾 병아 妸 고울아 屙 뒤볼아 錒 가마솥아 鈳 작은가마아 牙 어금니아 庌 월랑아

芽 싹아 ⿰扌牙 비뚤어질아 砑 연아 迓 맞을아 訝 맞을아 雅 맑을아 鴉 검을아 笌 죽순아 ⿰禾牙 싹아 枒 바퀴테아 邪 어린아이아 厊 어긋날아

玡 옥같은뼈아 蚜 작은벌레아 齖 뻐드렁니아 蕥 쭉정이아 丫 두갈래질아 兒 아이아 唲 선웃음칠아 ⿰口窊 갓난아이울아 ⿰女丘 예쁠아

妿 여선생아 疋 맑을아 ⿱亞皿 술잔아 襾 덮을아 衙 마을아 猗 유순할아 御 맞을아

㊁악 咢 깜짝놀랄악 堮 언덕비탈악 鄂 땅이름악 萼 꽃받침악 諤 곧은말악 鍔 칼날악 愕 놀랄악 鶚 독수리악 ⿰口咢 잇몸악 崿 언덕악

⿰石咢 험할악 ⿰咢見 오래볼악 遌 만날악 顎 턱악 ⿰阝咢 언덕악 ⿰木咢 함정악 齶 잇몸악 鰐 악어악 噩 놀랄악 櫮 꽃활짝필악

蘁 꽃자리악 鑩 다는갈구리악 鱷 악어악 堊 백토악 蝁 눈큰독사악 ⿱亞玉 흰옥악 惡 모질악 握 잡을악 渥 젖을악 喔 닭의소리악

幄 장막악 剭 형벌할악 偓 거리낄악 腛 비게두터울악 ⿰足屋 급할악 ⿰女屋 모양낼악 齷 속좁을악 岳 메악 捳 퉁길악 ⿰歹岳 갑자기죽을악 樂 풍류악

⿰酉樂 초악 觻 뿔끝악 ⿰牛隺 흰소악 ⿰牛翟 흰소악 ⿰金隺 메악 嚳 자랑할악 ⿱𦥯馬 말배끓을악 ⿰口乞 새소리악 嶽 메악 鸑 봉새악

안

安 편안 안 按 누를 안 案 책상 안 桉 중발 안 鞍 안장 안 洝 끓는 물 안 郊 마을이름 안 案 벼갈 안 姲 종용할 안 騴 끄리 밑둥흰 말 안 晏 늦을 안 鴳 안새 안 鷃 안새 안 䆓 땅이름 안 岸 언덕 안 婩 고울 안 𩓑 이마 안 𩑶 클 안 𨦃 연한 쇠 안 矸 산돌 안 豻 들개 안 頇 대머리 안 喭 추솔할 안 顔 얼굴 안 嚬 싸움할 안 𨂜 자취 안 偐 위조물 안 諺 사나울 안 哻 양짓을 안 𤎋 불빛 안 贗 위조할 안 鴈 기러기 안 贋 위조할 안 𩘋 회리바람 안 桂 다리아플 안 殷 검붉은 빛 안 眼 눈 안

알

圠 산굽이 알 乚 새소리 알 軋 아슬 알 黠 어두울 알 魝 자가사리 알 穵 구멍우빌 알 挖 우벼낼 알 𡸗 산연할 알 吘 비방할 알 枿 나무등걸 알 遏 막을 알 堨 보막을 알 暍 더위먹을 알 靄 아지랑이 알 㷎 더위먹을 알 謁 보일 알 秸 고강이 알 䵣 투색할 알 靄 아지랑이 알 頞 콧마루 알 咹 말떠듬거릴 알 胺 고기썩을 알 戛 창 알 嘎 두루미소리 알 𣁊 말로되어 담을 알 斡 돌이킬 알 𣸃 물받을 알 歹 살발른 뼈 알 嶭 산높을 알 歐 크게힘써 부를 알 毼 털많을 알 閼 막을 알 𤃬 물이름 알 捾 취할 알 訐 발각할 알 揠 풀뽑을 알 羯 불알깐 양 알 鴶 뻐꾹새 알 𥌻 눈깊고 검을 알 齒 그릇이 빠질 알 钀 말재갈 알 𨏼 수레에 높이 실을 알 齾 그릇이 빠질 알 猰 짐승이름 알 㹮 짐승이름 알 按 막을 알 餲 밥쉴 알

암

弇 덮을 암 唵 말아니할 암 揜 손으로 가릴 암 媕 머뭇거릴 암 黭 왈칵 암 盦 덮을 암 媕 계집마음둘 암 鵪 메추라기 암 𪘁 잇몸 암 匼 아첨할 암 𢊆 염소 암 𢊆 수범 암 俺 클 암 庵 암자 암 晻 어두울 암 菴 쑥 암 埯 구덩이 암 裺 옷너그러울 암 唵 움켜먹을 암 馣 향내 암 𩈋 사마귀 암 䨄 구름성할 암 鵪 메추라기 암 䛳 말결단못할 암 黤 검푸를 암 顉 머리숙일 암 厭 검붉을 암 暗 어두울 암 喑 훌쩍거릴 암 腤 삶을 암 闇 여막 암 揞 감출 암 諳 알 암 韽 가는청 암 黯 아득할 암 堷 흙에 묻을 암 婄 마음비뚜를 암 𩈣 슬플 암 隌 어두울 암 㹻 개짓

罯 덮을암 韽 가는소리암 喑 싱거울암 顩 뺨길암 ⿰黑雲 구름어두울암 黬 솥밑에붙은검정암 黶 검은점암 碞 험할암 嵒 바위암 癌 피병암
⿰言嵒 희롱할암 羬 큰양암 壧 굴암 巖 바위암 岩 바위암

압

匼 맞어모일압 姶 예쁘고고울압 押 누를압 庘 돌의우리압 ⿰氵甲 축축할압 炠 불에말릴압 狎 친압할압 鴨 집오리압 翈 쭉지위의짧은깃압
⿰火奄 불붙을압 ⿰⻊奄 절뚝발이압 ⿰革奄 아이신압 ⿰車奄 수레연장압 ⿺走奄 급히달아날압 鵪 집오리압 嚈 오랑캐나라이름압 壓 누를압 ⿸疒盍 기단할압
⿴囗音 낮은소리압 匌 족두리압 ⿱穴甲 맥찌를압 ⿱覀犬 덮을압 ⿰革弇 가죽고삐압 ⿰業頁 머리움직일압 ⿰口㬎 시끄러울압 ⿰言㬎 웃고말할압 擪 잡을압 唈 기단하게울압 ⿰鳥邑 오리압 ⿰黍奄 그림압

앙

卬 나앙 枊 말뚝앙 茚 창포앙 昂 밝을앙 仰 우러를앙 ⿰木昂 추녀앙 ⿰革卬 신발앙 ⿰卬頁 머리들앙 ⿰馬卬 말성낼앙 央 가운대앙 佒 몸펴지못할앙
殃 앙화앙 怏 마음에차지않을앙 詇 미리알앙 坱 티끌앙 雵 흰구름피어오를앙 ⿰礻央 앙화앙 泱 물충충할앙 秧 모앙 咉 목메여슬플앙 姎 나앙
⿰山央 산골짜기앙 胦 배꼽앙 ⿰犭央 담비앙 ⿰貝央 한량없을앙 盎 동이앙 鞅 가쁠앙 ⿰食央 배부를앙 鉠 방울소리앙 ⿰央色 기운뜰앙 ⿰豸央 담비앙 軮 편할앙
⿰央皮 얼굴빛푸를앙 駚 들말앙 ⿰魚央 자가사리앙 ⿱央黽 거북앙 ⿰日盎 날흐릴앙 ⿱央瓦 큰혹부리앙 ⿰酉央 막걸리앙 鴦 원앙새앙 ⿰山兒 산높고험할앙
⿱丆古 코대답하며말할앙 ⿰忄翁 어그러질앙

애

愛 사랑애 曖 날흐릴애 噯 더운기운애 瞹 눈흐릴애 鱫 해묵은연어애 薆 초목성할애 僾 방불할애 靉 구름낄애 厓 언덕애 啀 개가물려고할애 睚 눈가애 崖 낭떠러지애 捱 밀막을애 涯 물가애 ⿰貝厓 넉넉할애 ⿰忄厓 한할애 ⿰女厓 즐거울애 嘊 비틀거릴애 ⿸厓見 웃고볼애 欸

탄식하는 소리 애 䶢 이끄르지 않을 애 艾 쑥 애 哎 애통하는 소리 애 ⿰豕艾 늙은 돝 애 鴱 암뱀새 애 唉 탄식할 애 埃 티끌 애 娭 희롱할 애 挨 밀 애 欸 탄식할 애

⿰火矣 빛날 애 騃 어리석을 애 ⿸疒豈 어리석을 병 애 獃 못생길 애 ⿱雨豈 하얄 애 敳 다스림 있을 애 皚 하얄 애 磑 맷돌 애 ⿱艹豈 고사리 같은 물쑥 나물 애 ⿰舟豈

밑넓은 배 애 ⿰牙豈 어금니 애 ⿰齒豈 어금니 애 ⿰日蓋 날빛 애 ⿰土蓋 티끌 애 ⿰氵蓋 그늘질 애 ⿰香蓋 향내날 애 哀 슬플 애 唲 아이 말 애 嗄 목쉴 애 ⿰鼠曷 서로 꼬리 물고

다니는 쥐 애 喝 목쉴 애 譪 힘다할 애 靄 아지랑이 애 藹 수두록할 애 馤 향기 애 餲 밥쉴 애 阨 좁을 애 阸 좁을 애 呃 재채기할 애 ⿰言厄

재채기할 애 隘 막을 애 賹 부처보벌 애 ⿰山益 메봉우리끝 애 ⿰貝安 쌓을 애 閡 닫힐 애 毐 음란할 애 礙 그칠 애 懝 놀랄 애 ⿱夭長 짧을 애 ⿵門㝵

문횡강목 애 ⿰目豪 커머거리 애 峗 험할 애 ⿸广奇 신탁자 애 ⿱亥心 징계할 애 硋 막을 애 噫 게터림할 애 碍 막을 애 ⿰豕皮 마른 돝 애

액

夜 고을이름 액 液 진 액 掖 곁들 액 ⿰衤夜 겨드랑이 솔기 액 腋 겨드랑이 액 棭 나무 액 厄 재앙 액 扼 잡을 액 戹 좁을 액 ⿰口戹

높은 소리 액 蚅 콩망아지 액 ⿰石戹 옥이름 액 豟 큰 돝 액 ⿰戹見 놀라기 잘할 액 ⿰戹欠 웃고 말할 액 ⿰扌戹 잡을 액 ⿰食戹 굶을 액 軶 멍에 액 軛 멍에 액 詻 송사

논난할 액 峉 산높을 액 頟 이마 액 額 이마 액 嗌 목구멍 액 搤 쥘 액 啞 깔깔 웃을 액 ⿰革鬲 신기울 액

앵

甖 큰 독 앵 櫻 앵두 앵 鶯 꾀꼬리 앵 罃 큰 독 앵 嫈 어린 지어미 앵 鸎 꾀꼬리 앵 罌 큰 독 앵 鸚 앵무새 앵 嚶 새소리 앵 譻 방울

달랑할 앵 ⿰目嬰 눈에 광채 없을 앵 蘡 머루 넌출 앵 ⿱𤇾目 눈 맑을 앵

야

也 입기 야 夜 밤 야 ⿰口夜 밤에 새울 야 ⿰金夜 거울 야 鵺 새이름 야 ⿰麥夜 밀기울 야 冶 쇠불릴 야 若 절 야 惹 이끌 야 喏 공순히 대답할 야

偌 정 야 ⿰足若 타달타달 걸을 야 ⿰口尒 대답할 야 邪 땅이름 야 揶 손들어서 로농할 야 椰 야자나무 야 琊 고을이름 야 鋣 칼이름 야 耶 어조사 야 ⿱⺮耶 바닷

액·앵·야

가에나는대야 耶 고을이름야 爺 아비야 斜 골이름야 埜 들야 野 들야 射 벼슬이름야 崵 먼산야 釾 칼이름야

약

約 맺을약 葯 구리때약 弱 약할약 篛 죽순약 蒻 구약풀약 嫋 연약할약 箹 작은피리약 搦 가질약 鰯 멸치약 鶸 새이름약 龠 피리약 瀹 씻을약 爚 불살을약 籥 피리약 禴 여름제사약 鑰 자물쇠약 闟 빗장약 蠡 반딧불약 遹 멀약 纅 실약 蘥 키리약 鸙 종달새약 龥 우러를약 若 같을약 鄀 나라이름약 箬 죽순약 楉 석류약 逽 나아갈약 鰙 피라미약 蒻 물노리칠약 舡 집모퉁이약 謵 칭찬할약 蹳 발금약 癯 병약 躍 뛸약 雒 바둑치중점약 扚 손마디금약 飵 음식존절할약 閣 끌약 蒦 잴약 藥 약약 瀹 물펄펄끓을약 纅 색실약 鬻 데칠약 礿 여름제사약

양

羊 양양 佯 거짓양 徉 빈들거릴양 洋 물양 痒 옴양 恙 병양 㺊 짐승이름양 烊 구울양 羏 개양 垟 흙소괴물양 詳 거짓양 胖 수양양 羕 물길양 樣 모양양 漾 물결일양 鞾 가죽다룰양 餁 떡양 逘 머뭇거릴양 弶 활굽을양 咩 어린아이울양 䍩 큰양 鴹 외발새양 㨾 한탄할양 養 기를양 懩 뜻을이루고자할양 瀁 물모양양 癢 가려울양 氧 양기양 䑆 메식거울양 蝆 누에양 攁 발동할양 襄 도울양 蘘 양하양 勷 급히할양 攘 빼앗을양 瀼 이슬무르녹을양 壤 곱다란흙양 禳 기도할양 穰 벼줄기양 瓤 외속양 驤 말뛸양 瓖 말배띠장식할양 釀 술빚을양 纕 패옥띠양 讓 사양양 欀 교양나무양 孃 아가씨양 獽 오랑캐양 糵 섞일양 鑲 선두를양 懹 꺼릴양 礵 연한돌양 霷 이슬성할양 躟 바삐걸을양 鬤 머리엉킬양 黷 검을양 儴 노닐양 膷 살찔양 醸 들깨양 昜 빛날양 暘 해돋는곳양 陽 볕양 楊 메버들양 鍚 당노양 瘍 종기양 煬 화할양 揚 들날릴양 暘 양미간양 禓 길제사양 鞨 굴레양 諹 칭찬할양 輰 치장

한수레 양 敭 밝을 양 颺 날릴 양 霷 시월 양 黖 검붉을 양 鰑 가물치 양 戭 창 양 鸉 매 같고 꼬리 흰 새 양 亮 밝을 양 喨 울고 그치지 않을 양

湸 큰물 양 䍩 아름답고 착할 양 氜 볕기운 양 敭 들 양

어

於 늘 어 瘀 어혈질 어 棜 술잔받침 어 淤 진흙 어 箊 잎사귀엷을대 어 菸 시들 어 鯲 미꾸리 어 唹 고요히 웃을 어 飫 싫을 어 扵 늘 어

魚 고기 어 漁 고기잡을 어 䔡 들깨 어 䲣 좀 어 䲢 고리눈말 어 䁩 고리눈말 어 魰 고기잡을 어 䰻 고리눈말 어 𩼁 고기잡을 어 敔 그칠 풍류 어

語 말씀 어 圄 옥 어 鋙 어긋날 어 峿 산이름 어 齬 이어긋날 어 御 모실 어 禦 그칠 어 籞 나라동산 어 蓹 땅이름 어 蘌 가릴 어 𨰲 백철

어 𩚵 전별할 어 馭 말부릴 어 飫 배부를 어 圉 곤할 어 醧 사사로이 잔치할 어 饇 배부를 어 衙 모실 어 䖇 노식 어 閪 작은문 어 偊 어릿어릿

할 어 寱 거짓잠잘 어

억

抑 누를 억 嶷 어린아이 지각있을 억 嶷 어린아이 지각있을 억 疑 바로설 억 億 억 억 憶 생각할 억 檍 참죽나무 억 醷 매실화채 억

臆 가슴 억 繶 땋은노 억 鞥 신머리치장 억 啻 괘할 억 肊 가슴뼈 억 𩨗 가슴뼈 억 訷 괘할 억

언

言 말씀 언 唁 조상할 언 䇾 큰통소 언 諺 상말 언 匽 숨길 언 偃 자빠질 언 堰 방축 언 蝘 도롱뇽 언 鶠 봉새 언 郾 땅이

름 언 鼴 두더지 언 鰋 메기 언 㥾 마음좁을 언 褗 옷깃 언 椻 나무로 방천할 언 䄆 삼지창 언 躽 몸굽힐 언 焉 어디 언 嫣 예쁠 언 蔫 시들

부들할 언 鄢 땅이름 언 嘕 빙그레할 언 漹 물이름 언 篶 흑죽 언 𧼙 천천히 걸을 언 彦 클 언 喭 조상할 언 嵃 산높을 언 甗 시루 언 甗

옥시루 언 讞 죄의논할 언 齞 이드러날 언 齗 이드러날 언 䞁 연기오를 언 㰽 성나 배벌덕거릴 언 䁙 눈으로 희롱할 언 䟑 걸음바르지 못할 언 㟅 높은 언

어·억·언

고개언 㫃 깃발언 牪 물건언

얼

嶭 산높을얼 𡾊 산높을얼 蠥 요괴얼 孽 서자얼 櫱 싹얼 孼 얼자식얼 蘖 싹얼 糵 누룩얼 䴪 보리움얼 蘗 나무

끝으리얼 𡵀 산끊어질얼 妜 양미간얼 㜸 고울얼 臬 문지방얼 嵲 산높을얼 臲 위태할얼 闑 문지방얼 槷 관혁얼 噦 왹지꺼리할얼 𡶶 산높을얼

巕 산따로떨어질얼 𢉩 집좁을얼 蜺 불매미얼 聐 멍청이얼 餲 밥쉬할얼 𩬌 긴얼 𨏒 우뚝할얼 𪌯 누룩얼

엄

厂 굴바위엄 广 돌집엄 𡚽 천할엄 𢋡 작을엄 噞 고기입어물거릴엄 顩 하관빠를엄 厱 언덕비탈엄 𩼋 고기입쭝긋거릴엄 奄 문득엄

俺 나엄 淹 담글엄 埯 흙덮을엄 崦 해지는산이름엄 掩 거둘엄 晻 날흐릴엄 𨛬 나라이름엄 醃 저릴엄 閹 고자엄 罨 덮을엄

媕 모할엄 𦕼 귀엄 䛳 줄엄 𦐇 쭉지찔엄 𤗊 평고대엄 䅖 벼쭉정이엄 𢓜 숨길엄 𩴵 더럽힐엄 𤒛 불밝지못할엄 巗 한없이높을엄 曮

해다니는길엄 嚴 엄할엄 儼 공경할엄 蘝 막을엄 孍 전엄할엄 釅 술과초맛준할엄 欕 엄나무엄 隒 층언덕엄 龑 높고밝을엄 弇 덮을엄

渰 구름피여오를엄 揜 찾아벌엄 𡸁 해지는산이름엄 巘 시루봉엄

업

業 업업 鄴 땅이름업 㦾 두려울업 嶪 산높을업 𤗪 담틀업 𣿉 물막는나무업 㗼 입움직일업 皣 흰꽃업 𦄼 얽을업 𧬊

말하며웃을업 𩐱 풍류업 𩻻 고기성할업 驜 장할업 岌 위태할업 砐 산높을업 𢅔 두건업 殗 병심하지않을업 腌 저린고기업 錌 마치업

餣 떡업 𢽏 미칠업 鵖 오디새업

에

曀 음산할에 壒 흙비올에 殪 죽을에 縊 목맬에 窫 고요할에 𦅗 급히돌아올에 恚 성낼에 𣓀 배에

㊀여 予 나 여 妤 계집벼슬 여 伃 계집벼슬 여 𢏏 활 여 預 미리 여 澦 물이름 여 豫 먼저 여 瀩 물이름 여 櫲 여장나무 여 蕷 마 여

汝 너 여 籹 약과 여 肗 생선썩을 여 如 같을 여 絮 성 여 鴽 집비둘기 여 筎 대껍질 여 茹 먹을 여 洳 축축할 여 侞 온순할 여 帤 활싸개 여

袽 해진옷 여 翟 메추라기 여 與 더불 여 璵 보배옥 여 歟 어조사 여 旟 새매그린기 여 譽 기를 여 輿 수렛바탕 여 轝 수렛바탕 여 礜 여돌 여

穥 서속번성할 여 䍺 살찐양 여 𪢸 손벽치며노래할 여 㵰 물출렁거릴 여 䞕 편안히걸을 여 籅 대남여 여 藇 마 여 襷 옷날릴 여 鐭 비녀 여

懙 공경할 여 鸒 갈까마귀 여 余 나 여 蜍 두꺼비 여 艅 나룻배 여 餘 남을 여 畬 삼년된밭 여 狳 짐승이름 여 𦍩 들양 여 悆 기쁠 여 䬿 휙부는바람 여

𦙰 썩을 여 䬾 싫을 여 珕 자개로칼장식할 여 𤬪 말린채소 여 𧆝 찾아볼 여 砅 물디디고물건늘 여 𥝌 밭갈 여 罛 넓은그물 여

舁 마주들 여 諛 헤아릴 여 𢠮 잔말할 여 蠩 두꺼비 여 絮 묵은솜 여

㊀역 易 바꿀 역 埸 지경 역 晹 날흐릴 역 𢨽 변할 역 蜴 도마뱀 역 鯣 뱀장어 역 瘍 병전염할 역 睪 엿볼 역 懌 기뻐할 역 驛 역말 역

醳 쓴술 역 圛 맴돌 역 譯 번역할 역 襗 제사이튿날 역 斁 싫을 역 嶧 산이름 역 墿 수렛바퀴길 역 繹 다스릴 역 曎 날빛 역 燡 불심할 역

㾷 병전염할 역 䁺 눈밝을 역 䭞 밥쉴 역 闦 문열 역 𩴾 사자 역 域 지경 역 蜮 단호 역 緎 옷솔기홀 역 棫 나무무더기로날 역 罭 물고기그물 역

閾 문지방 역 淢 빨리흐를 역 惐 마음아플 역 琙 사람의이름 역 𡙎 강할 역 亦 또 역 帟 작은장막 역 㑊 감질 역 疒 병 역 疫 염병 역

𢗅 마음쓸 역 炈 옹기가마굴뚝 역 坄 굴뚝 역 鈠 작은창 역 役 부릴 역 豛 돼지 역 𩵽 메기같고네발있는고기 역 鈠 작은창 역 𩃕 큰바 역

䋈 실얽을 역 湙 흐를 역 鶂 새이름 역 鷁 새이름 역 鷊 역풀 역 射 싫을 역 𪎎 못생길 역 惄 마음주릴 역 熤 빛날 역 䂝 돌보습 역

逆 거스릴역 縌 인끈역 虉 범의소리역 蜥 가늘고긴메뚜기역 衺 얽힐을역 貖 개역 鞨 흰신역

(연) 兗 고을이름연 𢮿 움직일연 渷 물이름연 韏 다룬가죽연 延 맞을연 涎 침연 挻 휠연 筵 대자리연 埏 광중연 狿 짐승이름연

蜒 지차리연 綖 면류관싸개연 唌 참소할연 娫 빛날연 郔 땅이름연 蝘 벌레모양연 鋋 작은창연 霔 구름일연 莚 만연할연 沿 좇을연

鉛 납연 詒 웃을연 然 그럴연 燃 불탈연 嘫 대답할연 㦖 마음강한듯하고약할연 㜣 아리잠직할연 𤡮 원숭이연 㒄 황급할연 橪 산대추연 繎 실엉킬연

蹨 쫓을연 䕼 들콩연 䩄 젊은얼굴빛연 燕 연나라연 嚥 삼킬연 臙 연지연 嬿 안존할연 曣 날돋을때구름없을연 篶 대병들연 酀 고을이름연

驠 흰말연 觾 전연 讌 잔치연 鷰 제비연 醼 편안할연 淵 못연 蜵 깊고넓을연 弲 활굽이연 裫 소매뚜리연 棩 나무굽을연

鼘 북소리연 緣 인연연 椽 서까래연 掾 아전연 蝝 메뚜기새끼연 𢏗 활전연 櫞 둥근불수감연 耎 부드러울연 㨎 비빌연 蝡 벌레길연

㽜 성밑밭연 堧 빈터연 䓴 버섯연 瑌 옥돌연 碝 옥돌연 緛 쭈으러질연 䞕 작은재물연 䙇 옷구길연 𨧲 연한은연 渜 잇연 煙 연기연

𠼝 목구멍연 肙 요동할연 涓 물방울연 娟 예쁠연 捐 버릴연 悁 분해성낼연 𡵉 산굽이연 蜎 벌레꿈틀거릴연 𤺄 답답할연 䬇 물릴연

噮 달게먹을연 𡂩 깔깔웃을연 演 넓을연 戭 사람의이름연 囦 못연 抁 움직일연 沇 물이름연 吮 빨연 𥤊 다룬가죽연 𢶐 펼연 衍 넓을연

姸 고울연 硏 갈연 宴 잔치연 瓀 옥돌연 懦 약할연 壖 틈성밑밭연 䨲 다룬가죽연 蠕 벌레길연 䂴 사람의이름연 犴 사나운개연

烟 연기연 咽 목구멍연 胭 목구멍연 㹞 소끄리혼솔연 㹮 범쫓는개연 輦 연연 浰 굽히흐를연 硯 벼룻돌연 軟 부드러울연 𥳯 낚시바늘연

輾 수레에깔릴연 𨆪 발병연 𨒪 걸음더딜연 𩈎 너그러울연 𩒔 얼굴예쁠연 䁙 귀혼들연 𧶞 물건알맞을연 肰 개고기연 膦 힘없을연 𧹞 연지

연 道 서로돌아보고갈연 鳶 연 ⿱年鳥 따오기연 撋 비빌연 ⿱難大 그럴연 ⿰月見 달돋을연 蔫 썩은풀연 ⿰目公 해다닐연 揅 깨칠연 ⿱隹⿰隹隹 새떼연 閼 성연 次 침연

열

說 기쁠열 悅 기뻐할열 閱 읽을열 ⿰足兌 가시밟을열 ⿰虎兌 범잘열 ⿰口呈 성낼열 ⿰土呈 내릴열 ⿱竹⿰氵呈 중피리열 ⿺走呈 급히갈열 熱 더울열

噎 목쉴열 ⿱埶心 정태열 ⿰扌⿰目夬 눈비빌열 ⿰石呈 백반열 ⿰米壹 송편열 ⿰身夬 범새날열 蛶 벌레이름열 ⿰足寽 넘을열 浖 산위에물있을열 ⿰木寽 돗대도열

⿰牛寽 얼룩소열 爇 불사를열 ⿵門壹 막을열 焫 불사를열 拽 잡아끌열

염

炎 불꽃염 琰 비취옥염 ⿰甘炎 달염 ⿰炎支 손으로흔들염 ⿸广炎 두터울염 扊 문빗장염 剡 깎을염 燄 불꽃염 ⿰耒炎 날카로운따비술염 棪 염나무염 錟 서슬염 ⿰足炎 빨리걸을염 ⿰口染 입움직일염 染 물들염 ⿰女染 분명할염 ⿰彳冉 더디갈염 猒 슳을염 厭 슳을염 檿 산뽕나무염 懕 편안할염

⿱厭夂 딱지염 ⿰礻厭 도액할염 饜 슳을염 黶 검은사마귀염 魘 잠꼬대할염 ⿱厭要 고요할염 閻 이문염 爓 불빛염 櫩 섬돌염 焰 불꽃염

壛 긴섬돌염 ⿰氵閻 더러울염 爓 불빛염 ⿰月閻 삶을염 ⿰扌閻 이을염 冄 타달거릴염 蚺 염뱀염 姌 비틀거릴염 袡 활옷염 髯 수염염 ⿰言冄 말수다할염

冉 타달거릴염 苒 덧없을염 ⿰言冉 말다못할염 ⿰衤冉 옷선염 髥 수염염 ⿰冉頁 구레나룻염 ⿰金冉 무쇠염 ⿱竹念 배끄는줄염 艌 배끄을염

⿰足念 삽붓삽붓걸을염 ⿰酉念 쓸염 ⿰音念 소리그칠염 鯰 메기염 帘 술판다는표기염 ⿰忄奄 의기많은체할염 ⿰糸奄 고치의실뽑아낼염 恬 편안할염 䎃 깃밑잔털염

覝 살펴볼염 ⿰食占 보리먹을염 蛅 쐐기염 鹽 소금염 ⿱僉酉 쓴술염 ⿰酉今 술염 ⿵門詹 사당집문염 ⿺走憂 빨리달아날염 豔 탐스러울염

灩 물가득할염 灔 물가득할염 艷 탐스러울염 ⿱雨染 젓을염

엽

葉 잎엽 殜 병들엽 瞸 눈시울엽 篥 대쪽엽 鍱 쇳조각엽 颾 바람움직일염 歙 취할엽 ⿺辶聶 갈엽 ⿰月聶 살떨릴엽 ⿰聶攴 서로미칠엽 ⿰葛毛 차에먼지막는깃부채엽 曅 빛날엽 曄 빛날엽 爗 빛날엽 燁 빛날엽 皣 흰꽃엽 熀 불빛이글이글할엽 甈 기와깨지는소리엽 偞 낮을엽 鄴 땅이름엽 捻 손비빌엽 敜 막을엽 擫 손에불끈질엽 厭 진압할엽 擪 꽉잡을엽 靨 웃을때뺨옴속들어갈엽 ⿰木猒 잎이너풀거릴엽 ⿰禾音 싹고를엽 ⿱竹瓨 대엽 籋 족집개엽 ⿰⿱艹契瓦 풀성긋성긋할엽 ⿱契衣 옷서로닿을엽 ⿱瓦壴 북칠엽 ⿱髟契 머리털성길엽 饁 들점심먹을엽 ⿰羽瓦 굽히나를엽 擖 키바닥엽

영

永 길영 泳 헤엄칠영 怺 견딜영 咏 읊을영 詠 읊을영 映 비칠영 英 꽃뿌리영 瑛 옥광채영 碤 채색돌영 ⿰禾英 깃으로꾸민창영 暎 비칠영 朠 달빛영 鍈 방울소리영 韺 풍류이름영 ⿵風英 높은바람영 ⿵門英 문가운데영 渶 물맑을영 愥 찬란할영 ⿰米英 정한쌀영 煐 빛날영 柍 살구영 榮 영화영 瑩 밝을영 塋 무덤영 縈 얽힐영 禜 기우제영 醟 주정할영 嶸 산높을영 營 지을영 蠑 도롱용영 瀯 물소리영 ⿱𤇾音 작은소리영 謍 속살거릴영 巆 산골으슥할영 ⿰口榮 울영 ⿰口嫈 짐승소리영 濚 물돌아나갈영 ⿱𤇾巾 덮을영 ⿱艹榮 풀얽힐영 嬰 어릴영 癭 목의혹영 攖 부딪칠영 瓔 옥돌영 纓 갓끈영 巊 산기운어둠침침할영 瀴 멀영 廮 고을이름영 ⿰衤嬰 주름잡을영 ⿰嬰欠 성낸기운영 孾 어린아이영 ⿰犭嬰 짐승이름영 ⿰嬰頁 목에혹날영 啨 잔말할영 ⿰革雯 딱딱할영 景 그림자영 影 그림자영 ⿰食景 배부를영 ⿰酉巠 술깰영 逞 통할영 郢 땅이름영 浧 잠길영 ⿰牛營 소울영 嬴 진나라성영 籝 상자영 攍 멜영 籯 농영 瀛 큰바다영 贏 남을영 ⿱艹嬴 국화영 臝 똥영 ⿰山厷 산높을영 迎 맞을영 佞 재주영 梬 고염나무영 潁 물이름영 頴 송곳자루영 穎 이삭영 甯 차라리영 盈 찰영 楹 기둥영 ⿸广夾 월랑영 ⿰毛乃 개털영

窴 하늘영

예

芮 풀뾰족할예 汭 물이름예 枘 자루예 蚋 모기예 蜹 모기예 兒 성예 掜 잡을예 堄 성가퀴예 猊 사자예 睨 흘겨볼예 倪 끝예 蜺 암무지개예 䙷 옷해질예 羪 오랑캐예 腉 젖꼭지예 郳 나라이름예 輗 수레채바구리예 霓 무지개예 觬 뿔굽을예 𩢞 작은말예 鯢 암코래예 齯 노인이다시날예 麑 사슴새끼예 曳 끌예 栧 상앗대예 抴 끌예 洩 나르는모양예 䛖 잔말할예 𥳑 널붙인틈예 𦑝 낮게나를예 𪃪 나는다람쥐예 𨌦 상여예 呭 잔말할예 枻 상앗대예 詍 잔말할예 泄 흘을예 跇 뛰어넘을예 靾 안장예 薉 김묵일예 獩 동녘오랑캐예 穢 더러울예 濊 물많을예 饖 밥상한냄새날예 𤄃 찐과예 蕊 꽃술예 蘂 꽃술예 繠 드릴예 𥲤 갓난죽순예 豫 먼저예 埶 심을예 藝 재주예 囈 잠꼬대할예 襼 소매예 蓺 재주예 医 활집예 瑿 검은옥예 瞖 안질예 翳 가릴예 嫕 유순할예 𡓁 검은옥예 蘙 풀성할예 鷖 갈매기예 𧡧 흘깃거릴예 𧝓 어린아이턱받기예 繄 검푸른비단예 黳 죽은깨예 裔 옷뒷자락예 𧝏 옷뒷자락예 𤁗 물노리칠예 𦍩 검은양예 䓵 풀돋아날예 虓 범의모양예 詣 이를예 𨁉 앙감질할예 轊 굴대끝예 銳 날쌜예 維 병아리예 羿 평탄할예 預 미리예 譽 기를예 隸 종예 睿 성인예 叡 밝을예 瘱 유순할예 瘞 묻을예 刈 베일예 勩 수고할예 艾 다스릴예 乂 어질예 寱 잠꼬대할예 䵛 얼룩질예

오

午 낮오 仵 짝오 旿 낮밝을오 迕 만날오 忤 거스릴오 𡶁 산뚝바를오 𦙶 달밝을오 汻 물가오 𩒄 큰머리오 五 다섯오 伍 다섯사람오 吾 나오 唔 글읽는소리오 晤 밝을오 浯 물이름오 梧 오동오 䎸 들을오 捂 어긋날오 悟 깨달을오 逜 깨우칠오 俉 맞을오 鋙 거슬

오를 娪 예쁜계집오 捂 이원숭이오 䫓 큰머리오 㐓 맞올오 郚 땅이름오 寤 잠깰오 鼯 박쥐오 烏 까마귀오 鴮 흐리성오 嗚 탄식할오

塢 마을오 鄔 땅이름오 螐 배추벌레오 磘 돌언덕오 蔦 갈오 鴝 손수건오 歍 아니끄울오 槝 푸른감오 䡧 수렛대오 鎢 옹솥오

闀 높은문오 鰞 오징어오 趨 가볍게달아날오 奧 깊을오 懊 한할오 燠 더울오 澳 깊을오 墺 물가오 隩 감출오 襖 도포오 爊 투기할오

譳 교할오 饃 거염내먹을오 吳 오나라오 悞 그릇할오 珸 옥돌오 娛 기쁠오 誤 그릇할오 蜈 지네오 鋘 칼이름오 祦 복오 篢 버들고리오

敖 거만할오 謷 농담할오 嗷 새지저귈오 嶅 산에돌많을오 螯 가제오 廒 곳집오 慠 거만할오 磝 산에돌많을오 獒 큰개오 蔜 흔들릴오

嗸 새지저귈오 熬 볶을오 遨 놀오 璈 악기이름오 聱 못들은체할오 鰲 큰자라오 驁 준말오 鼇 큰자라오 鏊 번철오 贅 게엄지발오

傲 거만할오 嫯 업신여겨볼오 摮 칠오 䫨 바람소리오 鷔 볶을오 敷 달기씨깨비풀오 嶅 길고클오 隞 땅이름오 惡 슬플오 譩 미워할오

𧩙 서로훼방할오 蝁 풍뎅이오 噁 성낸소리오 麌 고라니새끼오 鏖 무찌를오 熝 흠신구을오 摨 무찌를오 爊 흠신구을오 鏕 구리통노구오

夭 굽어죽일오 㤇 두려워할오 䑄 진오 杇 흙손오 圬 흙손오 汙 더러울오 洿 탐낼오 污 흐린물피일오 洿 흐린물피일오 婟 음탐할오 㡮 던질오

穿 낮을오 弙 활다려다림볼오 訾 까마귀우는소리오 蘁 거슬릴오 遻 만날오 娍 가죽단단할오 寤 아궁이오 蓹 외덩굴오 茱 칼이오름

趶 동녘오랑캐춤오 鷦 범오 媪 할미오 於 탄식할오 㒀 거만할오 媼 할미오

옥

屋 집옥 剭 죽일옥 楃 나무로만든장막옥 稏 벼꺼럭옥 箼 대총총할옥 黫 屋자자할옥 玉 구슬옥 鈺 보배옥 趘 절뚝발옥

頊 사람의이름옥 鳿 독수리옥 沃 기름질옥 渼 물댈옥 鋈 도금할옥 獄 우리옥 緎 연옥 閾 단을옥 贕 보배옥 阿 누구옥

온

昷 어질온 晍 돋는별따뜻할온 溫 따슬온 熅 내낄온 縕 성할온 榲 기동온 轀 누워서타는수레온 蒀 성할온 瑥 사람의이름온

蘊 쌓을온 薀 마름온 韞 감출온 醞 술빚을온 馧 향내온 ⿰麥昷 누룩온 瘟 온역온 搵 물에담글온 慍 성낼온 ⿰禾昷 번성할온 褞 구러은베옷온

⿰馬昷 좋은말온 鰛 멸치온 ⿰鹵昷 소금온 氳 기운성할온 塭 누를온 𥁕 어질온 穩 편안할온 ⿱穴坐 자리온 宛 쌓을온

올

兀 우뚝할올 矹 돌비알올 扤 흔들올 杌 위태할올 屼 민둥산올 阢 험할올 鼿 들창코올 卼 위태할올 淴 물소리올 舠 배까불을올

熓 불꺼질올 ⿰土臬 작은산올 榲 돌배올 膃 살찔올 嗢 목구멍올 殟 낙태할올

옴

唵 진언옴

옹

邕 막힐옹 噰 기러기짝지어울옹 ⿰女邕 예쁠옹 ⿰衤邕 버선목옹 雝 화할옹 灉 물이름옹 ⿰革邕 목화목옹 癰 종기옹 廱 벽옹옹 ⿰鼻邕 코막힐옹

⿰邕鳥 할미새옹 ⿰扌雝 안을옹 翁 늙은이옹 蓊 옹풀옹 螉 허리가는벌옹 滃 구름일어날옹 ⿱穴翁 집어둘옹 ⿰火翁 연기기운옹 ⿰扌翁 돌아지옹 瞈 컷소리옹

⿰翁乚 돌아올옹 塕 바람소리옹 ⿱雨翁 구름뻗칠옹 ⿰翁頁 목털옹 ⿰香翁 향내날옹 鎓 가래옹 鶲 새목털옹 雍 화할옹 壅 막을옹 擁 안을옹

噰 화한소리옹 饔 밥옹 罋 독옹 甕 독옹 ⿰亻雍 뻣뻣할옹 ⿰犭雍 개길들지않을옹 ⿱雍玉 옥그릇옹 臃 종기옹 ⿱雍虫 쌀바구미옹 ⿰衤雍 양말옹

⿸疒雍 코막힐옹 ⿰豸雍 큰원숭이옹 ⿱雨雍 구름기운옹 ⿰食雍 밥쉴옹 喁 고기입쳐들옹 顒 우러를옹 禺 땅이름옹 瓮 독옹 鰅 고기이름옹 ⿰禾⿱午火 빛날옹

⿰豸牛 돌같은짐승옹 ⿴囗凶 둥근구멍옹 ⿱宀言 화할옹

외

外 바깥외 畏 끄릴외 碨 험할외 椳 문지두리외 偎 사랑할외 猥 망녕될외 隈 모통이외 煨 화루에구을외 揋 치우쳐끌외 愄

마음착할외 㱱 정신모를외 渨 빠질외 㛱 아리따울외 碨 돌자갈땅외 𡝤 낮은바람외 廆 괴벽할외 磈 돌서덜외 瘣 병들외 嵬 산높을외

𢄊 색비단외 隗 높을외 尵 열병외 鍡 쇳덩이외 䃬 돌많을외 嵬 높은산외 魏 산웅장할외 聵 천생귀머거리외 䮹 말성낼외

尉 다리미외 褽 깔외 崴 평평치아니할외 儈 집높고밝을외 桅 돛대외 頠 고요할외 鮠 복외 詴 사람부를외 歪 비뚤어질외

와

瓦 기와와 㼐 기와로집덮을와 吪 움직일와 訛 거짓말와 囮 새후릴와 鈋 모잴와 𧿹 절뚝발이와 涹 더러울와 踒 미끄러질와 唩 어린아이울와 徍 비척거릴와 洼 굽을와 哇 토할와 窪 깊을와 娃 아름다운계집와 蛙 개구리와 䵷 음란할와 鼃 맹꽁이와 霔 쇠발자국에피인물와 漥 쇠발자국에피인물와 窊 웅덩이와 溛 웅덩이와 搲 긁을와 𨄔 힘써디딜와 𥦐 빛벗을와 媧 여와씨와 萵 상치와 渦 물돌아흐를와

蝸 달팽이와 猧 개이름와 窩 움와 姽 약할와 危 쌀와 栀 나무마디와 檈 가지늘어질와 炣 따뜻할와 𨵿 문기울어질와 䯞 손발굽으러지는병와

訏 꿇을와 𧾩 주저할와 卧 쉴와 臥 쉴와 涴 더러울와 譌 거짓말와 婐 시녀와 汙 땅팔와

완

刓 꿇을완 抏 꺾을완 岏 산높을완 浣 옷빨완 妧 좋을완 莞 빙그레할완 脘 중완완 忨 탐할완 蚖 독사완 玩 구경할완

完 완전할완 頑 완고할완 翫 구경할완 𡶁 산많을완 杬 몸주무를완 垸 칠에회섞어바를완 輐 둥굴릴완 䛃 말시작할완 貦 좋을완 豲 여우완 羦 들양완

宛 정할완 椀 주발완 婉 예쁠완 捥 말뚝완 剜 깎을완 涴 진흙묻을완 腕 팔완 惋 한할완 豌 동부완 琬 서옥완 殈 사람죽은모양완 睕 눈굴릴완 碗 그릇완 帵 헝겊조각완 埦 작은술잔완 䝹 재물조금있을완 亂 갈완 羱 들양완 掔 끌어당길완 緩 성낼완

𢓴 천천히갈완 喛 성낼완 狠 사나울완 嚐 개짖는소리완 𩈲 오목한낯완 盌 주발완 澣 옷빨완

왈 曰 말할 왈 唶 마시는 소리 왈 婠 몸맵시 예쁠 왈 刖 발 베일 왈 [illegible] 어긋날 왈

왜 緺 왜청빛 인끈 왜 騧 주둥이 검고 누른 말 왜 娃 아름다운 계집 왜 倭 나라 왜 矮 난장이 왜 隗 평탄하지 아니할 왜 [illegible] 취할 왜 鼃 맹꽁이 왜 蝸 달팽이 왜 冐 토할 왜 䯄 주둥이 검고 누른 말 왜

왕 王 임금 왕 枉 굽을 왕 旺 왕성할 왕 汪 못 왕 尪 절름발이 왕 迋 갈 왕 往 갈 왕 [illegible] 갈 왕 彺 급히 갈 왕 忹 간사할 왕 蚟 키뚜라미 왕 [illegible] 큰 고기 왕 [illegible] 모질 왕 暀 빛고울 왕 [illegible] 눈물그렁그렁할 왕 尢 절뚝발이 왕

요 要 종요 요 喓 벌렛소리 요 偠 허리가늘 요 [illegible] 옷고름 요 葽 아기풀 요 腰 허리 요 [illegible] 연약할 요 [illegible] 멀리 볼 요 楆 허리잘룩한 대추 요 騕 천리마 요 堯 높을 요 僥 요행 요 澆 물댈 요 橈 짧은 노 요 嶢 산높을 요 墝 메마른 땅 요 繞 얽을 요 襓 칼전대 요 嬈 예쁜체할 요 蕘 나무할 요 饒 배부를 요 [illegible] 말소 솟아뛸 요 撓 요란할 요 譊 불멘소리할 요 翹 들 요 [illegible] 높아위태할 요 蟯 촌충 요 曜 빛날 요 燿 빛칠 요 耀 빛날 요 姚 예쁠 요 珧 강요주 요 [illegible] 산밭 요 烑 빛날 요 䬙 가루떡 요 銚 쟁개비 요 筄 산자 요 [illegible] 너삼대 요 [illegible] 대가지 요 䍃 질그릇 요 瑤 아름다운 옥 요 嗂 기뻐할 요 [illegible] 찌긋하고 볼 요 媱 굽을 요 搖 흔들 요 窰 기와굽는 가마 요 傜 부릴 요 猺 개 요 遙 멀 요 愮 속끓일 요 徭 부릴 요 謠 노래 요 繇 순종할 요 [illegible] 산형상 요 榣 나무 흔들릴 요 [illegible] 기운날 요 [illegible] 뛸 요 暚 밝을 요 [illegible] 멀리 갈 요 鎐 쇠술잔 요 鰩 날치 요 鷂 장끼 요 颻 날릴 요 蘨 풀더부룩할 요 邎 빨리 갈 요 幺 작을 요 么 작을 요 坳 오목할 요 拗 꺾을 요 怮 근심할 요 靿 목화목 요 眑 깊숙할 요 袎 버선목 요 紗 작으마할 요 窈 고요할 요 [illegible] 귀신이름 요 [illegible] 아름다울 요 [illegible] 그릇속 험할 요 柪 굽은 나무 요 [illegible] 버선등 요 魩 꺽정이 요 鴢 오리 요 [illegible] 낯굽을 요 [illegible]

따르는말요 詏 거스릴요 𩬈 길고약할요 𨋩 수렛소리요 耾 키울요 夭 예쁠요 妖 고울요 实 굴요 窔 으슥한곳요 祅 재앙요 殀 단명

할요 訞 재앙요 媄 요열요 呋 희롱하는소리요 枖 나무번성할요 帎 손수건요 芺 엉겅퀴요 殀 해할요 祅 재앙요 嫋 가냘플요 溺 오줌요 嬓

샘별요 嬲 가댁질할요 嗂 기뻐할요 傜 기쁠요 搖 흔들요 羔 클요 溔 큰물요 榚 나무길요 窯 기와굽는가마요 嶢 낮은산요 尥 발로갈글요

颮 바람소리요 箹 대마디요 皃 깊은눈요 覞 깊은눈요 溔 깊이모를요 窅 까말요 窔 기와구을요 䁐 잘못볼요 論 그릇칠요 覦 그릇볼요 犪

소순할요 擾 요란할요 蹽 발움직일요 獶 개놀랄요 炓 불빛환할요 犉 뿔로들출요 犪 소순할요 佬 점잖을요 䰫 멀요 凹 오목할요 吆 애통하는

소리요 顤 머리작을요 嘄 부르짖을요 骻 어깨뼈요 髇 어깨뼈요 鬏 머리길요 閙 시끄러울요 鷕 암꿩우는소리요 瘳 앓을요 懀 서로원망할요

徼 구할요 邀 맞을요 儌 바랄요 嶅 넓은플요 宂 분할요 嶗 산깊을요 緰 비단요 窔 으슥한곳요 窔 으슥한곳요 颻 더운바람요 顤

머리오목할요 髟 가죽신요 袎 잠방이요 裊 끌릴요 欿 끄을요 舠 작고긴배요 虓 뒤뚱거릴요 樂 좋아할요 濼 물댈요 隃 멀요 咬 물요

욕 慾 욕심낼욕 欲 하고자할욕 浴 목욕할욕 峪 산골짜기욕 狢 짐승의이름욕 輍 수레앞피일욕 鋊 구릿가루욕 鵒 구욕새욕 辱 욕될욕

褥 요욕 縟 가늘욕 蓐 깔을욕 鄏 땅이름욕 嗕 서녘오랑캐이름욕 溽 무더울욕 媷 게으를욕 衄 더러울욕 㲰 모직요욕 黷 때묻을욕

용 容 얼굴용 溶 녹을용 蓉 연꽃용 榕 용나무용 瑢 패옥소리용 鎔 녹일용 傛 혁혁할용 箺 자죽용 峪 산봉우리우뚝할용 髶 꾸밀

용 鬆 터럭걸용 庸 떳떳용 傭 고용살이할용 慵 게으를용 鄘 재용 䗤 양지창용 墉 담용 犝 들소용 竆 그릇덜할용 獷 짐승이름용 牅

담용 𩫖 성담용 槦 병기꽂는틀용 鞴 마른가죽용 鏞 큰쇠북용 鱅 용어용 用 쓸용 甬 휘용 俑 목인용 涌 날뛸용 慂 권할용 埇

길돈을 용 悀 성벌 용 桶 휘 용 蛹 누에번데기 용 踊 뛸 용 ⿵門甬 문에들어갈 용 舂 용정할 용 摏 때릴 용 踳 밟을 용 ⿰馬舂 용렬한말 용 惷 천치 용

宂 번잡할 용 ⿰宂辱 못생길 용 ⿰宂鳥 새매날 용 ⿰虫宂 작은벌레길 용 ⿰食宂 먹을 용 勇 날랠 용 湧 날뛸 용 踴 뛸 용 ⿺走勇 날쌔게갈 용 ⿰食勇 먹을 용

茸 아롱진대 용 ⿰革耳 털치장할 용 髶 엉킨터럭 용 聳 솟을 용 ⿰皇書 좌우협문 용 ⿺毛茸 가는털 용 軵 가벼운수레 용 鬞 많을 용 ⿰革茸 안장치장 용 ⿰高毛

솜털 용 ⿱毛柔 가는털 용 ⿺走同 급히달아날 용 臾 피일 용 茸 풀날 용

우

又 또 우 友 벗 우 ⿰口友 사방에서불어오는바람 우 于 어조사 우 吁 탄식할 우 宇 집 우 盱 눈부릅뜰 우 邘 우나라 우 迂 굽을 우 ⿰禾于

벼패지않을 우 圩 방축 우 虷 그리마 우 玗 옥돌 우 杅 목욕통 우 芋 토란 우 ⿰足于 걸터앉을 우 忓 경계할 우 扜 지휘할 우 旴 해처음돋을 우 ⿰革于 큰띠

우 穻 창 우 ⿰酉于 마실 우 訏 속일 우 紆 얽힐 우 釪 요령 우 竽 큰생황 우 盂 밥그릇 우 ⿺辶盂 돌아흐를 우 禺 사시 우 偶 우연 우 堣 모롱이 우

愚 어리석을 우 遇 만날 우 嵎 산굽이 우 喁 서로부를 우 腢 어깨앞뼈 우 媀 샘낼 우 ⿰木禺 제웅 우 ⿰虫禺 청부 우 ⿰忄禺 기쁠 우 隅 모퉁이 우 耦

쟁기 우 鍝 귀고리 우 寓 붙일 우 髃 어깨죽지뼈 우 藕 연뿌리 우 齵 덧니 우 禹 펼 우 偊 몸굽힐 우 㝢 집 우 楀 나무이름 우 瑀 옥돌 우 鄅 나라

이름 우 踽 혼자갈 우 ⿱艹禹 성 우 ⿰禾禹 벌레먹은이 우 ⿱雨禹 빗소리 우 右 오른쪽 우 佑 도울 우 祐 도울 우 齲 너리먹을 우 雨 비 우 雩 기우제 우 ⿰氵雩 쇼나

기 우 ⿱雨羽 물소리 우 謣 망녕된말할 우 憂 근심 우 瀀 윤기많을 우 優 광대 우 嚘 탄식할 우 ⿰憂欠 개탄할 우 ⿰禾憂 마흔줌 우 獶 개 우 耰 써래 우

⿰衤憂 복 우 櫌 호밋자루 우 纋 비녀당기 우 鄾 땅이름 우 ⿰口吳 웃으려할 우 俁 형용장대할 우 ⿰魚吳 고기이름 우 麌 수사슴 우 虞 염려할 우 噳 여러

사슴의입이모여우물우물거릴 우 澞 언덕사이물 우 ⿰虞鳥 사다새 우 尤 더욱 우 肬 혹 우 疣 혹 우 訧 허물 우 忧 마음동할 우 ⿰口尤 개짖을 우 ⿰尤頁 떨 우 ⿰豕尤

큰돌우 羽 깃우 祤 고을이름우 珝 옥이름우 區 숨길우 歐 성우 塸 모래무더기우 樞 씀베나무우 櫙 수무나무우 繿 삼불릴우 𥨒 메구

멍우 篕 구자구우 鸕 새소리우 鞰 오랑캐창우 鏂 깎을우 饇 배부를우 郵 우편우 陓 숲이름우 吘 화할우 牛 소우 芌 우슬우 㚥 미워

눈쌀찌프릴우 𦃃 묶을우 釫 두레박우 颵 바람소리우 醧 잔치우 酭 술권할우 亮 나를우 麀 암사슴우

욱

旭 빛날욱 昱 날빛욱 煜 빛날욱 勖 힘쓸욱 薁 머루욱 澳 물굽이욱 燠 따스할욱 篽 조리욱 膴 새멀떠구니욱 栯 산앵

두욱 郁 문채날욱 彧 문채날욱 稶 서속성할욱

운

員 더할운 隕 떨어질운 鄖 땅이름운 熉 누런빛운 殞 죽을운 愪 근심할운 篔 왕대운 霣 떨어질운 㖨 토할운 磒 떨어질운

韻 운운 䊷 누른빛운 頵 머리낮이둥그스름할운 溳 물결서로부딪칠운 縜 그물고운 䚋 성운 云 이를운 芸 향풀운 沄 끓을운 抎 잃을운 妘 성운

紜 어지러울운 耘 김맬운 䚋 말정하지못할운 耺 귀청울릴운 雲 구름운 蕓 평지운 橒 나무무늬운 澐 큰물결운 繧 채색운 惲 혼후할운

煇 해무리운 鄆 땅이름운 運 운수운 暈 해와달무리운 䩵 북매는장인운 餫 들에서먹일운 賱 넉넉할운 韗 가죽장인운 腪 흘떼기운 齳 볼오

무러질운 旛 기운 緷 간색들일운 囩 둘릴운 壼 답답할운 蝹 용꿈틀거릴운 䞫 어지러울운 輼 군사수레운 䪳 얼굴누럴운 韵 운운 鄞 땅이

름운

울

菀 무성할울 尉 성울 熨 다림질할울 罻 새그물울 蔚 고을이름울 欝 답답할울 鬱 답답할울 爩 연기뭉게뭉게날울 鬱 울금

초울 灪 물벌창할울 𡾋 산에연기낄울 𪐷 깊을울 𥤮 불씨울 嗢 목구멍가르렁거릴울 㣻 별안간갈울 趡 갑자기갈울 䬈 콩엿울 黦 얼룩질울

웅 雄 수컷웅 熊 곰웅 䧺 날아오르락내리락할웅 嗡 소울음웅

위 尉 벼슬이름위 蔚 익모초위 霨 구름피어오를위 罻 새그물위 慰 위로할위 螱 나는개미위 螱 왕개미위 犚 키검은소위 𢳆 손으로펼위 蔚 익모초위 熨 다리미위 胃 밥통위 喟 한숨쉴위 渭 속끓일위 煟 불빛위 蝟 고슴도치위 謂 이를위 緭 흰비단위 媦 아래누이위 猬 고슴도치위 䑊 운송선위 韋 다룬가죽위 偉 클위 葦 갈위 圍 둘릴위 違 어길위 幃 장막위 湋 물돌아갈위 幃 홑휘장위 媁 추잡할위 緯 씨위 煒 밝을위 暐 빛날위 瑋 기이하고보배스러울위 韙 옳을위 闈 대결중문위 韡 환할위 喡 목소리변할위 愇 한할위 郼 모을위 鍏 보습위 𩏂 양서로쫓는모양위 徫 걸어갈위 䪋 가죽다룰위 颹 큰바람위 𣀗 배반할위 衛 모실위 衞 모실위 躗 호위할위 讏 거짓위 𢥞 잠꼬대할위 𧗿 소굽위 𥳽 가는대위 委 버릴위 萎 이울위 倭 뺑돌위 諉 핑계할위 痿 각기병위 䍪 양모일위 崣 산높을위 𣨙 시들위 踒 발접칠위 䅗 큰따비위 蜲 쥐며느리위 覣 좋게볼위 餧 먹일위 魏 위나라위 逶 비슬거릴위 䵋 촉나라소위 威 위엄위 葳 초목성할위 蝛 쥐며느리위 媙 얌전할위 楲 요강위 緎 갑옷비늘다는실위 爲 할위 僞 거짓위 蔿 풀위 闟 문열위 寪 성위 𤸷 입비뚤어질위 溈 물이름위 嬀 아름다울위 鄬 땅이름위 䁱 눈매예쁠위 䕒 꽃위 蘤 꽃위 危 위태할위 峗 산이름위 硊 바위옹두리위 頠 고요할위 位 자리위 溾 더러울위 螝 두벌누에위 𩲡 약풀위 𪏭 누른빛위 𧏡 자라위 骫 더부룩할위 徽 힘센고기위 孬 좋지않을위 熭 별에말릴위 𨵦 문높을위 閝 문위태할위 蕢 짐승위 𡗼 오리부르는소리위 豙 돌성나털일어날위 醀 고기든술위 骫 더부룩할위 潿 흐려서흐르지못할위

원 原 근본 원 源 근원 원 愿 삼갈 원 嫄 후직의 어머니 원 願 원할 원 螈 두벌누에 원 謜 천천히 말할 원 豲 돌 원 騵 배희고 갈기검은 말 원 ⿱原䖵 두벌누에 원 ⿰忄原 칙량할 원 獂 돌 원 蒝 줄기와 잎 퍼질 원 ⿰山原 산마루 원 元 으뜸 원 沅 물이름 원 邧 고을이름 원 阮 성 원 ⿰彳元 길잃고 바장일 원 朊 달빛 희미할 원 芫 고기잡는 풀 원 笎 대무늬 원 蚖 도마뱀 원 ⿰食元 떡 원 魭 큰자라 원 黿 큰자라 원 院 집 원 袁 성 원 遠 멀 원 猿 원숭이 원 轅 진문 원 榬 자세 원 ⿱竹袁 자세 원 薳 아기풀 원 爰 이에 원 湲 물소리 원 猨 원숭이 원 援 구원할 원 媛 예쁠계집 원 楥 떡갈나무 원 瑗 도리옥 원 蝯 원숭이 원 ⿰爰頁 낯비뚤 원 褑 패옥띠 원 鶢 바다새 원 怨 원망할 원 苑 나라동산 원 眢 눈어둘 원 妴 순직할 원 惌 작은구멍 빤할 원 晼 해떨어질 원 蜿 꿈틀거릴 원 ⿰衤宛 소매뚜리 원 菀 나무우거질 원 琬 홀 원 踠 굽힐 원 畹 밭삼십이랑 원 ⿰面宛 눈뜰 원 ⿰骨宛 무릎뼈 원 ⿰車宛 차뒤로숙을 원 鋺 저울바탕 원 鵷 봉황새 원 鴛 원앙새 원 ⿱夗巾 기 원 冤 원통할 원 ⿰女冤 편안할 원 ⿰革冤 두레박 원 ⿰食冤 탐할 원 ⿰食免 게검스럽게 먹을 원 ⿰金冤 호미목아지 원 員 관원 원 圓 둥글 원 ⿰犭員 원숭이 원 園 동산 원 垣 낮은담 원 洹 흐를 원 ⿺走亘 처소바꿀 원 ⿺走睘 빨리갈 원 衏 악공 원 諢 농담할 원 ⿰𢦏鳥 새이름 원 邍 넓은언덕 원 ⿺辶⿱夂彖 언덕 원

월 月 달 월 刖 발벨 월 枂 안장기와 월 抈 꺾을 월 跀 발벨 월 ⿰耳月 귀벨 월 鈅 칼 월 ⿰車月 바퀴통쇠 월 戉 큰도끼 월 泧 큰물 월 狘 놀라달아날 월 越 넘을 월 ⿰女戉 가벼울 월 鉞 도끼 월 ⿰糸戉 가는베 월 ⿰風戉 바람소리 월 樾 두나무그늘 월 ⿰韋戉 도끼집 월 ⿰虫越 방게 월 ⿰車兀 멍에막이 월 蚏 방게 월 粵 어조사 월 ⿰耳闕 귀머거리 월

유 酉 닭 유 庮 오랜집 썩은나무 유 禉 홰켜고 천제지낼 유 媨 더러울 유 梄 쌓을 유 猶 같을 유 槱 쌓을 유 蕕 썩어냄새나는풀 유 猷 꾀 유

楢 화유 ⿰酉須 멀건술유 醹 전국술유 輶 가벼울유 ⿸疒酉 썩은나무범새유 ⿰豸酋 좋은개유 有 있을유 侑 짝유 洧 물이름유 痏 마져서상할유 囿
후원유 宥 죄사할유 姷 짝유 逌 걸을유 ⿱有皿 물뜨는그릇유 ⿺走有 급히달아날유 鮪 상어유 由 말미암을유 油 기름유 柚 유자유 牰 눈검
은소유 秞 벼와기장무성할유 蚰 지차리유 釉 빛날유 ⿰由鳥 나는다람쥐유 甹 쓰러진나무에싹날유 鼬 족제비유 兪 대답할유 渝 변할유 愉 기쁠
유 喩 효유할유 逾 넘을유 ⿰牜俞 검은소유 楡 느릅나무유 揄 이끌유 ⿰巾俞 자투리유 歈 노래이름유 愈 나을유 婾 즐거울유 蝓 집없는달팽이유
褕 쾌자유 毹 털방석유 羭 검은수양유 瘉 병나을유 ⿰豕俞 메돋유 諭 비유유 踰 넘을유 覦 넘겨다볼유 ⿵門俞 엿볼유 隃 넘을유 匬 휘유
⿰革俞 남을유 鍮 놋쇠유 騟 검붉은말유 ⿵風俞 회리바람유 堬 무덤유 ⿰彳俞 몰래갈유 ⿰目俞 아첨할유 萮 나무버섯유 牏 담틀유 瑜 아름다운옥유
艅 홈배유 窬 판장문유 貐 짐승이름유 ⿰豆俞 빛변하는콩유 ⿸厂歈 손짓하며희롱할유 ⿰俞瓦 항아리유 ⿱艹渝 쇠커나물유 ⿱艹稐 초석유 ⿴囗俞 뒷간유 唯
오직유 惟 생각할유 踓 미쳐서달아날유 帷 휘장유 蜼 꼬리짜진원숭이유 趡 움직일유 ⿱維虫 작은등애유 維 벼리유 濰 물이름유 柔 부드러울유
揉 비빌유 腬 살찐고기유 粈 섞일유 蹂 밟을유 輮 바퀴테유 鍒 떡쇠유 鞣 다룬가죽유 ⿰田柔 좋은밭유 楺 나무휠유 煣 불로나무지져휠유
⿰口柔 어린아이유 瑈 옥이름유 葇 들깨유 ⿰糸柔 잡색비단유 媃 예쁜체할유 韖 질길유 ⿰食柔 찐밥유 鰇 오징어유 騥 갈기술하고푸른말유 鶔
까치갈고꼬리짧은새유 幼 어릴유 呦 사슴우는소리유 岰 산굽이유 蚴 땅벌유 怮 노할유 ⿰金幼 은빛죽을유 泑 물검은빛유 ⿰火幼 쭈글쭈글할유 ⿰目幼 아득할유
黝 검푸를유 遺 끼칠유 瀢 물고기떼지어놀유 壝 토담유 ⿰革遺 줄유 讉 성낼유 ⿰貝遺 줄유 斿 깃발유 游 헤엄칠유 ⿰舟斿 배뜰유 ⿵風斿 바람
불유 遊 놀유 蝣 하루살이유 臾 잠깐유 ⿰忄臾 근심할유 腴 아랫배살찌고기름질유 萸 수유유 庾 노적유 楰 산유자나무유 瘐 근심하여병될유 諛

아침할 유 斞 열엿말들이 유 [illegible] 검은대 유 [illegible] 열엿말들이 유 [illegible] 빠를 유 儒 선비 유 濡 젖을 유 孺 어릴 유 擩 물들 유 嚅 말머뭇거릴 유

薷 향유 유 襦 저고리 유 [illegible] 가죽에 기름먹여 유하게 할 유 曘 햇빛 유 鑐 쇠녹을 유 [illegible] 불빛 유 [illegible] 가죽신 유 顬 귀밑뼈 유 懦 약할

유 燸 따뜻할 유 [illegible] 소자지 유 濡 젖을 유 嬬 아내 유 卣 중술통 유 逌 빙그레할 유 [illegible] 떨 유 幽 그윽할 유 [illegible] 사슴울 유 [illegible] 바람소리 유

錥 옹솥 유 [illegible] 빗장 유 [illegible] 차질 유 鸓 나는다람쥐 유 窳 나약하고 게으를 유 [illegible] 작은젖 유 冘 머뭇거릴 유 桵 모습 유 楺 백유나무 유

攸 바유 浟 물흐를 유 悠 멀 유 滺 물철철흐를 유 扭 누를 유 沑 젖을 유 [illegible] 죽으려할 유 奶 쇠젖 유 懮 옹용스러울 유 抭 절구확긁어낼 유 狖

껌은원숭이 유 貁 원숭이 유 [illegible] 개부르는소리 유 湡 젖을 유 甤 초목에 열매다닥다닥맺힐 유 蕤 더부룩할 유 㼌 밑둥약할 유 窳 게으를 유 [illegible] 강아지부

를 유 牖 창 유 緌 관끈늘어질 유 荽 고수풀 유 羑 인도할 유 綹 실스무오리 유 龥 화할 유 籲 부를 유 [illegible] 돌콩 유 誘 꾀일 유 莠 추할 유

[illegible] 푸성귀 유 舀 절구학그러낼 유 [illegible] 진액 유 [illegible] 옥같은돌 유 禸 짐승의발자국 유 蜏 하루살이 유 [illegible] 그릇험 유 [illegible] 좇을 유 [illegible] 벌밀구멍 유

[illegible] 꾀일 유 裕 늘어질 유 褎 길 유 覦 내려다보며 찾을 유 婑 아리따울 유 𢆶 적을 유 乳 젖 유 [illegible] 닭 유 繇 좇을 유 櫾 유자 유 綏 기머리장

식할 유 [illegible] 고요할 유 [illegible] 누어서 볼 유 [illegible] 좋은받 유 [illegible] 새훨훨나를 유 [illegible] 생강 유 肉 살찔 유

육

肉 고기 육 育 기를 육 堉 살찐땅 육 唷 소리지를 육 [illegible] 마음동할 육 淯 물부를 육 焴 빛날 육 [illegible] 허물벗으려하는매미 육 [illegible] 구를

육 [illegible] 놀랄 육 [illegible] 뱉을 육 囿 나라동산 육 喅 뭇소리 육 [illegible] 풀버섯 육 [illegible] 두손으로받들 육 恧 부끄러울 육 聏 부끄러울 육 [illegible] 부끄러울 육

[illegible] 눈살찌푸릴 육 [illegible] 기를 육 毓 기를 육 儥 팔 육 鬻 팔 육 藿 산부추 육 [illegible] 꽃필 육 [illegible] 범새말을 육 [illegible] 콩 육 [illegible] 낯빛누를 육

윤 尹 믿을윤 頵 낫비뚤윤 䨵 비윤 允 진실로윤 狁 북녘오랑캐윤 銃 창윤 玧 귀막는옥윤 駹 말털거스릴윤 閏 윤달윤 潤 부를윤 昀 날빛윤 勻 적을윤 筠 연뿌리윤 奫 물깊고넓을윤 蜳 기운편치못할윤 蠕 꿈틀거릴윤 蝡 꿈실거릴윤 胤 씨윤 酳 술로양치할윤 贇 예쁠윤

율 聿 붓율 矞 송곳으로뚫을율 潏 물이뭉글뭉글흐를율 燏 빛날율 繘 두레박줄율 鷸 실뱅어율 驈 사타귀흰말율 玘 높을율 趉 멀리달아날율 颶 큰바람율 汩 물흐를율 鞨 가죽그릇율 颵 큰바람율 怵 미칠율 魆 죽일율 鴥 휙날율

융 融 화할융 戎 군사융 狨 도울융 茙 규화융 娀 나라이름융 㑚 셋뿔사람융 䘬 군복융 毧 솜털융 狨 원숭이융 絨 삶은실융 駥 크고세찬말융

은 殷 나라은 慇 근심할은 蒑 풀빛푸를은 磤 우뢰소리은 溵 물소리은 恩 은혜은 㥯 물이름은 璁 옥은 垠 언덕은 銀 은은 齦 잇몸은 檭 나무은 㥯 남에게의뢰할은 㒚 사람에게기댈은 㩕 평균하게두량할은 檃 대공은 㘆 작은입은 㿅 두드러기은 𦆝 옷호아맞붙일은 隱 숨을은 嶾 산높을은 濦 물소리은 㶏 물소리은 櫽 휠은 轞 수렛소리은 癮 두드러기은 饐 배부르려할은 讔 숨겨말할은 懚 슬플은 斦 모탕은 听 벙긋거릴은 圻 언덕은 垽 해감은 沂 물굽이쳐돌아나갈은 折 개싸울은 䉛 큰저은 齗 잇몸은 龥 큰저은 憖 물을은 浳 찌끼은 圁 물이름은 誾 화평할은 狺 뭇개짖는소리은 訔 시비할은 頣 완악할은 犾 개서로물은 夽 높을은 衮 고기쪼일은 㾙 몸더울은 嚚 미련할은 蔭 덮을은 脪 부을은 歅 피기할은 黫 검을은 䖐 범다투는소리은 𢅻 속옷은

을 乙 새을 乚 제비을 𠮠 소리을 𦨃 배갈을 圪 흙더미우뚝할을 虦 범이노리고볼은 鳦 제비을 疑 바로설을

음

音 소리음 喑 소리지를음 窨 움음 愔 고요할음 瘖 벙어리음 䜵 메주만들음 醅 취할음 韾 화할음 吟 읊을음 崟 산높을음 𣱛 달기운음 嶔 산이마주향할음 嵚 산봉우리음 飲 마실음 訡 울음 吽 소울음 淫 음난할음 霪 장마음 婬 간통할음 𦝫 가슴병음

陰 그늘음 蔭 덮을음 癊 멍들음 莟 물에나는마늘음 𤟱 산나키음 𣘌 능금음 趛 머리숙이고빨리갈음 𠽬 머리흔들음 鷣 새매음

읍

邑 고을읍 悒 근심해답답할읍 挹 잔질할읍 浥 젖을읍 俋 밭갈려갈읍 𥬝 동발읍 䏳 저린고기읍 唈 기단하게울읍 𩵖 고기이름읍

𩚸 밥쉴읍 裛 얽을읍 揖 읍할읍 泣 소리없이울읍 湇 국물읍 湆 축축할읍 䁥 눈속말라뻐덕뻐덕할읍 潝 끓는소리읍 歙 어리석을읍

晻 눈감을읍 煜 불빛환할읍

응

譍 대답할응 𧒮 쓰르라미응 應 응할응 膺 가슴응 鷹 매응 噟 대답할응 䁝 정하고볼응 軈 잠시기다릴응 占 코대답하며말할응

凝 엉길응 疑 정할응

의

衣 옷의 𨸹 언덕의 依 의지할의 㳖 물맑을의 𡛔 빛날의 𥐯 돌소리의 㡼 배회할의 偯 울음끝소리의 義 옳을의 鱶 고기새끼의

儀 거동의 㕒 산이마의 議 의논의 轙 수레에고삐매는고리의 嬟 정조굳을의 𡾺 산깎아지른듯한의 檥 배등대할의 𤩝 옥의 礒 바위의 艤 배댈의

䣡 땅이름의 鸃 봉황새의 𪘏 씹을의 意 뜻의 譩 분할의 𩐭 앓는소리의 薏 율무의 醷 초의 鷾 제비의 宜 마땅의 誼 옳을의

𩈘 단정한낯의 齸 이드러날의 疑 의심할의 嶷 산이름의 擬 비길의 儗 참람할의 薿 무성할의 觺 뿔예리할의 撎 읍할의 懿 클의

𧬲 살필의 饐 밥쉴의 𡔷 탄식하는소리의 鷧 더펄새의 𡔹 인색할의 倚 의지할의 椅 노나무의 旑 기펄펄날릴의 𥝩 벼무성할의 犄 길의

𣨙 버릴의 猗 불깐개의 𧳅 불친개의 輢 수레에병장기꽂는틀의 𩡡 향기날의 齮 물의 檹 나무마디의 漪 비단결같은물결의 醫 술의 醫

의원의 螘 개미의 顗 즐길의 溰 눈쌓일의 孖 자식번성할의 孴 성할의 顡 멍텅구리의 嵔 산높을의 崕 바위떨어질듯할의 虒 범이숨쉴의

劓 코베일의 蒹 땅이름의 瘕 과리할의 禕 아름다울의 藙 오수유의 饐 먹고토할의 狋 개응승거릴의 矣 어조사의 戜 흐를의 𧼈 멀리달아날의

蓨 꼭지의 螠 몸잘라죽는벌레의 縊 목맬의 殪 시들어죽을의 毅 굳셀의 忍 성낼의 褁 때묻은옷의 廆 으슥한못의 扆 병풍의 𢻱 베풀

의 𩩲 뼈가늘의 𩰲 가마의 瀃 팔준마이름의 𡰠 수파람불의 欹 거룩하다할의 戾 탄식할의 𪏰 차질의 𡛥 계집벼슬이름의

이

耳 귀이 咡 입시울이 洱 물이름이 𦙶 힘줄강할이 誀 꾀일이 衈 귀피이 刵 귀벨이 珥 귀고리이 毦 머리틀이 䋙 고삐늘어질이

佴 버금이 姐 처녀이 栮 버섯이 鉺 갈구리이 餌 먹이이 駬 준마이 而 말이이 陑 땅이름이 耏 구레나룻이 洏 끓는물이 胹 끓을이 栭

작은밤이 需 이을이 㚧 아첨할이 袻 옷구김살이 鴯 제비이 鮞 고니알이 輀 상여차이 隭 험할이 髵 갈기일어설이 腝 뼈섞인젓이 栭 버섯

이 廙 공경할이 夷 평평할이 侇 무리이 洟 콧물이 姨 이모이 跠 걸터앉을이 陝 험할이 荑 흰비름이 峓 산이름이 胰 등살이 羠 들양

恞 기뻐할이 𢓊 편하고쉬울이 桋 가나무이 眱 물끄럼이보고말없을이 䩟 다룬가죽이 痍 다칠이 鮧 아감젓이 隶 밑이 肄 익힐이 殔 묻을

易 쉬울이 傷 엽신여길이 敡 엽신여길이 匜 잔이 迤 든든할이 迆 잇달이 貤 번을이 肔 창자가를이 酏 미음이 杝 피나무이 弛 놓을

이 訑 자긍할이 施 번을이 暆 해다닐이 椸 횃대이 袘 옷속이 衪 옷선이 𤖷 국이 㔴 빗장이 胣 창자끊을이 㐌 이름이 已 이미

圯 흙다리이 异 말이 伊 저이 咿 선웃음칠이 洢 물이름이 蛜 쥐며느리이 台 나이 怡 화할이 眙 눈치뜰이 佁 미련스러울이 枱 따비자루이

詒 줄 이 瓿 중두리 이 貽 끼칠 이 飴 엿 이 異 다를 이 廙 공경할 이 鮧 날치 이 宧 집동북모퉁이 이 𦣝 돌의고기 이 頤 기를 이 𤥐 화반석 이 嫛 기쁠 이 㢆 빗장 이 袲 옷치렁거릴 이 𧳜 머리흰들개 이 移 옮길 이 黟 검을 이 謻 딴문 이 𦽳 시들 이 以 써 이 苡 율무 이

羨 넓을 이 𦗟 소리는듣고감히말못할 이 㡣 급할 이 𦙃 제육 이 𧣈 뿔기울어질 이 蛇 든든하게여길 이 訑 자득할 이 𦃭 굿은솜 이 螔 달팽이 이

㣢 근심않을 이 鶍 대까치 이 貳 두 이 樲 신대추 이 膩 살찔 이 爾 너 이 邇 가까울 이 臇 험집 이 臡 뼈섞인젓 이 𡂶 널름거릴 이 薾 꽃번성할 이 盠 표주박 이 勩 수고할 이 嫕 맵시 이 噫 성낸소리 이 崺 산이낮고길 이 箷 횃대 이 彝 떳떳할 이 䝾 보내줄 이 㠯 써 이 苢 질경이 이

二 두 이 𡰣 동녘오랑캐 이 閅 안으로들어갈 이 歖 나귀울 이 歋 서로웃을 이 𦳢 삼 이 𨠚 젓썩을 이 䤈 두번빚은술 이 頤 기를 이 䭇 물릴 이

𩛺 음식 이 𩗗 작은회리바람 이 𩗭 큰바람 이 𨵦 문빗장 이 𨗵 허리와무릎아플 이 尒 너 이 迩 가까울 이 㮛 배에물푸는바가지 이

익

益 더할 익 嗌 목구멍 익 謚 빙그레웃을 익 榏 푸른새그린배 익 𨛗 땅이름 익 膉 목덜미살 익 艗 푸른새그린배 익 鷁 새이름 익 齸 사슴새김질할 익 䶩 쥐이름 익 弋 줄살 익 杙 말뚝 익 代 갈 익 忕 마음동할 익 芅 양도 익 𧘇 적삼 익 𥝖 짚 익 㫊 좋을 익 𦙍 뼈 익 釴 솥귀 익 𨟻 술빛 익 隿 줄살 익 㦻 보릿겨 익 黓 검을 익 廙 들고다니는집 익 𥞕 갈 익 翌 명일 익 翊 도울 익 翼 날개 익 𧓍 벌레길 익 趩 손벌리고달아날 익 𨙸 달아날 익 𪎯 복도 익 瀷 스며흐를 익 匿 숨길 익 𧔥 벌레먹는병 익 𪘲 이앓을 익 轙 수레에고삐매는고리 익 𩋾 갓옷바느질할 익 𥄟 멸시할 익 溺 빠질 익

인

寅 동방 인 𡩟 동방 인 夤 공경할 인 䏰 등심 인 戭 긴창 인 縯 길 인 螾 참매미 인 蔩 땅외 인 殥 멀 인 𢿌 짓찧을 인 刃 칼날 인

仞 가득할인 汈 젖어맞붙을인 牣 가득할인 籾 벼인 肕 질긴고기인 訒 둔할인 [骨+刃] 목구멍에연한뼈인 紉 바늘에실꿸인 軔 여덟자길이인 [貝+刃] 굳을인

[巾+刃] 베갯닛인 韌 질길인 靭 질길인 忍 참을인 荵 인동초인 認 알인 [月+忍] 지렁이인 孕 아이밸인 人 사람인 仁 어질인 芢 씨인 因 인할인

咽 목구멍인 茵 자리풀인 姻 혼인할인 絪 수삼인 氤 천지기운합할인 裀 속옷인 鞇 수레에깐겹요인 秵 벼꽃인 [羊+因] 검은양인 筃 차방석인 祵

성취할인 [雨+因] 기운펴질인 駰 준마인 引 이끌인 紖 수레끄는줄인 [月+引] 등살인 靷 가슴걸이인 蚓 지렁이인 鈏 백인 印 도장인 [革+印] 나막신인

[辶+印] 달아날인 鮣 열룩고기인 湮 빠질인 堙 막을인 禋 정결이제지낼인 陻 막을인 諲 공순할인 歅 사람의이름인 闉 굽은성인 甄 엎어질인

[多+勻] 두루인 [酉+勻] 홀작홀작마실인 儿 어진사람인 [糸+南] 가늘게짤인 [由+柬] 작은북인 [申+柬] 소고칠인 淯 가는파도인 濥 물문인 癮 인백일인 忎 친자

할인 魜 인어인 [鹿+因] 암사슴인 扔 꺾을인 婣 화동할인 贙 분별할인

일

日 날일 衵 속옷일 馹 역마일 [舟+日] 배꾸밀일 [艹+日] 풀빛일 [日+欠] 기뻐할일 [黍+日] 불을일 一 한일 壹 한일 [女+壹] 절개굳게지킬일 [氵+壹]

흐를일 佚 허물일 泆 음탕할일 妷 편안할일 鴩 메비둘기일 [馬+失] 빨리달아날일 釼 둔할일 [黍+刃] 차질일 溢 찰일 鎰 스물넉냥중일 浂 물가언덕일

噊 위태할일 燚 불모양일 疙 부스럼아플일 [艹+聿] 꽃방울일 [骨+欠] 숨쉬기거북할일 逸 허물일 佾 춤추는줄수효일 辷 미끄러질일 動 채색일

임

壬 북방임 任 맡을임 恁 믿을임 妊 아이밸임 飪 떡국임 紝 짤임 [月+壬] 곰국임 [言+壬] 생각할임 [扌+壬] 활바로잡을임 荏 콩임 軠 물레임

衽 요임 袵 요임 姙 아이밸임 絍 짤임 餁 떡국임 鵀 오디새임 銋 목막힐임 栠 나무연할임 [言+任] 믿을임 𢆉 약간심할임 腍 익힐임 稔

풍년들임 棯 대추이름임 [食+念] 익힐임 [辶+壬] 지날임

일·임

一一九

입 廿 스물입 入 들입 叺 작은섬입 圦 수문입 扖 낄입 込 담을입 魞 통발입 鳰 쥐오리입 卄 스물입 𠯗 배젖는소리입 図 훔쳐갈입 㵊 그림자움직일입

잉 孕 아이밸잉 仍 인할잉 艿 묵은뿌리에새로싹날잉 芿 묵은뿌리에새로싹날잉 礽 복잉 扔 이끌잉 訒 후할잉 迈 갈잉 [仍+至] 옥그릇잉 媵 잉첩잉 陾 담쌓는소리잉 賸 보낼잉 剩 남을잉

자 子 아들자 仔 질자 字 글자자 芓 김맬자 秄 북돋을자 孜 부지런할자 杍 목수자 耔 김맬자 虸 며루자 牸 암소자 [山+子] 작은봉오리자 孖 쌍동이자 矷 잔돌자 釨 강할자 [羊+字] 암양자 玆 이자 嵫 해지는산자 孶 새끼칠자 嬨 계집성품너그럽고순할자 磁 지남석자 慈 사랑할자 嗞 탄식할자 [口+慈] 부끄러울자 茲 돗자리자 滋 부를자 [竹+茲] 자죽자 鰦 버들개지자 鎡 호미자 鷀 더펄새자 [此+女] 부녀자딴물건자 眥 눈추리자 批 꺼두를자 貲 재물자 訿 헤방할자 觜 자별자 訾 헤방할자 泚 물맑을자 茈 지치자 玼 옥티자 疵 험집자 眦 눈추리자 紫 실다듬을자 呰 구차할자 跐 밟을자 [矢+此] 짧고작을자 [此+皮] 가죽오그러질자 [石+此] 자황석자 [匚+此] 정할자 庛 장기술자 呰 구차할자 [此+食] 악한음식자 [此+手] 쌍을자 [此+旦] 일마다용이할자 枇 느릅나무자 髭 웃수염자 雌 암컷자 骴 삭은뼈자 頿 웃수염자 [此+齒] 삭은뼈자 [此+欠] 염치없을자 橴 땅이름자 咨 탄식할자 粢 실다듬을자 姿 맵시자 恣 방자할자 茨 집이울자 瓷 오지그릇자 粢 젯밥자 趑 머뭇거릴자 資 재물자 [歹+次] 죽었다깨날자 [雨+次] 큰비자 [虫+資] 나무벌레자 餈 떡자 澬 장마자 [賫] 쌓을자 諮 물을자 [米+咨] 인절미자 [禾+資] 벼쌓을자 誎 비유하여나무랄자 茬 두엄자 榨 기름틀자 醡 술거르는체다리자 鮓 젓갈자 詐 부끄러울자 [亻+蔗] 건장하고덕없을자 蔗 사탕풀자 樜 산뽕자 鷓 자고새자 䗪 쥐며느리자 佐 도울자 左 왼자 溠 물이름자 鮺 젓담

자 글 嗟 거친조각밭자 自 스스로자 刺 찌를자 刺 찌를자 茦 풀가시자 [言+戊] 꾀자 者 놈자 赭 붉은흙자 煑 다릴자 煮 삶을자 姊 맏누이자 胏

뼈석은포자 秭 천억자 笫 평상자 睉 사나운눈자 [月+虘] 주독오른코자 [足+虘] 발자국소리자 齹 이어긋날자 齊 상옷아래단홀자 劑 가지런히끊을자 齍

젯밥자 薺 납가새자 櫅 흰대추자 齌 치마단자 齍 젯밥자 截 쐐기자 蚝 갈애자 [衤+帶] 어린아이돌띠자 胾 큰고기자 [月+甾] 살통통할자 [歹+欠]

까무러쳤다깰자 [日+炙] 날빛날자 柘 산뽕자 梓 노나무자 滓 찌끼자 褯 어린아이옷자 飷 음식맛없을자 鼒 옹솥자 這 이것자 作 할자 䄍

납향제자 鄑 땅이름자 [艹+耤] 미나리자 苴 두엄풀자 積 저축할자 藉 깔자 炙 친근할자 鬻 삶을자

작

勺 잔작 汋 물떠벌작 妁 중매작 杓 술구기작 灼 사를작 彴 외나무다리작 芍 작약작 酌 술작 仢 외나무다리작 [火+芍] 불성할작 爵

벼슬작 嚼 씹을작 穱 벼그루에보리심을작 爝 횃불작 皭 정결스러울작 [目+爵] 눈어둘작 [扌+爵] 가릴작 作 지을작 怍 부끄러울작 柞 가락나무작

妰 계집조용할작 炸 터질작 笮 자자할작 怎 부끄러울작 鈼 가마작 酢 수작할작 昨 어제작 筰 대새끼작 [貝+乍] 재물작 [走+乍] 바삐달아날작 秨 벼흔

들릴작 [牛+乍] 산소작 雀 참새작 [鼠+雀] 다람쥐작 斮 쪼갤작 [昔+攴] 가죽주름질작 碏 공경할작 醋 술권할작 鵲 까치작 [立+昔] 겁낼작 [黃+昔] 껍질누를

작 [魚+昔] 드나들이생선작 [口+彔] 쥐소리작 [㲋+大] 사람의이름작 [㲋+大] 달아날작 婥 예쁠작 綽 너그러울작 [素+卓] 너그러울작 焯 밝을작 鐯 괭이작

[女+樂] 아름다울작 譙 속일작 捉 송나라개씨작 [礻+焦] 땅이름작 斫 찍을작 [竹+斫] 조리작 [卓+攴] 빼앗을작 繳 생실오리작 鷟 봉황새작 [耒+斷] 밭고랑지

을작 [木+皵] 나무껍질뒤틀릴작 猎 송나라개씨작

잔

僝 갖출잔 孱 잔약할잔 僝 몹시꾸짖을잔 潺 잔잔히흐를잔 [金+孱] 작은끌잔 轏 싸움차잔 驏 안장없이말탈잔 [魚+孱] 멸치잔 跧 찰전

剗 깎을 잔 棧 사다리 잔 琖 옥술잔 잔 殘 쇠잔할 잔 盞 술잔 잔 䎒 빨리 나를 잔 㥇 해할 잔 錢 옥술잔 잔 羴 양우리 잔 𤖼 양의우리 잔

𦚈 짐승먹든 찌끼 잔 䗃 노래기 잔 嶘 산이우뚝할 잔 輚 누어타는 차 잔 醆 술잔 잔 虥 털몽근범 잔 拃 모뜰 잔 㮍 사다리 잔 𣧡 짐승먹든 찌끼 잔

膻 젖사이 잔 㦮 도둑 잔

잘

囐 북소리 잘

잠

蚕 누에 잠 潛 잠길 잠 濳 잠길 잠 熸 불꺼질 잠 撍 모을 잠 簪 비녀 잠 䃡 돌문 잠 𥢢 벼패려고할 잠 𦟛 언청이 잠 嫸 탐할 잠

噆 씹을 잡 橬 물고기섭줄 잠 䁮 눈감고생각할 잠 鐕 쇠꼬창이 잠 𣟗 무푸레 잠 𠞲 찌를 잠 鐕 못 잠 蠶 누에 잠 岑 산작고높을 잠 涔 적실 잠

㟥 산깊을 잠 昝 성 잠 寁 속할 잠 暫 잠간 잠 蹔 잠간 잠 䭀 맛없을 잠 𧽝 빨리오를 잠 𩈤 얼굴길 잠 箴 바늘 잠 𥳑 말긁을 잠 篸 바늘 잠

燅 따뜻할 잠 蘸 물에담글 잠 湛 이슬 잠 𠿳 많을 잠 詀 속을 잠 歜 창포김치 잠 䘔 깃발 잠 毚 지붕 잠 賺 되팔기 잠 賺 되팔기 잠 謙 속을 잠

잡

臿 보리대낄 잡 插 꽂을 잡 牐 문빗장 잡 㞚 밟을 잡 𦁦 꿰맬 잡 𤿭 늙은이 피부에 주름질 잡 𣚵 무성할 잡 帀 두루 잡 匝 두루 잡 咂 씹을 잡

迊 두루 잡 𧻓 달음박질할 잡 韴 끊는소리 잡 鉔 구르는 향로 잡 咂 빨 잡 雜 섞일 잡 襍 섞일 잡 𥶂 발 잡 囃 노래도웁고 춤도울 잡 𣝋 물새이름 잡

𥗊 잡석많을 잡 雥 떼새 잡 磼 산우뚝솟을 잡 𨖰 초서 잡 𠹭 삼킬 잡 霅 떠들 잡 𤄷 물결 잡 𨲜 부삽 잡 煠 데칠 잡 喋 오리와기러기 텁석거려먹는소리 잡

𧬯 소리 잡 𠚗 보리대낄 잡 眨 눈끔적거릴 잡 㹢 개먹을 잡 譗 말종작없을 잡 𨃨 머물 잡 卡 지킬 잡

장

丈 길 장 仗 의장 장 杖 몽둥이 장 長 어른 장 帳 장막 장 張 베풀 장 萇 보리수 장 粻 엿 장 蟑 바퀴 장 𧨿 속일 장 賬 치부책 장

䠀 꿇어앉을장 餦 산자장 章 글장 障 막힐장 漳 물이름장 獐 노루장 墇 막을장 嶂 산봉우리둘릴장 鄣 땅이름장 樟 예장나무장 璋 반쪽서옥장

嫜 시부모장 瞕 눈에백태낄장 傽 길잃고헤맬장 慞 두려울장 暲 햇발올라올장 蟑 바퀴장 韇 말다래장 鱆 꼴뚜기장 䩨 날쌔게걸을장

遧 드러낼장 瘴 장기장 麞 노루장 場 마당장 腸 창자장 塲 마당장 暘 마당장 將 장수장 嶈 산이높고클장 漿 초장 奬 권면할장

蔣 파장풀장 槳 상앗대장 樁 상앗대장 蹡 종종걸음칠장 螿 참매미장 獎 개튀길장 篬 마디두고짜갠대장 麴 보리섞을장 醬 간장

鏘 옥소리장 壯 장할장 莊 씩씩할장 裝 꾸밀장 奘 클장 漴 쌀찔장 焋 찔장 庄 웅장할장 鍌 방울소리장 輩 차중수할장 爿 조각널장

牀 배말뚝장 戕 죽일장 妝 단장할장 狀 형상장 牂 성할장 斨 구멍모진도끼장 廧 담장 嬙 예쁜계집장 墻 담장 檣 돛대장 薔 장미화장

牆 담장 薔 장미화장 艢 돛대장 瑲 옥소리장 牄 새와짐승먹는소리장 粧 분단장할장 庄 전장장 仉 맹자어머니성장 匠 장인장 [illegible] 신에창받을장

掌 손바닥장 瓺 질그릇장 牂 암양장 駔 좋은말장 橦 깃대장 藏 감출장 臧 착할장 欌 의장장 犡 순한소장 臟 오장장 贓 장물잡힐장

鑶 방울소리장 葬 장사지낼장 髒 몸뚱뚱할장 樁 말뚝장 湷 물깊은곳에표세울장 嶈 험할장 廧 담장 髮 상투장

재

再 두번재 才 재주재 材 재목재 財 재물재 釮 날카로울재 赱 일어날재 鼒 옹솥재 在 있을재 跡 걸음더딜재 縡 일재

宰 재상재 滓 앙금재 㱰 멸망할재 䆅 살짝데칠재 䏁 커머거리재 騂 얼룩말재 栽 심을재 烖 재앙재 裁 판결할재 栽 심을재 哉 비로소재

酨 초재 載 실을재 𪓐 검은물재 斊 고를재 災 재앙재 灾 재앙재 菑 재앙재 扔 시골이름재 輂 차섭돌에대일재 捚 손바닥에받을재

賫 집어줄재 齊 재계할재 齋 집재 齎 가질재 䘹 오색비단재 寨 목책재 喍 개싸움할재 纔 겨우재

쟁 丁 벌목소리쟁 爭 다툴쟁 掙 찌를쟁 崢 산높을쟁 狰 짐승이름쟁 琤 옥소리쟁쟁할쟁 箏 쟁풍류쟁 諍 간할쟁 錚 징쟁 [illegible] 활당길쟁 [illegible] 발꿈치힘줄쟁 [illegible] 붉은끈쟁 [illegible] 양의새끼쟁 踭 발자국쟁 鬇 머리더부룩할쟁 崝 산높을쟁 綪 교벌쟁 [illegible] 바를쟁 噌 장꾼지꺼릴쟁 玎 옥소리쟁 鎗 금석소리쟁 [illegible] 칠쟁 槍 혜성쟁 趟 뛸쟁 [illegible] 활시위소리쟁 瞠 곧게볼쟁

저 且 파초저 沮 축축할저 岨 돌산에흙덮일저 姐 교만할저 怚 교만할저 担 건저낼저 狙 손긴원숭이저 咀 씹을저 苴 암삼저 坥 지렁이모인땅저 罝 짐승그물저 砠 돌산에흙덮을저 疽 종기저 跙 머뭇거릴저 蛆 구더기저 趄 머뭇거릴저 菹 김치저 葅 김치저 耝 갈아흙들출저 胆 구더기저 [illegible] 맷돌저 雎 저구새저 [illegible] 턱저 [illegible] 뱀장어저 [illegible] 말발병저 鴡 저구새저 宁 조회받는곳저 佇 오래섰을저 竚 오래섰을저 泞 맑을저 [illegible] 나갈저 坾 티끌쌓일저 [illegible] 지혜저 [illegible] 해진옷저 [illegible] 쌀주머니저 眝 정신들여볼저 羜 어린양저 苧 모시저 紵 모시저 [illegible] 관싸는베저 貯 쌓을저 詝 슬기스러울저 氐 근본저 邸 집저 弤 붉은칠한활저 抵 밀저 坻 언덕저 阺 비알저 低 굽힐저 底 밑저 軧 수레뒷채저 羝 수양저 眡 볼저 柢 뿌리저 牴 받을저 [illegible] 가늘저 紙 실찌기저 袛 속적삼저 詆 꾸짖을저 觝 밀저 骶 꽁무니끝저 屠 흉노왕의이름저 [illegible] 세월갈저 陼 물가저 渚 물가저 猪 돼지저 楮 닥나무저 著 지을저 箸 젓가락저 褚 주머니저 翥 날아떠오를저 諸 모두저 豬 돝저 儲 저축할저 瀦 물괼저 躇 머뭇거릴저 櫧 나무이름저 [illegible] 머뭇거릴저 櫫 표목저 [illegible] 옷에솜둘저 蕏 오미자저 藷 마저 [illegible] 독한벌레저 櫡 젓가락저 除 제할저 滁 물이름저 篨 대자리저 菧 게로기저 [illegible] 옷치장할저 [illegible] 담을저 [illegible] 방앗공이저 [illegible] 방앗공이저 [illegible] 귀에지앓을저 杵 절구공이저 抒 북저 杼 북저 [illegible] 구더기저 [illegible] 잔질할저 她 큰딸저 [illegible] 말라죽은나무저 [illegible] 돼지저 趡 비뚜루갈저 縿 서로붙을저 樗 개똥나무저 摴 저포

芧 가락나무저

적

赤 붉을적 迹 발자국적 跡 발자국적 𥓌 땅이름적 啇 나무뿌리적 滴 물방울적 嫡 정실적 謫 귀양갈적 讁 꾸짖을적 摘 딸적 擿 돌을적 樀 추녀적 適 마침적 敵 대적할적 甋 벽돌적 鏑 살촉적 ⿰亻啇 모질적 墒 층계적 ⿰牜啇 수소적 ⿰禾啇 모종낼적 ⿰目啇 눈곤두설적 ⿰耳啇 귓속깊을적 ⿰豸啇 돌굽을적 ⿺走啇 바로걸을적 ⿰食啇 일월식할적 ⿰麥啇 밀가루적 ⿰馬啇 트기적 ⿰黍啇 풀적 ⿰啇斗 말될적 ⿰啇欠 선웃음칠적 ⿱穴啇 토끼굴적 ⿱敵土 성각휘적 ⿰女適 시집갈적 ⿰氵適 물댈적 ⿰王適 옥티적 翟 꿩적 嚁 수파람소리적 ⿰翟欠 앓는소리적 ⿰禾翟 찹쌀적 趯 뛸적 籊 대길찰적 ⿰米翟 곡식살적 勣 공적 積 쌓을적 磧 모래벌적 襀 옷주름적 ⿰木責 물버들적 ⿰止責 바를적 蹟 사적적 績 길쌈적 鰿 붕어적 ⿸疒責 성벌적 ⿸广昔 고을이름적 踖 뛸적 耤 적전적 藉 왁자할적 籍 호적적 躤 밟을적 賊 도둑적 ⿰貝蒇 속새적 ⿰足賊 밟아해할적 蠈 황충적 苖 소루장이적 ⿰彳由 급히갈적 廸 나아갈적 迪 나아갈적 笛 피리적 頔 고울적 芍 연밥적 菂 연밥적 的 밝을적 玓 구슬빛이환할적 ⿰衤勺 적삼적 ⿰石勺 돌무더기적 ⿰月勺 창자밑살적 ⿰弓勺 활쏠적 靮 고삐적 馰 별박이적 ⿰黑勺 연지찍을적 覿 보일적 [illegible] 눈붉을적 ⿰犭昜 개성내어키벌죽거릴적 ⿺走昜 미쳐서달아날적 ⿰骨昜 뼈사이누른집적 逷 멀적 鬄 머리깎을적 宋 고요적 寂 고요적 漃 물맑아정결할적 ⿱艹漃 가무는기운적 妬 계집무자할적 ⿱斬鬼 귀신적 炙 고기구울적 狄 북녘오랑캐적 荻 갈대적 逖 멀적 ⿰木狄 용드레적 莋 풀먹을적 ⿰彳㝵 물적을적 趚 옆으로건는발적 [illegible] 흘리이물에풀어질적 吊 이를적 籴 곡식살적 逐 달릴적 弔 이를적 篴 피리적

전

全 온전전 佺 신선이름전 拴 가릴전 牷 순색소전 荃 향풀전 痊 병나을전 筌 통발전 絟 갈포전 跧 찰전 詮 갖출전 輇 달전

恮 삼갈전 ⿰巾全 굽을전 姾 계집단정할전 栓 나무못전 ⿰耒全 깊이갈전 峑 산이마전 銓 저울질할전 駩 검은입술의흰말전 田 밭전 佃 밭갈전 甸 경기전

沺 물가없을전 町 구역전 ⿸广田 평할전 ⿰足田 땅밟는소리전 ⿰車田 찻소리시끄러울전 畑 밭전 畋 평발전 鈿 비녀전 鴫 황새전 箋 쪽지전 戔 버려쌓을전

牋 표지전 諓 아첨할전 餞 보낼전 錢 돈전 棧 돌밤전 籛 성전 ⿰阝戔 물가운데있는언덕전 ⿰羽戔 모질전 ⿰木箋 향나무전 ⿰香戔 향나무전

淺 종이에물들일전 帴 안갑전 典 법전 ⿰氵典 대껄전 ⿰忄典 부끄러울전 琠 옥이름전 倎 두터울전 ⿰目典 부끄러울전 ⿰足典 자국전 ⿰典支 항상전 捵 손으로바로잡을전

腆 두터울전 ⿰酉典 전국술전 ⿰金典 쇠전 ⿰典皮 가죽부르틀전 ⿰貝典 넉넉할전 ⿱穴典 산밀구멍전 前 앞전 剪 가위전 湔 씻을전 揃 자를전 煎 조릴전

箭 살전 葥 질경이전 ⿱前巾 기전 ⿰糸前 베한참짤전 ⿰言煎 말번거할전 翦 갈길전 鬋 살쩍전 譾 얇을전 展 펼전 蹍 밟을전 輾 모로눌전

⿰木展 나무길찰전 搌 씻을전 ⿰口展 어리석을전 ⿰女展 고울전 驏 말땅에구를전 專 오로지전 剸 끊을전 傳 전할전 塼 벽돌전 膞 창자전 甎 벽돌전

轉 구를전 囀 소리굴릴전 鱄 전어전 篿 점대전 ⿰足專 발뒤꿈치전 鄟 땅이름전 ⿱雨專 이슬성할전 竱 같을전 嫥 전일할전 縳 올전

襢 여막전 旜 자루굽은기전 邅 굴릴전 氈 전전 鸇 새매전 鱣 전어전 饘 범벅전 顫 머리비뚜를전 羶 양냄새날전 皽 피부결허물전 ⿺走亶 다다를전

澶 물결고요할전 ⿰禾亶 벼단전 ⿰米亶 된죽전 繵 홑옷전 ⿰足亶 옮길전 ⿰金亶 채찍칠전 ⿰亶羽 멀리나를전 ⿰目亶 보고말전 廛 전방전 瀍 물이름전

鄽 전전 纏 얽을전 躔 해질전 ⿰金廛 팔고리전 ⿰貝廛 남의재물꾀할전 傎 엎드러질전 搷 칠전 塡 막힐전 瑱 귀막이옥전 滇 성할전 槙 나무끝전

闐 성할전 顚 거꾸러질전 顛 엎드러질전 ⿰壴真 북소리전 ⿰馬真 별박이전 窴 막을전 瘨 병들전 蹎 뛸전 巓 산이마전 癲 미칠전 ⿺走真 별안간달아날전

⿰雨真 비심히올전 ⿰耳真 소리가귀에찰전 磌 주춧돌전 ⿱艹顛 풀머리전 ⿰歹顛 떨어질전 ⿰齒真 사랑니전 ⿰真鳥 바람가비전 ⿰立真 막을전 樿 전나무전

譂 망령된말 전 䩇 낯누를 전 蕇 산겨자 전 戰 싸움할 전 戩 복 전 䤮 쓴술 전 樿 나무혹 전 譱 좋은말 전 嫸 남의말어기기좋아할 전 蟤 서릴

전 殿 대궐 전 澱 찌끼 전 ⿰口殿 앓는소리할 전 癜 어루러기 전 壂 키막이옥 전 壂 당집터 전 奠 전드릴 전 ⿰木奠 나무결찹찹할 전 ⿸尸奠 기다릴

전 巓 오르지 전 諯 서로사양할 전 ⿰危耑 작은잔잔 電 번개 전 吮 들이숨쉴 전 跈 밟을 전 ⿰車甸 수렛소리 전 鄟 땅이름 전 ⿵門亶 저자문 전 ⿵門焉 집마

다 전 闞 문시원하게여달아질 전 雋 새길 전 ⿰言忝 말정하지못할 전 津 뜻 전 脡 날고기장 전 腞 새길 전 雋 새살찔 전 臇 곰국 전 鐫 새길 전 ⿱雋䖵 벌레먹는

창병 전 瑑 옥새길 전 ⿰目忝 사슴의발자취 전 眴 눈알굴려볼 전 肒 달지고도흰이밝을 전 栴 향나무무 旃 말그칠 전 靛 청대 전 ⿰酉見 무안할 전 餰 좋은

맛 전 ⿰風亶 바람움직일 전 ⿰扌耑 줄띠워다림볼 전 涎 윤택할 전 娗 미욱할 전 蜓 도마뱀 전 鯅 젓갈 전 ⿴衣展 붉은저사옷 전 ⿰木闌 말뚝 전 洊 거듭올 전 ⿰豸鬼

추할 전 ⿰鼻占 코늘어질 전 ⿱竹弁 대꾜창이 전 笘 솜발 전 篆 전자 전 孨 삼갈 전 縓 붉은빛 전 ⿱衍食 범벅 전 屇 구멍 전 飦 범벅 전 淀 얕은샘 전

悛 고칠 전

절

節 마디 절 ⿰巾節 걸레 절 癤 부스럼 절 ⿰魚節 납자기 절 切 끊을 절 ⿰足切 헛디딜 절 沏 물빨리흐를 절 折 꺾을 절 晢 밝을 절 ⿰月析 기름껍질 절

晣 밝을 절 浙 쌀씻을 절 菥 죽점 절 ⿵冂㕯 말소리나직나직할 절 嗏 바른말할 절 墆 저축할 절 婿 작을 절 ⿱山土 산구멍 절 岊 산모롱이우뚝내밀 절

棳 몽치 절 絕 끊을 절 蕝 표할 절 截 끊을 절 巀 산깎아지른듯할 절 戳 끊을 절 蠘 꽃게 절 ⿱艹截 김 절 蠽 매미 절 ⿰截鳥 당닭 절 竊 얕을 절

竊 얕을 절 ⿰月奉 뼈어긋날 절 ⿰耳祭 귀밝을 절 ⿰足告 발길 절 ⿰出頁 콧마루 절 ⿰帝頁 작은머리 절 镻 독사 절 ⿰齒失 이단단할 절 趃 크게달아날 절 卩 병부 절

準 콧마루 절 ⿰酉荼 풋김치 절 ⿰骨齒 이어긋날 절 ⿰木纂 나무꾀챙이 절 楶 공대 절 ⿹弋至 이할 절 茁 풀뾰죽뾰죽날 절 棁 동자기둥 절 芺 김 절 咥 씹을 절

姪 조카 질

점

占 점칠 점 苫 집이울 점 店 가게 점 阽 비탈 점 [illegible] 병풍 점 拈 집을 점 玷 옥이즈러질 점 扂 문자물쇠 점 粘 차질 점 秥 벼 점

痁 학질 점 覘 엿볼 점 岾 고개 점 炶 불번쩍거릴 점 者 늙은이얼굴의검버섯 점 敁 손대중볼 점 [illegible] 얼굴더러울 점 颭 펄렁거릴 점 [illegible] 귀조금늘어질 점

霑 젖을 점 蒧 점풀 점 [illegible] 괴임벽돌 점 [illegible] 벙글거릴 점 鮎 메기 점 黏 차질 점 點 검은점 점 [illegible] 터럭듬성듬성날 점 [illegible] 마음붙일 점 漸 점점 점

蔪 보리팰 점 [illegible] 불일어날 점 鏩 속히나갈 점 [illegible] 싱거울 점 [illegible] 빛약할 점 橝 평고대 점 磹 번개빛번쩍거릴 점 [illegible] 달아날 점 簟 대자리 점 墊 빠질 점

[illegible] 집웅물매 점 [illegible] 일은서리 점 [illegible] 작은비 점 馾 말졸 점 瀸 건수샘 점 [illegible] 짧은얼굴 점 [illegible] 빨리달아날 점 [illegible] 말달려갈 점 [illegible] 손들 점

黵 검은칠할 점 佔 엿볼 점

접

跕 미끄러질 접 沾 스스로기뻐할 접 椄 나무접붙일 접 接 접할 접 緁 실이을 접 菨 조악이 접 惵 두려울 접 楪 널평상 접 [illegible] 회칠 접 艓 작은배 접

褋 홑옷 접 蝶 나비 접 蹀 밟을 접 [illegible] 까부를 접 韘 깍지 접 [illegible] 백성 접 渫 물결칠 접 蜨 나비 접 [illegible] 물자질자질할 접 [illegible] 벨 접 㚔 놀랄 접

[illegible] 손발빠를 접 楫 노 접 檝 돛대 접 [illegible] 비빌 접 [illegible] 옷깃 접 慹 꼼짝않을 접 慴 겁낼 접 [illegible] 데칠 접 聑 편안할 접 襵 주름질 접 [illegible] 누른콩 접

[illegible] 새이름 접

정

丁 고무래 정 仃 외로울 정 [illegible] 외로울 정 叮 단단히부탁할 정 汀 물가 정 艼 술취할 정 矴 배닻돌 정 疔 정 정 [illegible] 물가 정 町 밭지경 정 酊 술취할 정

訂 평론할 정 飣 괴임새 정 釘 못 정 頂 이마 정 [illegible] 얼 정 朾 깃대 정 帄 기울 정 奵 얼굴좋을 정 忊 원망할 정 圢 발고랑 정 盯 똑바로볼 정

釘 쟁기술정 ⿰皮丁 가죽당길정 ⿱穴丁 뚫을정 ⿰糸丁 잡아당길정 ⿱罒丁 작은그물정 耵 귀에지정 靪 신창받을정 ⿱雨丁 비올정 ⿰骨丁 종아리뼈정 ⿰足丁 다리가늘

고길정 ⿰車丁 수레머물정 ⿰登丁 장막칠정 ⿰豕丁 돌모양정 ⿰赤丁 붉은빛정 虰 잠자리정 亭 정자정 停 머무를정 婷 아리따울정 渟 물괴일정 葶 들겨자정

楟 아가위정 碠 돌정자정 ⿰目亭 눈곱정 聤 귀에지앓을정 ⿰亭攴 부딪칠정 諪 고를정 ⿱竹亭 대난간정 ⿰山亭 긴산정 ⿰虫亭 맛살조개정 貞 곧을정

湞 물이름정 偵 탐문할정 幀 화분정 楨 쥐똥나무정 遉 순라군정 ⿰貝貞 밑질정 ⿰彳貞 달아날정 寊 넓은집정 禎 상서정 赬 붉을정 ⿰亻正 두려워할정

正 바를정 政 정사정 怔 두려워할정 ⿰衤正 아이옷정 炡 데칠정 ⿰巾正 관혁정 ⿰女正 계집단정할정 柾 나무바를정 ⿰阝正 언덕정 征 칠정 ⿰月正 전유어정 ⿰目正 혼자

만볼정 ⿰糸正 말갈기땋아치장한실정 証 간할정 鉦 징정 ⿰食正 떡정 ⿺廴正 갈정 ⿰正隹 매정 晸 햇발불그레하게치밀정 整 정제할정 鴊 매정 定 정할정 淀 배댈

정 掟 둘러칠정 ⿰目定 확실할정 錠 촛대정 ⿰定頁 이마정 ⿰黃定 노란빛정 呈 드러낼정 珵 패옥정 程 법정 裎 벌거벗을정 桯 걸상정 ⿰月呈 정한고기정

徎 좁은길정 睈 비쳐볼정 ⿰足呈 잇수정 ⿰食呈 먹일정 挰 가릴정 逞 통할정 酲 술병정 ⿰糸呈 인끈정 鞓 가죽띠정 ⿰金呈 칼날세울정 廷 조정정

侹 길정 挺 뺄정 庭 뜰정 ⿰犭廷 원숭이정 莛 줄거리정 梃 막대정 脡 포정 珽 옥홀정 蜓 고추잠자리정 筳 대쪽정 艇 길고작은배정 綎 인끈정

涏 아름다울정 誔 속일정 ⿰禾廷 벼우뚝우뚝설정 ⿰廷攵 다할정 霆 천둥정 鋌 쇳덩이정 ⿰魚廷 젓정 ⿰骨廷 긴뼈정 ⿵門廷 문가운데정 頲 곧을정 鼮 얼룩

쥐정 ⿵門井 문위빗장정 ⿰虫霆 누에두잠잘정 ⿰靑色 검푸를정 靚 단장할정 情 뜻정 菁 무정 靖 편안할정 睛 눈망울정 精 가릴정 ⿰靑彡 조촐하게꾸밀정 聙 잘들

을정 ⿰禾靑 둥구레정 鼱 생쥐정 鯖 열구자정 淨 맑을정 竫 고요정 靜 고요정 瀞 맑을정 ⿰車爭 수렛소리정 ⿰爭頁 아름다울정 埩 밭갈정 睜 반갑

게보지않을정 井 우물정 阱 함정정 穽 함정정 丼 우물정 ⿱宀井 뜰의우물성 ⿰女井 계집엄정할정 鼎 솥정 ⿰鼎其 그렁이정 蟶 가리맛정 檉 능수버들

정 刭 칼이빠질정 甼 숨쉴정 [illegible] 흙덩이정 撜 족자걸정 晶 맑을정 旍 기장목정 旌 기장목정 棖 문설주정 鄭 정나라정 [illegible] 바람소리정

[illegible] 바람소리정 鑏 칼슴베정 䞓 붉을정 綎 인끈정 崚 그칠정

제

帝 임금제 啼 울제 蹄 굽제 渧 물듣는제 觝 받을제 [illegible] 떳떳제 鍗 큰가마제 娣 뒷간귀신이름제 鮷 큰잉어제 禘 나라의큰제향

제 僀 가다가우뚝섰을제 嚔 재채기할제 偍 문칫거릴제 惿 마음약할제 隄 막을제 媞 안존할제 提 들제 堤 막을제 褆 옷두터울제 緹 붉은

비단제 踶 찰제 鞮 가죽신제 題 글제 騠 잘닫는말제 鯷 메기제 蝭 쓰르라미제 㼵 자배기제 [illegible] 뿔비녀제 [illegible] 들어날제 趧 오랑캐춤제

醍 약주술제 鍉 장군제 睼 멀리볼제 瑅 옥이름제 鶗 접동새제 齊 모두제 劑 약지을제 儕 무리제 嚌 맛볼제 濟 건늘제 隮 오를제 擠

밀제 懠 성낼제 薺 냉이제 臍 배꼽제 癠 병제 穧 베인벼제 [illegible] 길쌈할제 [illegible] 수다할제 [illegible] 노거리제 [illegible] 짤제 [illegible] 술짤제 齌 빠를

齏 양념할제 蠐 굼벵이제 躋 오를제 霽 갤제 韲 양념할제 弟 아우제 娣 제수제 悌 개제할제 稊 돌피제 苐 돌피제 俤 얼굴그림자제

梯 사다리제 第 차례제 珶 패옥제 罤 토끼그물제 [illegible] 작은매미제 綈 두터운비단제 鵜 사다새제 焍 거북지지는나무제 䫅 머리비뚤제 [illegible] 밟을제

徲 쉴제 鮷 메기제 睇 할깃볼제 [illegible] 떡제 [illegible] 작은배제 蕛 돌피제 [illegible] 그물줄제 泲 물이름제 [illegible] 쏠제 銻 날카로울제 祭 제사제 際 지음

제 傺 실심할제 憏 요량없을제 漈 물가제 穄 기장제 鰶 전어제 制 제도제 淛 강이름제 猘 미친개제 晣 별빛찬란할제 [illegible] 생선조림

제 製 지을제 鯯 암채제 [illegible] 말바르지못할제 [illegible] 배띠제 [illegible] 옷끊을제 [illegible] 집어가실제 [illegible] 칼집제 [illegible] 황충의새끼제 [illegible] 대자리제 狾

미친개제 [illegible] 가까이들을제 晢 눈광채제 [illegible] 맛변할제 鴺 사다새제 [illegible] 살필제 懘 마음이불안할제 [illegible] 절구공이제 [illegible] 쌀뜨물제 [illegible] 아첨할제

除 제할제 蒢 외나물제 嗁 부르짖어울제 㔩 얇을제 蹏 굽제 鷉 오리제 蹄 소루장이제 䑛 싸움배제 迡 놀랄제 怟 민망할제 頣 머리숙일제

𩚬 언어먹을제 徲 오래섰을제 諸 모두제 謕 말부지런히할제 磾 물들이는검은돌제 嚏 재채기할제 遰 물러갈제 屜 신속창제 鮆 갈치제

齂 콧병제 𧲱 차질제 霽 비그칠제 韲 양념제 齏 양념제

조

助 도울조 阻 막힐조 徂 갈조 珇 서옥머리도두룩할조 𨑩 갈조 靻 가죽신조 耡 부세조 粗 약간조 組 인끈조 詛 저주할조

殂 죽을조 俎 제기조 祖 할아비조 租 부세조 䴛 이어갓날조 兆 억조조 佻 도둑할조 恌 경박할조 庣 차지않을조 洮 손씻을조 挑 돋을조 朓 서녁그믐달보일조 垗 제터조 晁 아침조 旐 거북과뱀그린기조 眺 볼조 祧 체천할조 窕 요조할조 跳 뛸조 誂 꾀일조 斛 휘키조 覜 보일조 駣 새로길들인말조 銚 가래조 晀 밝을조 羏 한살된양조 絩 실수효조 趒 뛸조 窱 방자할조 狣 개힘셀조 脁 제사고기조 聎 귀앓을조 䨲 어두울조 鮡 고기이름조 雃 머리숙이고들올조 軺 조 𨈫 몸길조 嘹 서로꾀일조 艞 배발판조 曹 무리조 漕 배질할조 嘈 지꺼릴조 嶆 산골깊고횡할조 槽 말구유통조 螬 굼벵이조 艚 종선조 遭 만날조 糟 술재강조 傮 마칠조 慒 어수선할조 𣊵 햇빛조 嫸 아름다울조 𤎽 사를조 撡 두휘를조 褿 옷깃조 幧 기저귀조 鏪 떡조 𣉐 거칠조 醩 술재강조 凋 여윌조 彫 새길조 雕 수리조 琱 옥조각할조 蜩 매미조 𡺻 산둘레조 𢮎 찌를조 啁 소리조 調 고루조 鵰 독수리조 𡖿 많을조 奝 클조 鯛 도미조 䩌 익힐면조 𩬾 털많을조 朝 아침조 潮 밀물조 嘲 조롱할조 早 이를조 皁 검은빛조 皂 검은빛조 喿 새떼지어울조 澡 씻을조 噪 뭇새울조 懆 근심할조 操 잡을조 鄵 땅이름조 璪 면류관드림옥조 燥 불에말릴조 臊 개돌누린내조 繰 야청통견조 躁 조급할조 譟 지꺼릴조 趮 뛸조 藻 글조 幧 상투관조 𩫕 높을조 𪒠 장마에삼주저앉을조

⿰米喿 섞인쌀조 造 지을조 艁 배이름조 慥 독실할조 糙 거친쌀조 昭 밝힐조 詔 조서조 照 비칠조 炤 밝을소조 蛁 쓰르라미조 ⿰矢召 짧을조

阼 동편섬돌조 胙 복조 祚 복조 飵 보리미음조 葄 갈조 罩 가리조 ⿱竹卓 가리조 ⿰石卓 돌높을조 ⿰豸卓 발없는벌레조 ⿰車卓 수레우장대조

⿰立卓 휘뚝휘뚝할조 鋽 불리지않은쇠조 ⿰忄勺 근심할조 ⿰巾勺 머리덮는수건조 釣 낚시조 訋 소리조 ⿱艹釣 낚싯대조 ⿱罒隹 새덮치기조 ⿰亻翟 홀로설조

⿰彳翟 빠를조 嬥 아름다울조 藋 명아주조 糶 곡식팔조 刁 조두조 苕 갈대꽃조 爪 톱조 抓 긁을조 笊 조리조 ⿰阝刀 산구멍조 莜 싹조 條 가지조

蓧 싹조 窱 아득할조 蓨 싹조 鋚 고삐끈쇠조 ⿰亻夆 고삐조 鯈 피라미조 鰷 피라미조 鳥 새조 蔦 겨우사리조 ⿰目鳥 익혀볼조 窵 깊을조

⿰糹鳥 매달조 ⿰衤鳥 짧은옷조 ⿰巾鳥 비단조 ⿰骨隹 징경이조 鼂 표운옥조 竈 부뚜막조 厝 둘조 措 둘조 錯 돈금조 ⿰食昔 먹을조 ⿰黽毛 털치장조

⿸广豊 노루새끼조 吊 조상조 弔 조상조 ⿰金吊 걸쇠조 釕 걸쇠조 趙 나라이름조 ⿰足楚 말절름날조 ⿰白爵 흴조 爝 횃불조 灂 수레에옻칠할조

釂 훌적들이마실조 ⿸疒豹 비칠조 ⿱䀠土 눈고울조 找 채울조 ⿰口皂 지저귈조 ⿰山勞 산험할조 蚤 벼룩조 瑵 일산조 棗 대추조 梍 쥐염조 岨 살울퉁불퉁할조

⿰虫條 춘백충조 衣 판보조 ⿱竹巢 큰생황조 罺 반도조 肁 꾀할조 ⿸广聿 말천할조 肇 비로소조 ⿰糸了 거꾸로달조 ⿰弓享 그림그린활조

敦 아로새길조 慘 근심조 繅 옥바침비단조 藻 마름조 粜 곡식팔조

족

足 발족 哫 아첨할족 族 겨레족 瘯 진버짐족 簇 모일족 蔟 모을족 ⿰石族 돌살촉족 ⿱竹帝 그림그린비단조 ⿰足族 발굽으러질족 鏃 살촉족

⿰豕火 돌갈조 齱 덧니날족

존

尊 높을존 ⿰目尊 부러운눈존 ⿱髟尊 모지라질존 存 있을존 拵 지을존 ⿰口存 입넓을존 ⿰禾存 벼쌓을존 袸 돌띠존 ⿰金存 끊을존

졸

卒 군사 졸 𣨛 죽을 졸 踤 찰 졸 猝 창졸 졸 捽 꺼두를 졸 稡 벼포기모을 졸 椊 자루맞칠 졸 䚝 뿔처음날 졸 窣 천천히걸을 졸
𣢶 빨 졸 𣭵 털날 졸 拙 옹졸할 졸

종

宗 마루 종 悰 즐거울 종 琮 지신제에 쓰는 옥 종 倧 옛적 신인 종 孮 자손번성할 종 徖 편안할 종 𢄔 오랑캐비단 종 鬃 흘어진머리털 종 粽 송편 종
棕 송편 종 綜 모을 종 淙 물소리 종 豵 숫돌 종 賨 오랑캐부세 종 鵍 대까치 종 誴 즐거울 종 從 좇을 종 樅 칠 종 嵸 산높을 종 嵷 산높을 종
慫 놀랄 종 蹤 자취 종 縱 길이 종 蓯 풀무성할 종 瑽 옥차는소리 종 𢕾 종종걸음칠 종 㙡 땅버섯 종 熧 불번질 종 𤞤 개새끼한마리날 종 磫 돌길 종 瞛
눈에광채날 종 瘲 경기증 종 縱 물들인비단 종 𨎮 수렛바퀴자국 종 𦡊 살찔 종 𩞯 닭리 종 𣯷 모직 종 𧒂 작은벌 종 𧝎 홑옷 종 篵 작은대 종 𢋈 많을 종
𨘢 천천히걸을 종 豵 햇돼지 종 㚇 새쭉지깃 종 嵕 산이름 종 堫 밭갈 종 𥉂 서로엿볼 종 𢕣 가르칠 종 葼 종풀 종 稯 볏단 종 艐 배붙을 종
椶 종려나무 종 猣 개새끼셋날 종 鑁 말굴레 종 緵 베올 종 糉 송편 종 𨍉 바퀴 종 鬷 가마 종 鬉 터럭더부룩할 종 𪃱 새발오그릴 종 翪 날개
움추리고나를 종 騣 말갈기 종 鯼 조기 종 喠 벙어리 종 堹 엿못둑 종 鍾 술잔 종 鐘 쇠북 종 踵 발뒤꿈치 종 瘇 발곪길 종 種 심을 종 腫 종기 종 𨒭
발곪길 종 鍾 말이름 종 煄 탈 종 諥 말서로마주칠 종 𢃇 차일 종 徸 뒤따라갈 종 蹱 어린아이걸을 종 𨉶 아이밸 종 褈 거듭 종 𧱩 젖 종 𧺢 비뚜루걸
을 종 𩩋 다리부을 종 蝩 황충 종 𨤲 참새 종 籦 가지많은대 종 柊 방망이 종 蔠 머루덩굴 종 終 마침 종 螽 메뚜기 종 鼨 다람쥐 종 伀 두려워할
종 彸 눈휘둥그렇 종 妐 시아비 종 忪 황겁할 종 旹 낮을 종 慒 생각할 종 𦯧 풀어수선할 종 𧺆 빨리갈 종 𨑆 따를 종 𨳿 문짝밖으로열 종 𪑮 어두
운구멍 종 鬃 말갈기 종 鬆 말갈기 종

죄 罪 허물 죄 辠 죄 죄

좌 左 왼쪽 좌 佐 도울 좌 袏 호주머니 좌 ⿰豸左 짐승 좌 坐 앉을 좌 挫 꺾을 좌 剉 썰 좌 座 자리 좌 矬 난장이 좌 痤 멍울 좌 ⿰女坐 경계할 좌

侳 편안할 좌 㟇 산무너질 좌 ⿰坐彡 베일 좌 趖 빨리 달아날 좌 ⿰石坐 부스러진 돌 좌 ⿰言坐 핀잔줄 좌 ⿰足坐 거짓 절할 좌 ⿰木坐 밀오얏 좌 銼 가마 좌 脞 잘 좌 夎 거짓 절할

좌 莝 여물 좌 髽 여상제 북상투 쪽질 좌 ⿱艹夎 꾸뻑할 좌 ⿱穴乍 너그러울 좌 瑳 사람의 이름 좌

주 州 고을 주 洲 섬 주 喌 닭부르는 소리 주 ⿰金州 금칼 주 [illegible] 닭부르는 소리 주 主 임금 주 住 머무를 주 拄 버틸 주 宔 신주독 주 ⿰月主

몸곧을 주 ⿰口主 입비뚤어질 주 妵 예쁠 주 柱 기동 주 注 물댈 주 炷 심지 주 疰 병전염할 주 蛀 나무좀 주 砫 돌궤 주 ⿰立主 기다릴 주 紸 이을 주 跓 발머

물 주 ⿰貝主 재물 주 ⿰食主 미끼 주 ⿰身主 몸꼿꼿할 주 註 주낼 주 軴 수레머무를 주 鉒 쇠돌 주 駐 말머무를 주 黈 누를 주 ⿰韋主 슬갑 주 霔 때맞춰오는 비 주

⿰黑主 점찍을 주 朱 붉을 주 侏 난장이 주 姝 분바를 주 珠 구슬 주 株 뿌리 주 絑 붉은비단 주 邾 나라이름 주 咮 입부리 주 祩 방자할 주 跦

강장강장뛸 주 硃 주사 주 蛛 거미 주 袾 짧은옷 주 誅 벨 주 駯 입검은말 주 ⿰黍朱 차질 주 ⿰羽朱 높이나를 주 走 달아날 주 鯐 모쟁이 주 周 두루

婤 얼굴얌전할 주 徟 헤맬 주 ⿰周攴 막을 주 ⿱艹周 오색촉규화 주 淍 물돌릴 주 ⿰阝周 큰언덕 주 碉 돌집 주 ⿰米周 도래떡 주 週 주일 주 霌 장마 주 ⿰角周 용뿔

⿵風周 바람불 주 啁 새소리 주 賙 기민먹일 주 調 아침 주 稠 빽빽할 주 輖 낮을 주 綢 얽을 주 禂 홑이불 주 舟 배 주 侜 가리울 주 輈 수레채 주 洀

물노리칠 주 ⿰言舟 수다할 주 ⿰犭舟 활고두리 주 ⿰矢舟 활고두리 주 ⿰火舟 불반짝거릴 주 ⿰馬舟 큰말 주 ⿰舟羽 부둥깃 주 ⿺走舟 멀거니볼 주 鵃 메비둘기 주 儔 짝 주 幬

홑휘장 주 ⿰月壽 엉덩이 주 嚋 누구 주 薵 파 주 燽 밝을 주 皗 말 주 ⿰魚壽 큰고기 주 ⿰壽鳥 꿩 주 躊 머뭇거릴 주 疇 밭 주 譸 속일 주 籌 숫가지 주

鑄 부을주 胄 투구주 冑 맏아들주 呪 주저할주 做 지을주 馵 왼쪽뒷발흰말주 丟 잃어버릴주 伷 맏아들주 宙 집주 粙 벼알들주 䛆 빌주 菗 외나물주 紬 명주주 䩜 투구주 枓 구기주 黈 군사가겁탈할주 肘 팔꿈치주 紂 말뒷거리주 疛 하복통주 酎 소주주 尌 세울주 嗾 개부리는소리주 澍 물쏟힐주 幮 장막주 廚 부엌주 躕 머뭇거릴주 奏 아뢸주 湊 물이름주 腠 파부주 楱 작은귤주 輳 몰려들주 [illegible] 껍질두터운돌주 [illegible] 아뢸주 噣 쪼을주 遒 굳셀주 晝 낮주 酒 술주 莤 술진액주 蔟 새집주 麈 사슴주 齟 이어긋날주 灲 탄흙주 繇 점괘주 犨 성주 讎 사람이름주 盩 산굽이주 籒 큰전자주 [illegible] 젓가락주 [illegible] 취하여너머질주 [illegible] 걸을주 귀절찍을주 族 풍류가락주

죽

竹 대죽 粥 미음죽 鬻 죽죽 踧 가까울죽 蹴 급할죽

준

尊 술잔준 僔 존절할준 [illegible] 감할준 墫 춤너울거려출준 撙 존절할준 噂 수군거릴준 遵 좇을준 樽 술통준 蕁 풀다부록날준 蹲 모을준 繜 잠방이준 譐 수군거릴준 罇 술통준 鐏 창고달준 嶟 산우뚝솟을준 [illegible] 배밀구멍준 鷷 꿩준 鱒 독너울준 夋 갈준 [illegible] 물러갈준 俊 준걸준 浚 취할준 峻 산높고험할준 悛 고칠준 [illegible] 약은토끼준 睃 볼준 葰 클준 埈 높을준 捘 밀준 逡 추장할준 [illegible] 빨리걸을준 焌 불붙을준 晙 밝을준 竣 마칠준 皴 살터져주름질준 畯 농부준 踆 그칠준 餕 대궁준 駿 준마준 鵔 장끼준 [illegible] 바지통준 [illegible] 위태할준 [illegible] 청서모준 僎 향음주인돕는사람준 [illegible] 불준 惷 산란할준 踳 잡될준 [illegible] 얼룩말준 蠢 어리석을준 儁 준걸준 嶲 높을준 寯 모일준 [illegible] 민첩할준 [illegible] 못생기고약할준 准 법준 隼 새매준 準 법준 屯 인색할준 純 옷선준 訰 어지러울준 [illegible] 좋은술준 埻 관혁준 稕 짚단준 綧 필륙넓이준 [illegible] 하파차준 迿 먼저준 恂 무서울준 濬 깊을준

줄

卒 죽을 줄 啐 지꺼릴 줄 崒 산높을 줄 ⿰卒羽 휘나를 줄 ⿰忄出 근심할 줄 茁 풀싹 줄 窋 뾰죽이내밀 줄 笜 댓순삐죽삐죽나올 줄

중

中 가운대 중 仲 버금 중 妕 영리할 중 狆 삽살개 중 茽 풀무더기로날 중 蚛 벌레먹을 중 衶 바지 중 翀 치떠나를 중 衆 무리 중

霥 비지점거릴 중 重 무거울 중 蝩 두벌누에 중 ⿰牛重 새끼밴소 중 緟 더할 중 ⿰雲重 기운왕래할 중

즉

卽 곧 즉 堲 미워할 즉 揤 꺼두를 즉 喞 즉즉거릴 즉 鯽 붕어 즉 蝍 지네 즉 ⿰火節 초끝으리 즉 萴 부자 즉 崱 산웅장할 즉 鰂 오징어 즉

⿰衤式 꾸밀 즉 溭 물결이비눌같을 즉 ⿰犭畟 개새끼셋날 즉 則 어조사 즉

즐

叱 꾸짖을 즐 ⿰女七 계집삼가지않을 즐 堲 벽돌구울 즐 喞 두런거릴 즐 楖 즐률나무 즐 瀄 물흐를 즐 櫛 빗 즐 ⿰禾節 벼움 즐 騭 수말 즐

즘

怎 무엇 즘

즙

咠 참소할 즙 緝 길쌈 즙 湒 비올 즙 ⿰口咠 참소할 즙 葺 고칠 즙 諿 화할 즙 ⿰角咠 뿔많을 즙 戢 그칠 즙 濈 화할 즙 蕺 멸 즙

⿱雨戢 비올 즙 ⿰目戢 눈물날 즙 ⿰石戢 돌높을 즙 ⿰爿戢 창옷뚝세울 즙 ⿱雨濈 비올 즙 ⿰氵瓜 물자줄자줄할 즙 ⿰禾臿 심을 즙 㗊 뭇입 즙 汁 진액 즙

증

曾 일찍 증 噌 공연히떠들 증 矰 줄살 증 鄫 나라이름 증 憎 미워할 증 嶒 산언틀먼틀할 증 增 더할 증 橧 너스레 증 ⿰曾戈 줄살 증 ⿰曾弋 줄살 증

熷 고기대속에넣어구울 증 ⿺辶曾 높을 증 ⿱曾田 논 증 譄 더할 증 鱛 메대비 증 ⿰曾刂 파히베일 증 ⿰曾彡 터럭길을 증 ⿰衤曾 겹옷 증 ⿰曾色 얼굴빛홍할 증 驓 발목다흰 증

繒 비단 증 甑 시루 증 罾 활지 증 ⿰曾羽 나를 증 贈 줄 증 ⿰黑曾 얼굴에검은지앗을 증 烝 찔 증 ⿱艹丞 찔 증 脀 희생잡아제기에담을 증 拯 건질 증

⿰月丞 익은고기 증 蒸 찔 증 ⿱癶車 초헌뒷발판 증 ⿰足丞 긴발 증 ⿰火烝 더울 증 ⿸疒烝 뼈풀쑤실 증 ⿰言烝 말번거할 증 塍 밭두둑 증 橙 귤 증 證 증거 증 症 병증세 증

䡰 따르는수레증 贈 어리석을증 塍 밭두둑증

㊊ 지

至 이를지 輊 앞낮은수레지 止 그칠지 阯 땅이름지 沚 모래톱지 址 터지 芷 구리때지 祉 복지 趾 발지 砋 방칠돌지 杫 도마지 迣 옮길지

訨 들쳐낼지 凪 바람이자고파도가그칠지 支 지탱할지 肢 사지지 𡖅 많을지 枝 가지지 𣏪 연지지 𢼪 활강할지 秓 짚지 衼 가사지 汥 물나누여흐를지

𥿭 배끄는줄지 吱 가는소리지 志 뜻지 痣 검은사마귀지 綕 실다룰지 誌 기록할지 𢖽 잊을지 𦚓 사마귀지 𢁉 기표지 𥫩 단단한대지

𦬕 원지지 鋕 새길지 覟 자세히볼지 只 다만지 咫 적을지 枳 탱자지 胑 사지지 疻 맞어상할지 軹 고을이름지 知 알지 智 지혜지 踟 머뭇거릴지

蜘 거미지 𣮰 털많을지 𦯬 향부자지 𢓭 걸을지 𧷗 전당지 氏 되놈의처이름지 泜 물이름지 坻 머무를지 厎 이를지 祗 공경할지 秖 벼익을지

底 이를지 胝 못박일지 砥 숫돌지 舐 핥을지 蚳 개미알지 扺 결매칠지 汦 균일할지 坘 마당지 彽 어정거릴지 抵 칠지 𩋇 밀치끈지

𨠥 썩은젓지 紙 종이지 貾 누른자개지 旨 맛지 脂 기름지 指 손가락지 𩋙 일산끈지 𤗔 가게지 鬐 갈기지 鴲 참새소리지 𢂽 가는베지

䘹 옷갈아입을지 𧻚 얇은여울건늘지 貲 물나물지 鈭 도끼지 𢌬 털로짠베지 漬 거품지 贄 폐백지 𣩵 병들지 摯 잡을지 鷙 억셀지

騺 말짐무거울지 墀 섬뜰지 遲 더딜지 謘 말헛나갈치 之 갈지 芝 지초지 池 못지 𥫽 옆으로부는저지 地 땅지 𧺡 달아날지 𩚫 엿지 䑛 핥을지

洔 작은모래톱지 持 가질지 跂 뒤로나설지 𨇞 거리낄지 質 전당지 躓 쓰러질지 𧭃 말거듭이를지 𦏿 모을지 𧕭 거머리지 豟 큰돌지

箈 말풀지 𥻘 차질지 籽 씨앗지 𥞑 무성할지 篪 옆으로부는저지 𠩆 고를지 塒 닭의홰지 舓 핥을지 墬 땅지 菧 김치지 葹 도꼬마리지

𧐐 개미알지 恀 믿을지 搘 기둥받침지 榰 나무주초지 㨁 던질지 𣢕 토할지 軝 수렛연장지 鉄 살끝지 𨾠 집이름지 識 기록지 織

실다듬을 지 䨖 빗소리 지 鳷 까치 지 㚸 투기할 지 𪐴 새감을 지

직

直 곧을 직 犆 소 직 稙 일찍심은벼 직 䐈 끈끈할 직 織 짤 직 職 벼슬 직 膱 긴포 직 蟙 박쥐 직 𧞤 꾸밀 직 瀻 차질 직 樴 문지방 직 䵂 땅파리 직 䰍 머리때 직 𠤷 벌레먹는병 직 鳿 물새 직 稷 피 직

진

晉 나라 진 搢 꽂을 진 縉 분홍빛 진 晋 나갈 진 溍 물이름 진 瑨 옥돌 진 眞 참 진 嗔 성낼 진 塡 오랠 진 稹 빽빽할 진 瑱 귀막이옥 진 瞋 눈부릅뜰 진 縝 맺을 진 謓 성낼 진 𢐈 탈 진 禛 복받을 진 䐜 부어오를 진 蒖 순채 진 鎭 진정할 진 黰 머리숱할 진 鬒 머리숱할 진 珍 보배 진 抮 휘잡을 진 趁 쫓을 진 診 볼 진 紾 비틀 진 袗 고운옷 진 聄 고할 진 疹 역질 진 畛 밭지경 진 眕 한껏볼 진 胗 역질 진 𨒪 달아날 진 䂦 방천돌 진 殄 끊을 진 軫 수레뒤턱나무 진 駗 말짐무거워걷지못할 진 辰 별 진 侲 여역좇을 진 振 떨칠 진 帪 말먹이자루 진 桭 평교대 진 裖 고운옷 진 賑 풍부할 진 唇 놀랄 진 辴 빙그레할 진 㰮 손가락질하며웃을 진 𣪠 뛰며기뻐할 진 𦜤 두꺼운입술 진 震 진동할 진 䟴 일할 진 鷐 백로 진 蓁 풀성할 진 秦 진나라 진 溱 성할 진 螓 왕파리 진 𤛓 소이름 진 𥋤 음란할 진 𧣈 뿔나란할 진 臻 이를 진 轃 이를 진 榛 덤거칠 진 陣 진칠 진 陳 베풀 진 敶 베풀 진 蔯 약쑥 진 𨻰 기운정치못할 진 䨯 구름일 진 津 나루 진 𤦺 옥이름 진 疢 열병 진 珎 보배 진 盡 다할 진 儘 다할 진 濜 김서릴 진 燼 초끝으리 진 嚍 분별 진 進 나아갈 진 璡 옥돌 진 狻 사자 진 枃 바디 진 𠘪 깃처음나서날을 진 塵 티끌 진 弫 활강할 진 甄 질그릇 진 𧃁 개비름 진 𨭆 그칠풍류채 진 臸 이를 진 𧿒 명랑할 진 閔 문에드나드는모양 진 㐱 새깃처음날 진 趂 다다를 진 眹 눈동자 진

질

質 바탕 질 劕 문권 질 瓆 사람의이름 질 櫍 모탕 질 礩 주춧돌 질 𡃖 한말 질 𦢊 금창약 질 𧬊 상말 질 鑕 머루 질 垤 개미두둑 질

侄 어리석을질 咥 웃음질 庢 거리낄질 姪 조카질 挃 벼베는소리질 郅 이를질 桎 막힐질 眰 클질 窒 막힐질 秷 벼이삭질 絰 삼띠질 峌 산높을질

恎 괴악한성품질 𩛂 벼베는사람질 厔 산굽이질 蛭 거머리질 銍 갈강낫질 耋 팔십세노인질 耊 팔십세노인질 𦤶 막을질 㗌 씹을질 膣 새살날질

𡄒 말절차없을질 螲 도로래질 𧬆 말종작없을질 𢶉 찧을질 擳 긁을질 佚 바탕할질 迭 침노할질 抶 볼기때릴질 帙 책갑질 秩 차례질 眣 눈망울툭불거질질

昳 해기울어질질 袟 칼집질 紩 꿰맬질 翐 펄펄나를질 疾 병질 嫉 투기할질 蒺 질레질 瓞 자질구레한외질 柣 문지방질 [illegible] 뽑을질

軼 지나칠질 詄 잊을질 骮 뼈튕길질 槉 기둥머리질 𧩁 말급할질 㑛 미워할질 趌 빨리달아날질 鏃 쇠뭉치질 螏 질이질 [illegible] 여든살질

嗩 쌍된말질 趌 부술질 嵽 산우뚝할질 迫 가까울질 閮 닫힐질 跌 어긋날질

짐

朕 나짐 [illegible] 물졸졸흐를짐 酖 짐새술짐 斟 짐작할짐 鴆 짐새짐 𥄫 눈정기짐 紖 쇠코뚜레끈짐 𧧻 말아름다울짐 醦 술마실짐

집

集 모을집 嗅 입우물거릴집 㠎 샘솟을집 潗 샘날집 鏶 쇳조각집 㦸 마음끓지못할집 戢 효유할집 檝 노집 鍓 판철집 汁 국물집

𡲬 맞이을집 執 잡을집 慹 두려울집 讋 말수다할집 縶 말맬집 卙 모을집 輯 모을집

징

徵 부를징 瀓 맑을징 懲 징계할징 癥 적병징 澄 맑을징 憕 마음가라앉을징 撜 건질징 瞪 직시할징 黱 쌀썩어검을징 瞠 끋게볼징

瞕 끋게볼징 竀 바로볼징

차

此 이차 佌 작을차 且 또차 苴 마름풀차 虘 모질차 𢊁 집무너지려할차 㪨 손가락으로누를차 𨞛 땅이름차 蔖 그령풀차 齇 주부코차

差 어긋날차 嗟 슬플차 嵯 산높을차 搓 밀고칠차 瑳 옥빛깨끗할차 艖 작은배차 嫅 허리가늘차 𧫶 다른말차 䙑 옷길차 蒫 냉이열매차 䐤 배곪

(차) 暛 해저물 차 獇 개미칠 차 皠 절구질할 차 䨞 빗소리 차 髊 터럭아름다울 차 磋 갈 차 䁟 거친조각밭 차 瘥 작은역질 차 䇧 통소 차 醝 흰술

차 蹉 미끄러질 차 鎈 돈 차 鹺 몹시짤 차 齹 이뿌리 차 次 버금 차 佽 이할 차 絘 길쌈할 차 䡹 수레에 칠할 차 叉 깍지낄 차 汊 물두갈래로 흐를 차

杈 작살 차 衩 옷자락 차 扠 잡을 차 䟕 갈린길 차 㣾 어지러울 차 紁 속바지 차 䂳 산돌 차 詉 딴말할 차 䚗 뿔비녀 차 奓 벌릴 차 㝾 입처질 차

䐤 성길 차 磣 돌수구러질 차 哆 입술처질 차 唶 탄식할 차 借 빌어올 차 撦 뜯을 차 奲 너그럽고클 차 爹 아비 차 䐧 부스럼자국 차 䩷 추악할 차 車

성 차 莗 차전자 차 硨 옥돌 차 䡸 차벌어질 차 𤦲 자개 차 鬌 터럭많을 차 鬏 빗질할 차 痄 합창되지않을 차 姹 아름다울 차 侘 실심할 차 搽

바를 차 嗄 험담할 차 嗻 말많을 차 遮 막을 차 岔 살걸나닐 차 扯 찢어버릴 차 摣 쥐어지를 차 箚 차자 차 甊 벽돌가루로 그릇닦을 차 齇 주부코 차

趚 머무를 차 綵 옷칠할 차 涂 축축할 차

착

昔 쇠뿔뒤틀릴 착 斮 베일 착 厝 숫돌 착 棤 나무껍질두꺼울 착 剒 베일 착 逪 섞일 착 錯 섞일 착 簎 작살 착 珿 비등할 착

娖 삼갈 착 浞 젖을 착 捉 잡을 착 鋜 호미 착 齪 악착할 착 着 입을 착 著 입을 착 躇 건너뛸 착 丵 풀성할 착 斲 뚫을 착 鑿 끌 착 糳

정미 착 糳 정한쌀 착 篧 가리 착 穛 이른곡식 착 糕 풋바심 착 蘸 부자 착 䨊 비올 착 溹 젖을 착 搾 짤 착 辵 뛸 착 逴 멀 착 䜎 사람의 이름 착

鵫 흰꿩 착 婼 악독할 착 戳 창으로찌를 착 䟶 걸음빠를 착 觰 뿔갈 착 齰 절귀 착 擉 작살 착 縒 실얽힐 착 斲 쪼갤 착 諑 참소할 착 灂 물소리 착

찬

贊 도울 찬 儹 모일 찬 灒 물뿌릴 찬 攢 모일 찬 酇 모을 찬 巑 산높을 찬 囋 삼킬 찬 瓚 종묘제향에 강신하는 옥주자 찬 欑 숲평이 찬

纘 이을 찬 穳 작은창 찬 趲 쫓을 찬 讚 도울 찬 鑽 뚫을 찬 劗 머리털깎을 찬 穳 벼베어가리칠 찬 禶 저주할 찬 𢖍 길잃을 찬 襸 고운

옷찬 籫 대그릇 찬 䉺 담쟁이덩굴 찬 饡 국만밥 찬 篡 빼앗을 찬 簒 빼앗을 찬 籑 지을 찬 纂 모을 찬 㛑 아름다울 찬 粲 선명할 찬 燦 빛날 찬

璨 옥광채 찬 䊷 문채번화할 찬 澯 맑을 찬 殩 상제먹일 찬 鬖 머리빠지르르할 찬 竄 도망할 찬 鑹 작은창 찬 驥 잰말 찬 攛 던질 찬 餐 밥 찬

撰 갖출 찬 饌 반찬 찬 菆 초빈할 찬 毚少 적을 찬 羼 양서로섞일 찬 鏨 푼끌 찬 㹂 개물 찬 䪼 갖출 찬 串 석쇠 찬 爨 불땔 찬

찰

察 살필 찰 擦 문지를 찰 蔡 북덕이 찰 瞭 자세히볼 찰 懔 밝을 찰 餘 더먹을 찰 樏 나무흔들리는소리 찰 攃 만질 찰 礤 거친돌 찰 札 편지 찰

扎 뺄 찰 蚻 쓰르라미 찰 紮 활줌통싸개 찰 䳐 새잡털빛 찰 刹 절 찰 㣙 꾸짖을 찰 拶 서로다닥칠 찰 哳 새울 찰 鍘 작두 찰 鏩 작두 찰

咱 나 찰 詧 살필 찰 巀 산높을 찰 囋 지저릴 찰 𪊲 사슴 찰

참

朁 일찍 참 憯 아플 참 𤸫 아플 참 僭 거짓 참 譖 참소할 참 䭙 달금할 참 參 참여할 참 嵾 산이울멍줄멍할 참 墋 흐릴 참 叅 참여할 참

慘 슬플 참 傪 아리따울 참 㣓 움직일 참 𤳧 밭두둑서로연할 참 䟃 달음질할 참 䤅 슬플 참 䫩 머리흔들 참 驂 세말멍에할 참 黲 투색할 참 斬 베일 참

慚 부끄러울 참 慙 부끄러울 참 嶃 산높고준할 참 嶄 산높고준할 참 壍 구덩이 참 塹 구덩이 참 槧 분판 참 𧗵 모시고설 참 磛 산험할 참 䁪 눈끔적일 참

塹 구덩이 참 嫸 아름다울 참 𡣍 얼굴허연할 참 蔪 나무벨 참 𧢃 피할 참 摲 물막을 참 䟅 키클 참 毚 약은토끼 참 儳 서로어긋날 참 劖 새길 참

瀺 물소리 참 嚵 탐할 참 攙 찌를 참 巉 높을 참 欃 박달나무 참 勬 빼낼 참 儳 참치할 참 𤖹 널판 참 𤜶 소뿔 참 𣤃 큰소래기 참

酁 땅이름 참 讒 간악할 참 鑱 보습쇠 참 饞 탐할 참 韂 언치 참 撏 취할 참 讖 참서 참 懺 회피할 참 𨇨 걸음새 참 䭣 탐할 참 䤘 초 참 站 역 참

趻 앙감질할 참 嬠 탐할 참 䶨 볼오무러질 참 櫢 나무열매 참 踸 앙감질할 참

삽

霅 큰비 삽

창

昌 창성 창 倡 광대 창 唱 노래부를 창 娼 창녀 창 猖 미쳐뛸 창 菖 창포 창 裮 띠아니띨 창 椙 삼나무 창 閶 하늘문 창 鯧 병어 창

倉 창고 창 滄 찰 창 創 다칠 창 愴 슬플 창 滄 서늘할 창 搶 모을 창 槍 창 창 蒼 푸를 창 瘡 종기 창 艙 갑판밑 창 嗆 새먹을 창 嵢 산형세 창

𦢊 껍질상할 창 篬 대빛푸를 창 謒 말경하게할 창 賶 재물모을 창 閶 문여는소리순할 창 蹌 추창할 창 鶬 왜가리 창 篬 대창 창 齒倉 덧니 창 倀 창귀 창

悵 실심할 창 痮 배부를 창 䁤 실심할 창 韔 활집 창 脹 창증 창 漲 물부를 창 鋹 날카러울 창 韔 활집 창 瘬 배부를 창 敞 넓을 창 廠 헛간 창

淌 큰물결 창 惝 깜작놀랄 창 躺 결터앉을 창 𢡄 깜작놀랄 창 氅 학의 창 鷩 학의 창 瑒 제향에 강신하는 주자 창 暢 화창할 창 畼 땅이름 창 摤 닦을 창

剏 껍질상할 창 磢 돌로닦을 창 㟆 산이서로당은듯할 창 𤖨 그림으로꾸밀 창 𨄳 추창할 창 稯 갈지않고심을 창 囱 창 창 牕 창 창 窓 창 창 窻 창 창

囪 구멍 창 刱 시작할 창 昶 밝을 창 彰 나타날 창 鬯 활집 창 惷 어리석을 창 摐 때릴 창 畐 밭 창

채

祭 성 채 蔡 법 채 瘵 허로병 채 縩 깁와석거릴 채 縩 선명한옷 채 叉 두갈래 채 汊 개 채 釵 비녀 채 靫 전동 채 采 일 채 棌 참나무 채

倸 간악할 채 彩 채색 채 菜 나물 채 採 딸 채 埰 사패지 채 寀 동관 채 綵 채색비단 채 責 빚 채 債 빚질 채 䐆 얼룩 채 茝 궁궁이싹 채

啛 먼저맛볼 채 虒 바퀴 채 豸 풀 채 廌 해태 채 差 부릴 채 蠆 벌 채 囆 사람의이름 채 瘥 병나을 채

책

策 꾀 책 筞 꾀 책 憡 쓰라릴 책 㩍 붙들어도울 책 責 꾸짖을 책 幘 건 책 嘖 말다툼할 책 㥽 깨끗할 책 嫧 삼갈 책 瞔 눈부릅뜰 책

積 잿속에심을 책 䐙 물고기새끼포 책 蟦 작은자개 책 皟 깊게흴 책 謮 성낼 책 簀 살평상 책 頙 머리비뚤 책 䚍 밉게볼 책 䨶 비올 책 咋 소리 책

지를책 笮 전통책 蚱 메뚜기책 迮 낄책 柞 나무베일책 窄 좁을책 舴 작은배책 冊 책책 柵 목책책 𠕋 고할책 蠌 방게책 䊂 상한쌀책 諎 큰소리책 踖 비지책 磔 능지할책

챙 傖 놈챙

처 妻 아내처 凄 찰처 悽 슬플처 緀 무늬엇놀처 淒 찬바람처 萋 풀무성할처 霋 갤처 処 곳처 處 곳처 [illegible] 투기할처 覰 엿볼처 豠 작은돌처 凥 바를처 絮 맛마칠처

척 彳 자축거릴척 斥 내칠척 跅 놓아먹을척 靳 칼자루가죽척 尺 자척 蚇 자벌레척 呎 자척 坧 기자척 跖 도둑척 拓 열척 [illegible] 천천히결을척 晢 딸척 脊 등마루척 塉 메마른흙척 瘠 파리할척 踖 발소리없이걸을척 嵴 산등성이척 膌 파리할척 鶺 할미새척 戚 친척척 墄 섬돌층척 慽 슬플척 慼 슬플척 碱 옥같은돌척 鏚 도끼척 剔 뼈발라낼척 惕 공경할척 蜴 속일척 踢 찰척 [illegible] 근심할척 惄 근심하고무서워할척 捗 나갈척 陟 올릴척 隻 외짝척 墌 터다질척 摭 주울척 蹠 밟을척 蹢 깡충뛸척 擿 던질척 倜 높이들척 厈 쫓을척 [illegible] 다수굿할척 [illegible] 꾸밀척 [illegible] 널척 頔 바를척 䳭 할미새척 [illegible] 걷는소리척 擲 던질척 躑 머뭇거릴척 [illegible] 철쭉척 滌 씻을척 [illegible] 실심하고볼척 [illegible] 실심하고볼척 [illegible] 전장할척 寴 친할척 [illegible] 넘을척 趞 옆으로걸어갈척 踧 편편할척 [illegible] 순경북척 刺 찌를척

천 天 하늘천 蚕 지렁이천 [illegible] 우러러볼천 [illegible] 소풀먹을천 祆 키신천 千 일천천 仟 천사람천 阡 발두둑길천 扦 꽂을천 芉 풀더부룩할천 忏 성낼천 杄 고욤나무천 粁 킬로미터천 竏 킬로리트르천 瓩 킬로그람천 [illegible] 멀어희미할천 [illegible] 퍼럴천 川 내천 玔 옥고리천 [illegible] 늘볼

천 釧 팔깍찌천 舛 어그러질천 荈 늦깎이차천 俴 얕을천 淺 물얕을천 ⿰彳戔 자취천 ⿸疒戔 근지러울천 踐 밟을천 ⿰革戔 언치천 賤 천할

천 濺 물뛸천 倩 예쁘고엄전할천 箐 대활천 ⿰白青 희멀건을천 蒨 풀더부룩할천 綪 붉은비단천 輤 상여뚜껑천 ⿱艹遷 초목흔들릴천 ⿰扌遷 꽂을천

⿰木䙴 고욤나무천 櫏 고욤천 ⿱竹遷 벼훑이천 遷 옮길천 韆 그네천 薦 천거할천 ⿰禾薦 꼴천 韉 언치천 喘 숨쉴천 圌 둥구미천 ⿰虫耑 벌레꿈직일천

腨 어북천 篅 둥구미천 遄 자주천 歂 성천 輲 상여천 [illegible] 여인배띠천 嘽 분복발할천 幝 수레휘장해저너펄거릴천 燀 불댈천 繟 띠늘어질

천 ⿰罒展 걸껍웃을천 擅 천단할천 儃 머뭇거릴천 ⿰方个 깃대천 ⿰虫泉 자개천 泉 샘천 楾 홈통천 猭 짐승달아날천 ⿰足彖 단정하게걸을천 刋 끊을천

⿰口耎 빨천 荐 자리천 栫 에울천 ⿰豸存 거듭천 茜 잇천 ⿱山虫 벌레꿈틀거릴천 ⿰牛⿱山虫 느린소천 ⿺辶⿱山虫 한가히걸을천 ⿰金⿱山虫 늘여길게할천 歼 나머지천 ⿱从巾 불씨천

䙴 옮길천 穿 통할천 ⿰羊彖 양의긴꼬리천 辿 느럭느럭걸을천 闡 열천 黇 누르고흰빛천 硟 다듬이돌천 梴 방아틀천 ⿱伐牛 흙파돌로물막을천

蕆 갖출천 串 꿰미천 撚 잡을천

철

撤 걷을철 轍 바퀴자국철 澈 물맑을철 徹 관철할철 ⿰日⿰育攵 밝을철 ⿰木⿰育攵 대추철 瞮 눈맑을철 剟 새길철 惙 근심할철 掇 주울철 啜 수다

할철 涰 눈물흘릴철 ⿰矢叕 키작을철 惙 근심할철 諁 시끄러울철 腏 뼈사이살발라낼철 ⿰叕支 더디먹을철 輟 그칠철 綴 맺을철 畷 밭사이길철 錣 채찍고달철

餟 차례지낼철 醊 잔부어놓을철 ⿰叕頁 머리짧을철 ⿰骨叕 뼈이을철 ⿰馬叕 별박이철 罬 새그물철 ⿰叕舀 알깔때병아리소리철 歠 마실철 喆 밝을철 ⿰口喆 조롱

할철 哲 밝을철 鐵 쇠철 驖 검붉은말철 凸 뾰죽할철 ⿱屮口 막을철 屮 움날철 戜 빠를철 ⿰扌帶 빼앗을철 䏲 어긋칠철 醛 젓갈철 餮 탐할철 聅

살로키꿸철 蛈 땅거미철 蜇 쏠철 ⿰角枼 빌철 ⿰足祭 빨리갈철 ⿰言祭 속살거릴철 銕 쇠철 掣 당길철

첨

尖 뾰족할첨 裧 앞치마첨 惔 차휘장첨 銛 옷움직일첨 忝 욕될첨 添 더할첨 悿 마음약할첨 舔 공손할첨 婖 부끄러워할첨 菾 상치첨 舚 핥을첨 棎 부지깽이첨 緂 모직첨 僉 다첨 簽 편지첨 㾌 목구멍아릴첨 𨖩 가까이할첨 鐱 가래첨 詹 이를첨 瞻 우러러볼첨

噡 잔말할첨 𡒄 막을첨 嶦 산비알첨 𤗪 평교대첨 𨼜 빠질첨 簷 처마첨 檐 처마첨 幨 차휘장첨 襜 앞치마첨 䗋 말벌첨 韂 다래첨

韂 슬갑첨 㡨 표지첨 籤 서상대첨 櫼 문설주첨 虃 첨풀첨 鑯 뾰족할첨 沾 적실첨 惉 불화할첨 酟 섞을첨 鉆 이지러질첨 閪 엿볼첨

甛 달첨 餂 핥아들일첨 諂 아첨할첨 燂 불시울첨 𢂕 밑가리는수건첨 忝 부끄러울첨 痁 피풍첨 睒 티눈첨 灊 고을이름첨 笧 깎아얇게할첨 𨧶 날카로울첨 閦 서서기다릴첨 槧 서판첨 憯 슬플첨

첩

妾 첩첩 踥 오락가락할첩 淁 물솟을첩 黫 실얼킬첩 倢 빠를첩 捷 이길첩 婕 예쁠첩 睫 속눈섭첩 徢 달아날첩 崨 이을첩 𣇍 해가떨어지려고껌벅거릴첩 踕 발잴첩 𦐇 빨리나를첩 𦛗 어깨쭉지뼈첩 𦨵 배빨리갈첩 𥓰 산이연접할첩 𨔼 빨리달아날첩 𩃎 눈올첩 𩗬 바람몹시불첩

㨗 떼적첩 䜁 말이죽거릴첩 緁 옷꿰맬첩 耴 귀뿔첩 㞔 나릴첩 㛸 계집의독할첩 𦬕 작은잎첩 𥬛 작은잎사귀첩 𨑚 달아날첩 𩁹 가는비첩 㡇 옷깃첩 輒 문득첩 鮿 말린고기첩 渫 얼어붙을첩 喋 말잘할첩 堞 치첩첩 諜 이간할첩 牒 편지첩 牃 평상널판첩 𦸇 꽃필첩 楪 산자널판첩

𠟟 노끈이을첩 呫 맛볼첩 帖 문서첩 怗 고요할첩 貼 붙일첩 鞊 안갑첩 拈 개핥을첩 迠 갈첩 𢛙 편안할첩 𪌬 차조첩 褺 겹옷첩 𧞘 어지결을첩 𦃇 선명한옷첩 褶 꺼입을첩 𣭖 속눈섭첩 氎 세모직첩 疊 거듭첩 𣟱 나무이름첩 㩸 접첩 𨆪 달아나는소리첩 𨏈 수레소리첩 帽 옷깃첩 𣙬 주걱첩 嶫 산높고첩첩할첩 䀹 속눈섭첩 䛫 이간할첩

청 靑 푸를청 淸 맑을청 倩 빌청 掅 꺼두를청 婧 섬약할청 晴 날개일청 凊 서늘청 蜻 잠자리청 鯖 비웃청 請 청할청 䝼 받을청

碃 푸른돌청 腈 혈질청 錆 정할청 郬 땅이름청 [illegible] 큰머리청 [illegible] 찰청 鶄 교청새청 圊 뒷간청 聽 들을청 廳 관청청 暒 날개일청

鏳 옥소리청 鏿 종소리청

체 切 일체체 砌 섬돌체 揥 버릴체 締 맺을체 諦 살필체 楴 족집게체 崹 평할체 褅 처네체 滯 막힐체 蔕 꼭지체 懘 목쉴체

墆 높을체 [illegible] 오랜이질체 螮 무지개체 遰 갈체 殢 늘어질체 [illegible] 미친개체 摖 결고잡아다릴체 [illegible] 살펴볼체 涕 눈물체 剃 털깎을체 睇 볼체

鬀 털깎을체 挮 눈물씻을체 疐 꼭지딸체 嚏 재채기할체 [illegible] 거리낄체 [illegible] 꼭지체 杕 나무무성할체 达 미끄러질체 釱 착고체 [illegible] 넘을체

[illegible] 끊을체 [illegible] 넘을체 替 대신할체 逮 미칠체 棣 산매자체 靆 구름낄체 蝃 무지개체 餟 모사술체 綴 연결할체 畷 밭사이길체 栘 당체나무체

[illegible] 끊을체 躰 몸체 軆 몸체 體 몸체 遞 갈마들일체 遆 갈마들일체 [illegible] 거문고체 磃 피석체 [illegible] 붉은종이체 [illegible] 풀베는낫체 髢 땋은머리체

[illegible] 한쪽으로치우쳐낮을체 [illegible] 돌체 璏 칼코옥으로꾸밀체 [illegible] 대로기울체 屉 언치체 [illegible] 마음편안할체 [illegible] 약간성내고말체 蕝 띠묶어표할체 [illegible] 새행주체

[illegible] 꿰맬체 掣 막힐체 鬄 땋은머리체

초 肖 같을초 陗 산높을초 悄 근심할초 峭 산높을초 哨 말많을초 [illegible] 옷깃초 [illegible] 고운가루초 [illegible] 뿔날카로울초 [illegible] 복초 睄 잠간볼초 [illegible] 선모양초

硝 망초초 帩 얽을초 稍 점점초 綃 생초초 觘 쇠뿔벌어질초 娋 누이초 誚 꾸짖을초 鞘 칼집초 韒 칼집초 [illegible] 댓가지길초 [illegible] 풀자랄초

[illegible] 키꼬리초 [illegible] 위뾰족하게깎을초 [illegible] 누님초 [illegible] 높은물결초 俏 아리따울초 焦 델초 僬 난장이초 憔 파리할초 嫶 근심파수심으로얼굴마를초 膲

삼초초 噍 씹을초 嶕 산높을초 蕉 파초초 樵 땔나무초 譙 꾸짖을초 燋 불당길초 ⿰巾焦 닦을초 礁 암초초 瞧 엿볼초 潐 술걸를초 ⿺辶焦 빨리달아날초 ⿰焦毛 투구상모초 撨 밀칠초 ⿰糸焦 생삼초 蟭 버마재비알초 ⿰面焦 파리할초 ⿵門焦 오목초 ⿰焦鳥 날삼초 ⿰礻焦 초례제초 癄 근심할초 趭 달음질할초 鐎 쟁개비초 醮 초례제초 顦 파리할초 鷦 뱁새초 苕 능초풀초 迢 멀초 ⿰舟召 초배초 貂 돈피초 招 부를초 怊 실심할초 弨 활뒤집힐초 岧 산높을초 軺 유람차초 妱 계집이름초 ⿰口召 목구멍울초 ⿰巾召 가는실초 ⿰召欠 기운오를초 ⿰召毛 새꽁지초 鉊 큰낫초 超 뛰어넘을초 ⿰犭召 동강개초 ⿰目召 눈으로사람희롱할초 ⿰食召 적게먹을초 ⿰風召 맑은바람초 ⿰召羽 새꼬리처들초 髫 다박머리초 鼦 돈피초 齠 이갈초 抄 주릴초 炒 볶을초 杪 나무끝초 ⿰舟少 배위태할초 秒 초심초 訬 가벼울초 耖 쓰레초 鈔 취할초 麨 찐보릿가루초 楚 나라초 憷 아플초 礎 주춧돌초 濋 큰물넘쳐흐를초 ⿰口楚 꾸짖을초 齼 이다쳐곱을초 草 풀초 艸 풀초 愺 심란할초 ⿰口草 적적할초 騲 암컷초 ⿰火芻 볶을초 謅 농담할초 焣 불에말릴초 盄 삼태기초 初 처음초 ⿰禾勺 벼이삭고개숙일초 愀 해쓱할초 湫 웅덩이초 鍬 가래초 鍫 가래초 窼 새집초 ⿱山巢 산우뚝할초 剿 끊을초 勦 수고할초 ⿰言巢 대신말할초 ⿺辶巢 다투어달아날초 ⿰黹虘 오색빛초 ⿰禾票 축날초 ⿰巾爪 머리싸는수건초 ⿰必丁 서로배반할초 ⿰木爪 나무가시초 ⿰禾蕉 나무초 ⿰耳曹 키울초 ⿰庖刂 삽초 帍 자지초 ⿰衤弔 수의초 ⿰衤戚 선명할초 卤 열매주렁주렁달릴초 ⿺辶笘 찰초 ⿰車巢 수레번화하게꾸밀초 趠 오월바람초 踔 넘을초 鳭 뻐꾜리초 椒 후추초 剿 끊을초 龜 거북지져점칠초 ⿰車䍃 유람차초

촉

屬 이을촉 囑 부탁할촉 爥 비칠촉 曯 비칠촉 斸 찍을촉 矚 볼촉 躅 자취촉 钃 호미촉 劚 깎을촉 蠾 벼룩촉 孎 계집순직할촉 ⿰衤屬 긴두루마기촉 欘 보습촉 灟 공순할촉 ⿰糸屬 띠촉 蜀 배추벌레촉 ⿱艹蜀 옥수수촉 燭 촛불촉 蠋 뽕나무벌레촉 臅 가슴속기름촉 ⿰王蜀 옥이름촉 歜 대단성낼촉 躅 자취촉 襡 통치마촉 ⿰亻蜀 사람의이름촉 ⿰革蜀 활전대촉 ⿺走蜀 자박자박걸을촉 觸 받을촉 韣 활전대촉 髑 해골촉

蘜 철쭉꽃촉 鸀 산까마귀촉 亍 앙감질촉 促 재촉할촉 ⿰言足 말급할촉 趗 국축할촉 ⿰歹足 촉박할촉 ⿰足足 삼갈촉 ⿰豆足 팔촉 矗 오뚝할촉 ⿰土豖 마소밟은곳촉 ⿰足逐 자취촉 瘃 손발얼어터질촉 數 빽빽할촉 趣 재촉할촉 鏃 살촉촉 嘁 눈살찡그릴촉 齺 이촘촘할촉

촌

村 마을촌 邨 마을촌 寸 마디촌 忖 헤아릴촌 刌 끊을촌 ⿰扌寸 끊을촌 吋 인치촌 㸑 끓어나라할촌

총

忩 총총할총 ⿰衤忩 어린아이옷총 ⿰火忩 따뜻할총 怱 총총할총 摠 다총 緫 검푸른비단총 熜 더운김총 ⿰足怱 바쁘게갈총 ⿰酉怱 탁주총 ⿰金怱 끌총 ⿰火蔥 횃불총 ⿱艹潨 물소리총 悤 총총할총 蔥 파총 摠 거느릴총 憁 실심할총 傯 바쁠총 ⿰禾悤 벼묶을총 聰 귀밝을총 總 거느릴총 謥 더덜거릴총 ⿰矛悤 짧은창총 ⿰氵悤 물길을총 ⿰車悤 죄수싣는차총 鏓 큰끌총 ⿱竹揔 젓가락통총 驄 푸른말총 冢 클총 塚 무덤총 叢 떨기총 䕺 풀떨기로날총 ⿰糸叢 실합쳐서짤총 漎 물모일총 蓯 풀무성할총 ⿱髟從 머리흩어질총 鏦 창총 藂 떨기총 ⿱竹聚 고기잡는대그릇총 ⿱丵⿱艹取 떨기총 囪 굴뚝총 徸 이를총 ⿰食庸 많이먹을총 ⿰牛怱 피로울총 ⿰身申 몸곧을총 ⿰充頁 찰총 銃 총총 潨 물모일총 寵 사랑할총

최

最 가장최 嘬 씹을최 ⿰石最 자갈최 ⿰足最 바삐갈최 蕞 조그마할최 崔 성최 漼 깊을최 ⿰阝崔 무너질최 催 재촉할최 皠 흰최 璀 옥빛찬란할최 嗺 슬플최 摧 꺾을최 凗 눈서리쌓일최 ⿰彳崔 급히갈최 慛 마음상할최 磪 험하고높을최 ⿰木崔 나무쌓을최 ⿰火崔 거림최 ⿰牛崔 흰소최 膗 형용추악할최 ⿰土崔 높은언덕최 ⿸广崔 드릴최 ⿱艹崔 꽃늘어질최 ⿰歹崔 깨질최 ⿰片崔 집모양허술할최 ⿰米崔 정한쌀최 ⿰金崔 섞을최 ⿰革崔 안장가죽최 ⿱髟崔 터럭엉켜늘어질최 ⿰禾卒 모을최 綷 깁바삭거릴최 冣 지경최 ⿸尸夋 어린애자지최 朘 어린애자지최 ⿰羊殳 양의병최 衰 상복최 榱 서까래최 ⿰氵皋 새로난물최 歠 씹을최 洒 높을최 縗 상복최

촤 蓌 바쁠 촤

찰 繓 맺을 찰 襊 치포관 찰 撮 비칠 찰 䵛 검을 찰 拶 정동 찰 𥨍 구멍으로볼 찰 攥 손으로잡을 찰

채 祽 삭제 채 啐 부를 채 綷 오색비단 채 𥳁 대비 채

추 隹 새 추 推 가릴 추 椎 참나무 추 萑 익모초 추 顀 이마툭불거질 추 魋 북상투 추 鼵 쥐 추 錐 송곳 추 騅 오추말 추 雛 병아리 추 芻

짐승먹이 추 㑳 고용살 추 鄒 나라이름 추 搊 손으로퉁길 추 篘 용수 추 𧜳 옷구길 추 縐 구길 추 趨 달아날 추 騶 마부 추 粷 녹말 추 蹓 짐승익발

추 㮲 쇠코뚜레 추 㺐 애벌 추 媰 파부 추 艄 대동선 추 犓 꼴먹여기를 추 皺 주름질 추 丑 소 추 杻 수갑 추 吜 소리 추 秋 가을 추 湫 으스스할 추

啾 두런거릴 추 揪 묶을 추 楸 노나무 추 萩 다북쑥 추 緅 말가슴거리 추 揫 묶을 추 箃 대통소 추 䐑 귀울 추 覒 민망히볼 추 甃 우물벽돌 추

𨍰 바퀴살 추 㡑 옷구김살 추 僽 몹시욕설할 추 𡂐 아이울 추 蝵 거미 추 鞦 그네 추 鰍 미꾸리 추 鶖 두루미 추 鼀 두꺼비 추 樞 지두리 추 貙

이리 추 就 나아갈 추 僦 세낼 추 𡽱 고개이름 추 鷲 독수리 추 醜 미울 추 魗 더러울 추 取 얻을 추 陬 모퉁이 추 掫 순행하며조두칠 추 聚 성 추 諏

물을 추 緅 아청빛 추 𠵯 염치없을 추 𢉑 무너질 추 𡺨 높은언덕 추 郰 땅이름 추 菆 풀더부룩할 추 箃 대누를 추 娶 장가들 추 娵 별이름 추 潨 물굽이흐를 추

趣 뜻 추 䓢 삼줄기 추 𩊰 묶을 추 𪋉 작은사슴 추 𥣱 삼단 추 𣜶 열매열 추 𧪮 욕할 추 𩌇 언치 추 埾 쌓을 추 𧲜 작은암돌 추 鯫

송사리 추 驟 달릴 추 鄹 땅이름 추 聚 모을 추 追 쫓을 추 磓 누를 추 槌 칠 추 搥 북칠 추 膇 발부을 추 𨗨 숨을 추 鎚 저울 추 縋 줄에매달

추 𢋼 집무너질 추 妯 슬퍼할 추 抽 뺄 추 怞 바리을 추 𨗅 풀서로잇달 추 𨘄 일매지게나를 추 麄 클 추 䴸 굿은쌀 추 麆 한살된사슴 추 麤 짚신

추 麤 클추 酋 괴수추 ⿰酋女 계집느리어 추루할추 崷 산이길고 높을추 ⿸尸酋 보지추 湭 술집 벌추 ⿰酋火 키울추 揂 모을추 蝤 나무좀추 緧 말뒷거리추

趥 타달거릴추 鰌 미꾸리추 ⿰角酋 실패추 ⿰酉黽 두꺼비추 ⿰酉且 된장추 ⿰口叟 험담할추 ⿸尸條 보지추 捶 칠추 箠 말채찍추 硾 누를추 甀 부리작은항아리추

諈 들쳐낼추 棰 말채찍추 ⿰食垂 헛헛할추 錘 저울눈추 鯞 쏘가리추 帚 비추 箒 비추 ⿰女殳 예쁠추 祝 축원할추 ⿰禾胄 벼알엽을추 ⿰月壴 반찬추

湭 물근원추 ⿰目皮 가죽터질추 皺 소름돋을추 ⿸皮肉 가죽오그라들추 鼄 거미추 ⿰言甹 결단하지못할추 趎 사람의이름추 趍 달아날추 檇 찔추

欈 땅이름추 㲉 버릴추 ⿵門周 끈열추 惆 섭섭할추 揍 꽂을추 ⿰扌州 손으로퉁길추 墜 떨어질추 ⿰牛甬 클추 臭 냄새추 殠 썩은내추 瘳 병나을추

⿱髟青 털빠질추 雛 새추 龝 가을추

축

丑 소축 ⿰言丑 부끄러워할축 畜 기를축 蓄 쌓을축 稸 쌓을축 搐 땅길축 ⿰女畜 아첨할축 鄐 고을이름축 滀 물몰일축 ⿰衤畜 감출축

妯 동서축 柚 북축 舳 배꼬리축 軸 굴대축 祝 축원할축 柷 축풍류축 噈 입맞출축 蹴 찰축 ⿰虫就 자벌레축 憱 핍박할축 慼 부끄러울축 蹙 찡그릴축 顣 쭈그러질축 ⿰米戚 쌀볶아만든떡축 槭 단풍나무축 縬 구김살축 ⿰木蹙 수레멍에목축 逐 쫓을축 蓫 소장장이축 ⿰虫逐 노래기축 ⿰魚逐 창명젓축

豖 발얽은돝의걸음축 ⿰尗攴 몹시아플축 欶 근심할축 ⿸疒叔 배아플축 踧 조심하여걸을축 ⿺走耑 곧을축 縮 쭈그러질축 蹜 발끝어디딜축 ⿰木宿 구유통축 閦 무리축

⿰面足 고를축 ⿰鼻丑 코피축 鼀 두꺼비축 ⿰龜欠 입맞출축 竺 두터울축 筑 주을축 ⿱筑手 손으로다질축 茿 능수버들축 築 쌓을축 ⿰言休 향내맡을축

⿰衤戴 좋은옷축 斣 평미리축 嘼 기를축

춘

春 봄춘 椿 대춘나무춘 ⿰月春 살찔춘 睶 큰눈춘 瑃 옥이름춘 賰 넉넉할춘 鰆 상어춘 杶 참죽나무춘 櫄 참죽나무춘 ⿰木筍 참죽

나무춘 鶞 새이름춘

출

出 날출 泏 물솟올출 絀 꿰맬출 黜 내리칠출 朮 삽주출 秫 차조출 怵 두려워할출 恋 다부룩이첫싹날출 𤝊 두머리짐승출 跊 짐승의발자국출 趉 달아나올출 𧘂 칼집출 欻 웃을출 䣦 술맛변할출

충

忠 충성충 种 어릴충 冲 화할충 忡 근심할충 沖 화할충 㳘 물멀충 𣳚 물충충할충 盅 빈그릇충 翀 치떠나를충 充 채울충 㤝 마음동할충 茺 익모초충 珫 충이옥충 𧘂 짧은옷충 浺 산밑샘충 𪏐 귀막을충 虫 벌레충 烛 가물충 蟲 벌레충 爞 가무러뜨거울충 𧑗 북소리충 衝 충돌할충 𥎊 짧은창충 䡴 진동는수레충 衝 충돌할충 穜 충륙벼충 䝑 땅돼지충 㗥 먹을충 傭 가지런할충 漴 소낙비충 惷 어리석을충 遂 도망할충 衷 속충

취

取 가질취 娶 장가갈취 棷 숲취 冣 쌓을취 聚 모을취 趣 뜻취 驟 별안간취 臭 썩을취 溴 물기운취 就 나갈취 鷲 독수리취 毳 솜털취 橇 거듭찔취 竁 광중팔충 𥗫 돌깨질충 萃 모을취 𢈔 기우러질취 翠 비취취 醉 침혹할취 濢 눅눅할취 臎 살찔취 膵 지라취 噿 새입부리취 脃 연할취 脆 연할취 椶 나무마디취 絶 실패취 吹 불취 炊 불땔취 龡 불취 䃀 매취 𢿱 요량할취 𢢝 점칠취 揣 헤아릴취 嘴 부리취 𣿊 빨취 湏 흐릴취

췌

瘁 병들췌 悴 근심하고두려워할췌 萃 모을췌 顇 병들췌 惴 마를췌 贅 혹췌 贅 군살췌

측

側 곁측 測 칙량할측 廁 기울측 惻 불상할측 仄 기울측 庂 돈이름측 昃 해기울어질측 昗 해기울어질측 畟 나갈측 稄 벼빽빽할측

츤

櫬 관츤 襯 속옷츤 儭 속츤 嚫 베풀츤 藽 무궁화츤 齔 이갈츤

츰

闖 엿볼츰

층

層 층층대층 蹭 어정거릴층 瞪 눈째긋하고태도지을층 ⿰豕曾 돼지우리층 耓 따비자루층

치

甾 꿩치 菑 한해된밭치 葘 한해된밭치 ⿰示甾 편안할치 ⿰禾甾 벼죽을치 ⿰匕甾 살찐모양치 ⿰食甾 죽치 椔 서서죽은나무치 ⿸虍甾 살검을치 淄 검을치 輜 짐수레치 緇 검은빛치 錙 저울눈치 鶅 꿩치 鯔 숭어치 庤 갖출치 歭 주저할치 峙 산우뚝할치 ⿰貝寺 재물모을치 待 기다릴치 ⿰足時 가기어려울치 畤 제터치 偫 기다릴치 痔 치질치 跱 머뭇거릴치 ⿰田侍 저축할치 致 이를치 緻 톱톱할치 ⿰足致 발밟을치 ⿰角致 신밑찌를치 ⿰革致 신바닥치 ⿰扌致 찌를치 ⿰言致 웃음치 ⿰貝致 진휼할치 差 어긋날치 嵯 산울퉁불퉁할치 ⿺走差 자빠질치 ⿺辶至 달아날치 ⿰至頁 얼굴검을치 痓 풍병치 荎 오미자치 胵 소천엽치 駤 성불끈낼치 侈 사치할치 陊 떨어질치 哆 입딱벌릴치 眵 눈꼽치 拸 버릴치 袳 옷펼치 誃 이별할치 㢋 너그러울치 蚩 어리석을치 滍 물이름치 嗤 빈정거릴치 媸 더러울치 ⿰亻蚩 커멀숙할치 ⿰目蚩 눈꼽치 ⿰蚩欠 조롱해웃을치 ⿰犭蚩 사냥할치 疐 굽힐치 懥 성낼치 稚 어릴치 雉 꿩치 薙 풀깎을치 ⿰氐隹 암새치 ⿱⺮雉 어린대치 卮 술잔치 栀 치자치 廁 뒷간치 ⿰忄鬼 익힐치 ⿰扌戠 똑같이나눠가질치 幟 기치 織 기치 熾 불땔치 阤 사태날치 杝 나무결로짜갤치 ⿰羽也 제비나를치 馳 달릴치 ⿰齒也 씹을치 齒 이치 ⿰齒司 새김질할치 ⿰齒思 되씹을치 齝 새김질할치 治 다스릴치 耛 김맬치 ⿸广夫 낮은집치 值 만날치 埴 진흙치 植 심을치 置 둘치 寘 둘치 朿 까스랭이치 廌 해태치 ⿰言四 살필치 ⿰言支 패할치 ⿰言字 이름지을치 ⿰言來 모를치 豸 발없는벌레치 ⿰角多 뿔뒤틀어질치 ⿺走虒 경박할치 褫 옷잇치 ⿰車疐 작은수레치 徵 화음치 ⿱艹徵 검붉은토란치 觶 술잔치 癡 어리석을치 鴟 솔개치 巵

술잔치 埃 담치 殃 키신치 郗 땅이름치 瓻 술병치 絺 가는갈포치 鵗 누에나눌치 佌 똑바로갈치 崪 기다릴치 歠 씹을치 綼 바느질할치

胝 새창자치 恥 부끄러울치 痴 어리석을치 𢝩 마음착할치 搋 일할치 遚 가까울치 髹 칠그릇치 懫 분별치 黹 바느질치 齍 기장담는

제사그릇치 荎 풀모양치 徳 베풀치 鵄 솔개치 䵹 초서쓸치 穉 어릴치 糦 술밥치 饎 술밥치 彵 편안히걸을치

칙

則 법칙 勅 경계할칙 敕 경계할칙 鶒 물닭칙 鷘 뜸부기칙 恜 근심할칙 汄 물굽이쳐흐를칙 淔 풀이름칙 趩 걷는소리칙 飭

신칙할칙

친

親 친할친 𥗦 물속돌친 藽 무궁화친 𧭷 훈계할친 䞋 돈친 䠐 달아나는모양친 䠴 몸단장할친

칠

七 일곱칠 桼 옻나무칠 漆 옻칠 㯃 옻나무칠 𠿟 꾸짖는소리칠 肐 살쪄서미끄러울칠 鳦 새소리칠

침

侵 침노할침 浸 젖을침 梫 계수나무침 祲 상서침 𤺀 몸모양추악할침 寑 잘침 綅 붉은실침 𡨋 잠길침 駸 말몰아달릴침 鋟 새길

침 𥳋 먹자침 寢 잘침 唚 입마칠침 𥍥 송곳침 䛥 소근거릴침 𤡎 윤택할침 䜷 들콩침 濅 점점침 針 바늘침 揕 찌를침 湛 빠질침

斟 짐작할침 碪 다듬이돌침 椹 모탕침 𥪁 우두커니침 鍖 쇠모탕침 䃎 돌로칠침 嶜 산봉우리뾰족할침 顉 머리숙일침 鱵 자반침 𪁹 큰닭침

𪖤 높은코침 忱 정성침 沈 잠길침 枕 벼개침 霃 음산할침 抌 살박아칠침 𡯪 칩더칠침 𡯾 머리숙일침 鈂 쇠공이침 𦱤 가쁠침 𦰤 지모침

葴 짜리침 葳 짜리침 蔵 짜리침 鍼 침침 琛 보배침 賝 보배침 岑 산깊이들어갈침 梣 무푸레침 砧 방칫돌침 枮 모탕침 䑣 배서로잇대갈

침 譖 흉볼침 霃 구름갈침 郴 땅이름침 綝 수보할침 諃 착한말침 闖 엿볼침 鱵 공미리침 𧠎 가만이머리내밀고볼침 𡫏 점점침 沉 잠길침

칩 蟄 벌레움추릴 칩 漐 땀날 칩 馽 잡아맬 칩 〓 마소귀움직거릴 칩 〓 날카러울 칩 〓 비올 칩 〓 북변죽칠 칩 〓 북소리아니날 칩

칭 秤 저울 칭 稱 일컬을 칭 偁 일컬을 칭 〓 흑임자 칭

쾌 噲 목구멍 쾌 儈 거간군 쾌 〓 숨찰 쾌 夬 패이름 쾌 快 쾌할 쾌 駃 빠를 쾌 〓 돈 쾌 〓 죽순 쾌

타 他 다를 타 池 물이름 타 拖 끌 타 扡 끌 타 沲 물흐를 타 陁 섬 타 跎 시기잃을 타 柂 키 타 駞 약대 타 它 뱀 타 佗 저 타 拕 끌 타

坨 비알 타 陀 비알 타 沱 큰비 타 柁 키 타 迱 든든할 타 牠 뿔없는소 타 岮 산비알질 타 砣 돌팔매칠 타 咜 노루 타 羘 들양 타 酡 얼굴붉을 타

紽 실마리 타 詑 속일 타 袉 옷뒷자락 타 舵 키 타 跎 시기잃을 타 〓 밀치 타 〓 병 타 〓 주머니 타 〓 차빨리달아날 타 〓 가죽신 타 鴕 타조 타

駝 약대 타 鮀 모래무지 타 鼧 쥐 타 〓 말이길 타 吒 꾸짖을 타 奼 아름다울 타 咤 꾸짖을 타 詫 자랑할 타 秅 곡식수효 타 〓 쥐 타 〓 뾰죽이내밀 타

鮀 무렵생선 타 涶 침 타 埵 굳은흙 타 捶 칠 타 唾 침 타 〓 작게쌓을 타 〓 귀뿔늘어질 타 綞 공능 타 〓 구름벗어질 타 鬌 머리고울 타 惰 게으를 타

媠 고울 타 墮 떨어질 타 嶞 산작고뾰족할 타 橢 길게둥글 타 鰖 물고기새끼 타 〓 보습 타 〓 소매없는옷 타 〓 다할 타 〓 민첩할 타 〓 만질 타

〓 버릴 타 〓 갸쭉할 타 〓 까치갈고리허연은새 타 堶 연자매 타 〓 비올 타 毻 새와짐승털갈 타 〓 보습 타 鰖 물고기새끼 타 〓 모래물에흘러내릴 타

朶 꽃송이 타 刴 찍을 타 垜 글방 타 〓 조금도두룩할 타 〓 헤아릴 타 挅 헤아릴 타 〓 화살받이 타 〓 말자랑할 타 〓 이지러질 타 躱 피할 타

〓 면류관앞드릴 타 朵 꽃송이 타 挆 헤아릴 타 垛 글방 타 痑 말병 타 妥 편안할 타 〓 더디걸을 타 打 칠 타 〓 술잔드릴 타 〓 아장아장걸을 타

軃 드릴 타 嚲 휘느러질 타 鱓 자리 타 驒 들말 타 〓 넓랭을 타 〓 늘어질 타 椯 회초리 타 〓 벼고개숙일 타 〓 신근피 타 〓 말물리칠

타 馱 탈타 鼉 악어타

탁

卓 높을탁 倬 클탁 啅 쪼을탁 逴 멀탁 趠 멀탁 晫 환할탁 琸 사람의이름탁 犳 개물탁 桌 상탁 𩭧 길탁 仛 붙일탁

汑 미끄러질탁 烢 타는소리탁 杔 탁로나무탁 托 밀탁 矺 돌로칠탁 袥 옷헤칠탁 託 부탁할탁 飥 밀수제비탁 豟 티기탁 䭾 떡탁 魠 자가사리탁

馲 약대탁 㤖 요량할탁 虴 무렴탁 澤 고드름탁 澤 별이름탁 𦠆 살통통할탁 𨃭 맨발탁 鐸 요령탁 襗 속옷탁 蘀 낙엽질탁 籜 대껍질탁

橐 자루탁 欜 조두탁 驝 약대탁 㧻 칠탁 啄 쪼을탁 涿 칠탁 椓 칠탁 琢 옥다듬을탁 硺 칠탁 度 헤아릴탁 剫 쪼갤탁 𢤞 헤아릴탁

𧬌 속일탁 踱 맨발로걸을탁 𨍭 구를탁 坼 찢을탁 柝 조두탁 拆 터질탁 𧺆 반걸음탁 跅 늘어질탁 濁 물흐릴탁 㓹 불알발을탁

柝 쪼갤탁 坼 찢을탁 拆 찢올탁 拓 개척할탁 袥 옷자락탁 沰 돌던질탁 庹 팔로잴탁 𢋂 빠를탁 豛 칠탁 𣪁 갈탁 𧮢 커머거리탁 斀 불알베일탁

𨅫 건늘탁 侂 사람이름탁 𧞣 옷끌릴탁 𢾺 아플탁 擢 뺄탁 濯 씻을탁

탄

僤 빠를탄 憚 꺼릴탄 撣 다닥칠탄 嘽 숨찰탄 彈 탄환탄 殫 다할탄 暺 밝을탄 𦧺 말열열할탄 𢡽 땅이름탄 驒 돈점박이말탄

炭 숯탄 湠 넓을탄 嫨 예의없을탄 㨏 구를탄 汆 뜰탄 嘆 탄식할탄 歎 탄식할탄 灘 여울탄 攤 펼탄 癱 중풍날탄 畽 마당탄 疃 사슴발자국탄

呑 삼킬탄 㤥 어리석을탄 𤸛 파식하는병탄 誕 날탄 𩋢 말배띠탄 儃 한가할탄 憻 평안할탄 譠 속일탄 𩐁 누를탄 綻 옷솔기터질탄 𧚅 옷솔기터질탄

𤸰 중풍할탄 坦 평탄할탄 組 옷솔기터질탄

탈

頉 탈날탈 侻 가벼울탈 𢔴 빨리갈탈 棁 작대기탈 挩 제할탈 痥 말부스럼탈 脫 벗을탈 敓 억지로빼앗을탈 稅 물탈 𩒨 작은머리탈

皺 가죽벗어질탈 莌 활탈초탈 鮵 작은가물치탈 毲 모직탈 奪 빼앗을탈 㚇 탈탈 鵽 사막새탈 襊 기울탈 賟 재물탈

탐

眈 노려볼탐 耽 흘겨볼탐 帎 갓탐 晀 저녁경치탐 肬 고깃국찌끼탐 舵 비교할탐 探 정탐할탐 騃 말걸음넙뜰탐 憛 황급할탐 撢 찾을탐

貪 탐할탐 嗿 여럿이먹는소리탐 抩 함께가질탐 冊 살해질탐 鹼 짤탐 赻 머뭇거릴탐 譚 말어긋날탐 躙 넘어다볼탐 賧 속바칠탐 黮 어둠침침할탐

탑

塔 탑탑 嗒 생각잊을탑 搭 막을탑 褡 실매듭탑 踏 뛸탑 瘩 부스럼탑 鞳 쇠북소리탑 㒓 뜻물러날탑 塌 낮은땅탑 搨 비문박을탑

榻 긴걸상탑 傝 용렬할탑 緆 얽을탑 溻 젖을탑 翖 북이름탑 遢 용렬할탑 嚺 입움직일탑 䑽 큰배탑 毾 털자리탑 闒 용렬할탑 鎉 갈구리탑

鰨 가자미탑 闟 종소리탑 榻 긴걸상탑 犝 받을탑 鉿 쇠두겁탑 鞜 가죽신탑 㛥 엎드릴탑 狧 개먹을탑 䑜 크게먹을탑 舥 배대탑 鼛 북소리탑

鎑 줄탑 㧺 탐욕별탑 鰈 가자미탑 噠 혹혹들이마실탑 濕 물이름탑

탕

湯 물끓을탕 愓 방탕할탕 碭 무늬있는돌탕 逿 거꾸러질탕 蕩 클탕 踼 미끄러질탕 鐋 대패탕 簜 굵은대탕 盪 씻을탕 燙 델탕

偒 헌걸찰탕 婸 음탕할탕 趤 나갈탕 漟 손으로머무를탕 蓎 방탕할탕 惕 움직여일할탕 婸 업수이여길탕 蝪 땅거미탕 蕩 자리공탕

璗 아름다운금탕 宕 방탕할탕 蕩 추웡탕 雸 빈끌탕 饄 탐하여먹을탐 䚍 바로볼탐 躺 약할탕 掚 정제할탕 帑 나라금고탕

태

台 삼태성태 邰 나라이름태 苔 이끼태 怠 게으를태 殆 위태할태 炱 거림태 胎 삼태 迨 미칠태 紿 실얽힐태 跆 밟을태 孡 아이밸태

抬 칠태 笞 매칠태 詒 속일태 菭 이끼태 箈 죽순태 軩 수레기울어질태 嗿 거짓말태 駘 노둔한말태 鮐 복태 太 클태 忕 사치할태

汰 씻길태 怈 방자할태 呔 근수태 粏 겨로만든국태 ⿰黑太 몹시검을태 大 클태 泰 클태 傣 마음반지빠를태 兌 기쁠태 ⿰土兌 담무너질태 ⿰米兌 가루태 綐 가는명주태 娧 천천히할태 稅 추복입을태 脫 천천히할태 ⿰革兌 기울태 駾 말빨리결을태 棣 방자할태 埭 방축태 ⿰目隶 어둘태 ⿰金隶 미칠태 ⿰目逮 눈흐릿할태 ⿰言臺 자세할태 態 태도태 ⿰石隶 방축태

택

澤 못택 睪 가릴택 擇 가릴택 ⿱艹睪 칡덩굴택 ⿱艹澤 쇠카나물택 鸅 사다새택 毛 갓난털택 宅 집택 垞 언덕택 虴 베메뚜기택 ⿱艹乇 약풀택 ⿱艹宅 황정택

탱

樘 버팀목탱 撐 버틸탱 撑 버틸탱 橕 버팀목탱 ⿰食掌 배부를탱

터

攄 펼터

토

土 흙토 吐 토할토 芏 개벌왕굴토 靯 전동토 ⿰土鳥 접동새토 兔 토끼토 菟 새삼토 鵵 부엉이토 討 다스릴토 套 장대할토

톤

噋 느럭느럭결을톤 啍 입기운톤 褪 옷벗을톤 ⿰月庶 톤고기톤 ⿰目重 염우없을톤

퇴

退 물러갈퇴 腿 다리퇴 褪 옷벗을퇴 追 옥다듬을퇴 塠 떨어질퇴 槌 방망이퇴 ⿰王追 옥광채벌퇴 ⿰食追 증편퇴 ⿰骨追 목뒤뼈퇴 鎚 옥다듬을퇴 頧 하나라관이름퇴 ⿰酉自 낯더러울퇴 堆 언덕퇴 推 밀퇴 ⿸广隹 지붕물매질퇴 陮 높을퇴 ⿰車隹 성할퇴 ⿱山㢈 높을퇴 ⿱推火 튀할퇴 蓷 익모초퇴 魋 곰퇴 僓 순할퇴 隤 무너질퇴 穨 급한바람퇴 頹 쇠할퇴 ⿰彳貴 말병퇴 ⿰犭貴 말병퇴 ⿰片貴 집모양허술할퇴 ⿸疒貴 소문병퇴 ⿱艹隤 소루장이퇴 蹪 엎더질퇴 ⿺風貴 왜풍내리불퇴 ⿰山妥 산높을퇴 脮 살찔퇴 ⿸疒頹 산증퇴 蘈 소루장이퇴 ⿱人市 궁할퇴 敦 성낼퇴 焞 성할퇴 ⿱敦皿 맹세할때피마시는그릇퇴 磓 돌떨어질퇴

통

桶 통통 通 통할통 痛 아플통 筩 둥근구멍통 敲 두드릴통 樋 어름나무통 捅 이끌통 筩 대통통 蓪 어름덩굴통 統 거느릴통

侗 클통 恫 아플통 痌 아플통 筒 대통통 洞 밝고통달할통 慟 애통할통 衕 거리통

투

投 던질투 𧺆 떨어질투 䬦 만두투 骰 주사위투 偸 구차할투 㢦 매화틀투 媮 간교할투 渝 변할투 牏 담틀투 鍮 놋쇠투 𩞄 밀전병투

透 통할투 妒 투기할투 妬 투기할투 𤴼 젖멍울투 秅 땅이름투 䛠 말머뭇거릴투 鬬 싸움투 鬪 싸움투 䵤 벼싹팰투 𧲯 별이름투 套 전례투

특

特 특별할특 犆 하나특 螣 황충이특 貣 빌특 貸 빌특 蟘 벼메뚜기특 忑 마음허할특 㥂 어그러질특 忒 변할특 𣘦 말뚝특

慝 간특할특

파

巴 땅이름파 帊 머리수건파 把 잡을파 弝 활줌통파 芭 파초파 杷 비파파 疤 헌데자리파 爬 긁을파 䆉 벼이름파 袙 포파 吧 아이다툴파

妑 머리두갈래로땋아느릴파 𤘽 자빽뿔파 蚆 자개파 𧿞 난장이파 𢪃 손뒤집어칠파 觰 뿔뻗을파 軷 군사수레파 䣪 누른얼굴파 豝 짐승더러울파

笆 대울타리파 爸 아비파 筢 갈퀴파 鈀 쇠시랑파 葩 꽃송이파 靶 고삐파 舥 배다리파 耙 쇠시랑파 琶 비파파 豝 암톹파 㶚 나를파

齙 뻐드렁니파 髱 상투파 䈈 대산자파 杷 가을잎에단풍들파 怕 두려워할파 帕 머리동이는수건파 䑪 어지러울파 皅 빛참되지않을파 皤 머리휠파

蕃 흰쑥파 坡 언덕파 玻 유리파 破 깨질파 波 물결파 婆 조모파 碆 돌산촉파 頗 자못파 駊 말머리내두를파 菠 시금치파 㴜 험담할파

蔢 박하파 𢯷 헤칠파 岥 산비알질파 蚾 두꺼비파 跛 절뚝발이파 紴 비단무늬파 𤿭 주독올른코파 𨑹 절파 簸 까부를파 番

날랠파 譒 심을파 嶓 산이름파 播 심을파 鄱 땅이름파 膰 뚱뚱한배파 繙 긴소매파 叵 옳지않을파 尀 못할파 頗 머리기울파 鉕 구릿그릇파

派 나뉘나갈파 紪 흘은실파 罷 마칠파 穲 벼이름파 霸 으뜸파 灞 물가파 欛 칼자루파 壩 방축파 䃭 방치돌파 觰 뿔굽올파 犾 허리굽으리고갈파 伯 으뜸파 擺 벌릴파

판

判 쪼갤판 牉 나눌판 跘 도사리고앉을판 鸈 새매판 阪 언덕판 坂 언덕판 汳 물이름판 板 널판 版 조각판 昄 클판 眅 눈에흰자위많을판 瓪 암기와판 粄 경단판 舨 배판 畈 평평한밭두둑판 販 팔판 鈑 금불린판 𠵲 예물판 蝂 지기잘하는벌레판 辦 힘쓸판 瓣 외씨판 辬 아이눈뽀얄판

팔

八 여덟팔 叭 나팔팔 朳 고무래팔 汃 물결서로치는소리팔 玐 옥소리팔 釟 단련할팔 馴 여덟살된말팔 齺 잇소리팔 捌 깨칠팔

패

貝 자개패 唄 염불소리패 狽 낭패패 浿 물가패 敗 패할패 垻 방축패 犋 두해된소패 梖 패나무패 退 무너질패 䟺 밟을패

鋇 쇠뭉치패 伂 자빠질패 沛 넉넉할패 肺 성할패 怖 성낼패 犻 개성낼패 犻 두살된송아지패 眆 눈어둘패 毛 털많을패 旆 기패 霈 비쏟아질패 駍 말날랠패 佩 찰패 珮 패옥패 粑 쌀갈이국에탈패 孛 혜성패 悖 거스릴패 㪍 어둘패 誖 거스릴패 猈 발발이개패 䚛 뿔비뜨름할패

𣩸 찢을패 牌 패패 稗 피패 捭 두손으로칠패 簰 큰떼패 粺 정한쌀패 䫲 목기울패 𣛍 떼목패 蠯 긴금조개패 茷 풀잎무성할패 筏 까부를패 棑 방패패 𨚔 마을패 𩏊 허풍손이패 矲 작고앙질할패 偝 버릴패 背 버릴패 派 나뉘나갈패 𥳁 대쪽패 邶 땅이름패 拔 휘어꺾을패

柭 나무지엽돋을패 霸 으뜸패 灞 물가패 欛 잡을패 𣎵 삼잴패 䫌 굽은머리패 倍 배반패 伯 으뜸패

팽 彭 성 팽 膨 배불을 팽 蟛 방게 팽 澎 물소리 팽 𤢯 개 팽 憉 굳센체할 팽 嘭 팽팽소리날 팽 軯 찻소리 팽 伻 사람부릴 팽 𤗸 나무짜개는 소리 팽 砰 물에 돌굴르는 소리 팽 軯 수레가는 소리 팽 弸 활소리 팽 綳 묶을 팽 𥛅 묶을 팽 輣 싸움수레 팽 磞 돌때릴 팽 繃 묶을 팽 祊 사당문제사 팽 閍 대궐문 팽 旁 팽팽달릴 팽 騯 말떼지어갈 팽 亨 삶을 팽 烹 삶을 팽 鑏 쇠불릴 팽 掽 부딪칠 팽 砯 물이바위에부딪치는소리 팽 皏 열은빛 팽 闏 문바람 팽 𨄅 땅밟는소리 팽 𢗰 배아플 팽

팍 愎 강할 팍

편 便 편할 편 楩 나무이름 편 箯 대남여 편 緶 꿰맬 편 鞭 채찍 편 平 편편할 편 片 조각 편 覑 스쳐볼 편 鯿 메기 편 辮 가죽끊어질 편 扁 작을 편 惼 성미급하고 조비할 편 猵 수달 편 偏 치우칠 편 媥 간들간들걸을 편 𢐂 활뒤쳐질 편 碥 노두돌 편 𤸷 병들 편 𣯫 긴털 편 褊 옷너풀거릴 편 徧 두루 편 翩 빨리나를 편 楄 칠성판 편 蹁 돌쳐갈 편 蝙 박쥐 편 艑 작은배 편 篇 책 편 編 엮을 편 諞 교묘한말 편 遍 두루 편 䭏 떡 편 扁 특별 편 騗 말뛰어오를 편 䚲 빗겨볼 편 騙 속일 편 鯿 병어 편 𡘊 작을 편 砭 돌침 편 賆 천량늘 편 矈 갓난아이눈에예맥있을 편 𨉖 몸길고클 편

폄 𥐥 돌침 폄 砭 돌침 폄 窆 하관할 폄 貶 덜릴 폄 封 동폄할 폄

평 平 평할 평 坪 들 평 怦 마음급할 평 呯 애교있는음성 평 泙 물소리 평 𡜊 급할 평 玶 옥이름 평 抨 다닥칠 평 𤘣 얼룩소 평 𦍠 얼룩양 평 蚲 등애 평 苹 다북쑥 평 匉 크게소리질을 평 枰 바둑판 평 萍 마름 평 評 평론할 평 荓 부릴 평 姘 아내의계집종통간할 평 庰 감출 평 栤 나무패는

소리 평 硼 평돌 평 㢏 측간 평

폐

陛 천자 폐 狴 옥 폐 梐 우리간 폐 㑷 걸음걸이 폐 [illegible] 마소다닐 폐 䏶 밥통 폐 螕 홉합 폐 鞞 장화 폐 髀 볼기짝 폐 疪 다리습냉

병폐 敝 옷해질 폐 幣 돈 폐 弊 해질 폐 獘 해질 폐 蔽 가릴 폐 斃 죽을 폐 鄨 물이름 폐 廢 폐할 폐 癈 고질 폐 櫠 큰유자 폐 杮 대패밥 폐

肺 허파 폐 昁 흐릴 폐 吠 개짖을 폐 鼣 쥐이름 폐 [illegible] 머리기울어질 폐 [illegible] 절뚝발이 폐 㤥 믿을 폐 薜 돌삼 폐 嬖 사랑할 폐 陛 옥 폐 [illegible] 어음

조각 폐 砩 돌로물막을 폐 䤵 느릅나무장 폐 閉 닫을 폐

포

布 베 포 佈 펼 포 怖 두려워할 포 抪 펼 포 [illegible] 벌릴 포 [illegible] 땅이름 포 [illegible] 행주 포 [illegible] 간할 포 鈽 철판 포 庯 지붕평평할 포 峬

산모양예쁠 포 浦 물가 포 哺 먹일 포 圃 채전 포 [illegible] 끌 포 [illegible] 말굽자국 포 逋 포흠질 포 晡 신시 포 捕 잡을 포 匍 길 포 脯 포육 포 [illegible] 꿀떡 포

[illegible] 갚을 포 豧 돼지소리 포 [illegible] 집무너지려할 포 葡 포도 포 蒱 저포 포 酺 술잔치 포 誧 클 포 [illegible] 가리 포 蒲 부들 포 鋪 펼 포 舖 펼 포 餔

먹을 포 鯆 물아지 포 [illegible] 말린생선 포 勹 쌀 포 包 쌀 포 泡 물거품 포 刨 깎을 포 庖 푸주간 포 咆 범의소리 포 抱 안을 포 炰 털그슬릴 포 疱 부푸

를 포 怉 회포 포 炮 털그슬릴 포 苞 딸기 포 枹 나무무데기로날 포 垉 캘 포 孢 아이밸 포 跑 허빌 포 詯 말수선스러울 포 [illegible] 얼굴붉으래할 포 爮 외지

포 胞 태 포 砲 대포 포 皰 여드름 포 袍 도포 포 鞄 가방 포 靤 면종 포 軳 돌아올 포 苞 덮을 포 匏 박 포 鉋 대패 포 飽 배부를 포 鮑 저린생선 포

髱 수염많을 포 麅 노루 포 [illegible] 밭갈 포 [illegible] 얼굴얽을 포 齙 엄니 포 麃 노루 포 [illegible] 짐승소리 포 褒 앞깃 포 暴 사나울 포 瀑 폭포 포 儤

주도번잘 포 暴 사나울 포 儤 숙직할 포 儤 도임할 포 曝 볕쬘 포 [illegible] 갈 포 [illegible] 계명주 포 [illegible] 계명주 포 爆 불터질 포 暴 사나울 포 礮 대포 포 奅

클포 圃 채전포 宋 감출포 抛 던질포 袌 포장할포 褒 포장할포 襮 앞깃포 橐 사십근포 䬌 가벼울포 虣 포악할포 脬 오줌통포

폭

幅 폭폭 輻 바퀴살폭 暴 나타날폭 曝 볕에말릴폭 㬥 나타날폭 爆 불터질폭 瀑 폭포폭 䝛 작은돌폭

퐁

浜 갯고랑퐁

표

表 걸표 俵 나눠질표 𢬵 나눌표 裱 목수건표 䁃 눈에대고볼표 諘 칭찬할표 票 불날표 僄 진중치못할표 剽 찌를표 勡 겁탈할표

嘌 차흔들릴표 墂 언덕쌍아표할표 瞟 볕쬐여말릴표 摽 칠표 彯 띠늘어질표 漂 뜰표 𡺺 산이마표 嫖 날랠표 慓 급할표 幖 깃발표 標 표할표

蔈 떨어질표 熛 불티표 膘 부레표 𨇤 사뿟사뿟갈표 𧽌 사뿐사뿐갈표 𦗴 겨우들을표 磦 산봉오뚝할표 瞟 밝게살필표 𧬊 말경할표 鏢 칼날표

褾 소매끝표 瓢 표주박표 縹 옥색빛표 螵 뽕나무벌레표 翲 높이나를표 𧢄 둘러볼표 鰾 부레표 醥 약주술표 薸 개구리밥표 檦 표표

飃 날릴표 驃 날쌜표 篻 가는대표 䯽 머리엉킬표 顠 털엉킬표 瘭 병이름표 麃 위엄스러울표 儦 걷는모양표 瀌 눈비퍼불표 犥 얼룩소표

臕 살찔표 藨 김맬표 皫 새털빛변할표 穮 김맬표 𦔉 김맬표 鑣 성할표 猋 개달아날표 䐋 종기터지려할표 贆 물에사는조개표 䁃 반갑지않게볼표

旚 깃발훌훌날릴표 飆 회리바람표 杓 북두자루표 豹 표범표 𪕋 범잡는쥐표 𠹤 자랑할표 𧷤 봉족줄표 髟 머리희뜩희뜩할표

彪 칙범표 橐 자루아가리벌릴표 𪏽 기장된장옷거덕표 䤖 여드름표 毰 알안을표 㓇 깎을표 㲉 가벼울표 飈 미친바람표 颷 미친바람표 𧳋 잠잘자는양표

殍 굶어죽을표 驫 말몰려달아날표 嫖 연약할표 莩 굶어죽을표 飇 날릴표

푸

颫 바람셀푸

품 品 품수 품 稟 품할 품

풍 風 바람 풍 渢 물소리 풍 諷 외울 풍 堸 벌레집 풍 楓 단풍나무 풍 㶶 불살롤 풍 ⿰虫風 벌레집 풍 颪 내리지르는바람 풍 瘋 두풍 풍 飌 바람 풍 凮 바람 풍 豐 풍년 풍 酆 땅이름 풍 蘴 무 풍 靊 구름말은 귀신 풍 麷 볶은보리 풍 灃 물이름 풍 馮 고을이름 풍 葑 배추 풍

퓨 滮 흐를 퓨

피 皮 가죽 피 披 헤칠 피 佊 간사할 피 陂 기울어질 피 ⿸广皮 펼 피 怶 성낼 피 狓 너풀너풀 나를 피 彼 저 피 帔 배자 피 被 입을 피 疲 피곤할 피 ⿰比皮 그릇금날 피 柀 비자 피 岥 덮을 피 ⿰弓皮 활잔뜩당길 피 旇 대장기 피 ⿰歹皮 가지꺾을 피 ⿰开皮 입딱벌릴 피 詖 말잘할 피 鈹 날있는창 피 ⿰貝皮 줄 피 翍 날개쩍벌릴 피 ⿰田皮 발갈 피 髲 머리쓰개 피 跛 기울여설 피 骳 뼈구불텅구불텅할 피 ⿰彳丕 닫는모양 피 罷 느른할 피 ⿰亻罷 머무를 피 犤 난쟁이소 피 ⿱罷龍 쇠꼬리 피 ⿰耒罷 긴따비 피 襬 치마 피 辟 부를 피 避 피할 피 ⿱髟卑 갓치장할 피 貏 점점평평할 피 椑 나무밑둥서로얽힐 피 吀 숨찰 피 ⿰口畁 꾸짖는소리 피 ⿱穴示 샐 피 ⿱冂羽 싸래기 피 ⿱此衣 옷구길 피 鉟 기름 피 ⿰口紫 예쁜입 피 ⿸疒畢 전군될 피 鞴 풀무 피 ⿰韋犬 차앞턱나무 피 韛 풀무 피

픽 腷 뜻막힐 픽 愊 지성스러울 픽 煏 불에말릴 픽 ⿰米畐 불에고기말릴 픽 ⿰禾复 불에말릴 픽 ⿰血或 개피 픽

필 必 반드시 필 佖 위엄스러울 필 邲 땅이름 필 怭 업신여길 필 抋 찌를 필 ⿰巾必 장막 필 咇 향기날 필 妼 계집단정할 필 ⿰虫必 검은벌 필 珌 칼장식할 필 泌 물좁게흐를 필 苾 향기날 필 鉍 창자루 필 馝 내날 필 飶 음식맛있을 필 駜 살진말 필 ⿰黍必 향내날 필 鮅 상피리 필 ⿰酉必 술다마실 필 滵 물넘올 필 ⿰革必 차묶는가죽 필 ⿰木𥁑 문지방 필 ⿰氵𥁑 물철철넘칠 필 畢 마칠 필 ⿰冫畢 바람찰 필 滭 샘끓어솟을 필 蓽 필발 필 彃 활시위 필 蹕 길치울 필 縪 그칠 필 韠 슬갑 필 罼

사냥그물필 嗶 울필 嫳 어미필 譁 공경할필 襅 질빵필 禪 소왕제필 熚 불타는소리필 蹕 동부필 斁 불러빨리오라할필 鏎 쪽필 飂

바람찰필 趩 길치울필 篳 사립문필 饆 두텁덕필 韠 슬갑필 筆 붓필 㻶 찌를필 匹 짝필 疋 짝필 咇 침뱉을필 鴄 집오리필 㕾 침뱉을필 虙

근심할필 筣 엄쪽필 秭 움벼필 拂 도울필 比 차례필 吡 새소리필 騙 도총이필 鵯 갈까마귀필 觱 대평수필 滭 샘솟을필 華 키필 笔 붓필

弼 도울필

핍

乏 다할핍 姂 고울핍 泛 물소리핍 鴔 오디새핍 逼 가까울핍 偪 핍박할핍 幅 행전핍 愊 답답할핍

하

下 아래하 芐 지황하 痄 이질하 梺 물레가락하 鞐 책잡끗이하 何 어찌하 河 물하 荷 연꽃하 歌 껄껄웃을하 閜 휑뎅글할하

菏 무하 哬 묻소리하 訶 시끄러울하 嗬 대답소리하 㗿 하하웃을하 賀 하례할하 䙓 소매하 謌 대답할하 皻 복하 遐 멀하 蝦 두꺼비하

碬 숫돌하 瑕 옥티하 蕸 연잎하 嘏 목구멍하 䟭 발자국하 煆 말릴하 睱 천천히볼하 霞 놀하 鍜 투구하 騢 얼룩말하 赮 벌걸하 鞎

신뒤축하 韎 신근피하 躽 몸굽힐하 緞 신뒤축하 鰕 암코래하 諍 속일하 譺 속일하 諕 속일하 呀 입딱벌릴하 岈 산골휑할하 疨 인후병하 谺 골속

휑할하 閕 문닫을하 颬 입벌리고기운토할하 嚇 얼른하 夏 여름하 廈 큰집하 嘀 입벌릴하 㦖 뜻없을하 磆 돌버러질하 墟 틈하 鏬 틈하

鏬 틈하

학

學 배울학 澩 마른샘학 礐 산에돌많을학 壆 흙굳을학 觷 뿔학 鷽 발의새학 虐 사나울학 謔 기롱지거리할학 瘧 학질학 洛 열학

狢 담비학 貉 담비학 吒 성내서부를학 涸 물자줄학 嗃 엄숙히꾸짖을학 謞 간특할학 翯 깃흼치르르할학 㵿 물부를학 縠 옷깃안학 嚛 시구무러할학

蠚 쏠 학 碻 자갈땅 학 郝 땅이름 학 㱿 토할 학 㱿 구역질할 학 㲉 졸라맬 학 貈 담비 학 鶴 학 학 曤 밝을 학 矐 눈멀 학 䨼 새 흴 학 鸖 학 학

矍 놀라볼 학 嬳 모양낼 학 䨼 싱거울 학 縞 생사 학 䃧 맷돌 학 㱿 이를 학

한

限 한정 한 恨 한할 한 狠 사나울 한 㡾 문지방 한 蛝 왕개미 한 䭋 주릴 한 閒 문지방 한 閈 문지방 한 汗 땀 한 旱 가물 한 垾 뚝 한

悍 정성 한 捍 호위할 한 扞 막을 한 邗 물이름 한 罕 기 한 稈 줄기 한 犴 들개 한 皔 흴 한 䯊 창병에 쓰는 약 한 焊 불에 말릴 한 䟺 외발로 설 한

䛞 수다할 한 㲦 그칠 한 銲 팔찌 한 釬 팔찌 한 骭 갈빗대 한 馯 오랑캐 한 駻 사나운 말 한 鼾 코골 한 閈 이문 한 閑 한가할 한 閒 겨를 한 嫺 익힐 한

僩 위엄스러울 한 燗 술데울 한 憪 마음고요할 한 瞯 엿볼 한 癇 간기 한 撊 성나 불끈거릴 한 醎 짤 한 騆 한눈흰말 한 鷴 한새 한 鷳 한새 한

莧 패모 한 覸 엿볼 한 麲 보릿가루 한 寒 찰 한 蔊 파리 한 寒 가난할 한 漢 한나라 한 暵 마를 한 熯 말릴 한 㬶 보리발 한 䕿 겨울에 갈 한 𦒃 높이 나를 한

𪈨 물에 젖었다 마를 한 焯 개갓 한 韓 글가리 한 梡 아이 침턱받기 한 豻 돌달아나는 모양 한 䩚 활쏘는 팔지 한 邯 땅이름 한 獾 왕살기 한 韓 한나라 한

韓 누이름 한 翰 흰꿩 한 鶾 붉은닭 한 䱖 고기이름 한 䤴 맑은 술 한 翰 깃 한 瀚 질펀할 한 𩢍 말걸음 익힐 한 澗 넓을 한 嫺 익할 한

할

割 벨 할 害 무엇 할 嗐 하품할 할 磍 자갈땅 할 螛 눈 굴리고 혀 널름거릴 할 轄 다스릴 할 䅣 저고리 할 縖 묶을 할 瞎 애꾸눈 할 𩡧 향내날 할

鎋 주장할 할 鶷 백설조 할 愒 두렵게할 할 劼 힘쓸 할 蝎 뽕나무좀 할 猲 키키할 할 𩑶 전장할 할 閜 문소리 할 圔 약대소리 할 鶡 새이름 할 齃 씹는 소리 할

劼 삼갈 할 硈 견고할 할 黠 약을 할 閅 흘겨볼 할 䄗 두량할 할 樺 북 할 閤 문 여닫는 소리 할 𩓥 마르지 못할 할 毼 잠깰 할 𦗼 거느릴 할

함

(함) 含 먹음을함 唅 먹음을함 琀 반함옥함 浛 잠길함 梒 앵도함 㤷 방자할함 晗 날샐함 谽 골속휑할함 欱 빙그레웃을함 䫲 얼굴붉을함

翖 새새끼풀풀나를함 䤴 술빛함 紷 분홍빛함 㼨 키달린병함 莟 꽃필함 頷 턱함 咸 다함 喊 고함지를함 堿 짤함 娍 계집더러울함 㦰 키크고건장할함

椷 궤짝함 瑊 옥돌함 鰔 보리새우함 轗 찻소리함 歁 방그레웃을함 緘 봉할함 諴 화할함 醎 짤함 鹹 짤함 顑 주릴함 凾 함함 涵 젖을함

㖤 소리지를함 䐄 턱함 㮀 키막이함 𢔁 배에물들어올함 鋡 갑옷함 臽 함정함 陷 빠질함 埳 빠질함 淊 진흙물함 脂 고기먹어서싫지않을함 餡 떡소함

錎 빠질함 䶃 이갈함 圅 용납할함 嵅 함곡판함 涵 젖을함 䐄 턱함 歛 탐할함 焓 델함 椷 홈함 霮 장마함 鋡 갑옷함 菡 꽃봉오리함

銜 재갈함 㗅 말재갈함 槭 나무더질함 䶢 나쁠함 檻 난간함 濫 샘솟을함 壏 석비래함 膁 떡속고기함 獵 범의소리함 轞 수렛소리함 艦 싸움배함

驖 말달아날함 䖙 범의소리함 䖔 범의소리함 鼸 두더지함 㰹 혹함 谽 높은골함 颬 바람소리함 䱇 조개함 啣 명함 銜 재갈함 㘕 메마른땅함

䨵 절그릇함 䨲 큰독함 䡳 수렛소리함 騐 물에챌함 欦 탐할함 䫲 머리내밀함 瓴 키있는병함 笒 속밴대함 启 젖함 莟 꽃필함 康 꽃어지러울함

㺂 열릴함 賺 뇌물함 㘓 범우는소리함 闞 소리우렁찰함 䟕 걸을함 糠 메벼함 豏 콩소함 嗛 먹음을함 甉 기와덮을함 㦰 불쪼일함 諴 사랑할함

합

(합) 合 합할합 蛤 조개합 閤 도장합 峆 겹겹산합 谽 두산서로닿을합 珨 문여닫을합 迨 뒤미쳐갈합 匌 기운답답할합 盒 합합 哈 크게마실합

郃 고을이름합 欱 합할합 峇 합할합 毾 속눈섭길합 詥 화할합 頜 아랫볼합 鴿 집비둘기합 渇 여울합 齃 코물합 盍 합할합 榼 계집저고리합

䈪 대자리합 熆 불붙을합 㿯 불부는통합 盧 감출합 盍 두드릴합 歆 훅들여마실합 榼 주합합 嗑 합할합 闔 문짝합 溘 문득합 蓋 영덮을합

蠚 딱정벌레합 讍 말수다할합 怲 즐거울합 柙 짐승우리합 呷 들이마실합 欪 코로숨쉴합 䖙 범합 褡 더그레합

항

亢 목항 伉 강직할항 茪 부들항 沆 큰물항 炕 마를항 抗 항거할항 迒 토끼길목항 砊 돌소리항 杭 거룻배항 吭 목구멍항 骯 꿋꿋할항

航 배항 斻 결선할항 蚢 쑥누에항 貥 큰자개항 䟘 다리뻗을항 頏 목항 翃 날아내릴항 閌 문높을항 [illegible] 말머리높을항 [illegible] 어두울항 [illegible] 씹을항

降 항복할항 [illegible] 개길들지않을항 [illegible] 칠항 行 항렬항 桁 착고항 [illegible] 악공항 [illegible] 기쁠항 衖 거리항 肛 분문항 缸 항아리항 瓨 목긴항아리항

項 목뒤항 [illegible] 해바라기항 [illegible] 피항 [illegible] 짐승의발자취항 巷 거리항 港 항구항 [illegible] 마음당돌할항 佷 돌아올항 姮 계집이름항 谾 빈골짜기항

恒 항상항 [illegible] 항통항 [illegible] 동이항 [illegible] 달돋을항 [illegible] 기운병항 酐 쓴술항 笐 통발항 恆 항상항 [illegible] 바로볼항 況 하물며항 肮 목항

해

亥 돌해 孩 어린아이해 侅 이상할해 峐 버서진산해 荄 풀뿌리해 畡 땅끝닿은곳해 姟 백조해 [illegible] 피로워할해 胲 갖출해 晐 갖출해

咳 기침해 劾 힘쓸해 陔 언덕해 垓 땅끝닿은곳해 該 그해 痎 이틀거리학질해 欬 기침해 [illegible] 서로볼해 [illegible] 급히갈해 [illegible] 달아날해 輆 거리낄해

賅 넉넉할해 [illegible] 묶을해 骸 뼈해 頦 턱해 駭 놀랄해 豥 네굽흰돌해 [illegible] 머리해 [illegible] 새알심해 賌 이상할해 奚 어찌해 膎 포해 [illegible] 마음불평할해

[illegible] 끌해 蒵 풀해 豯 돼지해 螇 긴메뚜기해 [illegible] 머리비뚤해 騱 트기해 解 풀해 澥 바다이름해 獬 해태해 懈 게으를해 廨 마을해 邂 우연히만날해

蟹 게해 繲 옷빨해 嶰 고을이름해 [illegible] 역정낼해 [illegible] 호강스러울해 [illegible] 작은고을해 薢 며래해 檞 솔나무고갱이해 [illegible] 창날카로울해

害 해할해 [illegible] 욕할해 [illegible] 가는뼈해 偕 함께할해 湝 찰해 諧 기롱지껄이할해 楷 본뜰해 瑎 꺼먼은옥돌해 [illegible] 오래된학질때없이발생할해

韰 염교해 [illegible] 좁을해 瀣 이슬기운해 [illegible] 상둣군소리해 [illegible] 헤아릴해 [illegible] 상엿소리해 海 바다해 咍 웃음소리해 [illegible] 어린아이웃을해 [illegible] 몸길해

[illegible] 급히달아날해 [illegible] 수게해 [illegible] 코끝해 醘 술잔해 醢 간장해 [illegible] 문짝해 [illegible] 웃는소리해 陒 험할해 [illegible] 말잘할해 [illegible] 말느럭느럭할

(해) 榼 술통 해 欿 마실 해 咳 웃을 해 趩 달아나다 머물을 해 郇 마을이름 해 餀 더러운 냄새 해 鮭 복 해 妎 투기할 해 㧡 벌릴 해 趨 머물을 해 駭 놀랄 해

핵

絯 굵은실 핵 核 씨 핵 劾 핵실할 핵 格 막힐 핵 輅 수레앞 마구리 핵 覈 깃받침 핵 覈 사실할 핵 䵷 거친겨 핵 礉 각박할 핵 槅 씨 핵 翮 쭉지 핵

행

幸 다행 행 涬 천연스러울 행 倖 요행 행 婞 발끈할 행 啈 싸움할 행 涬 쓸쓸할 행 悻 발끈성낼 행 㓑 코풀 행 睟 눈어둘 행 緈 끈을 행 諱 성낼 행 杏 은행 행 行 행할 행 荇 마름풀 행 裄 소매기리 해 笐 대삿자리 행 胻 종아리 행 絎 바느질할 행 骯 소등마루 뒤뼈 행 鴴 참새 행 軥 수렛소리 어지러울 행

향

香 향기 향 䒧 나물국 향 楿 계수나무 향 麘 사향사슴 향 向 향할 향 珦 옥이름 옥 晑 대낮 향 曏 밝을 향 响 울 향 牖 북창 향 躹 쳐다볼 향 餉 먹일 향 鄕 저즘께 향 鄕 시골 향 蠁 누에번데기 향 薌 향기 향 曏 저즘께 향 嚮 잠간 향 響 소리울림 향 饗 잔치할 향 闟 문머리 향 㶾 불에말려낼 향 髹 칠 향 享 드릴 향 饟 먹일 향

허

虛 빌 허 墟 큰언덕 허 㦽 뜻허겁할 허 嘘 불 허 䃰 가벼운돌 허 䘬 주린키신 허 嘘 산길험할 허 歔 휘한숨쉴 허 嘘 울 허 魖 헛도깨비 허 驉 트기 허 嘘 불 허 許 허락할 허 蒣 끌 허 栩 참나무 허 詡 자랑할 허 煦 불 허 笶 대밥그릇 허 魼 가자미 허 鄦 나라이름 허

헌

憲 법 헌 幰 수레앙장 헌 憶 깨달을 헌 攇 쥘 헌 譹 낭자할 헌 𧽏 달아나랴할 헌 獻 드릴 헌 巘 시루봉 헌 軒 초헌 헌 觛 뿔숫가락 헌

昍 밝을 헌 𡵉 날듯할 헌 觛 뿔두를 헌 韗 뿔고르지 않을 헌 晛 큰판자 헌 鞙 멍에얽는 가죽 헌 掀 들 헌

헐

蝎 전갈 헐 歇 쉴 헐

험

嶮 높고험할 험 憸 간사할 험 驗 증험할 험 險 험할 험 譣 간사한 말 험 嬐 입을 험 忺 하고저할 험 杴 가래 험 秢 벼상할 험 獫 북녁 험 𣚺 오랑캐 험 蘞 그늘 험 黬 주황빛 험

혁

赫 빛날 혁 嚇 성낼 혁 爀 빛날 혁 赩 싯벌걸 혁 焃 붉을 혁 捇 흙팔 혁 㤸 마음편치 않을 혁 諕 속으로 업신여길 혁 𧹞 빨갈 혁 䞓 볼 혁 欯 걸걸웃을 혁 䁤 눈붉을 혁 䞒 진한 붉은빛 혁 奕 클 혁 弈 바둑 혁 矜 긴창 혁 侐 고요할 혁 洫 밭도랑 혁 殈 알터질 혁 鬩 송사할 혁 潶 두려워할 혁 塙 흙덧붙일 혁 槅 멍에 혁 䫄 눈물씻을 혁 焱 불꽃 혁 燬 보리볶을 혁 趩 짐승달아날 혁 奭 붉은모양 혁 觡 뿔로 지팡이에 손잡이할 혁 趷 자빠질 혁 𧾷 몰래달아날 혁 旻 눈짓할 혁 瞁 놀라볼 혁 䎀 깃소리 혁 虩 승호충 혁 覤 깜짝놀랄 혁 䖅 범의소리 혁 顩 흰다람쥐 혁 淢 슬퍼울 혁 䨥 쓰라릴 혁 革 가죽 혁 幝 홈질할 혁 嘩 사방풍 혁

현

見 드러날 현 俔 비유할 현 莧 자리공 현 娊 허리가는 현 陙 안정할 현 哯 아이젖토할 현 晛 햇발 현 現 나타날 현 睍 고울 현 蜆 작은조개 현 峴 고개 현 鋧 푼끌 현 誢 간하는말 현 玄 검을 현 泫 물깊을 현 炫 밝을 현 弦 활시위 현 鉉 솥귀 현 蚿 노래기 현 抾 마음급할 현 呟 소리 현 昡 햇빛 현 痃 적병 현 陖 구덩이 현 怰 팔 현 贒 팔 현 紘 풍류줄 현 袨 고운옷 현 眩 현황할 현 胘 소천엽 현 玹 옥돌 현 趚 멀리달아날 현 鴱 제비 현 駭 한살된 말 현 鞙 칼집 현 舷 뱃전 현 衒 자랑할 현 婜 지킬 현 諺 말급할 현 顯 나타날 현 䩙 말뱃대끈 현 縣 고을 현 懸 달릴 현 旬 눈방울 굴릴 현

洵 멀현 眴 눈곰적거릴현 絢 문채날현 賢 어질현 贒 어질현 贙 대마를현 㘋 심문할현 琄 패옥늘어질현 埍 하인청현 弲 뿔활현 鋗 퉁노구현 鞙 칼집현 騆 철총마현 儇 영리할현 蠉 장구벌레현 嬛 새뜻할현 獧 빠를현 懁 급할현 繯 얽을현 譞 말수다할현 翾 파뜩파뜩나를현 瞏 눈엇뜨기현 讂 욕심낼현 㢺 강한활현 弶 활굽을현 諼 서로책할현 詽 말다툼할현 𢍏 사람이름현 吅 부르짖을현 雲 이슬성할현 帟 표신기현 軒 수레뜨껑살현 閺 힘시험하는추현 胘 소밥통현 鶱 훨훨날현 蹇 달아날현 藖 보리짚현 䶢 날현 虓 범의성낼현

혈

血 피혈 䒸 꼭두서니혈 㝥 심방혈 穴 구멍혈 泬 빌혈 岤 산굴혈 䀗 깜짝놀라볼혈 䛘 성낼혈 孑 고독할혈 頁 머리혈 闃 문소리혈 頡 말여꾸혈 烕 불꺼질혈 絜 잴혈 㡜 넓은띠혈 𥊯 눈속붉을혈 炔 불불을혈 疦 창구멍빌혈 吷 들이마실혈 碟 가죽다룰혈 怴 어리석을혈 覭 단단히맬혈 襭 옷섭에쌀혈 蔦 요화혈 趐 나아갈혈 娎 기쁠혈 寘 머리기울혈 猲 사냥개혈 鞊 단단히맬혈

혐

嫌 혐의혐 獫 개연속짖을혐 𤮍 향기로울혐 嬐 아름다울혐

협

協 화할협 拹 꺾을협 脇 갈비협 熁 불닥칠협 脅 갈빗대협 恊 허리띠협 㸫 소건장할협 嗋 들이마실협 愶 위협할협 𧵍 재물협 勰 생각할협 𩗗 바람회할협 歙 기운들여마실협 夾 가질협 俠 협기협 峽 물낀산골협 𠗋 얼어붙을협 㛍 얌전할협 浹 두를협 篋 상자협 匧 상자협 莢 콩껍질협 脥 빰협 筴 젓가락협 狹 좁을협 梜 젓가락협 挾 낄협 愜 쾌할협 陜 좁을협 硤 굳셀협 悏 뜻맞을협 蛺 범나비협 綊 면류관싸개협 㥦 생각할협 㰼 숨찰협 瓬 반쪽기와협 𢚼 마음에맞을협 鋏 칼협 頰 빰협 陿 좁을협 䯟 광대뼈협 𪘂 옥니협 慊 족할협 叶 화할협 祫 합제사협 鞈 겹가죽협 𢏑 활셀협 鉿 빠지는소리협 餄 떡협

형

亨 형통할형 哼 겁낼형 悙 굳센체할형 ⿰歹亨 부을형 脝 배불룩할형 ⿰舟亨 소금배형 螢 반딧불형 瑩 옥빛조출할형 藑 들개나리형

熒 의혹할형 嵤 산깊을형 滎 실개천형 鎣 꾸밀형 瀅 물맑을형 濙 작은물형 ⿱𤇾子 외로울형 褮 옷에구멍날형 ⿱𤇾瓜 작은외형 形 형상형 刑 형벌형

侀 이룰형 邢 나라이름형 型 골형 ⿰山刑 험한봉우리형 ⿰女刑 계집키클형 ⿴行开 걸음걷는모양형 硎 숫돌형 荊 가시형 鈃 국그릇형 珩 노리개형 桁 도리형

衡 쇠뿔길형 衡 저울대형 蘅 픔취형 陘 언덕형 娙 맵시날형 ⿰忄巠 어긋날형 蛵 잠자리형 烴 늦는범새형 鋞 목긴그릇형 ⿰音巠 풍류이름형 鋞 남비형

泂 찰형 炯 빛날형 迥 멀형 ⿰氵冏 물빵빵돌형 ⿰忄冏 기억할형 ⿰巾冏 넓은손수건형 烱 불꽃형 詗 염탐할형 兄 형님형 娊 즐거울형 ⿰兄欠 빙그레웃을형

⿰鼻亨 코풀형 馨 향내멀리날형 ⿱臤火 밝을형 敻 멀형

혜

惠 은혜혜 憓 사랑할혜 蕙 난초혜 譓 순할혜 蟪 쓰르라미혜 潓 물결혜 ⿰礻惠 제사혜 鏸 세모창혜 韢 주머니끈혜 寭 밝을혜

繐 가늘고성긴베혜 ⿰羽惠 쭉지끝혜 ⿰魚惠 고등어혜 慧 지혜혜 譿 살필혜 ⿰羽彗 쭉지밑둥혜 彗 비혜 嘒 작은소리혜 暳 작은별혜 槥 작은관혜 嵇 산이름혜

傒 기다릴혜 徯 기다릴혜 ⿰女奚 계집종혜 ⿰立奚 기다릴혜 ⿰目奚 지름길혜 謑 비뚤혜 ⿰奚欠 탄식할혜 蹊 지름길혜 鞵 짚신혜 鼷 생쥐혜 豯 석달된돝혜

兮 어조사혜 盻 눈흘겨볼혜 醯 초혜 ⿱兮皿 방구리혜 ⿰足兮 자취혜 ⿰兮色 황달빛혜 匸 감출혜 橀 나무이름혜 酼 초혜 夅 가릴혜 鞋 신혜 ⿰契頁 찾을혜

訳 빙글빙글할혜 ⿰亻⿱夂言 기다릴혜 ⿱制女 흉할혜 嵇 산이름혜

호

号 이름호 呺 바람소리호 號 이름호 ⿱號土 질솥호 ⿰号盧 흙가마호 ⿰号頁 흰머리호 ⿰風号 바람소리호 乎 어조사호 呼 부를호 ⿰米乎 죽호 垀 담호

虖 탄식할호 嘑 웅얼거릴호 滹 물이름호 謼 부를호 ⿰血虖 피땀호 ⿰虖欠 불호 摢 덮을호 祜 복호 怙 믿을호 岵 산거할호 皓 해돋을호 浩

皓 넓고클호 晧 흴호 峼 산이름호 哠 말많을호 聕 들을호 澔 채색빛날호 冱 어그러질호 沍 얼호 冱 얼호 枑 마름쇠호 袙 짧은옷호 狟 꼬리긴원숭이호

言互 기록할호 黍互 풀호 魱 준치호 罡 토끼그물호 胡 어찌호 喖 목젖호 䠒 무릎굽힐호 瑚 산호호 葫 굵은마늘호 鶘 펑갈고푸른새호

糊 풀호 蝴 들나비호 衤胡 옷겨드랑이호 瘷 목에걸릴호 鍸 쇠접시호 箶 전동호 醐 약주술호 湖 물호 猢 원숭이호 楜 호초호 广胡 평할호 鰗 복호

餬 미음호 鶘 사다새호 鬍 구레나룻호 鼠胡 흰원숭이호 戶 집호 山戶 작은산호 芦 지황호 帍 행주치마호 昈 빛날호 戽 손두레박호

鳸 종달새호 扈 호위할호 滬 통발호 熩 빛날호 扌扈 거스릴호 山扈 산낮고클호 槴 통발호 豪 호걸호 扌豪 다소를비교할호 濠 해자호 嚎 소리높을호

壕 땅이름호 山豪 산이름호 蠔 굴호 譹 부르짖을호 虍 범의문채호 虎 범호 琥 옥호부호 箎 긴대호 虫虎 거미호 弓虎 활쏠호 鬼虎 귀신호

滈 장마호 縞 흰비단호 鎬 남비호 犒 호궤할호 蒿 김오를호 艹滈 향부자호 白高 흰호 食高 먹일호 鰝 왕새우호 風高 뜨거운바람호 嗥 범의소리호

皐 부를호 皞 말리울호 暤 밝을호 阝皐 성밑질호 獋 개짖을호 谷皐 깊은골짜기호 言皐 속일호 濩 흘러퍼질호 穫 땅이름호 鬲蒦 파랄호

護 호위호 韄 칼장식호 頀 탕나라풍류호 𠢏 건장할호 嫭 아름다울호 鄠 땅이름호 好 좋을호 土虖 흙솥호 足乎 두무릎꿇을호 顥 클호 灝 끝없을호

薅 김맬호 虍非 보지못할호 厂殳 쌀꿋간호 壺 병호 木壺 굵고끝뺀대추호 衚 골목호 綔 인끈호 狐 여우호 弧 나무활호 豸瓜 여우호 瓠 표주박호 楛 나무이름호

怘 탐낼호 扝 끌어당길호 扌休 쓸어버릴호 昊 여름하늘호 淏 맑을호 毫 터럭호 犭毫 담비호 氵𠂤 자루달린두레박호 耗 갈꺼어거름할호

許 여럿이지르는소리호 滸 물가호 戲 슬프다할호

혹

或 혹혹 惑 의심혹 幗 건이바람에제쳐질혹 掝 호리멍덩할혹 焅 가무는기운혹 趌 넘을혹 酷 혹독할혹 熇 뜨거울혹 翯 깃흠치르르할

깃흠치르르할 혹 豰 흰여우새끼 혹 㲉 돌소리 혹 𣪊 햇발붉을 혹 𣫅 해돋을때붉으레할 혹 䞊 거꾸러질 혹 隺 높이이를 혹

혼

焜 밝을 혼 掍 같을 혼 混 섞일 혼 餛 경단 혼 棍 나무묶을 혼 昆 하늘몸 혼 婫 머리덮을 혼 䛰 말분명하지못할 혼 䚠 뿔둥구스름할 혼

䵪 새까말 혼 昏 날저물 혼 昬 어두울 혼 棔 상나무 혼 㖧 잔말할 혼 婚 혼인할 혼 殙 혼미할 혼 閽 문지기 혼 惛 혼미할 혼 㑮 어두울 혼 涽 흐릴 혼 焝 불탈 혼

睧 눈어둘 혼 𣢧 어둘 혼 惽 혼암할 혼 睯 번민할 혼 緷 백우 혼 𨂷 결을 혼 䤎 술따를 혼 鼲 다람쥐 혼 魂 혼 혼 䰟 혼 혼 麲 보리누룩 혼

忶 마음답답할 혼 圂 뒷간 혼 慁 욕될 혼 溷 더러울 혼 棞 통나무 혼

홀

笏 홀 홀 曶 먼동틀 홀 忽 문득 홀 昒 새벽 홀 惚 망단할 홀 唿 근심할 홀 㧾 먼지털 홀 緫 잘 홀 䨚 비올 홀 𤆘 불기운성할 홀 𣢋 성번소리 홀

㴵 극히정결할 홀 𩁹 우뢰 홀 䬍 휙부는바람 홀 㨡 밀 홀 轋 수렛심대 홀 仡 날랠 홀 𥥍 아이울 홀 㾂 잠자는병 홀 𧱚 돼지새끼 홀

欻 홀연 홀 核 파실 홀

홍

弘 클 홍 泓 물깊을 홍 宖 클 홍 苰 피마자 홍 洪 넓을 홍 哄 공갈할 홍 𢃇 기표 홍 烘 횃불 홍 晎 먼동틀 홍 𦕰 귀울 홍 𣍯 어스름달밤 홍

谼 큰구렁텅이 홍 鉷 쇠노고동 홍 䲨 가오리 홍 䫹 바람소리 홍 葓 요화 홍 閧 싸움소리 홍 篊 홈통 홍 𥳍 배롱 홍 𩓚 머리아뜩할 홍 鬨 싸울 홍 粠 묵은쌀냄새날 홍

紅 붉을 홍 䞑 곱아붉을 홍 虹 무지개 홍 訌 모함할 홍 谾 큰골 홍 渱 물끓어솟을 홍 䪦 소리크게지를 홍 魟 고기살찔 홍 葒 요화 홍 䫺 바람소리 홍

鴻 기러기 홍 澒 수은 홍 鳿 큰새 홍 渢 물바람불 홍 汞 수은 홍 䎫 귓속울 홍 𩓞 머리끝을 홍 鍙 종소리 홍 𩗓 바람불 홍 嗊 서방생각하는 노래곡조 홍

𡾰 산골깊을 홍 洚 물넘을 홍 䤵 취하여자빠질 홍 𩔗 살찔 홍 𩓥 머리아플 홍 䧆 산이름 홍 閧 다툴 홍 蕻 장다리 홍 䂫 홀돋

馫 향기홍 蘣 풀풀나를홍 𤭩 새살찔홍 霐 속깊을홍 谾 골휑할홍

회

會 모을회 禬 재앙제하는제사회 嶒 산높은모양회 㜳 계집의얼굴빛거먼을회 鄶 나라이름회 劊 끊을회 懀 협의로미워할회 [禾會] 자루긴쟁기회 璯 갓혼솔꾸미개회 膾 회회 檜 전나무회 獪 간교할회 繪 그림회 薈 염교회 澮 보도랑회 鱠 회회 [雨會] 실구름회 灰 재회 恢 클회 洃 반죽할회 拻 서로칠회 盔 투구회 詼 조롱할회 [黑灰] 회색빛회 囘 돌아올회 回 돌아올회 洄 물거슬러흐를회 恛 마음허둥거릴회 痐 회회 鮰 민어회 徊 배회할회 佪 배회할회 廻 돌아올회 茴 회향회 蛔 회충회 [山廻] 벗어진산회 褱 품을회 壞 무너질회 懷 품을회 瀤 물이름회 櫰 괴나무회 [食褱] 밥팔회 [牛褱] 네뿔돋은짐승회 嬇 계집의글자회 殨 종기터질회 繢 수놓을회 靧 낯씻을회 悔 뉘우칠회 晦 그믐회 誨 가르칠회 賄 재물회 烸 말릴회 [面每] 얼굴퉁퉁할회 淮 물이름회 匯 물돌아모일회 褢 품을회 螝 누에번더기회 [广鬼] 못된감자회 [山鬼衣] 산골험할회 槐 느티나무회 [歹鬼] 어리석을회 賄 뇌물회 蛕 흙벌레회 蝝 땅두더지회 豗 맛부딪칠회 詯 말소리우렁찰회 [面頁] 얼굴살찔회 [阝會] 훼방할회 [虫丂] 소라회 蟢 낙거미회 蚘 회회 栃 상수리나무회 [歹彖] 피곤할회 濊 깊고넓을회 頮 낯씻을회

획

獲 얻을획 擭 잡을획 嚄 잔말할획 [火蒦] 더울획 矆 번개빛획 [蒦欠] 토하는소리획 畫 그을획 繣 두끝맬획 [扌畫] 찢을획 劃 새길획 嫿 안존할획 [口畫] 말소리획 [巾畫] 비단찢는소리획 [忄畫] 어리석을획 [月畫] 오금획 [韋畫] 매울획 [門畫] 깨칠획 砉 백장의칼쓰는소리획 剨 깨지는소리획 湱 파도소리획 騞 쉬지않고갈획 [忄砉] 마음울렁거릴획 [口巂] 자랑할획 讗 장담할획 謋 빠를획 矐 눈획 [門阝] 문열획 窢 바람마주치는소리획 [氵虢] 물소리날획

횡

橫 비낄 횡 ⿰衤黃 처네 횡 鐄 큰쇠북 횡 潢 작은나루 횡 黌 글방 횡 喤 지꺼릴 횡 ⿰羽皇 깃치는소리 횡 韹 풍류소리 횡 渹 물과돌이 마주치는 소리 횡 揈 치는소리 횡 輷 수렛소리 횡 ⿰風訇 바람소리 횡 ⿱罒厶 그물벼리 횡 峵 산높고 험할 횡 耾 키큰소리 횡 吰 쇠북소리 횡 竑 헤아릴 횡 鈜 쇠북소리 횡 谹 골속울릴 횡 ⿰忄弘 실심할 횡 翃 나르는소리 횡 ⿰⿱䒑⿰儿儿頁 어두울 횡 薨 떼로나르는소리 횡 彋 활소리 횡

화

禾 벼 화 咊 화할 화 和 화할 화 鉌 차방울 화 ⿱口禾 어린아이울 화 ⿰木禾 판머리 화 ⿰片禾 판뚜껑 화 ⿰女禾 단정할 화 啝 순할 화 ⿰禾斤 판머리 화 盉 양념그릇 화 龢 새피리 화 火 불 화 伙 세간 화 吙 부는기운 화 ⿱火化 밝을 화 ⿵几火 불일어날 화 化 될 화 ⿰木化 목부용 화 ⿰目化 눈끔적거릴 화 貨 재물 화 靴 양화 화 花 꽃 화 婲 예쁠 화 椛 단풍나무 화 糀 누룩 화 錵 칼날번적거릴 화 ⿰身花 가르칠 화 吴 대구 화 禍 재화 화 旤 재화 화 ⿰礻⿱罒各 재화 화 楇 바퀴에바르는기름통 화 話 이야기 화 華 빛날 화 崋 빛날 화 樺 벚나무 화 ⿰虫華 큰뱀 화 嬅 계집엄전할 화 譁 시끄러울 화 鞾 양화 화 鏵 쌍날가래 화 驊 준마 화 ⿰酉華 전국술 화 划 상앗대 화 ⿴囗力 배끄는소리 화 ⿸尸系 신 화 畫 그림 화 ⿰舌華 혀짧을 화 髁 비뚤 화 ⿰木雩 벚나무 화 ⿰⿰木亏瓜 쇠북가로 퍼질 화 ⿰⿰扌亏瓜 가로퍼질 화 誇 대답할 화 ⿰犭孚 작은개 화 ⿰高可 풀연접할 화 鱯 메기 화 擭 잡을 화 譮 이야기 화

확

矍 놀라볼 확 戄 놀라두려워할 확 玃 큰원숭이 확 攫 후려칠 확 彏 활급히당길 확 籰 자세 확 矐 돌아볼 확 曤 밝을 확 ⿰言矍 망녕될 확 ⿰丬矍 호미 확 貜 큰원숭이 확 穫 곡식거둘 확 擭 덫 확 ⿰犭蒦 실심할 확 ⿰冊蒦 적선지 확 矱 법도 확 濩 삶을 확 ⿰彔蒦 재일 확 ⿰耒蒦 곡식베일 확 臒 좋은고기 확 檴 벚나무 확 ⿰骨蒦 뼈울 확 艧 배 확 ⿸疒蒦 목에걸릴 확 雘 소낙비 확 鑊 가마 확 蠖 자벌레 확 確 확실할 확 ⿰日隺 잠간환할 확 ⿰月隺 곰국 확 彍 빠를 확 擴 넓힐 확 彉 활당길 확 靃 나르는소리 확 攉 손벽칠 확 霩 휑할 확 咟 부르짖을 확 ⿺走赤 급히달아날 확 㲉 알속

껍질확 碻 확실할확 臛 곰국확

환

桓 씩씩할환 峘 작은산이큰산보다높을환 狟 담비새끼환 䊠 흰쌀환 絙 느즈러질환 貆 담비새끼환 奐 클환 喚 부를환 寏 둘러싼담환

煥 빛날환 換 바꿀환 渙 물부를환 𢒼 문채날환 瑍 환옥환 愌 거슬를환 丸 둥글환 汍 눈물줄줄흘릴환 紈 흰집환 芄 왕굴환 [illegible] 혹병환

𤵜 긁어난부스럼환 𥃵 눈동자굴릴환 肒 긁어부스럼날환 𩑶 머리환 𢓊 길잃을환 睆 밝아환할환 睆 고울환 皖 밝은별환 羦 뿔가는산양환 綄 배위바람표환

鋎 칼환 䯘 물회칠할환 患 근심환 漶 석일환 㹖 입없는짐승환 傀 억맬환 槵 염주나무환 䝠 재물지탕할환 環 둘릴환 㙴 담둘러싸을환

糫 약파환 懁 성품패려할환 還 돌아올환 擐 궤일환 寰 궁장환 澴 물결꿈틀거려흐를환 闤 저자담환 鐶 고리환 轘 발길환 鬟 쪽질환

䚪 뿔환 䴉 빙돌아날환 䍺 빙돌아날환 鱞 홀아비환 圜 돌릴환 攌 목책할환 鍰 주석엿냥중환 猨 느럭느럭나를환 湲 물작난할환

萑 갈환 嚾 부를환 歡 기쁠환 懽 기쁠환 酄 지경환 䞝 허리와무릎아플환 䝔 들돋환 讙 부를환 貛 너구리환 驩 말이름환 [illegible] 주머니환

逭 도망할환 闤 전각문환 [illegible] 용렬할환 宦 내관환 幻 변화할환 [illegible] 불빛밝을환 睅 큰눈환 瓛 서옥환 豢 칠환 㥶 기를환

𩵋 복생선환 鱞 홀아비환 馯 열살된말환 [illegible] 흐릴환 辮 얽을환 [illegible] 소뇌할환 豲 멧돌환 矜 늙은홀아비환

활

佸 이를활 括 모을활 活 살활 姡 거짓활 蛞 집달팽이활 趏 부들자리활 萿 땅두릅활 闊 넓을활 滑 미끄러질활 螖 방게활

磆 활석활 猾 교활할활 䟯 속히달아날활 [illegible] 뼈긁는소리활 豁 너그러울활 [illegible] 물릴활 頢 짧은낯활 [illegible] 누룩활 濊 거쳐서흐를활 䵳 검은빛활

황

黃 누를황 潢 은하수황 趪 달아날황 璜 반달옥황 蟥 풍덩이황 熿 빛날황 䊗 누룩곰팡날황 鐄 죽황 黌 학교황 䫛 왜풍황

曂 환이밝을황 簧 생황 穔 들보리황 獚 큰개황 鷬 꾀꼬리황 䤑 전국술황 纊 줄로동일황 驜 누르고흰말황 韹 빛날황 𪏰 알노른자황

皇 임금황 偟 방황할황 徨 방황할황 煌 빛날황 惶 두려울황 喤 아이소리황 堭 전각황 隍 해자황 崲 늪이름황 揘 칠황 媓 유우씨황후의이름황

湟 빠질황 瑝 옥소리황 凰 암봉황 蝗 황충황 諻 큰소리황 篁 대밭황 遑 급할황 𨍭 끌황 䊗 제사쌀황 艎 큰배황 餭 산자황

趪 곧달아날황 葟 무성할황 楻 깃대황 𨉘 종소리황 鰉 전어황 皝 엄숙할황 騜 누르고흰말황 晃 밝을황 滉 물깊고넓을황 愰 마음청백할황

榥 책상황 幌 방장황 鎤 방울황 櫎 그릇받침황 爌 불밝을황 癀 황달병황 恍 황홀할황 貺 줄황 兄 클황 怳 당황할황 況 하물며황 况 하물며황

眖 볼황 軦 벌레이름황 貺 줄황 荒 거칠황 𣈶 가물더위황 慌 황홀할황 䐠 어스름달밤황 宺 집빌황 䅣 흉년들황 幌 덮을황 㹾 이리황

謊 잠꼬대황 𧡌 볼황 鵟 참새황 䀮 눈어둘황 旒 술집표기황 朚 이튿날황 㠩 버선황 笀 횃대황 肓 홍격황 翌 깃들고춤출황

㞷 무성할황

홰

畵 그림홰 畫 그림홰 澅 물끌어올릴홰 繣 어긋칠홰 噦 말방울소리홰 繐 집이밝고서늘할홰 䜐 들렐홰 鐬 방울소리홰 轊 굴대홰

鞼 말고삐홰 𪉹 소금홰 䢈 두를홰 䭝 먹을홰 䵳 엷게검을홰 翽 날개소리홰 顪 털없을홰 頹 큰머리홰 噧 기운높여말많이할홰 𪐟 흙뒤질홰

𧲯 완악할홰 𩂏 바다배홰 颬 뜨거운바람홰 𧝂 때길홰 諙 그릇칠홰 𨥋 쇠연장홰 萃 비뜨러질홰 罫 거리낄홰

효

爻 형상효 㤊 쾌할효 肴 안주효 崤 산이름효 𠳇 웃음소리효 𣒴 치자나무효 淆 요란할효 殽 어지러울효 𧪝 말불공할효 餚 반찬효

趬 달아날효 𧅬 기름새뿌리효 效 본받을효 効 공효 恔 쾌할효 傚 본받을효 詨 부르짖을효 佼 예쁠효 洨 물흘러합할효 胶 다리뼈효

笅 작은퉁소효 孝 효도효 涍 물가효 哮 성낼효 庨 궁집드높을효 ⿰目孝 애꾸효 ⿱宀孝 기운찔효 ⿰犭孝 개돌놀랄효 ⿰豕孝 돼지달아날효 痚 헐떡일효

⿰骨孝 우는살촉효 酵 술괴일효 嗃 성낸소리효 歊 기운날효 鄗 물이름효 犒 불꽃효 熇 불꽃효 嚆 부르짖을효 髇 우는살촉효 嘵 두려워할효

穘 벼상할효 皢 날흴효 膮 돝의고기국효 憢 두려울효 曉 새벽효 驍 날랠효 髐 살효 鐃 시우쇠문채효 唬 웅얼거릴효 猇 범울효 虓 범이 고함 지를효

婋 계집영리할효 㲖 가죽주머니효 呺 큰체할효 枵 빌효 鴞 솔개효 囂 시끄러울효 嚻 시끄러울효 ⿰亻囂 거만할효 ⿰犭囂 누른개효 ⿱嚻高 떠들효

梟 올빼미효 ⿰土梟 알낳을효 獢 부리짧은개효 驕 주둥이짧은사냥개효 毊 큰경쇠효 ⿰羔頁 큰머리효 ⿸疒皐 곰길효 嘐 자랑할효 ⿰月皐 종기터지려할효

闖 문크게열효 皛 밝을효 ⿰氵皛 물멀효 ⿰扌學 흔들효 斆 가르칠효 烋 기운건장할효 ⿰谷犬 개짖을효 貧 번거할효

후

侯 제후후 候 기후후 喉 목구멍후 堠 장승후 帿 포장판후 猴 원숭이후 瘊 무사마귀후 睺 반판수후 篌 공후후 糇 말른밥후

葔 후사후 ⿱雨侯 장마후 翭 깃밑둥후 ⿰言侯 말할후 ⿰礻侯 빌후 ⿰貝侯 계염벌후 鯸 복후 鍭 살촉후 餱 말린밥후 鄇 땅이름후 后 황후후 郈 고을이름후

逅 우연히만날후 ⿰口后 부끄러울후 ⿺走后 절며갈후 銗 함통후 鮜 메기후 骺 뼈끝후 ⿰忄后 화할후 ⿰牛后 황소후 佝 추루할후 怐 치떨어질후

姁 맵시예쁠후 ⿰牛句 소울후 ⿰阝句 떠날후 酗 주정할후 煦 찔후 齁 코골후 朽 범새후 ⿰歹丂 저밀후 ⿱日孚 덮을후 吼 소우는소리후 犼 산개후 嗅 범새날후

⿰山臭 쉴후 ⿰虫臭 목들고끄떡거릴후 ⿰食臭 밥상할후 齅 코내풀후 厚 두터울후 ⿰口厚 토할후 珛 티박힌옥후 芋 클후 ⿱艹酎 뱀도라지후 虖 범울후

⿺走豆 자저할후 譃 거짓말후 鱟 투구게후 ⿰羽鳥 깃처음날후 ⿰鼻乚 들창코후 酗 주정할후 後 뒤후 嘔 기뻐서말할후 珝 옥이름후 涸 물자즐후 矦 제후후

훈 訓 가르칠훈 勛 공훈 塤 질나팔훈 熏 불사를훈 勳 공훈 壎 흙피리풍류기훈 薰 훈발훈 曛 어둑어둑할훈 臐 양고기국훈 燻 불기운훈

纁 연분홍빛훈 矄 눈침침할훈 鑂 금빛투색할훈 䵪 그을어누른빛훈 纁 분홍빛훈 醺 술얼근히취할훈 爋 불에말릴훈 獯 북녘오랑캐훈 煇 지질

훈 葷 고명풀훈 渾 흐릴훈 焄 향내훈 [illegible] 훈증할훈

훌 欻 급히일어날훌

훙 [illegible] 벌렛소리훙 薨 죽을훙

휘 暉 햇빛휘 煇 빛날휘 楎 옷걸이휘 [illegible] 얼룩소머리휘 [illegible] 짐승이름휘 媈 첩휘 揮 흔들휘 輝 빛날휘 翬 날개칠휘 [illegible] 옮길

휘 [illegible] 물떨어버릴휘 徽 기휘 徽 아름다울휘 噅 입비뚤어질휘 [illegible] 고개휘 撝 찢을휘 [illegible] 물결무늬질휘 [illegible] 기휘 麾 대장기휘 褘 후의제복

휘 諱 꺼릴휘 彙 무리휘 戲 기휘

훤 烜 빛나고밝을훤 咺 설게울훤 暅 말릴훤 狟 담비새끼훤 貆 담비새끼훤 [illegible] 북만드는장인훤 愃 너그럽고아담할훤 喧 지꺼릴훤 暄 날따뜻할

휘 萱 원추리훤 煊 따뜻할훤 楦 신골훤 箮 대꽃훤 諠 지꺼릴훤 [illegible] 가죽신훤 暖 큰눈훤 諼 잊을훤 嚾 들렐훤 讙 지꺼릴훤

훼 卉 풀훼 毁 헐훼 [illegible] 비방할훼 毇 쌀쓿을훼 檓 호초훼 燬 불이글이글할훼 譭 헐어말할훼 虺 독사훼 顪 뺨훼 [illegible] 불훌훌붙을훼

喙 부리훼 餯 더러운범새훼 [illegible] 패할훼 烜 벼슬이름훼

휴 休 쉬일휴 咻 지꺼릴휴 㳜 물들었다빠질휴 烋 재휴 脙 파리한배휴 茠 덮을휴 庥 덮을휴 烋 아름다울휴 [illegible] 표범휴 貅 비유휴

庥 나무그늘휴 銝 긴바늘휴 颵 바람소리휴 髹 옻칠할휴 鵂 부엉이휴 攜 끌휴 蠵 큰거북휴 酅 고을이름휴 觿 뿔송곳휴 㒉 두마음먹을휴

𤳳 밭두둑휴 鑴 큰쇠북휴 驨 천리마휴 擕 끌휴 虧 이지러질휴 睢 성내어볼휴 眭 깊은눈휴 畦 밭두둑휴 㣯 마음편치않을휴 溲 얼굴의땀휴

瞲 눈물많을휴 鱹 인어휴 𪚰 큰거북휴 隳 무너질휴 畜 기름직한짐승휴

휵

慉 기를휵 搐 땅길휵 畜 기를휵

휼

賉 기민먹일휼 恤 근심할휼 狘 휠휠날아갈휼 䞵 여럿이달아날휼 鉞 배목휼 憰 속일휼 譎 간사할휼 瞲 놀라볼휼 潏 샘솟을휼

霱 상서구름휼 鐍 상자장식할휼 遹 좇을휼 鷸 비취새휼

흉

凶 흉할흉 訩 송사할흉 㕼 시끄러울흉 兇 악할흉 匈 요란할흉 洶 물소리흉 哅 지껄일흉 胸 가슴흉 詾 송사할흉 胷 가슴흉

흑

黑 검을흑 潶 물흐릴흑 嫼 성낼흑 ⿰黑欠 기침흑

흔

忻 기쁠흔 昕 날돋는흔 炘 확근거릴흔 欣 기쁠흔 ⿰斤阝 이웃흔 訢 기뻐할흔 俽 기쁠흔 焮 구울흔 很 송사할흔 拫 물리칠흔 ⿰月艮 발뒤꿈치흔 痕 흔적흔 鞎 수레앞꾸밀흔 ⿰車艮 차앞장치흔 釁 틈낼흔 舋 그릇터질흔 ⿱興分 틈흔 俒 완전할흔 鯇 잉어흔 ⿰石賢 굳지할흔 ⿰虫憲 지렁이흔

琿 아름다운옥흔 絸 꿰맬흔 ⿰木焉 뒤깎이나무흔 ⿰血半 피로그릇틈바를흔 鯶 잉어흔

흘

吃 먹을흘 迄 이를흘 疙 어리석을흘 籺 쌀가루흘 忔 기쁠흘 屹 산오뚝할흘 ⿰禾乞 싸라기흘 訖 이를흘 汔 물자질흘 釳 말머리장식흘

紇 실끝흘 扢 만질흘 麧 보리싸라기흘 ⿰飠乞 배부를흘 ⿰韋乞 졸라맬흘 忥 어리석을흘 齕 물흘 囫 완전할흘 肸 떨칠흘 ⿵門重 작은문흘 ⿱乡夕 흐를흘

爤 불에묻어구을흘 趨 날랠흘

흠

欠 부족할흠 欸 재채기할흠 欽 공경할흠 歆 먹일흠 廞 행상제구흠 埁 구덩이흠 捦 누를흠 臤 가죽두듬할흠 硷 내내험할흠

諴 성내어말할흠

흡

吸 마실흡 扱 거두어가질흡 恰 마침흡 洽 화할흡 㣛 합할흡 䏬 몸흡 趿 절흡 潝 급한물소리흡 熻 더울흡 噏 숨들이쉴흡

翕 합할흡 歙 숨들이쉴흡 㒆 마음뜨거울흡 㬛 별에말릴흡 䜲 말빨리할흡 闟 창흡 䬄 떡흡 䅋 볶을흡 皀 향내날흡 帢 사모흡

흥

興 일흥 蕂 장다리흥 嬹 기쁠흥 舋 틈겨쓰실흥

희

希 바랄희 俙 방불할희 悕 생각할희 桸 나무썩을희 烯 불빛희 莃 희나물희 睎 바랄희 晞 마를희 唏 탄식할희 稀 드물희

欷 한숨내쉴희 䛥 말소리희 觹 좋은뿔희 狶 돋희 趫 달아날희 郄 뼈마디사이희 豨 큰돋희 鯑 청어알희 䓗 약이름희 鵗 꿩희 喜 기쁠희

嘻 탄식할희 僖 즐거울희 熺 밝을희 熹 밝을희 禧 복희 蟢 낙거미희 嬉 희롱할희 憙 기쁠희 譆 아소리지를희 瞦 눈동자마리울희 縖 옷을희

鼓 희롱희 暿 몹시더울희 歖 갑자기기뻐할희 熙 빛날희 凞 화할희 嬉 기쁠희 姬 계집희 熈 빛날희 咥 웃음소리희 跮 어금막기할희 羲 기운희

曦 햇빛희 犧 희생할희 爔 불희 䑒 달빛희 䁱 눈깜짝할희 㹷 사람의이름희 豷 돋숨쉴희 戲 희롱할희 巇 산위험할희 㰥 기구희

𤢖 돋희 嚱 깜짝놀라는소리희 𡼼 험할희 戱 서로웃을희 歔 서로웃을희 噫 슬플희 忥 쉴희 愾 한숨쉴희 餼 먹일희 熂 불사를희 譆 말기운희

豙 돋숨쉴희 犔 소병들희 䨳 구름낄희 霓 갤희 閡 벽틈희 欪 희롱하며웃을희 吹 상기할희 𤼲 들불희 撎 취할희 屎 얼레자루희

誒 즐길 희 繰 매듭질 희 齂 누워쉴 희 妄 얼굴예쁠 희 嫛 미울 희 譮 그칠 희 釐 복 희

히

吚 신음할 히 屎 신음할 히 屭 으리으리할 히 呬 숨쉴 히 𠑮 보기싫을 히 䫣 머리움직일 히 墍 흙바를 히

힐

頡 날아오를 힐 欯 기쁠 힐 擷 딸 힐 詰 물을 힐 翓 날아오를 힐 纈 맺을 힐 肹 소리울릴 힐 肸 클 힐 犵 남녁오랑캐 힐 𩗺 바람불 힐

한글字彙 終

文敎部 選定 敎育用

基礎 漢字 三体表

* 中學校用
( ) 안은 本字

一畫

漢字	*一	*乙
訓과音	한 일	새 을
三体	一	乙
	一	乙
	一	乙
部首 및 畫	一 0	乙 0
筆順	一	乙
面數		

二畫

漢字	*二	*七	*八	*九	*十	*丁	了	*人	*入	*刀	*力	*又	*乃
訓과音	두 이	일곱 칠	여덟 팔	아홉 구	열 십	고무래 정	마칠 료	사람 인	들 입	칼 도	힘 력	또 우	이에 내
三体	二	七	八	九	十	丁	了	人	入	刀	力	又	乃
	二	七	八	九	十	丁	了	人	入	刀	力	又	乃
	二	七	八	九	十	丁	了	人	入	刀	力	又	乃
部首 및 畫	二 0	一 1	八 0	乙 1	十 0	一 1	亅 1	人 0	入 0	刀 0	力 0	又 0	乃 0
筆順	一 二	一 七	丿 八	丿 九	一 十	一 丁	㇇ 了	丿 人	丿 入	㇆ 刀	㇆ 力	㇇ 又	丿 ㇋ 乃
面數													

三畫

漢字	*上	*下	丈	丸	*久	*亡(亾)	*凡	*刃(刅)	*千	及	*口	*土	*士	*夕	*大	*小	*女
訓과音	윗 상	아래 하	길 장	둥글 환	오랠 구	망할 망	무릇 범	칼인날 인	일천 천	미칠 급	입 구	흙 토	선비 사	저녁 석	큰 대	작을 소	계집 녀
三体	上	下	丈	丸	久	亡	凡	刃	千	及	口	土	士	夕	大	小	女
	上	下	丈	丸	久	亡	凡	刃	千	及	口	土	士	夕	大	小	女
	上	下	丈	丸	久	亡	凡	刃	千	及	口	土	士	夕	大	小	女
部首 및 畫	一 2	一 2	一 2	丶 2	丿 2	亠 1	几 1	刀 1	十 1	又 2	口 0	土 0	士 0	夕 0	大 0	小 0	女 0
筆順	丨 卜 上	一 丅 下	一 ナ 丈	丿 九 丸	ノ ク 久	亠 亡	丿 几 凡	㇆ 刀 刃	ノ 二 千	丿 乃 及	丨 冂 口	一 十 土	一 十 士	ノ ク 夕	一 ナ 大	亅 小 小	く 女 女
面數																	

字	訓音	三體	部首	畫	筆順
也	잇기 야	也 也 也	乙	0	㇆ 力 也
巳	뱀 사	巳 巳 巳	巳	0	㇕ コ 巳
才	재주 재	才 才 才	才	0	一 十 才
弓	활 궁	弓 弓 弓	弓	0	㇕ コ 弓
干	방패 간	干 干 干	干	0	一 二 干
己	몸 기	己 己 己	己	0	㇕ コ 己
工	장인 공	工 工 工	工	0	一 丅 工
川	내 천	川 川 川	川	0	丿 川 川
山	메 산	山 山 山	山	0	丨 山 山
寸	마디 촌	寸 寸 寸	寸	0	一 寸 寸
子	아들 자	子 子 子	子	0	㇇ 了 子

四畫

字	訓音	三體	部首	畫	筆順
仁	어질 인	仁 仁 仁	亻	2	亻 仁
井	우물 정	井 井 井	二	2	二 井
五	다섯 오	五 五 五	二	2	一 丆 五 五
互	서로 호	互 互 互	二	2	一 エ 彑 互
中	가운데 중	中 中 中	中	0	丶 口 口 中
不	아닐 불	不 不 不	一	3	一 ア 不 不

字	訓音	三體	部首	畫	筆順
夫	지아비 부	夫 夫 夫	大	1	二 夫 夫
太	클 태	太 太 太	大	1	一 ナ 大 太
天	하늘 천	天 天 天	大	1	一 二 チ 天
反	돌아올 반	反 反 反	又	2	一 厂 反 反
友	벗 우	友 友 友	又	2	一 ナ 友 友
午	낮 오	午 午 午	十	2	ノ 𠂉 午 午
升	되 승	升 升 升	十	2	ノ 二 升
匹	짝 필	匹 匹 匹	匸	2	一 兀 匹
切	끊을 절	切 切 切	刀	2	一 七 切
分	나눌 분	分 分 分	刀	2	ノ 八 分 分
凶	흉할 흉	凶 凶 凶	凵	2	ノ 乂 区 凶
六	여섯 육	六 六 六	八	2	丶 亠 六 六
公	귀인 공	公 公 公	八	2	八 公 公
內	(內) 안 내	內 內 內	入	2	冂 內 內
元	으뜸 원	元 元 元	儿	2	一 二 テ 元
今	이제 금	今 今 今	人	2	ノ 人 亼 今
介	껄 개	介 介 介	人	2	ノ 人 介 介
化	(化) 변화할 화	化 化 化	匕	2	亻 化 化

字	訓音	部首	획수	筆順
止	그칠 지	止	0	丨 ⺊ 𣥂 止
木	나무 목	木	0	一 十 木
月	달 월	月	0	丿 冂 月
日	날 일	日	0	丨 冂 日
方	모 방	方	0	丶 亠 亠 方
斤	열여섯냥 근	斤	0	丿 厂 斤 斤
斗	말 두	斗	0	⺀ 三 斗
文	글 문	文	0	丶 亠 ナ 文
支	지탱할 지	支	0	十 支 支
手	손 수	手	0	一 二 三 手
心	마음 심	心	0	丶 心 心
戶 (戸)	지게 호	戶	0	一 ヨ 戶
弔	조상할 조	弓	1	ㄱ コ 弓 弔
引	당길 인	弓	1	ㄱ コ 弓 引
巨 (巨)	클 거	匚	2	丨 厂 巨 巨 巨
尺	자 척	尺	0	ㄱ コ 尸 尺
少	적을 소	小	1	小 少
孔	구멍 공	子	1	了 子 孔

字	訓音	部首	획수	筆順
之	갈 지	丿	3	丶 ン 之
丑	소 축	一	3	ㄱ 刀 丑 丑
丹 (圓)	붉을 단	丶	3	丿 冂 月 丹
王	임금 왕	王	0	一 丅 干 王
犬	개 견	犬	0	一 ナ 大 犬
牛	소 우	牛	0	丿 𠂉 二 牛
片	조각 편	片	0	丿 丿 片 片
父	아비 부	父	0	丶 八 父 父
火	불 화	火	0	丶 丷 火 火
水	물 수	水	0	亅 水 水
氏	성 씨	氏	0	⺁ 氏 氏
毛	털 모	毛	0	一 三 毛
比	견줄 비	比	0	一 上 比 比

五畫

字	訓音	部首	획수	筆順
主 (主)	임금 주	丶	4	丶 二 亍 主 主
丙 (丙)	남녘 병		4	冂 丙 丙
丘	언덕 구		4	丿 亻 斤 丘
世	인간 세		4	一 卄 廿 世

漢字	훈음	楷書	行書	草書	部首	획수	筆順
*古	옛 고	古	古	古	口	2	一 十 古
占	점 점	占	占	占	卜	3	丨 ト 占
*半(半)	나눌 반	半	半	半	十	3	丷 䒑 半
*北	북녘 북	北	北	北	匕	3	丨 丬 北 北
包(包)	꾸릴 포	包	包	包	勹	3	勹 勺 匀 包
*加	더할 가	加	加	加	力	3	㇇ 力 加
*功	공 공	功	功	功	力	3	工 功
刊	새길 간	刊	刊	刊	刂	3	二 干 刊
*出	날 출	出	出	出	凵	3	丨 屮 屮 出
*処(處)	곳 처	処	処	処	几	3	ク 夂 処
*冬	겨울 동	冬	冬	冬	冫	3	ノ ク 夂 冬
*冊(册)	책 책	冊	冊	冊	冂	3	冂 冊 冊
*兄	맏 형	兄	兄	兄	儿	3	口 兄
*以	써 이	以	以	以	亻	3	丨 レ レ 以 以
*令	하여금 령	令	令	令	人	3	ノ 人 亼 今 令 令
*代	대신 대	代	代	代	亻	3	亻 仁 代 代
*他	다를 타	他	他	他	亻	3	亻 仂 他 他
*仕	벼슬 사	仕	仕	仕	亻	3	亻 什 仕

漢字	훈음	楷書	行書	草書	部首	획수	筆順
*平(平)	편할 평	平	平	平	干	2	一 冖 丷 平
*布	배 포	布	布	布	巾	2	ノ ナ 冇 布
*市	시장 시	市	市	市	巾	2	亠 市
巧	공교할 교	巧	巧	巧	工	2	工 巧 巧
*左	왼쪽 좌	左	左	左	工	2	一 ナ 左 左
*失	잃을 실	失	失	失	大	2	𠂉 牛 失
*央	가운데 앙	央	央	央	大	2	冂 口 央 央
*外	밖 외	外	外	外	夕	2	ノ ク 夕 夘 外
囚	가둘 수	囚	囚	囚	囗	2	冂 囚 囚
*四	넉 사	四	四	四	口	2	丨 冂 四 四
司	맡을 사	司	司	司	口	2	𠃌 ㄱ 司
*右	오른쪽 우	右	右	右	口	2	ノ ナ 右
*史	사기 사	史	史	史	口	2	丨 口 口 史 史
*可	옳을 가	可	可	可	口	2	一 一 可
叫	부르짖을 규	叫	叫	叫	口	3	口 口 叫 叫
召	부를 소	召	召	召	口	2	ㄱ 刀 刀 召 召
*句	글귀 구	句	句	句	口	2	ノ 勹 句
*去	갈 거	去	去	去	厶	3	一 十 土 去

字	훈음	三體	部首	획수	筆順
玄	감을 현	玄 玄 玄	玄	0	丶 亠 亡 玄 玄
犯	범할 범	犯 犯 犯	犭	2	丿 犭 犭 犯 犯
永	길 영	永 永 永	水	1	丶 亅 氵 永
氷	얼음 빙	氷 氷 氷	水	1	丨 亅 氵 氷
民	백성 민	民 民 民	氏	1	ㄱ 巳 巳 民
母	어미 모	母 母 母	毋	0	𠃋 母 母 母
正	바를 정	正 正 正	止	1	一 丅 下 正 正
本	밑 본	本 本 本	木	1	十 木 本
未	아닐 미	未 未 未	木	1	二 キ 未
末	끝 말	末 末 末	木	1	二 末 末
斥	내칠 척	斥 斥 斥	斤	1	厂 斤 斥
辺(邊)	가 변	辺 辺 辺	辶	2	フ 刀 辺
払(拂)	못할 불	払 払 払	扌	2	才 払
打	칠 타	打 打 打	扌	2	才 扌 打
必	반드시 필	必 必 必	心	1	丶 丷 义 必
庁(廳)	마루 청	庁 庁 庁	广	2	亠 广 庁 庁
広(廣)	넓을 광	広 広 広	广	2	亠 広 広
幼	어릴 유	幼 幼 幼	幺	2	幺 幺 幼

字	훈음	三體	部首	획수	筆順
弁	말잘할 변 / 분별할 변	弁 弁 弁	厶	3	厶 厶 弁
号(號)	부를 호	号 号 号	口	2	口 号 号
立	설 립	立 立 立	立	0	亠 立 立
示	보일 시	示 示 示	示	0	二 亍 示 示
石	돌 석	石 石 石	石	0	一 丆 石
矢	살 시	矢 矢 矢	矢	0	𠂉 矢 矢
矛	창 모 / 세모진 모	矛 矛 矛	矛	0	マ 予 矛
目	눈 목	目 目 目	目	0	丨 冂 月 目
皮	가죽 피	皮 皮 皮	皮	0	丿 厂 广 皮 皮
白	흰 백	白 白 白	白	0	丿 白 白
用	쓸 용	用 用 用	用	0	冂 月 用
申	납 신	申 申 申	田	0	冂 日 申
甲	갑옷 갑	甲 甲 甲	田	0	冂 日 甲
由	까닭 유	由 由 由	田	0	冂 巾 由
田	밭 전	田 田 田	田	0	冂 田 田
生	날 생	生 生 生	生	0	𠂉 牛 生
甘	달 감	甘 甘 甘	甘	0	一 廿 甘
玉	구슬 옥	玉 玉 玉	玉	0	丅 王 玉

写	且	奴	仙	只	弘
写(寫) 글씨 사	또 차	종 노	신선 선	다만 지	클 홍
写 写 写	且 且 且	奴 奴 奴	仙 仙 仙	只 只 只	弘 弘 弘
冖	一	女	亻	口	弓
3	4	2	3	3	2
冖 㓁 写 写	冂 月 且	女 奴	丿 亻 仙	丨 冂 口 只	㇕ 弓 弓 弘

六畫

交	休	件	任	仲	仰	伏	伐	伝	仮	企
사귈 교	쉴 휴	물건 건	맡길 임	버금 중	우러러 볼 앙	엎드릴 복	칠 벌	伝(傳) 전할 전	仮(假) 빌 가	바랄 기
交 交 交	休 休 休	件 件 件	任 任 任	仲 仲 仲	仰 仰 仰	伏 伏 伏	伐 伐 伐	伝 伝 伝	仮 仮 仮	企 企 企
亠	亻	亻	亻	亻	亻	亻	亻	亻	亻	人
4	4	4	4	4	4	4	4	4	4	4
亠 六 交 交	亻 休	亻 仁 件	亻 仁 仟 任	亻 仲	亻 亻 仰 仰 仰	亻 伏 伏	亻 仁 代 伐 伐	亻 伝	亻 亻 仮 仮 仮	人 个 个 企 企

充	先	光	兆	全	再	共	列	刑	劣	印	危	各	合	吉	同	名	后
채울 충	먼저 선	빛 광	억조 조	온전 전	두 재	한가지 공	벌릴 렬	형벌 형	용렬할 렬	도장 인	위태할 위	각각 각	합할 합	좋을 길	한가지 동	이름 명	황후 후
充 充 充	先 先 先	光 光 光	兆 兆 兆	全 全 全	再 再 再	共 共 共	列 列 列	刑 刑 刑	劣 劣 劣	印 印 印	危 危 危	各 各 各	合 合 合	吉 吉 吉	同 同 同	名 名 名	后 后 后
儿	儿	儿	儿	入	冂	八	刂	刂	力	卩	卩	口	口	口	口	口	口
4	4	4	4	4	4	4	4	4	4	4	4	3	3	3	3	3	3
亠 𠫓 充	𠂉 牛 生 先	丨 ⺌ 业 光 光	丿 ⺉ 兆 兆	人 今 全	一 冂 而 再	一 廾 共 共	丆 歹 歹 列	二 开 刑	小 少 劣	𠂆 E 𠂎 印	⺈ 㔾 户 厃 危	丿 ク 夂 各	丿 人 亼 合	十 士 吉	冂 冂 同	丿 ク 夕 名	厂 斤 后

吏	吐	向	吸	回	因	団	在	地	壮	多	好	如	妃	字	存	宅	宇
아전 리	토할 토	향할 향	마실 흡	돌아올 회	인연 인	(團) 둥글 단	있을 재	땅 지	(壯) 장할 장	많을 다	좋을 호	같을 여	짝 비	글자 자	있을 존	집 택	집 우
吏 吏 吏	吐 吐 吐	向 向 向	吸 吸 吸	回 回 回	因 因 因	団 団 団	在 在 在	地 地 地	壮 壮 壮	多 多 多	好 好 好	如 如 如	妃 妃 妃	字 字 字	存 存 存	宅 宅 宅	宇 宇 宇
口 3	口 3	口 3	口 4	口 3	口 3	口 3	土 3	土 3	士 3	夕 3	女 3	女 3	女 3	子 3	子 3	宀 3	宀 3
吏	口 吐	′ 勹 向	口 吸	冂 冋 回	冂 囙 因	冂 冃 団	一 ナ 广 在	土 圵 地	丨 丬 壮	ノ ク 夕 多	く 女 好	女 如	女 妃 妃	宀 字	一 ナ 广 存	宀 宅	宀 宇

守	安	寺	州	巡	年	式	弍	忙	成	早	旬	曲	会	有	朱	次	死
지킬 수	편안할 안	절 사	고을 주	(巡) 돌 순	해 년	법 식	(貳) 두 이	(忙) 바쁠 망	이룰 성	일찍 조	열흘 순	굽을 곡	(會) 모을 회	있을 유	붉을 주	다음 차	죽을 사
守 守 守	安 安 安	寺 寺 寺	州 州 州	巡 巡 巡	年 年 年	式 式 式	弍 弍 弍	忙 忙 忙	成 成 成	早 早 早	旬 旬 旬	曲 曲 曲	会 会 会	有 有 有	朱 朱 朱	次 次 次	死 死 死
宀 3	宀 3	寸 3	川 3	巛 3	干 3	弋 3	弋 3	忄 3	戈 2	日 2	日 2	曰 2	人 4	月 2	木 2	欠 2	歹 2
宀 宇 守 守	宀 安 安	十 土 寺 寺	丿 州 州	巛 巡	二 年	一 式 式	二 弍	忄 忙	丿 厂 成 成	日 旦 早	丿 勹 旬	丨 冂 曲 曲	人 会	丿 ナ 有	二 牛 朱	冫 次	厂 歹 死

字	訓·音	三體	部首·畫數	筆順
肉	고기 육	肉 肉 肉	肉 0	冂 内 肉
耳	귀 이	耳 耳 耳	耳 0	一 丅 巨 耳
考	상고할 고	考 考 考	耂 2	土 耂 考
老	늙을 로	老 老 老	耂 2	土 耂 老
羽(羽)	깃 우	羽 羽 羽	羽 0	丁 习 羽
羊	양 양	羊 羊 羊	羊 0	丷 兰 羊
糸(絲)	가는실 사	糸 糸 糸	糸 0	幺 糸
米	쌀 미	米 米 米	米 0	丷 半 米
竹	대 죽	竹 竹 竹	竹 0	丿 𠂉 个 竹
百	일백 백	百 百 百	白 1	一 丆 百
当(當)	마땅할 당	当 当 当	小 3	丨 ⺌ 当
灰(灰)	재 회	灰 灰 灰	火 2	一 厂 灰
汚	더러울 오	汚 汚 汚	氵 3	氵 汚
汗	땀 한	汗 汗 汗	氵 3	氵 汗
江	강 강	江 江 江	氵 3	氵 江
池	못 지	池 池 池	氵 3	氵 池
気(氣)	기운 기	気 気 気	气 2	𠂉 気
毎	매양 매	毎 毎 毎	毋 2	𠂉 毎
亦	또 역	亦 亦 亦	亠 4	亠 亦
亥	돼지 해	亥 亥 亥	亠 4	亠 亥
灯	등불 등	灯 灯 灯	火 2	火 灯
朴	클 박	朴 朴 朴	木 2	木 朴
西	서쪽 서	西 西 西	西 0	一 西
衣	옷 의	衣 衣 衣	衣 0	亠 衣
行	행할 행	行 行 行	行 0	彳 行
血	피 혈	血 血 血	血 0	丿 血
虫(蟲)	벌레 충	虫 虫 虫	虫 0	口 中 虫
色	빛 색	色 色 色	色 0	色
舟	배 주	舟 舟 舟	舟 0	丿 舟
舌	혀 설	舌 舌 舌	舌 0	二 千 舌
至	이를 지	至 至 至	至 0	一 至
自	스스로 자	自 自 自	自 0	自
臣	신하 신	臣 臣 臣	臣 0	丨 臣

七畫

字	訓·音	三體	部首·畫數	筆順
作	지을 작	作 作 作	亻 5	亻 作
亜(亞)	다음 아	亜 亜 亜	二 5	一 亜

一九〇

字	訓音	三體	部首	劃數	筆順
位	벼슬 위	位 位 位	亻	5	亻 位
住	머무를 주	住 住 住	亻	5	亻 什 住
何	어찌 하	何 何 何	亻	5	亻 仁 何 何
低	낮을 저	低 低 低	亻	5	亻 低
体(體)	몸 체	体 体 体	亻	5	亻 休 体
伯	맏 백	伯 伯 伯	亻	5	亻 伯
伸	펼 신	伸 伸 伸	亻	5	亻 伸
似	같을 사	似 似 似	亻	5	亻 仏 仏 似 似
佐	도울 좌	佐 佐 佐	亻	5	亻 仁 什 佐
余(餘)	나 여	余 余 余	人	5	人 亼 全 余
兵	군사 병	兵 兵 兵	八	5	𠂆 斤 丘 兵
克	이길 극	克 克 克	儿	5	一 十 古 克
児(兒)	아이 아	児 児 児	儿	5	丨 旧 児
冷	찰 랭	冷 冷 冷	冫	5	冫 冫入 冫人 冷
初	처음 초	初 初 初	刀	5	衤 衤 衤 初 初
利	이할 리	利 利 利	刂	5	禾 利
別	이별 별	別 別 別	刂	5	口 另 別
判(判)	쪼갤 판	判 判 判	刂	5	半 判

字	訓音	三體	部首	劃數	筆順
助	도울 조	助 助 助	力	5	冂 且 助
努	힘쓸 노	努 努 努	力	5	奴 奴 努
励(勵)	가다듬을 려	励 励 励	力	5	一 厂 厉 厉 励
労(勞)	수고로울 로	労 労 労	⺍	4	⺍ 𭕄 労
即(卽)	곧 즉	即 即 即	卩	5	ヨ 艮 即 即
却	물리칠 각	却 却 却	卩	5	土 去 却 却
卵	알 란	卵 卵 卵	卩	5	𠂎 卯 卵 卵
君	임금 군	君 君 君	口	4	ㄱ ヨ 尹 君
否	아닐 부	否 否 否	口	4	丆 不 不 否
含	머금을 함	含 含 含	口	4	人 今 含
告	고할 고	告 告 告	口	4	𠂉 生 告
吹	불 취	吹 吹 吹	口	4	口 吹 吹
吟	읊을 음	吟 吟 吟	口	4	口 吟 吟
図(圖)	그림 도	図 図 図	囗	4	冂 冈 図 図
囲(圍)	에워쌀 위	囲 囲 囲	囗	4	冂 円 囲 囲
困	곤할 곤	困 困 困	囗	4	冂 困 困
均	고를 균	均 均 均	土	4	土 圴 均 均
壱(壹)	한 일	壱 壱 壱	士	4	十 壱 壱

漢字	훈음	三體	부수	획수	필순
役	부릴 역	役 役 役	彳	4	彳 彳 彸 役 役
形	형상 형	形 形 形	彡	4	二 开 形
弟	아우 제	弟 弟 弟	弓	4	丷 当 弟 弟
廷	조정 정	廷 廷 廷	廴	4	一 千 壬 廷 廷
応(應)	응할 응	応 応 応	心	3	一 广 応
序	차례 서	序 序 序	广	4	广 庐 序 序
床	평상 상	床 床 床	广	4	一 广 床
希	바랄 희	希 希 希	巾	4	ノ ㄨ 𠂔 希
局	판 국	局 局 局	尸	4	ㄱ 尸 局 局
尾	꼬리 미	尾 尾 尾	尸	4	ㄱ 尸 尸 尾
対(對)	대할 대	対 対 対	寸	4	亠 ナ 文 対
完	완전할 완	完 完 完	宀	4	宀 宀 完
孝	효도 효	孝 孝 孝	土	4	土 耂 孝 孝
妥(妥)	평안할 타	妥 妥 妥	女	4	爫 妥 妥 妥
妨	해로울 방	妨 妨 妨	女	4	女 妨
妙	묘할 묘	妙 妙 妙	女	4	女 妙 妙
声(聲)	소리 성	声 声 声	士	4	士 声 声 声
寿(壽)	목숨 수	寿 寿 寿	寸	4	三 寿 寿 寿
択(擇)	가릴 택	択 択 択	扌	4	扌 択
抜(拔)	뺄 발	抜 抜 抜	扌	4	扌 扌 扩 抜 抜
拒	막을 거	拒 拒 拒	扌	5	扌 拒
折	꺾을 절	折 折 折	扌	4	扌 扩 折
抗	항거할 항	抗 抗 抗	扌	4	扌 扌 抗
投	던질 투	投 投 投	扌	4	扌 扠 投
抑	누를 억	抑 抑 抑	扌	4	扌 扣 扣 抑
抄	가릴 초	抄 抄 抄	扌	4	扌 抄 抄
技	재주 기	技 技 技	扌	4	扌 扌 抄 技
批	밀칠 비	批 批 批	扌	4	扌 批
扶	붙들 부	扶 扶 扶	扌	4	扌 扶
戒	경계할 계	戒 戒 戒	戈	3	一 开 戒 戒 戒
我	나 아	我 我 我	戈	3	ノ 千 手 我 我
快	상쾌할 쾌	快 快 快	忄	4	忄 忄 快 快
忘	잊을 망	忘 忘 忘	心	3	亡 忘
志	뜻 지	志 志 志	心	3	士 志
忍(忍)	참을 인	忍 忍 忍	心	3	フ 刀 刃 忍
忌	꺼릴 기	忌 忌 忌	心	3	ㄱ 己 忌

漢字	뜻·음	三體	部首·획	筆順
秀	빼어날 수	秀 秀 秀	禾 2	一 禾 秀 秀
社(社)	사직 사	社 社 社	礻 3	礻 社
男	사내 남	男 男 男	田 2	田 男 男
状(狀)	형상 상	状 状 状	犬 3	丨 丬 状 状
災	재앙 재	災 災 災	火 3	巛 巛 災
求	구할 구	求 求 求	水 2	一 十 才 求 求
沢(澤)	못 택	沢 沢 沢	氵 4	氵 沪 沪 沢
没(沒)	빠질 몰	没 没 没	氵 4	氵 氿 没
沈	잠길 침	沈 沈 沈	氵 4	氵 氵 沈
決	결단할 결	決 決 決	氵 4	氵 江 決
条(條)	가지 조	条 条 条	木 3	夂 夂 条
来(來)	올 래	来 来 来	木 3	口 平 来
束	묶을 속	束 束 束	木 3	一 戸 申 束
村	마을 촌	村 村 村	木 3	木 村 村
材	재목 재	材 材 材	木 3	木 木 村 材
更	고칠 갱	更 更 更	日 3	百 更 更
攻	칠 공	攻 攻 攻	攵 3	工 功 攻
改	고칠 개	改 改 改	攵 3	己 己 改 改

漢字	뜻·음	三體	部首·획	筆順
赤	붉을 적	赤 赤 赤	赤 0	土 赤 赤
売(賣)	팔 매	売 売 売	士 4	士 声 売
貝	조개 패	貝 貝 貝	貝 0	丨 冂 目 貝
豆	콩 두	豆 豆 豆	豆 0	一 戸 戸 豆
谷	골짜기 곡	谷 谷 谷	谷 0	八 父 谷
言	말씀 언	言 言 言	言 0	丶 亠 言 言 言
角	모날 각	角 角 角	角 0	勹 角 角 角
見	볼 견	見 見 見	見 0	丨 冂 目 見 見
芸(藝)	재주 예	芸 芸 芸	艹 4	艹 芸 芸
芽	싹 아	芽 芽 芽	艹 5	艹 芋 芽 芽 芽
芳	죽롱 방	芳 芳 芳	艹 4	艹 芳 芳
花(花)	꽃 화	花 花 花	艹 4	艹 花 花 花
良	어질 량	良 良 良	艮 1	丶 ㇇ 彐 皀 良
肖	같을 초	肖 肖 肖	月 3	丨 小 肖
肝	간 간	肝 肝 肝	月 3	月 肝
系	맬 계	系 系 系	糸 1	一 ㄥ 玄 系 系
究	궁구할 구	究 究 究	穴 2	宀 穴 究
私	사사 사	私 私 私	禾 2	禾 私

漢字	뜻·음	部首	畫數
亨	형통할 형	亠	5
戾(戾)	돌아올 려	戸	3
*但	다만 단	亻	5
乱(亂)	어지러울 란	乙	6
麦(麥)	보리 맥	麦	0
*医(醫)	병고칠 의	匚	5
*里	마을 리	里	0
*防	막을 방	阝	4
邪	간사할 사	阝	5
邦	나라 방	阝	4
*迎(迎)	맞을 영	辶	4
返(返)	돌아올 반	辶	4
*近(近)	가까울 근	辶	4
*辛	쓸 신	辛	0
*車	수레 거	車	0
*身	몸 신	身	0
*足	발 족	足	0
*走	달아날 주	走	0
*酉	닭 유	酉	0
*辰	별 진	厂	5
*吾	나 오	口	4

八畫

漢字	뜻·음	部首	畫數
*典	법 전	八	6
具(具)	갖출 구	八	6
*免	면할 면	儿	6
*価(價)	값 가	亻	6
*依	의지할 의	亻	6
供	베풀 공	亻	6
侍	모실 시	亻	6
*例	예도 례	亻	6
*使	부릴 사	亻	6
*佳	아름다울 가	亻	6
*京	서울 경	亠	6
享	누릴 향	亠	6
*事	일 사	亅	7
乳(乳)	젖 유	乙	7

漢字	훈음	부수	획수	필순
*命	목숨 명	口	5	亼 合 命 命
*呼	부를 호	口	5	口 口丷 口乎 呼
*味	맛 미	口	5	口 叶 味
周	두루 주	口	5	冂 用 周
*受	받을 수	又	6	一 爫 受
*取	취할 취	又	6	厂 耳 取
*叔	아저씨 숙	又	6	上 未 叔
*参(參)	셋 삼	厶	6	厶 厸 矣 参
御	거느릴 어	彳	8	彳午 御 御
*協	화합할 협	十	6	十 协 協
*卒	군사 졸	十	6	亠 卒
*効	공효 효	力	6	亠 六 交 効
刻	새길 각	刂	6	亠 亥 刻
刺	찌를 자	刂	6	市 朿 刺
券(券)	문서 권	刀	6	丷 兰 关 券
刷	박을 쇄	刂	6	尸 居 刷
制	마를 제	刂	6	制
*到	이를 도	刂	6	至 到

漢字	훈음	부수	획수	필순
官	벼슬 관	宀	5	宀 宀 官
*宗	마루 종	宀	5	宀 宗
*学(學)	배울 학	⺍	5	⺍ 学
孤	외로울 고	子	6	了 子 孤
*季	끝 계	子	5	一 禾 季
委	맡길 위	女	5	一 禾 委
*姓	성 성	女	5	女 姓
*始	비로소 시	女	5	女 始
*姉	맏누이 자	女	5	女 姉
*妻	아내 처	女	5	一 妻
妹	누이 매	女	5	女 妹
奔	달아날 분	大	5	大 本 奔
*奉	받들 봉	大	5	奉
奇	이상할 기	大	5	大 奇
*夜	밤 야	夕	5	亠 夜
*国(國)	나라 국	囗	5	冂 国
*固	굳을 고	囗	5	冂 固
*和	화할 화	口	5	禾 和

*宙	*定	宜	*実(實)	宝(寶)	*居	屈	岸	岳(嶽)	*幸	底	*店	府	*延	弦	*彼	*往	征
집 주	정할 정	마땅 의	열매 실	보배 보	살 거	굽을 굴	언덕 안	산 악	요행 행	낮을 저	가게 점	마을 부	미칠 연	활시위 현	저 피	갈 왕	칠 정
宙	定	宜	実	宝	居	屈	岸	岳	幸	底	店	府	延	弦	彼	往	征
宙	定	宜	実	宝	居	屈	岸	岳	幸	底	店	府	延	弦	彼	往	征
宙	定	宜	実	宝	居	屈	岸	岳	幸	底	店	府	延	弦	彼	往	征
宀	宀	宀	宀	宀	尸	尸	山	山	干	广	广	广	廴	弓	彳	彳	彳
5	5	5	5	5	5	5	5	5	5	5	5	5	5	5	5	5	5
宀 宂 宙 宙	宀 宁 宇 宇 定	宀 宀 宜	宀 宝 実	宀 宁 宝 宝	コ 尸 尸 居 居	コ 尸 尸 屈 屈	山 屵 岸 岸	丿 斤 丘 岳	土 去 幸 幸	一 广 广 底 底	一 广 广 庐 店	广 府	丿 下 正 延 延	弓 弦	彳 彼	彳 彳 行 往	彳 彳 征

*忠	*念	*性	怪	*房	*所(所)	*承	*抱	抵	抽	拍	拓	拘	拙	*招	*拝(拜)	担(擔)	拠(據)
충성 충	생각할 념	성품 성	기이할 괴	방 방	곳 소	이을 승	안을 포	다다를 저	뽑을 추	조선개 박	주울 척	잡을 구	못날 졸	부를 초	절 배	멜 담	의지할 거
忠	念	性	怪	房	所	承	抱	抵	抽	拍	拓	拘	拙	招	拝	担	拠
忠	念	性	怪	房	所	承	抱	抵	抽	拍	拓	拘	拙	招	拝	担	拠
忠	念	性	怪	房	所	承	抱	抵	抽	拍	拓	拘	拙	招	拝	担	拠
心	心	忄	忄	戶	戶	手	扌	扌	扌	扌	扌	扌	扌	扌	扌	扌	扌
4	4	5	5	4	4	4	5	5	5	5	5	5	5	5	5	5	5
中 忠	人 今 念	忄 性	忄 忄又 怪	ョ 戶 房	一 ㄱ 戶 所 所	ㄱ 了 手 承	扌 扚 抱	扌 抵	扌 抽	扌 拍	扌 扌 扩 拓	扌 扚 拘	扌 拙	扌 扨 招	扌 扌三 拝	扌 担	扌 扨 扨 拠

一九六

漢字	訓音	三体	部首	획수	筆順
*河	물 하	河 河 河	氵	5	氵 河 河
毒(毒)	독할 독	毒 毒 毒	毋	4	龶 土 毒 毒 毒
*武	호반 무	武 武 武	止	4	二 千 亍 正 武
*步(步)	걸음 보	步 步 步	止	4	丨 卜 止 步 步
*枝	가지 지	枝 枝 枝	木	4	木 枝
*果	열매 과	果 果 果	木	4	旦 早 果
析	나눌 석	析 析 析	木	4	木 朾 析
板	널조각 판	板 板 板	木	4	木 板
*松(松)	소나무 송	松 松 松	木	4	木 朳 松
*東	동녘 동	東 東 東	木	4	一 冖 百 申 東
*杯	잔 배	杯 杯 杯	木	4	木 朽 杯 杯
*服	옷 복	服 服 服	月	4	月 肘 肘 服
*昔	예 석	昔 昔 昔	日	4	艹 廾 昔
*易	바꿀 역	易 易 易	日	4	日 尸 号 易
*明	밝을 명	明 明 明	日	4	日 明
昇	오를 승	昇 昇 昇	日	4	日 尸 旦 昇
*放	놓을 방	放 放 放	攵	4	方 方 放
拡(擴)	넓힐 확	拡 拡 拡	扌	5	扌 扩 扩 拡

漢字	訓音	三体	部首	획수	筆順
*直	곧을 직	直 直 直	目	3	十 首 直
盲	어두울 맹	盲 盲 盲	目	3	亠 亡 盲
*的	과녁 적	的 的 的	白	3	白 的 的
*画(畫)	그림 화	画 画 画	凵	6	一 丙 而 亩 画
*物	물건 물	物 物 物	牜	4	牛 牞 物
牧	기를 목	牧 牧 牧	牜	4	牛 牞 牧
版	조각 판	版 版 版	片	4	丨 丿 片 片 版
*炎	불꽃 염	炎 炎 炎	火	4	丷 火 炎
泳	헤엄칠 영	泳 泳 泳	氵	5	氵 氵 汀 泂 泳
*注	물댈 주	注 注 注	氵	5	氵 氵 汁 注
*泣	울 읍	泣 泣 泣	氵	5	氵 汁 汸 泣
波	물결 파	波 波 波	氵	5	氵 氵 汇 沪 波
*法	법 법	法 法 法	氵	5	氵 汢 法
泊	정박할 박	泊 泊 泊	氵	5	氵 泊
況(況)	하물며 황	況 況 況	氵	5	氵 沪 況
沿(沿)	좇을 연	沿 沿 沿	氵	5	氵 沁 沿
*治	다스릴 치	治 治 治	氵	5	氵 汕 治
*油	기름 유	油 油 油	氵	5	氵 汩 沛 油

一九七

漢字	훈·음	三体	部首	劃數	筆順
述(述)	지을 술	述 述 述	辶	5	十 木 术 述
迫(迫)	핍박할 박	迫 迫 迫	辶	5	白 迫
*表	겉 표	表 表 表	衣	3	十 圭 老 表
*茂	성할 무	茂 茂 茂	艹	5	艹 尸 芦 茂 茂
*英	꽃부리 영	英 英 英	艹	5	艹 芇 苎 英
*苦	괴로울 고	苦 苦 苦	艹	5	艹 芊 苦
*若	같을 약	若 若 若	艹	5	艹 尸 芦 若
苗	싹 묘	苗 苗 苗	艹	5	艹 苗 苗
*舍(舍)	집 사	舍 舍 舍	舌	2	人 今 全 舍
*育	기를 육	育 育 育	月	4	亠 云 育
肯	즐길 긍	肯 肯 肯	月	4	丨 卜 il 止 肯
肩	어깨 견	肩 肩 肩	月	4	彐 戶 肩
肥	살찔 비	肥 肥 肥	月	4	月 肝 肥 肥
*者(者)	놈 자	者 者 者	耂	4	土 耂 者
突(突)	우뚝할	突 突 突	穴	3	宀 穴 突
*空	빌 공	空 空 空	穴	5	宀 穴 穴 空 空
祈(祈)	빌 기	祈 祈 祈	礻	4	礻 礻 衦 祈 祈
*知	알 지	知 知 知	矢	3	𠂉 矢 知

漢字	훈·음	三体	部首	劃數	筆順
*虎	범 호	虎 虎 虎	虍	2	卜 广 虍 虎
*朋	벗 붕	朋 朋 朋	月	4	刀 月 朋 朋
*昌	창성할 창	昌 昌 昌	日	4	冂 日 目 昌
奈	어찌 내	奈 奈 奈	大	5	大 大 大 奈
泥	수렁 니	泥 泥 泥	氵	5	氵 沪 沪 泥 泥
斉(齊)	제나라 제	斉 斉 斉	斉	0	亠 文 产 斉 斉
*尚	오히려 상	尚 尚 尚	小	5	小 尚 尚
附	붙일 부	附 附 附	阝	5	阝 阝 附
*非	아닐 비	非 非 非	非	0	丨 ⺕ 非 非
*青(靑)	푸를 청	青 青 青	青	0	十 圭 青
*雨	비 우	雨 雨 雨	雨	0	一 丆 币 雨 雨
*門	문 문	門 門 門	門	0	丨 卩 户 門 門
*長	길 장	長 長 長	長	0	丨 Ⲉ 長 長 長
*金	쇠 금	金 金 金	金	0	人 今 全 余 金

九畫

漢字	훈·음	三体	部首	劃數	筆順
侵(侵)	침입할 침	侵 侵 侵	亻	7	亻 仁 伊 侵 侵
侯	과녁 후	侯 侯 侯	亻	7	亻 仁 伊 侯
*乘	탈 승	乘 乘 乘	丿	8	二 乖 乖 乘 乘

漢字	훈·음	三體	부수	획수	필순
品	물건 품	品 品 品	口	6	口 吕 品
哀	슬플 애	哀 哀 哀	口	6	亠 古 亨 亨 哀
厚	두터울 후	厚 厚 厚	厂	7	厂 后 厚 厚
巻(卷)	책 권	巻 巻 巻	己	6	丷 兰 关 巻 巻
南	남쪽 남	南 南 南	十	7	十 冂 南 南
卑	낮을 비	卑 卑 卑	十	7	由 甶 卑
勇	날랠 용	勇 勇 勇	力	7	乛 甬 勇
前(前)	앞 전	前 前 前	刂	7	䒑 前 前
削(削)	깎을 삭	削 削 削	刂	7	丨 小 肖 削
則	법칙 칙	則 則 則	刂	7	貝 則
冠	갓 관	冠 冠 冠	冖	7	冖 冗 冠 冠
信	믿을 신	信 信 信	亻	7	亻 亻 信 信
保	보전할 보	保 保 保	亻	7	亻 但 保 保
俗	풍속 속	俗 俗 俗	亻	7	亻 亻 俗 俗
俊	준걸 준	俊 俊 俊	亻	7	亻 亻 亻 俊 俊
促	재촉할 촉	促 促 促	亻	7	亻 伻 促
係	맬 계	係 係 係	亻	7	亻 亻 亻 亻 係
便	편할 편	便 便 便	亻	7	亻 佰 便

漢字	훈·음	三體	부수	획수	필순
待	기다릴 대	待 待 待	彳	6	彳 社 待
建	세울 건	建 建 建	廴	6	彐 聿 聿 建 建
度	법도 도	度 度 度	广	6	亠 广 庐 庐 度
幽	깊을 유	幽 幽 幽	幺	6	丨 乡 幽 幽
師	장수 수	師 師 師	巾	6	丨 户 自 𠂤 師
帝(帝)	임금 제	帝 帝 帝	巾	6	亠 产 帝 帝
屋	집 옥	屋 屋 屋	尸	6	コ 尸 层 屋
専(專)	오로지 전	専 専 専	寸	6	一 旦 由 専
封	봉할 봉	封 封 封	寸	6	圭 封
室	집 실	室 室 室	宀	6	宀 宀 宏 室 室
宣	베풀 선	宣 宣 宣	宀	6	宀 宀 宜 宣
客	손 객	客 客 客	宀	6	宀 安 客 客
威	위엄 위	威 威 威	女	6	丿 厂 反 威 威
姿	맵시 자	姿 姿 姿	女	6	冫 次 姿 姿
姻	혼인 인	姻 姻 姻	女	6	女 姻
契(契)	문서 계	契 契 契	大	6	一 十 丰 契 契
城	성벽 성	城 城 城	土	6	土 圹 圻 城
単(單)	홑 단	単 単 単	⺍	6	⺍ 単 単

漢字	訓音	三体	部首	劃	筆順
映	비칠 영	映 映 映	日	5	日 旳 昍 映
*星	별 성	星 星 星	日	5	曰 星
*既(旣)	이미 기	既 既 既	无	5	ヨ 艮 即 即 既
*施	베풀 시	施 施 施	方	5	亠 方 斿 斾 施
*政	정사 정	政 政 政	攵	5	正 政
*故	연고 고	故 故 故	攵	5	古 古 故 故
*指	손가락 지	指 指 指	扌	6	扌 扌 指
*持	가질 지	持 持 持	扌	6	扌 持
*拾	주울 습	拾 拾 拾	扌	6	扌 扴 拎 拾
悔(悔)	뉘우칠 회	悔 悔 悔	忄	6	忄 悔
*恨	한할 한	恨 恨 恨	忄	6	丷 忄 恨
*恒(恆)	항상 항	恒 恒 恒	忄	6	忄 恒
*急(急)	급할 급	急 急 急	心	5	𠂊 刍 急
怠	게으를 태	怠 怠 怠	心	5	厶 台 怠
*思	생각할 사	思 思 思	心	5	冂 田 思
*怒	성낼 노	怒 怒 怒	心	5	奴 怒
*後	뒤 후	後 後 後	彳	6	彳 彸 後 後
*律	법 률	律 律 律	彳	6	彳 律 律

漢字	訓音	三体	部首	劃	筆順
*活	살 활	活 活 活	氵	6	氵 汇 汗 活
*洗	씻을 세	洗 洗 洗	氵	5	氵 洗 洗
*洋	큰바다 양	洋 洋 洋	氵	6	氵 洋 洋
*泉	샘 천	泉 泉 泉	水	5	丿 白 皁 皁 泉
段	층 단	段 段 段	殳	5	亻 阝 段 段
*栄(榮)	영화 영	栄 栄 栄		6	⺍ 𭕄 栄
*柳	버들 류	柳 柳 柳	木	5	木 朩 柳 柳 柳
*柱	기둥 주	柱 柱 柱	木	5	木 柱
*査	조사할 사	査 査 査	木	5	木 杏 査
*柔	유순할 유	柔 柔 柔	木	5	乛 予 矛 柔
染	물들일 염	染 染 染	木	5	氵 氿 氿 染
某	아무 모	某 某 某	木	5	一 廿 甘 某
架	시렁 가	架 架 架	木	5	加 架
枯	마른나무 고	枯 枯 枯	木	5	木 枯
*是	이 시	是 是 是	日	5	日 旦 旦 是
昭	밝을 소	昭 昭 昭	日	5	日 盺 盺 昭
*昨	어제 작	昨 昨 昨	日	5	日 昨
*春	봄 춘	春 春 春	日	5	三 夫 春

漢字	訓音	部首	획수	필순
*研(硏)	갈 연	石	4	石 矸 研
*看	볼 간	目	4	三 手 看
*省	살필 성	目	4	小 少 省
*相	서로 상	目	4	木 相
*皇	임금 황	白	4	ノ 白 皁 皇
*皆	다 개	白	4	上 比 皆
*発(發)	필 발	八	4	フ ヲ ⺢ 癶 発
疫	병 역	疒	4	亠 广 疒 疒 疫
*界	지경 계	田	4	田 旲 界
珍	보배 진	王	5	T 王 玠 珍
*独(獨)	홀로 독	犭	6	犭 犭 独
牲	희생 생	牛	5	ㅗ 牛 牛 牲
*為(爲)	삼을 위	灬	5	丶 ソ 為 為
炭(炭)	숯 탄	火	5	山 屮 岸 炭 炭
*浅(淺)	얕을 천	氵	6	氵 氵 浅 浅
*浄(淨)	깨끗할 정	氵	6	氵 氵 氵 浄 浄
*海(海)	바다 해	氵	6	氵 氵 海 海 海
派(派)	물갈래 파	氵	6	氵 氵 派 派

漢字	訓音	部首	획수	필순
臭(臭)	냄새 취	自	3	ノ 自 臭
胞(胞)	배 포	月	5	月 胞
背	등 배	月	5	十 ㅕ 北 北 背
胃	밥통 위	月	5	田 胃
肺	허파 폐	月	5	月 肝 肺 肺
耐	견딜 내	而	3	一 ア 丙 而 耐
*美	아름다울 미	羊	3	⺷ 䒑 美 美
県(縣)	탈필 현	目	4	目 且 県
級	등급 급	糸	4	糸 糿 級 級
*紅	붉을 홍	糸	3	糸 紅
*約	기약할 약	糸	3	糸 約 約
紀	벼리 기	糸	3	糸 紀
秒	벼가시랑 이 묘	禾	4	禾 秒 秒
*科	과정 과	禾	4	禾 禾 科 科
*秋	가을 추	禾	4	禾 禾 秋
*神(神)	귀신 신	示	5	礻 神
*祝(祝)	빌 축	示	5	礻 礻 祀 祝
*祖(祖)	할아버지 조	示	5	礻 礻 祖

漢字	뜻·음	三体	부수·획수	필순
逃(逃)	도망할 도	逃 逃 逃	辶 6	兆 逃
*送(送)	보낼 송	送 送 送	辶 6	䒑 关 送
*退(退)	물러갈 퇴	退 退 退	辶 6	ヨ 艮 良 退
*追	쫓을 추	追 追 追	辶 6	丿 户 𠂤 追
迷(迷)	미혹할 미	迷 迷 迷	辶 6	丷 半 米 迷
*軍	군사 군	軍 軍 軍	車 2	冖 冝 軍
赴	다다를 부	赴 赴 赴	走 2	土 走 赴 赴
*負	질 부	負 負 負	貝 2	丿 ⺈ 負
*貞	곧을 정	貞 貞 貞	貝 2	丨 ⺊ 卣 貞
*変(變)	변할 변	変 変 変	一 7	亠 亣 亦 変
*計	헤아릴 계	計 計 計	言 2	言 計
訂	고칠 정	訂 訂 訂	言 2	言 訂
*要(要)	구할 요	要 要 要	襾 3	冖 襾 西 要
*衷	속 충	衷 衷 衷	衣 4	亠 亩 亩 叀 衷
荘(莊)	씩씩할 장	荘 荘 荘	艹 6	艹 荘
荒	거칠 황	荒 荒 荒	艹 6	艹 芒 芒 荒
*草	풀 초	草 草 草	艹 6	艹 苩 草
茶	차 다	茶 茶 茶	艹 6	艹 艾 茶

漢字	뜻·음	三体	부수·획수	필순
挑	이끌 도	挑 挑 挑	扌 6	扌 挑
洪	넓을 홍	洪 洪 洪	氵 6	氵 洪 洪
亭	정자 정	亭 亭 亭	亠 7	古 亯 亭
点(點)	점칠 점	点 点 点	灬 5	丨 ⺊ 占 点
*香	향기 향	香 香 香	香 0	一 禾 香
*首	머리 수	首 首 首	首 0	丷 䒑 䒑 首
*食(食)	밥 식	食 食 食	食 0	人 亼 今 食 食
*飛	날 비	飛 飛 飛	飛 0	乙 飞 飞 飛 飛
*風	바람 풍	風 風 風	風 0	几 凧 風
*音(音)	소리 음	音 音 音	音 0	亠 立 音 音
革	가죽 혁	革 革 革	革 0	廿 苩 革
面	낯 면	面 面 面	面 0	丆 而 面 面
*限	한정 한	限 限 限	阝 6	阝 阝 限 限 限
*降	내릴 강	降 降 降	阝 7	丨 阝 降 降 降
*重	무거울 중	重 重 重	里 2	一 重 重 重
*郎(郎)	달밝을 랑	郎 郎 郎	阝 6	良 郎 郎
郊	들 교	郊 郊 郊	阝 6	六 交 交 郊 郊
*逆(逆)	거스릴 역	逆 逆 逆	辶 6	䒑 屰 逆

字	訓音	書体	部首·획	筆順
*勉	힘쓸 면	勉 勉 勉	力 8	ク 𠂊 免 勉
劍(劒)	칼 검	劍 劍 劍	刂 8	僉 劍
剛	굳셀 강	剛 剛 剛	刂 8	岡 剛
凍	얼 동	凍 凍 凍	冫 8	冫 洹 涷 凍
*兼(兼)	겸할 겸	兼 兼 兼	八 8	丷 䒑 并 兼
*倫	오륜 륜	倫 倫 倫	亻 8	亻 倫
値	값 치	値 値 値	亻 8	亻 什 偱 値
倣	본받을 방	倣 倣 倣	亻 8	亻 仿 倣
*借	빌릴 차	借 借 借	亻 8	亻 併 併 借
候	기후 후	候 候 候	亻 8	亻 亻 仁 侯 候
倒	거꾸러질 도	倒 倒 倒	亻 8	亻 倒
倍	곱 배	倍 倍 倍	亻 8	亻 位 倍
*個	낱 개	個 個 個	亻 8	亻 個
倉	곳집 창	倉 倉 倉	人 8	人 侌 侌 倉
*修	닦을 수	修 修 修	亻 8	亻 亻 仛 攸 修

十畫

字	訓音	書体	部首·획	筆順
*甚	심할 심	甚 甚 甚	甘 4	甘 其 甚
哉	어조사 재	哉 哉 哉	口 6	土 吉 哉 哉

字	訓音	書体	部首·획	筆順
*島	섬 도	島 島 島	山 7	丿 户 鳥 島
峰(峯)	산봉우리 봉	峰 峰 峰	山 7	山 峪 峰 峰
*展	펼 전	展 展 展	尸 7	コ 尸 屏 屈 展
*将(將)	장수 장	将 将 将	寸 7	丨 丬 丬 将
*射	쏠 사	射 射 射	寸 7	亻 亻 身 身 射
*容	얼굴 용	容 容 容	宀 7	宀 宂 穴 容
*家	집 가	家 家 家	宀 7	宀 宀 宊 家 家
宴	잔치 연	宴 宴 宴	宀 7	宀 宜 宴
*害(害)	해로울 해	害 害 害	宀 7	宀 宀 宔 宔 害
宮	궁궐 궁	宮 宮 宮	宀 7	宀 宀 宫 宮
*孫	손자 손	孫 孫 孫	子 7	了 子 孑 孫
娛	즐길 오	娛 娛 娛	女 7	女 如 娯 娛
娘	아씨 낭	娘 娘 娘	女 7	女 妒 娘 娘
*夏	여름 하	夏 夏 夏	夊 7	一 丆 百 頁 夏
埋	묻을 매	埋 埋 埋	土 7	土 坦 坦 埋
哲	밝을 철	哲 哲 哲	口 7	扌 扩 折 哲
員	사람 원	員 員 員	口 7	口 昌 員
*原	언덕 원	原 原 原	厂 8	一 厂 厂 盾 原

捕	잡을 포	捕	捕	捕	扌	7	扌 捕
振	진동할 진	振	振	振	扌	7	扌 扩 扼 振
恋(戀)	사랑할 련	恋	恋	恋	心	6	亣 亦 恋
悩(惱)	고달플 뇌	悩	悩	悩	忄	7	忄 忄⺍ 悩 悩
悟	깨달을 오	悟	悟	悟	忄	7	丷 忄 悟 悟
恭	공손할 공	恭	恭	恭	⺗	6	廾 共 共 恭 恭
恩	은혜 은	恩	恩	恩	心	6	冂 因 因 恩
恐	두려울 공	恐	恐	恐	心	6	工 巩 巩 恐
徒	무리 도	徒	徒	徒	彳	7	彳 徒 徒 徒
徐	천천할 서	徐	徐	徐	彳	7	彳 徐
弱(弱)	약할 약	弱	弱	弱	弓	7	㇆ 弓 弓 弱
庭	뜰 정	庭	庭	庭	广	7	亠 广 庐 庭 庭
庫	창고 고	庫	庫	庫	广	7	亠 广 庫 庫
座	자리 좌	座	座	座	广	7	亠 广 座 座 座
帯(帶)	띠 대	帯	帯	帯	巾	7	一 卅 卅 帯 帯
席	자리 석	席	席	席	巾	7	亠 广 席 席 席
師	스승 사	師	師	師	巾	7	丿 𠂤 𠂤 師 師
差	다를 차	差	差	差	工	7	丷 羊 差 差

帰(歸)	돌아갈 귀	帰	帰	帰	巾	7	刂 归 帰 帰 帰
桜(櫻)	백유나무 유	桜	桜	桜	木	6	木 桜 桜
梅	매화나무 매	梅	梅	梅	木	6	木 梅 梅 梅 梅
桑	뽕나무 상	桑	桑	桑	木	6	又 叒 桑 桑
案	상고할 안	案	案	案	木	6	安 案
桃	복숭아 도	桃	桃	桃	木	6	木 桃 桃 桃 桃
栽	심을 재	栽	栽	栽	木	6	土 栽 栽
格	격식 격	格	格	格	木	6	木 格
根	뿌리 근	根	根	根	木	6	木 根 根 根
核	씨 핵	核	核	核	木	6	木 核
株	뿌리 주	株	株	株	木	6	木 株 株 株
校	학교 교	校	校	校	木	6	木 校 校 校 校
朗	달밝을 랑	朗	朗	朗	月	6	良 朗
書	글 서	書	書	書	日	6	一 書 書 書 書
時	때 시	時	時	時	日	6	日 時 時 時 時
料	될 료	料	料	料	斗	6	米 料 料
敏(敏)	민첩할 민	敏	敏	敏	攵	6	亻 敏 敏 敏 敏
挙(擧)	들 거	挙	挙	挙	⺍	7	⺍ 挙 挙 挙 挙

漢字	뜻·음	部首	획수	筆順
畜	기를 축	田	5	亠 玄 畜
留	머무를 류	田	5	… 留
班	나눌 반	王	6	王 … 班
特	특별 특	牛	6	牛 … 特
烈	매울 렬	灬	6	列 烈
涙(淚)	눈물 루	氵	7	氵 … 涙
消	사라질 소	氵	7	氵 … 消
浸(浸)	적실 침	氵	7	氵 浸
浴	씻을 욕	氵	7	氵 … 浴
浮(浮)	뜰 부	氵	7	氵 … 浮
浪	물결 랑	氵	7	氵 … 浪
浦	물가 포	氵	7	氵 浦
流	흐를 류	氵	7	氵 … 流
泰	클 태	水	5	三 … 泰
殺	죽일 살	殳	6	… 殺
残(殘)	나머지 잔	歹	6	… 歹 残
殊	다를 수	歹	6	… 歹 殊
殉	따라죽을 순	歹	6	… 歹 殉

漢字	뜻·음	部首	획수	筆順
納(納)	들일 납	糸	4	糸 … 納
純	순전할 순	糸	4	糸 … 純
紙	종이 지	糸	4	糸 … 紙
粉	가루 분	米	4	… 米 … 粉
笑	웃을 소	竹	4	… 笑
祥(祥)	자세할 상	示	6	礻 … 祥
称(稱)	일컬을 칭	禾	5	禾 … 称
秩	차례 질	禾	5	禾 秩
租	구실 조	禾	5	禾 租
秘(祕)	비밀할 비	禾	5	禾 … 秘
破	깨뜨릴 파	石	5	石 … 破
眠	잠잘 면	目	5	目 眠
真(眞)	참 진	目	5	十 … 直 真
益(益)	더할 익	皿	5	… 益
症	병증세 증	疒	5	亠 广 疒 症
病	병들 병	疒	5	广 疒 … 病
疾	병 질	疒	5	亠 广 疒 疾
疲	피곤할 피	疒	5	亠 广 疒 疲

漢字	訓音	三體	部首·劃數	筆順
討	칠 토	討 討 討	言 3	言 討
記	기록할 기	記 記 記	言 3	言 訁 訂 記
被	입을 피	被 被 被	衤 5	礻 衤 衤 被
衰	쇠할 쇠	衰 衰 衰	衣 4	亠 亩 亩 衰 衰
蚕 (蠶)	천 지렁이	蚕 蚕 蚕	虫 4	二 天 吞 蚕
華	빛날 화	華 華 華	艹 7	艹 艹 芇 華 華
荷	짐 하	荷 荷 荷	艹 7	艹 荷
般	일반 반	般 般 般	舟 4	月 舟 舟 般 般
航	배다닐 항	航 航 航	舟 4	月 舟 舟 舟 航
能	능할 능	能 能 能	月 6	自 能 能 能
脅	갈비 협	脅 脅 脅	月 6	劦 脅
脈 (脈)	맥 맥	脈 脈 脈	月 6	月 月 脈 脈
胸	가슴 흉	胸 胸 胸	月 6	月 肑 朐 胸
耕	갈 경	耕 耕 耕	耒 4	三 丰 耒 耒 耕
翁 (翁)	늙은이 옹	翁 翁 翁	羽 4	八 公 翁
索	찾을 색	索 索 索	糸 4	十 宀 索 索
素	흴 소	素 素 素	糸 4	十 丰 素
紛	분잡할 분	紛 紛 紛	糸 4	糸 紛

漢字	訓音	三體	部首·劃數	筆順
針	바늘 침	針 針 針	金 2	金 針
酒	술 주	酒 酒 酒	酉 3	氵 汅 洒 酒
配	짝 배	配 配 配	酉 3	两 酉 酉 配
君	고을 군	郡 郡 郡	阝 7	君 郡 郡
逐 (逐)	수 드디어	逐 逐 逐	辶 7	一 丁 豕 逐
透 (透)	트일 투	透 透 透	辶 7	禾 秀 秀 透
途 (途)	길 도	途 途 途	辶 7	个 余 途
造 (造)	지을 조	造 造 造	辶 7	𠂉 生 告 造
連 (連)	이을 련	連 連 連	辶 7	亘 車 連
速 (速)	빠를 속	速 速 速	辶 7	一 申 束 速
通 (通)	통할 통	通 通 通	辶 7	一 丙 甬 甬 通
辱	욕될 욕	辱 辱 辱	辰 3	厂 戶 辰 辰 辱
軒	초헌 헌	軒 軒 軒	車 3	亘 車 軒 軒
距	이를 거	距 距 距	足 5	口 ⺊ 𧾷 距
起	(起) 일어날 기	起 起 起	走 3	十 土 走 起
貢	바칠 공	貢 貢 貢	貝 3	工 貢 貢
財	재물 재	財 財 財	貝 3	貝 財
訓	가르칠 훈	訓 訓 訓	言 3	言 訓

字	訓音	三体	部首·획수	筆順
*偉	클 위	偉 偉 偉	亻 10	亻 亻' 亻午 亻咅 偉
*乾	마를 건	乾 乾 乾	乙 10	卓 乾 乾

十一畫

字	訓音	三体	部首·획수	筆順
浩	넓을 호	浩 浩 浩	氵 7	氵 浩 浩
桐	오동 동	桐 桐 桐	木 6	木 杋 桐
桂	계수나무 계	桂 桂 桂	木 6	木 杜 桂
酌	술 작	酌 酌 酌	酉 3	丙 两 酉 酌
唐	당나라 당	唐 唐 唐	口 7	亠 广 庐 庚 唐
*悅	(悦) 기쁠 열	悅 悅 悅	忄 7	忄 悦 悅
鬼	귀신 귀	鬼 鬼 鬼	鬼 0	ノ 由 鬼 鬼
*高	높을 고	高 高 高	高 0	丶 亠 古 高 高
*骨	뼈 골	骨 骨 骨	骨 0	冂 冎 冎 骨
*馬	말 마	馬 馬 馬	馬 0	丨 ㄏ 馬 馬
飢	(飢) 주릴 기	飢 飢 飢	食 2	食 飢
陷	(陥) 빠질 함	陷 陷 陷	阝 7	阝 阝⺈ 阝⺈ 陷
陣	진칠 진	陣 陣 陣	阝 7	阝 陣 陣
*除	덜 제	除 除 除	阝 7	阝 阝 阝余 除 除
院	집 원	院 院 院	阝 7	阝 阝 阝宀 院 院

字	訓音	三体	部首·획수	筆順
*執	잡을 집	執 執 執	土 8	土 幸 幸丸 執 執
*堅	굳을 견	堅 堅 堅	土 9	丨 臣 臤 堅
*堂	집 당	堂 堂 堂	土 8	丨 ⺌ 尚 堂
*基	터 기	基 基 基	土 8	一 卄 甘 其 基
培	북돋울 배	培 培 培	土 8	土 培
啓	(启) 열 계	啓 啓 啓	口 8	戶 戶 改 啓
*問	물을 문	問 問 問	口 8	門 問
*商	장사 상	商 商 商	口 8	亠 产 产 商 商
*唱	노래부를 창	唱 唱 唱	口 8	口 口日 唱
*唯	오직 유	唯 唯 唯	口 8	口 吖 吖 唯
*務	힘쓸 무	務 務 務	力 9	丶 矛 矛攵 務
副	버금 부	副 副 副	刂 9	畐 副
*動	움직일 동	動 動 動	力 9	二 亘 重 重 動
僞	(偽) 거짓 위	僞 僞 僞	亻 9	亻 亻 仈 僞 僞
偶	짝 우	偶 偶 偶	亻 9	亻 偶 偶
側	곁 측	側 側 側	亻 9	亻 側
健	굳셀 건	健 健 健	亻 9	亻 律 健
*停	머무를 정	停 停 停	亻 9	亻 仃 倬 停

字	訓音	部首	획수
御	모실 어	彳	8
*得	얻을 득	彳	8
彩(彩)	빛날 채	彡	8
張	베풀 장	弓	8
*強(强)	강할 강	弓	8
庸	떳떳할 용	广	8
康	편할 강	广	8
庶	무리 서	广	8
*常	항상 상	巾	8
帳	휘장 장	巾	8
崩	산무너질 붕	山	8
*崇	높을 숭	山	8
密	빽빽할 밀	宀	8
寂	고요할 적	宀	8
寄	붙일 기	宀	8
*宿	잘 숙	宀	8
*婚	혼인 혼	女	8
*婦	며느리 부	女	8

字	訓音	部首	획수
斜	비낄 사	斗	7
*欲	탐낼 욕	欠	7
*敗	패할 패	攵	7
*救	구원할 구	攵	7
*教(敎)	가르칠 교	攵	7
掛	걸 괘	扌	8
*推	가릴 추	扌	8
*探	찾을 탐	扌	8
排	떠밀 배	扌	8
*採(採)	캘 채	扌	8
*接	이을 접	扌	8
*授	줄 수	扌	8
掃(掃)	쓸 소	扌	8
慘(慘)	참혹할 참	忄	8
*惜	아낄 석	忄	8
*情(情)	뜻 정	忄	8
*惡(惡)	악할 악	心	7
*患	근심 환	心	7

漢字	뜻·음	三體	部首·畫數	筆順
球	공 구	球 球 球	王 7	王 玎 玎 球 球
現	지금 현	現 現 現	王 7	王 現
猛	날랠 맹	猛 猛 猛	犭 8	犭 犭 犴 猛
済(濟)	건질 제	済 済 済	氵 8	氵 汁 汏 済 済
添	더할 첨	添 添 添	氵 8	氵 汁 沃 添 添
混	섞일 혼	混 混 混	氵 8	氵 沪 泹 混 混
渇(渴)	목마를 갈	渇 渇 渇	氵 8	氵 沪 渇 渇 渇
淑	맑을 숙	淑 淑 淑	氵 8	氵 淑
涼	서늘할 량	涼 涼 涼	氵 8	氵 汁 洁 涥 涼
淡	맑을 담	淡 淡 淡	氵 8	氵 氵 㳄 淡
渉(涉)	건널 섭	渉 渉 渉	氵 8	氵 沙 渉
深	깊을 심	深 深 深	氵 8	氵 㴱 深
清(淸)	맑을 청	清 清 清	氵 8	氵 清
械	기계 계	械 械 械	木 7	木 朩 析 械 械
望	보름 망	望 望 望	月 7	亡 切 朗 望 望
族	겨레 족	族 族 族	方 7	亠 方 方 方 族
旋	돌이킬 선	旋 旋 旋	方 7	亠 方 方 方 旋
断(斷)	끊을 단	断 断 断	斤 7	半 米 㡭 断

漢字	뜻·음	三體	部首·畫數	筆順
細	가늘 세	細 細 細	糸 5	糸 糹 紃 細
組	이끈 조	組 組 組	糸 5	糸 組
第	차례 제	第 第 第	竹 5	⺮ 笞 笞 第 第
符	병부 부	符 符 符	竹 5	⺮ 符
笛	피리 적	笛 笛 笛	竹 5	⺮ 笁 笛 笛
章	글월 장	章 章 章	立 6	立 音 章
窓	창문 창	窓 窓 窓	穴 6	宀 空 窓
移	옮길 이	移 移 移	禾 6	禾 秒 移 移 移
祭	제사 제	祭 祭 祭	示 6	ク タ 夕又 祭
票	문서 표	票 票 票	示 6	覀 覀 票
眼	눈 안	眼 眼 眼	目 6	目 目 眼 眼 眼
盗(盜)	도둑 도	盗 盗 盗	皿 6	冫 次 次 盗
盛(盛)	성할 성	盛 盛 盛	皿 6	一 厂 成 成 盛
疎	성길 소	疎 疎 疎	疋 7	丁 正 距 踈 疎
異	다를 이	異 異 異	田 6	田 田 罒 異 異
略(畧)	간략할 략	略 略 略	田 6	田 畋 略
産(產)	낳을 산	産 産 産	生 6	立 产 产 産 産
理	다스릴 리	理 理 理	王 7	王 理

漢字	訓音	部首	劃	筆順
規	법 규	見	4	二 扌 夫 相 規
術(術)	재주 술	行	5	彳 什 休 術 術
虚(虛)	빌 허	虍	5	上 广 虍 虍 虚
著(著)	지을 저	艹	8	艹 芏 尹 著
菌	곰팡이 균	艹	8	艹 芦 菌 菌
菜(菜)	나물 채	艹	8	艹 艹 芯 菜
菊	국화 국	艹	8	艹 芍 菊
船(船)	배 선	舟	5	介 有 舟 船
脳(腦)	골 뇌	月	7	月 脳
脱(脫)	벗을 탈	月	7	月 肸 脱
脚	다리 각	月	7	月 脚
粛(肅)	엄숙할 숙	聿	5	一 十 韋 粛 粛
習	익힐 습	羽	5	刁 习 羽 習
翌	이튿날 익	羽	5	刁 习 羽 翌
累	여러 루	糸	5	田 累
紫	자주빛 자	糸	6	止 此 紫
経(經)	날 경	糸	5	糸 紁 経
終	마칠 종	糸	5	糸 紁 終

漢字	訓音	部首	劃	筆順
郭	외성 곽	阝	8	亠 享 享 郭 郭
部	거느릴 부	阝	8	立 音 部 部
逸(逸)	놓일 일	辶	8	ク 免 免 免 逸
進(進)	나아갈 진	辶	8	亻 什 隹 進
転(轉)	구를 전	車	4	亘 車 転
軟	부드러울 연	車	4	亘 車 軟 軟
販	팔 판	貝	4	貝 販
責	꾸짖을 책	貝	4	十 主 責
貫	꿸 관	貝	4	ㄴ 口 四 毌 貫
貨	재물 화	貝	4	化 貨
貧	가난할 빈	貝	4	八 分 貧
豚	돼지 돈	豕	4	月 𠂆 肟 肟 豚
訳(譯)	번역할 역	言	4	言 訂 訳 訳
訟	송사할 송	言	4	言 訟 訟
訪	물을 방	言	4	言 訪
設	베풀 설	言	4	言 訊 設
許	허락할 허	言	4	言 許 許
視(視)	볼 시	見	4	礻 礻 祖 視

字	黃	麻	鳥	魚	頂	雪	閉	野	釈	酔	陶	険	陸	陵	陳	郷	都	郵
訓音	(黃) 누를 황	(麻) 삼 마	새 조	물고기 어	이마 정	(雪) 눈 설	닫을 폐	들 야	(釋) 풀릴 석	(醉) 취할 취	질그릇 도	(險) 험할 험	뭍 륙	능 릉	영문 진	(鄕) 시골 향	(都) 도읍 도	우편 우
三體 (筆寫)	黃	麻	鳥	魚	頂	雪	閉	野	釈	酔	陶	険	陸	陵	陳	郷	都	郵
部首	黃 0	麻 0	鳥 0	魚 0	頁 2	雨 3	門 3	里 4	釆 4	酉 4	阝 8	阝 8	阝 8	阝 8	阝 8	阝 8	阝 8	阝 8
筆順	廿 共 帯 菁 黃	亠 广 床 麻	亻 户 鳥 鳥	⺈ 角 魚	丁 頂	一 雨 雪 雪	戸 門 閉 閉	日 甲 里 野 野	丶 釆 釈 釈 釈	冂 西 酉 酔 酔	阝 阝勹 陶 陶 陶	了 阝 険	了 阝 阝土 陸 陸	阝 陵 陵	了 阝 陌 陣 陳	乡 乡J 郷 郷 郷	土 耂 者 都 都	二 乖 垂 郵 郵

十二畫

字	喜	善	博	勤	募	勝	創	割	備	傑	傍
訓音	기쁠 희	착할 선	넓을 박	(勤) 부지런할 근	모을 모	이길 승	다칠 창	벨 할	갖출 비	준걸 걸	곁 방
三體 (筆寫)	喜	善	博	勤	募	勝	創	割	備	傑	傍
部首	口 9	口 9	十 10	力 10	力 10	力 10	刂 10	刂 10	亻 10	亻 11	亻 10
筆順	士 吉 壴 喜	䒑 羊 羔 善	十 忄 恒 博	艹 苩 革 菫 勤	莫 募	月 月 胖 勝	倉 創	害 割	亻 仕 供 備 備	亻 伊 伴 傑	亻 仕 位 倅 傍

字	寅	涯	渓	殻	斎	黒
訓音	범 인	물가 애	(溪) 시내 계	(殼) 껍질 각	(齋) 재나라 제	(黑) 검을 흑
三體 (筆寫)	寅	涯	渓	殻	斎	黒
部首	宀 8	氵 8	氵 8	殳 7	斉 3	黒 0
筆順	宀 宁 寅 寅	氵 汇 涯	氵 泗 渓	声 壳 殳 殻	文 斎 斎	囗 甲 里 黒

漢字	뜻·음	三體	部首	획수	筆順
弾(彈)	통길 탄	弾 弾 弾	弓	9	ㄱ 弓 弓" 弹 弾
廃(廢)	버릴 폐	廃 廃 廃	广	9	广 庐 庐 庐 廃
廊	결채 랑	廊 廊 廊	广	9	广 廊
幾	몇 기	幾 幾 幾	幺	9	幺 丝 丝 幾 幾
幅	넓이 폭	幅 幅 幅	巾	9	冂 巾 幅
属(屬)	붙일 속	属 属 属	尸	9	尸 尸 属 属
就	이룰 취	就 就 就	尢	9	古 京 就 就 就
尋	찾을 심	尋 尋 尋	寸	9	ㄱ ヨ 尋 尋 尋
尊(尊)	높을 존	尊 尊 尊	寸	9	丷 酋 酋 酋 尊
寒	추울 한	寒 寒 寒	宀	9	宀 宀 寒 寒 寒
富	넉넉할 부	富 富 富	宀	9	宀 富 富
媒	중매 매	媒 媒 媒	女	9	女 妣 媒 媒
堕(墮)	떨어질 타	堕 堕 堕	土	9	阝 阝 阝 陏 堕
塔	탑 탑	塔 塔 塔	土	9	土 塔 塔
場	장소 장	場 場 場	土	9	土 坦 場 場
報	갚을 보	報 報 報	土	9	土 幸 幸 郣 報
堤	막을 제	堤 堤 堤	土	9	土 堤
喪	죽을 상	喪 喪 喪	口	9	十 卌 亞 喪 喪

漢字	뜻·음	三體	部首	획수	筆順
暁(曉)	새벽 효	暁 暁 暁	日	8	日 日 暁 暁 暁
暑(暑)	더위 서	暑 暑 暑	日	8	日 旦 暑 暑
晴(晴)	날맑을 청	晴 晴 晴	日	8	日 晴
景	빛 경	景 景 景	日	8	日 旦 景 景
普	넓을 보	普 普 普	日	8	丷 丷 並 普
晩	늦을 만	晩 晩 晩	日	8	日 日 晩 晩
敬	공경 경	敬 敬 敬	攵	8	艹 芍 苟 敬
散	헤어질 산	散 散 散	攵	8	艹 龷 背 散 散
敢	용감할 감	敢 敢 敢	攵	8	工 了 百 耳 敢
揺(搖)	흔들 요	揺 揺 揺	扌	9	扌 揺 揺 揺
援(援)	구원할 원	援 援 援	扌	9	扌 扌 援 援 援
揮	빛날 휘	揮 揮 揮	扌	9	扌 扌 揮 揮
換	바꿀 환	換 換 換	扌	9	扌 扌 换 换 換
揚	날릴 양	揚 揚 揚	扌	9	扌 揚 揚
提	들 제	提 提 提	扌	9	扌 担 提 提
掌	손바닥 장	掌 掌 掌	手	8	丷 丷 堂 掌
慨(慨)	분할 개	慨 慨 慨	忄	10	忄 忄 忄 慨 慨
復	회복할 복	復 復 復	彳	9	彳 復 復

漢字	訓音	三體	部首	획	筆順
替	대신할 체	替 替 替	日	8	夫 㚘 替
最	첫째 최	最 最 最	日	8	旦 旦 昰 冣 最
朝	아침 조	朝 朝 朝	月	8	十 古 卓 朝
期	기약할 기	期 期 期	月	8	一 廾 甘 其 期
棄(棄)	버릴 기	棄 棄 棄	木	8	云 㐬 棄
森	숲 삼	森 森 森	木	8	木 木 森
植	심을 식	植 植 植	木	8	木 杧 植 植
検(檢)	검사할 검	検 検 検	木	8	木 検
欺	속일 기	欺 欺 欺	欠	8	其 欺
減	덜 감	減 減 減	氵	9	氵 氵 沔 減 減
渡	건널 도	渡 渡 渡	氵	9	氵 氵 沪 渡
測	잴 측	測 測 測	氵	9	氵 測
港	항구 항	港 港 港	氵	9	氵 氵 洪 洪 港
湖	호수 호	湖 湖 湖	氵	9	氵 沽 湖
湯	끓일 탕	湯 湯 湯	氵	9	氵 浔 湯 湯
温(溫)	따뜻할 온	温 温 温	氵	9	氵 沺 温 温
満(滿)	찰 만	満 満 満	氵	9	氵 氵 汫 満 満
湿(濕)	젖을 습	湿 湿 湿	氵	9	氵 氵 浥 湿

漢字	訓音	三體	部首	획	筆順
無	없을 무	無 無 無	灬	8	𠂉 𠂉 無 無 無
然	그럴 연	然 然 然	灬	8	夕 夕 然 然 然
焼(燒)	불사를 소	焼 焼 焼	火	8	丷 火 炏 焼 焼
営(營)	진 영	営 営 営	⺍	9	⺍ 𫩏 営 営 営
猶(猶)	같을 유	猶 猶 猶	犭	9	犭 犭 猶 猶 猶
琴	거문고 금	琴 琴 琴	王	8	王 玨 琴 琴
番	차례 번	番 番 番	田	7	一 𠂉 平 釆 番
痛	아플 통	痛 痛 痛	疒	7	广 疒 痛
登	오를 등	登 登 登	癶	7	フ 夕 癶 癶 登
短	짧을 단	短 短 短	矢	7	𠂉 矢 知 短 短
硬	단단할 경	硬 硬 硬	石	7	石 硒 硬 硬
税(稅)	구실 세	税 税 税	禾	7	禾 秘 税
程	길 정	程 程 程	禾	7	禾 和 程 程
童	아이 동	童 童 童	立	7	立 音 章 童
筆	붓 필	筆 筆 筆	竹	6	⺮ 筆 筆
等	무리 등	等 等 等	竹	6	⺮ 笙 等
答	대답할 답	答 答 答	竹	6	⺮ 㕁 答
策	꾀 책	策 策 策	竹	6	⺮ 竹 笄 笫 策

漢字	훈·음	부수	획수
裝(装)	꾸밀 장	衣	6
補	기울 보	衤	7
裕	넉넉할 유	衤	7
裂	찢어질 렬	衣	6
裁	마름질할 재	衣	6
街	네거리 가	行	6
衆	무리 중	血	6
蛮(蠻)	오랑캐 만	虫	6
葬	묻을 장	艹	9
葉	잎 엽	木	8
落	떨어질 락	艹	9
着	붙을 착	羊	6
統	거느릴 통	糸	6
給	줄 급	糸	6
絡	이을 락	糸	6
絶	끊을 절	糸	6
結	맺을 결	糸	6
粧	단장할 장	米	6

漢字	훈·음	부수	획수
跡	발자국 적	足	6
越	넘을 월	走	5
超	뛰어날 초	走	5
賀	축하 하	貝	5
貿	무역할 무	貝	5
費	허비할 비	貝	5
貸	빌릴 대	貝	5
買	살 매	貝	5
貴	귀할 귀	貝	5
貯	쌓을 저	貝	5
象	코끼리 상	豕	5
証(證)	증거 증	言	5
詠	읊을 영	言	5
詞	말 사	言	5
評	평론할 평	言	5
詐	속일 사	言	5
訴	송사할 소	言	5
覚(覺)	깨달을 각	⺍	9

漢字	訓音	部首	획수	筆順
閑	한가할 한	門	4	尸 門 閑
開	열 개	門	4	丨 尸 門 門 開
鈍	우둔할 둔	金	4	金 釒 鈍
量	헤아릴 량	里	5	日 旦 昌 量
遲	더딜 지	辶	9	一 尸 屖 犀 遲
違 (違)	어길 위	辶	10	韋 違
達 (達)	통달할 달	辶	9	亠 幸 達
道	길 도	辶	9	丷 䒑 首 道
過 (偏)	지날 과	辶	9	冂 冎 咼 過
遍	두루 변	辶	9	戶 扁 遍
運 (運)	운전할 운	辶	9	冖 冟 軍 運
遊	놀 유	辶	9	亠 方 斿 遊
遇	만날 우	辶	9	禺 遇
遂	드디어 수	辶	9	丷 ⺷ 㒸 遂
輕 (輕)	가벼울 경	車	5	亘 車 軟 輕
踐	밟을 천	足	6	口 𧾷 踐
跳	뛸 도	足	6	𧾷 跳
路	길 로	足	6	口 𧾷 跤 路

漢字	訓音	部首	획수	筆順
智	지혜 지	日	9	𠂉 矢 知 智
敦	도타울 돈	攵	8	亠 古 享 敦
齒	이 치	止	8	卜 止 歨 齒
飯	먹을 반	食	4	人 食 飠 飯
飮	마실 음	食	4	人 食 飮
順	순할 순	頁	3	川 順 順
項	항목 항	頁	3	工 項 項
雲	구름 운	雨	4	雨 雲 雲
雇	머슴 고	隹	4	戶 戸 屏 雇
集	모을 집	隹	4	亻 什 隹 集
雅	아담할 아	隹	5	牙 邪 雅
雄	수컷 웅	隹	4	一 ナ 厷 雄
隨	따를 수	阝	9	阝 阝 陏 隨
階	섬돌 계	阝	9	阝 阝 阝比 階
隊 (隊)	떼 대	阝	9	阝 阝 隊
陽	볕 양	阝	9	阝 阝 阻 陽 陽
陰	그늘 음	阝	8	阝 阝 陰 陰 陰
間	사이 간	門	4	尸 門 門 間

漢字	訓·音	部首	획
須	모름지기 수	頁	3
禄(綠)	옷소리 록	示	8
琢	옥다듬을 탁	王	7

十三畫

漢字	訓·音	部首	획
寢	잠잘 침	宀	10
奬(獎)	도울 장	大	10
夢	꿈 몽	夕	10
墓	무덤 묘	土	10
塩(鹽)	소금 염	土	10
塊	흙덩이 괴	土	10
園	동산 원	囗	10
勧(勸)	권할 권	力	11
勢	형세 세	力	11
僧(僧)	중 승	亻	11
傾	가파를 경	亻	11
傷	상할 상	亻	11
債	빚질 채	亻	11
催	재촉할 최	亻	11

漢字	訓·音	部首	획
新	새 신	斤	9
数	셈칠 수		9
携(攜)	끌 휴	扌	10
損	덜 손	扌	10
戦(戰)	싸움 전	戈	9
慎	삼가할 신	忄	10
慈	사랑할 자	心	9
感	느낄 감	心	9
愛	사랑 애	心	9
愚	어리석을 우	心	9
意	뜻 의	心	9
愁	근심 수	心	9
想	생각할 상	心	9
微	적을 미	彳	10
廉(廉)	청렴할 렴	广	10
幹	줄기 간	干	10
幕	장막 막	巾	10
寛(寬)	너그러울 관	宀	10

字	훈·음	三体	部首	劃	筆順
睡	잘 수	睡 睡 睡	目	8	目 睡
盟	맹약 맹 •	盟 盟 盟	皿	8	明 盟
献(獻)	드릴 헌	献 献 献	犬	9	十 冇 甫 南 献
*歳(歲)	나이 세	歳 歳 歳	止	9	止 屮 产 岸 歳
楼(樓)	다락 루	楼 楼 楼	木	9	木 林 楼
*楽(樂)	즐길 락	楽 楽 楽	木	9	白 泊 楽
概(槪)	대개 개	概 概 概	木	10	木 柤 概
*極	다할 극	極 極 極	木	9	木 朾 柯 极 極
*業	일 업	業 業 業	木	9	丷 业 丵 業 業
*暗	어두울 암	暗 暗 暗	日	9	日 昈 暗
*暖	따뜻할 난	暖 暖 暖	日	9	日 旷 昖 昄 暖
暇	한가할 가	暇 暇 暇	日	9	日 旷 昈 昈 暇
照	비칠 조	照 照 照	灬	9	日 昭 照
*煙(烟)	연기 연	煙 煙 煙	火	9	火 炉 烟 烟 煙
*漢	한나라 한	漢 漢 漢	氵	10	氵 汁 浀 漌 漢
滅	멸할 멸	滅 滅 滅	氵	10	氵 氵 沂 泧 滅
準	법 준	準 準 準	氵	10	氵 汁 汼 淮 準
源	근원 원	源 源 源	氵	10	氵 源

字	훈·음	三体	部首	劃	筆順
腸	창자 장	腸 腸 腸	月	9	月 肌 胆 腸 腸
腰(腰)	허리 요	腰 腰 腰	月	9	月 腰
*聖(聖)	성인 성	聖 聖 聖	耳	7	一 丅 𦔮 耶 聖
*義	옳을 의	義 義 義	羊	7	丷 丫 兰 羊 義
群	무리 군	群 群 群	羊	7	君 群 群
署	관청 서	署 署 署	四	8	罒 署
置	둘 치	置 置 置	一	8	罒 罒 罒 置 置
*罪	허물 죄	罪 罪 罪	四	8	罒 罒 罪 罪 罪
*続(續)	이을 속	続 続 続	糸	7	糸 紡 続
継(繼)	이을 계	継 継 継	糸	7	糸 糹 絆 継 継
絹	비단 견	絹 絹 絹	糸	7	糸 紀 絹
*節	마디 절	節 節 節	竹	7	⺮ 笛 節 節
稚	어릴 치	稚 稚 稚	禾	8	禾 利 秝 稚
禅	전위할 선	禅 禅 禅	木	9	礻 礻 禅 禅
*福(福)	복 복	福 福 福	礻	9	礻 祀 福
禍	재화 화	禍 禍 禍	礻	9	礻 礻 禍
*禁	금할 금	禁 禁 禁	示	8	木 林 埜 禁 禁
督	거느릴 독	督 督 督	目	8	上 未 叔 督

漢字	뜻 · 음	부수	획수
較	비교할 교	車	6
賊	도적 적	貝	6
資	재물 자	貝	6
賃	빌릴 임	貝	[illegible]
*豊(豐)	풍년 풍	豆	6
誉(譽)	칭찬할 예	⺍	10
*誠(誠)	정성 성	言	6
誇	자랑할 과	言	6
詳	자세할 상	言	6
該	그 해	言	6
*話	말씀 화	言	6
*詩	글 시	言	6
*試	시험할 시	言	6
*解	풀 해	角	6
裏	속 리	衣	7
蓄	모을 축	艹	10
蒸	찔 증	艹	10
腹	배 복	月	9

漢字	뜻 · 음	부수	획수
睦	화목할 목	目	8
煩	민망할 번	火	9
鼓	북 고	鼓	0
飾(飾)	꾸밀 식	食	5
飽(飽)	배부를 포	食	5
預	미리 예	予	9
*電	번개 전	雨	5
雷	우뢰 뢰	雨	5
零	떨어질 령	雨	5
雌	암컷 자	隹	6
鉱(鑛)	덩이 광	金	5
*鉄(鐵)	쇠 철	金	5
鉛(鉛)	납 연	金	5
遺(遺)	끼칠 유	辶	10
*遠(遠)	멀 원	辶	10
*農	농사 농	辰	6
*辞(辭)	말씀 사	辛	6
載	실을 재	車	6

十四畫

漢字	뜻·음	三体	部首	획수	筆順
*旗	깃발 기	旗 旗 旗	方	10	方 方 㫃 旂 旗
摘	딸 적	摘 摘 摘	扌	11	扌 摘
憎(憎)	미워할 증	憎 憎 憎	忄	11	忄 憎
慣	익을 관	慣 慣 慣	忄	11	忄 忄毌 慣
慢	게으를 만	慢 慢 慢	忄	11	忄 慢
慕	생각할 모	慕 慕 慕	小	10	莫 慕 慕 慕
態	태도 태	態 態 態	心	10	厶 育 能 能 態
*德(德)	큰 덕	德 德 德	彳	11	彳 彳十 徳 德
徵(徵)	거둘 징	徵 徵 徵	彳	11	彳 彳山 徨 徵
層	층계 층	層 層 層	尸	11	一 尸 屆 層
寧	편안할 녕	寧 寧 寧	宀	11	宀 宀心 宓 寧
*察	살필 찰	察 察 察	宀	11	宀 宀 宀 宊 察
奪	빼앗을 탈	奪 奪 奪	大	11	大 夲 奞 奞 奪
*墨	먹 묵	墨 墨 墨	土	11	罒 甲 里 黑 墨
*增(增)	더할 증	增 增 增	土	11	土 增
境	지경 경	境 境 境	土	11	土 境
像	모양 상	像 像 像	亻	12	亻 亻 伫 停 像

漢字	뜻·음	三体	部首	획수	筆順
監	살필 감	監 監 監	皿	10	臣 臥 監
疑	의심 의	疑 疑 疑	疋	9	一 匕 矣 㠯 疑
獄	우리 옥	獄 獄 獄	犭	11	犭 狺 獄
漸	점점 점	漸 漸 漸	氵	11	氵 洹 漸 漸 漸
漫	부질없을 만	漫 漫 漫	氵	11	氵 沪 温 漫
演	통할 연	演 演 演	氵	11	氵 泞 渖 演 演
漏	샐 루	漏 漏 漏	氵	11	氵 沪 漏 漏 漏
漆	옻칠할 칠	漆 漆 漆	氵	11	氵 沐 泆 漆
漂	빨래할 표	漂 漂 漂	氵	11	氵 漂
*漁	고기잡을 어	漁 漁 漁	氵	11	氵 漁
滴	물방울 적	滴 滴 滴	氵	11	氵 滴
*歷(歷)	겪을 력	歷 歷 歷	止	10	厂 厤 歷
*歌	노래 가	歌 歌 歌	欠	10	可 可 哥 哥 歌
樣(樣)	모양 양	樣 樣 樣	木	10	木 栐 样 样 樣
模	법 모	模 模 模	木	10	木 栱 模
*構	이룰 구	構 構 構	木	10	木 栱 構 構 構
曆(曆)	달력 력	曆 曆 曆	日	10	厤 曆
*暮	저물 모	暮 暮 暮	日	10	莫 暮

漢字	훈음	部首	劃數
*聞	들을 문	耳	8
罰	벌줄 벌	一	9
*總(總)	거느릴 총	糸	8
*練(練)	겪을 련	糸	8
緖	실머리 서	糸	8
緊	긴요할 긴	糸	9
綿	솜 면	糸	8
綱	벼리 강	糸	8
維	맬 유	糸	8
*綠	푸를 록	糸	8
*精(精)	정기 정	米	8
管	대롱 관	竹	8
*算	셈놓을 산	竹	8
*端	끝 단	立	9
*穀	울 곡	禾	9
稻	벼 도	禾	9
*種	씨 종	禾	9
碑	비석 비	石	5

漢字	훈음	部首	劃數
銃	총 총	金	6
*銀	돈 은	金	6
酸	실 산	酉	7
*適(適)	맞을 적	辶	11
踏	밟을 답	足	8
豪	호걸 호	豕	7
*讀(讀)	읽을 독	言	7
*說	말씀 설	言	7
*誤	그릇할 오	言	7
*語	말씀 어	言	7
誘	꾀일 유	言	7
*認(認)	알 인	言	7
誌	기록할 지	言	7
複	겹옷 복	衤	9
*製	만들 제	衣	8
藏(藏)	감출 장	艹	12
*舞	춤 무	舛	8
腐	썩을 부	肉	8

漢字	訓音	三體	部首·劃	筆順
鼻	코 비	鼻 鼻 鼻	鼻 0	由 畠 鼻
鳴	울 명	鳴 鳴 鳴	鳥 3	口 미 叩 鳴 鳴
魂	넋 혼	魂 魂 魂	鬼 4	云 云' 云由 魂 魂
髮	머리카락 발	髮 髮 髮	髟 4	丨 镸 髟 髮
駅(驛)	역말 역	駅 駅 駅	馬 4	丨 冂 馬 馬ᄀ 駅
駆(驅)	물 구	駆 駆 駆	馬 4	丨 冂 馬 駆
領	거느릴 령	領 領 領	頁 5	人 今 令 領
静(靜)	고요할 정	静 静 静	青 6	青 青' 静 静 静
需	음식 수	需 需 需	雨 6	一 ⺈ 雨 需 需
雑(雜)	섞일 잡	雑 雑 雑	隹 6	丿 九 杂 雑
隠(隱)	숨을 은	隠 隠 隠	阝 11	阝 阝' 阝爫 阝⺤ 隠
障	막힐 장	障 障 障	阝 11	阝 阝亠 障 障
際	사귈 제	際 際 際	阝 11	阝 際
関(關)	집 관	関 関 関	門 6	門 関
閣	집 각	閣 閣 閣	門 6	尸 門 閣
銭(錢)	돈 전	銭 銭 銭	金 6	金 銭
銘	새길 명	銘 銘 銘	金 6	金 銘
銅	구리 동	銅 銅 銅	金 6	金 銅
聡	귀밝은 총	聡 聡 聡	耳 8	耳 耶 聆 聡
暢	길 창	暢 暢 暢	申 9	申 申' 暢 暢
僕	종 복	僕 僕 僕	亻 12	亻 僕
寡	홀어미 과	寡 寡 寡	宀 12	宀 宣 寡 寡

十五畫

漢字	訓音	三體	部首·劃	筆順
慮	생각 려	慮 慮 慮	心 11	广 虍 慮
徹	통할 철	徹 徹 徹	彳 12	彳 循 徹
影	그림자 영	影 影 影	彡 12	日 旦 景 景 影
弊(弊)	해질 폐	弊 弊 弊	廾 12	敝 弊
幣(幣)	폐백 폐	幣 幣 幣	巾 2	丶 冂 敝 幣
履	밟을 이	履 履 履	尸 12	尸 屛 履
導	인도할 도	導 導 導	寸 12	首 道 導
審	살필 심	審 審 審	宀 12	宀 宷 審 審
墳	무덤 분	墳 墳 墳	土 12	土 墳
器	그릇 기	器 器 器	口 12	口 吅 哭 器 器
劇	심할 극	劇 劇 劇	刂 13	广 虍 豦 豦 劇
億	억 억	億 億 億	亻 13	亻 亻 億 億
儀	거동 의	儀 儀 儀	亻 13	亻 儀

字	訓音	三體	部首	획수	筆順
熟	익을 숙	熟 熟 熟	灬	11	亠 享 孰 孰 熟
潮	밀물 조	潮 潮 潮	氵	12	氵 淖 潮
潤	윤택할 윤	潤 潤 潤	氵	12	氵 浬 潤 潤
潛(潜)	잠길 잠	潛 潛 潛	氵	12	氵 氵 沪 涔 潛
潔	조촐할 결	潔 潔 潔	氵	12	氵 汁 汢 㓗 潔
歡(歓)	기쁠 환	歡 歡 歡	欠	11	雚 歓
權(権)	권세 권	權 權 權	木	11	木 杧 柞 権
橫(横)	비낄 횡	橫 橫 橫	木	11	木 栏 横 横 横
標	표할 표	標 標 標	木	11	木 標
暴	사나울 폭	暴 暴 暴	日	11	曰 早 昊 暴
暫	잠간 잠	暫 暫 暫	日	11	亘 車 斬 斬 暫
敵	대적할 적	敵 敵 敵	攵	11	产 商 敵
擊(撃)	칠 격	擊 擊 擊	手	11	亘 車 毄 擊
戲(戯)	희롱할 희	戲 戲 戲	戈	11	亠 广 卢 虐 戲
憤	분할 분	憤 憤 憤	忄	12	忄 忄 忄 憤
憂	근심 우	憂 憂 憂	心	11	百 㥑 憂
慶	경사 경	慶 慶 慶	心	11	一 广 户 廖 慶
慰	위로할 위	慰 慰 慰	寸	8	尸 尉 慰

字	訓音	三體	部首	획수	筆順
論	의논할 논	論 論 論	言	8	言 訡 論 論
請(請)	청할 청	請 請 請	言	8	言 請
談	말씀 담	談 談 談	言	8	言 言 談 談
調(調)	고를 조	調 調 調	言	8	言 訂 調 調
課	구실 과	課 課 課	言	8	言 課
衛(衞)	호위할 위	衛 衛 衛	行	10	彳 律 偉 衛
衝	부딪칠 충	衝 衝 衝	行	9	彳 徃 徸 衝
膚	살 부	膚 膚 膚	月	11	一 广 虍 膚
緯	씨 위	緯 緯 緯	糸	10	糸 緯
編	엮을 편	編 編 編	糸	9	糸 糸 絹 編
緣(縁)	인연 연	緣 緣 緣	糸	9	糸 糸 紀 縁 縁
線	줄 선	線 線 線	糸	9	糸 糸 約 綿 線
範	법 범	範 範 範	竹	9	竹 範
窮	다할 궁	窮 窮 窮	穴	10	宀 穴 穷 窮
稿	볏짚 고	稿 稿 稿	禾	10	禾 稿
確	굳을 확	確 確 確	石	10	石 矿 确 確
盤	소반 반	盤 盤 盤	皿	10	舟 般 盤
熱	더울 열	熱 熱 熱	灬	11	土 夫 坴 埶 熱

漢字	뜻·음	部首	劃數
隣(鄰)	이웃 린	阝	13
銳	날카로울 예	金	7
遺(遺)	끼칠 유	辶	12
選(選)	고를 선	辶	12
遷	옮길 천	辶	12
輪	바퀴 륜	車	8
輩	무리 배	車	8
輝	휘두를 휘	車	8
趣	재미 취	走	8
贊	도울 찬	貝	8
質	바탕 질	貝	8
賦	구실 부	貝	8
賢	어질 현	貝	9
賞	상줄 상	貝	8
賜	줄 사	貝	8
賓(賓)	손님 빈	貝	8
諾	허락할 낙	言	8
諸	모든 제	言	8

漢字	뜻·음	部首	劃數
謁(謁)	뵈일 알	言	8
遵(遵)	좇을 준	辶	12
罷	파할 파	罒	10
默	잠잠할 묵	黑	4
餓(餓)	주릴 아	食	7
養(養)	기를 양	食	6
霊(靈)	무당 령	雨	7

十六畫

漢字	뜻·음	部首	劃數
操	잡을 조	扌	13
懷(懷)	품을 회	忄	13
憶	기억할 억	忄	13
憲	법 헌	心	12
憩	쉴 게	心	12
奮	떨칠 분	大	13
壞(壞)	무너뜨릴 괴	土	13
壇	제터 단	土	13
壁	벽 벽	土	13
儒	선비 유	亻	14

漢字	訓音	部首	劃數
興	일어날 흥	臼	8
繁(緐)	성할 번	糸	10
縱	세로 종	糸	10
縫	꿰맬 봉	糸	10
糖	엿 당	米	10
篤	도타울 독	竹	10
築	쌓을 축	竹	10
積	쌓을 적	禾	11
獸(獣)	짐승 수	犬	12
獲	얻을 획	犭	13
燃	불탤 연	火	12
濃	진할 농	氵	13
濁	흐릴 탁	氵	13
激	심할 격	氵	13
機	틀 기	木	12
橋	다리 교	木	12
樹	나무 수	木	12
整	가지런할 정	攵	12

漢字	訓音	部首	劃數
燈	등불 등	火	12
館(舘)	집 관	食	8
頭	머리 두	頁	7
錯	섞일 착	金	8
錄(録)	기록할 록	金	8
鋼	강철 강	金	8
還(還)	돌아올 환	辶	13
避(避)	피할 피	辶	13
輸	보낼 수	車	9
賴	힘입을 뢰	貝	7
謠	노래 요	言	9
謀	꾀 모	言	9
覽(覧)	볼 람	見	10
親	친할 친	見	9
衡	저울 형	行	10
藥(薬)	약 약	艹	13
薦	천거할 천	艹	13
薄	엷을 박	艹	13

十七畫

漢字	訓音	部首	획수
謝	사례할 사	言	10
講	강론할 강	言	10
謙	겸손할 겸	言	10
聽(聽)	들을 청	耳	11
翼	날개 익	羽	11
績	길쌈 적	糸	11
縮	줄어들 축	糸	11
瞬	눈깜작일 순	目	13
環(環)	고리 환	王	13
燥	마를 조	火	13
懇	간절할 간	土	13
嚴(嚴)	엄할 엄	…	14
優	넉넉할 우	亻	15
償	갚을 상	亻	15
錦	비단 금	金	8
磨	갈 마	广	13
壤(壤)	흙 양	土	13

十八畫

漢字	訓音	部首	획수
難	어려울 난	隹	10
鎭(鎭)	진압할 진	金	10
觀(觀)	볼 관	見	11
臟(臟)	내장 장	月	15
職	벼슬 직	耳	12
織	짤 직	糸	12
糧	양식 량	米	12
簡(簡)	편지 간	竹	12
礎	주추 초	石	13
懲(懲)	징계할 징	心	14
矯	바를 교	矢	12
爵(爵)	벼슬 작	爫	13
濫	넘칠 람	氵	15
鮮	고울 선	魚	6
霜	서리 상	雨	9
醜	미울 추	酉	10
謹(謹)	삼갈 근	言	10

字	訓音	部首	劃
鷄(鷄)	닭 계	鳥	8
願	원할 원	頁	10
韻	울림 운	音	10
霧	안개 무	雨	11
鏡	거울 경	金	11
警	경계할 경	言	12
譜(譜)	족보 보	言	12
識	알 식	言	12
簿	문서 부	竹	13
爆	불터질 폭	火	15

十九畫

字	訓音	部首	劃
驗(驗)	시험할 험	馬	8
騷(騷)	소동할 소	馬	8
騎	말탈 기	馬	8
類(類)	같을 류	頁	9
顔(顏)	얼굴 안	頁	9
額	이마 액	頁	9
題	글제 제	頁	9

字	訓音	部首	劃
鶴	두루미 학	鳥	11
顧	돌아볼 고	頁	12

二十一畫

字	訓音	部首	劃
巖	바위 암	山	17
響(響)	울림 향	音	11
露	이슬 로	雨	13
鐘	쇠북 종	金	12
讓	사양할 양	言	13
護	호위할 호	言	13
議	의논할 의	言	13
籍	호적 적	竹	14
競	성할 경	立	15
欄(欄)	난간 란	木	16
懸	달릴 현	心	16

二十畫

字	訓音	部首	劃
蘭	난초 란	艸	16
麗	고울 려	鹿	8

常用 一八〇〇字

本 常用漢字는 一九七二年 文教部에서 制定한 一八〇〇字를 教育部에서 四十四字를 除外하고 새로운 四十四字를 追加選定하여 二〇〇一年부터 適用토록 한 中·高等學校 漢文教育用 基礎漢字임。

用 校 高	用校學中	音
〈ㄱ〉		
暇架	可價歌佳家街假加	가
閣刻覺却	脚角各	각
姦刊懇簡幹肝	看間干	간
	渴	갈
監鑑	甘敢減感	감
	甲	갑
綱鋼剛康	强講降江	강
蓋介概慨	皆個改開	개
	客	객
	更	갱
拒據距	車擧居巨去	거
健件	乾建	건
乞傑		걸
檢劍儉		검
隔激擊格		격
牽肩絹遣	犬堅見	견
缺	決結潔	결
謙兼		겸
傾鏡頃警境卿徑竟硬	景敬輕驚京庚競經慶耕	경
系繼械契啓繫桂階係戒	鷄計界季溪癸	계
孤鼓庫顧枯稿姑	古考固告故苦高	고

用 校 高	用校學中	音
哭	穀曲谷	곡
	坤困	곤
	骨	골
供攻恐恭孔貢	功共公工空	공
誇寡	果科課過	과
郭		곽
慣管館冠寬貫	關觀官	관
狂鑛	廣光	광
掛		괘
怪愧壞塊		괴
較巧郊矯	校教橋交	교
區具球驅俱懼狗苟丘拘構龜	究救口求九舊句久	구
菊局	國	국
群	君軍郡	군
屈		굴
宮窮	弓	궁
拳券	勸權卷	권
厥		궐
軌		궤
鬼	歸貴	귀
糾規叫		규
菌	均	균
劇克	極	극
僅斤謹	根勤近	근

用 校 高	用校學中	音
檀團旦段斷壇	端短單但丹	단
	達	달
淡擔	談	담
畓踏	答	답
唐黨糖	當堂	당
貸帶隊臺	待對代大	대
	德	덕
逃盜桃稻途陶渡倒跳導塗挑	徒道島到度圖刀都	도
督毒篤	獨讀	독
敦豚		돈
突		돌
銅凍	洞動冬東同童	동
	豆頭斗	두
屯鈍		둔
	得	득
騰	燈登等	등
〈ㄹ〉		
羅		라
絡	樂落	락
欄蘭亂	卵	란
濫覽		람
廊	郎浪	랑
	來	래

用 校 高	用校學中	音
琴禽錦	禁今金	금
級	及給急	급
肯		긍
豈欺棄忌祈機旗器奇騎飢畿企寄紀	記起氣幾既期技己基其	기
緊		긴
	吉	길
〈ㄴ〉		
那		나
諾		낙
	難暖	난
	男南	남
納		납
娘		낭
耐奈	乃內	내
	女	녀
	年	년
	念	념
寧		녕
努奴	怒	노
	農	농
惱腦		뇌
	能	능
泥		니
〈ㄷ〉		
茶	多	다

用校高	用校學中	音
	冷	랭
掠略		략
糧梁諒	兩良量涼	량
勵麗慮	旅	려
曆	力歷	력
蓮戀聯憐鍊	練連	련
劣裂	烈列	렬
廉		렴
獵		렵
靈嶺零	令領	령
隷	例禮	례
爐	露勞老路	로
鹿錄祿	綠	록
	論	론
弄		롱
賴雷		뢰
僚了	料	료
龍		룡
屢漏樓淚累		루
類	留柳流	류
	陸六	륙
輪	倫	륜
率栗	律	률
隆		륭
陵		릉
吏履梨裏離	李里利理	리
隣		린
臨	林	림
	立	립
〈ㅁ〉		
麻磨	馬	마
漠幕	莫	막
漫慢	晩滿萬	만
	末	말
罔妄茫	忘望亡忙	망
媒埋梅	妹每賣買	매
脈	麥	맥
猛盲盟孟		맹
綿	勉免眠面	면
滅		멸
銘冥	名命明鳴	명
募模謀某貌侮冒慕	暮毛母	모
睦牧	目木	목
沒		몰
夢蒙		몽
苗廟墓	卯妙	묘
貿霧	務無舞武茂戊	무
默	墨	묵
	文聞問門	문
	物勿	물
眉微迷	味未美未尾	미
憫敏	民	민
蜜	密	밀

用校高	用校學中	音
〈ㅂ〉		
泊拍薄迫博	朴	박
般叛班返盤伴	反飯半	반
拔髮	發	발
倣邦妨傍芳	訪放房防方	방
背輩配培倍排	杯拜	배
伯	百白	백
飜繁煩	番	번
罰	伐	벌
範犯	凡	범
	法	법
碧壁		벽
辨邊辯	變	변
	別	별
屛竝	丙病兵	병
譜補普寶	保步報	보
覆卜複腹	復服伏福	복
	本	본
鳳蜂峯封	逢奉	봉
副簿賦赴符腐府附負付	富父否扶浮部婦夫	부
	北	북
粉憤紛奔墳奮	分	분
拂	不佛	불
崩	朋	붕
卑肥婢秘費碑妃批	備悲鼻比飛非	비
頻賓	貧	빈
聘	氷	빙
〈ㅅ〉		
賜邪捨詞蛇司沙社詐斜辭寫査祀似斯	死寺師四仕思事絲使士私巳謝史舍射	사
朔削		삭
	算散産山	산
	殺	살
	三	삼
狀像床償詳嘗祥裳桑象	相商上霜尙喪想賞傷常	상
塞		새
索	色	색
	生	생
徐署庶緖敍逝誓恕	序暑書西	서
釋析	席石夕惜昔	석
禪宣旋	船鮮先線仙善選	선
	設雪說舌	설
攝涉		섭
	成省誠城姓盛聲性星聖	성
	勢細歲世稅洗	세

用校高	用校學中	音
訴燒騷昭蘇疏蔬召掃	消所少小笑素	소
粟屬束	俗續速	속
損	孫	손
頌誦訟	松送	송
鎖刷		쇄
衰		쇠
殊輸睡遂獸搜囚隨需帥垂	受手水愁誰壽授守收數秀首修樹雖須	수
孰熟肅	叔宿淑	숙
旬殉瞬巡循脣	純順	순
述術	戌	술
	崇	숭
襲濕	拾習	습
僧昇	承乘勝	승
矢侍	始示詩市時視施是試	시
息飾	識式食植	식
晨愼伸	臣神信身新申辛	신
	實失室	실
審尋	甚深心	심
	十	십
雙		쌍
	氏	씨

用校高	用校學中	音
〈ㅇ〉		
牙餓雅亞芽	兒我	아
岳	惡	악
雁岸	眼安案顔	안
謁		알
	暗巖	암
押壓		압
殃央	仰	앙
涯	哀愛	애
厄額		액
耶	也夜野	야
躍	約若弱藥	약
楊壤樣	養羊陽讓洋揚	양
御	於語漁魚	어
抑	憶億	억
焉	言	언
	嚴	엄
	業	업
輿予	與餘汝余如	여
譯域役驛疫	易逆亦	역
延鉛演燃燕緣宴沿軟	然硏煙	연
閱	悅熱	열
染鹽	炎	염
	葉	엽
詠映營泳影	迎英永榮	영
銳譽豫	藝	예

用 校 高	用校學中	音
傲汚娛嗚	誤悟午五吾烏	오
獄	玉屋	옥
	溫	온
擁翁		옹
	瓦臥	와
緩	完	완
	曰	왈
	往王	왕
畏	外	외
遙腰謠搖	要	요
慾辱	浴欲	욕
庸	勇容用	용
偶郵優愚羽	友雨右憂宇于尤遇又牛	우
韻	運云雲	운
	雄	웅
院源援員	原願怨遠圓元園	원
越	月	월
衛委圍胃緯僞謂慰違	威偉爲危位	위
乳維惟幽儒愈悠誘裕	遊有幼油唯猶酉柔遺由	유
	育肉	육
閏潤		윤
隱	銀恩	은
	乙	을
淫	飮陰音吟	음
	泣邑	읍
凝	應	응
宜疑儀	義依衣意醫矣議	의
夷	耳移異以二而已	이
翼	益	익
姻	引印人因忍寅認仁	인
逸	一日	일
賃任	壬	임
	入	입
〈ㅈ〉		
恣玆刺姿資紫	姉者字自子慈	자
爵酌	昨作	작
殘		잔
暫潛		잠
雜		잡
張奬臟障丈墻腸帳藏裝掌粧莊葬	壯章場將長	장
宰載裁災	才材財再在哉栽	재
	爭	쟁
抵底	著低貯	저
賊績積籍寂滴跡摘	敵適赤的	적

用 校 高	用校學中	音
殿轉專	錢全田前典傳電戰展	전
竊切折	節絶	절
點占漸	店	점
蝶	接	접
征程廷訂亭整	丁定淨井正情精政庭停靜頂貞	정
制濟際齊提堤	題祭製第弟除諸帝	제
照潮條組租弔操燥	祖助鳥朝造兆早調	조
	族足	족
	尊存	존
拙	卒	졸
縱	宗從終鐘種	종
座佐	左坐	좌
	罪	죄
株洲州周舟奏珠鑄柱	主晝朱酒宙住注走	주
	竹	죽
遵俊準		준
仲	衆重中	중
	卽	즉
蒸贈症憎	曾增證	증
遲智誌池	支至紙地只止之志指知枝持	지
織職	直	직

用 校 高	用校學中	音
陳珍鎭振陣震	眞進辰盡	진
秩姪疾	質	질
	集執	집
懲徵		징
〈ㅊ〉		
差	且借次此	차
捉錯	着	착
讚贊		찬
	察	찰
慚慘	參	참
暢創蒼倉	窓唱昌	창
債彩	菜採	채
策	冊責	책
	處妻	처
戚拓斥	尺	척
賤踐遷薦	淺泉川天千	천
徹哲	鐵	철
尖添		첨
妾		첩
廳	聽淸請晴靑	청
遞逮滯替	體	체
秒礎肖抄超	招初草	초
燭觸促		촉
	寸村	촌
總銃聰		총
催	最	최
醜抽	推追秋	추

用 校 高	用校學中	音
	退	퇴
鬪透	投	투
	特	특
〈ㅍ〉		
把頗罷播派	破波	파
販版板	判	판
	八	팔
	貝敗	패
遍編偏	篇便片	편
評	平	평
肺幣蔽廢弊	閉	폐
胞捕包浦飽	布抱	포
幅爆	暴	폭
漂標票	表	표
	品	품
	風豊	풍
避被疲	皮彼	피
畢	筆必匹	필
〈ㅎ〉		
荷	賀河夏何下	하
鶴	學	학
旱汗	閑韓漢寒恨限	한
割		할
陷含咸		함
	合	합
項港巷抗航	恒	항

用 校 高	用校學中	音
逐縮畜蓄築	丑祝	축
	春	춘
	出	출
衝	充蟲忠	충
趣醉臭	就取吹	취
測側		측
層		층
値置恥	齒治致	치
	則	칙
	親	친
漆	七	칠
沈寢侵浸枕	針	침
稱		칭
〈ㅋ〉		
	快	쾌
〈ㅌ〉		
妥墮	打他	타
卓濯托濁		탁
誕歎彈炭		탄
奪	脫	탈
貪	探	탐
塔		탑
湯		탕
殆怠態	太泰	태
澤擇	宅	택
討吐	土	토
痛	統通	통

用 校 高	用校學中	音
奚該	亥解害海	해
核		핵
	幸行	행
享響	向鄕香	향
	虛許	허
軒憲獻		헌
驗險		험
	革	혁
絃玄懸縣顯	賢現	현
穴	血	혈
嫌		혐
脅	協	협
衡亨螢	刑形兄	형
兮慧	惠	혜
浩毫護胡互豪	好號呼戶湖乎虎	호
惑	或	혹
昏魂	婚混	혼
忽		홀
鴻弘洪	紅	홍

用 校 高	用校學中	音
禾禍	華花貨化火畫和話	화
穫擴確		확
還環換丸	患歡	환
	活	활
況荒	皇黃	황
懷悔	會回	회
劃獲		획
橫		횡
曉	效孝	효
候侯	後厚	후
	訓	훈
毁		훼
輝揮		휘
携	休	휴
	胸凶	흉
	黑	흑
吸		흡
	興	흥
稀戲	希喜	희

通轉韻

音韻에는 大別해서 今韻·古韻·等韻의 세 種類가 있는데, 이 學問을 完全히 알기 위해서는 通韻·轉韻도 알아야 한다.

그래서 參考로 劉文蔚의 詩韻含英의 通轉과 우리 나라의 韻書에는 東國正韻과 奎章全韻이 있는데 奎章全韻도 本表에 收録하였다。

〔詩韻含英、目録〕古韻通轉、向來讀本依宋呉域韻補一書訂定、後邵長衡韻畧、則取宋鄭庠古韻本改訂、今於舊本外、將邵本附録、以備參用。

●上平聲

一東 古通冬轉江、韻略通冬·江、奎章同。

二冬 古通東、奎章通東·江。

三江 古通陽、奎章通東·冬。

四支 古通微·齊·灰、轉佳、韻略通微·齊·佳·灰、奎章同。

五微 古通支、奎章通支·齊·佳·灰。

六魚 古通虞、韻略同、奎章同。

七虞 古通魚、奎章同。

八齊 古通支、奎章通支·微·佳·灰。

九佳 古轉支、奎章通支·微·齊·灰。

十灰 古通支、奎章通支·微·齊·佳。

十一眞 古通庚·青·蒸、轉文·元、韻略通文·元·寒·删·先、奎章同。

十二文 古轉眞、奎章通眞·元·寒·删·先。

十三元 古轉眞、奎章通眞·文·寒·删·先。

十四寒 古轉先、奎章通眞·文·元·删·先。

十五刪 古通覃·咸、轉先、奎章通眞·文·元·寒·先。

● 下平聲

一 先 古通鹽、轉寒·刪、奎章通眞·文·元·寒·刪。

二 蕭 古通肴·豪、韻略同、奎章同。

三 肴 古通蕭、奎章通蕭·豪。

四 豪 古通蕭、奎章通蕭·肴。

五 歌 古轉麻、韻略通麻、奎章同。

六 麻 古轉歌、奎章同。

七 陽 古通江、轉庚、韻略獨用、奎章通無。

八 庚 古通眞、韻略通青·蒸、奎章同。

九 青 古通眞、奎章通庚·蒸。

十 蒸 古通眞、奎章通庚·青。

十一 尤 古獨用、韻略同、奎章通無。

十二 侵 古通眞、韻略通覃·鹽·咸、奎章同。

十三 覃 古通刪、奎章通侵·鹽·咸。

十四 鹽 古通先、奎章通侵·覃·咸。

十五 咸 古通刪、奎章通侵·覃·鹽。

● 上聲

一 董 古通腫、轉講、韻略通腫·講、奎章同。

二 腫 古通董、奎章通董·講。

三 講 古通養、轉董、奎章董·腫。

四紙　古通尾·薺·賄、轉蟹、韻略通尾·薺·蟹、賄、奎章同。

五尾　古通紙、奎章通紙·薺·蟹·賄。

六語　古通麌、韻略同、奎章同。

七麌　古通語、奎章同。

八薺　古通紙、奎章紙·尾·蟹·賄。

九蟹　古通紙、奎章紙·尾·薺·賄。

十賄　古通紙、奎章紙·尾·薺·蟹。

十一軫　古通梗·迥·寑、轉吻、韻略通吻·阮·旱·潸·銑、奎章同。

十二吻　古轉軫、奎章通軫·阮·旱·潸·銑。

十三阮　古通銑、奎章通軫·吻·旱·潸·銑。

十四旱　古轉銑、奎章通軫·吻·阮·潸·銑。

十五潸　古轉銑、奎章通軫·吻·阮·旱·銑。

十六銑　古通阮·琰·豏、轉旱·潸·感、奎章通軫·吻·阮·旱·潸。

十七篠　古通巧·晧、韻略同、奎章同。

十八巧　古通篠、奎章通篠·晧。

十九晧　古通篠、奎章篠·巧。

二十哿　古轉馬、韻略通馬、奎章同。

二十一馬　古通哿、奎章同。

二十二養　古通講、韻略獨用、奎章通無。

二十三梗　古通軫、韻略通迥、奎章同。

二十四迥　古通軫、奎章通梗。

二十五有　古獨用、韻略同、奎章通無。

二十六寑　古通軫、韻略通感·琰·豏、奎章同。

二十七感　古轉銑、奎章通寢·琰·謙。

二十八琰　古通銑、奎章通寢·感·謙。

二十九謙　古通銑、奎章通感·寢·琰。

●去聲

一送　古通宋、轉絳、韻略通宋·絳、奎章同。

二宋　古通送、奎章通送·絳。

三絳　古通漾、轉宋、奎章通送·宋。

四寘　古通未·霽·隊、轉泰、韻略通未·霽·泰·卦·隊、奎章同。

五未　古通寘、奎章通寘·霽·泰·卦·隊。

六御　古通遇、韻略同、奎章同。

七遇　古通御、奎章同。

八霽　古通寘、奎章通寘·未·泰·卦·隊。

九泰　古轉寘、奎章通寘·未·霽·卦·隊。

十卦　古轉寘、奎章通寘·未·霽·泰·隊。

十一隊　古通寘、奎章寘·未·霽·泰·卦。

十二震　古通敬·徑·沁、轉問、韻略通問·願、奎章通問·願·翰·諫·霰。

十三問　古轉震、奎章通震·願·翰·諫·霰。

十四願　古通霰、奎章通震·問·翰·諫·霰。

十五翰　古通勘、奎章通震·問·願·諫·霰。

十六諫 古通陷、轉霰、奎章通震·問·願·翰·霰。

十七霰 古通願·豔、轉諫、奎章通震·問·願·翰·諫。

十八嘯 古通效·號、韻略同、奎章同。

十九效 古通嘯、奎章通嘯·號。

二十號 古通嘯、奎章通嘯·效。

二十一箇 古通禡、韻略同、奎章同。

二十二禡 古通箇、奎章同、奎章通無。

二十三漾 古通絳、韻略獨用。

二十四敬 古通震、韻略通徑、奎章同。

二十五徑 古通震、奎章通敬。

二十六宥 古獨用、韻略同、奎章通無。

二十七沁 古通震、韻略通勘·豔·陷、奎章同。

二十八勘 古通翰、奎章通沁·豔·陷。

二十九豔 古通霰、奎章通沁·勘。

三十陷 古通諫、奎章通勘。

●入聲

一屋 古通沃、轉覺、韻略通沃·覺、奎章同。

二沃 古通屋、奎章通屋·覺。

三覺 古通藥、轉屋、奎章通屋·沃。

四質 古通職·緝、轉物、韻略通物·月·曷·黠·屑、奎章同。

五物 古通質、奎章通質·月·曷·黠·屑。

六月 古通屑·葉·陌、轉曷、奎章通質·物·曷·黠·屑。

七 曷 古轉月、奎章通質·物·月·黠·屑。

八 黠 古轉月、奎章通質·物·月·曷·屑。

九 屑 古通月、奎章通質·物·月·曷·黠。

十 藥 古通覺、奎章通無。

十一 陌 古通月、韻略通錫·職、奎章同。

十二 錫 古通職·緝、奎章通陌·職。

十三 職 古通質、奎章通陌·錫。

十四 緝 古通質、韻略通合·葉·洽、奎章同。

十五 合 古獨用、奎章通緝·葉·洽。

十六 葉 古通月、奎章通緝·合。

十七 洽 古獨用、奎章通緝·合。

中國簡化文字表

이 표는、중국문자개혁위원회가 一九五六年一월 二十八일에 국무원이 공포한「한자 간소화안」에 근거하여 전후 四회에 걸쳐 발표한 五百十七자의 간화문자를 획수순으로 배열한 것이다。

더욱 이 밖에 실제로 사용되고 있는 것이 수십자 있지만、이 표에는 생략했다。

二畫

簡化字	訓音	正字
厂	헛간창	廠
了	밝을료	瞭
卜	치자꽃복	蔔
几	거의기	幾
儿	아이아	兒

三畫

簡化字	訓音	正字
广	넓을광	廣
义	옳을의	義
干	줄기간	幹
	마를간	乾
亏	이지러질휴	虧
与	더불여	與
才	겨우재	纔
万	일만만	萬
飞	날비	飛
习	익힐습	習
卫	모실위	衛
个	낱개	個
千	그네천	韆
亿	억억	億
么	잘마	麽
乡	시골향	鄉

四畫

簡化字	訓音	正字
斗	싸움투	鬥
认	알인	認
忆	생각할억	憶
为	할위	爲
韦	다룬가죽위	韋
专	오로지전	專
开	열개	開
无	없을무	無
云	구름운	雲
艺	재주예	藝
区	감출구	區
厅	관청청	廳
历	책력력	曆
	지날력	歷
双	쌍쌍	雙
劝	권할권	勸
办	힘쓸판	辦
丑	미울추	醜
书	글서	書
仓	창고창	倉
从	좇을종	從
丰	풍년풍	豐
长	어른장	長
气	기운기	氣
凤	새봉	鳳
仅	겨우근	僅
币	돈폐	幣

五畫

簡化字	訓音	正字
汇	물돌아모일회	滙
	무리휘	彙
汉	한나라한	漢
头	머리두	頭
宁	편안할녕	寧
兰	난초란	蘭
礼	예도례	禮
写	쓸사	寫
让	사양양	讓
灭	멸할멸	滅
击	칠격	擊
节	마디절	節
扑	부딪칠박	撲
术	재주술	術
厉	엄할려	厲
龙	용룡	龍
东	동녘동	東
对	대답할대	對
圣	성인성	聖
辽	멀료	遼

簡化字	뜻·음	正字
边	변두변	邊
卢	성로	盧
叶	잎엽	葉
号	이름호	號
叹	탄식할 탄	嘆
只	공경할 지	祇
	외짝척	隻
电	번개전	電
业	업업	業
旧	예구	舊
归	돌아갈 귀	歸
帅	거느릴 솔	帥
出	일절척	齣
丛	떨기총	叢
仪	거동의	儀
冬	북소리 동	鼕
务	힘쓸무	務
处	곳처	處
刍	짐승먹이 추	芻
尔	너이	爾
饥	주릴기	饑
乐	즐길락	樂
台	집대	臺
	등대대	檯
	몹시부는바람 태	颱
发	필발	發
	터럭발	髮
邓	나라이름 등	鄧
队	떼대	隊

六畫

簡化字	뜻·음	正字
兴	일흥	興
关	빗장관	關
冲	충돌할 충	衝
壮	장할장	壯
妆	단장할 장	妝
产	낳을산	產
刘	성류	劉
齐	모두제	齊
庄	씩씩할 장	莊
庆	경사경	慶
农	농사농	農
讲	외울강	講
灯	등불등	燈
夹	가질협	夾
划	새길획	劃
尧	높을요	堯
动	움직일 동	動
扩	넓힐확	擴
扫	쓸소	掃
执	잡을집	執
巩	가죽테 공	鞏
协	화할협	協
亚	버금아	亞
权	권세권	權
朴	질박할 박	樸
毕	마칠필	畢
机	베틀기	機
过	지날과	過
达	사무칠 달	達
迈	멀리갈 매	邁
夸	자랑할 과	誇
夺	빼앗을 탈	奪
压	누를압	壓
厌	진압할 엽	厭
买	살매	買
戏	희롱할 희	戲
观	볼관	觀
欢	기쁠환	歡
寻	찾을심	尋
导	인도할 도	導
尽	다할진	盡
	다할진	儘

簡化字	뜻·음	繁體字
孙	손자손	孫
当	마땅당	當
	패옥소리당	噹
吁	부를유	籲
吓	얼른하	嚇
虫	벌레충	蟲
团	둥글단	團
	경단단	糰
网	그물망	網
屿	섬서	嶼
岂	산측	豈
岁	햇세	歲
师	스승사	師
尘	티끌진	塵
杀	죽일살	殺
爷	아비야	爺
伞	일산산	傘
会	모을회	會
众	무리중	衆
朱	주사주	硃
迁	옮길천	遷
乔	큰나무교	喬
杂	섞일잡	雜
伪	거짓위	僞
伙	많을과	夥
优	광대우	優
价	값가	價
伤	상할상	傷
华	빛날화	華
向	저즘께향	嚮
后	뒤후	後
妇	며느리부	婦

七畫

簡化字	뜻·음	繁體字
阳	볕양	陽
阶	섬돌계	階
阴	그늘음	陰
冻	얼동	凍
沪	통발호	滬
沈	즙심	瀋
沟	개천구	溝
穷	궁진할궁	窮
状	형상장	狀
亩	밭이랑무	畝
疗	병고칠료	療
疖	부스럼절	癤
应	응할응	應
这	맞이할언	這
庐	풀집려	廬
证	증거증	證
启	열계	啓
补	기울보	補
怀	품을회	懷
忧	근심우	憂
灶	부뚜막조	竈
来	돌아올래	來
寿	목숨수	壽
麦	보리맥	麥
进	나아갈진	進
远	멀원	遠
运	운수운	運
还	돌아올환	還
迟	더딜지	遲
壳	껍질각	殼
声	소리성	聲
坟	무덤분	墳
坛	단단	壇
	목긴항아리담	罎
坏	무너질회	壞
块	땅덩이괴	塊
丽	고울려	麗
两	둘량	兩
严	엄할엄	嚴

簡化字	뜻·음	繁體字
芦	갈대로	蘆
苏	들깨소	蘇
	수다할소	嚛
劳	수고로울로	勞
克	제할극	剋
护	호위호	護
扰	요란할요	擾
报	갚을보	報
拟	비길의	擬
折	패할접	摺
医	의원의	醫
励	권면할려	勵
歼	다할섬	殲
鸡	닭계	鷄
灵	신령령	靈
驴	나귀려	驢
层	층층대층	層
卤	염전로	鹵
	쓸로	滷
坚	굳을견	堅
别	활뒤집힐별	彆
吨	근수돈	噸
听	들을청	聽
时	때시	時
里	속리	裏
县	고을현	縣
园	동산원	園
困	잘곤	睏
谷	닥나무곡	穀
余	남을여	餘
乱	어지러울란	亂
条	곁가지조	條
龟	거북귀	龜
体	몸체	體
佣	고용살이할용	傭
犹	같을유	猶
彻	관철할철	徹
系	이을계	係
	맬계	繫
纵	길이종	縱
八畫		
邮	우편우	郵
邻	이웃린	鄰
际	지음제	際
陆	뭍륙	陸
陈	베풀진	陳
泻	쏟을사	瀉
泸	물이름로	瀘
变	변할변	變
实	열매실	實
宝	보배보	寶
审	살필심	審
帘	발렴	簾
剂	가지런히끊을자	劑
卷	거둘권	捲
庙	사당묘	廟
衬	속옷친	襯
怜	사랑할련	憐
学	배울학	學
单	홑단	單
炉	산불려	爐
环	둘릴환	環
表	회중시계표	錶
丧	상사상	喪
卖	팔매	賣
画	그림화	畫
枣	대추조	棗
范	법범	範
苹	큰개구리밥빈	蘋
拦	막을란	攔
拣	가릴간	揀
担	짐담	擔

簡化字	訓音	正字
拥	안을옹	擁
势	형세세	勢
柜	궤궤	櫃
板	문속에서볼반	闆
枪	막을창	槍
松	거칠송	鬆
极	가운데극	極
构	지을구	構
态	태도태	態
奋	떨칠분	奮
矿	쇳돌광	礦
矾	백반번	礬
轰	우렛소리굉	轟
艰	어려울간	艱
录	기록할록	錄
隶	붙을례	隸
肃	엄숙할숙	肅
弥	많을미	彌
	가득할미	瀰
虏	사로잡을로	虜
齿	이치	齒
国	나라국	國
图	그림도	圖
罗	벌릴라	羅
	노래꺾어주는소리라	囉
帜	기치	幟
购	살구	購
岭	재령	嶺
籴	곡식살적	糴
舍	놓을사	捨
侨	우거할교	僑
制	지을제	製
刮	모진바람괄	颳
备	갖출비	備
肤	피부부	膚
胁	갈빗대협	脅
肿	종기종	腫
凭	의지할빙	憑
质	바탕질	質
征	부를징	徵
参	셋삼	參
练	마전할련	練

九畫

簡化字	訓音	正字
郑	정나라정	鄭
郁	답답할울	鬱
济	건널제	濟
浏	물맑을류	瀏
洼	깊을와	窪
洁	맑을결	潔
洒	물뿌릴쇄	灑
浊	물흐릴탁	濁
宪	헌법헌	憲
窃	얕을절	竊
觉	깨달을각	覺
举	들거	舉
将	장수장	將
奖	권면할장	獎
亲	친할친	親
弯	시위에살낄만	彎
疮	종기창	瘡
袄	도포오	襖
恼	번뇌할뇌	惱
姜	생강강	薑
类	같을류	類
娄	빌루	婁
总	거느릴총	總
烂	찬란할란	爛
炼	쇠불릴련	煉
赵	나라이름조	趙
垫	빠질점	墊
荣	영화영	榮
	천거할천	薦

簡化字	뜻·음	正字
茧	누에고치견	繭
带	띠대	帶
药	약약	藥
栏	난간란	欄
标	표할표	標
栋	들보동	棟
树	나무수	樹
挤	밀제	擠
牵	이끌견	牽
欧	성우	歐
咸	병장기이름히	鹹
面	국수면	麵
垦	개간할간	墾
昼	낮주	晝
逊	사양손	遜
尝	맛볼상	嘗
点	검은점점	點
战	싸울할전	戰
哑	벙어리아	啞
响	소리울림향	響
显	나타날현	顯
虾	두꺼비하	蝦
虽	비록수	雖
临	임할림	臨
钟	술잔종	鍾
	쇠북종	鐘
钥	자물쇠약	鑰
毡	전전	氈
选	가릴선	選
适	마침적	適
复	돌아올복	復
	도리어복	複
	겹옷복	覆
秋	그네추	鞦
种	심을종	種
胆	담담	膽
胜	이길승	勝
俩	공교할량	倆
独	홀로독	獨
垒	진터토성류	壘

十畫

簡化字	뜻·음	正字
帮	곁들방	幫
家	시험가	傢
宾	손빈	賓
窍	구멍규	竅
桨	상앗대장	槳
浆	초장	漿
准	법준	準
竞	다툴경	競
恋	생각할련	戀
症	적병징	癥
痈	종기옹	癰
离	떠날리	離
斋	재계할재	齋
袜	버선말	襪
养	기를양	養
递	갈마들일체	遞
烬	불탄끝으리신	燼
烛	촛불촉	燭
蚕	누에잠	蠶
壸	궐내의복도곤	壼
盐	소금염	鹽
赶	쫓을간	趕
热	정태열	熱
恶	모질악	惡
	성낸소리오	噁
获	얻을획	獲
	곡식거둘확	穫
桩	말뚝장	椿
样	상수리상	樣
档	책상당	檔
桥	다리교	橋

簡化字	훈음	正字
毙	죽을폐	斃
顾	돌아볼고	顧
础	주춧돌초	礎
致	톱톱할치	緻
难	어려울난	難
恳	정성간	懇
剧	연극극	劇
党	무리당	黨
虑	생각할려	慮
晒	볕쪼일쇄	曬
罢	마칠파	罷
赃	장물장	贓
紧	긴할긴	緊
监	볼감	監
爱	사랑애	愛
笔	붓필	筆
艳	탐스러울염	艶
钻	뚫을찬	鑽
铁	쇠철	鐵
敌	대적할적	敵
牺	희생할희	犧
脑	머릿골뇌	腦
胶	아교교	膠
积	쌓을적	積
称	일컬을칭	稱
借	깔자	藉
舰	싸움배함	艦
继	이을계	繼

十一畫

簡化字	훈음	正字
淀	찌끼전	澱
渗	스밀삼	滲
痒	가려울양	癢
旋	살촉촉	鏇
谗	간악할참	讒
惊	놀랠경	驚
惧	두려울구	懼
惨	슬플참	慘
盖	덮을개	蓋
断	끊을단	斷
兽	짐승수	獸
麸	밀기울부	麩
啬	인색할색	嗇
酝	술빚을온	醞
据	웅거할거	據
营	지을영	營
梦	꿈몽	夢
辆	수레량	輛
职	벼슬직	職
悬	달릴현	懸
跃	뛸약	躍
累	죄류	纍
粜	곡식팔조	糶
秽	더러울예	穢
衅	틈흔	釁
偿	갚을상	償
猎	사냥할렵	獵
盘	소반반	盤
御	그칠어	禦
绳	노승	繩

十二畫

簡化字	훈음	正字
随	좇을수	隨
堕	떨어질타	墮
隐	숨을은	隱
滞	막힐체	滯
湿	젖을습	濕
窜	도망할찬	竄
装	꾸밀장	裝
蛮	남녘오랑캐만	蠻
痨	노점병로	癆
亵	속옷설	褻
粪	똥분	糞
琼	붉은옥경	瓊

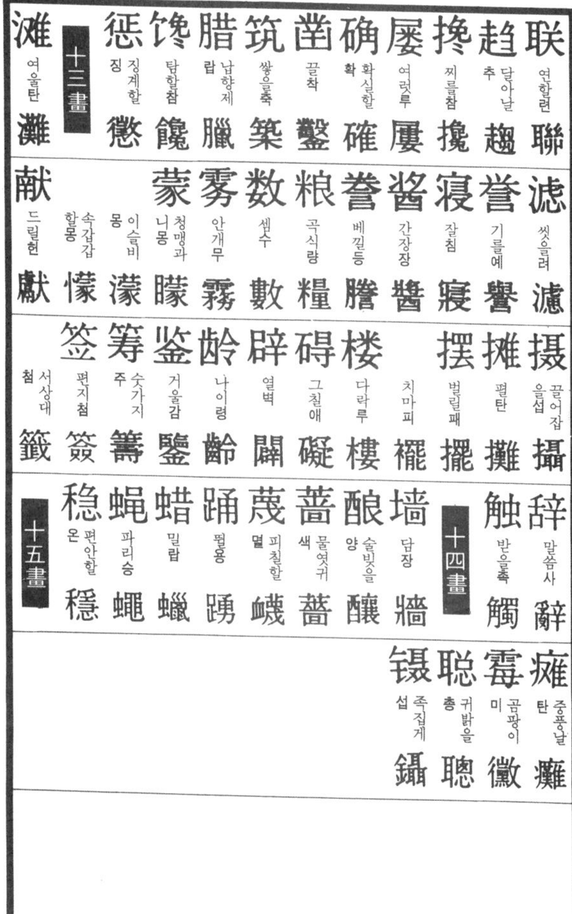

簡化字	訓音	繁體字
联	연합할 련	聯
趋	달아날 추	趨
搀	찌를 참	攙
屡	여러 루	屢
确	확실할 확	確
凿	끌 착	鑿
筑	쌓을 축	築
腊	납향제 랍	臘
馋	탐할 참	饞
惩	징계할 징	懲
十三畫		
滩	여울 탄	灘
滤	씻을 려	濾
誉	기릴 예	譽
寝	잘 침	寢
酱	간장 장	醬
誊	베낄 등	謄
粮	곡식 량	糧
数	셈 수	數
雾	안개 무	霧
蒙	청맹과니 몽	矇
	이슬비 몽	濛
	속갑갑할 몽	懞
献	드릴 헌	獻
摄	끌어잡을 섭	攝
摊	펼 탄	攤
摆	벌릴 패	擺
	치마 피	襬
楼	다락 루	樓
碍	그칠 애	礙
辟	열 벽	闢
龄	나이 령	齡
鉴	거울 감	鑒
筹	숫가지 주	籌
签	편지 첨	簽
	서상대 첨	籤
辞	말씀 사	辭
触	받을 촉	觸
十四畫		
墙	담 장	牆
酿	술빚을 양	釀
蔷	물여뀌 색	薔
蔑	피칠할 멸	衊
踊	뛸 용	踴
蜡	밀 랍	蠟
蝇	파리 승	蠅
稳	편안할 온	穩
十五畫		
瘫	중풍날 탄	癱
霉	곰팡이 미	黴
聪	귀밝을 총	聰
镊	족집게 섭	鑷

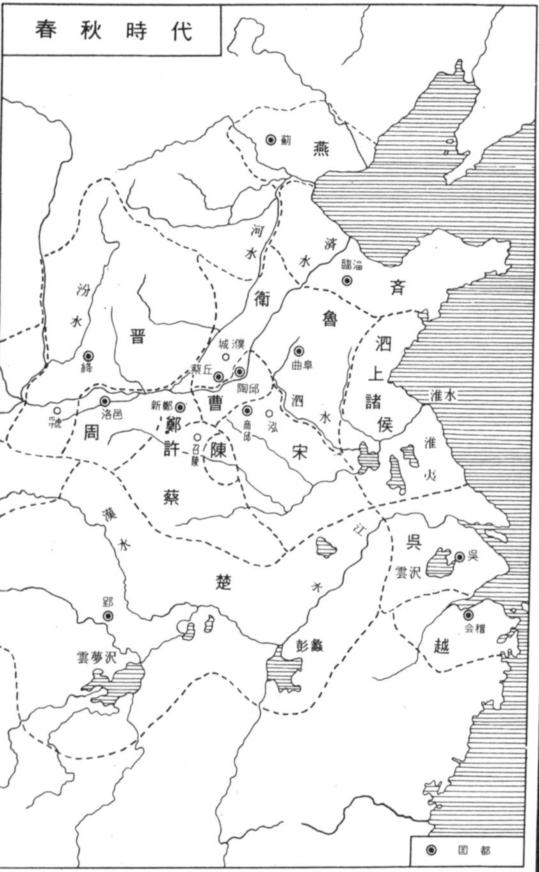

春秋時代

薊
燕
河水
濟水
臨淄
齐
汾水
衛
魯
晋
泗上諸侯
濮城
曲阜
絳
蔡丘
陶邱
淮水
新鄭
曹
泗水
虢
洛邑
商邱
泓
周
鄭
許
召陵
陳
宋
淮水
蔡
漢水
江
呉
呉
雲沢
楚
水
郢
会稽
彭蠡
越
雲夢沢
国都

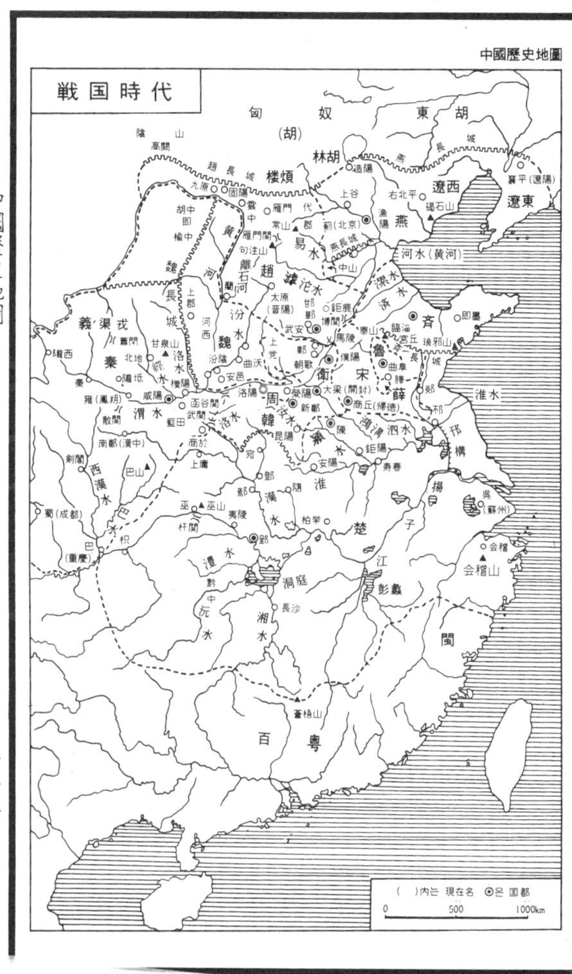

戦国時代
匈奴
(胡)
東胡
陰山
高闕
趙長城
樓煩
林胡
燕長城
九原
固陽
雲中
雁門
代
上谷
右北平
遼西
襄平(遼陽)
遼東
漁陽
燕
薊(北京)
碣石山
常山
易水
雁門關
句注山
中山
河水(黃河)
楡中
魏
離石
趙
滹沱水
長城
上郡
河西
太原(晉陽)
邯鄲
鉅鹿
漯水
濟水
齊
即墨
臨淄
武安
馬陵
泰山
琅邪山
汾水
甘泉山
北地
洛水
上党
鄴
朝歌
濮陽
魯
曲阜
隴西
秦
汾陰
曲沃
衛
宋
滕
薛
郯
安邑
櫟陽
雍(鳳翔)
咸陽
函谷関
洛陽
周
滎陽
大梁(開封)
新鄭
商丘(帰徳)
淮水
散関
渭水
藍田
武関
韓
汝水
陳
泗水
南鄭(漢中)
商於
昆陽
宛
上庸
鉅陽
寿春
剣閣
西漢水
巴山
鄧
淮
鄢
漢水
隨
揚
呉(蘇州)
蜀(成都)
巫
巫山
夷陵
扞関
柏挙
子
郢
楚
会稽
会稽山
巴(重慶)
枳
澧水
江
彭蠡
洞庭
黔中
沅水
長沙
湘水
閩
蒼梧山
百粤
( )内는 現在名 ⊙은 国都
0
500
1000km

前漢時代

●은 国名
(　)内는 現在名
0　500km

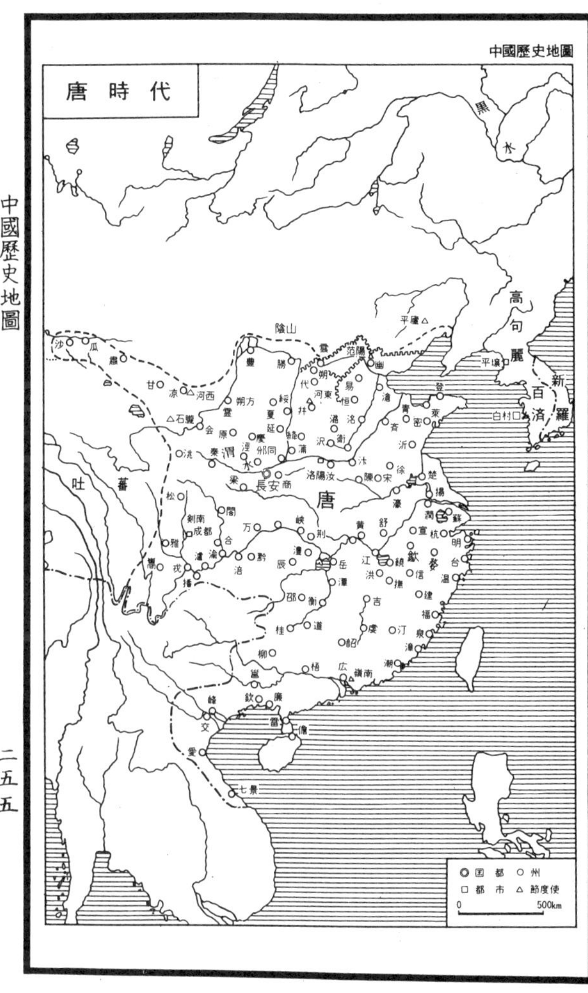
唐時代
黑水
高句麗
平壤
新羅
百済
白村
平盧
陰山
雲
范陽
幽
沙
瓜
肅
甘
涼
河西
豊
勝
朔
代
易
河東
并
恒
滄
朔方
綏
霊
夏
延
会
原
慶
涇
洮
秦
渭
邠
同
蒲
潞
洺
沢
衛
青
登
萊
密
斉
沂
汴
徐
楚
宋
陳
洛陽
汝
長安
商
梁
唐
吐蕃
松
剣南
成都
閬
万
峡
荊
黄
舒
濠
揚
潤
蘇
宣
杭
明
台
温
歙
婺
饒
信
江
洪
撫
建
福
泉
漳
汀
虔
吉
潭
岳
澧
辰
黔
渝
涪
合
雅
嶲
戎
瀘
播
邵
衡
道
桂
柳
韶
広
嶺南
潮
梧
邕
峰
欽
廉
雷
儋
交
愛
国都
州
都市
節度使
0
500km

中國歷史地圖

宋金時代
中國歷史地圖
黑水
(黑竜江)
五国部
蒲与
会寧
完顔部
遼陽
開城
高麗
西夏
金
南宋
大理
大越
吐蕃
回鶻
黃河
漢水
揚子江
洞庭湖
臨安
燕京(北京)
大同
大名
応天
興慶
成都
重慶
◎国都 ○州 □都市 ■金五京
▲北京四京 ⼆関 ✕戦場
0 500km

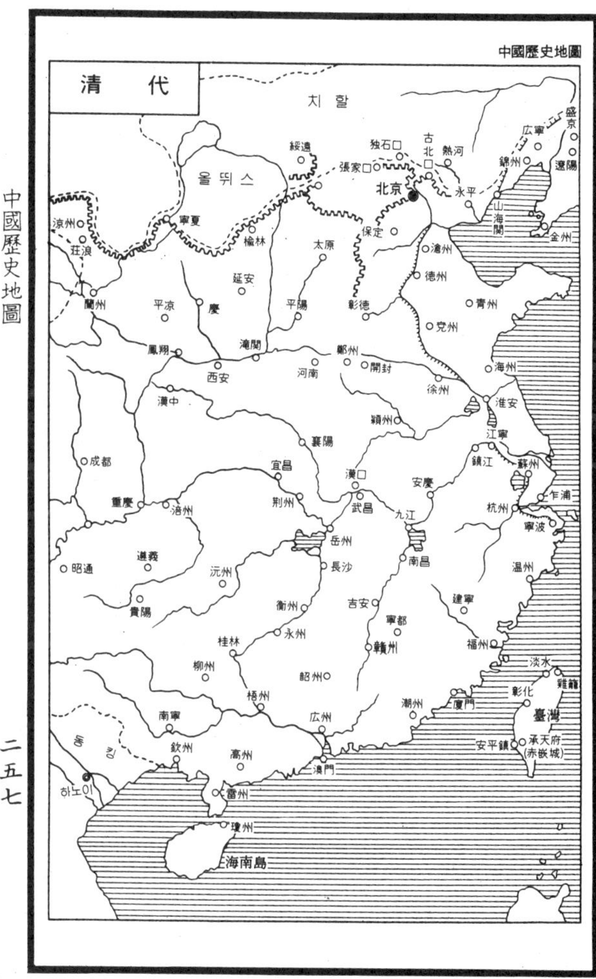
中國歷史地圖
清 代
치할
올뛰스
綏遠
独石
古北
熱河
盛京
広寧
錦州
遼陽
張家口
北京
永平
山海關
金州
涼州
寧夏
榆林
保定
莊浪
太原
滄州
延安
德州
蘭州
平涼
慶
平陽
彰德
青州
兗州
鳳翔
潼關
鄭州
開封
海州
西安
河南
徐州
漢中
淮安
穎州
江寧
襄陽
成都
宜昌
鎮江
蘇州
漢口
安慶
乍浦
重慶
涪州
荊州
武昌
九江
杭州
寧波
岳州
遵義
昭通
長沙
南昌
沅州
溫州
貴陽
衡州
吉安
建寧
寧都
永州
桂林
贛州
福州
淡水
柳州
韶州
雞籠
梧州
潮州
廈門
彰化
臺灣
南寧
廣州
欽州
高州
安平鎮
承天府
(赤嵌城)
澳門
통킹
하노이
雷州
瓊州
海南島

호적(戶籍)에 사용되는 인명용 한자(人名用 漢字)

(총 8,279자)

1991년 4월 1일 호적법(戶籍法) 제49조 3항의 규정에 의하여 확정 공고한 호적용 인명 한자 2,854자와 그 후 1994년 9월 1일, 1998년 1월 1일, 2003년 10월 20일, 2005년 1월 1일, 2008년 6월 5일에 추가한 한자, 2010년 3월 1일부터 시행한 한자, 2013년 추가로 확정 발표한 한자, 2015년 추가 한자, 2018년 12월 28일 추가 한자를 포함하여 총 8,279자를 모두 수록하였다.

※ 도저히 훈(訓)을 확인할 수 없는 한자는 ○○으로 훈의 난을 공란으로 비워두었다.

ㄱ

가 可 옳을 가
加 더할 가
佳 아름다울 가
家 집 가
歌 노래 가
假 거짓 가
價 값 가
街 거리 가
架 시렁 가
暇 겨를 가
嘉 아름다울 가
嫁 시집갈 가
稼 곡식 심을 가
賈 값·성 가
駕 멍에 가
伽 절 가
迦 막을 가
柯 자루 가
呵 꾸짖을 가
哥 노래 가
枷 도리깨 가
珂 옥 이름 가
痂 헌데 딱지 가
苛 매울 가
茄 연 줄기 가
袈 가사 가
訶 꾸짖을 가
跏 책상다리할 가
軻 굴대 가
哿 좋을 가
嘏 클 가
舸 큰 배 가
珈 머리꾸미개 가
坷 평탄하지 않을 가
斝 술잔 가
榎 檟와 同字
檟 개오동나무 가
笳 갈잎 피리 가
耞 도리깨 가
葭 갈대 가
謌 歌와 同字
泇 물 이름 가

각 各 각각 각
角 뿔 각
脚 종아리 각
却 물리칠 각
刻 새길 각
閣 다락집 각
覺 깨달을 각
珏 쌍옥 각
恪 공경할 각
殼 껍질 각
愨 삼갈 각
慤 愨의 속자
卻 却의 본자
咯 토할 각
埆 메마를 각
搉 칠 각
擱 놓을 각
桷 서까래 각

간 干 방패 간
間 사이 간
看 볼 간
刊 책 펴낼 간
肝 간 간
姦 간사할 간
幹 줄기 간
簡 대쪽 간
懇 간절할 간
艮 간방 간
侃 강직할 간
杆 산뽕나무 간
桿 杆의 속자
玕 아름다운 돌 간
竿 대줄기 간
揀 가릴 간
諫 간할 간
墾 개간할 간
栞 도표 간
奸 범할 간
柬 가릴 간
澗 산골 물 간
癎 간기 간
癇 癎의 속자
磵 골짜기 간
稈 짚 간
艱 어려울 간
忓 다할 간
矸 돌이 정결한 모양 간
玪 옥돌 간
偘 侃과 同字
慳 아낄 간
榦 幹의 본자
秆 稈과 同字
莨 덩굴옻나무 간
衎 즐길 간

鋼 강철 강
鏹 鋼과 同字
綱 벼리 강
杠 깃대 강
堈 독 강
岡 산등성이 강
崗 岡의 속자
姜 성 강
橿 박달나무 강
彊 꿋꿋할 강
慷 강개할 강
畺 지경 강
疆 지경 강
糠 겨 강
絳 진홍 강
羌 종족 이름 강
腔 빈 속 강
舡 오나라 배 강
薑 생강 강
襁 포대기 강
繦 襁의 속자
鱇 꺽저기 강
嫝 편안할 강
跭 머뭇거릴 강
玒 옥 이름 강
顜 밝을 강
茳 강리풀 강
鏹 돈 강
傋 순직할 강
僵 쓰러질 강
壃 疆과 同字
忼 강개할 강
悾 정성 강

橄 감람나무 감
疳 감질 감
紺 감색 감
邯 땅 감
龕 감실 감
坩 도가니 감
埳 坎과 同字
嵁 험준할 감
弇 덮을 감
憨 어리석을 감
撼 흔들 감
歁 시름겨울 감
歛 바랄 감
泔 뜨물 감
淦 배에 괸 물 감
澉 씻을 감
矙 엿볼 감
轗 가기 힘들 감
酣 즐길 감
鹻 소금기 감

갑 甲 첫째 천간 갑
鉀 갑옷 갑
匣 갑 갑
岬 산허리 갑
胛 어깨 갑
閘 수문 갑

강 江 강 강
降 내릴 강
強 강할 강
强 強의 속자
講 강론할 강
康 편안할 강
剛 굳셀 강

赶 달릴 간
迀 권할 간
齦 물 간

갈 渴 목마를 갈
葛 칡 갈
乫 땅 이름 갈
喝 더위먹을 갈
曷 어찌 갈
碣 둥근 비석 갈
竭 다할 갈
褐 털옷 갈
蝎 전갈 갈
鞨 말갈 갈
噶 맹세할 갈
楬 푯말 갈
秸 볏짚 갈
羯 불깐 흑양 갈
蠍 전갈 갈

감 甘 달 감
敢 구태여 감
減 덜 감
感 느낄 감
監 볼 감
鑑 거울 감
鑒 鑑의 속자
勘 헤아릴 감
堪 견딜 감
瞰 볼 감
坎 구덩이 감
嵌 산 깊을 감
憾 한할 감
戡 칠 감
柑 감자나무 감

	扛	들	강
	彊	굳어질	강
	矼	징검다리	강
	穅	겨	강
	繈	포대기	강
	罡	별 이름	강
	羫	뼈대	강
	豇	광저기	강
	韁	고삐	강
	鏹	돈	강
개	改	고칠	개
	開	열	개
	個	낱	개
	箇	個와 통자	
	皆	다	개
	介	낄	개
	慨	분개할	개
	槪	대개	개
	蓋	덮을	개
	盖	蓋의 속자	
	价	착할	개
	凱	이길	개
	愷	편안할	개
	漑	물댈	개
	塏	높고 건조할	개
	愾	성낼	개
	疥	옴	개
	芥	겨자	개
	豈	즐길	개
	鎧	갑옷	개
	玠	큰 서옥	개
	剴	알맞을	개
	匃	빌	개
	揩	문지를	개
	槩	槪와 同字	
	磕	돌 부딪는 소리	개
	闓	열	개
객	客	손	객
	喀	토할	객
갱	更	다시	갱
	坑	구덩이	갱
	粳	메벼	갱
	羹	국	갱
	硜	돌 소리	갱
	賡	이을	갱
	鏗	금옥 소리	갱
갹	醵	술잔치	갹
거	去	갈	거
	巨	클	거
	居	살	거
	車	수레	거
	擧	들	거
	拒	막을	거
	距	떨어질	거
	據	웅거할	거
	渠	도랑	거
	遽	급할	거
	鉅	클	거
	炬	횃불	거
	倨	거만할	거
	据	일할	거
	祛	떨어 없앨	거
	踞	웅크릴	거
	鋸	톱	거
	駏	버새	거
	呿	입 벌릴	거
	昛	밝을	거
	秬	검은 기장	거
	筥	광주리	거
	籧	대자리	거
	胠	열	거
	腒	새 포	거
	苣	상추	거
	莒	감자	거
	蕖	연꽃	거
	蘧	풀 이름	거
	袪	소매	거
	裾	옷자락	거
건	建	세울	건
	建	建과 통자	
	乾	하늘	건
	漧	乾의 古字	
	件	조건	건
	健	굳셀	건
	巾	수건	건
	虔	공경할	건
	楗	문빗장	건
	鍵	열쇠	건
	愆	허물	건
	腱	힘줄 밑동	건
	蹇	절	건
	騫	이지러질	건
	搴	빼낼	건
	湕	물 이름	건
	踺	가는 모양	건
	揵	멜	건
	犍	짐승 이름	건
	睷	눈으로 셀	건
	褰	추어올릴	건

騫 떠듬거릴 건
鞬 동개 건
乾 하늘 건
걸 乞 빌 걸
傑 호걸 걸
杰 傑의 속자
桀 홰 걸
乬 걸 걸
朅 갈 걸
榤 홰 걸
검 儉 검소할 검
劍 칼 검
劒 劍의 속자
檢 검사할 검
瞼 눈꺼풀 검
鈐 비녀장 검
黔 검을 검
撿 단속할 검
芡 가시연 검
겁 劫 위협할 겁
怯 겁낼 겁
迲 자래 겁
刦 겁탈할 겁
刧 刦과 同字
게 揭 높이들 게
偈 쉴 게
憩 쉴 게
격 格 격식 격
隔 사이 뜰 격
激 급할 격
擊 칠 격
檄 격문 격
膈 흉격 격

覡 박수 격
挌 칠 격
毄 부딪칠 격
闃 고요할 격
骼 뼈 격
鬲 손잡이 격
鴃 때까치 격
견 犬 개 견
見 볼 견
堅 굳을 견
肩 어깨 견
絹 명주 견
遣 보낼 견
牽 이끌 견
鵑 두견새 견
甄 질그릇 견
繭 고치 견
譴 꾸짖을 견
狷 성급할 견
畎 밭도랑 견
筧 대 홈통 견
縳 명주 견
繾 곡진할 견
羂 올무 견
蠲 밝을 견
鰹 가물치 견
결 決 결단할 결
結 맺을 결
潔 맑을 결
潔 潔의 속자
缺 이지러질 결
訣 비결 결
抉 도려낼 결

㓗 맑을 결
焆 밝을 결
迼 뛸 결
玦 패옥 결
鍥 풀 베는 낫 결
觖 서운해 할 결
闋 문 닫을 결
洯 맑은 물 결
鍥 새길, 조각 결
겸 兼 겸할 겸
謙 겸손할 겸
鎌 낫 겸
慊 찐덥지 않을 겸
箝 재갈 먹일 겸
鉗 칼 겸
嗛 겸손할 겸
槏 창틀 겸
傔 시중들 겸
岒 산 이름 겸
拑 입 다물 겸
歉 흉년 들 겸
縑 합사 비단 겸
蒹 갈대 겸
黚 검을 겸
鼸 도마뱀 겸
嵰 산 높고 험한 모양 겸
경 京 서울 경
亰 京과 同字
庚 일곱째 천간 경
景 볕 경
暻 景의 속자
敬 공경할 경
競 다툴 경

	鯁	생선뼈	경
	黥	묵형	경
계	界	지경	계
	堺	界와 同字	
	季	끝	계
	癸	열째 천간	계
	計	셀	계
	溪	시내	계
	鷄	닭	계
	系	이을	계
	繫	맬	계
	係	이을	계
	桂	계수나무	계
	戒	경계할	계
	契	계약할	계
	械	기계	계
	階	섬돌	계
	啓	열	계
	繼	이을	계
	烓	화덕	계
	誡	경계할	계
	屆	이를	계
	悸	두근거릴	계
	棨	창	계
	稽	머무를	계
	谿	시내	계
	磎	谿와 同字	
	堦	階와 同字	
	瘈	미칠	계
	禊	계제(禊祭)	계
	綮	발 고운 비단	계
	縘	繫와 同字	
	罽	물고기 그물	계

冏	창 밝을	경
囧	冏과 同字	
勍	셀	경
烱	무더울	경
璥	경옥	경
痙	심줄 땅길	경
磬	경쇠	경
絅	끌어 죌	경
脛	정강이	경
頸	목	경
鶊	꾀꼬리	경
檠	도지개	경
㯳	檠과 同字	
涇	찰	경
憼	공경할	경
巠	물이 질펀하게 흐르는 모양	경
曔	밝을	경
㷡	불 6이름	경
剄	셀	경
哽	목멜	경
惸	근심할	경
扃	밝을	경
茕	煢과 同字	
煢	외로울	경
畊	耕의 고자	
竸	競과 同字	
綆	두레박줄	경
罄	빌	경
褧	홑옷	경
謦	기침	경
顈	홑옷	경
駉	목장	경

耕	밭갈	경
經	경서	경
輕	가벼울	경
慶	경사	경
驚	놀랄	경
更	고칠	경
竟	마칠	경
境	지경	경
鏡	거울	경
頃	밭넓이 단위	경
傾	기울어질	경
徑	지름길	경
硬	단단할	경
卿	벼슬	경
卿	卿의 속자	
警	경계할	경
倞	굳셀	경
鯨	고래	경
坰	들	경
耿	빛날	경
炅	빛날	경
梗	곧을	경
憬	깨우칠	경
璟	옥광채 날	경
瓊	붉은 옥	경
擎	들	경
儆	경계할	경
俓	곧을	경
涇	통할	경
莖	줄기	경
勁	굳셀	경
逕	동안 뜰	경
熲	불빛	경

薊 삽주 계
雞 닭 계
髻 상투 계

고

古 옛 고
故 연고 고
苦 괴로울 고
告 알릴 고
固 굳을 고
考 상고할 고
攷 考의 속자
高 높을 고
姑 시어미 고
孤 외로울 고
稿 볏짚 고
枯 마를 고
庫 곳집 고
鼓 북 고
顧 돌아볼 고
叩 두드릴 고
敲 두드릴 고
皋 언덕 고
皐 皋의 속자
暠 흴 고
呱 울 고
尻 꽁무니 고
拷 칠 고
槁 마를 고
沽 팔 고
痼 고질 고
睾 못 고
羔 새끼 양 고
股 넓적다리 고
膏 살찔 고
苽 줄 고
菰 향초 고
藁 짚 고
蠱 독 고
袴 바지 고
誥 고할 고
賈 장사 고
辜 허물 고
錮 땜질할 고
雇 품 살 고
杲 밝을 고
鼓 북 칠 고
估 값 고
凅 얼 고
刳 가를 고
栲 북나무 고
槀 마를 고
櫜 활집 고
牯 암소 고
盬 염지 고
瞽 소경 고
鶻 비둘기 고
稾 藁와 同字
箍 둘레 고
篙 상앗대 고
糕 떡 고
罟 그물 고
羖 검은 암양 고
翺 날 고
胯 사타구니 고
觚 술잔 고
詁 주낼 고
郜 나라 이름 고
酤 계명주 고
鈷 끓을 고
靠 기댈 고
鴣 자고 고

곡

谷 골 곡
曲 굽을 곡
穀 곡식 곡
哭 울 곡
斛 열말들이 휘 곡
梏 쇠고랑 곡
鵠 고니 곡
嚳 고할 곡
槲 떡갈나무 곡
縠 주름 비단 곡
觳 뿔잔 곡
轂 바퀴통 곡

곤

困 곤할 곤
坤 땅 곤
昆 형 곤
崑 산 이름 곤
琨 옥돌 곤
錕 붉은 쇠 곤
梱 문지방 곤
棍 곤장 곤
滾 흐를 곤
袞 곤룡포 곤
衮 袞과 同字
鯤 곤이 곤
堃 땅 곤
崐 崑과 同字
悃 정성 곤
捆 두드릴 곤
緄 띠 곤

	한자	뜻	음
	裍	걷어올릴	곤
	褌	잠방이	곤
	閫	문지방	곤
	髡	머리 깎을	곤
	鵾	댓닭	곤
	鶤	봉황새	곤
	齫	이 솟아날	곤
골	骨	뼈	골
	汩	빠질	골
	滑	어지러울	골
	搰	팔	골
	榾	등걸	골
	鶻	송골매	골
공	工	장인	공
	公	공변될	공
	共	한가지	공
	功	공	공
	空	빌	공
	孔	구멍	공
	供	이바지할	공
	恭	공손할	공
	貢	바칠	공
	恐	두려울	공
	攻	칠	공
	珙	옥 이름	공
	控	당길	공
	拱	팔짱 낄	공
	蚣	지네	공
	鞏	묶을	공
	龔	공손할	공
	倥	어리석을	공
	崆	산 이름	공
	栱	두공	공
	箜	공후	공
	蛩	메뚜기	공
	蛬	귀뚜라미	공
	贛	줄	공
	跫	발자국 소리	공
	釭	화살촉	공
	槓	지렛대	공
곶	串	곶	곶
과	果	과실	과
	科	과거	과
	課	시험할	과
	過	지날	과
	戈	창	과
	瓜	외	과
	寡	적을	과
	誇	자랑할	과
	菓	과자	과
	跨	타넘을	과
	鍋	노구솥	과
	顆	낟알	과
	侉	자랑할	과
	堝	도가니	과
	夥	많을	과
	夸	자랑할	과
	撾	칠	과
	猓	긴꼬리원숭이	과
	稞	보리	과
	窠	보금자리	과
	蝌	올챙이	과
	裹	쌀	과
	踝	복사뼈	과
	銙	대구	과
	騍	암말	과
곽	郭	성곽	곽
	廓	클	곽
	槨	덧널	곽
	藿	콩잎	곽
	椁	덧널	곽
	癨	곽란	곽
	霍	빠를	곽
	鞹	무두질한 가죽	곽
관	官	벼슬	관
	關	빗장	관
	觀	볼	관
	貫	꿸	관
	冠	관	관
	管	대롱	관
	寬	너그러울	관
	寛	寬의 속자	
	慣	버릇	관
	館	객사	관
	舘	館의 속자	
	款	정성	관
	琯	옥저	관
	錧	수레굴통쇠	관
	灌	물 댈	관
	瓘	구슬	관
	梡	네발 도마	관
	串	익힐	관
	棺	널	관
	鑵	두레박	관
	菅	골풀	관
	涫	끓을	관
	輨	주요한 곳	관
	丱	쌍상투	관
	爟	봉화	관

盥 씻을 관
祼 강신제 관
窾 빌 관
筦 피리 관
綰 얽을 관
鑵 두레박 관
雚 황새 관
顴 광대뼈 관
髖 허리뼈 관
鸛 황새 관

괄 括 헤아릴 괄
刮 깎을 괄
恝 걱정 없을 괄
适 빠를 괄
佸 이를 괄
栝 노송나무 괄
筈 오늬 괄
聒 떠들썩할 괄
髺 머리 묶을 괄
鴰 재두루미 괄

광 光 빛 광
灮 光과 同字
晄 光과 同字
廣 넓을 광
広 廣의 속자
狂 미칠 광
鑛 쇳덩이 광
侊 클 광
洸 물솟을 광
珖 옥피리 광
桄 광랑나무 광
匡 바를 광
曠 빛 광
壙 광 광
筐 광주리 광
胱 오줌통 광
恇 겁낼 광
框 문테 광
爌 밝을 광
獷 사나울 광
磺 쇳돌 광
絖 솜 광
纊 솜 광
茪 결명초 광
誆 속일 광
誑 속일 광
硄 돌소리 광

괘 掛 걸 괘
卦 걸 괘
罫 줄 괘
咼 입 비뚤어질 괘
挂 걸 괘
罣 걸 괘
詿 그르칠 괘

괴 怪 기이할 괴
塊 흙덩이 괴
愧 부끄러워할 괴
壞 무너질 괴
乖 어그러질 괴
傀 클 괴
拐 속일 괴
槐 홰나무 괴
魁 으뜸 괴
媿 창피 줄 괴
廥 곳간 괴
瑰 구슬 이름 괴
璝 불구슬 괴
蒯 황모 괴
襘 띠매듭 괴

괵 馘 벨 괵

굉 宏 넓을 굉
紘 갓끈 굉
肱 팔뚝 굉
轟 울릴 굉
浤 용솟음할 굉
觥 뿔잔 굉
訇 큰 소리 굉
閎 마을 문 굉

교 交 사귈 교
校 학교 교
敎 가르칠 교
教 敎의 속자
橋 다리 교
巧 공교할 교
郊 성 밖 교
較 견줄 교
矯 바로잡을 교
僑 붙어살 교
喬 높을 교
嬌 아리따울 교
膠 아교 교
咬 새소리 교
嶠 뾰족하게 높을 교
攪 어지러울 교
狡 교활할 교
皎 달빛 교
絞 목맬 교
翹 꼬리 긴 깃털 교
蕎 메밀 교

廐 廏의 속자
柩 널 구
歐 토할 구
毆 때릴 구
毬 공 구
灸 뜸 구
瞿 볼 구
絿 급박할 구
臼 절구 구
舅 시아비 구
衢 네거리 구
謳 노래할 구
逑 짝 구
鉤 갈고랑이 구
駒 망아지 구
玽 옥돌 구
龜 거북 구
颶 구풍 구
佝 거리낄 구
俅 공손할 구
傴 구부릴 구
冓 짤 구
劬 수고로울 구
匶 널 구
厹 세모창 구
叴 소리 높일 구
坸 때 구
姤 만날 구
媾 화친할 구
嫗 할미 구
屨 신 구
岣 산꼭대기 구
彀 당길 구

丘 언덕 구
坵 丘의 속자
具 갖출 구
苟 진실로 구
俱 함께 구
區 지경 구
拘 잡을 구
球 구슬 구
狗 개 구
驅 몰 구
鷗 갈매기 구
構 집 세울 구
懼 두려워할 구
龜 나라 이름 구
玖 옥돌 구
矩 곡척 구
邱 언덕 구
銶 끌 구
溝 개천 구
購 살 구
鳩 비둘기 구
軀 몸 구
耉 늙을 구
耈 耉와 同字
枸 호깨나무 구
仇 원수 구
勾 굽을 구
咎 허물 구
嘔 노래할 구
垢 때 구
寇 도둑 구
嶇 험할 구
廏 마구간 구

蛟 교룡 교
轎 가마 교
餃 경단 교
驕 교만할 교
鮫 상어 교
姣 예쁠 교
佼 예쁠 교
噭 부르짖을 교
憍 교만할 교
鄗 산 이름 교
嘐 소리 교
嘄 叫와 同字
嚙 깨물 교
撟 들 교
晈 皎와 同字
暞 밝을 교
榷 외나무다리 교
磽 메마른 땅 교
窖 움 교
趫 재빠를 교
蹻 발돋음할 교
鉸 장식 교
骹 정강이 교
鵁 해오라기 교
齩 깨물 교

구

九 아홉 구
口 입 구
久 오랠 구
求 구할 구
句 글귀 구
究 궁구할 구
救 구원할 구
舊 옛 구

권	卷	책	권
	勸	권할	권
	權	권세	권
	権	權의 속자	
	券	문서	권
	拳	주먹	권
	圈	둥글	권
	眷	돌아볼	권
	倦	게으를	권
	捲	말	권
	淃	물 돌아흐를	권
	勌	게으를	권
	惓	삼갈	권
	棬	나무 그릇	권
	睠	眷과 同字	
	綣	정다울	권
	蜷	굼틀굼틀 갈	권
궐	厥	그	궐
	闕	대궐	궐
	獗	날뛸	궐
	蕨	고사리	궐
	蹶	넘어질	궐
궤	軌	바퀴굴대	궤
	机	책상	궤
	櫃	함	궤
	潰	무너질	궤
	詭	속일	궤
	饋	먹일	궤
	佹	괴이할	궤
	几	안석	궤
	劂	새김칼	궤
	匱	함	궤
	憒	심란할	궤
	鞠	기를	국
	鞫	국문할	국
	麴	누룩	국
	𥬠	대뿌리	국
	匊	움켜 뜰	국
	掬	움킬	국
	跼	구부릴	국
	麯	누룩	국
	趜	궁구할	국
군	君	임금	군
	軍	군사	군
	郡	고을	군
	群	무리	군
	窘	막힐	군
	裙	치마	군
	捃	주울	군
	桾	고욤나무	군
	皸	틀	군
굴	屈	굽을	굴
	窟	굴	굴
	堀	굴	굴
	掘	팔	굴
	倔	고집 셀	굴
	崛	우뚝 솟을	굴
	淈	흐릴	굴
	詘	굽을	굴
궁	弓	활	궁
	宮	궁궐	궁
	窮	다할	궁
	躬	몸	궁
	穹	하늘	궁
	芎	궁궁이	궁
	躳	躬의 본자	
	戵	창	구
	扣	두드릴	구
	捄	담을	구
	搆	이해하지 못할	구
	摳	추어올릴	구
	昫	따뜻할	구
	榘	矩와 同字	
	漚	거품	구
	璆	아름다운 옥	구
	甌	사발	구
	疚	오랜 병	구
	痀	꼽추	구
	癯	여윌	구
	窶	가난할	구
	篝	대그릇	구
	糗	양식	구
	朐	굽을	구
	蒟	구장(蒟醬)	구
	蚯	지렁이	구
	裘	갖옷	구
	覯	만날	구
	詬	꾸짖을	구
	遘	만날	구
	釦	금테 두를	구
	韝	깍지	구
	韭	부추	구
	鬮	제비	구
	鷇	새 새끼	구
	鸜	구관조	구
국	國	나라	국
	国	國의 속자	
	局	판	국
	菊	국화	국

克 이길 극
劇 심할 극
剋 이길 극
隙 틈 극
戟 창 극
棘 가시나무 극
亟 빠를 극
尅 剋의 속자
屐 나막신 극
郤 隙과 同字

근 近 가까울 근
根 뿌리 근
勤 부지런할 근
斤 근 근
僅 겨우 근
謹 삼갈 근
漌 맑을 근
墐 진흙 근
嫤 고울 근
槿 무궁화 근
瑾 붉은 옥 근
筋 힘줄 근
劤 힘 많을 근
懃 은근할 근
芹 미나리 근
菫 제비꽃 근
覲 뵐 근
饉 흉년들 근
巹 술잔 근
廑 작은 집 근
觔 힘줄 근
跟 발꿈치 근
釿 큰 자귀 근

邽 고을 이름 규
嫢 가는 허리 규
湀 물이 솟아 흐를 규
茥 딸기 규
烓 불 타는 모양 규
刲 찌를 규
嬀 성(姓) 규
巋 험준할 규
暌 어길 규
楏 감탕나무 규
樛 휠 규
潙 강 이름 규
睽 사팔눈 규
虯 규룡(虯龍) 규
跬 반걸음 규
闚 엿볼 규
頍 머리 들 규
馗 광대뼈 규
騤 끝밋할 규

균 均 고를 균
菌 버섯 균
龜 틀 균
龜 龜과 同字
畇 밭 일굴 균
鈞 서른 근 균
勻 적을 균
匀 勻의 속자
筠 대나무 균
覠 크게 볼 균
囷 곳집 균
麏 고라니 균

귤 橘 귤나무 귤

극 極 다할 극

撅 추어올릴 궤
樻 나무 이름 궤
氿 샘 궤
簋 제기 이름 궤
繢 토끝 궤
跪 꿇어앉을 궤
闠 성시(城市) 바깥문 궤
餽 보낼 궤
麂 고라니 궤

귀 貴 귀할 귀
歸 돌아올 귀
鬼 귀신 귀
龜 거북 귀
龜 龜와 同字
句 글귀 귀
晷 해그림자 귀
[illegible] 가래 귀

규 叫 부르짖을 규
規 법 규
閨 안방 규
圭 서옥 규
奎 별 이름 규
珪 서옥 규
揆 헤아릴 규
逵 한길 규
窺 엿볼 규
葵 해바라기 규
槻 느티나무 규
硅 규소 규
竅 구멍 규
糾 살필 규
糺 糾와 同字
赳 헌걸찰 규

機 틀 기
淇 강 이름 기
琪 옥 이름 기
璂 고깔꾸미개 기
棋 바둑 기
碁 棋와 同字
祺 길할 기
錤 호미 기
騏 천리마 기
麒 기린 기
玘 패옥 기
杞 구기자 기
埼 굽은낭떠러지 기
崎 산길 험할 기
琦 옥 이름 기
綺 무늬비단 기
錡 세발가마 기
箕 키 기
岐 갈림길 기
汽 물 끓는 김 기
沂 내 이름 기
圻 지경 기
耆 늙은이 기
璣 구슬 기
𤪌 璣와 同字
磯 물속 자갈 기
譏 나무랄 기
冀 바랄 기
驥 천리마 기
嗜 즐길 기
暣 별 기운 기
伎 재주 기
夔 조심할 기

礏 산 우뚝 솟을 급
笈 책 상자 급
芨 말오줌나무 급

긍

肯 즐겨할 긍
亘 뻗칠 긍
亙 亘의 속자
兢 삼갈 긍
矜 자랑할 긍
殑 까무러칠 긍

기

己 몸 기
其 그 기
基 터 기
期 기약할 기
技 재주 기
記 기록할 기
起 일어날 기
氣 기운 기
幾 몇 기
旣 이미 기
企 꾀할 기
奇 기이할 기
寄 부칠 기
豈 어찌 기
忌 꺼릴 기
紀 벼리 기
祈 기도할 기
器 그릇 기
棄 버릴 기
欺 속일 기
騎 말 탈 기
旗 기 기
飢 주릴 기
畿 경기 기

靳 가슴걸이 근
堇 진흙, 때 근

글

契 나라 이름 글
劼 심히 고달플 글

금

今 이제 금
金 쇠 금
禁 금할 금
琴 거문고 금
禽 날짐승 금
錦 비단 금
衾 이불 금
襟 옷깃 금
昑 밝을 금
妗 외숙모 금
擒 사로잡을 금
檎 능금나무 금
芩 풀 이름 금
衿 옷깃 금
唫 입 다물 금
噤 입 다물 금
嶔 높고 험할 금
笒 침대 금
黅 누른 빛 금

급

及 미칠 급
急 급할 급
給 줄 급
級 등급 급
汲 물 길을 급
伋 속일 급
扱 미칠 급
圾 위태할 급
岌 높을 급
皀 낟알 급

懦 나약할 나
拿 붙잡을 나
㫊 깃발바람에 날릴 나
䏧 성길 나
挐 가질 나
挪 옮길 나
𡖋 많을 나
梛 나무 이름 나
糯 찰벼 나
𧥢 서로 당길 나
橠 나무 무성할 나

낙 諾 대답할 낙

난 暖 따뜻할 난
難 어려울 난
煖 더울 난
偄 약할 난
愞 겁낼 난
赧 얼굴 붉힐 난
餪 풀보기 상 난

날 捺 도장 찍을 날
捏 이길 날

남 南 남녘 남
男 사내 남
楠 들메 남
湳 강 이름 남
枏 녹나무 남
喃 재잘거릴 남

납 納 바칠 납
衲 기울 납

낭 娘 아가씨 낭
囊 주머니 낭
曩 앞서 낭

내 內 안 내

羇 나그네 기
肵 공경할 기
芰 마름 기
芪 단너삼 기
蘄 풀 이름 기
虁 虁의 와자(譌字)
蜞 방게 기
蟣 서캐 기
覬 바랄 기
跂 어긋날 기
隑 후미 기
頎 헌걸찰 기
鬐 갈기 기
鰭 지느러미 기

긴 緊 긴요할 긴

길 吉 길할 길
佶 바를 길
桔 도라지 길
姞 성 길
拮 일할 길
蛣 장구벌레 길

김 金 성 김

끽 喫 마실 끽

ㄴ

나 那 어찌 나
奈 어찌 나
柰 어찌 나
娜 휘청거릴 나
拏 끌 나
儺 역귀 쫓을 나
喇 나팔 나

妓 기생 기
碁 돌 기
畸 뙈기밭 기
祁 성할 기
祇 토지의 신 기
羈 굴레 기
機 갈 기
肌 살 기
饑 주릴 기
稘 일주년 기
榿 오리나무 기
嵚 산 우뚝 솟은 모양 기
忯 공경할 기
僛 취하여 춤추는 모양 기
剞 조각칼 기
墍 매흙질할 기
屺 민둥산 기
庋 시렁 기
弃 棄의 고자
忮 해칠 기
愭 공손할 기
掎 당길 기
攲 기울 기
旂 기(旗) 기
暨 함께 기
棊 棋와 同字
歧 岐와 同字
炁 기운 기
猉 강아지 기
禨 징조 기
綦 연둣빛 비단 기
綥 연둣빛 기

衵 옷 부드러울 뉴
忸 길들 뉴

뉵 衄 코피 뉵

능 能 능할 능

니 泥 진흙 니
尼 중 니
柅 무성할 니
濔 치렁치렁할 니
膩 미끄러울 니
馜 진한 향기 니
㥾 마음 좋을 니
呢 소곤거릴 니
怩 부끄러워할 니
祢 禰와 同字
禰 아비사당 니
妮 계집종 니

닉 匿 숨을 닉
溺 빠질 닉

닐 昵 친할 닐
暱 친할 닐

ㄷ

다 多 많을 다
夛 多와 同字
茶 차 다
爹 아비 다
𥦬 깊은 모양 다
𣗪 차 다
䒳 마름 다
觰 뿔 밑동 다
鄲 나라이름 다
奲 풍부할 다

呶 지껄일 노
孥 자식 노
峱 산 이름 노
猱 원숭이 노
笯 새장 노
臑 팔꿈치 노

농 農 농사 농
濃 짙을 농
膿 고름 농
儂 나 농
噥 소곤거릴 농
穠 무성할 농
醲 진한 술 농

뇌 惱 괴로워할 뇌
腦 뇌 뇌
餒 주릴 뇌

뇨 尿 오줌 뇨
鬧 시끄러울 뇨
撓 어지러울 뇨
嫋 예쁠 뇨
嬲 놀릴 뇨
淖 진흙 뇨
鐃 징 뇨

누 耨 김맬 누
㖡 먹일 누
檽 나무이름 누

눈 嫩 어릴 눈

눌 訥 말 더듬을 눌
吶 말 더듬을 눌
肭 살찔 눌

뉴 紐 맺을 뉴
鈕 인꼭지 뉴
杻 감탕나무 뉴

乃 이에 내
奈 어찌 내
耐 견딜 내
柰 어찌 내
奶 젖 내
嬭 젖 내
迺 이에 내
鼐 가마솥 내

녀 女 계집 녀

녁 惄 근심할 녁

년 年 해 년
秊 年의 속자
撚 비틀 년
碾 맷돌 년

념 念 생각할 념
恬 편안할 념
拈 집을 념
捻 비틀 념

녑 惗 생각할 녑

녕 寧 편안할 녕
寗 寧과 同字
獰 모질 녕
佞 아첨할 녕
儜 괴로워할 녕
嚀 간곡할 녕
濘 진창 녕

노 怒 성낼 노
奴 종 노
努 힘쓸 노
弩 쇠뇌 노
瑙 마노 노
駑 둔할 노
詉 기쁠 노

단 丹 붉을 단
但 다만 단
單 홑 단
短 짧을 단
端 끝 단
旦 아침 단
段 층계 단
團 둥글 단
壇 단 단
檀 박달나무 단
斷 끊을 단
緞 비단 단
鍛 쇠 불릴 단
亶 믿음 단
彖 단 단
湍 여울 단
簞 대광주리 단
蛋 새알 단
袒 웃통 벗을 단
鄲 조나라 서울 단
煓 불꽃 성할 단
𣅳 밝을 단
担 떨칠 단
慱 근심할 단
椴 자작나무 단
漙 이슬 많을 단
癉 앓을 단
耑 시초 단
胆 어깨 벗을 단
腶 약포 단
蜑 오랑캐 이름 단

달 達 통달할 달
撻 매질할 달
澾 미끄러울 달
獺 수달 달
疸 황달 달
妲 여자의 자 달
怛 슬플 달
闥 문 달
靼 다룸가죽 달
韃 종족 이름 달

담 談 말씀 담
淡 묽을 담
潭 깊을 담
擔 멜 담
譚 이야기 담
膽 쓸개 담
澹 담박할 담
覃 미칠 담
啖 먹을 담
坍 물이 언덕칠 담
憺 편안할 담
曇 흐릴 담
湛 가득히 괼 담
痰 가래 담
聃 귓바퀴 없을 담
蕁 지모 담
錟 긴 창 담
倓 고요할 담
啿 넉넉한 모양 담
埮 땅 평평하고 길 담
炎 아름다울 담
儋 멜 담
啗 먹일 담
噉 씹을 담
墰 壜과 同字
壜 술병 담
毯 담요 담
禫 담제 담
罎 壜과 同字
薝 치자나무 담
郯 나라 이름 담
黮 검을 담
黵 문신할 담
惔 편안할 담
緂 옷 채색 선명할 담

답 答 대답 답
畓 논 답
踏 밟을 답
沓 합할 답
遝 뒤섞일 답

당 堂 집 당
當 마땅 당
唐 당나라 당
糖 사탕 당
黨 무리 당
塘 못 당
鐺 쇠사슬 당
撞 칠 당
幢 기 당
戇 어리석을 당
棠 팥배나무 당
螳 사마귀 당
倘 혹시 당
儻 빼어날 당
搪 뻗을 당
檔 의자 당
溏 진수렁 당
瑭 당무옥 당

屠 잡을 도
悼 슬퍼할 도
掉 흔들 도
搗 찧을 도
櫂 노 도
淘 쌀일 도
滔 물 넘칠 도
睹 볼 도
萄 포도 도
覩 볼 도
賭 걸 도
韜 감출 도
馟 향기로울 도
裪 복 도
鋾 둔할 도
夲 나아갈 도
稌 찰벼 도
叨 탐낼 도
壔 성채 도
弢 활집 도
忉 근심할 도
慆 기뻐할 도
掏 가릴 도
搯 꺼낼 도
擣 찧을 도
檮 등걸 도
洮 씻을 도
涂 길〔道〕 도
鼗 땡땡이 도
菟 호랑이 도
酴 술밑 도
闍 망루 도
鞀 노도(路鼗) 도

鐓 창고달 대

댁 宅 집 댁

덕 德 큰 덕
悳 德의 속자
徳 德의 속자

도 刀 칼 도
度 법도 도
徒 무리 도
到 이를 도
塗 진흙 도
都 도읍 도
島 섬 도
嶋 島와 同字
道 길 도
圖 그림 도
途 길 도
逃 달아날 도
挑 돋울 도
桃 복숭아나무 도
跳 뛸 도
盜 훔칠 도
倒 넘어질 도
渡 건널 도
稻 벼 도
陶 질그릇 도
導 이끌 도
堵 담 도
棹 노 도
濤 큰 물결 도
燾 덮일 도
禱 빌 도
鍍 도금할 도
蹈 밟을 도

璫 귀고리 옥 당
瞠 볼 당
礑 밑바닥 당
蟷 사마귀 당
襠 잠방이 당
讜 곧은 말 당
鏜 종고 소리 당
餳 엿 당
餹 엿 당

대 大 큰 대
代 대신할 대
待 기다릴 대
對 대답할 대
帶 띠 대
貸 빌릴 대
隊 떼 대
臺 대 대
坮 臺와 同字
垈 집터 대
玳 대모 대
袋 자루 대
戴 머리에 일 대
擡 들 대
抬 擡의 속자
旲 햇빛 대
岱 대산 대
黛 눈썹먹 대
㫈 해 돋을 대
曃 무성할 대
儓 하인 대
懟 원망할 대
汰 쌀 일 대
碓 방아 대

두 斗 말 두
豆 콩 두
頭 머리 두
杜 팥배나무 두
枓 두공 두
兜 투구 두
痘 천연두 두
竇 구멍 두
荳 콩 두
讀 구두점 두
逗 머무를 두
阧 치솟을 두
抖 떨 두
斁 깰 두
肚 배〔腹〕 두
脰 목 두
蚪 올챙이 두
蠹 좀 두
陡 험할 두
둔 屯 진칠 둔
鈍 무딜 둔
遁 달아날 둔
臀 볼기 둔
芚 채소 이름 둔
遯 달아날 둔
窀 두터울 둔
迍 머뭇거릴 둔
둘 乭 ○○ 둘
득 得 얻을 득
등 等 무리 등
登 오를 등
燈 등잔 등
騰 오를 등

東 동녘 동
同 한가지 동
仝 同과 同字
洞 고을 동
童 아이 동
動 움직일 동
凍 얼 동
銅 구리 동
桐 오동나무 동
棟 동자기둥 동
董 바를 동
潼 강 이름 동
垌 못막이 동
瞳 눈동자 동
蝀 무지개 동
憧 그리워할 동
疼 아플 동
胴 큰창자 동
朣 달 뜰 동
曈 동틀 동
彤 붉은칠할 동
烔 더운 모양 동
橦 나무 이름 동
勭 動의 고자
侗 정성 동
僮 아이 동
哃 망령된 말 동
峒 산 이름 동
涷 소나기 동
艟 배 동
苳 겨우살이 동
茼 쑥갓 동
蕫 황모(黃茅) 동

鞱 韜와 同字
饕 탐할 도
道 도달할 도
독 獨 홀로 독
讀 읽을 독
毒 독할 독
篤 도타울 독
督 살펴볼 독
瀆 도랑 독
牘 편지 독
犢 송아지 독
禿 대머리 독
纛 둑 독
櫝 함 독
黷 더럽힐 독
돈 豚 돼지 돈
敦 도타울 돈
墩 돈대 돈
惇 도타울 돈
暾 아침해 돈
燉 불 성할 돈
頓 조아릴 돈
旽 밝을 돈
沌 어두울 돈
焞 귀갑 지지는 불 돈
弴 활 돈
潡 큰물 돈
躉 거룻배 돈
돌 突 부딪칠 돌
乭 사람 이름 돌
咄 꾸짖을 돌
堗 굴뚝 돌
동 冬 겨울 동

爤 문채 란
欗 목란 란

랄 剌 어그러질 랄
辣 매울 랄
埒 바자울 랄
辢 辣과 同字

람 覽 볼 람
藍 쪽 람
濫 넘칠 람
嵐 남기 람
攬 잡을 람
擥 攬과 同字
擥 攬과 同字
欖 감람나무 람
籃 바구니 람
纜 닻줄 람
襤 누더기 람
婪 예쁠 람
婪 탐할 람
灠 퍼질 람
漤 과실 장아찌 람
爁 불 번질 람
璼 옥 이름 람
惏 탐할 람

랍 拉 꺾을 랍
臘 납향 랍
蠟 밀 랍
鑞 주석 랍

랑 浪 물결 랑
郞 사나이 랑
郎 郞의 속자
朗 달 밝을 랑
廊 복도 랑

囉 소리 얽힐 라
曪 날 흐릴 라
瘰 연주창 라
騾 노새 라
贏 騾의 본자
纙 돈 꾸러미 라

락 落 떨어질 락
樂 즐길 락
洛 물 이름 락
絡 연락할 락
珞 목걸이 락
酪 소젖 락
烙 지질 락
駱 낙타 락
狢 타락 락
犖 얼룩소 락

란 卵 알 란
亂 어지러울 란
蘭 난초 란
欄 난간 란
爛 익을 란
瀾 큰 물결 란
瓓 옥무늬 란
丹 꽃 이름 란
欒 나무 이름 란
鸞 난새 란
鑾 방울 란
嬾 게으를 란
幱 내리닫이 란
攔 막을 란
灓 새어 흐를 란
襴 난삼(襴衫) 란
闌 가로막을 란

藤 등나무 등
謄 베낄 등
鄧 나라 이름 등
嶝 고개 등
橙 등자나무 등
凳 걸상 등
墱 자드락길 등
滕 물 솟을 등
磴 돌 비탈길 등
籐 대 기구 등
縢 봉할 등
螣 등사(螣蛇) 등
鐙 등자 등

ㄹ

라 羅 그물 라
螺 소라 라
喇 나팔 라
懶 게으를 라
癩 문둥병 라
蘿 여라 라
裸 벌거숭이 라
邏 돌 라
剆 칠 라
覶 자세할 라
攞 정돈할 라
蓏 열매 라
鑼 징 라
儸 간능할 라
砢 돌이 쌓인 모양 라
臝 벌거벗을 라
倮 알몸 라

	儢	고상할	려
	厲	갈	려
	唳	울	려
	梠	평고대	려
	癘	창질(瘡疾)	려
	糲	현미	려
	膂	등골뼈	려
	臚	살갗	려
	蠡	좀먹을	려
	邌	천천히 갈	려
	鑢	줄	려
력	力	힘	력
	歷	지날	력
	曆	책력	력
	瀝	거를	력
	礫	조약돌	력
	轢	삐걱거릴	력
	靂	벼락	력
	攊	擽과 同字	
	櫟	상수리나무	력
	櫪	말구유	력
	癧	연주창	력
	轣	갈	력
	酈	고을 이름	력
련	連	잇닿을	련
	練	익힐	련
	蓮	연꽃	련
	鍊	쇠 불릴	련
	憐	불쌍히 여길	련
	聯	연할	련
	戀	사모할	련
	煉	쇠 불릴	련
	璉	종묘 제기	련
	諒	믿을	량
	糧	양식	량
	粮	糧과 同字	
	亮	밝을	량
	倆	공교할	량
	樑	들보	량
	粱	기장	량
	輛	수레	량
	駺	꼬리 흰 말	량
	俍	잘할	량
	喨	소리 맑을	량
	悢	슬퍼할	량
	踉	뛸	량
	魎	도깨비	량
려	旅	나그네	려
	麗	고울	려
	慮	생각할	려
	勵	힘쓸	려
	呂	음률	려
	侶	짝	려
	閭	이문	려
	黎	검을	려
	儷	짝	려
	廬	오두막집	려
	戾	어그러질	려
	櫚	종려나무	려
	濾	거를	려
	礪	거친 숫돌	려
	藜	나라 이름	려
	蠣	굴	려
	驢	나귀	려
	驪	가라말	려
	曞	햇빛 성할	려
	琅	옥 같은 돌	랑
	瑯	옥 같은 돌	랑
	狼	이리	랑
	烺	빛 밝을	랑
	蜋	사마귀	랑
	螂	蜋과 同字	
	㝗	높을	랑
	駺	꼬리 흰 말	랑
	榔	나무 이름	랑
	閬	솟을대문	랑
	硠	돌 부딪는 소리	랑
	稂	강아지풀	랑
	莨	수크령	랑
	朖	밝을	랑
래	來	올	래
	来	來의 속자	
	逨	來와 同字	
	崍	산 이름	래
	萊	명아주	래
	徠	올	래
	淶	강 이름	래
	騋	큰 말	래
	唻	노래하는 소리	래
랭	冷	찰	랭
략	略	다스릴	략
	掠	노략질할	략
	畧	略과 同字	
량	良	좋을	량
	兩	두	량
	涼	서늘할	량
	凉	涼의 속자	
	量	헤아릴	량
	梁	들보	량

隷 종 례
澧 강 이름 례
醴 단술 례
隸 붙을 례
鱧 가물치 례
로 老 늙을 로
路 길 로
勞 수고로울 로
露 이슬 로
爐 화로 로
魯 노나라 로
盧 성 로
鷺 해오라기 로
撈 잡을 로
擄 사로잡을 로
櫓 방패 로
潞 강 이름 로
瀘 강 이름 로
蘆 갈대 로
虜 포로 로
虜 虜의 속자
輅 수레 로
鹵 소금 로
嚧 웃을 로
璐 옥 이름 로
櫨 두공 로
蕗 감초 로
潦 큰비 로
瓐 푸른 옥 로
澇 큰 물결 로
壚 흑토(黑土) 로
滷 소금밭 로
玈 검을 로

零 떨어질 령
嶺 산 고개 령
靈 신령 령
伶 영리할 령
玲 금옥 소리 령
姈 여자 이름 령
昤 날빛 영롱할 령
鈴 방울 령
齡 나이 령
怜 영리할 령
囹 옥 령
笭 도꼬마리 령
羚 영양 령
翎 깃 령
聆 들을 령
逞 굳셀 령
泠 깨우칠 령
澪 강 이름 령
岭 산 이름 령
岺 岭과 同字
呤 말씀 령
另 헤어질 령
欞 櫺과 同字
𪉂 소금 령
秢 해 령
苓 도꼬마리 령
蛉 잠자리 령
軨 사냥 수레 령
鴒 할미새 령
朎 달빛 영롱할 령
례 例 법식 례
禮 예도 례
礼 禮의 속자

攣 걸릴 련
漣 물놀이 련
輦 손수레 련
孌 아름다울 련
聯 이을 련
楝 멀구슬나무 련
湅 누일 련
臠 저민 고기 련
鏈 구리 련
鰊 고기 이름 련
鰱 연어 련
奱 이름 련
렬 列 벌일 렬
烈 세찰 렬
劣 용렬할 렬
裂 찢을 렬
洌 맑을 렬
冽 찰 렬
挒 내걸 렬
捩 술대 렬
颲 사나운 바람 렬
렴 廉 청렴할 렴
濂 엷을 렴
簾 발 렴
斂 거둘 렴
殮 염할 렴
瀲 넘칠 렴
磏 거친 숫돌 렴
렵 獵 사냥할 렵
躐 밟을 렵
鬣 갈기 렵
령 令 하여금 령
領 거느릴 령

療 병 고칠 료
瞭 밝을 료
聊 귀 울 료
蓼 여뀌 료
嘹 울 료
嫽 예쁠 료
撩 다스릴 료
暸 밝을 료
潦 큰비 료
獠 사냥 료
繚 다스릴 료
膋 발기름 료
醪 막걸리 료
鐐 은(銀) 료
飂 바람소리 료
飉 바람 료

룡

龍 용 룡
竜 龍의 속자
龒 용 룡

루

累 얽힐 루
淚 눈물 루
樓 다락 루
漏 샐 루
屢 여러 루
壘 진 루
婁 별 이름 루
瘻 부스럼 루
縷 실 루
蔞 쑥 루
褸 남루할 루
鏤 새길 루
陋 좁을 루
慺 정성스러울 루

聾 귀머거리 롱
儱 철들날 롱
攏 누를 롱
曨 어스레할 롱
礱 갈 롱
蘢 개여뀌 롱
隴 고개 이름 롱

뢰

雷 천둥 뢰
賴 힘입을 뢰
頼 賴의 속자
瀨 여울 뢰
儡 영락할 뢰
牢 우리 뢰
磊 돌무더기 뢰
賂 뇌물 줄 뢰
賚 줄 뢰
耒 쟁기 뢰
攂 擂의 본자
礌 돌무더기 뢰
礧 바위 뢰
籟 세 구멍 퉁소 뢰
纇 실마디 뢰
罍 술독 뢰
蕾 꽃봉오리 뢰
誄 조문(弔文) 뢰
酹 부을 뢰

료

料 헤아릴 료
了 마칠 료
僚 동관 료
遼 멀 료
寮 벼슬아치 료
廖 공허할 료
燎 화톳불 료

癆 중독 로
窂 짐승 우리 로
鸕 가마우지 로
艪 艣와 同字
艫 뱃머리 로
轤 도르래 로
鐪 부레 그릇 로
鑪 화로 로
顱 머리뼈 로
髗 두개골 로
鱸 농어 로
[illegible] 오동나무 로
鏴 금길 로

록

綠 초록빛 록
祿 복록 록
錄 기록할 록
鹿 사슴 록
彔 나무 깎을 록
碌 푸른 돌 록
菉 조개풀 록
麓 산기슭 록
淥 밭을 록
漉 거를 록
簏 대 상자 록
轆 도르래 록
騄 잡털박이새 록

론

論 의논 론

롱

弄 희롱할 롱
瀧 적실 롱
瓏 환할 롱
籠 대그릇 롱
壟 언덕 롱
朧 흐릿할 롱

稜 모 릉
淩 능가할 릉
楞 모 릉
楞 楞의 속자
倰 넘을 릉
蔆 마름 릉

리 里 마을 리
利 이 리
理 다스릴 리
吏 관리 리
李 오얏 리
梨 배나무 리
裏 속 리
裡 裏의 속자
離 떠날 리
离 離와 同字
履 밟을 리
俚 속될 리
莉 사과꽃 리
璃 유리 리
俐 똑똑할 리
悧 俐와 同字
唎 가는 소리 리
浬 해리 리
犁 얼룩소 리
犂 犁와 同字
狸 살쾡이 리
痢 설사 리
籬 울타리 리
罹 근심 리
羸 여윌 리
釐 다스릴 리
厘 釐의 속자

륜 倫 인륜 륜
輪 수레바퀴 륜
侖 뭉치 륜
崙 산 이름 륜
崘 崙과 同字
綸 푸른 인끈 륜
淪 물놀이 륜
錀 금 륜
圇 완전할 륜
掄 가릴 륜

률 律 법 률
栗 밤나무 률
率 비율 률
慄 두려워할 률
嵂 가파를 률
䅭 벼를 쌓은 모양 률
瑮 옥 무늬 률
溧 강 이름 률

륭 隆 높을 륭
癃 느른할 륭
窿 둥글 륭
㦕 뜻 륭

륵 勒 굴레 륵
肋 갈비 륵
泐 돌 갈라질 륵

름 凜 찰 름
凛 凜의 속자
廩 곳집 름
菻 나라 이름 름
澟 서늘할 름

릉 陵 큰 언덕 릉
綾 비단 릉
菱 마름 릉

嶁 봉우리 루
耬 씨 뿌리는 기구 루
熡 불꽃 루
僂 구부릴 루
嘍 시끄러울 루
螻 땅강아지 루
髏 해골 루
漊 비 지적지적할 루
謱 서로 끌 루
漯 물이름 루

류 流 흐를 류
柳 버들 류
留 머무를 류
類 무리 류
琉 유리돌 류
瑠 琉와 同字
劉 성 류
硫 유황 류
瘤 혹 류
旒 깃발 류
榴 석류나무 류
溜 방울져 떨어질 류
瀏 맑을 류
謬 그릇될 류
橊 榴의 본자
縲 검은 새끼 류
纍 맬 류
遛 [illegible]와 同字
鶹 올빼미 류

륙 六 여섯 륙
陸 뭍 륙
戮 죽일 륙
勠 합할 륙

瑪 마노 마
摩 갈 마
痲 저릴 마
碼 마노 마
魔 마귀 마
媽 어미 마
劘 깎을 마
螞 말거머리 마
蟇 蟆와 同字
麽 麼의 속자

막 莫 말 막
幕 장막 막
漠 사막 막
寞 쓸쓸할 막
膜 막 막
邈 멀 막
瞙 눈 흐릴 막
鏌 칼 이름 막

만 萬 일만 만
万 萬의 속자
晩 늦을 만
滿 찰 만
漫 물 질펀할 만
慢 거만할 만
蠻 오랑캐 만
曼 길 만
蔓 덩굴 만
鏋 금 만
卍 만자 만
娩 해산할 만
巒 뫼 만
彎 굽을 만
挽 당길 만

[illegible] 반딧불 린
繗 이을 린
嶙 가파를 린
悋 아낄 린
磷 엷은 돌 린
驎 얼룩말 린
躪 짓밟을 린
轔 수레 소리 린
焛 불꽃 린
暽 사람 이름 린
瞵 눈빛 린
[illegible] 물소리 린

림 林 수풀 림
臨 임할 림
琳 아름다운 옥 림
霖 장마 림
淋 물댈 림
棽 무성할 림
碄 깊을 림
晽 알고자 할 림
玪 아름다운 옥 림
痳 임질 림

립 立 설 립
笠 삿갓 립
粒 낟알 립
砬 돌 소리 립
岦 산 높은 모양 립

ㅁ

마 馬 말 마
麻 삼 마
磨 갈 마

鯉 잉어 리
涖 다다를 리
𠩺 바를 리
摛 퍼질 리
剺 벗길 리
哩 어조사 리
嫠 과부 리
莅 다다를 리
蜊 참조개 리
螭 교룡(蛟龍) 리
貍 삵 리
邐 이어질 리
魑 도깨비 리
[illegible] 새 잡는 풀 리
漓 스며들 리
灕 물이름 리

린 潾 물 맑을 린
璘 옥빛 린
麟 기린 린
麐 麟과 同字
吝 아낄 린
燐 도깨비불 린
藺 골풀 린
躪 짓밟을 린
鱗 비늘 린
撛 붙들 린
鄰 이웃 린
隣 鄰과 同字
鏻 굳셀 린
獜 튼튼할 린
橉 나무 이름 린
粦 燐과 同字
粼 물 맑을 린

灣 물굽이 만
瞞 속일 만
輓 끌 만
饅 만두 만
鰻 뱀장어 만
墁 흙손 만
嫚 업신여길 만
幔 막 만
縵 무늬 없을 만
謾 속일 만
蹣 넘을 만
鏝 흙손 만
鬘 머리 장식 만

말

末 끝 말
茉 말리꽃 말
毜 ○○ 말
抹 바를 말
沫 거품 말
襪 버선 말
韈 버선 말
帕 머리띠 말
秣 꼴 말

망

亡 망할 망
忙 바쁠 망
忘 잊을 망
望 바랄 망
朢 望과 同字
罔 없을 망
妄 망령될 망
茫 아득할 망
網 그물 망
芒 까끄라기 망
莽 우거질 망
莾 莽의 속자
輞 바퀴테 망
邙 산 이름 망
惘 멍할 망
汒 황급할 망
漭 넓을 망
魍 도깨비 망

매

每 매양 매
妹 손아랫누이 매
買 살 매
賣 팔 매
梅 매화나무 매
埋 묻을 매
媒 중매 매
寐 잠잘 매
昧 새벽 매
枚 줄기 매
煤 그을음 매
罵 욕할 매
邁 갈 매
魅 도깨비 매
苺 딸기 매
呆 어리석을 매
楳 梅와 同字
沬 땅 이름 매
玫 매괴(玫瑰) 매
眛 어두울 매
莓 나무딸기 매
酶 술밑 매
霉 매우(梅雨) 매

맥

麥 보리 맥
脈 맥 맥
貊 북방 종족 맥
陌 두렁 맥
驀 말 탈 맥
貃 貊과 同字
貘 짐승 이름 맥

맹

孟 맏 맹
盟 맹세할 맹
猛 사나울 맹
盲 소경 맹
萌 싹 맹
氓 백성 맹
甍 용마루 맹
甿 백성 맹
虻 蝱과 同字

멱

冪 덮을 멱
覓 찾을 멱
幎 덮을 멱

면

面 낯 면
眠 잠잘 면
免 면할 면
勉 힘쓸 면
綿 솜 면
冕 면류관 면
棉 목화 면
沔 내 이름 면
眄 애꾸눈 면
緬 가는 실 면
麪 국수 면
麵 麪과 同字
俛 힘쓸 면
湎 빠질 면
緜 綿과 同字

멸

滅 멸할 멸
蔑 업신여길 멸

穆 화할 목
鶩 집오리 목
苜 거여목 목
몰 沒 빠질 몰
歿 죽을 몰
몽 夢 꿈 몽
蒙 어릴 몽
朦 풍부할 몽
幪 덮을 몽
懞 어두울 몽
曚 어두울 몽
溕 이슬비 몽
濛 가랑비 올 몽
瞢 어두울 몽
矇 청맹과니 몽
艨 싸움배 몽
雺 안개 몽
鸏 물새 이름 몽
묘 妙 묘할 묘
玅 妙와 同字
卯 넷째 지지 묘
苗 싹 묘
墓 무덤 묘
廟 사당 묘
描 그릴 묘
錨 닻 묘
畝 밭이랑 묘
昴 별자리 이름 묘
杳 어두울 묘
渺 아득할 묘
猫 고양이 묘
淼 물 아득할 묘
眇 애꾸눈 묘

貌 모양 모
摸 본뜰 모
牟 클 모
謨 꾀 모
姆 여스승 모
帽 모자 모
摹 베낄 모
牡 수컷 모
瑁 서옥 모
眸 눈동자 모
耗 줄 모
芼 풀 우거질 모
茅 띠 모
橅 법 모
軞 임금이 타는 수레 모
慔 힘쓸 모
侔 가지런할 모
姥 할미 모
媢 강샘할 모
嫫 추녀 모
恈 탐할 모
旄 깃대 장식 모
皃 貌와 同字
眊 눈 흐릴 모
耄 늙은이 모
蝥 해충 모
蟊 蝥와 同字
髦 다팔머리 모
목 木 나무 목
目 눈 목
牧 기를 목
沐 머리 감을 목
睦 화목할 목

篾 대껍질 멸
蠛 모독할 멸
명 名 이름 명
命 목숨 명
明 밝을 명
鳴 새소리 명
冥 어두울 명
銘 새길 명
溟 바다 명
暝 어두울 명
椧 홈통 명
皿 그릇 명
瞑 눈감을 명
茗 차 싹 명
蓂 명협 명
螟 마디충 명
酩 술 취할 명
慏 근심할 명
洺 강 이름 명
眀 밝게 볼 명
䳟 초명새 명
몌 袂 소매 몌
모 母 어미 모
毛 털 모
侮 업신여길 모
暮 저물 모
冒 무릅쓸 모
某 아무 모
謀 꾀할 모
募 모을 모
慕 사모 모
模 법 모
矛 세모진 창 모

薇 고비 미
彌 그칠 미
弥 彌의 속자
媄 빛 고울 미
媚 아름다울 미
嵋 산 이름 미
梶 나무 끝 미
楣 문미 미
湄 물가 미
謎 수수께끼 미
靡 쓰러질 미
黴 곰팡이 미
躾 모양낼 미
媺 착할 미
濔 치렁치렁할 미
煝 빛날 미
娓 장황할 미
洣 강 이름 미
侎 어루만질 미
瑂 옥돌 미
冞 깊이 들어갈 미
溦 물가 미
罙 점점 미
蘼 천궁(川芎) 미
媺 착하고 아름다울 미
亹 힘쓸 미
弭 활고자 미
敉 어루만질 미
麋 큰 사슴 미
瀰 물 넓을 미
獼 원숭이 미
糜 죽 미
縻 고삐 미

嘿 고요할 묵

문
門 문 문
問 물을 문
聞 들을 문
文 글월 문
汶 물 이름 문
炆 연기날 문
紋 무늬 문
們 들 문
刎 목 벨 문
吻 입술 문
紊 어지러울 문
蚊 모기 문
雯 구름무늬 문
抆 닦을 문
悗 잊을 문
懣 번거로울 문
捫 어루만질 문
璊 붉은 옥 문
玧 붉은 구슬 문

물
勿 말 물
物 만물 물
沕 아득할 물

미
未 아닐 미
米 쌀 미
美 아름다울 미
味 맛 미
尾 꼬리 미
迷 미혹할 미
眉 눈썹 미
微 작을 미
嵄 깊은 산 미
渼 물결무늬 미

藐 멀 묘
貓 猫와 同字

무
戊 다섯째 천간 무
茂 우거질 무
無 없을 무
无 無의 속자
舞 춤출 무
武 호반 무
務 힘쓸 무
貿 바꿀 무
霧 안개 무
拇 엄지손가락 무
珷 옥돌 이름 무
畝 밭이랑 무
撫 어루만질 무
懋 힘쓸 무
巫 무당 무
憮 어루만질 무
楙 무성할 무
毋 말 무
繆 얽을 무
蕪 거칠어질 무
誣 무고할 무
鵡 앵무새 무
橅 법 무
儛 춤출 무
嘸 분명하지 않을 무
廡 무성할 무
膴 두터울 무
騖 달릴 무
堥 언덕 무

묵
墨 먹 묵
默 잠잠할 묵

亳 땅 이름 박
欂 두공 박
牔 박공 박
鎛 종 박
駮 짐승 이름 박
髆 어깨뼈 박

반 半 반 반
反 되돌릴 반
伴 짝 반
飯 밥 반
返 돌아올 반
班 나눌 반
叛 배반할 반
般 되돌아올 반
盤 소반 반
畔 밭두둑 반
頒 반포할 반
潘 물 이름 반
磐 반석 반
拌 버릴 반
搬 옮길 반
攀 더 위 잡을 반
斑 얼룩 반
槃 쟁반 반
泮 학교 반
瘢 흉터 반
盼 눈 예쁠 반
磻 강 이름 반
礬 명반 반
絆 줄 반
蟠 서릴 반
斒 알록달록할 반
攽 나눌 반

緍 緡과 同字
苠 속대 민
鰵 민어 민
黽 힘쓸 민
鍲 돈 꿰미 민
眠 볼 민

밀 密 빽빽할 밀
蜜 꿀 밀
謐 고요할 밀
樒 침향(沈香) 밀
滵 물 빨리 흐를 밀

ㅂ

박 朴 질박할 박
拍 칠 박
迫 핍박할 박
泊 배댈 박
博 넓을 박
薄 엷을 박
珀 호박 박
撲 부딪칠 박
璞 옥돌 박
鉑 금박 박
舶 큰배 박
剝 벗길 박
樸 통나무 박
箔 발 박
粕 지게미 박
縛 묶을 박
膊 포 박
雹 누리 박
駁 얼룩말 박

茉 오미자 미
蘼 장미 미

민 民 백성 민
敏 재빠를 민
憫 불쌍히 여길 민
玟 옥돌 민
旻 가을하늘 민
旼 화할 민
閔 성 민
珉 옥돌 민
瑉 珉과 同字
砇 珉과 同字
碈 珉과 同字
岷 산 이름 민
忞 힘쓸 민
忟 忞과 同字
慜 총명할 민
敃 강할 민
愍 근심할 민
潣 물 졸졸 흐를 민
暋 굳셀 민
䪸 강할 민
泯 뒤섞일 민
悶 번민할 민
緡 낚싯줄 민
顅 강할 민
鈱 철판 민
脗 물결 가없는 모양 민
閩 종족 이름 민
䁕 볼 민
罠 낚싯줄 민
琝 옥돌 민
琘 옥돌 민

媻 비틀거릴 반
扳 끌어당길 반
搫 덜 반
肦 頒과 同字
胖 클 반
頖 학교 이름 반
螌 가뢰 반

발 發 일어날 발
拔 뺄 발
髮 터럭 발
潑 활발할 발
鉢 바리때 발
渤 바다 이름 발
勃 우쩍 일어날 발
撥 다스릴 발
跋 밟을 발
醱 술 괼 발
魃 가물귀신 발
炦 불기운 발
哱 어지러울 발
浡 일어날 발
脖 배꼽 발
鈸 방울 발
鵓 집비둘기 발

방 方 방위 방
房 방 방
防 막을 방
放 놓을 방
訪 찾아볼 방
邦 나라 방
妨 방해할 방
傍 곁 방
芳 꽃다울 방
倣 본받을 방
坊 고을 이름 방
彷 방황할 방
昉 밝을 방
龐 어지러울 방
榜 매 방
尨 삽살개 방
旁 두루 방
枋 다목 방
滂 비 퍼부을 방
磅 돌 떨어지는 소리 방
紡 자을 방
肪 기름 방
膀 쌍배 방
舫 배 방
蒡 인동덩굴 방
蚌 방합 방
謗 헐뜯을 방
幫 도울 방
幇 幫과 同字
仿 헤맬 방
厖 클 방
徬 거닐 방
搒 배 저을 방
旊 옹기장 방
梆 목어(木魚) 방
牓 패 방
艂 배 방
螃 방게 방
鎊 깎을 방
髣 비슷할 방
魴 방어 방

배 拜 절 배
杯 잔 배
盃 杯의 속자
倍 갑절 배
培 북돋울 배
配 짝 배
輩 무리 배
背 등 배
排 물리칠 배
陪 모실 배
裴 성 배
裵 裴의 본자
湃 물결 이는 모양 배
俳 광대 배
徘 어정거릴 배
焙 불에 쬘 배
胚 아이 밸 배
褙 속적삼 배
賠 물어줄 배
北 달아날 배
蓓 꽃봉오리 배
貝 ○○ 배
坏 언덕 배
扒 뺄 배
琲 구슬꿰미 배
蓓 꽃봉오리 배
俖 아니 될 배

백 白 흰 백
百 일백 백
伯 맏 백
柏 잣나무 백
栢 柏의 속자
佰 백사람의 어른 백
帛 비단 백

弁 고깔 변
便 편할 변
釆 분별할 변
忭 기뻐할 변
抃 손뼉칠 변
籩 제기 이름 변
胼 胼의 속자
賆 더할 변
辮 땋을 변
駢 나란히 할 변
骿 骿의 속자
鴘 매 변
별 別 나눌 별
瞥 언뜻 볼 별
鼈 자라 별
鱉 鼈과 同字
襒 떨칠 별
[illegible] 향기 별
莂 모종낼 별
鷩 붉은 꿩 별
[illegible] 조금 향내 날 별
[illegible] 클 별
炦 김 오를 별
彆 활 뒤틀릴 별
병 兵 군사 병
丙 남녘 병
病 병들 병
屛 병풍 병
竝 아우를 병
並 竝의 속자
幷 아우를 병
并 幷의 속자
倂 나란할 병

梵 범어 범
泛 뜰 범
釩 떨칠 범
渢 풍류소리 범
滼 뜨는 모양 범
笵 법 범
訉 말 많을 범
颿 돛 범
법 法 법 법
琺 법랑 법
벽 壁 벽 벽
碧 푸를 벽
璧 둥근옥 벽
闢 열 벽
僻 후미질 벽
劈 쪼갤 벽
擘 엄지손가락 벽
檗 황벽나무 벽
蘗 檗과 同字
癖 버릇 벽
霹 벼락 벽
辟 임금 벽
擗 가슴 칠 벽
甓 벽돌 벽
疈 가를 벽
襞 주름 벽
鷿 논병아리 벽
鼊 거북 벽
변 變 변할 변
辯 말 잘할 변
辨 분별할 변
邊 가 변
卞 성 변

魄 넋 백
苩 성 백
[illegible] 급할 백
珀 호박 백
번 番 갈마들 번
煩 번거로울 번
繁 많을 번
飜 날 번
翻 飜의 속자
蕃 번성할 번
幡 기 번
樊 울 번
燔 구울 번
磻 ○○ 번
藩 덮을 번
繙 되풀 번
膰 제사 고기 번
蘩 산흰쑥 번
袢 속옷 번
벌 伐 칠 벌
罰 벌줄 벌
閥 가문 벌
筏 떼 벌
橃 떼 벌
罸 罰과 同字
범 凡 무릇 범
犯 범할 범
範 법 범
汎 뜰 범
帆 돛 범
杋 나무 이름 범
氾 물 넘칠 범
范 벌 범

墣 흙덩이 복
幞 두건 복
扑 칠 복
濮 강 이름 복
箙 전동 복
葍 무 복
蝠 박쥐 복
蝮 살무사 복
鵩 새 이름 복

본 本 밑 본

볼 乶 ○○ 볼

봉 奉 받들 봉
逢 만날 봉
封 봉할 봉
峯 산봉우리 봉
峰 峯의 속자
蜂 벌 봉
鳳 새 봉
俸 녹 봉
捧 받들 봉
琫 칼집장식 옥 봉
烽 봉화 봉
棒 몽둥이 봉
蓬 쑥 봉
鋒 칼날 봉
熢 연기 자욱할 봉
縫 꿰맬 봉
漨 내 이름 봉
浲 漨과 同字
芃 풀 무성할 봉
丰 예쁠 봉
夆 끌 봉
篷 뜸 봉

潽 물 이름 보
洑 보 보
湺 물 이름 보
褓 포대기 보
俌 도울 보
玌 옥그릇 보
䀉 볼 보
盙 제기 이름 보
簠 제기 이름 보
葆 넓을 보
靌 보배 보
鴇 능에 보
黼 수(繡) 보
烳 햇불 보
溥 넓을 보

복 伏 엎드릴 복
服 입을 복
福 복 복
復 돌아올 복
卜 점칠 복
腹 배 복
複 겹옷 복
覆 뒤집힐 복
馥 향기 복
鍑 아구리 큰 솥 복
僕 종 복
匐 길 복
宓 성 복
茯 복령 복
蔔 무 복
輹 복토 복
輻 바퀴살 복
鰒 전복 복

甁 병 병
軿 거마소리 병
鉼 불린 금덩이 병
炳 밝을 병
柄 자루 병
棅 柄과 同字
昞 밝을 병
昺 昞의 속자
秉 잡을 병
餠 떡 병
騈 땅 이름 병
鉼 판금 병
鉼 鉼의 속자
抦 잡을 병
絣 이을 병
缾 두레박 병
迸 逬의 속자
鈵 굳을 병

보 步 걸음 보
歩 步의 속자
保 도울 보
報 갚을 보
普 널리 보
補 도울 보
譜 계보 보
寶 보배 보
宝 寶의 속자
珤 寶와 同字
[illegible] 寶와 同字
堡 작은 성 보
甫 클 보
輔 도울 보
菩 염주나무 보

裒 모을 부
跗 발등 부
鈇 도끼 부
頫 머리 숙일 부
鮒 붕어 부
麩 밀기울 부
荴 널리 퍼질 부

북 北 북녘 북

분 分 나눌 분
粉 가루 분
紛 어지러울 분
奔 달아날 분
墳 무덤 분
憤 분할 분
奮 떨칠 분
汾 물 이름 분
芬 향기 분
盆 동이 분
吩 뿜을 분
噴 뿜을 분
忿 성낼 분
扮 꾸밀 분
昐 날빛 분
焚 불사를 분
糞 똥 분
賁 클 분
雰 안개 분
体 용렬할 분
坌 먼지 분
帉 걸레 분
枌 나무 이름 분
棼 마룻대 분
棻 향내 나는 나무 분

孵 알 깔 부
斧 도끼 부
缶 장군 부
腑 장부 부
艀 작은 배 부
莩 풀 이름 부
訃 부고 부
賻 부의 부
趺 책상다리할 부
釜 가마 부
阜 언덕 부
駙 곁마 부
鳧 오리 부
俘 사로잡을 부
媍 婦와 同字
抔 움킬 부
拊 어루만질 부
掊 그러모을 부
桴 마룻대 부
榑 부상(榑桑) 부
涪 물거품 부
玞 옥돌 부
祔 합사할 부
箁 대청 부
罘 그물 부
罦 그물 부
胕 장부(臟胕) 부
芣 질경이 부
苻 귀목풀 부
蔀 덧문 부
蚨 파랑강충이 부
蜉 하루살이 부
袝 나들이옷 부

縫 꿰맬 봉
菶 풀 무성할 봉
鴌 봉새 봉

부 夫 지아비 부
父 아비 부
否 아닐 부
扶 도울 부
部 나눌 부
富 부자 부
婦 며느리 부
浮 뜰 부
付 부탁할 부
負 짐질 부
府 마을 부
附 의탁할 부
符 병부 부
膚 피부 부
腐 썩을 부
赴 달릴 부
副 버금 부
賦 구실 부
簿 장부 부
孚 믿을 부
芙 연꽃 부
傅 스승 부
溥 클 부
敷 베풀 부
復 다시 부
不 아닐 부
俯 구부릴 부
剖 쪼갤 부
咐 분부할 부
埠 선창 부

痺 암메추라기 비
砒 비상 비
秕 쭉정이 비
粃 쭉정이 비
緋 붉은빛 비
翡 물총새 비
脾 지라 비
臂 팔 비
菲 엷을 비
蜚 바퀴 비
裨 도울 비
誹 헐뜯을 비
鄙 더러울 비
棐 도울 비
庀 다스릴 비
奜 클 비
霏 눈 펄펄 내릴 비
俾 더할 비
馡 향기로울 비
伾 힘셀 비
仳 떠날 비
剕 발 벨 비
圮 무너질 비
埤 더할 비
妣 죽은 어미 비
屁 방귀 비
庳 집 낮을 비
悱 표현 못할 비
椑 술통 비
沘 강 이름 비
淝 강 이름 비
渒 강 이름 비
濞 물소리 비

鬅 머리 흐트러질 붕
漰 물결치는 소리 붕

비

非 아닐 비
比 견줄 비
悲 슬플 비
備 갖출 비
飛 날 비
鼻 코 비
卑 낮을 비
妃 왕비 비
婢 여자종 비
肥 살찔 비
祕 숨길 비
秘 祕의 속자
碑 돌기둥 비
費 허비할 비
批 손으로 칠 비
庇 덮을 비
枇 참빗 비
琵 비파 비
扉 문짝 비
譬 비유할 비
丕 클 비
匕 비수 비
匪 대상자 비
憊 고달플 비
婓 오락가락할 비
榧 비자나무 비
毖 삼갈 비
毗 도울 비
毘 毗와 同字
沸 끓을 비
泌 샘물흐르는 모양 비

氛 기운 분
湓 용솟음할 분
濆 뿜을 분
犇 달아날 분
畚 삼태기 분
砏 큰 소리 분
笨 거칠 분
肦 머리 클 분
膹 고깃국 분
蕡 나무 우거질 분
轒 병거(兵車) 분
黺 수놓을 분
鼢 두더지 분

불

不 아니 불
弗 말 불
佛 부처 불
拂 떨칠 불
彿 비슷할 불
岪 산길 불
祓 푸닥거리할 불
紱 인끈 불
艴 발끈할 불
茀 우거질 불
韍 폐슬(蔽膝) 불
髴 비슷할 불
黻 수(繡) 불

붕

朋 벗 붕
崩 산 무너질 붕
鵬 붕새 붕
棚 시렁 붕
硼 붕사 붕
繃 묶을 붕
堋 묻을 붕

ㅅ

사 士 선비 사
仕 벼슬할 사
四 넉 사
寺 절 사
師 스승 사
巳 뱀 사
史 역사 사
死 죽을 사
使 하여금 사
絲 실 사
事 일 사
思 생각 사
舍 집 사
私 사사 사
射 쏠 사
謝 사례할 사
司 맡을 사
社 모일 사
祀 제사 사
蛇 뱀 사
詞 말씀 사
捨 버릴 사
邪 간사할 사
賜 줄 사
斜 비낄 사
詐 속일 사
沙 모래 사
似 같을 사
査 캐물을 사
寫 베낄 사

嬪 귀녀 빈
穦 향기 빈
儐 인도할 빈
璸 진주 이름 빈
玭 구슬 이름 빈
嚬 찡그릴 빈
檳 빈랑나무 빈
殯 염할 빈
浜 물가 빈
瀕 물가 빈
牝 암컷 빈
邠 나라 이름 빈
繽 어지러울 빈
豳 나라 이름 빈
霦 옥 광채 빈
鑌 강철 빈
贇 예쁠 빈
擯 물리칠 빈
馪 향기 찌를 빈
矉 찡그릴 빈
臏 종지뼈 빈
蘋 네가래 빈
顰 찡그릴 빈
鬢 살쩍 빈
蠙 진주조개 빈

빙 氷 얼음 빙
聘 청할 빙
憑 기댈 빙
騁 달릴 빙
凭 기댈 빙
娉 장가들 빙

狒 비비 비
豾 삵의 새끼 비
痞 배 속 결릴 비
痹 저릴 비
睥 흘겨볼 비
篦 빗치개 비
紕 꾸밀 비
羆 큰곰 비
腓 장딴지 비
芘 풀 이름 비
芾 작은 모양 비
萆 골풀 비
蓖 蓖와 同字
蚍 왕개미 비
貔 비휴 비
贔 힘쓸 비
轡 고삐 비
邳 클 비
郫 고을 이름 비
閟 문 닫을 비
陴 성가퀴 비
鞴 말 채비할 비
騑 곁마 비
騛 빠른 말 비
髀 넓적다리 비
鼙 마상고(馬上鼓) 비

빈 貧 가난할 빈
賓 손 빈
頻 자주 빈
彬 빛날 빈
份 彬의 古字
斌 빛날 빈
濱 물가 빈

음	한자	뜻	음
	珊	산호	산
	傘	양산	산
	刪	깎을	산
	汕	오구	산
	疝	산증	산
	蒜	달래	산
	霰	싸라기눈	산
	祘	셀	산
	㦃	큰 은덕	산
	産	낳을	산
	剷	깎을	산
	姍	헐뜯을	산
	孿	쌍둥이	산
	橵	산자	산
	澘	潸과 同字	
	潸	눈물 흐릴	산
	狻	사자	산
	繖	일산	산
	訕	헐뜯을	산
	鏟	대패	산
	簅	큰 피리	산
살	殺	죽일	살
	薩	보살	살
	乷	○○	살
	撒	뿌릴	살
	煞	죽일	살
삼	三	석	삼
	森	나무 빽빽할	삼
	參	석	삼
	蔘	인삼	삼
	杉	삼나무	삼
	衫	적삼	삼
	滲	스밀	삼
	剚	찌를	사
	卸	풀	사
	咋	잠깐	사
	姒	동서	사
	楂	떼	사
	榭	정자	사
	汜	지류(支流)	사
	痧	곽란	사
	皶	여드름	사
	竢	기다릴	사
	笥	상자	사
	蜡	납향	사
	覗	엿볼	사
	駛	달릴	사
	魦	鯊와 同字	
	鯊	문절망둑	사
	鰤	물고기 이름	사
	涘	물가	사
	禠	행복	사
삭	削	깎을	삭
	朔	초하루	삭
	數	자주	삭
	索	동아줄	삭
	爍	빛날	삭
	鑠	녹일	삭
	搠	바를	삭
	槊	창	삭
	蒴	말오줌때	삭
산	山	뫼	산
	產	낳을	산
	散	흩을	산
	算	셈 놓을	산
	酸	초·실	산
	斯	이	사
	辭	말씀	사
	泗	물 이름	사
	砂	모래	사
	糸	극히 적은 수	사
	紗	깁	사
	娑	춤추는 모양	사
	徙	옮길	사
	奢	사치할	사
	嗣	이을	사
	赦	용서할	사
	乍	잠깐	사
	些	적을	사
	伺	엿볼	사
	俟	기다릴	사
	僿	잘게 부술	사
	唆	부추길	사
	柶	수저	사
	梭	북	사
	渣	찌끼	사
	瀉	쏟을	사
	獅	사자	사
	祠	사당	사
	篩	체	사
	肆	방자할	사
	莎	향부자	사
	蓑	도롱이	사
	裟	가사	사
	飼	먹일	사
	駟	사마	사
	麝	사향노루	사
	傞	취하여 춤추는 모양	사

음	한자	뜻	음
색	色	빛	색
	索	찾을	색
	嗇	아낄	색
	穡	거둘	색
	塞	막을	색
	槭	앙상할	색
	濇	껄끄러울	색
	濇	깔깔할	색
생	生	날	생
	牲	희생	생
	甥	생질	생
	省	덜	생
	笙	생황	생
	眚	눈에 백태 낄	생
	鉎	녹	생
서	西	서녘	서
	書	글	서
	序	차례	서
	暑	더울	서
	敍	베풀	서
	叙	敍의 속자	
	敘	敍의 속자	
	徐	천천할	서
	恕	용서할	서
	𢖻	恕의 古字	
	庶	뭇	서
	署	관청	서
	緖	실마리	서
	誓	맹세할	서
	抒	끌어낼	서
	舒	펼	서
	瑞	상서	서
	棲	쉴	서
	像	형상	상
	償	갚을	상
	嘗	맛볼	상
	庠	우나라 태학	상
	湘	강 이름	상
	箱	상자	상
	翔	돌아날	상
	爽	시원할	상
	塽	땅 높고 밝은 곳	상
	孀	과부	상
	峠	산 고개	상
	廂	행랑	상
	橡	상수리나무	상
	觴	술잔	상
	樣	상수리나무	상
	牀	평상	상
	慡	성품 밝을	상
	潒	세찰	상
	徜	노닐	상
	晌	정오	상
	殤	일찍 죽을	상
	甞	嘗의 속자	
	緗	담황색	상
	鎟	방울 소리	상
	顙	이마	상
	鬺	삶을	상
쌍	雙	쌍	쌍
새	塞	변방	새
	璽	도장	새
	賽	굿할	새
	鰓	아가미	새
	愢	마음 맞지 않을	새
	噻	가득 채울	새
	芟	벨	삼
	糝	나물죽	삼
	釤	낫	삼
	鬖	헝클어질	삼
삽	揷	꽂을	삽
	挿	揷의 속자	
	澁	떫을	삽
	鈒	창	삽
	颯	바람소리	삽
	卅	서른	삽
	唼	쪼아 먹을	삽
	歃	마실	삽
	翣	운삽(雲翣)	삽
	鍤	가래	삽
	霅	흩어질	삽
	霎	가랑비	삽
상	上	위	상
	尙	오히려	상
	相	서로	상
	想	생각할	상
	商	장사	상
	常	항상	상
	喪	상사	상
	霜	서리	상
	傷	상할	상
	賞	상 줄	상
	床	평상	상
	狀	형상	상
	象	코끼리	상
	詳	자세할	상
	祥	상서로울	상
	桑	뽕나무	상
	裳	치마	상

善 착할 선
船 배 선
線 실 선
鮮 고울 선
選 가릴 선
宣 베풀 선
旋 돌 선
禪 전위할 선
扇 부채 선
渲 물 적실 선
瑄 둥근 옥 선
愃 쾌할 선
墡 백토 선
膳 반찬 선
饍 膳과 同字
繕 기울 선
琁 구슬 선
璿 아름다운 옥 선
璇 구슬 선
羨 부러워할 선
嬋 고울 선
銑 윤택한 금 선
珗 옥 다음가는 돌 선
嫙 예쁠 선
僊 춤출 선
敾 다스릴 선
煽 부칠 선
癬 옴 선
腺 샘 선
蘚 이끼 선
蟬 매미 선
詵 많을 선
跣 맨발 선

紓 느슨할 서
耡 구실 이름 서
芧 도토리 서
鉏 어긋날 서
嫬 여자의 자 서
豫 펼 서

석

石 돌 석
夕 저녁 석
昔 옛 석
惜 아낄 석
席 자리 석
析 가를 석
釋 풀 석
碩 클 석
奭 클 석
汐 저녁 조수 석
淅 쌀일 석
晳 밝을 석
晰 晳과 同字
祏 섬 석
鉐 놋쇠 석
錫 주석 석
潟 개펄 석
蓆 자리 석
舃 신 석
鼫 석서 석
褯 어린아이 옷 석
矽 규소 석
腊 포(脯) 석
蜥 도마뱀 석
磶 주춧돌 석

선

先 먼저 선
仙 신선 선

栖 棲와 同字
捿 棲와 同字
曙 새벽 서
誓 맹세할 서
壻 사위 서
婿 壻의 속자
㥠 지혜 서
諝 슬기 서
諝 諝와 同字
墅 농막 서
嶼 섬 서
嶼 嶼와 同字
犀 무소 서
筮 점대 서
絮 솜 서
胥 서로 서
縃 胥와 同字
薯 참마 서
逝 갈 서
鋤 호미 서
黍 기장 서
鼠 쥐 서
藇 고울 서
揟 고기 잡을 서
悆 기쁠 서
湑 거를 서
偦 재주 있을 서
稰 거두어들인 곡식 서
㬶 밝을 서
遾 미칠 서
噬 씹을 서
撕 훈계할 서
澨 물가 서

[illegible] 비단 섭
躞 걸을 섭
躡 밟을 섭
囁 소곤거릴 섭
懾 두려워할 섭
灄 강 이름 섭
聶 소곤거릴 섭
鑷 족집게 섭
顳 관자놀이 섭

성 成 이룰 성
成 成의 속자
姓 성 성
盛 성할 성
盛 盛의 속자
城 재 성
城 城의 속자
誠 정성 성
誠 誠의 속자
聖 성스러울 성
聖 聖과 同字
聲 소리 성
星 별 성
省 살필 성
性 성품 성
晟 밝을 성
晟 晟과 同字
晠 晟의 속자
珹 옥 이름 성
娍 아리따울 성
瑆 옥빛 성
惺 깨달을 성
醒 술깰 성
宬 서고 성

卨 禼과 同字
蔎 향기로울 설
契 사람 이름 설
偰 맑을 설
[illegible] 쓸어버릴 설
媟 깔볼 설
揲 셀 설
暬 설만할 설
爇 불사를 설
碟 가죽 다룰 설
稧 볏짚 설
紲 고삐 설
枻 도지개 설

섬 纖 가늘 섬
暹 해돋을 섬
蟾 두꺼비 섬
剡 고을 이름 섬
殲 다 죽일 섬
贍 넉넉할 섬
閃 번쩍할 섬
陝 고을 이름 섬
孅 가늘 섬
憸 간사할 섬
摻 가늘 섬
睒 언뜻 볼 섬
譫 헛소리 섬
銛 가래 섬
韱 산부추 섬

섭 涉 물 건널 섭
攝 잡을 섭
燮 불꽃 섭
葉 성 섭
欆 삿자리 섭

鐥 복자 선
洒 삼갈 선
亘 펼 선
譔 가르칠 선
[illegible] 아름다울 선
[illegible] 아름다운 옥 이름 선
洗 깨끗할 선
尟 尠과 同字
仚 仙과 同字
歚 고을 선
筅 솔 선
綫 실 선
譱 善의 본자
鏇 갈이틀 선
鱻 드물 선
騸 거세할 선
鱓 드렁허리 선
秈 메벼 선
[illegible] 들불 선
[illegible] 밝을 선

설 說 말씀 설
設 베풀 설
雪 눈 설
舌 혀 설
薛 다북쑥 설
楔 문설주 설
屑 가루 설
泄 샐 설
洩 샐 설
渫 칠 설
褻 더러울 설
齧 물 설
禼 사람 이름 설

甦 穌의 속자
卲 높을 소
霄 하늘 소
䎈 霄와 同字
劭 힘쓸 소
𧗳 정결할 소
璅 옥돌 소
傃 향할 소
𪉖 소금 굴 소
佋 소개할 소
嗉 멀떠구니 소
埽 쓸 소
塐 흙 빚을 소
愬 하소연할 소
捎 없앨 소
樔 풀막 소
泝 거슬러 올라갈 소
筱 가는 대 소
箾 음악 소
繅 고치 켤 소
翛 날개 찢어질 소
膆 멀떠구니 소
艘 배 소
蛸 갈거미 소
酥 연유(煉乳) 소
魈 이매(魑魅) 소
鮹 물고기 이름 소
焇 녹일 소
釗 볼 소

속

俗 풍속 속
速 빠를 속
續 이을 속
束 묶을 속

昭 밝을 소
訴 하소연할 소
蘇 깨어날 소
掃 쓸 소
騷 떠들 소
燒 사를 소
蔬 푸성귀 소
沼 늪 소
炤 밝을 소
紹 소개할 소
邵 고을 이름 소
韶 아름다울 소
巢 새집 소
疏 성길 소
踈 疏와 同字
遡 거스를 소
溯 遡와 同字
柖 나무 흔들릴 소
玿 아름다운 옥 소
嘯 휘파람 불 소
塑 토우 소
宵 밤 소
搔 긁을 소
梳 빗 소
瀟 강 이름 소
瘙 종기 소
篠 가는 대 소
簫 퉁소 소
蕭 맑은대쑥 소
逍 거닐 소
銷 녹일 소
愫 정성 소
穌 긁어모을 소

猩 성성이 성
筬 바디 성
腥 비릴 성
貹 넉넉할 성
胜 비릴 성
𦗏 귀 밝을 성
騂 붉은 말 성

세

世 인간 세
洗 씻을 세
稅 세금 세
勢 권세 세
歲 해 세
細 가늘 세
貰 세낼 세
笹 가는 대 세
說 달랠 세
忕 익힐 세
洒 씻을 세
涚 잿물 세
㛄 여자의 이름자 세
䥫 수레 바탕나무 맬 끈 세
彗 풀 이름 세
帨 수건 세
繐 가늘고 설핀 베 세
蛻 허물 세

소

小 작을 소
少 적을 소
所 바 소
素 흴 소
笑 웃을 소
咲 笑의 古字
消 사라질 소
召 부를 소

粟 조 속
屬 붙을 속
涑 헹굴 속
謖 일어날 속
贖 속바칠 속
洬 비 올 속
遫 빠를 속

손

孫 손자 손
損 덜 손
遜 겸손할 손
巽 괘 이름 손
蓀 향풀 이름 손
飧 저녁밥 손
飱 飧의 속자

솔

帥 거느릴 솔
率 거느릴 솔
乺 솔 솔
䢦 군사를 거느릴 솔
⿴行率 거느릴 솔
窣 갑자기 솔
蟀 귀뚜라미 솔

송

松 소나무 송
送 보낼 송
訟 송사할 송
誦 욀 송
頌 기릴 송
宋 송나라 송
淞 강 이름 송
悚 두려워할 송
竦 삼갈 송
慫 똑똑할 송
鬆 더벅머리 송

쇄

刷 인쇄할 쇄
殺 감할 쇄
灑 뿌릴 쇄
碎 부술 쇄
鎖 쇠사슬 쇄
鎻 鎖의 속자
曬 쬘 쇄
瑣 자질구레할 쇄

쇠

衰 쇠할 쇠
釗 쇠 쇠

수

手 손 수
守 지킬 수
水 물 수
收 거둘 수
數 셀 수
受 받을 수
垂 드리울 수
愁 근심 수
首 머리 수
誰 누구 수
授 줄 수
搜 찾을 수
修 닦을 수
脩 修와 同字
壽 목숨 수
寿 壽의 속자
秀 빼어날 수
雖 비록 수
須 모름지기 수
樹 나무 수
囚 가둘 수
殊 다를 수
需 음식 수
遂 마침내 수
帥 장수 수
睡 잘 수
輸 보낼 수
隨 따를 수
獸 짐승 수
洙 물가 수
琇 옥돌 수
銖 저울눈 수
粹 순수할 수
穗 벼이삭 수
穂 穗의 속자
繡 수놓을 수
隋 수나라 수
髓 골수 수
袖 소매 수
嗽 기침할 수
嫂 형수 수
岫 산굴 수
峀 岫와 同字
戍 지킬 수
漱 양치질할 수
燧 부싯돌 수
狩 사냥 수
璲 패옥 수
瘦 파리할 수
豎 더벅머리 수
竪 豎의 속자
綏 편안할 수
綬 인끈 수
羞 바칠 수
茱 수유 수
蒐 꼭두서니 수
蓚 기쁠 수

舜 순임금 순
淳 순박할 순
焞 밝을 순
諄 정성스러울 순
錞 사발종 순
醇 순후할 순
徇 주창할 순
恂 정성 순
栒 가름대나무 순
楯 난간 순
橓 무궁화나무 순
蓴 순채 순
蕣 무궁화 순
詢 물을 순
馴 길들 순
峋 깊숙할 순
姰 여자 처음 올 순
帥 시킬 순
侚 재빠를 순
盹 졸 순
眴 깜작일 순
紃 끈 순
肫 광대뼈 순
駨 말이 달리는 모양 순
鬊 헝클어진 머리 순
鶉 메추라기 순

술 戌 개 술
述 지을 술
術 재주 술
鉥 돗바늘 술
坾 높을 술
絉 끈 술

숭 崇 높을 숭

綉 수놓을 수

숙 宿 묵을 숙
叔 아재비 숙
淑 맑을 숙
孰 누구 숙
熟 익을 숙
肅 엄숙할 숙
塾 서당 숙
琡 옥 이름 숙
璹 옥그릇 숙
橚 길고곧은 모양 숙
夙 일찍 숙
潚 성 숙
菽 콩 숙
倏 갑자기 숙
俶 비롯할 숙
儵 빠를 숙
婌 궁녀 벼슬 이름 숙
驌 말 이름 숙
鷫 신조(神鳥) 숙

순 順 순할 순
純 순전할 순
旬 열흘 순
殉 따라죽을 순
脣 입술 순
盾 방패 순
循 돌 순
巡 돌 순
瞬 눈 꿈적일 순
洵 믿을 순
珣 옥그릇 순
荀 풀 이름 순
筍 죽순 순

藪 늪 수
邃 깊을 수
酬 갚을 수
銹 녹쓸 수
隧 길 수
鬚 수염 수
鵐 새매 수
賥 재물 수
讎 짝 수
讐 讎와 同字
睢 강 이름 수
濉 睢와 同字
睟 바로 볼 수
瓍 구슬 수
宿 별자리 수
汓 헤엄칠 수
璓 옥 이름 수
叟 움직일 수
售 팔 수
廋 숨길 수
晬 돌 수
殳 창 수
泅 헤엄칠 수
溲 적실 수
瞍 소경 수
祟 빌미 수
籔 휘 수
脺 얼굴 윤기 있을 수
膄 파리할 수
髓 골수 수
陲 위태할 수
颼 바람소리 수
饈 드릴 수

	偲	굳셀	시
	毸	날개 칠	시
	諟	이	시
	媞	자세할	시
	柹	감나무	시
	柿	柹의 속자	
	杮	柹의 본자	
	愢	겸손할	시
	禔	편안할	시
	絁	명주	시
	沶	현 이름	시
	諰	두려워할	시
	眡	볼	시
	漦	흐를	시
	兕	외뿔들소	시
	厮	廝와 同字	
	啻	뿐	시
	塒	홰	시
	廝	하인	시
	枲	모시풀	시
	澌	다할	시
	緦	시마복	시
	翤	날개	시
	豉	메주	시
	釃	거를	시
	鍉	숟가락	시
	顋	뺨	시
	旹	계절	시
	眎	본받을	시
씨	氏	각시	씨
식	式	법	식
	食	밥	식
	植	심을	식
	氶	도울	승
	塍	논 두둑	승
	[丞+凵]	도울	승
	[阝+昇]	해 돋을	승
	鬙	머리털 헝클어질	승
	溗	땅이름	승
시	市	저자	시
	示	보일	시
	是	이	시
	時	때	시
	詩	귀글	시
	始	처음	시
	視	볼	시
	試	시험할	시
	施	베풀	시
	矢	화살	시
	侍	모실	시
	柴	땔나무	시
	恃	믿을	시
	匙	숟가락	시
	嘶	울	시
	媤	시집	시
	尸	주검	시
	屎	똥	시
	屍	주검	시
	弑	죽일	시
	猜	새암할	시
	翅	날개	시
	蒔	모종낼	시
	蓍	시초	시
	諡	시호	시
	豕	돼지	시
	豺	승냥이	시
	嵩	높을	숭
	崧	우뚝 솟을	숭
	菘	배추	숭
쉬	倅	버금	쉬
	淬	담금질할	쉬
	焠	담금질	쉬
슬	瑟	비파	슬
	膝	무릎	슬
	璱	푸른 진주	슬
	蝨	이	슬
	[王+率]	푸른 구슬	슬
	[靑+瑟]	붉고 푸를	슬
	虱	蝨과 同字	
습	習	익힐	습
	拾	주울	습
	濕	젖을	습
	襲	엄습할	습
	褶	주름	습
	慴	두려워할	습
	槢	쐐기	습
	隰	진펄	습
승	承	이을	승
	乘	탈	승
	勝	이길	승
	升	되	승
	昇	오를	승
	僧	중	승
	丞	도울	승
	陞	오를	승
	阩	陞의 속자	
	繩	노	승
	蠅	파리	승
	榺	바디	승

葚 오디 심
鐔 날밑 심
鱏 철갑상어 심

십 十 열 십
什 열 사람 십
拾 열 십

쌍 雙 쌍 쌍
双 雙의 속자

ㅇ

아 我 나 아
兒 아이 아
児 兒의 속자
亞 버금 아
亜 亞의 속자
阿 언덕 아
牙 어금니 아
芽 싹 아
雅 아담할 아
餓 주릴 아
娥 예쁠 아
峨 산 높을 아
峩 峨와 同字
衙 마을 아
婀 여자의 자 아
俄 갑자기 아
啞 벙어리 아
莪 지칭개 아
蛾 나방 아
訝 맞을 아
鴉 갈가마귀 아
鵝 거위 아

燼 깜부기불 신
腎 콩팥 신
藎 조개풀 신
蜃 무명조개 신
辰 별 신
璶 옥돌 신
哂 비웃을 신
囟 정수리 신
姺 나라 이름 신
汛 물 뿌릴 신
矧 하물며 신
脤 제육(祭肉) 신
贐 전별할 신
頣 눈 크게 뜨고 볼 신
駪 말 많을 신

실 失 잃을 실
室 방 실
實 열매 실
実 實의 속자
悉 알 실
蟋 귀뚜라미 실

심 心 마음 심
甚 심할 심
深 깊을 심
尋 찾을 심
審 살필 심
沁 물 이름 심
沈 성 심
瀋 즙 심
芯 등심초 심
諶 참 심
潯 물가 심
燖 삶을 심

識 알 식
息 숨쉴 식
飾 꾸밀 식
栻 점판 식
埴 찰흙 식
殖 번성할 식
湜 물 맑을 식
軾 수레앞턱가로나무 식
寔 이 식
拭 닦을 식
熄 꺼질 식
篒 땅 이름 식
蝕 좀먹을 식
媳 며느리 식

신 臣 신하 신
申 펼 신
辛 매울 신
身 몸 신
信 믿을 신
神 귀신 신
新 새 신
伸 펼 신
晨 새벽 신
愼 삼갈 신
紳 큰 띠 신
莘 약 이름 신
薪 섶 신
迅 빠를 신
訊 물을 신
侁 걷는 모양 신
呻 끙끙거릴 신
娠 애 밸 신
宸 집 신

알 謁 아뢸 알
斡 관리할 알
軋 삐걱거릴 알
閼 가로막을 알
嘎 새소리 알
揠 뽑을 알
穵 구멍 알
訐 들추어낼 알
遏 막을 알
頞 콧마루 알
鴶 뻐꾸기 알

암 暗 어두울 암
巖 바위 암
岩 巖의 속자
庵 암자 암
菴 쑥 암
唵 머금을 암
癌 암 암
闇 닫힌 문 암
啽 잠꼬대 암
媕 머뭇거릴 암
嵓 嵒과 同字
晻 어두울 암
腤 고기 삶을 암
葊 菴의 고자
蓭 암자 암
諳 욀 암
頷 끄덕일 암
馣 향기로울 암
黯 어두울 암

압 押 수결 압
壓 누를 압
鴨 집오리 압

齷 악착할 악
偓 악착할 악
鄂 땅 이름 악
咢 놀랄 악
喔 닭 소리 악
噩 놀랄 악
腭 齶과 同字
萼 꽃받침 악
[illegible] 오래 볼 악
諤 직언할 악
鶚 물수리 악
齶 잇몸 악

안 安 편안할 안
案 책상 안
桉 案과 同字
眼 눈 안
顔 얼굴 안
岸 언덕 안
鴈 기러기 안
雁 鴈의 속자
晏 늦을 안
按 누를 안
鞍 안장 안
鮟 아귀 안
[illegible] 불빛 안
姲 여자의 이름자 안
婩 고울 안
矸 산의 돌 안
侒 편안할 안
[illegible] 배부를 안
犴 들개 안
[illegible] 편안할 안
[illegible] 연한 쇠 안

婀 아름다울 아
娿 婀와 同字
哦 읊을 아
硪 바위 아
皒 흰빛 아
砑 갈 아
婭 동서 아
椏 가장귀 아
啊 사랑하고 미워하는 소리 아
妿 여자를 가르치는 선생 아
猗 부드러울 아
枒 가장귀진 모양 아
丫 가장귀 아
痾 병(病) 아
笌 대순 아
迓 마중할 아
錏 투구 목가림 아
鵞 鵝와 同字

악 惡 악할 악
岳 큰 산 악
樂 풍류 악
堊 백토 악
嶽 큰 산 악
幄 휘장 악
愕 놀랄 악
握 쥘 악
渥 두터울 악
鄂 땅 이름 악
鍔 칼날 악
顎 얼굴 높을 악
鰐 악어 악

狎 익숙할 압

앙 仰 우러를 앙
央 가운데 앙
殃 재앙 앙
昂 밝을 앙
昻 昂의 속자
鴦 원앙새 앙
怏 원망할 앙
秧 모 앙
卬 우러를 앙
坱 먼지 앙
盎 동이 앙
鞅 가슴걸이 앙
泱 끝없을 앙

애 哀 슬플 애
愛 사랑 애
涯 물가 애
厓 언덕 애
崖 벼랑 애
艾 쑥 애
埃 티끌 애
曖 가릴 애
隘 좁을 애
靄 아지랑이 애
賹 사람의 이름 애
礙 거리낄 애
碍 礙의 속자
㶼 빛날 애
唉 그래 애
僾 어렴풋할 애
啀 물어뜯을 애
噯 숨 애
娭 여자종 애
崕 崖와 同字
挨 칠 애
捱 막을 애
欸 한숨 쉴 애
漄 涯와 同字
獃 어리석을 애
皚 흴 애
睚 눈초리 애
瞹 흐릿할 애
磑 단단할 애
薆 숨길 애
藹 우거질 애
靉 구름 낄 애
騃 어리석을 애

액 厄 액 액
額 이마 액
液 진액 액
扼 누를 액
掖 낄 액
縊 목 맬 액
腋 겨드랑이 액
呃 울 액
戹 좁을 액
搤 잡을 액
阨 막힐 액

앵 鶯 꾀꼬리 앵
櫻 앵두나무 앵
罌 양병 앵
鸚 앵무새 앵
嚶 새소리 앵
嫈 예쁠 앵
罃 물독 앵

야 也 어조사 야
夜 밤 야
野 들 야
埜 野의 古字
耶 어조사 야
冶 쇠 불릴 야
倻 땅 이름 야
惹 이끌 야
椰 야자나무 야
爺 아비 야
若 반야 야
捓 희롱할 야
揶 捓와 同字

약 若 같을 약
約 기약할 약
弱 약할 약
藥 약 약
躍 뛸 약
葯 구릿대 잎 약
蒻 부들 약
爚 사를 약
禴 종묘 제사 이름 약
篛 箬과 同字
籥 피리 약
鑰 자물쇠 약
鶸 댓닭 약
龠 피리 약

양 羊 양 양
洋 큰 바다 양
陽 볕 양
昜 陽과 同字
養 기를 양
揚 오를 양
敭 揚의 古字

三〇二

	鶠	봉새	언
얼	孽	서자	얼
	蘖	그루터기	얼
	糵	누룩	얼
	蘗	糵과 同字	
	乻	땅 이름	얼
	臬	말뚝	얼
엄	嚴	엄할	엄
	厳	嚴의 속자	
	奄	문득	엄
	俺	클	엄
	掩	거둘	엄
	儼	의젓할	엄
	淹	담글	엄
	龑	고명할	엄
	崦	산 이름	엄
	曮	해 다닐	엄
	罨	그물	엄
	醃	절인 남새	엄
	閹	내시	엄
	广	집	엄
업	業	업	업
	嶪	산 높은 모양	업
	嶫	嶪과 同字	
	鄴	땅 이름	업
에	恚	성낼	에
	曀	음산할	에
엔	円	○○	엔
여	如	같을	여
	余	나	여
	汝	너	여
	與	줄	여
	餘	남을	여

	御	모실	어
	圄	옥	어
	瘀	멍들	어
	禦	막을	어
	馭	말 부릴	어
	齬	어긋날	어
	唹	웃을	어
	衙	그칠	어
	圉	마부	어
	敔	막을	어
	淤	진흙	어
	飫	물릴	어
억	億	억	억
	憶	기억할	억
	抑	누를	억
	檍	박달나무	억
	臆	가슴	억
	繶	끈	억
언	言	말씀	언
	焉	어조사	언
	諺	상말	언
	彥	선비	언
	彦	彥의 속자	
	偃	쓰러질	언
	堰	방죽	언
	嫣	생긋 웃을	언
	傿	고을 이름	언
	匽	엎드릴	언
	讞	죄 의논할	언
	鄢	고을 이름	언
	鼴	두더지	언
	鼹	鼴과 同字	
	嘕	즐길	언

	讓	사양할	양
	楊	버들	양
	樣	모양	양
	壤	기름진 흙	양
	襄	도울	양
	孃	아씨	양
	漾	출렁거릴	양
	佯	거짓	양
	恙	근심	양
	攘	물리칠	양
	暘	해돋는 곳	양
	瀁	내 이름	양
	煬	쬘	양
	痒	앓을	양
	瘍	종기	양
	禳	제사 이름	양
	穰	볏대	양
	釀	빚을	양
	椋	푸조나무	양
	徉	노닐	양
	瀼	이슬 많은 모양	양
	烊	구울	양
	癢	가려울	양
	眻	예쁜	양
	蘘	양하	양
	輰	임금의 수레	양
	鑲	거푸집 속	양
	颺	날릴	양
	驤	머리 들	양
어	魚	물고기	어
	漁	고기 잡을	어
	語	말씀	어
	於	어조사	어

	予	나	여
	輿	수레바탕	여
	歟	어조사	여
	璵	옥	여
	礖	여돌	여
	艅	배 이름	여
	茹	먹을	여
	轝	수레	여
	妤	궁녀	여
	悆	잊을	여
	舁	마주들	여
	伃	아름다울	여
	伽	온순할	여
역	亦	또	역
	易	바꿀	역
	逆	거스를	역
	役	부릴	역
	域	지경	역
	譯	통변할	역
	驛	역말	역
	疫	염병	역
	晹	날 흐릴	역
	繹	풀어낼	역
	嶧	산 이름	역
	懌	기뻐할	역
	淢	빨리 흐를	역
	閾	문지방	역
연	然	그러할	연
	煙	연기	연
	烟	煙과 同字	
	硏	갈	연
	硯	벼루	연
	[illegible]	硯과 同字	

鉛	납	연
宴	잔치	연
演	통할	연
沿	물따라 내려갈	연
燃	사를	연
燕	제비	연
延	미칠	연
緣	인연	연
軟	연할	연
輭	軟의 본자	
衍	넓을	연
淵	못	연
渊	淵의 속자	
姸	고울	연
妍	姸의 속자	
娟	예쁠	연
姢	娟과 同字	
涓	시내	연
沇	물 흐르는 모양	연
筵	대자리	연
瑌	옥돌	연
娫	빛날	연
嚥	삼킬	연
堧	빈터	연
捐	버릴	연
挻	늘일	연
椽	서까래	연
涎	침	연
縯	길	연
鳶	소리개	연
曣	청명할	연
[illegible]	성	연
醼	잔치	연

	兗	강 이름	연
	兖	兗의 속자	
	嬿	아름다울	연
	莚	풀 이름	연
	瓀	옥돌	연
	均	따를	연
	戭	사람 이름	연
	囦	淵의 고자	
	埏	땅의 끝	연
	悁	성낼	연
	掾	도울	연
	櫞	구연	연
	渷	물 이름	연
	臙	연지	연
	蜵	웅숭깊을	연
	蠕	꿈틀거릴	연
	讌	잔치	연
열	悅	기쁠	열
	熱	더울	열
	閱	검열할	열
	說	기쁠	열
	咽	목멜	열
	潱	물 흐르는 모양	열
	噎	목멜	열
염	炎	불꽃	염
	染	물들	염
	鹽	소금	염
	艶	고울	염
	艷	艶의 속자	
	琰	비취옥	염
	厭	싫어할	염
	焰	불꽃	염
	苒	풀 우거질	염

芸 藝의 속자
豫 미리 예
銳 날카로울 예
譽 기릴 예
叡 밝을 예
睿 叡의 속자
壡 叡의 古字
㕡 叡의 古字
預 미리 예
芮 풀 뾰족뾰족날 예
乂 정리할 예
倪 어린이 예
刈 벨 예
曳 당길 예
汭 물 구비 예
濊 더러울 예
猊 사자 예
穢 더러울 예
裔 후손 예
詣 이를 예
霓 무지개 예
堄 성가퀴 예
橤 꽃술 예
玴 옥돌 예
嫕 유순할 예
蓺 심을 예
蕊 꽃술 예
蘂 蕊의 속자
[illegible] 아름다울 예
艾 쑥 예
埶 심을 예
羿 사람 이름 예
瘱 고요할 예

瑩 밝을 영
瀯 물소리 영
濴 瀯과 同字
盈 찰 영
楹 기둥 영
鍈 방울소리 영
嬰 갓난아이 영
穎 이삭 영
瓔 옥돌 영
咏 읊을 영
塋 무덤 영
嶸 가파를 영
潁 강 이름 영
瀛 바다 영
纓 갓끈 영
霙 진눈깨비 영
嬴 찰 영
㦛 지킬 영
蠑 영원 영
朠 달빛 영
浧 거침없이 흐를 영
䁝 똑바로 볼 영
栐 나무 이름 영
濚 瀯과 同字
癭 혹 영
韺 풍류 이름 영
碤 물속 돌 영
縈 얽힐 영
贏 남을 영
郢 땅 이름 영
旲 클 영

예
藝 재주 예
埶 藝와 同字

閻 이문 염
髥 구레나룻 염
冉 나아갈 염
懕 편안할 염
扊 빗장 염
檿 산뽕나무 염
灔 灩의 속자
饜 물릴 염
魘 가위눌릴 염
黶 검정사마귀 염

엽
葉 잎 엽
燁 번쩍거릴 엽
曄 빛날 엽
熀 환한 모양 엽
曅 曄과 同字
爗 燁과 同字
靨 보조개 엽
枼 나뭇잎 엽

영
永 길 영
英 꽃부리 영
榮 영화로울 영
栄 榮의 속자
荣 榮의 속자
迎 맞을 영
映 비칠 영
暎 映의 속자
營 경영할 영
泳 헤엄칠 영
詠 읊을 영
影 그림자 영
渶 물 맑을 영
煐 빛날 영
瑛 옥 광채 영

郳 나라 이름 예
[illegible] 다스릴 예
帠 법 예
涀 물가 예
兒 연약할 예
囈 잠꼬대 예
嫛 유순할 예
拽 끌 예
掜 비길 예
枘 장부 예
獩 민족 이름 예
睨 흘겨볼 예
瞖 눈에 백태 낄 예
繄 검붉은 비단 예
翳 일산(日傘) 예
薉 거친 풀 예
蚋 蜹와 同字
蜺 무지개 예
鯢 도롱뇽 예
鷖 검푸른 빛 예
麑 사자 예
枻 배의 키 예
医 화살 통 예

오

五 다섯 오
吾 나 오
午 낮 오
悟 깨달을 오
烏 까마귀 오
誤 그릇할 오
娛 즐거워할 오
嗚 탄식할 오
汚 더러울 오
傲 거만할 오
梧 오동나무 오
伍 대오 오
吳 오나라 오
旿 대낮 오
珸 옥돌 오
晤 밝을 오
奧 속 오
俉 다섯 사람 오
塢 둑 오
墺 물가 오
寤 깰 오
惡 미워할 오
懊 한할 오
敖 놀 오
澳 깊을 오
熬 볶을 오
獒 개 오
筽 버들고리 오
蜈 지네 오
鼇 자라 오
鰲 鼇의 속자
浯 강 이름 오
燠 입김 몰아불 오
[illegible] 높을 오
仵 짝 오
俣 가지 오
唔 글 읽는 소리 오
嗷 시끄러울 오
噁 성낼 오
圬 흙손 오
嫯 업신여길 오
忤 거스를 오
慠 오만할 오
捂 닿을 오
汙 汚와 同字
窹 굴뚝 오
聱 듣지 아니할 오
茣 풀 이름 오
襖 웃옷 오
謷 헐뜯을 오
迃 迂의 본자
迕 만날 오
遨 놀 오
鏊 번철 오
鏖 무찌를 오
隩 굽이 오
驁 준마 오
鼯 날다람쥐 오

옥

玉 구슬 옥
屋 집 옥
獄 옥 옥
沃 기름질 옥
鈺 보배 옥

온

溫 따뜻할 온
瑥 사람 이름 온
媼 할미 온
穩 평온할 온
稳 穩의 속자
瘟 염병 온
縕 헌솜 온
蘊 쌓을 온
馧 향기로울 온
𥁕 어질 온
昷 𥁕의 속자
榲 팥배나무 온
馧 향기로울 온

음	한자	뜻	음
	腕	팔	완
	豌	완두	완
	阮	관 이름	완
	頑	완고할	완
	妧	좋을	완
	岏	가파를	완
	鋺	저울	완
	抏	꺾을	완
	杬	주무를	완
	刓	깎을	완
	忨	탐할	완
	惋	한탄할	완
	涴	물 굽이쳐 흐를	완
	盌	주발	완
	輐	둥글	완
왈	曰	가로되	왈
왕	王	임금	왕
	往	갈	왕
	旺	왕성할	왕
	汪	깊고 넓을	왕
	枉	굽을	왕
	瀇	물 깊고 넓을	왕
	迋	갈	왕
왜	倭	왜국	왜
	娃	아름다운 계집	왜
	歪	비뚤	왜
	矮	키 작을	왜
	媧	여신(女神)	왜
외	外	바깥	외
	畏	두려울	외
	嵬	높을	외
	巍	높고 클	외
	猥	함부로	외
	臥	엎드릴	와
	渦	소용돌이	와
	窩	움집	와
	窪	웅덩이	와
	蛙	개구리	와
	蝸	달팽이	와
	訛	그릇될	와
	哇	목멜	와
	囮	후림새	와
	婐	정숙할	와
	梔	옹이	와
	洼	웅덩이	와
	猧	발바리	와
	窊	우묵할	와
	萵	상추	와
	譌	거짓말	와
	娃	예쁠	와
완	完	완전할	완
	緩	느릴	완
	玩	희롱할	완
	垸	회 섞어바를	완
	浣	옷 빨	완
	莞	빙그레 웃을	완
	琓	구슬	완
	琬	서옥	완
	婠	몸 예쁠	완
	婉	예쁠	완
	宛	굽을	완
	梡	나무 이름	완
	椀	주발	완
	碗	그릇	완
	翫	가지고 놀	완
	脘	밥통	완
	饂	보리를 서로 먹을	온
	媪	媼의 속자	
	慍	성낼	온
	氳	기운 성할	온
	熅	어스레할	온
	轀	와거(臥車)	온
	醞	빚을	온
	韞	감출	온
	薀	풍부할	온
	𠐊	편안할	온
올	兀	우뚝할	올
	杌	위태로울	올
	嗢	목멜	올
	膃	살질	올
옹	翁	늙은이	옹
	擁	안을	옹
	雍	화할	옹
	壅	막을	옹
	瓮	독	옹
	甕	독	옹
	癰	악창	옹
	邕	화할	옹
	饔	아침밥	옹
	喁	숨 쉴	옹
	廱	화락할	옹
	滃	구름 일	옹
	癕	癰과 同字	
	禺	성(姓)	옹
	罋	독	옹
	蓊	우거질	옹
	雝	막을	옹
	顒	공경할	옹
와	瓦	기와	와

溶 녹을 용
鎔 녹일 용
熔 鎔의 속자
瑢 패옥 소리 용
榕 벵골보리수 용
蓉 연꽃 용
涌 물 솟을 용
湧 涌의 속자
埇 골목길 용
踊 뛸 용
鏞 큰 쇠북 용
茸 녹용 용
墉 성 용
甬 길 용
俑 허수아비 용
傭 품팔이 용
慂 권할 용
聳 솟을 용
傛 불안할 용
槦 병기 없는 시렁 용
宂 쓸데없을 용
冗 宂과 同字
㦷 날랠 용
嵱 산 이름 용
慵 게으를 용
惷 천치 용
硧 숫돌 용
舂 찧을 용
蛹 번데기 용
踴 踊과 同字

우 又 또 우
右 오른쪽 우
于 어조사 우

繞 두를 요
蟯 요충 요
邀 맞을 요
暚 밝을 요
偠 낭창거릴 요
喓 벌레 소리 요
坳 팬 곳 요
墝 메마른 땅 요
嬈 예쁠 요
幺 작을 요
徭 구실 요
徼 구할 요
殀 일찍 죽을 요
澆 물 댈 요
祅 재앙 요
窔 깊을 요
窅 움펑눈 요
蕘 풋나무 요
遶 두를 요
鷂 익더귀 요
約 믿을 요

욕 欲 하고자 할 욕
浴 목욕할 욕
慾 욕심 욕
辱 욕될 욕
縟 화문 놓을 욕
褥 요 욕
溽 무더울 욕
蓐 요 욕

용 用 쓸 용
容 얼굴 용
勇 날쌜 용
庸 떳떳할 용

偎 어렴풋할 외
㟪 嵔와 同字
崴 높을 외
渨 잠길 외
煨 불씨 외
碨 돌 고르지 않을 외
磈 높고 험한 모양 외
聵 배냇귀머거리 외
隗 험할 외

요 要 구할 요
謠 노래 요
搖 흔들릴 요
腰 허리 요
遙 멀 요
夭 일찍 죽을 요
堯 요임금 요
饒 넉넉할 요
曜 요일 요
耀 빛날 요
瑤 옥돌 요
樂 좋아할 요
姚 예쁠 요
僥 바랄 요
凹 오목할 요
妖 아리따울 요
嶢 높을 요
拗 꺾을 요
擾 어지러울 요
橈 굽을 요
燿 빛날 요
窈 그윽할 요
窯 기와 굽는 가마 요
繇 역사 요

牛 소 우
友 벗 우
宇 집 우
尤 더욱 우
雨 비 우
宊 雨의 古字
遇 만날 우
憂 근심 우
羽 깃 우
偶 짝 우
愚 어리석을 우
優 넉넉할 우
郵 우편 우
佑 도울 우
祐 다행할 우
禹 하우씨 우
瑀 옥돌 우
寓 머무를 우
堣 모퉁이 우
隅 모퉁이 우
玗 옥돌 우
釪 악기 이름 우
迂 멀 우
䨞 물소리 우
旴 클 우
盂 바리 우
禑 복 우
紆 굽을 우
芋 토란 우
藕 연뿌리 우
虞 헤아릴 우
雩 기우제 우
扜 지휘할 우

圩 오목할 우
慪 삼갈 우
燠 입김 몰아 불 우
惆 기쁠 우
俁 얼굴 클 우
邘 땅 이름 우
盓 물 소용돌이쳐 흐를 우
㝢 나를 우
偊 혼자 걸을 우
吁 탄식할 우
嵎 산모롱이 우
庽 寓와 同字
杅 잔 우
疣 사마귀 우
盱 쳐다볼 우
竽 피리 우
耦 짝 우
耰 씨 덮을 우
謣 망령되이 말할 우
踽 홀로 갈 우
鍝 귀고리 우
麀 암사슴 우
麌 수사슴 우
齲 충치 우
优 넉넉할 우
訏 속일 우
寓 집 우
訧 허물 우

욱

旭 빛날 욱
昱 밝을 욱
煜 빛날 욱
郁 향내 날 욱
頊 사람 이름 욱
彧 무성할 욱
勖 힘쓸 욱
栯 산앵두 욱
燠 따뜻할 욱
稶 서속 성할 욱
穥 稶의 본자
𩏑 빛날 욱

운

云 이를 운
雲 구름 운
運 돌 운
韻 운치 운
沄 끓을 운
澐 큰 물결 운
耘 김맬 운
賱 넉넉할 운
夽 높을 운
暈 무리 운
橒 나무 무늬 운
殞 죽을 운
熉 노란 모양 운
芸 향초 이름 운
蕓 평지 운
隕 떨어질 운
篔 왕대 운
䉙 篔과 同字
霣 구름이 일 운
員 더할 운
鄖 나라 이름 운
頵 얼굴빛 다급할 운
惲 도타울 운
紜 어지러울 운
霣 떨어질 운
韵 韻과 同字

闈 둘레 위
衞 지킬 위
衛 衞의 속자
違 어길 위
謂 이를 위
慰 위로할 위
緯 경위 위
僞 거짓 위
尉 벼슬 위
韋 연할 위
瑋 옥 이름 위
暐 빛날 위
渭 물 이름 위
魏 위나라 위
萎 마를 위
葦 갈대 위
蔿 애기풀 위
蝟 고슴도치 위
褘 장막 위
韡 꽃 활짝 필 위
喟 한숨 위
幃 휘장 위
熨 눌러 덥게 할 위
痿 저릴 위
葳 초목 무성한 모양 위
諉 번거롭게 할 위
逶 구불구불 갈 위
闈 대궐 작은문 위
韙 바를 위
餧 먹일 위
骫 굽을 위
煒 빛날 위

유
有 있을 유

阮 성 원
鴛 원앙 원
褑 패옥 띠 원
朊 달빛 희미할 원
杬 나무 이름 원
鋺 저울 바탕 원
冤 원통할 원
寃 冤의 속자
笎 대무늬 원
邍 넓은 언덕 원
倇 기쁠 원
楥 느티나무 원
芫 팥꽃나무 원
薗 園과 同字
蜿 굼틀거릴 원
謜 천천히 말할 원
騵 배 흰 월따말 원
鵷 원추새 원
黿 자라 원
猨 猿과 同字
溒 근원 원

월
月 달 월
越 넘을 월
鉞 도끼 월
刖 벨 월
粤 어조사 월

위
爲 할 위
位 자리 위
危 위태할 위
威 위엄 위
偉 클 위
委 맡길 위
胃 밥통 위

妘 여자의 자 운

울
蔚 고을 이름 울
鬱 막힐 울
亐 울 울
黦 검을 울

웅
雄 수컷 웅
熊 곰 웅

원
元 으뜸 원
怨 원망할 원
願 원할 원
原 근원 원
遠 멀 원
圓 둥글 원
園 동산 원
員 관원 원
貟 員의 속자
院 집 원
源 근원 원
援 구원할 원
袁 옷 긴 모양 원
垣 낮은 담 원
洹 흐를 원
沅 물 이름 원
瑗 구멍 큰 옥 원
媛 예쁜 계집 원
嫄 여자 이름 원
愿 정성 원
苑 나라 동산 원
轅 멍에 채 원
婉 아름다울 원
湲 물 흐를 원
爰 이에 원
猿 원숭이 원

幼 어릴 유
由 말미암을 유
油 기름 유
唯 오직 유
遊 놀 유
酉 닭 유
猶 같을 유
柔 부드러울 유
遺 끼칠 유
儒 선비 유
乳 젖 유
愈 나을 유
幽 그윽할 유
裕 넉넉할 유
惟 생각할 유
誘 인도할 유
維 이을 유
悠 멀 유
侑 도울 유
洧 물 이름 유
宥 너그러울 유
庾 노적 유
兪 그러할 유
俞 兪의 속자
喩 깨우칠 유
楡 느릅나무 유
瑜 옥 유
琟 옥돌 유
猷 꾀 유
濡 젖을 유
渜 濡와 同字
愉 즐거울 유
秞 벼 무성할 유

攸 곳 유
柚 유자 유
釉 빛낼 유
孺 젖먹이 유
揄 끌 유
楢 졸참나무 유
游 헤엄칠 유
癒 병 나을 유
臾 잠깐 유
萸 수유 유
諛 아첨할 유
諭 깨우칠 유
踰 넘을 유
蹂 밟을 유
逾 넘을 유
鍮 놋쇠 유
曘 해 빛깔 유
婑 예쁠 유
囿 동산 유
牖 창 유
逌 만족할 유
姷 짝 유
聈 고요할 유
蕤 꽃 축 늘어진 모양 유
甤 열매 많이 열릴 유
湵 물 이름 유
瑈 옥 이름 유
需 부드러울 유
揉 주무를 유
帷 휘장 유
冘 머뭇거릴 유
呦 울 유
壝 제단 유

泑 잿물 유
鼬 족제비 유
龥 부를 유
瘉 병 나을 유
瘐 근심하여 앓을 유
窬 작은 문 유
窳 비뚤 유
籲 부를 유
糅 섞을 유
緌 갓끈 유
腴 아랫배 살찔 유
莠 강아지풀 유
蕕 누린내풀 유
蚴 꿈틀거릴 유
蚰 그리마 유
蝤 하루살이 유
褕 고울 유
黝 검푸를 유
讉 성낼 유
鞣 다룸가죽 유
鮪 다랑어 유
瀢 물고기 떼지어 놀 유
燸 따뜻할 유

육

肉 고기 육
育 기를 육
堉 기름진 땅 육
毓 기를 육
儥 팔 육

윤

潤 젖을 윤
閏 윤달 윤
[illegible] 閏과 同字
閠 閏과 同字
尹 믿을 윤

吟 읊을 음
陰 응달 음
飮 마실 음
淫 음란할 음
蔭 그늘 음
愔 화평할 음
韾 소리 화할 음
喑 벙어리 음
崟 험준할 음
廕 덮을 음
霪 장마 음
噾 크게 외칠 음

읍

邑 고을 읍
泣 울 읍
揖 읍 읍
悒 근심할 읍
挹 뜰 읍
浥 젖을 읍

응

凝 엉길 응
應 응할 응
膺 가슴 응
鷹 매 응
凝 엉길 응
譍 말끄러미 볼 응

의

衣 옷 의
依 의지할 의
意 뜻 의
義 옳을 의
議 의논할 의
醫 의원 의
矣 어조사 의
宜 마땅할 의
疑 의심할 의

誾 온화할 은
闇 誾과 同字
溵 물소리 은
垠 옥돌 은
慇 괴로워할 은
濦 물 이름 은
㥯 남에게 기댈 은
听 웃는 모양 은
璁 옥 은
圻 언덕 은
蘟 인동덩굴 은
檼 대마루 은
檃 바로잡을 은
訢 공손한 모양 은
蒑 풀빛 푸른 은
泿 물가 은
蒽 풀 이름 은
慭 억지로 은
圁 물 이름 은
嶾 산 높을 은
齗 웃을 은
溵 물 이름 은
嚚 어리석을 은
垽 앙금 은
狺 으르렁거릴 은
癮 두드러기 은
訔 논쟁할 은
鄞 땅 이름 은
齦 잇몸 은

을

乙 새 을
圪 담 높은 모양 을
鳦 제비 을

음

音 소리 음

允 진실로 윤
玧 귀막이구슬 윤
鈗 창 윤
胤 이을 윤
亂 胤의 속자
阭 높을 윤
潤 물 깊고 넓을 윤
贇 예쁠 윤
昀 햇빛 윤
荺 연뿌리 윤
鋆 금(金) 윤
橍 나무 이름 윤
沇 향나무 윤
勻 나눌 윤

율

聿 붓 율
燏 빛나는 모양 율
汩 흐를 율
建 가는 모양 율
潏 물 흐르는 모양 율
鴥 빨리 날 율
矞 송곳질할 율
颶 큰 바람 율
霱 상서로운 구름 율

융

融 화할 융
戎 되 융
瀜 물이 깊고 넓은 모양 융
絨 융 융
狨 원숭이 이름 융

은

恩 은혜 은
銀 은 은
隱 숨길 은
垠 언덕 은
殷 은나라 은

三一二

薾 번성할 이
貤 거듭할 이

익
益 더할 익
翼 날개 익
翊 도울 익
瀷 스며 흐를 익
謚 웃을 익
翌 다음날 익
熤 사람 이름 익
弋 주살 익
鷁 새 이름 익

인
人 사람 인
仁 어질 인
忈 仁과 同字
忎 仁의 古字
引 끌 인
因 인할 인
忍 참을 인
認 알 인
印 도장 인
寅 범 인
刃 칼날 인
姻 혼인할 인
咽 목구멍 인
湮 잠길 인
絪 기운 인
茵 자리 인
蚓 지렁이 인
靷 가슴걸이 인
朄 작은북 인
[illegible] 朄과 同字
芢 풀 이름 인
汈 끈적거릴 인

易 쉬울 이
弛 늦출 이
怡 화할 이
爾 너 이
彝 떳떳할 이
彛 彝의 속자
頤 턱 이
姨 이모 이
痍 상처 이
肄 익힐 이
苡 질경이 이
荑 흰비름 이
貽 끼칠 이
邇 가까울 이
飴 엿 이
婜 기쁠 이
杝 나무 이름 이
[illegible] 힘줄이 질길 이
[illegible] 여자 이름 이
珆 옥돌 이
鴯 제비 이
羨 고을 이름 이
巸 아름다울 이
佴 버금 이
廙 공경할 이
咿 선웃음칠 이
尔 尒와 同字
栮 목이(木耳) 이
洟 콧물 이
訑 으쓱거릴 · 이
迤 비스듬할 이
隶 미칠 이
聏 화할 이

儀 법도 의
倚 믿을 의
誼 옳을 의
毅 굳셀 의
擬 비길 의
懿 아름다울 의
椅 의나무 의
艤 배 댈 의
薏 율무 의
蟻 개미 의
[illegible] 여자 이름자 의
猗 아름다울 의
儗 의심할 의
溰 눈서리 흰 모양 의
劓 코 벨 의
嶷 산 이름 의
欹 아(감탄사) 의
漪 물놀이 의
礒 돌 모양 의
饐 쉴 의
螘 개미 의
医 의사 의

이
二 두 이
貳 두 이
以 써 이
耳 귀 이
異 다를 이
已 이미 이
移 옮길 이
而 말 이을 이
夷 오랑캐 이
珥 햇무리 이
伊 저 이

姿 맵시 자
紫 자줏빛 자
刺 찌를 자
玆 이 자
茲 玆자의 통용어
雌 암컷 자
仔 자세할 자
滋 부를 자
磁 자석 자
藉 깔 자
瓷 오지그릇 자
咨 물을 자
孜 힘쓸 자
炙 고기 구울 자
煮 삶을 자
疵 흠 자
茨 가시나무 자
蔗 사탕수수 자
諮 물을 자
秄 북돋을 자
呰 꾸짖을 자
嬨 누각 장식할 자
孖 쌍둥이 자
孶 부지런할 자
柘 산뽕나무 자
泚 강 이름 자
牸 암컷 자
眦 眥와 同字
眥 흘길 자
耔 북돋을 자
胾 고깃점 자
茈 지치 자
莿 茦와 同字

任 맡길 임
賃 빌릴 임
妊 아이 밸 임
姙 妊과 同字
稔 곡식 익을 임
恁 생각할 임
荏 들깨 임
訨 생각할 임
諃 믿을 임
絍 紝과 同字
衽 옷깃 임
銋 젖을 임
飪 익힐 임

입 入 들 입
廿 스물 입
卄 廿과 同字

잉 剩 남을 잉
仍 인할 잉
孕 아이 밸 잉
芿 새 풀싹 잉
媵 보낼 잉

ㅈ

자 子 아들 자
自 스스로 자
字 글자 자
者 놈 자
姊 손윗누이 자
姉 姊의 속자
慈 사랑 자
資 재물 자
恣 방자할 자

牣 찰 인
璌 사람 이름 인
韌 길 인
靭 韌과 同字
氤 기운 성할 인
儿 사람 인
諲 공경 인
䏖 등심 인
濥 물줄기 인
秵 벼꽃 인
戭 창 인
仞 길 인
堙 막을 인
夤 조심할 인
婣 姻과 同字
洇 湮과 同字
禋 제사 지낼 인
裀 요 인
祵 제사 지낼 인

일 一 한 일
日 날 일
壹 하나 일
逸 편안할 일
逸 逸의 속자
溢 넘칠 일
鎰 스물넉냥쭝 일
馹 역마 일
佾 춤 일
佚 편안할 일
泆 끓을 일
軼 앞지를 일
欥 기뻐할 일

임 壬 아홉째 천간 임

障 막힐 장
裝 행장 장
墻 담 장
牆 墻과 同字
奬 권면할 장
獎 奬과 同字
帳 휘장 장
莊 씩씩할 장
庄 莊의 속자
葬 장사 지낼 장
藏 감출 장
臟 오장 장
掌 손바닥 장
粧 단장할 장
匠 장인 장
庄 농막 장
杖 지팡이 장
奘 클 장
漳 물 이름 장
樟 노나무 장
璋 서옥 장
暲 밝을 장
薔 장미 장
蔣 줄 장
仗 무기 장
檣 돛대 장
欌 장롱 장
漿 미음 장
狀 문서 장
獐 노루 장
臧 착할 장
贓 장물 장
醬 젓갈 장

碏 삼갈 작

잔
殘 나머지 잔
孱 잔약할 잔
棧 잔도 잔
潺 물 흐르는 소리 잔
盞 잔 잔
剗 깎을 잔
驏 안장 얹지 않은 말 잔

잠
潛 잠길 잠
潜 潛의 속자
蠶 누에 잠
暫 잠시 잠
箴 경계할 잠
岑 봉우리 잠
簪 비녀 잠
涔 괸 물 잠

잡
雜 섞일 잡
卡 관(關) 잡
囃 춤 돕는 소리 잡
眨 눈 깜작일 잡
磼 산 높을 잡
襍 雜의 본자

장
長 길 장
壯 장할 장
壮 壯의 속자
將 장수 장
将 將의 속자
章 글 장
場 마당 장
丈 어른 장
張 베풀 장
腸 창자 장

虸 며루 자
觜 털뿔 자
訾 헐뜯을 자
貲 재물 자
赭 붉은 흙 자
鎡 호미 자
頾 코밑 수염 자
髭 코밑 수염 자
鮓 젓 자
鶿 가마우지 자
鷓 자고 자
粢 기장 자

작
作 지을 작
昨 어제 작
酌 참작할 작
爵 벼슬 작
灼 구울 작
芍 함박꽃 작
雀 참새 작
鵲 까치 작
勺 구기 작
嚼 씹을 작
斫 벨 작
炸 터질 작
綽 너그러울 작
舃 까치 작
岝 산 높을 작
怍 부끄러워할 작
斮 쪼갤 작
柞 나무 이름 작
汋 삶을 작
焯 밝을 작
犳 짐승 이름 작

	字	뜻	음
	傽	놀랄	장
	妝	꾸밀	장
	嬙	궁녀	장
	嶂	높고 가파른 산	장
	廧	담	장
	戕	죽일	장
	牂	암양	장
	瘴	장기(瘴氣)	장
	糚	妝과 同字	
	羘	숫양	장
	萇	나무 이름	장
	鄣	나라 이름	장
	鏘	금옥 소리	장
	餦	산자(饊子)	장
	麞	노루	장
재	在	있을	재
	才	재주	재
	再	두 번	재
	宰	재상	재
	財	재물	재
	材	재목	재
	哉	어조사	재
	栽	심을	재
	災	재앙	재
	載	실을	재
	裁	옷 마를	재
	梓	노나무	재
	縡	일	재
	齋	재계할	재
	渽	맑을	재
	滓	찌끼	재
	齎	가져올	재
	捚	손바닥에 받을	재
	賳	재물	재
	溨	물 이름	재
	条	집	재
	崽	자식	재
	扗	있을	재
	榟	梓와 同字	
	灾	災와 同字	
	纔	겨우	재
	𢦏	심을	재
쟁	爭	다툴	쟁
	錚	쇳소리	쟁
	箏	쟁	쟁
	諍	간할	쟁
	崢	가파를	쟁
	猙	짐승 이름	쟁
	琤	옥 소리	쟁
	鎗	종소리	쟁
저	貯	쌓을	저
	低	낮을	저
	著	지을	저
	底	밑	저
	抵	막을	저
	苧	모시	저
	邸	집	저
	楮	닥나무	저
	沮	막을	저
	佇	우두커니	저
	儲	쌓을	저
	咀	씹을	저
	姐	맏누이	저
	杵	공이	저
	樗	가죽나무	저
	渚	물가	저
	狙	원숭이	저
	猪	돼지	저
	疽	등창	저
	箸	젓가락	저
	紵	모시	저
	菹	채소 절임	저
	藷	사탕수수	저
	詛	저주할	저
	躇	머뭇거릴	저
	這	이	저
	雎	물수리	저
	齟	어긋날	저
	宁	쌓을	저
	岨	돌산	저
	杼	북	저
	柢	뿌리	저
	氐	근본	저
	潴	瀦와 同字	
	瀦	웅덩이	저
	牴	닿을	저
	罝	짐승 그물	저
	羝	숫양	저
	苴	신 바닥 창	저
	蛆	구더기	저
	袛	속적삼	저
	褚	솜옷	저
	觝	닥뜨릴	저
	詆	꾸짖을	저
	陼	삼각주	저
적	的	과녁	적
	赤	붉을	적
	適	마침	적
	敵	원수	적

輾 구를 전
鈿 비녀 전
鐫 새길 전
顫 떨릴 전
餞 전별할 전
吮 빨 전
囀 지저귈 전
嫥 오로지 전
屇 구멍 전
巓 산꼭대기 전
戩 멸할 전
揃 자를 전
旃 기(旗) 전
栴 단향목 전
湔 씻을 전
澶 물 고요히 흐를 전
牋 장계(狀啓) 전
甎 벽돌 전
畋 밭 갈 전
痊 병 나을 전
癜 어루러기 전
磚 甎의 속자
籛 성(姓) 전
羶 누린내 전
翦 자를 전
腆 두터울 전
膞 저민 고기 전
躔 궤도 전
輇 수레 전
邅 머뭇거릴 전
鄽 가게 전
鋑 새길 전
錪 가마솥 전

戰 싸울 전
展 펼 전
殿 대궐 전
錢 돈 전
傳 전할 전
轉 구를 전
專 오로지 전
佺 신선 이름 전
栓 나무못 전
詮 평론 전
銓 저울질할 전
琠 옥 이름 전
甸 경기 전
塡 막힐 전
奠 정할 전
荃 향풀 전
雋 살진 고기 전
顚 꼭대기 전
佃 밭갈 전
剪 가위 전
塼 벽돌 전
廛 가게 전
悛 고칠 전
氈 모전 전
澱 앙금 전
煎 달일 전
畑 밭 전
癲 미칠 전
筌 통발 전
箋 글 전
箭 화살 전
篆 전자 전
纏 얽힐 전

笛 피리 적
寂 고요할 적
賊 도둑 적
籍 서적 적
摘 딸 적
滴 물방울 적
積 쌓을 적
績 길쌈 적
跡 자취 적
蹟 사적 적
迪 나아갈 적
勣 공적 적
弔 이를 적
嫡 정실 적
狄 오랑캐 적
炙 고기 구울 적
翟 꿩 적
荻 물억새 적
謫 귀양갈 적
迹 자취 적
鏑 살촉 적
樀 처마 적
磧 서덜 적
糴 쌀 사들일 적
菂 연밥 적
覿 볼 적
逖 멀 적
馰 별박이 적

전

全 온전할 전
田 밭 전
前 앞 전
典 법 전
電 번개 전

訂 바로잡을 정
整 가지런할 정
廷 조정 정
程 길 정
汀 물가 정
玎 옥 소리 정
町 밭 지경 정
呈 드러낼 정
桯 걸상 정
珵 패옥 정
姃 계집 단정할 정
偵 정탐할 정
湞 물 이름 정
幀 그림 족자 정
楨 쥐똥나무 정
禎 상서 정
珽 옥 이름 정
挺 뺄 정
綎 인끈 정
鼎 솥 정
晶 수정 정
晸 해뜨는 모양 정
柾 나무 바를 정
鉦 징 정
淀 배댈 정
錠 덩이 정
鋌 쇳덩이 정
鄭 정나라 정
靖 편안할 정
靚 단장할 정
鋥 칼날 세울 정
炡 빛날 정
渟 물 괼 정

笘 회초리 점
簟 삿자리 점
苫 이엉 점
蔪 쌀 점
蛅 쐐기 점
覘 엿볼 점
颭 물결 일 점
黏 붙을 점

접
接 대접할 접
蝶 나비 접
摺 접을 접
椄 접붙일 접
楪 평상 접
蜨 나비 접
跕 밟을 접
蹀 밟을 접
鰈 바다물고기 접

정
正 바를 정
丁 장정 정
井 우물 정
貞 곧을 정
頂 정수리 정
定 정할 정
政 정사 정
庭 뜰 정
情 뜻 정
精 정기 정
靜 고요할 정
静 靜의 속자
停 머무를 정
淨 깨끗할 정
亭 정자 정
征 칠 정

靛 청대 전
靦 부끄러워할 전
顓 전단(專斷)할 전
飦 죽 전
饘 죽 전
鬋 살쩍 늘어질 전
鱣 철갑상어 전
鸇 새매 전
腆 넉넉할 전

절
節 대마디 절
絶 끊을 절
絕 絶과 同字
切 끊을 절
折 꺾을 절
竊 훔칠 절
晢 밝을 절
截 끊을 절
浙 강 이름 절
癤 부스럼 절
岊 산모롱이 절

점
店 가게 점
占 점칠 점
點 검은 점 점
点 點의 속자
奌 點의 속자
漸 점점 점
岾 재 점
粘 끈끈할 점
霑 젖을 점
鮎 메기 점
佔 볼 점
墊 빠질 점
玷 이지러질 점

姼 예쁠 제
晢 별이 빛날 제
娣 여동생 제
擠 밀 제
猘 미친 개 제
睇 흘끗 볼 제
稊 돌피 제
緹 붉은 비단 제
踶 찰 제
蹏 굽 제
躋 오를 제
鍗 그릇 제
隄 둑 제
韲 齏와 同字
鮧 메기 제
鯷 메기 제
隮 오를 제

조

早 새벽 조
鳥 새 조
朝 아침 조
助 도울 조
造 지을 조
祖 조상 조
調 고를 조
兆 조짐 조
弔 조상할 조
操 잡을 조
燥 마를 조
照 비출 조
租 세금 조
組 짤 조
條 가지 조
潮 조수 조

莛 줄기 정
証 간(諫)할 정
酲 숙취 정
遉 엿볼 정

제

弟 아우 제
第 차례 제
題 표제 제
帝 임금 제
製 지을 제
諸 모든 제
祭 제사 제
除 덜 제
制 제도 제
提 들 제
齊 가지런할 제
堤 방죽 제
際 모을 제
濟 건널 제
済 濟의 속자
悌 공경할 제
梯 사다리 제
瑅 옥 이름 제
劑 약 지을 제
啼 울 제
臍 배꼽 제
薺 냉이 제
蹄 굽 제
醍 맑은 술 제
霽 갤 제
媞 안존할 제
儕 동배 제
禔 편안할 제
偙 준걸 제

釘 못 정
涏 곧을 정
頩 아름다운 모양 정
婷 예쁠 정
旌 기(旗) 정
檉 위성류 정
瀞 맑을 정
睛 눈동자 정
碇 닻 정
穽 허방다리 정
艇 거룻배 정
諪 고를 정
酊 술 취할 정
霆 천둥소리 정
彭 조촐하게 꾸밀 정
埩 다스릴 정
佂 바삐 갈 정
姘 안존할 정
梃 몽둥이 정
胜 비릴 정
灯 열화 정
眐 바라볼 정
靘 검푸른빛 정
朾 칠 정
侹 긴 모양 정
掟 펼 정
頲 곧을 정
叮 정성스러울 정
婧 날씬할 정
怔 두려워할 정
棖 문설주 정
疔 정 정
筳 구릿대 정

	鼂	아침	조
	炤	비출	조
족	足	발	족
	族	겨레	족
	簇	조릿대	족
	鏃	살촉	족
	瘯	피부병 이름	족
존	存	있을	존
	尊	높을	존
	拵	의지할	존
졸	卒	군사	졸
	拙	졸할	졸
	猝	갑자기	졸
종	宗	마루	종
	終	끝날	종
	從	좇을	종
	種	씨	종
	鐘	쇠북	종
	縱	세로	종
	倧	옛적 신인	종
	琮	서옥 이름	종
	淙	물소리	종
	椶	종려나무	종
	棕	椶과 同字	
	悰	즐거울	종
	綜	모을	종
	瑽	패옥 소리	종
	鍾	술잔	종
	慫	권할	종
	腫	부스럼	종
	蹤	자취	종
	踪	蹤과 同字	
	踵	발꿈치	종

佻	방정맞을	조
傮	마칠	조
刁	바라	조
厝	둘	조
嘈	시끄러울	조
噪	떠들썩할	조
嬥	날씬할	조
徂	갈	조
懆	근심할	조
找	상앗대	조
殂	죽을	조
澡	씻을	조
琱	옥 다듬을	조
皁	하인	조
祧	조묘(祧廟)	조
竈	부엌	조
笊	조리	조
糙	매조미쌀	조
糶	쌀 내어 팔	조
絩	비단 긴 모양	조
絛	끈	조
胙	제사 지낸 고기	조
臊	누릴	조
艚	거룻배	조
蔦	담쟁이	조
蜩	굼틀거릴	조
誂	꾈	조
譟	시끄러울	조
鈟	낚시	조
銚	가래	조
鵫	쟁개비	조
鯛	도미	조
鵰	수리	조

彫	새길	조
措	둘	조
晁	아침	조
窕	안존할	조
祚	복조	조
趙	조나라	조
肇	비로소	조
詔	조서	조
釣	낚시	조
曹	무리	조
曺	曹와 同字	
遭	만날	조
眺	바라볼	조
俎	도마	조
凋	시들	조
嘲	비웃을	조
棗	대추나무	조
枣	棗의 속자	
槽	구유	조
漕	배로 실어나를	조
爪	손톱	조
璪	면류관 드림 옥	조
稠	빽빽할	조
粗	거칠	조
糟	전국	조
繰	야청통견	조
藻	말	조
蚤	벼룩	조
躁	성급할	조
阻	험할	조
雕	독수리	조
昭	밝을	조
嶆	깊을	조

賙 재물 주
椆 영수목 주
晭 밝을 주
琱 옥 주
紸 댈 주
調 아침 주
晭 햇빛 주
丟 잃어버릴 주
侜 속일 주
儔 짝 주
尌 세울 주
幬 휘장 주
硃 주사(朱砂) 주
籒 주문 주
鼄 거미 주
胕 ○○ 주
腠 살결 주
蔟 모일 주
跓 멈출 주
裯 홑이불 주
詋 呪와 同字
賙 진휼할 주
趎 사람 이름 주
輈 끌채 주
霌 구름비 모양 주
霔 장마 주
冑 자손 주
湊 물 모일 주
죽 竹 대 죽
粥 죽 죽
준 俊 준걸 준
準 법 준
準 準의 속자

湊 물 모일 주
炷 심지 주
註 주낼 주
珠 구슬 주
疇 밭 주
週 주일 주
遒 굳셀 주
遒 遒의 속자
駐 말 머무를 주
姝 사람 이름 주
澍 단비 주
姝 빛깔 고울 주
侏 난쟁이 주
做 지을 주
呪 빌 주
嗾 부추길 주
廚 부엌 주
籌 투호살 주
紂 껑거리끈 주
紬 명주 주
綢 얽을 주
蛛 거미 주
誅 벨 주
躊 머뭇거릴 주
輳 모일 주
酎 진한 술 주
燽 드러날 주
鉒 쇳돌 주
拄 버틸 주
晭 밝을 주
邾 나라 이름 주
珘 귀 주
絑 붉을 주

柊 나무 이름 종
伀 두려워할 종
悰 생각할 종
樅 전나무 종
瘇 수종다리 종
螽 누리 종
좌 左 왼쪽 좌
坐 앉을 좌
佐 도울 좌
座 자리 좌
挫 꺾을 좌
剉 꺾을 좌
痤 뾰루지 좌
莝 여물 좌
髽 북상투 좌
죄 罪 허물 죄
주 主 주인 주
住 살 주
注 물댈 주
走 달릴 주
朱 붉을 주
酒 술 주
宙 집 주
晝 낮 주
舟 배 주
柱 기둥 주
周 두루 주
株 그루 주
州 고을 주
洲 물가 주
鑄 쇠 불릴 주
冑 투구 주
奏 아뢸 주

贈 줄 증
蒸 찔 증
烝 김 오를 증
甑 시루 증
拯 건질 증
繒 비단 증
嶒 산 높고 험할 증
矰 주살 증
罾 어망 증

지

之 갈 지
支 지탱할 지
只 다만 지
止 그칠 지
知 알 지
知 知와 同字
地 땅 지
至 이를 지
志 뜻 지
枝 가지 지
持 가질 지
指 손가락 지
紙 종이 지
池 못 지
智 슬기 지
𣉻 智의 古字
誌 기록할 지
遲 늦을 지
旨 뜻 지
沚 모래톱 지
址 터 지
祉 복 지
趾 발 지
祗 공경할 지

皴 주름 준
墫 술단지 준
撙 누를 준
繜 어지러울 준
罇 술두루미 준
鱒 송어 준
踆 그칠 준
蹲 웅크릴 준
駿 금계 준
俊 부자 준
僎 돕는 사람 준

줄

茁 싹 줄
茳 줄 줄

중

中 가운데 중
重 무거울 중
衆 무리 중
仲 버금 중
眾 衆의 본자

즉

卽 곧 즉
即 卽의 속자
喞 두런거릴 즉

즐

櫛 빗 즐
騭 수말 즐

즙

汁 즙 즙
楫 노 즙
葺 기울 즙
檝 楫과 同字
蕺 삼백초 즙

증

曾 일찍 증
增 더할 증
證 증거 증
憎 미워할 증
症 병 증세 증

遵 좇을 준
峻 높을 준
浚 깊을 준
晙 밝을 준
焌 불 땔 준
竣 일 마칠 준
畯 농부 준
駿 준마 준
准 법 준
濬 깊을 준
睿 濬과 同字
雋 새 살찔 준
儁 영특할 준
埻 과녁 준
隼 새매 준
寯 모일 준
樽 술통 준
蠢 꿈틀거릴 준
逡 뒷걸음질 칠 준
純 선 두를 준
葰 클 준
蹲 기쁠 준
僔 모일 준
陖 가파를 준
埈 陖과 同字
睃 볼 준
餕 대궁 준
洵 ○○ 준
惷 어수선할 준
雋 뛰어날 준
憔 똑똑할 준
鐏 창고달 준
後 물러갈 준

璡 옥돌 진
秦 진나라 진
軫 구를 진
塵 티끌 진
禛 복받을 진
診 볼 진
縝 맺을 진
塡 오랠 진
賑 구휼할 진
溱 많을 진
抮 되돌릴 진
唇 놀랄 진
嗔 성낼 진
搢 꽂을 진
桭 평교대 진
榛 개암나무 진
殄 다할 진
畛 두렁길 진
疹 홍역 진
瞋 부릅뜰 진
縉 꽂을 진
臻 이를 진
蔯 사철쑥 진
袗 홑옷 진
昣 밝을 진
蓁 많은 모양 진
眕 밝을 진
枃 바디 진
槇 뿌리 모일 진
稹 떨기로 날 진
儘 다할 진
靕 바를 진
敒 다스릴 진

躓 넘어질 지
軹 굴대 머리 지
阯 터 지
鮨 젓갈 지
鷙 맹금 지
扺 손뼉 칠 지
潪 땅 젖을 지
實 이를 지

직 直 곧을 직
職 직분 직
織 짤 직
稙 올벼 직
稷 메기장 직
禝 사람 이름 직

진 眞 참 진
真 眞의 속자
辰 별 진
進 나아갈 진
盡 다할 진
尽 盡의 속자
陣 진칠 진
珍 보배 진
鉁 珍과 同字
振 떨칠 진
震 진동할 진
鎭 진압할 진
陳 늘어놓을 진
晉 나아갈 진
晋 晉의 속자
瑨 옥돌 진
璡 瑨의 속자
瑱 옥 이름 진
津 나루 진

芝 지초 지
摯 잡을 지
鋕 새길 지
脂 기름 지
咫 길이 지
枳 탱자나무 지
漬 담글 지
砥 숫돌 지
肢 사지 지
芷 구릿대 지
蜘 거미 지
識 기록할 지
贄 폐백 지
沚 섬 지
厎 숫돌 지
泜 강 이름 지
吱 가는 소리 지
馶 굳셀 지
扐 굳을 지
忯 믿을 지
坻 모래섬 지
搘 버틸 지
禔 복 지
舐 합할 지
坁 모래섬 지
墀 섬돌 위 뜰 지
榰 주춧돌 지
泜 강 이름 지
痣 사마귀 지
秖 벼 처음 익을 지
篪 저(笛) 이름 지
舐 핥을 지
踟 머뭇거릴 지

	箚	차자	차
	荼	차	차
	蹉	넘어질	차
	遮	막을	차
	硨	옥돌	차
	奲	너그러울	차
	姹	예쁜 여자	차
	鹺	소금	차
	佽	재빠를	차
	岔	갈림길	차
	借	빌릴	차
	槎	나무 벨	차
착	着	부딪칠	착
	錯	섞일	착
	捉	잡을	착
	搾	짤	착
	窄	좁을	착
	鑿	뚫을	착
	齪	악착할	착
	戳	창으로 무찌를	착
	擉	찌를	착
	斲	깎을	착
찬	贊	도울	찬
	賛	贊의 속자	
	讚	기릴	찬
	讃	讚의 속자	
	撰	글 지을	찬
	纂	모을	찬
	粲	선명할	찬
	澯	맑을	찬
	燦	빛날	찬
	璨	옥빛 찬란할	찬
	瓚	옥그릇	찬
집	集	모일	집
	執	잡을	집
	什	세간	집
	潗	물 끓을	집
	潗	潗과 同字	
	楫	노	집
	輯	모을	집
	鏶	쇳조각	집
	緝	낳을	집
	咠	귓속말할	집
	戢	거둘	집
징	徵	부를	징
	懲	혼날	징
	澄	맑을	징
	瀓	맑을	징
	澂	瀓과 同字	
	癥	적취(積聚)	징
	瞪	바로 볼	징

ㅊ

차	此	이	차
	次	버금	차
	且	또	차
	借	빌	차
	差	어길	차
	車	수레	차
	叉	두 갈래	차
	瑳	옥빛 깨끗할	차
	侘	실의할	차
	嗟	탄식할	차
	嵯	우뚝 솟을	차
	磋	갈	차
	眹	눈동자	진
	侲	어린이	진
	珒	옥 이름	진
	塦	설렌	진
	趁	좇을	진
	鬒	술 많을	진
	誫	움직일	진
	轃	도달할	진
	愼	땅 이름	진
	滇	현 이름	진
질	質	바탕	질
	疾	병	질
	姪	조카	질
	秩	차례	질
	瓆	사람 이름	질
	侄	어리석을	질
	叱	꾸짖을	질
	嫉	시기할	질
	帙	책갑	질
	桎	차꼬	질
	窒	막을	질
	膣	새살 돋을	질
	蛭	거머리	질
	跌	넘어질	질
	迭	갈마들	질
	垤	개밋둑	질
	絰	질	질
	蒺	남가새	질
	郅	고을 이름	질
	鑕	모루	질
짐	斟	짐작할	짐
	朕	나	짐
	鴆	짐새	짐

猖 미쳐 날뛸 창
瘡 부스럼 창
脹 배부를 창
艙 선창 창
淐 물 이름 창
晿 사람의 이름자 창
淌 큰 물결 창
倀 홀로 설 창
傖 천할 창
凔 찰 창
刱 創과 同字
悵 슬퍼할 창
惝 멍할 창
戧 다칠 창
搶 닿을 창
氅 새털 창
瑲 옥빛 창
窗 窓의 본자
蹌 추창할 창
鋹 날카로울 창
閶 천문(天門) 창
鬯 울창주 창
鶬 왜가리 창

채

菜 나물 채
採 캘 채
彩 무늬 채
債 빚질 채
采 취할 채
埰 사패땅 채
寀 동관 채
蔡 채나라 채
綵 채색 비단 채
寨 울짱 채

讖 참서 참
儳 어긋날 참
嶄 높을 참
巉 가파를 참
憯 憯의 속자
攙 찌를 참
槧 판(版) 참
欃 살별 참
毚 토끼 참
譖 참소할 참
鏨 끌 참
鑱 보습 참
饞 탐할 참
驂 곁마 참
黲 검푸르죽죽할 참

창

昌 성할 창
唱 노래 부를 창
窓 창 창
倉 곳집 창
蒼 푸를 창
創 비롯할 창
暢 화창할 창
滄 서늘할 창
菖 창포 창
昶 밝을 창
彰 밝을 창
敞 열 창
廠 헛간 창
倡 광대 창
娼 몸 파는 여자 창
愴 슬퍼할 창
槍 창 창
漲 불을 창

纘 이을 찬
鑽 뚫을 찬
竄 숨을 찬
簒 빼앗을 찬
篡 簒의 속자
餐 먹을 찬
饌 반찬 찬
攢 모일 찬
巑 산 뾰족할 찬
儹 모을 찬
儧 儹의 속자
欑 모일 찬
㜺 희고 환할 찬
劗 머리 깎을 찬
爨 불땔 찬
趲 놀라 흩어질 찬
攛 던질 찬

찰

察 살필 찰
札 패 찰
刹 절 찰
擦 비빌 찰
紮 감을 찰
扎 뺄 찰

참

參 간여할 참
慘 슬플 참
慙 부끄러워할 참
慚 慙과 同字
僭 참람할 참
塹 구덩이 참
懺 뉘우칠 참
斬 벨 참
站 우두커니 설 참
讒 참소할 참

음	한자	뜻	음
	玔	옥고리	천
	穿	뚫을	천
	舛	어그러질	천
	釧	팔찌	천
	闡	열	천
	韆	그네	천
	茜	꼭두서니	천
	俴	엷을	천
	倩	예쁠	천
	僢	舛과 同字	
	儃	머뭇거릴	천
	洊	이를	천
	濺	흩뿌릴	천
	祆	하늘	천
	[illegible]	거듭	천
	芊	풀 무성할	천
	荐	거듭할	천
	蒨	꼭두서니	천
	蕆	경계할	천
	辿	천천히 걸을	천
	靝	하늘	천
철	鐵	쇠	철
	鉄	鐵의 속자	
	哲	밝을	철
	喆	哲과 同字	
	徹	관철	철
	澈	물 맑을	철
	撤	거둘	철
	轍	수레 자국	철
	綴	맺을	철
	凸	볼록할	철
	輟	그칠	철
	悊	공경할	철
	墌	기지	척
	坧	墌과 同字	
	倜	대범할	척
	刺	칼로 찌를	척
	剔	바를	척
	慼	근심할	척
	慽	慼과 同字	
	擲	던질	척
	滌	씻을	척
	瘠	파리할	척
	脊	등성마루	척
	蹠	밟을	척
	隻	새 한 마리	척
	塉	박토(薄土)	척
	惕	두려워할	척
	捗	칠	척
	摭	주울	척
	蜴	도마뱀	척
	跖	발바닥	척
	躑	머뭇거릴	척
천	千	일천	천
	天	하늘	천
	川	내	천
	泉	샘	천
	淺	얕을	천
	賤	천할	천
	踐	밟을	천
	薦	천거할	천
	遷	옮길	천
	仟	천 사람	천
	阡	발둑길	천
	喘	헐떡거릴	천
	擅	멋대로	천
	砦	울타리	채
	釵	비녀	채
	琗	구슬빛	채
	責	빚	채
	棌	참나무	채
	婇	여자 이름자	채
	睬	주목할	채
	茝	구릿대	채
책	責	꾸짖을	책
	册	책	책
	冊	册과 同字	
	策	꾀	책
	柵	울짱	책
	嘖	외칠	책
	幘	건	책
	磔	찢을	책
	笧	册과 同字	
	簀	살평상	책
	蚱	말매미	책
처	妻	아내	처
	處	곳	처
	悽	슬퍼할	처
	凄	쓸쓸할	처
	淒	쓸쓸할	처
	萋	풀 성하게 우거질	처
	覰	覷의 속자	
	郪	땅 이름	처
	処	곳	처
척	尺	자	척
	斥	물리칠	척
	戚	겨레	척
	拓	열	척
	陟	나아갈	척

- 遞 갈마들 체
- 締 맺을 체
- 諦 살필 체
- 切 모두 체
- 剃 머리 깎을 체
- 涕 눈물 체
- 諟 자세히 살필 체
- 玼 옥빛 깨끗할 체
- 棣 산앵두나무 체
- 彘 돼지 체
- 殢 나른할 체
- 砌 섬돌 체
- 蒂 蔕와 同字
- 鬀 머리 깎을 체
- 蔕 가시 체
- 靆 구름 낄 체

초
- 草 풀 초
- 艸 草와 同字
- 初 처음 초
- 招 부를 초
- 肖 닮을 초
- 超 뛰어넘을 초
- 抄 베낄 초
- 秒 까끄라기 초
- 礎 주춧돌 초
- 樵 땔나무 초
- 焦 그을릴 초
- 蕉 파초 초
- 楚 초나라 초
- 剿 끊을 초
- 哨 망볼 초
- 憔 수척할 초
- 梢 나무 끝 초

- 堞 성가퀴 첩
- 牒 글씨판 첩
- 疊 겹쳐질 첩
- 睫 속눈썹 첩
- 諜 염탐할 첩
- 貼 붙을 첩
- 輒 문득 첩
- 倢 빠를 첩
- 呫 소곤거릴 첩
- 喋 재잘거릴 첩
- 怗 고요할 첩
- 褺 겹옷 첩

청
- 靑 푸를 청
- 青 靑과 同字
- 晴 갤 청
- 晴 晴의 속자
- 請 청할 청
- 請 請의 속자
- 淸 맑을 청
- 清 淸의 속자
- 聽 들을 청
- 廳 관청 청
- 菁 휘늘어질 청
- 鯖 청어 청
- 凊 서늘할 청
- 圊 뒷간 청
- 蜻 귀뚜라미 청
- 鶄 해오라기 청
- 婧 여자 정결할 청

체
- 體 몸 체
- 滯 막힐 체
- 替 대신할 체
- 逮 미칠 체

- 瞮 눈 밝을 철
- 剟 깎을 철
- 啜 마실 철
- 埑 밝을 철
- 惙 근심할 철
- 掇 주울 철
- 歠 마실 철
- 銕 쇠 철
- 錣 물미 철
- 飻 탐할 철
- 餮 탐할 철

첨
- 尖 뾰족할 첨
- 添 더할 첨
- 僉 다 첨
- 瞻 쳐다볼 첨
- 沾 더할 첨
- 簽 농 첨
- 籤 제비 첨
- 詹 이를 첨
- 諂 아첨할 첨
- 甜 달 첨
- 甛 甜과 同字
- 幨 휘장 첨
- 忝 더럽힐 첨
- 惉 팰 첨
- 檐 처마 첨
- 櫼 쐐기 첨
- 瀸 적실 첨
- 簷 처마 첨
- 襜 행주치마 첨

첩
- 妾 첩 첩
- 帖 문서 첩
- 捷 이길 첩

叢 떨기 총
悤 바쁠 총
憁 바쁠 총
摠 모두 총
蔥 파 총
冢 무덤 총
塚 冢의 속자
葱 蔥의 속자
蓯 순무 총
鏦 창 총
驄 총이말 총

촬

撮 취할 촬

최

最 가장 최
催 재촉할 최
崔 성(姓) 최
嘬 깨물 최
摧 꺾을 최
榱 서까래 최
漼 깊을 최
璀 옥빛 찬란할 최
磪 산 높고 험한 모양 최
縗 상복 이름 최
脧 갓난아이 음부 최

추

秋 가을 추
推 차례로 옮길 추
追 쫓을 추
抽 뺄 추
醜 추할 추
楸 노나무 추
樞 지도리 추
鄒 나라 이름 추
錐 송곳 추

鈔 노략질할 초
鍬 가래 초
鍫 鍬와 同字
鞘 칼집 초
顦 파리할 초
髫 다박머리 초
鷦 뱁새 초
齠 이 갈 초
妱 여자의 자 초

촉

促 재촉할 촉
燭 촛불 촉
觸 닿을 촉
屬 이을 촉
囑 부탁할 촉
矗 우거질 촉
蜀 나라 이름 촉
曯 비출 촉
爥 曯과 同字
矚 볼 촉
薥 촉규화 촉
躅 머뭇거릴 촉
髑 해골 촉

촌

寸 마디 촌
村 마을 촌
邨 村의 본자
忖 헤아릴 촌
吋 인치 촌

총

銃 총 총
總 거느릴 총
縂 總과 同字
聰 귀 밝을 총
聦 聰과 同字
寵 사랑할 총

椒 산초나무 초
炒 볶을 초
硝 초석 초
礁 물에 잠긴 바위 초
稍 벼줄기 끝 초
苕 능소화 초
貂 담비 초
酢 초 초
醋 초 초
醮 초례 초
岧 산 높을 초
釥 좋은 쇠 초
俏 닮을 초
⿰黹虘 오색 고운 빛 초
偢 어질지 못할 초
僬 명찰(明察)할 초
勦 노곤할 초
噍 먹을 초
嫶 수척할 초
峭 가파를 초
嶕 높을 초
怊 슬퍼할 초
悄 근심할 초
愀 정색할 초
杪 끝 초
燋 홰 초
綃 생사(生絲) 초
耖 밭 거듭 갈 초
誚 꾸짖을 초
譙 꾸짖을 초
趠 뛸 초
軺 수레 초
迢 멀 초

充 가득할 충
蟲 벌레 충
虫 蟲의 속자
衝 충돌할 충
珫 귀걸이 옥 충
沖 화할 충
冲 沖의 속자
衷 가운데 충
忡 근심할 충

췌
萃 모을 췌
悴 파리할 췌
膵 췌장 췌
贅 혹 췌
惴 두려워할 췌
揣 잴 췌
瘁 병들 췌
顇 파리할 췌

취
取 취할 취
吹 불 취
就 이룰 취
醉 취할 취
臭 냄새 취
趣 뜻 취
翠 물총새 취
聚 모을 취
嘴 부리 취
娶 장가들 취
炊 불 땔 취
脆 무를 취
驟 달릴 취
鷲 수리 취
冣 모을 취
橇 덧신 취

騅 오추마 추
魋 북상투 추
鵻 호도애 추
鶖 무수리 추
鶵 원추새 추
麤 거칠 추
龝 秋의 고자

축
丑 소 축
祝 빌 축
畜 가축 축
蓄 쌓을 축
築 쌓을 축
逐 쫓을 축
縮 오그라질 축
軸 굴대 축
竺 대나무 축
筑 악기 이름 축
蹙 대지를 축
蹴 찰 축
妯 동서 축
舳 고물 축
豖 발 얽힌 돼지걸음 축
蹜 종종걸음칠 축
鼀 두꺼비 축

춘
春 봄 춘
椿 참죽나무 춘
瑃 옥 이름 춘
賰 넉넉할 춘

출
出 날 출
朮 차조 출
黜 물리칠 출
秫 차조 출

충
忠 충성 충

錘 저울눈 추
墜 떨어질 추
椎 몽치 추
湫 다할 추
皺 주름 추
芻 꼴 추
萩 다북쑥 추
諏 꾀할 추
趨 달릴 추
酋 두목 추
鎚 쇠망치 추
雛 병아리 추
騶 말 먹이는 사람 추
鰌 미꾸라지 추
鰍 鰌와 同字
僦 빌릴 추
啾 소리 추
娵 별 이름 추
帚 비 추
惆 실심할 추
捶 종아리칠 추
揫 모을 추
搥 칠 추
甃 벽돌담 추
瘳 나을 추
箠 채찍 추
簉 버금 자리 추
縋 매달 추
縐 주름질 추
蒭 芻와 同字
陬 모퉁이 추
隹 새 추
鞦 그네 추

	琛	보배	침
	砧	다듬잇돌	침
	鍼	침	침
	棽	뒤덮힐	침
	寖	잠길	침
	忱	정성	침
	椹	모탕	침
	郴	고을 이름	침
	鋟	새길	침
	駸	말 달릴	침
칩	蟄	벌레 움츠릴	칩
칭	稱	일컬을	칭
	秤	저울	칭

ㅋ

쾌	快	쾌할	쾌
	夬	결단할	쾌
	噲	목구멍	쾌

ㅌ

타	他	다를	타
	打	칠	타
	妥	편안할	타
	墮	떨어질	타
	咤	꾸짖을	타
	唾	침	타
	惰	게으를	타
	拖	끌	타
	朶	늘어질	타
	舵	키	타
	陀	비탈질	타

	卮	잔	치
	哆	클	치
	寘	둘	치
	畤	재터	치
	痓	악할	치
	絺	칡베	치
	菑	묵정밭	치
	薙	풀 벨	치
	褫	빼앗을	치
	豸	벌레	치
	跱	머뭇거릴	치
	錙	저울눈	치
	阤	비탈	치
	鯔	숭어	치
	鴟	솔개	치
	鴙	꿩	치
	鵄	鴟와 同字	
칙	勅	신칙할	칙
	飭	신칙할	칙
	則	법칙	칙
	敕	勅과 同字	
친	親	친할	친
	櫬	무궁화나무	친
	襯	속옷	친
칠	七	일곱	칠
	漆	옻	칠
	柒	옻	칠
침	針	바늘	침
	枕	베개	침
	沈	가라앉을	침
	浸	적실	침
	侵	침노할	침
	寢	잠잘	침

	毳	솜털	취
측	側	곁	측
	測	헤아릴	측
	仄	기울	측
	惻	슬퍼할	측
	廁	뒷간	측
	厠	廁과 同字	
	昃	기울	측
층	層	층	층
치	致	이를	치
	治	다스릴	치
	齒	이	치
	恥	부끄러워할	치
	置	둘	치
	値	값	치
	稚	어릴	치
	穉	稚와 同字	
	熾	불 성할	치
	峙	산 우뚝할	치
	雉	꿩	치
	馳	달릴	치
	侈	사치할	치
	嗤	웃을	치
	幟	기	치
	梔	치자나무	치
	淄	검은빛	치
	痔	치질	치
	癡	어리석을	치
	痴	癡의 속자	
	緇	검은 비단	치
	緻	밸	치
	蚩	어리석을	치
	輜	짐수레	치

嗿 소리 탐
忐 마음 허할 탐
酖 탐닉할 탐
탑 塔 탑 탑
榻 걸상 탑
傝 모질 탑
塌 떨어질 탑
搨 베낄 탑
탕 湯 끓을 탕
宕 방탕할 탕
帑 금고 탕
糖 사탕 탕
蕩 쓸어버릴 탕
燙 데울 탕
盪 씻을 탕
碭 무늬 있는 돌 탕
蘯 쓸 탕
태 太 클 태
泰 클 태
態 모양 태
怠 게으를 태
殆 위태로울 태
汰 미끄러질 태
兌 바꿀 태
台 별 이름 태
胎 아이 밸 태
邰 태나라 태
笞 볼기칠 태
苔 이끼 태
跆 밟을 태
颱 태풍 태
鈦 티타늄 태
珆 용무늬 있는 홀 옥 태

踔 뛰어날 탁
橐 자루 탁
槖 橐의 속자
拆 터질 탁
沰 붉을 탁
涿 들을 탁
矺 나무 이름 탁
籜 대껍질 탁
蘀 낙엽 탁
逴 멀 탁
탄 炭 숯 탄
歎 탄식할 탄
彈 퉁길 탄
誕 태어날 탄
呑 삼킬 탄
坦 평평할 탄
灘 여울 탄
嘆 탄식할 탄
憚 꺼릴 탄
綻 옷 터질 탄
暺 밝을 탄
憻 너그러울 탄
攤 펼 탄
殫 다할 탄
癱 사지 틀릴 탄
驒 연전총 탄
탈 脫 벗을 탈
奪 빼앗을 탈
侻 추할 탈
탐 探 찾을 탐
貪 탐할 탐
耽 즐길 탐
眈 노려볼 탐

馱 짐 실을 타
駝 낙타 타
橢 길쭉할 타
楕 橢와 同字
佗 다를 타
坨 비탈질 타
拕 拖와 同字
柁 키 타
沱 물 이름 타
詑 속일 타
詫 자랑할 타
跎 헛디딜 타
躱 비킬 타
駞 駝와 同字
鮀 모래무지 타
鴕 타조 타
鼉 악어 타
탁 托 밀 탁
卓 책상 탁
濁 흐릴 탁
濯 씻을 탁
琢 쪼을 탁
度 헤아릴 탁
倬 클 탁
琸 사람 이름 탁
晫 밝을 탁
託 부탁할 탁
擢 뽑을 탁
鐸 큰 방울 탁
拓 열 탁
啄 쫄 탁
坼 터질 탁
柝 열 탁

杷 비파나무 파
婆 할미 파
擺 열릴 파
爬 긁을 파
跛 절뚝발이 파
叵 어려울 파
妑 여자 이름자 파
岥 비탈 파
怕 두려워할 파
灞 강 이름 파
爸 아비 파
玻 유리 파
皤 머리 센 모양 파
笆 가시대 파
簸 까부를 파
耙 써레 파
菠 시금치 파
葩 꽃 파
鄱 고을 이름 파

판 判 판가름할 판
板 널 판
版 인쇄할 판
販 장사 판
阪 산비탈 판
坂 언덕 판
瓣 외씨 판
辦 힘쓸 판
鈑 금박 판

팔 八 여덟 팔
叭 입 벌릴 팔
捌 깨뜨릴 팔
朳 고무래 팔
汃 물결 치는 소리 팔

槌 던질 퇴
腿 넓적다리 퇴
褪 바랠 퇴
頹 무너질 퇴
隤 무너뜨릴 퇴

투 投 던질 투
透 통할 투
鬪 싸움 투
偸 훔칠 투
套 덮개 투
妬 강새암할 투
妒 투기할 투
渝 달라질 투
骰 주사위 투

퉁 佟 성(姓) 퉁

특 特 특별할 특
慝 사특할 특
忒 변할 특

틈 闖 말이 문을 나오는 모양 틈

ㅍ

파 波 물결 파
破 깨뜨릴 파
派 물가닥 파
把 잡을 파
播 심을 파
罷 파면할 파
頗 비뚤어질 파
巴 땅 이름 파
芭 파초 파
琶 비파 파
坡 언덕 파

鮐 복 태
脫 느릿느릿할 태
娧 느릿느릿 하는 모양 태
迨 미칠 태
埭 보 태
孡 아이 밸 태
駘 둔마 태

택 宅 집 택
擇 가릴 택
澤 늪 택
垞 언덕 택

탱 撑 버틸 탱
撐 버틸 탱
牚 버팀목 탱

터 攄 펼 터

토 土 흙 토
吐 토할 토
討 칠 토
兎 토끼 토
兔 兎의 속자

톤 噋 입 기운 톤

통 通 통할 통
統 거느릴 통
痛 아플 통
桶 통 통
慟 서럽게 울 통
洞 통할 통
筒 대통 통
恫 상심할 통
樋 나무 이름 통
筩 대롱 통

퇴 退 물러날 퇴
堆 흙무더기 퇴

嬖 사랑할 폐
斃 넘어질 폐
敝 해질 폐
狴 짐승 이름 폐
獘 넘어질 폐
癈 폐질(廢疾) 폐

포
布 베 포
抱 안을 포
包 쌀 포
胞 태보 포
飽 배부를 포
浦 개 포
捕 잡을 포
葡 포도 포
褒 포장할 포
砲 큰 대포 포
鋪 펼 포
佈 펼 포
匍 길 포
匏 박 포
咆 으르렁거릴 포
哺 먹을 포
圃 밭 포
怖 두려워할 포
拋 던질 포
抛 拋의 속자
暴 사나울 포
泡 거품 포
疱 천연두 포
脯 포 포
苞 딸기 포
蒲 부들 포
袍 두루마기 포

鞭 채찍 편
騙 속일 편
匾 얇을 편
徧 두루 편
惼 좁을 편
緶 꿰맬 편
艑 거룻배 편
萹 마디풀 편
蝙 박쥐 편
褊 좁을 편
諞 말 교묘히 할 편

폄
貶 떨어뜨릴 폄
砭 돌침 폄
窆 하관(下棺)할 폄

평
平 평평할 평
評 평론할 평
坪 평수 평
枰 바둑판 평
泙 물소리 평
萍 부평초 평
怦 조급할 평
抨 탄핵할 평
苹 개구리밥 평
蓱 부평초 평
鮃 넙치 평

폐
閉 닫을 폐
肺 허파 폐
廢 폐할 폐
弊 폐단 폐
蔽 덮을 폐
幣 폐백 폐
陛 섬돌 폐
吠 짖을 폐

패
貝 조개 패
敗 패할 패
浿 물 이름 패
佩 찰 패
牌 방패 패
唄 찬불 패
悖 어그러질 패
沛 늪 패
狽 이리 패
稗 피 패
霸 으뜸 패
覇 霸의 속자
孛 살별 패
旆 기(旗) 패
珮 佩와 同字
霈 비 쏟아질 패

팽
彭 성 팽
澎 물소리 팽
烹 삶을 팽
膨 부풀 팽
砰 물결 소리 팽
祊 제사 이름 팽
蟚 蟛과 同字
蟛 방게 팽

퍅
愎 괴팍할 퍅

편
片 조각 편
便 편할 편
偏 치우칠 편
篇 책 편
編 책편 편
遍 두루 편
扁 작을 편
翩 빨리 날 편

髲 다리 피

픽 腷 답답할 픽

필 匹 짝 필
必 반드시 필
筆 붓 필
畢 다할 필
弼 도울 필
泌 개천물 필
珌 칼 장식 옥 필
苾 향기 날 필
馝 향기 날 필
鉍 창자루 필
佖 점잖을 필
疋 필 필
滭 샘 용솟을 필
熚 불 모양 필
咇 향기로울 필
滭 샘물 용솟음칠 필
篳 울타리 필
罼 족대 필
蓽 콩 필
觱 필률 필
蹕 길 치울 필
鞸 슬갑 필
韠 폐슬 필
鵯 떼까마귀 필
駜 말 살찔 필

핍 乏 가난할 핍
逼 닥칠 핍
偪 다가올 핍

颷 飆와 同字
瞟 겨우 들을 표
僄 가벼울 표
勡 으를 표
嘌 빠를 표
嫖 날랠 표
摽 칠 표
殍 주려 죽을 표
熛 불똥 표
縹 옥색 표
褾 목도리 표
鏢 칼 끝 표
鑣 재갈 표
髟 머리털 드리워질 표
鰾 부레 표

품 品 물건 품
稟 품할 품

풍 風 바람 풍
楓 단풍나무 풍
豐 풍년 풍
豊 豐의 속자
諷 욀 풍
馮 성(姓) 풍
瘋 두풍(頭風) 풍

피 皮 가죽 피
彼 저 피
疲 나른할 피
被 덮을 피
避 피할 피
披 나눌 피
陂 비탈 피
詖 치우칠 피
鞁 가슴걸이 피

逋 달아날 포
鮑 절인 어물 포
儤 번(番) 포
庖 부엌 포
晡 신시(申時) 포
暴 갑자기 포
炮 터질 포
炰 구울 포
誧 도울 포
鉋 대패 포
鞄 혁공(革工) 포
餔 새참 포
鯆 돌고래 포

폭 暴 볕에 말릴 폭
爆 폭발할 폭
幅 폭 폭
曝 쬘 폭
瀑 폭포 폭
輻 바퀴살 폭

표 表 겉 표
票 표 표
標 표할 표
漂 뜰 표
杓 북두자루 표
豹 표범 표
彪 칡범 표
驃 날쌜 표
俵 흩을 표
剽 빠를 표
慓 날랠 표
瓢 박 표
飄 회오리바람 표
飆 폭풍 표

ㅎ

하 下 아래 하
何 어찌 하
夏 여름 하
昰 夏의 古字
河 물 하
賀 하례할 하
荷 연꽃 하
廈 큰 집 하
厦 廈의 속자
霞 노을 하
瑕 티 하
蝦 새우 하
遐 멀 하
鰕 새우 하
呀 입 벌릴 하
嘏 클 하
碬 숫돌 하
閜 크게 열릴 하
嚇 웃을 하
赮 붉을 하
[illegible] 사람의 이름 하
煆 불사를 하
蕸 연잎 하
欱 크게 웃을 하
抲 지휘할 하
[illegible] 웃을 하
岈 산골 휑할 하
㦤 속일 하
瘕 기생충병 하
罅 틈 하

鍜 목투구 하
[illegible] 뜻 없음 하
학 學 배울 학
学 學의 속자
鶴 두루미 학
壑 골 학
虐 사나울 학
謔 희롱거릴 학
嗃 엄할 학
狢 오소리 학
瘧 학질 학
皬 흴 학
确 자갈땅 학
郝 고을 이름 학
鷽 메까치 학
한 恨 한 될 한
寒 찰 한
漢 한수 한
韓 한나라 한
閑 한가할 한
限 한계 한
汗 땀 한
旱 가물 한
澣 빨래할 한
瀚 넓고 클 한
翰 벼슬 이름 한
閒 겨를 한
悍 사나울 한
罕 그물 한
澖 아득히 넓은 모양 한
[illegible] 산 형상 한
僩 노할 한
嫺 우아할 한

橺 큰 나무 한
閑 익힐 한
扞 막을 한
忓 착할 한
邗 땅 이름 한
嫻 嫺과 同字
捍 막을 한
暵 말릴 한
閈 이문(里門) 한
駻 사나운 말 한
鷳 솔개 한
鼾 코 골 한
邯 고을 이름 한
雗 흰 꿩 한
할 割 벨 할
轄 맡아볼 할
瞎 애꾸눈 할
함 咸 다 함
含 머금을 함
陷 빠질 함
函 함 함
涵 젖을 함
艦 싸움배 함
喊 소리 함
檻 우리 함
緘 봉할 함
銜 재갈 함
啣 銜의 속자
鹹 짤 함
菡 연봉오리 함
萏 꽃봉오리 함
諴 화할 함
轞 함거(轞車) 함

	薤	염교	해
	醢	젓갈	해
	頦	턱	해
	鮭	어채(魚菜)	해
	陔	언덕	해
	姟	조의 백 배	해
	絯	묶을	해
	眩	눈 큰 모양	해
핵	核	씨	핵
	劾	캐물을	핵
	翮	깃촉	핵
	覈	핵실할	핵
행	行	갈	행
	幸	다행	행
	杏	살구나무	행
	倖	요행	행
	荇	마름	행
	涬	기운	행
	悻	성낼	행
향	香	향기	향
	向	향할	향
	鄕	시골	향
	享	드릴	향
	響	소리 울릴	향
	珦	옥 이름	향
	嚮	향할	향
	餉	건량	향
	饗	잔치할	향
	麘	사향사슴	향
	晑	밝을	향
	薌	곡식 냄새	향
허	許	허락할	허
	虛	빌	허
	夯	멜	항
	炕	말릴	항
	缿	벙어리 저금통	항
	頏	새 날아 내릴	항
해	海	바다	해
	海	海의 속자	
	害	해칠	해
	亥	돼지	해
	解	풀	해
	奚	어찌	해
	該	그	해
	偕	함께할	해
	楷	본뜰	해
	諧	화할	해
	咳	어린아이 웃을	해
	垓	지경	해
	孩	어린아이	해
	懈	게으를	해
	瀣	이슬 기운	해
	蟹	게	해
	邂	만날	해
	駭	놀랄	해
	骸	뼈	해
	咍	비웃을	해
	瑎	검은 옥돌	해
	澥	바다 이름	해
	祄	하늘이 도울	해
	晐	갖출	해
	嶰	골짜기	해
	廨	관아	해
	欬	기침	해
	獬	짐승 이름	해
	痎	학질	해
	闞	범 소리	함
합	合	합할	합
	哈	물고기 많은 모양	합
	盒	합	합
	蛤	대합조개	합
	閤	쪽문	합
	闔	문짝	합
	陜	고을	합
	匌	돌	합
	嗑	말 많을	합
	柙	우리	합
	榼	통	합
	溘	갑자기	합
	盇	덮을	합
	郃	고을 이름	합
항	恒	항상	항
	恆	恒의 본자	
	巷	골목	항
	港	항구	항
	項	목뒤	항
	抗	항거할	항
	航	배질할	항
	亢	목	항
	沆	큰물	항
	姮	계집 이름	항
	嫦	姮과 同字	
	伉	짝	항
	杭	건널	항
	桁	차꼬	항
	缸	항아리	항
	肛	똥구멍	항
	行	항렬	항
	降	항복할	항

[illegible] 땅 이름 현
駽 철총이 현
痃 힘줄 당기는 병 현
繯 얽을 현
翾 조금 날 현
蜆 가막조개 현
誢 간하는 말 현
讂 구할 현
鋧 작은 끌 현
[illegible] 팔 현

혈 血 피 혈
穴 구멍 혈
孑 외로울 혈
頁 머리 혈
絜 헤아릴 혈
趐 나아갈 혈

혐 嫌 싫어할 혐

협 協 화할 협
脅 위협할 협
脇 脅과 同字
俠 협기 협
挾 낄 협
峽 골짜기 협
浹 사무칠 협
夾 낄 협
狹 좁을 협
陜 좁을 협
莢 풀 열매 협
鋏 집게 협
頰 뺨 협
洽 화할 협
匧 篋과 同字
叶 화합할 협

玄 검을 현
弦 활시위 현
絃 줄풍류 현
顯 나타날 현
顕 顯의 속자
縣 고을 현
懸 매달 현
見 뵈올 현
峴 재 현
晛 별 기운 현
泫 물 깊을 현
炫 밝을 현
玹 옥돌 현
鉉 솥귀 현
眩 현란할 현
昡 당혹할 현
絢 무늬 현
呟 소리 현
俔 염탐할 현
睍 불거진 눈 현
舷 뱃전 현
衒 팔 현
儇 총명할 현
譞 깨달을 현
怰 팔 현
[illegible] 한정할 현
鋗 노구솥 현
[illegible] 활 현
琄 패옥 늘어질 현
嬛 정숙한 모양 현
娊 여자의 이름자 현
妶 절개 있을 현
灦 물 모양 현

墟 옛 성터 허
噓 불 허
歔 흐느낄 허

헌 軒 초헌 헌
憲 법 헌
獻 바칠 헌
櫶 나무 이름 헌
[illegible] 초헌 헌
[illegible] 깨달을 헌
[illegible] 밝을 헌
巚 巘과 同字
幰 수레 포장 헌
攇 비길 헌

헐 歇 쉴 헐

험 險 험난할 험
驗 시험할 험
嶮 險과 同字
獫 오랑캐 이름 험
玁 오랑캐 이름 험

혁 革 가죽 혁
赫 밝을 혁
爀 빛날 혁
奕 클 혁
焱 불꽃 혁
侐 고요할 혁
焃 붉을 혁
[illegible] 붉은빛 혁
嚇 밝을 혁
弈 바둑 혁
洫 봇도랑 혁
鬩 다툴 혁

현 賢 어질 현
現 나타날 현

浩 넓고 클 호
澔 浩와 同字
毫 가는 털 호
豪 호걸 호
護 보호할 호
晧 밝을 호
皓 흴 호
昊 여름하늘 호
淏 맑을 호
濠 고을 이름 호
灝 물줄기 멀 호
祜 복 호
琥 호박 호
瑚 산호 호
頀 풍류 이름 호
顥 클 호
扈 뒤따를 호
鎬 호경 호
壕 성 밑 해자 호
壺 항아리 호
濩 흘러 퍼질 호
滸 물가 호
岵 산 호
弧 활 호
狐 여우 호
瓠 표주박 호
糊 풀 호
縞 명주 호
葫 마늘 호
蒿 쑥 호
蝴 나비 호
皞 밝을 호
婋 여자의 마음 영리할 호

兮 어조사 혜
慧 지혜 혜
憓 밝힐 혜
蕙 난초 혜
彗 비 혜
譿 분별하여 살필 혜
憓 사랑할 혜
嘒 별 반짝일 혜
蹊 지름길 혜
醯 초 혜
鞋 신 혜
譓 슬기로울 혜
鏸 날카로울 혜
匸 감출 혜
謑 진실한 말 혜
傒 묶을 혜
嘒 가냘플 혜
徯 샛길 혜
槥 널 혜
盻 흘겨볼 혜
謑 창피 줄 혜
橞 나무이름 혜
潓 물결 혜

호 戶 지게 호
好 좋을 호
虎 범 호
乎 어조사 호
呼 부를 호
湖 호수 호
號 부르짖을 호
号 號의 속자
互 서로 호
胡 오랑캐 호

埉 물가 협
恊 協과 同字
悏 愜과 同字
愜 쾌할 협
篋 상자 협

형 兄 맏 형
形 형상 형
刑 형벌 형
亨 형통할 형
螢 개똥벌레 형
型 본보기 형
邢 나라 이름 형
珩 노리개 형
泂 찰 형
炯 빛날 형
瑩 맑을 형
瀅 물 맑을 형
衡 저울대 형
馨 향기로울 형
熒 반짝일 형
滎 실개천 형
瀠 사람 이름 형
荊 모형나무 형
鎣 줄 형
逈 멀 형
迥 逈의 속자
侀 이룰 형
敻 멀 형
娙 여관(女官) 이름 형
詗 염탐할 형
陘 지레목 형

혜 惠 은혜 혜
恵 惠의 속자

和 화할 화
話 이야기 화
畫 그림 화
畵 畫의 속자
禾 벼 화
禍 재화 화
嬅 탐스러울 화
樺 벚나무 화
譁 시끄러울 화
靴 신 화
澕 물 깊을 화
俰 화할 화
嘩 譁와 同字
驊 준마 화
龢 풍류 소리 조화될 화

확 確 확실할 확
碻 確과 同字
擴 넓힐 확
穫 곡식 거둘 확
廓 클 확
攫 붙잡을 확
矍 두리번거릴 확
矡 창 확
礭 회초리 확
鑊 가마 확

환 患 근심 환
歡 기뻐할 환
丸 둥글 환
換 바꿀 환
還 돌아올 환
環 옥고리 환
喚 부를 환
奐 클 환

渾 흐릴 혼
琿 아름다운 옥 혼
俒 완전할 혼
顐 얼굴빛 혼혼할 혼
圂 뒷간 혼
涽 정해지지 아니할 혼
溷 어지러울 혼
焜 빛날 혼
閽 문지기 혼

홀 忽 홀연 홀
惚 황홀할 홀
笏 홀 홀
囫 온전할 홀

홍 紅 붉을 홍
洪 넓을 홍
弘 클 홍
鴻 기러기 홍
泓 물 깊을 홍
烘 횃불 홍
虹 무지개 홍
鉷 쇠뇌 고동 홍
哄 떠들썩할 홍
汞 수은 홍
訌 무너질 홍
晎 떠들썩할 홍
澒 수은 홍
篊 홈통 홍
鬨 싸울 홍

화 火 불 화
化 될 화
貨 재화 화
花 꽃 화
華 빛날 화

芐 지황 호
芦 芐와 同字
犒 호궤할 호
鄗 땅 이름 호
熩 빛날 호
嫭 아름다울 호
怙 믿을 호
瓳 큰 기와 호
蔰 채색할 호
儫 호걸 호
沍 찰 호
嘷 짖을 호
鬍 수염 호
嫮 아름다울 호
冱 沍의 譌字
滈 장마 호
滬 강 이름 호
猢 원숭이 호
皜 흴 호
餬 기식(寄食)할 호
聕 귀 호
醐 제호(醍醐) 호
昈 밝을 호
虍 호피무늬 호
昊 밝을 호

혹 或 혹 혹
惑 미혹할 혹
酷 독할 혹
熇 불로 뜨거워질 혹

혼 婚 혼인할 혼
混 섞일 혼
昏 어두울 혼
魂 혼 혼

會 모을 회
会 會의 속자
灰 재 회
悔 뉘우칠 회
懷 품을 회
廻 돌아올 회
恢 클 회
晦 그믐 회
檜 노송나무 회
澮 우물 도랑 회
繪 그림 회
絵 繪의 속자
誨 가르칠 회
匯 물돌 회
徊 노닐 회
淮 강 이름 회
獪 교활할 회
膾 회 회
茴 회향 회
蛔 거위 회
賄 뇌물 회
佪 어정거릴 회
洄 거슬러 올라갈 회
盔 바리 회
詼 조롱할 회
迴 回와 同字
頮 세수할 회
鱠 회 회

획 劃 그을 획
獲 얻을 획
画 畫의 속자
嚄 외칠 획

횡 橫 가로 횡

況 하물며 황
荒 거칠 황
凰 암봉황새 황
堭 벽 없는 방 황
媓 계집 이름 황
晃 햇빛 황
晄 晃과 同字
滉 물 깊고 넓을 황
榥 책상 황
煌 빛날 황
璜 반 둥근 패옥 황
熀 빛날 황
幌 휘장 황
徨 노닐 황
恍 황홀할 황
惶 두려워할 황
愰 밝을 황
慌 어렴풋할 황
湟 해자 황
潢 웅덩이 황
篁 대숲 황
簧 생황 황
蝗 누리 황
遑 허둥거릴 황
隍 해자 황
楻 깃대 황
喤 어린아이 울음 황
怳 멍할 황
瑝 옥 소리 황
肓 명치끝 황
貺 줄 황
鍠 종소리 황

회 回 돌아올 회

渙 물 성할 환
煥 빛날 환
晥 환할 환
幻 허깨비 환
桓 굳셀 환
鐶 고리 환
驩 기뻐할 환
宦 벼슬 환
紈 흰 비단 환
鰥 환어 환
圜 두를 환
皖 샛별 환
洹 세차게 흐를 환
寰 기내(畿內) 환
懽 기뻐할 환
擐 입을 환
瓛 옥홀 환
睆 가득 찬 모양 환
絙 끈목 환
豢 기를 환
轘 환형(轘刑) 환
鍰 무게 단위 환
鬟 쪽 찐 머리 환
瑍 환옥 환

활 活 살 활
闊 넓을 활
濶 闊의 속자
滑 미끄러울 활
猾 교활할 활
豁 뚫린 골 활
蛞 괄태충 활

황 黃 누를 황
皇 임금 황

勲 勳의 속자
勛 勳의 속자
焄 향내 훈
熏 불기운 훈
熏 熏과 同字
薰 향풀 훈
薫 薰의 속자
蘍 薰과 同字
壎 질나팔 훈
塤 壎과 同字
燻 불기운 성할 훈
鑂 바랠 훈
暈 무리 훈
纁 분홍빛 훈
煇 구울 훈
曛 석양빛 훈
獯 오랑캐 이름 훈
葷 매운 채소 훈

훌 欻 문득 훌

훙 薨 죽을 훙

훤 喧 지껄일 훤
暄 날 따뜻할 훤
萱 원추리 훤
煊 따뜻할 훤
愃 너그러울 훤
田 밝을 훤
烜 마를 훤
諠 잊을 훤
諼 속일 훤

훼 毁 헐 훼
卉 풀 훼
卉 卉의 속자
喙 부리 훼

餚 반찬 효
侾 점잖을 효
恔 유쾌할 효

후 後 뒤 후
厚 두터울 후
垕 厚의 古字
侯 벼슬 이름 후
候 기후 후
喉 목구멍 후
后 임금 후
逅 만날 후
吼 울 후
嗅 맡을 후
帿 과녁 후
朽 썩을 후
煦 따뜻하게 할 후
珝 옥 이름 후
堠 봉화대 후
欨 즐거워할 후
姁 예쁠 후
芋 클 후
吽 짖을 후
煦 불 후
垕 厚의 고자
猴 원숭이 후
篌 공후 후
詡 자랑할 후
譃 거짓말할 후
酗 주정할 후
餱 건량(乾糧) 후
矦 임금 후

훈 訓 가르칠 훈
勳 공 훈

鑛 큰 쇠북 횡
宖 집 울릴 횡
澋 물이 빙 돌 횡
鋐 鑛의 속자
黌 글방 횡

효 孝 효도할 효
效 본받을 효
効 效의 속자
曉 새벽 효
涍 물가 효
爻 괘 이름 효
驍 날랠 효
斆 가르칠 효
哮 으르렁거릴 효
嚆 울릴 효
梟 올빼미 효
淆 뒤섞일 효
肴 안주 효
酵 술밑 효
皛 나타날 효
歊 김 오를 효
窙 높을 효
謼 울 효
傚 본받을 효
洨 강 이름 효
庨 집 높을 효
虓 울부짖을 효
熇 엄할 효
烋 거들거릴 효
婋 여자의 마음 영리할 효
囂 들렐 효
崤 산 이름 효
殽 섞일 효

噏 들이쉴 흡
歙 줄일 흡
潝 빨리 흐르는 소리 흡
翖 翕과 同字

흥 興 일어날 흥

희 喜 기쁠 희
希 바랄 희
稀 드물 희
戲 희롱할 희
戱 戲의 속자
噫 슬플 희
熙 빛날 희
煕 熙의 속자
熈 熙의 속자
姬 계집 희
姫 姬의 속자
晞 마를 희
烯 晞와 同字
僖 즐거울 희
橲 나무 이름 희
禧 복 희
嬉 계집 이름 희
憙 기뻐할 희
熹 밝을 희
熺 熹와 同字
暿 熹와 同字
凞 화할 희
羲 복희 희
爔 불 희
曦 햇빛 희
俙 비슷할 희
囍 쌍희 희
憘 기쁠 희

兇 흉악할 흉
匈 오랑캐 흉
洶 물살 세찰 흉
恟 두려워할 흉
胷 胸과 同字

흑 黑 검을 흑

흔 欣 기뻐할 흔
炘 화끈거릴 흔
昕 해 돋을 흔
痕 흉터 흔
忻 기뻐할 흔
很 패려궂을 흔
掀 치켜들 흔
惞 欣과 同字
釁 틈 흔

흘 屹 산 모양 흘
吃 말 더듬을 흘
紇 질 낮은 명주실 흘
訖 이를 흘
仡 날랠 흘
汔 거의 흘
疙 쥐부스럼 흘
迄 이를 흘
齕 깨물 흘

흠 欽 공경할 흠
欠 하품 흠
歆 받을 흠
鑫 사람의 이름 흠
廞 진열할 흠

흡 吸 숨 들이쉴 흡
洽 화할 흡
恰 흡족할 흡
翕 합할 흡

燬 불 훼
芔 풀 훼
虺 살무사 훼

휘 揮 휘두를 휘
輝 빛날 휘
彙 무리 휘
徽 아름다울 휘
暉 햇빛 휘
煇 빛날 휘
諱 꺼릴 휘
麾 대장기 휘
煒 빛날 휘
撝 찢을 휘
翬 훨훨 날 휘

휴 休 쉴 휴
携 끌 휴
烋 아름다울 휴
畦 밭두둑 휴
虧 이지러질 휴
庥 그늘 휴
咻 떠들 휴
隳 무너뜨릴 휴
髹 髤와 同字
鵂 수리부엉이 휴

휼 恤 구휼할 휼
譎 속일 휼
鷸 도요새 휼
卹 가엾이 여길 휼
霱 상서로운 구름 휼
遹 좇을 휼
鐍 걸쇠 휼

흉 凶 흉할 흉
胸 가슴 흉

犧 희생 희
譆 감탄할 희
媐 기쁠 희
咥 웃음소리 희
唏 슬퍼할 희
嘻 웃을 희
悕 슬퍼할 희

欷 흐느낄 희
燹 야화(野火) 희
豨 멧돼지 희
餼 보낼 희
巸 즐거워할 희

히

屎 끙끙거릴 히

힐

詰 힐문할 힐
犵 오랑캐 이름 힐
纈 무늬 있는 비단 힐
襭 옷자락 꽂을 힐
頡 곧은 목 힐
黠 약을 힐

韻字表

四聲	平聲		上聲	去聲	入聲
	上平	下平			
一〇六韻	東·冬·江·支·微·魚·虞·齊·佳·灰·眞·文·元·寒·刪。	先·蕭·肴·豪·歌·麻·陽·庚·青·蒸·尤·侵·覃·鹽·咸。	董·腫·講·紙·尾·語·麌·薺·蟹·賄·軫·吻·阮·旱·潸·銑·篠·巧·皓·哿·馬·養·梗·迥·有·寑·感·琰·豏。	送·宋·絳·寘·未·御·遇·霽·泰·卦·隊·震·問·願·翰·諫·霰·嘯·效·號·箇·禡·漾·敬·徑·宥·沁·勘·豔·陷。	屋·沃·覺·質·物·月·曷·黠·屑·藥·陌·錫·職·緝·合·葉·洽。

部首索引

部首名稱

一	한일
丨	뚫을곤
丶	점주
丿	삐침
乙	새을
亅	갈고리궐
二	두이
亠	돼지해머리
人 (亻)	사람인
儿	어진사람인발
入	들입
八	여덟팔
冂	멀경몸
冖	민갓머리
冫	이수변
几	안석궤
凵	위튼입구몸
刀 (刂)	칼도
力	힘력
勹	쌀포몸
匕	비수비
匚	튼입구변
匸	감출혜몸
十	열십
卜	점복
卩 (㔾)	병부절
厂	민엄호밑
厶	마늘모
又	또우
口	입구밑
囗	큰입구몸
土	흙토
士	선비사
夂	뒤져올치
夊	천천히걸을쇠발
夕	저녁석
大	큰대
女	계집녀
子	아들자
宀	갓머리
寸	마디촌
小	작을소
尢 (尣 兀)	절름발이왕
尸	주검시엄
屮	왼손좌
山	메산
巛	개미허리
工	장인공
己	몸기
巾	수건건
干	방패간
幺	작을요
广	엄호밑
廴	민책받침
廾	스물입발
弋	주살익
弓	활궁변
彐 (彑 ⺕)	튼가로왈
彡	터럭삼, 삐친석삼
彳	두인변, 중인변
心 (忄 ⺗)	심방
戈	창과
戶	지게호
手 (扌)	손수, 재방변
支	버틸지, 지탱할지
攴 (攵)	등글월문
文	글월문
斗	말두
斤	날근
方	모방
无 (旡)	없을무
日	날일
曰	가로왈
月	달월
木	나무목
欠	하품흠방
止	그칠지
歹 (歺)	죽을사변
殳	갖은등글월문
毋	말무
比	견줄비
毛	터럭모
氏	각시씨
气	기운기엄
水 (氵)	물수
火 (灬)	불화
爪 (爫)	손톱조, 머리
父	아비부
爻	점괘효
爿	장수장
片	조각편
牙	어금니아
牛	소우변
犬 (犭)	개견
玄	검을현
玉 (王)	구슬옥
瓜	오이과
瓦	기와와
甘	달감
生	날생
用	쓸용
田	밭전
疋	짝필
疒	병질엄
癶	필발머리
白	흰백
皮	가죽피
皿	그릇명
目	눈목
矛	창모
矢	화살시
石	돌석
示 (礻)	보일시
禸	짐승발자, 국유
禾	벼화
穴	구멍혈
立	설립
竹	대죽, 대죽머리
米	쌀미
糸	실사
缶	장군부
网	그물망
羊 (⺶)	양양
羽	깃우
老 (耂)	늙을로
而	말이을이
耒	장기뢰
耳	귀이
聿	오직율
肉 (月)	고기육
臣	신하신
自	스스로자
至	이를지
臼	절구구
舌	혀설
舛	어길천
舟	배주
艮	괘이름간
色	빛색
艸 (艹)	초두머리
虍	범호엄
虫	벌레훼
血	피혈
行	다닐행
衣 (衤)	옷의
襾 (西)	덮을아
見	볼견
角	뿔각
言	말씀언
谷	골곡
豆	콩두
豕	돼지시
豸	갖은돼지시
貝	조개패
赤	붉을적
走	달릴주
足	발족
身	몸신
車	수레거
辛	매울신
辰	별신
辵 (⻌)	책받침
邑 (阝)	고을읍
酉	닭유
釆	분별할변
里	마을리
金	쇠금
長	길장
門	문문
阜 (阝)	언덕부
隶	미칠이
隹	새추
雨	비우
靑	푸를청
非	아닐비
面	낯면
革	가죽혁
韋	가죽위
韭	부추구
音	소리음
頁	머리혈
風	바람풍
飛	날비
食	밥식
首	머리수
香	향기향변
馬	말마
骨	뼈골
高	높을고
髟	터럭발엄
鬥	싸움투
鬯	울창주창
鬲	솥력
鬼	귀신귀
魚	물고기어
鳥	새조
鹵	소금밭로
鹿	사슴록
麥	보리맥
麻	삼마
黃	누를황
黍	기장서
黑	검을흑
黹	바느질할치
黽	맹꽁이맹
鼎	솥정
鼓	북고
鼠	쥐서
鼻	코비
齊	가지런할제
齒	이치
龍	용룡
龜	거북귀
龠	피리약

部首	變形	頁
疒		二六三
癶		二六九
白		二六九
皮		二七一
皿		二七二
目	罒	二七四
矛		二八一
矢		二八三
石		二八三
示	礻	二九〇
内		二九三
禾	禾	二九四
穴		三〇〇
立		三〇三
歺	歹	一九四
罒	罒	三三三
衤	衣	四〇〇
六畫		
竹	⺮	三〇五
米		三一五
糸		三一九
缶		三三三
网	罒 罓 冈	三三三
羊	⺶	三三六
羽	羽	三三八
老	耂	三四一
而		三四一
耒		三四一
耳		三四三
聿		三四五
肉	月	三四六
臣		三五六
自		三五七
至		三五七
臼	臼	三五八
舌		三五九
舛		三五九
舟		三五九
艮		三六二
色		三六二
艸	艹	三六二
虍		三八六
虫		三八七
血		三九九
行		四〇〇
衣	衤	四〇〇
襾	西	四〇八
七畫		
見		四〇八
角		四一〇
言		四一三
谷		四一七
豆		四一八
豕		四一九
豸		四二一
貝		四二三
赤		四二七
走		四二八
足	𧾷	四四二
身		四五一
車		四五三
辛		四六〇
辰		四六一
辵	辶	四六一
邑	阝(右)	四六八
酉		四七三
釆		四七八
里		四七九
臼	臼	三五八
镸	長	四九三
八畫		
金		四七九
長	镸	四九三
門		四九三
阜	阝(左)	四九八
隶		五〇四
隹		五〇四
雨	⻗	五〇七
青	靑	五一二
非		五一二
九畫		
面		五一三
革		五一四
韋		五一九
韭		五二一
音		五二一
頁		五二三
風		五二八
飛		五二八
食	飠	五三一
首	𩠐	五三七
香		五三七
十畫		
馬		五三八
骨		五四四
高		五四六
髟		五四七
鬥		五五〇
鬯		五五〇
鬲		五五〇
鬼		五五一
十一畫		
魚		五五三
鳥		五五八
鹵		五六六
鹿		五六七
麥		五六八
麻	麻	五六九
十二畫		
黃		五七〇
黍		五七〇
黑		五七一
黹		五七四
十三畫		
黽		五七四
鼎		五七五
鼓		五七五
鼠		五七六
十四畫		
鼻		五七七
齊		五七八
十五畫		
齒		五八八
十六畫		
龍		五八〇
龜		五八一
十七畫		
龠		五八一